KLARTEXT

Hundert
sieben Sachen

BOCHUMER GESCHICHTE IN OBJEKTEN UND ARCHIVALIEN

Ingrid Wölk (Hg.)

Bibliografische Information der Deutschen Nationalbibliothek
Die Deutsche Nationalbibliothek verzeichnet diese Publikation in der Deutschen Nationalbibliografie; detaillierte bibliografische Daten sind im Internet über http://dnb.dnb.de abrufbar.

Veröffentlicht im Rahmen der Schriftenreihe des Bochumer Zentrums für Stadtgeschichte.

Impressum

1. Auflage November 2017
Fotos Titel und Rückseite: Referat für Kommunikation der Stadt Bochum
Umschlaggestaltung: Ina Zimmermann
Satz und Gestaltung: Ina Zimmermann
Druck und Bindung: Griebsch & Rochol Druck GmbH, Gabelsbergerstraße 1, 59069 Hamm
ISBN: 978-3-8375-1869-6

© Klartext Verlag, Essen 2017

Alle Rechte der Verbreitung, einschließlich der Bearbeitung für Film, Funk, Fernsehen, CD-ROM, der Übersetzung, Fotokopie und des auszugsweisen Nachdrucks und Gebrauchs im In- und Ausland sind geschützt.

KLARTEXT
Jakob Funke Medien Beteiligungs GmbH & Co. KG
Friedrichstr. 34–38, 45128 Essen
info@klartext-verlag.de, www.klartext-verlag.de

INHALT

Inhaltsverzeichnis

Einleitung Ingrid Wölk		11
Ausstellungsszenen		19
1	Bronzezeitliche Scherben Bernhard Sicherl	24
2	Amphibolitaxt Bernhard Sicherl	29
3	Regenbogenschüsselchen Thomas Stöllner	33
4	Grabbeigaben aus Bochum-Langendreer Henriette Brink-Kloke	38
5	Werdener Urbar Stefan Pätzold	43
6	Taufstein aus der Propsteikirche St. Gertrudis in Wattenscheid (Abguss) Reinhild Stephan-Maaser	46
7	Reliquienschrein der heiligen Perpetua und Felicitas Delia Albers	53
8	Urkunde von 1321 Stefan Pätzold	57
9	Streitkolbenkopf Stefan Leenen	61
10	Bürgerbuch der Stadt Bochum Stefan Pätzold	66
11	Urkunde von 1525 Wilfried Reininghaus	69
12	Lutherbibel Michael Basse	72
13	Langendreerer Bauerschaftsbuch Clemens Kreuzer	78
14	Taufstein aus der evangelischen Kirche Stiepel Delia Albers	88
15	Porträt Louise Isabella Lisette von der Leithen, geborene von Berswordt Dieter Scheler	91
16	Grafenbrief für Heinrich Johann Friedrich Ostermann Wolfram Eggeling	95
17	Karte der Grafschaft Mark Wilfried Reininghaus	100
18	Silberne Deckeldose Wilfried Reininghaus	104
19	Anatomischer Klapp-Atlas Ursula Jennemann-Henke	107

INHALT

20	Modell der Stadt Bochum Gerhard Bergauer	110
21	Wochenblatt für den Kreis Bochum Astrid Blome	117
22	Porträts Eduard und Josephine Kühne Marco Rudzinski	128
23	Auszug aus der Akte „Verhandlungen der Stadtverordnetenversammlung" Felix Haltt	136
24	Zeitung „Der deutsche Redner für Recht und Freiheit" Gerd Depenbrock	141
25	Gründungsfahne Turnverein 1848 Henry Wahlig	151
26	Reglement für Bergschüler Robert Muschalla	156
27	Fahrplan der Eisenbahn-Strecke von Witten bis Bochum Jörg Hajt	161
28	Eintrittskarte zur Synagogen-Weihe Ingrid Wölk	176
29	Stadtpark-Entwurf von Strauß Susanne Weisser	181
30	Kommunionbank Rüdiger Jordan	186
31	Stich „Gussstahlfabrik des Bochumer Vereins" Marco Rudzinski	190
32	Plakat zur „Lustmord"-Serie in Bochum Andreas Halwer	196
33	Seekarte „The Arctic Sea between Wrangel Island and Mackenzie River" Ingrid Wölk	200
34	Logenhammer aus Elfenbein Michael Kesselheim	213
35	Heft „Statut für die Synagogen-Gemeinde zu Bochum" Ingrid Wölk	219
36	Schützenkette Stefan Vahldieck	227
37	Von Henriette von Noël unterschriebenes Zeugnis Gisela Wilbertz	232
38	Stich „Schützenhof" Frank Dengler	236
39	Buch „Aus Schacht und Hütte" von Heinrich Kämpchen Hanneliese Palm	243
40	Plakat (Extra-Ausgabe) „Wiarus Polski" Jacek Barski	248
41	Foto „Nordbahnhof" Hubert Schneider	251
42	Karte „Über die Teilungen des Kreises Bochum" Jürgen Mittag	259

INHALT

43	Stenografischer Bericht über die öffentliche Bergarbeiter-Versammlung Stefan Berger	267
44	Plakat „An die Ruhrbergleute" Hans-Christoph Seidel	274
45	Schnupftabakdose Ingrid Wölk	281
46	Ölgemälde von Theodor Rocholl Michael Farrenkopf	286
47	Filmdokument zum Bergwerksunglück auf Zeche Lothringen 1912 Paul Hofmann	296
48	Buch „Kriegserinnerungen Kreis-Krieger-Verband Bochum-Land" Felix Haltt	303
49	Bauplan Apollo-Theater Ursula Jennemann-Henke	310
50	Medaillon von der goldenen Amtskette der Bochumer Oberbürgermeister Ingrid Wölk	315
51	Foto „Souvenir d'exil à Bochum" Patrice Dumont, Übersetzung: Marlene Katzensteiner	322
52	Schreiben des Arbeiter- und Soldatenrates Bochum, November 1918 Wilfried Reininghaus	332
53	Zeitungsanzeige „Öffentl. Frauen-Versammlungen" Beate von Miquel	335
54	Autogrammkarte der Wattenscheider Schauspielerin Ria Witt Andreas Halwer	342
55	Ausweiskarte Streikposten Günter Gleising	344
56	Miniatur des Kuhhirtendenkmals Ingrid Wölk	353
57	Relief „Löwe von Juda" (Kopie) Ingrid Wölk	359
58	Notgeldschein Landkreis Bochum Gerhard Wegener	365
59	Akte mit aufgeklebten Armbinden Hilfspolizei Wattenscheid Margrit Schulte Beerbühl	369
60	Stadtwappen Wattenscheid Jost Benfer	379
61	Schulmützen eines Gymnasiasten Jürgen Eidam	386
62	Erinnerungsteller zum Geschäftsjubiläum Kaufhaus Flatow Andreas Halwer	390
63	Grubenlampe Stefan Brüggerhoff	393
64	Putto (Parnass) Hans H. Hanke	397
65	Gefallenentafel des evangelischen (masurischen) Arbeitervereins Wulf Schade	401

INHALT

66	Foto „Umzug zur Hissung der Hakenkreuzfahne auf dem Rathausvordach" Michael Weeke	408
67	Forderungsnachweis der Waffen-SS/KZ Buchenwald Ingrid Wölk	413
68	Standfotos aus einem Film über den Einmarsch der Amerikaner ins Ruhrgebiet Markus Köster	420
69	Protokoll Betriebsrätekonferenz, 23. April 1945, Zeche Prinz Regent Ulrich Borsdorf	426
70	Neuordnungsplan der Innenstadt Hans H. Hanke	432
71	Tracht der Gänsereiter Michael Meise	439
72	Gussstahlglocke Bochumer Verein Axel Heimsoth	445
73	Leihbadeanzug Hans H. Hanke	452
74	Glasbild Gelände der Schlegel-Brauerei Frank Dengler	458
75	Telemetrie-Empfänger Thilo Elsner	468
76	Modell Langhaus aus der Jungsteinzeit Bernhard Sicherl	471
77	Richterstuhl aus dem Landgericht Volker Brüggemann	476
78	Aral-Zapfsäule Dietmar Bleidick	482
79	Bronzeplastik „Mensa" Sepp Hiekisch-Picard	487
80	Schmuckblatt-Telegramm: Gründung der Ruhr-Universität Ulrich Borsdorf	491
81	Ehrenbürgerbrief Carl Rawitzki Hubert Schneider	495
82	Fotoserie Tanzlehrerehepaar Bobby und Inge Linden Ursula Jennemann-Henke	502
83	Scheinwerfer und Lenkrad: Opel Kadett B Dirk Urbach	508
84	Zwei Mokkatassen aus der Türkei Koray Parlak	515
85	Metallkreuz zur Barbarafeier Andreas Halwer	520
86	Kohlestück auf Holzplatte Dietmar Osses	523
87	Plakat „Wir sind Menschen – Sie auch?" Bertram Frewer	528
88	Ortseingangsschild Wattenscheid Jost Benfer	533

INHALT

89	Modell Ruhrstadion Henry Wahlig	541
90	Bochumer Frauenfahne Rita Kronauer	547
91	Standfoto aus dem Amateurfilm zum „Jahrhundertspiel" des VfL Bochum Frank Goosen	554
92	Plakat „Hermansschlacht" Stefan Keim	560
93	LP „4630 Bochum" von Herbert Grönemeyer Herbert Grönemeyer	564
94	Buch „Nahtlos Braun" von Werner Schmitz Werner Schmitz	566
95	Trompete aus Sheffield Catherine Gregori	570
96	Mikrofonanlage und Bühnenelement vom ersten „Bochum Total"-Festival Peter Schneller	573
97	Filmprojektor: Bahnhof Langendreer Nina Selig, Rolf Stein und Uwe Vorberg	577
98	TH-Profil Rüdiger Oostenryck	584
99	Bildungskoffer zur jüdischen Religion Jürgen Niedringhausen	587
100	Erinnerungsblatt ehemaliger Bochumer Juden aus Argentinien Hubert Schneider	590
101	Stoffpuppe „Herbert" Christoph Kollmann	597
102	Zeichnung Valerian Lopatto Ursula Jennemann-Henke	600
103	Stolperstein für Hilde Meyerstein Ingrid Wölk	603
104	Präparat Braunbär Max Ralf Slabik und Ute Ledebur-Kintrup	611
105	Magazin-Umzugswagen Firma Kühne Uwe Kriening	616
106	Weste mit angesteckten Solidaritäts-Bekundungen Rainer Einenkel	618
107	Modell Musikzentrum Steven Sloane	626

Anhang	630
Kurzbiografien der Autorinnen und Autoren	630
Abkürzungen	646
Quellen und Literatur	648
Dank	670

Einleitung

Am Anfang „herrscht Nebel und Nacht: keine Urkunde, keine Geschichtsschreibung, keine mündliche Überlieferung [...]" (Leich, 1939, S. 1). Lediglich „ein von einem Funde einfallendes schwaches Streiflicht" erhellte die Bochumer Gegend „auf eine kurze Weile" (Darpe, S. 6). Als Franz Darpe dies schrieb, waren die „Funde" aus der „vorgeschichtlichen" Zeit dünn gesät und er konnte nicht voraussehen, was alles die Ausgrabungen auf dem heutigen Bochumer Gebiet – in den 1920er Jahren durch Pastor Karl Leich und seinen Sohn Helmut aus Harpen, in den 1950er/60er Jahren vor allem unter der Leitung von Karl Brandt, dem damaligen Direktor des Emschertal-Museums in Herne – ans Tageslicht bringen sollten.
Einige dieser Funde werden in diesem Buch vorgestellt (Objekte Nr. 1-4 sowie 76). Die durch sie ins „Dunkel" geworfenen Streiflichter leuchten einen sehr langen Zeitraum nur spärlich aus. Doch faszinieren sie allein schon durch ihre Anwesenheit – nach einem langen Weg durch die Zeit. Räumlich nah, bleiben sie in ihrer Aussagekraft fern, fremd und geheimnisvoll. Sie teilen mit, dass damals schon Menschen hier unterwegs waren, verschweigen aber, wer diese waren, deuten an, wie sie ihr Zusammenleben organisierten und verweigern die Aussage über Gefühls- und Gedankenwelten. Erkenntnisse darüber lassen ohnehin erst die Quellen der Neuzeit erwarten.
Den ersten schriftlichen Hinweis auf Bochum lieferten die Benediktinermönche vom Kloster Werden, die gewissenhaft Buch darüber führten, wer dem Kloster welche Abgaben zu leisten hatte und dabei auch einen Mann aus der „villa Aldanbuchem" nannten (Nr. 5). Als Graf Engelbert II. von der Mark den Bochumern 1321 stadtähnliche Rechte zugestand (Nr. 8), hatte der Ort sich so weit entwickelt, dass seine Bewohner selbstbewusst und organisiert dem Ortsherrn gegenübertreten und ihre Rechte einfordern konnten. Bochums Umrisse und seine Lage innerhalb der Grafschaft Mark zeigt eine Karte von 1791 (Nr. 17), das Bild der Stadt um 1800, die sich seit dem Mittelalter nur wenig verändert hatte, ein in den 1920er Jahren angefertigtes Modell (Nr. 20). Überraschend für viele wird sein, dass das Amt Bochum einst das adelsreichste in der Grafschaft Mark war (Nr. 15). Von dem verheerenden Stadtbrand von 1517 und seinen Nachwirkungen berichtet eine Urkunde von 1525 (Nr. 11), während das Bürgerbuch der Stadt Bochum (Nr. 10) nicht nur dieses, sondern zahlreiche weitere Ereignisse dokumentiert, dramatische und weniger dramatische, und Einblicke in die Entwicklung der Stadt und ihrer Verwaltung während eines Zeitraumes von fast drei Jahrhunderten gewährt. Ähnlich in der Form, aber anders im Aufbau präsentiert sich das Buch der Bauerschaft Langendreer (Nr. 13), das den Blick – ohne dass dies seine Intention gewesen wäre – auch auf den Dreißigjährigen und andere Kriege der Frühen Neuzeit lenkt, die die Bochumer Gegend verwüsteten und immer wieder in Schulden stürzten. Dass spanische Truppen, die als „Vorboten" des Dreißigjährigen Krieges die Region schon Ende des 16. Jahrhunderts unsicher machten, das „Gänsereiten" nach Wattenscheid brachten, wird

EINLEITUNG

anhand eines in der Chronologie, der die 107 Sachen folgen, erst später platzierten Objektes (Nr. 71) erzählt. Vom Glanz und der Bedeutung der hiesigen Kirchen zeugen ein Taufbecken, ein Taufstein und ein Reliquienschrein (Nrn. 6, 14, 7), von den religiösen Verhältnissen zudem eine 1649 in Nürnberg gedruckte Lutherbibel (Nr. 12). Die Objekte Nr. 16 und 19 verweisen darauf, dass Bochum weit über die lokalen Grenzen hinaus bekannt und berühmt gewordene Persönlichkeiten hervorbrachte: Ostermann und Kortum.

Kann man Geschichte in Objekten schreiben? Dabei soll hier und im Folgenden nicht weiter zwischen zwei- und dreidimensionalen unterschieden werden. Dass man es kann, auch wenn das Unterfangen ungewöhnlich bleibt, lassen die Titel einiger jüngerer Publikationen erwarten, besonders prominent Neil MacGregors „Geschichte der Welt in 100 Objekten". Doch welche Objekte sind es, die die ganze Welt zu repräsentieren vermögen? Die von MacGregor und seinem Team vom Britischen Museum zusammengestellten stammen aus den eigenen Beständen. Die Vorgabe bei der Auswahl lautete, dass die Objekte von den Anfängen der Menschheitsgeschichte bis zur Gegenwart reichen, dass sie, „wenn möglich einigermaßen ausgewogen", die gesamte Welt umfassen, möglichst viele Aspekte menschlicher Erfahrung sichtbar machen und damit „ein umfassendes Bild von Gesellschaften" liefern sollten (MacGregor, 2012, S. 11). So einfach und so schwierig! MacGregor räumt ein, dass das anvisierte Ziel einer ausgewogenen Geschichtsschreibung kaum je zu erreichen sei, „denn sie ist voll und ganz davon abhängig, was zufällig erhalten geblieben ist" (ebd., S. 18). Von der Schwierigkeit, Geschichte, hier die deutsche, anhand einer begrenzten Zahl von Objekten zu erzählen und dabei Jahrtausende in den Blick zu nehmen, spricht auch Hermann Schäfer, der ehemalige Direktor des Bonner Hauses der Geschichte der Bundesrepublik Deutschland. Zahlreiche Leerstellen müssten bleiben, weil „unsere Geschichte, ihre Themen wie ihre Objekte, in Herkunft und Zukunft unendlich sind" (Schäfer, 2015, Vorwort). Aber das trifft wohl für jede Art von Geschichtsschreibung zu. Dies zu vermitteln, ist bei einer Geschichte in Objekten sogar einfacher, denn niemand wird erwarten, dass eine solche lückenlos wäre.

In diesem Buch geht es „nur" um die Bochumer Geschichte. Auch hier spielt der Überlieferungszufall eine kaum zu überschätzende Rolle. Und doch sollten die vorzustellenden Objekte/Archivalien das, was wir von der Stadtgeschichte wissen, möglichst umfassend, möglichst vielfältig und möglichst interessant zur Anschauung bringen und dabei Multiperspektivität erzeugen. Entscheidend aber war, dass sie sich nicht darauf beschränken ließen, die Ereignisse zu illustrieren, sondern selbst etwas zu „sagen" hatten.

Bis zur Frühen Neuzeit flossen die historischen Quellen spärlich. Doch als Stadt und Wirtschaft wuchsen, hielt die Aktenproduktion mühelos Schritt. Die seit dem 19. Jahrhundert steigende Überlieferungsdichte zwingt zur Systematisierung, Klassifizierung und Priorisierung. Die für das Buch getroffene Auswahl spiegelt das wider. Doch spielte auch die Attraktivität eine Rolle, weshalb die für die Forschung so wichtigen Schriftquellen oft – aber nicht immer – gegenüber dreidimensionalen den Kürzeren zogen. Die ganz lange Phase von der Ur- und Frühgeschichte bis etwa 1800 repräsentieren zwanzig Objekte, die nächsten 100

EINLEITUNG

Jahre (Mitte 19. Jahrhundert bis 1945) circa 50 und die relativ kurze Zeit von den Nachkriegsjahren bis zur Gegenwart noch einmal circa 35. Exakte Angaben lassen sich nicht machen, denn nicht immer fallen die Entstehung des Objektes und das Ereignis, das im Zentrum seiner „Erzählung" steht, zeitlich zusammen. In diesen Fällen musste entschieden werden, welches der beiden Kriterien bei der chronologischen Zuordnung den Ausschlag geben sollte.

Die Themen, für die die Objekte stehen, fächern sich im Lauf der Zeit immer weiter auf. Waren es am Anfang nur zarte Hinweise auf menschliche Ansiedlungen, legen die Quellen im Mittelalter und der Frühen Neuzeit Herrschafts-, Rechts- und kirchliche Verhältnisse offen, beleuchten Verwaltungsstrukturen, sprechen von Kriegen und deuten deren Folgen für die Bevölkerung an, überliefern Informationen über den Aufbau der Stadt, deren Einwohner, Gebäude, Handel und Gewerbe (vgl. dazu auch Nr. 18) und halten Ereignisse fest, die zu bewerten und zu kontextualisieren heute nicht immer leicht fällt.

Im 19. Jahrhundert setzte die Industrie sich fest; Bochum veränderte sich phänomenal. Die Menschen gründeten Vereine und richteten gesellige Veranstaltungen aus (Nrn. 25, 36, 38). Die Presse hielt Einzug und differenzierte sich aus, wenn auch gemächlich (Nr. 21). Die Ideen der 1848er Revolution erreichten auch Bochum, hoben es aber nicht aus den Angeln (Nrn. 24, 25). Großunternehmen prägten nun das Erscheinungsbild der Stadt. Geradezu „überformend" auf sein Umfeld wirkte der Bochumer Verein für Bergbau und Gussstahlproduktion, der über viele Jahrzehnte hinweg nachhaltigen Einfluss auf Bochums Geschicke nahm. Die ausgewählten Objekte stellen einzelne Aspekte heraus (Nrn. 22, 31, 67, 72), während die Gesamt-Geschichte des Unternehmens an anderer Stelle nachgelesen werden kann. Älter als die Gussstahlproduktion ist die Tradition des Bierbrauens. Am Beispiel der Schlegel-Scharpenseel Brauerei wird gezeigt, dass die Industrialisierung im 19. Jahrhundert vor dem Brauwesen nicht Halt machte (Nr. 74).

Der Urbanisierungsprozess schritt voran und machte sich im Stadtbild bemerkbar. Er ließ die „Vöde" dem Stadtpark weichen (Nr. 29), brachte eine Reihe repräsentativer Bauten hervor – den Rathaus-Neubau (Nr. 64) allerdings erst 1931 –, führte zum Ausbau der öffentlichen Versorgung und der Verkehrswege und bescherte Bochum den langersehnten Eisenbahnanschluss (Nr. 27). Die Stadt nahm sich der Kultur an und leistete sich ein eigenes Theater (Nr. 49). Bochum veränderte sich so rasant, dass seine „Ur"-Einwohner das Bedürfnis entwickelten, an die „alten" Zeiten zu erinnern: in Vereinen, die sich der Traditionspflege hingaben (Nr. 36), durch den Aufbau eines Museums (Nr. 45) und die Aufstellung eines Denkmals für den letzten Bochumer Kuhhirten (Nr. 56).

Die Industrialisierung brachte ein Heer von Arbeitsmigranten hervor. Exemplarisch ins Feld geführt werden oft die „Ruhrpolen", auf deren Bedürfnisse, zumindest die religiösen, die Stadt teilweise reagierte (Nr. 30) und deren Betrachtung ein solch differenziertes Bild ergibt (Nrn. 40, 65), dass sich die provokative Frage stellt: Gab es sie überhaupt?

Nicht nur das nahezu explosionsartige Bevölkerungswachstum in der zweiten Hälfte des 19. Jahrhunderts, sondern Verwaltungsreformen machten Bochum zur Großstadt (Nr. 42)

EINLEITUNG

und gleichzeitig zur Stadt des Bergbaus. Denn die meisten Schachtanlagen produzierten vor den Toren der Stadt und wurden zusammen mit den Orten, in denen sie lagen, 1904, 1926 und 1929 „eingemeindet", während Wattenscheid sich vorerst noch entziehen konnte (Nr. 60). Bochum trug jetzt den Titel der größten Bergbaustadt Deutschlands. Die Zechen zogen eine bedeutende Zulieferindustrie nach sich, die – wie das Beispiel der Eisenhütte Heintzmann zeigt – innovative Produkte auf den Markt brachte, die weit über Bochum hinaus Interesse fanden und finden, nicht nur im Bergbau (Nr. 98). Als „Nebengeschäft" vermarkteten Bochumer Bergbaugesellschaften das bei der Verkokung von Kohle anfallende Benzol. Sie gründeten die Westdeutsche-Benzol-Verkaufs-Vereinigung, quasi als Keimzelle der Marke Aral. Die Aral-Zapfsäule (Nr. 78) erzählt diese, aber auch ihre eigene Geschichte.

Zwischen zahlreichen Objekten lassen sich Verbindungslinien ziehen, sei es im historischen Längs- oder Querschnitt. So beleuchten sowohl die Gedichte Heinrich Kämpchens (Nr. 39) als auch die Dokumente zur Gründung des Alten Verbandes (Nr. 43) und zum Bergarbeiterstreik 1905 (Nr. 44) als auch die beiden Objekte zum Grubenunglück auf der Zeche Lothringen in Gerthe 1912 (Nrn. 46, 47) die Situation der Bergarbeiter um die Jahrhundertwende; die Bergschulordnung von 1854 (Nr. 26) dagegen erinnert an die Zeit vor der Abschaffung des Direktionsprinzips, als der Bergbau noch nicht privatwirtschaftlich organisiert war.

Ein kleines Objekt trägt die große Last nicht nur seiner eigenen Geschichte, sondern auch der der Bochumer „Heimatfront" im Ersten Weltkrieg: das goldene Medaillon von der Amtskette der Oberbürgermeister (Nr. 50). Mit ihm korrespondiert ein Foto (Nr. 51), das 1917 von Bochum nach Belgien geschickt wurde und fast 100 Jahre später den umgekehrten Weg nahm. Es zeigt die andere Perspektive – hier: die belgische –, während das Erinnerungsbuch des Kreis-Krieger-Verbandes Bochum-Land (Nr. 48) den Blick für den Militarismus vor und nach dem Ersten Weltkrieg öffnet. Er endete mit einer Revolution (Nr. 52) und heftigen Turbulenzen in den Nachkriegsjahren: Inflation (Nr. 58), Kapp-Putsch (Nr. 55), Ruhrbesetzung (Nr. 59).

Die Novemberrevolution brachte das allgemeine Wahlrecht mit sich. Die danach gewählte Stadtverordnetenversammlung unterschied sich fundamental von der ersten Bochumer Stadtverordnetenversammlung überhaupt: der von 1842 (Nr. 23). Auch Frauen saßen nun im Stadtparlament (Nr. 53). Sie hatten einen wesentlichen Schritt auf dem Weg zur Emanzipation gemacht (vgl. dazu auch Nr. 37 und Nr. 90). Ebenso wie die Arbeiterklasse, die zwar nicht die Überwindung privatkapitalistischer Verhältnisse, aber doch die Anerkennung ihrer Organisationen erreicht hatte (Nr. 43). Und ebenso wie die jüdische Bevölkerung. Diese hatte durch die Reichsverfassung von 1919 die volle Gleichberechtigung erlangt. Hatte sich der im Ersten Weltkrieg gezeigte Patriotismus der Juden (Nr. 57) also gelohnt? Bekanntlich nicht. Im 19. Jahrhundert genossen die Repräsentanten der Bochumer Jüdischen Gemeinde hohes Ansehen (Nrn. 28, 35). Das schützte sie nicht vor Verfolgung, KZ, Zwangsarbeit und Ermordung im „Dritten Reich" (Nrn. 57, 62, 41, 67).

EINLEITUNG

Bei der Auswahl stellte sich die Frage nach den „Schlüssel-Objekten" zur Bochumer Geschichte. Vermutlich können das Werdener Urbar (Nr. 5) und die Urkunde von 1321 (Nr. 8) für sich in Anspruch nehmen, solche zu sein. Aber welche noch? Die Karte „über die Teilungen des Kreises Bochum" (Nr. 42) zum Beispiel? Oder das Foto „Umzug zur Hissung der Hakenkreuzfahne auf dem Rathausvordach" (Nr. 66)? Oder auch der Film über den Einmarsch der Amerikaner ins Ruhrgebiet (Nr. 68)? Die drei Objekte verweisen auf historische „Schlüsselszenen": den Übergang Bochums von der Stadt zur Großstadt und die Verwaltungsreformen im ersten Drittel des 20. Jahrhunderts, den Beginn der NS-Diktatur 1933 und deren Ende 1945. So können sie sehr wohl als „Schlüssel-Objekte" gelten. Doch hätten sich dafür auch andere finden lassen, während diese drei ihre Geschichten auch anders hätten erzählen können.

Neben den „Schlüsselszenen", Personen oder Ereignissen, die den Gang der Geschichte bestimmten, fokussiert das Buch auch auf solche, die das nicht taten und die Bochumer dennoch bewegten, wie etwa die „Lustmord"-Serie im 19. Jahrhundert, zu der ein Steckbrief kursierte (Nr. 32), oder die Wattenscheiderin Ria Witt (Nr. 54), die, wenn auch nur für kurze Zeit, als Stummfilmstar ins Rampenlicht trat. Auch kommen Objekte zu ihrem Recht, die, wie der geheimnisvolle Hammer aus Elfenbein (Nr. 34), nur für eine kleine Gruppe von Bedeutung sind – und doch größeres Interesse verdienen: Wer weiß schon, dass es in Bochum eine Freimaurerloge gibt, deren Wurzeln bis ins 18. Jahrhundert reichen? Erinnerungen an die eigene Schulzeit hingegen hat wohl jeder und jede. Relikte wie die hier gezeigten Schülermützen (Nr. 61) rufen Assoziationen hervor und befördern Diskussionen, zum Beispiel die über den Sinn oder Unsinn von Schuluniformen heute. Ihr Träger war ein Junge, der von 1929 bis 1936 das Staatliche Gymnasium Bochum besuchte. Mädchen waren dort nicht zugelassen (vgl. dazu Nr. 37). Und welche Bedeutung hat die Seekarte (Nr. 33), die der Altenbochumer Fritz Bruch von der Nordpolar-Expedition 1881/82 mit nach Hause brachte? Die Expedition erregte weltweites Aufsehen; die dort gemachten Entdeckungen brachten die Geografie voran, von stadthistorischer Bedeutung waren sie nicht. Aber Fritz Bruch genoss den Status des Abenteurers, der einen Abglanz der großen weiten Welt nach Bochum holte.

Die Bochumer Geschichte in Objekten nach dem Zweiten Weltkrieg beginnt mit dem schon erwähnten Film, den amerikanische Soldaten im April 1945 bei ihrem Einmarsch ins Ruhrgebiet drehten (Nr. 68), und dem Protokoll einer bald danach abgehaltenen Betriebsrätekonferenz (Nr. 69). Hier flammten die Sozialisierungshoffnungen der Bergarbeiter noch einmal auf – und blieben wieder unerfüllt.

Die Objekte der Nachkriegszeit sprechen vom Wiederaufbau der Stadt nach den Zerstörungen des Krieges (Nr. 70) – auch das Landgericht war davon betroffen und musste, provisorisch untergebracht, trotzdem Recht sprechen (Nr. 77) –, vom Strukturwandel, der nötig wurde, als sich Ende der 1950er Jahre in der Kohlenkrise die negative Seite der Abhängigkeit der Stadt von der montanindustriellen Monostruktur zeigte, und mit der Ansiedlung der Ruhr-Universität (Nr. 80) und des Opel-Werks (Nr. 83) gelang, bevor die letzte Zeche schloss (Nr. 86). Bis auch Opel wieder schloss (Nr. 106). Sie sprechen von den Menschen, die als

EINLEITUNG

„Gastarbeiter" kamen, dann aber blieben und ihre Kultur mitbrachten (Nrn. 84, 87), legen einen Schwerpunkt auf die Erinnerungskultur (Nrn. 99, 100, 102, 103, 41) und tragen der nach dem Niedergang der Schwerindustrie auch wirtschaftlich gestiegenen Bedeutung von Freizeit, Kultur und Wissenschaft Rechnung: Das Schauspielhaus Bochum (Nr. 92), die Bochumer Symphoniker (Nr. 107), das Deutsche Bergbaumuseum (Nr. 63), das Kunstmuseum (Nr. 79) und natürlich der VfL Bochum (Nrn. 89, 91) spielen Hauptrollen, vermögen es aber nicht, den Bahnhof Langendreer (Nr. 97), die Tanzschule Bobby Linden (Nr. 82), das Festival „Bochum total" (Nr. 96) oder gar „Max" (Nr. 104), den beliebten Braunbären, der sowohl den Bochumer Tierpark als auch die Präparatorenschule Bochum repräsentiert, in die zweite Reihe abzudrängen. Denn eine Hierarchisierung der Objekte findet nicht statt.

Weitere Themen, für die sich „sprechende" Objekte fanden, sind der Aufstieg und Fall des Stadtbades (Nr. 73), der Sputnik und seine Folgen (Nr. 75), diverse Ehrenbürgerschaften, für die mit Dr. Carl Rawitzki (Nr. 81) ein honoriges Beispiel gewählt wurde, der öffentliche Nahverkehr (Nrn. 85 und 101) und der U-Bahn-Bau, bei dem, damit alles gut geht, die einzelnen Tunnelabschnitte getauft werden, der Zusammenschluss Bochums mit Wattenscheid, das nun doch noch die „Freiheit" verlor (Nr. 88), die autonome Frauenbewegung (Nr. 90), die Städtepartnerschaft mit Sheffield, die 1986 mit Pauken und Trompeten gefeiert wurde (Nr. 95).

Und was bewegte Bochum sonst noch? Das heute so beliebte Genre des Regionalkrimis nahm hier seinen Anfang (Nr. 94) und mit „4630 Bochum" (Nr. 93) startete Herbert Grönemeyer von hier aus seine Weltkarriere.

Die Liste könnte fortgeführt werden. Jedes in sie aufgenommene Thema deutet auf eines hin, das fehlt. Sei es, weil der Überlieferungszufall es so wollte. Sei es, weil eine Auswahl getroffen werden musste. Was entsteht, ist keine geschlossene Darstellung, sondern ein Gebilde aus nicht aufeinander abgestimmten Teilen, die sich ergänzen und zu einem Ganzen fügen. Die so verstandene Stadtgeschichte spiegelt sich in hundert und sieben „Sachen". Das sind sieben mehr als die magischen hundert, die Neil MacGregor für seine Weltgeschichte oder Hermann Schäfer für seine deutsche Geschichte zusammengetragen haben. Das ist natürlich kein Zufall. Die Zahl rekurriert auf die jetzt 107-jährige Sammlungsgeschichte der Stadt Bochum. Und sie erinnert an die Eröffnungsausstellung des Bochumer Zentrums für Stadtgeschichte vor zehn Jahren: „Sieben und neunzig Sachen. Sammeln – bewahren – zeigen. Bochum 1910-2007". Die in beiden Titeln, dem damaligen und dem aktuellen, versteckten „sieben Sachen" charakterisieren einen Großteil der stadthistorischen Objekte – ohne sie zu diffamieren. Der Museumswissenschaftler Prof. Dr. Gottfried Korff, der das Bochumer Zentrum für Stadtgeschichte mit eröffnete, formulierte das so:

> „In unmittelbarer Kombination mit den ‚Sachen' erlaubt die Herauslösung der Sieben [...] ein Spiel mit Assoziationen. In Anordnung und Farbgebung sind [...] nämlich die ‚Sieben' und die ‚Sachen' in eine aufschlussreiche Beziehung gesetzt – einprägsam und nicht ohne Witz. ‚Sieben Sachen' – das ist ein alltagssprachlicher, ein redensartlicher Hin-

weis auf eine Kulturgeschichte, die sich lebensweltlichen Kontexten verpflichtet weiß. ‚Sieben Sachen', so informiert uns das Grimmsche Wörterbuch, ‚sagt man vulgo, wann man etwas nicht grober weise ein plunder oder verächtlich ding nennen will'. ‚Sieben Sachen', so die lexigrafische Auskunft weiter, ‚ist die bezeichnung für das hab und gut jemandes', für die ‚res leves' im Gegensatz zu den ‚magni momenti'. ‚Sieben Sachen' – das ist eine Formulierung, die auf das Alltägliche zielt, auf eine gewissermaßen anthropologische Version der Kulturgeschichte. ‚Sieben Sachen' – damit werden Erwartungen in Bezug auf Kunst- und Meisterwerke zurückgestellt, damit wird eine Geschichte des Ganzen dieser Stadt in den Blick genommen. Die Botschaft der ‚Sieben Sachen' ist: Es geht nicht um das Herausragende und Einzigartige, sondern um eine Kultur des Heterogenen als Spiegel einer komplexen und facettenreichen Stadtgeschichte, die sich auch in ihrer Vielfalt, ihren Differenzierungen und Ausfächerungen zur Ansicht bringen will" (Korff, 2007, S. 2).

Auch dieses Buch wird von einer Ausstellung begleitet (Laufzeit: Juni 2017 bis Juni 2018). Während die von 2007 sich auf die Objektgeschichten konzentrierte, ist die aktuelle dichter an der Stadtgeschichte. Die ausgewählten „Sachen" sind andere als damals, nur einzelne, für die Stadtgeschichte unverzichtbar erscheinende, bekommen erneut die Ehre.

In der Ausstellung bezaubern sie durch Authentizität. Das Buch muss sich mit Abbildungen begnügen. Im Fall der historischen Filmaufnahmen war das schwierig. So sind hier nun Standbilder (Nrn. 68, 91) beziehungsweise das Foto einer Filmbüchse mit -rolle (Nr. 47) statt der Filmdokumente zu sehen.

Im Buch ordnen sich die 107 Sachen in den historischen Kontext ein; es werden ihnen Deutungen beigegeben. Die kurzen Exponattexte in der Ausstellung hingegen – auf rote Pappe geschrieben, an roten Fäden von der Decke herunterhängend – lassen mehr Raum für Assoziationen. Während die Leserin/der Leser im Buch rasche Orientierung findet, kann das Objekt in der Ausstellung sein Geheimnis etwas länger wahren. Die Exponate sind oft genau das, was zu sein sie vorgeben – das trifft zum Beispiel auf die Karten und das Modell zu, die die Stadtentwicklung dokumentieren –, und verschleiern ebenso oft ihre ursprüngliche Funktion. Dem Gold-Putto (Nr. 64) zum Beispiel sieht man nicht an, dass er kein Einzelstück ist, sondern zusammen mit weiteren sieben seiner Art zu dem Monumentalgemälde „Der deutsche Parnaß" gehört, welches wiederum auf das Rathaus verweist, in dem es einst hing. Manchmal führen sie die Besucher sogar regelrecht an der Nase herum, so wie das Schmuckblatt-Telegramm mit Baby (Nr. 80), das im Innenteil nicht den erwarteten Glückwunsch zur Geburt eines Kindes enthält, sondern zur „Geburt" der Ruhr-Universität. Den Betrachtern steht es frei, ihren Assoziationen freien Lauf zu lassen und in andere Richtungen zu denken als die Ausstellungsmacher.

Die Objekte präsentieren sich im Buch einzeln und der Reihe nach. In der Ausstellung sind sie ebenfalls chronologisch angeordnet, scheren aber immer wieder aus der Reihe aus, bilden Gruppen, gehen, ihrer ursprünglichen Kontexte ledig, neue, teils überraschende Ver-

EINLEITUNG

bindungen ein und ermöglichen sinnliche Erfahrungen. Hier sei noch einmal Gottfried Korff zitiert:

> „Sich im Raume des Museums bewegend und die Objekte in ihrem Neben-, Gegen- und Nacheinander wahrnehmend, erschließt sich der Besucher die Bedeutungsdimensionen der Dingwelten – das Auge auf das Einzelne, aber auch auf das gesamte Arrangement gerichtet. Der Betrachter wird zum Produzenten von Sinn – wie es der Offenheit der Dinganordnungen im Raum entspricht" (ebd., S. 11f.).

Insgesamt 78 Autorinnen und Autoren leihen den Objekten ihre Stimmen: Historikerinnen und Historiker, Kunsthistorikerinnen und Kunsthistoriker, Archäologen, Journalisten, Lehrer, Juristen, Soziologen, Schriftsteller, Musiker, Politiker, Archivarinnen und Archivare, Sozialarbeiter und Sozialwissenschaftler, Mitarbeiterinnen und Mitarbeiter der Stadtverwaltung, Film- und Medienwissenschaftler, Vereinsfunktionäre, ein Theologe, ein Kartograf, ein Ingenieur, eine Landschaftsarchitektin, eine Präparatorin, ein Zoodirektor, ein ehemaliger Betriebsrat und ein Generalmusikdirektor. Es sind renommierte Wissenschaftlerinnen und Wissenschaftler, die als Experten für die Themen, über die sie schreiben, mal eng an der Sache, mal weit ausgreifend und lange Linien ziehend, ebenso Wesentliches wie Interessantes zur Stadtgeschichte beizutragen haben. Und es sind Personen – seien sie bekannt oder unbekannt –, die einen persönlichen Bezug zu einem der Objekte haben. Ihr subjektiver Blick auf die Dinge ist ausdrücklich erwünscht.

INGRID WÖLK

AUSSTELLUNGSSZENEN

AUSSTELLUNGSSZENEN

AUSSTELLUNGSSZENEN

AUSSTELLUNGSSZENEN

AUSSTELLUNGSSZENEN

1 | BRONZEZEITLICHE SCHERBEN

Stadtarchiv Bochum – Archäologische Sammlung

Stein, Keramik; 16.–14. Jh. v. Chr.

1 BRONZEZEITLICHE SCHERBEN

Bronzezeitliche Scherben:
Zwei bemerkenswerte Siedlungen in Bochum-Kirchharpen

Die hier abgebildeten, unscheinbaren Scherben erzählen die Geschichten zweier bemerkenswerter Siedlungen: Die eine entstand in der Nachkriegszeit von 1950–1953, die andere im zweiten Jahrtausend vor Christus.

Im Jahr 1949 waren Wohnungsnot sowie das Elend von Flüchtlingen und Vertriebenen in Deutschland noch allgegenwärtig. In ungleich schwererer Zeit als heute wurde auf dem 73. Deutschen Katholikentag in Bochum dazu aufgerufen, diesen Zuständen beherzt praktisch zu begegnen und einen Stundenlohn zu spenden, um auf dem im Stadtteil Harpen, genauer im nördlich des Hellweges gelegenen Kirchharpen, auf „Rosenberg" eine neue Siedlung zu bauen. Mit dieser Anschubfinanzierung entstanden hier in den Jahren 1950–1953 76 Eigenheime mit circa 600 Quadratmeter großen Selbstversorger-Gärten, in denen in den Anfangsjahren auch Kleinvieh gehalten wurde. Jede Siedlerfamilie hatte einen hohen Eigenleistungsanteil von 2 800 Arbeitsstunden einzubringen, der mit einer D-Mark pro Stunde angerechnet wurde. Der tatsächliche Eigenleistungsanteil lag am Ende deutlich höher. Kostengünstigere Lösungen wären wahrscheinlich Mehrfamilienhäuser mit Miet- oder Eigentumswohnungen gewesen. Das Konzept hatte aber seine Wurzeln noch in der Siedlungsbewegung der 1920er und 1930er Jahre und das selbst geschaffene Eigenheim mit Nutzgarten wurde als Weg in die Selbstständigkeit verstanden. Dass damit auch eine Immunisierung gegen sozialistische und kommunistische Ideen und eine politische Stabilisierung beabsichtigt waren, kann in Zeiten vermutet werden, als die Nachkriegsordnung mit Westbindung der Bundesrepublik noch nicht vorgezeichnet schien. Noch heute geben die Straßen um den Apostelplatz ein Zeugnis vom Ursprung der Siedlung: Florianstraße (Heiliger und Nothelfer bei Feuer), Augustinusstraße (Heiliger und Kirchenvater), Monikastraße (Heilige und Mutter des Augustinus), Laurentiusstraße (erster Diakon und zuständig für die Bedürftigen) sowie Theresiastraße (Heilige und Mystikerin). Die Gertrudisstraße wurde erst 1979 nach dem Hildesheimer Bischof des 9. Jahrhunderts und Gründer des Stifts Essen in Altfridstraße umbenannt.

Bei den Bauarbeiten auf dem Rosenberg wurden schon im Jahr 1950 von Karl Brandt, dem Gründer und damaligen Leiter des Emschertal-Museums Schloss Strünkede in Herne, erste archäologische Befunde beobachtet. Im Jahr 1951 konnte er hier dann zwischen dem 16. April und 5. Juli mit Mitteln des Kulturamtes der Stadt Bochum eine Rettungsgrabung durchführen, die fachlich von Dr. August Stieren vom Landesmuseum für Vor- und Frühgeschichte in Münster (dem Vorgänger des heutigen LWL-Archäologiemuseums in Herne) beraten und mit kleineren Beträgen unterstützt wurde. Nach dem Auslaufen der Finanzierung wurde die Grabung eingestellt und blieb so ein Torso. Ein Versuch, aufgrund der Neuartigkeit der Ergebnisse im unmittelbar nördlich benachbarten Kleingartengelände („Lerchenschwanz",

1 | BRONZEZEITLICHE SCHERBEN

KGV Grümerbaum) eine Forschungsgrabung anzuschließen, fand trotz Genehmigung der Grundstückseigner keine weitere Unterstützung. So werfen die ungewöhnlichen Funde und Befunde heute mehr Fragen auf, als sicher zu beantworten wären.

Es handelte sich damals im doppelten Wortsinn um eine „Notgrabung", die mit dem rapiden Baufortschritt zu kämpfen hatte und bei der als Fundzettel oft die Rückseiten ausgedienter Lebensmittelkarten dienten. Vor diesem Hintergrund sind Mängel in der überlieferten Dokumentation zu benennen, nicht aber aus heutiger, ungleich besser gestellter Warte vorschnell zu bewerten. So bleibt die exakte Lage der Grabungsstelle ein Rätsel. Die Befunde sind zwar auf einem maßstabsgerechten Plan eingetragen, der heute im Emschertal-Musem verwahrt wird. Er weist jedoch keinen Bezug zur modernen Topografie oder gar überörtliche Koordinaten auf. Bei der Lokalisierung helfen die Angaben im Grabungsbericht und den folgenden Publikationen Brandts. So wurde die Grabung zwischen Augustinusstraße und Florianstraße begonnen und zog sich bis zum Schleipweg. Die damals im Bau befindliche nördliche Augustinusstraße wurde vollständig planiert. Am wichtigsten ist die Angabe, dass der nördlichste Suchgraben wenig westlich des Schleipweges und westlich fast am Nordende der Augustinusstraße lag. Ein Vergleich der Abweichungen der Suchschnitte aus der Ost-West-Achse mit entsprechenden Abweichungen der Parzellengrenzen und von auffälligen Erweiterungen der Grabungsflächen mit heutigen Hausstandorten, führt aber zu der Vermutung, dass die zentrale Grabungsfläche im Bereich der Häuser Augustinusstraße Nummern 13–15, eventuell auch Nummern 17–19, gelegen haben könnte.

Das Areal wurde durch mehrere lange, schmale, bei Bedarf verbreiterte Suchschnitte erschlossen, eine flächige Aufdeckung war aufgrund der begrenzten Mittel nicht möglich. Dabei zeigten sich nach dem Abtrag einer 0,4 Meter starken Deckschicht im anstehenden Boden verschiedene archäologische Befunde.

Außer vereinzelten kastanienbraun gefärbten jungsteinzeitlichen Befunden, wie sie Brandt aus seinen früheren Grabungen gut bekannt waren, zeigten sich schmale, grau verfüllte Spuren zweier nur 0,3 Meter breiter Gräbchen, die im Profilschnitt nur bis zu 0,35 Meter tief unter das Grabungsplanum reichten und eine unregelmäßige Sohle aufwiesen. Beide Fundamentgräbchen wurden in gleicher Weise in Abständen von circa 2,2 Metern von je einem Pfosten auf der Innen- und auf der Außenseite eingefasst. Brandt rekonstruierte diesen Befund überzeugend als Spur einer Flechtwerk- oder Palisadenwand. Beide Teilgräbchen zogen sich, inklusive einer drei Meter breiten Unterbrechung, in gleichmäßiger Biegung über eine Strecke von 36,5 Metern. Im Nordwesten und Südosten setzten sie wiederum jeweils kurz vor der Grabungsgrenze aus. Außen vor dem östlichen Gräbchen fand sich eine ähnlich gebogene, jedoch nicht ganz parallel verlaufende, 22 Meter lange Reihe von 26 Pfosten, die offensichtlich in Zusammenhang mit diesem stand. Wenn man den gebogenen Verlauf der Gräbchen nach Norden in den unerforschten Bereich interpoliert, könnte die Flechtwerk- oder Palisadenwand ein Oval von circa 60 x 40 Metern umschlossen haben. Im Innenraum lagen zwölf mittelgrau verfärbte ovale bis kreisför-

1 | BRONZEZEITLICHE SCHERBEN

mige Gruben mit gemuldeter Sohle, eine wies auffallend viel gebrannten Lehm an ihren Rändern auf.

In den ovalen grauen Gruben im Innenraum sowie einer unscheinbaren Verfärbung im Außenbereich wurde Keramik gefunden, die dem erfahrenen Ausgräber und mit dem regionalen Fundmaterial bestens vertrauten Sammler und Museumsmann Karl Brandt neue Rätsel stellte – solche Scherben hatte er noch nie gesehen. Von dieser Keramik sind bislang nur zwei vollständig rekonstruierbare tonnenförmige Gefäße, davon das kleinere mit senkrechter länglicher Knubbe, als Abbildung publiziert (Brandt, o.J. [1960], S. 109, Abb. 89; ders., 1997, S. 84, Abb. 79). Beide waren noch Ende der 1990er Jahre im Museum Haus Kemnade ausgestellt – heute müssen sie als verschollen gelten.

Die hier abgebildeten Stücke sind eine Auswahl aus den übrigen erhaltenen Funden, unter ihnen 30 charakteristische Rand- und Bodenscherben. Die Keramik ist überwiegend sehr dickwandig. Auffällig ist die Aufbereitung des Tons durch den Zusatz von sehr groben scharfkantigen, leuchtend weißen Quarztrümmern (sogenannte Magerung). An einzelnen Scherben sind damit auch geringe Mengen organischer Zusätze kombiniert. Lediglich in Grube 17 sind daneben auch einzelne Scherben vertreten, die mehrheitlich organisch gemagert sind. Die Oberflächen der Scherben sind überwiegend nur nachlässig geglättet. Soweit die Proportion der Gefäße rekonstruierbar ist, waren sie zumeist relativ hoch und fassartig. Von diesem insgesamt sehr einheitlichen Keramikspektrum hebt sich eine Scherbe aus Grube 5, die einzige dieses Befundes, markant ab. Sie ist dünnwandig, hat eine sorgfältig polierte Oberfläche, einen scharf abknickenden und kantig abgestrichenen Rand und ist problemlos in die späteste Eisenzeit beziehungsweise die Übergangsphase zur römischen Kaiserzeit datierbar. Noch im ersten Vorbericht vermutete Karl Brandt, dass die ihm unbekannte grobe Keramik in eine westeuropäisch geprägte jüngere Stufe der Jungsteinzeit, das heißt in die Zeit der Michelsberger Kultur, zu stellen sei. In seinen späteren Veröffentlichungen folgte er jedoch einer Einschätzung aus dem Landesmuseum Münster, dass es sich um einen eisenzeitlichen Fundplatz handele. Diese stützte sich wahrscheinlich auf die vereinzelte abweichende Scherbe aus Grube 5 und die Kumpfform der komplett rekonstruierbaren Gefäße. Danach wurde dieser wichtige Fundplatz überregional daher nicht mehr zur Kenntnis genommen, in der Regionalliteratur weiter als eisenzeitliche Datierung angesprochen. In ihrer Machart weicht die Keramik von der Katholikentagssiedlung extrem von der gut bekannten, meist deutlich feineren und vorwiegend mit zerstoßenem Scherbengrus gemagerten eisenzeitlichen Keramik des westlichen Ruhrgebietes ab. Die unspezifische Kumpfform ist für das Gesamtspektrum der Keramik des Fundplatzes nicht repräsentativ.

Bei einer erneuten Sichtung der heute in Bochum archivierten Funde im Jahr 2015 zeigte sich, dass die grobe Keramik aus den Gruben im Innenraum der Flechtwerk- oder Palisadenwand fast ausschließlich in die mittlere Bronzezeit, das heißt etwa in das 16.–14. Jahrhundert vor Christus, datiert werden kann. Tatsächlich geht aus einem Brief in den Ortsakten hervor, dass dies auch schon bald nach der Ausgrabung von Kurt Tackenberg (später Professor für

1 | BRONZEZEITLICHE SCHERBEN

Vor- und Frühgeschichte an der Universität Münster) erkannt wurde, der die Scherben bei ihrer Restaurierung am Rheinischen Landesmuseum Bonn gesehen hatte. Er hat seine Erkenntnis zwar nie publiziert, sorgte aber dafür, dass das Fundmaterial nicht in die bis heute für die Eisenzeitforschung der Region wegweisende Dissertation seines Schülers Klemens Wilhelmi (1967) Eingang fand.

Die Schwierigkeiten, die man zur Zeit der Entdeckung der vorgeschichtlichen Befunde auf dem Gelände der Katholikentagssiedlung mit deren zeitlicher Einordnung hatte, erklären sich dadurch, dass mittelbronzezeitliche Siedlungen und deren Keramik bis heute in Westfalen extrem selten sind. Nur wenig besser ist der Forschungsstand im Rheinland, wo man aber mittlerweile die Keramik einigermaßen sicher identifizieren kann (zum Beispiel Simons 1989; Hoffmann 2004). Üblicherweise kennen wir in der Region nur die Grabhügelbestattungen, die sich vorzugsweise in sandigen oder gebirgigen Waldgebieten noch in größerer Zahl erhalten haben. Auf den besseren Böden des dicht besiedelten Ruhrgebiets sind sie offensichtlich schon seit Jahrhunderten größtenteils durch den Pflug zerstört.

Sind bislang aus Nordrhein-Westfalen nur vereinzelt mittelbronzezeitliche Hausgrundrisse bekannt – deutlich besser ist der Forschungsstand in den benachbarten Niederlanden –, so sind hier Palisadeneinhegungen oder Ähnliches für diese Zeit bislang beispiellos. Über die Funktion der Bochumer Anlage mit ihrer breiten, sicher nicht einzigen Unterbrechung im Verlauf der Flechtwerk- oder Palisadenwand kann trefflich spekuliert werden, zumal ein sicher größerer Teil unausgegraben und damit unbekannt geblieben ist. Einen Fingerzeig können jedoch vielleicht zwei palisadenumhegte Gehöfte aus der späten Bronze- bis frühen Eisenzeit geben, die in den letzten Jahren bei Altdorf im Rheinischen Braunkohlengebiet aufgedeckt wurden (Fuchshofen/Geilenbrügge, 2010, S. 92–96).

Der Fundplatz Bochum-Katholikentagssiedlung stellt so noch viele Fragen. In der gegenwärtigen Forschungssituation wäre eine komplette Neuvorlage der Befunde und aller Funde nach heutigen Standards unbedingt zu begrüßen. An dem Potenzial der Fundstelle ist trotz des insgesamt relativ spärlichen Materials nicht zu zweifeln. Sie bedarf besonderer Aufmerksamkeit und Schutz durch die Bodendenkmalpflege.

BERNHARD SICHERL

2   AMPHIBOLITAXT

Die Amphibolitaxt aus Bochum-Kirchharpen, ehemalige Ziegelei Ringofen

Im Bochumer Stadtarchiv wird ein auch ästhetisch ansprechendes Steinobjekt verwahrt, das mit seiner stromlinienförmigen Gestalt, seiner glatt geschliffenen Oberfläche und der leicht konischen Bohrung für den unbefangenen Betrachter auf den ersten Blick wie eine moderne Skulptur oder ein Designerobjekt wirken mag. Tatsächlich handelt es sich aber um ein steinzeitliches Gerät.

Die harten Fakten dazu sind rasch aufgezählt (Stöllner, 2007). Es besteht aus Amphibolit, auch Hornblendeschiefer genannt, ist 16,9 Zentimeter lang, 5,6 Zentimeter breit und 3,4–4,1 Zentimeter hoch. Die Schneide ist an einer Seite ganz leicht verbreitert. Das der Schneide gegenüberliegende Ende, der sogenannte Nacken, ist gerundet. Das Bohrloch ist konisch geformt und hat auf der einen Seite einen Durchmesser von 2,6, auf der anderen einen von 2,1 Zentimetern. Schneide und Nacken tragen leichte Absplitterungen, eine größere aber wohl überschliffene Absplitterung findet sich auf einer flachen Seite.

Gefunden wurde das Objekt im Jahr 1953 in Bochum-Kirchharpen, an der ehemaligen Ziegelei Ringofen, etwa 40 Meter entfernt von einer Siedlung der mittleren Jungsteinzeit, genauer der Rössener Kultur. Die Schneide steckte in schierem Lösslehm, der Nacken ragte in den darüberliegenden Verbraunungshorizont, Spuren einer Eingrabung waren nicht erkennbar. Datierende Beifunde fehlen, ein Zusammenhang mit der Rössener Siedlung ist nicht unwahrscheinlich, aber auch nicht zwingend beweisbar.

Das durchlochte Steingerät ist auch nicht exakt mit besser datierbaren jungsteinzeitlichen Steingerättypen vergleichbar. Es könnte sich um das Derivat eines Breitkeils der mittleren Jungsteinzeit (Rössener Kultur) oder um eine etwas atypische Axt einer jüngeren Phase der Jungsteinzeit handeln (Brandt, 1967; Hoop, 1970). Im Folgenden wird es neutral als Amphibolitaxt bezeichnet. Einen gewissen Datierungsanhalt gibt das Material, da Amphibolit besonders in der älteren und mittleren Jungsteinzeit zur Herstellung von Steingeräten genutzt wurde. So wird seit etwa zwei Jahrzehnten ein etwa 160 Hektar großes Areal im böhmischen Isergebirge erforscht, das mit oberflächennahen Schürfgruben übersät ist und das nach Gesteinsanalysen während der älteren und mittleren Jungsteinzeit weite Teile Mitteleuropas mit Amphibolitgeräten versorgte (Ramminger/Šída, 2012). In geringerem Umfang ist aber auch mit Ausbeutung von Lagerstätten zum Beispiel im Fichtelgebirge zu rechnen (Nowak, 2008). Eine chemische Analyse des Gesteins der Bochumer Axt könnte wohl nähere Aufschlüsse über ihre Herkunft geben.

Nach der nicht abschließend exakt zu klärenden Datierungsfrage stellen sich auch Fragen nach Herstellungstechnik und Funktion. Wie schaffte man es ohne modernes Werkzeug, einen solch harten Stein zu schleifen und zu bohren? Die Antwort lautet: mit der Hand auf einer rauen anderen Steinfläche, mit Wasser, Sand und viel, viel Zeit. Anderenorts haben sich

2 | AMPHIBOLITAXT

Stadtarchiv Bochum – Archäologische Sammlung, Inv.-Nr. 77/400

L 16,9 cm, B 5,6 cm, Dm 3,4–4,1 cm; Stielloch: Dm 2,1–2,6 cm, L 4,1 cm; Hornblendeschiefer; wahrscheinlich Jungsteinzeit, Rössener Kultur; um 4500–4300 v. Chr.; Fundort: Bochum-Harpen, Ringofen, Ziegelei, 1953

Felsen mit ausgeschliffenen Rinnen erhalten, die Zeugnis von dieser langwierigen Arbeit geben. Ethnografische Beobachtungen bei Völkern, die noch steinzeitliche Techniken beherrschten, und praktische Experimente liefern stark abweichende Angaben für die benötigte Zeit, die zwischen einem Arbeitstag und sechs Wochen allein für das Schleifen eines Werkstücks schwanken (Kegler-Graiewski, 2007, S. 162).

Warum aber nahm man solche Mühsal überhaupt auf sich, wo es doch schon zuvor seit zehntausenden von Jahren Geräte vor allem aus Feuerstein gab, bei denen die Schneiden durch Schläge relativ rasch und leicht zugerichtet und geschärft werden konnten? Die Verfügbarkeit des Rohmaterials kann nicht die Ursache sein, da sowohl entsprechend große und qualitativ geeignete Feuersteine als auch Amphibolit im Bochumer Raum von auswärts beschafft werden mussten. Die Antwort ist wohl in den Materialeigenschaften zu suchen. Während der scharfe Feuerstein bei hartem stumpfem Aufprall schnell splittert, ist das Felsgestein zäher und widerstandsfähiger. Die nötige Schärfe konnte es aber nur durch den mühseligen Schliff erhalten. Dass meist nicht allein die Schneide, sondern auch die Seitenflächen geschliffen wurden, zeugt dabei von einem auch ästhetischen Anspruch und einem Streben nach Perfektion. Das geschliffene Beil war den Pionieren der Steinzeitforschung geradezu ein Definitionskriterium für die Jungsteinzeit, der „Epoche des geschliffenen Steins" (Lartet, 1861, zit. n. Eggers 1986, S. 61f.). Auch wenn geschliffene Steingeräte ein wichtiges Merkmal der Jungsteinzeit geblieben sind, wird diese Epoche heute vor allem durch das Aufkommen der revolutionär neuen, produzierenden bäuerlichen Wirtschaftsweise definiert, die die seit Anbeginn gültige Existenz des Menschen als Jäger und Sammler ablöste.

Der Zusammenhang zwischen geschliffenen Steingeräten und bäuerlicher Wirtschaftsweise ist dabei eher indirekt: Erst als man im natürlichen Urwald Lichtungen für landwirtschaftliche Flächen rodete und aus Holz dauerhafte Siedlungen bei den Feldern anlegte, war man gezwungen, in größerem Umfang Bäume zu fällen und zu spalten. Gerade hierfür brauchte man aber Werkzeuge, die scharf genug waren und dennoch nicht splitterten.

Während man geschliffene Steinbeile in der älteren Jungsteinzeit noch quer in ein geschlitztes Stockende einsetzte und durch Umwicklungen befestigte, begann man erst in der mittleren Jungsteinzeit damit, die Geräte mit einem Schaftloch zu versehen. Der Vorteil eines Schaftlochs, insbesondere wenn es leicht konisch gebohrt ist, liegt klar auf der Hand: Hierdurch konnte sich die schwere Klinge kaum mehr beim Aushohlen vom Schaft lösen, im Wald verlorengehen oder gar böse Arbeitsunfälle verursachen. Doch gibt es gerade zu Beginn der gelochten Steingeräte eine große Zahl von Stücken, bei denen die Gewichtsverteilung so asymmetrisch ist, dass man die Verwendung als Axt in Zweifel ziehen möchte. Auch erscheint bei vielen das Schaftloch zu klein, um einen Holzschaft halten zu können, mit dem man schwere Schläge ausführen konnte. Für diese Stücke wird daher überwiegend angenommen, dass sie als Setzkeile zum Spalten von Stämmen dienten. Mit dem relativ schwachen Schaft wäre dann der Keil nur in Position gehalten worden, während der Nacken für harte Aufschläge frei war. Dies trifft sich gut mit den leichten

Absplitterungen, die sich an Schneide und Nacken der Amphibolitaxt aus Bochum finden. Das Loch wurde nicht mit einer massiven Bohrspitze von vollem Lochdurchmesser angefertigt, was eine unnötige Mehrarbeit bedeutet hätte. Stattdessen lassen Funde von unvollendeten Stücken erkennen, dass in der Regel ein Hohlbohrer verwendet wurde, der sich ringförmig in das Gestein schliff. Als Bohrspitzen kommen hierfür vor allem harte Hohlhölzer wie etwa Holunder, eventuell auch Röhrenknochen in Frage.

Es ist zwar möglich, Steingeräte mit der bloßen Hand und einem Drillbogen zu bohren, aber sicher mit stärkerem Druck effektiver. Viele Museen zeigen Rekonstruktionen steinzeitlicher Bohrgeräte, in denen eine durch einen Hebelarm mit Steinen beschwerte Bohrspitze in eine hölzerne Stützkonstruktion eingespannt ist und mittels eines Drillbogens rotierend hin und her bewegt wird. Sichere Belege für die Existenz eines solchen Gerätes fehlen jedoch. Abschließend stellt die Amphibolitaxt aus Bochum-Kirchharpen eine Menge zumindest teilweise noch offener Fragen nach Zeitstellung, Funktion und Herstellungstechnik und entzieht sich damit – ebenso wie ein modernes Kunstwerk – einer restlosen Erklärung.

BERNHARD SICHERL

3 REGENBOGENSCHÜSSELCHEN VOM „BOCHUMER TYP"

Regenbogenschüsselchen

Regenbogenschüsselchen wachsen aus dem Erdboden empor und werden von sogenannten Sonntagskindern gefunden, heißt es in der Volkstradition des 19. Jahrhunderts. Man würde sie auch nach einem starken Gewitter am Ende des Regenbogens finden, dort, wo das Gold vom Regenbogen in den Erdboden tropfe. Diese Legende führte auch dazu, dass den Regenbogenschüsselchen sogar Heilwirkung bei verschiedenen Krankheiten, wie zum Beispiel Fallsucht, Krämpfen, Fieber und auch bei Geburtswehen, zugesprochen wurde und man sie als durchlochte Talismane um den Hals trug. Dass es in der Vorstellung der Bevölkerung glückliche „Sonntagskinder" waren, die solche „Schätze" entdeckten, spielt auf das materielle Glück an, das solch ein Fund den Findern brachte, waren doch derlei Münzen oft aus Gold und nicht nur für Sammler von erheblichem Wert. Häufig wurden diese eingeschmolzen und veräußert, nicht immer sind also solche Funde der Archäologie überliefert. So wird es auch dem Finder jener 538 Regenbogenschüsselchen gegangen sein, als dieser sie im Mai 1907 bei Bauarbeiten nahe dem alten Hauptbahnhof an der Bochumer Ehrenfeldstraße entdeckt hat. Nach einer im Stadtarchiv Bochum aufbewahrten Korrespondenz dürfte es sich bei dem Finder um einen Herrn Th. Wichmann gehandelt haben, der diesen Münzschatz in einem Gefäß etwa einen Meter unter der Oberfläche bergen konnte. Er beschreibt das Gefäß mit folgenden Worten: „[...] die Form des Gefäßes war die eines Straußeimers, an welchem das dickere Ende (etwa 1/3 des Ganzen) abgeschnitten ist. Größe etwa 3/4 Liter Rauminhalt. Die Wandung des Gefäßes hatte etwa eine Stärke von 1 cm, war vollständig glatt ohne irgendeine Verzierung [...]. Das Gefäß bestand aus gebranntem Ton und hatte eine gelbe Farbe (Ockergelb)" (StadtA Bo, MUSA 1/12). In dieser jüngeren Korrespondenz vom 27.2.1931 gibt er als Fundjahr 1905 an, im Gegensatz zu gängigen Angaben, die ihn zwei Jahre später datieren.

Jedenfalls wurde der Münzfund sehr schnell verkauft. Was damit finanziert wurde, bleibt unbekannt und es ist mühsam, den Weg der Funde in verschiedene Museen und Sammlungen zu verfolgen: Beschreibungen des Fundes erfolgten durch H. Buchenau (Buchenau, 1908) und R. Forrer (Forrer, 1908; s. a. Forrer, 1969). Der ursprünglich komplett erworbene Fund wurde verteilt. Der bekannte Prähistoriker und Numismatiker Robert Forrer aus Straßburg gibt später in einem ersten Standardwerk zur späteisenzeitlichen Numismatik an, dass er einen Großteil der Funde in seinem Privatbesitz hätte. Einen großen Teil seiner rund 100 Münzen schenkte Forrer an das Dortmunder Museum, wovon allerdings nur 50 Stücke den Krieg überdauerten. Weitere Münzen befanden sich 1972 in der Staatlichen Münzsammlung in München (13), im Landesmuseum für Kunst und Kultur in Münster (10) und in den Sammlungen von Herne, Schwerte, Basel und Chur. Weitere tauchten im Münzhandel und in Privatsammlungen auf, der größte Teil bleibt leider bis heute verschollen. Erst dreißig Jahre später konnte über den Augenarzt Dr. Koch eine erste Münze in den Besitz der Stadt Bochum

3 | REGENBOGENSCHÜSSELCHEN VOM „BOCHUMER TYP"

Museum für Kunst und Kulturgeschichte, Dortmund (40 Regenbogenschüsselchen)
Stadtarchiv Bochum – Archäologische Sammlung (ein Regenbogenschüsselchen)

Größen: Ca. H 0,4 cm, B 0,9 cm, T 1,2 cm; Bronze/Billon; spätkeltisch, 50–20 v. Chr.; aus einem Fund von 538 gleichartigen Münzen, Fundort: Bochum Ehrenfeldstraße, Mai 1907

gelangen, eine weitere folgte über die Vermittlung des damaligen Stadtarchäologen Karl Brandt (Brandt, 1997). Zwei von 538 konnten damit in den Schoß der Stadt zurückkehren.

Der Fund von 1907 hat wissenschaftliche Aufmerksamkeit erregt: Schon die ersten Bearbeiter des Typs, der Elsässer Robert Forrer und Heinrich Buchenau, haben den gleichartigen Prägetypus und die mutmaßlich späte zeitliche Einordnung herausgestellt: Typisch das auf der gewölbten Vorderseite dargestellte Triquetrum, ein Dreiwirbel, der in einen Lorbeerkranz eingeschrieben ist. Die Rückseite dagegen stellt in der Regel vier bis fünf kleine Kreisaugen sowie drei große Kreisaugen dar, die in einen gezackten Kranz rahmenhaft eingeschrieben sind. Dieser spätkeltische Münztyp sollte später als „Bochumer Typ" Eingang in die wissenschaftliche Literatur finden (zuletzt grundlegend: Roymans, 2001).

So gleichförmig die Münzen zunächst schienen, so unterschiedlich waren dann doch die kleinen Beizeichen, wie Halbkreise, Kreuze und Kreise, die schon Heinrich Buchenau beschreiben konnte. Auch bestand der Fund aus Silber- und Potinmünzen (Potin oder Billon ist eine Kupferlegierung nach Art unserer Bronze); zu welchem Anteil ist heute ohne moderne materialkundliche Untersuchung nicht mehr zu sagen. Viele der Regenbogenschüsselchen werden schon in der Erstpublikation als Silberpotine beschrieben, also wahrscheinlich mit Kupfer gestreckte Silbermünzen. Das Gewicht wurde bei 70 Stücken gewogen und auch der Feinsilbergehalt bei einem Stück untersucht: Mit einem Gewicht von 5,35 Gramm und einem Feinsilbergehalt von 175‰ ließen sich die Münzen, der damaligen numismatischen Tradition folgend, auf nachcaesarische Zeit, also etwa zwischen 50 und 20 vor Christus, einengen.

Wenn dem heute noch immer im Großen und Ganzen zuzustimmen ist, so tut das die moderne Forschung doch aus anderen und besser begründeten Argumenten: Schon Robert Forrer hat die Bochumer Münzen rechtsrheinischen Stämmen zugewiesen, deren Namen er aus jüngeren ethnografischen Beschreibungen etwa des Tacitus kannte: die Sugambrer, die Tencterer, Marser oder Ubier. Manche dieser Stämme hielten regen Kontakt auch zu Bewohnern oder sogar Angehörigen des Stammes links des Rheines. Hier wie dort waren sie im letzten Jahrhundert vor Christus Teil der spätkeltischen Oppidazivilisation, wenngleich am Nordrand dieser Kulturerscheinung gelegen und darum in manchem eigenständig. Diese Stämme, die eine jüngere Generation von Archäologen und Historikern später als „Völker zwischen Kelten und Germanen" beschreiben sollten, begannen, wie ihre Verwandten im Süden, relativ spät eigene Münzen zu prägen (Hachmann/Kossack/Kuhn, 1962). Eine Blütezeit ist hier tatsächlich nach der Mitte des ersten Jahrhunderts vor Christus festzustellen, ein Zeitraum, als im Süden Teile der sogenannten Oppidazivilisation nicht mehr bestanden und die Vettern im linksrheinischen Gallien unter römische Herrschaft und Verwaltung gefallen waren. Dennoch oder gerade deswegen entwickelte sich in den an römische Herrschaft nun angrenzenden Gebieten eine blühende Geldwirtschaft. Man übernahm mittelrheinische und süddeutsche Münzbilder und entwickelte diese weiter: Besonders zu vergleichen sind die Münzbilder der aus Gold oder Elektrum (Legierung aus Gold und Silber) bestehenden

3 | REGENBOGENSCHÜSSELCHEN VOM „BOCHUMER TYP"

„Regenbogenschüsselchen" (Statere) vom Typ Mardorf, benannt nach einem Münzfund, der gleich unserem im Hessischen nahe Marburg geborgen wurde (zu den rechtsrheinischen Typen zuletzt Schulze-Forster, 2002; 2015).

Die Münzen vom „Bochumer Typ" (Triquetrum-Münzen) belegen somit erstmals die Einführung einer eigenständigen Münzwirtschaft nördlich der Mittelgebirge. Dieser Vorgang wurde von traditionell empfundenen Vorbildern aus dem südlichen „spätkeltischen" Oppidaraum stimuliert. Münzen des Bochumer Typs sind in Westfalen, am Niederrhein bis in die Niederlande sowie in Hessen weit verbreitet. Größere Münzserien dieser Zeit wurden zuletzt auch in Lünen-Beckinghausen im Kreis Unna gefunden (Ebel-Zepezauer, in Vorbereitung): Dieser Fundort ist besonders interessant, lässt er doch erkennen, dass eine „spätestkeltische" Münzwirtschaft auch noch in einem frühgermanischen Fundhorizont kurz vor der Zeit der kurzen römischen Herrschaft zwischen 9–6 vor und 9 nach Christus (Varusschlacht) etabliert war: In Resten einer Siedlungsschicht, die durch ein jüngeres römisches Militärlager umgelagert wurden, fanden sich neben germanischen Funden auch alpine Importstücke und reichhaltige Belege dieser jüngsten Münzwirtschaft: Triquetrum-Münzen, aber auch Quinare mit dem Münzbild des tanzenden Männleins, so wie sie in Hessen am und rund um das große Oppidum am Dünsberg in großer Zahl bekannt sind.

Doch werfen wir abschließend noch einen Blick auf den Münztyp: Regenbogenschüsselchen entstanden schon im späten 3. Jahrhundert vor Christus vor allem bei den Boiern, Vindelikern und Helvetiern zwischen Süddeutschland, Österreich und Böhmen, Mähren und Ungarn. Dort bestanden sie überwiegend aus Gold mit hohem Feingehalt, was sie von den hessischen und rheinländischen Silber-, Potin- und Bronzeprägungen unterscheidet. Interessant ist, dass sie im Süden schon in der ersten Hälfte des 1. Jahrhunderts vor Christus außer Funktion kamen, in einer Zeit, in der sich der Münztyp im weiteren Mittelgebirgsraum erst nahezu gänzlich durchgesetzt hatte (Nick, 2006, S. 42f.). Somit wurde ein im Süden schon weitgehend antiquierter Münztyp im Mittelgebirgsraum und nördlich davon eingeführt. Warum gerade dieser Typ ausgewählt wurde, ist eine der interessanten Fragen, die weiterer Diskussion bedürfen. Hat dies mit ihrer Nutzung zu tun, die womöglich weniger als alltägliches Zahlungsmittel gesehen wurde? Auch die goldenen Regenbogenschüsselhorte im Süden wird man ja mitnichten als alltägliches Geld identifizieren, sondern in ihnen den Reichtum größerer Gruppen, vielleicht auch von Stämmen sehen (etwa im Sinne der bei Caesar überlieferten „Stammeskasse"). Allein die 538 Stück aus dem Bochumer Fund sind schon dadurch gut mit den großen süddeutschen Funden wie Großbissendorf und Manching zu vergleichen (Ziegaus, 1993; 1995).

Einen anderen Hinweis bieten die verwendeten Münzbilder: Der Dreiwirbel, das Triquetrum, wie er den Bochumer Typ ziert, ist eine der wichtigsten Symbole der keltischen Kunst seit dem 5. Jahrhundert vor Christus: Es taucht auf vielen Bildträgern auf, Trachtschmuck ebenso wie Waffen, Wagenbestandteile oder eben auch Münzen. Wie auch der römisch anmutende Lorbeerkranz dürfte das Symbol Heil bringende, Glück spendende Bedeutung besessen haben. Insofern waren die Münzen eben nicht nur Zahlungsmittel, sondern auch identitätsstiftende Wertgegenstände. Auch heute kennen wir diese zutiefst im kulturellen Gedächtnis verwurzelte Praxis der Münzprägung. Das Münzbild richtete sich an den Betrachter und Nutzer der Münzen und belegt, dass noch kurz vor der römischen Zeit der Blick der Bewohner der Hellwegzone tief in ihrer älteren „keltischen" Tradition verhaftet war: Erst mit der römischen Militärherrschaft im Lippe-/Emscher- und Ruhrraum veränderte sich diese kulturelle Prägung: Wer vorher nach Süden und aufs Rheinland schaute, sah sich nun dem stärkeren Antagonismus von römischem Militär und germanischen Stammesverbänden ausgesetzt. Die alten Symbole verschwanden allmählich und machten neuen Platz.

THOMAS STÖLLNER

4 | GRABBEIGABEN AUS LANGENDREER

Stadtarchiv Bochum – Archäologische Sammlung

Keramik, Ton, Bernstein, Glas, Gold; 8. Jh. n. Chr.; Fundort: Bochum-Langendreer (Westerheide), 1953

4 GRABBEIGABEN AUS LANGENDREER

Pars pro toto? Ein erneuter archäologischer Blick auf die merowingerzeitlichen Gräber von der Westerheide

Es regnete in Strömen, als die beiden Männer an diesem Sonntagmorgen im Juli 1953 in die Baugrube im Neubaugebiet in Kaltehardt kletterten. Hier, im Bereich der Straßen „Im Nordlicht" und „Im Esch" in Bochum-Langendreer, in der neuen Werkssiedlung der Zeche Mansfeld, hatte ein Nachbar am Eschweg archäologische Funde gemeldet, an denen sich Kinder zu schaffen machten. Einer der beiden Männer war Karl Brandt, der Direktor des Emschertalmuseums auf Schloss Strünkede in Herne. Er war in Bochum kein Unbekannter, hatte er doch schon zahlreiche vor- und frühgeschichtliche Fundstellen im Stadtgebiet entdeckt und erforscht. Auch jetzt zahlte sich Brandts Einsatz aus. In den folgenden zehn Tagen konnte er insgesamt vier der in der Region noch immer seltenen frühmittelalterlichen Gräber dokumentieren und zwei davon näher untersuchen. Sie sind Gegenstand der nachfolgenden Betrachtung.

Die Grabgruben beider Gräber besaßen die typische, langrechteckige Form von Körperbestattungen und waren west-östlich orientiert. Doch ließen sich in beiden keine Spuren eines Leichnams nachweisen; offenbar hatten sie sich in dem entkalkten Lehmboden nicht erhalten. Allerdings enthielt die eingefüllte Erde beider Gruben außer Tonscherben und Holzkohle auch verbrannte menschliche Knochenstücke, sogenannten Leichenbrand, der von weiteren Beisetzungen zeugt. Die Beigaben für die Verstorbenen in den Gräbern sind in der Vergangenheit mehrfach vorgestellt worden, insbesondere 2007 im Rahmen der Bochumer Ausstellung „Sieben und neunzig Sachen". Daher soll an dieser Stelle nicht eine wiederholte Beschreibung der Stücke vorgenommen, sondern eine Neubewertung des Gesamtbefundes und seine sozialgeschichtliche Einordnung versucht werden.

Eine Grabgrube war zu einer hölzernen Grabkammer mit Eckpfosten und Dielenboden ausgebaut. Das andere Grab besaß keine Holzkammer, sondern man hatte die Grube oberhalb der anzunehmenden Bestattung mit Brettern abgedeckt. Karl Brandts Grabungsdokumentation legt den Schluss nahe, dass in beiden Gräbern wahrscheinlich ein Sarg an der Nordwand stand. Auch die meisten Gegenstände wurden in der jeweiligen Nordhälfte angetroffen. Wie in Trachtlage konzentrierten sich hier in dem Kammergrab elf Perlen aus Ton, Glas und Bernstein im Hals- und Brustbereich, mitten darunter ein goldener Filigrananhänger. Ob es sich dabei um eine Halskette handelte, wie immer rekonstruiert wird, bleibt ungeklärt, spricht doch Brandt in seinem Bericht von einer „braunen schmierigen Masse", in der die Stücke lagen. Da man heute weiß, dass derartige Rückstände von vergangenem Leder oder Ähnlichem herrühren, könnten Perlen und Anhänger auch in einem Lederbeutel abgelegt oder an einer Unterlage aufgenäht gewesen sein. Im selben Grab, offensichtlich in Höhe der rechten Schulter, fand sich noch ein weiteres goldenes Schmuckstück, und zwar eine Pressblechscheibe als Oberseite einer Fibel (Brosche), deren bronzene Unterlage vollständig vergangen war. Ein kleines Eisenmesser lag zusätzlich in Höhe „der linken Hand". Die beiden Gefäße am Fußende der Grabkammer hatten die Fundmeldung ausgelöst: Eine große, dreihenkelige, helltonige Amphore beziehungsweise ein Krug Badorfer Machart, von dem ein Gefäßviertel schon vom Bagger beim Ausschachten der Baugrube weggerissen worden war und ein kleiner Tontopf, ein sogenannter Kumpf, so nennt man ein Gefäß mit kaum gegliederter Wandung. Brandt berichtete, er habe an der Innenwand dieses Gefäßes dunkle Rückstände bemerkt. Sie sind heute nur noch in wenigen Resten erhalten und dürften von der ursprünglichen Funktion des Topfes als Kochgefäß stammen, während die Brandspuren an der Gefäßaußenseite auch von einem Scheiterhaufenfeuer herrühren können.

In dem anderen, nicht holzverschalten Grab fanden die Ausgräber nur ein eisernes, einschneidiges Kurzschwert, einen sogenannten Breitsax, von mindestens 60 Zentimetern Länge und knapp fünf Zentimetern Klingenbreite. Man hatte ihn in Höhe des linken Armes oben auf den Sarg beziehungsweise auf die hölzerne Abdeckung der Grabgrube gelegt.

Aufgrund der Trachtgegenstände in den Gräbern werden die Bestattungen in die Zeit um 700 datiert. Die Einordnung der beiden Gefäße lässt auch einen etwas späteren Zeitpunkt zu. Der handgefertigte Kumpf, als typische Gefäßform des hiesigen frühen Mittelalters, gehört mit seiner kleinen Hals- und Randlippe in das 7. und 8. Jahrhundert. Die scheibengedrehte Badorfer Amphore ist aber abseits ihrer Produktionsregion – das ist die Gegend um Badorf, Pingsdorf, Eckdorf und Brühl – frühestens in das erste Viertel des 8. Jahrhunderts zu setzen. Hierhin gehören auch die in der Grabgrubeneinfüllung aufgefundenen, rollstempelverzierten Badorfer Gefäßscherben. Da die Grabungsdokumentation Brandts keine Hinweise auf nachträgliche Eingriffe in die Grabgrube erkennen lässt und der Gesamtbefund daher als geschlossene Einheit anzusehen ist, kommt als Beisetzungszeitpunkt für die Verstorbenen am ehesten die erste Hälfte des 8. Jahrhunderts in Frage. Zu diesem Datierungsansatz passt auch die Tatsache, dass man dem Toten im zweiten Grab das mächtige Hiebschwert nicht in, sondern auf den Sarg gelegt hatte. Im Verlauf des 8. Jahrhunderts erlischt die klassische Beigabensitte auch im rechtsrheinischen Raum nach und nach. Wir haben es hier also eher mit einer symbolischen Geste als mit einer Waffenbeigabe entsprechend dem sozialen Status zu tun.

Legt man das derzeitige traditionelle Rollenverständnis zugrunde, sind an der Westerheide wahrscheinlich eine Frau und ein Mann bestattet worden. Doch da sich keine unverbrannten Knochen erhalten haben, sind nähere Angaben, zum Beispiel zur Anzahl der Personen, Lebensalter, Gesundheitsstatus, Herkunft, Verwandtschaft und Geschlecht nicht möglich.

Die verbrannten Knochen in der Einfüllung beider Grabgruben stammen wahrscheinlich von älteren Feuerbestattungen, die bei Anlage der Körpergräber zerstört wurden. Insbesondere die zahlreichen, sekundär verbrannten Tongefäßscherben und großen Holzkohlestücke sind typisch für die Beisetzungsform der Scheiterhaufenbestattung, wie sie häufig in den

Jahrhunderten der römischen Kaiserzeit gepflegt wurde. Der bisher in der älteren Literatur zu findende Hinweis auf die Leichenbrandstücke im Kumpfgefäß des Frauengrabes bestätigt sich bei neuer Durchsicht des vorhandenen Fundmaterials nicht, stattdessen stammt die Mehrzahl der aufgefundenen Knochen aus der Erdfüllung der Grabgruben.

Aus den Gegenständen in den Gräbern lassen sich noch weitere Rückschlüsse ziehen. Zusammen mit dem Grabbau ermöglicht insbesondere der Goldschmuck, bestehend aus Filigrananhänger und Scheibenfibel, eine nähere frühgesellschaftliche Einordnung. Im 6. und 7. Jahrhundert waren Halsketten mit goldenen Schmuckanhängern sowie goldene Pressblechscheiben im Merowingerreich begehrte und teure Importgüter aus dem mediterranen Raum. Sowohl die Anhänger als auch die aus Punzen komponierte Dekoration der Scheibenfibel sollten den Schmuck und Edelsteinbesatz königlicher Kleidung nachahmen, wie ihn zum Beispiel die Darstellung der oströmischen Kaiserin Theodora in der Darstellung in San Vitale in Ravenna in der ersten Hälfte des 6. Jahrhunderts zeigt oder die neustrische Königin Bathilde in der zweiten Hälfte des 7. Jahrhunderts auf ihrem Umhang als gesticktes Abbild ihres Ornates getragen hat. Die byzantinische Hoftracht war über Jahrhunderte Vorbild für die Mode der frühmittelalterlichen Hofdamen, später auch für die örtlichen Ober- und Mittelschichten.

Wie diese seltenen und kostbaren Objekte jeweils in die Hände ihrer letzten Besitzerinnen gelangten, ist kaum zu klären, doch weisen sie in jedem Fall die Frau von der Westerheide als privilegiert aus. Im ländlichen Raum war sie die Herrin eines Hofes, zu dem Gesinde, aber auch die Familienangehörigen ihres Mannes gehörten. Zur Grabausstattung dieses weiblichen Standes gehörten Schmuck genauso wie Haus- und Hofführung symbolisierende Gerätschaften, beispielsweise Spinnwirtel, Flachsbrechen, Scheren et cetera. Hatte eine alte Hofherrin die Führung bereits an eine jüngere abgegeben, fehlen diese Gegenstände weitestgehend. Doch sie wird im Tod weiterhin durch wertvollen Schmuck und eine aufwändige Beisetzungsart, zum Beispiel in einer gezimmerten Kammer, gekennzeichnet, wie es sich bei der Frau von der Westerheide nachweisen lässt. Nur das kleine Eisenmesser in Höhe ihrer linken Hand weist noch auf ihre frühere Funktion hin.

Um zu beurteilen, wie die Gräber besiedlungsgeschichtlich einzuordnen sind, lohnt ein Blick auf die örtliche Topografie. Langendreer liegt auf den nördlichen Ausläufern des Ardeygebirges, der Langendreer Bach teilt das Gelände von Nordost nach Südwest in Richtung Ölbachtal. Die Fundstelle befindet sich in zum Bach gerichteter, sanfter nördlicher Hanglage auf der Flur Westerheide. Westlich, in circa 300 Metern Entfernung, verläuft in der ältesten topografischen Aufnahme von 1840 ein ebenfalls zum Langendreer Bach orientiertes Trockentälchen.

Die Lage der 1953 gefundenen merowingerzeitlichen Gräber von Bochum-Langendreer ist typisch für frühmittelalterliche Bestattungsplätze in der Region. Leicht erhöht auf trockenem Untergrund befanden sie sich regelhaft in Sichtweite zu den Weilern und Gehöften, die in der Regel in Wassernähe anzutreffen waren. Vom alten Ortszentrum von Langendreer mit der historischen Christuskirche ist die Fundstelle allerdings fast 1,5 Kilometer entfernt. Ein Blickkontakt von hier aus zu den Gräbern der Ahnen ist durch die räumliche Distanz erschwert, aufgrund der örtlichen Topografie sogar unmöglich.

Karl Brandt konnte bei seinen Ausgrabungen nur vier frühmittelalterliche Gräber freilegen. Er untersuchte eine Fläche von circa 400 Quadratmetern, doch weitere Gräber oder zeitgleiche Fundstücke, wie Scherben oder verbrannte Knochenreste, fand er nicht. Es ist daher anzunehmen, dass tatsächlich nur wenige Gräber existiert haben und es sich bei dem Friedhof um eine Hofgrablege und nicht um den gemeinschaftlichen Begräbnisplatz eines heute unbekannten Weilers handelt. Im rechtsrheinischen Raum sind separate Sepulturen erst im Verlauf des 7. Jahrhunderts angelegt worden. Diese Bestattungsplätze wurden mit dem Bau der ersten Kirche nach und nach aufgegeben und die Verstorbenen der Fürsorge der Heiligen in den Kirchen, „ad sanctos", und dem Gebetseifer der Lebenden anvertraut. Die „memoria" ersetzte sukzessive Beigaben und Grabbauten.

Es ist an dieser Stelle müßig zu spekulieren, ob und gegebenenfalls welcher der erst gegen Ende des 9. Jahrhunderts für Langendreer einsetzenden schriftlichen Nennungen von Hofstellen und Personen die Bestattungen von der Westerheide der „uilla Thréiri" zuzuordnen wären. Die Gräber stehen für sich selbst: Die Frau von der Westerheide erscheint noch im Tod als „Grande Dame", als welterfahrene, ehemalige Hofherrin einer „familia", deren Grablegung in Beigabenqualität und Bestattungsaufwand ihren Status und den ihrer Familie signalisiert. Ihr Grab ist ein eindrucksvolles Zeugnis für die materielle Lebenswelt und gesellschaftlichen Strukturen der Hellwegregion zu einer Zeit, bevor Karl der Große die wirtschaftlichen Grundlagen für neue Zentren legte und begann, eigene kulturelle Impulse zu setzen.

HENRIETTE BRINK-KLOKE

5 WERDENER URBAR

Bochums Name und Anfänge

Auf der Rückseite von Blatt 32 (fol. 32v) des sogenannten Werdener Urbars A findet man einen Eintrag, der besagt, dass in der „villa Aldanbuchem" ein freier Mann namens Ortger [dem Benediktinerkloster Werden] zehn Scheffel Roggen und ebenso viele Scheffel Gerste abzuliefern habe („in villa Aldanbuchem Ordger liber X modios de sigilo et totidem de ordeo").

Zum Verständnis dieses Satzes bedarf es einiger Erläuterungen: Das Kloster Werden wurde um 799, also noch während der sogenannten Sachsenkriege Karls des Großen (772–804), durch den Missionar und späteren ersten Bischof von Münster Liudger (gestorben 809) auf dessen Besitz in Werden (heute ein Stadtteil von Essen) als Benediktinerabtei gegründet. Im Jahr 877 übertrug man sie dem König, so dass sie den Status eines Reichsklosters erlangte. Das geistliche Institut verfügte über beträchtlichen und weit gestreuten Besitz, der grundherrschaftlich gut organisiert war. Dabei bedienten sich die Mönche schriftlicher Hilfsmittel.

Ein Urbar ist ein zu Verwaltungszwecken geführtes, buchförmiges Verzeichnis der Güter und Liegenschaften, Abgaben und Dienste einer Wirtschaftseinheit, in der Regel einer Grundherrschaft. Die Werdener Mönche trugen in dieses Buch ein, wer wo von dem Kloster herrührenden Besitz innehatte und welche Abgaben davon dem Konvent dafür zu leisten waren. Das älteste Werdener Urbar, das deshalb als Urbar A bezeichnet wird, besteht aus 39 Blättern, die in sechs Lagen zusammengeheftet und in starkem Hirschleder eingebunden sind. Die Einträge, geschrieben in der Karolingischen Minuskel, stammen von verschiedenen Händen, deren älteste in die Zeit um 900 datiert wird.

Eine der Hofstellen der Werdener Grundherrschaft lag, wie dem eingangs zitierten Satz zu entnehmen ist, in der „villa Aldanbuchem", also im Weiler Altenbochum, der sich irgendwo dort befand, wo sich jetzt der Stadtteil dieses Namens erstreckt. Das lateinische Wort „villa" hat ein breites Bedeutungsspektrum. Vom Einzelhof, also einer Hofstelle mit Wohnhaus und Nebengebäuden, bis hin zu einer Siedlung kann es vieles bedeuten; nie aber meint es lediglich ein einzelnes Gebäude, sondern immer einen oder mehrere Gebäudekomplexe mit zugehörigen Wirtschaftsflächen.

Die Ortsbezeichnung lässt aufmerken: Denn dort, wo es ein Alt-Bochum gab, muss auch ein Neu-Bochum existiert haben. Hinweise auf dessen Lage förderten die Archäologen zutage. Nach Grabungen in der heutigen Propsteikirche St. Peter und Paul im Stadtzentrum Bochums entdeckten sie Überreste eines karolingischen Gotteshauses, ohne es freilich genauer zu datieren. Es könnte also ebenso aus dem ausgehenden 8. wie aus dem späten 9. Jahrhundert stammen. Zu diesem Befund passt, dass Karl der Große (768–814) beziehungsweise seine Nachfolger zwischen dem Rhein und Paderborn Königshöfe als Versorgungsstationen entlang des Hellwegs anlegen ließen, zu denen oft auch eine Kirche gehörte. Solche Königshöfe waren Mittelpunkte königlicher Grundherrschaften mit ausgedehntem

5 | WERDENER URBAR

Landesarchiv NRW, Abt. Rheinland – Faksimile Einhart Grotegut

H 23,5 cm, B 18 cm; Pergament

Landbesitz. Es spricht manches dafür, dass sich Bochum aus einem solchen Hof entwickelte. Wie man sich die Siedlungsentwicklung vorzustellen hat, ist allerdings ungewiss.

Ein etwas konkreterer Hinweis auf das „neue" Bochum begegnet erst rund eineinhalb Jahrhunderte später in einer Urkunde Erzbischof Hermanns II. von Köln (1036–1056) für das Kloster Deutz. Mit diesem Stück aus dem Jahr 1041 bestätigt der Metropolit, dem Kloster elf Hufen und 40 Hörige aus der unmittelbaren Umgebung eines „Cofbuokheim" genannten Königshofs übertragen zu haben. Dafür, dass es sich bei diesem Ort um das „neue" Bochum handeln könnte, spricht der zweite Namensbestandteil „buokheim", der, wie der Namenforscher Paul Derks meint, auf dieselben sprachlichen Wurzeln zurückzuführen ist wie „buchem", nämlich auf „boka" (die Buche) und „hem" (die Siedlung). „Bok-hem" beziehungsweise Bochum wäre demnach die Bezeichnung für eine Siedlung unter Buchen.

So bleibt noch der erste Bestandteil des Ortsnamens „Cofbuokheim" zu klären. Auch hierfür gibt es eine plausible Deutung. Um 860 übte ein Adliger namens Cobbo im Bochumer Raum Grafenrechte aus. Dass Cobbos Name in den Siedlungsnamen einging und dabei lautlich zu „Cof" verändert wurde, hält Paul Derks für wahrscheinlich. „Cof-Buokheim" wäre somit als „Cobbos Buchensiedlung" zu deuten. Demnach hätte man sich die frühe Entwicklung folgendermaßen zu denken: Ursprünglich gab es nur eine einzige Siedlung namens „Bokhem/Bochum". Als nach der Mitte des 9. Jahrhunderts mit dem Königshof und einigen dazugehörigen Hofstellen eine zweite entstand, wurde diese zur Unterscheidung von der älteren, dem Altenbochum des Werdener Urbars, nach dem Grafen Cobbo als dem örtlichen Amtsträger des Königs und faktischen Grundherrn benannt. Cobbos Bochum mitsamt seinem Gotteshaus war der Siedlungskern der heutigen Stadt Bochum.

Die Entwicklung des Orts bis etwa zur Mitte des 11. Jahrhunderts bleibt im Dunkeln. Im Jahr 1065, also während der Herrschaft des salischen Königs und späteren Kaisers Heinrich IV., begegnet zum letzten Mal ein Nachfolger Cobbos im Grafenamt in den Quellen; ein Bezug zu Bochum lässt sich dort allerdings nicht mehr entdecken. Hingegen befanden sich damals bereits mehrere Hofstellen im Besitz der Kölner Erzbischöfe, von denen ja einige 1041 dem Benediktinerkloster Deutz übertragen worden waren. Zu denjenigen Kirchen, die dieser Abtei gehörten und deshalb einen Zins zu entrichten hatten, zählte, wie aus den um 1160 entstandenen Aufzeichnungen des Deutzer Küsters Dietrich hervorgeht, auch das Gotteshaus in Bochum. Was war geschehen? Allem Anschein nach hatte einer der Könige des römisch-deutschen Reichs (welcher ist unbekannt), Hufen und Kirche, vielleicht sogar den gesamten Königshof, einem Kölner Metropoliten übertragen – und dieser oder einer seiner Nachfolger beschenkte das Kloster Deutz aus dieser Vermögensmasse.

STEFAN PÄTZOLD

6 | TAUFSTEIN AUS DER PROPSTEIKIRCHE ST. GERTRUDIS IN WATTENSCHEID (ABGUSS)

Stiftung Ruhr Museum Essen

H 81,5 cm, B und T 97 cm, Dm 94 cm; Material Orig.: Ruhrsandstein, Eisen; Ruhrregion, 1. H. 12. Jh. und 14. Jh.; Abguss 2014 Ruhr Museum, Essen

6 TAUFSTEIN AUS DER PROPSTEIKIRCHE ST. GERTRUDIS IN WATTENSCHEID (ABGUSS)

Fakten und Legenden zur Christianisierung der Ruhrregion. Der Wattenscheider Taufstein

Der Abguss des steinernen Taufbeckens in der Wattenscheider Propsteikirche wurde 2014 für die Ausstellung „Werdendes Ruhrgebiet" des Ruhr Museums angefertigt, die das frühe Mittelalter und die Christianisierung der Rhein-Ruhr-Region zum Thema hatte. In der Wattenscheider Lokalgeschichte ist das Original als „Tausendjähriger Taufstein" überliefert. Würde dieses Alter zutreffen, wäre es tatsächlich der „älteste deutsche Figurentaufstein", wie öfter stolz behauptet wurde. Die ältesten Becken mit figürlichem Schmuck sind nämlich erst aus dem frühen 12. Jahrhundert überliefert. Auch das kesselförmige, auf vier Löwen ruhende Wattenscheider Becken dürfte sehr viel später als um 950/1000 entstanden sein, wenn es auch unter den romanischen Taufsteinen des Ruhrgebiets sicher eines der urtümlichsten ist.

In den vier Flachreliefs auf seiner Wandung sind mit der Geburt, der Taufe, der Kreuzigung und der Auferstehung Christi die wichtigsten Ereignisse der christlichen Heilsgeschichte dargestellt. Alle Szenen sind auf das Wesentliche – die handelnden Personen und einige wenige Gegenstände – reduziert; Umgebungsangaben und jegliches schmückende Beiwerk wie Rahmen oder Ornamente fehlen. Die Figuren sind gedrungen und starr; ihre durchweg überproportioniert großen, von Scheibennimben hinterfangenen Köpfe zeichnen sich durch ausdrucksstarke, große Augen aus.

Die Bildszenen folgen Vorbildern in der frühromanischen Kunst, vor allem der Buchmalerei. So wird die Geburt nicht mit der später geläufigen Krippenszene, sondern nach byzantinischer Tradition mit der liegenden „Maria im Wochenbett" gezeigt. Hinter dem Lager mit Maria und dem gewickelten Kind schauen die Köpfe von Ochs' und Esel hervor. Die Taufe durch Johannes den Täufer ist auf die beiden beteiligten Personen reduziert: Johannes träufelt mit einer Hand Wasser über den Kopf Jesu, der – hier ist das Relief stark verwittert – entweder in einem Bottich in der Form des Wattenscheider Taufsteins oder in einem „Wasserberg" sitzt, wie er auf anderen romanischen Taufbecken, wie etwa dem berühmten Lütticher Bronzebecken des Reiner von Huy, dargestellt ist. Die Kreuzigung ist als Dreiergruppe gestaltet: Maria und der Jünger Johannes stehen unter den ausgebreiteten Armen des Gekreuzigten. Das Relief mit der Auferstehung ist am schlechtesten erhalten; es zeigt den stehenden Christus mit einer Kreuzesfahne.

Ursprünglich besaß das Taufbecken einen bronzenen Deckel, wie die Scharniere am oberen Rand erkennen lassen. Da das Taufwasser üblicherweise nur einmal im Jahr, meist in der Osternacht, geweiht wurde, musste es vor Entweihung und Verunreinigung geschützt werden. Vermutlich gehörte auch ein bronzener Einsatz, der das Wasser aufnahm, zur Originalausstattung. Die sitzenden Löwen, auf denen das Becken ruht, sind eine Hinzufügung aus späterer Zeit. Sie wurden wohl erst im 14. Jahrhundert angefertigt. Einer der Löwen wurde 1928 zusammen mit dem Unterbau ergänzt, als man das Taufbecken vom Westen der Kirche

6 | TAUFSTEIN AUS DER PROPSTEIKIRCHE ST. GERTRUDIS IN WATTENSCHEID (ABGUSS)

zum Altarraum hin versetzte. Dies war eigentlich eine protestantische Tradition: Die lutherischen Gemeinden stellten im 16. Jahrhundert von Anfang an den Taufstein vor den Altarbereich auf die Ebene der Kirchenbänke, weil die Taufe im Gottesdienst vor dem Angesicht der Gemeinde vollzogen werden sollte. In katholischen Kirchen steht der Taufstein meist in der Nähe des Eingangs und die Taufen finden unabhängig von der Messe statt.

Taufe und Christianisierung
Während in der frühchristlichen Kirche die Taufe ausschließlich von Bischöfen durch Untertauchen des Täuflings in großen Piscinen nach dem Vorbild antiker Wasserbecken durchgeführt wurde, begnügte man sich im frühen Mittelalter zunächst mit natürlichen Fließgewässern. Als das Taufrecht im 9. Jahrhundert von den Bischöfen auf die Pfarrer überging, begann man in den Pfarrkirchen Tauforte einzurichten. Die „Fünte" (von lat. fons, Brunnen) genannten Taufbecken fanden sich stets in der Nähe des Kircheneingangs im Westen, da man nur als getaufter Christ an den Messen teilnehmen durfte. Der östliche Chorbereich deutete bereits auf die Wiederkunft Christi hin, während der Westen dem Bösen und Dämonischen vorbehalten war. Mit ihren zähnefletschenden Mäulern verkörperten die Löwen des Wattenscheider Taufsteins dieses Böse, das jedoch durch ihre religiöse Indienstnahme als Tragefiguren des geweihten Taufwassers gebannt wurde. Zusätzlich dienten sie am Kircheneingang der Abwehr alles Unreinen.

Durch eine alte Legende ist der Taufstein mit dem Kloster Werden und der Christianisierung der Ruhrregion verbunden:

> „Als sich vor mehr als 1000 Jahren immer mehr Bauern aus Wattenscheid und den angrenzenden Siedlungen zum christlichen Glauben bekehren ließen, geriet der Teufel in großen Zorn. Vor allem die Benediktinerabtei Werden war ihm ein Dorn im Auge, deshalb fasste er den Plan, sie zu zerstören. Im Ruhrtal fand er einen mächtigen Felsbrocken, groß genug, um damit die Abtei zerschmettern zu können. Er lud sich den Felsen auf die Schultern und eilte nach Werden. Unterwegs begegnete er einem von Wattenscheid nach Werden wandernden jungen Mönch. Als dieser den Teufel erblickte, ahnte er schon dessen unseliges Vorhaben. Sofort griff er nach seinem unter der Kutte verborgenen Kreuz und streckte es dem Teufel zum Bann entgegen: ‚Im Namen Gottes – ich befehle Dir – Wirf den Stein fort!' Als der Teufel das Kreuz erblickte, schwand sein Mut, kraftlos warf er den Felsen, laut vor sich hin fluchend, in Richtung Werden. Doch schon in geringer Entfernung fiel der Stein noch diesseits der Ruhr auf einen Berghang, ‚die Platte' genannt, nieder. Der junge Mönch setzte seinen Weg zur Abtei fort. Dort angekommen, berichtete er Liudger, dem Abt des Klosters, von seinem Erlebnis. Liudger ließ daraufhin diesen Teufelsstein nach Werden bringen und beauftragte einen Mönch damit, aus diesem Felsen ein Taufbecken zu arbeiten. Zügig ging die Arbeit voran. Bald schon zierten vier Begebenheiten aus dem Leben Jesu den Taufstein. Nachdem das Werk vollendet war, schenkte Liudger es der Kirche St. Gertrud in Wattenscheid" (Sondermann, 1994, S. 165f.).

6 | TAUFSTEIN AUS DER PROPSTEIKIRCHE ST. GERTRUDIS IN WATTENSCHEID (ABGUSS)

Auch für die ehemals nur drei das Becken tragenden Löwen bietet die Sage eine Erklärung:
„Die Freude der Wattenscheider über den neuen Taufstein währte nicht lange, denn eine Schar Germanen, die nicht den Christenglauben annehmen wollte und sich bisher in dichten Wäldern und tiefen Schluchten versteckt gehalten hatte, griff wenig später die kleine Kirche an. Sie stürmten das Gotteshaus, ergriffen den Geistlichen und jagten die andächtig betende Gemeinde laut höhnend aus der Kirche. Dann stürzten sie sich auf den Taufstein, um ihn in tausend Stücke zu zerschlagen. Nie wieder sollten über ihm Germanen zu Christen getauft werden. Doch gerade als sie ihr gottloses Vorhaben beginnen wollten, sprangen vier Löwen zur Kirche herein und stellten sich schützend vor den heiligen Stein. Drei der Löwen hoben das Taufbecken hoch und setzten es sich auf den Rücken. Keiner der Angreifer wagte es nun mehr, dem Taufstein in böser Absicht nahe zu kommen, sodass sie schließlich unverrichteter Dinge die Kirche wieder verlassen mussten. Der vierte Löwe hatte unterdessen den frommen Geistlichen von den Fesseln befreit, die ihm die Ungläubigen angelegt hatten, und ihn ins sichere Rheinland getragen. Wo dieser Löwe seither geblieben ist, weiß niemand zu sagen. Die drei verbliebenen Löwen, die den Taufstein schützend auf ihren Rücken trugen, sind mit der Zeit geschrumpft und versteinert, doch ruht der aus dem Teufelsfelsen gearbeitete Taufstein bis heute auf ihnen" (ebd.).

Die Wattenscheider Kirche hat tatsächlich sehr alte Wurzeln und die Überlieferung des Taufsteins als Geschenk des Klostergründers Liudger trug sicher dazu bei, sie als eine Säule der Christianisierung der Ruhrregion anzusehen. Dass die Gründung einer „Urkirche" auf die Missionsversuche des englischen Missionars Suitbert zurückgeht, darf allerdings bezweifelt werden, denn außer einer kurzen Erwähnung in der um 730 verfassten „Kirchengeschichte der Angelsachsen" des Beda Venerabilis gibt es keine konkreten Angaben über dessen Wirken in der Region. Nach erfolglosen Bemühungen an der Ruhr zog sich demnach Suitbert 694 vor den Angriffen der Sachsen an den Rhein zurück, wo er das Kloster Kaiserswerth gründete, in dem er 713 starb. Die für diese Zeit angenommene erste Holzkirche mit Taufbrunnen, mit der für Wattenscheid eine der ältesten, vorkarolingischen Kirchen des Ruhrgebiets verbunden gewesen wäre, bleibt also reine Spekulation.

Um 770 soll dann eine neue Wehrkirche und Burg auf dem heutigen erhöhten Platz der Propsteikirche errichtet worden sein. Auch hierfür gibt es zwar keine baulichen Zeugnisse, doch wird das Gertrudpatrozinium als Beleg angeführt. Die heilige Gertrud von Nivelles starb am 17. März 659 als Äbtissin des Klosters Nivelles bei Brüssel. Vor allem in der Regierungszeit Pippins des Jüngeren (751–768) sollen neu gegründete Kirchen mit ihrem Schutzpatronat ausgestattet worden sein. Aber auch diese Wunschannahme hält der neueren Forschung nicht stand, da Gertrudpatrozinien rechtsrheinisch erst seit dem 10. Jahrhundert verstärkt auftreten.

Nach den ersten erfolglosen Bemühungen entstanden im Ruhrgebiet im Zuge der Sachsenmission Karls des Großen mit der Benediktinerabtei Werden (799) und dem Stift Essen

6 | TAUFSTEIN AUS DER PROPSTEIKIRCHE ST. GERTRUDIS IN WATTENSCHEID (ABGUSS)

(um 852) die wichtigsten Stützpunkte des neuen Glaubens. Die ersten schriftlichen Belege für Wattenscheid finden sich bekanntermaßen im „Werdener Urbar", einem Heberegister aus dem Ende des 9. Jahrhunderts, in dem die abgabepflichtigen Höfe der Abtei Werden aufgelistet sind. Den Eintragungen nach zahlten Bauern aus der „villa Wattenscethe", die vom Kloster Land zur Bewirtschaftung bekommen hatten, Naturalabgaben an die Abtei. Viele Wattenscheider Höfe leisteten außerdem über Jahrhunderte dem Stift Essen den Zehnten.

Karl der Große verstand sich selbst als politische und religiöse Machtinstanz. Seine militärischen Operationen und die Neuverteilung der weltlichen Herrschaft hingen untrennbar mit der Zwangsmissionierung der Besiegten zusammen. Seit der Konversion des ersten fränkischen Königs Chlodwig zum Christentum im Jahr 498 war die Taufe das öffentliche Signal für die Unterwerfung unter den stärkeren Gott. Wenn sich ein germanischer Fürst militärisch geschlagen geben musste, weil der Christengott offensichtlich über seine eigenen Götter gesiegt hatte, folgte die Massentaufe des gesamten Stammes. Schon bei Chlodwig waren 3 000 Krieger mitgetauft worden. Vermutlich wurde die Taufe von den sächsischen Adligen mehr aus Gründen der Dynastiesicherung und aus Furcht vor Sanktionen vollzogen; von einer persönlichen Bekehrung wird man in den wenigsten Fällen ausgehen können. Auch aus diesen Gründen stand die Kirche den Massentaufen eher skeptisch gegenüber und betonte, dass der Taufe eine religiöse Unterweisung voranzugehen habe. Sowohl auf der bayerischen Synode an der Donau von 796, auf der über die Missionierung der Awaren beraten wurde, als auch von seinem wichtigsten Berater Alkuin wurde Karl der Große öfter ermahnt, dass die Bekehrung ein Werk Gottes sei und nicht erzwungen werden könne.

In dem wahrscheinlich von einem angelsächsischen Missionar übersetzten altsächsischen Taufgelöbnis, das während der Sachsenkriege entstand und in einer Handschrift aus dem Jahr 800 im Vatikan erhalten ist, musste der Täufling nicht nur dem Teufel, sondern auch den germanischen Göttern abschwören:

„Forsachistû diabolae? – Sagst du dem Teufel ab? / et respondet: ec forsacho diabolae. – Und er antwortet: Ich schwöre dem Teufel ab. / end allum diobolgeldae? – Und allem Teufelsdienst? / respondet: end ec forsacho allum diobolgeldae. – Er antwortet: Und ich schwöre allem Teufelsdienst ab. / end allum dioboles wercum? – Und allen Teufelswerken? / respondet: end ec forsacho allum dioboles wercum and wordum, Thunaer ende Wôden ende Saxnôte ende allum thêm unholdum, thê hira genôtas sint. – Er antwortet: Und ich schwöre allen Teufels-Werken und Worten ab, Donar und Wotan und Saxnot und allen Dämonen, die ihre Genossen sind. / Gelôbistû in got alamehtigan fadaer? – Glaubst du an Gott, den allmächtigen Vater? / ec gelôbo in got alamehtigan fadaer. – Ich glaube an Gott, den allmächtigen Vater. / Gelôbistû in Crist, godes suno? – Glaubst du an Christus, Gottes Sohn? / ec gelôbo in Crist, gotes suno. – Ich glaube an Christus, Gottes Sohn. / Gelôbistû in hâlogan gâst? – Glaubst du an (den) Heiligen Geist? / ec gelôbo in hâlogan gâst. – Ich glaube an (den) Heiligen Geist" (Padberg, 2006, S. 76f.).

6 | TAUFSTEIN AUS DER PROPSTEIKIRCHE ST. GERTRUDIS IN WATTENSCHEID (ABGUSS)

Im Taufritus des Mittelalters veränderten sich die gesprochenen Worte gemäß der Weiterentwicklung der Taufe. Nach der flächendeckenden Christianisierung und dem Ende der Gewaltmission verschwanden die Namen der Dämonen; allerdings war es noch lange üblich, vor der Taufe dem Bösen abzuschwören und es ist verblüffend, wie sehr die Worte teilweise dem heutigen Glaubensbekenntnis gleichen. Die Taufe, einst das Zeichen der Bekehrung zum christlichen Glauben, wurde seit dem Hochmittelalter immer mehr zu einem Geburtsritual, das am zweiten Lebenstag der Kinder erfolgte. Dabei übernahm das Wasser selbst die Überwindung des Bösen: Demnach waren die Getauften in enger Gemeinschaft mit Gott verbunden, nachdem ihre Sünden sinnbildlich abgewaschen wurden. Seit dem 13. Jahrhundert wurde die alte Tradition, bei der Taufe ganz unterzutauchen (immersio), auch immer öfter durch das Begießen des Täuflings aus der Taufkanne (infusio) abgelöst.

Stilvergleiche und Datierung des Taufsteins

Bauliche Untersuchungen haben ergeben, dass es im 10./11. Jahrhundert eine einfache Saalkirche von etwa vierzehn mal acht Metern Größe unter der jetzigen Wattenscheider Propsteikirche gegeben hat. Die erste Erwähnung der „ecclesia in Wattenscheide" stammt aus einem Zehntverzeichnis des Klosters Deutz des Jahres 1160. Diesem Kloster war die Kirche einer Urkunde nach bereits 130 Jahre zuvor vom Kölner Erzbischof Pilgrim geschenkt worden. Damit ist die Existenz der Wattenscheider Kirche seit 1032 gesichert. Spätestens seit dieser Zeit hatte sie als Ecclesia baptismalis das Taufrecht inne.

Das berühmteste figürliche Taufbecken aus dem 12. Jahrhundert steht in der ehemaligen Stiftskirche Freckenhorst im Münsterland. Aber auch im Ruhrgebiet haben sich überraschend viele steinerne Taufbecken aus dem 12. und 13. Jahrhundert erhalten. Zuweilen gehören sie sogar, wie in Wattenscheid, zu den ältesten Bestandteilen der jeweiligen Kirche, weil die Erweiterungsbauten um sie herum neu errichtet wurden. Ähnlich alte Taufsteine finden sich in St. Nikolaus in Essen-Stoppenberg, in St. Lambertus in Essen-Rellinghausen, in der Bochumer Propsteikirche sowie in den Kirchen von Mintard (Mülheim), Dortmund-Brechten, Dortmund-Aplerbeck, Dortmund-Kurl und Waltrop.

Die meisten dieser Taufbecken sind stilistisch und thematisch nicht vergleichbar, jedoch weisen diejenigen in der Georgskirche Aplerbeck und in der Propsteikirche Bochum eine große Nähe zum Wattenscheider Stein auf. Sie stammen vermutlich beide aus derselben Werkstatt und zeigen zwischen architektonischen Elementen wie Bogenfries und Säulen jeweils einen Figurenfries mit der um die Heiligen drei Könige erweiterten Geburtsszene, der Taufe und der Kreuzigung Christi, die auch hier erzählerisch durch weitere Personen ausgeschmückt ist. Allen drei Taufbecken liegt das Bildprogramm der Heilsgeschichte mit Christus im Mittelpunkt zugrunde. Stilistisch mit dem Wattenscheider Exemplar zu vergleichen sind die liegende Maria im Wochenbett, die statuarische Auffassung der Kreuzigung sowie die ähnlich rustikale Auffassung der Figuren mit ihren großen Köpfen. Der Dortmunder Stein wird auf die Zeit um 1160, der Bochumer um 1175 datiert. Das Wattenscheider Taufbecken

6 | TAUFSTEIN AUS DER PROPSTEIKIRCHE ST. GERTRUDIS IN WATTENSCHEID (ABGUSS)

dürfte aufgrund der reduzierten und noch urtümlicher wirkenden Bilder schon in der ersten Hälfte des 12. Jahrhunderts entstanden sein und als Vorbild für die Taufsteine in Bochum und Dortmund gedient haben.

REINHILD STEPHAN-MAASER

7 RELIQUIENSCHREIN DER HEILIGEN PERPETUA UND FELICITAS

Im Innern tief verborgen

In der katholischen Propsteikirche befindet sich ein Kleinod der Goldschmiedekunst: der Reliquienschrein der heiligen Perpetua und Felicitas. Seinen Platz erhielt der Schrein in der Mensa des hölzernen Marienaltars des Kunsttischlers und Altarbauers Theodor Brockhinke von 1884 mit dem Bild der Rosenkranzmadonna von Franz Ittenbach aus dem Jahre 1875. Ein Kunstschmiedegitter schützt das Kleinod, so dass an diesem Standort lediglich eine Längsseite des Schreins als Schauseite dienen kann.

Die zeitliche Einordnung von Entstehung und Erweiterung des Bochumer Reliquienschreins bezieht sich im Folgenden, neben bereits publizierten Veröffentlichungen, auch auf die abschließende historische Einordnung der Entwicklung von Reliquienschreinen und auf die detaillierte Beschreibung. Vermutet wird, dass der hölzerne Kern mit vergoldetem und versilbertem Kupferblech um 1100 geschaffen wurde. In den folgenden Jahrhunderten erfolgten Erweiterungen, Restaurierungen und Überarbeitungen des Schreins. Um 1200 wurden die Goldschmiedearbeiten durch emaillierte Arkaturen ergänzt, in die um 1450–1560 die zwölf spätgotischen in Silber getriebenen Apostelfiguren eingearbeitet wurden. 1881 erfolgte eine umfassende Erweiterung und Überarbeitung des Schreins. So erwähnt auch Albert Ludorff: „[…] Reliquienschrein: neu mit 12 Apostelreliefs, Renaissance, von Silber getrieben. 19 cm. […]" (Ludorff, 1906, S. 28). Die letzte Maßangabe bezieht sich auf die Größe der Apostelfiguren. Im Inneren des Schreins sollen sterbliche Überreste der beiden Märtyrerinnen Perpetua und Felicitas aufbewahrt sein.

Eine Quelle, aus der sich sowohl die Geschichte als auch die gestalterischen Veränderungen ablesen lassen, ist die umlaufende lateinische Inschrift am Sockel des Schreins, die hier aufgrund der oben genannten Platzierung im Marienaltar wiedergegeben wird:

> HANC S[AN]CTAE PERPETUAE MARTYRIS CAPSAM EX OPERE ANTIQUAE ARTIS REFECTAM CIRCA A[NNO] 1450 POSUIT WENNEMARUS PASCHEDAL VRIGRAVIUS BOCHUMENSIS ET ALTARIS S[AN]CTAE PERPETUAE FUNDATOR QUAM TEMPORIS CONDITIONE DESTRUCTAM REPERAVIT A[NNO] 1560 HENRICUS RISWIC CANONICUS XANTENSIS PATRONUS ET MULTO POST IOANNES CRAMER PAROCHUS BOCHUMENSIUM IN PRISTINAM FORMAM REDIGENDAM CURAVIT PER AURARIUM R BRUUM MONASTERIENSEM ANNO 1881.

Übersetzung:
> „Dieses Kästchen der heiligen Märtyrerin Perpetua, aus einem alten Kunstwerk wiederhergestellt, hat Wennemar Paschedal im Jahre 1450 gestiftet, ein Bochumer Freigraf, der Stifter des Altares der heiligen Perpetua. Den Schrein, der durch die Umstände der Zeit beschädigt war, hat Heinrich Riswik, Kanonikus von Xanten und Patronus, wiederherstellen lassen, und viel später hat Johannes Cramer, Pfarrer zu Bochum, dafür gesorgt, daß er durch den Goldschmied R[asmus] Bruun aus Münster im Jahre 1881 in seiner ursprünglichen Form wiederhergestellt werde" (Erlemeier/Fernkorn/Frielinghaus, 1971, S. 29).

7 | RELIQUIENSCHREIN DER HEILIGEN PERPETUA UND FELICITAS

Propstei St. Peter und Paul, Bochum

H ca. 70 cm, L ca. 65 cm, T ca. 33 cm; Holzkern; Silber, Kupfer (vergoldet/versilbert), Emaille, Besatz mit Ziersteinen; um 1100, Erweiterungen/Überarbeitungen vermutlich um 1200, 1450–1560 (Apostelfiguren), 1881

7 | RELIQUIENSCHREIN DER HEILIGEN PERPETUA UND FELICITAS

Der Reliquienschrein ist in seinem Kernwerk kastenförmig ausgebildet und zeigt sich als an ein Haus angelehnte einschiffige Kirche mit einem das Corpus überkragenden Satteldach ohne Querhaus. Die gesamte Oberfläche des Schreins ist mit Goldschmiedearbeiten, bestehend aus vergoldetem Kupferblech, Ornamentdekor aus Silber und Zierbesatz (Ziersteine und Emaillefelder und -flächen) ausgebildet, beschlagen und dekoriert. Der Dachfirst und die Grate sind mit filigran und plastisch ausgebildeten, in sich verschlungenen, hoch aufragenden pflanzlichen Ornamenten (Blätter und Knospen) besetzt, die von drei aus je zwei Hälften zusammengesetzten Kugeln bekrönt werden. Die auf den Kugeln angebrachten Blütenknospen bilden den oberen Abschluss des Schreins. Die Seitenflächen des Satteldaches sind mit kupfernen, vergoldeten Schindeln besetzt, die durch beschlagene, breite und verzierte Bänder eingerahmt und in je zwei Hälften gegliedert werden.

An den Längsseiten wurden die als Reliefs ausgebildeten und in Silber getriebenen zwölf Apostel – an jeder Längsseite befinden sich je sechs Apostel – mit ihren typischen Heiligenattributen unter emailleverzierten Arkaden angebracht. In einem glatten Fries über den Arkaden sind Gravuren/Inschriften mit den Namen der Apostel (vermutlich Emaille, rot) über jedem Relief eingelassen. Ein zweiter, breiterer Ornamentfries schließt das Bildprogramm an den Längsseiten optisch ab. In dem mit Emaille und Ziersteinen besetzten und verzierten Giebelfeld der Schau- beziehungsweise Stirnseite befindet sich die heilige Felicitas als Halbfigur mit einem Spruchband. Darunter auf der Schmalseite unter einem Dreipassbogen als stehende, reliefierte Figur die heilige Perpetua mit ihren Attributen, der wilden Kuh, und als Zeichen ihres Martyriums, einem Palmenzweig, der zum Himmel weist. Die umlaufende Inschrift auf dem Rundbogen lautet (soweit sie aufgrund der Platzierung des Schreins einsehbar war): GLORIA ET HONORE CORPORAS […]. Auf der gegenüberliegenden Giebel- und Schmalseite befindet sich unter anderem eine Relieffigur von Jesus Christus. Getragen wird der Reliquienschrein von den Rücken von vier liegenden, unverhältnismäßig klein ausgeführten Löwen.

Die adlige Perpetua und ihre Sklavin Felicitas wurden durch den Kaiser Septimius Severus zum Tod verurteilt, nachdem sie ihre zwei Kinder hatten taufen lassen. Zusammen mit weiteren Christen wurden sie vermutlich am 7. März 202/203 in der Arena von Karthago durch Raubtiere hingerichtet. Nach ihrer Hinrichtung wurden beide Frauen als Märtyrerinnen verehrt. Häufig dargestellt mit einer wilden Kuh, weist Perpetua inmitten einer Arena zum Himmel, Felicitas hält ein Kreuz in der Hand und ein Kind auf ihrem Schoß.

Waren früheste Reliquienbehältnisse bis ins 10. Jahrhundert noch kleineren oder runden und flachen Formats, entwickelte sich die Form ab dem 11. bis 12. Jahrhundert zu kastenförmig ausgebildeten Behältnissen mit Satteldach. Schreine wurden häufig als einschiffige Kirche beziehungsweise als Saalkirche mit reich verziertem Ornamentdekor wie prunkvollen filigranen Verzierungen aus vergoldetem Kupfer(blech) und Silber, Emaille, Inschrift, Ziersteinbesatz, Figurenprogramm, Ornamenten, Arkaturen und architektonischen Elementen ausgebildet (Becker, 2012, S. 23ff.). In der ausgehenden Romanik und zu Beginn der Gotik

7 | RELIQUIENSCHREIN DER HEILIGEN PERPETUA UND FELICITAS

wurden Reliquienschreine durch ein Querhaus erweitert oder auch als Basilika ausgebildet. Die damit einhergehende Voluminisierung und „[…] Architektonisierung […]" (ebd., S. 26) bedingte, dass Reliquienbehältnisse in ihrer an ein Haus angelehnten Gestalt und Ausbildung zu „[…] Miniatur-Abbildungen von Kirchen und Kathedralen wurden […]" (ebd., S. 27, S. 76–79), die sowohl im Inneren zur Aufbewahrung von Gebeinen oder anderen Reliquien von Heiligen als auch im Äußeren mit ihrer Ikonographie Objekt der Verehrung waren. Parallel zu dieser Entwicklung der gotischen Schreine reduzierte sich das Dekor der Schreine. Da die in ihnen aufbewahrten Reliquien für die Gläubigen häufig nicht sichtbar waren (dieser Typus besaß keine Öffnungen) und einhergehend mit dem Bedürfnis des Sehens und Zur-Schau-Stellens von Reliquien, entstanden bereits Ende des 12. Jahrhunderts Behältnisse, die durch Anbringung von Öffnungen die Reliquie sichtbar machten (ebd., S. 27). Nun stand die Reliquie selbst im Vordergrund. Im 14. Jahrhundert wurden die voluminösen Reliquienschreine vornehmlich durch „[…] Statuettenreliquiare und […] Kapellenreliquiare abgelöst […]" (ebd., S. 28).

Auch heute noch besitzen Reliquienschreine einen hohen Stellenwert innerhalb und außerhalb von Kirchenräumen und für den liturgischen Ablauf. Der Bochumer Reliquienschrein reiht sich mit seinem Kernwerk aus Holz, seiner Architektur, Ikonographie, künstlerisch-kunsthandwerklichen Gestaltung und seinem Dekor in die romanische Tradition von Reliquienschreinen des 12. Jahrhunderts ein und ist bedeutend sowohl für die Kirchengeschichte Bochums als auch für die Bochumer Propsteikirche. An exponierter Stelle platziert, stehen der Reliquienschrein und das Perpetua-Fenster mit seinen bildlichen Darstellungen der Geschichte der Heiligen Perpetua und ihrer Sklavin Felicitas innerhalb des Kirchenraumes im engen liturgischen und räumlichen Dialog zueinander.

Auch wenn die Gründungszeit der heutigen Propsteikirche nicht eindeutig datierbar ist, so wurde sie nach dem großen Stadtbrand von 1517–1547 wiedererrichtet. Die Stern- und Netzgewölbe wurden 1536/37 eingezogen. Von 1872–1874 wurde im Zuge der Erweiterung nach Osten durch ein Querhaus, Chor, Sakristei und eine Taufkapelle am Turm ein romanischer Chor abgebrochen, welcher Indiz für einen Vorgängerbau vor 1517 war. Nach dem Wiederaufbau von 1947–1949 erfolgten von 1956–1959 umgreifende bauliche Veränderungen (unter anderem die Verlängerung der Seitenschiffe nach Westen). Nach der Restaurierung und Erneuerung der Ausmalung in den Jahren 1975–1978 zeigt sich die Propsteikirche heute als eine auf einer Anhöhe gelegene spätgotische Halle mit mächtigem, eingezogenem Westturm, einem neugotischen kurzen Querhaus und einer Sakristei.

DELIA ALBERS

8 URKUNDE VON 1321

Ein Meilenstein auf Bochums Weg zur Stadt

Im 14. Jahrhundert traten die in Bochum lebenden Händler und Handwerker politisch immer stärker in den Vordergrund und bestimmten zunehmend die Entwicklung des Ortes. Zwischen ihnen und den anderen Bewohnern gab es offenbar bald Konflikte. Diese Auseinandersetzungen spiegelten einen wirtschaftlichen und sozialen Wandel der Siedlung wider und wurden erst durch ihren Herrn, den Grafen von der Mark, beigelegt. Unter dem Datum des 8. Juni 1321 ließ Engelbert II. (1308–1328) eine Pergamenturkunde ausfertigen, die einigen Bochumern an jenem Tag auf der Burg Blankenstein übergeben wurde. Ihr komplexer Inhalt kann etwa folgendermaßen zusammengefasst werden: Der Graf präzisiert, erneuert und verkündet auf Bitten der Bewohner das althergebrachte Recht seines Hofes Bochum. Er behandelt dabei mehrere Lebens- und Rechtsbereiche. Erstens regelt er das Verfahren sowie die Materien und Strafen des gräflichen Hofgerichts, das unter dem Vorsitz des Schultheißen tagt, der dabei den Rat der Bewohner zu berücksichtigen hat. Zweitens bestimmt der Graf, dass die Kontrolle von Maßen und Gewichten durch den Schultheißen gemeinsam mit den Stadtbewohnern zu erfolgen hat, setzt die Strafen für Betrug beim Bierbrauen und Brotbacken fest und stellt Regeln für den Verkauf von Waren an Markttagen auf. Drittens räumt er dem Schultheißen und den Bewohnern innerhalb bestimmter Grenzen das Recht ein, Verordnungen und Verbote zu erlassen und verfügt, dass die Bochumer in jenen Fällen, die in die Zuständigkeit des Schultheißen gehören, nur vor diesem Klage erheben dürfen. Viertens zieht er von den Händlern einen Obolus ein, legt eine Buße für die Unterlassung fest und regelt die Aufteilung der Bußgelder zwischen dem Schultheißen und den Stadtbewohnern. Der Fischverkauf in Bochum wird von Abgaben befreit. Fünftens betont er, dass Bewohner und Bürger ihre Hausstätten und Viehweiden innerhalb Bochums nutzen dürfen, wie es seit jeher üblich ist. Sechstens trifft er Verfügungen zur Nachlassweitergabe von Eigenhörigen, verpflichtet die Bewohner zur Verfolgung Geächteter und zur Anwesenheitspflicht bei Gerichtsverhandlungen sowie zur Wahrung von Freiheit und Frieden in Bochum. Schließlich bestätigt der Graf, dass die Bewohner alle Rechte, soweit sie sich aus dem Recht und den Gewohnheiten des Hofes („curtis") und „daraus folgend aus dem Recht der ‚Stadt' (‚oppidum') ergeben, innehaben"; er behält sich und seinen Erben die übrigen in der Urkunde nicht genannten Rechte und Gewohnheiten des Hofes vollständig vor.

Diese Bestimmungen lassen die Spannungen zwischen „alten" und „neuen" Kräften in Bochum deutlich erkennen. Die „alten" Kräfte waren die traditionellen Protagonisten des Bochumer Hofs: die Hofesleute, darunter die erwähnten Eigenhörigen, die jeweiligen Schultheißen und der Herr der „curtis", der Graf von der Mark. Die „neuen" Kräfte waren die Händler und Handwerker, deren Bedürfnissen und Ansprüchen die meisten Regelungen Rechnung tragen. Es sind wohl in erster Linie sie, für die der Aussteller der Urkunde die lateinische Bezeichnung „opidani" wählt. Er klassifiziert sie damit als „Stadtbewohner" beziehungsweise

8 | URKUNDE VON 1321

Stadtarchiv Bochum – Urkundensammlung Nr. 2

H 30,5 cm, B 33,5 cm; Pergament

„Städter" und ordnet sie zwischen den Angehörigen der Hofesgemeinschaft, der „familia", und den vollberechtigten „Bürgern" („cives") einer entwickelten und mit allen Rechten versehenen Stadt („civitas") ein, wie sie andernorts im Reich bereits vielfach entstanden war. Diese Wortwahl spiegelt die mit der Urkunde von 1321 verbundenen Absichten Engelberts II. wider: Er verlieh Bochum nicht etwa das Stadtrecht, sondern verbriefte einen Kompromiss zwischen den alten Hofrechten, deren Wahrung und Umsetzung dem gräflichen Schultheißen oblag, und den Rechten, welche die „Städter" anscheinend eingefordert hatten. Zu letzteren zählten ihre Mitwirkung an der Rechtsprechung und dem Erlassen von Verordnungen, an der Kontrolle des Markts und der Aufsicht über Gewichte und Maße. Offenbar sah Engelbert aber noch keinen Anlass, Bochum zur Stadt im Rechtssinn zu machen – oder er war, was wahrscheinlicher ist, der Meinung, dass einem solchen Akt politische Hemmnisse, etwa der langwierige Streit mit den Erzbischöfen von Köln, entgegenstanden. Festzuhalten bleibt, dass die „opidani" Anteil an der Lenkung des Ortes erhielten und in die lokale Herrschaftsstruktur eingebunden wurden. Hier wird erstmals ihr Streben deutlich, sich zu organisieren, an der Regelung ortsbezogener Belange mitzuwirken und zugleich auch ihre Interessen gegenüber dem Herrn zu vertreten. Noch war Bochum keine Stadt und die „Städter" bildeten noch keine Gemeinde, aber der Weg dorthin war mittlerweile beschritten worden.

Unter dem Begriff der städtischen „Bürgergemeinde" des Mittelalters versteht man einen genossenschaftlich organisierten Personenverband mit bestimmten Kompetenzen zur Selbstregelung innerhalb eines mehr oder weniger fest umrissenen Bezirks. Um eine Bürgergemeinde zu bilden, war es für die weitere Entwicklung Bochums wichtig, dass die „Städter" mit allen anderen Bewohnern des Orts einen gemeinsamen Schwurverband und damit eine Bürgerversammlung ins Leben riefen, lenkende Repräsentanten bestimmten und ihren politischen Gestaltungsspielraum gegenüber dem Ortsherrn beständig vergrößerten. Als früheste Interessenvertreter begegnen in der Urkunde von 1321 jene „opidani", die gemeinsam mit dem Schultheißen zu Gericht saßen, Handwerk und Handel kontrollierten und Verordnungen erließen. Eine Bürgergemeinde und einen Rat als von ihr bestelltes Führungsgremium gab es damals noch nicht. „Ratlude" genannte Mitglieder traten erst 1381 in Erscheinung. Diese „Ratsleute" besiegelten damals gemeinsam mit dem Schultheißen eine Urkunde. Das ist deshalb bemerkenswert, weil sie als Siegelführer öffentlichen Glauben genossen und als Vertragspartner für Rechtsgeschäfte anerkannt waren. Die Vorsteher des Rats, die Bürgermeister, werden erstmals zum Jahr 1407 erwähnt; es ist jedoch anzunehmen, dass es sie bereits 1381 gab. Damals war die Gemeindebildung in Bochum abgeschlossen und der entscheidende Schritt auf dem Weg zur Stadtwerdung getan.

Etwa um die Mitte des 14. Jahrhunderts verfügte Bochum mit zwei Märkten, Wall und Graben, Toren, mit zentralörtlichen Funktionen sowie politisch aktiven Bewohnern über manches, was eine mittelalterliche Stadt ausmachte. Dennoch war die Ortsverfassung noch nachhaltig geprägt durch das modifizierte Hofesrecht und die fortbestehenden Rechte und Funktionen des herrschaftlichen Hofesschultheißen. Obgleich der sich entwickelnde Rat sich ständig bemühte, Elemente der Gerichtsbarkeit an sich zu ziehen, gelang ihm dies nur unvollständig; maßgeblicher Richter blieb der Schultheiß. Selbst die Umschrift des Bochumer Siegels von 1381 lässt eine gewisse Ambivalenz noch erahnen. Denn die Formulierung S[IGILLUM] : CIVIUM : IN : BOUCHAM ist insofern bemerkenswert, als dort statt des im 14. Jahrhundert üblich gewordenen abstrakten Gemeinschaftsbegriffes „civitas" (in der spezifischen Bedeutung „Stadt") der Plural des Wortes „civis" („Stadtbewohner", „Bürger") verwendet wird. Nicht die „Stadt" (im strengen Rechtssinn als spezifische Form einer Gemeinde) ist Siegler, sondern „die Bürger in Bochum" führen das Siegel. Daraus ist zu schließen, dass die Bewohner Bochums sich zwar als „Gemeinde" betrachteten und damit das Recht zur selbstständigen Regelung ihrer Belange beanspruchten, aber zugleich anerkannten, dass ihr Ort einen vollberechtigten Stadtstatus noch nicht erlangt hatte.

Bochum war, nicht zuletzt wegen der Rücksicht, die die Grafen von der Mark auf die Erzbischöfe von Köln nehmen mussten, absichtlich von den Ortsherrn in seinen Rechten gehemmt worden. Erst nach 1392 begegnet es in den zeitgenössischen Quellen durchgängig als „Stadt" und wird im 15. Jahrhundert auch von den benachbarten Orten als solche anerkannt. Die zwischen den Märkern und den Kölnern herrschenden Streitigkeiten, die Bochums Entwicklung nachhaltig beeinträchtigten, flammten während des gesamten 14. Jahrhunderts immer wieder auf. Sie fanden faktisch ihr Ende, als Erzbischof Friedrich 1392 zwar nochmals seine an die Märker verpfändeten Rechte am Ort bekräftigte, aber akzeptieren musste, dass er sie nicht mehr einlösen konnte. Seitdem blieb Bochum endgültig märkisch, nicht ohne wegen der langwierigen Konflikte zwischen Erzbischöfen und Grafen in seiner Entwicklung gebremst zu sein. Als sich im 15. Jahrhundert in der Mark mit der Ritterschaft und den Städten die Landstände als politisches Gegengewicht zu den regierenden Fürsten herausbildeten, zählte man Bochum nicht zu den sogenannten sechs Hauptstädten (Hamm, Iserlohn, Kamen, Lünen, Schwerte und Unna), sondern zu den sieben „kleinen Städten" der Grafschaft. Dabei blieb es.

STEFAN PÄTZOLD

9 STREITKOLBENKOPF

Ein rätselhafter Fund von der Burg Blankenstein

Hoch über der Ruhr thront im Hattinger Stadtteil Blankenstein die Ruine der gleichnamigen Burganlage. Von der 1226 gegründeten märkischen Befestigung und ihren Ausbauten in den späteren Jahrhunderten ist kaum noch etwas erhalten. Dabei war die Burg jahrhundertelang ein wichtiger Pfeiler der märkischen Herrschaft im Ruhrtal. Hier wurde 1321 durch Graf Engelbert II. eine Urkunde ausgestellt, welche die Entwicklung Bochums zur Stadt wesentlich prägte.

Zu den ältesten Bauteilen gehören die Fundamente eines mächtigen Rundturmes und eines Wohnbaus, die heute unter der Erde liegen beziehungsweise durch die derzeitige Nutzung verdeckt sind. Der untere Abschnitt des Torturmes dürfte noch in das 13. Jahrhundert gehören. Der umfangreiche spätmittelalterliche Baubestand, zu dem auch ein repräsentatives Haus mit einer Grundfläche von 40 x 13 Metern und 12 Metern Höhe gezählt haben soll, ist an wenigen freiliegenden Grundmauern noch zu erahnen. Zur Anlage gehörte auch die Vorburg mit den Burgmannhäusern jenseits des breiten Grabens, vor der sich die Siedlung Blankenstein entwickelte. Die meisten der derzeit dominierenden Gebäude der Burg stammen dagegen von der Neunutzung der Anlage als Fabrik und Gaststätte seit dem 19. Jahrhundert. Die mittelalterlichen Mauern wurden ab 1662/63 vor allem als Baumaterial für das im Ruhrtal liegende Haus Kemnade weitgehend abgebrochen. Im frühen 20. Jahrhundert hoffte die Stadt Bochum auf eine Gebietserweiterung weit nach Süden, welche auch Teile der heutigen Stadt Hattingen mit der Ruine Blankenstein umfasste. Im Vorgriff auf diese Grenzziehung erwarb Bochum die Anlage. So sind die Burg und Teile des umgebenden Waldes bis heute in Bochumer Besitz.

Während bei archäologischen Untersuchungen in und um die Burg keine Funde gemacht werden konnten, die mit der militärischen Nutzung in Zusammenhang stehen, wurde am östlichen Abhang des Burgsporns vor einigen Jahren ein stark korrodierter Gegenstand aus Eisen geborgen, der sich als Kopf eines Streitkolbens herausstellte. Erhalten ist ein 17,3 Zentimeter langer Stab, von dem in regelmäßigen Abständen insgesamt sieben lamellenartige, spitz zulaufende Fortsätze nach außen weisen. Die maximale erhaltene Breite beträgt 10,3 Zentimeter. Der obere Abschluss ist nicht mehr vorhanden, die eiserne Handhabe war ursprünglich deutlich länger und dürfte am Ende einen Griff besessen haben. Knapp unterhalb des Kopfes ist er abgebrochen, der Querschnitt an der Bruchstelle ist oval.

Eine eindeutige sprachliche Unterscheidung der unterschiedlichen Ausprägungen solcher Waffen gab es etwa im Mittelalter nicht, auch heute noch gibt es in der Forschung keine allgemein gültige Terminologie. Der Unterschied vom Streitkolben zum Morgenstern wird häufig – so auch in diesem Beitrag – an der Ausstattung des Kopfes mit Lamellen oder Dornen festgemacht. Eine andere Definition sieht den Streitkolben als einhändige, kurze

9 | STREITKOLBENKOPF

Stadtarchiv Bochum – MUSA

L 17,3 cm; Dm max. 10,3 cm; Gusseisen

9 | STREITKOLBENKOPF

Waffe, den Morgenstern als lange, zweihändige, unabhängig von der Kopfgestaltung. Keulen, in ihrer einfachsten Form zum Beispiel aus einem Ast bestehend, dürften zu den ältesten Waffen der Menschheit gehören. Eine Betonung des oberen Endes durch eine Verdickung oder später Metallbeschläge erhöhen die Wirksamkeit. Im Laufe des Mittelalters tauchen unterschiedlichste Formen solcher Schlagwaffen auf. Auf dem Bildteppich von Bayeux, der die Eroberung Englands durch die Normannen im Jahr 1066 darstellt, sind mehrfach mit Panzerhemd und Helm gerüstete Krieger zu Pferd und zu Fuß zu sehen, die einfache Holzkeulen tragen und auch im Kampf einsetzen. Auch ein Stab mit rundlichen Fortsätzen wird gezeigt, wobei allerdings offen bleiben muss, ob es sich um eine Waffe oder ein Statuszeichen handelt. Zweihundert Jahre später zeigt die sogenannte Kreuzfahrer- oder Maciejowski-Bibel detaillierter ähnliche Waffen. Es handelt sich um Keulen – ähnlich Baseball-Schlägern – aus deren oberen Partien eine Vielzahl Metallfortsätze herausragen oder um Stangen, an deren Ende sich ein Kopf mit mehreren übereinander liegenden umlaufenden Reihen dreieckiger Spitzen befindet. Mit dem Aufkommen der Plattenpanzer im Spätmittelalter büßten Schwert und Lanze zunehmend an Wirkung ein. Waffen wie der Streitkolben zeigten auch gegen die neuen Rüstungen Wirkung. Sollte diese vergleichsweise primitive Waffengattung adligen Kämpfern zunächst nicht standesgemäß erschienen sein, dürfte die Effektivität sicher die Akzeptanz befördert haben. In der großen Heidelberger Liederhandschrift (Codex Manesse, circa 1300–1340) zieren drei Streitkolben mit Lamellen das um 1300 gemalte Wappen des Schenk von Limpurg. Die Erzählung des Ritters in den Canterbury Tales von Geoffrey Chaucer (Ende 14. Jahrhundert) nennt den Streitkolben neben anderen Waffen und Rüstungsteilen der Ritter. Die Bauweise mit Lamellen ist leichter als etwa ein massiver Keulenkopf. Die Kraft des Schlages konzentriert sich in der Spitze der Lamelle, wobei die regelmäßige Anordnung mehrerer Lamellen ermöglicht, einen Schlag auszuführen, ohne immer die punktgenaue Ausrichtung der Waffe wie etwa bei einem Streithammer im Auge haben zu müssen. Um der Wucht des Schlages standhalten zu können, ist die Handhabe wie der Kopf aus Eisen gefertigt.

Mit dem immer größeren Einsatz von Feuerwaffen in der Feldschlacht und damit auch dem Rückgang der Nutzung schwerer Rüstungen nimmt auch der Einsatz der Streitkolben ab. Gab es schon länger sehr aufwendig gestaltete Exemplare aller Waffengattungen, die vor allem der Repräsentation dienten, so blieb auch der Streitkolben als Rang- und Ehrenzeichen erhalten. Die meist kampfuntauglichen hochverzierten und auch aus Edelmetall hergestellten Stücke spielen im angelsächsischen Raum noch heute bei hohen Amtsträgern eine Rolle und werden im Englischen auch heute noch mit dem gleichen Begriff (mace) wie die Waffe bezeichnet.

Spätmittelalterliche und frühneuzeitliche Streitkolben haben sich in zahlreichen Sammlungen erhalten. Hierbei handelt es sich allerdings meist um besonders „schöne" Stücke. Die Datierung gestaltet sich bei einfachen „Gebrauchsexemplaren" schwierig, da sie keine kunsthistorischen Ansatzpunkte bieten und auch ihre Besitzgeschichte nicht lückenlos

9 | STREITKOLBENKOPF

dokumentiert ist. Funde aus archäologischem Zusammenhang sind auch weit über den Fundort des hier behandelten Objekts hinaus nicht bekannt.

Die noch erkennbare Form des Hattinger Exemplars findet unter den erhaltenen Stücken am ehesten Vergleiche im 15./16. Jahrhundert, wobei allerdings berücksichtigt werden muss, dass frühere Streitkolben kaum erhalten sind beziehungsweise nicht genau datiert werden können. Die Vergleichsstücke haben eine Gesamtlänge von circa 50 bis 70 Zentimetern und wiegen etwa zwischen einem und 2,5 Kilogramm. Der Kopf nimmt häufig ungefähr 1/4 der Gesamtlänge ein. Unser Streitkolben gehört mit einer Lamellenlänge von etwa 15 Zentimetern zu den großen Exemplaren und sticht mit seinem Gewicht des (fragmentierten) Kopfes von 1,26 Kilogramm deutlich heraus. Die Handhabe ist am Übergang zum Kopf abgebrochen, der Durchmesser und die Länge des Stabes damit nicht mehr bekannt. Ergänzen könnte man einen geraden Stab von zwei bis 2,5 Zentimetern Durchmesser und 45 bis 50 Zentimetern Länge. Das Gesamtgewicht des vollständigen Streitkolbens könnte dann bei 2,5 bis 3,2 Kilogramm gelegen haben, ein ganz erhebliches Gewicht für eine mit einer Hand zu führende Waffe. Der obere Abschluss fehlt vermutlich auch, hier wäre eine kleine Kugel oder eine Spitze denkbar.

Ein weiteres ungewöhnliches Merkmal des Hattinger Streitkolbenkopfes ist sein Material. Eiserne Exemplare sind bei dieser Form zwar die Regel, hier scheint es sich aber um Gusseisen zu handeln. (Für die Hinweise auf Gusseisen bedanke ich mich bei Herrn Eugen Müsch, LWL-Archäologie für Westfalen, Münster, und Herrn Daniel Demant, Bergbaumuseum Bochum). Für die Verwendung dieses Werkstoffes bei spätmittelalterlichen/frühneuzeitlichen Schlagwaffen ist zumindest bei den Recherchen für diesen Beitrag kein weiteres Beispiel bekannt geworden. Umfassende Untersuchungen an frühen Gusseisenprodukten in der Region gibt es derzeit nicht, die meisten Erzeugnisse aus Gusseisen erreichen aber bis weit in die Neuzeit nicht die Qualität und Festigkeit der zeitgleich hergestellten geschmiedeten Objekte. Die mittelalterliche Verwendung von Gusseisen wird in Mittel- und Westeuropa ab etwa dem 13. Jahrhundert angesetzt, in größerem Umfang geschieht dies aber deutlich später. Der Hattinger Streitkolben wäre damit entweder ein frühes Beispiel für einen gelungenen qualitätsvollen Guss oder aber auch der Beleg, dass ein solcher nicht erreicht werden konnte, falls der Kopf bei der ersten starken Belastung abgebrochen sein sollte. Eine ebenfalls in Frage kommende Deutung hängt mit der Geschichte der Burg zusammen und würde auch zur Lage am Steilhang passen, der an sich ja kein Feld für Reiter ist und zudem kein bewaffneter Konflikt um die Burg Blankenstein überliefert ist. Seit dem 19. Jahrhundert war ein Gastronomiebetrieb auf der Burg angesiedelt, der um die Jahrhundertwende große Ausmaße angenommen hatte. Hunderte Ausflügler konnten in mehreren großen Räumen untergebracht werden. Parallel zu der historisierenden Architektur der Gaststättenneubauten waren auch einige Räume „mittelalterlich" dekoriert, unter anderem mit Waffen. Nicht auszuschließen ist, dass eine solche Dekorationswaffe beschädigt und am Hang entsorgt wurde. Einen wirklichen Nachweis für die zeitliche Einordnung würde vielleicht eine naturwissenschaftliche Untersuchung des Fundes bringen, zumindest konnte damit in ähnlichen Fällen Klarheit geschaffen werden. Diese war bislang aber noch nicht möglich, so dass uns das Rätsel um den geheimnisvollen Streitkolbenkopf noch erhalten bleibt.

STEFAN LEENEN

10 | BÜRGERBUCH DER STADT BOCHUM

Stadtarchiv Bochum

L 29 cm, B 20,5 cm (aufgeschlagen 41 cm), H 7 cm; Papier, Pergament

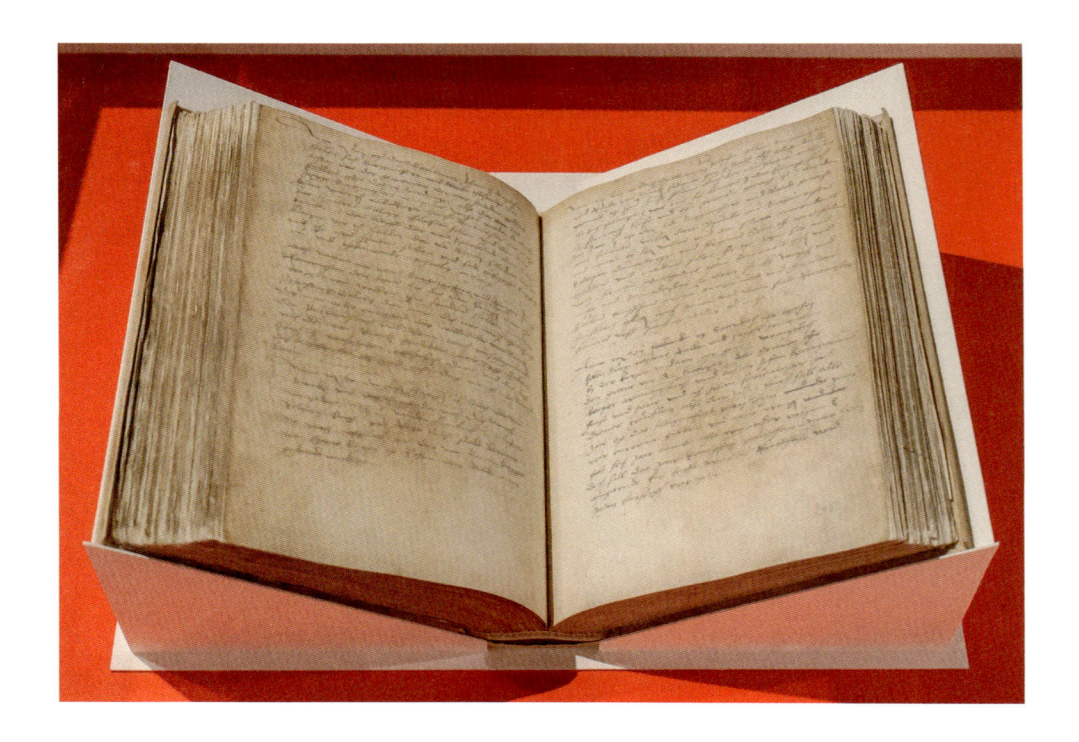

10 BÜRGERBUCH DER STADT BOCHUM

Die wesentliche Quelle zur frühneuzeitlichen Geschichte der Stadt

Am 25. April des Jahres 1517 brach im Haus von Johannes Schriver, des landesherrlichen Rentmeisters von Blankenstein, ein Feuer aus, das nahezu die ganze Stadt in Schutt und Asche legte. Das Rathaus sowie die Häuser und die Habe der meisten Bürger verbrannten. Auch die aus Stein gebaute Peterskirche blieb nicht verschont: Übrig blieben nur der Chor sowie Teile der seitlichen Anbauten und des Turms. Angesichts der beinahe völligen Zerstörung und der damit einhergehenden Vernichtung von Besitztümern und Werten ging der Wiederaufbau nur schleppend voran. Im Jahr 1519 bot sich ein trauriges Bild: Inmitten der Trümmer standen rasch zusammengezimmerte Bretterbuden ungeordnet nebeneinander; nur hier und da waren schon wieder neue Häuser errichtet worden. Der Wiederaufbau schleppte sich langsam dahin. Seine unermüdlich treibende Kraft war der hochangesehene Bürger und spätere Bürgermeister, der Kirchrat, Stadt- und Gerichtsschreiber sowie Rentmeister Johann Theile (gestorben 1562). Davon zeugen das von ihm 1519 selbst angelegte sogenannte Bürgerbuch der Stadt und ein Lagerbuch der Pfarrkirche. Bis 1553 ist seine Handschrift als einzige in allen städtischen Aufzeichnungen zu finden.

Theiles erster Eintrag am oberen Rand der Vorderseite des ersten Blattes ist eine Reverenz an den Sohn Gottes: „In nomine domini nostri Jesu Christi amen" (Im Namen unseres Herrn Jesus Christus amen) begann Theile seine Arbeit. Er führte sie fort unter der Maxime: „Recte faciendo neminem timeas!" („Tue Recht und scheue niemanden!"). Gottvertrauen und Mut schien Johann Theile angesichts der Not und der Schwierigkeiten zu brauchen, denen er sich im zerstörten Bochum des Jahres 1519 gegenüber sah. Bei aller Formelhaftigkeit frühneuzeitlichen Kanzleischrifttums kann man sich hier des Eindrucks nicht erwehren, dass aus den beiden ersten Notizen des Bürgerbuches die der Situation geschuldete Beklommenheit des Schreibers spricht.

Ein Bürgerbuch ist, so lautet eine aktuelle Definition, eine „chronologisch geordnete und gegebenenfalls nach Geschlechtern getrennte Aufzeichnung der in die Stadtgemeinschaft nach Ableistung des (meist am Buchbeginn aufgeschriebenen) Bürger- beziehungsweise Bürgerinneneids aufgenommenen Personen" (Kloosterhuis, 2003, S. 68f.). Doch das Bochumer Bürgerbuch, das mit einem modernen Ledereinband umhüllt ist, bietet viel mehr: Die Einträge des Bürgerbuchs umfassen die Jahre bis 1802. Das Buch besteht aus insgesamt 369 Papierblättern. Die meisten von ihnen sind beschrieben. Insgesamt findet man im Bochumer Bürgerbuch etwa 1 000 Einträge von vielen Schreibern.

Das bisher weder hinreichend erschlossene noch gar edierte Verwaltungshilfsmittel enthält Notizen zu unterschiedlichen Materien. Der Name ist zwar den in ihm verzeichneten Bürgeraufnahmen geschuldet, doch machen diese Eintragungen nur einen Teil seiner Inhalte aus. Hinzu kommen Berichte der Stadtverwaltung, amtliche Anordnungen, Briefabschriften,

Vermerke über Rechtsgeschäfte aller Art, Steuerrechnungen sowie Aufzeichnungen über kommunale Einnahmen. In der noch nicht in einzelne Ämter aufgegliederten Bochumer Kommunalverwaltung der frühen Neuzeit war das Bürgerbuch das maßgebliche interne Hilfsmittel der damals nur wenigen städtischen Bediensteten. Die Einträge zu Materien aus unterschiedlichen Verwaltungssparten – und damit zugleich auch aus verschiedenen Lebensbereichen der Bürger – spiegeln die Entwicklung der Stadt und Alltagsaspekte ihrer Bewohnerinnen und Bewohner während eines Zeitraums von nahezu drei Jahrhunderten wider. Das „alte", das vorindustrielle Bochum lässt sich in dem Buch so anschaulich wiederfinden, dass man bei der Lektüre meint, die damaligen Menschen vor sich zu sehen.

Als Beispiel für die Fülle und Buntheit der Nachrichten mag der aus heutiger Sicht geradezu schnurrig anmutende Elementarlehrereid des Jahres 1607 dienen, der hier in Auszügen wiedergegeben wird: „Anno etc. 1607, den 6ten Octobris" schwor Friedrich Räcken (Raicken), genannt Harpen, der „zumm Scholen- und Costerdenste angenhommen ward, deme vurnheme und wiese Burgermestere und Raidt disser Stadt Boickum, […] (es mit dem) Chorsanghs-, Costers- und Scholmesters-Deinste ein Jar lanck" zu versuchen. Er verpflichtete sich, die „underhabenden Knaben mit Sinken und Lesen fließigh zu instituirenn", keine Uhr und Stunde zu „versümen, sundern den Deinste mit hoigstem Fliess" zu versehen, wofern er mit keiner „Liebsschwarheidt [sc. Krankheit] ader Kirchendeinste" verhindert werde. Schließlich gelobt Räcken, dass er sich nicht mit „Brauwen, Beirgains [sc. ‚Biergehen', also Wirtshausbesuchen]" und „sunst mit beladen und zietlichem rectori scholae uti pastori in ecclesia" gehorsam sein will.

Das Bürgerbuch ist – so kann ohne Übertreibung behauptet werden – die zentrale Quelle für die Erforschung der frühneuzeitlichen Stadtgeschichte Bochums.

STEFAN PÄTZOLD

11 URKUNDE VON 1525

Der Stadtbrand von 1517 und die vormoderne Feuerbekämpfung

Welch dramatische Geschehnisse spiegeln sich in dieser Urkunde von 1525! Die beiden Bürgermeister von Bochum, Heinrich Ovelgünne und Diedrich Sybe, nahmen mit Zustimmung der ganzen Bevölkerung mit Johann Schriver wieder jemanden auf, der acht Jahre lang als Verursacher eines großen Unglücks verachtet und geschmäht worden war (Darpe, 1894, S. 115f.). In Schrivers Haus war 1517 ein verheerendes Feuer ausgebrochen, das die Stadt in Schutt und Asche gelegt hatte. Schriver galt in der Folge als Unperson und musste mit seiner Familie Bochum verlassen. Die Bürgerschaft machte ihn dafür verantwortlich, dass weite Teile der Stadt abbrannten und neu aufgebaut werden mussten. Öffentliche Gebäude wie Rathaus und Kirche waren vom Stadtbrand ebenso betroffen wie Privathäuser. Es dauerte mehrere Jahrzehnte, bis sich Bochum vom Stadtbrand erholte. Die Zäsur war so einschneidend, dass Franz Darpe 1517 das Mittelalter enden und die Neuzeit beginnen ließ (ebd., S. 119).

Der Zorn der Bürger, der sich gegen Schriver richtete, traf eine renommierte Persönlichkeit. Schriver war 1510 und später mehrere Jahre lang Bürgermeister gewesen (ebd., S. 74, S. 175). Er war bei Herzog Johann II. von Kleve kein Unbekannter, denn nach seiner Vertreibung aus Bochum bestallte er ihn 1521 zum Burggrafen für die Stadt Hattingen und das Amt Blankenstein sowie zum Rentmeister der Rentei Blankenstein (Kloosterhuis, Bearb., 1995, S. 243). Seine Aufgabe war es, nicht nur die Einnahmen aus den landesherrlichen Domänen einzuziehen, sondern auch die wirtschaftliche Nutzung der Ruhr zu beaufsichtigen. Er erwarb sich die Gunst der Bürgermeister von Hattingen, die eine gütliche Einigung mit der Stadt Bochum durch ihre Fürsprache für Schriver vorbereiteten. Schriver musste für den großen Schaden, der von seinem Haus ausgegangen war, Buße zahlen (eyne benoimpden pennink geben) und durfte danach seine Hausstätte in Bochum wieder aufbauen und bewohnen. Den Bochumern war ausdrücklich verboten, ihm den Brand weiter vorzuhalten.

Die genaue Ursache für das Brandunglück von 1517 ist nicht bekannt. Die Gefahr konnte von den Feuerstellen ausgehen, aber auch von dem leicht entzündlichen Baumaterial. Solange Häuser ganz oder teilweise mit Stroh gedeckt waren, brannten Städte schnell ab.

Bochum traf dieses Schicksal bereits 1581 wieder, als 118 Häuser abbrannten. Und nochmals brach 1684 ein weniger verheerender Brand aus (Kortum, 1990, S. 227). Die häufigen Stadtbrände veranlassten den preußischen König Friedrich I. 1706, eine Feuerkasse für das gesamte Land einzurichten, um die Folgeschäden der Brände finanziell besser bewältigen zu können. Wegen des Widerstands gegen die Zahlung von Prämien war sie zunächst wenig erfolgreich. Erst nach der Anlage von Feuerkatastern, die die Prämien differenziert berechneten, legte sich der Widerstand (Wilbertz, 1982, S. 25–32). In Bochum wurde 1719/20 das erste Feuerkataster angelegt, 1722 eine Feuersozietät für die Grafschaft Mark neu gegründet. Gleichzeitig setzten Maßnahmen zur Bekämpfung der Brandursachen ein. Strohgedeckte

11 | URKUNDE VON 1525

Stadtarchiv Bochum – Urkundensammlung Nr. 21

H 26 cm, B 27,5 cm; Pergament

Häuser wurden als Hauptübel angeprangert. In Bochum waren 1722 von 350 Häusern noch 135 mit Stroh gedeckt (Meister, 1909, S. 111). Bei ihnen schieden Ziegel als Baumaterial „teils infolge der Armut der Bewohner, teils wegen der Schwäche der hölzernen Fundamente" aus. Im preußischen Westen riss die Kette der Stadtbrände deshalb nicht ab.

Die zunächst für die Stadt Kleve erlassene Feuerordnung wurde 1772/73 auf die gesamte Provinz Kleve-Mark ausgedehnt; sie ersetzte eine ältere Ordnung von 1711 (Scotti, 1821/22, Bd. 3, S. 1967–1995). Ihre sieben Teile stehen am Anfang einer modernen „Baupolizei", die viele heute bekannte Vorschriften vorwegnimmt: Der erste Abschnitt verbietet die Bedeckung der Häuser mit Stroh und erlaubt nur noch Ziegel und Schiefer. Genauso gefährlich war das Hantieren mit Feuer bei gewerblicher Tätigkeit, vor allem beim Bierbrauen, Branntweinbrennen und Schmieden. Gemauerte Schornsteine sollten die Gefahr bannen. Tabak durfte nur dort geraucht werden, wo kein Stroh oder Holz lagerte. Wer dort mit Pfeife erwischt wurde, zahlte zwei Reichstaler Strafe. Die Feuerordnung regelte auch, was bei Ausbruch eines Feuers zu beachten war. Bei seinem Ausbruch sollten durch „Geschrey" alle Nachbarn alarmiert werden. Spritzen, Feuerleiter und -haken waren sofort an die Feuerstelle zu bringen. Jede Stadt musste sich mit „hinlänglichen Feuer-Instrumenten versehen". Der Beruf des Schornsteinfegers wurde 1772 obrigkeitlich angeordnet. Ihm wurden regelmäßige Kontrollgänge auferlegt.

Die verstärkten Anstrengungen des Staates zur Vermeidung von Stadtbränden zeigten nach 1772/73 Erfolg. Er lässt sich an der sinkenden Zahl der Strohdächer ablesen. Als 1804 die Bedeckung der Häuser inspiziert wurde, waren von den 343 Häusern in Bochum 329 mit Ziegeln gedeckt (Reininghaus/Kloosterhuis, 2001, S. 39).

WILFRIED REININGHAUS

12 | LUTHERBIBEL

Leihgabe Gabriele Herter, Bochum

L 43 cm, B 29,5 cm, H 14 cm; Papier, Leder, Metall; Nürnberg 1649

12 LUTHERBIBEL

Martin Luthers Bibelübersetzung und die Reformation in Bochum

Die vorliegende Bibel wurde im Jahr 1649 in Nürnberg gedruckt. Es handelt sich um die dritte Auflage der sogenannten „Weimarischen Bibel", einer Lutherbibel mit ausführlichen Kommentaren und weiteren Text- sowie Bildbeigaben, die auf Veranlassung von Herzog Ernst I. von Sachsen-Gotha, mit dem Beinamen „der Fromme" (1601–1675), in erster Auflage im Jahr 1641 erschien. Gewidmet war diese dritte – wie auch die vierte – Auflage der schwedischen Königin Christina (1626–1689), der Tochter König Gustav Adolfs II. (1594–1632), die von 1632 bis 1654 regierte, dann abdankte und zum Katholizismus konvertierte. Die nachfolgende fünfte und sechste Edition wurde wegen dieser Konversion Herzog Ernst I. selbst gewidmet (Albrecht-Birkner, 2002, S. 465). Dass dieser auf dem Titelblatt der vorliegenden Bibelausgabe als „Herzog von Sachsen, Jülich, Cleve und Berg" bezeichnet wird, hängt mit den territorialen Ansprüchen der sächsischen Herzöge angesichts des Jülich-Klevischen Erbfolgestreits zusammen, der zu diesem Zeitpunkt noch nicht endgültig geklärt war, wenngleich das Kurfürstentum Brandenburg-Preußen doch faktisch die Herrschaft über diese Territorien, zu denen mit der Grafschaft Mark auch Bochum gehörte, übernommen hatte.

Der deutschen Bibelübersetzung Martin Luthers sind kurze Worterklärungen im Fließtext und ausführlichere theologische Erläuterungen in Form von ganzseitigen Exkursen beigefügt sowie Register mitsamt einer Tabelle der biblischen Angaben zu Maßen, Gewichten und Münzen im Vergleich zu den im 17. Jahrhundert üblichen Angaben. Zur Veranschaulichung dienen darüber hinaus geografische Tafeln. Als Einleitungen zu Beginn des Alten und des Neuen Testaments sowie vor den einzelnen biblischen Büchern sind jeweils die entsprechenden Vorreden Luthers abgedruckt. Im Anschluss an die Johannesoffenbarung wird zudem als Erläuterung zu Offb. 8 ein Überblick über christliche Häresien präsentiert, für deren Zusammenstellung auf verschiedene Theologen als Autoritäten verwiesen wird. Neben Augustin, Irenäus und Luther sowie Martin Chemnitz und Johann Gerhard als den Vertretern der lutherischen Orthodoxie werden auch der katholische Theologe Robert Bellarmin, der reformierte Theologe und Hebraist Theodor Bibliander sowie eine deutsche Übersetzung des Korans angeführt. Ganz am Ende werden die wichtigsten Glaubenssymbole der Alten Kirche und die Confessio Augustana zusammen mit einem Bericht zum Augsburger Bekenntnis abgedruckt, um so die Übereinstimmung der vorliegenden Bibelkommentierung mit den Grundsätzen des Luthertums herauszustellen.

Die Verbundenheit mit den evangelischen Landesfürsten, und hier vor allem den sächsischen Kurfürsten und Herzögen, wird dadurch unterstrichen, dass die einzelnen Herrscher in der Ahnenreihe von Friedrich dem Weisen (1463–1525) bis zu Ernst I. von Sachsen-Gotha jeweils mit einem Text zur Biographie und einer Abbildung vorgestellt werden. Wegen der Abbildungen der protestantischen Kurfürsten der Reformationszeit wird dieser Typus von

Lutherbibeln, die im 17. und 18. Jahrhundert gedruckt wurden, auch als „Kurfürstenbibel" bezeichnet.

In einer Vorrede, die von Salomon Glass stammt, dem Generalsuperintendenten des Herzogtums und Schüler des bedeutenden Jenaer Theologen Johann Gerhard, werden theologische Grundgedanken zu dieser Bibelübersetzung und ihrem Gebrauch dargelegt. Ausgehend von 2Tim 3,14–16 werden zunächst Weisheit, Seligkeit und Glauben als die drei entscheidenden Wirkungen der Schrift bezeichnet und wird ihr Nutzen in vierfacher Hinsicht aufgezeigt im Blick auf die christliche Lehre, die Widerlegung von Irrlehre, die Besserung derer, die sich mit der Schrift befassen, sowie deren „Züchtigung in der Gerechtigkeit" (Blatt a [vi] r). Der Hauptzweck der Bibelübersetzung Luthers sei es, „dem gemeinen [d.h. einfachen, M. B.] Mann zu dienen" (Blatt b ii v). Für den konkreten Gebrauch der Bibel werden Empfehlungen beziehungsweise Regeln formuliert – so sollten bereits Kinder und Jugendliche in der Bibellektüre geübt werden und es sollte in der Heiligen Schrift „beständig" gelesen werden, „damit man vollkommen werden möge / zu allen guten Wercken geschickt" (Blatt b [i] r).

Luthers Bibelübersetzung war für die Verbreitung der Reformation von entscheidender Bedeutung (Blanke, 2005, S. 258–265). Sie bildete die Grundlage für reformatorische Predigten und wurde auch in Liedern, Flugschriften und auf Bildinschriften rezipiert. Luthers Vorreden zum Alten und Neuen Testament sowie zu den einzelnen biblischen Büchern dienten als Anleitung zur Lektüre und zum Verstehen der Bibel. Die Anfänge der Reformation in Westfalen lassen sich als eine „Predigt- und Singbewegung" (Neuser, 2002, S. 27) charakterisieren.

Ab wann die Menschen in Bochum etwas von den reformatorischen Gedanken mitbekommen haben, lässt sich nicht genau datieren. Die Berichte, die zu der religiösen Lage in Bochum aus den 1520er bis 1560er Jahren überliefert sind, zeigen, dass die römische Kirche in dieser Zeit noch die Glaubensüberzeugung sowie Frömmigkeitspraxis bestimmte (vgl. zum Folgenden Darpe, 1891, S. 154–174, S. 219–228; ders., 1893, S. 229–264; Murken, 2008, S. 214–224). Die altehrwürdige Bochumer Kirche – die heutige Propsteikirche, die ursprünglich dem Petrus-Patrozinium und seit 1522 dem Doppelpatrozinium Petrus und Paulus unterstellt war – gehörte, wie auch der benachbarte Reichshof, dem Landesherrn, dem Herzog von Jülich-Kleve-Berg, dem somit auch die Besetzung der Pfarrstelle zustand. Die Investitur wiederum stand dem Dompropst von Köln zu, da Bochum kirchenorganisatorisch im 16. Jahrhundert – und noch bis 1801 – zum Kölner Erzbistum gehörte. Nach dem verheerenden Brand, der in Bochum am 25. April 1517 wütete und auch die Kirche zerstörte, wurde ein Neubau im Stil einer spätgotischen Hallenkirche errichtet. In der Bochumer Kirche und ihren Tochterkirchen beziehungsweise -kapellen waren Mitte des 16. Jahrhunderts zehn Geistliche tätig, die täglich die Messe lasen. Es gab mehrere Bruderschaften, die sich der Marien- und Heiligenverehrung widmeten und zugleich eine wichtige Funktion in der memoria, dem Totengedenken, wahrnahmen.

Die Lage Bochums am Hellweg, das heißt die räumliche Nähe zu Essen und Dortmund einerseits sowie den benachbarten Gemeinden der Grafschaft Mark andererseits, lässt vermuten, dass die dortigen Anfänge der Reformation auch in Bochum zur Kenntnis genommen worden sind. Im Bochumer Umland ist der Adel zum Teil schon in den 1540er Jahren evangelisch geworden, so zum Beispiel die Besitzer des Hauses Weitmar, von Hasenkamp und von Eickel, und mit ihnen auch viele Bauern. Von den Bochumer Pfarrern und Vikaren wissen wir, dass sie gewisse Kenntnisse von den reformatorischen Auffassungen haben konnten, insofern die Bochumer Pfarrbibliothek Teile von Luthers Werken aus der Jenaer Ausgabe von 1568 sowie Melanchthons bedeutendes Werk Loci communes in einer Ausgabe aus dem Jahr 1558 besaß. Pfarrer in Bochum war von 1546 bis 1582, das heißt 36 Jahre lang, Jürgen von Schell, der zeitweilig von dem Dominikaner Johann von Asselen vertreten wurde, der seit 1538 von dem Dortmunder Kloster nach Bochum entsandt wurde. Ihrer adeligen Herkunft gemäß ging es beiden vor allem um die reich dotierten Einkünfte der Pfarrstelle. Da es sich hierbei um ein Patronat des Landesherrn handelte, sorgte dieser mit seiner Personalpolitik dafür, dass seine religionspolitische Linie eingehalten wurde.

Es war dann dem Wirken des Pfarrers Johann Bömken zu verdanken, dass die Reformation auch in Bochum Fuß fasste. Nach dem Tod Jürgen von Schells im Jahr 1582 verschärfte sich in Bochum die Auseinandersetzung mit den Dominikanern, die als Außenstelle des Dortmunder Dominikanerklosters bei der Seelsorge in Bochum halfen. Bömken machte gegen die Dominikaner mobil und stieß damit bei dem Bürgermeister und dem Magistrat auf Zustimmung. Die Mönche beschwerten sich daraufhin bei der Regierung in Kleve darüber, dass das gemeine Volk sie verunglimpfe. In der Folgezeit verhalf Bömken der Reformation in Bochum zum Durchbruch, indem er den lutherischen Gottesdienst einführte und das Abendmahl unter beiderlei Gestalt austeilte. 1592 berief er dann Adolf Abeli als Schulrektor von Hattingen nach Bochum, der Luthers Katechismus lehrte.

In der Pfarrei Uemmingen, ursprünglich eine Filialkirche der Propsteikirche, die aber schon im 15. Jahrhundert selbstständig geworden war, trat der Pfarrer Dietrich Möller im Jahr 1609 zum lutherischen Bekenntnis über. Und auch in Weitmar, Langendreer, Harpen und Eickel waren die Pfarrer inzwischen lutherisch geworden, während die Dörfer vor den Stadttoren Bochums, die zur Stadtkirche gehörten – Altenbochum, Grumme, Riemke, Hofstede, Hamme und Wiemelhausen –, mehrheitlich katholisch blieben. Der offizielle Bruch der nun überwiegend evangelisch gewordenen Stadt mit der katholischen Kirche wurde aber aus politischen Gründen lange herausgezögert, zum einen wegen der Religionspolitik des Herzogtums, die genau das immer noch verhinderte, zum anderen aus Furcht vor den spanischen Truppen, die ihren Feldzug gegen die niederländischen Reformierten auch auf märkisches Gebiet ausdehnten. Angesichts dieser politischen Zwänge wagte die Stadt es nicht, den Übergang zur Reformation offiziell zu verkünden – und so wurde auch die Propsteikirche für lange Zeit noch von beiden Konfessionen genutzt. Erst Mitte des 17. Jahrhunderts wurde mit der Pauluskirche die erste evangelische Kirche in Bochum errichtet. 1605 wurde in Langendreer die erste evangelische Schule Bochums gegründet und damit eben auch auf dem Gebiet der Bildung das Anliegen der Reformation umgesetzt.

Mit der zunächst vorläufigen und später dann endgültigen Regelung der Erbfolge im Herzogtum Jülich-Kleve-Berg wurde dann auch für Bochum ein neues Kapitel der Geschichte aufgeschlagen, insofern mit dem Hause Brandenburg dezidert protestantische Fürsten die Landesherrschaft übernahmen. 1613 vollzog Bochum offiziell den Bruch mit der katholischen Kirche. Im selben Jahr trat Kurfürst Johann Sigismund vom Luthertum zum Calvinismus über, was die Entwicklung reformierter Gemeinden in der Grafschaft Mark begünstigte. So bildete sich in der Folgezeit auch in Bochum eine reformierte Gemeinde, ohne dass es – wie in den vorangegangen Jahrzehnten in anderen Städten der Region – zu gewaltsamen Konflikten zwischen Lutheranern und Reformierten in Bochum kam. Die relativ wenigen Reformierten in Bochum wurden zunächst von dem Hausprediger Gerhard Poth auf Schloss Bladenhorst betreut, bis ihnen dann die Mitbenutzung der Pfarrkirche erlaubt wurde. Die Gunst der kurfürstlichen Regierung, die calvinistisch war, sorgte dafür, dass die Einkünfte der Gemeinde vermehrt werden konnten und am Ende des 17. Jahrhunderts dann auch eine eigene reformierte Kirche gebaut wurde.

Insgesamt zeigt die Reformationsgeschichte Bochums Parallelen zu anderen Städten in der Grafschaft Mark, aber auch Besonderheiten. Dem typischen Muster entsprach die Reformation in Bochum insofern, als sie „von unten" erfolgte, also nicht von der Obrigkeit oder dem städtischen Magistrat ausging. Allerdings waren es nach den zeitgenössischen Berichten weniger die Bürger selbst – wie in Dortmund und Essen –, sondern die Pfarrer, die für die Einführung der Reformation sorgten. Eine Besonderheit ist der zeitliche Verlauf der Reformation in Bochum – wenn erste Anfänge um das Jahr 1570 angesetzt werden können, so war das im Vergleich mit den anderen Städten der Region relativ spät und es sollte dann noch über vierzig Jahre dauern, bis der endgültige, das heißt offizielle Übergang zur Reformation vollzogen wurde. Das lag an dem politischen Status der Stadt, die anders als Dortmund und Essen einem Territorialherren verpflichtet war, zugleich aber im Unterschied zu anderen Städten der Grafschaft Mark, in denen die Reformation früher und schneller eingeführt wurde, den Bruch mit der Religionspolitik des Herzogtums aufgrund ihrer wirtschaftlichen Bedeutung und strategischen Lage nicht so ohne weiteres wagen durfte. Die Kooperation von Lutheranern und Katholiken, wie sie sich in der gemeinsamen Nutzung der Propsteikirche widerspiegelt, war deshalb politisch geboten und aus heutiger Sicht ein Beispiel für eine interkonfessionelle Toleranz, wie sie in damaliger Zeit keineswegs üblich war.

Aufgrund des ideellen wie auch materiellen Wertes einer Lutherbibel war deren Besitz nicht zuletzt Ausdruck einer konfessionellen Überzeugung. Die Neuauflagen der Lutherbibel im 16. und 17. Jahrhundert verdankten sich nicht nur der großen Nachfrage, sondern sie waren teilweise auch politisch motiviert – wie im Fall des vorliegenden Exemplars, das auf Initiative von Herzog Ernst I. von Sachsen-Gotha gedruckt wurde, weil dieser damit in einer Zeit tiefgreifender Konflikte und Umbrüche ein konfessionspolitisches Zeichen setzen wollte (vgl. Bautz, 1975, Sp. 1538). Im Kontext des Dreißigjährigen Krieges ging es dem Herzog zum einen um die Bekräftigung der Einheit des Luthertums vor allem unter schwedischer

Führung, was sich in der Widmung und den Abbildungen dieser Bibelausgabe widerspiegelt. Herzog Ernst hatte selbst während des Krieges als Oberst in der schwedischen Armee gedient. Zum anderen ging es ihm um die Stärkung der eigenen Position nach der Teilung der altweimarischen Lande im Jahr 1640. Aus politischen und religiösen Motiven setzte er sich für eine Kirchen- und Schulreform in seinem Herzogtum ein und initiierte die Herausgabe der „Ernestinischen Bibel" (Koch, 2002, S. 53–58; Albrecht-Birkner, 2002, S. 462–465), da durch die Verwüstungen im Zuge des Dreißigjährigen Krieges in vielen Gemeinden keine Lutherbibeln mehr vorhanden waren. Nach dem Willen des Herzogs sollte jede Gemeinde eine solche Bibel besitzen und arme Gemeinden erhielten sie von ihm als Geschenk.

Auf dem Buchdeckel der vorliegenden Bibel ist mit einem Aufdruck vermerkt, dass sie im Jahre 1901 von Ludwig Sareike erworben wurde. Nach den Angaben seiner Urenkelin, Frau Gabriele Herter, kam Sareike vor der Wende vom 19. zum 20. Jahrhundert aus dem damaligen Ostpreußen nach Bochum und arbeitete dort als Stellmacher. Dass ein Handwerker daran interessiert war, eine Lutherbibel zu besitzen und er eine Ausgabe erwarb, die sich der „einfache Mann" in der Zeit, als sie gedruckt wurde, nicht leisten konnte (Jahn, 1986, S. 17), zeigt, welche Bedeutung die Lutherbibel für Sareike hatte. Das Ruhrgebiet, in dem er fortan lebte, wurde im ausgehenden 19. und frühen 20. Jahrhundert von dem konfessionellen Gegensatz zwischen Protestantismus und Katholizismus geprägt, der sich durch die Stärkung der „protestantischen Selbstvergewisserung" (Jähnichen, 2009, S. 27) im Zuge des Luthergedenkens in den Jahren 1883 und 1887 noch verschärfte. In diesem Kontext konnte mit dem Besitz einer Lutherbibel, insbesondere wenn sie auch in ihrem äußeren Erscheinungsbild so eindrucksvoll war, ein deutliches konfessionelles Zeichen gesetzt werden. Nach Sareikes Tod wurde die Bibel in der Familie von Generation zu Generation weitergegeben und auch in Schulen und Bibelausstellungen der Region präsentiert. Seit 2010 war sie als Leihgabe im Bochumer Schulmuseum.

MICHAEL BASSE

13 | LANGENDREERER BAUERSCHAFTSBUCH

Leihgabe Dieter Maiweg, Bochum

L 32 cm, B 21 cm (aufgeschlagen 42 cm), H 4 cm; lederner Buchrücken, Papier; 1623 bis 1755

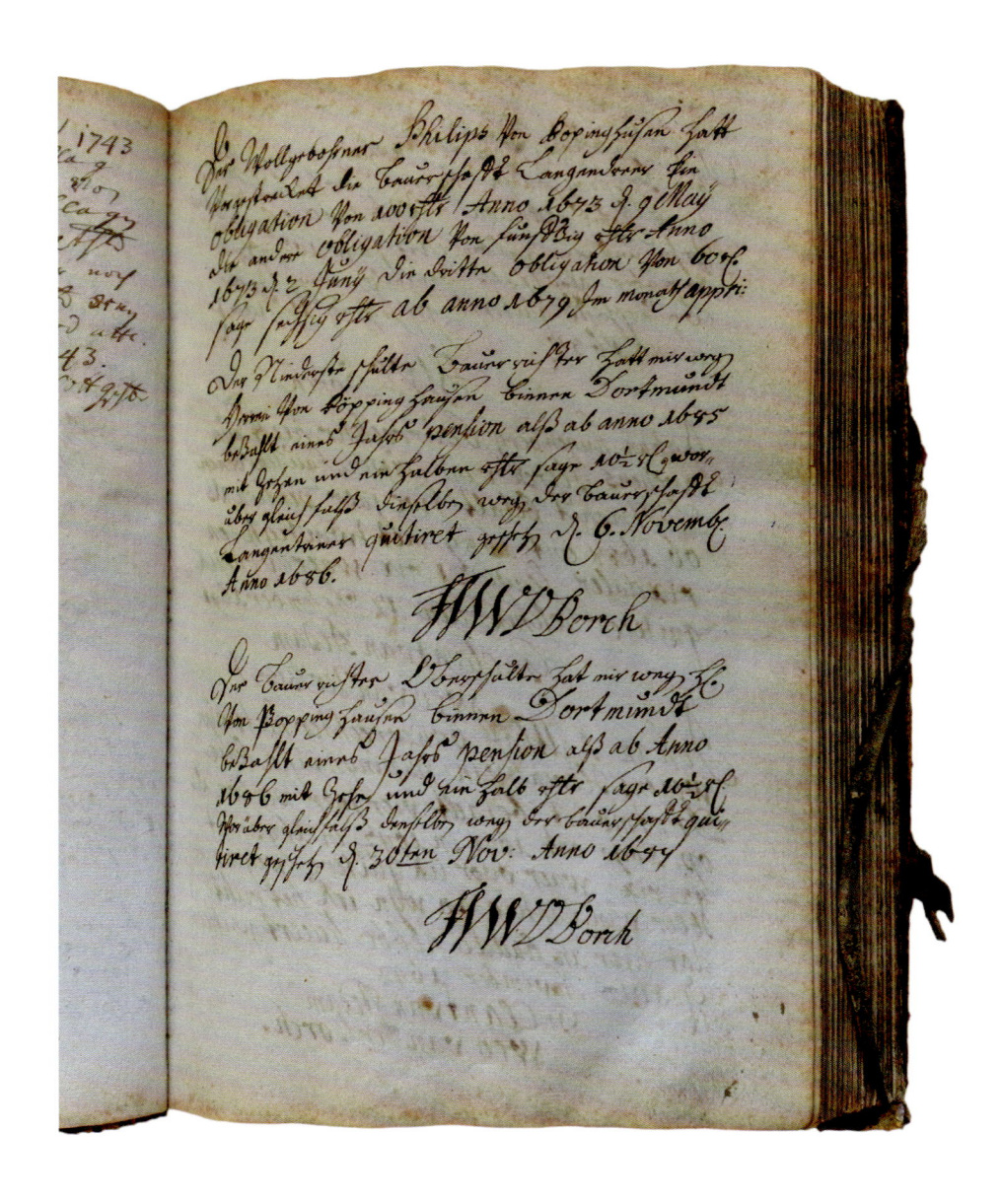

13 LANGENDREERER BAUERSCHAFTSBUCH

Eine „alte Schwarte"

Das Buch als „alte Schwarte" zu bezeichnen wäre respektlos, aber so ganz falsch nicht: Abgegriffen ist der schmucklose Ledereinband, der sich nach den Kanten hin stark verzogen hat. Sein ursprünglich wohl durchgehendes Hellbraun ist variantenreich bis in tiefes Braun übergegangen. Von den beiden Bänderpaaren aus Leinen, die einst am vorderen und hinteren Buchdeckel angebracht wurden, um diese zusammenzubinden und damit das Buch geschlossen zu halten, ist eines der Bänder oben und eines unten abgerissen, so dass die Schließung nicht mehr funktionieren kann. Die drei Schnittkanten des Buches sind nicht nur vergilbt, sondern fast ins Schwarze nachgedunkelt. Man sieht der „alten Schwarte" die Jahrhunderte an.

Sie hat die Zeiten in der massiven Bauerntruhe eines Langendreerer Hofes überlebt, der bis in das letzte Drittel des 19. Jahrhunderts hinein „Niederschulten-Hof" hieß und im Sommer 2016 als Hof Maiweg das Jubiläum seiner 750-jährigen urkundlichen Ersterwähnung feierte. In dieser Truhe liegt das Buch normalerweise inmitten von weiteren „alten Schwarten", historischen Schriften und dicken Aktenbündeln aus dem 17. bis 19. Jahrhundert. Es ist von den in die Jahre gekommenen Büchern das größte, 32 Zentimeter hoch, fast 21 Zentimeter breit und etwa vier Zentimeter dick, und an dem unverändert festen ledernen Buchrücken erkennt man, dass hier ein Buchbinder vor Jahrhunderten handwerklich professionelle Arbeit geleistet hat. Das Buchinnere besteht aus ziemlich voluminösem Papier, das wohl einmal weiß war, nun aber durchgehend vergilbt ist, zu den Rändern hin besonders stark. Es ist auf vielen Seiten mit (manchmal verblasster) Tinte in unterschiedlichen Handschriften beschrieben, doch ein großer Teil blieb auch unbeschriftet, weil man eines Tages aufgehört hat, die Eintragungen fortzusetzen.

Einen Titel des Buches oder eine Bezeichnung seines Zwecks sucht man vergeblich. Falls es einen Innentitel gab, hat er sich auf der ersten Seite befunden, doch dieses Blatt wurde zu drei Vierteln herausgerissen. Es ist nicht das einzige, von dem ein Stück fehlt. Papier war in früheren Jahrhunderten knapp und teuer, weshalb wohl gelegentlich ein Teil eines (unbeschriebenen) Blatts herausgeschnitten oder -gerissen und zweckentfremdet verwendet wurde.

Da ein vorgegebener Titel fehlte, hat der Langendreerer Heimatforscher Emil Tetzlaff das Buch, als er es 1923 bei einer Durchsicht der Archivalien des früheren Schultenhofes entdeckte und ihm einen Zettel mit einigen Stichworten zum Inhalt beifügte, zunächst „Gemeindebuch" genannt, aber später in Klammern „Bauerschaftsbuch" darunter gesetzt. Diese nachträgliche Bezeichnung ist jedoch die historisch passendere, denn auf die „Bauerschaft Langendreer" wird in den Inhalten von 1623 bis 1755 ständig Bezug genommen, während der Begriff der Gemeinde als „Gemeine" nur ausnahmsweise und in den jüngeren Eintragungen vorkommt. Dass Gemeinde und Bauerschaft keineswegs identisch waren, wird noch darzustellen sein.

Emil Tetzlaff war von 1904 bis 1934 Lehrer an verschiedenen Langendreerer Schulen, zuletzt Konrektor an der Kaiserschule und er war passionierter Forscher zur örtlichen Geschichte (StadtA Bo, BO 40/212). Sein im Jahre 1923 erschienenes, längst vergriffenes „Langendreerer Heimatbuch", ein schmales Bändchen, erzählt die Geschichte des Ortes volkstümlich, aber ohne Quellenbezug und teilweise recht fantasiereich. Tetzlaff betrieb jedoch auch ernsthafte historische Quellenforschung für eine fundierte Ortsgeschichte, die er plante, später aber wegen des Krieges nicht mehr verwirklichen konnte. Dazu suchte er in den 1920er Jahren die großen alten Bauernhöfe des Ortes auf, um das in manchen von ihnen noch vorhandene historische Akten- und Urkundenmaterial zu sichten, so auch den ehemaligen Niederschulten-Hof. Unter dessen alten Büchern fand er das hier beschriebene. Obwohl es nicht den Hof unmittelbar betraf, sondern die Bauerschaft insgesamt, ist es hier geblieben, weil zur Zeit der letzten die Bauerschaft betreffenden Eintragungen „Johan Schulte am Niersten Hoffe" als „Bauerschaftsvorsteher" amtierte.

Bauerschaft und Bauerrichter
Der Begriff Bauerschaftsvorsteher kommt im Bauerschaftsbuch erst ab 1735 vor und nur selten. Die an manchen anderen Orten bereits länger oder immer schon gebräuchliche Bezeichnung „Bauermeister" (im Gegensatz zum Bürgermeister der Stadt) findet sich nun häufiger. Doch bis in die Anfangsjahre des 18. Jahrhunderts hinein wird der Repräsentant der Bauerschaft Langendreer im Bauerschaftsbuch ausschließlich als „Bauerrichter" bezeichnet.

Der Begriff Bauerrichter (Burrichter) stammt aus dem Mittelalter. Da hatte der Inhaber dieses Titels auch gewisse richterliche Befugnisse, ahndete und bestrafte kleinere Delikte zum Beispiel bei Schlägereien, Diebstählen, wenn „unrechtes Maß, unrechte Waage" zu Betrügereien geführt oder „Eingriffe in die Allmende" stattgefunden hatten (Kroeschell, 2003, Sp. 1604). Im 17. und 18. Jahrhundert war dies in Langendreer jedoch Sache jener Richter, die im Auftrag der Freiherren von der Borch auf Haus Langendreer tätig waren, seitdem diesen von den Landesherren regelmäßig die Jurisdiktion im „Gericht Langendreer" übertragen wurde.

Der Bauerrichter behielt aber seine traditionelle Bezeichnung, obwohl er nur noch verschiedene Organisations- und Verwaltungsfunktionen wahrzunehmen hatte. Den Aufzeichnungen des Langendreerer Bauerschaftsbuches zufolge wurde er vor allem tätig, wenn die jährlichen „Pensionen", so nannte man die für die Schuldverschreibungen der Bauerschaft an die Gläubiger zu zahlenden Zinsen, zur Auszahlung gelangten. Bei der Aufnahme dieser Schulden handelte allerdings, wie sämtliche dazu im Bauerschaftsbuch dokumentierten Beschlüsse zeigen, stets ein Kollegium von drei bis zu zehn Bauern gemeinschaftlich und waren häufig zahlreiche weitere Mitglieder der Bauerschaft als namentlich protokollierte Zeugen dabei.

Wie die Langendreerer Bauerrichter zu ihrem Amt kamen, erwähnt das Bauerschaftsbuch trotz erkennbar häufiger Amtswechsel nicht. Im Mittelalter war es in Westfalen „Zubehör des grundherrlichen Haupthofes, während es anderswo unter den Vollbauern der Burschaft reihum ging" (ebd.). Da es in dem großen Dorf Langendreer, wohl dem größten im ganzen Amt Bochum, mehr als ein halbes Dutzend Schultenhöfe unterschiedlicher Grundherren gab (Kreuzer, 2016, S. 21), wurde hier wohl die zweite Variante praktiziert und dies auch noch in der frühen Neuzeit.

Die konkrete Besetzung des Amtes haben die Bauern wahrscheinlich unter sich ausgemacht, wobei formale Wahlen nie erwähnt werden. Die Bauerschaft war nämlich trotz der Größe des Dorfes, das Mitte des 17. Jahrhunderts etwa 500 Einwohner hatte (Schulte, 1925, S. XXI) ein überschaubarer Kreis, denn zur Bauerschaft im alten Sinne gehörte keineswegs die gesamte Einwohnerschaft des Ortes. Zur ursprünglichen „Burschap" zählten lediglich die örtlichen Grundbesitzer, die sogenannten Vollerben, Halberben und in Westfalen eventuell noch die Erbkötter (Köbler, 2003, Sp. 1107), nicht aber die grundeigentumslosen Einwohner. Diese Standeshierarchie galt im Bochumer Raum auch Mitte des 17. Jahrhunderts noch, unterscheidet doch die 1664 für Besteuerungszwecke erstellte „Feuerstättenliste" in Langendreer zwischen 16 Vollbauernhöfen, sechs „halben" Höfen und 57 Kotten (Schulte, 1925, S. 41ff.), von deren Inhabern nur einer „Erbkötter" war. Die anderen bewirtschafteten als „Pachtkötter" nur gepachtetes Land und hatten kein Grundeigentum. Das galt erst recht für die mehr als zwei Dutzend „Inwohner", die sich – soweit arbeitsfähig und benötigt – als Taglöhner verdingten (Kreuzer, 2016, S. 57).

So bestimmten in Langendreer der Tradition zufolge keine zwei Dutzend als Grundbesitzer anerkannte Bauern, wo und wie es im Dorf „langging". Nur sie bildeten im traditionellen Sinne die „Burschap", und aus ihrem Kreis kamen in der Regel die Bauerrichter; ausnahmsweise war es auch mal ein namhafter Kötter. Das Bauerschaftsbuch nennt in den letzten beiden Jahrzehnten des 17. Jahrhunderts vierzehn Bauerrichter namentlich, von denen einige das Amt in dieser Zeit auch mehrfach innehatten. Dabei ist eine feste Amtsdauer nicht festzustellen; häufig hat sie etwa ein Jahr gedauert, teilweise länger und manchmal waren innerhalb desselben Jahres auch zwei Bauerrichter tätig.

Tücken des Bauerschaftsbuches

Das Langendreerer Bauerschaftsbuch ist für den Bearbeiter eine Herausforderung. Das gilt nicht nur hinsichtlich der teilweise schwierigen Lesbarkeit der Einträge und der Verständlichkeit längst nicht mehr gebräuchlicher Begriffe und Ausdrucksweisen. Es gilt vor allem auch für die bald zu gewinnende Erkenntnis, dass die Aufzeichnungen des Buches nicht der Chronologie der dokumentierten Vorgänge folgen, sondern zeitlich ein munteres Durcheinander bieten. So befindet sich der älteste Vorgang, die im Wortlaut protokollierte Vereinbarung einer Geldleihe vom 15. Januar 1623, erst hinter zahlreichen jüngeren Gegebenheiten in der Mitte des beschriebenen Buchteils, wogegen Texte, die erst hundert Jahre später niedergeschrieben wurden, auf der ersten Seite des Buches stehen. Einer der Gründe ist schnell zu erkennen: Da sind manchmal zunächst leer gelassene oder nur zum Teil beschriebene Seiten nachträglich für spätere Vorgänge eigenständigen Inhalts genutzt worden. Ein systematischer Schriftvergleich zeigt jedoch, dass dies nicht der ausschließliche, nicht einmal der Hauptgrund für das „zeitliche Durcheinander" sein kann, denn es gibt außer den erkennbar von späterer Hand erfolgten Eintragungen eine Grundstruktur an Dokumentationen, die sich in ihrem Schriftbild sehr ähnlich sind. Da stimmt die Schrift ebenso überein wie die Art, in der die Initialen und innerhalb der Texte die Anfangsbuchstaben mancher Namen und Begriffe kalligrafisch hervorgehoben sind. Ein besonders deutliches Beispiel ist das stets lang ausgezogene, geschwungene „L" des Ortsnamens Langendreer. Alle Bucheinträge dieses Typs scheinen von derselben, dabei recht geübten Hand zu stammen, obwohl sie Vorgänge unterschiedlicher Entstehungszeit betreffen, die nicht in chronologischer Folge wiedergegeben sind.

Bei einigen der dokumentierten Vorgänge gibt sich der Schreiber anscheinend selbst zu erkennen. So endet die bereits erwähnte Schuldurkunde von 1623 mit dem (nachstehend in heutiger Schreibweise und Interpunktion wiedergegebenen) Satz:

> „Weil wir Vorgenannten nicht schreiben gelernt, haben wir unseren Pastor Herm. Schmit dies für uns zu schreiben gebeten, was ich vorgenannter Pastor bekenne und um der Bitte der Männer geschrieben. Actum in Anno 1623 d. 15. Jan., Hermannus Schmit, Past. in Langendreer, meine Hand."

Demnach hätte Hermann Schmitt, der evangelisch-lutherischer Pastor in Langendreer von 1607 bis 1637 war (von Steinen, 1757, S. 604), den Text geschrieben. Das gilt ebenso für weitere im Bauerschaftsbuch niedergeschriebene oder erwähnte Schuldurkunden der 1630er Jahre, die Schmitt als Schreiber bezeichnen, und nach seinem Tod wird sein Nachfolger Georg Brockhaus in dieser Funktion bezeugt. Als studierte Theologen konnten die beiden im Gegensatz zu den meisten Bauern schreiben, und als örtliche Pastoren haben sie entsprechende Bitten aus ihrer Gemeinde nicht abgeschlagen. Doch wie erklärt sich zum Beispiel, dass der von Brockhaus 1644 angeblich eigenhändig geschriebene und unterschriebene Schuldtitel vor Hermann Schmitts Text von 1623 im Bauerschaftsbuch erscheint? Die einzige schlüssige Erklärung, die es dafür wie für weitere zeitliche Diskrepanzen dieser Art, aber auch für die große Ähnlichkeit im Schriftbild dieser und anderer Eintragungen von Sachverhalten aus unterschiedlicher Zeit gibt: Das Bauerschaftsbuch enthält in diesen Fällen keine originalen Texte, sondern spätere Abschriften der Originalurkunden.

Damit muss die lokale Geschichtsschreibung Abschied nehmen von der bisher (auch vom Verfasser) vertretenen Auffassung, im Bauerschaftsbuch befänden sich Originalunterschriften zum Beispiel des regional bedeutsamen, weil um die Wende vom 16. zum 17. Jahrhundert im Osten des Amtes Bochum für die lutherische Reformation tätigen Hermann Schmitt, dessen reformatorische Spuren sich außer in Langendreer auch in Werne, Ümmingen und Lütgendortmund nachweisen lassen. Es stimmt dann auch die Annahme nicht, das Bauerschaftsbuch sei bereits in den 20er Jahren des 17. Jahrhunderts angelegt worden. Das ist offenbar erst später geschehen, wobei bereits vorhandene, vermutlich auf Einzelblättern ausgefertigte Schuldurkunden abschriftlich übernommen wurden. Doch wann und durch wen?

Einen Hinweis auf den Schreiber und auf die Zeit, in der das Bauerschaftsbuch wirklich angelegt wurde, vermittelt eine mehrere Seiten umfassende Folge von Eintragungen unter der Überschrift „Paull Schnider, Rentmeister zu Langendreer". Hier folgen auf eine Zusammenfassung von Obligationen, die der Rentmeister 1677 besaß, Vermerke über anschließend für sie vereinnahmte Pensionen (= Zinsen) und andere ihren Besitz betreffende Vorgänge. Jede einzelne dieser Eintragungen ist mit einem zierlich verschlungenen „PSchd" als Kürzel des Namens Paul Schnider samt einem damit verbundenen Zeichen signiert, das die damals in Kanzleien übliche Abkürzung „sst" für subscripsit (= hat es unterschrieben) sein dürfte. Rentmeister Paul Schnider hat entweder die Eintragungen in das ihn selbst betreffende Kapitel jeweils persönlich vorgenommen oder die Vermerke wurden von einer Schreibkraft eingetragen und von ihm nur mit dem geschilderten Namenskürzel unterzeichnet. Doch beide Varianten weisen darauf hin, dass die Niederschriften im Haus Langendreer erfolgten.

Der dort als Rentmeister tätige Paul Schnider konnte sicher schreiben, hatte vermutlich aber auch eine kleine Kanzlei zur Verfügung. Jedenfalls wurde eine notariell geregelte Schuldangelegenheit am 20. Dezember 1653 gemäß Bauerschaftsbuch „auf der Borch" beurkundet, wobei Schnider als Gerichtszeuge mit unterschrieb. Die „Burg" war damals Sitz einer Grundherrschaft von mehr als vierzig Langendreerer Höfen und Kotten (Kreuzer, 1999, S. 151) und einer Reihe auswärtiger Höfe, was eine entsprechende Verwaltungstätigkeit erforderte. Sie war darüber hinaus Sitz der Jurisdiktion des Gerichts Langendreer, das seit 1647 auch die Dörfer Werne, Somborn und Stockum/Düren mit umfasste (von Steinen, 1757, S. 634), wobei die Aufgaben der Zivilgerichtsbarkeit sicher schreibaufwändig waren. In den Jahren 1704/06 wird im Bauerschaftsbuch „Johan Georg Pauseman, Secretarius auf dem Hause Langendreer" erwähnt, 1706 in dem zeitlich letzten Vermerk, der in dem oben beschriebenen, für viele Eintragungen charakteristischen Schreibstil mit seinen kalligrafischen Verzierungen erfolgte. Auch beim Kapitel des Paul Schnider ist er festzustellen. Vielleicht war Pauseman als „Sekretarius" der Schreiber und schon lange vor 1704 auf Haus Langendreer tätig. Dass in dem „schönen Schloss" (ebd., S. 610) ein kalligrafisch anspruchsvoller Kanzleistil gepflegt wurde, verwundert angesichts seiner Bedeutung als Grund- und Gerichtsherrschaft nicht. Und wo sonst im Bauerndorf Langendreer hätte das geschilderte Schriftbild vieler Eintragungen des Bauerschaftsbuches entstehen können?

Dieser Schreibstil kennzeichnet auch die zahlreich dokumentierten Zinsauszahlungen für die Schuldverschreibungen der Bauerschaft. Sie sind zwar jeweils kurze, aber die am häufigsten vorkommenden Vorgänge des Bauerschaftsbuches. Auffällig ist bei ihnen, dass sie erst mit Zinsansprüchen für die Jahre 1676/77 beginnen und von da an kontinuierlich fortgesetzt werden, jedoch zuvor keine einzige Auszahlung im Bauerschaftsbuch dokumentiert ist, obwohl die zugrundeliegenden Obligationen bis 1622/23 zurückreichen. Auch Schniders Aufstellung der eigenen Obligationspapiere und eine ähnliche, die sich für Jacob Fasold, seinen Vorgänger im Amt des Rentmeisters von Haus Langendreer, im Bauerschaftsbuch befindet, dokumentieren Zinszahlungen erst ab 1677. Die „Verbuchung" der „Pensionen" im

Bauerschaftsbuch begann also um diese Zeit. Dies und ihre mengenmäßig dominierende Präsenz im Bauerschaftsbuch weisen darauf hin, dass es Ende der 70er Jahre zu dem Zweck beschlossen und angelegt wurde, die zunehmenden Zinsauszahlungen festzuhalten, zumal diese teilweise auch erst Jahre nach ihrer Fälligkeit oder für mehrere Jahre zusammen erfolgten.

Dabei sind die als Quittierung formulierten Auszahlungsvorgänge für jede Obligation gesondert auf eigenen Seiten eingetragen worden. Vorweg aber wurde als Anspruchsgrundlage der jeweilige Beschluss der Bauerschaft über die Schuldaufnahme (beziehungsweise eine spätere Aktualisierung) abschriftlich dokumentiert; nur bei den beiden Rentmeistern ist stattdessen eine Zusammenfassung ihres etwas größeren Obligationenbestandes vorangestellt. Bei den abschriftlichen Eintragungen der jeweiligen Schuldaufnahmen spielte die Chronologie ihrer Entstehung keine Rolle mehr; sie konnte in der Reihenfolge vorgenommen werden, in der die Dokumente vorlagen. Das scheinbare „zeitliche Durcheinander" des Bauerschaftsbuches findet damit eine plausible Erklärung: Es ist nicht als Chronik eingerichtet und geführt worden, sondern mit einer inneren Struktur, die der geordneten Abwicklung von Finanzierungsvorgängen diente.

Kriegsschulden und ihr historischer Hintergrund

Ursache der starken Verschuldung der Bauerschaft im 17. Jahrhundert waren der 30-jährige Krieg (1618–1648) sowie der französisch-niederländische Krieg (1672–1679), in denen das Herzogtum Kleve-Mark zum Auf- und Durchmarschgebiet der „Kriegsparteien" wurde. In beiden Kriegen waren Bochum und die umliegenden Dörfer zwar nicht von großen Schlachten betroffen, aber von ständigen Übergriffen und Pressionen der durchziehenden oder in der Region lagernden Soldaten. Neben der Last der Kriegskontributionen des eigenen Landes drückten die Stadt- und Landgemeinden die von den durchziehenden Heeren geforderten Zwangs- und Schutzgelder nieder, die brutal und ohne Rücksicht darauf gefordert wurden, dass Stadtsäckel oder Dorfkasse längst leer waren. So musste Geld geliehen werden.

In ihrer „grothen noht und Krieges Laßte" (großen Not und Kriegslast), heißt es unter dem 15. Januar 1623 im Bauerschaftsbuch, hätten Oberschulte, Niederschulte, Bolte und Börger im Namen der Bauerschaft von dem Diederich auf der Hegen 40 alte Goldgulden, 25 alte Reichstaler und 50 laufende Taler erhalten. Es folgen die Bedingungen der Schuldaufnahme unter anderem hinsichtlich der Zinsen, der Kündigung und der Haftung der beteiligten Bauern, von denen jeder mit seinem gesamten persönlichen Vermögen für die Bauerschaftsschuld einstehen muss. Den Schluss bildet die oben zitierte Aussage des Pastors Hermann Schmitt, dass er die Schuldurkunde geschrieben und für die in ihr genannten Bauern unterzeichnet habe.

Es war dies bereits die zweite Schuldaufnahme der Langendreerer. Schon im Vorjahr 1622 hatte die Bauerschaft von dem „ehrsamen Herman Sevecken", einem örtlichen Bauern, 100 Reichstaler geliehen, ebenfalls von Hermann Schmitt sachgerecht zu Papier gebracht. Ursache der beiden Verschuldungen war, dass der 1618 mit dem „Prager Fenstersturz" begonnene „große Krieg" das Herzogtum Kleve-Mark erreicht hatte, als der 1609 in dem schon lange andauernden spanisch-niederländischen Krieg vereinbarte 12-jährige Waffenstillstand Mitte 1621 endete. Die wieder aufgenommenen Kriegshandlungen dehnten sich, wie schon in der Zeit vor dem Waffenstillstand, auch auf das Territorium von Kleve-Mark aus. Zwar spielten sich die direkten militärischen Auseinandersetzungen mehr am Niederrhein ab, aber auch in der Mark waren „die Streifereien und Durchzüge der Truppen eine bedrückende Plage" (Darpe, 1894, S. 230), zumal die Spanier um die Wende 1622/23 mit acht Kompanien ihr Winterlager bei Hattingen aufschlugen. Sie haben auch Bochum und die Dörfer des Umlands rücksichtslos zu „Requisitionen für Quartier und Unterhalt" herangezogen (ebd., S. 232). Als Bochum im März 1623 ein Kapital von 625 Reichstalern aufnahm, um die damit entstandenen Ausgaben finanzieren zu können, hatte die Bauerschaft Langendreer bereits die beiden oben angeführten Schuldaufnahmen hinter sich.

Die finanzielle Situation der Bauerschaft war, als sich die Spanier schließlich im Frühjahr 1631 aus der Grafschaft Mark zurückzogen (ebd., S. 236), wegen des „großen Krieges über Zügen" so angespannt, dass die „Buer" mit dieser Begründung „auf S. Peter Tag" 1631 „von dem erbaren und frommen Henderich Emperhoff, itziger Köster zu Langendreer, zwanzig rthl" (Reichstaler) aufnahmen, wiederum von Pastor Hermann Schmitt in Schriftform gebracht. Nun waren zwar die Spanier weg, doch ab Herbst 1632 durchzogen während des ganzen Jahres 1633 die Truppen der katholischen „Liga" wie der protestantischen „Union" unter verschiedenen Heerführern die Region und sie alle forderten Nahrung, Unterbringung und Geld. Wie dies jetzt Schlag auf Schlag geschah und die Betroffenen darunter litten, hat Franz Darpe anhand der Bochumer Aufzeichnungen jener Zeit detailliert geschildert (ebd., S. 238ff.). Dass Langendreer 1633 ebenso betroffen war, ergibt sich aus Dokumenten und Erwähnungen im Bauerschaftsbuch, nach denen sich die Bauerschaft in jenem Jahr gleich mehrmals in neue Schulden stürzen musste.

Nach dem Friedensschluss von 1648 mag sich das Dorf physisch ein wenig erholt haben, nicht jedoch von seinen Schulden. Fünfundzwanzig Jahre später musste sich die Bauerschaft trotz der beträchtlichen Zinslast aus den Altschulden wegen eines neuen Krieges weiter verschulden. Der französische König Ludwig XIV. führte ihn gegen die Vereinigten Niederlande und auch seine Truppen durchzogen das Herzogtum Kleve-Mark, von April bis Juni 1673 auch die Region Bochum. Nicht nur die Stadt Bochum musste sich infolge der Pressionen der Soldateska Geld leihen (ebd., S. 283), auch die Bauerschaft Langendreer.

Begründet mit „ihren höchsten nöhten und Drangsalen zu abstattung der franzosischen Straffgelder" erschienen am 24. Mai 1673 sechs namhafte Langendreerer Bauern vor dem „Kayßerlichen Notario Nicolaus Allerdings" in Dortmund, um „im Nahmen der gantzen Bauer- und Dorfschafft zu Langendreer" von dem Dortmunder Bürger Hermann Bönecken 100 Reichstaler zu leihen. Die entsprechende notarielle Vereinbarung wurde auch ins Bauerschaftsbuch übernommen. Darüber hinaus hat der Dortmunder Philip von Pöpinghusen im Mai und Juni 1673 zusammen 150 Reichstaler „vorgestrecket", wie es in einer späteren Zinsabrechnung im Bauerschaftsbuch heißt. Die Bauerschaft erbat von ihm 1679 weitere 60 Reichstaler, als die Franzosen erneut die Region heimsuchten und die Menschen nach den Worten der Bochumer Bürgermeister „schier unerträglich beschwert" waren (ebd., S. 284). Die Zinszahlungen an von Pöpinghusen wurden über die Langendreerer Adelsherren von der Borch abgewickelt.

Eigenartigerweise gibt das Bauerschaftsbuch nur in wenigen Fällen Auskunft über die Ablösung der Obligationen. Dass die Schuldurkunde über die 1631 von dem Küster Emperhoff bereitgestellten zwanzig Reichstaler 1696 von Johannes Westermann präsentiert und vom amtierenden Bauerrichter „bezahlet und abgeleget" wurde, ist dort notiert. Das gilt jedoch nicht für die meisten anderen Schuldverschreibungen, deren Beendigung sich nur aus den in den 1680er und 1690er Jahren nach und nach ausbleibenden Vermerken über Zinszahlungen schließen lässt. Als letzte wurde im Mai 1704, diesmal wieder im Bauerschaftsbuch dokumentiert, die 1673 notariell in Dortmund aufgenommene Schuldsumme getilgt.

Doch völlig frei von den Kriegsschulden des 17. Jahrhunderts war die Bauerschaft damit noch immer nicht, denn sie hatte sich auch bei der örtlichen Kirchengemeinde und beim Armenvermögen des Ortes verschuldet. Von den Schuldaufnahmen selbst steht nichts im Bauerschaftsbuch; es enthält dazu lediglich einige Zinsvermerke der 1680er und 1690er Jahre, nach denen vom jeweiligen „Provisor der Armen" (das Amt nahm einer der Bauern wahr) bestätigt wurde, dass ihm der Bauerrichter „die Pension wegen der Armen" bezahlt habe, so zuletzt 1695. Doch vierzig Jahre später hat der Gerichtsschreiber Henrich Wieskotte, der dem inzwischen auf Haus Langendreer amtierenden Richter Bernhard Dietrich Harcotte assistierte, unter dem 12. September 1735 zwei Protokolle original im Bauerschaftsbuch niedergeschrieben. Nach dem ersten hatten der „Bauerschaftsvorsteher Johan Schulte zum Niersten Hoffe" und „namens der Armen" der Pastor Hünxthal unter Leitung des Richters Harcotte in einem „Consistorii wegen den jährlichen armeninteressen liquidation gehalten und befunden, daß die bauerschaft den Armen ab ao 1688" noch rückständige Zinsen von 111 Talern und 18 Stüber schuldig sei, das diesen zugrunde liegende Kapital von 53 Reichstalern nicht mitgerechnet. In dem zweiten Protokoll folgt ein Schuldanerkenntnis der Bauerschaft gegenüber der Kirchengemeinde, wozu der Teilnehmerkreis um die beiden Kirchräte erweitert worden war. Hier geht es darum, für die von der Kirche „vorgestreckten Capitalien ad 204 Reichstaler" die „Pensiones zu liquidieren", die sogar bis zum Jahre 1660 zurück ausstehen, insgesamt 587 Reichstaler. Allerdings hat die Bauerschaft auch Gegenforderungen geltend zu machen, so dass sie per Saldo noch 263 Reichstaler, 33 Stüber und einige Pfennige schuldet. Die jeweils Beteiligten haben die Protokolle im Bauerschaftsbuch eigenhändig unterschrieben, der Niederschulte mit dem Zusatz „im Nahmen der gemeine".

Nachdem fünfzehn Jahre später immer noch ein beträchtlicher Teil dieser Schulden nicht beglichen war, kam es am 2. Februar 1750 erneut zu einem Moratorium. Wiederum wurde es im Bauerschaftsbuch original von dem Gerichtsschreiber Wieskotte protokolliert und von den Vertretern der Gläubiger und Schuldner unterschriftlich anerkannt, dass die Bauerschaft der Kirche noch 152 Reichstaler und dem Armenvermögen noch 73 aus rückständigen Zinsen schulde, außerdem die diesen zugrundeliegenden Kapitalbeträge. Das Bauerschaftsbuch verzeichnet in den folgenden drei Jahren noch die Zahlung größerer Beträge „auf Abschlag rückständiger Interessen" an den Kirchmeister und den Verwalter des Armenvermögens, doch wann und wie es zum restlosen Ausgleich gekommen ist, lässt es nicht mehr erkennen, denn 1753 brechen seine Aufzeichnungen zu diesem Thema ab.

Was sonst noch im Bauerschaftsbuch steht

Inzwischen benutzte man das Bauerschaftsbuch, zumeist in einer Art Anhang am Ende des Buches, auch zur Dokumentation von Regelungen, die für die Bauerschaft grundlegende Bedeutung hatten. Da gibt es die Abschrift eines „Heeb-Zettel deß gericht Langendreer" mit einer Auflistung der steuerpflichtigen Höfe und Kotten und ihrer Besteuerungsgrundlagen, wohl entstanden, nachdem den Herren von der Borch 1705 zusätzlich zur Jurisdiktion auch der Steuereinzug in ihrem Gerichtsbezirk übertragen worden war (von Steinen, 1757, S. 603). Weiter enthält das Buch eine „Specification welche die so genannte Herren oder Rent Hüner ahn den König bezahlen müssen". Siebenundzwanzig Hühner mussten vom „Bauermeister beygetrieben" und bei dem „Königlichen Rentmeister zu Bochum" abgeliefert werden. Es wurde auch der Beschluss der Bauerschaft von 1727 notiert, einen neuen „Zehntscheffel" herstellen zu lassen, ein Hohlmaß, mit dem die Zehntpflichtigen das Getreide, das sie als „Zehnten" abzugeben hatten, messen konnten. Der Scheffel war laut Beschluss im Turm der Dorfkirche über den Glocken aufzuhängen.

Vielleicht im Hinblick auf die oben beschriebenen Schuldanerkenntnisse ist eine Liste der Einkünfte von Kirche und Pastorat eingetragen worden, die ja größtenteils auf Abgaben der Bauern beruhten; so hatten 26 von ihnen dem Pastor jährlich zwei Scheffel „Messhafer" zu bringen.

Die letzte der Eintragungen datiert vom 8. Oktober 1755 und betrifft einen „Bescheid" des Richters Basse auf Haus Langendreer, die den Auftrieb von Kühen, Rindern, Schafen und Hammeln auf die dörflichen Allmenden und die dafür vom „Bauermeister" zu erhebenden Gebühren regelte. Festgelegt wurde, dass pro Kuh 30 und für jedes der anderen Tiere 15 Stüber „gegen die Mitte der Hudezeit bei Straffe der Pfändung zu bezahlen" seien, und zugleich dem Gerichtsdiener „anbefohlen, auff Anzeige des Bauermeisters die so mit der Bezahlung zurückbleiben, sofort zu exekutiren".

CLEMENS KREUZER

14 | TAUFSTEIN AUS DER EVANGELISCHEN KIRCHE STIEPEL

Stadtarchiv Bochum – MUSA

Säule H 105 cm, B 54 cm, Dm 49 cm; Deckel H 68 cm, Dm 49 cm; Birnbaumholz, polychrom gefasst; Künstler: Bildhauer Schmidt, Schwelm, 1698; gestiftet von Johann Heinrich Withen (Withenius)

14   TAUFSTEIN AUS DER EVANGELISCHEN KIRCHE STIEPEL

Der Quell des Lebens

Nachdem Graf Liudger 1001 den in seiner Grafschaft liegenden Haupthof „Stipenlo" (Ludorff, 1909, S. 68) durch Kaiser Otto III. erhalten hatte, soll die Witwe des Grafen, Imma (Emma), eine Schwester des späteren Bischofs Meinwerk von Paderborn, 1008 auf diesem Hof eine Marienkirche gegründet haben. Obschon die Abschrift dieser Urkunde als nicht korrekt gilt, wurde die Existenz des Gründungsbaus, eine Saalkirche mit eckig ummantelter Apsis, im Jahre 1952 durch Grabungen im Zuge von Erweiterungen und Restaurierungen nachgewiesen. Ebenfalls nicht belegt ist die Existenz als Marienwallfahrtsort; 1294 wurde aber eine Marienwallfahrt offiziell anerkannt.

Die christliche Taufe ist das erste der sieben Sakramente. Sie hat ihren Ursprung im Neuen Testament und bezeichnet die Aufnahme des Täuflings in die christliche Gemeinschaft sowie die Teilnahme an der Passion und der Auferstehung Christi. Vollzogen wird diese Aufnahme durch das (Unter-)Tauchen des Täuflings oder das Begießen und Beträufeln des Hauptes mit Wasser und die anschließende Salbung mit Öl. Der Ort dieser Taufzeremonie ist das Taufbecken beziehungsweise der Taufstein.

Der Stiepeler Taufstein aus Birnbaumholz wurde 1698 von dem Pfarrer der Gemeinde, Johann Heinrich Withen (Withenius) (1663–1744) gestiftet und ersetzte das gotische Taufbecken aus Stein. Ursprünglich trug der Deckel des neuen Beckens die Inschrift des Stifters „1698 ope et industria Joh(annis) Henr(ici) Withenii past(oris)" und ein Kleeblattwappen. Beide Elemente sind nicht mehr vorhanden. Hergestellt wurde das barocke Taufbecken von dem Bildhauer Schmidt aus Schwelm und, wie Pfarrer H. Ostheide in seinem Buch „Die Geschichte der Kirchengemeinde Stiepel" aus dem Jahre 1872 schreibt, „[...] für 20 1/2 Thlr. am 6. Octbr. 1698 [...]" abgeliefert.

Der Taufstein ist reich an Schnitzdekor und Zierrat und steht auf einem sechsseitigen Fuß, der mit Akanthusblättern dekorativ gestaltet ist. Die Ikonographie des ornamentalen Schmucks und der figürlichen Symbolik – zum Teil unvollständig oder ersetzt – ist auf das Sakrament der Taufe ausgerichtet. Die Spiralsäule mit drei Windungen wird von Weinranken und Trauben verziert, die Attribute Christi und seiner Passion darstellen.

Ein rundes, in Muschelrelief ausgeführtes Becken, welches mit Blumen besetzt ist und von einem Eichenblattkranz am oberen Rand umwunden wird, bekrönt die Säule. Die Tulpen, Nelken, Rosen und Kornblumen sind Symbole Christi, die Eichenblätter stehen für Glaubensstärke. Der Einsatz des Beckens ist eine Zinnschale, die in neuerer Zeit eingesetzt wurde. Der Deckel des Taufsteins ist mit Relieffiguren umwunden: Christus als „Salvator mundi", als Erlöser der Welt, in einem roten Gewand und blauen Pallium, die Weltkugel in der rechten Hand haltend, den Segensgestus mit der linken Hand zeigend. Zu seiner Rechten sieht man die Taube, Symbol für den Heiligen Geist, der bei der Taufe Christi wie eine Taube von Gottvater zu Christus herabschwebt (Dreifaltigkeit). Begleitet werden diese Figuren von drei

14 | TAUFSTEIN AUS DER EVANGELISCHEN KIRCHE STIEPEL

Putten, den Boten Gottes und Begleitern Christi in menschlicher Gestalt, die, als Zeichen des Sieges über den Tod, Palmenzweige in der Hand halten. Für Barockdarstellungen typisch sind sie ungeflügelt und nackt dargestellt, nur eine Putte trägt ein blaues Pallium und sitzt auf einer Kugel. Bekrönt wird der Deckel von einem Pelikan mit ausgebreiteten Flügeln, der sich mit dem Schnabel die Brust aufzureißen scheint, um seine Jungen zu ernähren. Diese Eigenschaft des Pelikans ließ ihn zum Symbol des Opfertodes Christi, des Erbarmens und der Nächstenliebe werden.

Die Stiepeler Dorfkirche gilt als eine der ältesten Kirchen des Bochumer Raumes. Die Anfänge des Gotteshauses in Stiepel sind den archäologischen Befunden zufolge im frühen 11. Jahrhundert zu suchen. Damals errichtete man eine kleine Saalkirche. Sie wurde in der zweiten Hälfte des 12. beziehungsweise im frühen 13. Jahrhundert durch eine zweijochige romanische Basilika mit Querhaus samt Westturm ersetzt, die im Zuge von Grabungen von 1999–2001 nachgewiesen wurde. Vermutlich in der zweiten Hälfte des 14. beziehungsweise im frühen 15. Jahrhundert baute man die Basilika in mehreren Abschnitten zu einer Hallenkirche gotischen Stils um. Die besondere kunsthistorische Bedeutung des Gotteshauses beruht auf ihren Wand- und Gewölbemalereien aus der Zeit vom 12. bis 16. Jahrhundert. Sie sind inzwischen aufwendig restauriert worden. Die Dorfkirche ist somit eine der ganz wenigen Kirchen Westfalens, die ihren Besuchern eine Vorstellung von ihrer ursprünglichen Ausmalung vermittelt.

DELIA ALBERS

15   PORTRÄT LOUISE ISABELLA LISETTE VON DER LEITHEN, GEBORENE VON BERSWORDT

Adel und Adelssitze in Bochum

Das Amt Bochum, das sich im Wesentlichen über das heutige Stadtgebiet von Bochum erstreckte, war einst das größte und adelsreichste Amt der Grafschaft Mark. Es umfasste zehn Kirchspiele zwischen Gelsenkirchen und Linden, Lütgendortmund und Königssteele. Dazu gehörten auch die Freiheit Wattenscheid und die fünf adeligen Jurisdiktionen Alt- und Neucastrop, Eickel, Langendreer und Strünkede. Darpe verzeichnet in seiner Geschichte Bochums für das 16. Jahrhundert 44 Adelssitze im Amt. 1790 existierten noch 35 Adelssitze in der Hand von 28 neu- oder altadeligen Familien.

Das Amt war eine spätmittelalterliche Einrichtung der Landesherrschaft, hier der Grafen von der Mark, um die noch ungesicherte lokale Herrschaft durch loyale, absetzbare Amtsträger als Stellvertreter des Landesherrn zu sichern und auszubauen. Diese Funktion war in Bochum besonders wichtig, weil das Amt bis in die Mitte des 15. Jahrhunderts zwischen dem Grafen von der Mark und dem Erzbischof von Köln umstritten war. Landesherrliche Amtsträger im Amt waren der Amtmann, der Rentmeister und der Richter. Die Funktion als Amtsstadt prägte die Geschichte Bochums bis zur Industrialisierung.

Und dabei spielte auch der Adel eine wichtige Rolle. Als Lehensleute des Landesherrn waren die Adeligen des Amtes nicht nur zum vor allem im 15. Jahrhundert außerordentlich häufigen Kriegsdienst verpflichtet, sondern aus ihren Reihen wurde auch der Amtmann und zumeist auch der Rentmeister genommen, nicht zuletzt weil der Amtmann als Anführer des berittenen adeligen Kontingents selbst von Adel sein musste. Es war nur eine kleine Gruppe adeliger Familien, aus denen die Amtleute rekrutiert wurden. Denn es kamen dafür nur Familien in Frage, die nicht nur relativ finanzkräftig waren, weil die Übernahme des Amtes mit Kautionen oder Krediten an den Landesherrn verbunden war, sondern auch regionales Gewicht besaßen. Deshalb kamen die meisten Inhaber des Amtes in Bochum aus dem Amt selbst. Das Amt war lukrativ und wurde nicht selten selbst vom Landesherrn als Belohnung für treue Dienste betrachtet. Bei entsprechender Vertrauensstellung konnten Adelsfamilien auf dieser Schiene weit über ihre Herkunftsregion hinaus Karriere machen. So besetzte beispielsweise die Familie von Altenbochum auf Haus Wiesche in Harpen Amtmannsstellen im 15. Jahrhundert nicht nur in Werden, sondern auch in Orsoy, Isselburg und Goch, also in den klevischen Landesteilen des Herzogtums Kleve-Mark.

Die wirtschaftliche Basis für einen so zahlreichen Adel in einem relativ kleinen Gebiet bot die Landwirtschaft, denn die hervorragende Bodenqualität im Amt erlaubte eine überdurchschnittliche Getreideproduktion („Kornharpen"), die wiederum solide Korn- und Pachtabgaben an Grundherren und Verpächter möglich machte. Eigenwirtschaft betrieb der Adel deshalb offensichtlich nur in geringem Umfang. Dagegen beteiligte er sich an der vorindustriellen Kohlegewinnung, was ihn wiederholt in Konflikt mit der Landesherrschaft und deren Anspruch auf den Kohlenzehnten brachte, so etwa die Melschede in Brenschede im 17. Jahrhundert. Die

15 | PORTRÄT LOUISE ISABELLA LISETTE VON DER LEITHEN, GEBORENE VON BERSWORDT

Stiftung der Sparkasse Bochum zur Förderung von Kultur und Wissenschaft

H ca. 96 cm, B ca. 80 cm; Öl auf Leinwand; Maler: J. E. Hauck, 1773

15 | PORTRÄT LOUISE ISABELLA LISETTE VON DER LEITHEN, GEBORENE VON BERSWORDT

Familie von Schell, die immer wieder landesherrliche Rentmeister stellte und damit über bewegliche finanzielle Mittel verfügte, investierte Ende des 16. Jahrhunderts auch in den Alaunbergbau im Bergischen.

Die Ritterschaft, wie man den Adel am Ende des Mittelalters nannte, war aus der Dienstmannschaft der Grafen von der Mark hervorgegangen, erweiterte sich aber auch um Familien, die aus dem Patriziat der benachbarten Reichsstadt Dortmund stammten. Bestes Beispiel dafür sind die von der Leithen (Haus Laer) und die Berswordt-Wallrabe (Haus Weitmar). Die einen gehörten zur ältesten Dienstmannschaft der Grafschaft Mark, die anderen zu den erbberechtigten Amtsträgern der Stadt Dortmund, die im 18. Jahrhundert das in Konkurs geratene Haus Weitmar im Amt Bochum kauften. Nachkommen beider Familien leben noch heute in Bochum auf beiden Häusern.

Einen Sonderstatus hatten die sogenannten Unterherrschaften, in denen der Adel über seine grundherrlichen Rechte hinaus auch die volle Gerichtsbarkeit einschließlich des Rechts der Einsetzung des Richters innehatte. Es waren Kleinstterritorien, die, an den Rändern des Amtes gelegen, in den Auseinandersetzungen des 15. Jahrhunderts zwischen Mark und Köln und Mark und Kleve ihre teilweise Eigenständigkeit hatten bewahren können. Dazu gehörten an der Ruhr Stiepel mit Haus Kemnade, Herbede und Witten, an der Emscher Strünkede. Mit der Entstehung der stehenden Heere und dem Ende des ritterlichen Landesaufgebots boten sich dem Adel militärische Dauerstellen als Offiziere. Sie blieben ihm vorbehalten und er nutzte sie auch entsprechend. Dies allerdings nicht immer in der Weise, in der sich das die preußischen Könige von ihrem Adel wünschten. Anstatt nämlich im preußischen Heer zu dienen, verdingten sich Adelige aus dem Bochumer Amt auch im attraktiveren Offiziersdienst der benachbarten Niederlande.

Allerdings war der Einstieg in den Militärdienst ein kostspieliges Unternehmen, das die adeligen Familien zusätzlich zu den Kosten für Mitgift oder Eintrittsgeld in Damenstifte für die Töchter immer wieder erheblich belastete. Die finanzielle Lage des Adels im 18. Jahrhundert im Amt scheint insgesamt wohl eher angespannt gewesen zu sein. Jedenfalls nahmen die Schells auf Rechen im 18. Jahrhundert auch Darlehen bei Bauern aus Wiemelhausen auf und der Bergarzt Carl Arnold Kortum war ein gern gesehener Kreditgeber auf Haus Laer.

Zum adeligen Selbstverständnis gehörten auch das Totengedächtnis und das standesgemäße Erbbegräbnis. Besaß man nicht selbst das Patronatsrecht über eine Kirche und damit auch das Recht, in dieser Kirche begraben zu werden, wie die Inhaber der Herrschaft Stiepel auf Haus Kemnade, stiftete man in vorhandenen Kirchen Vikarien, deren Besetzung man sich vorbehielt und erreichte auf diese Weise das standesgemäße Begräbnis. Diese kirchlichen Stiftungen hörten allerdings mit der Reformation auf und wurden dann abgelöst durch Stiftungen, wie sie Elisabeth von der Leithen auf Haus Laer Ende des 16. Jahrhunderts für aus dem Kirchspiel Bochum stammende arme Studenten zur Absolvierung ihres Studiums und arme Kinder zur Erlernung eines Handwerks begründete.

Studium und Kavalierstouren kannte auch der Adel im Amt Bochum. Vor diesem Hinter-

15 | PORTRÄT LOUISE ISABELLA LISETTE VON DER LEITHEN, GEBORENE VON BERSWORDT

grund wird es vielleicht auch verständlich, dass gerade hier im 18. Jahrhundert eine besonders vom Adel getragene aufgeklärte Öffentlichkeit entstand. Hervorragendes Beispiel dafür ist die Musterschule, die Philipp von der Recke am Ende des 18. Jahrhunderts auf seinem Gut Overdyk in Hamme durch den Lehrer Johann Friedrich Wilberg errichten ließ und seine 1773 gegründete „Gesellschaft der Freunde der Lehrer und Kinder in der Grafschaft Mark", die eine allgemeine Schulreform in Gang setzen sollte. Zu den Mitgliedern dieser Gesellschaft zählten auch Louise Isabella Lisette von Berswordt, verheiratete von der Leithen auf Haus Laer und ihr Sekretär Friedrich Ebel. Louise Isabella Lisette von Berswordt, geboren 1749 in Dortmund, war Tochter des Maximilian Konrad von Berswordt und der Josina Isabella von Syberg zu Kemnade und Schwester des Friedrich von Berswordt-Wallrabe, der 1780 Haus Weitmar kaufte. Louise Isabella heiratete 1770 Johann Albert Gisbert Jobst von der Leithen auf Haus Laer, der allerdings bereits 1780 starb. Das ausgestellte Porträt von J. E. Hauck zeigt sie 1773 im Alter von 24 Jahren. Beide Ehepartner waren große Musikfreunde und -kenner, beide hatten eine gründliche musikalische Ausbildung von Kantoren in Essen und Dortmund erhalten. Zu ihrer Zeit muss Haus Laer ein musikalischer Treffpunkt ersten Ranges gewesen sein, was nicht nur die zahlreichen damals vorhanden gewesenen Instrumente belegen, sondern vor allem die erhaltenen Kompositionen, die der Dortmunder Kantor Preller Louise Isabella Lisette selbst widmete. Deren Hauptaufgabe nach dem Tod ihres Mannes war es allerdings, den Besitz des Hauses für sich und ihre Kinder als Witwe zwei Jahrzehnte lang resolut und erfolgreich zu behaupten. 1801 überließ sie ihren Söhnen das Haus und siedelte nach Dortmund in das Haus Prellers über. Auf Haus Laer haben sich ihre Konzertberichte aus Dortmund bis zum Jahre 1815 erhalten. Sie starb 1830. In der napoleonischen Zeit änderten sich die Lebensbedingungen des Adels auch im Amt Bochum erheblich. Mit der Aufhebung der Feudallasten wurden eine ganze Anzahl von adeligen Gütern unrentabel und gingen in bürgerlichen Besitz über. Die Veränderungen auf der staatlichen Ebene hatten sich schon durch die preußische Verwaltungsreform im 18. Jahrhundert angekündigt, denen 1753 das System der alten Amtsverfassung zum Opfer fiel. Aus elf märkischen Ämtern wurden vier landrätliche Kreise. Einen Bochumer Amtmann gab es seitdem nicht mehr. Zudem wurde bald nicht nur von den Richtern, sondern auch von den Landräten in den nach 1815 eingerichteten Landkreisen eine juristische Ausbildung verlangt. Dennoch hatte bis 1883 nur einer der bis dahin immer adeligen Bochumer Landräte juristische Vorbildung statt militärischer Karriere vorzuweisen.

Auch die Offizierslaufbahn war im 19. Jahrhundert kein adeliges Standesprivileg mehr, wurde aber noch immer ziemlich regelmäßig vom Adel eingeschlagen. In Bochum ist sie für das 19. Jahrhundert eindrücklich dokumentiert durch die heute vor der Melanchthonkirche aufgestellte Adlersäule für Heinrich Friedrich von Schell, der 1849 im Kampf gegen die letzten Revolutionäre von 1848 als Leutnant der Landwehrkompanie Bochum bei Durlach in Baden tödlich verwundet worden war.

DIETER SCHELER

16 GRAFENBRIEF FÜR HEINRICH JOHANN FRIEDRICH OSTERMANN

Wie der Ostermann-Grafenbrief entstand und nach Bochum kam

„Bochum erwarb Ostermanns Grafenbrief. Ein prächtiger Neuerwerb des Bochumer Stadtarchivs" – „Bochum erwirbt historische Urkunde. Der Grafenbrief Ostermanns im Stadtarchiv" – „Bochum erwarb Ostermanns Grafenbrief. Nach langwierigen Verhandlungen von einem Prinzen Galitzin gekauft." So lauten die Überschriften einiger Artikel aus dem Bochumer Anzeiger und der Westfälischen Landeszeitung vom 7. Mai 1942 beziehungsweise dem Bochumer Tageblatt vom 8. Mai 1942, die dieses in der Tat historische Ereignis würdigen. Nur der Untertitel des dritten Artikels, der wörtlich dem des Bochumer Anzeigers entspricht, lässt die Dimensionen dieses Erwerbs erahnen. Der Autor beschränkt sich jedoch im Weiteren auf die Erwähnung des Jahres 1934 als Beginn der Verhandlungen und den Hinweis auf den Wohnort des bisherigen Besitzers in Frankreich. Dass es sich letztlich um einen Kampf um den günstigsten Preis unter Ausnutzung der prekären Lage des Prinzen Galitzin einerseits, und, ab 1940, der damaligen politischen Konstellation andererseits (Frankreich unter deutscher Besatzung) handelte, blieb unausgesprochen.

Das Angebot ging vom Besitzer aus, der sich in seinem Anschreiben an die Stadt Bochum im Juli 1934 als „der aelteste Fürst Galitzine Graf Ostermann" vorstellte (Wilbertz, 1987, S. 28). In der Tat war dieser ein Nachkomme Heinrich Johann Friedrich Ostermanns – in Russland Andrej Iwanowitsch Osterman (1687–1747). Seiner gesellschaftlichen Stellung entsprechend, heiratete jener, wie auch seine Kinder und Kindeskinder, in angesehene russische Adelsfamilien ein. In einem der Zweige wurde der Titel „Graf Ostermann" als Namensbestandteil weitervererbt. Mstislaw Galitzin sollte sich als letzter Träger dieser Namenskonstellation erweisen.

Der Grund, warum er nun das, wie er schreibt, „historische Unikum und kuenstlerische Seltenheit" (ebd.) veräußern wollte, war offenbar ein finanzieller. Wie die meisten russischen Adligen, floh auch Galitzin (1899–1966, in der offiziellen russischen Transkription Golicyn) nach der Oktoberrevolution und der Niederlage der weißen Armee, in der er als Offizier gekämpft hatte, aus Russland und ließ sich in Frankreich nieder. Vielseitig gebildet – er studierte Mathematik, Ingenieurwesen, Wirtschaft und Philosophie –, wandte er sich dann aber der Esoterik zu und hielt Vorträge darüber sowie über Psychologie, Philosophie, Astrologie und Traumdeutung, um über die Runden zu kommen, wie es im Familienbuch Galitzin heißt (forum.alexanderpalace.org).

Die Idee, das prächtige Dokument der Heimatstadt seines berühmten Vorfahren anzubieten, lag nahe. Der Preis, den er zunächst dafür verlangte, 10 000 Reichsmark, war den Stadtvätern jedoch zu hoch und sie verzichteten vorerst auf den Ankauf. Fünf Jahre später, nach Beginn des Zweiten Weltkriegs und dem Einmarsch deutscher Truppen in Frankreich, starteten sie unter diesen veränderten Umständen einen neuen Versuch. Fürst Galitzin hatte sich aus Paris nach St.-Jean-de-Luz zurückgezogen (ebd.), einem kleinen Badeort im äußersten Südwesten Frankreichs, am Fuße der Pyrenäen, und lebte dort „in bescheidenen Verhältnissen",

16 | GRAFENBRIEF FÜR HEINRICH JOHANN FRIEDRICH OSTERMANN

Stadtarchiv Bochum – NAP 21

L 54,3 cm, B 43,2 cm, H 1,4 cm, Dm der Siegelkapsel: 16,4 cm, H 3,7 cm, Dm Siegel: 15,7 cm; Einband: Pappe, Seide, Goldfäden; Grafenbrief: 6 Pergamentblätter, Siegelkapsel: Messing, Seidenkordel, Wachs; vermutlich St. Petersburg, 1790

wie der Unterhändler nach Bochum berichtete (Wilbertz, 1987, S. 32). Wohl mit Rücksicht auf die neuen äußeren Bedingungen war Galitzin von sich aus mit dem Preis auf 5 000 Reichsmark heruntergegangen. Man einigte sich schließlich auf 3 500 Reichsmark.

Offensichtlich war es dem Unterhändler wichtig, den Verantwortlichen der Stadt Bochum ein plastisches Bild des Fürsten zu vermitteln, die Exotik des Objekts gleichsam mit der des Anbieters in Einklang zu bringen: „Er ist ein großer, hagerer Mann, sozusagen aus dem Stamme Peters des Großen, mit wallendem Haar und astrologisch stechendem Blick" (ebd.).

Die durch den Ankauf des Grafenbriefes ausgelösten Pressestimmen reihen sich ein in eine Artikelserie, die fünf Jahre zuvor, 1937, anlässlich Ostermanns 250. Geburtstag, in einigen Lokal- und Regionalzeitungen erschienen war.

Unter dem Aspekt, den großen Sohn Bochums „heimzuholen", waren die Beiträge in der Regel voll des Lobes über seine politischen Verdienste in Russland, die auf vermeintlich deutschen Tugenden wie Tüchtigkeit, Kühnheit und Unbestechlichkeit beruhten. Um der Person und dem Gegenstand gerecht zu werden, bedienten sich die Autoren zumeist eines pathetischen Tonfalls. Über die Erhebung in den Grafenstand heißt es zum Beispiel: „Im Jahre 1730 senkt sich auf das Haupt des einflußreichen Günstlings die Grafenkrone herab" (Westfälische Landeszeitung, 22. März 1935; in diesem Artikel ist Ostermanns Geburtstag übrigens auf den 30. Mai 1685 vorverlegt worden). Eine besondere Ehrung erfuhr Ostermann 1937 durch die Enthüllung einer eigens in Auftrag gegebenen Bronze-Büste von Erich Schmidt. Auch dieses Ereignis wurde durch die Presse publik gemacht.

Scheinbar unvermittelt erschienen zwei weitere Artikel über Ostermann im November 1941. Bedenkt man jedoch, dass der in Frankreich erworbene Grafenbrief kurz zuvor, am 30. Oktober 1941, in Bochum eingetroffen war, so muten diese Beiträge wie eine Vorankündigung an, denn das Dokument selber kam dort noch nicht zur Sprache. Offenbar wollten die Stadtoberhäupter die Übersetzung des längeren Textes ins Deutsche abwarten, bevor sie über die Presse an die Öffentlichkeit traten.

Das prächtig ausgestattete und reich verzierte Grafendiplom ist bereits ausführlich beschrieben worden (Wilbertz, 1987, S. 28). Wie aber kommt es, dass es erst 43 Jahre nach Ostermanns Tod von Katharina II. (der Großen, der Deutschen auf dem Zarenthron) mit Datum vom 14. Oktober 1790 „im neunundzwanzigsten Jahr Unserer Herrschaft", ausgestellt worden ist? Die Erhebung Ostermanns in den Stand eines „russischen Grafen" erfolgte 60 Jahre zuvor, kurz nach dem Machtantritt der Kaiserin Anna Ioannowna, zu dem Ostermann einen nicht unerheblichen Beitrag geleistet hatte (Wagner, 2001, S. 36). Verkündet wurde dieser Akt lediglich in einem einfachen, eine Seite umfassenden kaiserlichen Erlass vom 27. April 1730 in der Ausfertigung vom 4. Mai desselben Jahres (Russisches Staatsarchiv Alter Akten (RGADA), Fonds 154, FB 2, VE 369, Bl. 2).

Wir erinnern uns: In den 1730er Jahren, unter der Herrschaft der Kaiserin Anna, erreichte Ostermann den Höhepunkt seiner politischen Laufbahn und seines Einflusses. Nachdem er bereits zu Lebzeiten seines Förderers Zar (ab 1721 Kaiser) Peter I. (der Große) aufgrund seiner diplomatischen Verdienste den Rang eines Geheimrats und die Position eines Vizeaußenministers erlangt hatte sowie zum Baron erhoben worden war, setzte sich nach dessen Tod 1725 sein Aufstieg kontinuierlich fort. So erreichte er mit seiner Ernennung zum Vizekanzler im selben Jahr den höchst möglichen Dienstrang eines Wirklichen Geheimrats. Zudem übernahm er die Funktionen des Generalpostdirektors, des Leiters der Kommerzkommission, eines Oberhofmeisters – als Erzieher des Knabenzaren Peter II. – und wurde Mitglied des Obersten Geheimen Rates. Obendrein wurde ihm von Katharina I. der Orden des heiligen Andreas verliehen, die höchste Auszeichnung des russischen Imperiums.

Nach einer Regierungsumbildung im Jahre 1731 wurde er zunächst zum Zweiten und drei Jahre später zum Ersten Kabinettsminister (Premierminister) ernannt. Unter den auf Peter I. folgenden weniger profilierten vier Zarinnen und Zaren lastete somit ein großer Teil der Regierungsverantwortung auf Ostermanns Schultern. Dies war sicher auch so von ihm gewollt, denn er hatte ganz bestimmte Vorstellungen davon, welche Politik seiner neuen Heimat von Nutzen war, in der er 43 Jahre seines Lebens bis zu seinem Tode verbrachte.

Wir erinnern uns ein weiteres Mal: Aufgewachsen in einem bildungsorientierten Bochumer Pfarrhaus, besuchte er das Gymnasium in Soest und in Dortmund und begann im Alter von 16 Jahren in Jena zu studieren. Nach nur wenig mehr als einem Semester erstach er in angetrunkenem Zustand einen Mitstudenten, von dem er sich beleidigt fühlte, und floh über Amsterdam, im Dienste der russischen Flotte, nach Russland. Seine Begabung für Fremdsprachen, auf die Zar Peter I. persönlich aufmerksam wurde, bildete den Grundstock für seine spätere Karriere.

Ostermann setzte die von Peter dem Großen begonnene Politik der Westöffnung Russlands und der Reformen im Inneren konsequent, nicht ohne auf Widerstände zu stoßen, fort. Dabei war er nicht nur ein politischer Macher, sondern durchdachte sein Handeln, indem er zahlreiche Memoranden und Abhandlungen zur Außen-, Innen-, Wirtschafts- und Sozialpolitik verfasste. Auch Bildung und Erziehung waren ihm ein Anliegen, wovon zum Beispiel auch seine Schrift zur Fürstenerziehung Zeugnis ablegte, die er für den Knabenzaren Peter II. zusammengestellt hatte. Im europäischen Rahmen schuf Ostermann durch eine Reihe von Abkommen ein Bündnissystem, das ihm für Russlands Weg günstig erschien. (Zu den verschiedenen Aspekten seines Wirkens siehe Wagner/Bonwetsch/Eggeling, 2001.) Dabei erlaubte es ihm seine Machtposition, politische Gegner auszuschalten und sogar Einfluss auf die Auswahl der Zarinnen und Zaren zu nehmen.

Genau dieses wurde ihm jedoch zum Verhängnis. Elisabeth, eine Tochter Peters des Großen aus zweiter Ehe, fühlte sich zweimal in der Thronfolge übergangen und putschte sich im November 1741 an die Macht. Ostermann und einige seiner deutschen und russischen Mitstreiter wurden festgesetzt, als „Hochverräter" zum Tode verurteilt. Sein langjähriges politisches Handeln wurde nunmehr rückwirkend als schädlich und verbrecherisch bezeichnet. Als er sich bereits auf dem Richtplatz befand, wurde das Urteil in lebenslange Verbannung in der nordwestsibirischen Ortschaft Berjosow umgewandelt. Ostermann ging aller seiner Güter, Ämter und Würden verlustig (Wagner, 2001, S. 43; Klueting, 2001, S. 153). Seine Ehefrau begleitete ihn und kehrte drei Jahre nach seinem Tod, 1750, wieder von dort zurück.

Sein älterer Bruder Johann Christoph Dietrich, der sich bereits vor ihm in Russland angesiedelt hatte und als Erzieher und Lehrer bei Hofe und später als Gesandter Mecklenburgs tätig war, musste Russland verlassen und starb 1743 in Blankenburg am Harz (Eggeling, 1997, S. 85). Heinrich Ostermanns Söhne Fjodor (1723–1804) und Iwan (1725–1811), die schon früh eine Offizierslaufbahn in einer Eliteeinheit eingeschlagen hatten, wurden degradiert und versetzt und erhielten erst etliche Jahre später die Möglichkeit zu einer erneuten Bewährung. Ihr Aufstieg erfolgte mit Beginn der Herrschaft Katharinas der Großen 1762. Fjodor Ostermann erreichte beim Militär den Rang eines Generalleutnants und wurde später Zivilgouverneur von Moskau. Sein jüngerer Bruder Iwan schlug zunächst die Diplomatenlaufbahn ein und erlangte danach höchste Staatsämter als (nach heutiger Bezeichnung) Außenminister und – für kurze Zeit – Reichskanzler (Hagemeister, 2001, S. 241), ohne jedoch das Format seines Vaters zu besitzen (Famous Russians, 1996, S. 177).

Diese kurzen biografischen Fakten zu Ostermanns Söhnen sind insofern von Bedeutung, als auch sie in den Grafenbrief mit eingehen. Und damit kehren wir zum Gegenstand der Betrachtung zurück. Zum Zeitpunkt der Anfertigung dieses Dokuments waren sie 67 beziehungsweise 65 Jahre alt und hatten bereits etliche Verdienste vorzuweisen. Vielleicht spielte auch die runde Jahreszahl, 60, seit der Erhebung von Andrej Iwanowitsch in den Grafenstand eine Rolle bei der Entscheidung Katharinas II. Jedenfalls spricht sie ausdrücklich das Versäumnis von 1730 an, ein förmliches Diplom auszustellen, und verleiht nun der Familie Ostermann mit Blick auf die Verdienste von Vater und Söhnen das Recht zur Führung des Grafentitels und eines Adelswappens (Wilbertz, 1987, S. 28). Das heißt, dass sie rückblickend die große Bedeutung Heinrich Johann Friedrich Ostermanns für Russland anerkannt und ihn und seine Familie in aller Form rehabilitiert hat.

Welchen Weg nahm nun der mit dem Grafenbrief verbundene Titel? Da sowohl Fjodors als auch Iwans Ehe kinderlos blieben, übertrugen sie ihn noch zu Lebzeiten einem Enkel ihrer Schwester Anna (1724–1769), die mit einem Grafen aus dem Hause Tolstoj verheiratet war und fünf Kinder bekam. Ihr Enkel hieß demnach seit 1796 Alexander Iwanowitsch Graf Osterman-Tolstoj (1770–1857). Als General kämpfte er erfolgreich gegen Napoleon und wurde als „Sieger von Kulm" gefeiert. Da auch seine Ehe mit einer Fürstin aus dem weitverzweigten Geschlecht der Golicyns kinderlos blieb, ging der Titel an den Sohn seiner Schwester Natalja über, die ihrerseits mit einem Fürsten Golicyn verheiratet war (Hagemeister, 2001, S. 243ff.). Seit der Mitte des 19. bis zur Mitte des 20. Jahrhunderts wurde nun der Titel „Graf Osterman" im Hause Golicyn weitervererbt bis zu dem letzten männlichen Nachkommen, der dieses Kunstwerk an die Stadt Bochum verkauft hat.

WOLFRAM EGGELING

17 KARTE DER GRAFSCHAFT MARK

Stadtarchiv Bochum – Kartensammlung, SLG 01/64

H 53,7 cm, B 60 cm; Papier; Stahlstich; Friedrich Christoph Müller, 1791

DIE
GRAFSCHAFT MARK
gezeichnet von
FRIEDERICH CHRISTOPH MÜLLER
Prediger zu Schwelm, und Mitglied der Königl. Preuß. Academie der Wissenschaften
herausgegeben von
P. F. Weddigen 1791

Maaßstab von 2 geographischen Meilen

Schloß und Stadt ALTENA, Residenz der vormaligen Grafen von der Marck.

Die Karte der Grafschaft Mark von 1791

Der Schwelmer Pfarrer Friedrich Christoph Müller (1751–1808) war ein Multitalent. Geboren im hessischen Allendorf (Lumda), studierte er seit 1772 in Göttingen und lernte dort Lichtenberg und andere aufgeklärte Gelehrte kennen. Sie vermittelten ihm den jüngsten Stand der Naturwissenschaften, die Müller neben der Theologie betrieb. Er trat 1776 eine Pfarrstelle in Sassendorf an und kam dann über Unna 1785 nach Schwelm. Für seine astronomischen Studien nahm ihn die Berliner Akademie der Wissenschaft als Mitglied auf. Seinen Ruf begründete die „Situationscharte vom Fabrikendistrikt der Grafschaft Mark", die er 1788 König Friedrich Wilhelm II. bei seinem Besuch in Hagen überreichte. Er wollte damit die Aufmerksamkeit des Monarchen auf die gewerbliche Entwicklung in Schwelm lenken. Müller ließ die von ihm entworfene Karte in Leipzig bei Georg Friedrich Jonas Frentzel stechen. Die „Situations-Charte" zeichnet sich durch eine exakte Darstellung der Bleichereien, Hütten- und Hammerwerke an der Wupper und Ennepe und ihren Nebenflüssen aus. Müller und Frentzel arbeiteten auch 1789 zusammen, als Müller die „Chorographie von Schwelm" herausgab. Acht der 15 Kupfer hatte Müller selbst gestochen und dann in Leipzig drucken lassen. Müller gelang es, seine textliche Beschreibung der Schwelmer Textil- und Metallgewerbe zwar nicht schön, aber „mit Richtigkeit und Deutlichkeit" bildlich zu ergänzen. Die „Choragraphie" ist bis heute ein grundlegendes Quellenwerk zur märkischen Wirtschaftsgeschichte.

1791 weitete Müller seine kartographische Arbeit auf die gesamte Grafschaft Mark aus. Die Karte im Maßstab von 1:185 000 wurde von Peter Florenz Weddigen herausgegeben, dem bedeutendsten westfälischen Publizisten jener Zeit. Müller wandte als einer der ersten ein trigonometrisches Netz an und erreichte eine bis dahin nicht gekannte Genauigkeit in der Darstellung. Müller schmückte die Karte am rechten Bildrand mit dem preußischen Adler aus, der das märkische Schild hält, sowie mit der Burg Altena, dem Stammsitz der Grafen von der Mark. Die Karte gab die Verwaltungseinteilung der Grafschaft Mark wieder. Die Stadt war umgeben vom Amt Bochum und ist als Verkehrsknotenpunkt gut zu erkennen. Hier zweigen vom Hellweg zwischen Steele und Dortmund vier Straßen ab. Wegen seiner großen Ausdehnung war das Amt Bochum dreigeteilt in das Nieder-, Mittel- und Oberamt. Im Westen erreichte das Niederamt zwischen Crange und Schalke die Emscher und im Süden die Ruhr. Hier lagen unter anderem Günnigfeld, Eppendorf, Höntrop und Westenfeld. Das Mittelamt umgab die Stadt Bochum und reichte von Weitmar bis Herne. In seinem Süden bildeten das Amt Blankenstein (mit Linden und Dahlhausen), die Herrschaft Bruch und das Gericht Stiepel eigene Verwaltungsbezirke. Das Niederamt reichte in den heutigen Dortmunder Westen und umfasste Gerthe, Harpen und Langendreer. Müllers Karte lokalisierte die Siedlungen (Städte, Dörfer, adlige Häuser)

17 | KARTE DER GRAFSCHAFT MARK

in diesen Verwaltungsbezirken ebenso wie Kirchen und Kapellen. Wegen dieser Detailgenauigkeit gilt die Karte heute als ein Meisterwerk ihrer Zeit, das eine Basis legte für spätere topografische Aufnahmen Westfalens.

WILFRIED REININGHAUS

18 | SILBERNE DECKELDOSE

Stadtarchiv Bochum – MUSA (Dauerleihgabe Sparkasse Bochum)

H 7,5 cm, B 13 cm, Dm 10 cm; Silber, getrieben und gegossen; Gerhard Wilhelm Strunck, um 1740

18 SILBERNE DECKELDOSE

Der Bochumer Gold- und Silberschmied Gerhard Wilhelm Strunck und die Anfänge der Konsumgesellschaft in der Grafschaft Mark im 18. Jahrhundert

Unter den Gewerben in der Frühen Neuzeit standen die Gold- und Silberschmiede dem Ansehen nach ganz weit oben. Sie nahmen wegen der langen Ausbildungszeit (in der Regel eine sechsjährige Lehre), der hohen Kosten für die Materialbeschaffung und die Werkzeuge eine herausragende Stellung ein und waren nicht mit Massenhandwerken der Schneider und Schuster zu vergleichen. Deshalb konzentrierten sich Gold- und Silberschmiede in den größeren Städten, die eine überregionale Abfrage abdeckten. In Deutschland bildeten die Augsburger Gold- und Silberschmiede das größte Zentrum. In Westfalen gab es vor 1800 nur in wenigen Städten genug Gold- und Silberschmiede, um eine Zunft zu gründen. Zünfte im Edelmetallgewerbe bestanden nur in Münster, Paderborn, Lemgo und Dortmund.

Aus Dortmund stammte Gerhard Wilhelm Strunck, der sich 1728 als Neubürger in Bochum niederließ. Über Strunck ist wenig überliefert. Er wohnte in der Butenbergstraße (der heutigen Bongard- beziehungsweise Massenbergstraße), besaß eigene Braurechte und ein kleines Stück Land in der Feldmark. 1795 lebte er noch hoch betagt. Er scheint eine Dynastie von Silberschmieden begründet zu haben, denn in den 1840er Jahren lassen sich Silberarbeiter namens Strunck in Bochum nachweisen.

Die silberne Deckeldose, die um 1740 angefertigt wurde, ist das einzige Stück, das ihm zugewiesen werden kann (Pätzold, 2007, S. 108). Die darauf eingravierten Initialen als Herstellervermerk berechtigen uns zu dieser Annahme. Um Strunck, seine wirtschaftliche Lage und seine Kundschaft in Bochum und Umgebung einordnen zu können, vergleichen wir ihn mit seinen Berufskollegen in der Grafschaft Mark. In den 1720er Jahren, als Strunck wahrscheinlich seine Meisterprüfung ablegte, gab es in der Grafschaft ganze drei Gold- und Silberschmiede ohne Gesellen. 1722 sind zwei in Hamm und einer in Bochum nachzuweisen (Meister, 1909, S. 105–156). Knapp achtzig Jahre später erfassten im Jahr 1800 die Historischen Tabellen der Grafschaft Mark 23 Gold- und Silberschmiede in den Städten. Die Dichte in diesem Handwerk, gemessen als Zahl der Handwerker pro 10 000 Einwohner, war enorm gestiegen (Reininghaus/Kloosterhuis, 2001, S. 237–244). Kam 1722 nur ein Gold- und Silberschmied auf 10 000 Einwohner, so waren es 1800 sechs. Die meisten, sechs, saßen 1800 in Hamm, wo sie mit der Nachfrage der einquartierten Offiziere rechnen durften. Die vier in Schwelm nachgewiesenen Goldschmiede kokettierten gewiss mit den Bestellungen der Gäste des Schwelmer Brunnens und der nahen Doppelstadt Barmen-Elberfeld. Bochum mit zwei Gold- und Silberschmieden und Wattenscheid mit einem müssen sich jedoch hinter diesen wesentlich bevölkerungsreicheren märkischen Städten nicht verstecken.

Mit rein gewerbestatistischen Daten ist die Frage noch nicht beantwortet, womit einer der beiden Bochumer Gold- und Silberschmiede, Gerhard Wilhelm Strunck, seinen Lebensunter-

18 | SILBERNE DECKELDOSE

halt verdiente. Wem verkaufte er die gängigen Produkte seiner Branche, Schmuck, Trinkgefäße, Tafelgeschirr, Möbel- und Kleidungszubehör? Aus seinem Wohnort Bochum mit den rund 1 600 Einwohnern ausgangs des 18. Jahrhunderts dürften seine Kunden kaum gekommen sein. Wiederum hilft uns ein Blick auf die umliegenden Territorien Nordwestdeutschlands. Dort ist zu beobachten, dass in der bäuerlichen Bevölkerung ein wachsender Wohlstand Nachfrage nach Gütern des gehobenen Bedarfs erzeugte. Mit guten Gründen werden die Anfänge der Konsumgesellschaft in das 18. Jahrhundert verlegt. Das Anwachsen der Gold- und Silberschmiede liefert dafür einen Beleg. Bochum inmitten der kornreichen Hellwegregion profitierte von steigenden Agrarpreisen und indirekt von den außenwirtschaftlichen Erfolgen der märkischen Gewerbe. Die Metallhandwerker südlich der Ruhr mussten nämlich über die Kornmärkte in Hattingen, Witten und Herdecke mit Brotgetreide versorgt werden. Dies gab den Bewohnern des platten Landes Gelegenheit, bei Strunck und anderen Gold- und Silberschmieden einzukaufen.

WILFRIED REININGHAUS

Carl Arnold Kortum

Carl Arnold Kortum gilt als prominentester Bürger unserer Stadt. Er war Arzt, Forscher und Literat und lebte von 1770 bis zu seinem Tode 1824 in Bochum. Sein Nachlass, der 1996 als Depositum ins Stadtarchiv kam, dokumentiert sein reichhaltiges Schaffen. Dazu gehören nicht nur Bücher, Druckschriften, Zeichnungen, Herbarien, Manuskripte und Korrespondenzen, sondern auch der hier präsentierte Anatomische Atlas [PRI]MA FIGURA ANATOMICA CORPORIS HUMANI.

Den ersten Anatomieatlas überhaupt schuf 1543 Andreas Vesalius (1514–1564): „De humani corporis fabrica libri septem". Obwohl die Anatomie die älteste naturwissenschaftliche Disziplin der Medizin ist – schon im 3. Jahrhundert wurden wissenschaftliche Humansektionen durchgeführt –, gelang erst im 16. Jahrhundert die Überwindung tradierter, aber irriger Lehrmeinungen. Vesalius führte eine Sektionspraxis ein, die sich auf das Zerlegen des Körpers und das Wahrnehmen der menschlichen Formen und Teile durch das bloße Auge stützte.

Kortums Atlas, der in einem Rahmen aus Eichenholz montiert ist, besteht aus sehr kleinen handkolorierten papierenen Klappelementen. Eine bekleidete Männergestalt lässt sich hier Stück für Stück entblättern und legt so immer tiefere Schichten des menschlichen Körpers detailreich frei. Kortum hat dieses Kleinod speziell für seinen Sohn, der Medizin studierte, gefertigt, um ihn in seiner Ausbildung zu unterstützen. Es ist ein Unikat, bestätigten die Charité in Berlin und das Deutsche Medizinische Museum in Ingolstadt.

Kortum notierte in seiner Autobiografie zu diesen kleinteiligen Werkstücken: „Sie sind genau aber mühsam und schön verfertigt, nach meiner eigenen Erfindung und verdienen aufbewahrt zu werden" (StadtA Bo, MUSA 4/110).

„Ärzte ohne Anatomie sind wie Maulwürfe, sie tappen im Dunkeln und ihrer Hände Arbeit sind Erdhügel" (Friedrich Tiedemann, Heidelberger Anatom, 1781–1861). Auf Carl Arnold Kortum traf diese Beschreibung sicherlich nicht zu.

Kortum, der am 5. Juli 1745 in Mülheim an der Ruhr geboren wurde, absolvierte sein Medizinstudium in Duisburg (1763–1766). Danach besuchte er einen Anatomiekurs am Königlich-Anatomischen Theater in Berlin und erwarb zudem nützliche Kenntnisse in Geburtshilfe, Wundbehandlung und Chirurgie. Und er nahm Leichensektionen vor. Diese zusätzliche Ausbildung befähigte ihn, sich auch in Preußen als Arzt niederzulassen. Im Jahre 1767 arbeitete Kortum bereits als Allgemeinmediziner in Mülheim. 1770 zog er nach Bochum, in die Geburtsstadt seiner Frau Helena Margaretha, geborene Ehinger, und eröffnete dort erneut eine Praxis. Kortum behandelte jährlich weit über 1 000 Patienten und arbeitete an sieben Tagen in der Woche. Die Patienten kamen aus der näheren und weiteren Umgebung Bochums. Kortum wurde 1792 zum ersten Bergdoktor nördlich der Ruhr ernannt. Das hing mit der Einführung des preußischen Direktionsprinzips zusammen. Es regelte den staatlichen

19 | ANATOMISCHER KLAPP-ATLAS

Stadtarchiv Bochum – NAP 25 (Depositum Bohnenkamp)
H 43,5 cm, B 27 cm; Papier, Holz; 1792

Anspruch auf die technische, organisatorische und wirtschaftliche Leitung im Bergbau und auch die Zuständigkeit für die medizinische Betreuung der Bergleute. Kortum überwachte die Arbeit der Knappschaftsärzte und stand dem Oberbergamt für medizinische Fragen zur Verfügung.

Doch auch außerhalb der Praxis war Kortum um das gesundheitliche Wohlergehen der Bevölkerung besorgt. Das belegen eindrucksvoll auch seine zahlreichen populärmedizinischen Schriften. Darin kamen unter anderem krank machende Modetorheiten wie das Tragen von zu engen Korsetts und krankheitsvorbeugende Ernährungstipps zur Sprache. Bis 1823 arbeitete Kortum noch in seiner Praxis.

URSULA JENNEMANN-HENKE

20 | MODELL DER STADT BOCHUM

Stadtarchiv Bochum – MUSA

L 153,5 cm, B 151 cm, H 39 cm; Grundplatte: Holzbohlen, mehrere Lagen bemalter Pappe; Modell: eingefärbter Meeresschwamm, Karton, Sperrholz, Tinte; hergestellt von Bernhard Kleff, 1923/24

20 — MODELL DER STADT BOCHUM

Kleff und Kortum: Modell der Stadt Bochum

Beim Lesen von Schriften zum Wirken von Bernhard Kleff verfestigt sich der Eindruck, dass dieser nicht nur ein Multitalent gewesen sein muss, sondern auch ein Meister des persönlichen Zeitmanagements. Neben seiner Stelle als Direktor der Weilenbrinkschule betätigte er sich als Kunst- und Antiquitätensammler, Schriftführer des Museumsausschusses, Museumsverwalter und -leiter, Heimatforscher sowie Archivar; alles verbunden mit seinem Lebensziel, ein Bochumer Museum aufzubauen. Insbesondere während der Ruhrbesetzung 1923, als französische Truppen das Rathaus besetzt hatten, wodurch Kleff an der weiteren Ordnung der Archivbestände gehindert wurde, fand er dann sogar noch die Zeit, das Stadtmodell „Bochum um 1800" eigenhändig anzufertigen (Wölk, 2007, S. 18).

Stadtmodelle für museale oder schulische Zwecke gab es natürlich bereits lange bevor Kleff auf die Idee gekommen ist, ein Modell von Bochum zu bauen. Wenn ein Bochumer Schuldirektor sich einmal in seinem Leben an den Bau eines Modells macht, so ist das Ergebnis eher mit Hobbymaßstäben als mit einer professionellen Arbeit zu vergleichen. Heutzutage beschäftigen sich viele Menschen in ihrer Freizeit durchaus mit Qualitätsanspruch mit Modellbau, insbesondere im Modelleisenbahnbereich. Heute kann man sich leicht Inspirationen bei zahlreichen fertigen Modellanlagen holen und es gibt eine breite Palette von vorgefertigtem Zubehör. Das alles gab es zu Kleffs Zeiten nicht. Er musste wirklich jedes Gebäude, jeden Baum und jeden winzigen Zaun selbst anfertigen und selbst überlegen, aus welchen Materialien die einzelnen Modellbestandteile am besten nachzubauen waren. Unter Modelleisenbahnern wird insbesondere der Begriff „Maßstabstreue" hoch gehandelt – dass also alle Komponenten eines Modells von der Größe her gut aufeinander abgestimmt sind. Das ist Kleff ausgesprochen gut gelungen, aktive Modellbauer werden dies bestätigen können. Alle Komponenten des Modells wirken harmonisch, nichts ist optisch zu klein oder zu groß geraten.

Fachlich interessanter als die Frage, ob das Modell schön anzusehen und handwerklich gelungen ist, ist aber, ob das Modell seinen eigentlichen Zweck erfüllt, die kleine Stadt Bochum im Jahre 1800 wirklichkeitsgetreu abzubilden und die damalige Realität dem heutigen Betrachter vor Augen zu führen.

Anlass für die Erstellung des Modells war definitiv die Entdeckung der Kortumkarte, die Kleff persönlich um 1920 in der Auslage eines Bochumer Buchbinderladens fand. Die von Carl Arnold Kortum 1790 gezeichnete Karte war zuvor über 100 Jahre verschollen gewesen und stellte nach dem Wiederauffinden mit Sicherheit einen besonders wertvollen Teil der von Kleff zusammengestellten Kortumsammlung des Bochumer Museums dar. Kortum hat in der Karte selbst einen dreidimensionalen Effekt eingebaut – die Gebäude werden über Seitenrisse abgebildet, die nach beiden Seiten vom Straßenverlauf wegklappen. Aus der Karte dann eine richtige dreidimensionale Abbildung, also ein Modell, abzuleiten, ist ein logischer Schritt.

Die Vorstellung, dass allein die Kortumkarte Vorlage für das Modell gewesen ist, greift aber zu kurz. Schon mit dem ersten Blick erkennt man, dass die Gebäude im Modell viel genauer dargestellt werden als in der Karte. Der zweite Blick zeigt, dass der Stadtkern des Kleffmodells genauso aussieht, wie man das aus mittelalterlichen Fachwerkstädtchen kennt, die bis heute überlebt haben: Enge, verwinkelte Gassen, an denen, dicht an dicht und eher unregelmäßig verteilt, kleine Häuschen stehen. Auch die Hof- und Gartenräume hinter den Gebäuden sind relativ kleinflächig. Kortum hingegen hat in seiner Kartendarstellung breite Straßen eingezeichnet, an denen sich relativ kleine Häuser aufreihen. Und da die Gebäude eigentlich zu klein sind, fallen die Freiflächen hinter den Häuserreihen wiederum ziemlich groß aus. In seiner Geschichte der Stadt Bochum von 1790 bestätigt Kortum zwar die unregelmäßige Anordnung der Gebäude, schreibt aber auch von breiten, großenteils gepflasterten Straßen (Kortum, 1790, S. 148). Diese Beschreibung steht im Gegensatz zu den zeitgenössischen Klagen über die schlechte Beschaffenheit der Wege in und um Bochum (Darpe, 1894, S. 425). Die Beschreibung Bochums scheint Kortum also in Wort und Bild geschönt zu haben, vielleicht um seinen Wohnort in ein besseres Licht zu rücken.

Für den Modellgrundriss muss es also weitere Quellen gegeben haben. Kleff selbst schreibt, dass er alte Katasterkarten verwendet hat (Wölk, 2007, S. 18), aber nicht, welche Kartenblätter. Vermutlich verwendet wurden die Karte der Flur V von 1823 im Maßstab 1:1 250, die sich in ein Nord- und ein Südblatt teilt, sowie die Gemeindekarte Bochum von 1825 im Maßstab 1:5 000. Letztere wurde als Übersichtskarte angelegt, anhand derer die Katastermitarbeiter die Einzelblätter des Katasters heraussuchen konnten. Von 1823 bis heute gingen sie daher durch zahllose Bearbeiterhände und das ist den Karten durchaus anzusehen – vieles ist nur noch schwach zu erkennen und wahrscheinlich waren die Karten auch 1923, als Kleff damit arbeitete, schon stark beschädigt. Darüber hinaus wurden die Karten immer wieder ergänzt. Grenzveränderungen und neue Gebäude wurden (meist als Ergänzung in roter Farbe) nachgetragen, wo es den Katastermitarbeitern sinnvoll schien. Es war also gar nicht so einfach, aus diesem Kartenmaterial einen Grundriss für das Modell abzuleiten und sicherzustellen, dass nur der älteste Kartenstand und nicht die nachträglichen Fortführungen eingearbeitet wurden. Aber es war wohl möglich, denn genau das Gleiche hat weitere 50 Jahre später noch jemand gemacht, nämlich Rudolf Sellung (geboren 1. Januar 1916 in Herne, gestorben 27. September 2000 in Bochum). Er hat während seiner Tätigkeit beim städtischen Vermessungsamt neben den Nachzeichnungen von historischen Karten, die als Schmuckdrucke auf Büttenpapier aufgelegt wurden, auch eine „Karte von Bochum 1821" im modernen Duktus erstellt. Auch er muss mangels anderen Materials hierfür die oben genannten Karten herangezogen haben.

Jene Karte von 1821, die sich durch eine hohe Lagequalität auszeichnet, konnte nun mittels Bildverarbeitung mit dem fotografisch gewonnenen Grundriss des Kleffmodells überlagert werden. Und hierbei zeigt sich dann, dass auch Kleff sehr lagetreu gearbeitet hat, sowohl die Straßenkanten als auch die Gebäudegrundrisse passen in der Regel erstaunlich gut aufeinander. Und es zeigt sich, dass das Bild des verwinkelten Fachwerkstädtchens, das

Kleff dargestellt hat, für den Zeitraum um 1800 tatsächlich wirklichkeitsgetreu ist. Die breiten Straßen und die freien Flächen, die Kortums Kartendarstellung prägen, gab es in Bochum definitiv nicht.

Die räumliche Enge, die im alten Bochum geherrscht hat, kann man sich im heutigen Stadtbild noch gut vor Augen führen – anhand zweier noch vorhandener Gebäude, die auf dem Modell dargestellt werden, der Propsteikirche und dem Alten Brauhaus Rietkötter. Heute befindet sich vor der Propsteikirche ein relativ kleiner Vorplatz, früher stand zwischen Kirche und Gasthaus aber eine weitere, vergleichsweise große Gebäudegruppe, der Stammsitz der Tabakhändler-Familie Cramer. Hinter dem Wohnhaus lag noch ein Innenhof, der von mehreren Scheunen gesäumt wurde. Viel Platz für die Beckstraße (heute Große Beckstraße) zwischen Cramerhof und Rietkötter blieb also nicht. In der Katasterkarte kann man eine Straßenbreite von gerade einmal 5,5 Metern messen.

Um näher zu analysieren, auf welcher Grundlage Kleff bei der Hausdarstellung gearbeitet hat, habe ich Modell, Kortumkarte und Katasterkarte Gebäude für Gebäude verglichen. Beim überwiegenden Teil der etwa 350 Häuser auf dem Modell war es möglich, eine eindeutige Zuordnung zu den in den beiden Karten jeweils dargestellten Gebäuden zu bestimmen. Deutlich erkennbar ist, dass Kleff auf Basis der Katasterkarte die Gebäudegrundrisse lagegetreu abgreifen konnte. Trotzdem hat er auch immer die Kortumkarte herangezogen und zehn Gebäude im Modell weggelassen, die in der Katasterkarte von 1823 zwar dargestellt sind, aber nicht in der Kortumkarte (die also zwischen 1790 und 1823 errichtet wurden). Und fünf Gebäude hat er aus der Kortumkarte übernommen, die laut Katasterkarte 1823 nicht mehr standen.

Ganz fehlerfrei hat Kleff aber wohl nicht gearbeitet. Es fehlen 20 Gebäude, die es laut Kortumkarte und Kataster gegeben haben muss, dafür sind ebenfalls 20 Gebäude zu viel vorhanden, die in der Kortumkarte noch nicht abgebildet und in der Katasterkarte durch eine rote Farbe als Nachtrag erkennbar sind, also erst nach 1823 errichtet wurden. Bei 350 Gebäuden fallen diese Fehler, die sich noch dazu zahlenmäßig ausgleichen, nicht so sehr ins Gewicht, dass sie den Gesamteindruck verfälschen würden.

Diese mutmaßlichen Fehler ballen sich an drei Stellen, im Gerberviertel, südlich des Hellwegtores und zu beiden Seiten der Straße Weilenbrink. An all diesen Stellen ist die Kortumkarte geometrisch sehr ungenau, so dass eine eindeutige Gebäudezuordnung zwischen Katasterkarte und Kortumkarte in diesen Bereichen nicht möglich ist. Auch Kleff hatte da wohl Schwierigkeiten und hat hier die 20 Gebäude ins Modell gesetzt, die wohl um 1800 noch nicht vorhanden waren. Nur wo Kleff die Kortumkarte als Korrektiv einsetzen konnte, ist ihm eine vollständig korrekte Interpretation der Gebäudedarstellung aus dem Kataster gelungen.

Die Kortumkarte musste noch eine weitere wertvolle Information zum Bau des Modells liefern – die Ausrichtung der Gebäudefirste. Bei manchen Gebäuden ist auch eine etwas kompliziertere Dachform ablesbar. Sehr viel mehr zum Aussehen der Gebäude liefert die Kortumkarte leider nicht. Die in der Karte maximal einen Quadratzentimeter großen Seitenfronten sind einfach nicht detailliert genug dargestellt, um als vollständige Vorlage für das Modell herangezogen zu werden. Zudem zeigt die Karte auch nur jeweils die Vorderfront der Gebäude. Kleff war also auf weitere Quellen angewiesen. Diese benennt er selbst mit den Fotografien alter Gebäude und „den Erinnerungen alter Leute". In der Tat hat Kleff für das Museum Bochum ein umfangreiches Archiv alter Stadtfotos angelegt, die sicher eine große Hilfe bei der Fassadengestaltung der Gebäudemodelle waren. Bei vielen Gebäuden war er aber gar nicht auf die Erinnerung anderer Personen angewiesen. Gerade im eigentlichen Stadtkern stand 1925 noch ein großer Teil der Gebäude, die es auch schon zu Kortums Zeiten gab. Die Häuschen im Gerberviertel haben sogar noch den Zweiten Weltkrieg überlebt, nicht aber Massenbergs Bemühungen, Bochum nach dem Krieg als moderne Industriestadt wiederaufzubauen.

Was an Gebäuden noch stand, konnte Kleff also direkt ins Modell übernehmen. Und die umfangreichsten Umgestaltungen des Stadtkerns fanden erst in der Gründerzeit statt. Kleff hatte also die Gelegenheit, diese persönlich zu verfolgen, was er bei seinem starken Interesse für Geschichte bestimmt auch sehr aufmerksam getan hat. Ein Großteil der Erinnerungen, die ins Modell geflossen sind, werden daher vermutlich seine eigenen gewesen sein.

Die meisten Gebäude im Modell stellen Fachwerkhäuser dar und dies wird auch in der Regel – was die Bauform betrifft – historisch richtig sein. Ob aber im Jahre 1800 wirklich noch so viel sichtbares Fachwerk vorhanden war, ist schwierig abzuschätzen. Im Laufe der Zeit ist bestimmt – dem damaligen Zeitgeschmack entsprechend – viel Fachwerk hinter Putz, Schiefer oder Schindeln verschwunden. Und wann dies bei den einzelnen Gebäuden passiert ist, kann kaum noch flächendeckend zurückverfolgt werden, auch Gebäudefotos helfen hier nicht.

Im Nachhinein kann daher kaum noch entschieden werden, ob das dargestellte Fachwerkstädtchen Bochum um 1800 wirklich ein historisch korrektes Bild wiedergibt oder doch eher eine romantische Vorstellung ist. Das betont mittelalterliche Aussehen Bochums könnte daher rühren, dass Kleff die massiven Veränderungen, die die Industrialisierung in kürzester Zeit über die Stadt Bochum gebracht hatte, durch einen stark romantisierenden Rückblick auf das Vergangene umso deutlicher darstellen wollte.

Nur wenige Häuser sind aufgrund der in der Karte abgebildeten Bauform deutlich als Steingebäude erkennbar. Neben den drei Kirchen handelt es sich hierbei um das Rathaus am Markt (mit den deutlich sichtbaren Arkaden) sowie das Gebäude des „von Esselens-Hofes". Auch im Modell werden sie erkennbar als Steingebäude abgebildet. Weitere Steingebäude kommen im Modell hinzu, deren Bauweise in der Karte so nicht erkennbar ist. Kleff hat diese Gebäude wohl aus seinen weiteren Quellen rekonstruieren können. Bei zwei Gebäuden hat Kortum deutlich geschwungene, barocke Ziergiebel abgebildet. Warum Kleff diese Giebel nicht ins Modell übernommen hat, erschließt sich mir aber nicht.

Da das Original der Kortumkarte kurz nach dem Zweiten Weltkrieg leider verloren gegangen und nur noch eine schwarzweiße Reproduktion vorhanden ist, wissen wir nicht, welche Farben die Gebäude in der Karte tatsächlich hatten. Kleff hatte noch das farbige Original zur Verfügung und hat die Farben der Gebäudemodelle sicher nach dieser Vorlage angelegt. Dass auffällig viele Gebäude gelb sind, könnte aber auch daher rühren, dass Kleff seine Hausmodelle durch Auftragen von Firnis schützen wollte und Firnis hat leider die Eigenschaft, mit der Zeit durch Lichteinfluss zu vergilben.

Einfacher hatte es Kleff mit den Dächern: Kortum schreibt in seiner 1790 veröffentlichten „Nachricht vom ehemaligen und jetzigen Zustande der Stadt", dass im Gegensatz zum Jahre 1722, als noch 135 Häuser mit Stroh gedeckt waren, zum Zeitpunkt seiner Kartenveröffentlichung alle Gebäude (bis auf ein Dutzend Hütten) mit Ziegeln gedeckt seien (Kortum, 1790, S. 148). Die rote Farbe der Dächer ist also historisch verbürgt.

Über die sonstige Topografie, also Gärten, Grünflächen und Äcker liefern die Katasterkarten wenig, die Kortumkarte dafür aber ausreichend Informationen. Hier wird Kleff sein Modell also vor allem aus der Kortumkarte abgeleitet haben, zumal ein großer Teil der 1800 noch vorhandenen Freiflächen zu Kleffs Zeiten bereits überbaut gewesen ist.

Leider war die grüne Farbe, die Kleff verwendet hat, nicht sehr lichtbeständig. Was grüne Wiese sein sollte, ist heute leider eher grau und vermittelt ein bestimmt nicht gewünschtes „November-Farbgefühl".

Bäume sind auf dem Modell eher spärlich vorhanden. Auch auf der Kortumkarte waren nicht viele Bäume abgebildet, aber doch ein paar mehr als auf dem Modell. Das mag zum einen daran liegen, dass die Herstellung der Bäume aus Stöckchen und Schwamm sehr aufwändig war und Kleff vielleicht diese Mühe scheute. Zum anderen sind möglicherweise einige der filigranen Bäume im Laufe der Zeit beschädigt worden und verloren gegangen. In jedem Falle aber dürfte Bochum 1800 wesentlich weniger Grün gehabt haben als heutzutage. Innerhalb des engen, mittelalterlichen Stadtkerns blieb kein Platz für Bäume.

Verwunderlich erscheint zunächst, dass die Hauptquellen für das Modell, die Kortumkarte von 1790 und die Katasterpläne von 1823, zeitlich so weit auseinanderliegen. Günter Höfken hat im Jahre 1952 für seine Liste „Bochumer Häuser- und Einwohnerverzeichnisse von 1737 bis 1822" (Höfken, 1952) das vorhandene Datenmaterial zu den Gebäuden im Bochumer Stadtkern ausgewertet und stellt ebenfalls eine große zeitliche Lücke um das Jahr 1800 herum fest. Die Stadt war verpflichtet worden, für die „Stadt- und Land-Feuerkasse" ein Gebäudekataster anzulegen. Die älteste vorhandene Liste ist von 1737 und es gibt Veränderungen von 1763, 1772 und 1786. Die nächsten Informationen liegen dann erst für 1822 (Vödeakten) und 1823 vor, die Katasterkarten und das Flurbuch. Höfken ist es sogar gelungen, die Häuser aus dem Feuerkataster den Flurstücksnummern aus der Katasterkarte zuzuordnen. Leider lässt die Art der Auflistung nicht zu, die auch für die Modellinterpretation interessanten Änderungen am Gebäudebestand zwischen 1790 und 1823 zu ermitteln. Ablesen kann man leider nur Eigentümerwechsel.

Da Kleff auf die gleiche Quellenlage angewiesen war wie Höfken, hatte er also gar keine

20 | MODELL DER STADT BOCHUM

andere Möglichkeit, als mit 30 Jahre auseinanderliegenden Dokumenten zu arbeiten. Wahrscheinlich hat sich Bochum in diesem Zeitraum, der auch die Napoleonischen Kriege einschließt, aber auch so wenig verändert, dass die Zeitspanne von 30 Jahren zwischen den Quellen für die inhaltliche Auswertung gar nicht so relevant war. Mit der Zeitangabe „um 1800" hat Kleff deutlich gemacht, dass sich der Modellinhalt nicht auf ein festes Jahr festlegen lässt.

Wie eine Landkarte ist auch ein Landschaftsmodell immer nur eine Abbildung der Wirklichkeit und zeigt niemals die Wirklichkeit selbst. Durch sorgfältige Recherche ist es Bernhard Kleff aber gelungen, wesentlich näher an die historische Wahrheit heranzukommen als Carl Arnold Kortum mit seiner zeitgenössischen Kartendarstellung. Auch wenn man das ein oder andere Detail anzweifeln mag, dürfte das Modell doch einen sehr zuverlässigen Eindruck von Bochum um 1800 vermitteln.

GERHARD BERGAUER

21 WOCHENBLATT FÜR DEN KREIS BOCHUM

„Ein beliebtes und gelesenes Wochenblatt". Vom Wochenblatt für den Kreis Bochum zum Märkischen Sprecher

Bescheiden wandte sich der junge Buchdrucker Johann Georg Wilhelm Stumpf (13.3.1804–20.7.1883) am 10. Januar 1829 in der ersten Ausgabe seines Wochenblatts für den Kreis Bochum „An das verehrte hiesige Publikum". Einzig dessen Wohlwollen erhoffte er sich – und wies zugleich geschäftstüchtig darauf hin, dass er „jegliche Druckarbeit zu dem möglichst billigen Preise liefern werde."

Erst im Jahr zuvor hatte sich der 24-jährige Stumpf, aus Soest stammend, in Bochum niedergelassen und hier die erste Druckerei neben dem Pfarrhaus Widume gegründet. Ein mutiger Schritt, denn Bochum selbst zählte weniger als 3 000 Einwohner. Doch es gelang Stumpf und seinen Nachfahren, aus dem Ein-Mann-Betrieb ein erfolgreiches Unternehmen aufzubauen, das als Verlagshaus bis 1990 existierte. Eine wichtige Konstante der ersten einhundert Jahre war das Bochumer Lokalblatt, das sich anfangs als unspektakuläres, vierseitiges Blättchen nur einmal wöchentlich präsentierte und bis 1930 erschien. Die Konzession datierte vom 22. August 1828 (StadtA Bo, LA 1183, Bl. 3).

Warum hatte Wilhelm Stumpf überhaupt ein Wochenblatt gegründet im übersichtlichen Bochum, wenn sich alle wichtigen Geschehnisse doch innerhalb kürzester Zeit herumsprechen konnten? Und noch dazu eines, dessen Gründung Bürgermeister und Landrat zwar unterstützten, das aber über aktuelle, öffentliche Angelegenheiten aus Politik und Verwaltung nicht einmal berichten durfte?

Das Wochenblatt für den Kreis Bochum war ein Lokalblatt in der Tradition der Anzeige- oder Intelligenzblätter („intellegere" im Sinne von: Einsicht nehmen, Kenntnis haben) des 18. Jahrhunderts. Sie enthielten eine Mischung aus amtlichen, privaten und gewerblichen Inhalten sowie redaktionellen Beiträgen. Anders als politische Zeitungen, die in der Regel nur von „auswärts" berichteten, oder auch Zeitschriften mit ausführlicheren Beiträgen waren solche lokalen Wochenblätter auf die alltägliche Lebenswelt des Ortes konzentriert, in dem sie erschienen, und auf dessen unmittelbare Umgebung. Sie enthielten praktische, alltagsrelevante Informationen, beginnend mit dem gesamten Spektrum privater und gewerblicher Annoncen von Kauf und Verkauf, Wohnungsmarkt und Stellenangeboten, Veranstaltungen und Dienstleistungen bis zu Familienanzeigen. Die amtlichen oder im amtlichen Auftrag veröffentlichten Bekanntmachungen reichten von Vorladungen und Zwangsversteigerungen bis zu Korn- und Marktpreisen. Hinzu kamen viele kleinere Beiträge, die in der Tradition von Aufklärung und Volksaufklärung alle erdenklichen Themen streiften, von Land- und Hauswirtschaft, Kindererziehung, Sitten und Moral, Ernährung und Gesundheitsvorsorge bis zur (regionalen) Geschichte oder Wetterbeobachtungen, Literarischem, Unterhaltendem und Rätseln.

Was rückblickend kaum spannender erscheint als die kostenlosen Wochenblättchen, die heute regelmäßig und ungefragt im Briefkasten stecken, leitete für die zeitgenössischen Leser

21 | WOCHENBLATT FÜR DEN KREIS BOCHUM

Stadtarchiv Bochum – Zeitungssammlung

H 21,5 cm, B 19 cm (aufgeschlagen 35,2 cm); Papier; 1830

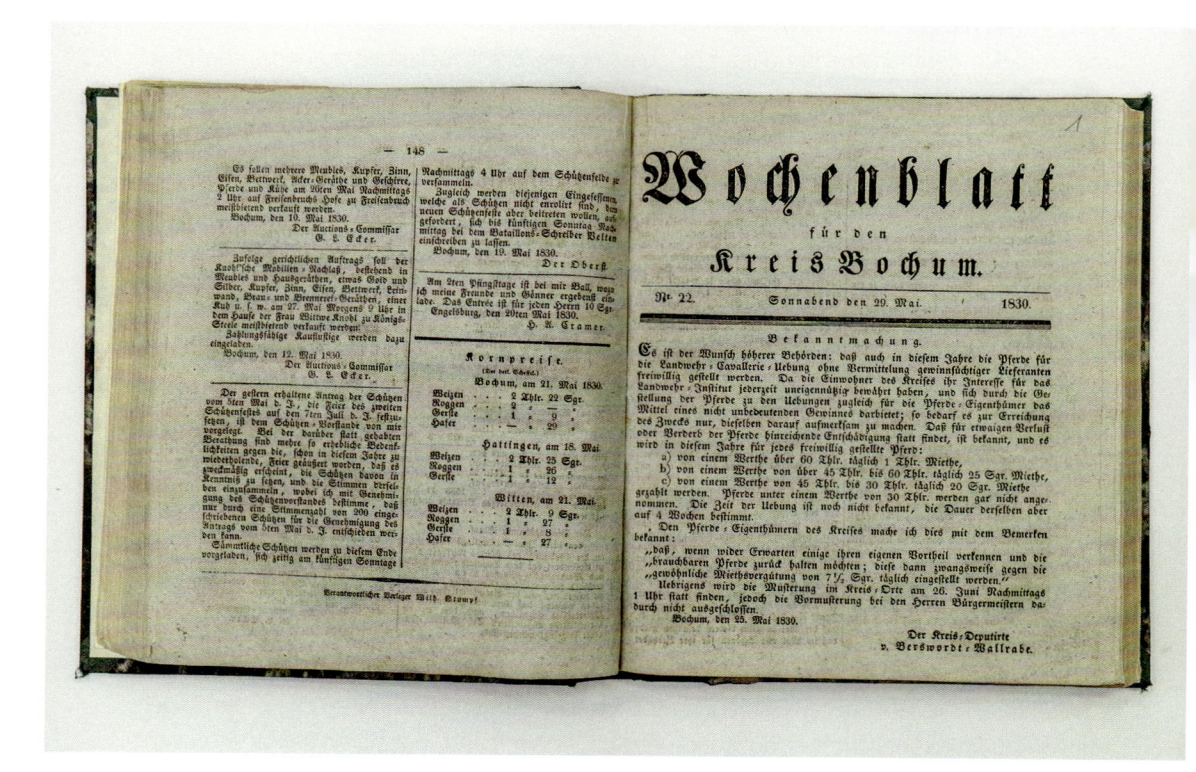

einen medien- und kommunikationsgeschichtlichen Aufbruch ein: „Ein beliebtes und gelesenes Wochenblatt konnte mehr ausrichten, als alle Bücher und alle Gesetze", hieß es 1790 in einer Übersicht der wichtigsten deutschen Zeit- und Wochenschriften, denn „es kam Leuten von allen Ständen in die Hände, wurde denen bekannt, die sonst ohne alle Lectüre waren, und war also das bequemste Vehikel, ihre Meynungen zu berichtigen und zweckmäßig zu leiten" (Beutler/Gutsmuths, 1790, S. III).

Einen solchen aufklärerisch-disziplinierenden Impetus vertrat Stumpf wohl nicht. Doch mit dem Wochenblatt konnte er einen soliden Grundumsatz für sein neu gegründetes Unternehmen kalkulieren, unabhängig von individuellen Druckaufträgen. Daher war es von Beginn an als Wochenblatt für den gesamten Kreis Bochum mit seinen damals rund 36 000 Einwohnern konzipiert, und Stumpf bat die Kreisregierung in Arnsberg explizit, sein Wochenblatt den Bürgermeistern des Kreises „hochgeneigtens empfehlen zu wollen" (StadtA Bo, LA 1183, Bl. 8f.). Tatsächlich wurde das Wochenblatt für den Kreis Bochum oftmals auf Kosten der Gemeindekasse abonniert.

In der Anfangszeit war Stumpf Verleger und Herausgeber, Redakteur, Setzer und Drucker zugleich. Das Wochenblatt war daher typografisch schlicht und redaktionell wenig aufwendig. Der Titelkopf mit Name, Datum und laufender Nummer der Ausgabe bestand einzig aus Lettern und Trennleisten. Auf vier beziehungsweise bald schon acht Seiten pro Ausgabe reihten sich die Inhalte zweispaltig aneinander, einzig die Überschriften und Initialen des jeweils ersten Absatzes eines Beitrags waren in einer größeren Type gesetzt. Der Satzspiegel selbst war kaum größer als ein heutiges Taschenbuch.

Den Auftakt der einzelnen Ausgaben bildeten gerichtliche und amtliche, das heißt rechtserforderliche und rechtswirksame Veröffentlichungen mit standardisierten Texten, Insolvenzverfahren („Offener Arrest"), die Bekanntgabe von Bauvorhaben, gelegentlich ein Erlass des Bürgermeisters beispielsweise zur Karnevalszeit, der das Tragen von Masken nur mit kostenpflichtiger Genehmigung gestattete und das Abbrennen von Feuerwerk als sittenwidrig und die öffentliche Ruhe gefährdend untersagte (Wochenblatt für den Kreis Bochum, Nr. 8, 20.2.1830). Diese Texte waren als einzige einspaltig gesetzt.

Der darauf folgende, redaktionelle Teil des Wochenblattes war lange am umfangreichsten. Hier fanden sich moralische Abhandlungen, Erzählungen, historische Anekdoten von Königen und Fürsten, Gelehrten und Offizieren, Gedichte, Rätsel, Charaden oder andere literarische Stücke, die meist keinem Autor zugeordnet werden konnten, weil sie oft nur mit einem Buchstaben des Nachnamens gekennzeichnet waren. Zu vermuten ist, dass viele dieser Texte aus anderen Periodika, Anthologien oder sonstigen Werken übernommen wurden. Es war Stumpf gestattet worden, ausgewählte Beiträge aus Berliner periodischen Blättern aufzunehmen, die der Zensur unterlagen: Themen der Geschichte, Landwirtschaft und Gewerbekunde, „die guten Sitten nicht beleidigende, zu keinen Anfeindungen führende Aufsätze […] nur mit gehöriger strenger Auswahl, politische aber gar nicht", wie es in den Weisungen an den Zensor hieß (StadtA Bo, LA 1183, Bl. 3).

Manche dieser streng ausgewählten Erzählungen und auch Gedichte setzten sich über mehr als eine Ausgabe fort, um die Erwartung der Leser auf das nächste Wochenblatt zu erhöhen. Eingestreut waren immer wieder regionalhistorische Stücke, wie zum Beispiel Witterungsbeobachtungen, Preisentwicklungen, kirchenhistorische Rückblicke und vieles mehr, die den Kreis Bochum als regionale Einheit bekannter und begreifbarer machten und die Identifikation mit „Bochum" stärkten. Auch die Verdrängung der niederdeutschen Sprache wurde wiederholt thematisiert.

Wie viele andere, vergleichbare Blätter verzichtete auch das Wochenblatt für den Kreis Bochum größtenteils auf die Wiedergabe von Stellungnahmen zu aktuellen lokalpolitischen Themen. So waren in den Jahren 1830/31 nur vereinzelte, streng obrigkeitstreue Äußerungen zum revolutionären Geschehen zu lesen. Immerhin konnten einige Beiträge direkt auf die öffentlichen Verhältnisse vor Ort bezogen werden, beispielsweise zum Straßenbau und der Zugänglichkeit von Verbindungswegen. Indem solche Artikel aufeinander reagierten und zum Beispiel „den Herrn Verfasser des Aufsatzes ‚das glückliche Dörfchen' in Nr. 2 d. Bl" adressierten (Wochenblatt für den Kreis Bochum, Nr. 4, 31.1.1829), konnte sich eine öffentliche Diskussion mit publizistischen Mitteln entspannen. Das Wochenblatt wurde dann zum Forum regionaler Debatten, das direkt als Publikationsmedium diente und zugleich eine Anschlusskommunikation für verschiedene Teilöffentlichkeiten initiierte.

Den Schluss der einzelnen Ausgaben bildeten auf meist einer bis anderthalb Seiten private, gewerbliche und amtliche Anzeigen. Hier war beispielsweise in der Nummer 43 des ersten Jahrgangs die Ausschreibung zum Bau eines kombinierten Spritzen- und Gefangenenhauses in Witten an den Wenigstfordernden zu finden, die Ankündigung eines Holzverkaufs im Pastoratsgehölz von Harpen, einer Nachlass- und einer Heuversteigerung. Der Uhrmacher Heinrich Cramer inserierte Eisengusswaren – Öfen, „Speibecken", Fußabkratzer, Bügeleisen und Töpfe –, Henr. Schmidt aus Sodingen waren „2 fette Schaafe, welche beide Hammel sind", entlaufen und einem anonymem Besitzer sein Jagdhund. Am Schluss der Ausgabe waren die Kornpreise in Witten und Bochum abgedruckt, eine kurze tabellarische Übersicht der aktuellen, durchschnittlichen Marktpreise für Weizen, Roggen, Gerste und Hafer. Derlei Preisübersichten, die in anderen Städten auch Fleisch und andere „Victualien" umfassten, wurden durch die Veröffentlichung im Wochenblatt allgemein bekannt. Damit waren sie zwar nicht verbindlich, dienten jedoch der Orientierung für Käufer und Verkäufer und trugen dazu bei, in oftmals noch individuellen Preisaushandlungen ein für alle beteiligten Partner gerechtes Preisniveau zu garantieren.

Dieses Konzept eines lokalen Wochenblattes, das viele alltägliche Begebenheiten und Bedürfnisse erstmals regelmäßig verschriftlichte, hatte sich bereits in hunderten deutscher Städte und Dörfer bewährt und überzeugte auch in Bochum. Im ersten Stück des zweiten Jahrgangs sprach Stumpf jedenfalls seinem Publikum einen innigen Dank aus für das Wohlwollen, das man ihm „als Fremdling und Unbekannten in dieser Gegend" und seinem Wochenblatt entgegengebracht habe, denn seine Erwartungen seien bei weitem übertroffen worden (dass., Nr. 1, 2.1.1830).

Ab dem 20. August 1842 wurde der Titel des Wochenblattes auf Verfügung des Regierungspräsidenten in Arnsberg in Bochumer Kreisblatt geändert, das noch bis zum Jahresende den Untertitel „Wochenblatt für den Kreis Bochum" weiterführte. Hier fand es auch seine Abnehmer, darunter die Behörden, die zum Bezug verpflichtet waren. Im Jahr 1841 soll die Auflage gut 1 000 Exemplare betragen haben (Vilter, 1922, o. S.). Außerdem hatte Stumpf das Geschäft bereits erweitern können und 1840 eine Steindruckerei aufgebaut.

Mit den Zensoren geriet Stumpf im Vormärz selten in Konflikt. Allerdings hatte sich 1834 der Zensor gegenüber dem Regierungspräsidenten in Arnsberg rechtfertigen müssen, weshalb er trotz des Verbots der „Ankündigung von Geheimmitteln in öffentlichen [B]lättern" eine Anzeige für ein Medikament gegen Epilepsie oder „Fallsucht" nicht untersagt habe (StadtA Bo, LA 1183, Bl. 33). Immerhin wurde Stumpf wenig später gestattet, derlei Anzeigen zukünftig veröffentlichen zu dürfen (ebd., Bl. 35). Einige Jahre später, im Februar 1841, erhielten Stumpf und sein Zensor allerdings einen erneuten Verweis, da einige der veröffentlichten Artikel „Anfeindung und Mißstimmung unter den Eingesessenen" hervorgerufen hatten (ebd., Bl. 50).

Das Jahr 1848 und die Aufhebung der Zensur bewirkten im Bochumer Kreisblatt die zeittypischen Veränderungen. Stumpf begrüßte die neue „Preßfreiheit" im März 1848 zwar weniger expressiv als die Herausgeber anderer Wochenblätter. Nüchtern hieß es, die Redaktion des Kreisblattes wolle weiterhin „den Zweck seiner Gründung im Auge haben" und gemäß der Regierungsverfügung von 1840 „zunächst der Publication der kreis- und localpolizeilichen Verordnungen und den öffentlichen Anzeigen in seitheriger Weise offen stehen." Doch immerhin stellte Stumpf in Aussicht, den „Kreisbedürfnisse[n], Einrichtungen und gemeinnützige[n] Zwecke[n]" noch mehr „Stimme und Ausdruck" zu verleihen als bisher. Deutlich war den Formulierungen mit wiederholten Hinweisen auf das Gemeinwohl und den Gemeinnutz der weiterhin bestehende „halbamtliche" Charakter des Kreisblattes anzumerken. Dementsprechend rief Stumpf zur Mäßigung auf, damit aus der „Preßfreiheit" keine „Preßfrechheit" werde: „Weg also mit allen persönlichen und gehässigen Anfeindungen, weg mit allen die Sittlichkeit, den Anstand und den religiösen Frieden in unbesonnener Weise angreifenden Aufsätzen und Bemerkungen!" (Bochumer Kreisblatt, Nr. 13, 25.3.1848).

Das Bochumer Kreisblatt entwickelte sich nun erwartungsgemäß zur politischen Zeitung. Ausführliche Berichte über die Beschlussfassung der Stadtverordnetenversammlung erlaubten den Lesern erstmals einen detaillierten Einblick in die politischen Diskussionen und Entscheidungsprozesse. Auch über Parlamentsverhandlungen wurden sie informiert, weil die Delegierten selbst über die aktuellen Entwicklungen Bericht erstatteten. Aufmerksam wurde die Arbeit der einzelnen Abgeordneten beobachtet und in scharfen Worten kommentiert – insbesondere dann, wenn sie sich ein Fehlverhalten zu Schulden kommen ließen. So druckte das Bochumer Kreisblatt sogleich eine Beilage, weil sich der Kreistag „sehr mißfällig über die Indolenz des Vertreters" beim preußischen Vereinigten Landtag geäußert hatte. Besagter Herr sei „während der wichtigsten Abstimmungen im Ganzen wohl vier Wochen von Berlin abwesend gewesen und seinen Privatsachen nachgegangen". Der Kreistag ließ prüfen, ob der Abgeordnete seine Diäten anteilig erstatten müsse, sprach deutlich von Vertrauensverlust und legte ihm nahe, zugunsten seines „wegen seiner Kenntnisse und seiner Gerechtigkeit gerühmten" Vertreters zurückzutreten, was die Redaktion im anschließenden Kommentar noch einmal bekräftigte (Extra-Beilage zu Nr. 13, 25.3.1848). Auch die kommunale Haushaltsplanung wurde öffentlich, wenn beispielsweise eine Übersicht der wichtigsten Einnahmen und Ausgaben der Gemeinden des Amtes Blankenstein im Bochumer Kreisblatt nachzulesen war (Beilage zu Nr. 17, 22.4.1848).

Als weitere charakteristische Zeiterscheinung lässt sich im Bochumer Kreisblatt nachvollziehen, wie die kostenpflichtigen Kleinanzeigen zum Mittel scharf geführter, persönlicher wie politischer Kontroversen wurden. In aufeinander reagierenden Stellungnahmen über viele Ausgaben erhofften sich die Kontrahenten ein aufmerksames Publikum für ihre oft in derber Sprache geführten Wortgefechte. Nur selten griff die Redaktion ein und suchte eine Auseinandersetzung zu beenden, zumal wenn der Platz für andere Beiträge fehlte (zum Beispiel „Briefkasten", Bochumer Kreisblatt, Nr. 25, 17.6.1848).

Die neue Zeit brachte grundsätzliche Veränderungen. Ab dem 1. Juli 1848 erschien das Bochumer Kreisblatt unter dem Titel Märkischer Sprecher mit dem Untertitel „Kreisblatt für den Kreis Bochum". In der letzten Ausgabe des Bochumer Kreisblattes kündigte Wilhelm Stumpf eine Erweiterung von Umfang und Inhalten an. Zugleich rief er, konservativ und ohne sich politisch eindeutig zu positionieren oder gar zu exponieren, zur Mäßigung auf und verurteilte die Auseinandersetzungen und persönlichen Angriffe derjenigen, die „in leidenschaftlicher Verblendung [...] einerseits den Ruf nach einer Republik, andererseits nach der unbeschränkten Monarchie" verfolgten und dabei auch vor Gewalt nicht zurückschreckten: „Solches kann nimmer zum Guten führen, deshalb werden wir auch nie die Hand hierzu bieten. Unser Wahlspruch ist: Besonnenheit – Gemeinwohl, und unser Wunsch, unser Bemühen daher vor Allem: Versöhnung", postulierte er (Schlusswort, Bochumer Kreisblatt, Nr. 26, 24.6.1848).

Der Märkische Sprecher erschien seit der Titeländerung zweimal wöchentlich auf vier eng bedruckten Seiten, die etwa doppelt so groß waren wie zuvor. Den Inhalt bildeten überwiegend politische Angelegenheiten, die „Tagesgeschichtliche[n] Mittheilungen". Auf der letzten Seite folgten die amtlichen, gewerblichen und privaten Anzeigen, eine erweiterte Übersicht der Marktpreise aus Hattingen, Herne, Bochum und Witten, die neben Getreide unter anderem auch Kartoffeln, Butter, Hülsenfrüchte und Heu beziehungsweise Stroh umfassten, sowie die „Brod-Taxe", die obrigkeitliche Preisfestlegung für Brot und Getreide. Die politische Haltung blieb streng konservativ, insbesondere auch in wirtschaftspolitischer Hinsicht: „Eine schrankenlose Freiheit aber kann es hienieden nicht geben, sie müßte nothwendig in das gerade Gegentheil umschlagen; denn wie die Menschen, so sind und bleiben auch unsere Zustände mangelhaft und unvollkommen", hieß es zu Beginn des Jahrgangs 1850 (MS, Nr. 1, 2.1.1850).

Doch obwohl Stumpf das Motto „Besonnenheit – Gemeinwohl" im Titelkopf nannte und zunächst den „konstitutionellen Ideen huldigte, fest am Königtum hielt" (Wöckener, 1936, S.

82), führte er den Märkischen Sprecher – zumindest aus Behördensicht – in den 1850er und 1860er Jahren nicht mehr so besonnen wie erwünscht. So musste sich Stumpf zum Beispiel 1850 gegen die Aufforderung wehren, die Identität eines Inserenten offenzulegen, dessen Text Anstoß erregt hatte (StadtA Bo, B 53, Bl. 8–10). Am 20. November 1851 konstatierte der Arnsberger Regierungssekretär von Varendorf, dass „das früher durchaus vorwurfsfrei redigirte Bochumer Kreisblatt /: Märkischer Sprecher :/ seit etwa 2 bis 3 Monaten eine Richtung verfolgt, welche den Geist der Opposition und Unzufriedenheit offen zur Schau trägt." Zwar seien die einzelnen Beiträge vorsichtig genug formuliert und nicht zu beanstanden, doch beim Abdruck politischer Artikel aus anderen Quellen zeige der Herausgeber eine „Vorliebe zu Producten oppositioneller Tendenz". Dabei lag das Versäumnis nicht etwa in der Überzeugung Stumpfs, der als „gutmüthiger, jedoch schwacher Mann, katholischer Confession und von ganz gewöhnlicher Bildung" charakterisiert wurde, jedoch „unzweifelhaft von einer im Kreise Bochum vielfach verzweigten gesinnungslosen Partei sich hat bestricken lassen" (StadtA Bo, LA 1183, Bl. 67 und 67v).

Von Varendorfs Kollegen Bartels und Jacobi regten daher an zu prüfen, ein anderes Periodikum zum amtlichen Organ zu machen. Stumpf fand jedoch einen Fürsprecher in Landrat Gotthard von der Recke-Volmerstein, der Stumpf bereits verwarnt hatte und dessen Gesinnung während der 1848er Revolution verteidigte, in der Stumpf auf der Seite der Monarchie „offene Kämpfe gegen die Demokratie bestand" (Schreiben vom 8.12.1851, ebd., Bl. 68v). Die Regierung ließ noch einmal Milde walten. Der Märkische Sprecher behielt seinen Status als amtliches Organ, was er mit dem Untertitel „Amtliches Bochumer Kreisblatt" ab dem 2. April 1859 unterstrich.

Dies war erforderlich, weil der Märkische Sprecher in der Kritik stand. Mehrfach habe er in seinen Artikeln Verwaltung und einzelne Behörden „angegriffen, ja sogar öffentlich getadelt", wie ein Amtmann aus Herne im Dezember 1858 feststellte. Nun sei dem Märkischen Sprecher endlich eine Konkurrenz erwachsen, um ihm „in seiner bisherigen Tendenz Schranken zu setzen" (StadtA Bo, LA 1185, Bl. 2). Denn am 25. Januar 1859 hatte Johann Wilhelm Faßbender die Konzession für sein Bochumer Kreisblatt erhalten, von dem er selbstbewusst behauptete: „Das Bedürfnis, ein zweites Blatt in Bochum zu gründen, hat sich vielfach durch die Wünsche der angesehensten Bürger, selbst hochgestellter Personen, kund gegeben" (Einladung zum Abonnement, StadtA Bo, B 53, Bl. 15). Es gelang ihm jedoch nicht, die Anerkennung als amtliches Organ zu erlangen. Der amtliche Status des Märkischen Sprechers blieb in der Folge umstritten, denn er garantierte eine festkalkulierbare Abnehmerzahl zum Beispiel in den Behörden des Kreises. Stumpf erreichte 1882 sogar eine Verfügung, dass seine Zeitung als einzige zur Aufnahme kostenpflichtiger amtlicher Bekanntmachungen berechtigt sei; den Konkurrenten wurde es freigestellt, diese Bekanntmachungen anschließend unentgeltlich zu übernehmen (StadtA Bo, LA 1185, Bl. 134–136). Der Protest ließ den Blätterwald rauschen, änderte jedoch nichts an Stumpfs Monopol.

In der zweiten Hälfte des 19. Jahrhunderts erlebte der Druckereibetrieb Stumpf mit dem

Wachsen der Stadt einen Aufschwung. Der Märkische Sprecher behauptete sich als führende Bochumer Zeitung und erschien seit dem 11. Dezember 1858 dreimal wöchentlich. Die Auflage lag nach Angabe Stumpfs 1862 bei 1 276 Exemplaren (StadtA Bo, B 53, Bl. 20). Im folgenden Jahr kam die erste Schnellpresse zum Einsatz. 1872 übernahm Wilhelm Stumpf junior (1831–19.8.1889), der Sohn des Gründers, den Betrieb, unter dessen Ägide die politische Linie der Zeitung liberal war. Im Folgejahr erwuchs ihm mit der Westfälischen Volkszeitung eine konkurrierende „Ergänzung", die politisch ultramontan (romtreuer Katholizismus) ausgerichtet war. Doch der Märkische Sprecher behauptete sich. 1873 konnte Stumpf den ersten hauptamtlichen Redakteur einstellen. Der Märkische Sprecher erschien jetzt viermal wöchentlich, ab 1874 täglich. Seit Oktober 1876 führte er den Untertitel Bochumer Zeitung – Kreisblatt für den Stadt- und Landkreis Bochum in wechselnden Varianten. 1879 entstand ein Neubau an der Buddenbergstraße. Die Druckerei, die Aufträge für die Stadtverwaltung, die Handelskammer, die Stadtwerke, den Kreistag, die Sparkasse, Fabriken, Zechen und Schulen ausführte, beschäftigte 1880 rund 50 Arbeitskräfte.

Nach dem Tod Wilhelm Stumpfs junior übernahm seine Witwe Julie Stumpf, geb. Cramer (19.4.1835–3.1.1904), das Geschäft, das neben dem Buch- und Zeitungsdruck aus einer lithografischen Anstalt bestand, in der auch farbige Postkarten gedruckt wurden, und einer Geschäftsbücher-Fabrik. In diesen Jahren erschien mit der „Geschichte der Stadt Bochum nebst Urkundenbuch" von Franz Darpe (1888–1894) eines der heute noch bekanntesten Druckwerke des Betriebs.

In den 1880er Jahren bildete der Märkische Sprecher die politischen Wirren der Zeit, vom Kulturkampf bis zu den Reichstagwahlen, intensiv auf seinen Seiten ab und räumte der Lokalberichterstattung immer mehr Spalten ein. Dabei ließ er es sogar so weit kommen, dass die Ausgabe vom 23. September 1885 „wegen öffentlicher Beschimpfung einer Einrichtung, beziehungsweise eines Gebrauchs der katholischen Kirche" eingezogen wurde (StadtA Bo, LA 1185, Bl. 176). Kurz darauf sah sich der Redakteur Wilhelm Hoppstädter einer Klage wegen Beleidigung eines Pfarrers ausgesetzt, wurde jedoch von den Vorwürfen freigesprochen (ebd., Bl. 178). Insbesondere die konkurrierende Westfälische Volkszeitung setzte alles daran, die öffentliche Stimmung gegen den Märkischen Sprecher mit polemischen Artikeln anzuheizen. Er verletze – auf Kosten der Steuerzahler – permanent die religiösen Gefühle der Kreisbewohner, würde konfessionelle Unruhe stiften und „begeifere" die katholische Bevölkerung fast täglich, weshalb dem Märkischen Sprecher der Status als amtliches Kreisblatt entzogen werden müsse (Westfälische Volkszeitung, Nr. 273, 4.10.1888). Der Vorstoß blieb jedoch erfolglos und der Märkische Sprecher amtliches Kreisblatt bis zum April 1928.

Trotz der Konkurrenz ging der Ausbau der Buchdruckerei Wilhelm Stumpf stetig voran. Am 19. September 1896 wurde der Märkische Sprecher zum ersten Mal auf einer Rotationsmaschine gedruckt. Rund 100 Mitarbeiter waren an der Jahrhundertwende bei Stumpf beschäftigt. Stolz nannte sich der Märkische Sprecher „Aelteste Zeitung im Industriebezirk, daher am besten eingebürgert" (Adressbuch der Stadt Bochum 1901, Vorsatz). Nach dem Tod von Julie Stumpf übernahm ihr Neffe Robert Cramer (1865–29.4.1925) die Verantwortung für das Unternehmen, das fünf Jahre später bereits 176 Mitarbeiterinnen und Mitarbeiter zählte, darunter „nur" 61 Männer – in einer Industrieregion war Stumpf beziehungsweise Cramer ein wichtiger Arbeitgeber für weibliche Arbeitskräfte. Verstärkt wurden nun auch Qualitätsdrucke wie Aktien, Obligationen und Wertpapiere hergestellt. Robert Cramer baute den Betrieb auf dem neuesten technischen Stand weiter aus, führte als erster Bochumer Drucker Setzmaschinen ein und expandierte auch auf dem Markt für Steindruck mit farbigen Zigaretten- und anderen Verpackungen, Buchillustrationen und Kalendern.

Die Zeitung wurde im 20. Jahrhundert inhalts- und umfangreicher, mindestens zehn Seiten im Vierspaltendruck waren üblich, den Anzeigenseiten lag das flexiblere Sieben-Spalten-Raster zugrunde. Die „Gerichtszeitung", Berliner Börsennotierungen, ein „Sprechsaal" für Leserbriefe, letzte Meldungen oder ein Tageskalender mit meteorologischen Daten (Wettervorschau, Sonnenauf- und -untergang) bildeten nur einige der vielen zeittypischen Ergänzungen. In Anzeigen warb der Märkische Sprecher als „Blatt des liberalen Bürgertums wie der treugesinnten Arbeiter" als alteingebürgertes Familienblatt um Kunden (Adressbuch der Stadt Bochum 1912, o.S.).

Während des Ersten Weltkrieges bestimmte schon bald das Kriegsgeschehen die Schlagzeilen. Der Märkische Sprecher stellte sich „gern und freudig […] in den Dienst der neuen, großen, vaterländischen Aufgaben". Die Redaktion versprach „getreu und wahr, pünktlich und zuverlässig wieder[zu]geben, was aus dieser Zeit zu uns dringt" (MS, 31.12.1915), gab Siegesmeldungen auf Extrablättern aus und ließ das Geschehen durch gelegentliche Kartendarstellungen der Kampfgebiete deutlicher werden. Allerdings war der wirtschaftliche Ausbau des Unternehmens gestoppt. Immerhin, politisch erregte der Märkische Sprecher offensichtlich keinen Anstoß. Noch kurz vor Kriegsende mahnte das Ministerium des Inneren in Berlin im September 1918 sämtliche Oberpräsidenten, auf die amtlichen Kreisblätter ihrer Bezirke zu achten und deren Verlage und Schriftleitung „eindringlich auf die Pflicht angemessener Zurückhaltung in der politischen Polemik hinzuweisen". Die daraufhin erfolgte Verfügung an den Regierungspräsidenten zu Arnsberg notierte, dass zu einer Ermahnung von Verlag oder Redaktion des Märkischen Sprechers „keine Veranlassung" bestehe (StadtA Bo, B 53, Bl. 78, 79).

Dies änderte sich während der französischen Ruhrbesetzung, als Vor- und Nachzensur die Berichterstattung wieder verstärkt beeinträchtigten. Die Bochumer Zeitung Märkischer Sprecher wurde von Februar bis September 1923 sechsmal für einige Tage bis zu mehreren Wochen als franzosenfeindlich verboten, die Redaktion anfangs mit Waffengewalt am Druck gehindert. Auch ein vierseitiges Ersatzblatt, das zeitweise in Dortmund gedruckt und mit dem Auto nach Bochum transportiert wurde, konnte nur wenige Tage erscheinen. Am 14. Oktober 1923 wurde die Zeitung ganz verboten. Immerhin war die Kooperation der Bochumer Zeitungsmacher in dieser Zeit bemerkenswert, da sie sich solidarisch in den Dienst der Informationsversorgung der Bevölkerung stellten. Den stark antifranzösisch gefärbten Erinnerungen von Peter W. Nacken nach arbeiteten die Konkurrenten in dieser Zeit „mustergültig" zusammen: „Sobald ein Blatt verboten wurde, stellte ein Kollege sein Blatt zur Verfügung, welches dann dem Leser zugestellt wurde. Wir halfen uns gegenseitig bei der Bahnsperre mit Papier aus, ja selbst mit Schriftlettern" (Nacken, 1929).

Die nächste Ausgabe datierte vom 22. März 1924, im Titelkopf demonstrativ als Nr. 1 im 96. Jahrgang ausgewiesen. Emotionslos wurde Kontinuität hergestellt, als sei nichts geschehen. Erst auf dem zweiten Blatt fand sich die Notiz:

> „Der ‚Märkische Sprecher' erscheint heute wieder nach längerer Pause zum ersten Mal. Alle gute[n] Freunde sieht man gern wieder. Wir geben der Hoffnung Ausdruck, daß unsere Mitbürger unser altes, deutsches, evangelisches Blatt gern willkommen heißen und Bezieher und Geschäftsfreunde es tatkräftig fördern. Der Verlag."

Den größten Umfang der Ausgabe nahm auf der zweiten Seite der ausführliche Bericht über die Strafanträge im Hochverratsprozess gegen Adolf Hitler und seine Mitangeklagten ein.

1929 konnte der Märkische Sprecher, den nach dem Tod seines Vaters im Jahr 1925 Robert Cramer junior (30.7.1897–9.2.1978) übernommen hatte, stolz auf eine 100-jährige Unternehmensgeschichte zurückblicken. Die Jubiläumsausgabe vom 10. Januar 1929 verlieh Einblicke in die Geschichte der Zeitung, der Stadt und des Landkreises Bochum, des Ruhrkohlebergbaus und vieles mehr. Sie beschrieb das redaktionelle Arbeiten und die technische Herstellung einer Tageszeitung. Zahlreiche Grußworte würdigten den Märkischen Sprecher und seine Leistungen als Spiegel, Begleiter und Förderer der Stadt und ihres Ansehens. Zu den prominenten Gratulanten zählten örtliche Unternehmer, Oberbürgermeister Otto Ruer, Abgeordnete des Landtages, Regierungspräsident Max König, der Rektor der Westfälischen Wilhelms-Universität Prof. Dr. Rudolf His, Reichswirtschaftsminister Julius Curtius, Außenminister Gustav Stresemann und Reichspräsident Paul von Hindenburg.

Die Bochumer Zeitung Märkischer Sprecher. Rheinisch-Westfälisches Tageblatt. Kreisblatt für Stadt und Landkreis Bochum, wie sämtliche Titel und Untertitel seit Jahren lauteten, war ein modernes Tageblatt dieser Zeit. Durchschnittlich ein Dutzend bis 20 Seiten vereinten die täglichen politischen Neuigkeiten. Längst war der Inhalt in Ressorts und Rubriken geordnet wie Industrie und Handelsverkehr, Turnen, Sport und Spiel, „Feierstunden", „Aus Kunst und Wissenschaft" und eine Unterhaltungs-Rundschau oder das aktuelle Rundfunkprogramm.

Nur dreizehn Monate später erschien die letzte Ausgabe des Märkischen Sprechers, der die Wirtschaftskrise nicht überstand. Die Einschnitte im Ersten Weltkrieg und die Einbußen in der Verbotszeit hatten diese Entwicklung vorbereitet. Typografisch unspektakulär – das obere Drittel einer Spalte in der 2. Beilage vom 14. Februar 1930 reichte aus – nahmen Verlag und Schriftleitung Abschied vom Publikum. Mit aufdringlichem nationalistischem Pathos wurde das „innige Band" des Märkischen Sprechers zu seinen Lesern beschworen, der als „bedeutungsvolles Dokument deutschen Zeitgeistes, deutschen politischen Kampfeswillens, deutschen bewußten Trotzes gegen alle Widerstände und Feinde von innen und außen, deutscher Kultur durchpulst von echt westfälischem Blut" nun „ein Opfer der Zeit geworden" war:

„Bis die Wirtschaftsnot der Zeit auch uns die Lebensfähigkeit nahm." Nur die Leser des Fortsetzungsromans ließ man nicht im sprichwörtlichen Regen stehen und versprach ihnen noch eine Beilage im Bochumer Anzeiger.

Während die Tageszeitung eingestellt werden musste, florierte das Unternehmen Wilhelm Stumpf. Akzidenz- und Buchdruck in hoher Qualität – Robert Cramer junior hatte bereits vor der Geschäftsübernahme eine technisch avancierte Offsetdruckabteilung eingerichtet – und kompensierte den Ausfall des Zeitungsgeschäfts. In den 1930er Jahren stieg die Mitarbeiterzahl zeitweise auf mehr als 200, der Betrieb wurde nochmals modernisiert. Ein Bombenangriff am 16. Juni 1943 zerstörte die Buchdruckerei vollständig. 1946 begann Robert Cramer junior mit dem Wiederaufbau der Firma in Herne. 1950 konnte der Neubau an der Hagenstraße in Betrieb genommen werden. 1990 wurde das Unternehmen geschlossen.

ASTRID BLOME

22 | PORTRÄTS EDUARD UND JOSEPHINE KÜHNE

Stadtarchiv Bochum – MUSA

Eduard Kühne H 78 cm, B 67,3 cm, T ca. 2,5 cm; Josephine Kühne H 77,5 cm, B 67,5 cm, T ca. 2,5 cm; achteckig; Öl auf Leinwand; Künstler: Wilhelm Volkhart, 1856

22 PORTRÄTS EDUARD UND JOSEPHINE KÜHNE

Industriepionier und Krisenopfer: Aufstieg und Fall des Eduard Kühne

Die Industrialisierung kannte nicht nur erfolgreiche Pioniere, sondern sie ließ auch Gescheiterte zurück. Ein prominentes Bochumer Beispiel dafür ist der Kaufmann Eduard Kühne. Der zweite Namensgeber der Firma Mayer & Kühne steht in der Retrospektive stets im Schatten seines Kompagnons, des Stahltechnikers Jacob Mayer. Unser Wissen über seine Person und sein Leben ist leider lückenhaft.

Eduard Kühne kam am 28. Oktober 1810 in Magdeburg als Sohn eines Brauers zur Welt. Nach einer kaufmännischen Lehre trieb es ihn nach Hamburg, wo er seine Kenntnisse erweitern wollte. Sein älterer Bruder Julius Ferdinand war dort als selbstständiger Vermittler für Frachten und Passagen für die Elbschifffahrt in die sächsische Heimat bis nach Böhmen und Berlin tätig. Darüber hinaus war er im Fracht-Versicherungsgeschäft aktiv. Später fungierte er als Direktor der Fluss-Dampf-Schifffahrts-Compagnie Hamburg und betrieb mit Partnern auch eigene Dampfschiffe für den Verkehr mit den Seebädern. In sein Kontor im Bereich der heutigen Speicherstadt trat der junge Eduard ein und blieb offensichtlich während der gesamten Hamburger Zeit als sein Angestellter tätig. Zumindest existieren keine Hinweise auf eigene unternehmerische Aktivitäten. Da er ungeachtet seiner bevorstehenden Hochzeit mit einer Rheinländerin die hamburgische Staatsangehörigkeit erwarb, gedachte Kühne wohl dauerhaft dort zu bleiben. Im November 1837 vermählte er sich mit der auf den Tag drei Jahre jüngeren Margarethe Josephine Constanze Naut, genannt Josephine. Sie war in Mainz geboren, aber schon in jungen Jahren nach Köln gekommen. Möglicherweise bewirkte die Tätigkeit ihres Vaters als Schiffskommissionär das Kennenlernen der Eheleute; ihr mit der Familie Kühne später stark verbundener Bruder Stefan Adolf führte in Köln über Jahrzehnte ebenfalls ein Kommissions- und Agenturgeschäft. Nach der Heirat zog Eduard Kühne vom Hafen an die Esplanade, Hamburgs neue klassizistische Prachtstraße an der entgegengesetzten Seite der Stadt, wo auch sein Bruder wohnte.

Unklar ist, was die junge Familie – 1839 war der erste, nach dem Vater benannte Sohn geboren worden – 1842 veranlasste, von der Elbe in Josephine Kühnes Heimatstadt überzusiedeln. In Köln angekommen, orientierte sich der nicht unvermögende Kaufmann neu – und das grundlegend: Anstatt in einem vertrauten Metier als kaufmännischer Angestellter im Handels- und Vermittlungsgewerbe oder im Transportgeschäft eine Stellung zu übernehmen, wurde er schließlich in der neuartigen Stahlindustrie als selbstständiger Unternehmer tätig. Ein Zeitungsgesuch Jacob Mayers brachte ihn mit dem einfallsreichen, aber kapitallosen Stahltechniker zusammen. Der schwäbische Bauernsohn, der in Köln-Nippes eine provisorische Gussstahlfabrikation betrieb, war auf der Suche nach einem neuen Partner. Sein bisheriger Kompagnon war nämlich nicht bereit, die von Mayer angestrebte Verlegung der Anlage in das Steinkohlenrevier an der Ruhr mitzutragen. Ohne Bezüge zur Eisen- und Stahlbranche oder nähere Vorkenntnisse ließ sich Kühne auf die geschäftliche Verbindung ein, was eine gewisse Flexibilität und auch Risikobereitschaft erahnen lässt.

Am 6. Dezember 1842 gründeten sie in Köln eine Gussstahlfabrik unter der Firma Mayer & Kühne, deren Errichtung in Bochum Anfang 1843 beschlossen wurde. In das gemeinsame Unternehmen brachte Mayer seine auf 3 000 Taler veranschlagten Kölner Einrichtungen und das Know-how ein, während das Kapital primär von Kühne stammte: Innerhalb von zwei Jahren hatte er 15 000 Taler einzubringen – anscheinend wohl der größte Teil seines Vermögens. Kühne oblag vorzugsweise die kaufmännische, Mayer die technische Leitung. Für die Familie Kühne bedeutete das innerhalb kurzer Zeit den weiteren Umzug nach Bochum, wo an der Essener Chaussee vor den Toren der Stadt die ersten Fabrikgebäude entstanden. So bescheiden sie auch waren, zeigte sich aber noch in der Bauphase zweierlei: Mayers Kalkulation für den Fabrikbau war illusorisch gewesen und der Kaufmann Kühne war mit der Materie derart unvertraut, dass er das nicht erkannt hatte. Ohne auch nur eine Tonne Stahl produziert zu haben, waren sie bereits auf neues, fremdes Kapital angewiesen. Und dieses Problem der Unterfinanzierung sollte die Firma Mayer & Kühne während ihres ganzen Bestehens begleiten. Um den Bau also zu Ende bringen zu können, nahmen sie Kredite privater Gläubiger über mindestens 20 000 Taler auf. Darüber hinaus hatte Kühne das Glück, dass sich ein Magdeburger Verwandter zu einer stillen Teilhaberschaft bereitfand und weitere 20 000 Taler einbringen wollte. So konnte die Fabrik nach etwa anderthalb Jahren soweit fertiggestellt und der Betrieb um die Jahreswende 1844/45 aufgenommen werden. Eine geregelte Gussstahlproduktion begann erst 1846.

Über den weiteren Ausbau traten indes alsbald Differenzen zwischen den beiden Unternehmern und ihrem Teilhaber auf, der sich nach nur zwei Jahren zurückzog. Das stellte Kühne, der als kaufmännisch Verantwortlicher in erster Linie für die Finanzen zuständig war, vor neue Schwierigkeiten. Obwohl sich schließlich ein neuer Teilhaber fand, versuchte Kühne immer wieder vergeblich, auch in den Genuss staatlicher Finanzunterstützung für ihr Projekt zu gelangen. Zu diesem Zweck verfasste er lange Eingaben, die zu den wichtigen Quellen für die Geschichte von Mayer & Kühne zählen, oder reiste persönlich nach Berlin, um beim Finanzminister oder der Preußischen Seehandlung zu antichambrieren. Um ihre pekuniären Probleme in den Griff zu bekommen, suchten die jungen Fabrikanten aber auch an anderer Stelle nach Geldgebern: So hielten sie nach Beteiligungswilligen, insbesondere unter ihren Geschäftsfreunden im bergisch-märkischen Gewerbebezirk, Ausschau oder schmiedeten frühzeitig Pläne zur Gründung einer Kapitalgesellschaft unter ihrer Leitung. Indes scheiterten die Projekte sowohl einer Kommanditgesellschaft als auch einer „Aktien-Gussstahl-Gesellschaft" an mangelnder Unterstützung. Dass die Vorbereitung sowie das persönliche Werben für diese Vorhaben einen großen Aufwand an Zeit und Energie vor allem für Eduard Kühne bedeuteten, liegt auf der Hand.

Neben alledem hatte er das Tagesgeschäft eines vor allem nach dem Krisenjahr 1848 stark wachsenden Unternehmens mit schließlich 300 Mann Belegschaft zu bewältigen. Erschwerend kam hinzu, dass er es dabei mit einem als eigenwillig, nicht ganz einfach beschriebenen Partner zu tun hatte. Im Einzelnen sind wir zwar nicht über ihr Verhältnis unterrichtet, müssen aber davon ausgehen, dass es sich nicht immer einfach gestaltete. Denn: Jacob Mayer war Autodidakt und arbeitete auch so. Technische Fortschritte erzielte er oftmals infolge langwieriger Versuche, die freilich ökonomisch belastend wirkten. Gleichwohl gelang ihm auf diese Weise auch seine bedeutendste Erfindung: Der Stahlformguss, zuerst umgesetzt in den Gussstahlglocken, war eine Revolution in der Verarbeitung des Werkstoffs Stahl und eröffnete der Fabrik gänzlich neue Möglichkeiten. Infolgedessen entwickelte sie sich zum bedeutendsten Bochumer Gewerbeunternehmen. Zwischen 1848 und 1853 hatte sich die Jahresproduktion annähernd verzehnfacht. Zu diesem Zweck wurde die Zahl der Schmelzöfen erhöht und ein eigenes Walzwerk in Betrieb genommen – und das alles bei fortgesetzt angespannter Finanzlage. Weiterhin waren die Fabrikanten nämlich auf kurzfristige Darlehen zum Ausbau ihres Werkes angewiesen. Obwohl Eduard Kühne wie Jacob Mayer ja enge Bezüge zu Köln hatten, richtete sich ihre Kreditnachfrage scheinbar erst in dieser Phase an den bedeutendsten westdeutschen Bankplatz. Mit den dort akquirierten Mitteln erreichte der Schuldenberg in der zweiten Jahreshälfte 1853 einen neuen Höhepunkt. Bereits im Sommer hatten die Kühnes sich veranlasst gesehen, ein erhebliches Darlehen auf ihr wenige Jahre zuvor gegenüber der Fabrik errichtetes Wohnhaus aufzunehmen.

Eine Gläubigerversammlung im November 1853 läutete dann den Anfang vom Ende der Firma Mayer & Kühne ein: Die beiden Fabrikanten konnten sich dort mit ihren Vorschlägen nicht mehr durchsetzen, wogegen eine aus den Reihen der Gläubiger angestrebte Bildung einer Kapitalgesellschaft Zustimmung fand. Auf diese Gesellschaft sollte die Gussstahlfabrik übergehen, für deren Leitung zuerst die alten Inhaber vorgesehen wurden. Eduard Kühne und Jacob Mayer, auf die dieses Projekt nicht zurückging, wurden faktisch von ihren Gläubigern entmachtet. Letztere verpflichteten sich, mit ihren Forderungen in die Gesellschaft einzutreten und diese in Aktien umzuwandeln. Im Gegenzug erklärten Kühne und Mayer sich schließlich bereit, die Gussstahlfabrik der Gesellschaft zu überlassen.

Vor Gründung dieser Gesellschaft, des Bochumer Vereins für Bergbau und Gussstahlfabrikation, am 24. Januar 1854 fanden präzisierende Verhandlungen auch hinsichtlich der Zukunft der beiden Fabrikanten statt. Dabei zeigte sich, dass die Strippenzieher des Projekts aus dem Umkreis des Kölner Bankiers und Unternehmers Gustav Mevissen in erster Linie an der Tätigkeit Jacob Mayers interessiert waren. Gegen ein Jahresgehalt von 2 000 Talern sollte er die alleinige technische Leitung des Bochumer Vereins versehen. Kühne wurde dagegen ein mit nur 1 500 Talern gut, aber eben nicht so gut dotierter Angestelltenposten im kaufmännischen Bereich angeboten. Von einer gemeinsamen Führung der Gesellschaft mit Mayer, von einer Stellung Kühnes in der Unternehmensleitung war indes keine Rede mehr.

Einige Monate später wurde die Vereinbarung noch einmal modifiziert: Eduard Kühne sollte in den Verwaltungsrat, das Vorstandsgremium des Bochumer Vereins, eintreten können, wenn er auf den fest dotierten Angestelltenposten verzichtete. Dessen Wahrnehmung hätte wiederum den Verzicht auf eine Wahl in den Verwaltungsrat erfordert. Kühne entschied sich – wohl zähneknirschend – für den Verwaltungsratssitz. Auf der ersten Hauptversammlung des Bochumer Vereins wurde er am 1. September 1854 mit der höchsten Stimmenzahl gewählt. Bei der konstituierenden Sitzung des Verwaltungsrates brachte Kühne seine Angelegenheit drei Tage später als ersten Tagesordnungspunkt noch einmal zur Sprache. Vor Annahme seiner Wahl gab er eine Erklärung ab, wonach er seine Rechte auf den fest dotierten Angestelltenposten für die Zeit nach seinem Ausscheiden aus dem Gremium gewahrt wissen wollte. Allerdings versagten seine Kollegen ihre Zustimmung dazu. Das ließ Kühne nicht auf sich sitzen und versuchte, mit Unterstützung einer Reihe von Aktionären seine Position durchzusetzen, wenn auch letztlich erfolglos.

Interessant ist, dass ihm dabei vor allem Bochumer Aktionäre zur Seite standen: Neben Jacob Mayer finden wir unter ihnen Bürgermeister Max Greve, den Tabakfabrikanten Cramer, den Arzt Dr. Würzburger oder den Bauunternehmer Schmidt. Das erscheint insofern wenig überraschend, als Kühne in der Stadt als beliebt galt und anerkannt war. Es dauerte aber scheinbar einige Jahre, bis er sich in Bochum zurechtgefunden und als Bürger etabliert hatte, was angesichts seiner geschäftlichen Verpflichtungen nachvollziehbar ist. Das lässt sich an öffentlichen Funktionen erkennen, die er schließlich innehatte: So wählten ihn seine Mitbürger 1853 zum Stadtverordneten, 1855 wurde er in das Direktorium der neu gegründeten städtischen Gasanstalt, Wurzel der Stadtwerke Bochum, berufen.

Nur intern hakte es eben: Neben dem oben skizzierten Konflikt sorgte die Abwicklung der Firma Mayer & Kühne, die sich noch über zwei Jahre hinzog, für Reibereien mit dem Bochumer Verein, zumal Kühne und Mayer bis in kleinste Details um ihre Interessen rangen. Vor allem Kühne musste sich mit seiner gänzlich veränderten Stellung abfinden. Obwohl er als einziges Verwaltungsratsmitglied vor Ort präsent war, besorgte das Tagesgeschäft nunmehr der junge Generaldirektor Louis Baare, der auch die Abwicklungsverhandlungen führte. Darüber hinaus nahm Baare sogleich die Schaffung einer straffen Administration in Angriff. Die vorgefundene Verwaltung erachtete er als unzureichend und ineffizient, die Büroangestellten als unfähig – auch das ein Affront gegen Kühnes bisheriges Wirken. Daher verdient die Stiftung einer Werksfahne durch Josephine Kühne im Gründungsjahr 1854 besondere Beachtung. Ihre Aufschrift lautete: „Einigkeit macht stark!" Sie lässt sich als Appell an die Angehörigen des Bochumer Vereins in der Phase des Übergangs der Gussstahlfabrik lesen – die leitenden Kräfte eingeschlossen. Diese Friktionen scheinen auch der Bochumer Öffentlichkeit nicht verborgen geblieben zu sein. Die Arbeiter des Werks erwiesen den ehemaligen Chefs ihren Respekt, indem sie für die Familien Mayer und Kühne im Herbst 1855 einen Festball veranstalteten. Die Kühnes wurden am Folgetag noch mit einem musikalischen Glückwunsch zum gemeinsamen Geburtstag des Ehepaares überrascht, aus dessen Anlass ihm auch die Fabrikmeister zur Gratulation ihre Aufwartung machten.

Das dürfte Eduard Kühne ebenso gut getan haben wie der Erlös aus der Liquidierung der Firma Mayer & Kühne. Er lässt sich nicht mehr beziffern, dürfte aus ihm aber bei allen Schwierigkeiten, die mit der Abgabe der Fabrik verbunden waren, einen vermögenden Mann gemacht haben. Aus dem Fabrikanten Kühne wurde wieder der Kaufmann, der damit im wirtschaftlichen Zenit seines Lebens stand. Zu dieser Zeit, 1856, ließen sich Eduard und Josephine Kühne porträtieren. Der Künstler war in Bochum kein Unbekannter: Wilhelm Volkhart war zwar 1815 in Herdecke geboren, aber in Bochum als Sohn des Predigers Friedrich August Volkhart aufgewachsen. Seine Mutter stammte aus der örtlichen Posthalterfamilie Ecker. Er studierte an der Düsseldorfer Kunstakademie und gilt als Mitglied der Düsseldorfer Schule. Als solches widmete sich Volkhart, der 1876 in Düsseldorf starb, besonders der Porträtmalerei. Er bildete viele Persönlichkeiten aus der Region, so etwa Friedrich Harkort, ab, nahm aber auch Aufträge aus seiner Heimatstadt an. Auf diese Weise wurde er zum Porträtisten des Bochumer Bürgertums in der Mitte des 19. Jahrhunderts. Volkhart schuf die beiden aufeinander bezogenen Porträts der Eheleute in Öl auf Leinwand in einem originell-gleichartigen, achteckigen Format. Eduard Kühne ist als gut aussehender bürgerlicher Mittvierziger dargestellt, der mit einem leichten Lächeln nicht unsympathisch aus wachen Augen dreinblickt. Josephine Kühne erscheint als eher zurückhaltende, bürgerliche Dame mittleren Alters, deren Wohlstand lediglich angedeutet ist.

Neben der Wahrnehmung seines Verwaltungsratsmandats beim Bochumer Verein, dessen Aktien er in seinem Portefeuille reduzierte, war er durch seine finanziellen Mittel in die Lage versetzt, geschäftlich zudem anderweitig aktiv werden zu können. Das geschah zum einen durch Beteiligungen – manche sprechen auch von Spekulationen –, insbesondere im regionalen Steinkohlenbergbau: Sein Name findet sich etwa unter den Gewerken der Gewerkschaft Ritterburg. Vor allem engagierte Kühne sich aber für die Bochumer Steinkohlenbergbaugesellschaft Luna, die die Zeche Vollmond in der zweiten Hälfte der 1850er Jahre wieder in Betrieb setzte. Kühne gehörte ihrem Komitee an und zählte mit Aktien für 60 000 Taler selbst zu den größeren Beteiligten. Zum anderen gründete er 1856/57 ein eigenes Wechselgeschäft. Bei der Einschätzung zur Gewerbesteuer wurde es aber lediglich als „mittelmäßig" eingestuft, während die älteren Häuser von Aaron Herz sowie Hüttemann & Korte und selbst das als solches neu hinzugekommene von Wilhelm Majert als „bedeutend" angesehen und damit zu einem höheren Steuersatz veranlagt wurden. Allerdings mag die kurze Existenz dieses Geschäfts zur Entstehung des weit verbreiteten Irrtums beigetragen haben, dass Kühne ein Magdeburger Bankier gewesen sei.

Kühnes wirtschaftlicher Zusammenbruch in seinem persönlichen Katastrophenjahr 1858 muss dann recht plötzlich gekommen sein. Ohne dass wir Hintergründe und Schritte dieser Entwicklung im Einzelnen kennen, wurde sie offensichtlich durch die erste Gründerkrise im Allgemeinen sowie die Entwicklung bei der Bergbaugesellschaft Luna im Speziellen beeinflusst. Kühne hatte weit über 100 000 Taler Schulden bei etwa zwei Dutzend Gläubigern, zudem waren die Werte seiner Beteiligungen infolge der Krise massiv reduziert. Zur Abwendung eines gerichtlichen Konkurses hatte ein Ausschuss, dem unter anderem Bürgermeister Greve und Louis Baare angehörten, massiv für eine außergerichtliche Abwicklung geworben. Jedoch fanden sich die Gläubiger nicht dazu bereit, so dass am 10. Mai 1858 der Konkurs beantragt wurde. In dessen Folge verlor Kühne über seinen Besitz hinaus fast alles: Zwingend musste er sein Mandat als Stadtverordneter niederlegen und auch als Verwaltungsratsmitglied des Bochumer Vereins war er nicht zu halten beziehungsweise zeigten sich seine Kollegen nicht dazu bereit. An seiner Stelle zog der Bochumer Bankier und Gewerke Carl Korte in das Gremium ein. Als zusätzliche private Tragödie kam der Tod seines jüngsten Sohnes hinzu, der mit sieben Jahren im September starb.

Zwei Wochen später stand fest, dass auch sein Wohnhaus zur Versteigerung kam. Im folgenden Frühjahr erhielt Premierleutnant Anton Schragmüller zu einem geringen Preis den Zuschlag dafür. Immerhin konnte die Familie mit den verbliebenen beiden Kindern – die älteren Söhne waren bereits zur Ausbildung aus dem Haus – weiter darin wohnen bleiben, wenn sie fortan auch das früher beschäftigte Dienstpersonal entbehren musste. Sogar ein Teil ihres noch immer genutzten Mobiliars gehörte inzwischen dem Münsteraner Bankhaus Schmedding, mit dem Kühne zuvor bei dem Vollmond-Projekt engagiert gewesen war. Obwohl der Bankrott zeitgenössisch zumindest als eine Befleckung der bürgerlichen Ehre betrachtet wurde, der zumeist mit einer moralischen Verurteilung einherging, scheint Kühne nicht völlig abgestürzt zu sein. Dass er Bochum nicht unmittelbar verließ, deutet darauf hin, dass er nicht gänzlich zur Unperson wurde. Vielmehr versuchte er wieder Boden unter die Füße zu bekommen: Die alte Streitfrage aufgreifend, verlangte er nach Ausscheiden aus dem Verwaltungsrat seine Beschäftigung als kaufmännischer Angestellter mit Festgehalt, die ihm der Bochumer Verein aber verweigerte. Kühne klagte dagegen und unterlag. Im Sommer 1861 gewährte ihm der Verwaltungsrat auf seine Bitte hin eine einmalige Unterstützung von einigen hundert Talern.

Seinen Lebensunterhalt verdiente er zwischenzeitlich mit der Betriebsleitung des Weitz'schen Steinbruches an der Grenze von Oberdahlhausen zu Munscheid, wo zeitweise bis zu 120 Mann die bis nach Belgien verfrachteten Steine brachen. In den 1860er Jahren verliert sich dann für einige Jahre seine Spur. Bis zum Sommer 1864 scheint die Familie noch in ihrem ehemaligen Haus an der Alleestraße gewohnt zu haben, ehe es der Bochumer Verein übernahm. Das Haus, das 1866 endgültig in seinen Besitz überging, wurde fortan als Hauptbüro des Unternehmens genutzt und in den folgenden Jahrzehnten wiederholt umgebaut und erweitert. Generaldirektor Louis Baare, der sich bereits 1858 stark für Kühne eingesetzt hatte, bemühte sich auch hierbei in einem Maße um die Interessen der geprüften Familie, das seinem Verwaltungsrat missfiel. Anscheinend erhielten die Kühnes im Rahmen des Ankaufs ihres Hauses nochmals eine Zahlung. Während die Eltern die für sie schicksalhafte Stadt verließen, kehrte ihr zweitältester Sohn Adolf nach Bochum zurück und trat beim Bochumer Verein als Expeditionsgehilfe ein. Nach fast fünfzigjähriger Tätigkeit für die Firma wurde er 1914 als Bürovorsteher pensioniert.

Eduard Kühne konnte des Weiteren offenbar auf die Hilfe alter Geschäftsfreunde zählen. Die Harkorts waren Kunden der ersten Stunde bei Mayer & Kühne gewesen. Ihre zu dieser

Zeit auf Eisenbahnräder und Achsen spezialisierte Hasper Fabrik verlegte sich später auf den Stahl- und Brückenbau und zog infolgedessen nach Duisburg, wo seit 1863 gefertigt wurde. Bei der dortigen Gesellschaft Harkort versah Kühne von etwa 1872 bis 1876 die Stelle eines Archivars – freilich ein erheblicher Abstieg für einen ehemaligen Fabrikbesitzer. Ein letzter Höhepunkt seines Berufslebens dürfte 1873 seine Abordnung zur Wiener Weltausstellung gewesen sein, für die Harkort die Gebäude hergestellt hatte. In den letzten Jahren seiner Tätigkeit war Kühne oft krank, so dass er den Posten aufgeben musste. Sein Zustand verschlechterte sich schließlich derart, dass er 1878 Duisburg verließ und in der Neuen Evangelischen Stiftung, einem Altersheim in Kleve, Aufnahme fand. Dort ist er mit 73 Jahren am 20. April 1884 gestorben. In Kleve fand er auch seine letzte Ruhestätte.

Josephine Kühne lebte zuletzt gemeinsam mit ihrer einzigen Tochter, einer Gesangslehrerin, in Köln, wo sie in den 1890er Jahren gestorben ist. Als Musiklehrer war auch der nach England ausgewanderte Sohn Carl tätig. Unternehmerischer Erfolg war im Gegensatz zu seinem Vater Kühnes ältestem Sohn Eduard beschieden: In den 1860er Jahren übernahm er in Moson nahe der österreichischen Grenze eine der ältesten Maschinenfabriken Ungarns, die mit der Herstellung von Landmaschinen eine der größten des Landes wurde. Nach seinem Tod wurde sie von seinem Sohn Roland bis in die 1940er Jahre fortgeführt, dessen Nachfahren die Porträts von Eduard und Josephine Kühne 1988 in der Schweiz versteigern ließen. Von dort aus kehrten sie nach Bochum zurück, wo sie nach fast 30 Jahren erstmals öffentlich gezeigt werden.

In der Vergangenheitspflege des Bochumer Vereins fand Eduard Kühne keinen Platz, nach der Ära Louis Baare verschwand sein Name sogar für Jahrzehnte in der Versenkung. Erst in der Zwischenkriegszeit, als eine erste werksgeschichtliche Bewegung seinen Kompagnon Jacob Mayer zu ihrem technischen Idol erhob, tauchte er wieder auf. Bestätigt durch seinen persönlichen Konkurs sah die Unternehmensgeschichtsschreibung in ihm den Hauptverantwortlichen für die finanziellen Schwierigkeiten von Mayer & Kühne: Als kaufmännisch Verantwortlicher sei er nicht in der Lage gewesen, die Mittel zur Realisierung von Mayers Ideen bereitzustellen. Mitunter recht einseitig wurden ihm mangelndes Format, Überforderung und Versagen zugeschrieben. Gleichwohl war Kühne auch der Geburtshelfer nicht nur des Stahlstandortes Bochum, sondern auch des Stahlformgusses, dessen Entwicklung durch die missliche Lage der Firma Mayer & Kühne unter Umständen forciert wurde.

Der fehlende Platz für Kühne im Umfeld des Bochumer Vereins ist auch wörtlich zu nehmen: Denn im Vergleich zu anderen Größen oder Originalen ihrer Geschichte benannte die Firma keine Straße in einer Werkssiedlung nach ihm. Erst 1929 schuf die Stadt fern der Baarestraße und Mayerstraße in Stahlhausen mit dem Kühneplatz in Wiemelhausen eine Erinnerung an diese tragische Pioniergestalt der Bochumer Industrialisierungsgeschichte.

MARCO RUDZINSKI

23 | AUSZUG AUS DER AKTE „VERHANDLUNGEN DER STADTVERORDNETENVERSAMMLUNG"

Stadtarchiv Bochum – Aktenbestand, B 2060

H 36 cm, B 23 cm (aufgeschlagen 46 cm); Papier; 1842

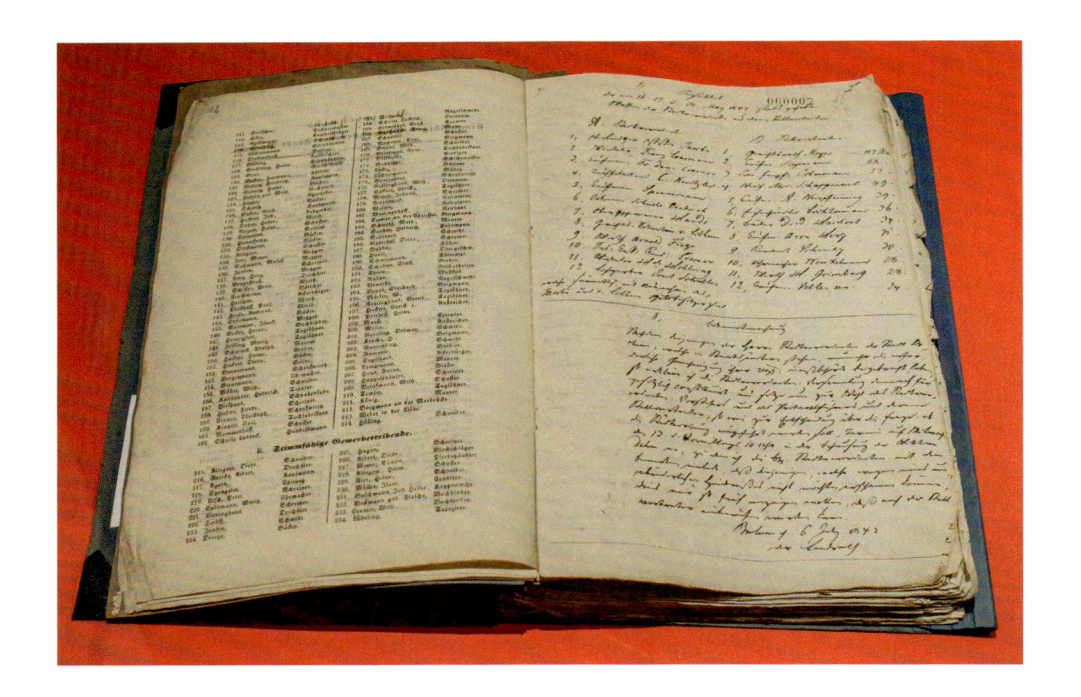

23 AUSZUG AUS DER AKTE „VERHANDLUNGEN DER STADTVERORDNETENVERSAMMLUNG"

Die Stadtverordnetenwahl vom 16. Mai 1842. Kommunalpolitische Weichenstellungen im Bochumer Scheidejahr

Bochum war im Jahr 1842 eine relativ unbedeutende Kleinstadt in Westfalen. Am Beginn des Jahres lebten die 3 859 Einwohner der Stadt und Feldmark Bochum in 407 Häusern. Immerhin waren durch die Baumaßnahmen der Vorjahre fast sämtliche Straßen der Stadt gepflastert. Und wenn man in abendlicher oder nächtlicher Stunde über diese Straßen ging, wurde der Weg von elf Straßenlaternen erleuchtet, die an Ketten über den Straßen hingen. Auch wenn sie eher „trübe Irrlichter" waren, so wurden sie damals als „große Wohlthat empfunden" (Darpe, 1894, S. 523). Eine eigene Zeitung gab es seit 1829; der „Märkische Sprecher" erschien jedoch noch unter dem alten Namen „Bochumer Kreisblatt". Die Stadt bedrückte damals schon eine Schuldenlast, die sich auf 10 500 Taler belief. Ihr gegenüber standen die Jahreseinnahmen aus 1 968 Talern Kommunalsteuer und 87 Talern sonstiger Einnahmen. Einen Anschluss an das sich entwickelnde Eisenbahnnetz gab es noch nicht. So kann man für das damalige Bochum feststellen: „Still war es in der Stadt" (Brinkmann, 1968, S. 170).

Trotzdem sollte das Jahr 1842 zu einem „Scheidejahr für Bochum" (Wölk, 2005, S. 87) oder gar zu einer „Art von Epochenjahr" (Kümper, 2005, S. 68) werden. Das prägendste Ereignis war die Gründung der Gussstahlfabrik Mayer & Kühne am 6. Dezember 1842. Der schwäbische Mechaniker Jacob Mayer und der aus Magdeburg stammende Kaufmann Eduard Kühne einigten sich vertraglich darauf, für ihre Fabrikation einen neuen Standort zu suchen. War im Vertrag zunächst noch vage von der Gegend um Bochum und Essen die Rede, fiel durch einen Grundstücksankauf Anfang 1843 die Wahl endgültig auf Bochum. Grund für die Wahl des Unternehmensstandorts war vor allem die „nachgewiesene hochwertige Steinkohle", die in Bochum gefördert wurde (Däbritz, 1934, S. 11). Das Unternehmen, das ab 1854 als Aktiengesellschaft unter dem Namen „Bochumer Verein für Gussstahlfabrikation" firmierte, wurde zum „wichtigsten und alles beherrschenden Industriebetrieb Bochums", der weitere Industrien anzog (Wölk, 2005, S. 86). Dazu kam der wachsende Steinkohlebergbau, 1842 entstand auf der Zeche Präsident einer der ersten Tiefbauschächte Deutschlands. Der industrielle Aufschwung begann und entwickelte sich in den Folgejahren zu dem entscheidenden Wachstumsimpuls für Bochum.

Aber auch politisch war 1842 ein zukunftsweisendes Jahr für Bochum. Erstmalig wurden Stadtverordnete nach der Revidierten Städteordnung für Preußen vom 17. März 1831 gewählt. Das war jedoch keineswegs Ausdruck eines besonderen städtischen Selbstbewusstseins (Crew, 1980, S. 124). Die Bochumer Gemeinderäte hatten sich zunächst gegen diese Kommunalverfassung gesperrt, obwohl der preußische König sie den Städten Westfalens am 13. Januar 1835 verliehen hatte (Darpe, 1894, S. 524). Friedrich Wilhelm III. drängte zwei Monate später sogar mit „Allerhöchster Kabinettsorder" auf Einführung der Revidierten Städteordnung. Sie bedeutete allerdings eine teilweise Rücknahme der Autonomierechte, die

23 | AUSZUG AUS DER AKTE „VERHANDLUNGEN DER STADTVERORDNETENVERSAMMLUNG"

die „Steinsche" Städteordnung vom 19. November 1808 noch vorsah (Wölk, 2005, S. 87). Die Bochumer wollten zudem nicht die Trennung von Stadt und Land hinnehmen, die in der Revidierten Städteordnung vorgesehen war. Gegen die neue Städteordnung wurde jedoch vor allem ins Feld geführt, dass es in Bochum nicht genügend wohlhabende Bürger, die die Bedingungen des Wahlmodus erfüllen würden, gäbe und dass für die neu entstehenden Verwaltungskosten ohnehin die nötigen Finanzmittel fehlen würden (Brinkmann, 1968, S. 170). Diese Argumentationslinie wurde auch von anderen westfälischen Städten vertreten, die sich gegen die Einführung der Revidierten Städteordnung wehrten (Conrad, 1992, S. 9–12; Dorn, 1978, S. 13). In Bochum wurde – mit Genehmigung des westfälischen Oberpräsidenten Ludwig Freiherr von Vincke – die Einführung in den nächsten Jahren ausgesetzt (Wex, 1997, S. 337f.).

Anfang 1842 wurde der erneute Druck des Oberpräsidenten von Vincke und des Landrats Graf von der Recke-Volmerstein jedoch zu groß. Gemäß den Bestimmungen der Revidierten Städteordnung ließ Bürgermeister von Lüdemann nun Verzeichnisse erstellen, die die Bochumer Einwohner mit aktivem und passivem Wahlrecht auflisteten. Aufgrund des Rahmens von § 56 der Revidierten Städteordnung wurde für Bochum festgelegt, dass zu Stadtverordneten diejenigen Männer gewählt werden konnten, die entweder im Bochumer Stadtbezirk Grundbesitz im Wert von 1 500 Talern besaßen oder über ein Einkommen aus anderen Quellen von mindestens 500 Talern hatten (StadtA Bo, B 2135). Das Verzeichnis über die wählbaren Einwohner wies dann 114 Grundbesitzer und 34 wohlhabende Bürger aus, die die verlangten Bedingungen erfüllten (StadtA Bo, B 2060, S. 9f.). Insgesamt verfügten also 148 Bochumer über die Befähigung zum Stadtverordnetenamt.

Wahlberechtigt war gerade mal die doppelte Anzahl von Bochumern. 295 Einwohner, also lediglich 7,6 Prozent der Gesamtbevölkerung, konnten somit bei der Wahl der Stadtverordneten mitstimmen. Das amtliche Verzeichnis weist die „stimmfähigen Einwohner" in drei Kategorien aus: 214 Grundbesitzer, 46 Gewerbetreibende und 35 zum „Bürgerrecht Berechtigte" (StadtA Bo, B 2060, S. 11f., 17). Gemäß des Rahmens, den § 15 der Revidierten Städteordnung vorgab, wurde für Bochum festgelegt, dass stimmfähige Grundbesitzer ein Grundeigentum von 600 Talern und mehr haben mussten und Gewerbetreibende ein Einkommen von 300 Talern und mehr erzielen mussten (StadtA Bo, B 2135). Einige Namen dieser Stimmberechtigten samt der jeweiligen Berufsbezeichnung können auf der linken Seite des Aktenexponats nachgelesen werden. Auf Grundlage von § 16 der Revidierten Städteordnung wurde für die in Bochum zum „Bürgerrecht Berechtigte" bestimmt, dass sie ein Einkommen von 400 Talern haben sowie bereits zwei Jahre in der Stadt wohnen mussten (ebd.). Unter den „stimmfähigen Einwohnern" waren Schreiner, Kaufmänner, Bäcker und Wirte besonders stark vertreten; auch zehn Tagelöhner konnten ihre Stimme abgeben, die stimmberechtigten Fabrikanten hingegen konnte man an einer Hand abzählen (StadtA Bo, B 2060, S. 11f., 17). Dies war ein Zeichen dafür, dass sich in Bochum im Gegensatz zu anderen Städten im Rheinland und in Westfalen „vor der industriellen Revolution keine nennenswerte

23 | AUSZUG AUS DER AKTE „VERHANDLUNGEN DER STADTVERORDNETENVERSAMMLUNG"

Schicht von Großkaufleuten und kleinen Unternehmern gebildet" hatte (Crew, 1980, S. 124).

Am 23. April 1842 lud der Landrat namentlich alle stimmfähigen Bürger zur Wahl der Stadtverordneten am 16. Mai um 12 Uhr ein. In der Einladung stellte der Landrat in zehn Punkten auch die entsprechenden Regularien für die Wahl dar. „Die Wahl findet in einer gemeinschaftlichen Versammlung der ganzen stimmfähigen Bürgerschaft statt" (StadtA Bo, B 2060, S. 7). Die Teilnahme an der Wahl war verpflichtend, ein Fernbleiben war nur bei „begründeten Entschuldigungsgründen" statthaft. Wer „ohne gültige Entschuldigung" fehlte, sollte namentlich im Protokoll vermerkt werden. Der Protokollführer sollte aus der Mitte der Versammlung bestimmt werden. Gemeinsam mit zwei weiteren Beisitzern hatte dieser die entsprechenden Protokolle auch zu unterzeichnen. Mindestens die Hälfte der zwölf Stadtverordneten mussten Grundbesitzer sein. Sollte diese Anforderung nach der Wahl nicht erfüllt sein, hatten die „Unangesessenen" zurückzutreten und wurden dann die ersten Stellvertreter. Die notwendige Zahl von Grundbesitzern wurde dann nachgewählt.

Die Wahl der Stadtverordneten erinnert nach heutigen Maßstäben weniger an eine Kommunalwahl, sondern eher an die Vorstandswahlen eines Vereins. Parteien und Parteilisten gab es nicht. Vielmehr war die Stadtverordnetenwahl eine reine Personenwahl. „Wegen jeden Stadtverordneten und jeden Stellvertreter findet eine besondere Wahl statt" (ebd.). Die Wähler warfen „einen verdeckten Stimmzettel mit dem Namen eines wählbaren Bürgers" in eine entsprechende Wahlurne (StadtA Bo, B 2060, S. 8). Gewählt war derjenige Bürger, der die absolute Stimmenmehrheit erreichte. Wurde die absolute Stimmenmehrheit nicht erreicht, gab es weitere Wahlgänge zwischen denjenigen, die die meisten Stimmen hatten. Die Stichwahlen sollten solange fortgesetzt werden, bis ein Kandidat die absolute Mehrheit erreichte. Blieb es auch bei wiederholten Versuchen bei einer Stimmengleichheit, sollte der Angesessene dem Unangesessenen vorgehen. Waren beide angesessen oder unangesessen, sollte ein Los die Entscheidung bringen.

Ausdrücklich sollte „Gott um seinen Beistand zu dieser ersten, wegen der von den zu erwählenden Stadtverordneten zu entscheidenden Frage, für das Interesse der Stadt so überaus wichtigen Wahl" gebeten werden (ebd.). Da jedoch der in § 67 der Revidierten Städteordnung vorgesehene Gottesdienst vor der Wahl wegen der örtlichen Verhältnisse nicht durchgeführt werden konnte, waren alle stimmberechtigten Bürger aufgerufen, die Gottesdienste in ihren Gemeinden zu besuchen. Um die Bürgerschaft zur Wahl zusammenzurufen, sollte ein „Zeichen mit der Glocke gegeben werden" (StadtA Bo, B 2135). Mit seinem Schreiben vom 11. Mai 1842 forderte der Landrat ausdrücklich Bürgermeister von Lüdemann auf, dafür entsprechende Sorge zu tragen. Sieben Minuten lang sollte das Geläut andauern. Die Anweisung des Landrats trug offenbar Früchte, der Wahltag am 16. Mai 1842 wurde wie geplant von der großen Glocke der katholischen Kirche eingeläutet (Darpe, 1894, S. 528).

Die rechte Seite des abgebildeten Aktenauszugs enthält das Wahlergebnis. Gewählt wurden: Assessor Jacobi, Winkelier Franz Laarmann, Kaufmann Fr. D. Cramer, Tuchfabrikant C. Kentzler, Kaufmann Spennemann, Ökonom Schulte Oestrich, Obergeschworner Hardt,

23 | AUSZUG AUS DER AKTE „VERHANDLUNGEN DER STADTVERORDNETENVERSAMMLUNG"

Gerichtssekretär von Lothum, Wirt Arnold Fiege, Kassenrendant Cremer, Winkelier Heinrich Höltring sowie Lohgerber Ernst Schulten (StadtA Bo, B 2060, S. 13). Stellvertreter wurden Gerichtsrat Meyer, Kaufmann Siepmann, Com.-Empf. Ostermann, Wirt M. Scharpenseel, Fabrikant A. Weißpfennig, Eisenhändler Löchtermann, Bäcker Diedr. Hackert, Kaufmann Aaron Herz, Rendant Schmitz, Wirt H. Grimberg, Kaufmann Velten (ebd.).

Die neue Stadtverordnetenversammlung war also „ein Kollegium Bochumer Honoratioren" (Wölk, 2005, S. 87) und spiegelte die „kleinbürgerlich-kleinstädtische Grundhaltung und Struktur" (Dorn, 1978, S. 13) Bochums wider. Die soziale Zusammensetzung der Bochumer Stadtverordneten sollte sich „bis in die 60er Jahre" auch nicht ändern (Croon, 1958, S. 293).

Die neuen Stadtverordneten trafen dann auch im Laufe des Jahres 1842 noch zwei wegweisende Entscheidungen. In mehreren Sitzungen wurde darüber beraten, ob künftig für Bochum die Revidierte Städteordnung oder die Landgemeindeordnung für die Provinz Westfalen vom 31. Oktober 1841 Gültigkeit haben sollte. Nach der Landgemeindeordnung wäre der Gemeinderat „durch die nach ihrem Grundbesitz in 2 Klassen eingeteilten Kolonatsbesitzer (Meistbeerbten) gewählt" worden (Conrad, 1981, S. 22). Am 7. Oktober 1842 beendete schließlich eine Abstimmung die Querelen um die Kommunalverfassung: Neun Stadtverordnete stimmten für die Revidierte Städteordnung, nur drei Stadtverordnete sprachen sich für die Landgemeindeordnung aus (StadtA Bo, B 2060, S. 19). Damit hatte sich die Bochumer Stadtverordnetenversammlung grundsätzlich für städtische Strukturen entschieden.

Die zweite wegweisende Entscheidung der neuen Stadtverordnetenversammlung war die Wahl der Stadtspitze. Am 30. Dezember 1842 wählten die Stadtverordneten „durch absolute Stimmenmehrheit" drei unbesoldete Magistratsmitglieder und den Oberlandesgerichts-Referendar Maximilian (Max) Greve zum Bürgermeister (StadtA Bo, B 2060, S. 21). Der 1815 geborene Greve stammte aus Castrop und hatte an der Universität Bonn Jura studiert (Mariaux, 1956, S. 150). Er hatte für 620 Taler Grundstücke in der Bochumer Stadtfeldmark erworben und dadurch den notwendigen Bürgerstatus erlangt (Brinkmann, 1968, S. 171). Im Mai 1843 trat Greve sein Amt an und löste damit den bisherigen Bürgermeister von Lüdemann ab (Darpe, 1894. S. 528). Der neue Bürgermeister war „offenbar der Mann, der zur richtigen Zeit das richtige Amt übernahm, und gilt als Glücksfall für die Bochumer Stadtgeschichte" (Wölk, 2005, S. 90). In seiner dreißigjährigen Amtszeit sollte Greve mit Energie und Vertrauen in den Fortschritt seinen Teil dazu beitragen, Bochum den Weg von einer Landstadt zur Industriestadt zu ebnen.

FELIX HALTT

24 ZEITUNG „DER DEUTSCHE REDNER FÜR RECHT UND FREIHEIT"

Eine Bochumer Publikation zur Zeit der Revolution 1848/49

Bochum um 1850

Es blieb ruhig in den Jahren 1848/49 in Bochum. Über mit der Revolution in Beziehung stehende Ereignisse ist nichts bekannt. Zwar bildet man im März 1848 eine aus 530 bewaffneten Bochumern bestehende Bürgerwehr, ansonsten streitet man sich lediglich über die Aufteilung der Vöde, das sogenannte landwirtschaftliche Wechselland. Die Zeit um 1850 bedeutet für die Stadt Bochum zugleich den Umbruch von der Ackerbürgerstadt zur industriell und bergbaulich geprägten Gemeinde.

1849 zählt Bochum 4 868 Einwohner. Die Stadt Bochum gehört zusammen mit den Bürgermeistereien Hattingen, Blankenstein, Witten, Herne und Wattenscheid zum Landkreis Bochum (1843: 14 807 Einwohner), der sich von der Emscher im Norden bis in die Gegend von Langenberg im Süden erstreckt (Croon, 1965, S. 85). Das Siedlungsbild außerhalb der Stadt im Jahre 1840 weist völlig agrare Züge auf. Der größte Teil der Bewohner des Kreises findet seinen Unterhalt in der Landwirtschaft. Es gibt ein paar kleinere Zechen vor allem im Süden der Stadt. Der eigentliche Beginn des Bergbaus erfolgt erst zwischen 1850 und 1860. Größere gewerbliche Arbeitgeber gibt es vor 1844, sieht man von der Cramerschen Tabakfabrik mit 37 Beschäftigten ab, nicht. 1842 zahlen Gewerbesteuer in Bochum: 100 Kaufleute (davon 16 mit kaufmännischen Rechten), 76 Handwerker, 23 Händler und Viehhändler, 18 Wirte, vier Fuhrleute und ein Müller (ebd., S. 90). 1844 errichtet Jacob Mayer in Bochum das erste Gussstahlwerk (Vorläufer des Bochumer Vereins), das 1846 seine Produktion aufnimmt und anfangs etwa 60 bis 70 Arbeiter beschäftigt. Nach der Stadtgeschichte von Franz Darpe wächst diese Zahl zwar schon im zweiten Produktionsjahr (1847) auf 300 an, doch werden die Arbeiter im August 1848 bei der damaligen Lähmung der Industrie und des Bergbaus bis auf 15 entlassen (Darpe, 1888, S. 569).

In die Frankfurter Nationalversammlung entsendet man den aus Hattingen gebürtigen Heidelberger Dozenten und Journalisten Gustav Höfken für den Wahlkreis Bochum und Dortmund (ohne Amt Wattenscheid) und aufgrund allgemeiner, gleicher, direkter Wahl den Glasfabrikanten Theodor Müllensiefen von Krengeldanz (Ortsteil von Witten) in die preußische Kammer nach Berlin. Im Juli 1848 bildet sich in Bochum ein konstitutioneller Verein, der die konstitutionelle Monarchie mit einer allgemeinen deutschen Verfassung zusammenbringen will „unter Bekämpfung jeder reaktionären wie republikanisch- und anarchisch-wühlerischen Partei". Im Frühjahr 1849 konstituiert sich ein „Volksverein", der – wie noch zu zeigen ist – in enger Beziehung zum „Deutschen Redner" steht. Im Mai 1849 sendet Bochum zusammen mit anderen Städten der Mark eine Abordnung nach Berlin, um den König zu bitten, das konservative Kabinett des Ministerpräsidenten Friedrich Wilhelm Graf von Brandenburg und seines Innenministers Otto Theodor von Manteuffel „zu entlassen und die deutsche Reichsverfassung anzunehmen". Es kommt zu nächtlichen Ruhestö-

24 | ZEITUNG „DER DEUTSCHE REDNER FÜR RECHT UND FREIHEIT"

Stadtarchiv Bochum – Zeitungssammlung

H 35 cm, B 24 cm (aufgeschlagen 48 cm); Papier, Karton

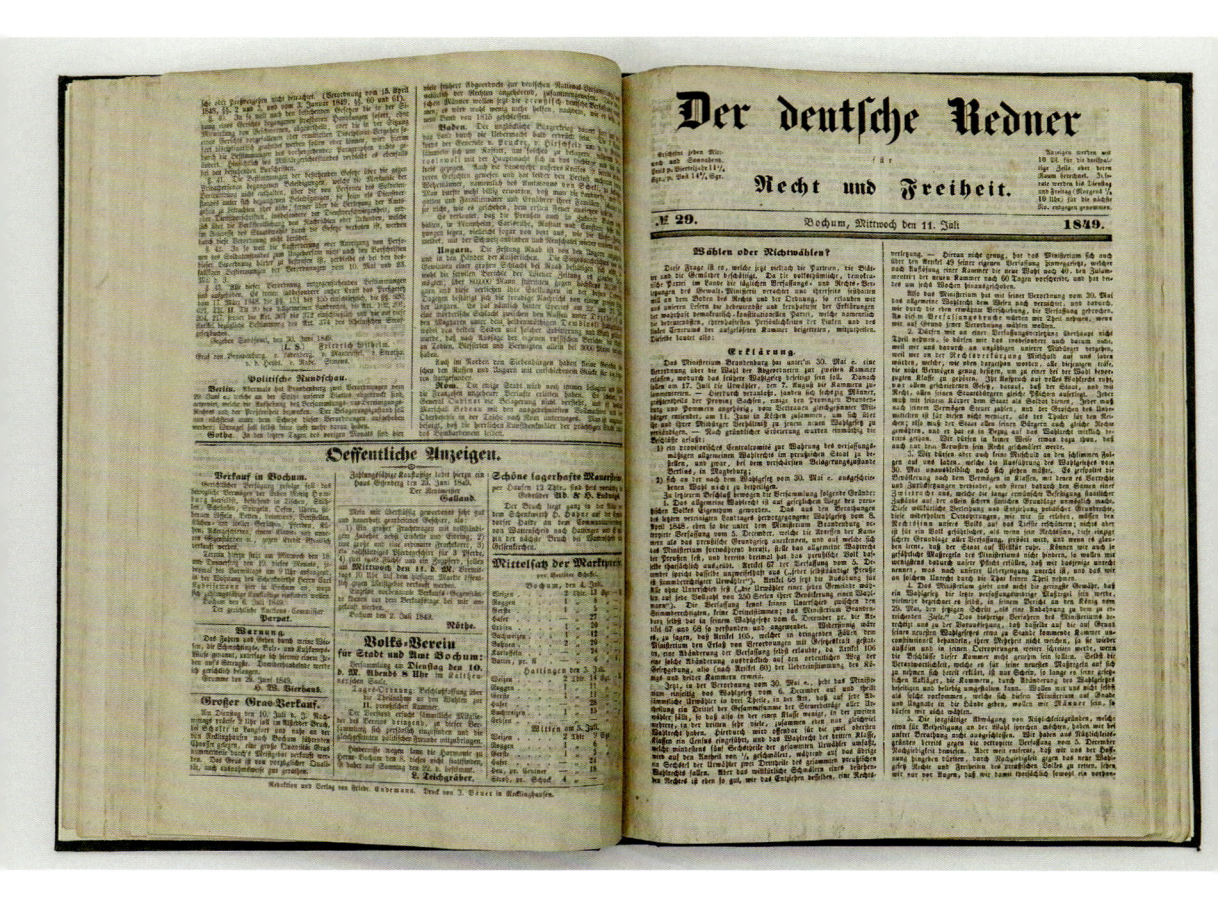

rungen, worauf am 10. Mai eine Kompagnie des 17. Linien-Infanterie-Regiments in Bochum Quartier bezieht.

Die Gründung des „Deutschen Redners für Recht und Freiheit"

Die Nationalversammlung verabschiedete am 28. März 1849 die Frankfurter Reichsverfassung (Verfassung des deutschen Reiches). Die Verfassung wurde von den meisten deutschen Einzelstaaten sowie beiden Kammern des preußischen Landtags angenommen, nicht aber vom preußischen König und den großen Einzelstaaten wie Bayern und Hannover. In diese Zeit fällt die Gründung des „Deutschen Redners für Recht und Freiheit". Die erste Nummer des Deutschen Redners erscheint am 4. April 1849. Der Name scheint bewusst auch gegen die andere, in Bochum schon seit zwei Jahrzehnten erscheinende Zeitung „Märkischer Sprecher" gerichtet zu sein, mit dem sich der Redner in der Folgezeit mehrmals befehdet. Der Redner erscheint im Folioformat jeden Mittwoch und Samstag und wird während des Jahres 1849 vom Bochumer Buchhändler Friedrich Endemann herausgegeben und bei J. Bauer in Recklinghausen gedruckt. Der Preis für das Blatt beträgt 11 1/4 Silbergroschen pro Quartal, bei Postbezug 14 3/4 Silbergroschen. Als Anzeigengebühren werden 10 Pfennig für die dreispaltige Zeile berechnet. Der Redner ist typografisch einfach aufgemacht. Lediglich die Meinungsbeiträge sind mit fettgedruckten Überschriften versehen, während die Nachrichten hintereinander gereiht und nur unter Hervorhebung des Ortsnamens in der Rubrik „Politische Rundschau" erscheinen. Das Blatt besteht aus vier Seiten, auf der ersten stehen zumeist Meinungsbeiträge, daran schließen sich – in der Regel auf Seite zwei – die Nachrichten der „Politischen Rundschau" an. Weitere, allerdings unregelmäßig erscheinende Rubriken sind der „Sprechsaal" (als Raum für Leserzuschriften im Programm ausdrücklich angekündigt), dann ein „Unterhaltungssaal" mit Romanen, Aphorismen und satirischen Beiträgen. Auf der vierten Seite finden sich regelmäßig vorwiegend ländlich geprägte Anzeigen aus dem Raum Bochum und Wattenscheid sowie Übersichten der gegenwärtigen Marktpreise von Agrarprodukten und der jeweiligen Geldkurse. Aus den Anzeigen und den Leserbriefen, die fast ausschließlich aus Wattenscheid und Bochum stammen, lässt sich auf das Verbreitungsgebiet des Redners schließen, das sich wahrscheinlich auf diese beiden Gemeinden beschränkte. Über die Höhe der Auflage ist nichts bekannt.

Die erste Ausgabe des Redners vom Mittwoch, dem 4. April 1849, enthält auf der Seite eins das „Programm" der Zeitung, aus dem sich die beabsichtigte politische Tendenz des Blattes herauslesen lässt:

> „In politischer Beziehung halten wir fest an der constitutionellen Monarchie auf wirklich demokratischer Grundlage; wir wollen keine Extreme, nach keiner Seite hin, weder den durch das Erwachen des deutschen Volkes gestürzten Absolutismus, noch die Republik, zu der wir unsere Zeit nicht reif erachten.
>
> Wir erkennen an, daß alle Gewalt vom Volke ausgehe; daß im Volke und durch dasselbe

24 | ZEITUNG „DER DEUTSCHE REDNER FÜR RECHT UND FREIHEIT"

> in seinen Vertretern die gesetzgebende Macht beruhe. Der Krone gebührt die Theilnahme an der Gesetzgebung und die Ausführende Gewalt.
> Wir wollen ein einiges, freies deutsches Volk und diesem erhabenen Zwecke entsprechend allgemeine Geltung der von dem deutschen Parlamente beschlossenen Gesetze."

In enger Beziehung steht der Redner zu dem im März 1849 gegründeten „Volksverein für Stadt und Amt Bochum", dessen Grundsätze in Nummer zwei vom 6. April 1849 abgedruckt werden:

> „1. Alle Gewalt geht vom Volke aus. 2. Wir wollen ein einiges deutsches Volk. Die durch seine Vertreter im Parlament gefassten Beschlüsse sind für jeden Volksstamm bindend. 3. Für Preußen erkennen wir an die konstitutionelle Monarchie auf demokratischer Grundlage. 4. In dieser Staatsform erstreben wir die Gleichberechtigung, die Freiheit, die Wohlfahrt und die Bildung Aller."

Der Verein, der zeitweilig bis zu 289 Mitglieder zählt, steht in Verbindung und auf der Grundlage des Programmes der verbündeten demokratisch-konstitutionellen Vereine Rheinland-Westfalens. Er will den konstitutionellen Vereinen, von denen es ja seit Juli 1848 auch einen in Bochum gibt, „welche für sich gern vorzugsweise den Namen konstitutionell in Beschlag nehmen, in der Regel aber nichts weniger als konstitutionell sind", entgegentreten. In Nummer 18 vom 2. Juni 1849 wird der Redner zum offiziellen Organ des Volksvereins deklariert und mitgeteilt,

> „daß der Volksverein für Stadt und Amt Bochum, […] dem Blatte sein besonderes Interesse zugewendet hat. Der Verein hat in einer der letzten Sitzungen sogar eine besondere Commission gewählt, welche der Redaktion überall zur Seite stehen und die Oberaufsicht darüber führen wird; der Verein wird zugleich das Blatt als das Organ seiner Mittheilungen und Bekanntmachungen benutzen."

In derselben Ausgabe kennzeichnet der Redner selbst den Volksverein als

> „Verein der wahren, edlen Demokratie, jener Demokratie, welche die politische Freiheit, die zeitgemäße Umgestaltung der socialen Verhältnisse und die Belebung des Handels, des Ackerbaus und der Gewerbe, überhaupt die Gleichberechtigung und Wohlfahrt Aller erstrebt."

Hier wird ersichtlich, dass der Redner und der Volksverein in ihrer Programmatik eng verbunden sind, wie die fast deckungsgleiche Wortwahl zeigt.

Am Ende des Jahres 1849 kündigt der Redner seine Fusion mit dem „Rheinisch-Westphälischen Courier" an, der seit 1849 von dem Buchhändler Albert Fries in Hattingen herausgegeben wird. Die beiden Zeitungen sollen vereinigt werden, um wirkungsvoller gegen die Reaktion und für „den endlichen Sieg der guten Sache" unter Beibehaltung der in den Programmen ausgesprochenen Grundsätze kämpfen zu können. Als „Vereinigter deutscher Redner und Rheinisch-Westphälischer Courier", kurz „Redner-Courier" genannt, setzt der „neue" Redakteur Albert Fries ab dem 1. Januar 1850 das Blatt in gleicher inhaltlicher und äußerer Form fort. Verlag und Vertrieb befinden sich von nun an in Hattingen, in Bochum erfolgt die Auslieferung weiterhin durch die Buchhandlung Endemann. Mit dem Verleger- und Redakteurswechsel wächst die journalistische Eigenständigkeit des Redner-Couriers, was an der unterschiedlichen Schreibfähigkeit der beiden Redakteure gelegen haben mag. Während Endemann seine Meinungsbeiträge vorwiegend aus anderen tendenziell ähnlichen Zeitungen, wie fast ausschließlich aus der Berliner „National-Zeitung" und vereinzelt der „Neuen Kölnischen Zeitung", der „Bürger- und Bauern-Zeitung", dem „Märkischen Volksboten", dem „Handwerker-Centralblatt" sowie aus dem „Rheinisch-Westphälischen Courier" zusammengestellt hat, schreibt Fries meist selbst und zitiert nur selten einmal die „National-Zeitung" und die „Urwähler-Zeitung".

Die politische Ausrichtung der Zeitung

Immer wieder versucht der Redner selbst, seine politische Position durch Abgrenzung nach rechts und nach links zu umreißen. Dass dadurch lediglich eine grobe Einordnung vorgenommen wird, liegt wohl auch daran, dass es für das Blatt in der Hauptsache nur ein grundsätzliches Anliegen gibt, nämlich sich für ein konstitutionelles, vom Volke gewolltes (= demokratisches) Königtum einzusetzen, wobei mehrfach England und Belgien als Beispiel dienen. Eine Abschaffung der Monarchie wird dementsprechend nirgends ernsthaft diskutiert, eine Republik nur dort für möglich gehalten, wo, wie zum Beispiel in den nordamerikanischen Bundesstaaten, bei der Bildung der Staatsform keine Fürsten vorhanden sind. Andernfalls, also auch in Deutschland und Preußen, müssen sie im System untergebracht und ihnen eine Funktion zugewiesen werden.

Nicht die Person des Königs sei für die Stellung zur Monarchie ausschlaggebend, sondern die ihm übertragene politische Funktion, betont der Redner:

> „Wir, ausgehend von dem einzig und allein richtigen, vernünftig nicht zu bestreitenden Grundsatze: ‚Alle Gewalt geht vom Volke aus!' finden vielmehr den Gegenstand nicht unserer Verehrung, aber allen unseren Bestrebungen (!) in dem Willen des Volkes und in dem auf diesem Volkswillen aufgebauten und wohlgeordneten Konstitutionalismus, dessen einen (!) Träger der konstitutionelle König ist, und deshalb, weil das konstitutionelle Königthum auf den Grundlagen der Demokratie, auf dem Willen des Volkes beruht, deshalb achten und schätzen wir dasselbe" (Nummer 26, 30.6.1849).

Das alte, absolutistische Königtum, „das Königthum ohne Blatt zwischen sich und seinem Volke", das in der mittelalterlich-feudalen Gesellschaft „noch historisch berechtigt, noch naturwüchsig" war, hat – so der „Redner-Courier" am 13. März 1850 im 21. Stück – in „einer neuen, auf anderen Produktionsunterlagen beruhenden Gesellschaft" seine „organische Berechtigung" verloren.

Dieser grundsätzlichen Erklärung gegenüber verliert die Zuwendung zu anderen Fragen an Bedeutung, zumal es sich vielfach um Forderungen handelt, die sich sowohl bei Republikanern wie konstitutionellen Kräften finden lassen. Hinter diesen Forderungen steht wohl bei beiden Parteien der dringende Wunsch nach einer Verbesserung der materiellen Existenz.

Rechts vom Redner steht der Absolutismus, der der Monarchie, beruhend auf göttlichem Recht, Privilegien und Vorzüge zugesteht, der „nichts für das Volk will, alles für sich will und zu allem gegen das Volk entschlossen ist." Auf der linken Seite stehen die Republikaner, die man für Anarchisten und Irrealisten hält. In Nummer 12 vom 12. Mai 1849 werden die Republikaner als „fanatische politische Muselmänner" bezeichnet, die aus reinem Vernichtungsprinzip „die Lehre von der Monarchenlosigkeit für die allein seligmachende" hielten. Dagegen traut der Redner der Monarchie die Fähigkeit zu, ordnend und als Repräsentant des Volkswillens die Einheit zu fördern. Die Erbmonarchie sei nicht als Berechtigung zur Willkür, sondern als erblich fortgehende Pflicht, von höchster Stelle die Durchführung des Volkswillens zu sichern und zu fördern, zu betrachten. Zwar sieht man wohl, dass man sich an einem monarchischen Ideal orientiert, hinter dem die Wirklichkeit zurückbleibt, aber man glaubt, dass gerade das deutsche Volk dazu berufen sei, diese Idee „in ihrer höchsten Reinheit zu verfolgen" (Nummer 20, 9.6.1849). Umso enttäuschter ist man von der Ablehnung der vorgelegten Verfassung durch das wieder erstarkte Königtum im Jahre 1850: „Es handelt sich […] um ein Verlassen des letzten Scheines des constitutionellen Systems und die consequente und offene Rückkehr zum christlich-germanischen Stände-Staat" (Nummer 8, 26.1.1850). In Nummer 25 vom 27. März 1850 erscheint ein Aufruf an die deutschen Fürsten:

> „Deutsche Fürsten! [...] Habt Ihr im März des Jahres 1848 dem Volke nicht ein einiges und freies Vaterland versprochen? Ihr habt es feierlich versprochen. Werdet Ihr das gegebene Wort halten? Als deutsche Fürsten müßt Ihr es halten. Meinet nicht, von ihm entbunden zu sein, weil die ersten Vertreter der deutschen Nation selbst nicht einig waren. […] Die Verfassung ist da, nur das Oberhaupt wurde nicht gefunden. Unter Euch ist es gesucht und nicht gefunden worden; sehet zu, daß das Volk nicht die Lehre hieraus ziehe, daß es von Euch seine Einheit niemals zu hoffen habe."

Während sich der Redner voll hinter die demokratisch gewählte Preußische und hinter die Frankfurter Nationalversammlung stellt, die Angriffe gegen das Parlament zurückweist sowie einen Aufruf an das Volk veröffentlicht, sich hinter seine Volksvertretung zu stellen, entzündet sich die Kritik an den durch das oktroyierte Wahlgesetz zustande gekommenen Parlamenten. Die Zweite Kammer sei nichts anderes als eine Ratsversammlung, die die Regierung berufen habe, aber sie sei keine Volksvertretung, heißt es in einem aus der National-Zeitung stammenden Artikel in der Nummer 38 vom 11. August 1849 im Redner. In Nummer 39 wird an das Gewissen der Zweiten Kammer appelliert, die in dem Bewusstsein, von der großen Mehrheit nicht gewählt worden zu sein, sich so verhalten solle, wie es die 70 von 100 Nichtwählern erwarteten.

Der Presse wird neben der Schule eine wesentliche Aufgabe in der Volksbildung zugeschrieben. Dafür sei die Pressefreiheit unerlässlich (Nummer 51, 26.9.1849): „Das heilige Feuer der Freiheit zu nähren und zu schützen ist die Aufgabe der demokratischen Presse, für die Rechte des Volkes zu kämpfen mit den Waffen des Geistes ihre Pflicht" (Nummer 10, 5.5.1849). Als der Redner-Courier diese Pressefreiheit durch die oktroyierte Verfassung in Gefahr sieht, ruft er im Gesamtinteresse des Volkes zum Kampf gegen eine Beschränkung der Pressefreiheit auf:

„Wir rufen Euch die bekannten Worte des englischen Staatsmannes zu „Nehmt mir das Parlament, das Schwurgericht, die Habeas-Corpus-Akte, aber laßt mir die freie Presse – so habe ich in einem Jahr alle diese Institutionen wieder gewonnen. […] Heute wenden wir uns an die Reaction und die Constitutionellen, nicht im Namen des Vaterlandes, auch nicht im Namen der Freiheit, sondern in ihrem eigenen Interesse und im Interesse des gesamten Volkswohlstandes, der gesamten politischen und sozialen Entwicklung: erhebt Euch mit uns gegen jede Beschränkung der Preßfreiheit!" (Nummer 5, 16.1.1850).

Aufgrund der ökonomischen Situation in Bochum und als Organ des Volksvereins setzt sich der Redner vor allem für die Belange des Handwerks ein, das als Träger des Vaterlands gesehen wird, und fordert Gewerbefreiheit und auf dem Gebiet der Besteuerung eine progressive Einkommenssteuer. Als Vertreter des Mittelstands wehrt sich der Redner natürlich gegen das große Kapital und den Adel, die den Mittelstand ausbeuteten, verarmen und so zum Proletariat werden lassen. Die Frage des Proletariats und seiner Sorgen und Nöte stellt sich für den Redner nicht weiter, einmal wahrscheinlich aufgrund seines Rezipientenkreises, zum andern auch wohl deshalb, weil es in Bochum zur damaligen Zeit noch kein echtes Proletariat gegeben haben dürfte.

Im Redner finden sich Meldungen zu aktuellen politischen Ereignissen, wie die Auflösung der Zweiten preußischen Kammer, der Freiheitskampf in Baden, die Abberufung der preußischen Abgeordneten aus der Frankfurter Nationalversammlung oder die Einführung des Drei-Klassen-Wahlrechts. Lokale Berichterstattung aus dem Kreis Bochum selbst beschränkt sich auf wenige Ausnahmen. Diese Tatsache ist vermutlich dadurch zu erklären, dass lokale Nachrichten im ländlichen Bochum von 1849/50 schneller mündlich als gedruckt verbreitet werden konnten. Bei den wenigen lokalen Nachrichten handelt es sich nicht um eigentliche Neuigkeiten, sondern um Satzungen, Bittadressen und so weiter von Bürger-Versammlungen und -vereinen des Kreises Bochum.

Besonders auffällig ist eine Vielzahl von politischen Gedichten. Vor allem im Jahre 1850 wird fast jede Nummer des Redner-Couriers von einem solchen Gedicht eingeleitet, in dem entweder deutsche oder internationale Nachrichten mit den Mitteln der Lyrik bekanntgegeben werden oder Meinungen zu allgemeinen politischen Bereichen, wie Freiheit oder Demokratie, dargelegt werden sollen. Daneben lassen sich immer wieder, in ihrer satirischen Form recht bissig wirkende Meinungsäußerungen zur nationalen wie internationalen politischen Lage finden. Aus der Vielzahl der politisch-satirischen Beiträge sei nur ein Beispiel aus der Nummer 47 vom 12. September 1849 gegeben:

„Deutsche Errungenschaften:
1) Vollständige Preßfreiheit - - für alle Servietten und Tischtücher
2) Freiheit der Rede - - für alle Taubstummenanstalten
3) Volksvertretung - - durch Cavalleriepferde auf breitester Basis
4) Eine Kammer - - für alle Demokraten im Zuchthause

>   5) Geschworene - - Feinde des Fortschritts
>   6) Befreiung des Grund und Bodens - - von allen Republikanern
>   7) Freies Jagdrecht - - auf fette Stellen und hohe Orden
>   8) Gewerbefreiheit - - für Polizisten, Constabler, Denuncianten und Spione
>   9) Freies Wahlrecht - - aus allen Speisezetteln."

Das Ende der Zeitung

Im Frühsommer 1850 kommt es zur Einstellung des Blattes. Am 12. Juni 1850 wird in Nummer 46 auf der ersten Seite die Presseverordnung vom 5. Juni 1850 abgedruckt, die eine Ergänzung zum Pressegesetz vom 30. Juni 1849 darstellt. Wesentlichster Punkt dieser Zusatzverordnung ist die Tatsache, dass die Herausgabe einer Zeitung oder Zeitschrift von der Stellung einer Kaution abhängig wird. Dass diese Verordnung gegen die politische Presse gerichtet ist, kommt unverhüllt in Paragraf 7 zum Ausdruck. Danach sind alle Amtsblätter, aber auch alle Blätter, die „unter Ausschließung aller politischen und sozialen Fragen" über Wissenschaft, Technik, Familiennachrichten und andere unverfängliche Themen schreiben, von dieser Kaution ausgenommen.

Diese Kautionssumme, die je nach Erscheinungsweise und Ortsgröße zwischen 1 000 und 5 000 Talern beträgt, aufzubringen, liegt jedoch nur für die wenigsten Zeitungen im Bereich ihrer Möglichkeiten. Fries sieht den Tod vieler Zeitungen voraus: „Hunderte [...] werden binnen 4 Wochen zu erscheinen aufgehört haben." Um den Redner-Courier vor einem solchen Ende zu bewahren, sieht sich Fries gezwungen, die politische Berichterstattung ganz aufzugeben: „[...] ich werde daher die Tendenz meines Blattes von jetzt ab den Bestimmungen des § 7 vorstehender Verordnung anzupassen mich bemühen" (Nummer 46, 12.6.1850). In seinem Aufruf zur Bestellung des dritten Quartals-Abonnements 1850 betont Fries am 15. Juni (Nummer 47) noch einmal die unpolitische Tendenz seines Blattes. Zwar finden sich in den folgenden Ausgaben noch eine ausführliche Darstellung der letzten Tage der ungarischen Revolution und ein – allerdings vollkommen tendenzloser – protokollartiger Fortsetzungsbericht über die Iserlohner Mai-Angeklagten und ihren Prozess, doch tauchen die ursprünglichen Meinungsartikel und die „Politische Rundschau" nicht mehr auf. Fries bedient sich nun öfters des Mittels der Ironie und der Satire, die ihm erlauben, das zu sagen, was zu sagen eigentlich nicht erlaubt ist. So findet sich zum Beispiel eine „Verordnung wider den Mißbrauch des Sauerkrauts" in Nummer 50 vom 26. Juni 1850 abgedruckt. Das Sauerkraut soll angesichts der Tatsache, dass es sauer ist, verboten werden, denn

>   „wer etwas Saures genießt, verzieht das Gesicht und in einem ordentlichen Staate darf kein Unterthan das Gesicht verziehen! Das Sauerkraut hat gleiche Eigenschaften mit dem Essig, daher kann es nicht geduldet werden, denn ein sozialer Bürger wird es einsehen, in unserem Staate ist nichts Essig."

Zur gleichen Zeit befindet sich der Redner-Courier im Post-Verzeichnis der Zeitungen, auf die für das dritte Quartal keine Bestellungen angenommen werden dürfen. Fries glaubt, dass dies lediglich daran liege, dass „die Regierung zur Zeit der Anfertigung der betreffenden Listen noch keine Kenttniß von der Aenderung der Tendenz dieses Blattes haben konnte" (Nummer 48, 19.6.1850) und nimmt daher an, dass das Postverbot bald zurückgenommen werde. Gegen Fries soll außerdem vom 1. Juli an eine Verhandlung vor den Schwurgericht im Hamm beginnen. In Nummer 51 vom 29. Juni 1850 wird die Anklageschrift von Oberstaatsanwalt Grashoff gegen Albert Fries, den Rektor Eduard Wilhelm zur Nieden, den Lohgerber Arnold Porbeck, den Sekretariats-Assistenten Friedrich Hoffmann, alle aus Hattingen, im vollen Wortlaut abgedruckt. Die drei Mitangeklagten haben einige der acht beanstandeten Artikel, die alle aus den Nummern 37–42 des Jahrgangs 1849 des Rheinisch-Westphälischen Couriers stammen, verfasst. Nacheinander werden alle Artikel aufgezählt, zitiert und die darin liegenden Vergehen genannt. Fries wird am Ende der Anklageschrift angeklagt:

> „a. wegen öffentlicher Behauptung und Verbreitung unwahrer oder entstellter, die Einrichtungen des Staates oder die Anordnungen der Obrigkeit dem Hasse oder der Verachtung aussetzenden Thatsachen, b. wegen Majestätsbeleidigung, c. wegen Beleidigung des königlichen Staats-Ministeriums in Beziehung auf seinen Beruf etc etc."

Der Bericht über die Verhandlung selbst wird, obwohl im 54. Stück für die nächste Ausgabe angekündigt, nicht mehr gebracht.

Doch auch die unpolitische Ausrichtung des Redner-Couriers schützt Fries auf die Dauer nicht vor der Stellung einer Kaution. In den Anzeigen des 55. Stückes vom 13. Juli 1850 findet sich folgende Mitteilung:

> „Nach einer mir heute zugegangenen amtlichen Mittheilung sollen auch die Blätter, welche Erzählungen, Lebensbeschreibungen, Anecdoten etc. bringen, zur Cautionsbestellung gezwungen werden. Der § 7 der Verordnung über die Presse vom 5. Juni d. J. wird von den Behörden so gedeutet. Welchen Einfluß diese Interpretation des betreffenden Gesetzes auf die fernere Herausgäbe des Redner-Couriers haben wird, ist mir selbst noch fremd. Ich werde das Äußerste zur Erhaltung des Blattes aufbieten und rechne dabei zuverlässig auf die Unterstützung meiner geehrten Abonnenten."

Am 19. Juli 1850 erscheint mit Nummer 57 die letzte Ausgabe des Redner-Couriers, zu der in der Folgezeit jeweils auch mittwochs und sonnabends neun „Beilagen zu Nr. 57 des vereinigten Deutschen Redners und Rheinisch-Westphälischen Couriers" herauskommen. Jede Beilage ist ein Blatt stark. Neue Rubriken sind hierin „Landwirtschaftliches", „Technisches" sowie Nachrichten aus dem Bochumer Familienleben. Dass sich Friesens Befürchtung, auch der „gesäuberte" Redner-Courier falle unter das Kautions-Gesetz, bewahrheitet, zeigt eine „Einladung zur Subscription und Pränumeration" unter der Kopfleiste der zweiten Beilage:

> „Das Pressgesetz hat das fernere Erscheinen des seither von mir herausgegebenen ‚Vereinigten Deutschen Redners und Rheinisch-Westphälischen Couriers' von der Bestellung einer Caution von 1000 Thlr. abhängig gemacht. Ermutigt durch viele schätzenswerthe Unterstützungs-Anträge, will ich den Versuch machen, die nöthigen Geldmittel zur Caution durch Pränumeration auf das Blatt zusammen zu bringen.

> Das Blatt soll wie bisher in Folioformat Mittwochs und Samstags in Bochum und Hattingen zugleich ausgegeben werden und den Titel ‚Oeffentlicher Anzeiger für den Kreis Bochum' führen. Es wird seinen Lesern aus dem politischen Gebiete nichts als nackte Thatsachen bringen, daneben interessante Gedichte, Erzählungen, Anecdoten, landwirtschaftliche Mitteilungen, Besprechungen über Lokal-Verhältnisse aus den einzelnen Gemeinden, so wie amtliche und Privatanzeigen aller Art. Der Preis für den Jahrgang beträgt 1 Thlr. 15 Sgr., für diejenigen aber, welche jetzt pränumerieren 1 Thlr. 10 Sgr. […] Bis die Cautionssumme eingezahlt ist, werden nur Beilagen herausgegeben und solche mit den eingehenden Anzeigen und einigen landwirtschaftlichen Mittheilungen füllen. Die Erzählung ‚Der Postillon' wird den seitherigen Abonnenten vollständig nachgeliefert" (Zweite Beilage zu Nummer 57, 31.7.1850).

Aus welchem Grund der Redner-Courier nun plötzlich mit einer Kaution belegt wurde, kann nicht eindeutig festgestellt werden. Es besteht die Möglichkeit, dass die Kautionsforderung mit dem Prozess gegen Fries in Zusammenhang steht. Denn in Paragraf 7 der Presseverordnung vom 5. Juni heißt es:

> „Ist indessen wegen des Inhalts einer dieser periodischen Blätter (nämlich der unpolitischen, d.V.) nach den Bestimmungen der Verordnung über die Presse vom 30. Juni 1849 auf Strafe zu erkennen, so ist das Urtheil gegen den Herausgeber gleichzeitig auf Bestellung einer Caution zu richten."

Da Fries über seinen Prozess und das Urteil in seinem Blatte nicht berichtet und zudem am 13. Juli in Nummer 55 die Kautionsforderung als eine überraschende Interpretation der Behörden bezeichnet und keinen Zusammenhang zu seinem Prozess am 1. Juli andeutet, kann diese Frage nicht endgültig geklärt werden.

Doch Friesens Plan, die Kaution durch Pränumeration aufzubringen, schlägt fehl. So muss er am 28. August, als vier Tage nach der letzten, neunten Beilage des Redner-Couriers der „Oeffentliche Anzeiger für den Kreis Bochum" zum ersten Male erscheint, seinen Lesern mitteilen:

> „An das Publikum.
>
> Der Mittheilung in der 2. Beilage zu Nr. 57 des „Vereinigten Deutschen Redners und Rheinisch-Westphälischen Couriers" zufolge habe ich den Versuch gemacht, die Cautionssumme für das Blatt durch einjährige Pränumeratlon auf dasselbe aufzubringen. Der Erfolg entsprach in den ersten Tagen meinen auf viele mündliche Zusicherungen sich gründende Erwartungen so wenig, daß ich den Plan sofort aufgeben mußte."

Vom Oeffentlichen Anzeiger für den Kreis Bochum erscheinen noch die Nummern 1 bis 8 (21.9.1850), doch dann scheint Fries die Zeitung einstellen zu müssen. Ein Hinweis auf die erfolgende Einstellung ist jedoch nirgends zu finden.

GERD DEPENBROCK

25 GRÜNDUNGSFAHNE TURNVEREIN 1848

Eine Fahne zwischen Revolution und Restauration

Keine Zahl lieben die Bochumer so sehr wie „ihre" 1848: Das Straßenverkehrsamt der Stadt meldete vor einigen Jahren, dass alle Nummernschilder mit dieser Zahlenkombination ausverkauft sind. Die Schals, Shirts oder Taschen mit den großformatigen Zahlen gehören traditionell zu den Verkaufsschlagern im Fanshop des VfL Bochum. Nicht nur für Bochumer Fußballfans ist die 1848 längst zu einem prägnanten Symbol geworden, mit dem sie öffentlich ihre Verbundenheit zu Stadt und Verein demonstrieren.

Welche Geschichte sich jedoch genau mit dieser Jahreszahl verbindet, wissen nur die wenigsten Bochumer richtig einzuordnen. Mit dem Fußball hat sie – so viel sei an dieser Stelle gleich vorweg gesagt – rein gar nichts zu tun. Der moderne Sport wurde erst in der zweiten Hälfte des 19. Jahrhunderts in Großbritannien erfunden und trat an der Schwelle zum 20. Jahrhundert auch auf dem europäischen Festland seinen Siegeszug an (Eisenberg, 1999). Bochums erster eingetragener Verein war der Fußballklub 06, der am 6. Oktober 1907 auf einem Platz an der Bergstraße das erste offizielle Spiel der Stadtgeschichte austrug. Er hatte sich bereits ein Jahr zuvor als „wilder" Verein abseits der Verbandsstrukturen gegründet (Wahlig, 2011, S. 14f.).

Die Jahreszahl 1848 hingegen bezieht sich auf den Turnverein Bochum, den ältesten Vorläufer des heutigen VfL. Er gehörte Mitte des 19. Jahrhunderts zu den ersten zehn Vereinsgründungen im damals noch kleinstädtischen und vorindustriellen Bochum (Krey, 1993, S. 447f.). Die Idee, auch in dieser Stadt einen Turnverein zu gründen – so wiesen es lange praktisch alle VfL-Chroniken aus – soll am 26. Juli 1848 durch einen Zeitungsartikel entstanden sein. Diese These wird von der historischen Realität jedoch nicht bestätigt. Der betreffende Text betont nur allgemein die Bedeutung des Turnens, um schließlich seine Einführung an den preußischen Schulen zu fordern. Eine direkte Grundlage für die Entstehung des Vereins kann daraus nicht abgeleitet werden. Der tatsächliche Gründungsaufruf erschien erst am 17. Februar 1849:

> „Das Turnen
>
> Es ist eine auffallende Erscheinung, dass da, wo viel für die geistige Fortbildung der Jugend geschieht, nicht auch der Kräftigung des Körpers mehr Sorgfalt gewidmet wird, da doch von Alters her bekannt ist, dass ein kräftiger Körper einem starken Geiste zur Stütze dienen muss. Dies ist auch namentlich in unserem dem Fortschritte huldigenden Bochum der Fall. Um Bedeutendes steht dasselbe durch den Mangel eines Turnvereines vor manchen anderen, nicht belebteren und kleineren Orten Westfalens zurück. Zwar ist vor einigen Jahren schon von einigen Seiten dahin gewirkt, namentlich für die Rektoratsschüler hiesiger Stadt einen Turnverein ins Leben zu rufen, aber theils Mangel an Geldmitteln, an Turnlehrern ec., theils Mangel einer passenden Lokalität machten den Plan zu nichte. Alle diese Hindernisse zu beseitigen, ist aber nicht so schwierig, dass

25 | GRÜNDUNGSFAHNE TURNVEREIN 1848

Stadtarchiv Bochum – MUSA (Depositum VfL Bochum)
H 123 cm, B 93 cm; Fahnenstange H 172 cm, Dm ca. 3,5 cm; Stoff, Holz, Metall

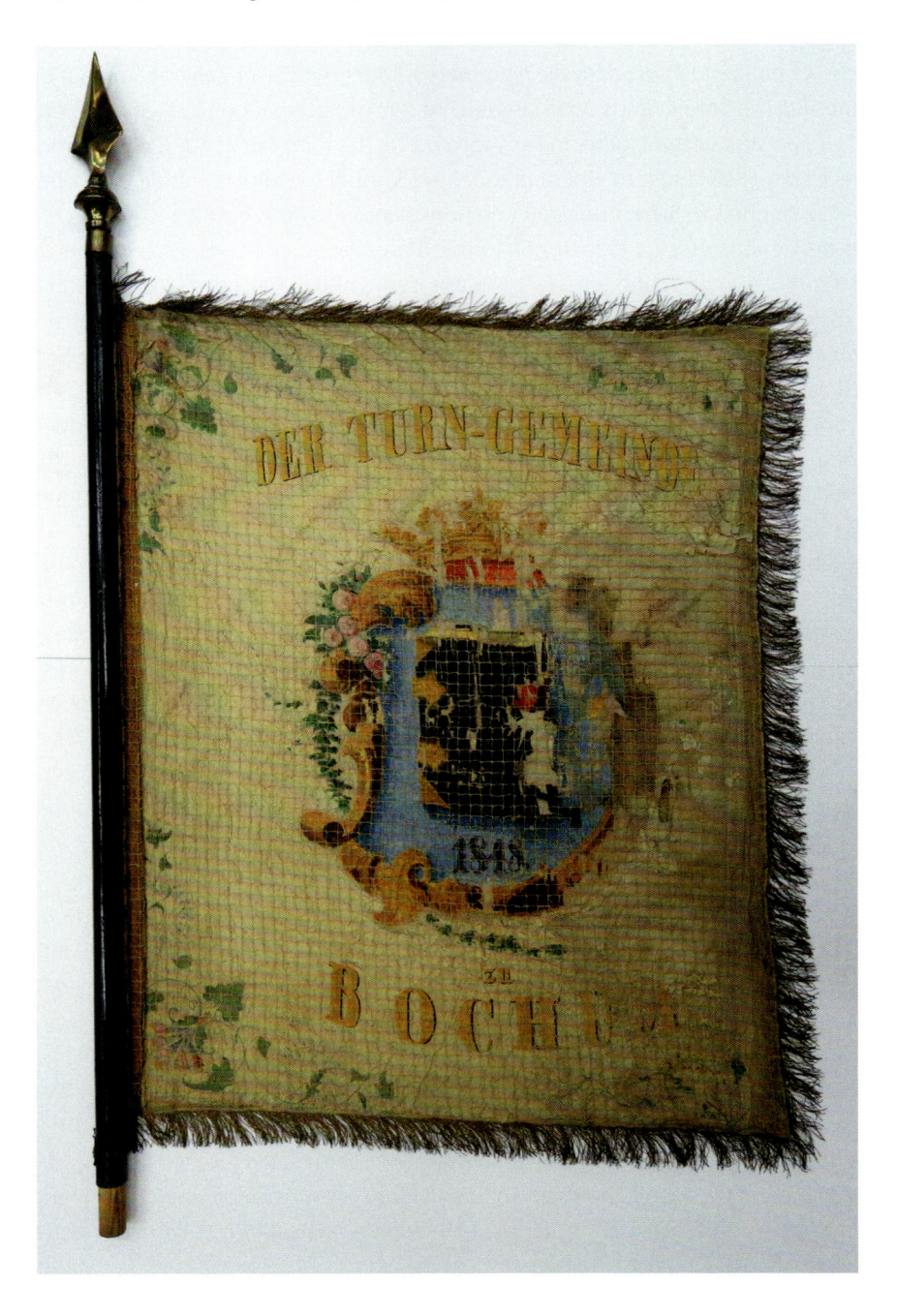

der edle Zweck eines Turnvereins dadurch ganz vereitelt werde. Mehrere Freunde des Turnens, junge Leute hierselbst, haben diese Umstände kürzlich erwogen und glauben, gefunden zu haben, dass, wenn der Wille ernstlich ist, ein Turnverein sich hier wohl bilden kann, und haben das Turnen zugleich in jetziger Zeit für ein dringendes Bedürfnis der jungen Leute und erwachsenen Schüler gehalten. Es ist auch gar zu einleuchtend, wie wohltätig das Turnen auf die Ausbildung der Glieder und Kräftigung des Körpers wirkt, um darauf hier weiter eingehen zu brauchen.

Zur Erreichung unseres Zweckes laden wir daher alle Mitfreunde des Turnens zur Beratung über diesen Gegenstand auf den 18. Februar c., nachmittags 4 Uhr, bei dem Herrn Restaurateur Wm. Bertelt hierselbst ergebenst mit der Bitte ein, sich recht zahlreich einzufinden. Bochum, den 13. Februar 1849. Mehrere Turnfreunde" (MS, 17.2.1849).

Trotz ihres Zusammenschlusses im Frühjahr 1849 beriefen sich die Bochumer Turner in ihren Verlautbarungen immer auf das Vorjahr. Dies war in erster Linie eine politische Botschaft: 1848 war das Jahr der ersten, wenn auch letztlich gescheiterten, demokratischen Revolution auf deutschem Boden. In der Frankfurter Paulskirche forderten die Abgeordneten – des damals noch in viele kleine Teile zerstückelten Deutschlands – Einheit und Demokratie für das Volk. Die Turner hatten in dieser Bewegung eine zentrale Rolle und gehörten vielfach zu den Keimzellen der Revolution. Sie traten offen für die demokratischen Prinzipien der Paulskirche ein und eckten damit bei der Staatsmacht an (Langewiesche, 2000).

Auch einige der späteren Bochumer Turnführer gehörten 1848 zu den Anführern der sogenannten „Vöderevolution", die um den Zugang zu Viehweiden im Bochumer Norden entbrannte und wenigstens ein Stück revolutionärer Umtriebe ins damals noch sehr beschauliche Bochum brachte (Höfken, 1954). Ein Jahr später gründete sich der Turnverein ganz im Geiste dieser Bewegung, wie ein Blick in die Gründungssatzung deutlich macht: „§ 7: die Turner sind alle gleich berechtigt" oder „§ 12: Die Versammlungen sind in möglichst parlamentarischer Weise zu führen" (Hüttebräucker, 1999 a, S. 69f.).

Ein Beweis für die konfessionelle Offenheit des Vereins war überdies, dass sich unter den Gründungsmitgliedern nicht nur 13 katholische und fünf evangelische, sondern auch zwei jüdische Turner befanden. Einer von ihnen, der Lehrer Philipp Anschel, stieg 1850 sogar zum ersten Vorsitzenden des Vereins auf. Eine solche Führungsposition erreichten Juden in der Turnbewegung nur äußerst selten (ebd., 1999 b, S. 53).

Wie sehr sich die Bochumer Turner mit der Revolution verbunden fühlten, zeigt auch die Entstehungsgeschichte des hier vorzustellenden Exponates: Im Frühjahr 1850 entschieden sich die Mitglieder dafür, eine eigene Fahne kreieren zu lassen. Für die Umsetzung wurde der Duisburger Tuchmacher Peter Risse verpflichtet, der bereits die Fahne des dortigen Vereines erstellt hatte. Er brachte seinen Entwurf mit den folgenden Überlegungen zu Papier:

„Das Blatt worauf das Wappen mit dem Gut Heil in den Turner-Farben mit der Löwenhaut des Hercules umfangen, welches das Simbol der Kraft und Tugend ist, mit Eichen und Lorbeerzweig umgeben, [...] die andere Seite stellt das Bochumer Wappen dar,

25 | GRÜNDUNGSFAHNE TURNVEREIN 1848

nämlich: ein Buch. Dasselbe wird gestützt durch unseren Vaterländischen Adler – das Wappen ist mit Blumen Gewinden umfangen und soll darauf hindeuten, daß den Bochumer Turnern viele schönre Tage in ihrem Verein blühen mögen, verherrlicht durch die lieblichen Damenblumen, die das Streben der Turner nach geistiger und körperlicher Kraft zu ringen, so schön anerkennen" (ebd., 1999 a, S. 180).

Auf der Seite mit dem Buch ließen sich die Turner in großen Lettern die Jahreszahl 1848 einsticken. Auch dies war als politisches Bekenntnis zu verstehen, war die Revolution zu dieser Zeit doch längst versandet und durch eine Phase neuerlicher Restauration abgelöst worden. Dennoch scheuten sich die Turner nicht, sich weiterhin öffentlich zu den ideellen Wurzeln ihres Vereins zu bekennen. Solche Freiheitsliebe musste zwangsläufig die wieder erstarkte preußische Ordnungsmacht auf den Plan rufen. Nur kurze Zeit nach der feierlichen Einweihung der Fahne wurde der Turnverein im Jahr 1851 vom preußischen Landrat als „gemeingefährliche Gesellschaft" verboten (Koch, 1977, S. 109f.).

Erst neun Jahre später durften sich die Bochumer Turner wieder unter ihrer Fahne versammeln. Nun jedoch achtete die Obrigkeit peinlich genau darauf, die Mitglieder für ihre politischen Zwecke einzubinden. So berief sich der neue Verein zwar offiziell auf seinen Vorgänger, hatte mit seinen alten Idealen jedoch nur noch wenig gemein.

Statt Demokratie und Toleranz gewannen nun, wie in der ganzen Turnerschaft, auch in Bochum Nationalismus und Militarismus die Oberhand. Der Begriff der Freiheit wurde ausschließlich als Bewahrung der nationalen Einheit verstanden, die es im Kampf gegen die inneren und äußeren Feinde des Reiches zu verteidigen galt (Langewiesche, 2000, S. 130). Zur obersten Maxime des Vereins wurde es „sich unterzuordnen", damit „der Turner den Anforderungen des Heeresdienstes besser gewachsen ist" (MS, 12.4.1911). Als sich das Deutsche Reich für den Ersten Weltkrieg rüstete, trainierten die Turner teilweise direkt an ihren Gewehren (Koch, 1977, S. 157f.).

Auch in den Jahren der Weimarer Republik war die Turnbewegung fest im rechtsnationalen politischen Spektrum verankert. Der Machtantritt Adolf Hitlers wurde von den Turnführern als Befreiung gefeiert. Als eine der ersten gesellschaftlichen Massenorganisationen im ganzen Deutschen Reich schaltete sich die Deutsche Turnerschaft bereits im Frühjahr 1933 gleich und schloss alle noch verbliebenen jüdischen Mitglieder aus ihren Reihen aus. Auch diese Anbiederung an die NS-Führer konnte jedoch den Abstieg der Turnbewegung nicht aufhalten: Bei der Gründung des Deutschen Reichsbundes für Leibesübungen 1934 wurden die Turner als ein Fachamt in den neuen Dachverband integriert und verloren damit ihre Selbstständigkeit (Peiffer, 1976). Auch in Bochum wurde die Macht der aufstrebenden Sportbewegung so groß, dass sich der Turnverein am 14. April 1938 auf Geheiß des NSDAP-Oberbürgermeisters Otto Piclum mit zwei Sportklubs zum VfL Bochum in seiner heutigen Form vereinigen musste (Wahlig, 2011, S. 34–39).

Bis zu diesem Zeitpunkt begleitete die Turner trotz ihrer völlig gewandelten politischen Vorstellungen auf allen Festen und Fahrten stets die alte Vereinsfahne aus der Revolutionszeit. Nach der Auflösung des Klubs ging die Fahne in den Besitz des VfL Bochum über, wo sie glücklicherweise in den folgenden Jahrzehnten als eines der ganz wenigen historischen Zeugnisse dieser Zeit vom Weg in den Abfall verschont blieb. Seit 1988 wird die Fahne unter passenden konservatorischen Bedingungen im Depot des Stadtarchivs gelagert.

Aus heutiger Sicht sollte die Fahne des Turnvereins Bochum für uns mehr als ein altes Stück Stoff aus längst vergangenen Tagen sein. Die eingestickte Jahreszahl 1848 ist als stolze Erinnerung, aber auch als ein Auftrag für die Zukunft zu verstehen. Sie ist ein lebendiges Zeichen für die demokratischen und freiheitlichen Prinzipien, die Bochums heute ältesten und größten Verein schon bei seiner Entstehung vor über 150 Jahren geprägt haben.

HENRY WAHLIG

26 | REGLEMENT FÜR BERGSCHÜLER

Stadtarchiv Bochum – ZGS, V B 8/38

H 32,5 cm, B 20 cm (aufgeschlagen 40 cm); Papier; 1854

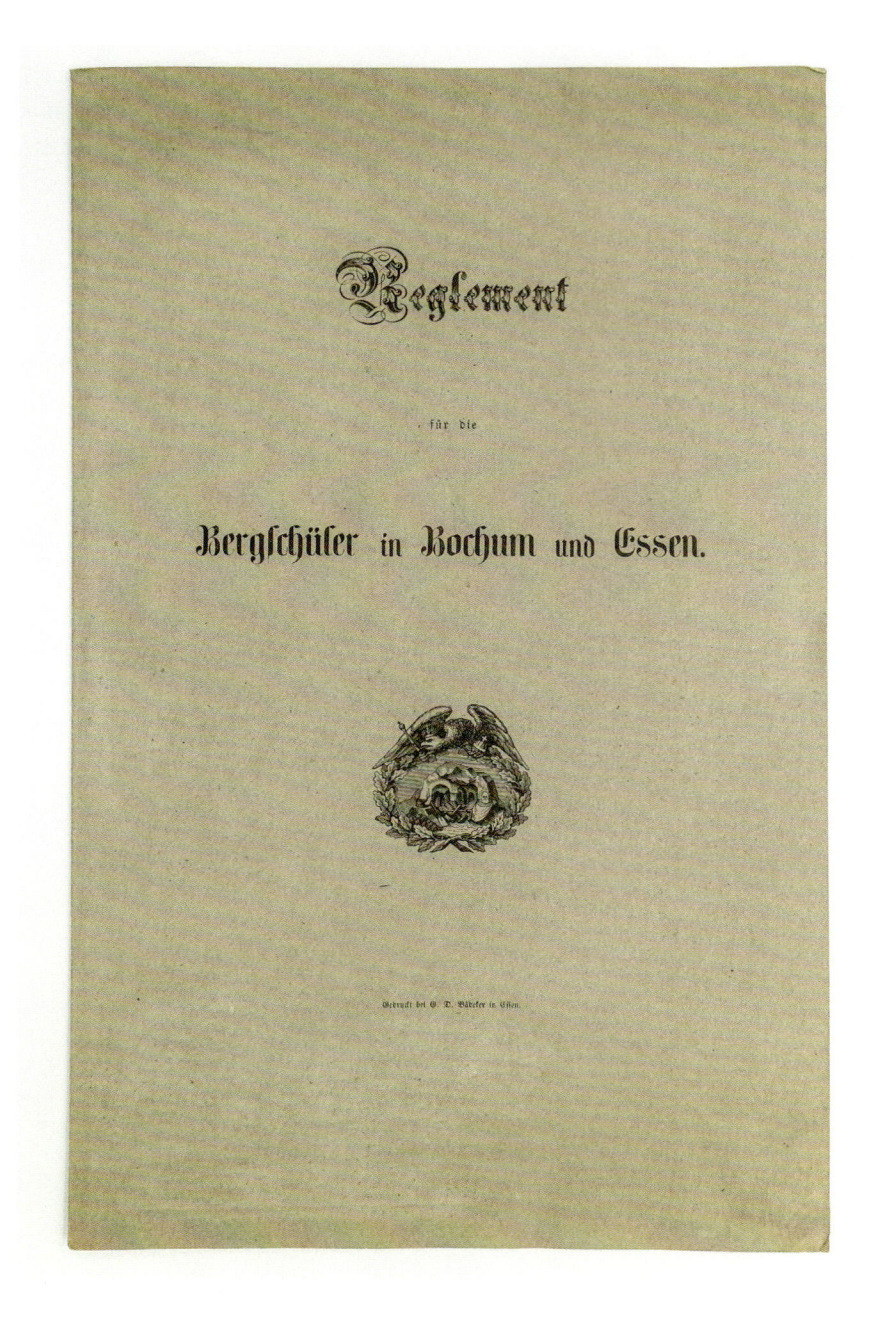

Reglement

für die

Bergschüler in Bochum und Essen.

Gedruckt bei G. D. Bädeker in Essen.

26 REGLEMENT FÜR BERGSCHÜLER

Das Reglement für die Bergschüler in Bochum und Essen

Als das Reglement für die Bergschüler in Bochum und Essen im Jahr 1854 vom Dortmunder Oberbergamt herausgegeben wurde, existierten die Institutionen, für die es verfasst worden war, schon seit vier Jahrzehnten.

Das Bergamt Essen-Werden nahm nach Erhalt der ministeriellen Genehmigung am 19. Oktober 1814 permanenten Bergschulunterricht auf und reagierte damit auf den immer offensichtlicher werdenden Mangel an technischem Führungspersonal in den Bergwerken der Region. Zunächst wurden in Essen vier Bergschüler in reiner und angewandter Mathematik sowie im markscheiderischen Zeichnen unterwiesen.

Am 15. April 1816 begann – zunächst mit 14 Bergschülern – dann auch der bergmännische Unterricht im Märkischen Bergamt, das seit dem Vorjahr im alten Bochumer Renteihaus untergebracht war. Der Unterricht war dazu gedacht, junge Bergleute zu den dringend benötigten Grubensteigern und Markscheidegehilfen weiterzubilden.

Schon seit der Frühzeit der Industrialisierung setzte man im Bergschulwesen darauf, die mittleren Führungskräfte aus der Bergarbeiterschaft heranzubilden. So fanden sich in den Bergschulen in Essen und Bochum zu Beginn vor allem die Söhne einfacher Bergleute, die ihrerseits im Bergbau tätig waren. Um dies zu ermöglichen, musste bei den Bedingungen, an die die Aufnahme in die Bergschule geknüpft war, das geringe Vorbildungsniveau der aus einfachen Verhältnissen stammenden Bergschüler berücksichtigt werden. Vor allem in der Frühphase der Bergschulen waren allerdings selbst basale mathematische und orthografische Kenntnisse bei vielen Bewerbern keineswegs im gewünschten Maße vorhanden. So sind zunächst überwiegend allgemeinbildende Fächer sowie das für die Berufsausübung unerlässliche Zeichnen unterrichtet worden. Bergbauliche Fächer wurden von den Bergbeamten nur unterrichtet, wenn ihre übrigen Dienstgeschäfte dies zugelassen haben. Erst ab 1843 fanden sich die bergbaulichen Fächer dann im regulären Lehrplan.

Noch im Reglement von 1854 spiegelt sich das geringe Vorbildungsniveau in den dort ausformulierten Aufnahmebedingungen. So wird verlangt, „ohne grobe orthographische Fehler" – alle Zitate im Text stammen aus dem Reglement für die Bergschüler in Bochum und Essen – die deutsche Sprache in leserlicher Handschrift schreiben zu können. Zudem sollten alle vier Grundrechenarten im Bereich ganzer Zahlen und „leichter Brüche" beherrscht werden. Explizit wurde gefordert, „leichte Regeldetri-Exempel", also Dreisatz-Aufgaben, lösen zu können. Im Bereich praktischer bergbaulicher Tätigkeit forderte das Reglement eine Berufserfahrung von zwei Jahren, in welcher der junge Bergmann sich durch Fleiß, Ausdauer und Geschick einen guten Ruf erworben haben sollte. Die vollumfängliche, mithin „tüchtige praktische Ausbildung" im Grubenbetrieb hatte der Bergschüler während seiner Zeit an der Bergschule eigentätig zu organisieren und zu dokumentieren.

Neben der erforderlichen beruflichen Tätigkeit als Bergmann vor der Aufnahme der Ausbildung an der Bergschule war die vorherige Ableistung des Militärdienstes obligatorisch. Alternativ hierzu konnte allerdings auch eine Befreiung vom Militärdienst die Annahme als Bergschüler ermöglichen.

Darüber hinaus existierte eine weitere Möglichkeit, ohne vorherige Ableistung des Militärdienstes an der Bergschule aufgenommen zu werden: Diejenigen, deren finanzielle Verhältnisse es erlaubten auf ein Stipendium zu verzichten, konnten auch ohne abgeleisteten Militärdienst oder eine Befreiung hiervon an der Bergschule aufgenommen werden. Ihnen stand es auch frei, mit nur einem Jahr Berufserfahrung die Ausbildung an der Bergschule zu beginnen. Derartige Privilegien kamen für die meisten jungen Bergleute indes nicht in Frage.

Bereits direkt nach der Aufnahme des Unterrichts im Märkischen Bergamt sah man sich gezwungen, die überwiegend aus ärmlichen Verhältnissen stammenden Bergschüler mit Stipendien und Schulutensilien auszustatten, um ihnen den Besuch der Bergschule zu ermöglichen. Diese Unterstützungsleistungen waren, ebenso wie der Verzicht auf Schulgeld, allerdings nicht in erster Linie durch soziale Erwägungen motiviert, sondern waren Ausdruck der Notwendigkeit, das technische Führungspersonal aus der weitgehend mittellosen Bergarbeiterschaft heranzubilden. Im Bergschulreglement von 1854 beleuchtet eine Regelung die Motivationslage. So wird bereits im ersten Paragraphen des Reglements darauf hingewiesen, dass die – vom inzwischen eingerichteten Kuratorium der Bergschule – bewilligten „Unterstützungsgelder" von den Schülern der Oberklasse zurückzuzahlen sind, wenn sie in den ersten sechs Jahren nach der Entlassung aus der Bergschule eine Stelle auf einer außerhalb des Oberbergamtsbezirkes Dortmund gelegenen Grube annehmen. Die Investitionen in die Bergschüler sollten in der Herkunftsregion der sie tragenden Bergbauunternehmen und Institutionen einen Nutzen bringen.

Dem Nutzen der Bergbauunternehmen auf der einen Seite stand auf der anderen Seite der Nutzen der Bergschulausbildung für die Bergschüler gegenüber. Ihnen ermöglichte der Zugang zu technischen Führungsaufgaben einen ungeahnten materiellen und sozialen Aufstieg. Für diese Chance hatte jeder Bergschüler sich „durch sein ganzes ernstes Auftreten der ihm durch die Aufnahme in die Bergschule zu Theil gewordenen Wohlthat werth" zu erweisen.

Zweifelsohne hatten die Bergschüler für die Teilnahme am Unterricht große Härten in Kauf zu nehmen. Zum einen wurde von ihnen äußerste Disziplin und Anstrengung in Ausbildung und praktischer Tätigkeit gefordert. Zum anderen fand der Unterricht von Beginn an „in Verbindung mit dem fortgesetzten Betriebe der Grubenarbeit", also parallel zur fortgeführten Berufstätigkeit statt. Das heißt, an jedem Schultag wurde auch eine Schicht verfahren. Dieses Nebeneinander von Arbeit im Betrieb und Ausbildung an der Schule wurde später als Bochumer System bezeichnet. Erst nach dem Zweiten Weltkrieg wurde es zugunsten eines modernen dualen Ausbildungssystems, bei dem der Besuch der Bergschule und die Tätigkeit auf der Grube an unterschiedlichen Tagen stattfanden, abgeschafft.

Der Unterricht an der Bergschule traf trotz dieser Härten von Beginn an auf Interesse in der Bergarbeiterschaft und so begann die Schülerzahl schon in den 1820er Jahren stetig zu steigen. Parallel dazu entwickelte sich der Steinkohlenbergbau der Region technisch immer schneller. Als das Reglement für die Bergschüler 1854 in Kraft trat, hatte sich der Bergbau an der Ruhr bereits deutlich intensiviert. Eine Ursache hierfür war der vermehrte Einsatz der Dampfmaschine. Ab den 1830er Jahren ermöglichte es ihre Verwendung, tieferliegende höherwertige Steinkohlevorkommen abzubauen. Mit dem technischen Fortschritt stieg im Ruhrbergbau – neben dem Bedarf an gut qualifiziertem technischem Führungspersonal – auch der Kapitalbedarf. Das bisher praktizierte Direktionsprinzip, also die technische und wirtschaftliche Lenkung der Bergbaubetriebe durch den Staat, erwies sich als Hemmnis für die nötigen Investitionen. Die staatliche Verwaltung war nicht in der Lage, den raschen Wandel zu gestalten. Der Bergbau bedurfte – wollte man wirtschaftlich erfolgreich sein – einer Reform. Es schien an der Zeit zu sein, den Bergbau nicht mehr wie bisher staatlich zu organisieren, sondern ihn gänzlich privatwirtschaftlich zu strukturieren. Hierzu musste der rechtliche Rahmen verändert werden.

Seit den 1820er Jahren existierten bereits Überlegungen zu einer Vereinheitlichung des zersplitterten preußischen Bergrechts. Der preußische Handelsminister August Freiherr von der Heydt erkannte Anfang der 1950er Jahre jedoch, dass es mit einer bloßen Vereinheitlichung nicht getan war, und so begann er mit einer tiefgreifenden schrittweisen Novellierung des Bergrechts, in deren Verlauf das Direktionsprinzip abgeschafft wurde. Die preußische Bergrechtsreform dauerte von 1851 bis zum Erlass des Allgemeinen Berggesetzes am 24. Juni 1865. Das Allgemeine Berggesetz fasste die vorangegangenen 14 Einzelgesetze zusammen und war Ausdruck einer tiefgreifenden Veränderung von Staat, Wirtschaft und Gesellschaft, die auch das Bergschulwesen nicht unangetastet ließ. Der Staat gab im Reformprozess die Verantwortung für den Bergbau und damit auch für das Bergschulwesen in private Hände.

Als das Reglement für die Bergschüler in Bochum und Essen im Jahr 1854 herausgegeben wurde, befand sich der Ruhrbergbau und mit ihm die Bochumer Bergschule also gerade in einer Phase tiefgreifender Reformen.

Als Vorlage der mit der Privatisierung einhergehenden Reformen an der Bochumer Bergschule kann eine Denkschrift Rudolf von Carnalls gelten. Der geheime Bergrat beim preußischen Handelsministerium, Rudolf Arwid Wilhelm von Carnall (1804–1874), war Anfang der 1850er Jahre als Mitarbeiter des Handelsministers August Freiherr von der Heydt in dessen Reform des Bergrechts eingebunden. In der 1851 von Carnall vorgelegten Denkschrift, dem Carnall'schen Promemoria, skizzierte er eine Reform des preußischen Bergschulwesens. Wegen des geringen Vorbildungsniveaus vieler Bergschüler schlug er zunächst die Einrichtung von Bergvorschulen vor, wie sie im Ruhrgebiet allerdings erst ab 1872 entstanden. Darüber hinaus empfahl Carnall für die Bergschulen Unterricht in einer Reihe von Fächern: Schönschreiben und Sprachstil, Unterricht im Rechnen, Geometrie und Trigonometrie und dazu bergbaubezogene Fächer wie Bergbaukunde und Gebirgslehre, Vermessungs- und Markscheidewesen. Der Unterricht sollte – orientiert an einem festen Lehrplan – von festangestellten Lehrern in den allgemeinbildenden Fächern und von Bergbeamten in den bergmännischen Disziplinen erteilt werden. Die Bergschulkurse sollten zwei Jahre dauern, wie es dann auch im Reglement von 1854 vorgesehen war.

Nach Erlass des von Rudolf von Carnall mitgestalteten Miteigentümergesetzes aus dem Jahr 1851, das die Verantwortung für die Bergbaubetriebe in die Hände der privaten Besitzer legte, wurde 1854 dann von diesen der Bergschulverein Bochum gegründet, der nun Träger der Bergschule war. Die Gewerken verpflichteten sich, durch Beiträge zum Unterhalt der Bergschule beizutragen. Beaufsichtigt wurde die Bergschule fortan durch das bereits erwähnte Kuratorium, welches von der Bergbehörde und dem Bergschulverein paritätisch besetzt wurde.

Heinrich Lottner, zuvor Referendar am Oberbergamt Dortmund, wurde 1854 als „Hauptlehrer" eingestellt und leitete die Bergschule Bochum von nun an geschäftsführend. Als Lottner 1859 nach Berlin wechselte, wo er im Jahr darauf zum ersten Direktor der neu gegründeten Berliner Bergakademie berufen wurde, hinterließ er eine reformierte Bergschule, die, ab 1864 durch die Westfälische Berggewerkschaftskasse getragen, bald die wichtigste Ausbildungsstätte des Ruhrbergbaus werden sollte.

Hundert Jahre nach der Herausgabe des Reglements für die Bergschüler in Bochum und Essen im Jahre 1854, Mitte der 1950er Jahre, hatte die Bergschule Bochum in Zeiten wirtschaftlichen Aufschwungs ihre Maximalgröße erreicht. Immer noch verlangte sie ihren Schülern, wie im Reglement von 1854 niedergeschrieben, für den durch die Ausbildung zum Steiger gewährleisteten sozialen Aufstieg eine hohe Leistungsbereitschaft ab.

ROBERT MUSCHALLA

27 "FAHRPLAN DER EISENBAHN-STRECKE VON WITTEN BIS BOCHUM", BEILAGE ZUM MÄRKISCHEN SPRECHER

Die Eisenbahn in Bochum

Bochums erster Bahnhof lag in Herne

Wie die meisten Städte im Ruhrgebiet war auch Bochum über lange Zeit durch die wenigen vorhandenen Verkehrswege nur sehr unzureichend erschlossen. Eine tiefgreifende Änderung brachte erst der Bau der Cöln-Mindener Eisenbahn, die im Mai 1847 das Nachbardorf Herne erreichte und damit den Grundstein für den industriellen Aufstieg der heutigen Metropolregion Ruhr legte. Die aus Kostengründen durch das flachere Emschertal trassierte Strecke ermöglichte bis dahin nicht gekannte Transportmengen und garantierte vor allem den Bergwerken endlich einen geregelten Versand ihrer Erzeugnisse.

Nachdem am 18. Mai 1843 die Entscheidung gegen einen Streckenverlauf über Bochum bekannt geworden war, setzte sich der Bochumer Landrat intensiv für eine Bahnstation in Herne ein, das nach den Plänen der Eisenbahn eigentlich ohne Halt durchfahren werden sollte. Für Herne sprach neben der Kreiszugehörigkeit vor allem seine verkehrsgünstige Lage, gehörte doch die Bochum-Herner-Chaussee seinerzeit zu den „besseren" Straßen im Stadtgebiet, auf der seit 1836 sogar planmäßig eine Postkutsche nach Recklinghausen verkehrte.

Da es auch in Herne bereits entsprechende Befürworter gab, gelang es den Kommunalpolitikern schließlich, die Eisenbahngesellschaft von der Notwendigkeit einer Bahnstation in Herne zu überzeugen. Zusammen mit der Strecke ging am 15. Mai 1847 der „Herne-Bochum" genannte Bahnhof in Betrieb, womit Bochum – wenn auch nur indirekt – endlich Anschluss an das damals noch sehr weitmaschige Eisenbahnnetz Preußens erhalten hatte.

Bochum Hauptbahnhof

Den eisenbahnbedingten Aufstieg der Emscherzone vor Augen, galt die Aufmerksamkeit der Stadtväter somit verstärkt der Bergisch-Märkischen Eisenbahn, deren Ende 1848 eröffnete Strecke Elberfeld – Witten – Dortmund ebenfalls in nicht unerreichbarer Ferne verlief. Auch Essen, das ebenfalls ohne direkten Eisenbahnanschluss geblieben war, machte sich für den Bau einer Zweigbahn von Witten nach Bochum stark, die über Essen und Mülheim/Ruhr bis Oberhausen verlängert werden sollte. Diesem Gedankengang folgte auch das Bochumer Eisenbahnkomitee, das am 8. Februar 1849 die mögliche Trasse mit Pferd und Wagen in Augenschein nahm. So schrieb der Märkische Sprecher vom selben Tag:

> „Durch eine Deputation aus unserer Mitte ist heute die Linie vom Wittener Bahnhofe bis Bochum bereist und für wohl ausführbar befunden worden. Der Bahnhof für Bochum wird sich in unmittelbarer Nähe der Stadt anlegen lassen. Die bereiste Strecke soll jetzt gleich vermessen und nivelliert werden. Wir ersuchen deshalb unsere Mitbürger, zur Bestreitung der Kosten die gezeichneten Beiträge dem herumgehenden Boten zu behändigen, auch diejenigen unter uns, welche noch nicht gezeichnet haben, sich zu beteiligen, um die gute Sache rasch zu fördern. Die Bereisung von hier bis Essen wird in nächster

27 | „FAHRPLAN DER EISENBAHN-STRECKE VON WITTEN BIS BOCHUM", BEILAGE ZUM MÄRKISCHEN SPRECHER

Stadtarchiv Bochum – Zeitungssammlung

H 36 cm, B ca. 24 cm (aufgeschlagen 48 cm); Papier; 27. Oktober 1860

27 | "FAHRPLAN DER EISENBAHN-STRECKE VON WITTEN BIS BOCHUM", BEILAGE ZUM MÄRKISCHEN SPRECHER

Zeit vor sich gehen, und wir hoffen, in der Zeit von 4 Wochen im Stande zu sein, einen übersichtlichen Plan und Kostenvoranschlag vorlegen und zur Bildung einer Actiengesellschaft übergehen zu können."

Leider war die Euphorie der Bochumer Bürgerschaft unbegründet, denn die Bergisch-Märkische Eisenbahn war in keinster Weise zum Bau der Zweigbahn bereit. Auch der eingebrachte Plan, die Strecke gemeinsam mit Essen und Mülheim/Ruhr zu finanzieren, scheiterte zunächst. Somit vergingen noch etliche Jahre, bis die Eisenbahn selbst den Nutzen der projektierten Bahnlinie erkannte und hierfür am 21. Juni 1858 die erforderliche Konzession einholte. Längst waren die Zechen der Hellwegzone gegenüber denen im Emschertal im Rückstand. Daher drängten diese nun ebenfalls auf den raschen Bau der neuen Verbindungsbahn. Sogar die Bezuschussung einzelner Streckenabschnitte beziehungsweise die Überlassung von Arbeitskräften wurde in Aussicht gestellt.

Als schließlich am 26. Oktober 1860 die 14,78 Kilometer lange Strecke Witten – Bochum eröffnet wurde, brach ganz Bochum in Euphorie aus. Der hier abgebildete erste Fahrplan umfasste immerhin vier Zugpaare täglich, die sich auf einen Betriebszeitraum von rund zwölf Stunden verteilten. Lediglich das viel zu kleine, am heutigen Konrad-Adenauer-Platz errichtete Bahnhofsgebäude enttäuschte. Seine schlichte Architektur entsprach so gar nicht dem Stil einer aufstrebenden Großstadt. Da die Bergisch-Märkische Eisenbahn neben dem Personenverkehr auch den Güter- und Depeschenbetrieb aufnahm, erhielt der Bahnhof direkt neben dem Empfangsgebäude einen kleinen Güterschuppen und einige Freiladegleise für den Viehtransport. Die mehrgleisige Bahnhofsanlage reichte fast bis an die Gemeindegrenze nach Eppendorf heran.

Am 1. März 1862 erfolgte schließlich die Weiterführung in westlicher Richtung über Höntrop und Essen nach Duisburg/Oberhausen. Am 5. Oktober 1862 wurde via Langendreer auch Dortmund auf direktem Weg erreicht. Während sich allerdings Langendreer sofort zu einem wichtigen Zechenbahnhof entwickelte, lag die Bedeutung von Bochum vornehmlich im Personen- und Stückgutverkehr. Erst 1868 konnte mit der Zeche Engelsburg der erste Grubenanschluss hergestellt werden, dem vier Jahre später die Zechen Iduna und Friederika folgten. Am 28. Mai 1870 schloss sich die Inbetriebnahme der Güterzugstrecke Bochum – Riemke – Herne an.

Nachdem die Stadt für den lange geforderten Bahnhofsneubau eine Zinsgarantie übernommen hatte, schrieb die Eisenbahnverwaltung am 27. August 1872 die Arbeiten öffentlich aus. Damit erhielt Bochum endlich ein repräsentatives „Entree", das in seiner Gestaltung für die Häuser der Nachbarschaft richtungsweisend sein sollte. Am 1. November 1874 wurde die Strecke nach Wattenscheid eröffnet und im Gleisdreieck zur Herner Strecke ein Bahnbetriebswerk errichtet. Im Gegensatz zu heute wurde die Wattenscheider Strecke jedoch nicht als schnelle Direktverbindung genutzt, sondern als Teilstück einer fast kreisförmig verlaufenden Ringbahn, welche die Orte Schalke, Katernberg, Essen, Wattenscheid, Bochum, Riemke und Herne miteinander verband.

27 | "FAHRPLAN DER EISENBAHN-STRECKE VON WITTEN BIS BOCHUM", BEILAGE ZUM MÄRKISCHEN SPRECHER

Darüber hinaus wurde im Bereich der Bessemerstraße ein Verschiebebahnhof angelegt. Seine Abnahme erfolgte am 10. November 1875. Mit dem Übergang der Bergisch-Märkischen Eisenbahn auf den preußischen Staat wurde die zuvor "Bochum BM" genannte Station in "Bochum Süd" umbenannt. Nachdem der Bochumer Verein bereits seit 1867 angeschlossen war, folgten 1891 die Eisenhütte Westfalia sowie elf Jahre später die Westfälischen Stahlwerke. Um die Jahrhundertwende zählte der Bahnhof 22 Anschließer. Da der umfangreiche Rangierbetrieb an der Hattinger Straße für dauerhaft geschlossene Schranken sorgte, wurden die gesamten Gleisanlagen über Straßenniveau gehoben und fortan niveaufrei gekreuzt. Gleichzeitig waren die Bahnsteige nur noch über Treppenaufgänge zugänglich, was die Zugabfertigung deutlich sicherer machte.

Die Jahre 1906 bis 1908 standen ganz im Zeichen des Umbaus der Zufahrtgleise. Der Personen- und Güterverkehr wurde nun getrennt voneinander geführt und hierfür im Bereich der heutigen Lohbergbrücke ein Überschneidungsbauwerk errichtet. Die folgenden Jahre verliefen wenig ereignisreich. Erst der Zweite Weltkrieg sorgte für einen massiven Anstieg des Güterverkehrs, da nahezu alle großen Anschließer in die Rüstungswirtschaft involviert waren. Folglich wurde der Bahnhof zum bevorzugten Ziel alliierter Bomber. Im November 1944 wurden das Empfangsgebäude und zahlreiche Gleise fast völlig zerstört.

Der Wiederaufbau nach Kriegsende musste schnell von der Hand gehen – die Ausrichtung des Katholikentages 1949 stand vor der Tür – und so wurde zunächst nur ein Provisorium als Bahnhofsneubau errichtet, der im Volksmund schnell den Beinamen "Katholikenbahnhof" erhielt.

Das heute als Musikclub genutzte Gebäude war zuletzt Teil der Bundesbahnschule Bochum und steht inzwischen unter Denkmalschutz.

Im Sinne einer besseren Erreichbarkeit für den Individualverkehr wurde schließlich im Februar 1954 mit der Verlegung des Hauptbahnhofs an seinen heutigen Standort begonnen. Nachdem zunächst ein jüdischer und ein christlicher Friedhof umgebettet worden waren, konnte im Bereich der Wittener Straße ein dem Zeitgeist entsprechender dreiflügeliger Neubau errichtet werden, der zusammen mit der Streckenelektrifizierung am 2. Juni 1957 offiziell eröffnet wurde.

1974 machte die Aufnahme des S-Bahnverkehrs nach Dortmund die Anlage eines eigenen S-Bahnsteigs erforderlich. Nur fünf Jahre später errichtete die Deutsche Bahn im Zuge der Auflassung des Nordbahnhofs eine auf Stelzen geführte Verbindungskurve zur heutigen "Glückauf-Bahn". Somit können seitdem die von Riemke kommenden Züge direkt in den Bahnhof einfahren. Als vorerst letzte Maßnahme wurde der Hauptbahnhof 2006 aufwendig saniert und zwei Jahre später das noch von 1957 stammende Fahrdienstleiterstellwerk durch moderne ferngestellte Technik ersetzt.

27 | "FAHRPLAN DER EISENBAHN-STRECKE VON WITTEN BIS BOCHUM", BEILAGE ZUM MÄRKISCHEN SPRECHER

Bochum-Langendreer

Auch das 1929 eingemeindete Langendreer wurde von der Bergisch-Märkischen Eisenbahn mit einem eigenen Bahnhof bedacht. Da der Schwerpunkt hier jedoch im Güterverkehr gesehen wurde, führte die Strecke möglichst nah an den Zechen Colonia, Vollmond, Neu-Iserlohn und Heinrich-Gustav vorbei, welche nach und nach einen Gleisanschluss erhielten. Der Bahnhof „Langendreer BM" entstand auf einem Acker in der Nähe des Denkmals und wurde über die „Alte Bahnhofstraße" mit dem Ortskern verbunden. Da sich die Station nach den Vorstellungen der Eisenbahngesellschaft zu einem wichtigen Knotenpunkt entwickeln sollte, wurde das Empfangsgebäude entsprechend großzügig gestaltet, was bei den „benachteiligten" Bochumern für Unmut sorgte. An der Gasstraße entstand ferner ein Lokschuppen mit Wasserturm, Drehscheibe und Übernachtungsmöglichkeiten.

Durch die Strecken nach Witten, Dortmund und Laer blühte die Wirtschaft regelrecht auf, so dass 1874 ein kleiner Verschiebebahnhof entstand, der von der Bergisch-Märkischen Eisenbahn beständig erweitert wurde. Mit der Verlängerung der Rheinischen Bahn über Bochum Nord hinaus erhielt Langendreer 1874 einen zweiten Bahnhof. Neben dem heutigen „Kulturbahnhof" erwarb die Bahngesellschaft ein geeignetes Grundstück, auf dem sie einen achtgleisigen Durchgangsbahnhof errichtete, der zusammen mit der Bahnlinie am 19. November 1874 seiner Bestimmung übergeben wurde. Allerdings waren sowohl das Empfangsgebäude als auch die Güterabfertigung äußerst „provinziell" ausgefallen, so dass die Enttäuschung entsprechend groß war. Dennoch erfüllte der „Langendreer Rheinisch" genannte Bahnhof seine Aufgaben voll und ganz, so dass auch ihm ein Bahnbetriebswerk angegliedert wurde, aus dem später das Bw Bochum-Langendreer hervorging.

Die konkurrierenden Bahngesellschaften machten sich keinerlei Zugeständnisse und rangen dabei um jeden Anschluss. Nachdem die Bergisch-Märkische schon bei den Zechen Bruchstraße und Siebenplaneten das Rennen gemacht hatte, setzte die Rheinische Eisenbahn wenigstens den Bau der Strecke nach Löttringhausen durch, die am 23. Dezember 1880 die Bergwerke im heutigen Dortmunder Süden erschloss.

Die Übernahme durch die Preußische Staatsbahn brachte beiden Bahnhöfen nur wenige Neuerungen: Der Rheinische Bahnhof hieß nun „Langendreer Nord", der Bergisch-Märkische entsprechend „Langendreer Süd". Erst das anbrechende 20. Jahrhundert und die damit verbundenen Zuwächse in der Industrieproduktion machten einen weiteren Ausbau der Gleisanlagen erforderlich. Beide Güterbereiche genügten längst nicht mehr den Anforderungen, so dass der Ruf nach einem modernen Rangierbahnhof immer lauter wurde. Auch die Personenbahnhöfe bedurften dringend einer Frischzellenkur, weshalb die Eisenbahndirektion Essen vorschlug, den Personenbahnhof Süd zu modernisieren und den Rangierverkehr auf den Nordbahnhof zu konzentrieren. Nach verschiedenen Wirtschaftlichkeitsberechnungen war es letztlich allerdings günstiger, einen der beiden Bahnhöfe ganz aufzugeben und stattdessen einen neuen großräumigen Personen- und Güterbahnhof zu bauen. Zum Leidwesen der Bevölkerung entschied sich die Bahn gegen den Südbahnhof, da es im Umfeld des Nord-

27 | „FAHRPLAN DER EISENBAHN-STRECKE VON WITTEN BIS BOCHUM", BEILAGE ZUM MÄRKISCHEN SPRECHER

bahnhofs genügend freies Bauland gab. Dagegen pulsierte das Leben inzwischen im Süden, wo sich im Bahnhofsumfeld eine Art „Neu-Langendreer" entwickelt hatte.

1906 erfolgte der erste Spatenstich. Durch die strikte Trennung von Personen- und Güterverkehr wurden die Streckengleise in einer vollkommen veränderten Lage in den neuen Bahnhof geführt, während die Gleise des Südbahnhofs abgebaut wurden. Das 1908 fertiggestellte Empfangsgebäude entstand nach Entwürfen des Architekten Schlomeyer im Jugendstil. 1929 wurde der Bahnhof in „Bochum-Langendreer" umbenannt. Im Rahmen des Ruhrschnellverkehrs wurde die Strecke nach Bochum wenig später viergleisig ausgebaut und die schienengleiche Kreuzung der Zeche Bruchstraße durch eine Überführung ersetzt.

Im Zweiten Weltkrieg hatte Langendreer mit den gleichen Problemen wie die übrigen Ruhrgebietsbahnhöfe zu kämpfen. Allerdings waren die Verwüstungen hier deutlich geringer, so dass der Neuanfang vergleichsweise zügig vonstattenging. Dennoch machte sich das Zechensterben schon bald auch hier bemerkbar. Bereits 1962 wurde daher der Ablaufberg West aufgegeben und die Zugbildung nach Dahlhausen und Wanne-Eickel verlagert. Der Ostberg wurde dagegen beibehalten und diente vor allem der Zugbildung nach Hagen-Vorhalle. Noch im selben Jahr konnte der Wechselverkehr mit dem neuen Opel-Werk aufgenommen werden. 1967 wurde zudem ein Containerterminal eröffnet, das bereits 2000 wieder seine Tore schloss. Zum 25. September 1966 wurde das Bahnbetriebswerk als selbstständige Dienststelle aufgegeben.

Der erstarkende Individualverkehr forderte schon bald auch in Langendreer seinen Tribut. 1976 verkehrten von und nach Löttringhausen lediglich zwei Zugpaare pro Tag, so dass die Einstellung drei Jahre später nur eine logische Konsequenz war. Gleiches galt auch für den Verkehr von Recklinghausen nach Oberwengern, der immer stärker ausgedünnt wurde. Die Aufgabe der D-Zughalte und die Schließung der Fahrkartenausgabe 1982 beziehungsweise 1983 führten zu weiteren Fahrgastrückgängen. Der S-Bahnverkehr verdrängte schließlich den konventionellen Reisezugverkehr vollständig, so dass im September 1983 der Personenbahnhof aufgelassen wurde. An seine Stelle traten zwei neue S-Bahnhaltepunkte an der S1, wovon der Haltepunkt „West" interessanterweise am Standort des einstigen Bergisch-Märkischen Bahnhofs errichtet wurde. 2004 wurde die seit 1982 nur noch bis Witten Ost bediente Strecke nach Löttringhausen stillgelegt. Das gleiche Schicksal steht wohl auch unmittelbar der Opel-Bahn nach Laer bevor.

Bochum Nord

Nachdem die Rheinische Eisenbahn am 20. November 1871 die Konzession für die Weiterführung ihrer Strecke Osterath – Wattenscheid bis Dortmund Süd erhalten hatte, errichtete sie sogleich am heutigen Ostring den Nordbahnhof. Das überaus repräsentative Gebäude beherbergte unter anderem die Regionalverwaltung sowie die Bauleitung für den Streckenausbau.

Aufgrund der wirtschaftlich angespannten Lage – der deutsch-französische Krieg war gerade

27 | „FAHRPLAN DER EISENBAHN-STRECKE VON WITTEN BIS BOCHUM", BEILAGE ZUM MÄRKISCHEN SPRECHER

beendet – konnte der Abschnitt Wattenscheid – Bochum erst am 2. Oktober 1874 fertiggestellt und am 15. desselben Monats für den Personen- und Güterverkehr eröffnet werden. Die Weiterführung bis Dortmund erfolgte am 19. November 1874.

Mit dem „Bochum Rheinisch" genannten Bahnhof verfügte Bochum nun über zwei Bahnhöfe in zentraler Lage, die von den Bürgern gleich gut angenommen wurden. Lediglich im Güterverkehr dominierte weiterhin der Bergisch-Märkische Bahnhof. Die abseitige Lage vom Industriegeschehen forderte ihren Tribut und so blieb der Güterumschlag zunächst deutlich hinter den Erwartungen zurück. Erst als die Zechen Herminenglück-Liborius (später Constantin III) und Prinz von Preußen an den Bahnhof angeschlossen wurden, nahm der Güterverkehr sprunghaft zu. Hierdurch bedingt erweiterte die Rheinische Eisenbahn 1878/79 den Bahnhof um mehrere Gleise und schuf damit die Basis für einen modernen Güter- und Verschiebebahnhof. Da die erhöhten Zugleistungen auch einen Mehrbedarf an Lokomotiven nach sich zogen, gliederte man der Station im östlichen Bereich einen elfständigen Lokschuppen an.

Nach der Verstaatlichung nahm die Preußische Eisenbahn-Verwaltung 1883 eine Zweigbahn nach Weitmar in Betrieb, womit der nun als „Bochum Nord" bezeichnete Bahnhof einen wichtigen Anschluss an die Ruhrtalbahn in Dahlhausen erhielt. Die Strecke war bereits durch die Rheinische Eisenbahn geplant worden und sollte ursprünglich über Linden nach Hattingen führen. Da die Ruhrtalbahn aber ebenfalls Hattingen berührte, wurde hierauf nach der Verstaatlichung verzichtet. Mit dem gleichzeitigen Bau einer Anschlussbahn zur Zeche Lothringen in Gerthe konnte der Güterumschlag nochmals gesteigert werden.

Am 1. April 1884 nahm man zwischen Bochum Nord und Weitmar den Personenverkehr auf, der mit zwei pendelnden Zügen der zweiten bis vierten Klasse bewältigt wurde. Eine zunächst angedachte Verlängerung bis Dahlhausen wurde nicht realisiert, so dass der Fahrgastbetrieb ein Provisorium blieb und nach Eröffnung der Straßenbahn Bochum – Weitmar wieder eingestellt wurde.

1925 errichtete die Bergwerksgesellschaft Lothringen an der Castroper Straße die „Eisen- und Hüttenwerke AG", die heute als „Stahlwerke Bochum GmbH" firmiert. Direkt neben der Anschlussbahn nach Gerthe gelegen, wurde das Stahlwerk zum wichtigsten Anschließer des Bahnhofs.

Das dunkelste Kapitel erfuhr der Nordbahnhof in der NS-Zeit, als von hier aus Juden und Angehörige anderer verfolgter Gruppen den Weg in die Vernichtungslager antreten mussten. Bei Luftangriffen wurde unter anderem das Empfangsgebäude erheblich beschädigt und ein Teil des obersten Stockwerks fast vollständig zerstört. Nach Kriegsende wurde das betagte Gebäude wieder hergerichtet – doch verzichtete man auf den Wiederaufbau in alter Form. So blieb der Bahnhof zweigeschossig mit nicht ganz stilgerechtem Dach.

Um Raum für den Bau des neuen Ostrings zu erhalten, begann man 1955 mit der Hebung des Vorplatzes und dem Abriss der völlig heruntergewirtschafteten Nachbarhäuser.

Das einsetzende Zechensterben schlug sich nur wenig später auch auf die Rheinische Strecke nieder. Die rückläufigen Frachtmengen führten am 28. Mai 1959 zur Aufgabe des im Jahr

27 | „FAHRPLAN DER EISENBAHN-STRECKE VON WITTEN BIS BOCHUM", BEILAGE ZUM MÄRKISCHEN SPRECHER

1910 gründlich modernisierten Bahnbetriebswerks, das in Teilen noch heute als Gewerbefläche genutzt wird. Exakt 20 Jahre später wurde der Personenverkehr eingestellt und auf den Hauptbahnhof konzentriert. 1992 wurde auch der Stückgutverkehr aufgegeben. 1997 scheiterte schließlich der Versuch, das Empfangsgebäude unter Denkmalschutz zu stellen. Im Jahr 2000 erwarb die benachbarte Privatbrauerei Moritz Fiege das Gebäude, um es einer neuen Nutzung als Gastronomie- und Bürostandort zuzuführen. Leider scheiterte dieses Vorhaben an der fehlenden Wirtschaftlichkeit. Im Juli 2016 erfolgte der Weiterverkauf des Nordbahnhofs an eine Bochumer Immobilienfirma.

Bochum-Präsident
Durch die starke Ausdehnung der Zeche Präsident entwickelte sich Hamme zu Beginn der 1870er Jahre fast sprunghaft vom Ackerdorf zum „Häusermeer". Als 1874 die Rheinische Eisenbahn ihren Güterbahnhof „Präsident" in unmittelbarer Nähe zur Schachtanlage I anlegte, forderte der Gemeinderat daher auch eine eigene Personenhaltestelle. Auch der Grubenvorstand fand an dieser Idee Gefallen und setzte sich nachdrücklich für deren Realisierung ein. Leider zeigte die Eisenbahn zunächst wenig Interesse, da mit dem späteren Nordbahnhof eine Personenhaltestelle in unmittelbarer Nachbarschaft kurz vor ihrer Fertigstellung stand. Hiermit wollten sich aber weder die Gemeinde noch die Grubenleitung zufrieden geben. Dem ständigen Drängen gab die Bahngesellschaft schließlich nach und beantragte zum Jahreswechsel 1875/76 eine „Personenzug-Haltestelle bei der Zeche Präsident", die durch Kabinettsorder vom 4. Juli 1876 auch genehmigt wurde. Die Baukosten wurden zwischen Gemeinde, Zeche und Bahngesellschaft aufgeteilt. Schwierig gestaltete sich die Standortsuche. Während Zeche und Bahngesellschaft die neue Station möglichst in den Güterbahnhof integrieren wollten, bemängelte die Bürgervertretung die schlechte Anbindung an den Ortskern und stellte sich daraufhin gegen den Plan. Als Kompromiss wurde schließlich ein Standort unmittelbar neben der Überführung der Bergisch-Märkischen Strecke Bochum – Herne gefunden, wo ein kleines Stationsgebäude mit Zugang über die Eickeler Straße entstand.

Nach der Verstaatlichung entstanden Pläne, den Haltepunkt rund 500 Meter nach Osten zu verlegen, um sie damit an die projektierte Personenzugstrecke Wanne – Riemke – Bochum Nord (Salzstrecke) anzugliedern. An der heutigen Signalstraße konnte ein ausreichend großes Grundstück erworben werden, auf dem das neue Stationsgebäude errichtet wurde.
Der eingeschossige Neubau war im Stil eines typischen Vorortbahnhofs gehalten und nicht viel größer als das alte Gebäude. Lediglich die kleine Bahnsteigüberdachung und nunmehr zwei Personenzuggleise ließen einen Fortschritt erkennen. Zusammen mit dem Anschluss zum Schlachthof wurde die neue Station am 25. Juni 1883 eröffnet. Drei Jahre später erfolgte die Inbetriebnahme der Salzstrecke. Dem hieraus resultierenden Fahrgastanstieg war das neue Empfangsgebäude schon bald nicht mehr gewachsen. In Spitzenzeiten drohte die mittlerweile nur noch „Präsident" genannte Station aus allen Nähten zu platzen, was den Wunsch nach einem größeren Gebäude laut werden ließ. Abhilfe brachten jedoch erst die 1920er

27 | „FAHRPLAN DER EISENBAHN-STRECKE VON WITTEN BIS BOCHUM", BEILAGE ZUM MÄRKISCHEN SPRECHER

Jahre. Längst war das Zugaufkommen auf 225 Züge angewachsen, von denen 57 im Bahnhof hielten. Mit dem Neubau wurde am 1. April 1923 begonnen, doch kamen die Arbeiten infolge der Ruhrbesetzung zwischen August 1923 und Dezember 1924 vollständig zum Erliegen. Als besonders hinderlich erwies sich dabei, dass die Dorstener Straße wegen der geplanten Eisenbahnüberführung schon ab Januar 1923 für den Verkehr gesperrt war und das Leben in Hamme dadurch praktisch lahmgelegt wurde.

Neben der Höherlegung der Strecke standen der Neubau des Empfangsgebäudes sowie der Anschluss an die Kanalisation auf dem Programm. Ferner mussten die Straße neu nivelliert und rund 30 Häuser um eine Stockwerkstiefe abgesenkt werden. Am 1. Dezember 1925 konnte der neue Bahnhof Bochum-Präsident feierlich eröffnet werden. Wiederum spaltete er seine Kritiker in zwei Lager: Während die einen den Bau als modern und zweckmäßig empfanden, sahen ihn die anderen als abermals zu klein und hässlich an. Beanstandet wurde von beiden Seiten die fehlende Güterabfertigung, auf die aus Kostengründen verzichtet worden war.

Nach Stilllegung der Zeche Präsident im Jahr 1931 normalisierte sich das Fahrgastaufkommen allerdings recht schnell und es gab erste Überlegungen, den Bahnhof ganz aufzugeben, da Reisende im Nahverkehr ihre Fahrziele auch mit der parallel verkehrenden Straßenbahn erreichen konnten.

Im Mai 1959 sorgte schließlich die Stilllegung der Salzstrecke für eine weitere Ausdünnung. Dennoch dauerte es noch bis zum Sommerfahrplan 1979, als mit der Konzentration des Reiseverkehrs auf den Hauptbahnhof das Ende des Personenbahnhofs Bochum Präsident besiegelt und gut einen Kilometer weiter nördlich der Haltepunkt Bochum-Hamme an der Strecke zum Hauptbahnhof eröffnet wurde.

Bochum West

Nachdem der Bochumer Verein für Bergbau und Gußstahlfabrikation schon seit dem 11. Dezember 1867 über einen Anschluss an die Bergisch-Märkische Strecke Bochum – Herne verfügte, beantragte die Firmenleitung die Einrichtung einer Personenhaltestelle für Belegschaftsmitglieder. Dem Anliegen wurde am 31. Mai 1875 stattgegeben und mit dem Bahnhof „Gußstahlfabrik" an der Alleestraße der Vorläufer des heutigen Haltepunktes „Bochum West" errichtet.

Da der Bochumer Westen nicht ausreichend verkehrlich erschlossen war, erreichten die Bochumer Stadtväter schließlich die öffentliche Nutzung des Bahnhofs, wodurch er sich rasch zur beliebtesten Vorstadtstation Bochums entwickelte.

Nach der Verstaatlichung trennte sich die Bahnverwaltung von der alten Stationsbezeichnung und nannte den Bahnhof in „Bochum-Gußstahl" um. Eingaben, den Bahnhof „Bochum West" zu nennen, blieben unter dem Druck des Bochumer Vereins unberücksichtigt.

Mit dem Ausbau des Hauptbahnhofs nahm die Bedeutung des Gussstahlbahnhofs allerdings stetig ab, zumal viele Zughalte aus Rationalisierungsgründen gestrichen wurden. Zudem war

27 | „FAHRPLAN DER EISENBAHN-STRECKE VON WITTEN BIS BOCHUM", BEILAGE ZUM MÄRKISCHEN SPRECHER

der Belegschaftsverkehr stark rückläufig, da sich die meisten Werksangehörigen zwischenzeitlich in unmittelbarer Nachbarschaft angesiedelt hatten oder mit der 1896 eröffneten Straßenbahn ins Büro fuhren. Für die Arbeiterschaft kam eine Bahnfahrt aus Kostengründen ohnehin nicht in Frage.

Schließlich wurde nach Gründung der Deutschen Reichsbahn die Auflassung des Bahnhofs beschlossen und hier 1937 das Reichsbahnbauamt untergebracht, um das stattliche Empfangsgebäude vor dem Verfall zu bewahren. Ein Bombentreffer im Zweiten Weltkrieg brachte dem Bemühen um den Erhalt allerdings ein jähes Ende.

Während es zum Zeitpunkt der Stilllegung noch wütende Proteste gab, war die Station nach Kriegsende bereits in Vergessenheit geraten. Lediglich die Nahverkehrsplaner trauerten dem günstigen Standort nach. Dennoch dauerte es noch bis Mai 1979, als hier im Zuge der Auflassung des Nordbahnhofs der neue Haltepunkt „Bochum West" eingerichtet wurde.

Bochum-Riemke

Die Eisenbahn in Riemke ist eng mit den Zechen Constantin der Große und Hannibal verbunden, die lange Zeit vor Eröffnung der Strecke Bochum – Herne den Bau einer Anschlussbahn zum Bahnhof Herne der Cöln-Mindener Eisenbahn beschlossen hatten. Die Zechenbahn sollte in die Zeche Shamrock einmünden, die schon seit Juni 1860 Anschluss an den Herner Bahnhof hatte. Nach erfolgreichen Verhandlungen mit Shamrock konnte im Frühjahr 1861 mit der Bauausführung begonnen werden. Die Strecke war bereits im Januar 1862 betriebsbereit, doch erfolgte ihre Abnahme erst am 14. April 1862. Die von Constantin und Hannibal getrennt ausgehenden Anschlussbahnen vereinigten sich in Höhe der Straße „Auf dem Dahlacker" zu einem Gleis, das bis zur Südstraße mit der heutigen DB-Strecke identisch ist. Von hier aus verlief die Zechenbahn in nordöstliche Richtung zur Zeche Shamrock 1/2.

Da die Bergisch-Märkische Eisenbahn auch den Anschluss der Herner Zechen ins Auge gefasst hatte, trat sie an Constantin und Hannibal heran, um die Zechenbahn als Teil ihrer projektierten Strecke Bochum – Riemke – Herne zu übernehmen. Da die Zechen ohnehin mit den Leistungen der Cöln-Mindener Eisenbahn unzufrieden waren, stimmten sie der Übernahme zu.

Am 28. Mai 1870 erfolgte die Eröffnung der Relation Bochum – Riemke – Herne als reine Güterbahn. Zum Ausrangieren der Kohlenwagen entstand am Dahlacker der „Bahnhof Riemke", der zunächst nur aus wenigen Gleisen bestand. Dies sollte sich jedoch nach Aufnahme des Personenverkehrs und der Durchführung der Züge bis Essen beziehungsweise Schalke zum 1. Januar 1875 ändern. In Höhe der Verkehrsstraße entstand ein kleines Empfangsgebäude mit angeschlossener Güterabfertigung, das von den Riemkern rege in Anspruch genommen wurde. Dennoch war die Zugfolge mit sechs Zugpaaren vergleichsweise bescheiden. Anders sah es im Güterverkehr aus, der bereits im Juli 1875 den zweigleisigen Ausbau der Strecke nach Herne und den Bau weiterer Rangiergleise erforderlich machte.

Mit Zunahme der Einwohnerzahl konnte das Angebot an haltenden Zügen schon bald nicht

27 | "FAHRPLAN DER EISENBAHN-STRECKE VON WITTEN BIS BOCHUM", BEILAGE ZUM MÄRKISCHEN SPRECHER

mehr befriedigen. Zudem drängten die Zechen Königsgrube (Röhlinghausen) und Hannover (Hordel) auf einen eigenen Personenbahnhof, da sie für Kunden und Belegschaftsmitglieder nur schwer zu erreichen waren.

Am 1. Oktober 1886 wurde deshalb die gleich drei Zechen (Königsgrube, Hannover und Hannibal) tangierende "Salzstrecke" Wanne – Hordel – Riemke eröffnet, die in Hofstede in die Riemker Gleise mündete. In Hamme erfolgte ihre Einfädelung in den Personenbahnhof Präsident mittels einer neu gebauten Verbindungskurve, über die bis heute die Hauptlast des Güterverkehrs in Bochum läuft.

Die Bezeichnung "Salzstrecke" war ein fester Begriff der Eisenbahner, dessen Ursprung allerdings nicht zweifelsfrei geklärt ist. So reichen mögliche Erklärungen von Salzfunden beim Streckenbau über zu Tage tretendes Solewasser bis hin zu einem verunfallten Salzzug oder dem Bergischen Land als späterer, salzfördernder Endpunkt der Personenzugverbindung.

Da das alte Riemker Stationsgebäude über die Salzstrecke betrieblich nicht erreichbar war, wurde es aufgelassen und an der Poststraße der Haltepunkt "Hofstede-Riemke" eröffnet.

Um den steigenden Fahrgastzahlen in Hofstede-Riemke gerecht zu werden, wurde das Empfangsgebäude 1894 erweitert und zeitgleich das zweite und dritte Streckengleis nach Bochum in Betrieb genommen. Damit war auch der 1889 begonnene Ausbau des Riemker Güterbahnhofs beendet. Neben modernen Signalanlagen erhielt der Bahnhof einen Ablaufberg und eine entsprechende Gleisgruppe für die Zugbildung. Am 30. April 1896 erfolgte schließlich die Einstellung des Personenverkehrs nach Herne zugunsten der zwei Jahre zuvor eröffneten Straßenbahn Herne – Bochum.

Die Folgejahre standen ganz im Zeichen der Expansion der Constantin-Schächte, was sich in der Anlage eines großen, rund 1,25 Kilometer langen Sammelbahnhofs parallel zur Herner Strecke niederschlug. Der Sammelbahnhof erhielt 1917 über die Wanne-Bochum-Herner Eisenbahn Anschluss an den Rhein-Herne-Kanal, so dass ein Großteil der Grubenerzeugnisse fortan verschifft werden konnte.

Mit der Eingemeindung Riemkes erhielt der Bahnhof 1926 die Bezeichnung "Bochum-Riemke", die zum Ärger der Hofsteder auch für die Personenhaltestelle übernommen wurde.

Am 15. Mai 1949 nahm die Bahn den Personenverkehr nach Herne wieder auf. Hierfür errichtete sie an der Riemker Straße den Haltepunkt "Bochum-Riemke Nord", der von Riemker Seite über die sogenannte Asthmabrücke zu erreichen war. Ab August 1958 wurde der Haltepunkt nicht mehr angefahren und stattdessen in Höhe des neu errichteten Graetz-Werkes der Haltepunkt "Bochum-Graetz" eröffnet. Am 31. Mai 1959 endete der Personenverkehr auf der Salzstrecke, womit Bochum-Graetz (heute "Bochum-Riemke") die Rolle der letzten Riemker Personenstation zukam.

Mit Gründung der "Bochumer Bergwerke", durch welche die Förderung von Hannibal (1964) und Constantin (1966) auf die Zeche Hannover konzentriert wurde, endete auch für den Bahnhof Riemke das Kapitel Bergbau. Der Wagenumschlag ging erheblich zurück, was auch

27 | „FAHRPLAN DER EISENBAHN-STRECKE VON WITTEN BIS BOCHUM", BEILAGE ZUM MÄRKISCHEN SPRECHER

durch den letzten verbliebenen Großkunden „Bergrohr" nicht kompensiert werden konnte. Im Jahr 2005 wurde der Güterbahnhof zurückgebaut und die drei noch heute vorhandenen Stellwerke durch ferngestellte Signaltechnik ersetzt.

Bochum-Laer

Der in der Öffentlichkeit weitgehend unbekannte Bahnhof „Bochum-Laer" diente zuletzt dem Automobilhersteller Opel als Werks- und Übergabebahnhof. Seine Anfänge reichen zurück bis in das Jahr 1861, als die Zeche Dannenbaum eine Pferdeschleppbahn nach Langendreer in Betrieb nahm, die ein Jahr später von der Bergisch-Märkischen Eisenbahn übernommen und für den Lokomotivbetrieb ertüchtigt wurde. Für den Wagenumschlag entstand in unmittelbarer Nähe zu Dannenbaum ein kleiner Sammelbahnhof, an dem 1862 auch die Zechen Glücksburg und Julius Phillip über eine schmalspurige Pferdebahn angeschlossen wurden. Das Umladen von Schmalspur auf Regelspur erfolgte im Sammelbahnhof mit Hilfe eines Ladekrans.

Am 10. Oktober 1870 verlängerte die Bergisch-Märkische Eisenbahn ihre Strecke über Laer hinaus bis Dahlhausen und gliederte dem Bahnhof ein vergleichsweise stattliches Stationsgebäude für den Eil- und Stückgutversand an, das durchaus in der Lage gewesen wäre, den nie realisierten Personenverkehr aufzunehmen.

1878 wurde die Schmalspurbahn auf Regelspur umgespurt, so dass das zeitaufwändige Umladen entfiel. 1908 ging die Förderung der seit 1863 konsolidierten Schachtanlagen Glücksburg und Julius Phillip auf die Zeche Prinz Regent in Weitmar über, womit der Güterumschlag in Laer spürbar abnahm. 1958 stellte schließlich auch Dannenbaum die Förderung ein. Auf dem Zechengelände siedelte sich die Firma Opel an, in deren Transportlogistik Bahnhof und Strecke vollständig integriert wurden.

Bochum-Weitmar

Als 1870 die Strecke Langendreer – Laer bis Dahlhausen verlängert wurde, führte sie zunächst ohne Halt durch Weitmar, da sich der Wagenladungsverkehr ganz auf die Bahnhöfe Laer und Dahlhausen konzentrieren sollte. Mit Zunahme des Kohleverkehrs erwies sich die eingleisige Streckenführung allerdings als großes Hindernis, so dass sich die Bergisch-Märkische Eisenbahn zur Einrichtung einer Kreuzungsstelle entschloss, für die der Standort Weitmar geeignet erschien. 1875 begann man mit der Verlegung eines Überholgleises, das bedarfsweise auch für Ladetätigkeiten genutzt werden sollte. Abgenommen wurde die neue Betriebsstelle daher als „Haltestelle für den Wagenladungsverkehr". Zu einem „richtigen" Bahnhof wurde Weitmar erst nach der Verstaatlichung. Am 18. Juli 1882 wurde mit der Erweiterung der Gleise begonnen und am 1. November 1883 die Neubaustrecke nach Bochum Nord eröffnet. Damit war die Basis für den direkten Anschluss benachbarter Schachtanlagen geschaffen.

Noch während der Bauarbeiten ging die Anschlussbahn zur Zeche Carl-Friedrich in Betrieb, der am 10. Oktober 1883 die Zechen Friederika und Prinz Regent folgten. Nur ein halbes Jahr

27 | „FAHRPLAN DER EISENBAHN-STRECKE VON WITTEN BIS BOCHUM", BEILAGE ZUM MÄRKISCHEN SPRECHER

später hielt auch der Personenverkehr Einzug. Am 1. April 1884 verkehrte der erste Personenzug zwischen Bochum Nord und Weitmar, während die Strecke gleichzeitig für den „Eil-, Frachtstückgut- und Privatdepechenverkehr" eröffnet wurde. Die zwei täglichen Zugpaare erfreuten sich anfangs großer Beliebtheit, doch machte sich schon bald die fehlende Durchbindung nach Dahlhausen nachteilig bemerkbar. Nachdem die neu eröffnete Straßenbahn Bochum – Weitmar – Hattingen zusätzlich Fahrgäste abwarb, endete bereits 1906 das „Experiment Personenverkehr" wieder. Das eigens hierfür erbaute Empfangsgebäude diente fortan nur noch als Güterabfertigung.

Vermutlich seit 1898 bestand ferner eine Gleisverbindung zur Zeche General, über die Mitte der 1930er Jahre auch die Werksbahn des Bochumer Vereins, Werk Weitmar, angeschlossen wurde.

1907 übernahm die Zeche Prinz Regent die Grubenfelder der Schachtanlagen Hasenwinkel und Julius Phillip. Der hieraus resultierende Wagenversand drängte den Bahnhof Weitmar trotz mehrfachen Ausbaus an den Rand seiner Leistungsfähigkeit.

Nach Kriegsende 1945 wurde für kurze Zeit der Personenverkehr wieder aufgenommen, wobei die Züge diesmal bis Dahlhausen durchgebunden wurden.

Bis zur Stilllegung von Prinz Regent 1960 wurden jährlich rund 800 000 Tonnen Kohle gefördert und per Schiene in Weitmar zum Versand gebracht. Als letzte Großanschließer verblieben danach nur noch das auf dem Zechengelände weiterbetriebene Heizkraftwerk Prinz Regent sowie das 1961 fertiggestellte Steinkohlekraftwerk Springorum. Nachdem Springorum bereits 1986 stillgelegt wurde, erfolgte zehn Jahre später die Umstellung des Heizkraftwerks auf Gasbetrieb, wodurch der Bahnbetrieb in Weitmar völlig zum Erliegen kam und 1999 offiziell eingestellt wurde.

Bochum-Dahlhausen

Nachdem sich entlang der schiffbaren Ruhr zahlreiche Bergwerke angesiedelt hatten, lag es auf der Hand, diese eisenmäßig zu erschließen und die Strecke den Absatzgebieten entsprechend entlang dem Flussverlauf zu führen. Die heute von der DB AG nicht mehr durchgehend betriebene Ruhrtalbahn vermittelte einst einen Großteil des Güterverkehrs zwischen Dahlhausen und dem Verkehrsknoten Hagen und rückte mit Aufnahme des Museumsverkehrs ab 1981 auch ins öffentliche Interesse. So bleibt bis heute ein Teil der Geschichte lebendig, die am 19. September 1863 mit der Eröffnung der „Steele-Dahlhauser Eisenbahn" begann.

Noch bevor überhaupt der genaue Streckenverlauf der restlichen Ruhrtalbahn feststand, vereinbarte die Bergisch-Märkische Eisenbahn-Gesellschaft mit den Zechen General Erbstollen und Hasenwinkel den Bau einer Bahnstrecke von Steele nach Dahlhausen, an die sich eine entsprechende Zechenbahn anschließen sollte. Zur Unterstützung des Projekts zeichneten die Bergwerke Aktien der Bergisch-Märkischen Eisenbahn im Wert von 160 000 Talern und überwiesen zusätzlich noch 25 000 Taler für die Beschaffung von neuen Güterwagen.

Da sich die Eisenbahn andernorts bereits zum Konjunkturmotor entwickelt hatte, bemüh-

27 | „FAHRPLAN DER EISENBAHN-STRECKE VON WITTEN BIS BOCHUM", BEILAGE ZUM MÄRKISCHEN SPRECHER

ten sich auch die links der Ruhr gelegenen Schachtanlagen Altendorf und Gelria um einen Bahnanschluss. Hierzu wurde über die Ruhr eine Holzbrücke für Grubenloren errichtet, die bei Dahlhausen in einen Kohlenbunker entleert wurden.

Schnell stiegen die Förderleistungen an und auf den Zechengeländen machten sich die ersten Nebengewinnungsanlagen breit. Als hinderlich erwies sich dabei nur, dass alle Gruben von Steele aus bedient wurden und der Wagenaustausch dadurch oftmals ins Stocken geriet, was vor allem der eingleisigen Streckenführung geschuldet war. Auch fehlten geeignete Abstellmöglichkeiten, so dass sich die Bergisch-Märkische Eisenbahn zum Bau eines Sammelbahnhofs entschloss. Als geeigneter Standort wurde der Bereich um den Kohlenbunker der Zechen Altendorf und Gelria gesehen, wo bereits eine bescheidene Gleisgruppe vorhanden war. Außerdem befand sich die Anschlussbahn nach Hasenwinkel in unmittelbarer Nähe, womit die Bahnverwaltung besondere Pläne hatte. So sollte hierüber der Bahnhof Laer erreicht und damit das Bochumer Kohlenrevier direkt an das Ruhrtal angeschlossen werden. Ferner war geplant, die Steele-Dahlhauser Strecke so schnell wie möglich bis Hagen zu verlängern. Während die „Kohlenstation Dahlhausen" sofort in Angriff genommen und auch ein Anschluss an die Zeche Dahlhauser Tiefbau eröffnet werden konnte, kam man mit den beiden geplanten Strecken nicht wie gewünscht voran. Erst 1868 konnte die Zechenbahn nach Hasenwinkel übernommen und bis Laer verlängert werden, doch ließ die Betriebsaufnahme weitere zwei Jahre auf sich warten, da die Zeche Dannenbaum in Laer Einspruch gegen die Streckenführung über ihr Grundeigentum eingelegt hatte.

Am 28. Dezember 1869 erfolgte die Verlängerung der Steele-Dahlhauser Eisenbahn bis Oberwengern. Die Weiterführung bis Hagen nahm dagegen weitere fünf Jahre in Anspruch. 1870 erhielt Dahlhausen ein Stationsgebäude und eine Güterabfertigung. Beide Gebäude erwiesen sich allerdings schon bald als zu klein; ähnlich wie die Gleisanlagen, die 1874 um 574 Meter Gleis erweitert wurden. Außerdem erfolgte die Eröffnung einer Verbindung von Kupferdreh über Altendorf (seit 1970 Burgaltendorf) nach Dahlhausen, auf der 1879 auch der Personenverkehr aufgenommen wurde. Ebenfalls 1874 erfuhr der Bahnhof durch den Anschluss der Koksbrennerei von Reese sowie der Zechen Baaker Mulde und Friedlicher Nachbar weiteren Aufschwung. 1875 gab es endlich – dank großzügiger Spenden der Gemeinden Dahlhausen und Linden – ein neues Empfangsgebäude.

Mit Zunahme des Stahlabsatzes gewann auch der Verkehr zur Henrichshütte an Bedeutung. Der räumlich sehr beengte Bahnhof Hattingen war kaum in der Lage den Güterumschlag zu bewältigen. So übernahm Dahlhausen zu Beginn der 1890er Jahre den Großteil der Zugbildungen des Hüttenwerks, womit der tägliche Umschlag rund 2 000 Wagen umfasste.

Ab 1910 wurden die Gleisanlagen komplett neu ausgerichtet und sämtliche Strecken für einen optimierten Betriebsablauf neu in den Bahnhof eingefädelt. Außerdem wurde dem Hochwasserschutz Rechnung getragen, indem Bahnhof und Hauptstrecke auf einen Damm gehoben wurden. Der Neubau des Empfangsgebäudes und die Angliederung eines großen Bahnbetriebswerks rundeten das am 20. Dezember 1916 vollendete „Erneuerungspro-

27 | "FAHRPLAN DER EISENBAHN-STRECKE VON WITTEN BIS BOCHUM", BEILAGE ZUM MÄRKISCHEN SPRECHER

gramm" ab.

Mit der Eingemeindung nach Bochum wurden Bahnhof und Bahnbetriebswerk ab 1929 in „Bochum-Dahlhausen" umbenannt.

Der Zweite Weltkrieg führte zu einem letztmaligen Anstieg des Güterverkehrs, da vor allem die Henrichshütte rüstungsbedingt auf Hochtouren produzierte. 1959 wurde der Personenverkehr Richtung Altendorf eingestellt. Nur sechs Jahre später verlor der Güterbahnhof mit der Zeche Dahlhauser Tiefbau seinen letzten Zechenanschluss. Weil auch der Verkehr zur Henrichshütte rückläufig war, wurde als Konsequenz das Bahnbetriebswerk Bochum-Dahlhausen zum 1. August 1969 aufgegeben und 1970 von der Deutschen Gesellschaft für Eisenbahngeschichte übernommen. Auch die Strecke nach Laer wurde fortan nur noch im Anschlussverkehr bedient und 1979 stillgelegt.

Der Fortfall der Personenzüge über Hattingen hinaus (1971) und die Aufnahme des S-Bahn-verkehrs (S3) nach erfolgter Elektrifizierung im Jahr 1974 waren die nächsten Schritte. 1978 wurde der Güterverkehr nach Burgaltendorf aufgegeben. 1979 wurden Empfangsgebäude und Güterbahnhof geschlossen. 1994 konnte das Empfangsgebäude denkmalgerecht renoviert und als Außenstelle des Eisenbahnmuseums übernommen werden. Seit September 2009 wird das denkmalgeschützte Gebäude als Kulturzentrum betrieben.

JÖRG HAJT

28 | EINTRITTSKARTE ZUR SYNAGOGEN-WEIHE

Stiftung Neue Synagoge Berlin – Centrum Judaicum, CJA, 1 A Bo 2, Nr. 7, #842, Bl. 18
H 12,1 cm, B 8,5 cm; Karton; 1863

28 EINTRITTSKARTE ZUR SYNAGOGEN-WEIHE

Eine Zierde der Stadt: Bochums neue Synagoge

Ende August 1863 feierte Bochum ein großes Fest. Die neue Synagoge wurde eingeweiht. Sie löste das kleine Gebäude an der Schützenbahn ab, das Carl Arnold Kortum 1790 als separat gelegenes Hinterhaus mit hohen schmalen Fenstern in seinen Grundriss der Stadt Bochum eingezeichnet hatte.

Das Haus an der Schützenbahn war das erste Zweckgebäude für jüdische Gottesdienste, die zuvor in wechselnden, als Beträume hergerichteten Zimmern in Privathäusern stattgefunden hatten. Wann es eröffnet wurde, lässt sich nicht eindeutig belegen. Den wenigen jüdischen Familien, die zu Kortums Zeiten in der Stadt lebten, hatte die erste Bochumer Synagoge genügt. Doch sie war in die Jahre gekommen und für die stetig wachsende Gemeinde längst zu klein geworden, als die Pläne für einen Synagogenneubau reiften. Eigentlich sei ihr Gotteshaus schon vor dreißig Jahren unzulänglich gewesen, begründete der Gemeindevorstand das Bauvorhaben. Damals habe man die Kosten für einen Neubau aber gescheut und stattdessen versucht, den dringendsten Bedürfnissen durch einen Umbau abzuhelfen. Doch habe sich das „Palliativ" nur auf kurze Zeit bewährt und nun (1860), da die Gemeinde auf circa 300 „Seelen" in 46 Familien angewachsen sei, „fordert die Aufrechterhaltung und die Würde unserer Religion die Herstellung eines anständigen Gotteshauses als unabweisbare Notwendigkeit" (CJA, 1 A Bo 2 Nr. 7, #842, Bl. 3).

Das waren drastische Worte. Dass die „Würde" der Religion und die Notwendigkeit eines „anständigen" Gotteshauses ins Feld geführt wurden, deutet auf Probleme hin, die größer waren als die zu klein gewordenen Räumlichkeiten. Tatsächlich gab es langjährige Querelen innerhalb der Gemeinde, die den Mängeln der bisherigen Synagoge geschuldet waren und den Vorstand zum Handeln zwangen. Hatten sich zunächst die weiblichen Gemeindeangehörigen über ihre Empore als „enge hühnersteigartige Frauenstätte" (zit. n. Wilbertz, 1989, S. 21) beschwert, die nach dem 1841/42 erfolgten Umbau zwar bequemer, aber nur durch das angrenzende Wohnhaus der Familie Herz zu erreichen war, so war eben dadurch neuer Ärger vorprogrammiert. Denn die Hausbewohner – auch wenn sie anfangs damit einverstanden gewesen sein mochten – werden es kaum genossen haben, dass die Frauen der Gemeinde vor und nach jedem Gottesdienst durch ihre privaten Räume liefen.

Im Oktober 1853 provozierte Seligmann Herz einen Eklat. Nach dem Gottesdienst zum Versöhnungsfest trug er seiner christlichen Magd auf, die Kerzen auf der Galerie der Synagoge wieder anzuzünden, die ein, ebenfalls christliches, Dienstmädchen im Auftrag des Synagogendieners, der an diesem Tag „als Jude nach den bei uns vorgeschriebenen Ceremonien keinen Küsterdienst" (StadtA Bo, B 212, Bl. 141) verrichten durfte, gelöscht hatte. Als die Kerzen wieder brannten, löschte das Dienstmädchen sie erneut. Als Werkzeug stand ihm ein an einem Stock befestigter Kerzenlöscher zur Verfügung, so dass es von unten löschen konnte und die Galerie nicht betreten musste. Das „Spiel" begann von vorn: Seligmann Herz'

Magd zündete die Kerzen noch einmal an und entwendete nun auch den Kerzenlöscher; ein erneutes Löschen erwies sich als schwierig. Der Synagogendiener brachte den Vorfall zur Anzeige und rief damit Bürgermeister Maximilian Greve auf den Plan, der den Synagogenvorstand am 15. November aufforderte, „sich ein würdiges und den jetzigen Zeitumständen entsprechendes neues Gotteshaus zu beschaffen." Die Gemeinde habe in Bildung und Wohlstand ganz erhebliche Fortschritte gemacht. Nur die Synagoge sei „in demselben Zustand geblieben, in welchem sie sich seit einem halben Jahrhundert befunden hat" (ebd., Bl. 144f.). Greve sagte die Unterstützung der Stadt Bochum zu und empfahl eine Spendenaktion zur Finanzierung der Baukosten. Es dauerte weitere sieben Jahre, bis die – vom Oberpräsidenten für ganz Westfalen genehmigte – Kollekte in Gang kam. Die Gesamtkosten für den Bauplatz, den Synagogenbau selbst und auch eine Schule wurden auf 18 000 Taler veranschlagt, von denen die Gemeindemitglieder 4 000 bereits aufgebracht hatten. Der Vorstand bat in seinem Aufruf um „willfährige Betheiligung", dies umso mehr, „als wir selbst bei allen Collecten zu ähnlichen oder milden Zwecken uns stets gern und so viel es in unseren Kräften stand, betheiligt haben" (CJA, 1 A Bo 2 Nr. 7, #842, Bl. 3).

Es gelang. Die fehlenden 14 000 Taler kamen durch Spenden zusammen. Dazu beigetragen hatten auch die Aktionäre des Bochumer Vereins, die ihre Jahresdividende stifteten. 1860 wurde der Bauplatz an der damaligen Wilhelmstraße 18 in Bochum gekauft, am 24. Mai 1861 erfolgte die Grundsteinlegung und im August 1863 war die neue Synagoge fertig.

Architekt und Baumeister war der Königliche Kreisbaumeister zu Bochum Theodor Haarmann. Seine Pläne hatte er nach dem Vorbild der (1840 eingeweihten) Dresdener Synagoge erstellt, deren Architekt Gottfried Semper war. Die Bochumer Synagoge war ein auf einem quadratischen Grundriss entstandener Zentralbau mit niedriger Kuppel und einem Achteckturm. „An den vier Fassaden war der Mittelteil risalitartig hervorgehoben und mit Ecktürmchen geschmückt. Die Fassadengestaltung folgte dem zeitgenössischen Rundbogenstil" (Pracht-Jörns, 2005, S. 51). Der Innenraum wies 330 Sitzplätze auf, 220 im Parterre und 100 auf der Empore. Es wurde eine Orgel angeschafft. Dies, ein gemischter Chor und die Tatsache, dass die Predigten auf Deutsch gehalten wurden, waren die äußeren Anzeichen dafür, dass es sich bei der Bochumer jüdischen Gemeinde um eine liberale, eine Reformgemeinde handelte.

Die Synagogenweihe wurde mit einem Fest begangen, wie Bochum es noch nicht gesehen hatte. Auch der Märkische Sprecher sprach von einer „für unsere Stadt so bedeutungsvollen Festlichkeit" (MS, 1.9.1863). Sie begann am 28. August um 16:00 Uhr zeitgleich in der alten und der neuen Synagoge. Während in der alten Synagoge ein Abschiedsgottesdienst stattfand – mit Gebeten, Chorälen, Abschiedsworten und dem Ausheben der Thoras, die von den dazu auserwählten Trägern in Empfang genommen wurden –, versammelten sich in der neuen Synagoge die geladenen Gäste. Die Schuljugend führte den Festzug von der alten zur neuen Synagoge an, „voran die Knaben, demnächst die Mädchen weiß gekleidet" (StadtA Bo, B 212, Bl. 204); es folgten der als Festredner eingeladene Rabbiner, begleitet von zwei Vorstandsmitgliedern, dann die Thora-Träger und schließlich die Gemeinde.

Die Stadt hatte sich herausgeputzt, um dem Festzug Ehre zu erweisen. Die Bochumer waren der Aufforderung Bürgermeister Greves gefolgt, „bei einem solchen seltenen Feste eine allgemeine Theilnahme" zu zeigen und dies „durch Bekränzung und Beflaggung der Straßen und Häuser zu erkennen" zu geben (MS, 26.8.1863). Tatsächlich konnte die Allgemeine Zeitung des Judentums am 9. September über „eine außerordentliche Theilnahme der christlichen Bevölkerung" berichten, „die sich schon früher durch ansehnliche Geldbeträge betätigt hatte" (AZJ, 8.9.1863). In allen Straßen Bochums habe man geflaggt, Girlanden über die Straßen gezogen und die Häuser mit „Maien" geschmückt.

Um 17:00 Uhr erreichte der Festzug die neue Synagoge und die Hauptfeier konnte beginnen. Dem Präludium der neuen Orgel folgten Choräle, Segenssprüche und Gebete, wobei auch das Gebet für „König und Vaterland" nicht fehlen durfte. Nach drei Umzügen der Thora-Rollen wurden diese in die heilige Lade gesetzt. Die Predigt hielt mit Rabbiner Dr. Ludwig Philippson einer der profiliertesten Vertreter des liberalen Judentums und Wortführer für die Emanzipation der Juden in Preußen. Die Allgemeine Zeitung des Judentums, die so freundlich über die Bochumer Synagogenweihe berichtete, war von ihm selbst begründet worden. Philippson gab sie bis zu seinem Tod (1889) heraus und redigierte sie. Die Jüdische Gemeinde Bochum sprach er mit den Worten an:

> „Schon seit Jahrhunderten seßhaft in dieser ehrenfesten biederen Stadt, wuchs aus kleinem Anfang die Zahl Deiner Angehörigen in immer steigendem Maße. Das Bethaus, das eure Väter mehr als zweieinhalb Jahrhunderte zum Dienste des Herrn vereinte, war längst zu eng geworden – so dass es selbst Euch zurief: ‚Dehnet den Raum Eures Gotteszeltes aus, haltet nicht ein, denn Ihr habt Euch rechts und links ausgebreitet, bauet ein neues geräumiges, würdiges Gotteshaus' – und Ihr habt dem Rufe gehorcht, […] und nun steht es da, stattlich und würdevoll, vollendet, geweiht, geheiligt" (CJA, 1 A Bo 2 Nr. 7, #842).

Die Feierlichkeiten gingen am nächsten Tag, dem 29. August, weiter, zunächst mit einem Morgengottesdienst, dann einem mit zahlreichen Trinksprüchen gewürzten Mittagessen im Gartenlokal Scharpenseel, das in ein unterhaltsames Nachmittags- und Abendprogramm überging. Etwa 270 Personen nahmen daran teil, darunter der Magistrat und die Stadtverordneten. Das Fest endete am dritten Tag mit Unterhaltung, Feuerwerk und einem Festball. Bochum war ganz eindeutig stolz auf seine neue Synagoge, die Bürgermeister Greve zu den „Zierden der Stadt" (MS, 26.8.1863) zählte, und zeigte sie gern her, wenn die Stadt sich präsentieren wollte.

Der Gemeindevorstand hatte Gäste zur Synagogen-Weihe eingeladen, die er mit persönlichen Eintrittskarten ausstattete. Ihnen sollten bei Ankunft um vier Uhr nachmittags Sitzplätze angewiesen werden, während die Gemeindemitglieder keiner besonderen Einladung bedurften. Als Gast des Vorstandes könnte auch eine Frau Nahen angesprochen worden sein. Der Name Nahen taucht in den Adressbüchern und Standesamtsunterlagen der

Stadt Bochum auf, doch liegen nähere Informationen zur Inhaberin der hier abgebildeten Eintrittskarte leider nicht vor. Womöglich hat diese die Adressatin gar nicht erreicht, denn sie findet sich in den im Archiv der Stiftung Neue Synagoge – Centrum Judaicum in Berlin überlieferten Akten der Jüdischen Gemeinde Bochum.

Das auf der Karte abgebildete Bauwerk änderte mehrmals sein Erscheinungsbild. Dreißig Jahre nach ihrer Einweihung war die Synagoge schon wieder zu klein und musste erweitert werden. 1895 wurde beschlossen, sie zu vergrößern, bessere Zugänge zu den Treppen und Emporen zu schaffen und bei dieser Gelegenheit „die Synagoge sowohl nach innen wie nach außen reicher auszustatten" (CJA, 1 A Bo 2 Nr. 7, #840, Bl. 13). Die Leitung des Umbaus, der am Ende 100 000 statt der zunächst veranschlagten 25 000 Mark kostete, übernahm der Kölner Architekt Josef Seché. Danach war das Gebäude nicht mehr wiederzuerkennen. Seché hatte es in einen „maurischen Prunkpalast" (Pracht-Jörns, 2005, S. 51) verwandelt. Das flache Dach auf dem mittleren Achtecksbau war durch eine große Kuppel ersetzt worden, die von vier kleineren Kuppeln umgeben war. Zur äußeren Gestaltung gehörten ein Zinnenkranz und kleine Ecktürme. „Das ganze Innere wurde in Wachsfarbe im maurischen Stile auch ausgemalt, ein neuer Belag in Marmor ausgeführt" (CJA, 1 A Bo 2 Nr. 7, #840, Bl. 13). Der Bau wurde nach Osten und Westen ausgedehnt, die ursprünglich quadratische Form aufgegeben. Die Synagoge hatte nach dem Umbau 500 Sitzplätze, eine Zentralheizung und eine elektrische Beleuchtungsanlage.

Es scheint fast so, als hätten die Bochumer Juden sich mit dem Prachtbau nicht recht anfreunden können. Vielleicht weil der maurische Stil zu jener Zeit schon nicht mehr modern war, vielleicht auch weil sie fürchteten, die Antisemiten damit zu reizen. 1925/26 erfolgte ein weiterer Umbau. Ein Teil der aufwendigen Verzierungen wurde zurückgebaut; die Synagoge präsentierte sich nun wieder etwas schlichter.

In der Nacht vom 9. auf den 10. November 1938 wurde sie von der SA zerstört. Viele Bochumer schauten dabei zu. Kaum vorstellbar, dass die Synagogenweihe am selben Platz vor 75 Jahren von fast der ganzen Stadt gefeiert worden war. Allerdings war die Stadt nicht mehr dieselbe. Die Zahl ihrer Einwohner hatte im Zuge der Industrialisierung dramatisch zugenommen, ihre Struktur sich radikal verändert. Die Bochumer waren sich nicht mehr so nahe wie zur Zeit des Synagogenbaus.

Nach der Jahrtausendwende engagierten sich wieder viele Bürgerinnen und Bürger der Stadt Bochum für einen Synagogen-Neubau. Die dritte Bochumer Synagoge entstand 2005 bis 2007 unter der Leitung des Kölner Architekturbüros Peter Schmitz. Am 16. Dezember 2007 wurde sie am Erich-Mendel-Platz eingeweiht.

INGRID WÖLK

29 STADTPARK-ENTWURF VON STRAUSS

„Und jedem Anfang wohnt ein Zauber inne" (Hermann Hesse). Entwicklung des Stadtparkviertels

Der Entwurf von Anton Strauß aus dem Jahr 1871 dokumentiert den Anfang des Bochumer Stadtparks. Aus der Anfangszeit des Parks sind keine weiteren Originalpläne erhalten. Die erste nachfolgende Parkerweiterung wurde 1889 bis 1894 ohne Beteiligung eines professionellen Gartengestalters angelegt. Dazu findet sich nur eine Handskizze in der „Festschrift dem 20. Westfälischen Städtetage gewidmet von der Stadt Bochum". Die zweite Erweiterung plante 1902 Ernst Finken – wie Strauß ein renommierter Entwerfer und Zeichner fein detaillierter Pläne. Jedoch existieren Finkens Zeichnungen für den Bochumer Stadtpark nicht mehr. Lediglich aus historischen Stadtkarten und Text-Quellen kann man seine Planung erschließen. So ist es ein Glücksfall, dass dieser erste Stadtpark-Plan von Strauß bis heute erhalten und im Stadtarchiv verwahrt ist.

Anton Strauß wurde 1823 in Köln geboren. Er lernte im Kölner Botanischen Garten, stieg zum Obergehilfen des Kölner Stadtgärtners Greiß auf, wurde dessen Nachfolger von 1853 bis 1887. Jakob Greiß war Schüler und Schwiegersohn des Düsseldorfer Gartendirektors Maximilian Friedrich Weyhe. Dessen Sohn, Clemens Joseph Weyhe, war ursprünglich von den Bochumern für die Planung des Stadtparks angefragt worden. Er starb jedoch 1871 und so kam Anton Strauß zum Zug. Für den Bochumer Stadtpark setzte also Strauß den Anfang. In anderen, älteren Anlagen in Köln oder zum Beispiel im Schlosspark Herdringen wirkten die renommierten Gartenplaner Weyhe, Greiß und Strauß ihrem Lebensalter entsprechend einander nachfolgend. Zu Strauß' Kölner Projekten zählen die Rheinauenanlage, der Zoologische Garten, die Erweiterung des Stadtgartens, Pflanzungen auf dem Eigelsteinglacis, die Schmuckanlage auf dem Friesenplatz, eine Erweiterung des Melaten-Friedhofs. Strauß starb 1888 in Köln.

Für den Bochumer Stadtpark war eine Fläche von rund 13 Hektar im Bereich der „Kleinen Vöde" ausgewählt worden, die bis dato als Allmende genutzt wurde. Erst wenige Häuser standen im Umfeld. Wenn man baut, wird in der Regel zuerst die Erschließung projektiert, dann werden die Gebäude errichtet und zuletzt das Grün angelegt. Hier aber verlief die Entwicklung anders herum und zeigt das Potential von Gärten und Parks: Der Stadtpark setzte den Anfangs- und Kristallisationspunkt zur Entwicklung des „Stadtparkviertels" mit seinen Villen, Kliniken, Schule, dem Kunstmuseum – ausgehend von 1871 bis heute.

Strauß' Entwurfsplan zeigt nur den Park, ohne die Umgebung. Darüber hinaus greift lediglich die „Brücke und Allee nach d. Schützenplatze führend" (Planlegende „g–h"), die aber nicht realisiert wurde. Die Grundstücke für die Villen am Stadtpark, heute „Am Alten Stadtpark", zeigen sich im Park-Entwurf von 1871 nur indirekt, als rechtwinkliger, großer Einschnitt in das Parkareal im Westen. Ein einziger, zur Stadt orientierter Eingang an der Bergstraße reicht für die unbebaute Umgebung aus.

29 | STADTPARK-ENTWURF VON STRAUSS

Stadtarchiv Bochum – Kartensammlung, SLG 02/25

H 48,4 cm, B 33,5 cm; Papier; 1871

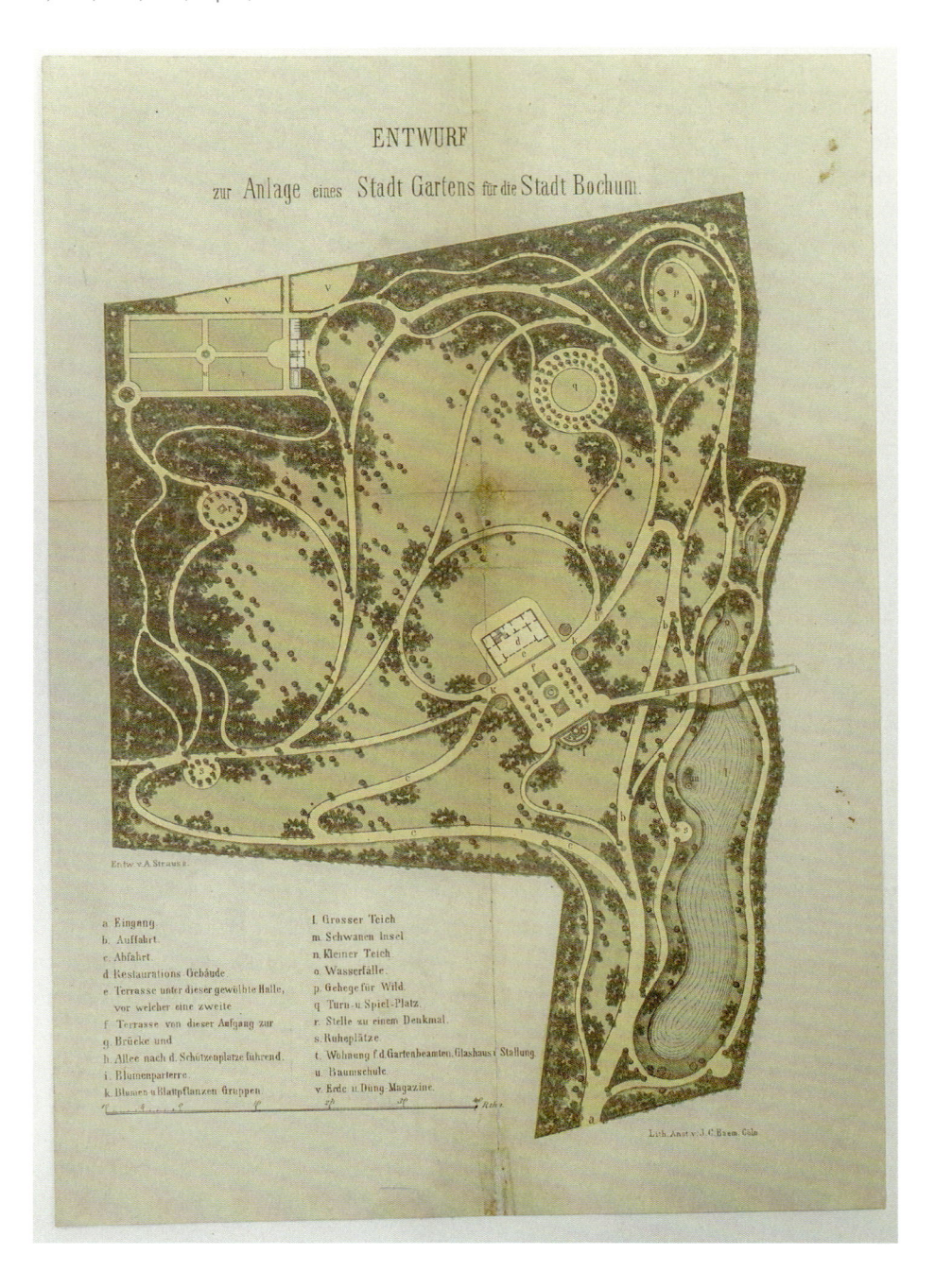

In den Mittelpunkt seiner Planung stellte Strauß das „Restaurations-Gebäude" (Planlegende „d"). Sein Entwurfsplan ist – anders als amtliche Stadtkarten – nicht genordet, sondern West-Ost orientiert, so dass die Front des Gastronomiegebäudes auf den Betrachter des Plans ausgerichtet zu sein scheint. Repräsentative Parkrestaurants für Geselligkeit, ästhetische und leibliche Genüsse (Schmidt, 1988, S. 381) galten in den bürgerlichen Volks- und Stadtparks des 19. Jahrhunderts als „Must-have."

Erschlossen wird das „Parkhaus" durch eine getrennt geführte Auf- und Abfahrt, die in weiten Schwüngen im landschaftlichen Stil den Hang hinauf und hinab führen. Abgesetzt von der überwiegend landschaftlichen Parkgestaltung betonen geometrische, symmetrische Formen das Gebäudeumfeld: Eine „Terrasse, unter dieser gewölbten Halle, vor welcher eine zweite Terrasse" (Planlegende „e–f") liegt, mit zwei jeweils doppelten Baumreihen und einer großen Blumenparterre als Abschluss.

Vom Restaurationsgebäude öffnet sich der Blick auf die Stadt und – im Park – der Blick auf die Wasserfläche im Süden. Strauß nutzte die natürliche Topografie, einen Siepen, um einen „Grossen Teich" mit „Schwanen-Insel", einen „Kleinen Teich", dazwischen „Wasserfälle" (Planlegende „l–o"), dort hineinzulegen.

Die sogenannte Grandkuhle, durch Abbau von „Grand" (gröberer Sand) im Südosten des Geländes entstanden, wandelte Strauß zu einer ellipsoid geformten Lichtung für ein Wildgehege um. Das Gehege bestand nur bis etwa 1890. Die gerundete Abbaukante formt bis heute einen besonderen, eingemuldeten Raum.

Im Entwurfsplan heben sich mehrere Rondelle aus der ansonsten frei fließenden Parkgestaltung ab. Das größte Rondell liegt als „Turn- u. Spiel-Platz" (Planlegende „q") umgeben von einer Allee am Rand der großen Wiese hinter dem Restaurationsgebäude. Öffentliche Turn- und Spielplätze kamen erst in der zweiten Hälfte des 19. Jahrhunderts als „Gegenstand kommunaler Wohlfahrtspflege" (Krause, 1990, S. 4) in größerer Zahl auf. Der Turnplatz überdauerte von 1892 bis in die 1970er Jahre. Seine kreisrunde, ebene Fläche und Reste des Baumrings zeichnen sich auch jetzt noch plastisch im Gelände ab.

Zwei weitere Rondelle sind mit einer Baumreihe eingefasst; das nordöstliche ist in der Legende („r") als „Stelle zu einem Denkmal" ausgewiesen, das nordwestliche („s") als „Ruheplatz". Weitere kleinere runde Ruheplätze sind am Teich und am Wildgehege eingetragen.

   Gärten und Parks brauchen Pflege. Dafür war in der Nordost-Ecke des Parks ein zusammenhängendes Areal für die „Wohnung f. d. Gartenbeamten, Glashaus, Stallung, Baumschule, Erde u. Dungmagazine" (Planlegende „t–v") eingezeichnet. Das Gärtnerhaus präsentierte sich auf der Südseite, zum Park hin, mit einem kleinen Vorplatz. Diese einladende Situation nutzte der Gärtner ab 1878 für einen Milchausschank. Heute haben ein Hotel und der Tierpark das ursprüngliche Gärtnereigelände in Besitz genommen.

   Aus Strauß' Entwurfszeichnung lassen sich auch seine pflanzlichen Gestaltungsabsichten ablesen: Nach Norden und Osten ist eine dichte Gehölzpflanzung vorgesehen. Schmalere Gehölzstreifen umrahmen den Park nach Süden mit Blick auf den Teich und die

29 | STADTPARK-ENTWURF VON STRAUSS

Stadt sowie nach Westen, wo die geplante Villenbebauung das Parkgelände verengt. Im Innenbereich dominieren große Wiesenflächen, die mit einzelnen malerisch angeordneten Bäumen und lockeren Baumgruppen gegliedert sind. An den Wegekreuzungen verdichten sich die Baumpflanzungen. Stellt man sich gedanklich im Strauß-Plan auf die verschiedenen Plätze im Park – die Gastronomie-Terrasse, auf den Denkmalplatz, den Turnplatz oder einen der Ruheplätze – und imaginiert, welche Ausblicke sich von dort ergeben könnten, dann wird deutlich, dass die scheinbar zufällig auf dem Plan verstreuten Bäume gezielt den Blick lenken, Sichtachsen und Blick-Korridore schaffen.

SUSANNE WEISSER

ERLÄUTERUNGSBERICHT

Erläuterungsbericht zum Entwurfsplan Anton Strauß für den Stadtpark
Dem Stadtpark-Entwurf von Anton Strauß war ein Erläuterungsbericht vom 30. Oktober 1871 für den Magistrat und die Stadtverordnetenversammlung beigegeben, in dem Strauß Details zur Gestaltung erläutert: die Anlage der Teiche, Wege und Plätze, Lichtungen und Baumgruppen, der Standort des Restaurationsgebäudes (StadtA Bo, B 796, S. 16–20).
Vorgesehen und geplant war eine offene Lichtung für ein Wildgehege, ein ebener Platz für Turnübungen, der auch als „Tummelplatz für die Jugend" genutzt werden könne, ein kreisförmiger Platz für ein Denkmal, ein Platz für die Anzucht der Gewächse sowie eine Wohnung für den Gartenbeamten mit Stall für die Viehhaltung und ein Glashaus für die Milchausgabe. Das Restaurationsgebäude sollte laut Plan über einen großen Saal und drei Gesellschaftszimmer mit zwei Terrassen verfügen. Vorgesehen war eine Brücke, die zum Schützenhof führen sollte.
Der Charakter des „Wildromantischen" durch Felsüberhänge sollte durch „ruhige freundliche helle Pflanzungen" abgelöst werden. Die Anordnung von Nadel- und Laubholz schaffe durch Kontraste das „üppig grüne Kleid des Sommers wie das buntfarbige des Herbstes". Der Park solle „mit seiner ansteigenden Lage zur Verschönerung der Landschaft im Allgemeinen" ebenso beitragen wie „die Blicke von den verschiedensten Stellen des Gartens aus nach der Stadt und dem anschließenden Panorama den gewünschten Vordergrund und passende Einrahmungen erhalten werden" (ebd., S. 20).
Strauß schätzte die Kosten für die Anlage des Gartens auf 21 000 Taler.

SUSANNE SCHMIDT

30 | KOMMUNIONBANK

Stadtarchiv Bochum – MUSA

H 87 cm, B 382 cm, T ca. 20 cm; Holz

30

Kommunionbank aus der Marienkirche

Einst markierten zwei dieser Kommunionbänke die Grenze zwischen dem Laien- und dem Altarraum der neugotischen Kirche St. Marien am Südwestrand der Bochumer Innenstadt.

Unzählige Bochumer knieten seit dem frühen 20. Jahrhundert auf diesen Bänken, um hier das heilige Abendmahl zu empfangen.

Kommunionbänke entstanden erstmals, als eine kniende Haltung beim Empfang des Sakraments der Eucharistie üblich wurde. In der Barockzeit wurden die Bänke meist aus Marmor, aus geschmiedetem Gitter oder aus Holz hergestellt. Hinter der Kommunionbank verblieb bis zur untersten Altarstufe ein Freiraum, damit der Priester von einem der knienden Gläubigen zum nächsten gehen konnte. Während der heiligen Messe bedeckte ein Tuch die Bänke. Dieses Speistuch diente ursprünglich dazu, eventuell herunterfallende Teile der Hostie aufzufangen, später sollte es auch das Bild von der Kommunionbank als „Tisch des Herrn" unterstützen. Während frühgotische Maßwerk-Motive mit Dreipass jeweils die drei schmalen Felder beider Bänke zieren, nehmen die breiteren Motivfelder mit ihren ornamentalen und figürlichen Schnitzereien jeweils Bezug auf Funktion und Bedeutung der Bänke.

So zeigt das linke Feld Jesus Christus als reines und sündloses Lamm Gottes, von Gott für die Sünden der Menschen geopfert. Die Siegesfahne charakterisiert es als Osterlamm und versinnbildlicht so Christi Sieg über den Tod und damit seine Auferstehung. Im Opfertod Jesu findet die Versöhnung zwischen Gott und der gefallenen Schöpfung statt, die im Glauben an Jesus als Erlöser bei der Taufe auf den Menschen übertragen und in der Feier des Abendmahles vergegenwärtigt wird.

Das mittlere Bildfeld zeigt das Abendmahl Jesu und nimmt damit ebenfalls auf das Pessachlamm Bezug. In der Nacht vor seiner Kreuzigung hatte Jesus mit seinen Jüngern das Pessachmahl gehalten. Dabei reichte er, gemäß der Tradition, den Jüngern ungesäuertes Brot und Wein. Dem Auftrag Jesu folgend, feiert die Kirche die Eucharistie. „Denn sooft ihr von diesem Brot esst und aus dem Kelch trinkt, verkündet ihr den Tod des Herrn, bis er kommt" (1 Kor 11, 23–26).

Filigran gewundene Weinreben mit Blättern und Trauben bestimmen das rechte Feld. Damit bezieht sich dieses Motiv wiederum auf die Passion Christi: „Ich bin der Weinstock, ihr seid die Reben" (Joh 15, 5). In der Eucharistie steht der Wein für das im Opfertod vergossene Blut Christi. Die Inschrift verweist auch auf den Psalm 77, Vers 24: „[...] und ließ das Manna auf sie regnen zu essen und gab ihnen Himmelsbrot".

Diese Kommunionbank macht nicht allein ihr reich geschnitztes Bildprogramm oder ihre Bewertung als qualitätsvolle sakrale Handwerksarbeit in einem typischen Stil ihrer Zeit interessant. Sie steht auch stellvertretend für die vielfältigen Aspekte eines der spannendsten Bochumer Kirchbauprojekte, das wie kein zweites mit der Entwicklungsgeschichte dieser Stadt verbunden ist.

30 | KOMMUNIONBANK

„Sicher hat keine Kirche der Diözese solche Streitigkeiten bei ihrem Bau gesehen", so fasste ein Chronist im Jahre 1927, sechzig Jahre nach dem Beginn der Planungen für die Marienkirche, die konfliktreiche Vorgeschichte des Baus zusammen (Heinhardt/Kottsiepe/Schausen, 1927, S. 13).

Ihre noch heute stadtbildprägende Lage an der Humboldtstraße, sozusagen am Eingang der westlichen Innenstadterweiterung, war einer der wesentlichen Streitpunkte bei der Planung dieser Kirche. Der Bau einer Filialkirche der 1888 zur Propstei erhobenen und um die Mitte des 19. Jahrhunderts noch einzigen katholischen Kirchengemeinde St. Peter und Paul in Bochum war bereits seit langem überfällig. Mit dem Einzug der Industrialisierung in Bochum, so beispielsweise der Gründung der Gussstahlfabrik von Jacob Mayer und Eduard Kühne, des späteren Bochumer Vereins für Bergbau und Gussstahlfabrikation im Jahr 1842 und der zwei Jahre später erfolgten Inbetriebnahme der Zeche Präsident, der ersten Tiefbauzeche im westfälischen Teil des Ruhrgebietes, setzte in Bochum ein ebenso starkes wie anhaltendes Bevölkerungswachstum ein: Zwischen 1842 und 1900 verzehnfachte sich so die Einwohnerzahl, Bochum wurde zur Großstadt. Ein großer Teil dieser aus allen Teilen des Deutschen Reiches, aber auch aus Polen zuziehenden Arbeiter und Bergleute war katholisch.

Der Bau einer zweiten katholischen Kirche in Innenstadtnähe, vor allem aber in der Nachbarschaft der sich um die Werksanlagen des Bochumer Vereins zügig entwickelnden Arbeiterquartiere Griesenbruch und Stahlhausen, kann somit heute auch als eine Anstrengung zur Integration der Zugezogenen gewertet werden.

Während Leben und Werk des planenden Architekten des neugotischen Kirchenbaus, des Baumeisters Gerhard August Fischer (1833–1906) aus (Wuppertal-)Barmen, recht weitgehend erforscht sind – er galt seinerzeit als einer der meistbeschäftigten und bekanntesten Kirchenarchitekten der Region – bleibt der Urheber der Kommunionbänke im Dunkeln. So ist lediglich dokumentiert, dass die ursprüngliche und recht einfache neugotische Ausstattung in den Jahren zwischen 1905 und 1914 sukzessive durch aufwändiger gearbeitete Stücke ersetzt wurde. Allerdings überliefert die Chronik der Mariengemeinde immerhin, dass die Kommunionbänke, wie auch ein geschnitztes Chorgestühl sowie zwei Postamente mit Herz-Jesu- und Herz-Mariä-Statuen beiderseits des Chorraumes, auf eine Schenkung des Gutsbesitzers Schulte-Crawinkel zurückgingen. Da es in jener Zeit in der Region zahlreiche Künstler und Holzwerkstätten gab, die – teilweise seriell – Kirchenausstattungen in ähnlichen zeittypischen Stilen schufen, erscheint eine konkrete Zuschreibung hier heute kaum möglich.

Im Rahmen einer 1927 begonnen Renovierung der Kirche, in deren Zuge auch der Boden des Chorraumes angehoben und die so entstehende fünfstufige Freitreppe mit edlem Marmor verkleidet wurde, behielten die Kommunionbänke ihren angestammten Platz auf der Grenze zwischen dem Altarraum und dem Kirchenschiff.

Auch den stark purifizierenden Wiederaufbau des Gotteshauses in den Jahren 1952/53 (Architekt: K. H. Vieth) nach schweren Kriegsschäden überstanden die Bänke. Sie gehörten zu den wenigen historistischen Ausstattungsstücken, die der Bochumer Architekt in das, dem damaligen Zeitgeschmack entsprechend, schlicht-moderne Gestaltungskonzept des Kirchenraumes einbezog.

Bürgerschaftlichem wie kunsthistorischem Engagement ist es zu verdanken, dass die Marienkirche mit ihrem ebenso eindrucks- wie kunstvollen neugotischen Turmhelm nach ihrer Aufgabe für gottesdienstliche Zwecke im Jahr 2002 erhalten blieb. Nach langwierigen und teilweise auch wieder sehr kontroversen Diskussionen über Abriss oder Erhalt und Umnutzung des Baudenkmals dient das imposante Kirchenschiff heute als Foyer des benachbarten, im Oktober 2016 eröffneten Anneliese Brost Musikzentrums.

RÜDIGER JORDAN

31 | STICH „GUSSSTAHLFABRIK DES BOCHUMER VEREINS"

Stadtarchiv Bochum – Sammlung Stiche und Grafiken

H ca. 28 cm, B ca. 42 cm; Papier

31 STICH „GUSSSTAHLFABRIK DES BOCHUMER VEREINS"

Ein Hüttenwerk in der Gartenlaube. Adolf Eltzners Ansicht der Bochumer Gussstahlfabrik von 1875

Keine andere Abbildung dürfte die zeitgenössische Vorstellung vom Bochumer Verein für Bergbau und Gussstahlfabrikation, Bochums größtem Unternehmen, stärker geprägt haben als diese: Erschien der Stich „Die Gußstahlfabrik des Bochumer Vereins aus der Vogelschau" doch im Sommer 1875 in der Gartenlaube. Das „Illustrierte Familienblatt", dessen späterer Charakter als biederes Unterhaltungsblatt vor allem in Erinnerung geblieben ist, hatte zu dieser Zeit noch den Anspruch einer populären Enzyklopädie. Als erstes großes Massenblatt in Deutschland war die Gartenlaube damit sehr erfolgreich. Mit einer Auflage von damals über 300 000 Exemplaren erreichte sie aber deutlich mehr Leser, da sie eine Lektüre für die gesamte Familie darstellte und darüber hinaus in vielen Leihbibliotheken und Cafés auslag. Daher ist von einer Leseranzahl zwischen zwei und fünf Millionen zu ihren besten Zeiten auszugehen. Die Gartenlaube erschien in Leipzig und von dort stammte auch der Kupfer- und Stahlstecher Adolf Eltzner, dessen Arbeiten wiederholt in dem Blatt erschienen. Eltzner war spezialisiert auf Darstellungen von Stadtansichten aus der Vogelperspektive, so dass die Vogelschau des Fabrikviertels der boomenden Industriestadt Bochum als interessantes Beispiel seiner Kunst zu betrachten ist. Angesichts der noch recht überschaubaren Zahl an Illustrationen in der Gartenlaube ist bemerkenswert, dass der Ansicht der Gussstahlfabrik eine ganze Doppelseite eingeräumt wurde.

Die bereits existierende Fotografie – kurz vor Entstehung des Stiches wurde um 1872 eine Ansicht der Fabrik aufgenommen – kam hier nicht zum Zuge: Zum einen war sie für den Massendruck in einer Zeitschrift noch nicht nutzbar, zum anderen wäre mit ihr ein solcher Gesamteindruck von den weitläufigen Fabrik- und sonstigen Einrichtungen des Bochumer Vereins kaum vermittelbar gewesen. Abgesehen von dem Ruf, den der Bochumer Verein sich inzwischen als wichtiger deutscher Qualitätsstahlerzeuger erworben hatte, mag auch eine Personalie die prominente Platzierung der Werksansicht in der Gartenlaube unterstützt haben: Seit dem Vorjahr war nämlich der Barmer Kaufmann und Dichter Emil Rittershaus Mitglied des Verwaltungsrates des Bochumer Vereins. Der vielseitige Verfasser des „Westfalenliedes" zählte über Jahre zu den Hauptautoren der Gartenlaube und es ist daher nicht abwegig, dass der sachkundige Begleittext zu der imposanten Werksansicht von ihm stammt. Auf die Ausführungen dieser zweieinhalbseitigen Skizze wird im Folgenden zurückzukommen sein.

Den Kern des Stammwerks des Bochumer Vereins bildete jene Gussstahlfabrik, die Jacob Mayer und Eduard Kühne dreißig Jahre zuvor an der Essener Chaussee vor den Toren der Stadt Bochum errichtet hatten. Dort nahmen sie in anfangs bescheidenem Umfang die Produktion und Verarbeitung von Guss- beziehungsweise Tiegelstahl auf, der zu jener Zeit hochwertigsten Stahlsorte. Mayer entwickelte dort den für die Stahlverarbeitung revolutionären Stahlformguss, durch den etwa die Herstellung von Stahlglocken möglich wurde.

31 | STICH „GUSSSTAHLFABRIK DES BOCHUMER VEREINS"

Sie wurden zu einer Bochumer Spezialität und läuteten 25 Jahre später schon auf vier Kontinenten. Obwohl es der Firma Mayer & Kühne stets an finanziellen Mitteln mangelte, gelang es über ein Jahrzehnt hinweg dennoch, die Anlagen zu erweitern und den Umfang der Produktion zu steigern. Schließlich waren ihre Möglichkeiten aber erschöpft, und die Gussstahlfabrik ging 1854 auf den neu gegründeten Bochumer Verein für Bergbau und Gussstahlproduktion über. Im Namen der Aktiengesellschaft spiegelte sich bereits ihr auf Vertikalität ausgerichteter Anspruch wider, der erst Jahre später realisiert werden konnte. Zunächst konzentrierte man sich unter der energischen Leitung des Generaldirektors Louis Baare auf die Verwertung des Stahlformguss-Verfahrens für die Herstellung von hochwertigem Eisenbahnmaterial und so weiter und wurde schließlich sehr erfolgreich dabei. Zur Produktpalette zählten Räder, Achsen, Bandagen, Federn und Herzstücke. Die Kapazitäten zur Stahlerzeugung und Verarbeitung – seit den 1860er Jahren wurde vor allem für die Schienenproduktion auch das Bessemer-Verfahren angewandt – wurden permanent erweitert, so dass sich aus der kleinen Fabrik der 1840er Jahre jenes „große, fast wirre Häusermeer" des erweiterten Werks entwickelte, das auf der rechten Hälfte des Stichs gut erkennbar ist. Aus dieser Phase erhalten geblieben ist bis heute der Kernbau des Hammerwerks II (rechts von Ziffer 7). Die bauliche Konfusion, die sich aus Um-, Neu- und Erweiterungsbauten ergab, wurde zu einem charakteristischen Merkmal der Verhältnisse auf dem Werk.

Seit den 1860er Jahren wurde dann die angestrebte Vertikalität umgesetzt: Mit dem Bergwerk Maria Anna in Höntrop wurde eine erste Hüttenzeche erworben, die per Werksbahn an die drei Kilometer entfernte Gussstahlfabrik angeschlossen wurde. Nach verschiedenen auswärtigen Versuchen mit einer eigenen Roheisenerzeugung – so wurde eine Hochofenanlage in Köln-Mülheim betrieben – baute man die Bochumer Gussstahlfabrik in den 1870er Jahren zum integrierten Hüttenwerk aus. Allerdings waren die von Eltzner schon berücksichtigten Hochöfen samt Hüttenkokerei, auf der die Kohlen von Maria Anna verkokt werden sollten, zur Zeit der Aufnahme noch nicht fertig: Der erste Hochofen wurde 1876, der zweite zwei Jahre später angeblasen. Als bauliches Relikt aus dieser Zeit existiert bis heute der Kern des wie ein massiver Riegel wirkenden Gebläsehauses hinter der Jahrhunderthalle (links von Ziffer 2). Ebenfalls noch nicht in Betrieb war das im Zentrum der Ansicht angesiedelte Siemens-Martin-Stahlwerk, das für die Bochumer Qualitätsproduktion später große Bedeutung erlangte.

Als einziger Verarbeitungsbetrieb wird von Eltzner interessanterweise die gleich in doppelter Hinsicht etwas abseitige Kanonenfabrik besonders hervorgehoben. Diese Abseitigkeit resultiert zum einen aus der topografischen, kaum erklärbaren Lage westlich der anderen Teile des Werks. Zum anderen warb der Bochumer Verein zwar stets mit seiner Geschützproduktion, faktisch war sie aber für den Unternehmenserfolg lange irrelevant. Die Kanonenfabrik wies keine kontinuierliche Produktion auf, sie wurde meist für die Bearbeitung von Schmiedestücken genutzt und ihrem Namen somit kaum gerecht. In ihrer Einrichtung ist vielmehr eine strategische Maßnahme mit Stoßrichtung gegen den großen Konkurrenten auf dem Qualitätsstahlsektor, die Firma Krupp in Essen, zu erblicken. Diese dominierte den Kanonenmarkt frühzeitig, spielte aber auch auf dem Markt für Eisenbahnmaterial eine bedeutende Rolle – die drei Radreifen waren das traditionelle Firmenzeichen. Da Krupp es sich aufgrund seiner Rüstungsproduktion leisten konnte, die Preise für Eisenbahnmaterial zu reduzieren, suchte der Bochumer Verein dem mit der Einrichtung der Kanonenfabrik etwas entgegenzusetzen.

Die ehemalige Essener Chaussee war beidseitig von hohen, vereinzelt erkennbaren Pappeln bestanden, wovon sich die seit dieser Zeit gebräuchliche Bezeichnung Alleestraße ableitet. Als überbreite, verkehrsreiche Magistrale durchschneidet sie die Ansicht und erweckt ein Stück weit den Anschein einer Trennung zwischen der Sphäre des Werks und den betrieblichen Sozialeinrichtungen auf ihrer Südseite. Das kann freilich nicht darüber hinwegtäuschen, dass diese in jeder Hinsicht und mit allen Konsequenzen stets im Dunstkreis der Gussstahlfabrik lagen. Das gilt für die Unterkünfte für die verheirateten wie die unverheirateten Arbeiter. Für Erstere wurden seit 1865/66 preiswerte Familienwohnungen in einer neuen Werkskolonie errichtet, der man den Namen Stahlhausen gab. Zunächst wurden ausschließlich die für den betrieblichen Wohnungsbau im Ruhrgebiet nicht untypischen Vierfamilienhäuser mit Kreuzgrundriss gebaut. Später kamen Unterkünfte nach anderen Systemen hinzu. Auf diese Weise wurde günstiger Wohnraum für hunderte von Familien geschaffen.

So wie Eltzner unvollendete technische Anlagen, die Leistungsstand und -fähigkeit des Bochumer Vereins zu demonstrieren vermochten, bereits vorwegnahm, rückte er auch dessen sozialpolitische Leistungen ins Bild – im wahrsten Sinne des Wortes. Der Anspruch einer Aufnahme „nach der Natur" musste somit ihrer raumgreifenden Würdigung hintanstehen, wie das Beispiel der in die Ansicht hineingerückten Arbeiterherberge belegt. Das ist in gewisser Weise nachvollziehbar: Handelte es sich bei dieser Arbeiterkaserne für unverheiratete Arbeiter doch um das neueste, erst im Vorjahr fertig gestellte Sozialprojekt und mit Abstand um das größte. Das galt nicht nur für die Firma, sondern ebenso für die Stadt Bochum, deren weitläufigstes Wohngebäude sie war. Und selbst im Vergleich der regionalen Unternehmen hatte der Bochumer Verein mit dem Kost- und Logierhaus Stahlhausen eine der imposantesten Anlagen dieser Art im Revier geschaffen. Nötig geworden war es als Ersatz für eine in den 1850er Jahren am Rand der Gussstahlfabrik errichtete kleinere Arbeiterkaserne, die inzwischen vom Werk verschluckt worden war. In der Ansicht verschwindet sie bezeichnenderweise hinter der Rauchwolke eines Fabrikschlotes. Die neue Unterkunft war deutlich großzügiger dimensioniert: Sie bot Platz für 1 200 und war im Notfall mit bis zu 1 500 Mann zu belegen. Dabei befanden sich die Wohn- und Schlafräume im mehrstöckigen Logierhaus, während das Kosthaus in seinem Innenhof einen Speisesaal mit über 1 000 Plätzen und die dazugehörige Großküche beherbergte.

Die Bedeutung des Baustoffs Ziegel für die industrielle Bautätigkeit über und unter Tage mag erklären, dass mit der firmeneigenen Ziegelbrennerei neben dem Kost- und Logierhaus ein weiterer Nebenbetrieb zu der Ehre gelangte, ins Bild gesetzt zu werden. An sich lag sie westlich der Kanonenfabrik und gehörte zu einem Kranz von Ringöfen, der sich um Bochum legte und die Maurerkolonnen mit Material versorgte – auch für den Eisenbahnbau: Die Rheinische Eisenbahn war für den Bochumer Verein gleichzeitig von Vor- und von Nachteil. Positiv war, dass sie der Gussstahlfabrik 1874 einen zweiten Eisenbahnanschluss verschaffte. Langfristig negativ wirkte sich der Verlauf der Hauptstrecke aus. Auch wenn sie sich nicht, wie in der Legende fälschlich bemerkt, um die ganze Fabrik herumzog, bildete sie doch an ihrer Nordflanke eine künstliche Barriere für die Werkserweiterung. Ähnlich verhielt es sich mit ihrer Rolle für die Stadt: Mit der Vollendung der Rheinischen Bahnlinie schloss sich bereits zu dieser Zeit das für die Bochumer Topografie so charakteristische Gleisdreieck um die heutige Innenstadt.

Insgesamt gibt der Stich eine interessante, oben skizzierte Situation in der lokalen Industrialisierungsgeschichte wieder, auch wenn Eltzner an einigen Stellen antizipiert, verrückt und somit etwas idealisiert. Seinem Ruf eines exakten Stadtchronisten wird er daher am Bochumer Beispiel nur bedingt gerecht. Gleichwohl enthält der Stich eine Fülle interessanter Details, die an dieser Stelle nicht alle betrachtet werden können. Abschließend ist aber ein Aspekt anzusprechen, für den der Stich eine aufschlussreiche Bildquelle darstellt: die Überformung des Raums durch die Schwerindustrie.

Verursacht wurde sie erstens durch die Ausdehnung des Werks, durch sein Ausgreifen mit teils hochragenden Bauten. In der begleitenden Skizze ist etwa von 50 großen Kaminen der Gussstahlfabrik die Rede, deren größeren Teil der Stich abbildet. Ihre Emissionen hatten bereits Mitte des 19. Jahrhunderts massive Auswirkungen für die unmittelbare Umgebung des Werks. Ebenso beeinflussten die Erschütterungen der Hämmer, das Schnauben und Pfeifen von Dampfmaschinen und Lokomotiven sowie der anschwellende Verkehr das Leben im westlichen Teil des Stadtgebiets.

Zweitens benötigte der Bochumer Verein für das Wachstum seiner Anlagen Grund und Boden, die er in vormals als Garten- und Ackerland genutztem Gelände vor den Toren der Stadt fand. Der Stich lässt noch letzte Relikte erkennen: Kleine Wohnhäuser und Gärten zwischen den Anlagen, die kurz danach ebenfalls dem Flächendurst der Gussstahlfabrik zum Opfer fielen.

Um die zur Fabrik gehörenden Betriebsflächen besser kontrollierbar zu machen und ungebetene Gäste auszuschließen, tendierte der Bochumer Verein wie viele andere große Unternehmen drittens dazu, das Gelände gegenüber Umgebung und Öffentlichkeit abzuschotten. Diese Einhegung, deren Maßnahmen der Stich ebenfalls sichtbar macht, war ein längerer Prozess. An seinem Ende trug das Fabrikgelände jenen Charakter einer „verbotenen Stadt", als der sie ganzen Generationen Bochumer Bürger erschien.

Infolgedessen reduzierte sich viertens vormals öffentlicher Raum, wobei auch vor der Verlegung von allgemein zugänglichen Verkehrswegen nicht Halt gemacht wurde. Diese Entwicklung setzte im Bereich der Gussstahlfabrik Mitte der 1860er Jahre ein und stand zur Zeit der Aufnahme der Ansicht kurz vor dem Abschluss, wie anschaulich erkennbar ist. Wiederholt wurde die Führung der das Werksgelände ursprünglich durchziehenden Wege im Sinne des Bochumer Vereins geändert. Das ging nicht immer ohne Konflikte ab, zumal die neuen Strecken oftmals länger waren. Auf diese Weise war etwa die unter einer kleinen Brücke von der Alleestraße nach Norden führende Westendstraße entstanden. Sie wurde 1871 als neue Zuwegung zum historischen Reitweg angelegt, dessen alter Verlauf und die ursprünglich weiter östlich gelegene Einmündung in die Alleestraße im Fabrikinteresse aufgelöst worden war. Noch nicht einmal ein Jahr später überbaute sie der Bochumer Verein mit einer Brücke, um darüber die westlich des Weges liegenden Fabrikgrundstücke direkt erreichbar zu machen. Diese Situation lässt die Ansicht ebenso erkennen wie die rege Frequenz auf dem anschließenden durch das Gelände verlaufenden Weg. Doch die Tage der Westendstraße, die als eine der kurzlebigsten Straßen in der Bochumer Stadtgeschichte gelten darf, waren bald gezählt: Nach nur drei Jahren wurde sie aufgelöst, als dem Firmeninteresse gemäß die Hauptverbindungsstrecke von Bochum in Richtung Wattenscheid-Gelsenkirchen westlich der Kanonenwerkstatt neu angelegt und die alten, das Werksgelände durchziehenden Wege sukzessiv abgesperrt und aufgehoben wurden. In diesem Zuge entstand die bis in die Gegenwart andauernde, das Werksgelände umgehende Verkehrsführung.

Als ein Rest der vorindustriellen Topografie ist schließlich der teils noch offene Verlauf des Dibergbaches am östlichen Rande von Stahlhausen angedeutet. Bei ihm handelt es sich um einen der beiden Wasserläufe, von denen die historische Flurbezeichnung „An den Becken" herrührt. Auch diese Gewässer wurden der industriellen Ausbeutung unterworfen, wie die an der Alleestraße erkennbare Wasserstation symbolisiert: Zur Versorgung seiner Betriebe schöpfte der Bochumer Verein hier bis zur Eröffnung der städtischen Ruhrwasserleitung in großen Mengen Wasser.

MARCO RUDZINSKI

32 | PLAKAT ZUR „LUSTMORD"-SERIE IN BOCHUM

Stadtarchiv Bochum – Aktenbestand Amt Wattenscheid, A WAT 39

H 42 cm, B 53 cm; Papier; Plakat, beidseitig mit Handschrift bedruckt, drei Einzeichnungen und ein Foto

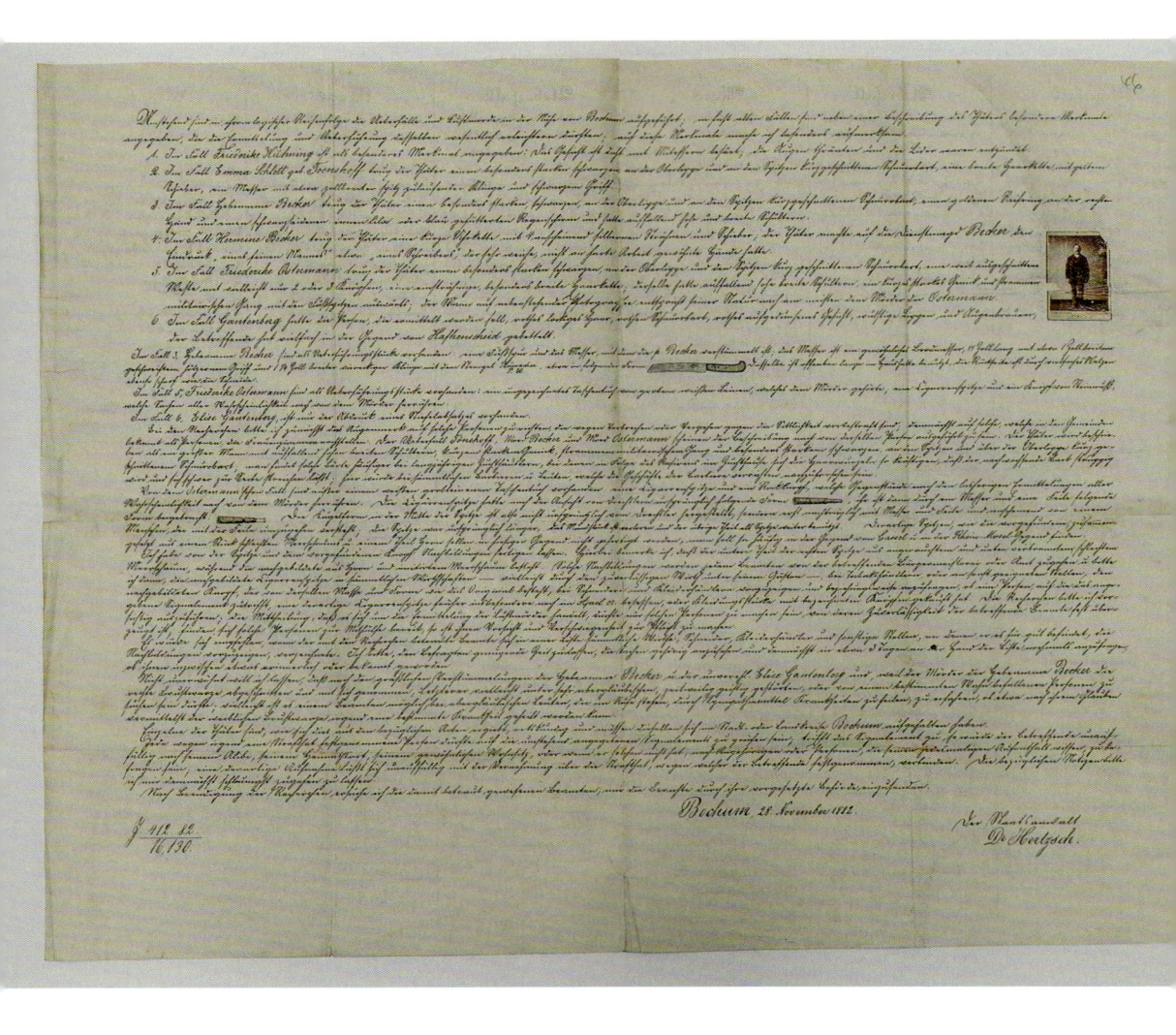

PLAKAT ZUR „LUSTMORD"-SERIE IN BOCHUM

Die Lustmordserie im Landkreis Bochum in den 1880er Jahren

Im Herbst 1880 erschreckte ein Lustmord die Bochumer:

„In der Nähe von Bochum in einem Hohlwege von Altenbochum nach ‚Prinz von Preußen' (Zeche an der Grenze von Altenbochum und Kornharpen, A.H.) ist gestern (Montag) nachmittags gegen 3 Uhr die Leiche eines ermordeten Frauenzimmers aufgefunden. Dieselbe war erdrosselt und außerdem war ihr die Pulsader der einen Hand durchgeschnitten. Nach der einen Nachricht soll es eine Magd des Landwirths Schulte-Ladbeck, nach der anderen eine Hebamme gewesen sein, welche von einem Manne zu seiner Frau gerufen sei. Die Leiche ist von einem polnischen Arbeiter zuerst bemerkt worden. Derselbe machte sofort dem Vorsteher und dieser dem Gericht und Staatsanwaltschaft die Anzeige, welche sich alsbald an Ort und Stelle begeben haben."

Der Bericht der Wattenscheider Zeitung vom 2. November 1880 kannte bereits einige Details, stocherte aber gleichzeitig im Nebel. In der Ausgabe vom 3. November präzisierte die Zeitung, dass es sich bei der Getöteten um die Hebamme Johanne Becker handelte, die von einem Mann zur angeblichen Geburt einer Wöchnerin abgeholt und auf dem Weg brutal ermordet wurde. Sie hinterließ ihren Mann und vier kleine Kinder. Wenige Tage zuvor war ein Anschlag auf Emma Tönnshoff in Hordel verübt worden. Hier war die Tat durch einen zufällig vorbeikommenden Passanten vereitelt worden.

Bereits am 6. November wurde durch die Bochumer Staatsanwaltschaft die damals enorme Belohnung von 5 000 Mark ausgelobt. Von dieser Summe trugen die Gemeinde Altenbochum 500 Mark, die Stadt Bochum 1 500 und der Regierungspräsident in Arnsberg 3 000 Mark.

Dies war aber leider nicht der erste Mord. Bereits Ende Dezember 1878 hatte der Täter zum ersten Male zugeschlagen. Im Januar 1879 meldete die Zeitung:

„Nicht nur die hiesigen, sondern auch die benachbarten Polizeibehörden entwickeln eine rastlose Thätigkeit, um den Mörder der Sophie Kost zu entdecken. Das Gerücht, ein hiesiger Bürgersohn, ein junger Metzgergeselle, sei der Thäter hat sich als böswillige Verleumdung herausgestellt. Bis jetzt ist in der dunklen Sache keine Aufklärung erfolgt. Bekanntlich bleibt einige Zeit nach der Ermordung eines Menschen auf der Netzhaut seines Auges noch das Bild des Mörders haften. Auf Grund dieser Thatsache hat ein hiesiger Photograph eine Photographie aufgenommen. Jedoch dürfte der Zweck, da die Aufnahme erst 24 Stunden nach dem Morde geschah, kaum erreicht werden."

Es wurde eine Belohnung von 500 Mark für die Ergreifung des Täters ausgesetzt, die später auf 900 Mark erhöht wurde.

Weitere Verbrechen folgten. Es wurde klar, dass die Bochumer Polizei mit diesem Verbrechen überfordert war. Es gab noch keine Kriminalpolizei in Bochum, deshalb wurde aus Berlin der Kriminalkommissar Leopold von Hüllessem-Meerscheidt entsandt. Er errichtete im

August 1880 im Bochumer Amtsgericht ein Büro, das aus Polizeibeamten aus dem Landkreis Bochum und seinem Berliner Mitarbeiter Kriminal-Wachtmeister Sowa bestand. Das Team konnte so direkt mit der Staatsanwaltschaft zusammenarbeiten. Dem Bochumer Landrat wurde regelmäßig Bericht erstattet.

Die nun systematischeren Ermittlungen führten auf die Spur des Besenbinders Wilhelm Schiff aus Weitmar. Dieser wurde für drei weitere Morde verantwortlich gemacht, im November 1881 durch das Landgericht Essen zum Tode verurteilt und Anfang 1882 hingerichtet. Die ausführliche Prozessberichterstattung gibt einen Eindruck von den umfangreichen Ermittlungen. Die Beweisführung erscheint schlüssig. Im Prozess wurde aber auch klar, dass Schiff nicht für alle Taten verantwortlich sein konnte.

Mit der Inhaftierung und Verurteilung von Wilhelm Schiff hörte die Serie jedoch leider nicht auf. Im April 1882 geschah in Herne der nächste Mord. Dieses Mal war es die Magd Friederike Ostermann. Ende Mai fand der Täter sein nächstes Opfer. Auch dieses Mal wurde wieder eine Belohnung ausgesetzt, nun in Höhe von 1 000 Mark. Für beide Morde zusammen wurde wenig später eine Belohnung von 10 000 Mark ausgelobt.

Der Bochumer Landrat August Overweg forderte von allen Bürgermeistern und Amtmännern einen Bericht ein, in dem sie erläutern mussten, wie sie in ihrem Bezirk die Sicherheit von Frauen sicherstellen können. Der Wattenscheider Bürgermeister Otto Pokorny antwortete darauf unter anderem:

> „Der Controle der Vagabunden und sonstigen herumziehenden Personen ist bereits seit längerer Zeit die peinlichste Aufmerksamkeit geschenkt und ist keine Mühe gescheut worden, die betroffenen Individuen zur Bestrafung zu bringen. Diese Maßnahme ist denn auch insofern von merklichem Erfolg gewesen, daß die Vagabondage hier erheblich abgenommen hat, nur verhältnismäßig wenige Bettler und Landstreicher sich hier noch sehen lassen und auch die früher im Publikum hierüber laut gewordenen Klagen verstummt sind."

So erwischte man zwar keinen Mörder, wurde aber ein anderes Problem los.

Im November 1882 wurde ein Steckbrief verfasst, unterzeichnet vom Bochumer Staatsanwalt Dr. Hertzsch. Dieser Steckbrief war jedoch nicht für die Öffentlichkeit bestimmt, sondern für die im Landkreis Bochum tätigen Polizeibeamten. Der Bochumer Landrat erhielt insgesamt 136 Exemplare zur Verteilung.

> „Die Zusammenstellung verfolgt den Zweck, jedem einzelnen Polizeibeamten eine genaue Kenntnis jedes Falles zu verschaffen und jeden in den Stand zu setzen, die ersten Recherchen gegen verdächtige Personen auch ohne vorgängige Rückfragen vornehmen zu können. Die auf der Rückseite befindliche Instruction enthält nähere Angaben darüber, nach welcher Richtung die Recherchen in jedem einzelnen Fall hauptsächlich vorzunehmen sind",

formulierte der Staatsanwalt im Begleitschreiben. Verteilt wurden die Steckbriefe wie folgt: die Stadt Gelsenkirchen bekam 10, die Städte Hattingen und Wattenscheid je 8, Witten 12, das Amt Blankenstein 8, die Ämter Bochum Nord und Bochum Süd je 10, das Amt Hattingen 15, das Amt Herne 8, Langendreer 10, Schalke 12, Ückendorf 5, Wanne 8 und das Amt Wattenscheid 10. Dazu wurde ein Exemplar in die Registratur des Kreises gegeben.

Im Text des Steckbriefs selbst wurden Einzelheiten zu den Täterbeschreibungen der verschiedenen Morde genannt. Den Kernpunkt bildeten die Beschreibungen einer Tatwaffe, eines „Brodmessers", sowie einer am Tatort gefundenen Zigarrenspitze. Das Messer wurde zudem durch eine Zeichnung dargestellt, die Zigarrenspitze durch zwei. Darüber hinaus enthielt der Steckbrief ein kleines Foto. Dieses zeigte einen Mann, der den Täterbeschreibungen in Größe und Physiognomie in etwa entsprach.

Darüber hinaus kündigte der Staatsanwalt an, dass demnächst auch Replikate dieser Gegenstände und eines ebenfalls am Tatort gefundenen Knopfes für die einzelnen Dienststellen zur Verfügung gestellt werden sollten. Diese Replikate wurden anschließend der Öffentlichkeit gezeigt.

Am 10. Dezember 1882, einem Sonntag, wurden die Replikate auf dem Bochumer Marktplatz der Bevölkerung präsentiert. Die Originale konnten darüber hinaus im Büro der Staatsanwaltschaft eingesehen werden.

Über die Präsentation der Replikate wurde in den Zeitungen ausführlich berichtet.

> „Das Menschengedränge zur Besichtigung der Lustmordgegenstände auf hiesigem Markte gestern war kolossal und beweißt das Interesse des Publikums an dieser Untersuchung. Obwohl die Polizei scharfe Ordnung hielt, hörte das Gedränge nicht auf und haben viele die Gegenstände nicht gesehen. Dieselben waren an einem Häuschen daselbst befestigt und eine Barriere davor angebracht. Das verrostete noch mit Blut befleckte Brodmesser, womit Frau Hebamme Becker ermordet und verstümmelt ist, die Cigarrenspitze und namentlich die Photographie des Bremsers Jos. Müller, des Coblenzer Lustmörders, wurden eingehend besichtigt. […] Ob die Ausstellung ihren Zweck erfüllt hat, zur Ermittelung der Thäter neue Anhaltspunkte zu geben, wissen wir nicht; zweifeln aber sehr daran; zu wünschen wäre es sehr, damit endlich der Schleier, der noch über mehreren dieser Morde liegt, gelüftet und unsere Gegend von einem Alpdruck befreit wird."

Letztlich wurden der oder die Mörder nicht ermittelt. Die beiden Berliner Kriminalbeamten kehrten in ihre Heimat zurück und auch die zusätzlich nach Bochum beorderten Gendarmen wurden wieder an ihre alte Wirkungsstätte zurückversetzt.

ANDREAS HALWER

33 SEEKARTE „THE ARCTIC SEA BETWEEN WRANGEL ISLAND AND MACKENZIE RIVER"

Stadtarchiv Bochum – NAP 96

H 66,6 cm, B 110,8 cm; Papier, aufgezogen auf Leinen

201

33 | SEEKARTE „THE ARCTIC SEA BETWEEN WRANGEL ISLAND AND MACKENZIE RIVER"

Von Bochum in die Arktis. Die Jeannette-Hilfsexpedition und die Erkundung des Wrangellandes

In Bochum-Altenbochum gibt es eine Straße, die den gleichen Namen trägt wie eine der drei Landzungen im Norden der Wrangel-Insel. Die „Bruch-Spit" und die Straße Bruchspitze verweisen auf den Bochumer Gastwirt Friedrich (Fritz) Bruch, der als junger Mann die Welt bereiste und als alter Mann davon erzählte. Sein größtes Abenteuer war die Teilnahme an der Expedition ins nördliche Eismeer 1881/82, die das Schicksal des verschollenen amerikanischen Segel-Dampfschiffs Jeannette und seiner Besatzung aufklären sollte.

Seit Jahrhunderten fuhren Seeleute um die Welt. Sie suchten kürzere Wege, um von A nach B zu gelangen, erforschten fremde Länder und die Meere. Stießen sie auf unbekanntes Terrain, vermaßen, kartografierten und tauften sie es. Spektakulär waren die Expeditionen ins Nordpolarmeer im 19. Jahrhundert, um den Nordpol zu erreichen oder, von Europa aus, eine „Passage" zwischen dem atlantischen und dem pazifischen Ozean hoch oben im Norden zu finden – sei es die Nordwest-Passage nördlich des amerikanischen Kontinentes oder die Nordost-Passage, entlang der Nordküste Russlands –, denn die nördliche Route nach Asien war deutlich kürzer als die um Kap Hoorn herum im Süden. Viele dieser Forschungsreisen führten nicht zum Ziel, weil die Seefahrer sich verirrten, weil Eismassen die Wege versperrten und die Schiffe festfroren. Manche endeten tragisch, wie etwa die legendäre Franklin-Expedition, die 1845 mit den beiden Schiffen HMS Erebus und HMS Terror in England in See gestochen war, um die Nordwest-Passage in ost-westlicher Richtung zu durchsegeln. Sie blieb im Packeis stecken; die Schiffsbesatzung war jahrelang im Eis gefangen; keine der ausgesandten Suchexpeditionen fand eine Spur der Schiffe und der Männer; niemand überlebte. Erst 2014 und 2016 wurden die Wracks in der kanadischen Arktis entdeckt.

Was trieb die Männer an, sich auf die schwankenden Schiffe zu begeben, sich Kälte oder Hitze, wenig schmackhafter Nahrung, mangelnder Hygiene und Bequemlichkeit, zahlreichen weiteren Entbehrungen, Krankheiten und Gefahren an Leib und Leben auszusetzen? Sicher waren Abenteuerlust und die Hoffnung auf Ruhm im Spiel, aber auch schlichte wirtschaftliche Not. Der 1854 in Ehrenbreitstein, Kreis Koblenz, geborene und in Altenbochum als Sohn eines Gastwirts aufgewachsene Friedrich Bruch scheint zu denen gehört zu haben, die Abenteuer suchten. Schon in der Schule in Bochum, wenn von fernen Ländern die Rede gewesen sei, habe ihn mit Gewalt der Gedanke erfasst: „Auf zur See! Hinaus in die weite Welt!" (Das Goldene Buch, 1934, S. 8). Im Alter von 15 Jahren, an einem Sonntag im September 1869, riss er von zu Hause aus. Er schlug sich nach Rotterdam durch, wo ein kleiner Schoner, der die Kanalinseln anfuhr, ihn als Schiffsjungen an Bord nahm. Seine erste große Fahrt, nun als Leichtmatrose, führte ihn bis nach Australien. Dort suchte er sein Glück als Goldgräber, Farmarbeiter und Holzfäller, sammelte Erfahrungen beim Bahnbau in Tasmanien und versuchte sich als Walfänger. Nach fünf Jahren kehrte er kurz heim nach Altenbochum,

33 | SEEKARTE „THE ARCTIC SEA BETWEEN WRANGEL ISLAND AND MACKENZIE RIVER"

reiste bald darauf aber erneut nach Australien, dann nach San Francisco und war kurz vor Weihnachten 1875 wieder zu Hause, wo er nun etwas länger blieb. Von September 1876 bis April 1879 leistete er seinen Militärdienst bei der deutschen Marine ab. Danach ging es von London aus wieder auf große Fahrt: nach Australien, Japan, Hongkong, Philippinen und schließlich New York. Als Bruch Ende November 1880 dort eintraf, hatte er erst einmal „keine Lust, auf See zu gehen" (Bruch, Bd. 1, S. 31). Stattdessen schloss er sich der Marine an, dieses Mal der amerikanischen! Er hatte gehört, dass die amerikanische Kriegsmarine Leute suchte und meldete sich im Büro der Navy in Brooklyn. Nach Ablegung eines „seemännischen Examens" wurde er „sofort" angenommen (ebd.).

Anfang Juli 1879 begab sich die „Jeannette", „ein stolzer Dreimaster mit Dampfkraft", unter Führung des amerikanischen Marineleutnants George W. De Long von San Francisco aus in die „unerforschten Regionen des ewigen Eises" (Gilder, 2013, S. 5). De Longs Auftrag lautete, über die Beringstraße den Nordpol anzufahren und dabei eine von ihm selbst vermutete Meeresströmung auszunutzen, die von der Beringstraße nach Norden führte. „Nebenher" sollte er nach dem seit einiger Zeit verschollenen Dampfschiff Vega fahnden, mit dem eine Expedition unter der Leitung des schwedischen Wissenschaftlers und Polarforschers Adolf Erik Nordenskjöld im Juli 1878 in Göteborg aufgebrochen war, um durch die Nordost-Passage, unter Umfahrung der Nordküste Sibiriens, nach Asien zu gelangen. Die Ausrüstung der Jeannette übernahm der New Yorker „Zeitungskönig" Gordon Bennett (ebd.). Sicher versprach er sich eine gute Rendite seiner Investition und schickte auch einen Reporter seines New York Herald als Berichterstatter mit an Bord. Durch die im 19. Jahrhundert entstandene Massenpresse nahmen viele des Lesens Mächtige Anteil an den waghalsigen Unternehmungen in den Polarregionen. Und immer dann, wenn ein Schiff vom Weg abkam, wurde es besonders spannend und das Publikum wartete begierig auf Nachrichten.

Die Jeannette verschwand bald nach ihrem Aufbruch von der Bildfläche, während die Vega wieder auftauchte. Im September 1878 war sie nordwestlich der Beringstraße eingefroren und hatte bis Juli 1879 überwintern müssen. Danach konnte sie ihre Fahrt fortsetzen. Über die Beringstraße und das Beringmeer gelangte sie in den Pazifik; im September 1879 erreichte sie Japan. Nordenskjöld und seine Mannschaft hatten als Erste die Nordost-Passage durchfahren.

Die Jeannette dagegen erwartete ein tragisches Schicksal. In der Beringstraße wurde sie im September 1879 zuletzt von amerikanischen Walfängern gesichtet. Sie passierte das sagenumwobene Wrangelland, geriet weiter oben im Norden in die „gefahrenreiche Eiswüste der Polarzone" (ebd., S 6) und fror im November 1879 ein. Die Seeleute konnten nicht mehr navigieren und das Schiff wurde von mächtigen Eisschollen hilflos nach Nordwesten getrieben. Zwei Jahre lang dauerte die unfreiwillige Treibfahrt, dann war plötzlich Land in Sicht. Aber es waren nur zwei kleine Inseln, die ihre Entdecker Jeannetteinsel und Henriettainsel nannten. Auf der „in ungefähr 77 Grad nördlicher Breite und 157 Grad östlicher Länge, etwa 700 Kilometer vom sibirischen Festland entfernt" gelegenen Henriettainsel konnte eine kleine Dele-

33 | SEEKARTE „THE ARCTIC SEA BETWEEN WRANGEL ISLAND AND MACKENZIE RIVER"

gation der Besatzung landen und hisste die amerikanische Flagge (ebd., S. 7). Doch mit der Jeannette sollte es bald vorbei sein. Das Packeis drohte, sie zu „zermalmen" und sie begann zu sinken. Der Kapitän gab Befehl, das Nötigste zu bergen und das Schiff zu verlassen. Am frühen Morgen des 13. Juni 1881 „sank die Jeannette in ihr kaltes Grab" (De Long, zit. n. Gilder, S. 10). Auf ihrem Weg zum Nordpol war De Long mit seiner Mannschaft weit vorgedrungen. Nun mussten sie umkehren und versuchen, das nackte Leben zu retten. Zu Fuß wanderten die Männer über das zugefrorene Eismeer zurück nach Süden. Mit Hilfe von Schlittenhunden zogen sie drei schwere Boote, Proviant, Kleidung, Decken und sonstige vom Schiff gerettete Dinge über Eis und Schnee. Ihre Hoffnung war, eine offene Fahrrinne zu finden, in die sie die Boote einlassen konnten, und dann irgendwo irgendwann das Festland und eine menschliche Siedlung zu erreichen.

In den USA machte man sich inzwischen Sorgen um die Jeannette. Anscheinend nicht nur dort. Täglich seien Gerüchte aufgetaucht, und „in der Presse aller Erdteile hub ein banges Rätselraten an um den Ausgang der von Gordon Bennett ausgesandten Expedition, und bald reifte der Plan, eine Hilfsexpedition zur Rettung der ‚Jeannette'-Leute auszurüsten" (Gilder, S. 16). So kam es dann. Der amerikanische Kongress bewilligte die Mittel, um ein geeignetes Schiff zu kaufen, das in dem in San Francisco liegenden Walfänger „Mary and Helen" bald gefunden war. Er wurde umgerüstet und umgetauft und stach am 16. Juni 1881 – kurz nachdem die Jeannette-Mannschaft das sinkende Schiff verlassen hatte – als „Rodgers" in See. Mit an Bord waren ein Ingenieur, zwei Ärzte, Maschinisten, Zimmermeister, Proviantmeister, Köche, Heizer, ein Schmied, ein Kapitäns-Steward, zwei „Bootsmannsmaate" und ein Reporter, der gleichzeitig Zahlmeister war. Der Verleger Gordon Bennett hatte auch auf dieses Schiff einen Mitarbeiter seines New York Herald geschickt: den erfahrenen Arktis-Reisenden William Gilder, der „der breiten Öffentlichkeit Bericht" erstatten sollte (ebd.). Als Kapitän wurde der Marineleutnant Robert M. Berry berufen; vier Offiziere sollten ihn unterstützen.

Die Marine-Sachverständigenkommission erteilte ziemlich strikte Befehle, welche Route das Schiff nehmen sollte. Dem Kapitän wurde aufgegeben, bei jeder sich bietenden Möglichkeit Bericht zu erstatten, da „die Augen der ganzen wissenschaftlichen Welt" auf ihn gerichtet seien (Bruch, Bd. 2, S. 5). Die Mannschaft setzte sich aus Freiwilligen der amerikanischen Kriegsmarine zusammen, unter ihnen Friedrich Bruch aus Altenbochum.
Im November 1880 hatte er sich in Brooklyn der Navy angeschlossen und meldete sich, als im Februar 1881 Teilnehmer der Jeannette-Rettungs-Expedition gesucht wurden. Als einer von 15 unter 75 Interessierten wurde er als tauglich befunden. Bruch bekam die Funktion eines „Bootsmannsmaates", stand also im Rang eines Unteroffiziers. In seinen Lebenserinnerungen schildert er die anscheinend vergnügliche Reise von Brooklyn quer durchs ganze Land nach San Francisco. Weitere Teilnehmer der Expedition seien unterwegs rekrutiert worden. Am vorläufigen Ziel angekommen, beteiligten sie sich an der Umrüstung und Ladung des Rodgers. Man richtete sich auf eine lange Reise ein und wollte für alle Eventualitäten gerüstet sein. So wurde Proviant für drei Jahre und Kohle für einen längeren Zeitraum an

33 | SEEKARTE „THE ARCTIC SEA BETWEEN WRANGEL ISLAND AND MACKENZIE RIVER"

Bord genommen, auch wenn das Schiff möglichst segeln und nur bei Windstille und im Eis mit Dampfkraft fahren sollte. Auch Bauholz wurde in großer Menge geladen, um im Notfall Häuser bauen und das Schiff überdachen zu können.

Die Ausfahrt aus dem Hafen von San Francisco erfolgte unter großer öffentlicher Anteilnahme. Die ganze Stadt sei auf den Beinen gewesen, Musikkapellen hätten aufgespielt, Ehrenschüsse seien abgefeuert, Blumenbouquets geworfen worden. Unzählige Yachten hätten „gleich Schmetterlingen" den Rodgers umspielt; die Damen winkten mit ihren Tüchern, die Herren schwenkten ihre Hüte (Gilder, S. 16f.). Die Volksfeststimmung an Land wird an Bord bald ernsten Gedanken gewichen sein. „Wird uns Gott gnädig sein, wird er uns den Weg zu unsern Brüdern zeigen?", bangte William Gilder (ebd., S. 18).

Am 19. Juli erreichte der Rodgers Petropawlowsk in Kamtschatka. Hier wurden weitere Vorräte – darunter fünf lebendige Ochsen und eine Kuh! – und warme Pelzkleidung geladen. Zudem wurden 22 Schlittenhunde samt Schlitten an Bord genommen, dazu ein „Junge", der sie füttern sollte, sowie jede Menge Hundefutter und Heu für das Rindvieh. An Deck sei fast kein Plätzchen mehr frei gewesen, schreibt Fritz Bruch. Doch was sollte man machen? Für den Notfall hatte der Rodgers Pemmikan an Bord – ein haltbares Gemisch aus Fett, Fleisch und noch etwas „rätselhaftem" (Bruch, Bd. 2, S. 37) –, aber Frischfleisch war schmackhafter und gesünder und bot sogar Schutz gegen Skorbut. Auch der Wert von Schlittenhunden hatte sich unter den Arktis-Reisenden herumgesprochen. Mussten die Schiffbrüchigen der Franklin-Expedition Mitte des 19. Jahrhunderts die schweren Lasten, die sie von der Erebus und der Terror geborgen hatten, noch selbst über das Eis ziehen, hatte man in der Zwischenzeit von den Inuit gelernt und bediente sich ihrer Erfahrung. Dabei wurde das Leben an Bord durch die Schlittenhunde nicht eben leichter. Die Hunde hätten ein wolfsähnliches Aussehen gehabt und nicht gebellt, sondern nur geheult. Sie seien zuerst eingesperrt gewesen. Aber da die Schiffsbesatzung Tag und Nacht keine Ruhe gehabt habe, hätten sie die Hunde frei an Deck herumlaufen lassen. Das Heulen habe nun ziemlich aufgehört, „aber welchen Unrat wir jetzt an Deck und dem Tauwerk, welches zum Bedienen der Segel gehört, haben, ist gar nicht zu beschreiben" (ebd., S. 8).

Von Petropawlowsk aus steuerte der Rodgers das Fort St. Michael in Alaska und dann die St. Lawrence Bay an der sibirischen Küste an. Dann stieß er über die Beringstraße nach Norden vor. Am 25. August kam das Wrangelland in Sicht, von dem man nicht wusste, ob es eine Insel oder Teil des Festlandes war. Jahrzehntelang hatte man nicht einmal gewusst, ob es überhaupt existierte oder ob die Seeleute, die von ihm berichteten, einer Sinnestäuschung erlegen waren. Namensgeber war Ferdinand von Wrangel, ein deutschbaltischer Wissenschaftler, Polarfahrer und Offizier in russischen Diensten, der bei Kartierungsarbeiten in den 1820er Jahren die Existenz einer der Tschuktschen-Halbinsel im Nordpolarmeer vorgelagerten Insel vermutet hatte. Tatsächlich gesichtet wurde das Wrangelland (oder die Wrangel-Insel) erst 1849, kartografiert und nach Wrangel benannt wurde es 1867, aber betreten hatte es noch niemand – dachten die Männer auf dem Rodgers, als ihr Schiff am 25. August 1881

33 | SEEKARTE „THE ARCTIC SEA BETWEEN WRANGEL ISLAND AND MACKENZIE RIVER"

etwa einen Kilometer vom Strand entfernt vor Anker ging. Zum Landen wurde ein Boot zu Wasser gelassen. Die Besatzung sprang gleichzeitig an Land, „damit keiner sagen könne, er sei zuerst auf Wrangelland gelandet". Unter „Hurrarufen" wurde die amerikanische Flagge gehisst, an Bord ließ man zwei Raketen steigen, „und waren wir selbstverständlich froh und guter Laune" (ebd., S. 14). Wie groß war da die Enttäuschung, als ein Teil der Mannschaft, zu dem auch Bruch gehörte, auf einer Entdeckungstour einen Signalmast sichtete, an dem die amerikanische Flagge und eine Blechbüchse befestigt waren. In der Büchse steckte eine Nachricht vom Kapitän des Zollkutters „Corwin", Hooper, wonach dieser mit seinen Männern am 11. August auf Wrangelland gelandet war, also 16 Tage vor dem Rodgers. Wer die Nachricht finde, solle den New York Herald informieren. Der Corwin kreuzte in der Gegend, weil er die amerikanische Walfängerflotte zu beaufsichtigen hatte. Daneben hielt auch seine Besatzung Ausschau nach der Jeannette. Vermutlich mit Blick auf eventuelle Schiffbrüchige, von denen ja nicht auszuschließen war, dass sie auf Wrangelland Zuflucht suchten, enthielt der Zettel auch diese Botschaft: „Faß mit Proviant ist vergraben am 2ten Kliff nördlich von hier" (ebd., S. 17).

16 Tage lang suchte die Mannschaft des Rodgers nach Spuren der Jeannette. Daneben hatte sie den Auftrag festzustellen, ob das Wrangelland eine Insel war oder mit dem sibirischen Festland zusammenhing. Eine Gruppe richtete ein am Strand aufgebautes Zelt als Observatorium ein, stellte die magnetischen Verhältnisse fest, bestimmte die geografische Länge und Breite des Hafens, fotografierte das Schiff und die Umgebung. Drei weitere Gruppen gingen auf Erkundungsreise, die erste ins Landesinnere, die beiden anderen sollten die Insel – sofern sie denn eine war – in entgegengesetzten Richtungen umsegeln. Das Boot, in dem Bruch saß, nahm die Ost-Nordost-Richtung. Es traf auf schweres Eis, das das Boot stoppte und an Land schob, kurz bevor es „zerdrückt" worden wäre. Die Männer richteten ein Notlager ein; sie wollten warten, bis die Eisverhältnisse sich änderten und dann weitersegeln.

Nun schlug die große Stunde des Friedrich Bruch. Er bekam von seinem Offizier die Erlaubnis, mit zwei anderen die Küste zu erkunden und entdeckte dabei eine etwa zwanzig englische Meilen lange und eine halbe Meile breite, vollständig vom Packeis abgeschlossene Bucht. „Die Abschlußspitze hatte eine Breite von 25–30 Meter und bestand aus Kiesel und Sand. Die Außenseite war mit Treibholz übersät und läuft von NW nach Süden" (ebd., S. 21). Bruch und seine Begleiter wiederholten die Tour am nächsten Tag, dem 1. September 1881, und wollten dabei „soweit als möglich vorstoßen". Bruch notierte, dass „die Tandspitze NW läuft", dann nach West und schließlich West-Süd-West. Die ganze äußere Seite der Bank sei mit schwerem Eis bedeckt gewesen. Zurück im Notlager konnten sie stolz berichten, sie hätten herausgefunden, „daß das Land nicht weiter nach Norden läuft" (ebd., S. 22).

Zu weiteren Erkundungen kam es nicht, weil der Offizier angesichts der Tatsache, dass die Eisverhältnisse sich nicht veränderten, entschied, das Boot aufzugeben und zu Fuß über Land zum Schiff zurückzukehren. Sie brauchten dafür mehrere Tage.

33 | SEEKARTE „THE ARCTIC SEA BETWEEN WRANGEL ISLAND AND MACKENZIE RIVER"

Die Rodgers-Expedition hatte die Jeannette nicht gefunden, wohl aber ihren zweiten Auftrag erfüllt: „Durch die nach Westen und Osten ausgesandten Abteilungen war es möglich festzustellen, dass Wrangelland tatsächlich eine Insel war" (Gilder, S. 36). Bruch hatte Anteil an dieser Erkenntnis.

Am 13. September stach der Rodgers wieder in See. Kapitän Berry ließ Fritz Bruch zu sich kommen, um ihm mitzuteilen, er habe den langen Streifen Land, den Bruch an der Nordküste ausfindig gemacht hatte, nach ihm benannt. Er hielt die „Bruch-Spit" ebenso in seinen Aufzeichnungen fest wie die anderen auf der Wrangel-Insel gemachten Entdeckungen und Messergebnisse. Berry selbst zum Beispiel war mit seiner Gruppe auf einen Gebirgszug im Landesinneren gestoßen, hatte den Gipfel erklommen, dessen Höhe gemessen (2 500 Fuß) und ihn „Berry's point" genannt. Die gewonnenen Erkenntnisse übermittelte er der U.S. Navy, deren hydrografisches Büro die Daten verwertete und die Seekarte „The Arctic Sea between Wrangel Island and Mackenzie River" herausgab. Diese beruhte auf frühen britischen und russischen Vermessungsarbeiten, korrigiert durch die Ergebnisse späterer Forschungsreisen: unter dem Kommando des US-Admirals John Rodgers 1855, Professor Nordenskjölds 1878 (Vega-Expedition) und eben Kapitän Berry's 1881. Der Rodgers-Expedition unter Berry's Leitung waren auch die Angaben über die genaue Lage, die Umrisse, Ausdehnung und Beschaffenheit der Wrangel-Insel zu verdanken. In deren Nord-Osten ist die von Friedrich Bruch entdeckte „Bruch-Spit" eingezeichnet. Bruch erwarb die Karte, die ihm auf seinen weiteren Reisen in die Arktis zur Orientierung diente, und brachte sie schließlich mit nach Hause. Sie findet sich in seinem Nachlass.

Auf seinem Weg weiter nach Norden stieß der Rodgers am 16. September 1881 auf Packeis. Das Schiff hätte, wie die Jeannette, auf Monate oder gar Jahre „Gefangener des Eises" werden können, deshalb traten Kapitän und Besatzung „vorsichtig" den Rückzug an (ebd., S. 38) und suchten einen anderen Weg. Sie steuerten erneut durch „ziemlich leichtes Eis", kamen kurz darauf wieder „an schweres Packeis", gingen hinein, arbeiteten sich durch, „blieben dann fest" und konnten das Eis doch wieder durchbrechen (Bruch, Bd. 2, S. 27). Am 18./19. September erreichten sie mit 73° Breite, 44 Minuten „die höchste Breite" (ebd.). „Wenn der Pol auch noch weit genug abliegt, bedeutete das doch den nördlichsten Punkt, zu dem Menschen in diesem Teile des Meeres bis dahin vorgedrungen waren" (Gilder, S. 40).

Die Jeannette war im Juni desselben Jahres ein ganzes Stück weiter oben im Norden untergegangen. Die von ihrem Kapitän De Long entdeckte Henriettainsel liegt auf dem 77. Breitengrad. Doch das wussten die Forscher und Seeleute auf dem Rodgers zu diesem Zeitpunkt nicht. Allerdings konnten sie eine weitere Legende von Eismeerfahrern widerlegen, die nördlich der Wrangel-Insel Land gesehen haben wollten. Der Rodgers sei ohne Hindernisse über eine weite Strecke hinweggedampft, „auf der sich nach den Angaben ihrer Karten ‚ausgedehntes Land mit hohen Gipfeln' befinden sollte!" (ebd.). Auch hier trug die Rodgers-Expedition zur Korrektur falscher Angaben auf älteren Seekarten bei. Auf der Karte „The Arctic Sea between Wrangel Island and Mackenzie River" ist die an verschiedenen Punkten

33 | SEEKARTE „THE ARCTIC SEA BETWEEN WRANGEL ISLAND AND MACKENZIE RIVER"

gemessene Meerestiefe (in Faden) ebenso eingezeichnet wie die Position des Packeises an der Beringstraße im September 1881, die Stelle, an der Berry und seine Mannschaft vom Eis gestoppt wurden, und „Berry's highest point".

Es war an der Zeit umzukehren und weiter südlich Winterquartiere zu beziehen. Die Rodgers-Besatzung richtete auf der kleinen, direkt vor der Tschuktschen-Halbinsel gelegenen Insel Idlidlja einen festen Stützpunkt ein, von dem aus im Winter und Frühjahr Schlittenreisen unternommen werden sollten. Ein Depot wurde angelegt und der Zimmermann baute ein stabiles Haus. Schiffbrüchige sollten dauerhaft eine „gastfreie Stätte" dort finden, vielleicht sogar „die Leute von der ‚Jeannette', die möglicherweise während der letzten Monate nach der sibirischen Küste waren verschlagen worden und in dieser Gegend umherirrten" (ebd., S. 43). Zu den Männern, die auf dem Stützpunkt blieben, gehörte William Gilder, der Reporter des New York Herald. Der Rodgers selbst nahm sein Winterquartier in der St. Lawrence Bay am sibirischen Ostkap, wo er am 15. Oktober vor Anker ging.

Am 30. November 1881 brach Feuer auf dem Schiff aus. Alle Löschversuche blieben erfolglos, doch konnte die Mannschaft sich und einen Teil der Vorräte und Ausrüstung an Land retten. Es sei „ein schauriger Anblick" gewesen, „wie das Feuer die Takelage und Segel verzehrte", schreibt Fritz Bruch. Sie seien traurig gewesen, ihre „Heimat mit Proviant und gute Pelzkleidung zu verlieren und wußten nicht, was es jetzt mit uns geben würde" (Bruch, Bd. 2, S. 37). Zum Glück mussten die auf dem Rodgers mitgeführten Tiere nicht aus den Flammen geborgen werden. Die Kuh und den letzten der im Juli in Petropawlowsk an Bord genommenen fünf Ochsen hatten die Männer auf der Wrangel-Insel geschlachtet und verspeist und die Schlittenhunde, die nicht auf dem Stützpunkt auf Idlidlja geblieben waren, hatten sie direkt nach ihrer Ankunft im Winterlager St. Lawrence Bay auf eine etwa 300 Meter entfernte Insel verfrachtet, wo sie relativ bequem versorgt werden konnten. Sie hatten das Deck gereinigt und es genossen, endlich Ruhe vor dem Hundegeheul sowie Platz und Sauberkeit zu haben. Sogar ein Lesezimmer hatten sie gebaut. Offenbar richteten sie sich auf einen gemütlichen Winter ein. Der Verlust des Schiffes machte alle Pläne zunichte und da die Rodgers-Leute nun ebenfalls Schiffbrüchige waren, war auch ihre Suche nach der Jeannette beendet. Sie selbst fanden rasche Hilfe. Die in den Siedlungen nahe der St. Lawrence Bay lebenden Tschuktschen nahmen sich ihrer an und luden sie zu sich ein. Da deren Vorräte begrenzt waren, teilte die Mannschaft sich auf und nahm die Gastfreundschaft von drei Tschuktschen-Dörfern in Anspruch. Nach dem Unglück waren 108 Männer gezählt worden, die versorgt werden mussten. Doch lange bleiben wollten sie nicht. Rettung musste organisiert werden. So begab sich einer der Offiziere nach Plover Bay, wo, wie er hoffte, im Frühjahr amerikanische Walfänger auftauchen würden und hinterließ eine Nachricht.

Damit auch die Welt (über den New York Herald) und die Navy vom Schicksal des Rodgers erfuhren, machte sich der Reporter William Gilder Ende Dezember 1881 vom Stützpunkt auf Idlidlja aus mit Schlittenhunden auf den Weg in das mehrere Tagesreisen entfernte Nischni Kolymsk im Inneren Sibiriens. Auf der dortigen Poststation gab er sein Telegramm auf. Dann

33 | SEEKARTE „THE ARCTIC SEA BETWEEN WRANGEL ISLAND AND MACKENZIE RIVER"

entschloss er sich zur Fortsetzung der Suche nach der Jeannette auf eigene Faust. Ein Mann aus dem circa 1 500 Kilometer entfernten Werchojansk hatte ihm erzählt, dort sei über das Unglück des Schiffes gesprochen worden und so machte sich Gilder auf den Weg. Ein vages Unterfangen mit ungewissem Ausgang. Es führte ihn „durch die endlose sibirische Einöde" (Gilder, S. 89), doch es lohnte sich. In Werchojansk erfuhr er Teile vom traurigen Ende der Jeannette-Expedition und kurz darauf auch den Rest:

Nach dem Untergang der Jeannette im Juni 1881 war die Mannschaft bis September zusammen geblieben und trennte sich dann. Kapitän De Long verteilte sie auf drei Boote, die versuchen sollten, ins Lena-Delta zu gelangen. Eines der Boote erreichte unter der Leitung des Oberingenieurs Melville den östlichen Teil des Lena-Deltas, seine Besatzung wurde gerettet. Von dem zweiten Boot hörte man nie wieder etwas. Von dem dritten überlebten zwei Männer, während die anderen elend zugrunde gingen. Das Boot stand unter dem Kommando von De Long selbst. Es strandete im westlichen Mündungsarm der Lena, offenbar weit weg von jeder menschlichen Siedlung. Die Männer waren wochenlang in der Eiseskälte unterwegs, ihre Nahrungsmittelvorräte waren bald erschöpft, Jagdglück hatten sie keines und nachdem der letzte Schlittenhund, der sie begleitete, und sogar das Leder ihrer Stiefel verzehrt worden waren, starben sie nacheinander an Hunger, Kälte und Erschöpfung. Die beiden Überlebenden dieser Gruppe waren, als die Kräftigsten, vom Kapitän voraus geschickt worden um Hilfe zu holen. Sie erreichten Bulun, eine etwa 250 Kilometer von der Lena-Mündung entfernte Siedlung, wo sie Menschen fanden, die sie versorgten, denen sie sich aber nicht verständlich machen konnten. So gelang es ihnen nicht, eine Hilfsexpedition zur Gruppe De Long zu schicken. Später trafen sie durch Zufall auf Melville, den Kommandanten des Bootes, dessen Besatzung sich hatte retten können. Als Melville sich auf die Suche begab, war es zu spät. Ende November wurde er von den winterlichen Schneestürmen gestoppt; Ende Januar setzte er die Suche an der Spitze eines kleinen Suchtrupps fort; im März 1882 fand er die Leichen De Longs und seiner Begleiter. Der Kapitän hatte bis zum Schluss Tagebuch geführt und das elende Sterben jedes einzelnen seiner Kameraden darin vermerkt. Die letzten Einträge lauteten: „Saturday, Oct. 29., 139th. day, Dressler died during night. Sunday, Oct. 30., 140th. day, Boyd and Goertz died during night. – Collins dying" (De Long, zit. n. Gilder, S. 119). De Longs Tagebuch wurde neben seiner Leiche gefunden.

In Werchojansk hatte William Gilder vom Stranden der Jeannette-Mannschaft im Lena-Delta erfahren. Was aus ihr geworden war, wusste man nicht. Gilder wollte es in Erfahrung bringen und begab sich auf den etwa 1 200 Kilometer langen Weg zur Lena. Doch ganz so weit reisen musste er dieses Mal nicht. Nach etwa 300 Kilometern fiel ihm auf einer Poststation eine Postsendung aus dem Lena-Delta in die Hände. In einem an den Sekretär der Marine in Washington adressierten Umschlag fand er neben einem Brief des Jeannette-Ingenieurs Melville auch das Tagebuch von Kapitän De Long. Melville hatte beides einem Kurier anvertraut, der es nach Irkutsk zur Post bringen sollte. Gilder überredete den „Kosakenkurier", ihm die wertvolle Fracht zu überlassen. Den Inhalt des Briefes wollte er telegrafisch in die Verei-

33 | SEEKARTE „THE ARCTIC SEA BETWEEN WRANGEL ISLAND AND MACKENZIE RIVER"

nigten Staaten übermitteln, die Originale persönlich überbringen. Der Weg ins Lena-Delta erübrigte sich, denn alles Wissenswerte stand in den Dokumenten. So trat Gilder Anfang Mai 1882 die Rückreise an. Über Jakutsk, Irkutsk, Tomsk, Jekaterinenburg und Perm erreichte er Nischni Nowgorod, das an das europäische Eisenbahnnetz angeschlossen war. Die „ungebahnten schienenlosen Wege" lagen hinter ihm (Gilder, S. 155). Er hatte sie per Hundeschlitten, Pferdeschlitten, Rentierschlitten und zu Pferd zurückgelegt, manchmal in Begleitung, manchmal allein beziehungsweise unter dem Schutz und der Führung von Einheimischen, die er angeheuert hatte. Jetzt „öffneten sich wieder die breitgetretenen nüchternen Pfade moderner Kultur und Zivilisation" (ebd.).

Zurück in den Vereinigten Staaten von Amerika, berichtete Gilder ausführlich über das Schicksal der Jeannette. Diese Aufgabe war seinem Reporter-Kollegen vom New York Herald zugedacht gewesen, doch war dieser zusammen mit Kapitän De Long im Lena-Delta zugrunde gegangen. Gilders später geschriebenes Buch zum Untergang der Jeannette-Expedition enthält Auszüge aus De Longs Tagebuch. 1921 erschien es bei F. A. Brockhaus in Leipzig auch in deutscher Sprache.

Während Gilder sein persönliches sibirisches Abenteuer erlebte, hoffte der große „Rest" der Rodgers-Mannschaft auf baldige Erlösung vom eintönigen Alltag, der mangelhaften Hygiene und der ungewohnten Nahrung (roher Fisch und teilweise verfaultes Walrossfleisch) in den Tschuktschen-Niederlassungen. Sie erschien am 9. Mai 1882, nach fünfeinhalb Monaten, in Gestalt des Dampfwalfischfängers „North Star". Dessen Kapitän hatte in Plover Bay die von dem Offizier des Rodgers hinterlassene Nachricht erhalten und war sofort gekommen, um sie abzuholen. Es dauerte einige Tage, bis alle auf die Tschuktschen-Dörfer verteilten Seeleute und die Männer auf dem Stützpunkt auf Idlidlja informiert und an Bord waren. Der North Star übergab sie dem Zollkutter Corwin, der nun zum wiederholten Male ihren Weg kreuzte. Er kam aus San Francisco und wollte sie nach Hause bringen. So hatte auch William Gilders im Januar 1882 in Nischni Kolymsk aufgegebenes Telegramm seinen Zweck erfüllt: Es war am 20. April in Washington eingetroffen und hatte dafür gesorgt, dass der Jeannette-Hilfsexpedition eine Rodgers-Hilfsexpedition hinterhergeschickt wurde. Bei der Ankunft in San Francisco war, wie beim Aufbruch im Jahr zuvor, eine jubelnde Menschenmenge am Hafen. Die Männer kamen zunächst ins Lazarett. Sie waren vergleichsweise „günstig" davon gekommen, denn ihre durch Ungeziefer und Schmutz verursachten Hautkrankheiten konnten behandelt und geheilt werden. „Aus dem Lazarett gekommen, wurden diejenigen, welche es wünschten, entlassen und so endete die Jeannette-Suchexpedition" (Bruch, Bd. 2, S. 50).

Fritz Bruch nahm Abschied von der Navy, hielt sich noch eine Weile in Kalifornien auf, besuchte von März bis Juli 1883 Bochum und nahm dann sein Seefahrer- und Abenteurerleben wieder auf. Manchmal fand er Arbeit an Land, wie zum Beispiel in einer Maschinenfabrik in San Francisco, die hydraulische Aufzüge für Hotels und Warenhäuser baute, doch zog es ihn immer wieder zur See. An Bord verschiedener Schiffe bereiste er erneut die Welt, bevor er im Februar 1885 als „Harpunier" auf einem Walfischfänger anmusterte. Mit diesem befuhr er, dem Weg der Wale folgend, noch einmal die Polarregion zwischen Alaska und Sibirien und „dampfte" dabei auch wieder durch die Beringstraße nördlich der St. Lawrence Bay (ebd., Bd. 3, S. 6), ohne jedoch soweit nach Norden vorzustoßen wie 1881 mit dem Rodgers. Bis Mitte Oktober versuchten die Schiffe, „aus dem Eismeer durch die Beringstraße zu sein, da dann die schweren Nordweststürme anfangen und die Walschiffe so langsam nach Süden gehen" (ebd., S. 11). Bruchs Mannschaft überwinterte in San Francisco. Nach einem weiteren Jahr an Bord des Walfängers machte Bruch „Schluss" mit seinen „Seefahrten als Beruf" (ebd., S. 13). Er bekam die Chance, sich an Land zu beweisen, denn: „Ein guter Seemann kann bekanntlich alles!" (ebd.). So nahm er an, als „ein bekannter Ingenieur" ihm das Angebot machte, ihn beim Bau der Kabelbahn in San Francisco zu unterstützen. Bruch half dem Ingenieur beim Vermessen und baute Materialschuppen. Nach sechs Monaten konnte er die gewöhnlichen Vermessungsarbeiten allein erledigen. Nachdem die Kabelbahn in Betrieb genommen worden war – es war die Powell-Line – bekam er die Aufsicht „über 5 Kabel", die er, falls nötig, auch reparieren musste. Als sein Chef damit beauftragt wurde, in Spokane im Staat Washington eine weitere Kabelbahn zu bauen, schickte er Fritz Bruch. Er hatte seine Zeichnungen dabei und baute die Kabelbahn in Spokane. Danach wurde er dort Betriebsleiter, blieb es zwei Jahre lang, ging wieder nach San Francisco und „baute dort die Union Street Line aus bis zum Fort Presidio" (ebd., S. 15).

Wie es scheint, war Fritz Bruch beim Bau der Kabelbahn nicht irgendein Gehilfe, sondern hatte tatsächlich wichtigen Anteil daran. So erkannte man ihn offenbar wieder und erwies ihm Ehre, als er circa 35 Jahre später, im Juni 1925, auf einer ausgedehnten Reise durch die USA in San Francisco vorbei schaute. Der San Francisco Examiner, ein zum Zeitungsimperium des William Randolph Hearst gehörendes auflagenstarkes Blatt, berichtete unter der Überschrift „Back Home. POWELL LINE BUILDER HERE" über den Besuch des „Frederick Bruch from Alten Bochum on the Ruhr". Als einer der Erbauer der „Powell street line in the old San Francisco days" gehöre er zu den Menschen in aller Welt, die geholfen hätten, San Francisco groß zu machen („to make San Francisco great") (The San Francisco Examiner, 14.6.1925). Natürlich kam auch die Jeannette-Hilfsexpedition von 1881 zur Sprache, an der Bruch als Angehöriger der amerikanischen Kriegsmarine beteiligt gewesen war. Es machte ihm offensichtlich Spaß, dazu diese Geschichte zu erzählen: Als er für die große Reise durch die USA im Konsulat ein Visum beantragt habe und nach seinen Papieren gefragt worden sei, habe er stolz seinen Entlassungsschein aus der Navy vorgelegt.

Fritz Bruch hätte ein guter und erfolgreicher amerikanischer Staatsbürger sein können, doch zog es ihn zurück nach Altenbochum. Nach dem Bau der Union Street Line in San Francisco entschloss er sich, seine Zelte dort abzubrechen. Ende Juli 1893 war er wieder zu Hause, übernahm die Gastwirtschaft seines Vaters und wurde sesshaft. Er war verheiratet mit einer Frau, die er anscheinend in den Vereinigten Staaten kennengelernt hatte. Die Quellen verschweigen, wo und unter welchen Umständen. Als alter Mann erinnerte Bruch sich gern an seine Reisen. Ein in Milwaukee in Wisconsin herausgegebenes Unterhaltungsblatt für deutsche Auswanderer in den USA interessierte sich für ihn und schickte 1934 einen Reporter vorbei, der einen Artikel über „Gastwirt Bruch's Abenteuer" schrieb (Das Goldene Buch, S. 8f.). Auch die Lokalpresse hatte ihn „entdeckt". Die in der NS-Zeit „gleichgeschalteten" Zeitungen berichteten begeistert über „Opa Bruchs" Abenteuer und der Westdeutsche Rundfunk rückte mit einem Übertragungswagen an, um diese aufzunehmen. Sie sollten in der Wochenschau ausgestrahlt werden.

Am 11. Januar 1937 starb Fritz Bruch, verwitwet und kinderlos, im Alter von fast 83 Jahren. Ihm zu Ehren wurde im Juli 1937 eine Straße in der Nähe seiner Gaststätte in Bochum-Altenbochum Bruchspitze benannt. Die NSDAP-Zeitung Rote Erde brachte am 12. Januar einen Nachruf auf ihn. Das dort abgebildete Foto zeigt ihn mit Parteiabzeichen. Bruch war Mitglied der NSDAP, ob aus Opportunismus oder Überzeugung, ist nicht überliefert. Schade, dass auf ein so faszinierendes Leben kurz vor seiner Vollendung ein Schatten fiel.

Wenn Bruch von seinen Abenteuern erzählte, stand die Jeannette-Expedition mit dem Rodgers stets im Vordergrund. Am meisten Freude aber habe es ihm gemacht, „daß es auf der Landkarte eine ‚Bruch-Spit' gibt" (ebd., S. 9).

Auf neueren Karten sucht man die Bruch-Spitze auf der Wrangel-Insel in Sibirien allerdings vergeblich. Wo früher drei auffällige Landzungen ins Meer ragten, zeigen aktuelle Satellitenbilder eine Schwemmlandebene, die von einigen Flüssen durchzogen ist. Es scheint fast so, als habe die Bruch-Spit sich am Ende für ihren Entdecker geschämt – und sei von der Landkarte verschwunden.

INGRID WÖLK

34 LOGENHAMMER AUS ELFENBEIN

Ein Geschenk zum 100-jährigen Bestehen der Freimaurerloge „Zu den drei Rosenknospen"

Ein Hammer, künstlerisch gestaltet, mit einem Stiel aus geschnitztem Elfenbein, der reich verzierte Kopf mit zwei gleich geformten Seiten. Auf der einen Bahn steht „G.N.M.L.", ergänzt um drei Kugeln in Säulengerüsten, auf der anderen „1785", „1885", „12", „12": Botschaften aus vergangenen Jahrhunderten. Dieser Hammer ist am 12. Dezember 1885 (Inschrift auf der einen Bahn) von der „Großen National-Mutterloge zu den drei Weltkugeln" (Inschrift auf der anderen Bahn: G.N.M.L. mit den drei Kugeln) der Loge „Zu den drei Rosenknospen" in Bochum zu ihrem 100-jährigen Gründungsjubiläum übergeben worden.

Die Große National-Mutterloge „Zu den drei Weltkugeln", die – wie auch die Loge „Zu den drei Rosenknospen" – noch heute existiert, entwickelte sich schrittweise aus einer Loge „aux trois globes", die am 9. November 1740 (Stiftungsurkunde) auf Veranlassung Friedrichs des Großen gegründet wurde, um der zu diesem Zeitpunkt groß gewordenen Anzahl aufgenommener Freimaurer in Berlin die Möglichkeit zu geben, in einer eigenen Loge rituell zu arbeiten (Runkel, 1932, S. 147). Durch das Zuströmen vieler Adliger und Honoratioren wuchs das Ansehen dieser Loge sehr schnell.

Im Jahr 1775 gründete die G.N.M.L. in Wesel die Loge „Zum goldenen Schwerdt" (ebd., S. 143). Acht Jahre später drangen einige Brüder dieser Loge, die aus der Gegend um Bochum kamen und zur Arbeit ihrer Mutterloge eine lange Anreise hatten, darauf, in Bochum eine eigene Loge zu gründen. Im Jahr 1785 war es dann soweit: Die ihnen am 12. Dezember 1785 aus Berlin zugestellte Stiftungsurkunde erlaubte ihnen, eine solche Loge als sogenannte „Deputationsloge", das heißt, abhängige Tochterloge der Loge „Zum goldenen Schwerdt" zu gründen, mit dem Namen „Zu den 3 Rosenknospen" und im Wappen „3 aufblühende rothe Knospen im goldenen Felde mit der Inschrift: „I am florent" [Sie blühen schon] (Chronik, 1885, S. 5). Sie nahm am 6. April 1786 unter der Leitung des „Meisters vom Stuhl" Bergassessor Franz Grollmann ihre Arbeit auf und wuchs bis zum Jahre 1805 auf 55 Brüder.

Im Jahre 1885, nach 100 Jahren Logenleben, einigen Krisen, zum Beispiel durch die französische Besetzung Anfang des 19. Jahrhunderts, und einigen Umzügen in andere Räumlichkeiten, zuletzt am 24. September 1876 in ein eigenes Logenhaus in der Humboldtstraße 14 in Bochum (Baltes/Mügel, 2002, S. 33), bestand die Loge nun aus etwa 90 Brüdern und wurde vom 18. Meister vom Stuhl August Duisberg, Bergassessor und Gruben-Direktor zu Ueckendorf geleitet.

In dieser Situation schenkte die G.N.M.L. der Loge einen Hammer zu ihrem Jubiläum. Warum gerade einen Hammer? Warum gerade diesen Hammer? Hämmer im Allgemeinen gehören zu den ältesten Werkzeugen der Menschheitsgeschichte. Sie lassen sich in ihrer Funktion bis auf die Steinkeile zurückführen, mit denen unsere Urahnen ihre ersten Kul-

34 | LOGENHAMMER AUS ELFENBEIN

Loge „Zu den drei Rosenknospen", Bochum

L 23,5 cm, Kopf: B 10,5 cm, Dm 6,2 cm; Elfenbein; 1885

turleistungen vollbrachten. Eiserne Hämmer dienten schon früh den Schmieden bei der Formung ihrer Werkstücke, und auch so mancher rüstungsbrechende Kriegshammer aus ihren Werkstätten fand in Schlachten den Weg zu seinem Opfer. Heute dienen Hämmer verschiedenster Gestalt vor allem noch Dachdeckern, Zimmerleuten, Schreinern, Maurern und Schustern zum Zertrümmern, Abschlagen, Formen, Stoßen und Verbinden materieller Gegenstände.

Dieser Logenhammer ist sicherlich kein Werkzeug in einem solchen materiellen Sinne. Seine Bedeutung ist eher auf anderer Ebene zu suchen. Hämmer sind kraftvolle Werkzeuge. Sie dienen in Verlängerung unseres Armes dazu, einen starken Impuls auf ein Werkstück auszuüben: So erlangen wir Macht über die Materie. Schon früh übertrugen Menschen diesen Gedanken auf andere Zusammenhänge. So kennt man im germanischen Sagenkreis den Hammer Mjölnir des Gottes Thor, der einerseits, einmal geworfen, als mächtige Waffe Riesen zerschmettert und dann in Thors Hand zurückkehrt (Lurker, 1991, S. 274), andererseits auch als segenspendendes Symbol bei Eheschließungen wirkt (ebd.). Der Hunnenherrscher Attila nannte sich „malleus orbis" („Hammer des Erdkreises"), um seinem Machtanspruch Ausdruck zu geben (ebd.). Andererseits dienten im christlichen Kulturkreis Votivhämmer als Opfergaben der Frauen für Kindersegen (Kirschbaum, 2004, S. 211).

Heute findet sich auf gesellschaftlicher Ebene vor allem noch die „Machtfunktion" des Hammers zur Herstellung zwischenmenschlicher Ordnung im allgemeinsten Sinne. Ein Versammlungsleiter nutzt den „Konferenzhammer" zur Eröffnung und Schließung einer Sitzung oder zur Erzielung von Aufmerksamkeit, ein Richter ruft mit Hammerschlag die Versammelten zur Ordnung und ein Auktionator bestätigt mit dem Schlag seines Hammers den Abschluss eines Kaufs und löst dabei gleichzeitig die gespannte Atmosphäre im Saal.

Dies entspricht sicherlich Funktionen, die auch dieser Logenhammer ausgeübt haben könnte. Logen sind – zumindest seit der Gründung der modernen Freimaurerei im Jahr 1717 – Zusammenschlüsse „freier Männer von gutem Ruf", die in einer ihnen einen Freiraum bietenden Gemeinschaft anstreben, sich persönlich in Menschenliebe, Toleranz und Brüderlichkeit geistig zu entfalten und eine sittliche Lebenshaltung zu entwickeln. Eine solche Gemeinschaft braucht wie jede Vereinigung ein Mindestmaß an Führung und Organisation. Dazu wird seit jeher von den Brüdern ein Führungsgremium gewählt, das aus dem „Primus inter pares", dem Meister vom Stuhl (MvSt), der die Loge leitet, und aus seinen zwei Stellvertretern, dem „I. Aufseher" und dem „II. Aufseher" besteht. Diese drei haben – der MvSt immer, die Aufseher in bestimmten Situationen – das Ordnungsrecht in der Loge und das sichtbare Zeichen dieses Rechtes ist jeweils ein Hammer. In Versammlungen nutzt der MvSt seinen Hammer, auch Logenhammer genannt, um die Brüder zur Ordnung zu rufen oder einzelne Anordnungen zu bekräftigen. In Ritualen dient ihm der Hammer zusätzlich zur Strukturierung des Zeitablaufs, wobei unterschiedliche Schlagmuster zum Einsatz kommen.

So ist also der Logenhammer auch in einer Loge ein Zeichen von „Macht", wobei aber das Führen dieses Hammers eine durch die Bruderschaft demokratisch legitimierte und auch entziehbare Funktion ist – zu Beginn des 18. Jahrhunderts, der Zeit des Absolutismus, eine revolutionäre Einrichtung, die von den Brüdern hohes Vertrauen untereinander und Verschwiegenheit nach außen erforderte.

Der Logenhammer von 1785 ist reichlich mit Verzierungen versehen. In der Freimaurerei haben fast alle Ausgestaltungen symbolischen Charakter. Dies ist die Art, in der den einzelnen Brüdern in unaufdringlicher und Eigenarbeit voraussetzender Weise Orientierungspunkte auf ihrem individuellen Weg der Weiterentwicklung angeboten werden, ohne dass es zu Dogmen kommt. Jeder Bruder hat die Möglichkeit, im Rahmen der allgemeinen Bedeutung eines Symbols und im Austausch mit seinem Umfeld eine eigene, auch auf sich selbst zugeschnittene Interpretation eines Symbols zu entwickeln und sich damit persönlich auseinanderzusetzen.

Angenommen, der Meister führt einen Schlag mit dem Hammer aus. Er nimmt ihn dazu als erstes am freien Ende des Stiels in die Hand. Der Stiel des Hammers ist mit Ornamenten versehen. Eins der beiden Ornamente überdeckt ihn über etwa ein Drittel seiner Länge und besteht im Wesentlichen aus einer zentralen gewölbten, wulstförmig gegliederten Struktur, von der in Richtung des Hammerkopfes und des Stielendes gleichschenklige Dreiecke ausgehen. In der Symbolik der Freimaurerei deutet ein nach unten gerichtetes Dreieck auf das Materielle hin, ein nach oben gerichtetes auf Geist und eine höhere Ebene. Dieses Hammerornament weist damit auf die allgemeine Sinnstruktur der Nutzung des Hammers hin: Wenn der Meister den Hammer in die Hand nimmt und einen Schlag ausübt, geht von seiner geistigen Ebene ein Impuls aus, der über den Hammer in die materielle Ebene umgesetzt wird. Dabei sind die beiden Dreiecke nicht, wie zum Beispiel im Idealbild des Hexagramms, einander durchdringend, sondern sie befinden sich beidseitig des zentralen Übergangs: Der Kenner dieser Symbolik wird deutlich darauf hingewiesen, dass es seine Aufgabe ist, die Dreiecke übereinander zu bringen, also die richtige Verbindung zwischen seiner Absicht und dem materiellen Einsatz des Hammers zu finden, was im Rahmen der Freimaurerei eine Mahnung zu vernünftigem Verhalten ist.

Der Kopf dieses Hammers ist wie bei einem Fäustel oder Schonhammer nach beiden Bahnen hin symmetrisch ausgelegt, wobei der Mittelteil, das „Haus", verengt ist. Dies lässt die beiden Seitenteile eine Art „Paukenform" aufweisen, was durch die deutlich abgesetzten und verzierten Kanten der Bahnen noch verstärkt wird. Hat dies eine symbolische Bedeutung? Nun, auf der einen Bahn wird die Loge „Zu den drei Rosenknospen" mit ihren Jahreszahlen repräsentiert, auf der anderen Bahn die G.N.M.L. als übergeordnete Großloge. Beide, Logenführung und Führung einer Großloge, sind notwendige Ordnungsfaktoren in der Freimaurerei. Eine Loge der G.N.M.L. war dabei auch im 19. Jahrhundert schon in ihrem Alltagsleben weitgehend eigenbestimmt und nur in strukturellen Aspekten der Genehmigung der Großloge unterworfen – hier abgebildet in der Verengung des Hauses des Hammers zwischen den beiden Kopfseiten. Der MvSt selbst ist Führungskraft der Loge und gleichzeitig verantwortlich gegenüber der von ihm mitgestalteten Großloge. Dass der Stiel seines Hammers genau in der Mitte zwischen den beiden Hälften des Hammerkopfes endet, erlangt so eine eigene symbolische Bedeutung.

Der Kopf des Hammers ist mit weiteren Sinnbildern ausgestattet: acht muschelförmige Strukturen und dazwischen acht Anordnungen von jeweils zwei Symbolen, die außen jeweils als Vergissmeinnicht, innen zum Stiel hin als eine Art Stern interpretierbar sind.

Sterne symbolisieren wegen ihrer Leuchtkraft und Unerreichbarkeit am Himmel höchste Herrschaft, das Ewige, das Unsterbliche, das Ziel höchsten Strebens (Cooper, 1986, S. 184). Um das Vergissmeinnicht rankt sich eine Sage, die viel zu seiner symbolischen Bedeutung beitragen kann:

> „Ein Jüngling zog aus, einen Schatz im Berg zu finden. Zum Abschied gab ihm die Liebste ein Vergißmeinnicht, das er an den Hut steckte. Bei seinem Zauberspruch und dem Schwenken der Blume öffnete sich tatsächlich ein zuvor nicht sichtbares Tor im Berg, und er stand vor unvorstellbaren Schätzen aus Gold und Silber. So viel er konnte, raffte er in seinen Hut und lief voll Angst davon. Da rief eine Stimme aus dem Berg: ‚Vergiß das Beste nicht, vergiß die Liebe nicht' – er hörte nicht darauf. Erst draußen, als die Tür sich gerade polternd hinter ihm schloß, bemerkte er, dass er das Vergißmeinnicht im Berg gelassen, dafür aber einen Hut voller Gold herausgebracht hatte. Er wurde ein reicher Mann, doch in der Liebe fand er nimmermehr Glück" (Beuchert, 2004, S. 323).

So steht das Vergissmeinnicht symbolisch als Mahnung für die Liebe, hier die Liebe zu den Brüdern und allgemein zu den Menschen. Das Ensemble Stern/Vergissmeinnicht gibt also dem Hammerführenden insgesamt die Botschaft, dass er den Hammer einerseits mit Vernunft und orientiert an höchsten Zielen und Werten einsetzen soll, andererseits jedoch mit Liebe zu seinen Mitmenschen und Sensibilität für die jeweils aktuelle Situation. Ja, wenn der MvSt mit dem Hammer auf die Unterlage schlägt, liegt das Vergissmeinnicht noch etwas näher an der Schlagfläche als der Stern: Die Liebe ist das, worauf es insgesamt ankommt.

Die acht muschelförmigen Intarsien, die sich jeweils auf beiden Seiten des Kopfes direkt an die Bahnen anschließen, lassen sich am ehesten als stilisierte Jakobsmuscheln interpretieren. Das mittelalterliche Bestiarium schreibt über die Muschel, dass „die Natur nach göttlichem Gebot die Weichheit des Muschelfleisches mit festen Mauern gesichert hat, so daß es im Innern der Schalen wie in einem Schoß geborgen ist" (Unterkircher, 2002, S. 297). Wenn man bedenkt, dass beim Auftreffen des Hammers auf eine Unterlage jeweils vier Muscheln Kontakt mit dieser Fläche aufnehmen und damit ihre Bedeutung symbolisch mit dem Hammerschlag übertragen wird, so wird das obige Zitat zur Beschreibung dessen, was in der Bruderschaft entstehen beziehungsweise erhalten werden soll: feste äußere Form, verbunden mit innerer liebevoller Verbundenheit. Für die Jakobsmuschel verbindet sich dies mit einem zweiten Aspekt: Sie ist seit dem 12. Jahrhundert immer das richtungsweisende Zeichen des Pilgers nach Santiago de Compostela gewesen: So soll auch der Hammerschlag des Meisters richtungsweisend für die Brüder sein.

Zusammenfassend lässt sich also sagen: Dieser Hammer, geschenkt von der Großloge „G.N.M.L. zu den drei Weltkugeln" zum hundertjährigen Jubiläum der Mitgliedsloge „Zu den drei Rosenknospen" in Bochum am 12. Dezember 1885, fordert den ihn führenden MvSt auf, ihn nur mit edlen Zielen und im Bewusstsein seiner Stellung als Erster seiner Loge und gleichzeitig als Repräsentant seiner Großloge aufzunehmen, um eine klar definierte Absicht in liebevoller Weise so zur Geltung zu bringen, dass der entstehende Impuls diese seine Haltung auf die Bruderschaft überträgt, so entsprechend die Ordnung untereinander forciert und gleichzeitig das liebevolle Miteinander fördert. Symbolisch beschlossen wird dies durch die Sterne auf den Hammerbahnen, jeweils genau an dem Punkt, von dem der Schall des auftreffenden Hammers ausgeht.

MICHAEL KESSELHEIM

35 HEFT „STATUT FÜR DIE SYNAGOGEN-GEMEINDE ZU BOCHUM"

Preußen, die Emanzipation und die Bochumer Juden im 19. Jahrhundert

Als der preußische Staat sich in den 1840er Jahren anschickte, die Judengesetzgebung in seinen Territorien neu zu ordnen, war das für die Juden in Bochum nicht unbedingt eine frohe Botschaft. Denn Bochum gehörte in der „Franzosenzeit" (1808–1813) als Kanton-Stadt im Arrondissement Dortmund des „Departement de Ruhr" zum Großherzogtum Berg, das, dem französischen Vorbild folgend, den Juden die volle Emanzipation gewährt hatte. Noch im Juli 1842 bestätigte das „Königliche Land- und Stadtgericht", die Bochumer Juden hätten durch die „unter der Fremdherrschaft ergangenen […] Verordnungen die Staats-Bürgerrechte erlangt" (StadtA Bo, B 212, Bl. 36). Die Verordnungen blieben nach dem Abzug der Franzosen in Kraft (ebd.) und die Jüdische Gemeinde konnte ihre Angelegenheiten in Eigenregie und ohne „Aufsicht und Einmischung der Stadtbehörden" regeln (ebd., Bl. 43). Das sollte sich nun ändern. Auch in Bochum sollte wieder preußisches Recht gelten. Dabei hatten die örtlichen Behörden anscheinend kein großes Interesse daran, die Uhr zurückzudrehen und die jüdischen Bochumer allzu sehr zu gängeln. Aber selbstverständlich gehorchten sie den Anweisungen von oben. Als im April 1843 ein Fragebogen der Regierung „über die Verhältnisse der jüdischen Bevölkerung" Bürgermeister von Lüdemann erreichte, arrangierte dieser ein Treffen zwischen dem Magistrat einerseits und dem Vorsteher und weiteren „angesehenen" Männern der Jüdischen Gemeinde andererseits, um die Fragen „in gemeinsamer Berichtung zu verhandeln" (ebd., Bl. 42). Man kannte sich offenbar gut und demonstrierte Einigkeit.

Die Niederschrift der Antworten wirft ein Schlaglicht auf die jüdische Bevölkerung Bochums zum Zeitpunkt der Befragung. Sie bestand aus 131 Personen in 27 Familien. Der Synagogenbezirk beschränkte sich auf die Stadt Bochum. Grundlage für die Mitgliedschaft in der Jüdischen Gemeinde waren ein „Einkaufsgeld" und regelmäßige Jahresbeiträge. Aus finanziellen Gründen hatten fünf in Bochum lebende jüdische Familien sich nicht „eingekauft" und gehörten damit nicht der Jüdischen Gemeinde an. Diese hatte den Status einer „privaten" Religionsgemeinschaft; ein „Parochialzwang" wie bei den christlichen Kirchen bestand nicht. Das Gemeindevermögen bildeten die Synagoge, ein eigener Begräbnisplatz und die kirchlichen Geräte. Die Gemeinde scheint recht wohlhabend gewesen zu sein; sie besaß 14 Thorarollen! Die Mitglieder wählten für eine jeweils dreijährige Amtszeit einen mit weitgehenden Befugnissen ausgestatteten Vorsteher, der auch die Aufsicht über die Gemeindekasse hatte. Deren Verwaltung oblag einem Rendanten, der gleichzeitig der Vertreter des Vorstehers war. Die Gemeinde war nicht in „Neologen" und „Altgläubige" gespalten. Es wurde aber betont, dass einige Gemeindemitglieder einer „modernen Auffassungsweise" ihrer Religion anhingen. In der Synagoge wurden „Religionsvorträge" (Predigten) gehalten, die Kinder wurden konfirmiert. Für die Kultusangelegenheiten war neben dem Vorsteher ein auf zwölf Jahre

35 | HEFT „STATUT FÜR DIE SYNAGOGEN-GEMEINDE ZU BOCHUM"

Stadtarchiv Bochum – Aktenbestand Stadt Bochum, B 210 (Teil 2)
H 16,2 cm, B 10,5 cm (aufgeschlagen 20 cm); 1886

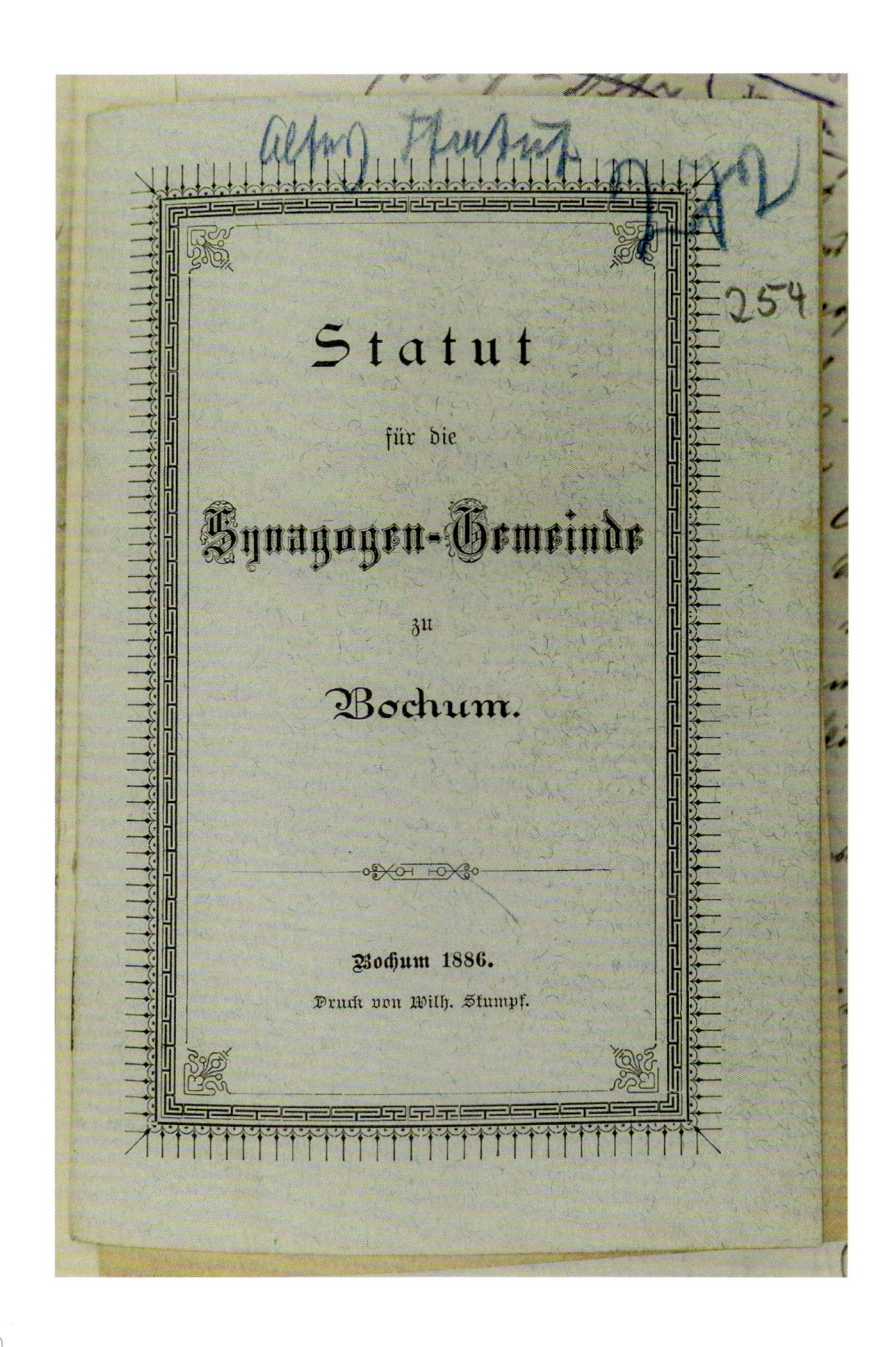

35 | HEFT „STATUT FÜR DIE SYNAGOGEN-GEMEINDE ZU BOCHUM"

gewählter Lehrer zuständig, der auch als Vorbeter fungierte. Ein Schächter vervollständigte das Personal. Die Bochumer Jüdische Gemeinde unterhielt eine Privatschule mit (1843) 22 schulpflichtigen Kindern. Sie war gut organisiert, als der Staat sich einmischte.

Der im gesamten Königreich verbreitete Fragebogen diente der Vorbereitung einer einheitlichen Regelung für alle Landesteile, die in dem vom preußischen Landtag im Juli 1847 beschlossenen Gesetz „betreffend die Verhältnisse der Juden in den Königlich Preußischen Staaten" ihren Niederschlag fand. Es gestand den Juden „neben gleichen Pflichten auch gleiche bürgerliche Rechte" (§ 1 des Gesetzes) wie den Christen zu – und enthielt im Folgenden doch zahlreiche Einschränkungen. So waren Juden zum Beispiel zu öffentlichen Ämtern zwar zugelassen, aber nur dann, wenn die Ausübung „einer richterlichen, polizeilichen oder exekutiven Gewalt" (§ 2 des Gesetzes) nicht damit verbunden war. Selbst Lehrer konnten sie nur an jüdischen Schulen sein. Das Gesetz befasste sich im ersten Teil mit den bürgerlichen Verhältnissen der Juden – darin auch der Pflicht zur Führung von Familiennamen und zur Beurkundung von Geburts-, Heirats- und Sterbefällen – und im zweiten den Kultus- und Unterrichtsangelegenheiten. Es sollten Synagogengemeinden gebildet werden, denen alle innerhalb eines Synagogenbezirks wohnenden Juden angehörten. Die Einteilung der Synagogenbezirke behielt die Regierung sich vor. Diese garantierte den Jüdischen Gemeinden „in Bezug auf ihre Vermögensverhältnisse" insofern Rechtssicherheit, als sie ihnen „die Rechte juristischer Personen" (§ 37 des Gesetzes) zugestand. Das rief den Protest der Jüdischen Gemeinde Bochum hervor. Sie reklamierte für sich, das Korporationsrecht schon lange vor dem Erlass des Gesetzes besessen zu haben! So sei zum Beispiel die Gemeinde – und nicht etwa eine einzelne Person – seit dem 18. Jahrhundert Eigentümerin der Synagoge und des Begräbnisplatzes. Auf diese Gemeinde treffe nun das Gesetz vom 23. Juli 1847, das ihr das Korporationsrecht unter dem Titel „Synagogengemeinde" verleihe. Die jetzige Synagogengemeinde sei aber mit der früheren Gemeinde identisch und habe alles Vermögen, alle Rechte und Pflichten behalten.

Weiter schrieb das Gesetz vor, wie die Gemeinden sich zu organisieren hatten und welche Organe (Vorstand und Repräsentanten) wie zu wählen waren. Anders als bisher konnte die Bochumer Jüdische Gemeinde ihre Wahlen nicht mehr eigenständig durchführen, sondern musste den Vorsitz „einem Abgeordneten der Regierung" (§ 42 des Gesetzes) überlassen. Die Details der Gemeindeverwaltung sollten ihren Niederschlag in Statuten finden, die die Gemeinden sich selbst gaben. Sie waren genehmigungspflichtig.

Die Bochumer Jüdische Gemeinde legte ihren ersten Entwurf eines Statuts im Februar 1851 vor und war dabei bemüht, möglichst viel vom Status Quo zu erhalten. Doch waren nun, wie vom Gesetzgeber gefordert, alle in Bochum lebenden selbstständigen Juden Gemeindemitglieder; ein „Eintrittsgeld" sollte nicht mehr erhoben werden. Organe der Gemeinde waren ein Vorstand und ein Gemeinderat sowie – und das war laut Gesetz nicht vorgesehen – eine aus allen stimmberechtigten Mitgliedern bestehende Generalversammlung mit weitgehenden Kompetenzen. Das besoldete Gemeinde-Personal bestand aus dem

35 | HEFT „STATUT FÜR DIE SYNAGOGEN-GEMEINDE ZU BOCHUM"

Lehrer (zugleich Kantor) und dem Gemeindediener, dem auch das rituelle Viehschlachten zukam. Der Haushalt speiste sich aus der Vermietung der Synagogenplätze, den freiwilligen Spenden beim Gottesdienst, dem Schulgeld und den gleichmäßigen Beiträgen aller Gemeindemitglieder zur Besoldung des Kantorats. Das danach verbleibende Defizit zur Finanzierung des Lehrers und der Unterhaltung der Schule sollte durch eine Umlage gedeckt werden. Das von 22 führenden Gemeindemitgliedern unterschriebene Statut wurde am 28. Februar vom amtierenden Gemeindevorsteher (Moritz Würzburger) mit der Bitte, es an die königliche Regierung weiterzuleiten, an Bürgermeister Greve geschickt.

Die Regierung rührte sich drei Jahre lang nicht und entschied dann im März 1854 erst einmal über die Bildung von Synagogenbezirken im Landkreis Bochum. Drei sollten es sein: 1. Bochum (Stadt und Landbezirk Bochum und Bürgermeisterei Herne), 2. Hattingen (Stadt und Landbezirk Hattingen einschließlich Linden und Dahlhausen und Bürgermeisterei Wattenscheid) und 3. Witten (Bürgermeistereien Witten, Blankenstein und Langendreer). Die Synagogengemeinde Bochum (zu der nun auch Herne gehörte) wurde aufgefordert, ein neues Statut vorzulegen. Nun ließ sie sich Zeit. Ihren zweiten Entwurf reichte sie im März 1858 ein. Die Genehmigung des Oberpräsidenten von Westfalen kam prompt: am 8. April 1858. Das gültige Statut entsprach der Intention des Gesetzes von 1847 stärker als der Entwurf von 1851. Die darin enthaltenen „basisdemokratischen" Elemente, die vor allem in der starken Stellung der Generalversammlung aller stimmberechtigten Gemeindemitglieder zum Ausdruck gekommen waren, traten zurück. Organe der Gemeinde waren der Vorstand (drei Mitglieder und genauso viele Stellvertreter) und die aus neun Personen bestehende Repräsentantenversammlung. Die Gesamtheit der Gemeindemitglieder kam nur noch zum Zuge, um die Repräsentanten zu wählen. Das Statut von 1858 stellte eine Anpassung an die Praxis dar. So hatten die Repräsentantenwahlen im April 1854 bereits stattgefunden. Als Wahllokal hatte – wie bei den folgenden Wahlen – das Rathaus gedient. Die im Gesetz verankerte Aufsichtsfunktion kam Bürgermeister Greve als Vorsitzendem des Wahlvorstandes zu, während zwei Mitglieder der Synagogengemeinde Beisitzer waren.

Als ersten Synagogenvorstand wählten die Repräsentanten Philipp Würzburger, der auch den Vorsitz übernahm, dessen Bruder Levy Würzburger und Hermann Herz. Das Trio Würzburger-Herz-Würzburger wurde nach Ablauf der einzelnen Wahlperioden wieder und wieder gewählt und blieb über zwei Jahrzehnte lang im Amt. Erst der Tod der Brüder Würzburger 1876 und 1877 führte zu personellen Veränderungen. Durch Neuwahl kamen im Dezember 1877 Hermann Schüler und A. S. Herz in den Synagogenvorstand.

Das Statut von 1858 wurde im Mai 1871 durch einen Nachtrag zum Wahlverfahren ergänzt und 1886 durch die hier abgebildete gedruckte Neufassung ersetzt. Die Herstellung übernahm die zu dieser Zeit von Julie Stumpf geführte Druckerei Wilhelm Stumpf.

Grundsätzliche Änderungen waren nicht erforderlich, denn noch immer galt das Gesetz „betreffend die Verhältnisse der Juden in den Königlich Preußischen Staaten" von 1847. Zumindest eine Neuerung aber war relevant und fand im VIII. Teil des Status (§§ 44 und 45) ihren Niederschlag: Die jüdische Schule war nicht länger eine private, sondern seit 1883 eine öffentliche.

Am 24. Februar 1886 wurde die Neufassung in einer gemeinsamen Sitzung des Gemeindevorstandes und der Repräsentantenversammlung beschlossen. Eine im Zentralarchiv „for the History of the Jewish People" in Jerusalem überlieferte Version (CAHJP, T D/1) trägt die Unterschriften aller Repräsentanten und des Vorstandes. Dieser bestand nun aus dem Vorsitzenden, Justizrat Semajo Sutro, und den beiden Stellvertretern Hermann Schüler (Bankier) und Isaac Meyer (Kaufmann). Semajo Sutro war der Sohn des Landrabbiners Abraham Sutro und mit seiner Familie vom Sauerland nach Bochum gezogen, nachdem er 1870 als erster jüdischer Rechtsanwalt und Notar zum Kreisgericht Bochum zugelassen worden war (Wölk, Handbuch, 2016, S. 199). Die Regierung blickte offenbar misstrauisch auf ihre Juden, denn sie ließ sich vom Landratsamt und Bürgermeister Greve am 28. April 1886 bestätigen, dass die Unterschriften unter dem Statut rechtens waren: „die vorstehend Unterzeichneten [bilden] den Vorstand und die Repräsentation der hiesigen Synagogen-Gemeinde" (StadtA Bo, B 210, Teil 2; CAHJP, T D/1).

Zum Gemeindegebiet gehörten nach wie vor die Ortschaften Herne und Eickel. Aber es waren bereits Absatzbewegungen im Gange. Den Herner Juden war der Weg zur Bochumer Synagoge zu weit. Zudem hatten sie zahlenmäßig zugelegt und bemühten sich um die Genehmigung zur Etablierung einer eigenen Synagogengemeinde. 1897 entstand die Synagogengemeinde Herne, während die Juden aus Eickel sich mit denen aus Wanne zu einer gemeinsamen Synagogengemeinde zusammenschlossen.

Seit dem frühen 17. Jahrhundert lassen sich durchgehend Juden in Bochum nachweisen. 1843, zum Zeitpunkt der Bestandsaufnahme, waren es 130, 1871 370 und um die Wende vom 19. zum 20. Jahrhundert übersprang ihre Zahl die Tausender-Marke. Sie waren im 19. Jahrhundert in Bochum fest verankert. Das zeigte sich zum Beispiel in der Selbstverständlichkeit, mit der sie in den überkonfessionellen Vereinen und Verbänden mitwirkten, fand seinen Ausdruck auch darin, dass wohlhabende Juden Stiftungen gründeten, von denen alle profitieren sollten (Wölk, Handbuch, 2016, S. 215), und wurde signifikant, als die Einweihung der neuen Synagoge 1863 zum Fest für fast die ganze Stadt geriet. In den 1880er Jahren traten antisemitische Bestrebungen ans Licht. Doch noch führte das zu Gegenreaktionen. So bekannten sich Bochumer Persönlichkeiten öffentlich zu ihren „israelitischen Mitbürgern" und ließen zum Beispiel im Märkischen Sprecher eine Annonce abdrucken, in der sie „Patriotismus, Opferfreudigkeit und Bürgersinn" der Bochumer Juden lobten (MS, 12.7.1884). An der Spitze der 62 Unterzeichner fand sich Louis Baare, der Generaldirektor des Bochumer Vereins, der 1891 auch zu den Gründern eines „Vereins zur Abwehr des Antisemitismus" zählte (Wölk, Handbuch, 2016, S. 201). Im Namen der Stadt bezog auch Oberbürgermeister Bollmann klar Stellung und ließ das die jüdischen Lehrer in Westfalen wissen, die er zu ihrer Hauptversammlung 1886 in Bochum begrüßte. Die Antisemiten trafen sich gern in der „Tonhalle", einer Gaststätte mit Theatersaal an der Bongardstraße. Als der Sozialdemokrat

Jakob Goldstaub das Gebäude 1910 übernahm, um dort sein erfolgreiches „Kinematographentheater" einzurichten (ebd., S. 199), stand es für antisemitische Versammlungen nicht mehr zur Verfügung.

Von Beginn an waren Juden im Stadtparlament vertreten (ebd., S. 200). Der Kaufmann Aaron Herz gehörte 1842 als Stellvertreter bereits der ersten gewählten Stadtverordnetenversammlung nach Einführung der revidierten preußischen Städteordnung in Bochum an. Philipp Würzburger, der langjährige Vorsitzende der Synagogengemeinde, wurde erstmals 1847 in die Stadtverordnetenversammlung gewählt. 1851 kandidierte er für den Magistrat, wurde gewählt und bei allen folgenden Wahlen wiedergewählt. Er blieb im Magistratskollegium bis zu seinem Tod und wirkte in zahlreichen städtischen Kommissionen mit. Unter anderem war er Vorsitzender der Kommission für den städtischen Park und trug in dieser Funktion entscheidend dazu bei, dass der Stadtpark entstehen konnte. Als Bürgermeister Greve im Juli 1873 starb, führte Würzburger etwa ein halbes Jahr lang die Geschäfte der Stadtverwaltung.

Philipp Würzburger war der herausragende Vertreter der Bochumer Juden im 19. Jahrhundert und überaus gut vernetzt. So gründete er zum Beispiel 1855 die Gas-Anstalt und 1856 die Bochumer Handelskammer mit, in die er sich über mehrere Jahrzehnte hinweg wählen ließ. Zu seinen Geschäftspartnern zählte er mit Eduard Kühne einen der beiden Gründer der Gussstahlfabrik Mayer & Kühne. Zusammen mit Kühne erwarb er die Zeche „Vollmond", deren Umwandlung in eine Aktiengesellschaft beide Ende der 1850er Jahre betrieben. Dass sie dabei anscheinend Schiffbruch erlitten, war für Würzburger eher untypisch (ebd., S. 199). Auch die anderen Vorstandsmitglieder der Jüdischen Gemeinde übernahmen Funktionen innerhalb der Stadtgesellschaft und kandidierten für die Stadtverordnetenversammlung. Hermann Herz war deren Mitglied seit 1860, Semajo Sutro seit 1875. Sutro war, wie vor ihm Würzburger, auch Magistratsmitglied. Hermann Schüler, der zusammen mit Sutro und Isaac Meyer Ende des 19. Jahrhunderts den Synagogenvorstand bildete, gehörte der Stadtverordnetenversammlung „erst" seit 1902 an.

Die Bochumer Jüdische Gemeinde konnte sich etablieren und über einen langen Zeitraum hinweg ihre Strukturen festigen. Das kam ihr zugute, als die „Verhältnisse" der Juden in Preußen Mitte des 19. Jahrhunderts neu geregelt wurden und ließ ihre Vertreter den Behörden selbstbewusst entgegentreten. Natürlich war das Binnenleben der Gemeinde nicht nur von Harmonie geprägt. Es gab Konflikte, die intern und teilweise auch öffentlich ausgetragen wurden. Sie beschädigten ihre Repräsentanten aber nicht nachhaltig und änderten nichts daran, dass Bochum sich zu einem „Vorort" der Juden in Westfalen entwickelte.

Innerhalb der Gemeinde gründete sich eine Reihe von Vereinen (ebd., S. 201f.), von denen der Synagogenchor der erste war. Er geht auf das Jahr 1863 zurück, als die neue Synagoge eingeweiht wurde. 1873 entstand die sogenannte Chewra, der Israelitische Männer-Wohltätigkeitsverein und 1875 der Israelitische Frauenverein. Von herausragender Bedeutung war der 1884 gegründete Verein für jüdische Literatur. Als dieser im Oktober 1909 sein 25-jähriges Bestehen feierte, wurde im Israelitischen Familienblatt stolz verkündet, er sei, abgesehen von akademischen Vereinen, der älteste jüdische Verein für Literatur in Deutschland überhaupt. Mit öffentlichen Vorträgen sollte über jüdische Geschichte und Literatur belehrt und „die Liebe zum Judentum" gestärkt werden (Israelitisches Familienblatt, 28.10.1909). Damit hoffte man auch, dem Antisemitismus einen „wirksamen Damm" entgegenstellen zu können. Zwischen 1884 und 1909 richtete der Literaturverein etwa 140 Vortragsveranstaltungen und zahlreiche Diskussionsabende aus. Er bildete den „geselligen Mittelpunkt der Gemeinde" (ebd.) und zog gleichzeitig ein überkonfessionelles Publikum an. Dank der Initiative seines langjährigen Vorsitzenden Moritz Hähnlein bildeten die mittlerweile auch in Dortmund, Hörde, Witten und Elberfeld entstandenen jüdischen Literaturvereine Ende 1894 zusammen mit dem Bochumer Verein einen Provinzialverband, der sich dem Zentralverband der Literaturvereine Deutschlands anschloss.

Überregionale Anerkennung erlangte auch und besonders der Armen-Unterstützungsverein, der am 9. August 1868 seine Tätigkeit aufnahm. Den Vorsitz übernahm mit Hermann Herz ein Vorstandsmitglied der Synagogengemeinde. Anlass für die Vereinsgründung war die Wanderungsbewegung osteuropäischer Juden, für die Deutschland ein Einwanderungs-, vor allem aber Durchwanderungsland war. Die finanziell leistungsfähigen Bochumer Juden traten dem Verein bei und zahlten Beiträge. Ein Armenpfleger verwaltete die Vereinskasse, prüfte die „Legitimation" der Empfänger und zahlte die Gelder aus. Der erste in diesem Amt war der Kaufmann und ehemalige Lehrer Philipp Anschel, auch er in Bochum kein Unbekannter: Er gehörte 1849 zu den Gründern des Turnvereins Bochum 1848.

Die Mitglieder des Armen-Unterstützungsvereins unterstützten die um eine milde Gabe Bittenden nicht mehr direkt, sondern verwiesen sie an den Armenpfleger. Das Verfahren hatte Vorteile: Es führte zu einer gerechteren Verteilung der Mittel und schützte die Spender vor überhand nehmender Bettelei. Der Bochumer Armen-Unterstützungsverein versorgte „wandernde" und auf der Durchreise befindliche Juden, reagierte auf die Aufrufe der Hilfskomitees zur Unterstützung Not leidender Juden im Ausland, spendete für die Errichtung eines Krankenhauses in Palästina (1873) und leistete weitere konkrete und sachbezogene Hilfe im Einzelfall. Das „Bochumer Modell" der Armen- und Wanderfürsorge war auch für die Nachbarstädte interessant. So folgten im Oktober 1880 Vertreter der Synagogengemeinden Essen, Dortmund, Hagen, Witten, Hörde, Gelsenkirchen und Steele der Einladung des Vorstandes der Bochumer Gemeinde und bildeten gemeinsam mit dieser einen Zentralarmenverband. Als „Vorort" des Verbandes wählten die Mitgliedsgemeinden Bochum und betrauten den Vorstand der Synagogengemeinde Bochum mit der Leitung des Verbandes. Das sollte bis zum Schluss so bleiben und Bochum wurde während der General-Versammlungen des Zentralarmenverbandes regelmäßig als Vorort bestätigt (Wölk, Handbuch, 2016, S. 215ff.).

Die rechtliche Gleichstellung der Juden in Deutschland erfolgte nicht vorbehaltlos und durch einen einzigen gesetzgebenden Akt (wie in Frankreich), sondern auf einem langen staatlich gesteuerten Weg, auf dem das Gesetz „betreffend die Verhältnisse der Juden in den Königlich Preußischen Staaten" von 1847 eine wichtige Etappe bildete. In der Reichsverfassung von 1871 waren die Juden rechtlich gleichgestellt, doch blieben einige faktische Benachteiligungen. Die Bochumer Jüdische Gemeinde pendelte weiter zwischen Selbstverwaltung und Überwachung. Dafür steht das Statut von 1886, das die Beschränkungen ihrer Handlungsfreiheit zeigt. Es musste nach wie vor genehmigt werden und wurde am 3. November 1886 vom Oberpräsidenten von Westfalen genehmigt.

Den Weg zur Emanzipation war die Bochumer Gemeinde mitgegangen, wiewohl diese durch die Napoleonischen Verordnungen zu Beginn des Jahrhunderts schont erreicht schien. Sie nutzte ihre Entwicklungsmöglichkeiten und vernetzte sich regional, bis sie jäh gestoppt wurde. Es war ein Schock, dass am Ende des Ersten Weltkriegs, in dem die Juden sich patriotisch zeigten, nicht nur eine Revolution und eine demokratische Verfassung standen, die ihnen endlich die volle Gleichberechtigung bescherte, sondern auch ein erstarkter Antisemitismus. Schlimmeres sollte folgen.

Eine Ahnung davon, wie bedeutend die Bochumer Jüdische Gemeinde war, stellt sich bei der Lektüre eines Artikels von Eva Reichmann-Jungmann aus dem Jahr 1937 ein:

> „Nur wenn davon die Rede ist, dass Bochum einmal Vorort des westfälischen Judentums war, wenn man sich daran erinnert, dass hier der erste jüdische Literaturverein gegründet wurde und dass die jüdische Durchwanderer-Betreuung von hier ihren Ausgang nahm, dann dämmt auch die strengste Sachlichkeit der Erzählung nicht mehr die Trauer darüber zurück, dass ehemals blühendes Leben so schnell geschwunden ist" (CVZ, 8.7.1937).

INGRID WÖLK

36 SCHÜTZENKETTE

Maiabendgesellschaft und Maiabendfest

Im Jahre 1790 berichtete Carl Arnold Kortum in seiner Schrift „Nachrichten vom ehemaligen und jetzigen Zustand der Stadt Bochum" vom Maiabendfest. Diese Erwähnung gilt als die älteste Nennung des jahrhundertealten Brauchs in unserer Stadt. Kortum schrieb:

> „Ferner gehoeret hierher die Abholung des Maybaums. Seit undenklichen Jahren hatten die Bürgerjunggesellen das Recht, in einem, eine Stunde weit von der Stadt gelegenen Walde in der Bauerschaft Harpen gelegen, das Bockholt genannt, den besten Baum einmal im Jahr zu wählen, welchen Sie den Maybaum nannten. [...] Dieser durfte nicht mit Pferden gezogen werden, sondern die Junggesellen spannten sich vor und zogen ihn, da mittlerweile die Trommelschläger und Musikanten sich dem Baume schrittlings setzten und mitziehen ließen, und unter dem Fortfahren wacker lärmten und spielten. Vor Sonnenuntergang musste der Wagen mit dem Baume schlechterdings auf dem Gebiete der Stadt, innerhalb der Landwehre seyn."

Diese älteste Beschreibung des heute noch lebendigen Bochumer Maiabendfestes verrät leider nichts über dessen Ursprung. Kortum gibt in seinen weiteren Ausführungen lediglich eine Sage wieder, die viele hundert Jahre mündlich überliefert wurde.

Gut hundert Jahre später berichten verschiedene Schriften, wie die „Chronik der Gemeinde Harpen" von Pastor Rosenbaum, die Monografie zum Ursprung des Maiabendfestes von Max Seippel und das Buch „Geschichte der Stadt Bochum" von Franz Darpe vom Ursprung des Brauches: Im Jahre 1388 führte der damalige Landesherr, Graf Engelbert III. von der Mark, mit Dortmund eine Fehde. Die Stadt wurde von märkischen Truppen belagert; demgegenüber zogen Dortmunder Söldner durch die umliegenden Lande und überfielen Dörfer und Höfe. Bei einem dieser Raubzüge eroberten sie eine wertvolle Viehherde. Die Bochumer Junggesellen, die an der Seite Engelberts an der Fehde beteiligt waren, gewannen das Vieh mit einer List wieder zurück: Laut pfeifend überfielen sie die Dortmunder in der Abenddämmerung, die vor Angst das Weite suchten. Als Dank für diese Heldentat, bei der kein Blut vergossen wurde, erlaubte Engelbert den Bochumer Junggesellen auf ewige Zeiten, am Vorabend des ersten Mai eine Eiche aus dem Bockholt zu holen, diese mit Muskelkraft vor Sonnenuntergang durch die Beckporte nach Bochum zu bringen und den Baum zu verkaufen, um vom Erlös ein Fest zu feiern.

Soweit die Kurzfassung. Die Dortmunder Fehde aus dem Jahre 1388 ist ein historisches Ereignis, welches sehr detailliert von Seiten der Dortmunder festgehalten wurde. Grund zur Fehde waren diverse Streitigkeiten zwischen Engelbert, der die Ländereien in der Grafschaft Mark rund um Dortmund kontrollierte, sowie die Hinrichtung der Dortmunder Bürgerin Agnes von der Vierbecke zehn Jahre zuvor. Denn Agnes hatte es gewagt, einen Karren Heu nach Dortmund zu bringen, in dem Soldaten Engelberts versteckt waren. Sie wurden aber entdeckt und der Plan, das Tor von innen zu öffnen und die draußen wartenden Kumpane

36 | SCHÜTZENKETTE

Stadtarchiv Bochum – MUSA

L variabel, B ca. 35 cm; Silber

einzulassen, scheiterte. Agnes wurde wegen Hochverrats angeklagt und verbrannt. Der Kölner Erzbischof Friedrich von Saarwerden besaß das Pfandrecht an Dortmund, so dass die Dortmunder ihre Abgaben an den Erzbischof abführen mussten – was sie jedoch nicht taten. Der Erzbischof und der Graf zogen daher, wenn auch aus unterschiedlichen Gründen, gemeinsam im Jahre 1388 gegen Dortmund ins Feld. Die Belagerung blieb jedoch erfolglos und nach zwei Jahren endete die Fehde, ohne dass ein Sieger feststand.

Die Dortmunder Quellen erwähnen an keiner einzigen Stelle, dass Bochumer Junggesellen an der Fehde beteiligt waren. Aber da damals die Städte einer Grafschaft Kräfte zu Kriegsdiensten bereitstellen mussten, ist es denkbar, dass die Bochumer mitgemacht haben.

Festhalten kann man jedoch, dass sich Legende und Brauch seit Hunderten von Jahren in der Stadt halten und viele Generationen begeistert, zusammengeschweißt und motiviert haben, sich ehrenamtlich für das Maiabendfest einzusetzen. Einer dieser engagierten Menschen war der Kaufmann Gustav Wilhelm Becker. Er war der Hauptmann der 1. Kompanie des Bochumer Bürgerschützenvereins, der im Jahre 1829 gegründet wurde und sich der Fortführung des Maiabendfestes nebst dem Schützenwesen in der Stadt verschrieb.

Dank der Arbeit des Vorstandes des Bürgerschützenvereins, in dem auch der bereits genannte Max Seippel mitwirkte, erlebte das Maiabendfest Ende des 19. Jahrhunderts einen regelrechten Aufschwung. Dem Zeitgeist geschuldet, wurden allerorts Schützenfeste und Sedanfeiern ausgerichtet. Der Sieg über die Franzosen im Jahre 1870 bewegte noch alle nationalen wie selbstbewussten Gemüter und der Jahrestag der verheerenden Schlacht am 1. und 2. September wurde alljährlich gefeiert. In diesen Zeiten ersann der Vorstand des Bürgerschützenvereins eine besondere Feierlichkeit: das 500. Maiabendfest seit dem Jahr 1388. Ein Jahr vorher begannen die Planungen und Gustav Wilhelm Becker ließ es sich nicht nehmen, dem Verein ein Grundstück am heutigen Harpener Hellweg zu schenken, auf dem man einen Gedenkstein zu errichten gedachte. Dieser sollte als Teil des Jubiläumsjahres feierlich eingeweiht werden.

Die Planungen waren im vollen Gange, man näherte sich in großen Schritten dem Jubiläum und dann passierte das Ungeheuerliche: Am 9. März 1888 starb Kaiser Wilhelm I. und auch sein Sohn, Friedrich III., der 99-Tage-Kaiser, war schwer erkrankt. Die Feierlaune war dahin. So wurde das große Jubiläums-Maiabendfest am 30. April abgesagt. Man führte lediglich den traditionellen Ausmarsch nach Harpen durch und enthüllte den Obelisken auf dem früheren Grundstück von Gustav Wilhelm Becker.

Nach dem Tod Friedrichs III. im Juni 1888 traute man sich, die Jubiläumsfeier im September nachzuholen – am Sedantag. Der Märkische Sprecher berichtete am 31. August 1888: „Heute beginnt für Bochum ein dreitägiges Fest, wie es die Stadt wohl seit ihrem Bestehen noch nicht gefeiert hat". Drei Tage lang stand Bochum Kopf – Zapfenstreich, Maiabend-Jubel-Feier inklusive Festumzug und Pflanzung einer Gedenkeiche im Stadtpark, großer Festball, Schützenfest und Königsball. „Ungeheurer Jubel entstand, als der Königsschuss gefallen war. Einige handfeste Schützen hoben Herrn Becker auf Ihre Schultern und trugen ihn nach dem Saal zum Thron. 101 Kanonenschüsse verkündeten den Königsschuss der Stadt", so der Märkische Sprecher. So wurde der Stifter des Gedenksteingrundstücks, Kompaniehauptmann und, man darf es wohl heute annehmen, Vollblutmaischütze Gustav Wilhelm Becker, König des Jubiläumsjahres 1888. Zu seiner Königin ernannte er Frau W. Mettegang. Ihre „Regierungsinsignien" Krone und Königskette sind auch heute noch Symbol für den Schützenkönig und die Schützenkönigin – nicht nur in der Bochumer Maiabendgesellschaft. In sämtlichen Schützenvereinen im deutschsprachigen Raum und in Regionen, in denen das Schützenwesen gelebt wird, finden Kette und Krone jedes Jahr einen treffsicheren Abnehmer.

Die ursprüngliche Bochumer Königskette, die – seit 1809 – den amtierenden Schützenkönig auswies, ging während des Zweiten Weltkriegs verloren. Die hier abgebildete Kette wurde von der gebürtigen Bochumerin Elisabeth Treskow (1898–1992) im Auftrag der Maiabendgesellschaft für das Schützenfest 1954 angefertigt. Elisabeth Treskow gilt als eine der bedeutendsten Goldschmiedinnen des 20. Jahrhunderts. Zu ihren populärsten Arbeiten zählt die Meisterschale des Deutschen Fußballbundes, die sie 1949 herstellte. Bei der Bochumer Schützenkette orientierte sie sich an der historischen Vorlage, konnte Details aufgrund der von ihr angewandten Technik aber kunstvoller herausarbeiten.

Oftmals steckt hinter den Objekten eine längere Geschichte. Das gilt auch für die Kette des Schützenkönigs. Für die Menschen, die dieses Zeichen ihrer „Regentschaft" ein Jahr oder auch länger trugen, sind dies oftmals lebensprägende Ereignisse. Auch heute ist es in dörflichen Regionen noch Segen und Fluch zugleich, Schützenkönig zu sein. Damals, 1888, als Gustav Wilhelm Becker König war, war es dies mit Sicherheit auch. Viele repräsentative Termine, Besuche anderer Schützenvereine, die „Regentschaft" des eigenen Vereins, Vorbildfunktion für viele andere, all das muss neben Beruf und Familie übernommen werden. Ein früherer Schützenkönig aus Bochum wies darauf hin, dass ihn diese Ehre so viel Geld gekostet habe, dass er zwei Töchtern die Aussteuer hätte kaufen können.

Daher ist es durchaus lobenswert, dass sich so viele Menschen, im Falle Bochums bereits viele Generationen von Menschen, ehrenamtlich für die althergebrachte Tradition des Bochumer Maiabendfestes engagieren, dieses Fest am Leben erhalten und in den Köpfen der Bochumer weiter etablieren und ausbauen. Auch heute feiert Bochum am letzten Wochenende im April in einer modernen Form das Maiabendfest. An vier Tagen, von Donnerstag bis Sonntag, ist diese Tradition auf dem Bochumer Boulevard zu erleben. Am Westfälischen Brauchtumsabend beginnt die Bochumer Maiabendgesellschaft 1388 e.V., die Nachfolgerin des Bürgerschützenvereins, zusammen mit teilnehmenden Vereinen und den Bochumer Bürgern das Maiabendfest. Freitags laden buntes Treiben und Attraktionen auf dem Boulevard zum Flanieren und Ausprobieren ein. Abends nach einem Gottesdienst und einem kleinen Umzug erfolgt der feierliche Zapfenstreich, heute eine Form von Gedenken an die verstorbenen Mitglieder und Freunde, die nicht mehr mitfeiern können. Am Samstag folgen die Maischützen ihrem Junggesellenhauptmann nach Harpen, um den Maibaum nach Bochum zu holen und im Anschluss eine blau-weiße Nacht zu feiern. Der etwas ruhigere Sonntag ist den Familien vorbehalten, mit vielen Gelegenheiten für die Kleinsten, die Geschichte der Stadt und des Maiabendfestes zu erleben und für sich zu entdecken.

So gelingt der Maiabendgesellschaft der Spagat zwischen althergebrachten Bräuchen und den modernen Anforderungen, die ein Fest für alle Bürger im 21. Jahrhundert bieten muss gemäß dem Motto: „Was unsere Väter geliebt, so wollen lieben wir auch. Und treu wir bleiben dem alten Brauch – blau-weiß nach Harpen zieh'n."

STEFAN VAHLDIECK

37 | VON HENRIETTE VON NOËL UNTERSCHRIEBENES ZEUGNIS

Stadtarchiv Bochum – NAP, 158/E/57

H 33,8 cm, B 21,2 cm; Papier

37 VON HENRIETTE VON NOËL UNTERSCHRIEBENES ZEUGNIS

Höhere Töchterschule der Henriette von Noël

In den Beständen des Stadtarchivs – Bochumer Zentrum für Stadtgeschichte wird ein Zeugnis der „Höheren Töchterschule in Bochum" für Mathilde Bannenberg aufbewahrt, ausgestellt am 12. August 1891 und unterzeichnet von der damaligen Schulvorsteherin und Klassenlehrerin „H[enriette] v[on] Noël". Die damals 15-jährige Mathilde Bannenberg wurde als Tochter des Kassenassistenten Carl Bannenberg und dessen Ehefrau Mathilde geborene Stratmann am 17. März 1876 in Bochum geboren. Weder über den Vater, der 1889 von der (Bezirks-)Regierung in Arnsberg eine Konzession als Agent „zur Beförderung von Auswanderern" erhielt, noch über die Tochter ist sonst viel bekannt. Mathilde Bannenberg starb am 15. März 1948 in Bochum, unverheiratet und ohne erkennbaren Beruf. Ein weiteres, am 4. April 1871 ausgestelltes Zeugnis für die 10-jährige Agnes Seippel (geboren am 30. Oktober 1860), aus einer bedeutenden Bochumer Unternehmerfamilie, Tochter von Wilhelm Seippel und Amalie geborene Hackert, ist nur in Kopie vorhanden. Damals hieß das Schulinstitut noch „Höhere Töchterschule von Henriette von Noël in Bochum". Offensichtlich handelte es sich um eine private Lehranstalt, die sich im Eigentum der Unterzeichnerin des Zeugnisses befand.

    Bestrebungen einer eigenständigen, über das Elementarwissen hinausgehenden Bildung für Mädchen hat es immer gegeben. Aber erst im 18., dem „pädagogischen" Jahrhundert wurden ihre Erziehung und Bildung ein allgemein diskutiertes Thema. Damals gestand man zwar dem weiblichen Geschlecht ein Anrecht auf sorgfältige, das Grundwissen übersteigende höhere Bildung zu, doch gleichzeitig wurde die gesellschaftliche Rolle der Frauen einseitig auf die „Bestimmung des Weibes zur Gattin, Hausfrau und Mutter" festgelegt, begründet mit einer angeblich unabänderlich vorgegebenen „weiblichen Natur". Von großem Einfluss war das Vorbild der Sophie in dem vielgelesenen Erziehungsroman „Émile" (1762) von Jean-Jacques Rousseau. Damit war jene Ideologie geschaffen, die die Frauen zu Menschen und Staatsbürgern zweiter Klasse machte und die mit ihren fatalen Auswirkungen auch heute immer noch nicht überwunden ist. Infolge der Zuordnung von Mädchen und Frauen ausschließlich in den häuslichen Bereich fühlte sich der Staat für ihre Erziehung zunächst nicht zuständig. Mädchenbildung war, im Unterschied zu der der Jungen, Privatsache. Charakteristisch für das höhere Mädchenschulwesen des 18. und 19. Jahrhunderts war daher, dass es fast ausschließlich von privaten Einzelpersonen und Schulvereinen getragen wurde.

    Eine solche idealtypische Entwicklungslinie – von der pädagogischen Ideenwelt des aufklärerischen 18. Jahrhunderts über verschiedenen Privatunterricht bis zu einer institutionalisierten höheren Mädchenschule – lässt sich auch in Bochum feststellen. Kurz nach 1791 gründete Pastor Bernhard Ludwig Natorp eine „Erziehungsanstalt für junge Frauenzimmer", wo seine Frau, die Arzttochter Franziska Arnoldine geborene Rocholl, eine wichtige Rolle spielte. Nach 1828 war es Pastor Friedrich August Volkhart, der in seiner Rektoratsschule auch Mädchen eine Möglichkeit zu höherer Bildung bot, doch erwies sich die Koedukation mit Jungen damals noch als ungeeignet. So blieb nur der Hausunterricht durch Gouvernanten auf einigen umliegenden Rittergütern, bis 1845 schließlich Caroline Krüger aus Berlin, damals ebenfalls noch bei einer Gutsfamilie angestellt, die Konzession zur Eröffnung einer höheren „Privat-Mädchen-Schule" in Bochum erhielt.

Deutlich ist an diesen Beispielen zu erkennen, dass die Geschichte der höheren Mädchenbildung auch gleichzeitig die Geschichte der Frauen ist, die diese Bildungsarbeit vornehmlich leisteten. Wollte oder musste eine Frau bürgerlicher Herkunft selbst ihren Lebensunterhalt verdienen, blieb ihr als „standesgemäß" anerkannte Tätigkeit fast nur die als Erzieherin, da sie noch am wenigsten der Vorstellung vom „weiblichen Wesen" widersprach. Vor allem waren es die mangels ausreichender Mitgift unverheiratet gebliebenen Töchter aus gutem Hause oder die unversorgt zurückgelassenen Witwen, die als Erzieherinnen, Gouvernanten und Hauslehrerinnen ein oft kärgliches Dienstbotendasein fristeten, bevor sich ihnen im 19. Jahrhundert mit der Entstehung von höheren Mädchenschulen ein günstigeres Tätigkeitsfeld bot. Somit spiegeln sich auch in den individuellen Lebensläufen der weiblichen Mitglieder der Familie Noël charakteristische Frauenschicksale ihrer Zeit. Maria Margaretha Noël war 1776 Gouvernante bei einer adeligen Beamtenfamilie, während ihre Schwester Maria Anna einen Weg wählte, der ihr als Katholikin offenstand: Sie trat in Mainz in den Schulorden der Englischen Fräulein ein, 1609 im Zuge der Katholischen Reform von der Engländerin Mary Ward gegründet, wo sie es zuletzt zur Oberin brachte. Von den sieben Töchtern des angesehenen, jedoch nicht mit Reichtum gesegneten Bochumer Stadt- und Landgerichtsrats, späteren Richters am Kreisgericht Leopold von Noël wurden vier Lehrerinnen. Die älteste unter ihnen, Henriette, gründete ihre eigene Schule.

Henriette von Noël wurde am 20. März 1833 in Bochum geboren. Über ihre Mutter Caroline Flügel war sie eine Nachkommin des berühmtesten aller Bochumer, des Arztes, Naturforschers und Dichters Carl Arnold Kortum. Nach einer Schulzeit bei den Ursulinen in Dorsten – einem weiteren katholischen Schulorden – und einem Aufenthalt als Sprachlehrerin in Lüttich unterrichtete sie seit 1856 an verschiedenen Privatschulen in Köln. Dort legte sie auch ihre beiden Lehrerinnenprüfungen ab, sowohl für den Elementarunterricht als auch für den Unterricht an höheren Mädchenschulen. Das 1845 von Caroline Krüger in Bochum gegründete Institut hatte sich inzwischen unter der Leitung von Auguste Schniewind zur „Evangelischen höheren Töchterschule" entwickelt. Da jahrhundertelang Lutheraner und Reformierte in Bochum tonangebend waren, kann es nicht verwundern, dass zunächst eine Schule für evangelische „höhere Töchter" entstand. Die Katholiken holten jedoch im 19. Jahrhundert auf, und dies im Zuge der Industrialisierung. Zu ihnen gehörten unter anderem einige der bedeutendsten Bochumer Unternehmer, wie Jacob Mayer, Heinrich Grimberg und der Erfinder der Grubensicherheitslampen, Wilhelm Seippel, Vater der oben erwähnten Agnes Seippel. Die katholischen Familien Bochums fühlten sich mehr und mehr benachteiligt und drängten auf die Einrichtung einer höheren Lehranstalt auch für ihre Töchter. „Vielseitigem Wunsche nachkommend", kehrte daher Henriette von Noël im Februar 1860 nach Bochum zurück und beantragte bei der Regierung in Arnsberg die Erlaubnis zur Gründung einer – vornehmlich für katholische Mädchen gedachten – Privatschule. Am 3. Mai 1860 begann der Unterricht mit zwölf Schülerinnen in einem als Schulraum hergerichteten Zimmer ihres elterlichen Wohnhauses an der Wittener Straße.

Henriette von Noël hatte mit ihrer Schule Erfolg. Denn sie war, darin stimmen alle Beurteilungen überein, eine begabte und anerkannte Pädagogin. Die Schülerinnenzahl stieg stetig. Nach wenigen Jahren wurden neue Klassenräume und vor allem eine solide Finanzierung der Schule und ihrer zusätzlichen Lehrkräfte notwendig. 1870 gründete sich ein Schulverein für die „Katholische höhere Töchterschule", und 1872 konnte diese in ein neues Gebäude an der Augustastraße (später: Hans-Böckler-Straße) einziehen. Es wurde mehrfach erweitert, jedoch im Zweiten Weltkrieg zerstört. Nach schwerer Krankheit trat Henriette von Noël, die erste Schulvorsteherin, 1895 in den Ruhestand. Die folgenden Jahre lebte sie bei ihrer Schwester Caroline, Lehrerin in Lippstadt, und nach deren Pensionierung gemeinsam in Münster. Dort starb sie am 19. Februar 1903. Ihre Schule, 1916 nach der Naturwissenschaftlerin, Theologin, Dichterin, Komponistin und (seit 2012) Kirchenlehrerin Hildegardis von Bingen benannt, besteht, inzwischen in städtischer Trägerschaft, noch heute.

Vergleicht man die beiden Zeugnisse von 1871 für Agnes Seippel und von 1891 für Mathilde Bannenberg, so war ganz offensichtlich Agnes Seippel die bessere und auch „bravere" Schülerin. Einige 1871 noch fehlende Fächer wie (Welt-)Geschichte und Englische Sprache erklären sich mit dem unterschiedlichen Alter der Mädchen. Verglichen mit dem Unterrichtskanon eines Jungengymnasiums vermisst man die alten Sprachen Latein und Griechisch sowie das Fach Sport oder Leibesübungen, das damals für Mädchen noch weithin als „unschicklich" galt. Gelehrt wurden aber genauso mathematische und naturwissenschaftliche Fächer. Hinzu kam – natürlich – Handarbeit. Die bloßen Unterrichtsfächer sagen aber noch nichts aus über die damit angestrebten Unterrichtsziele. Von ihrer Nachfolgerin forderte Henriette von Noël 1895, sie solle „mit einem gediegenen Unterricht eine wahrhaft weibliche Erziehung" verbinden und die Kinder „zur Frömmigkeit, Einfachheit, Bescheidenheit" heranbilden. „Wahre Religiösität und Sinn für Häuslichkeit zu befördern", versprach bereits ihr erster Unterrichtsplan von 1860 und 1885 hieß es in einer Jubiläumsansprache zum 25-jährigen Gründungstag des Instituts, die vermittelten Kenntnisse sollten die Schülerinnen befähigen, „als zukünftige Gattinnen gebildeter Männer denselben zur Seite [zu] stehen". Die Schule sollte also die Mädchen auf ihre traditionelle Rolle als Gattin, Hausfrau und Mutter vorbereiten – eine Rolle, die die brave Agnes Seippel auch erfüllte, als sie am 22. November 1884 den Kaufmann Carl Hermann Louis Knupe heiratete. Doch indem Henriette von Noël in ihrem Unterricht gleichzeitig Wert legte auf solides Wissen und fachliches Können, bahnte sie den Weg für die Gleichheit der weiblichen Bildung und Ausbildung, die immer noch eine der Voraussetzungen ist für die Anerkennung der Gleichwertigkeit, Ebenbürtigkeit und Selbstbestimmung von Frauen und von Männern.

GISELA WILBERTZ

38 | STICH „SCHÜTZENHOF"

Stadtarchiv Bochum – Sammlung Stiche und Grafiken

H ca. 15 cm, B ca. 21 cm; Papier

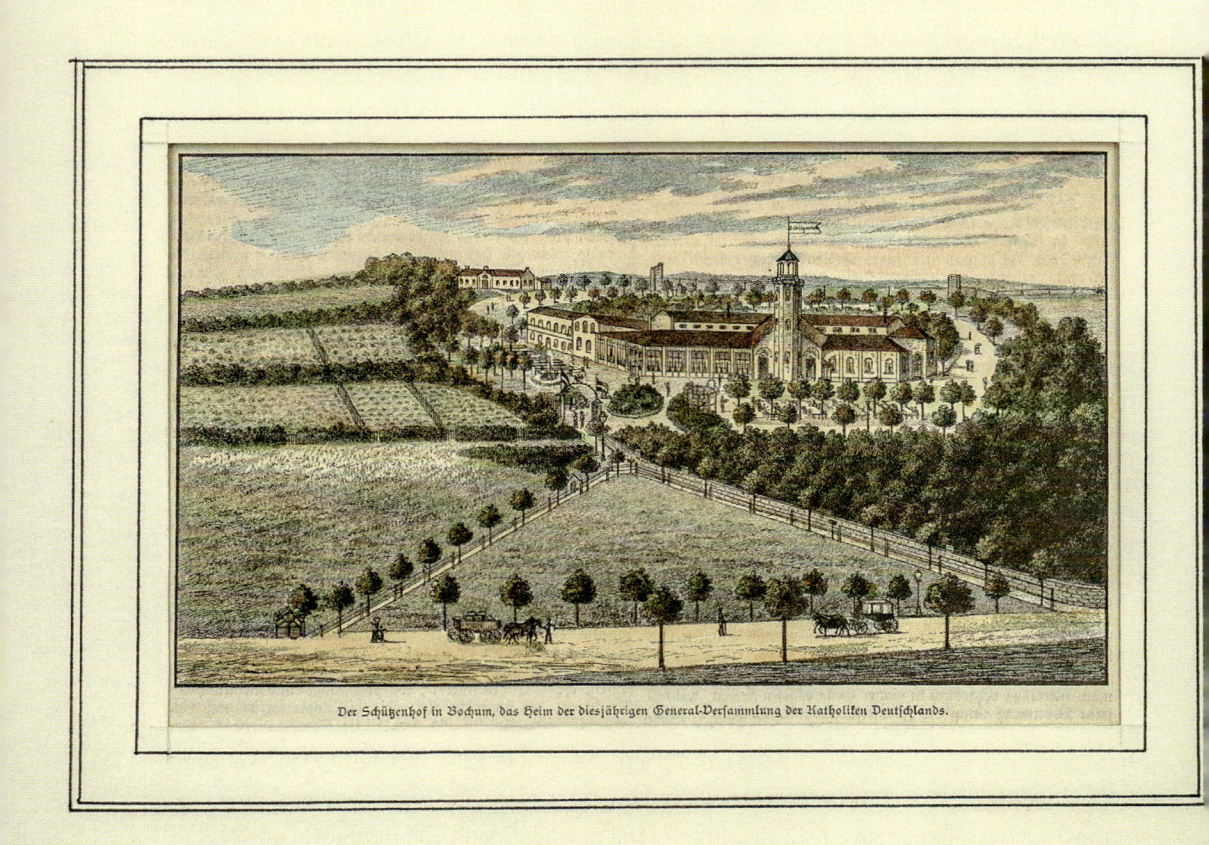

Der Schützenhof in Bochum, das Heim der diesjährigen General-Versammlung der Katholiken Deutschlands.

38 STICH „SCHÜTZENHOF"

„Größter Saal Westfalens". Der Schützenhof

Zwischen 1865 und 1943 lag auf der Anhöhe oberhalb der Castroper Straße, wo sich heute das Planetarium und die neue Synagoge befinden, der Schützenhof. Er war fast 80 Jahre lang Bochums geräumigster Veranstaltungssaal. Die hier abgebildete Ansicht zeigt ihn im Jahr 1889.

Bis in die 1860er Jahre, als Bochums Bevölkerung bereits rasant wuchs, gab es in der Stadt keinen größeren Saal für Veranstaltungen mit hunderten oder gar tausenden Teilnehmern. Dies änderte sich, als eine Gruppe von betuchteren Bürgern aus dem Umfeld des Bochumer Bürgerschützenvereins (damals Hauptträger des Maiabendfestes) mittels Schuldverschreibungen den Bau eines Schützenhauses finanzierte. Die Kosten sollten durch fünf Raten in Höhe von je 250 Reichstalern aufgebracht werden. Nach Plänen des Architekten und Ingenieurs Christian Hilgerd wurde im August 1864 nordöstlich der Altstadt oberhalb der Castroper Straße auf einem Gelände, das seit 1863 als Schützenplatz diente, mit den Bauarbeiten begonnen.

Den Kern des Mitte Juli 1865 eingeweihten Schützenhauses bildete eine große Halle, die aus einem hohen Mittelschiff mit Satteldach und zwei niedrigeren Seitenschiffen mit Pultdächern bestand. Sie verfügte innen über zwei Emporen sowie einen großen erhöhten Bühnenaufbau und war von mehreren Nebenbauten umgeben, die unter anderem eine Gaststätte und eine Wirtewohnung enthielten. Die Dach- und Tragwerkskonstruktion, die Emporen und der Fußboden wurden aus Holz, die Fundamente wie die verputzten Außenmauern in massiver Ziegelbauweise errichtet. An der Eingangsseite des Hauptbaus überragte ein Aussichtsturm das sieben Morgen große Außengelände mit Gartenanlagen. Auf seiner überdachten Plattform befand sich 1885 ein „Riesenfernrohr". Das privat finanzierte Projekt geriet bald in eine wirtschaftliche Schieflage, auch weil längst nicht alle Raten der ursprünglichen Schuldverschreibungen bezahlt worden waren. Nachdem Rechnungen in Höhe von 8 000 Talern (bei Gesamtbaukosten von 22 238 Talern) nicht mehr bezahlt werden konnten, kam es 1870 zur Zwangsversteigerung des Grundstücks und der Gebäude. Den Zuschlag erhielt der Bäckermeister Heinrich Döhmann, der im Auftrag eines „Consortiums" von Investoren agierte, für gut 17 000 Taler. Um diese Zeit bürgerte sich auch anstelle des Schützenhauses die Bezeichnung „Schützenhof" für die Gesamtanlage ein.

In der Folgezeit wurde der Schützenhof nicht nur für Feiern des Schützenwesens und das Maiabendfest genutzt, sondern für Großveranstaltungen jeglicher Art. Hier fanden Kostümfeste, Maskenbälle, Konzerte, Zirkusvorstellungen, Versammlungen der politischen Parteien (zum Beispiel Parteitag der Nationalliberalen 1889) und Gewerkschaften statt. Ein weiterer Bereich waren Ausstellungen und Messen, beispielsweise 1897 eine Sportausstellung, auf der Jagd- und Sportartikel, Fahrräder, aber auch Musikinstrumente und Kunstgewerbe präsentiert wurden und die zeitgleich mit der „IX. Allgemeinen Foxterrier-Ausstellung" stattfand.

Zu den Außen-Attraktionen am Schützenhof zählten auch Ballonaufstiege, die besonders in den 1890er Jahren regelmäßig viele Zuschauer anzogen.

Der Schützenhof ist immer wieder als „größtes Local Westfalens und Rheinlands", manchmal sogar als „größter Saal Deutschlands" annonciert worden – Angaben, die natürlich mit Vorsicht zu genießen sind und wohl zu den damals üblichen Übertreibungen in Werbeanzeigen zählen. Sein tatsächliches Fassungsvermögen lässt sich heute nur ungefähr feststellen. Hans Joachim Kreppke, der zur Geschichte des Schützenhofs geforscht hat, fand unterschiedliche Nutzflächenangaben zwischen 1 700 und 2 000 Quadratmetern. Der Saal soll 66 mal 29 Meter groß gewesen sein; die Höhe des offenen Dachstuhls dürfte bei circa zwölf bis 15 Metern gelegen haben (Sammlung Kreppke). Fest steht jedenfalls, dass es sich um den mit Abstand geräumigsten Saal in Bochum gehandelt hat. Zum Vergleich: Der Saal des ersten Parkhauses im Stadtpark (1878) war mit 20 mal zwölf Metern (Höhe: acht Meter) deutlich kleiner. Im Evangelischen Vereinshaus (1892) bot der „Kaisersaal" Platz für 2 000 Personen, während einige Versammlungen im Schützenhof laut Presseberichten 6 000 bis 8 000 Besucher gehabt haben sollen. Eine so große Anzahl von Menschen dürfte allerdings nur stehend Platz gefunden haben.

Allgemein wird meist berichtet, der Schützenhof habe auch für Veranstaltungen jeglicher politischer Couleur gedient. Dies stimmt prinzipiell, doch gab es Phasen, in denen die Stadt vom Betreiber verlangte, seinen Saal nicht für Versammlungen der Arbeiterbewegung und der Sozialdemokraten zu vermieten. Dies war in den frühen 1890er Jahren mehrfach der Fall – wahrscheinlich im Nachgang der Unruhen beim ersten großen Bergarbeiterstreik 1889. Dagegen fand anlässlich des Streiks im Bergbau 1905 eine große Arbeiter-Kundgebung im Schützenhof statt. Zu den unerfreulichsten politischen Veranstaltungen zählten mehrere antisemitische Vorträge und Parteiversammlungen während der 1880er Jahre. So trat einer der bekanntesten Antisemiten, Max Liebermann von Sonnenberg, 1884 wiederholt im Schützenhof auf und lockte mit seiner Agitation bis zu 3 000 Zuhörer an. Im Märkischen Sprecher vom 12. Juli 1884 distanzierten sich mehr als 60 angesehene Bochumer Bürger, darunter Louis Baare und Stadtbaumeister Hermann Bluth, in einem offenen Brief von der judenfeindlichen Bewegung und richteten an die Leser den Appell, solchen Versammlungen fernzubleiben. Unrühmlicher Höhepunkt für Bochum war ein antisemitischer Kongress im Schützenhof mit einigen hundert Teilnehmern, auf dem 1889 die „Deutsch-Soziale Partei" gegründet wurde. (Sie zog kurz darauf in den Reichstag ein, verlor aber bis zum Ersten Weltkrieg stark an Bedeutung.)

Eine deutlich friedfertigere Schützenhof-Veranstaltung im selben Jahr war der 36. Deutsche Katholikentag vom 25. bis 28. August 1889. Es handelte sich bei den damaligen Katholikentagen noch nicht um Massenveranstaltungen, wie sie sich im Laufe des 20. Jahrhunderts entwickelten, sondern eher um Fachtagungen verschiedener katholischer Gremien (wie der 1889 hier gegründete katholische Lehrerverband). Dennoch war die Zahl der Delegierten so groß, dass sie den Saal des Schützenhofs beinahe bis zur Kapazitätsgrenze ausfüllten. Anlässlich dieser „General-Versammlung der Katholiken Deutschlands" erschien auch die hier gezeigte Druckgrafik. Die Darstellung des Schützenhofs mit den Gartenanlagen und Nebengebäuden ähnelt anderen historischen Abbildungen (zum Beispiel der Ansichtskarte der Sportausstellung 1897). Im Vordergrund wirkt die Castroper Straße noch unbefestigt, bei dem zur Stadt weisenden linken Weg scheint es sich um einen Fußweg, bei dem rechten um eine Auffahrt zu handeln. Die Wiedergabe ist jedoch topografisch und perspektivisch nur bedingt realistisch. So sind die beiden turmartigen Bauten im Hintergrund auf keinem zeitgenössischen Stadtplan nachweisbar. Die Hauptfront mit dem Aussichtsturm und die linke Gebäudeseite trafen eigentlich rechtwinklig aufeinander, während sie hier wie „aufgeklappt" erscheinen.

Eine besondere Rolle spielte der Schützenhof für größere musikalische Veranstaltungen – ein Aspekt, den Clemens Kreuzer näher untersucht hat. Im späten 19. Jahrhundert entstanden in Bochum zwar zahlreiche Lokale mit Sälen, in denen häufig Konzerte stattfanden. Doch nur der Schützenhof war geräumig genug für große Orchester und Chöre beziehungsweise für ein entsprechend zahlreiches Publikum, das deren Auftritte rentabel machte. Der Bühnenaufbau des Saals bot auch Orchestern mit mehr als 60 Musikern Platz, und es sind Auftritte von Chören mit 120 und sogar 200 Stimmen überliefert. Weil der Fußboden, die Emporen und das Dach aus Holz bestanden, war die Akustik besonders gut. So galt der Schützenhof als idealer Konzertraum – außer wenn es während einer Aufführung zu starken Regenfällen kam, denn dann verstärkte das Holzdach das Prasseln auf störende Weise.

Gastspiele der Berliner Philharmoniker und anderer namhafter Klangkörper fanden meist guten Zuspruch. Auch das 1919 gegründete Städtische Orchester (heute Bochumer Symphoniker) trat bis zum Zweiten Weltkrieg regelmäßig im Schützenhof auf, hatte seine Hauptspielstätte jedoch im Stadttheater.

Im Lauf seiner Geschichte wurde der Schützenhof mehrfach umgebaut, nicht zuletzt weil sein Betrieb außerhalb von Großveranstaltungen nicht rentabel war. Das Gelände lag eigentlich nicht weit von der Innenstadt entfernt, doch gestaltete sich die „Anreise" beschwerlich. Die Castroper Straße war damals enger und deutlich steiler als heute, der Zuweg lange Zeit unbefestigt und nicht beleuchtet, was bei schlechtem Wetter zur Verschmutzung von Schuhen und Kleidung der Gäste führte. Wenn betuchtere Bürger mit der Kutsche zum Schützenhof fuhren, bekamen die Fußgänger das Spritzwasser ab. Mehrere empörte Leserbriefe zeugen von diesen Misslichkeiten:

> „Bei dem Concert des Philharmonischen Orchesters, welches stark besucht war, fiel die mangelhafte Beleuchtung des Zufuhrweges nach dem Schützenhofe ganz unliebsam auf, man mußte sich förmlich durch das Dunkel tappen. Am Gittertor brannte eine Laterne mit zerbrochener Scheibe, am Saaleingange eine Laterne, ohne jede Scheibe. Auf dem Fahrwege und auf dem Fußwege nach dem Schützenhof war überhaupt eine Beleuchtung nicht vorhanden" (MS, 4.10.1897).

> „Ungefähr 2 000 Menschen waten durch den Schmutz des Fahrweges zwischen den [...] Kutschen hindurch, von deren Laternen kümmerlich beleuchtet. Nachdem man,

ohne unter die Pferde gekommen zu sein, glücklich das Thor erreicht hat und den nun abschüssigen Fahrweg beschreiten muß, beginnt das Fahren der Wagen, den Straßenschlamm zwischen die Fußgänger schleudernd und diese auf die mit einer tiefen Wasserrinne versehene Seite drängend und beängstigend" (ders., 14.1.1896).

Durch die ungünstige Lage mangelte es dem Schützenhof an Laufkundschaft, außerdem war er für kleine und mittlere Veranstaltungen schlicht zu groß. Deshalb konnte er sich auch nie als Vereinslokal etablieren, womit dem Betrieb eine wichtige Einnahmequelle entging, von der viele andere Gaststätten profitierten. Zwar nutzten die Vereine den Schützenhof gelegentlich für größere Anlässe wie Jahresfeiern oder Chor-Auftritte, doch für ihre regelmäßigen Treffen bevorzugten sie „gemütlichere" und besser zu erreichende Lokale. Insgesamt fehlte also das alltägliche gastronomische Tages- und Abendgeschäft. So wundert es nicht, dass die Pächter und Wirte besonders in den ersten Jahren sehr häufig wechselten. Einige hielten gar nur wenige Monate durch. Der oben erwähnte Heinrich Döhmann blieb zwar formell Eigentümer, verpachtete den Schützenhof aber mehrfach weiter und versuchte zwischenzeitlich, ihn zu verkaufen, bis er 1881 in den Besitz der Städtischen Sparkasse überging.

Der erste Betreiber, der den Schützenhof längere Zeit führte, war Carl Schumacher, der ihn 1882 erwarb und bis 1895 viel in den Betrieb investierte. Unter anderem versuchte er es mit Milchausschank, Kaffeekränzchen und Kurkonzerten. Aber auch er hatte ständig mit wirtschaftlichen Schwierigkeiten zu kämpfen. In einem Brief an die Stadt Bochum vom 24. Oktober 1892 klagte er:

„Wären die hiesigen Verhältnisse besser, so müßte ich ja im Sommer meine Unkosten decken können. Aber nein. In den letzten Jahren habe ich noch stets zusetzen müssen. Dieses veranlaßte mich nun auch zu dem Neubau auf meinem Grund, um darin die Tageswirthschaft zu betreiben wie es in der ‚Tonhalle' und im ‚Stadttheater' der Fall ist. Im Sommer ist in der Woche hier nicht viel los; im Winter nichts. So habe ich nun in der ganzen vorigen Woche mit gestern keine 30 Mark eingenommen" (StadtA Bo, B 328, Bl. 89/90).

Das von Schumacher erwähnte neue Haus mit Gaststätte unterhalb des Schützenhofs an der Castroper Straße 49 scheint die Probleme nicht behoben zu haben, denn schließlich musste auch dieser Eigentümer aufgeben. (Das Lokal blieb mit dem Schützenhof wirtschaftlich verbunden, bis es 1930 von Franz Ostmeier übernommen wurde. Im Zuge der Straßenverbreiterung in der Nachkriegszeit erfolgte der Abbruch des Gebäudes.) Die nächsten Pächter mit „langem Atem" waren ab 1899 Heinrich und Erich Burgdorf.

Um 1910 scheint der Schützenhof schon seit längerem nicht mehr gepflegt worden zu sein und hatte in den Augen mancher Kritiker viel von seinem ursprünglichen Glanz verloren. Im Vorfeld der „IV. Provinzialen Kochkunst- und fachgewerblichen Ausstellung" (11.–28. Mai 1912) brachte der Märkische Sprecher eine ziemlich trostlose Beschreibung der damaligen Zustände:

„Der Bochumer freilich ist es nicht anders gewöhnt, als die häßliche Anhöhe des Schützenhofes wie etwas Unabänderliches in Kauf zu nehmen. Schmutzig graues, kahles und rissiges Mauerwerk an den steilen Aufgängen, das schon seit Jahren keine bessernde Hand mehr gesehen hat, wild wucherndes Dornengestrüpp, unordentliche Rasenflächen, auf denen entbehrlich gewordener Hausrat, Müll, Schutt und Scherben ein beschauliches Dasein verbringen – das ist die ‚landschaftliche Umgebung'! Und mitten drin der Schützenhof, zweifellos einer der größten, aber auch ungemütlichsten und nüchternsten Säle Westfalens, als Mittelpunkt des Ausstellungsparks" (MS, 13.4.1912).

Entsprechend aufwändig waren die Verschönerungsarbeiten, die von den Organisatoren durchgeführt werden mussten, um das Schützenhof-Gelände für die Kochkunst-Ausstellung wenigstens vorübergehend präsentabel zu machen. Ein verheerendes Unwetter machte einiges davon zwei Tage nach der Eröffnung wieder zunichte.

Während des Ersten Weltkriegs kam es zu einer völlig neuen Nutzung des Schützenhofs. Zunächst als Reservelazarett vorgesehen, entstanden dort „Lehrwerkstätten für Kriegsbeschädigte" und später eine „Fabrik Künstlicher Glieder" (Otto Maag). In einer Ausgabe der „Illustrierten Zeitung" vom August 1916 sind mehrere Innenaufnahmen des Schützenhofs abgedruckt, auf denen einige der 16 bis 18 Werkstätten zu sehen sind. Hier sollten insbesondere amputierte Verwundete neue Berufe erlernen oder durch die Anpassung spezieller Prothesen in die Lage versetzt werden, ihre frühere Tätigkeit wieder auszuüben. In besagtem Artikel werden folgende Berufe beispielhaft genannt: Schuhmacher, Schneider, Drechsler, Stellmacher, Schreiner, Korbmacher, Schlosser, Schmied und Ankerwickler (beim Bau von Elektromotoren). Neben der gesundheitlichen Rehabilitation im Lazarett und der beruflichen Wiedereingliederung in den Lehrwerkstätten hatte die Schulung am Schützenhof für die Versehrten jedoch noch eine ganz andere, befremdliche Komponente. Hierüber schreibt Hans Hanke: „Nach heutigem Verständnis ist […] empörend, dass auch Schießübungen und Bajonett-Training mit Armprothesen sowie militärischer Drill in eigens angelegten Schützengräben und Unterständen zum Lazarett-Programm gehörten" (Hanke, 1991, S. 36).

1919 übernahm die Stadt den Schützenhof, der nun wieder als Veranstaltungsort diente und 1920 sowie erneut 1926 die dringend nötigen Renovierungen und Umbauten erfuhr. Abbildungen seit dieser Zeit zeigen den Aussichtsturm ohne die ursprüngliche Dachhaube. Als Pächter übernahm Otto Burkhardt in den 1920er Jahren den Betrieb, ab 1937 folgte seine Witwe. Die Burkhardts waren damit die letzten und zugleich langjährigsten Wirte im Schützenhof.

Ab 1933 diente der nach wie vor größte Saal Bochums wiederholt für Partei- und Propaganda-Veranstaltungen der NSDAP und ihrer Unterorganisationen. Auch das letzte Konzert im Schützenhof Ende März 1943 stand unter den Zeichen der Zeit, traten dort doch das Musikkorps und der Chor der „SS-Leibstandarte Adolf Hitler" auf. Wenige Wochen später traf während des ersten großen Luftangriffs auf Bochum eine Brandbombe den Schützenhof in der Nacht zum 14. Mai 1943. Die Gebäude wurden vollständig zerstört und später nicht wieder aufgebaut.

In den folgenden 20 Jahren blieb das Areal unbebaut, erst 1963/64 erfolgte am Standort des ehemaligen Hauptgebäudes die Errichtung des Planetariums. Teile des Hildegardis-Gymnasiums aus den 1950er Jahren und die 2007 eingeweihte neue Synagoge liegen im Bereich des früheren Außengeländes des Schützenhofs mit den Gartenanlagen.

Die „Nachfolger" des Schützenhofs als Räumlichkeiten für große Veranstaltungen – zunächst die Ruhrlandhalle und später der RuhrCongress – entstanden indes weiter stadtauswärts neben dem Stadion.

FRANK DENGLER

39 BUCH „AUS SCHACHT UND HÜTTE" VON HEINRICH KÄMPCHEN

Der Sänger eurer Not. Heinrich Kämpchen

Was Heinrich Kämpchen für die Menschen seiner Zeit im Ruhrgebiet bedeutete, zeigte die große Zahl der Trauernden bei seiner Beerdigung im März 1912 auf dem Friedhof in Bochum-Linden. Auch der in Versen gefasste Nachruf von Julius Zerfaß mit der Gedichtzeile „Der Sänger eurer Not" bringt das zum Ausdruck (Volksblatt, 9.3.1912). Dass seine Gedichte gelesen wurden, lässt sich an der Auflage der Berg-Arbeiterzeitung – 1902 waren es 30 000 Exemplare, die noch durch viele zusätzliche Hände gingen – und an den Protesten ablesen, wenn einmal sein Gedicht auf der Titelseite der wöchentlich erscheinenden Zeitung fehlte. Als erster gab der am 23. Mai 1847 in Altendorf, heute ein Stadtteil von Essen, geborene Kämpchen den Kumpeln an der Ruhr eine eigene Stimme. Die Männer seiner Familie hatten als Bergleute noch Ansehen, soziale Sicherheit und eine starke rechtliche Stellung genossen. Mit dem „Allgemeinen Preußischen Berggesetz" und der darin verankerten „Bergbaufreiheit" änderte sich der Status des Bergmanns; Arbeitsordnungen, Schichtzeiten und Löhne verschlechterten sich zu seinen Lasten. Kämpchen erlebte selbst als Bergmann diesen Niedergang und erkannte schnell, dass nur durch eine starke gemeinsame Organisation Besserung erreicht werden konnte. Sein Motto „Seid einig, seid einig, dann sind wir auch frei" bestimmte sein Handeln und seine Dichtung. Er selbst war Sozialdemokrat und Vertrauensmann der Zechenbelegschaft Hasenwinkel und zählte damit für die Zechengesellschaft im großen Bergarbeiterstreik 1889 zu den Streikführern. Infolgedessen verlor er seine Arbeit und nur dank eines wohlgesonnenen Vertrauensarztes erhielt er eine Invalidenrente, die ihm ein karges Auskommen garantierte. Über das Leben Kämpchens vor 1889 ist wenig bekannt, ein schriftlicher Nachlass hat sich nicht erhalten. Sein Vater hatte ihm aber nach der Schulentlassung noch zwei Jahre privaten Unterricht zukommen lassen, so dass Kämpchen erst mit 16 Jahren die Arbeit unter Tage aufnahm und 25 Jahre lang ausübte. Seine bessere Schulbildung hob ihn von seinen Kumpeln ab und war auch für sein schriftstellerisches Werk von Bedeutung (Carl, 1984, S. 12ff.). In seiner kleinen Bibliothek standen als Vorbilder für ihn wie für die Arbeiterdichter seiner Zeit die Werke Friedrich Schillers, die Dichter des Vormärz und des Jungen Deutschland, ganz besonders Georg Herwegh, zu seinen Favoriten gehörten aber auch Heinrich Heine und Georg Weerth, Annette von Droste-Hülshoff und Émile Zola.

Der traditionelle Berufsstolz und das überkommene Vertrauen in die Obrigkeit verhinderten lange Zeit, dass sich die Bergarbeiter gegen ihre soziale Schwächung auflehnten. Erst nach dem Streik 1889 veränderte sich das Bewusstsein der Bergarbeiter für ihre soziale Lage, was Kämpchen mit seinem Werk beförderte und gewissermaßen dokumentierte. Zwischen 1889 und 1912 erschienen seine Gedichte wöchentlich auf der Titelseite der Bergarbeiter-Zeitung. Sie lesen sich einerseits wie lyrische Kommentare zum Tagesgeschehen, standen sie doch in thematischer Verbundenheit mit den Leitartikeln (Hallenberger, 2000, S. 75f.), andererseits könnte man an ihren Titeln eine Chronik der Bergarbeiterbewegung

39 | BUCH „AUS SCHACHT UND HÜTTE" VON HEINRICH KÄMPCHEN

Fritz-Hüser-Institut Dortmund

L 18,6 cm, B 12,3 cm (aufgeschlagen 25 cm), H 1,5 cm; Papier

ablesen (ebd., S. 79). Rund 1 200 Gedichte sind auf diese Weise publiziert worden. Drei eigenständige, von Kämpchen herausgebrachte Gedichtbände vervollständigen die Publikationen (Kämpchen, 1898; ders., 1904; ders., 1909).

Kämpchen war der erste, der aus eigenem Erleben über das Bergmannsdasein geschrieben hat. Er erfüllt damit eine Definition von (Berg-)Arbeiterdichtung: das Schreiben von/für/über Bergarbeiter und ihr Dasein und darüber hinaus die der frühen Arbeiterdichtung zukommende Aufgabe, politische Lehrinhalte zu vermitteln und kulturelle Identität zu erzeugen (Hallenberger, 2000, S. 76).

Der erste Rezensent seiner Werke war Kämpchen selbst. Schreibt er doch im Vorwort seines ersten Gedichtbandes „Aus Schacht und Hütte" 1898, der hier zu sehen ist:

> „Einen literarischen Wert beanspruchen diese Gedichte nicht, es sind eben schlichte Arbeiterlieder und wollen auch als solche nur gelten. [...] so spiegelt sich in meiner Sammlung auch ein gutes Stück der deutschen Bergmannsbewegung wieder. Dies um so wahrheitsgetreuer, da ich seit 1889 stets aktiv an den organisatorischen Bestrebungen der Kameraden teilnahm."

Dass er sich seiner Bedeutung doch bewusst gewesen sein muss, lassen die Äußerungen zu, die er der Tochter seiner Wirtsleute (Hedwig Spiekermann) gegenüber getan haben soll: „Ich bin unsterblich, du wirst sehen, in ein paar Jahren sprechen sie noch von mir" (ebd., S. 85). Allerdings sah er die Wirkung seiner Gedichte auf seine Klasse beschränkt. So schien ihm das Vorhaben seines jüngeren Kollegen Otto Wohlgemuth, die Bergmannsdichtung „ästhetisch aufzuschließen" und von der Arbeiterdichtung zur großen Literatur vorzustoßen, eher vermessen. Ein Interesse des Bürgertums an den Gedichten eines Bergmanns hielt er für unwahrscheinlich (ebd., S. 82). Als sich 1925 erstmals eine wissenschaftliche Arbeit mit der Arbeiterdichtung befasste, betrachtete sie die Werke Kämpchens dann auch vorwiegend unter literaturimmanenten Gesichtspunkten, gesteht ihr allenfalls zu: „Eine gewisse Fertigkeit in der Handhabung der überlieferten Form hat sich der schlichte Bergmann aber angeeignet" und weiter:

> „Die fast überall ins Auge fallende Tendenz bringt in seine Dichtung eine lähmende Eintönigkeit; und wenn er selbst seine Bergmanns- und Heimatsagen nicht damit verschont, so wirkt dies zumal auf den Unbeteiligten störend und unerquicklich. [...] Was aber die Bergmannsdichtung Kämpchens anbetrifft, so kommt ihm ohne Zweifel das Verdienst zu, als erster aus eigenem Erleben heraus den modernen Steinkohlenbergbau im Ruhrgebiet als eine Welt der krassen Wirklichkeit in die Dichtung einbezogen zu haben" (Ecks, 1925, S. 31ff.).

Fünfzig Jahre später, Mitte der 1970er Jahre, in der Hochphase der Wiederentdeckung von Arbeiterliteratur und Literatur von unten, schließt sich Frank Trommler in seinem historischen Überblick über Sozialistische Literatur in Deutschland dem zweiten Teil dieser Einschätzung an und bezeichnet Kämpchen als

> „eine[n] der eindrucksvollsten proletarischen Chronisten dieser Phase der Industrialisie-

> rung und des Klassenkampfes in Deutschland […]. In naturalistischen und schon impressionistischen Bildern verbindet Kämpchen demnach politisches Bekenntnis mit sozialer Wirklichkeit, verleiht seiner Liebe zu seiner industriell geprägten Heimatlandschaft Ausdruck und stärkt das Wir-Gefühl einer sozialen Gruppe, ohne die Partei dabei in den Vordergrund zu stellen" (Trommler, 1976, S. 221ff.).

Die Arbeiterlyrik übernahm im 19. Jahrhundert feste Funktionen innerhalb der Arbeiterbewegung: Sie eröffnete und beendete Feiern, Parteitage und Veranstaltungen jeder Art, um die Ziele und Visionen der Partei nicht zuletzt emotional zu transportieren. Gerade die Gedichte Kämpchens bestätigen diese Funktionalität, seine Lyrik beförderte politische Inhalte und die Bildung einer kollektiven Identität. Ihm gelang es, Alltagserfahrungen und Sehnsüchte zu thematisieren, in Geschichte umzudeuten und das heroisierende und pathetische Selbstbild früherer Lyrik hinter sich zu lassen. Besonders die Gedichte über das Grubenunglück auf der Zeche Radbod 1908 können dafür als Beispiel dienen. Dieses von den Bergarbeitern als Naturkatastrophe angesehene Ereignis wandelt sich mittels Lyrik in ein historisches Ereignis und wird Bestandteil kollektiver Erfahrung. Kämpchen geißelt darin die offizielle Trauer als bloßes Ritual.

„Die Katastrophe von Radbod: Viel Prunk und viel Gepränge / Ist wieder dann zu schau'n, / Es tönen Grabgesänge / Und Worte, die erbau'n" (Carl, 1984, S. 76).

In „Frauen von Radbod" fordert er nicht Almosen, sondern grundsätzliche Veränderungen: „So haben die Radbodfrauen nicht / Viel große Worte geführt, / doch haben Besseres sie getan, / Sie haben ‚protestiert'" (ebd., S. 79).

Das Sterben wird bei ihm zum unheroischen Massentod: „Die Leichenbergung: Die einen hier, die andern dort / Versprengt auf der Flucht nach dem Rettungsport, / Dreihundert erschlagene Knappen" (ebd., S. 80).

Im letzten Radbod Gedicht „Ein Nachtstück" (die Erwartung „Gebt Recht den Toten") bedient Kämpchen sich der damals volkstümlich beliebten Kyffhäuser-Legende: Das bisher nicht eingelöste Versprechen der Erlösung dient ihm als Hinweis auf die Hoffnungen der Zukunft im Einklang mit dem Motto „Durch Nacht zum Licht", wie es 1895 in der Verbandshymne der Bergarbeitergewerkschaft heißt (Bogdal, 1991).

Die Lyrik Kämpchens garantiert einer gewissermaßen bisher schriftlosen Gesellschaftsgruppierung, den Bergleuten im Ruhrgebiet, ihr Überleben im kollektiven Gedächtnis der Geschichte. Zu Recht nennt ihn der Autor eines Nachrufes den „Sänger des Proletariats" (ebd., S. 191ff.). Kämpchen bewegte sich wie die Arbeiterdichter überhaupt in dem geschlossenen Raum einer proletarischen Öffentlichkeit, außerhalb der bürgerlich-literarischen Wertmaßstäbe, die folglich für die künstlerisch-ästhetischen Inhalte auch als nicht maßgeblich gelten können.

Diese Einschätzung der Arbeiterdichtung durch Klaus-Michael Bogdal teilt Renate von Heydebrand (Heydebrand, 1983, S. 135), die in ihrer Literaturgeschichte der Provinz Westfalen auf die Problematik der Arbeiterdichtung im 19. Jahrhundert hinweist, von der in Westfalen erst ab der Aufhebung der Sozialistengesetze die Rede sein kann. Sie sieht in Kämpchen den einzigen Westfalen, der vor 1900 der lyrischen Kampfdichtung zuzuordnen wäre. Die Arbeiterdichtung gilt ihr grundsätzlich als Tendenzdichtung, deren Allegorien und Satiren mit ihren tagesaktuellen Anspielungen die Werke ohne Kenntnisse der historischen Zusammenhänge schnell unverständlich werden lassen: „Didaktische Rhetorik, ihr Tagesbezug und das solidarische Wir-Bewußtsein machen sie indiskutabel für ein Literaturverständnis, das den Wert einer Dichtung an Zweckfreiheit, überzeitlichem Gehalt und origineller Ich-Aussprache bemisst".

Nach dem Ersten Weltkrieg war Kämpchen bald vergessen. Schon in der Weimarer Zeit fehlte er in den Anthologien, auch die Nazis bedienten sich (im Gegensatz zu manchem anderen) seiner nicht. Kämpchen hatte als erster aus eigenem Erleben als Bergarbeiter für Bergarbeiter geschrieben ohne dafür auf „große" Vorbilder zurückgreifen zu können, hier war er auf sich gestellt. Jedoch standen ihm für die Distribution seiner Gedichte nur Presseorgane offen, die sich auf einen klar definierten, eingeschränkten Personenkreis und auf weitgehend tagesaktuelle Themen bezogen und die somit eine weite Verbreitung und Beachtung der Gedichte verhinderten. Wilhelm Helf erinnerte mit dem Bändchen „Aus der Tiefe" 1931 an ihn, dem 1962 eine zweite Auswahl folgte (Helf, 1931; ders., 1962). Walter Köpping gab ihm in den nach 1960 erscheinenden Anthologien – wieder in Gewerkschaftsverlagen und damit in einem geschlossenen Verteilerkreis – erneut breiten Raum. Als in der Dortmunder Gruppe 61 und im Werkkreis Literatur der Arbeitswelt Arbeiter anfingen zu schreiben, erinnerte man sich auch wieder an einen wie ihn. Seitdem sind die Gedichte Kämpchens immer wieder in Anthologien vertreten. Heinz-Ludwig Arnold schreibt zutreffend in seiner Auswahl 2003 eine Beurteilung, die für Kämpchen wie für alle Arbeiterdichter gelten kann: Die Gedichte sind „nicht kanonisch geworden. Im Lesebuch unserer Gesellschaft sind sie kaum zu finden. Und dennoch gehören sie zu unserem literarischen Erbe und bewahren eine wichtige historische kollektive Erfahrung" (Arnold, 2003, S. 214).

HANNELIESE PALM

40 | PLAKAT (EXTRA-AUSGABE) „WIARUS POLSKI"

Stadtarchiv Bochum – Plakatsammlung, I 1 c/39

H 40 cm, B 27,5 cm; Karton

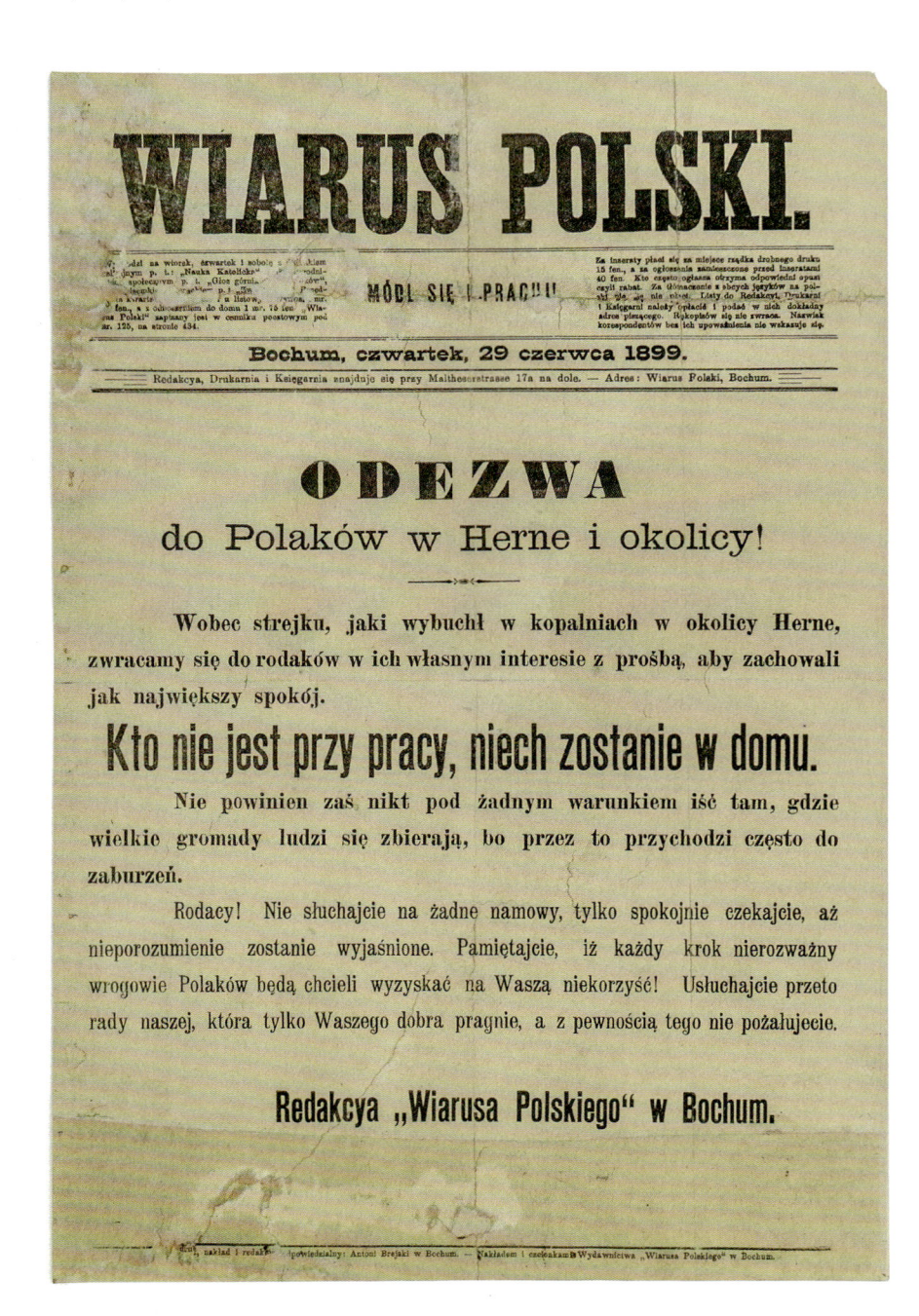

40 PLAKAT (EXTRA-AUSGABE) „WIARUS POLSKI"

„Odezwa do Polaków w Herne i okolicy!" Aufruf an die Polen in Herne und Umgebung

Das Plakat mit dem Datum 29. Juni 1899 wurde in Bochum durch Wiarus Polski herausgegeben. Wiarus Polski war eine polnische Tageszeitung, ein Verlag und eine Buchhandlung. Bereits zu diesem Zeitpunkt kann man von einem regen polnischen Leben in Bochum und den umgebenen Städten des Ruhrgebiets sprechen. Immer mehr Arbeiter waren aus den durch Preußen verwalteten polnischen Teilen Oberschlesiens und anderen östlichen Regionen im Zuge der rasch voranschreitenden Industrialisierung an die Ruhr gekommen. Die Bezeichnung „Ruhrpolen" entstand.

Aus heutiger Perspektive lässt sich sagen, dass Wiarus Polski unumstritten zu den ältesten und bekanntesten und sicher zu den bedeutendsten polnischen Tageszeitungen im Ruhrgebiet zählt. Wiarus, ins Deutsche etwa übersetzbar mit „altgedienter, tapferer Soldat, Veteran, alter Krieger", symbolisiert das Paradigma des in der Zeit der polnischen Romantik entstandenen polnischen Kämpfers, der nach den Teilungen Polens (1772–1795), vorwiegend aus dem Exil heraus, unermüdlich auf zahlreichen Schlachtfeldern und als Krieger in unterschiedlichen nationalen Armeen für die Wiedergeburt Polens kämpfte.

Diese bereits um die Jahrhundertwende 1900 legendäre Gestalt wurde durch die ebenfalls im Exil beziehungsweise im Untergrund auf den geteilten Gebieten der sich entwickelnden polnischen Moderne, bekannt unter dem Namen „Młoda Polska" (Junges Polen), noch bedeutender. Insbesondere im Drama von Stanisław Wyspiański, einem der Hauptvertreter dieser Strömung, „Warszawianka" (1898), und allen voran in der berühmten Zeichnung von Stanisław Wyspiański „Ludwik Solski als stary Wiarus" von 1904 wurde sie eindrucksvoll literarisch, als Theaterfigur und als Sujet in der bildenden Kunst in Szene gesetzt. Die Gestalt des durch den berühmten polnischen Theaterschauspieler Ludwik Solski verkörperten Alten Wiarus, der wortlos die Vorgesetzten über die Niederlagen im Novemberaufstand 1931 informiert, ist auf Anhieb sehr populär geworden und hat rasch eine breite symbolische Wirkung erlangt. Sie ist einerseits zum Synonym der Niederlage um die polnische Unabhängigkeit geworden, gleichzeitig aber die unbeugsame nationale Kraftanstrengung zur Fortsetzung der Unabhängigkeitsbestrebungen. In diesem Zusammenhang wurde der Name Wiarus Polski für die damaligen polnischen Bochumer sicherlich Programm.

Wiarus Polski erschien seit September 1890 und wurde durch den aus Westpreußen eingewanderten Pfarrer Franziszek Liss gegründet. Das Blatt hatte zum Ziel, den sich zunehmend in Gewerkschaften und anderen Arbeiterorganisationen gruppierten polnischen Arbeitern eine religiös (römisch-katholisch) orientierte Informationsplattform zu liefern. Mit dem auf dem Plakat enthaltenen Motto „Módl się i pracuj" (bete und arbeite, ora et labora) wies sie zunächst auch eine starke Orientierung am Benediktiner-Orden auf.

Seit der Übernahme der Zeitung durch Jan Brejski 1893, einen bekannten polnischen

Journalisten, wandelte sich das Profil des Blattes. Aus den anfangs noch fast ausschließlich religiösen Inhalten wurden zunehmend national-politische Themen mit einer starken konservativen Prägung behandelt. Brejski war von 1907 bis 1912 Mitglied des Reichstags des Deutschen Kaiserreichs und verhalf dem Wiarus Polski im Laufe der Zeit zur Erlangung der politischen Professionalität und folglich zu Autorität unter den Polen im Ruhrgebiet. Ein Ausdruck davon ist sicherlich das Aufruf-Plakat „an die Polen in Herne", das angesichts der ausgebrochenen Streiks auf den Herner Zechen die Polen in Herne und Umgebung vor allem zur Mäßigung und Ruhe aufruft. Damit ist das Plakat ein einmaliges Zeugnis sowohl der polnischen Präsenz in Bochum, aber auch eine Manifestation der Integrität dieser Gruppe im Ruhrgebiet unter der Ägide von Wiarus Polski.

JACEK BARSKI

41 FOTO „NORDBAHNHOF"

Der Nordbahnhof als Ausgangspunkt der Deportationen in die Arbeits-, Konzentrations- und Vernichtungslager (1942–1944)

Das hier gezeigte Foto des Bochumer Nordbahnhofs entstand um 1900. Die Geschichte des Gebäudes reicht bis in die frühe Industrialisierung zurück. Die Rheinische Eisenbahngesellschaft hatte im Oktober 1874 den „Bochum Rheinisch" genannten Bahnhof eröffnet. Er prägte die Entwicklung der Stadt. Nicht nur Güter wurden versandt, auch der Personenverkehr erlebte im ständig wachsenden Ruhrgebiet einen Aufschwung.

Welche Bedeutung der Nordbahnhof in der Zeit des Nationalsozialismus, vor allem im Zusammenhang mit der Deportation der Bochumer Juden, hatte, war lange ungewiss. Ab Januar 1942 wurden die noch in Bochum und in den umliegenden Orten (Witten, Herne, Wanne-Eickel) lebenden Juden deportiert. Mit Lastwagen, Bussen oder Zügen wurden sie zunächst nach Dortmund gebracht, wo Juden aus dem Regierungsbezirk Arnsberg konzentriert und dann in Sammelzügen der Reichsbahn in die zumeist in Osteuropa liegenden Konzentrations- und Vernichtungslager transportiert wurden. Sammeltransporte gingen von Dortmund aus nach Riga (am 27. Januar 1942), nach Zamosc (am 27. April 1942), nach Theresienstadt (am 29. Juli 1942 und am 5. März 1943) sowie nach Auschwitz (am 1. März 1943). Die letzten Bochumer Juden, die in „Mischehen" lebten, wurden zusammen mit ihren nichtjüdischen Partnern, den „jüdisch Versippten", und ihren Kindern, den „Mischlingen", ab September/Oktober 1944 in verschiedene Arbeitslager deportiert. Im kollektiven Gedächtnis der Bochumer Bevölkerung – soweit sie historisch interessiert ist – ist der Nordbahnhof aufs engste verbunden mit der Deportation der Bochumer Juden in den Jahren 1942 bis 1944. Gestützt auf dieses kollektive Gedächtnis stellten die Autoren der 1988 von der „Vereinigung der Verfolgten des Naziregimes/Bund der Antifaschisten, Kreisvereinigung Bochum" herausgegebenen Broschüre „Widerstand und Verfolgung in Bochum und Wattenscheid" fest: „Die alte Judenschule in Wattenscheid und der Nordbahnhof dienten den Nazis als Sammelstationen für den Abtransport der Juden in die Konzentrationslager" (VVN, 1988, S. 32).

In der 1993 erschienen Broschüre „Die Verfolgung der Juden in Bochum und Wattenscheid", wiederum herausgegeben von VVN/BdA Bochum, wurde diese Aussage bekräftigt: „Die Bochumer Juden wurden entweder verhaftet oder mussten sich nach Aufforderung am Sammelort einfinden und wurden dann mit dem Zug vom Bochumer Nordbahnhof nach Dortmund transportiert" (ebd., 1993, S. 46).

In den in den folgenden Jahren zum Thema Nordbahnhof vor allem im Internet erschienenen Texten (zum Beispiel in den vom Stadtarchiv im Internet veröffentlichten „Leidenswege[n] in Bochum" unter der „Station 33: Nordbahnhof" oder bei Wikipedia) wurde diese Aussage übernommen. Belege dafür, wie es zu dieser kollektiven Erinnerung gekommen sein mag oder andere Dokumente, die den Nordbahnhof als Ausgangspunkt der Deportation ausweisen, wurden nirgends genannt. Inzwischen sind Dokumente gefunden worden, die

41 | FOTO „NORDBAHNHOF"

Stadtarchiv Bochum – Fotosammlung, F II A 1

H 10,3 cm, B 13,5 cm; Papier

belegen, dass der Nordbahnhof zumindest bei einigen Deportationen der Ausgangspunkt in Bochum war.

Juli 1942: Deportation nach Theresienstadt

Karola Freimark, die zusammen mit ihrem Mann Simon am 27. Juli 1942 von Bochum aus über Dortmund nach Theresienstadt deportiert wurde, überlebte. 1946 schrieb sie einen ausführlichen Bericht über ihre Erfahrungen in Theresienstadt: „Am 27.7.1942 wurde der Rest der Bochumer Juden, ca. 45, mit einem Bus nach Dortmund zum Viehhof gefahren" (Schneider, 2005, S. 330–336). Karolas Kinder bestätigten, dass ihre Mutter immer gesagt habe, sie seien von der Schule in der Wilhelmstraße zunächst zum Nordbahnhof und von dort mit dem Bus nach Dortmund gebracht worden.

Eindeutig sind die Aussagen im „Wiedergutmachungsfahren" der Erna Hoffmann für ihre Eltern Leopold und Rosalie Samuel aus dem Jahre 1956. Carl Schaaf, der mit dem Ehepaar Samuel im Haus Kortumstraße 35 gewohnt hatte, machte am 11. September 1956 vor dem Amt für Wiedergutmachung in Bochum folgende Angaben:

> „Im Herbst 1942 (kann nicht genau angegeben werden) wurde ein Herr und Frau Baruch, Bochum, zu den Eheleuten Samuel einquartiert und einige Tage später aufgefordert, sich zum Abtransport am Bochumer Nord-Bahnhof zu melden. 2. Die Wohnung wurde von Parteibeamten abgeschlossen, die auch den Schlüssel an sich nahmen. [...] 4. Einige Tage nach dem Abtransport der beiden Familien wurde der gesamte Wohnungsinhalt durch die Partei auf einen Lastwagen geladen und abtransportiert, wohin, kann ich nicht sagen" (LA NRW, Abt. Westfalen, Wiedergutmachung 460151).

Präzisere Angaben zum Zeitpunkt des Abtransports der Eheleute Samuel machte am 27. September 1956 Frau Frieda Horch vor dem Amt für Wiedergutmachung in Bochum: „Ich kenne die Eheleute Leopold und Rosalie Samuel seit dem Jahr 1933, denn ich habe mit Ihnen zusammen im Hause Kortumstraße 35 gewohnt. Mir ist bekannt, dass die Eheleute Samuel im Juli 1942 deportiert wurden" (ebd.).

Beide Zeugenaussagen lassen die Annahme zu, dass der Nordbahnhof Treffpunkt für die Juden war, die am 27. Juli 1942 über Dortmund nach Theresienstadt deportiert wurden.

Entsprechende Belege für die anderen Deportationen der Jahre 1942/43 gibt es nicht. Im Gegenteil: Frau Emma Modrze geborene Sommer, die zusammen mit ihrem Mann Robert Ende Januar 1942 nach Riga deportiert wurde, machte am 6. Februar 1955 in einer eidesstattlichen Erklärung vor dem Wiedergutmachungsamt Bochum folgende Aussage: „Am 23.1.1942 mussten mein Ehemann Robert M. und ich uns auf schriftlichen Befehl der Gestapo am Bochumer Hauptbahnhof melden, von wo wir nach Dortmund in ein Sammellager kamen (Viehhof)" (ebd., Wiedergutmachung 617713).

41 | FOTO „NORDBAHNHOF"

Transporte in verschiedene Arbeitslager ab September/Oktober 1944

Eindeutig sind die Belege, die den Nordbahnhof als Ausgangspunkt für die letzten Deportationen aus Bochum ab September/Oktober 1944 kennzeichnen. Es mag zunächst verwundern, dass zu diesem späten Zeitpunkt überhaupt noch Juden in Deutschland, in Bochum lebten. Das bedarf der Erläuterung. Das nationalsozialistische Regime betrachtete im Herbst 1944 die „Judenfrage" als in seinem Sinn weitgehend gelöst. Fast alle bis zum Kriegsende noch folgenden antijüdischen Erlasse und Verordnungen bezogen sich daher auf „Mischehen", „Mischlinge 1. Grades" (zwei jüdische Großelternteile) und „jüdisch Versippte". Gemeint waren damit in der Regel die nichtjüdischen Partner einer „Mischehe".

Im Herbst 1944 – die Truppen der Westalliierten rückten in Belgien und den Niederlanden bereits auf den Rhein vor, die Rote Armee hatte die Weichsel erreicht – holte das Regime noch zu einem Schlag gegen die „Mischehepartner" und „Mischlinge" aus, indem es ihre Verbringung in Arbeitslager der Organisation Todt anordnete. Reichsweite Direktiven in Form von Erlassen oder Verordnungen, die dieser Maßnahme zugrunde lagen, sind nur rudimentär oder aus Quellen mit lediglich lokalem Bezug überliefert.

In der „Wiedergutmachungsakte" des Bochumer Christen und „jüdisch Versippten" Friedrich Wegerhoff – er war verheiratet mit der jüdischen Sara Rosenstein, die Familie hatte neun Kinder – findet sich die Abschrift eines Schreibens der „Geheimen Staatspolizei Staatspolizeistelle Dortmund – Außenstelle Bochum", in dem steht:

> „Sie werden hiermit aufgefordert, sich am Sonntag, dem 15.10.44 in Bochum, Jahnstraße 4 (Freiherr v. Stein-Schule) Hofbaracke, Nähe Schwanenmarkt – zwecks Arbeitseinsatz für die OT einzufinden. Mitzubringen sind: 1. Verpflegung für 4–5 Tage. 2. 2–3 Wolldecken. 3. Arbeitszeug und Arbeitsschuhe. 4. Arbeitsgeräte, Sägen, Beile, Spaten, Hacken usw. (soweit vorhanden). Sollten Sie dieser Aufforderung keine Folge leisten, so haben Sie mit Ihrer sofortigen Inschutzhaftnahme zu rechnen. Gez. i.A Siebert" (ebd., Wiedergutmachung 23242).

Was dann mit ihm passierte, beschrieb Friedrich Wegerhoff am 5. Dezember 1959 so:

> „Darauf wurde ich am 15.10.44 von der Gestapo abgeholt und in die Arndtschule eingeliefert. Nach schweren Misshandlungen an mir wurde ich am selben Tage nach Kassel-Elben gebracht. Daselbst wurde ich als arbeitsunfähig durch die erlittenen Misshandlungen eingeliefert" (ebd).

Was Friedrich Wegerhoff in seinem Bericht nicht schreibt, wie wir aber aus anderen Quellen wissen, nahm der Transport nach Elben seinen Ausgangspunkt am Bochumer Nordbahnhof.

Was geschah mit der jüdischen Ehefrau Sara Wegerhoff geborene Rosenstein und den Kindern aus dieser Beziehung, den „Mischlingen"? Das Drama dieser Familie fasste Siegbert Vollmann, der Vorsitzende der jüdischen Nachkriegsgemeinde, in einer Notiz vom 28. Juli 1949 zusammen:

> „Seine (Friedrich Wegerhoffs, H. S.) Ehefrau wurde am 13. März 1945 zusammen mit 2 Kindern von der Gestapo verhaftet, nach Hattingen-Henrichshütte gebracht und am

gleichen Tage erschossen. Von weiteren 6 Kindern wurden von der Gestapo 2 Kinder bei einer jüdischen versippten Familie in Herne, 2 Kinder bei einer jüdischen versippten Familie in Witten, 2 Kinder bei einer christlichen Familie in Langendreer untergebracht und zwar am 13. März" (ebd).

Bleibt noch zu ergänzen: Die älteste Tochter, die 1927 geborene Frieda, kam Ende Dezember 1944 in ein Arbeitslager in Hagen-Haspe. Nach dem Krieg lebte sie zunächst wieder in Bochum. Ein erster Versuch nach Palästina zu kommen, scheiterte: Frieda gehörte 1947 als einzige Bochumerin zu den Passagieren der „Exodus", das Schiff wurde von der britischen Mandatsmacht vor Haifa aufgebracht und nach Hamburg zurückgeschickt. Frieda kam später doch noch nach Israel, dort ist sie 2004 gestorben (Schneider, 2014, S. 301–303).

Kommen wir zurück zum Nordbahnhof. Die jüdische Emma Müller geborene Sommer war mit dem evangelischen Otto Müller verheiratet. Mit ihm hatte sie den Sohn Manfred, der evangelisch getauft wurde. Am 18. Januar 1946 schrieb Frau Müller:

„Aus rassepolitischen Gründen wurde ich am 29. September 1944, mein Mann und mein Sohn aus rassepolitischen Gründen und politischer Unzuverlässigkeit am 14. Oktober von der Gestapo verhaftet und in das Konzentrationslager (Judenlager) Elben b. Cassel gebracht" (Archiv Erinnern für die Zukunft, Anmeldeformular).

Otto Müller erinnerte sich am 6. Februar 1950 so:

„Meine Verhaftung erfolgte am 14.10.1944, zurückgekommen bin ich aber erst am 8.5.45. Meine Entlassung aus dem Lager Elben erfolgte durch die Amerikaner am 21.4.1945 (siehe Entlassungsschein). Praktisch waren wir durch den Einmarsch der Amerikaner am 31.3.45 in Elben befreit. Mein Versuch, schon vor dem 21.4.45 ohne einen Ausweis der amerikanischen Besatzungsmacht zu Fuss nach Hause zu kommen, scheiterte: In Bad Wildungen wurden meine Frau, mein Sohn und ich von den Amerikanern gefasst und von denselben in das Judenlager Elben zurückgebracht. Erst nach Erhalt des Entlassungsscheines am 21.4.45 machten wir uns erneut zu Fuß auf den Weg, um nach Hause zu kommen. Unter unsäglichen Strapazen gelangten wir dann endlich am 8.5.45 nach Hause" (LA NRW, Abt. Westfalen, Wiedergutmachung 23099).

Was den Ausgangspunkt der Deportation der Familie Müller aus Bochum betrifft, sind die Angaben des Sohnes Manfred Müller am genauesten. In einer eidesstattlichen Erklärung vom 25. August 1945 machte er folgende Aussage:

„Am 15. Oktober 1944 wurden mein Vater, Otto Müller, geb. am 14. März 1893, und ich von der Gestapo verhaftet. Wir mussten uns am Bahnhof Nord stellen und wurden von dort aus mit einem Transport in das Judenlager Kassel und später nach Elben überführt. Am 21. April 1945 wurden wir durch den Einmarsch der Amerikaner befreit. Seit Ende Mai 1945 halten wir uns in Bochum auf. Meine Mutter ist Volljüdin. Aus diesem Grunde erfolgte die Verhaftung" (ebd., Wiedergutmachung 23097).

Die Aussage von Manfred Müller wurde durch eine eidesstattliche Erklärung von Albert Diel vom 17. Dezember 1949 bestätigt:

41 | FOTO „NORDBAHNHOF"

„Ich erkläre hiermit, dass ich mich am 14.10.1944 am Bahnhof Nord stellen musste, da wurden wir verladen und kamen von da aus nach Soest in ein Sammellager. Von da aus ging es weiter nach dem Lager Elben, dort habe ich Müller mit Frau und Sohn gleich am 1. Tage getroffen, wir sind auch zusammen entlassen worden" (ebd.).

Als letztes Beispiel soll vom Schicksal des Juden Max Moses Herz, seiner christlichen Ehefrau Bertha geborene Ostwald und deren Kinder Heinz-Günter und Hannelore berichtet werden. Der Sohn Heinz-Günter Herz schrieb in einer eidesstattlichen Erklärung vom 22. März 1956:

„Am 14. Oktober 1944 wurde ich in Bochum, Moltkemarkt Nr. 27 von der Gestapo aufgefordert, mich in Bochum am Nordbahnhof zu melden. Soweit ich mich entsinnen kann, bekamen alle Juden eine derartige Aufforderung. Am nächsten Tag wurden wir unter Bewachung nach Soest gebracht. In Soest, wo sich ein Auffanglager befand, blieb ich etwa 3 Tage. Dann wurde ein Transport zusammengestellt für das Durchgangslager Kassel. In Kassel wurden wir etwa nach einer Woche aufgeteilt und dem jüdischen Mischlingslager Fulda zugeführt. In Fulda war ich von Ende Oktober 1944 bis zum 2. April 1945. Das Lager befand sich direkt in der Stadt. In Fulda gab es m.W. keine anderen Läger mehr. Das Lager war nur am Anfang von der OT bewacht. Zur Arbeit wurden wir geleitet. Das Lager selbst, das sich in einer Wirtschaft befand, war nicht eingezäunt. Außer Halbjuden befanden sich dort noch jüdisch Versippte. Auf Anleitung der Lagerleitung durften wir mit der Bevölkerung nicht in Berührung kommen. Es bestand Ausgangsverbot, Verbot, Angehörige zu empfangen, Verbot, Telefongespräche zu führen und Briefzensur. Bei der Arbeit wurden wir ständig durch die Organisation Todt bewacht. Ausrüstung wurde uns nicht zur Verfügung gestellt. Wir hatten nur die Sachen, die wir mitgebracht hatten. Ich fühlte mich als Gefangener. Wir haben damit gerechnet, eines Tages einem KZL zugeführt zu werden, da verschiedene Anzeichen und auch Drohungen der Gestapo darauf hindeuteten, wenn diese bei uns Kontrollen durchführte. Im Anfang der Lagerzeit sind wir sehr oft auf unsere Rassezugehörigkeit hingewiesen worden. Man hat uns auch gesagt, dass wir als Halbjuden von der Volksgemeinschaft ausgeschlossen seien" (ebd., Wiedergutmachung 22988).

Das Schicksal des Vaters Max Moses Herz wird in dem Beschluss des Kreissonderhilfsausschusses vom 15. August 1956 geschildert. An diesem Tag wurde Herz als „Verfolgter der nationalsozialistischen Gewaltherrschaft" anerkannt. In der Begründung heißt es:

„Bei der Judenaktion im November 1938 wurde Herz am 12.11.38 in Haft genommen und für einige Tage bis zum 18.11.1938 im Polizeigefängnis Bochum festgehalten. Am 3.11.42 wurde Herz erneut wegen seiner jüdischen Abstammung inhaftiert und bis zum 11.8.43 in Haft gehalten im Polizeigefängnis Bochum. Vier Tage nach seiner Haftentlassung traf Herz auf der Straße den Polizeibeamten Schauern, der ihm mitteilte, dass eine neue Aktion gegen Volljuden und jüdische Mischlinge durchgeführt werden sollte und Herz unverzüglich verschwinden müsse. Daraufhin ist Herz ohne nach Hause zurückzukehren, nach Zwickau gefahren, wo er sich bei einem Hermann Siebert, Zwickau,

Moritzstraße 9, ohne Anmeldung und ohne Bezug von Lebensmittelkarten verborgen hielt. Als Herz von Zwickau am 10.10.44 nach Bochum zurückkehrte, wurde er noch am gleichen Tage in Haft genommen und über Dortmund, Weissenfels, Zeitz nach Theresienstadt abtransportiert, wo er bis zur Befreiung durch die alliierten Truppen am 10.5.45 in Haft blieb. Dieser Tatbestand ist nachgewiesen durch Geburtsurkunde des Standesamtes Bochum und durch eidesstattliche Erklärung von fünf Leuten" (StadtA Bo, BO 50/68, Bl. 535).

Die gleichfalls gefährdete Ehefrau Sophie Herz und die Tochter Hannelore Herz entgingen der Verhaftung dadurch, dass sie im Oktober 1944 Bochum verließen. Sie flohen nach Zwickau und tauchten dort unter. 1946 kamen sie nach Bochum zurück (Schneider, 2014, S. 199ff.).

Bleibt die Frage: Wie viele Menschen waren in Bochum von diesen Aktionen ab September 1944 betroffen? Da Deportationslisten nicht überliefert sind, müssen wir uns mit einer – begründeten – Schätzung begnügen: Wertet man die Akten des Kreissonderhilfsausschusses (KSHA) Bochum (StadtA Bo, BO 50/68) aus den Jahren nach 1945 und die Akten der jüdischen Nachkriegsgemeinde (StadtA Bo, NAP 23) aus, so ergibt sich folgendes Bild: Von den circa 50 Mitgliedern der jüdischen Gemeinde 1948 stammten 29 aus sogenannten „Mischehen". Nach den Akten des KSHA Bochum kommen weitere 29 in „Mischehe" lebende Jüdinnen und Juden hinzu, die nicht Mitglieder der neuen jüdischen Gemeinde wurden. Es handelte sich also um insgesamt circa 60 jüdische Menschen, die von den Maßnahmen ab September 1944 betroffen waren. Nimmt man deren nichtjüdische Ehepartner, die „jüdisch Versippten", hinzu, kommen weitere 60 Personen hinzu. Eine gewisse Unsicherheit besteht bei der Zahl der Kinder aus diesen Ehen, den „Mischlingen". Im Schnitt hatten diese Familien ein bis zwei Kinder, die oben zitierte Familie Wegerhoff mit neun Kindern ist eine Ausnahme. Nehmen wir die Zahl zwei als Grundlage für unsere Berechnung, so kommen wir bei den circa 60 betroffenen Familien auf 120 Kinder. Von den Aktionen ab September 1944 sind demnach circa 240 Personen betroffen. Dabei ist zu beachten, dass nicht alle Betroffenen im September/Oktober 1944 in Arbeitslager geschickt wurden. Auch in den folgenden Wochen kam es noch zu Einweisungen in diese Lager: Nachgewiesen sind noch Einzeltransporte oder Transporte in kleinen Gruppen nach dem Oktober 1944, der letzte Beleg stammt von Februar 1945. Und wir wissen auch, dass einige Betroffene die Wirren im Zusammenhang mit dem schweren Bombenangriff auf Bochum am 4. November 1944 nutzten, um Bochum zu verlassen und an anderen Orten bis zum Kriegsende unterzutauchen.

Wie kam es dazu, dass im kollektiven Gedächtnis der interessierten Bochumer Bevölkerung der Nordbahnhof als Ausgangspunkt für die Juden-Deportationen feststand? Die ab September/Oktober 1944 von Bochum aus in Arbeitslager verschleppten Menschen haben fast alle überlebt. Sie sind nach Kriegsende zurückgekehrt. Alle haben in „Wiedergutmachungsverfahren" Entschädigung beantragt. Einige haben in ihren Erklärungen auch die Umstände der Deportation beschrieben. Da das nicht offiziell gefordert wurde, sind diese

41 | FOTO „NORDBAHNHOF"

Angaben eher zufällig, für uns aber von hohem Erkenntniswert. Die Rückkehrer bestimmten entscheidend das Wissen in Bochum um die Umstände der Deportation und des Lebens in den Arbeitslagern. Sie erzählten davon und prägten somit die kollektive Erinnerung an den Nordbahnhof als Ausgangspunkt der Deportationen. Das bestätigte auch in einem Gespräch vor geraumer Zeit die Bochumerin Doris Neidenberger geborene Backhaus. Sie war als 10-Jährige von Ostdeutschland – dorthin war sie von Bochum aus im Rahmen der Kinderlandverschickung gekommen – mit ihrer Mutter nach Kassel-Bettenhausen gekommen. Dort traf sie zwei Tanten und eine Kusine, die von Bochum aus deportiert worden waren. Für Frau Neidenberger, die 2015 verstorben ist, gab es überhaupt keinen Zweifel: Natürlich waren die Tanten und die anderen vom Nordbahnhof aus deportiert worden.

Mit Gewissheit können wir heute sagen, dass die Transporte ab September/Oktober 1944 ihren Ausgangspunkt am Bochumer Nordbahnhof hatten. Hinweise für den Transport nach Theresienstadt im Juli 1942 legen die Vermutung nahe, dass auch diese Deportation ihren Ausgangspunkt am Nordbahnhof hatte. Nachgewiesen ist auch, dass der Bochumer Nordbahnhof Ausgangspunkt für Züge war, mit denen Sinti und Roma aus Bochum und Umgebung ab März 1943 in mehreren Transporten deportiert wurden.

HUBERT SCHNEIDER

42 KARTE „ÜBER DIE TEILUNGEN DES KREISES BOCHUM"

Vom Landkreis zur Industrieregion Mittleres Ruhrgebiet: Bochums Großstadtwerdung

Zu den ältesten Zeugnissen der Menschheitsgeschichte zählen Karten, die zunächst aus den unterschiedlichsten Materialien angefertigt wurden: von Wandmalereien über Tontafeln bis hin zu Papyri. Diese Karten dienten nicht nur als Wegweiser, sondern auch zur Beschreibung von territorialen Verhältnissen und räumlichen Grenzen. Der Einsatz von Papier als materieller Grundlage von Karten setzte sich in Europa erst im Mittelalter durch; in dieser Epoche standen Karten im Zeichen des christlichen Weltbildes und wurden hauptsächlich von Mönchen gezeichnet. Ab dem 15. Jahrhundert, im Zuge von Entdeckungsfahrten und technischen Fortschritten, entwickelte sich die Qualität und Verbreitung von Karten sprunghaft. Seit dem frühen 19. Jahrhundert wurden zunehmend topografische Karten hergestellt, die dem Betrachter detaillierte Hinweise auf Straßen, Flüsse und landschaftliche Beschaffenheit erlauben (Reder, 2012).

Die bis heute wohl berühmteste kartografische Abbildung von Bochum ist die 1790 erstellte Stadtkarte des Arztes und Heimatforschers Carl Arnold Kortum. Der Autor der ersten Stadtgeschichte Bochums hatte – auf einer älteren Vorlage basierend – einen Grundriss der Stadt Bochum angefertigt, der durch Straßen und Gebäudezeichnungen illustriert wurde, aber keine geometrische Exaktheit abbildete (Wagner, 1990). Dieser mittlerweile mehrfach reproduzierten Karte kommt vor allem als historisches Zeugnis in ästhetischer Hinsicht Bedeutung zu, auf die politische Entwicklung der Stadt übte sie hingegen kaum Wirkung aus, da sie im 19. Jahrhundert erstmals und 1947 erneut verlorenging. Die im Mittelpunkt des vorliegenden Beitrags stehende, Ende 1920 angefertigte und kurz darauf handschriftlich noch ergänzte Karte ist hingegen für die Stadtgeschichte von besonderer Bedeutung. Sie dokumentiert die Entwicklung des mittleren Ruhrgebiets mit dem Zentrum Bochum von einer kleinstädtischen Kreisstadt zu einem bevölkerungsreichen Großstadtareal. Zählte man im Jahre 1816 bei der Bildung des Kreises Bochum noch rund 35 000 Einwohner, so lebten im Jahre 1875 schon über 200 000 Menschen im Gebiet des Kreises und am 1. September 1921 sogar 852 379 Menschen. Mit diesem Bevölkerungswachstum gingen zahlreiche administrative Veränderungen einher.

Bis in die frühe Neuzeit hinein war Bochum eine kleine Ackerbürgerstadt. Mit gerade einmal 1 474 Einwohnern auf einer Fläche von etwa 500 Metern Durchmesser galt die Stadt Bochum noch 1790 als Provinznest. Wer zu dieser Zeit die Stadt besuchte, traf auf keine pulsierende Gewerbewirtschaft mit schwunghaftem Handel und Handwerk, sondern auf das Idyll eines kleinen Landstädtchens inmitten einer fruchtbaren Ackerlandschaft. Das Stadtbild wurde weniger durch repräsentative Bürgerhäuser und Verwaltungsgebäude als vielmehr durch enge, verwinkelte Straßen und Fachwerkhäuser geprägt. Carl Arnold Kortum zufolge zählte die Stadt im Jahre 1792 gerade einmal 402 Häuser, von denen nur 355 bewohnt waren.

42 | KARTE „ÜBER DIE TEILUNGEN DES KREISES BOCHUM"

Stadtarchiv Bochum – Kartensammlung, SLG 01/139

H 40 cm, B 34 cm; Papier aufgezogen auf Leinen

42 | KARTE „ÜBER DIE TEILUNGEN DES KREISES BOCHUM"

In der Folge führten mehrere Verwaltungsreformen zu einem Bedeutungszuwachs Bochums (Mittag, 2005). Durch die neue Kreiseinteilung der Grafschaft Mark war Bochum im Jahre 1753 bereits zum Sitz von einem der sechs Landgerichte geworden und hatte damit erweiterte Verwaltungs- und Gerichtsfunktionen erhalten. Diese Stellung konnte in der Zeit der französischen Vorherrschaft zwischen 1794 und 1813 weiter ausgebaut werden. Im Großherzogtum Berg wurden mit der Munizipalverfassung und dem Code Civil Rechtssysteme eingeführt, die den Weg zum modernen Verfassungsstaat ebneten und ein grundsätzlich neues Bewusstsein für die Bedeutung von Städten als Verwaltungseinheiten des Staates schufen (Reulecke, 1985; Krabbe, 1989). Mit ihrer Entscheidung, Bochum zur „Kantonsstadt" aufzuwerten, stärkten die Franzosen die Stellung der Stadt erheblich.

Seitens der preußischen Regierung wurden im Jahr 1816, im Zuge der Unterteilung der Provinz Westfalen in die Regierungsbezirke Münster, Arnsberg und Minden, neue Kreise gebildet. Diese Kreise markierten die wichtigste kommunale Verwaltungseinheit, deren Kompetenzen noch gestärkt wurden, als sie mit der preußischen Kreisordnung von 1872 zu Selbstverwaltungskörperschaften aufgewertet wurden. Die Kreise verfügten über eine variierende Zahl von Bürgermeistereien beziehungsweise Ämtern und sollten, so die ursprüngliche Zielsetzung, jeweils 20 000 bis 40 000 Einwohner umfassen und erlauben, den Sitz jeder Kreisbehörde innerhalb eines Tages zu erreichen. Indem Preußen die Stadt Bochum zum Verwaltungs- und Gerichtsmittelpunkt eines im Regierungsbezirk Arnsberg neu gebildeten Kreises Bochum machte, folgte sie der französischen Verwaltungspolitik. Aus der Ackerbürgerstadt der frühen Neuzeit war damit endgültig eine preußische Verwaltungsstadt geworden.

Unsere Karte von Ende 1920 dokumentiert mit der grünen Umrandungslinie die Grenzen des neu eingerichteten Kreises Bochum. Diesem gehörten bei seiner Gründung das Gebiet der heutigen kreisfreien Städte Bochum und Herne, die im Ennepe-Ruhr-Kreis liegenden Kommunen Hattingen und Witten sowie der südliche Teil Gelsenkirchens an. Sieht man von Gelsenkirchen ab, ist der alte Kreis Bochum weitgehend deckungsgleich mit dem Areal, das heute als „Region Mittleres Ruhrgebiet" bezeichnet wird. In seiner Nord-Süd-Ausdehnung reichte der Kreis von der Emscher bis zum bergischen Langenberg, in der Ost-West-Richtung grenzte er an die Landkreise Essen und Dortmund. Mit 332 Quadratkilometern war er seinerzeit der kleinste aller Landkreise im Regierungsbezirk Arnsberg, weswegen seine Existenz zunächst in Frage gestellt und zeitweise eine Aufteilung auf die Landkreise Dortmund und Hagen erwogen wurde. Angesichts einer Bevölkerungszahl von rund 36 000 Einwohnern wurden diese Überlegungen jedoch verworfen.

In den kommenden Jahren sollte der neu geschaffene Kreis Bochum zahlreiche Veränderungen erfahren, die auf unserer Karte farblich markiert sind. Zum Schrittmacher einer äußerst dynamischen Entwicklung avancierte dabei die Montanindustrie (Köllmann/Korte/Petzina/Weber, 1990; Kaufhold/Reininghaus, 2004). Zur Mitte des 19. Jahrhunderts wurden in und um Bochum zahlreiche Tiefenbohrungen unternommen und immer mehr

42 | KARTE „ÜBER DIE TEILUNGEN DES KREISES BOCHUM"

Zechen abgeteuft. In der Zeche Präsident – nahe der nördlichen Bochumer Stadtgrenze bei Hamme – wurde 1841 erstmals auf dem Areal des Bochumer Kreises die Mergeldecke durchstoßen und damit auch hier ein wichtiger Durchbruch bei der Kohleförderung erreicht. 1842 entstand unter der Leitung Jacob Mayers eine Stahlformgussfabrik, die in der Folge als Bochumer Verein zu einem der führenden Unternehmen im Ruhrgebiet wurde. Im Zuge einer dynamischen Industrialisierung nahm in der zweiten Hälfte des 19. Jahrhunderts die Zahl der Beschäftigten im Bergbau und in der verarbeitenden Industrie rasant zu. Der Bedarf an Arbeitskräften konnte schon bald nicht mehr aus dem unmittelbaren Umfeld gedeckt werden, so dass es zu verstärkten Anwerbungsaktivitäten kam, zunächst im regionalen Umland in Westfalen, später dann in den Niederlanden und den deutschen Provinzen östlich der Elbe, vor allem in Masuren, Posen und Schlesien. Da für die Arbeitsimmigranten Unterkünfte benötigt wurden, setzte ein starker Wohnungsbau ein. Dieser folgte vor allem den Anforderungen der Bergwerke beziehungsweise der Industrie: in räumlicher Nähe zu den Zechen und Stahlindustriebetrieben ohne systematische stadtplanerische Koordination und immer stärker außerhalb der alten Stadtumgrenzung Bochums.

Diese Entwicklungen zeigten auch ihre Auswirkungen auf den Kreis Bochum, der 50 Jahre nach seiner Gründung mit über 200 000 Einwohnern zu einem der bevölkerungsreichsten Kreise in ganz Preußen angewachsen war, so dass eine grundlegende Gebietsreform zur dringenden Notwendigkeit wurde (Croon, 1965). Zunächst kam es indes zu Binnendifferenzierungsprozessen innerhalb des Kreises Bochum. Um die administrativen Anforderungen einer immer größeren Bevölkerungszahl zu bewältigen, wurden neue Ämter gegründet, die Kreisgrenzen aber zunächst beibehalten. Zur Mitte der 1870er Jahre reichten diese Maßnahmen aber nicht mehr aus. Die weiterhin dynamisch wachsenden Stadtkerne verfolgten das Ziel, eigene Stadtkreise zu bilden beziehungsweise aus dem Kreis auszuscheiden. Nicht nur in Bochum wurde dies mit der schwachen Vertretung im Kreistag begründet. Von den 40 Mitgliedern des Bochumer Landkreises repräsentierten nur drei Vertreter kreisangehörige Städte, während die Rittergutsbesitzer 30 und die Landgemeinden sieben Vertreter stellten.

In der nun einsetzenden Gebietsreform machte das Zentrum den Anfang (Lassek, 1951): Die Stadt Bochum schied zum 1. Oktober 1876 aus dem Kreis Bochum aus. Fortan bildete die Stadt Bochum – beziehungsweise der engere Kern des in der Karte orange markierten Areals – einen eigenen Stadtkreis, womit der erste Schritt zur Großstadtwerdung eingeleitet war. Angesichts anhaltender Wachstumsprozesse plädierten die Kommunen und Ämter im Kreis für weitere Reformen. Zum 1. Juli 1885 schieden die im Nordwesten gelegenen Ämter aus dem Landkreis aus und formierten mit circa 95 000 Einwohnern den neuen Kreis Gelsenkirchen, der aber in dieser Form nur für eine Dekade Bestand hatte. Bereits 1896 schied die Stadt Gelsenkirchen aus dem Kreisgebiet aus und erhielt einen eigenen Stadtkreis, zu dem zunächst nur ein Teil des auf der Karte rot markierten Areals zählte. Der Landkreis Gelsenkirchen, dem seinerzeit auch Wattenscheid und Wanne sowie Eickel angehörten, hatte weiterhin Bestand. Diese administrativen Reformen in den nördlichen Teilen des Kreises waren die Folge eines hier besonders dynamisch erfolgenden Wachstumsprozesses. Aber auch im Süden des Bochumer Landkreises drängten sich Veränderungen auf. Im Jahr 1885 war hier bereits der neue Kreis Hattingen mit etwa 55 000 Einwohnern gebildet worden: Mit diesem Schritt war der alte Landkreis territorial um fast seine gesamte südliche Hälfte beschnitten worden.

Da der Ausbau von Bergbau und Industrie in dieser Zeitphase weiterhin rasant verlief, waren eben erst eingeleitete Verwaltungsreformen schon kurz darauf wieder Makulatur. So wurde im Jahr 1899 aus Teilen des alten Bochumer Landkreises und des neuen Hattinger Landkreises der Stadtkreis Witten gebildet, der auf der Karte blau hervorgehoben ist. Zum Ende des Jahrhunderts bestand der Bochumer Landkreis somit nur noch aus circa einem Viertel seines alten Territoriums, vorwiegend aus seinen im Norden und Osten gelegenen Arealen. Parallel dazu waren zahlreiche neue Ämter eingerichtet worden. Immer häufiger kam es zur Bildung von selbstständigen, nur aus einer Gemeinde bestehenden Ämtern, da es im mittleren und nördlichen Teil des ursprünglichen Bochumer Kreises kaum noch ländliche Gemeinden gab.

Die Formierung weiterer Stadtkreise wurde von Preußen aus politischen Gründen jedoch verzögert (Hoebink, 1990). Während an der Spitze der Landgemeinden ein durch den Oberpräsidenten der Provinz ernannter Amtmann stand, wurden die Stadtvertretungen gewählt, was mit Blick auf zunehmende Stimmgewinne von Sozialdemokraten und Zentrumsabgeordneten nicht im Interesse der preußischen Regierung lag. Stattdessen begann nun eine Phase verstärkter Eingemeindungsprozesse (Matzerath, 1978; Krabbe, 1980): Für Bochum markiert dabei das Jahr 1904 die entscheidende Zäsur und die wichtigste Etappe auf dem Weg zur Großstadtwerdung. Das alte Bochumer Stadtgebiet, das 1876 selbständig geworden war, besaß ursprünglich nur einen Umfang von 6,22 Quadratkilometern Fläche. Für die ständig wachsende Bevölkerung benötigte die aus allen Nähten platzende Stadt dringend neue Bauflächen. Im Sinne einer kommunalen Raumplanung entwickelte die Stadt Pläne, Freiflächen für neue Siedlungs- und Erholungszwecke auszuweisen, aber auch Industrieneuansiedlungen neuen Raum zu bieten. Da die beiden an die Stadt grenzenden Gemeinden Wiemelhausen im Süden und Grumme im Norden vergleichsweise dünn bebaut waren, stand hier eine Gebietsreform schon seit längerem zur Diskussion. Dies umso mehr, weil beide Gemeinden mit dem Bochumer Stadtgebiet weitgehend verwachsen waren, ohne dass die Stadt unmittelbaren Zugriff auf diese hatte. Die Stadt Bochum verfügte zwar über ein zunehmend besseres Infrastrukturangebot, die außerhalb des Stadtgebiets gelegenen Gemeinden beteiligten sich an diesem finanziell jedoch nicht (Zeppenfeld, 1999).

Als in Bochum in Vertragsverhandlungen über die konkreten Übernahmebedingungen eingetreten wurde, stellten die zumeist mittelständischen Honoratioren der aufzunehmenden Gemeinden erhebliche materielle Ansprüche und forderten Bestandsgarantien. Erst nach langwierigen Verhandlungen und erheblichen Zugeständnissen gelang eine Verständigung. Mit der Zustimmung der preußischen Abgeordneten und der Unterschrift des Königs wurde die Eingemeindung zum 1. April 1904 rechtskräftig. Die Stadt Bochum hatte ihre

42 | KARTE „ÜBER DIE TEILUNGEN DES KREISES BOCHUM"

bisherige Bevölkerungsgröße von 65 500 Einwohnern um weitere 39 564 Bürger erweitert und durfte sich nunmehr als Großstadt bezeichnen. Leidtragender dieser Eingemeindung war der Landkreis Bochum, der nur noch über eine Fläche von 87 Quadratkilometern und kein zusammenhängendes Territorium mehr verfügte. Unsere Karte zeigt, dass Weitmar und Hordel nunmehr vom Areal des Landkreises abgetrennt wurden. Noch weiter verstärkt wurde die Fragmentierung, als im Juli 1906 auch der Stadtkreis Herne aus dem Landkreis Bochum herausgelöst wurde.

Zu weiteren grundlegenden Gebietsreformen kam es erst nach dem Ende des Ersten Weltkriegs. Nunmehr setzten aber an vielen Orten des Ruhrgebiets systematische Planungen ein. So wurde unter anderem unter Leitung des Bochumer Stadtbaurats Johannes Diefenbach im Oktober 1919 eine Denkschrift verfasst, die das Bild einer künftigen Stadt Bochum skizzierte. Sie sollte die weiteren 20 Gemeinden aus den Landkreisen Bochum, Gelsenkirchen und Hattingen umfassen, unter ihnen auch der heutige Stadtteil Weitmar, nicht jedoch Langendreer und Werne. In der Folge wurden zahlreiche weitere Denkschriften verfasst und Karten erstellt, in denen die künftige Stadtentwicklung veranschaulicht und die Eingemeindungspolitik begründet wurde.

In diesem zeitlichen Kontext ist auch die hier beschriebene Karte zu verorten, die durch die handschriftlichen Ergänzungen zum Stichtag 1. September 1921 den gegenüber 1920 neuerlichen Bevölkerungszuwachs noch herausstrich. Während im Landkreis Hattingen kaum Veränderungen zu verzeichnen waren, hatte sich die Bevölkerungszahl des Stadtkreises Bochum auf über 159 000 Einwohner erhöht. Angesichts des vereinten Drucks von Städten und Wirtschaftsunternehmen, die eine effizientere und kohärentere Planung durch den Kontakt zu lediglich einer Verwaltungsbehörde erreichen wollten (Bleidick, 2004; Rudzinski, 2012), beschloss der preußische Landtag weitere Eingemeindungen – bisweilen auch gegen den Willen einzelner Gemeinden, so etwa 1926 im Fall von Weitmar. Zu den weiteren Gemeinden, die 1926 nach Bochum eingemeindet wurden, gehörten Bergen und Teile von Altenbochum, Hordel, Laer und Riemke aus dem Bochumer Landkreis sowie Teile von Eickel, Eppendorf, Höntrop und Westenfeld aus dem 1885 formierten Gelsenkirchener Kreis. Mit der Eingemeindungswelle von 1926 war das Gebiet der Großstadt Bochum um 21,83 Quadratkilometer vergrößert worden und die Bevölkerungszahl auf 213 462 Einwohner angestiegen.

Von den Reformen waren aber noch weitere Teile des Landkreises betroffen: Im Norden wurde am 1. April 1926 der Stadtbezirk Wattenscheid aus dem Kreis Gelsenkirchen gelöst und um umliegende Gemeinden ergänzt. Wattenscheid hatte zuvor etwa 30 000 Einwohner gezählt, bildete aber durch die Einbeziehung der umliegenden Gemeinden nunmehr einen eigenen Stadtbezirk mit 63 000 Bewohnern. Zum selben Stichtag wurden Teile der Gemeinden Eickel und Wanne nach Herne eingemeindet, während Wanne-Eickel ebenfalls einen eigenen Stadtkreis bildete, der für die Stadt letztlich die Grundlage auf dem Weg zur lange Zeit selbstständigen Mittelstadt mit Großstadtstatus markierte.

Der alte Bochumer Landkreis stellt zu diesem Zeitpunkt nur noch einen Torso dar, bestehend im Nordwesten aus Harpen, Hiltrop und Gerthe sowie im Osten aus den Ämtern Langendreer und Werne. Seitens der preußischen Staatsregierung wurde in dieser Situation der Vorschlag unterbreitet, den Bochumer Restlandkreis mit dem Hattinger Landkreis zu vereinigen, da letzterer ökonomisch als nicht tragfähig galt. Dieser Vorschlag konnte angesichts des vehementen Widerspruchs aus den umliegenden Städten aber nicht durchgesetzt werden. Nicht nur in Bochum, sondern im gesamten Ruhrgebiet grassierte ein regelrechtes Eingemeindungsfieber.

Die im Landkreis verbliebenen Gemeinden waren darüber nicht erfreut. Vor allem unter den Bürgern von Langendreer stellte man sich strikt gegen eine Eingemeindung nach Bochum. Obwohl der Provinzialausschuss in Arnsberg für eine Mittelstadt zwischen Dortmund und Bochum plädierte, entschied sich die preußische Staatsregierung dagegen, da man dieser Mittelstadt nur begrenzte Entwicklungsperspektiven beimaß (Reekers, 1977, S. 82). Als am 10. Juli 1929 das Gesetz zur kommunalen Neuordnung des rheinisch-westfälischen Industriegebiets verabschiedet wurde, zeigte sich die Bochumer Politik zufrieden: Nicht nur Langendreer und Werne, sondern auch die Ämter und Gemeinden Gerthe, Linden-Dahlhausen sowie Laer, Querenburg, Brenschede, Sundern und Stiepel wurden in das Bochumer Stadtgebiet einbezogen. Der alte Bochumer Landkreis wurde hingegen ebenso wie der Hattinger Kreis und zuvor bereits der Gelsenkirchener Kreis aufgelöst, womit das mittlere Ruhrgebiet endgültig zu einer fast reinen Stadtregion geworden war. Lediglich im Süden wurde mit dem Ennepe-Ruhr-Kreis ein neuer Kreis mit fünf amtsfreien Städten und 31 Gemeinden gebildet.

Die Stadt Bochum hatte bei der Neugliederung jedoch nicht alle Ziele erreicht, sondern nur einen Teilerfolg erzielen können, da es der Stadt im Süden nicht gelungen war, die Gemeinden Winz und Baak einzugemeinden, sondern diese der Stadt Hattingen zugeschlagen wurden. Und auch die auf Hattinger Boden liegende Burg Blankenstein, die bei der Stadtwerdung Bochums eine wichtige Rolle spielte, kam zu Hattingen. Im Norden Bochums blieben hingegen Herne und Wanne-Eickel selbstständig; im Osten erzielte Witten mit dem Zugewinn von Teilen Langendreers und weiterer Gemeinden sogar erhebliche Terraingewinne und im Westen behauptete sich Wattenscheid sowohl gegen Gelsenkirchener als auch gegen Bochumer Begehrlichkeiten und bildete fortan eine eigene Mittelstadt, die bis 1975 Bestand hatte.

Durch die hier beschriebenen Gebietsreformen hat das mittlere Ruhrgebiet weitgehend seinen heutigen Zuschnitt erhalten. Die Industrialisierung prägte die Landschaft in sozialer, wirtschaftlicher und kultureller Hinsicht (Crew, 1980; Vonde, 1989); zur Großstadtwerdung hat jedoch vor allem die Eingemeindungspolitik geführt. Im Wettbewerb der Verwaltungseinheiten setzten sich dabei durchweg die großen Städte der Hellweglinie gegen die Landkreise durch. Während aber Essen und Dortmund es vermochten, das Gebiet ihrer ehemaligen Landkreise nahezu vollständig zu arrondieren, gelang dies Bochum nicht im gleichen Ausmaß. Vielmehr formierten sich auf dem Areal des alten Bochumer Landkreises mit Gelsenkirchen, Herne sowie Witten und Hattingen mehrere Mittel- und Großstädte. Landkarten und Bevölkerungsüberblicke spielten in diesem Prozess eine zentrale Rolle. Mal dienten sie lediglich der Veranschaulichung der territorialen Rahmenbedingungen, mal fungierten sie aber auch als argumentative „Waffe", die genutzt wurde, um Politik, Industrie und Öffentlichkeit von der eigenen Position zu überzeugen.

Dass Bochum trotz vielfältiger Anstrengungen nicht vermochte, den ganzen Landkreis einzugemeinden, ist vor allem auf die infrastrukturellen Defizite der Stadt zurückzuführen (Brinkmann, 1968; Peine, 1971; Bader, 1988). Die Stadt Bochum rangierte bereits zu Beginn der Großstadtwerdungsprozesse auf einem niedrigeren urbanen Niveau als Essen oder Dortmund und besaß eine geringere Strahlkraft in die Region.

Trotz verstärkter städtebaulicher Aktivitäten blieb Bochum bis weit in die 1920er Jahre in erster Linie Industriestadt. Infolgedessen gelang es Bochum auch nicht, die in der Emscherzone neu entstandenen Städte an sich zu binden. Dennoch ist der alte Kreis Bochum mehr als eine historische Fußnote: Die in der Karte markierten alten Grenzen des Kreises Bochum üben bis heute ihre Wirkung aus: Vom öffentlichen Nahverkehr (BOGESTRA) über Kirchenstrukturen (EKvW) und Verbandsstrukturen (IHK) bis hin zu Bundestagswahlkreisen (Herne-Bochum II) finden sich zahlreiche Beispiele überkommunaler Verbindung, die an den Kreis Bochum erinnern.

JÜRGEN MITTAG

43 STENOGRAFISCHER BERICHT ÜBER DIE ÖFFENTLICHE BERGARBEITER-VERSAMMLUNG

Alter Verband

Am 24. April 1889 legte die Belegschaft der Zeche Präsident in Bochum die Arbeit nieder. Bergleute im benachbarten Essen schlossen sich am 1. Mai an. In der Folgezeit beteiligten sich neun von zehn Bergmännern im Ruhrgebiet an dem bis dahin größten Streik im deutschen Steinkohlebergbau. Es ging um mehr Lohn (15 Prozent), den Achtstundentag, bessere Wetterführung und insgesamt bessere Arbeitsbedingungen. Die älteren Bergleute erinnerten sich zu dieser Zeit noch an das staatliche Direktionsprinzip, das im preußischen Bergbau bis 1865 Geltung hatte. Unter diesem waren die Rechte der ständisch korporierten Bergleute klar festgelegt und staatlich geschützt. Anders als etwa in Großbritannien waren die Bergleute ein angesehener, staatlich protektionierter Stand. Nach 1865 regierte der Markt den Lebensalltag der Bergleute und nach 20 Jahren befanden viele von ihnen, dass die Marktgesellschaft ihnen wenig Vorteile und viele Nachteile beschert hatte, während die Gewinne der Unternehmer ins Unermessliche gewachsen waren.

Der Streik von 1889 war nicht der erste Versuch von Bergleuten, gegen die Regeln des Marktes zusammenzustehen und gemeinsam bessere Arbeits- und Lohnbedingungen zu erkämpfen. Bereits drei Jahre nach Abschaffung des Direktionsprinzips wurde im Umfeld des sozialdemokratischen Allgemeinen Deutschen Arbeitervereins (ADAV) eine Allgemeine Genossenschaft der Berg-, Hütten- und Salinenarbeiter gegründet, der es allerdings nicht gelang, die Bergleute dauerhaft zu organisieren. Nicht nur Sozialdemokraten bemühten sich um den Aufbau von Gewerkschaften. 1869 waren es liberale Kräfte im Umfeld der Hirsch-Dunckerschen Gewerkvereine, die einen Gewerkverein der deutschen Bergarbeiter in Niederschlesien (Waldenburg) gründeten. In der ersten industriellen Nation der westlichen Welt, in Großbritannien, waren die bereits am Ende des 18. Jahrhunderts entstehenden Gewerkschaften in der zweiten Hälfte des 19. Jahrhunderts eine enge Verbindung mit der mächtigen Liberalen Partei eingegangen, die ihnen politischen Einfluss garantierte und ihre gesellschaftliche Stellung stärkte. Davon konnten die deutschen Bergleute und Gewerkschafter Ende des 19. Jahrhunderts nur träumen.

Im 1871 gegründeten deutschen Nationalstaat, dem Deutschen Kaiserreich, gab es, anders als in Großbritannien, keine parlamentarische Monarchie, in der Regierungen parlamentarischer Mehrheiten bedurften und die Monarchie eine weit zurückgenommene Stellung im politischen System einnahm. Im Deutschen Kaiserreich war die monarchische Spitze ungleich bedeutsamer und machte zudem aus ihrer Ablehnung des Parlamentarismus, Pluralismus und der politischen Parteien kaum einen Hehl. Ein strikter Antisozialismus, der auch gesellschaftlich sowohl im Liberalismus als auch im Katholizismus tief verankert war, isolierte die sozialdemokratische Arbeiterbewegung, diffamierte sie als „vaterlandslose Gesellen", und verfolgte sie in der Zeit der Sozialistengesetze zwischen 1878 und 1890. Das Gros der deutschen Unternehmer stand Gewerkschaften skeptisch bis ablehnend gegen-

43 | STENOGRAFISCHER BERICHT ÜBER DIE ÖFFENTLICHE BERGARBEITER-VERSAMMLUNG

Stadtarchiv Bochum – Aktenbestand Landratsamt Bochum, LA 1277

H 28 cm, B ca. 20,8 cm; Papier

Stenographischer Bericht

über die

am Freitag, den 20. Januar 1905 auf dem Schützenhofe zu Bochum

abgehaltene

öffentliche Bergarbeiter-Versammlung.

Der frühere Kaiserdelegierte Ludwig Schröder eröffnete die von etwa 5000 Personen besuchte Versammlung pünktlich um 10 Uhr vormittags und führte einleitend aus:

Kameraden! Es ist mir nicht so leicht geworden, diesen großen, schönen Saal für heute zu gewinnen; aber die hiesige Polizeibehörde ist uns in jeder Weise entgegengekommen, um alle Schwierigkeiten hinwegzuräumen. (Beifall.) Wo solche große Massen versammelt sind, liegt die Gefahr vor, daß die Ruhe und Ordnung gestört wird; ich habe aber das feste Zutrauen zu Euch, daß Ihr der Versammlung alle Ehre macht und unsere Hoffnungen nicht durchkreuzt. Wenn ein Redner nicht so aus Eurem Herzen spricht, wie Ihr es verlangt, so übet Nachsicht. Ihr habt das Recht der Kritik; aber berücksichtigt andererseits, daß die Presse aller Schattierungen, selbst vom Auslande, genügend vertreten ist und alles, was Ihr sprecht, notiert wird und in die weite Welt geht, um Millionen von Menschen Kenntnis davon zu geben, daß wir wenigstens den Ernst unserer Sachlage begriffen haben. In diesem Saale wurden schon 1889 und 1893 die wichtigsten Beschlüsse für die Bergleute gefaßt und es hat sich auch in der damaligen kritischen Zeit alles in vollständiger Ruhe vollzogen.

Auf Anfrage Schröder's erklärt sich die Versammlung damit einverstanden, daß die heute hier vertretenen 4 Bergarbeiterverbände die Leitung der Versammlung übernehmen.

Als erster Redner erhält der Vertreter des Gewerk-Vereins christlicher Bergarbeiter, Carl Kühme, Bochum, das Wort:

Glück auf, Kameraden! Es wird Ihnen wohl allen bekannt sein, daß uns der Kampf wirklich aufgedrungen worden ist. Es ist uns von Ihrer Seite in den ersten 8 Tagen stets der Vorwurf gemacht worden: „Ihr seid Bremser, Ihr wollt keinen Streik!" Ja, Kameraden, das geben wir vollständig zu, wir haben bis zum letzten Augenblick Vermittelungswege gesucht, sie waren aber nicht mehr zu finden. Darum sage ich: „Der Streik ist Ihnen aufgedrungen worden und Sie stehen heute im Kampfe!" Nun ist Ihnen bekannt, daß wir Forderungen aufgestellt und daß wir mit der Regierung verhandelt haben; bis heute sind diese Verhandlungen gescheitert. Ich will zunächst den 1. Punkt: Die 8stündige Schicht, erörtern. Wir haben ein gewisses Recht zu dieser Forderung im Interesse des Schutzes des Lebens und der Gesundheit der Bergarbeiter. Wir wollen eine gesunde Arbeiterschaft im deutschen Reiche haben, damit der Deutsche auf dem Weltmarkt konkurrieren kann. Es ist uns nun der Vorwurf gemacht worden, daß unsere Bewegung durch diese Forderung leiden würde, das ist aber nicht wahr, denn in Schlesien bestand früher eine 12stündige Schicht, diese ist auf 10 Stunden herabgesetzt worden, und heute verlangt man schon 8stündige Arbeitszeit. Es wurde gesagt, in 8 Stunden würde nicht genügend Arbeit geleistet, die Förderung leide darunter, dann möge man es einrichten, daß Wagen genug vorhanden sind. Den alten Bergleuten wird es bekannt sein, daß vor 30 Jahren nur in einer Tiefe von 150 Meter gearbeitet wurde, wir arbeiten aber heute durchschnittlich in einer Tiefe von 400 Meter. Wir haben bei 400—500 Meter Tiefe durchschnittlich 25° Celsius in der Grube, es kommt hinzu, daß man wo früher die Halden hingesetzt hat, dies jetzt in der Grube verpackt wird, wodurch der Dunst in der Grube bleibt, der früher in die Luft gegangen ist. Dadurch kommt die große Hitze in der Grube und die Hitze wird immer größer, denn es sind Zechen mit 32—38° Celsius. Wir verlangen deshalb eine 8stündige Schicht incl. Ein- und Ausfahrt.

über. Gerade die Unternehmer der rheinisch-westfälischen Schwerindustrie wurden im Kaiserreich für ihren „Herr im Haus"-Standpunkt bekannt, der davon ausging, dass im Unternehmen allein die Entscheidungsgewalt des Unternehmers zählte. Gewerkschaften wurden nicht als legitime Interessenvertretung der Arbeiter anerkannt.

Auch im großen Bergarbeiterstreik 1889 behauptete sich diese Unternehmerperspektive. Interessanterweise hatte das starke kommunikative Gedächtnis unter den Bergleuten an die Zeit vor Beendigung des Direktionsprinzips zur Folge, dass man sich von ihrer Seite im Streik an die Obrigkeit wandte, mit der man eine positive Haltung gegenüber den Bergleuten vor 1865 verband. So kam es zu einer Kaiserdelegation von Bergmännern, die auch tatsächlich am 14. Mai 1889 von ihrem „obersten Bergherren" empfangen wurden. In der Folgezeit wurden in der Vereinbarung von Berlin einige der Forderungen der Bergleute aufgegriffen. Die im Verein für die bergbaulichen Interessen organisierten Unternehmer des Ruhrgebiets signalisierten ursprünglich ihre Bereitschaft, diesem Kompromiss zuzustimmen, verstießen aber bald schon wieder gegen deren Bestimmungen. Der Missmut unter den Bergleuten wurde zusätzlich dadurch angeheizt, dass zahlreiche Unternehmer schwarze Listen führten, auf denen die Wortführer des Streiks auftauchten.

Bereits im Mai 1889 wurde der Streik erneut aufgegriffen, musste allerdings nach einigen Wochen ergebnislos abgebrochen werden. Allerdings kam es wenige Monate später, am 18. August 1889 in Dorstfeld zur Gründungsversammlung des Verbandes zur Wahrung und Förderung der bergmännischen Interessen in Rheinland und Westfalen, bald besser bekannt unter dem Namen Alter Verband. Wie stark die Erinnerung an den verlorenen Arbeitskampf bei dieser Gründung war, zeigt auch, dass die Versammlung den „Kaiserdelegierten" und aktiven Sozialdemokraten Friedrich Bunte zu ihrem Vorsitzenden wählte. Bemerkenswert war außerdem, dass die Gründung sowohl durch sozialdemokratische als auch katholische Gewerkschafter erfolgte. Denn kennzeichnend bereits für die frühe Gewerkschaftsbewegung in Deutschland war ihre ideologische Spaltung: neben den sozialdemokratischen gab es liberale und katholische Verbände; im Ruhrgebiet folgte 1902 ein eigener Verband für die polnischsprachigen Bergarbeiter. Die Versäulung in unterschiedliche politische Milieus war im Kaiserreich zu stark für den dauerhaften Bestand einer einheitlichen Bergarbeitergewerkschaft. Zwar waren sowohl das katholische als auch das sozialdemokratische Milieu staatlicher Verfolgung ausgesetzt gewesen – der Katholizismus während des sogenannten Kulturkampfes in den 1860er Jahren, die Sozialdemokratie während der Sozialistengesetze –, aber die gemeinsame Erfahrung der Diskriminierung brachte beide nicht dauerhaft zusammen. Zu stark waren der Antisozialismus der katholischen Kirche und die Skepsis gegenüber Kirche und Religion auf Seiten der Sozialdemokratie. Ein Jahr nach Gründung des Alten Verbandes spaltete sich die Gewerkschaft und die katholischen Gewerkschafter verließen den Alten Verband. Seit 1894 gab es dann den Gewerkverein christlicher Bergarbeiter für den Oberbergamtsbezirk Dortmund, der, formell überkonfessionell, vor allem katholische Bergleute organisierte. Den Vorsitz übernahm August Brust, der später auch den Gesamtverband christlicher Gewerkschaften leiten sollte.

Im Gegensatz zu vielen seiner politischen Freunde in der katholischen Zentrumspartei und den christlichen Gewerkschaften, blieb Brust allerdings offen für eine punktuelle Zusammenarbeit mit sozialdemokratischen Gewerkschaften. Im Streik aus dem Jahre 1905, aus dessen Kontext der gezeigte stenografische Bericht stammt, kam es zu einer Zusammenarbeit von allen vier Gewerkschaften im Ruhrgebiet, so dass zeitweilig circa 80 Prozent der Bergarbeiter im Ausstand waren. Die Mobilisierungskraft der Gewerkschaften lag damit weit über ihrem Mitgliederanteil. Im gesamten Kaiserreich waren vor Ausbruch des Ersten Weltkrieges über 70 Prozent der Bergarbeiter nicht gewerkschaftlich organisiert. Der Alte Verband als größte Bergarbeitergewerkschaft im Kaiserreich organisierte mit circa 115 000 Mitgliedern gerade mal knapp 13 Prozent der Bergarbeiter. Die christlichen Gewerkschaften kamen auf circa 80 000 und die polnischen auf circa 50 000 Mitglieder. Die aktiven Kerne gewerkschaftlicher Arbeit konnten allerdings in Krisensituationen, wie Streiks, eine erheblich größere Anzahl von Bergleuten mobilisieren. 1905 blieben die Arbeitgeber zwar wiederum hart und der Streik ging verloren. Im Nachgang des Streiks erreichten die Bergleute aber immerhin die Verabschiedung einer neuen Berggesetznovelle, die unter anderem die Einführung von Arbeiterausschüssen als dauerhafte Vertretung der Arbeiter gegenüber den Unternehmern vorsah. Man kann in ihnen durchaus eine Keimzelle der in der Weimarer Republik eingeführten Betriebsräte sehen.

Doch die Zusammenarbeit der Richtungsgewerkschaften blieb im Kaiserreich weitgehend Episode. So scheiterte ein weiterer großer Streik der Bergarbeiter im Jahre 1912, weil die christlichen Gewerkschaften sich verweigerten. Insgesamt blieb den Gewerkschaften im Kaiserreich eine Anerkennung als Tarifpartner weitgehend verwehrt. In enger Absprache mit dem Staat gelang es den Unternehmern, die Gewerkschaften zu ignorieren und bei Konflikten hart zu bekämpfen. Viele Unternehmer führten schwarze Listen, auf denen sich Gewerkschafter wiederfanden, denen auch bevorzugt gekündigt wurde. Ein ausgesprochener Sozialpaternalismus gerade der Ruhrgebietsunternehmer gegenüber ihren Stammbelegschaften verband sich mit einer rigiden Bekämpfung gewerkschaftlichen Engagements. Wiederum ist ein Vergleich mit Großbritannien aufschlussreich. Während es im Kaiserreich kein funktionierendes Tarifvertragswesen gab und nur sehr wenige Arbeiter nach Tarifvertrag bezahlt wurden, gab es in Großbritannien eine allgemeine Anerkennung von Gewerkschaften und regelmäßige Tarifvertragsverhandlungen, die für Millionen von Arbeitern relevant waren. Damit war Großbritannien allerdings vor dem Ersten Weltkrieg in Europa die absolute Ausnahme.

Dabei bemühten sich die deutschen Gewerkschaften, inklusive der sozialdemokratischen, bereits weit vor 1914 um eine konstruktive Zusammenarbeit mit Unternehmern und staatlichen Stellen. Gerade innerhalb der sozialdemokratischen Partei gehörten die Gewerkschafter ganz überwiegend zur reformistischen Fraktion, die revolutionären Vorstellungen skeptisch gegenüberstanden und sich für eine Politik der kleinen Schritte innerhalb des bestehenden kapitalistischen Wirtschaftssystems einsetzten. Einen politischen Generalstreik lehnten sie ebenso ab wie einen von Rosa Luxemburg befürworteten politischen Massenstreik zur Herbeiführung von revolutionären Situationen.

Letztendlich bot sich ihnen allerdings erst im Kontext des Ausbruchs des Ersten Weltkriegs die Chance, einen großen Schritt in Richtung einer positiveren Integration in die Gesellschaft des Kaiserreichs zu machen. Sie schlossen mit den Unternehmern und der kaiserlichen Regierung den sogenannten Burgfrieden, der die Gewerkschaften verpflichtete, für die Dauer des Krieges nicht zu streiken und zu helfen, die Arbeitsdisziplin in den Betrieben, besonders den kriegswichtigen, aufrechtzuerhalten. Damit machten sie sich zu Helfershelfern der kaiserlichen Kriegsmaschinerie, auch wenn viele Gewerkschafter ohne Frage aus genuinem Patriotismus und der subjektiven Überzeugung heraus handelten, dass das Deutsche Reich sich verteidigen müsse. Belohnt wurde diese wirtschaftsfriedliche Haltung der Gewerkschaften, inklusive des Alten Verbandes, mit dem Vaterländischen Hilfsdienstgesetz von 1916, das die freie Wahl des Arbeitsplatzes aufhob und alle Männer zwischen dem 17. und 60. Lebensjahr, die nicht zur Armee eigezogen worden waren, dazu verpflichtete, in kriegswichtigen Industrien zu arbeiten. Für die Gewerkschaften waren die nach Paragraph 11 des Gesetzes einzurichtenden Arbeiterausschüsse, die den „Herrn im Haus"-Standpunkt der deutschen Unternehmer von vor 1914 massiv in Frage stellten, ein weiterer wichtiger Schritt auf dem Weg zur Anerkennung der Gewerkschaften und Formen betrieblicher Mitbestimmung.

Doch angesichts einer sich durch die alliierte Seeblockade rapide verschlechternden Versorgungssituation der Heimatfront und zunehmender Kriegsmüdigkeit vieler Arbeiter gerieten die Gewerkschaften 1917 und 1918 zunehmend in die Situation, die Kontrolle über die Arbeiter in den Betrieben zu verlieren, zumal viele gestandene Gewerkschafter eingezogen worden waren und die nachrückenden Arbeiter und zunehmend auch Arbeiterinnen den Gewerkschaften eher fern standen. So kam es zu einer Radikalisierung der Arbeiterschaft, zu Hungerprotesten und wilden Streiks. Mit dem Zusammenbruch der deutschen Armee im November 1918 und dem Gesuch der Obersten Heeresleitung nach einem sofortigen Waffenstillstand gab es unter vielen Arbeitern in der Armee und den Betrieben das Gefühl, über eine Revolution mehr Demokratie und soziale Gerechtigkeit erreichen zu können. Im ganzen Reich, und besonders in den industriellen und urbanen Zentren, bildeten sich Arbeiter- und Soldatenräte. Sie betrachteten die Sozialdemokratie, die sich im Krieg in MSPD und USPD gespalten hatte, als ihre politische Führung. Und besonders der Führung der Mehrheitssozialdemokratie gelang es 1918/19, die revolutionäre Energie der Massen in die Gründung einer parlamentarischen Demokratie zu leiten, die auch den Gewerkschaften erstmals in Deutschland weitgehende Rechte zugestand.

Überhaupt gelang es den Gewerkschaften, zahlreiche ihrer zentralen Forderungen, wie den Achtstundentag, Lohnerhöhungen, besseren Arbeitsschutz und bessere Arbeitsbedingungen und nicht zuletzt die Anerkennung der Gewerkschaften durch die Arbeitgeber und ein

Tarifverhandlungswesen durchzusetzen. Sie betrachteten die entstehende Weimarer Republik als ihre Republik und schützten sie nachhaltig, nicht zuletzt im Kapp-Putsch 1920 durch einen erfolgreichen Generalstreik. Aber viele Unternehmer hatten in den revolutionären Wirren 1918/19 die Gewerkschaften nur widerwillig akzeptiert und sobald die akute Gefahr einer radikalen Abschaffung kapitalistischer Wirtschaftsverhältnisse gebannt schien, versuchten sie den Einfluss der Gewerkschaften zurückzuschrauben. Unter vielen Unternehmern blieb die Weimarer Republik als angeblicher (eher als tatsächlicher) Gewerkschaftsstaat verhasst und man sehnte sich nach obrigkeitsstaatlichen „Herr im Haus"-Positionen, wie man sie im Kaiserreich gehabt hatte.

Gerade im Ruhrbergbau strebten viele Bergarbeiter in der Revolution 1918/19 eine Überwindung privatkapitalistischer Verhältnisse an und setzten sich für die Sozialisierung des Bergbaus ein. Der Reichsrätekongress hatte im Dezember 1918 beschlossen, bestimmte Schlüsselindustrien, darunter besonders den Bergbau, in Gemeineigentum zu überführen. Die sich aus MSPD- und USPD-Vertretern zusammensetzende revolutionäre Regierung der Volksbeauftragten berief zwar eine Sozialisierungskommission, orientierte ihre Prioritäten im Januar 1919 allerdings auf die Niederschlagung des Spartakusaufstandes und im Folgenden auf die politische Parlamentarisierung des Reiches. Am 11. Januar 1919 traten circa 80 000 Arbeiter im Ruhrgebiet, die meisten davon Bergarbeiter, in den Streik – ihre zentrale Forderung lautete: Sozialisierung der Bergwerke. Die Leitung des Streiks übernahm der Arbeiter- und Soldatenrat der Stadt Essen, der eine aus Vertretern von MSPD, USPD und KPD bestehende Neunerkommission einsetzte, um Sozialisierungsvorschläge auszuarbeiten, die stark syndikalistische Züge aufwiesen. Der Syndikalismus erfreute sich in diesen revolutionären Jahren bei vielen Bergarbeitern großer Beliebtheit, auch wenn die Gewerkschaftsführung des Alten Verbandes dieser auf Arbeiterselbstverwaltung aufbauenden Idee weitgehend ablehnend gegenüberstand.

Doch im Januar 1919 forderten alle traditionellen Bergarbeitergewerkschaften die sofortige Sozialisierung, die in Verhandlungen mit der Reichsregierung am 13. Januar 1919 auch beschlossen wurde. Der Rat der Volksbeauftragen setzte diese Abmachung in der Folgezeit allerdings nur schleppend und teilweise um, was zu einer weiteren Radikalisierung der Bergarbeiter führte, die sich in den sogenannten Februarstreiks 1919 entlud. Vertreter von USPD und KPD setzten den Generalstreik durch, an dem sich circa 180 000 Arbeiter im Ruhrgebiet beteiligten. Die MSPD-Vertreter traten aus Protest gegen den Generalstreik aus der Neunerkommission aus. In der Folgezeit kam es zu gewalttätigen und zum Teil blutigen Auseinandersetzungen zwischen streikenden Bergarbeitern und Freikorps. Im April 1919 waren drei Viertel der Zechenbelegschaften im Streik. Die Mehrheitssozialdemokratie trug zum Teil durch ein Bündnis mit Reichswehr und Freikorps dazu bei, den Streik unter Anwendung von Druck und Gewalt zu beenden. In der Folge wandten sich viele Bergarbeiter vom sozialdemokratischen Alten Verband ab und schlossen sich der syndikalistischen Freien Arbeiter Union Deutschlands (FAUD) oder der kommunistischen Allgemeinen Bergarbeiterunion an.

Auch an den bürgerkriegsähnlichen Unruhen zwischen Roter Ruhrarmee und Freikorps beziehungsweise regulären Truppenteilen im Nachgang des Kapp-Putsches 1920 beteiligten sich viele Bergarbeiter, die sich im Zuge der Sozialisierungsdebatten 1919 radikalisiert hatten. Nachdem die Sozialisierung gescheitert war und der Kapitalismus seine schwere Krise 1918/20 überwunden hatte, konsolidierte sich der Alte Verband während der Weimarer Republik und war am Ende der Republik wieder mit 164 000 Mitgliedern (von 538 000 Bergleuten im Jahr 1931) der stärkste Gewerkschaftsverband unter den Bergleuten, gefolgt von den christlichen Gewerkschaften, die 1931 87 000 Mitglieder hatten.

1928 hatte sich der Alte Verband in Verband der Bergbauindustriearbeiter Deutschlands umbenannt. Fünf Jahre später wurde er, wie die unabhängigen Gewerkschaften überhaupt, am 2. Mai 1933 von den Nationalsozialisten zerschlagen. Viele Funktionäre und Mitglieder wurden in den Jahren der faschistischen Diktatur ermordet, verfolgt und ins Exil gezwungen. Mancher Bergarbeitergewerkschafter war aktiv im Widerstand gegen den Nationalsozialismus. Nach dem Ende der Diktatur entstand mit der Industriegewerkschaft Bergbau und Energie eine Einheitsgewerkschaft, die die ideologische Zersplitterung, der auch der Alte Verband seine Existenz verdankte, der Vergangenheit angehören ließ.

STEFAN BERGER

44 | PLAKAT „AN DIE RUHRBERGLEUTE!"

Stadtarchiv Bochum – Aktenbestand Landratsamt Bochum, LA 1276

H ca. 48,5 cm, B 32,5 cm; Papier

Der Bergarbeiterstreik von 1905

Der Aufruf „An die Ruhrbergleute" markiert das Ende der vermutlich bis dahin größten Streikbewegung in Europa, auf deren Höhepunkt fast 220 000 von damals rund 260 000 Bergleuten im Ruhrgebiet im Ausstand waren und die nationale Politik im Januar und Februar 1905 über Wochen in Atem hielten.

Ihren Ausgang nahm diese riesige Streikbewegung in Langendreer, auf der Zeche Bruchstraße. Die Zeche gehörte mit ihren knapp 1400 Arbeitern zum Konzern des Mülheimer Unternehmers Hugo Stinnes, eines Mannes „mit rücksichtsloser Energie und großem Wagemut" (Hue, 1981, S. 580). Dort also ließ der Betriebsführer Gustav Knepper, der einmal zum Vorstandsvorsitzenden des größten deutschen Bergbauunternehmens, der Gelsenkirchener Bergwerks AG (GBAG), aufsteigen sollte, am 28. November 1904 einen Anschlag anbringen, der eine Verlängerung der Seilfahrt um eine halbe Stunde anzeigte. Dieses Ansinnen war keineswegs ungewöhnlich. Durch die Vergrößerung der unterirdischen Grubengebäude nahm der Weg vom Füllort, an dem die Bergleute unter Tage eintrafen, zum eigentlichen Arbeitsort immer mehr Zeit in Anspruch, ebenso wie die Ein- und Ausfahrt der Bergleute, die Seilfahrt, durch die Vergrößerung der Belegschaften. Dadurch verlängerte sich die Anwesenheit der Bergarbeiter unter Tage auf vielen Zechen auf neun oder zehn Stunden. Die Bergbauunternehmer weigerten sich aber strikt, die Wegezeiten als Bestandteil der achtstündigen Schichtzeit anzuerkennen, während die Einrechnung der Ein- und Ausfahrt in die Acht-Stunden-Schicht zu den Kernforderungen der noch jungen Bergarbeiterbewegung zählte. Vor diesem Hintergrund verstanden die Bergarbeiter auf Bruchstraße den Aushang ihrer Zechenleitung als Provokation und traten zunächst für zwei Tage in den Ausstand.

Die Berggesetznovelle von 1891 hatte zwar die Einrichtung von Arbeiterausschüssen erlaubt, sie aber in das Belieben der Zechen gestellt. Da die Bergbauunternehmer den Standpunkt einnahmen, uneingeschränkt Herr im eigenen Haus zu sein und jedweden Einfluss von Betriebsvertretungen oder Gewerkschaften auf betriebliche Belange verweigerten, existierten im Ruhrbergbau kaum solche Arbeiterausschüsse, auch nicht auf der Zeche Bruchstraße. Deshalb griff die dortige Belegschaft zum traditionellen Mittel der Interessenvertretung: Sie wählte eine Dreierkommission, die ihre Beschwerden vorbringen sollte. Die drei Mitglieder der Kommission, laut Zechendirektor Knepper ausnahmslos „Sozialdemokraten" und „Agitatoren", machten sich denn auch auf den Weg zu Stinnes' Privatwohnsitz in Mülheim, sie wurden aber nicht vorgelassen (Feldman, 1998, S. 108). Zugleich hatte sich die Bruchstraßen-Belegschaft an das Oberbergamt in Dortmund, die staatlich-preußische Aufsichtsbehörde für den Ruhrbergbau, mit der Bitte um Vermittlung gewandt. Tatsächlich teilte Oberbergrat Baur daraufhin Knepper in einer Besprechung mit, dass er in der Verlängerung der Seilfahrt eine Änderung der Arbeitsordnung sehe, zu der volljährige Arbeiter nach dem Berggesetz ein Anhörungsrecht besäßen, was durch den Aushang nicht gewahrt war.

Stinnes und Knepper zogen die Seilfahrtverlängerung deswegen zunächst zurück, waren allerdings keineswegs bereit, klein beizugeben. Am Heiligabend fanden die Arbeiter der Zeche Bruchstraße einen neuen Anschlag mit der Ankündigung eines Nachtrages zur Arbeitsordnung zum 1. Februar 1905 vor, der eine Verlängerung der Seilfahrt beinhaltete. Die volljährigen Arbeiter sollten bis zum 28. Dezember Gelegenheit haben, sich gegenüber der Zechenleitung dazu zu äußern. Damit war der Form Genüge getan. Zugleich forderte der Aushang „diejenigen Arbeiter, welche sich diese auf den meisten Zechen mit größerer Belegschaft längst in Gebrauch befindliche Regelung nicht aufnehmen wollen" auf, „sich nach anderer Arbeitsgelegenheit umzusehen" (Imbusch, 1980, S. 572).

Zwei Belegschaftsversammlungen der Zeche Bruchstraße am 27. Dezember lehnten die Verlängerung von Seilfahrt beziehungsweise Schichtzeit erneut ab und beauftragten die gewählte Dreierkommission, der Zechenleitung eine Protestliste mit Bitte um Antwort bis zum 3. Januar zu überreichen. Die Zechenverwaltung ließ die Kommission sechs Stunden auf dem Zechenplatz warten, bevor sie die Protestliste entgegennahm. Ihre Antwort fiel wenig überraschend aus: „Eine Zurücknahme der dauernd unbedingt notwendigen Betriebsmaßregel wird trotz des Einspruchs eines großen Teiles der Belegschaft nicht erfolgen" (ebd.). Außerdem warnte sie die Bergarbeiter, dass man bei einem willkürlichen Fernbleiben von der Arbeit über drei Tage oder länger Schadenersatz erheben werde. Durch diese Warnung vor den wirtschaftlichen Folgen für die Bergarbeiter, ließ sich der Streik aber kaum noch aufhalten, zumal ein weiterer aktueller Beschwerdepunkt hinzutrat: Die Zechenverwaltung hatte die Ausgabe von Deputatkohle (Hausbrandkohle, die der Bergmann für den Eigenbedarf von der Zeche frei erhielt) an die Belegschaftsmitglieder verweigert, weil sie die hohen Mengenanforderungen als Vorbereitungsmaßnahme für einen Streik interpretierte. Eine weitere Belegschaftsversammlung am 6. Januar beauftragte die Dreierkommission, vom Betriebsführer eine schriftliche Bestätigung über die Ausgabe der angeforderten Deputatkohle zu verlangen. Als dies verweigert wurde, fuhr die Frühschicht am 7. Januar nicht an und eine Belegschaftsversammlung am Nachmittag stellte weitere Forderungen auf. Nun griff die Unruhe endgültig auch auf andere Zechen über. Am 8. Januar fanden auf den Ruhrzechen zahlreiche turbulente Belegschaftsversammlungen statt und am Tag darauf legten die Bergarbeiter einiger Dortmunder Zechen die Arbeit nieder.

Die Auseinandersetzungen um die Schichtzeitverlängerung auf der Zeche Bruchstraße boten den Anlass für die sich nun rasch ausbreitende Streikbewegung. Die Ursachen für die allgemeine Unzufriedenheit der Bergarbeiter waren aber viel weiter gestreut. Mit dem Konjunkturabschwung seit der Jahrhundertwende waren ihre Löhne, trotz weiterhin guter Gewinne der Unternehmen, gesunken, während die Preise wichtiger Grundnahrungsmittel stiegen. Im Arbeitsalltag häuften und verschärften sich die Konflikte um die Festlegung des bergmännischen Leistungslohns (Gedinge), die viele Bergarbeiter als willkürlich empfanden, und um das „Nullen", die Praxis der Zechenleitungen, ihrer Meinung nach unzureichend gefüllte Kohlenwagen den Bergarbeitern gar nicht auf das Gedinge anzurechnen und damit einen erklecklichen Teil der Kohlenförderung nicht zu entlohnen. Beklagt wurden außerdem das rigorose betriebliche Strafsystem und die schlechte Behandlung durch die Zechenbeamten. Die Unfallziffern stiegen und die durch Parasiten ausgelöste sogenannte Wurmkrankheit griff um sich. Nachdem Bergbehörden und Unternehmen lange nichts dagegen unternommen hatten, belasteten die im Sommer 1903 eingeleiteten Maßnahmen gegen die Weiterverbreitung der Krankheit die große Zahl betroffener Bergarbeiter erheblich (Brüggemeier, 1983, S. 213). Und nicht zuletzt sorgten Zechenstilllegungen im südlichen Ruhrgebiet, die Folge einer vertraglichen Neuregelung im Rheinisch-Westfälischen Kohlensyndikat waren, für Unruhe unter den Belegschaften, von der auch die Zeche Bruchstraße unmittelbar betroffen war: Die Vergrößerung ihrer Belegschaft durch Bergarbeiter von stillgelegten „Schwesterzechen" aus dem Stinnes-Konzern gab den Anlass zur Verlängerung der Seilfahrt und damit zum Ausstand der Bergarbeiter.

Diese angestaute Unzufriedenheit und Unruhe unter den Bergarbeitern musste selbstverständlich auch die inzwischen vier im Ruhrrevier agierenden Bergarbeitergewerkschaften betreffen. Die höchste Mitgliederzahl wies der sozialdemokratisch orientierte „Verband zur Wahrung und Förderung der bergmännischen Interessen in Rheinland und Westfalen" (Alter Verband) auf, der nach dem großen Bergarbeiterstreik von 1889 gegründet worden war. In zum Teil scharfem Konflikt zum Alten Verband stand der seit 1894 bestehende „Gewerkverein Christlicher Bergarbeiter für den Oberbergamtsbezirk Dortmund", der – obwohl grundsätzlich überkonfessionell – fast ausschließlich katholische Bergarbeiter organisierte und dem Alten Verband an Mitgliederstärke zeitweise wenig nachstand. Da sich beide Verbände wenig um die Bedürfnisse der sprunghaft wachsenden Zahl „ruhrpolnischer" Bergarbeiter kümmerten, entwickelte sich auch die Bergarbeitersektion der „Zjednoczenie Zawodowe Polskie" (Polnische Berufsvereinigung) seit 1902 rasch zu einem ernstzunehmenden gewerkschaftspolitischen Akteur im Ruhrbergbau. Die Bergarbeiterorganisation der liberalen Hirsch-Dunckerschen Gewerkvereine blieb im Ruhrbergbau dagegen eine Randerscheinung. Insgesamt stellten 1905 die gewerkschaftlich organisierten Bergarbeiter im Ruhrgebiet jedoch noch eine, wenn auch zahlenmäßig starke, Minderheit dar: Höchstens 110 000 von etwa 260 000, also etwas mehr als 40 Prozent, gehörten einem der vier Verbände an (Hue, 1981, S. 588).

Die Gewerkschaften bemühten sich von Anfang an, die Unruhe unter den Belegschaften, die von den Ereignissen auf Bruchstraße ausging, einzudämmen. Schon am 24. Dezember 1904 hatte eine Vertrauensleutekonferenz des Alten Verbandes beschlossen, keine Empfehlung für einen allgemeinen Streik auszusprechen. Am 27. Dezember versuchte auch ein Vertreter der Polnischen Berufsvereinigung mäßigend auf die Bergarbeiter der Zeche Bruchstraße einzuwirken. Sicherlich war beim sozialdemokratischen Alten Verband die Bereitschaft zum Streik als Mittel der Interessenwahrnehmung grundsätzlich größer als bei den drei anderen Verbänden. Doch auch dessen Führer glaubten wegen der zu schwachen gewerkschaftlichen Organisation der Belegschaften und der zu geringen finanziellen Ressourcen nicht an die Erfolgsaussichten eines Streiks, sondern sahen im Gegenteil die Gefahr einer Schwächung der gewerkschaftlichen Organisation. Als der Konflikt auf Bruchstraße in eine allgemeinere „wilde" Streikbewegung überzugehen drohte, trafen sich am 9. Januar erstmals die Leiter der vier Richtungsgewerkschaften, um über ein gemeinsames Vorgehen zu beraten. Man verständigte sich auf einen Aufruf an die Bergarbeiter, nicht ohne die Zustimmung der Organisationsleiter in Streik zu treten. Die Arbeitsniederlegung sollte auf die Zeche Bruchstraße beschränkt bleiben, während man durch Eingaben an die Parlamente und die Regierung das Anliegen einer die Streitpunkte regelnden Gesetzesreform vorbringen wollte.

Doch ließ sich die Streikbewegung dadurch nicht mehr aufhalten. Als am 12. Januar Delegierte aller vier Richtungsgewerkschaften zu einer Revierkonferenz zusammentraten, hatten bereits circa 64 000 Bergarbeiter die Arbeit niedergelegt. Die Konferenz verurteilte das disziplinlose Verhalten der Streikenden, empfahl ihnen aber, weiter im Ausstand zu bleiben, da ansonsten ihre Maßregelung durch die Zechenleitungen zu erwarten war. Weitere Belegschaften sollten aber nicht in den Streik treten. Zunächst wollte man die Forderungen der Bergarbeiter an die Interessenvertretung der Unternehmer, den „Verein für die bergbaulichen Interessen im Oberbergamtsbezirk Dortmund" (Bergbau-Verein), mit der Aufforderung zur Antwort bis zum 16. Januar richten. Erst wenn die Forderungen vollständig abgelehnt würden, wollte man am 17. Januar in den Streik treten. Zur Formulierung der Forderungen und als Vertretung der Bergarbeiterinteressen bei den angestrebten Verhandlungen wählte die Delegiertenkonferenz eine Siebener-Kommission, die sich aus je zwei Vertretern des Alten Verbandes, des Christlichen Gewerkvereins, der Polnischen Berufsvereinigung und aus einem Vertreter der Hirsch-Dunckerschen Gewerkschaftsrichtung zusammensetzte.

Die Forderungen, die dem Bergbau-Verein überreicht wurden, gingen nun über die Regelung der Seilfahrt- beziehungsweise Schichtdauer hinaus und umfassten unter anderem das Verbot des „Nullens", die Anhebung der Löhne, die Einrichtung eines Arbeiterausschusses, in dessen Zuständigkeit auch Lohnfragen gehörten, die Beseitigung der harten betrieblichen Bestrafungen und eine humane Behandlung. Auf einer Vollversammlung des Bergbau-Vereins wurden diese Forderungen bereits am folgenden Tag brüsk zurückgewiesen: Bei den beklagten Missständen handele es sich um Einzelfälle und der Forderungskatalog stelle eine nachträgliche Aufstellung zusammengesuchter Forderungen dar, die den meisten Bergarbeitern nicht einmal bekannt sei. Die Unruhe in den Belegschaften hielten die Unternehmer dagegen für das Ergebnis sozialdemokratischer und gewerkschaftlicher Verhetzung. Vor allem aber lehnten sie jegliche Verhandlungen mit „kontraktbrüchigen" Arbeitern ab. In Kenntnis dieser schroffen Ablehnung und vor dem Hintergrund einer weiteren Ausdehnung der „wilden" Streikbewegung trotz der „abwartenden" Beschlusslage blieb der am 16. Januar tagenden Delegiertenkonferenz nun nur noch die Proklamation des Generalstreikes. Mit der Bekanntgabe des Streikbeschlusses forderte die Siebener-Kommission die Belegschaften zur Vermeidung von Eskalationen und genauer Befolgung der Anweisungen der Zentralleitung auf. Es gehe darum zu zeigen, dass „Ruhrbergleute gesittete Staatsbürger sind" (ebd., S. 593). Nachdem schon zum Zeitpunkt dieses Aufrufs über 100 000 Bergarbeiter die Arbeit niedergelegt hatten, wuchs die Zahl der Streikenden am 17. Januar auf über 155 000. Bis zum 20. Januar standen über 200 000 Bergarbeiter im Streik und blieben dies in den folgenden gut zwei Wochen.

Den Unternehmern war dagegen durchaus an einer Eskalation der Auseinandersetzung gelegen. Zur Übertreibung neigende Berichte in der Zechenpresse über Ausschreitungen und Zwangsausübungen gegenüber Arbeitswilligen sollten offensichtlich ebenso wie ständige Meldungen über angebliche Übergriffe von Streikenden ein Eingreifen von Polizei und Militär zur Niederdrückung der Streikbewegung provozieren. Da es der Siebener-Kommission und den lokalen Streikkomitees tatsächlich aber gelang, eine Streikdisziplin durchzusetzen, trug diese Strategie keine Früchte. Die Bergarbeiterorganisationen setzten dagegen auf ein vermittelndes Eingreifen des Staates. Tatsächlich stand die „zechenunabhängige" Presse mehrheitlich auf Seiten der Bergarbeiter, für die sich ebenfalls Vertreter der Kirchen, der Wissenschaft und der allgemeinen bürgerlichen Öffentlichkeit nicht nur verbal, sondern auch mit Spenden einsetzten. Die Diskussionen über den Streik im Preußischen Landtag am 16. und 17. Januar sowie im Reichstag am 20., 21. und 23. Januar ließen Sympathie für die Bergarbeiter und wenig Verständnis für die verhandlungsunwillige Halsstarrigkeit der Bergbauunternehmer erkennen. Auch die Beamtenschaft, die in irgendeiner Weise in das Streikgeschehen involviert war, stand keineswegs geschlossen auf der Seite der Unternehmer. Kommissionen aus Beamten der Bergbehörden, Landräten, Bürgermeistern sowie Vertretern der Arbeitgeber und Arbeitnehmer wurden eingesetzt, um die Arbeitsverhältnisse im Ruhrbergbau zu untersuchen. Ihre Arbeit fand allerdings scharfe Kritik bei den Bergarbeiterorganisationen (Vorstand des deutschen Bergarbeiterverbandes 1905).

Als vor allem durch die strikte Verhandlungsverweigerung der Unternehmer eine Bewegung zwischen den Streikfronten ausblieb, sah sich die Preußische Regierung schließlich doch zum Eingreifen gezwungen und kündigte am 27. Januar an, dem Landtag demnächst einen Entwurf zur Änderung des Berggesetzes vorzulegen, der eine Regelung der Arbeitszeit, einschließlich der Seilfahrt, sowie des Über- und Nebenschichtenwesens, die obligatorische Einführung von Arbeiterausschüssen, das Verbot des „Nullens" sowie eine Deckelung der Höhe betrieblicher Strafen beinhalten sollte. Damit war für einen Teil der Bergarbeiterforderungen eine zeitnahe gesetzliche Regelung fest in Aussicht gestellt. Zugleich wurde absehbar, dass die finanziellen Mittel der Bergarbeiterorganisationen, trotz der eingehenden Spenden, nicht ausreichen würden, um den Streik noch über einen längeren Zeitraum fortzusetzen. Am 5. Februar versuchte die Siebener-Kommission die Unternehmer daher noch einmal mit einem Forderungskatalog an den Verhandlungstisch zu bekommen, der auf die Punkte, für die eine gesetzliche Regelung angekündigt war, verzichtete und sich im Wesentlichen auf eine 15-prozentige Lohnerhöhung und den Verzicht auf Maßregelungen gegen Streikende nach Wiederaufnahme der Arbeit beschränkte.

Die Unternehmer verweigerten sich aber weiterhin Verhandlungen. „An ein Nachgeben der Zechenbesitzer war nicht zu denken, ein längerer Kampf aber wegen Mangel an Geld nicht möglich", beschreibt Heinrich Imbusch die Situation, als sich am 9. Februar erneut die Delegierten der vier Bergarbeiterorganisationen trafen, um über das weitere Vorgehen zu beraten (Imbusch, 1980, S. 587). Schließlich stimmten 164 der 169 Delegierten der Empfehlung der Siebener-Kommission zu, den Streik aufgrund der Regierungszusagen für eine gesetzliche Regelung, der finanziellen Notlage vieler Bergarbeiterfamilien und des auch bei Fortführung des Streiks kurzfristig nicht zu brechenden Herrenstandpunktes der Unternehmer abzubrechen. Trotz des eindeutigen Abstimmungsergebnisses löste der Abbruchbeschluss bei Teilen der Streikenden Empörung aus. Vor dem Versammlungslokal machte eine größere Menschenmenge ihrer Wut Luft und viele Belegschaftsversammlungen, auf denen der Abbruchbeschluss verkündet wurde, nahmen einen turbulenten Verlauf. Zwei Tage nach dem Abbruchbeschluss hatten fast 100 000 Bergarbeiter die Arbeit noch nicht wieder aufgenommen. Erst eine Woche später fuhren alle Bergarbeiter wieder ein – bis auf diejenigen „Agitatoren", die von den Unternehmern nun als Maßregelung ausgesperrt wurden.

Trotz des Streikabbruchs durch die Bergarbeiterverbände sahen sich die Unternehmer als Verlierer, insbesondere wegen der Rolle, die Regierung und staatliche Stellen im Streik gespielt hatten. „Bei unserer berechtigten Abwehr gegen die Umsturzbestrebungen", stellte der Generaldirektor der GBAG, Emil Kirdorf, resümierend fest,

> „die wir nicht allein in dem uns anvertrauten Interesse, sondern im allgemeinen Interesse festhielten, fanden wir nicht nur keine Unterstützung, sondern die Regierung stellte sich auf die Seite unserer Gegner und stärkte sie durch Gesetze, deren Bestimmungen schwerlich der angestrebten Förderung des Friedens dienen werden" (Tenfelde/Urban, 2010, S. 485).

Darüber hinaus führte die mangelhafte eigene Geschlossenheit zu intensiven Diskussionen um die Notwendigkeit eines eigenen Arbeitgeberverbandes für die Ruhrzechen, der schließlich 1908 gegründet wurde (Przigoda, 2002, S. 93). Doch auch die Bergarbeiterorganisationen, insbesondere der Alte Verband und der Christliche Gewerkverein, bekundeten ihre Unzufriedenheit mit der Berggesetznovelle, deren Beratung im Parlament zu einigen für die Bergarbeiter nachteiligen Veränderungen der ursprünglichen Regierungsvorlage führte. Bei der Arbeitszeit (acht Stunden inklusive der Wegezeit zum und vom Füllort bei höchstens halbstündiger Seilfahrt) und dem Strafwesen (Wegfall des „Nullens") trug die Reform den Bergarbeiterforderungen weitgehend Rechnung. Die nun obligatorisch eingeführten Arbeiterausschüsse besaßen allerdings weiterhin nur wenig Mitspracherecht in eher nachgeordneten Fragen und gar keine Mitbestimmungsrechte. Andere Forderungen fanden gar keine Berücksichtigung mehr. Die Bergarbeiterverbände konnten ihre Mitgliederzahlen in dem folgenden Jahrfünft zwar steigern, die tiefen Gräben, insbesondere zwischen dem Alten Verband und dem Christlichen Gewerkverein, wurden aber auch durch die gemeinsame Streikerfahrung nicht überbrückt.

HANS-CHRISTOPH SEIDEL

45 SCHNUPFTABAKDOSE

Die erste Sache fürs Museum. 107 Jahre Bochumer Sammlungsgeschichte

Das unscheinbare Objekt birgt Geheimnisse. Wem gehörte es? Wann, wo und wie kam es zum Einsatz? Gab sich sein Besitzer einsam den Freuden des Tabakkonsums hin oder liebte er es, in Gesellschaft zu schnupfen, vielleicht sogar als Mitglied des Bochumer „Nasenclubs"? Scherzkekse hatten den Club 1886 gegründet und den Mitgliedsbeitrag für die Beschaffung von Schnupftabak und Zubehör vorgesehen, eventuelle Überschüsse sollten Karnevalszwecken zugeführt werden. Ob die Schnupftabakdose etwas mit dem Nasenclub zu tun hatte, weiß man nicht. Gesichert ist dagegen, dass sie das erste nachweisbare Objekt ist, das Bernhard Kleff für die von ihm selbst begründete Sammlung erwarb, und zwar am 8. März 1910. Der Zugangskarte ist zu entnehmen, dass das Stück aus Bochum kam und für den Preis von einer Mark zum Museumsding mutierte. Die Stadthistorische Sammlung gab es zu diesem Zeitpunkt formal zwar noch nicht, doch scheint Kleff von langer Hand geplant zu haben, was später Wirklichkeit werden sollte: die Gründung eines Museums in und für Bochum.

1899 war Bernhard Kleff als Lehrer in das damals noch selbstständige Wiemelhausen gekommen, 1910 bewarb er sich als Rektor der Weilenbrinkschule im Zentrum Bochums, bekam die Stelle und trat sie am 1. Oktober 1910 an. Sofort begann er mit dem Aufbau einer historischen Sammlung. Er tarnte sie zunächst als „Schulsammlung", offenbarte aber schon bald, worum es ihm eigentlich ging. Als Bochums Zweiter Bürgermeister Heinrich Sahm 1912 die Weilenbrinkschule besuchte, präsentierte Kleff ihm die Sammlung mit den Worten: „Das ist der Anfang zu dem Museum der Stadt Bochum" (zit. n. Wölk, 2007, S. 8). Und so sollte es kommen. Der Bürgermeister ließ sich überzeugen und 1913 übernahm die Stadt Bochum Kleffs Sammlung. Im selben Jahr stellte sie erstmals Mittel zur Errichtung einer Sammlung „von Altertümern aus Bochum und Westfalen" (ebd.) in den Haushalt ein. Die nun städtische Sammlung fand Unterkunft in zwei Räumen eines Verwaltungsgebäudes an der Albertstraße 3 und zog ein Jahr später in die städtische Haushaltungsschule für Mädchen an der Roonstraße 22 um, wo sie sechs Zimmer nutzen konnte. Doch als die Räume für wohnungssuchende Familien benötigt wurden, musste die Stadthistorische Sammlung wieder weichen.

Unterkunft fand sie schließlich in dem ehemaligen Rittergut Haus Rechen in der 1904 nach Bochum eingemeindeten Ortschaft Wiemelhausen. Die Stadt Bochum hatte es 1914, zusammen mit dem „Apollo-Theater", dem Bauunternehmer Clemens Erlemann abgekauft. Im Haus Rechen wurde das Stadtmuseum als erstes Museum der Stadt Bochum am 15. Dezember 1919 eröffnet. Es verfügte über elf Räume und war anders als an den vorherigen Standorten erstmals mit regulären Öffnungszeiten für Publikum zugänglich. Das Gebäude war repräsentativ, aus konservatorischen Gründen aber eher ungeeignet. Die Räume waren feucht und die Wände bröckelig. Zudem war das Stadtmuseum nicht der einzige „Bewohner". Im größten Raum des ehemaligen Rittergutes probte das Städtische Orchester und wenn Museumsbe-

45 | SCHNUPFTABAKDOSE

Stadtarchiv Bochum – MUSA

H 2,7 cm, B 5,1 cm, L 10,8 cm; Holz mit imitiertem Schildpattdekor; vermutlich 19. Jh.

45 | SCHNUPFTABAKDOSE

sucher kamen, mussten sie über die im Flur abgestellten Fahrräder der Orchestermitglieder steigen. Kleff war verärgert. Dennoch machte er seine Arbeit, hielt den Museumsbetrieb aufrecht und baute die Sammlung aus. Über Ankäufe entschied auf seinen Vorschlag hin ein Museumsausschuss. Das Sammlungskonzept folgte dem Zeitgeist und umschloss quasi alles, was aufbewahrungs- und präsentationswürdig erschien: Münzen und Waffen, Kleidung, Möbel und Hausrat, Öfen und Gebäudeteile, Kircheneinrichtungen und Naturkundliches, Gemälde und Grafiken. Allmählich bildeten sich Schwerpunkte heraus und das Museum konnte auf eine ansehnliche Zahl von Sondersammlungen verweisen, die von Münzen mit Motiven aus der Welt des Bergbaus über Ofen- und Kaminplatten bis zu Karten und Plänen, Stadtansichten und Plakaten reichten. Eine besondere Vorliebe scheint Kleff für Leuchtgeräte gehabt zu haben, wovon eine eindrucksvolle Lampensammlung zeugt. Ein Muss für Bochum war der Aufbau einer Kortum-Sammlung. Kleff bemühte sich, Teile des in alle Winde zerstreuten Nachlasses Carl Arnold Kortums aufzuspüren und für die Stadt zu erwerben. 1922 übertrug Stadtrat Stumpf ihm zusätzlich zur Leitung des Museums, das, auch um es von der 1921 eröffneten Gemäldegalerie abzugrenzen, zunehmend als „Heimatmuseum" firmierte, die Betreuung des Stadtarchivs. Kleff leitete beide Häuser ehrenamtlich. Zeitweise ließ er sich vom Schuldienst beurlauben und arbeitete auf der Basis eines „Privatdienstvertrages". Hauptamtlicher Mitarbeiter der Stadt Bochum wurde er aber erst 1936, nachdem er als Rektor der Weilenbrinkschule in den Ruhestand getreten war. Als Vergütung erhielt er den Unterschiedsbetrag zwischen dem festgesetzten Ruhegehalt und seinem bisherigen Gehalt als Schulrektor.

Bis 1930 war die Stadthistorische Sammlung auf circa 2 800 Stücke angewachsen. In seiner Doppelfunktion als Archiv- und Museumsleiter stand es Kleff zu, die Bestände neu zu ordnen und zuzuordnen. So verschob er zum Beispiel die Münzsammlung, die heimatkundliche Bücherei und die Kortum-Handschriften vom Museum ins Stadtarchiv, während der für Ausstellungen geeignete Teil der Kortum-Sammlung im Museum verblieb und in einem Kortum-Zimmer präsentiert wurde. Urkunden wiederum holte er aus dem Archiv, wenn er sie im Museum zeigen wollte.

Im Zweiten Weltkrieg kam der Museumsbetrieb zum Erliegen und seit 1943 ging es fast nur noch um die Sicherung der Archiv- und Museumsbestände. Sie wurden ausgelagert und überstanden den Krieg zum kleinen Teil auf Schachtanlagen in Bochum und zum Großteil in diversen Lagerstätten im Sauerland. So war das Stadtmuseum im Haus Rechen weitgehend geräumt, als das Gebäude 1944 in Trümmern versank.

Nach dem Krieg bestand die vordringliche Aufgabe in der Sichtung, Ordnung und Restaurierung der nach und nach zurückgeführten Bestände, die naturgemäß unter der Auslagerung gelitten hatten. Die Symbiose zwischen Archiv und Museum fand eine kurze Fortsetzung, denn die beiden mussten sich Personal und Lagerräume teilen. Die Bestände fanden „Asyl" in Gerthe: im ehemaligen Sitzungssaal des Amtshauses Gerthe und einer benachbarten Turnhalle. Während das Stadtarchiv allmählich eigene Wege gehen konnte – 1956 bekam es einen wissenschaftlichen Leiter und zog 1963 in die Innenstadt zurück, zunächst in die

45 | SCHNUPFTABAKDOSE

Arndtstraße –, blieb das Nachkriegsprovisorium für das Heimatmuseum bestehen. Bis 1960 wurde es vom Kulturamt der Stadt Bochum betreut, danach der Städtischen Kunstgalerie zugeordnet, die sich 1970 in Museum Bochum umbenannte. Die Kunstgalerie/das Museum Bochum zeigte „heimatkundliche" Ausstellungen in der südlich von Bochum gelegenen Wasserburg Kemnade, die sie/es als Außenstelle betrieb, und richtete dort auch wieder einen Kortum-Raum ein. Der Großteil der Museumsbestände aber fristete sein Dasein, in Kisten und Kartons verpackt, nach mehreren Umzügen – von der Turnhalle in Gerthe in eine Schule, von dort in Kellerräume der Verwaltungs- und Wirtschaftsakademie und schließlich nach Kemnade – in den Lagerräumen der Wasserburg.

Ende der 1990er Jahre bahnte sich die Wiedervereinigung der beiden für die Stadtgeschichte zuständigen Einrichtungen an: dem Stadtarchiv und dem – nicht mehr existenten – Stadtmuseum. Das Museum Bochum richtete sich konzeptionell neu aus und konzentriert sich seitdem auf seine Funktion als Kunstmuseum. Die bis dahin im Haus Kemnade gelagerten (und teilweise ausgestellten) stadthistorischen Objekte gingen in die Obhut des Stadtarchivs über, zogen zurück in die Stadt, an die Kronenstraße 47–49, wo das Archiv seit 1984 provisorisch untergebracht war, und 2007, zusammen mit den Archivbeständen, weiter an den neuen Standort an der Wittener Straße 47 und in ein Lager in Bochum-Harpen.

Das Stadtarchiv hatte in den zurückliegenden Jahrzehnten eigene museale Bestände aufgebaut. Die Zugänge erfolgten zum großen Teil im Rahmen von Ausstellungsvorbereitungen in den 1980er und 1990er Jahren unter der Regie des damaligen Archivdirektors Dr. Johannes Volker Wagner und des Ausstellungsmachers Dr. Enno Neumann. Die Bochumer Präsentationen in der eindrucksvollen Ausstellungshalle an der Kronenstraße fielen aus dem Rahmen. Statt der bis dahin üblichen Archivausstellungen mit Dokumenten-Kopien an den Wänden und Urkunden in Vitrinen wurde inszeniert, was das Zeug hielt. Das Stadtarchiv machte weit über die Grenzen Bochums hinaus auf sich aufmerksam.

An die erfolgreiche Ausstellungstätigkeit galt es anzuknüpfen und gleichzeitig etwas Neues auf den Weg zu bringen, als im Juni 2007 der neue Standort eröffnet wurde. Hier kann das neue (und doch auch alte) Konzept zum Tragen kommen: Stadtarchiv und Stadtmuseum bilden eine Einheit. Unter dem Dach des Bochumer Zentrums für Stadtgeschichte werden neben der Wahrnehmung aller Archivfunktionen regelmäßig stadthistorische Ausstellungen erarbeitet und sind zu museumsüblichen Öffnungszeiten zugänglich. Die erste Ausstellung, im Eröffnungsjahr 2007, machte die Sammlung selbst zum Thema. Sieben und neunzig „Sachen" wurden gezeigt, die für 97 Jahre Bochumer Sammlungsgeschichte standen, darunter die Schnupftabakdose als erster greifbarer Zugang zur Stadthistorischen Sammlung. Sie ist kein Stück mit Wow-Effekt, sondern passt ins Bild der „Sieben Sachen" als Metapher für das Alltägliche.

Wie die meisten stadthistorischen Objekte ist sie nicht in all ihren Facetten zu entschlüsseln. Dass ihr ehemaliger Besitzer ein Nasenclub-Mitglied war, wäre ein allzu großer Zufall. Auch ist nicht überliefert, was Bernhard Kleff in ihr sah. Gab sie den Anstoß dafür, dass er systematisch

"Altertümer" zu sammeln begann? Oder war es umgekehrt und er trug sich schon länger mit dem Gedanken, Überreste der vorindustriellen Zeit zu bewahren, und begann eher zufällig mit der Schnupftabakdose, einem Utensil, das auf eine Kulturtechnik verwies, die angesichts des Siegeszuges der Zigarette im 19. und 20. Jahrhundert zu verschwinden drohte? Der entrichtete Preis war nicht hoch. Und dennoch sortierte Kleff das Stück in die Gruppe „Schmuck und Luxus" ein.

Das Objekt und seine Klassifizierung haben Symbolkraft für die gesamte Stadthistorische Sammlung. Diese legte in den vergangenen 107 Jahren einen langen Weg durch diverse Lagerstätten zurück, der in der Weilenbrinkschule begann und am aktuellen Standort möglicherweise noch nicht zu Ende ist. Die Stadthistorische Sammlung fand meist dort Unterkunft, wo zufällig Platz war, musste weiterziehen, wenn dieser anderweitig benötigt wurde oder blieb in Provisorien stecken. Ist sie also Luxus, den man sich leistet, wenn die Grundbedürfnisse erfüllt sind? Sicher nicht. Die Sicherung der historischen Überlieferung ist eine Notwendigkeit und die Stadthistorische Sammlung ein Schmuckstück, das Bochum gut steht. Dass sie trotz kriegsbedingter Verluste und zahlreicher Umzüge bis heute weitgehend intakt ist, ist Menschen wie Bernhard Kleff zu verdanken, der am Ende seines Lebens mit Verbitterung auf sein Werk blickte. Für Dank habe er nicht gearbeitet, „wohl aber für eine gute Sache." Er habe Bochum seine besten Kräfte gewidmet und kaum einmal Ferien gemacht. Das sei nur möglich gewesen, „weil ich nicht die Sache hatte, wohl aber die Sache mich" (zit. n. ebd.).

INGRID WÖLK

46 | ÖLGEMÄLDE VON THEODOR ROCHOLL

Deutsches Bergbau-Museum Bochum (Depositum EBV GmbH, Hückelhoven)
H 205 cm, B 233 cm, T 6,5 cm; Öl auf Leinwand; 1914

46 ÖLGEMÄLDE VON THEODOR ROCHOLL

Schlagende Wetter und ein Kaiserbesuch in Bochum-Gerthe

„Über dem sonst so betriebsamen Ort Gerthe ruhte gestern ein heiliger Gottesfrieden; alle Arbeit, Handel und Wandel war eingestellt. Galt es doch, den toten Knappen von ‚Lothringen' die letzte Schicht zu weihen. Und so wehten von den ragenden Fördertürmen die schwarzen Flaggen, und auch viele Häuser des Ortes hatten die Zeichen der Trauer angelegt. Eine unendliche Zahl von Menschen aber, Ortsansässige und Auswärtige, begann schon in den Mittagsstunden zu den Straßen zu wandern, die von der Zeche zum Friedhof der Gemeinde führten. Eine ganze Bevölkerung entbot den Toten von ‚Lothringen' den letzten Gruß. Und diese unglücklichen Knappen, die ein Kaiser geehrt hatte, erfuhren nun zur letzten Fahrt die Teilnahme einer vieltausendköpfigen Trauergemeinde und die Ehrung der höchsten Beamten, Würdenträger in Bezirk und Provinz. Was Menschentrost im Unglück zu lindern vermag, war geschehen, um den Schlußakt der furchtbaren Tragödie in Frieden und Weihen zu verklären. Ein letztes ‚Glückauf' wurde gestern von tausenden und abertausenden mitleiderfüllter Menschen den von einem grausigen Geschick betroffenen Knappen zugerufen" (Brämer, 1992, S. 143).

Als diese Meldung am 13. August 1912 unter der Überschrift „Die letzte Fahrt" im Märkischen Sprecher erschien, schwang in ihr die Hoffnung mit, dass durch die vollzogene Beerdigung der durch ein Grubenunglück auf der Zeche Lothringen getöteten Bergleute wieder so etwas wie Normalität im heutigen Bochumer Stadtteil Gerthe einziehen würde. Es handelte sich um ein generelles gesellschaftliches Kompensationsmuster nach Grubenkatastrophen, zumal hervorgerufen durch Schlagwetter- und Kohlenstaubexplosionen, die den Ruhrbergbau bereits seit der Mitte des 19. Jahrhunderts allzu zahlreich heimgesucht hatten und gerade in Zeiten des Wilhelminischen Kaiserreichs in der Hochindustrialisierungsphase des Steinkohlenbergbaus katastrophale Auswirkungen zeitigten (Kroker/Farrenkopf, 1999, S. 146–340). Der Zeitungsartikel rekurrierte nicht umsonst auf das Motiv der „letzten Schicht".

Wenn im frühneuzeitlichen Erzbergbau ein Bergmann seine „letzte Schicht" verfahren hatte, vollzog sich die menschliche Anteilnahme und Mittrauer durch die institutionelle Beteiligung der gesamten Knappschaft. Das galt nicht nur für Unfallopfer. Im Grabgeleit manifestierte sich die solidarische Teilung des beruflichen Schicksals: Das gebotene Stillschweigen auf dem Wege zum Grabe lenkte die Gedanken nach innen und war einer Besinnlichkeit förderlich, die im traurigen Anlass des schmerzlichen Geschehens die Schicksalsverbundenheit im Bergwesen fühlbar machte. Auch dem Außenstehenden prägte sich unausweichlich der Eindruck einer geschlossenen, treu miteinander verbundenen Gemeinschaft ein. Im Erzgebirge war anscheinend bis weit in das 19. Jahrhundert hinein die Teilnahme am Begräbnis eines verstorbenen Bergmanns zumindest für den abkömmlichen Teil der Belegschaft einschließlich des Steigers obligatorisch. Beim Unfalltod erweiterte sich der Kreis erheblich. In Abhängigkeit von der Position des Verstorbenen nahmen Unternehmensvertreter und ein

Geschworener als Repräsentant der Bergbehörde teil. Solange die betriebliche Unsicherheit, die den Tod des zu Grabe getragenen Bergmanns verursacht hatte, allein aus schicksalhafter Fügung zu erklären war, konnte darin kein Widerspruch liegen. Im Gegenteil: Sie war ja nicht durch menschliches Handeln beeinflussbar und deshalb auch über die hierarchischen Standesgrenzen hinweg solidarisch zu tragen.

Die sich bei jedem größeren Explosionsunglück nach 1850 wiederholende Präsenz höchster bergbehördlicher Funktionsträger und breiter Unternehmerkreise in den Trauerfeierlichkeiten übertrug das ständische Kompensationsmuster der Gefahrenbewältigung in das moderne industrielle Zeitalter. Die Befahrung der Zeche Neu-Iserlohn nach der ersten großen Massenexplosion des Ruhrbergbaus 1868 durch den Oberberghauptmann Otto Ludwig Krug von Nidda hatte keinesfalls Einsichten über die Unglücksursache zu Tage gefördert, die von den Erklärungsversuchen der zuständigen Lokalbehörden entscheidend abwichen. Viel wichtiger war die Symbolkraft seiner Anwesenheit am Unfallort während des Begräbnistages gewesen. Sie suggerierte den Umstand, dass das Unglück auch vom höchsten „Ritter des Fäustels und der Feder" – also dem höchsten preußischen Bergbeamten – weder erklärt, noch hätte vorhergesehen werden können. Was sich hier ereignet hatte, schien auch weiterhin die Konsequenz höherer Fügung zu sein. Eben in diesem kompensatorisch-funktionalen Zusammenhang ist auch der Besuch Kaiser Wilhelms II. am 9. August 1912, einen Tag nach dem verheerenden Unglück, auf der Zeche Lothringen in Gerthe zu sehen, welcher Gegenstand des hier gezeigten Gemäldes von Theodor Rocholl aus dem Jahr 1914 ist.

Am 8. August 1912 hatte sich während der Frühschicht um 9:20 Uhr bei der Entzündung schlagender Wetter in 350 Metern Teufe auf der Schachtanlage I/II der Steinkohlenzeche Lothringen eine Explosion ereignet, welche bis heute zu den schwersten Grubenunglücken des Ruhrbergbaus zählt. Gemäß dem von Wilhelm Grassy, dem zuständigen Revierbeamten des Bergreviers Nord-Bochum, noch im selben Jahr veröffentlichten Abschlussbericht „fielen ihr über 100 Bergleute in zwei Bauabteilungen zum Opfer, und zwar wurden 105 Bergleute und 2 Beamte [= Steiger, M.F.] sofort getötet, während 23 Bergleute mehr oder weniger schwer verletzt wurden, von denen noch 7 gestorben sind" (Grassy, 1912, S. 628). Die Grubengasausströmung des betroffenen Nordwestfeldes war demnach erheblicher als in allen anderen Feldesteilen der Zeche Lothringen gewesen, hatte zuvor allerdings wohl nie die kritische Menge von einem Prozent in der Grubenluft überschritten. Bei den ersten Aufschlussarbeiten hatte die Betriebsleitung häufig die Querschläge und das Aufhauen nicht nur für mehrere Schichten, sondern sogar wochenlang zwecks Entgasung der Flöze gestundet. Mit der Fertigstellung der Wetterdurchhiebe sowie dem Fortschreiten der sonstigen Vorrichtungsarbeiten und des Abbaus hatte die Schlagwetterentwicklung allmählich wieder abgenommen.

Ausgelöst wurde die Explosion laut bergbehördlichem Befund durch das verbotswidrige Abtun von Sprengschüssen mittels Dynamit, „denn es wurden trotz eifrigen Suchens weder Sicherheitssprengstoffe, noch die zugehörigen stärkeren Sprengkapseln gefunden" (ebd.,

S. 639). Vom Entzündungsherd in der vierten westlichen Bauabteilung hatte sie sich ungehindert über die Wettersohle (= 3. Sohle) bis zur dritten westlichen Abteilung fortgesetzt, wobei sich die Flammen auf alle in den beiden Abteilungen im Abbau befindlichen Flöze verteilt hatten. Durch die Druckwelle der Explosion waren im dritten Abteilungsquerschlag zwei Wettertüren zerstört worden, die diesen Aufbruch zuvor abgesperrt hatten. Allerdings war es gelungen, durch Wetterleinen die Absperrung alsbald wieder herzustellen, so dass die Wetter dann wieder auf dem gewöhnlichen Wege abgeführt werden konnten. Mit dem vorwärts dringenden frischen Wetterstrom konnten die Rettungsmannschaften vorgehen, an denen sich außer den Beamten und Arbeitern der Zeche Lothringen schnell herbeigeeilte und im Rettungsdienst ausgebildete Mannschaften beteiligten, die den benachbarten Bergwerken Erin, Shamrock, Graf Schwerin, Mont Cenis und Vereinigte Constantin der Große entstammten. Hinzu stieß auch Richard Forstmann, der Leiter der erst zwei Jahre zuvor in Essen etablierten Hauptstelle für das Grubenrettungswesen im Oberbergamtsbezirk Dortmund (Farrenkopf, 2010, S. 83–100). Sie alle konnten gleichwohl nicht verhindern, dass die giftigen Nachschwaden der Explosion wesentlich dazu beitrugen, die Zahl der Opfer der Katastrophe zu vermehren. Vielfach waren „die Kleider der Leute, die Butterbrotpapiere sowie die Zimmerung" in zahlreichen Flözen in Brand geraten (Die Schlagwetterexplosion, 1912, S. 382).

Es mag nicht überraschen, dass der bergamtliche Untersuchungsbericht in der Erörterung der „Schuldfrage" für das Initial der zerstörerischen Explosion die unternehmerisch Verantwortlichen entlastete, die Schuld hingegen den von den Unfallfolgen eigentlich betroffenen Bergarbeitern zuordnete. So war aus Sicht von Wilhelm Grassy die Frage, „ob einen Überlebenden die Schuld an der Katastrophe trifft", grundsätzlich zu verneinen. Hingegen sei „den Anordnungen des Betriebsführers nicht hinreichend dadurch genügt worden, daß nur eine Lutte vorgebaut" worden und „ein Abstand von 11 m zwischen dem Ende des Luttenstrangs und dem Querschlagstoß" verblieben war.

> „Für eine Beseitigung der von dem Betriebsführer vorgefundenen Wetter und eine genügende Bewetterung des Ortes konnte diese Maßregel nicht hinreichend erscheinen. Auch ein sorgfältiges Ableuchten vor dem Abtun der Schüsse innerhalb einer Entfernung von 20 m von dem Schießpunkte, wie es die Bergpolizeiverordnung vom 1. Januar 1911 […] zur Pflicht macht", musste seitens der Bergbehörde in Zweifel gezogen werden (ebd., S. 386).

Etwas verkürzt lässt sich feststellen, dass das Unfallphänomen der Schlagwetterexplosionen im Ruhrrevier in ganz besonderem Ausmaß mit der Industrialisierung des Steinkohlenbergbaus korrespondiert. Während für die Zeit des 18. Jahrhunderts kaum gesicherte Quellen für deren Auftreten vorliegen, schnellte ihre Anzahl und Intensität etwa seit der Mitte des 19. Jahrhunderts stärker als in anderen Unfallkategorien in die Höhe (Farrenkopf, 2003, S. 61–73). Die seit Mitte der 1970er Jahre vorrangig aus sozialhistorischer Perspektive und mit grundlegendem Erkenntnisfortschritt betriebene Montanhistoriografie ordnete die Ursachen für diesen Zuwachs in erster Linie einer abnehmenden Sicherheitskontrolle durch die Bergbehörde zu. Die Entrechtlichung der Bergleute im Übergang vom Bergmannsstand zur Bergarbeiterklasse war demnach auch mit einer zunehmenden Lebensbedrohung der Betroffenen bis weit in das 20. Jahrhundert hinein verbunden.

So zutreffend diese Interpretation gerade für das Problem des Stein- und Kohlenfalls bis heute ist, so problematisch stellt sie sich aber für die Beurteilung der Gefährdung durch das Explosionsproblem im Zeitverlauf dar. In ganz besonderem Maße spielte hier die natürlich bedingte Gasbelastung der abgebauten Lagerstätten eine Rolle, deren prinzipielle Grundlagen sich durch die Nordwanderung des Ruhrbergbaus im Zeithorizont nachhaltig veränderten. Ferner war gerade in dieser Frage von Beginn an die Entwicklung einer eigenen Sicherheitstechnik entscheidend. Dabei sind nach heutigem Kenntnisstand schon seit den 1880er Jahren größere Fortschritte erzielt worden, als es der allgemeine montanhistorische Kenntnisstand mit sehr engem Blick auf besondere, ohne Zweifel höchst katastrophale Explosionsunglücke auf den Zechen Radbod in Hamm 1908 oder eben Lothringen in Bochum-Gerthe 1912 mit jeweils weit über 100 Toten vermuten lässt.

Die in den letzten beiden Jahrzehnten des Kaiserreichs erzielten Erfolge im vorbeugenden Explosionsschutz blieben der zeitgenössischen Wahrnehmung des Explosionsrisikos vollends verborgen. Dafür waren Bergbau-Unternehmer und Bergbehörde schließlich selbst verantwortlich. Mit dem bis 1909 erfolgreichen Ausschluss der Bergarbeiter von einer staatlichen Grubenkontrolle betteten sie das Explosionsproblem in die unter machtpolitischen Gesichtspunkten geführte Debatte zum gesamten bergbaulichen Unfallgeschehen ein. In der öffentlichen Diskussion operierten alle Beteiligten dabei mit pauschalen Schuldzuweisungen, die eine rationale Auseinandersetzung mit den Bedingungen des Explosionsrisikos verhinderten, sie vielmehr in die Sphäre unvermeidlicher schicksalhafter Folgen des Industrialisierungsprozesses entrückten.

Dieses gleichsam vormoderne, einem irrationalen Gefahrenverständnis verhaftete Kompensationsmuster war denn auch der wesentliche Grund dafür, dass sich Wilhelm II. genötigt sah, am Tag nach der Katastrophe den Weg von Essen nach Gerthe anzutreten. Dass sich der Kaiser zu dieser Zeit im Ruhrgebiet aufhielt, lag an den umfangreichen Feierlichkeiten, die aus Anlass des hundertjährigen Jubiläums der Firma Fried. Krupp AG seit dem 3. August 1912 sowohl auf der Villa Hügel als auch in der Stadt Essen durchgeführt wurden (siehe ausführlich dazu Tenfelde, 2005). Das „Jahrhundertfest" hatte mit einer Ehrung von mehreren hundert Jubilaren des Unternehmens Krupp für „deutsche Arbeit, deutsche Treue, deutsche Zuverlässigkeit" begonnen und wurde mit zahlreichen Festveranstaltungen und Umzügen an den darauffolgenden Tagen fortgesetzt. Letztlich führte es – im Beisein des der Familie Krupp eng verbundenen Monarchen – das Bündnis der Eliten aus Adel und Industrie zusammen, auf dem das politische System des Wilhelminismus vornehmlich beruhte (Roth, 1992, S. 151).

Wilhelm II. traf am Morgen des 8. August, somit annähernd zeitgleich zum Eintritt der Explosion auf der Zeche Lothringen, mit einem Sonderzug auf der Station Hügel ein. Es schloss sich ein Umzug durch die festlich geschmückte Stadt Essen an, der für Kaiser, Gastgeber und Gefolge in den Lichthof des neuen Hauptverwaltungsgebäudes der Firma Krupp mündete, wo im Beisein von weiteren knapp 500 geladenen Ehrengästen eine Feierstunde abgehalten wurde. Auch dieser Festakt ist in Form eines Historischen Ereignisgemäldes durch Theodor Rocholl künstlerisch festgehalten worden (ebd., S. 152; Tenfelde, 2005, S. 72). Während der weitere Tag gemäß minutiöser Planung voranschritt und des Mittags ein Frühstück in kleinem ausgewähltem Kreise vorsah, erreichte die Festgemeinde erstmals die Kunde von dem Bochumer Unglück. Doch erst als die anschließende zweistündige Rundfahrt durch die Arbeiterkolonien der Firma Krupp beendet war, man wieder auf dem Hügel eintraf und Wilhelm II. sich zur Ruhe begeben wollte, setzten ob des Ausmaßes der Katastrophe eilige Beratungen ein, wie damit umzugehen sei. Es wuchs wohl die Überzeugung, dass der Kaiser, wenn er schon im Ruhrgebiet weilte, nicht umhin kam, sich mit dem Unglück in irgendeiner Weise näher zu befassen. Erst einmal wurden der Handelsminister von Sydow, der Oberpräsident der Provinz Westfalen Prinz Ratibor sowie der Oberberghauptmann von Velsen als oberster Repräsentant der preußischen Bergbehörde nach Bochum-Gerthe entsandt. Sie kehrten zum abendlichen Festbankett auf den Hügel zurück, wobei Teile ihrer Berichterstattung als kurze Passagen zum Gedenken an die Opfer in die Tischreden eingeflochten wurden.

Während Gustav Krupp von Bohlen und Halbach als Hausherr von den „Schäden der Wechselfälle des Lebens" sprach, „die so jäh an den Arbeiter herantreten können, wie dies erst heute wieder durch die Kunde von dem Tode so vieler blühender Menschenleben bei dem Unglück in Bochum offenbar geworden ist", fand Wilhelm II. zackige Worte, die nicht nur einem Leutnantsjargon entsprachen, sondern die getöteten Bergleute als tapfere Heroen auf dem Feld der Arbeit stilisierten:

> „Es ist von dem Armeekorps der Kohle, das im Kampfe mit der Erde steht, von Gefahren und Wettern umgeben, eine tapfere Schar wieder von bösen Wettern dahingerafft. Wir gedenken ihrer in Dankbarkeit, sie sind auf dem Felde der Ehre gefallen und werden dem Herzen der Provinz, der sie entstammen und in der sie arbeiten, unvergessen bleiben" (Roth, 1992, S. 153).

Letztlich war der politische Druck so groß, dass sich der Kaiser am Nachmittag des 9. August 1912 gezwungen sah, die Festlichkeiten in Essen früher als erhofft zu verlassen. Nachdem er am Vormittag einer ausführlichen Besichtigung der Kruppschen Werksanlagen und Laboratorien, des neuen Artilleriemuseums und des neuen Schießplatzes noch beigewohnt hatte, bewegte sich sein Autokorso schließlich von Essen an den Bochumer Unglücksort. Wilhelm II. verpasste dadurch einen Höhepunkt des Essener Jahrhundertfestes, nämlich ein aufwändig geplantes und von dem Düsseldorfer Historienmaler Ludwig Keller inszeniertes allegorisches Ritterspiel, das unter dem Titel „Hie Barbara! Hie St. Georg!" mit 400 Laiendarstellern aus der Gastgeberfamilie, deren Freundeskreis und Werksangehörigen der Firma Krupp zur Aufführung kommen sollte, wegen des Bochumer Unglücks jedoch abgesagt wurde. Letztlich sollte das Schauspiel eine utopische Therapie zur innenpolitischen Befriedung durch außenpolitische Aggression darstellen, „bei der die Klassengegensätze eines ökonomisch zwar modernen, sozialpolitisch aber rückständigen Deutschen Reiches eingeebnet werden sollten", was wohl ganz dem kaiserlichen Geschmack entsprochen hätte (ebd., S. 154).

Folgt man dem Verwaltungsbericht des Kreis-Ausschusses des Landkreises Bochum der Jahre 1911/12,

> „traf Se. Majestät der Kaiser unerwartet […] auf der Zeche Lothringen ein. In seiner Begleitung befanden sich u.a. Prinz Heinrich von Preußen, der Reichskanzler von Bethmann-Hollweg und Herr Krupp von Bohlen und Halbach. Se. Majestät ließen sich im Verwaltungsgebäude die Ursache und die Größe des Unglücks an der Hand der Grubenkarten erklären und die Rettungsmannschaften und die Sanitätskolonnen vorstellen, auch erkundigte er sich eingehend durch Befragung zweier Bergleute über den Hergang des Unglücks. Dabei umringte ihn eine große Anzahl der soeben aus der Grube gekommenen Bergleute ungezwungen. Während auf der Zeche tiefe Trauerstille herrschte, konnte das Publikum in den Straßen nicht umhin, seiner Freude über die Teilnahme des Kaisers lebhaften Ausdruck zu geben. Auch im Krankenhause Bergmannsheil in Bochum erkundigte sich Se. Majestät persönlich nach dem Befinden der Verletzten und ließ diesen prachtvolle Blumen überbringen. Für die Hinterbliebenen setzte er eine Spende von 15 000 Mark aus" (zit. nach Slotta, 1999, S. 3).

Dass die Berichterstattung über den Verlauf und die Umstände der Explosionskatastrophe gegenüber Wilhelm II. dem später veröffentlichten bergbehördlichen Duktus entsprach, darf vorausgesetzt werden. In jedem Fall wird man vermieden haben, anderslautende Interpretationen des Hergangs, die innerhalb der Bergarbeiterschaft kursierten und teilweise auch in der Tagespresse aufschienen, zu berücksichtigen. Dort war von Eintragungen eines Sicherheitsmannes in ein Fahrbuch die Rede, die mehrfach vom Betriebsführer gefälscht worden sein sollten. Weiterhin kritisierten die Arbeiterkreise, dass ein zusätzlicher Wetterschacht zwar gefordert, aber nicht niedergebracht worden wäre und dass der mangelhafte Betrieb von Berieselungsanlagen unter Tage dazu geführt hätte, die Schlagwetterexplosion durch eine Kohlenstaubexplosion zu potenzieren. Vermeintlich sei besagter Sicherheitsmann auch der Einzige gewesen, der als Mitglied der „sozialdemokratischen Gewerkschaft" – also des sogenannten Alten Verbandes – und der Rettungsmannschaften durch Verweis vom Zechenplatz bewusst nicht zum Kaiser vorgelassen worden war (Roth, 1992, S. 157). Unzweifelhaft ist, dass dies einem wesentlichen Motiv des Kaiserbesuchs widersprochen hätte, nämlich im Angesicht des verheerenden Unglücks die Gräben zwischen Unternehmern und Bergarbeitern nicht noch weiter zu vertiefen, als dies durch den nur fünf Monate zuvor stattgefundenen „Dreibund"-Streik ohnehin der Fall war.

Hintergrund dieses Streiks, der vom 11. bis zum 20. März 1912 andauerte und an dem sich in Spitzenphasen bis zu 61 Prozent der gesamten Belegschaft des Ruhrbergbaus beteiligt hatten, waren Forderungen nach der Einhaltung der achtstündigen Schicht, dem Ende der Arbeitsnachweise der Arbeitgeber, der Einschränkung von Geldstrafen und insbesondere der Erhöhung der Löhne wegen des Anstiegs der Lebenshaltungskosten gewesen. Im Gegensatz zum spontan entstandenen Streik von 1905 war der Arbeitskampf von 1912 von Beginn an von einigen Bergarbeitergewerkschaften getragen. Dabei lehnte allerdings der Gewerkverein christlicher Bergarbeiter die Teilnahme ab. Im „Dreibund" waren somit der freigewerkschaftliche „Alte Verband", die Bergarbeiter des liberalen Hirsch-Dunckerschen Gewerkvereins und die polnische Bergarbeitergewerkschaft ZZP zusammengeschlossen.

Die Bereitschaft der Unternehmer, den Forderungen der Bergarbeiter entgegenzukommen, war im Streik von 1912 angesichts der Spaltung der Gewerkschaften von Beginn an gering. Vielmehr hofften sie aufgrund ihrer stärkeren Position auf eine nachhaltige Schwächung der SPD und der Arbeiterbewegung insgesamt. Die Zechenbesitzer motivierte dies zu einer kompromisslosen Härte gegenüber den Streikenden, die zum Schutz der Arbeitswilligen auch von staatlicher Seite unterstützt wurde und die Verlegung von Militär in das Ruhrrevier nach sich zog. Wilhelm II. hatte in diesem Zusammenhang den preußischen Innenminister gar mit den Worten angewiesen: „Vor allem Schutz der Arbeitswilligen in der energischsten Form! Scharfschießen!" (ebd.). Bei Zusammenstößen mit Militär und Polizei wurden schließlich vier Bergarbeiter getötet, zahlreiche weitere wurden verletzt. Nicht zuletzt wegen dieser Vorkommnisse war auf einer Delegiertenkonferenz keine Zweidrittelmehrheit mehr für die Fortsetzung des Streiks zu Stande gekommen, so dass der Ausstand am 19. März abgebrochen werden musste.

All diese weiteren politischen, ökonomischen und sozialen Hintergründe sind zu berücksichtigen, wenn wir heute das von Theodor Rocholl im Jahr 1914 im Auftrag der Bergbau AG Lothringen geschaffene Gemälde betrachten. Der am 11. Juni 1854 in Sachsenberg (Waldeck) geborene Künstler hatte in Dresden bei Julius Schnorr von Carolsfeld und Ludwig Richter, später in München bei Karl von Piloty studiert und sich zu einem der führenden Schlachten-, Landschafts- und Historienmaler des Wilhelminischen Reiches entwickelt. 1897 hatte er unter anderem als Kriegsmaler am türkisch-griechischen Feldzug teilgenommen, sich 1900/01 an der deutschen Chinaexpedition beteiligt und war so zu einem maßgeblichen Vertreter der kaisertreuen und konservativ eingestellten Kunst im Umfeld Wilhelms II. geworden (Slotta, 1999, S. 4; ferner Rocholl, 1921). Nachdem er schon den Auftrag für malerische Aufgaben zugunsten des Kruppschen Jahrhundertfestes erhalten hatte, lag es nahe, ihn auch mit einem Gemälde zum Kaiserbesuch nach dem Lothringer Unglück zu betrauen.

Eine erste, heute offensichtlich verschollene Fassung lieferte Rocholl 1913 in einer Gouache mit dem Titel „Der Kaiser vor den Rettungsmannschaften der Zeche Lothringen", die für die Leipziger „Illustrierte Zeitung" bestimmt war und auch im Verwaltungsbericht des Kreis-Ausschusses des Landkreises Bochum 1911/12 zum Abdruck kam (Slotta, 1999, S. 3; Roth, 1992, S. 158–161). Hierbei handelte es sich um ein hochformatiges Gemälde mit den

Betriebsgebäuden der Zeche Lothringen im Hintergrund, die von dem mächtigen Fördergerüst überragt wurden. Während die linke untere Seite des Bildes von einzelnen Gruppen der Herren des kaiserlichen Gefolges, den Vorstands- und Direktionsmitgliedern der Bergbau AG Lothringen sowie höheren Berg- und Verwaltungsbeamten eingenommen wurde, waren auf der rechten unteren Seite des Gemäldes die Mitglieder der Rettungsmannschaften aufgereiht. Namentlich handelte es sich um die Hauer Brüggestraß, Bonkhoff, Zegla (zweimal), Kitsch, Kaiser, Kotowski und Strauch, den Fahrhauer Sperschneider, den Schreinermeister Schmülling sowie die beiden Förderaufseher Bonkhoff und Richter, den Steiger Kühn, den Fahrsteiger Bolte und den Betriebsführer Lins. Im Bildzentrum und Vordergrund befand sich eine von den übrigen dargestellten Personen abgeschlossene Dreiergruppe, bestehend aus Wilhelm II. in der Mitte, links flankiert vom Bochumer Polizeipräsidenten Gerstein und rechts vom Berghauptmann Liebrecht, der dem Kaiser die Funktion einer Davy-Sicherheitslampe erläuterte. In der Darstellung war der Kontakt des Kaisers allein auf die ihn flankierenden Personen beschränkt, während eine Form der Interaktion mit den Bergleuten nicht gegeben war.

Gegenüber dieser ersten Fassung von 1913 weist das ein Jahr später im Unternehmensauftrag angefertigte, hier zu sehende Gemälde einige wichtige inhaltliche und kompositorische Veränderungen auf, die sich in hohem Maße mit den zuvor geschilderten allgemeinen und unternehmenspolitischen Motiven der Bergbau AG Lothringen hinsichtlich des Kaiserbesuchs in Bochum-Gerthe in Verbindung bringen lassen. Hierauf hat vor allem Carsten Roth in einer detaillierten formalen Bildanalyse zutreffend hingewiesen (Roth, 1992, S. 161–166).

Abgesehen davon, dass Rocholl diese zweite Fassung in das für Historienbilder repräsentativere Querformat veränderte, rückte er die dargestellten Personen bedeutungsperspektivisch weiter in den Vordergrund. Wesentlich neu gestaltet und farblich besonders hervorgehoben wurde die Figur Wilhelms II., der nun die Reihe der weiterhin rechts angeordneten Retter abschritt und dem Bergmann Strauch zum Dank für seinen Einsatz die Hand schüttelte. Strauch hatte, wie sein Nachbar Thielker, als Zeichen der Ehrerbietung seinen Hut gezogen. Wesentlich geändert wurden in der zweiten Fassung die Anzahl und vor allem die Verteilung der dargestellten Personengruppen: Während sich die Gruppe der Rettungskräfte um sechs Personen verringerte, wuchs die Zahl der bürgerlichen Honoratioren um den Regierungs-Assessor von Kretschmann, den Oberbergrat Overthun sowie die Bergräte Höchst und Grassy weiter an. Indem so das ursprünglich ausgewogene Zahlenverhältnis zwischen der wirtschaftsbürgerlichen und bürokratischen Führungsschicht sowie der Bergarbeiterschaft in eine Zweidrittelmehrheit der erstgenannten Repräsentanten verändert wurde, waren für den zeitgenössischen Betrachter die Machtverhältnisse im wilhelminischen Kaiserreich aus einer monarchisch-konservativen Warte klar erkennbar: „Der kompakten ‚Masse' der Bergleute stehen die Offiziellen als porträtierte Individuen gegenüber, sorgfältig so platziert, daß keiner den anderen überschneidet" (ebd., S. 165).

Zusammenfassend bleibt festzuhalten, dass sich das hier gezeigte Gemälde von Theodor

Rocholl aus dem Jahr 1914 – es kann als erstes Historiengemälde in der Bildenden Kunst des Deutschen Reiches gelten, das sich dem Thema eines Grubenunglücks widmete (Slotta, 1999, S. 4) – nachträglich dem wilhelminischen Gesellschaftsentwurf in besonderer Weise verpflichtet sah: Gerade im Angesicht der sozialpolitisch bedeutsamen Katastrophe im Ruhrbergbau als einem Leitsektor der Ökonomie des Kaiserreichs wurde Wilhelm II. als nationale Klammer stilisiert, die durch den Händedruck mit einem Bergarbeiter gleichsam die Klassengegensätze im Deutschen Reich am Vorabend des Ersten Weltkriegs überbrückte. Ein solches „Bild" war im Besonderen auch für die Bergbau AG Lothringen als Auftrag gebendes Unternehmen in mehrfacher Hinsicht funktional.

Bis 1970 blieb das Gemälde in Bochum-Gerthe auf der Zeche Lothringen selbst beheimatet. Anschließend gelangte es nach Kohlscheid in die Hauptverwaltung der Eschweiler-Bergwerks-Verein AG (EBV), die bereits 1957 die Mehrheitsbeteiligung an der Bergbau AG Lothringen erworben hatte (Bochumer Kulturrat, 1996, S. 18). Im Jahr 1999 ist das Gemälde schließlich vom EBV als Dauerleihgabe an das Deutsche Bergbau-Museum Bochum übergeben worden, welches es seither zumeist an prominenter Stelle in seinem Eingangsbereich ausgestellt hat.

MICHAEL FARRENKOPF

47 | FILMDOKUMENT ZUM BERGWERKSUNGLÜCK AUF ZECHE LOTHRINGEN 1912

Stadtarchiv Bochum – Mediensammlung

Originalformat des Films: 35 mm

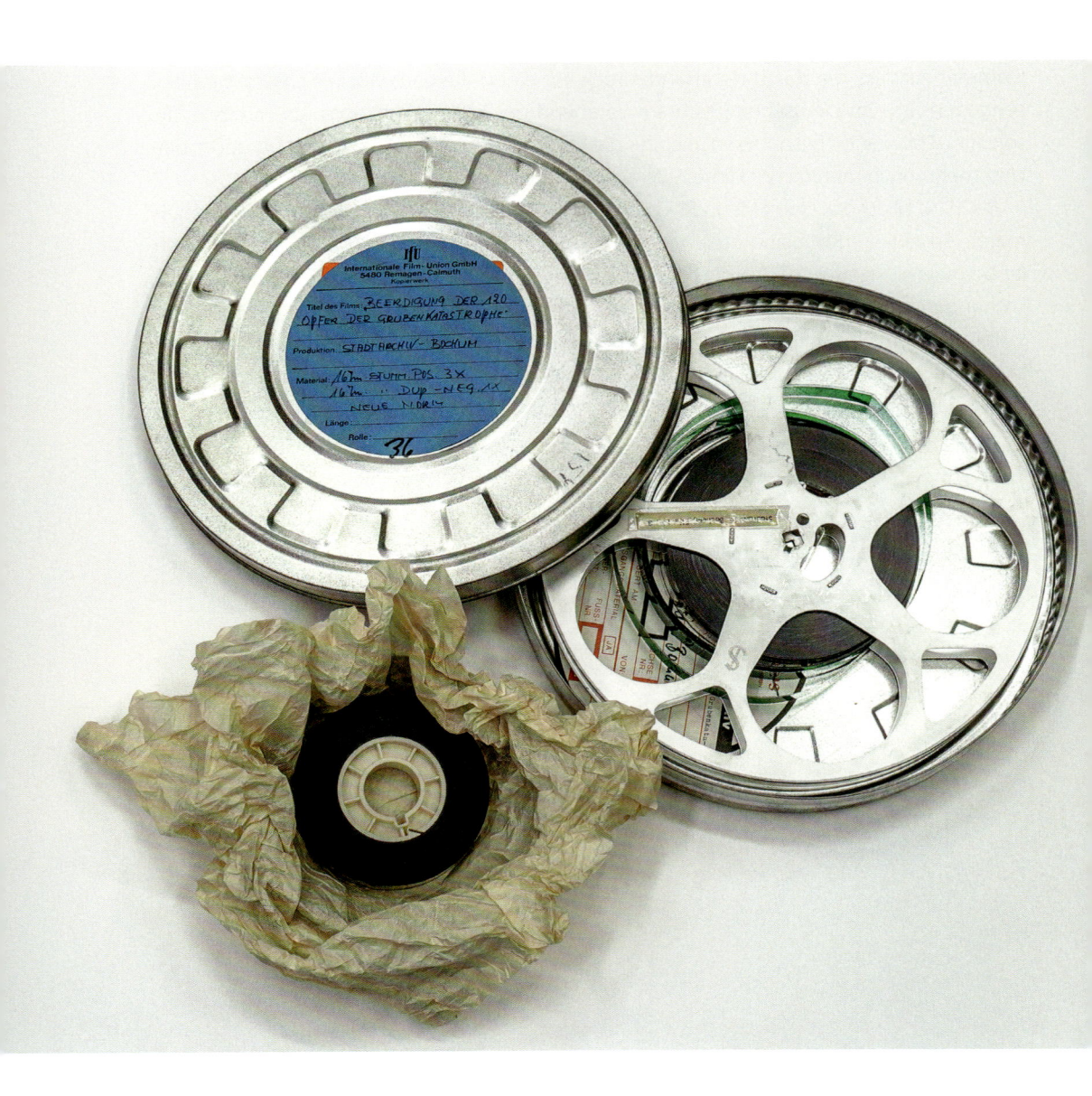

47 FILMDOKUMENT ZUM BERGWERKSUNGLÜCK AUF ZECHE LOTHRINGEN 1912

Ein Filmdokument zum Bergwerksunglück auf Zeche Lothringen am 8. August 1912. Sechs ereignisreiche Tage aus der Geschichte des Ruhrgebiets im Film

Donnerstag, 8. August 1912

Essen hat sich auf Kaisertage eingestellt. Die Familie um Bertha Krupp von Bohlen und Halbach und ihren Gatten Gustav und die gesamte Firma Friedrich Krupp haben über Monate generalstabsmäßig ein spektakuläres, in seiner Dimension nie dagewesenes Fest vorbereitet und der Kaiser hat seine Teilnahme zugesagt. Gefeiert werden sollen, etwas verspätet, das hundertjährige Bestehen der Firma (Gründung am 20. November 1811 durch Friedrich Krupp) und der 100. Geburtstag von Alfred Krupp (geboren am 26. April 1812). Geplant ist die Festivität für die Tage vom 8. bis 10. August 1912 (Tenfelde, 2005).

Am Morgen des 8. August 1912 trifft Kaiser Wilhelm II. samt Gefolge mit seinem Hofzug im Bahnhof Hügel in Essen ein. Seine Begleitung ist hochrangig, allen voran, neben Prinz Heinrich von Preußen, seinem Bruder, Reichskanzler von Bethmann Hollweg und Großadmiral von Tirpitz. Im Automobil fährt er von der Villa Hügel durch die Stadt hinab zur Gussstahlfabrik. Dort im Lichthof des neuen Hauptverwaltungsgebäudes an der Altendorfer Straße findet der Festakt der Jahrhundertfeier statt (ebd., S. 62ff).

Am selben Morgen, gegen 9:30 Uhr, erschüttert eine Schlagwetterexplosion die Zeche Lothringen in Bochum-Gerthe auf der 350-Meter-Sohle. An den schwierigen Rettungsarbeiten beteiligen sich auch die erfahrenen und bestens ausgerüsteten Rettungstrupps der benachbarten Schachtanlagen Shamrock I/II und III/IV in Wanne-Eickel, die seit ihrem beherzten Einsatz bei der Katastrophe in der französischen Grube in Courrières 1906 einen besonderen Ruf genießen (MS, ab 9.8.1912).

Der Kaiser erfährt in Essen, vermutlich nach der offiziellen Feier im Lichthof, bei einem „zweiten Frühstück", noch im Kruppschen Turmhaus, erstmals von der Katastrophe und beauftragt zwei Herren seiner Begleitung, Handelsminister von Sydow und den Oberpräsidenten von Westfalen, den Prinzen von Ratibor und Corvey, in Bochum genaue Informationen einzuholen. Bereits am selben Abend erstatten sie Wilhelm auf Villa Hügel Bericht. Und hier muss auch bereits die Entscheidung gefallen sein, entgegen aller Planungen für dieses Festwochenende am nächsten Tag der Unglückszeche und den Überlebenden im Bochumer Krankenhaus „Bergmannsheil" einen Besuch abzustatten. Das für den Nachmittag dieses Tages vorgesehene und über Monate akribisch vorbereitete historisierende Ritterspiel zur Kruppschen Werksgeschichte, „Hie Barbara, hie St. Georg! Festspiel vor seiner Majestät dem Kaiser und König auf dem Hügel aus Anlaß der Hundertjahrfeier der Firma Krupp", muss, sicher sehr zum Bedauern der Beteiligten, abgesagt werden (Tenfelde, 2005, S. 78, S. 84, S. 96ff; MS, 10.8.1912).

Dadurch entgeht dem Ruhrgebiet auch eine kinematografische Premiere. Denn für diese

Inszenierung und die geplante einmalige Aufführung in der Reithalle neben Villa Hügel hat der von Krupp beauftragte Düsseldorfer Professor Klaus Meyer, dem die künstlerische Oberleitung übertragen worden ist, auch Filmaufnahmen herstellen lassen, die an acht Stellen in die Vorführung eingespielt werden sollten, zu dieser Zeit eine inszenatorische Neuheit. Sie kommen nie zur Aufführung, über ihren genauen Inhalt weiß man wenig, ihr Verbleib ist nicht restlos geklärt (Köhne-Lindenlaub, 1997, S. 42f).

Freitag, 9. August 1912
Die für den Vormittag des zweiten Besuchstages in Essen vorgesehene ausgiebige Werksbesichtigung mit ihrem Höhepunkt, einem Probeschießen auf dem werkseigenen Schießplatz im Norden der Stadt, westlich des Segeroth-Viertels, lässt sich Wilhelm II. erwartungsgemäß nicht nehmen (Tenfelde, 2005, S. 87ff.). Doch dann bricht er nach Bochum auf.

Der Kaiser, sein Bruder Kronprinz Heinrich, Gustav Krupp von Bohlen und Halbach und das Gefolge des Regenten erreichen die Schachtanlage Lothringen im Bochumer Norden in einem Konvoi mit drei Automobilen von Villa Hügel kommend über die Steeler Chaussee und in Bochum dann über die Hattinger Straße, die Bahnhof-, Friedrich-, Hoch- und Kortumstraße, vorbei am Kaiser-Wilhelm-Denkmal und am Stadtpark. Gegen 16:45 Uhr treffen sie in Gerthe ein. Ortskundiger Führer der Kolonne ist der Landrat des Kreises Bochum und Bochumer Polizeipräsident Carl Gerstein (MS, 10.8.1912).

Als zunächst unbestätigtes Gerücht hatte sich die Kunde vom überraschenden Besuch des Kaisers schon am Vortag rasend schnell in Bochum und Umgebung verbreitet, so dass die Straßenränder seines Weges „schon gegen 8 Uhr mit einer in froher Erwartung harrenden ungeheuren Menschenmenge besetzt" sind. „Begeisterte Hurrarufe pflanzten sich den ganzen Weg entlang fort." Die Lokalpresse berichtet, dass die Gendarmerie „nur mit Mühe […] die Fahrbahn frei zu halten" vermochte (ebd.).

Der spontane Kondolenzbesuch des Kaisers entwickelt sich zum „Bochumer Kaisertag". Der traurige Anlass beschert der Stadt den lang herbeigesehnten ersten Besuch eines deutschen Kaisers in der westfälischen Industriestadt (ebd., Titelseite).

Von diesem völlig ungeplanten, nicht vorhersehbaren Besuch des Kaisers auf der Bochumer Zeche entstehen (daher?) nur wenige Bilddokumente. Es ist nicht gesichert, ob ein Fotograf auf den Zechenplatz vorgelassen wurde, auf dem der Regent mit der Zechenleitung und Bergleuten, vor allem Geretteten und Mitgliedern der Rettungstrupps, zusammentrifft. Unser heutiges Bild von dieser Szene leitet sich von einem Gemälde des Schlachtenmalers Theodor Rocholl ab, der seine Eindrücke von dieser Begegnung (als Augenzeuge oder nach Bilddokumenten?) im darauffolgenden Jahr in einem Ölgemälde zusammenfasste.

Sicher erscheint dagegen, dass eine Filmkamera zumindest so nahe gewesen sein muss, dass an diesem Tag Aufnahmen entstehen, auf denen der Kaiser und seine Begleitung zu erkennen sind. Denn bereits am folgenden Montag, dem 12. August, annoncieren das größte Lichtspielhaus Bochums (in der Eigenwerbung „größtes Kinematographentheater Westdeutschlands"), das „Tonhallen-Theater" in der Bongardstraße 14, wie auch das im selben Besitz befindliche „Palast-Theater" in der Friedrichstraße 8, unter dem Titel „Das Grubenunglück auf Zeche Lothringen mit Kaiser Wilhelm, Prinz Heinrich und Gefolge auf dem Unglücksplatz" in seinem Programm Filmbilder „als einzig existierende Aufnahme des Tonhallen-Theaters" (Palast-Theater: „S.M. der Kaiser, Prinz Heinrich u. deren Gefolge an der Unglücksstätte in Gerthe", beide in: MS, 12.8.1912, Anzeigenteil). Diese Formulierung lässt offen, ob die Aufnahmen vom Kinobetrieb selbst gedreht, in Auftrag gegeben oder angekauft wurden. Auch am folgenden Tag kündigt das Theater diese Aufnahmen erneut, nur unter leicht variiertem Titel, als „ergreifende Scenen" an (ebd., 13.8.1912, Anzeigenteil, Werbeannoncen des Tonhallen-Theaters Bochum sowie des Palast-Theaters).

Die Aufnahme „Großes Grubenunglück in Bochum" (1912) „mit Kaiserbesuch" mit einer Länge von 100 Metern, in Herbert Biretts auf Daten der örtlichen Polizeizensurbehörden beruhendem Standardwerk zur frühen deutschen Filmgeschichte unter der Nummer 24158 katalogisiert (Birett nennt als Produzenten die Tonhallen-Theater GmbH), muss heute als verschollen gelten (Birett, 1980; Siegener Datenbank; www.filmportal.de).

Unklar bleibt, ob das Theater wirklich der Produzent war oder sich vielleicht nur den (exklusiven) Vertrieb einer angekauften Aufnahme gesichert hatte. Denn der Eigentümer des Lichtspielhauses, der „Kaufmann Jakob Goldstaub" (Adressbuch Stadt Bo 1913, 5. Teil, S. 69), war zu dieser Zeit, als Filmkopien zumeist noch nicht verliehen, sondern verkauft wurden, bereits im Handel mit Filmen aktiv und ab 1914 auch Teilhaber des ebenfalls in Bochum, am Spitzberg 5, ansässigen namhaften Filmvertriebs Unger & Neubeck G.m.b.H. (Reichs-Kino-Adressbuch, 1918/19, S. 311).

Auf jeden Fall erfüllen diese Bilder alle Kriterien der für die frühen Kinojahre typischen sogenannten Lokalaufnahmen. So wurden die von einem örtlichen Theaterbetreiber gedrehten oder in Auftrag gegebenen Bewegtbilder genannt, die er dann in Konkurrenz zu anderen Lichtspielhäusern am Ort exklusiv auswerten konnte. Diese charakteristische Exklusivität solcher „Lokalaufnahmen" hatte zur Folge, dass die überwiegend sehr kurzen Streifen häufig Unikate waren und auch deshalb heute nur sehr selten erhalten geblieben sind.

Da im gleichen Programm „ab heute" auch Filmbilder vom ersten Besuchstag des Kaisers in Essen unter dem Titel „Die Kaisertage in Essen" angekündigt wurden (MS, 12.8.1912, Anzeigenteil, Werbeannonce des Tonhallen-Theaters Bochum), die ebenfalls nicht überliefert sind, ist jedenfalls belegt, dass es im Umfeld des Kaisers bei diesem Besuch im Industriegebiet im August 1912 zumindest ein akkreditiertes Filmteam gegeben haben muss. Bei dem vielfach belegten großen Interesse des Kaisers wie auch des Kronprinzen am modernen neuen Bildmedium „Film" war das nicht überraschend (Peter Schamoni, 1997–1999, „meist gefilmter Mann seiner Zeit"). Denkbar ist, dass genau dieser Kameramann dann auch in Gerthe Zugang zum Zechenplatz bekam, um Aufnahmen vom Kaiser zu drehen.

Nach dem Besuch auf Zeche Lothringen fahren der Kaiser, Prinz Heinrich und ihr Gefolge zum Krankenhaus Bergmannsheil, wo die verletzten Überlebenden der Katastrophe behandelt werden, um ihnen ihre Anteilnahme zu zeigen (MS, 12.8.1912). Während der Kaiser danach nach Essen zurückkehrt, fährt Prinz Heinrich, begleitet von Tilo Freiherr von Wilmowski, Schwager von Gustav Krupp von Bohlen und Halbach, weiter zur Zeche Hannover und unternimmt dort eine dreistündige Grubenfahrt auf die 650-Meter-Sohle, um sich ausführlich über die Arbeits- und Sicherheitsbedingungen im Bergbau informieren zu lassen. Von diesem überraschenden hohen Besuch erfahren die dortigen Bergleute erst nach dessen Abfahrt, die ihn mit Zwischenstopp bei den Benzolwerken der Zeche ebenfalls zurück zur Villa Hügel führt (ebd.).

Samstag, 10. August 1912
Die Angehörigen der Opfer erhalten an diesem und dem folgenden Tag auf dem hermetisch abgeschirmten Zechengelände Gelegenheit, von ihren ums Leben gekommenen und dort aufgebahrten Angehörigen Abschied zu nehmen. Beileidstelegramme der Kaiserin, des Prinzregenten von Bayern und des „Hauses der Abgeordneten" sowie erste Geldspenden für die Familien der Opfer treffen auf der Zeche ein. Und mit einem Kruppschen Automobil erreicht aus Essen ein Blumengruß des Kaisers für die Verwundeten das „Bergmannsheil". Bereits am Nachmittag dieses Tages veranlasst Polizeipräsident Gerstein auf Schacht I die Auszahlung erster Hilfsgelder für die betroffenen Familien aus der Spende des Kaisers.

Sonntag, 11. August 1912
Von der sehr ausführlichen lokalen Presseberichterstattung und sicher auch durch Mundpropaganda befeuert, bewegt sich am Sonntag ein „riesiger Menschenstrom nach Gerthe" (ebd.). In einer vom Bergbau geprägten Industriestadt ist Anteilnahme naheliegend und selbstverständlich. Denkbar ist aber auch, dass bereits damals eine Art voyeuristischer Katastrophen-Tourismus eine Rolle gespielt haben könnte. Man wollte dem Ort des Geschehens nahe sein und wohl auch dem Ort, zu dem der Kaiser eilte.

Montag, 12. August 1912
Ganz Bochum steht am folgenden Montag im Zeichen der Trauer. An diesem Tag findet die Beisetzung von 99 der zu diesem Zeitpunkt 109, später insgesamt 115 Opfer der Schlagwetterkatastrophe statt. Zwei Massengräber, eines für die 41 evangelischen und eines für die 58 katholischen toten Bergleute, sind in aller Eile über das Wochenende auf dem Kommunalfriedhof in Gerthe vorbereitet worden (diese und alle nachfolgenden Angaben zum Trauerzug und zur Beisetzung nach: MS, 13.8.1912). In einem langen Trauerkondukt werden die Särge auf 23 von Pferden gezogenen Planwagen vom Zechenplatz an Schacht I zum Friedhof überführt. „Abwechselnd wars ein Leichenwagen mit evangelischen und katholischen Knappen", an der Spitze die Särge der beiden umgekommenen Steiger Paßmann und Middelmann. „Wohl zwei Stunden verronnen, ehe der letzte Teilnehmer des endlosen Zuges auf dem Friedhof angelangt war [...]". Nach lokalen Presseberichten säumen an diesem Nachmittag über

300 000 Menschen den Weg durch Gerthe. An dem Trauerzug nehmen der Oberpräsident der Provinz Westfalen, Prinz Ratibor als Abgesandter des Kaisers, der Regierungspräsident, der Landrat des Landkreises Bochum, oberste Beamte des Königlichen Oberbergamts Dortmund und weiterer Bergbauinstitutionen, hohe Militärs, Bürgermeister der umliegenden Orte sowie Abordnungen vieler Knappenvereine teil. Der Bischof von Paderborn und der Generalsuperintendent der evangelischen Kirche in Westfalen gestalten schließlich nahe den Gräbern den Trauergottesdienst.

Von diesem die ganze Stadt bewegenden Ereignis entstehen Aufnahmen eines Filmkameramannes, der eine Szene gegenüber dem Zecheneingang an der Lothringer Straße dreht und sich dann irgendwo am Weg des Trauerzuges durch den Stadtteil Gerthe postiert. Mit seiner erhöht aufgebauten Kamera schaut er über die Köpfe der dicht gedrängt am Straßenrand stehenden Menschen hinweg in zwei leicht unterschiedlichen starren Einstellungen dem Trauerzug entgegen. Auf der Straßenseite gegenüber sind Wohnhäuser erkennbar, aus deren geöffneten Fenstern ebenfalls zahlreiche Menschen das Geschehen verfolgen. Der Kameramann hält in zwei Filmminuten die verschiedenen vorbeiziehenden Abteilungen des zweistündigen Zuges, die Leichenwagen hinter Schildträgern (auf den Schildern, so wird berichtet, die Namen der Toten) und die ihnen folgenden Fußgruppen von Angehörigen, Geistlichen, Kapellen und Abordnungen verschiedenster bergbaulicher Vereinigungen, in jeweils kurzen Einstellungen im Bild fest.

Diese Szenen finden sich auf den 52 Filmmetern, die im Bundesarchiv-Filmarchiv in Berlin lagern (Bundesarchiv-Filmarchiv, Archivsignatur 2727, Eingangsnummern K 82751 und K 83133). Auch die Titeltafel „Beerdigung der 120 Opfer der Grubenkatastrophe auf Zeche Lothringen" ist im Original erhalten. Es spricht vieles dafür, dass die Szenen identisch sind mit den von Herbert Birett unter der Nummer 24245 notierten Aufnahmen mit dem Titel „Grubenunglück. Beerdigung der Opfer" (1912). Dort findet sich auch der Hinweis „Raleigh" beziehungsweise „Production: fr: R+R" (vgl. die Siegener Datenbank zu diesem Titel) und damit auf die in Paris ansässige deutsch-französische Firma Raleigh & Robert (1901-1913) (Dittrich, 2013, o. Pag.), wobei nicht sicher ist, ob damit die Herstellung oder „nur" der Vertrieb der Aufnahmen gemeint war. In jedem Fall lässt diese Firma, selten bei Lokalaufnahmen, auf eine überörtliche, vermutlich reichsweite, vielleicht sogar internationale Verbreitung der Aufnahmen aus Bochum schließen. Zu den von der Produktions- und Vertriebsfirma Raleigh & Robert angebotenen überwiegend dokumentarischen Genres gehörten auch „Aktualitäten", wie damals dokumentarische Kurzberichte von besonderen Ereignissen genannt wurden. Sie gelten als Vorläufer der wenige Jahre später aufkommenden Wochenschauen. Der Erhalt dieser Bochumer Filmaufnahmen ist, wie so oft bei frühen kinematografischen Überlieferungen, einer ganzen Kette von Zufällen zu verdanken. Als „Lokalaufnahme" eigentlich nur am Ort ihres Entstehens von größerem Interesse, fanden die Aufnahmen des Trauerzuges vom 12. August 1912 in Gerthe, wohl als Folge der „Aufwertung" des Ereignisses durch den Kaiserbesuch und möglicherweise in vertriebstechnischer Kombination mit den verschollenen

47 | FILMDOKUMENT ZUM BERGWERKSUNGLÜCK AUF ZECHE LOTHRINGEN 1912

Filmaufnahmen vom Kaiser auf Zeche Lothringen, offenbar über Bochum hinaus Interesse in der Kinobranche. Entweder hatte die Dimension des Ereignisses die französische Produktionsfirma Raleigh & Robert veranlasst, einen eigenen Kameramann nach Bochum zu schicken oder sie hatten sich lokal entstandene Szenen für einen als lukrativ erachteten nationalen oder sogar internationalen Vertrieb gesichert. Zu diesem Zweck dürften zusätzliche Kopien hergestellt worden sein. Und das könnte erklären, warum Jahrzehnte später im Vorführraum eines Essener Lichtspieltheaters in einer „Restekiste" eine originale 35-mm-Kopie genau dieser Aufnahmen gefunden wurde. Wegen seiner Feuergefährlichkeit gab der Finder, der Essener Werner Hunold, das alte Nitratfilmmaterial später zur Konservierung, also zur Umkopierung auf Sicherheitsfilm, und zur Archivierung an das Bundesarchiv-Filmarchiv ab, so eine Erinnerung von Werner Hunold gegenüber dem Verfasser vor vielen Jahren.

Die erstmalige öffentliche Wiedervorführung des frühen Filmdokuments erfolgte dann in der Retrospektive „Das Ruhrgebiet im Film" anlässlich der 24. Westdeutschen Kurzfilmtage im April 1978 in Oberhausen (Roland Günter u.a., 1978, Bd. 2, S. 1104, Nr. 996) und führte dazu, dass eine 16-mm-Kopie dieses Fundes auch in das Stadtarchiv Bochum gelangte (StadtA Bo, Filmbestand, Sign. 0287).

Dienstag, 13. August 1912

Bereits am folgenden Tag, dem 13. August, werden die Filmaufnahmen vom Trauerzug in den Programmannoncen des Tonhallen-Theaters in der Bochumer Lokalpresse zusätzlich zu den Bildern vom Kaiserbesuch auf Zeche Lothringen in Aussicht gestellt: „Ferner heute sofort nach Fertigstellung: ,Die Beerdigungs-Feierlichkeiten der bei der Schlagwetter-Katastrophe verunglückten Bergleute. Über 100 000 Personen aus allen Schichten der Bevölkerung gaben den Toten das letzte Geleit'" (MS, 13.8.1912, Werbeannonce des Tonhallen-Theaters Bochum). Aktuelle Filmberichterstattung mit den Möglichkeiten des frühen Kinos.

Eine Filmbüchse aus Eisenblech als Exponat

Ihr Inhalt: die Schmalfilmkopie einer seltenen lokalen Filmaufnahme aus den Kindertagen der Kinematografie. Entstanden, weil in der Stadt eine Katastrophe ungewöhnlich viele Menschenleben an ihrem gefährlichen Arbeitsplatz gefordert hatte. Um das festzuhalten und als Nachricht weiterzugeben, was in der Stadt im August 1912 geschah. Die Würdigung der Opfer durch den spontanen Besuch des Kaisers könnte Anlass für die Aufnahmen gewesen sein, in jedem Fall dürfte der Besuch des Regenten ihnen eine zusätzliche Bedeutung verliehen und ihre Verbreitung weit über Bochum hinaus befördert haben.

Und die Büchse mit ihrem Inhalt kann auch stellvertretend verstanden werden: für die vielen von der Geschichtsschreibung noch immer erstaunlich selten beachteten filmischen Dokumente zur Geschichte einzelner Städte und Regionen.

PAUL HOFMANN

48 BUCH „KRIEGSERINNERUNGEN KREIS-KRIEGER-VERBAND BOCHUM-LAND"

Kriegserinnerungen. Wie Bochumer Veteranen 1913 auf die Einigungskriege zurückblickten

„Wahrlich rührend war es, im Verkehr mit den alten Kämpen zu erkennen, wie sie sich unter den schwersten Verhältnissen ihre Liebe zu Herrscher und Vaterland unerschütterlich bewahrt haben; von dieser schönen Begeisterung sind auch die Erinnerungen getragen und so zeigt das Buch, daß im Herzen unseres Industriebezirks ein Felsen von Königstreue und Vaterlandsliebe steht, an welchem die hochwallenden Wogen des Umsturzes allezeit zerschellen lassen" (Kreis-Krieger-Verband Bochum-Land, 1913, S. 7).

Mit diesen Worten offenbarte der Vorsitzende des Kreis-Krieger-Verbandes Bochum-Land, Landrat Karl Gerstein, in seinem Vorwort unumwunden die Intention, die mit der Veröffentlichung der Kriegserinnerungen Bochumer Veteranen an die Einigungskriege verfolgt werden sollte. Gerstein beschwor die monarchistische Gesinnung der Veteranen, die anderen ein Vorbild sein sollte, sowie die Einheit von Krone und Vaterland. Zugleich grenzte er die Kriegervereine von vermeintlich staatsgefährdenden Kräften wie der Sozialdemokratie ab, ohne sie gleichwohl beim Namen zu nennen. Der Kreis-Krieger-Verband Bochum-Land unterschied sich insoweit nicht von den anderen Kriegervereinen des Deutschen Kaiserreiches.

Ursprünglich gingen die Kriegervereine auf eine Kabinettsorder König Friedrich Wilhelms III. vom 22. Februar 1842 zurück, wonach ehemalige Soldaten der Befreiungskriege mit einer Trauerparade zu beerdigen seien. Zur Durchführung dieses Zeremoniells gründeten sich Militär-Begräbnisvereine, aus denen später die eigentlichen Kriegervereine hervorgingen. Die Kriegervereine waren zunächst unpolitisch, aber bereits während der Revolution 1848 setzte eine Politisierung der Verbände ein. Die Kriegervereine bekannten sich weitgehend zur Monarchie und stellten sich somit in den Dienst der Reaktion. In den 1880er Jahren verstärkte sich diese Positionierung. Die Kriegervereine sollten sich zu einer konservativen und monarchisch gesinnten Massenbewegung entwickeln, um so ein Gegengewicht zur Politisierung der Arbeiterschaft zu schaffen. 1891 entschieden die Verbände, Sozialdemokraten eine Mitgliedschaft in den Kriegervereinen zu versagen. Zudem pflegten die Kriegervereine das militaristische und nationalistische Denken. Thomas Rohkrämer geht davon aus, dass die Kriegervereine damit die Gesellschaft des Kaiserreiches entscheidend mitgeprägt haben: „Indem die Kriegervereine ihre neue Aufgabe darin erkannten, die Bereitschaft zum Kriege zu pflegen, wurde ihr Militarismus zukunftsorientiert" (Rohkrämer, 1990, S. 82).

In Bochum wurde ein Krieger- und Landwehrverein bereits am 10. März 1844 gegründet. Der „Verein vaterländischer Krieger für den Kreis Bochum" setzte sich zum Ziel, das letzte Geleit für verstorbene Kameraden zu geben, ein alljährliches Erinnerungsfest abzuhalten und bedürftige Kameraden oder deren Hinterbliebene zu unterstützen (Bochumer Krieger- und Landwehr-Verein, 1934, S. 11). 1849 gehörten rund 200 Mitglieder dem Verein an (ebd., S. 12). Nach den Einigungskriegen gründeten sich zahlreiche neue Kriegervereine, die in der

48 | BUCH „KRIEGSERINNERUNGEN KREIS-KRIEGER-VERBAND BOCHUM-LAND"

Stadtarchiv Bochum – Bibliothek, K VII f 2

H 26,3, B ca. 20,5 (aufgeschlagen 41 cm); Papier

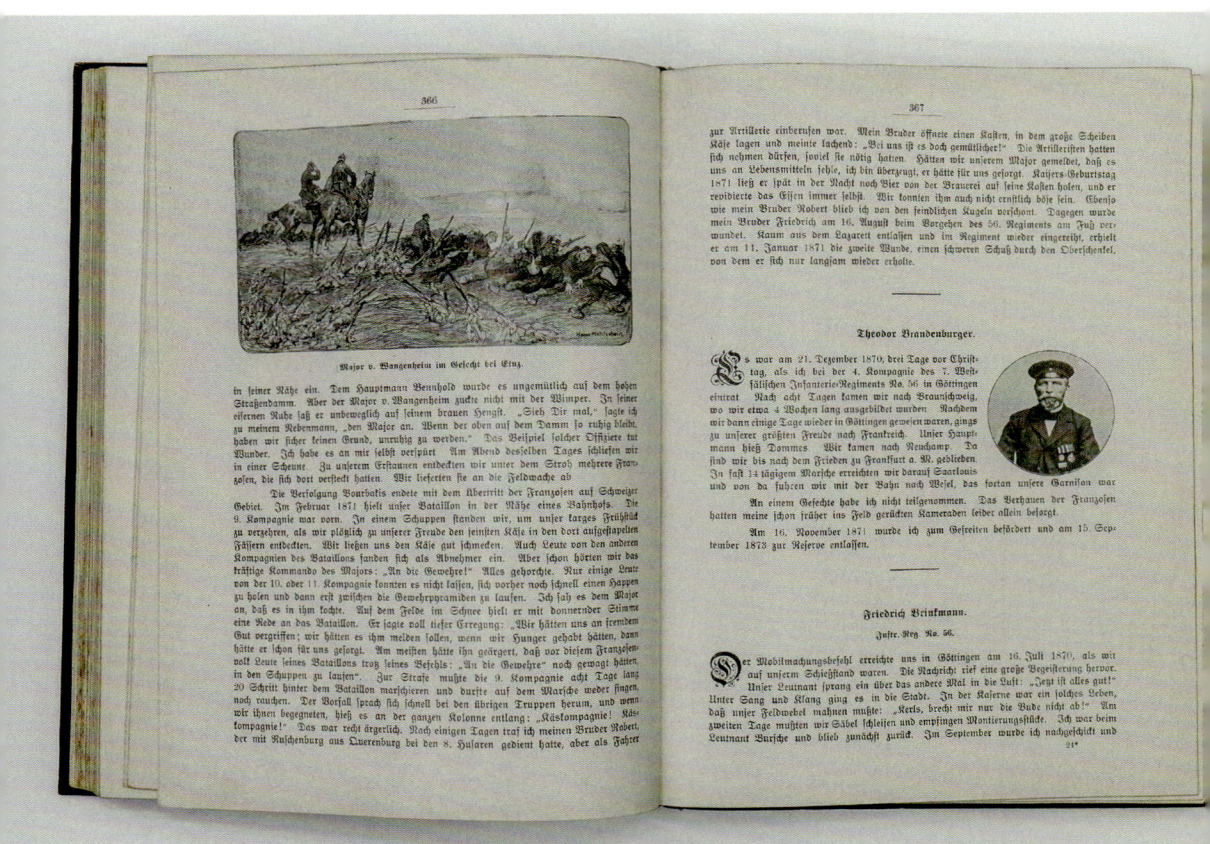

Folgezeit stetig an Mitgliedern gewannen. 19 Kriegervereine schlossen sich am 22. Juli 1877 im Bochumer Kreis-Krieger-Verband zusammen. 1905 waren in der Stadt Bochum 3 559 Mitglieder in 16 Kriegervereinen organisiert, im Landkreis Bochum waren es 3 416 Mitglieder in 19 Vereinen (StadtA Bo, LA 1353, Bl. 21).

Aufgrund des enormen Wachstums sowohl bei den Mitgliedern als auch bei der Bevölkerung im Verbandsgebiet setzte sich 1905 Landrat Karl Gerstein dafür ein, den Kreis-Krieger-Verband Bochum-Stadt und -Land als Zusammenschluss der Kriegervereine zu teilen. „Gegen aller Erwartung" stimmten die Vertreter der Kriegervereine jedoch zunächst gegen die Teilung „in je einen Stadt- und Landkreis" (ebd., Bl. 17). Erst bei einer außerordentlichen Vertreterversammlung am 6. Januar 1906 fand sich dann eine Mehrheit für die Aufspaltung in zwei Dachverbände (ebd., Bl. 23). Beim „Rapport" anlässlich der Herausgabe der Kriegserinnerungen gehörten dem Kreis-Krieger-Verband Bochum-Land 27 Vereine mit 5 120 Mitgliedern an, wobei der Vereinigte Krieger- und Landwehrverein – Bataillon Langendreer mit 935 Mitgliedern der größte und der Marineverein Werne mit 30 Mitgliedern der kleinste Kriegerverein war (Kreis-Krieger-Verband Bochum-Land, 1913, S. 596).

Bei einer Vertreterversammlung in Harpen am 25. Juni 1911 fasste der Kreis-Krieger-Verband Bochum-Land den Beschluss, die Kriegserlebnisse der Veteranen aufzuzeichnen und zu veröffentlichen. Das Buch solle „ein Ehrenbuch […] der in unserem Verbande vereinigten Kriegervereine und der aus seinem Bezirk hervorgegangenen Mitkämpfer" werden, damit sich „insbesondere wegen der persönlichen Beziehungen noch die spätesten Generationen in unserer engeren Heimat erfreuen werden" (ebd., S. 6). Die Kriegervereine sollten gemäß des Beschlusses Ausschüsse bilden, um das Material zu sammeln und zu sichten. Die Veteranen sollten bei den Niederschriften durch „schreibgewandte jüngere Kameraden" unterstützt werden (ebd.). Für die Erstellung der Endfassung war ein Redaktionsausschuss vorgesehen.

Die Umsetzung des Beschlusses gestaltete sich jedoch schwieriger. Die Veteranen reagierten offenbar zunächst zurückhaltend auf die Anfrage, ihre Erinnerungen schriftlich niederzulegen. Dabei gehörte auch in Bochum die Erinnerung an die Einigungskriege durchaus zum Alltag, wenn auch in ritualisierter Form. Wie in den anderen Städten des Deutschen Reiches wurde alljährlich am 2. September dem vorentscheidenden Sieg gegen Frankreich bei Sedan gedacht. Bereits am Vorabend hielten die Bochumer Vereine, darunter nicht nur die Krieger- und Landwehrvereine, sondern auch Gesangs- und Turnvereine, einen Großen Zapfenstreich ab. An dieses militärische Zeremoniell schlossen sich am nächsten Morgen ein Festgottesdienst sowie ein Konzert an. „Abends wurde ein gewaltiges Feuerwerk mit Ball veranstaltet, auf dem die Bochumer Honoratioren und ihre Gattinnen Walzer tanzten" (Kümper, 2005, S. 77).

Zudem entstanden unmittelbar nach den Kriegen bereits Erinnerungsorte im Bochumer Stadtbild, mit denen an die Gefallenen und die errungenen Siege gedacht wurde. Zunächst waren dies Bäume, die zum Gedenken gepflanzt wurden. Den Anfang machte eine „Sieges-

48 | BUCH „KRIEGSERINNERUNGEN KREIS-KRIEGER-VERBAND BOCHUM-LAND"

eiche" auf dem Schützenplatz, die der Bochumer Krieger- und Landwehrverein schon am Maiabendfest 1864 zum Gedenken an den Sieg in der Schlacht bei Düppel pflanzen ließ. Weitere Gedenk- und Friedenseichen sollten folgen. 1867 entstand dann in Eppendorf die erste Grabstele, die an Gefallene erinnerte. Nach dem Deutsch-Französischen Krieg schließlich wurden weitere Kriegerdenkmäler errichtet, darunter die Pyramide mit Krone und Adler auf dem Wilhelmsplatz 1875 und die Germania in Langendreer 1886. Vielfach waren die Auftraggeber der Kriegerdenkmäler die Kriegervereine. Die Errichtung eines Kriegerdenkmals konnte dabei auch zur Identitätsstiftung des eigenen Kriegervereins werden. So kam es in Weitmar zu der Errichtung gleich mehrerer Kriegerdenkmäler (Neumann, 2010, S. 142f.).

Die Veteranen der Einigungskriege legten schließlich ihre „Scheu" vor der Veröffentlichung ihrer Erlebnisse ab (Kreis-Krieger-Verband Bochum-Land, 1913, S. 6). Rund 200 der 332 im Jahr 1911 noch lebenden Veteranen steuerten Erzählungen für die Kriegserinnerungen bei. Sie waren zwischen 63 und 79 Jahre alt. Die Veteranen hatten entweder einen Mannschafts- oder einen Unteroffiziersdienstgrad, nur drei der berichtenden Veteranen waren Offiziere. Mindestens 40 Prozent der Veteranen haben später im Bergbau gearbeitet, acht von ihnen fungierten als Steiger. Knapp 10 Prozent der Veteranen arbeiteten bei der Eisenbahn, die übrigen verdienten ihr Geld als Handwerker, Wirte, Landwirte, Gutsbesitzer oder Lehrer.

1913 gab der Kreis-Krieger-Verband Bochum-Land die Kriegserinnerungen im Selbstverlag heraus. Finanziert wurde der Druck durch Eigenmittel der Kriegervereine, kommunale Mittel und Spenden aus der Industrie. Nach eigenen Angaben war es „der einmütige Wunsch der Veteranen und der Kriegervereine, das Buch Sr. Majestät dem Kaiser zum Regierungsjubiläum als Festgabe darzubringen" (ebd., S. 7f.). Der 616 Seiten starke Prachtband ist aufwendig illustriert. Die Schlachtenmaler Theodor Rocholl und Hans Kohlschein steuerten ihre Bilder und Zeichnungen bei, die teilweise heroisierend das Schlachtgeschehen, teilweise anekdotenhaft den Alltag der Soldaten zeigen. Dazu kommen die Fotografien der drei Kaiser des Deutschen Reiches und hochrangiger Militärs sowie Feldzugskarten. Neben Fotografien aus dem Krieg finden sich aber vor allem Porträtfotos von den berichtenden Veteranen in den Kriegserinnerungen.

Die Veteranen wurden extra anlässlich der Herausgabe der Kriegserinnerungen abgelichtet. Auf den Fotos tragen sie Zivilkleidung mit ihren Ordens- und Ehrenzeichen, häufig auch die obligatorische Kriegervereinsmütze. Obwohl viele der Veteranen im Bergbau tätig waren, ist nur Daniel Degenhardt vom Krieger- und Landwehrverein Hordel in Bergmannsuniform abgelichtet. Die Veröffentlichung ihrer Porträtfotos empfanden die Veteranen offenbar als besondere Ehre. So ließ es sich August Kleinbeck vom Krieger- und Landwehrverein Querenburg nicht nehmen, sich für die Fotografie anzukleiden, obwohl er bereits „schwer leidend und schwach" war und ihm „Fieber und Frost" zusetzten (ebd., S. 389). Acht Tage nach der Aufnahme verstarb der Berginvalide.

Den Großteil der Kriegserinnerungen nehmen die Erlebnisse der Veteranen ein. Dabei handelt es sich vor allem um neu erstellte Niederschriften, aber auch um Feldpostbriefe und

Tagebucheintragungen. Die Berichte sind hinsichtlich des Umfangs sehr unterschiedlich. Teilweise sind es nur wenige Zeilen, manche Erinnerungen erstrecken sich hingegen über mehrere Seiten. Einige Erinnerungen sind in westfälischem Plattdeutsch verfasst. Neben den eigentlichen Erzählungen gibt es in den Kriegserinnerungen jedoch auch eine „Ehrentafel", die die 332 im Jahr 1911 noch lebenden Veteranen auflistet, sowie eine „Ehrentafel" der in den Einigungskriegen Gefallenen. Zudem lassen sich Angaben zum Kreis-Krieger-Verband Bochum-Land, die „Geschichte des Landwehrbataillons Bochum im Kriege 1870/71", ein Gefechtskalender für die Kriege 1864, 1866 und 1870/71 sowie eine Schilderung des Besuchs Kaisers Wilhelms II. auf der Zeche Lothringen 1912 in der Veröffentlichung finden.

Die Veteranen sollten in ihren Schilderungen die „reine Wahrheit" berichten und „jede Übertreibung" vermeiden (ebd., S. 6). Einzelne Erlebnisse wurden jedoch besonders hervorgehoben, um sie zu heroisieren und damit als vorbildhaft herauszustellen. So diente Andreas Wolff im Deutschen Krieg von 1866 bei den Leibhusaren und war in einem Gefecht auch Standartenträger. Während der Kämpfe wurde er von feindlichen Gardereitern umzingelt. Doch anstatt sich zu ergeben, schlug er kurzerhand mit der Standartenstange nach seinen Gegnern. „Die Hiebe saßen, die Feinde flohen. Die Standarte war gerettet" (ebd., S. 525). Die Standarte war ein herausgehobenes Ehrenzeichen des Regiments, der Verlust der Fahne galt daher als Schande. Dementsprechend wurde die Verteidigung der Standarte durch Wolff in einem Schlachtgemälde, das auch in den Kriegserinnerungen abgebildet ist, herausgestellt, um auch andere zu einer solch mutigen Tat anzuspornen.

Auch die Kriegsverletzungen wurden von den Veteranen teilweise heroisiert. Zwar hatten die Veteranen zweifellos Angst vor Tod und Verwundung, doch wurden die Verletzungen mannhaft ertragen. Als Theodor Klosterberg bei einem Gefecht am Fuß verletzt wurde, behalf er sich in Deckung umgehend selbst: „Ich zog dort die Kugel aus der Wunde heraus und wurde vom Tambour verbunden, während die Kugeln über uns weg sausten" (ebd., S. 66). Die Angst vor dem Lazarett war oftmals größer als die Angst vor der Verwundung. Mehrere Veteranen berichteten, dass sie sich gegen Amputationen wehrten und lieber den Tod in Kauf nahmen. Wie Fritz Hackmann waren sie froh, die „Stätte des Grauens" so schnell wie möglich zu verlassen (ebd., S. 86).

Neben der Verwundung im Kampf waren die Soldaten während der Feldzüge durch ansteckende Krankheiten bedroht. Gerade die Ruhr forderte zahlreiche Opfer. Nicht jeder konnte sich wie Heinrich Baumkötter mit einem kräftigen Grog kurzerhand selbst kurieren: „Ein tiefer Schlaf mit Schweißausbruch und ein gesundes Erwachen waren die heilsamen Folgen dieses durch die Not eingegebenen Mittels" (ebd., S. 85). Als besonders beschwerlich wurden auch Hunger und Wassermangel empfunden: „Ein entsetzlicher Durst quälte uns" (ebd., S. 204). Die Suche nach Wasser gehörte somit zum Kriegsalltag. Und wenn der Hunger groß war, waren die Soldaten auch nicht gerade zimperlich, wie Friedrich Vogt berichtete: „Wir hatten in den ersten Tagen auch nichts als Reis zu essen. Mit Pulver aus französischen Patronen salzten wir denselben. Davon wurde er schwarz, der Hunger ließ uns das aber übersehen" (ebd., S. 390).

Trotz all der Beschwernisse und Gefahren stellten viele Veteranen den Krieg als großes Abenteuer dar. So wurde der Feldzug gegen Frankreich als „Verhauen der Franzosen" (ebd., S. 367) verharmlost oder als „herrliche Zeit" (ebd., S. 222) verklärt. Veteranen, die nicht zum Kampfeinsatz kamen, empfanden dies als Manko. So bedauerte es Karl Neuhaus, dass er 1870 nicht wieder eingezogen wurde, weil er zum „großen Leidwesen" als Eisenbahn-Beamter als unabkömmlich galt (ebd., S. 401). Kritik am Krieg wurde allenfalls unterschwellig geübt, wenn Leid und Grausamkeit unverblümt dargestellt wurden. Adolph Zipp konnte zum Beispiel das Bild eines fünfzehnjährigen Jungen mit „durchschossenen Kopf" nicht vergessen (ebd., S. 520). Am deutlichsten wurde der Böttcher Wilhelm Hentschel: „O Krieg, was bist du ein Fluch für viele arme, unschuldige Menschen!" (ebd., S. 487).

Mehrfach berichteten die Veteranen über die guten Beziehungen zur Zivilbevölkerung während der Feldzüge. Ludwig von Berswordt-Wallrabe betonte ein „ganz freundliches Einvernehmen mit unsern Quartierswirten" (ebd., S. 49). Sogar Essensrationen wurden mit notleidenden Franzosen geteilt, obwohl die Soldaten oftmals selber nicht gut verpflegt waren. Heinrich Krumme schützte gemeinsam mit Kameraden gar seinen französischen Quartierswirt und dessen Frau, als dieser von Landsleuten angegriffen wurde. „Nun schritten wir aber ein und jagten die Gesellschaft mit den Kolben zur Tür hinaus. Unser Kostwirt bedankte sich herzlich und sagte, jetzt sollten wir aber einen Wein trinken, wie wir ihn noch nicht getrunken hätten" (ebd., S. 78).

Doch es gab auch andere Erfahrungen. Im Deutschen Krieg von 1866 wurden die preußischen Soldaten von der Bevölkerung in Kissingen alles andere als freundlich begrüßt: „Es wurde z.B. auf die durchmarschierenden Truppen kochendes Wasser und Öl aus den Fenstern gegossen" (ebd., S. 515). Während des Krieges gegen Frankreich war die Angst vor „Franktireuren", also vor kämpfenden Zivilisten, bei den deutschen Soldaten allgegenwärtig. Bei einem Überfall auf seine Einheit setzten die Kameraden von Diedrich Brüggestraß sogar eine Frau „in vollständiger Männerausrüstung" fest (ebd., S. 110). Die Veteranen sahen daher auch härteste Maßnahmen nicht als problematisch an. Als die Einheit von Karl Loges aus einem Haus beschossen wurde, wurden kurzerhand alle im Haus Aufgegriffenen „mit den Kolben bearbeitet und im Laufschritt die Treppe herunter befördert", obwohl der eigentliche Schütze gar nicht identifiziert werden konnte (ebd., S. 287). Theodor Berendes, der mit seiner Einheit Kriegsgefangene bewachte, berichtete ohne Mitleid darüber, dass ein französischer Gefangener, der nach dem Friedensschluss gegen die weitere Inhaftierung protestierte, kurzerhand erschossen wurde (ebd., S. 410).

Die „Turkos", also Angehörige der algerischen und tunesischen Schützenregimenter des französischen Heeres, erregten bei den Bochumer Veteranen besonderes Misstrauen. Als „schwarze Horden, die Frankreich gegen uns losgelassen hatte, um uns Angst zu machen", charakterisierte Fritz Haardt die Turkos (ebd., S. 523). Heinrich Nolting bezeichnete sie als „finstere, heimtückische Gesellen" (ebd., S. 473). Noch deutlicher wurde Johannes Krebber, als er sich über in Wesel festgesetzte Kriegsgefangene äußerte: „Beim Anblick dieser Galgengesichter mußte sich jeder deutsche Bürger und jede deutsche Frau unwillkürlich denen gegenüber, die so treu und fest die Grenzwache gehalten hatten, doppelt und dreifach zu unauslöschlichen Danke verpflichtet fühlen" (ebd., S. 281). Aus diesen Worten spricht ein rassistisches Überlegenheitsgefühl, das in den beiden Weltkriegen noch deutlicher zu Tage treten sollte.

Besonders im Gedächtnis blieben den Bochumer Veteranen die Begegnungen mit Vertretern des preußischen Königshauses. Voll Ehrfurcht erinnerte sich Friedrich Ruschenburg an den Besuch Wilhelms I. beim Husaren-Regiment No. 8: „Fürwahr ein erhebender Augenblick für ein Soldatenherz, diesem Heldengreise von 73 Jahren in einer solchen Lage in die Augen schauen zu dürfen" (ebd., S. 386). Vor allem die Volkstümlichkeit der Hohenzollern wurde immer wieder beschworen. Kronprinz Friedrich beschenkte Soldaten schon mal mit einer Pfeife. Heinrich Dettmer charakterisierte ihn daher begeistert: „Er hatte eine so freundliche und herablassende Art, ‚unser Fritz'" (ebd., S. 129). Auch von Prinz Friedrich Karl wurde schwärmerisch berichtet, dass „sich ein Hohenzollernprinz so einfach benehmen kann" (ebd., S. 92). An der monarchischen Gesinnung der berichtenden Veteranen kann es somit keinen Zweifel geben.

Einen erneuten Krieg ersehnte trotz des beschworenen Patriotismus keiner der Veteranen. Diedrich Kleffmann beendete seinen Bericht mit den Worten: „Et häwe nu blous noch den Wunsch, dat ek un mienen Suonn känen Krieg mä erliäwt" (ebd., S. 136). Doch in den Kriegserinnerungen gibt es auch einen Moment, der beim heutigen Leser ein beklemmendes Gefühl hinterlässt. So erinnerte sich Heinrich Meinhardt über seine Stationierung in Verdun an die folgende Begebenheit: „Halb im Ernst, halb im Scherz meinten bei einem Gespräch die Franzosen: ‚Ihr seid jetzt zweimal bei uns gewesen (1815 und 1870/71), jetzt ist die Reihe an uns'. Aber wir gaben ihnen in aller Ruhe zur Antwort: ‚Solange uns die Augen offen stehen, werdet Ihr das bleiben lassen!'" (ebd., S. 216). Tatsächlich war es das Deutsche Reich, das nur ein Jahr nach der Veröffentlichung der Kriegserinnerungen erneut Frankreich den Krieg erklärte.

FELIX HALTT

49 | BAUPLAN APOLLO-THEATER

Stadtarchiv Bochum – Kartensammlung, SLG 02/63

H 39 cm, B 61,5 cm; Papier; Blatt 11 Frontansicht; 1907

49 BAUPLAN APOLLO-THEATER

Vom Apollo-Theater zum Bochumer Stadttheater

„In der Vorkriegszeit waren eigene städtische Einrichtungen zur Förderung des kulturellen Lebens nicht vorhanden. Die Stadt stand jedoch den künstlerischen Bestrebungen wohlwollend gegenüber und förderte Vereine und Veranstaltungen […] durch Beihilfen und auf andere Weise. […] Die großstädtische Entwicklung und das reichhaltige gesellschaftliche Leben verlangten jedoch eine planmäßige Kulturpflege, um gegenüber anderen Städten nicht zurückzustehen. […] Die Bemühungen um die Errichtung einer eigenen Bühne haben erst zum Erfolge geführt, als die Stadtverwaltung im Jahre 1914 sich entschloß, das eben erst erbaute und im Umbau steckengebliebene Theatergebäude an der Königsallee auf die Stadt zu übernehmen."

So beschrieb der kommunale Verwaltungsbericht für den Zeitraum 1913 bis 1924 das Engagement der Stadt Bochum auf dem Gebiet des Theaterwesens (ebd., S. 250).

Im Auftrag des Bochumer Bauunternehmers Clemens Erlemann und nach den Plänen des Architekten Paul Engler war 1907/08 das Varieté- und Schaustellungstheater „Orpheum", das bereits vor seiner Eröffnung in „Apollo-Theater" umbenannt wurde, auf dem Gelände zwischen Königsallee und der heutigen Saladin-Schmitt-Straße errichtet worden. Es sollte zur Attraktivität des von Erlemann zu verantwortenden neuen Stadtteils Ehrenfeld beitragen. Der Erwerb der Liegenschaften des Hauses Rechen der Familie von Schell (1898/1904) und die Bebauung des 380 Morgen großen Areals im Süden Bochums war Erlemanns Antwort auf den sich abzeichnenden Flächen- und Wohnraummangel einer Kommune, die sich durch Kreisstadtwerdung 1876 und Ansiedlung von Bergbau- und Stahlunternehmen ab Mitte des 19. Jahrhunderts zum Verwaltungs- und Industriestandort mit einem hohen Bedarf an Arbeitskräften entwickelte hatte. Um 1900 lebten in Bochum 65 000 Menschen, 1904 waren es aufgrund von Eingemeindungen bereits über 100 000 und im Dezember 1908 rund 130 000 (Höfken, 1951; Verwaltungsberichte der Stadt Bochum, 1900, 1904, 1908). Erlemann war daran gelegen, für ein finanziell bessergestelltes Klientel ansprechenden Wohnraum mit entsprechender Infrastruktur zu schaffen. Da passte das Apollo-Theater gut ins Konzept. Es sollte auf einem Grundstück, das wegen seines ungünstigen Zuschnitts nur schwierig zu vermarkten gewesen wäre, entstehen. Allerdings mussten hier wegen des spitzwinklig zulaufenden Grundrisses seitens der Gestaltungsmöglichkeiten des Gebäudes Konzessionen gemacht werden (Ketelsen, 1999; Massenberg, 1953).

Der vorgestellte Bauplan vermittelt einen Eindruck von diesem imposanten, im Jugendstil errichteten Gebäude. Innen bot der Zuschauerraum den Besuchern des Theaters großzügig Platz mit seinen 1 400 Sitz- und mehreren hundert Stehplätzen. Die Bühne war 12 x 12 Meter groß und 10 Meter hoch, die Höhe des Schnürbodens betrug 30 Meter. Viel Beachtung fand die Stahlbetonrippenkuppel, deren Durchmesser 29 Meter betrug (Kerber, 1982). Bei seiner Fertigstellung galt es als größtes Theater des Ruhrgebietes.

49 | BAUPLAN APOLLO-THEATER

Am 10. Oktober 1908 fand die Eröffnung des Apollo-Theaters statt. Auch die Presse berichtete über dieses Ereignis:

> „Nach dem offiziellen Rundgang durch das Theater schlug Bochums Oberbürgermeister ans Glas und führte aus, daß alle Anwesenden aufs höchste erfreut darüber seien, daß hier ein so schöner, vornehmer, allen selbst den höchsten Anforderungen entsprechender Tempel entstanden sei, in dem fortan die Musen uns erfreuen sollen. […] Eine besondere Freude bereitet es, daß diese prächtige Stätte nicht allein der leichten Muße [sic] gewidmet sein solle, daß auch der ernsten Kunst, die uns belehrt und erzieht, hier eine vornehme Pflegstatt errichtet wird. Dann wird dieses Theater ein Haus werden, wo wir uns nach des Tages Arbeit gern zu höherem Genuß immer und immer wieder einfinden werden, um ganz und gar mit dieser liebgewordenen Stätte zu verwachsen. Mit diesem Werke nehmen Sie uns allen einen Stein vom Herzen, die wir bisher mit immer wachsendem Unbehagen sehen mußten, wie viele Fremde, die hier tagsüber zu uns kamen, des abends wieder davoneilten, weil das Anziehungsmittel fehlte, das ihnen den Abend angenehm ausfüllen konnte. Ein solcher Magnet will das Apollotheater sein" (BA, 12.10.1908).

Es sollte anders kommen.

Das Apollo war ein privat geführtes Unternehmen. Erlemann hatte eigens dafür 1908 die Apollo-Theater Aktiengesellschaft gegründet, die mit einer Kapitaldecke von 600 000 Mark ausgestattet wurde. Anders als in einigen Nachbarkommunen gab es in Bochum noch keine von der Kommune subventionierte Bühne. Aber die Stadt unterstützte den Bau mit enormen Hypotheken. Die unzureichende finanzielle Ausstattung des Unternehmens bereits in dieser frühen Phase war nur einer der Gründe, warum Erlemann bereits im März 1909 erstmals in Konkurs ging. Weitere Zahlungsunfähigkeiten 1912 und 1914 führten schließlich dazu, dass die Stadt Bochum das Theater übernahm.

Fehlentscheidungen und Fehleinschätzungen Erlemanns schon vor Beginn der Betriebsaufnahme belasteten dauerhaft die wirtschaftliche Existenz des Apollo-Theaters: Das Veranstaltungskonzept, das Geschäftsführer Eduard Geissel als Vorstand der Apollo-Theater AG am 28. August 1908 bei der Bezirksregierung Arnsberg und beim Bochumer Stadtausschuss einreichte, fand zwar die Zustimmung der Genehmigungsbehörden (StadtA Bo, B 354), doch die Resonanz beim Publikum auf die avisierten „Lust-, Trauer-, Singspiele, Oper, Operetten, Pantomime, Ballett, Tierdressuren und akrobatische Vorstellungen" war gering. Die tatsächlichen Besucherzahlen, von einheimischen und auswärtigen Gästen, blieben weit hinter den sehr ambitionierten Erwartungen Erlemanns zurück. Der Zuschauerraum war deutlich zu groß. Zum Vergleich: Das seit 1904 bereits bestehende Schauspieltheater in Dortmund, das sich allerdings in öffentlicher Trägerschaft befand, hatte sich bei einer höheren Bevölkerungszahl (150 000) bescheidener gegeben, was das Platzangebot (1 202 Sitze) in seinem Theater betraf. Trotzdem kannte auch die Dortmunder Bühne das Problem zu geringer Auslastung (Rudel, 1993). Für das Apollo-Theater, ein reines Gastspielunternehmen, gab es ein weiteres Problem, das seine Attraktivität nicht gerade förderte. Die technische Ausstattung und der Innenausbau wurden den akustischen und optischen Ansprüchen an ein Theater nicht gerecht (Bleidick/Ernesti, 2009).

Bis 1912 konnte Clemens Erlemann das Theater, nachdem seine Frau es im September 1909 vom Konkursverwalter erworben hatte, weiterführen. Doch die eingesetzten Theaterdirektoren (Sascha Natannsen, Hans Amalfi/Julius Wolff und Adalbert Brümmer), die für die Programmgestaltung zuständig waren, blieben nur eine kurze, aber erfolglose Episode. Immerhin wurde in dieser Zeit aus dem Apollo-Theater das „Neue Stadttheater", weil das privat geführte Haus an der Rottstraße mit dem Namen „Stadttheater" aufgegeben werden musste. Ferner kam es zur Gründung eines Theatervereins, den Stadtrat Stumpf leitete, und 1911 zur Einrichtung einer städtischen Theaterkommission, die das „Neue Stadttheater" finanziell unterstützte und der der Stadtrat ebenfalls vorstand (Ketelsen, 1999). Im selben Jahr engagierte Erlemann den Bariton Wilhelm Birrenkoven, der als Direktor fungierte und gleichzeitig ein Rückbau-Konzept für das Theater erarbeitete. Am 25. April 1912 schloss der Stadtbaumeister Diefenbach für die Stadt mit dem Ehepaar Erlemann einen Vertrag, der zum 1. September 1912 wirksam werden sollte. Die Stadt pachtete das Theatergebäude inklusive Inventar für 39 000 Mark für die Dauer von sechs Jahren. Sie war berechtigt, an Dritte weiter zu verpachten und den Namen „Stadttheater" zu verwenden. Und ihr wurde ein Vorkaufsrecht, die Summe lag bei 550 000 Mark, eingeräumt. Erlemann verpflichtete sich, bis zum 15. September 1912 den Umbau des Theaters von einem Varieté- zu einem Sprechtheater auf eigene Kosten durchzuführen. Am 13. Juli 1912 stimmten Oberbürgermeister Graff und Dezernent Stumpf dem Vertragswerk zu. Bereits am 26. April 1912 schloss die Stadt mit Willi Birrenkoven einen Vertrag über die (Weiter-)Verpachtung des Theaters auf sechs Jahre unter dem Namen „Stadttheater" zur Aufführung von Theatervorstellungen. Eine Vertragsklausel sah vor, dass für musikalische Veranstaltungen nur das städtische Orchester oder das städtisch unterstützte Orchester verwendet werden durfte (StadtA Bo, D St 1). Da der Gastspielbetrieb mit den Theatern aus Essen und Düsseldorf fortgesetzt wurde, kam es zur Vertragsauflösung mit Birrenkoven. Wegen der Baumaßnahmen am Stadttheater fanden die Aufführungen der Essener Oper, der Rheinisch-Westfälischen Verbandsbühne und des Düsseldorfer Schauspielhauses im „Evangelischen Vereinshaus" statt. Die Umbaupläne des Architekten Bettinger aus Düsseldorf konnten aufgrund der finanziellen Lage Erlemanns nur bedingt umgesetzt werden. Er musste Konkurs anmelden. Die Stadt übernahm mit Vertrag vom 16. Januar 1914 das Theatergebäude beziehungsweise das, was davon nach dem Teilabbruch noch übrig geblieben war, und ließ es nach den Plänen des renommierten Kölner Architekten Carl Moritz umbauen (Ketelsen, 1999).

> „Um die Ausmaße des Zuschauerraumes zu verringern, mußte die Stahlbetonrippenkuppel vollkommen entfernt und die Umfassungskonstruktion abgesenkt werden. Eine leichte Stahlgitterkonstruktion mit untergehängter Rabitzdecke bildete nun die Decke des Zuschauerraumes. Die bisher völlig fehlenden Wandelgänge wurden durch die

Verringerung der seitlichen Ausdehnung des Zuschauerraumes ermöglicht. Die Zahl der Plätze wurde auf 930 vermindert. An Stelle der bisherigen unzulänglichen Bühnenräume entstand ein großes Bühnenhaus mit Einrichtungen [...] Bei der architektonischen Gestaltung wurden Formenelemente des Klassizismus angewendet, wie Giebeldreieck, horizontale Gesimse mit Architrav, dorische Säulen usw. Der Ausdruck wurde streng und feierlich" (Massenberg, 1953, S. 8–10).

Die Fertigstellung und die Aufnahme des Spielbetriebs des nun städtischen Bochumer Theaters verzögerten sich durch den Ausbruch des Ersten Weltkrieges. Erst am 30. Dezember 1915 konnte mit der Aufführung „Don Carlos" des Düsseldorfer Schauspielhauses die Eröffnung stattfinden.

„So ist also das lange Ersehnte und lange Erhoffte Ereignis geworden: Bochum hat ein eigenes Stadttheater! [...] Durch eine schier endlose Reise trüber Erfahrungen und immer wieder neue Enttäuschungen mußten wir uns durchringen, bis das Werk gelang – gestern aber hieß es endlich: Die Pfosten sind, die Bretter aufgeschlagen. Und jedermann erwartet sich ein Fest! [...] Man war freudig erstaunt über das, was aus der alten Theaterruine geworden war, und einig darüber, das Bochum nun im Besitz eines großstädtischen Anforderungen durchaus entsprechenden Theaters sei. [...] Der Anfang war ja natürlich vielversprechend und vor ausverkauften Bänken konnte der Vorhang erstmals in die Höhe gehen – mögen nicht nur die flüchtige Neugierde, das neue Haus zu sehen, der Beweggrund dieses zahlreichen Besuches sein, sondern dieser aus dem ehrlichen Bedürfnis nach guter Kunst entsprungen sein!" (BA, 31.12.1915).

Das Bochumer Theater setzte während der Dauer des Krieges den Gastspielbetrieb fort. Stadtrat Wilhelm Stumpf hatte die geschäftliche Leitung inne. In der Spielzeit 1915/16 übernahm das Düsseldorfer Theater die Schauspiel- und das Essener Theater die Opernaufführungen. In der Spielzeit 1916/17 lieferte vor allem die Essener Bühne auch die Schauspielaufführungen, da Düsseldorf sich aus finanziellen Gründen zurückgezogen hatte. Daran änderte sich auch in der nachfolgenden Spielzeitsaison nichts (StadtA Bo, D St 92). Mit der Auslastung des Theaters und der Qualität und Quantität der dargebotenen Opern und Schauspieldarbietungen war die Verwaltung zufrieden, wollte sich aber mit den „die heimische Theaterkultur wenig fördernden Verhältnisse[n]" nicht abfinden (Verwaltungsbericht der Stadt Bochum, 1913–1924, S. 250f.).

Zur vollwertigen Bühne wurde das Stadttheater erst durch die Verpflichtung von Saladin Schmitt zum Bochumer Intendanten und der Gründung eines eigenen Ensembles im Jahre 1919. An dieser Entwicklung hatte Stadtrat Wilhelm Stumpf einen kaum zu überschätzenden Anteil.

URSULA JENNEMANN-HENKE

50 MEDAILLON VON DER GOLDENEN AMTSKETTE DER BOCHUMER OBERBÜRGERMEISTER

Gold für Eisen. Bochum im Ersten Weltkrieg

Sich mit ihr zu zeigen, wird ihn mit Stolz erfüllt haben. Das war nicht selbstverständlich und bedurfte einer besonderen Erlaubnis. 1891 war der am 3. April 1858 in Hueth, Kreis Rees, geborene Fritz Graff (Deutsche Volkspartei) als Assessor in den Dienst der Stadt Bochum eingetreten. 1897 wurde er zum Zweiten Bürgermeister gewählt, 1899 zum Oberbürgermeister. Doch erst 1913, am 14. Juni, verlieh ihm Wilhelm II. als König von Preußen anlässlich „Allerhöchst ihres Regierungsjubiläums" das Recht, „bei geeigneten Gelegenheiten die goldene Amtskette zu tragen" (StadtA Bo, B 116, Bl. 23). Graff war ihr dritter Träger. Der erste war Dr. jur. h. c. Karl Bollmann, der nach der Kreisfreiwerdung Bochums, am 1. Oktober 1876, zum ersten Oberbürgermeister der Stadt Bochum überhaupt gewählt worden war und im Januar 1877 seinen Dienst angetreten hatte. Das Recht zum Tragen der goldenen Amtskette verlieh ihm der König 1885. Für die Herstellungskosten musste die Stadt selbst aufkommen. Die Stadtverordnetenversammlung fasste 1884 die erforderlichen Beschlüsse und beauftragte die renommierte Berliner Goldschmiede Sy & Wagner, die für Oberbürgermeister anderer Städte schon etliche ähnliche Modelle angefertigt hatte, mit der Herstellung. Bollmanns Nachfolger als Oberbürgermeister (1892 bis 1899) und Amtskettenträger (ab August 1898) war Karl Hahn.

Der Bochumer Amtskette waren zwei Medaillons beigegeben. Das erste zierte ein Abbild des Königs von Preußen, der ja gleichzeitig Deutscher Kaiser war. Die Vorderseite des zweiten, hier abgebildeten, zeigt das Stadtwappen; auf seiner Rückseite sind die Namen der drei Oberbürgermeister eingraviert, die die Amtskette tragen durften.

Als Fritz Graff diese Ehre zuteilwurde, hatte er sich schon mächtige Verdienste um die Stadt erworben. Er war der Oberbürgermeister, unter dem Bochum Großstadt geworden war (1904) und unter seiner Leitung hatte die Stadtverwaltung zahlreiche Maßnahmen zur Anpassung der Infrastruktur an die großstädtischen Erfordernisse auf den Weg gebracht. Doch war der Urbanisierungsprozess noch längst nicht abgeschlossen, als der Erste Weltkrieg sich anbahnte.

Die Nachricht vom Attentat des serbischen Studenten Gavrilo Princip auf den österreichisch-ungarischen Thronfolger Franz Ferdinand und seine Gattin Sophie am 28. Juni 1914 stand am Folgetag in allen Zeitungen, auch in Bochum. Von da an dauerte es einen Monat, bis das Versagen der Diplomatie sich offenbarte und Österreich-Ungarn Serbien den Krieg erklärte. Danach ging es Schlag auf Schlag. Russland machte als Schutzmacht Serbiens mobil; Deutschland, das sich dem Habsburgerreich fest verbunden fühlte, erklärte Russland den Krieg; als Bündnispartner Russlands machten die französischen Streitkräfte mobil, woraufhin Deutschland Frankreich den Krieg erklärte; nachdem deutsche Truppen am 4. August in Belgien einmarschiert waren und die belgische Neutralität verletzt hatten, trat England an der Seite Russlands und Frankreichs in den Krieg ein.

50 | MEDAILLON VON DER GOLDENEN AMTSKETTE DER BOCHUMER OBERBÜRGERMEISTER

Stadtarchiv Bochum – MUSA

Dm ca. 4 cm; Gold

Am „Vorabend" des Krieges ließen sich zahlreiche Bochumer vom Taumel der nationalen Begeisterung erfassen. Am 31. Juli zog eine überwiegend aus Jugendlichen bestehende „Menge" unter Gesängen und Hochrufen zum Bismarckdenkmal, wo zwei evangelische Pastoren „begeisternde" Ansprachen hielten (MS, 1.8.1914). Am nächsten Morgen ging der Mobilmachungsbefehl des Oberpräsidenten der Provinz Westfalen per Telegramm bei Oberbürgermeister Graff ein. „Nun ist es geschehen", stand am 3. August in der Zeitung. Man habe es zwar „nicht gewollt und nicht verschuldet", gab sich nun aber umso euphorischer. Der Kaiser habe „ans Schwert geschlagen, nun wußten wir, was wir zu tun hatten, und nun wollten wir auch, daß er das Schwert aus der Scheide ziehe" (MS, 3.8.1914).

Bochum befand sich im Kriegszustand. Bürgerliche Grundrechte wurden aufgehoben, die Funktionen von Justiz und Verwaltung eingeschränkt, an ihre Stelle traten die Militärbehörden.

Mit seinem Mobilmachungsbefehl rief der Kaiser die wehrpflichtigen Soldaten zu den Waffen: zuerst die aktiven Soldaten und die Reservisten, dann den Landsturm. Das für Bochum zuständige VII. Armeekorps, mit Sitz in Münster, hing Bekanntmachungen aus, die über den Ablauf informierten: Der erste Mobilmachungstag war der 2. August, der zweite der 3. August, der dritte der 4. August und so weiter. Das Militärbüro nahm die Meldungen Kriegsfreiwilliger entgegen, stellte Meldescheine und Fahrtausweise aus, während den beiden Bochumer Bezirkskommandos die Beorderung, Einziehung und der Abtransport der „gedienten" Mannschaften oblag. Dazu gehörte die Zusammenstellung des Regimentsstabs und zweier Bataillone des Reserve-Infanterie-Regiments (R.I.R.) Nr. 16, dessen drittes Bataillon sich in Dortmund formierte. Bochum hatte eine besondere Beziehung zu „seinem" Regiment, das sich, glaubt man der Darstellung im Gedenkbuch des R.I.R. 16, mit „heller Begeisterung" in den Krieg stürzte: Mit „einer Begeisterung, wie sie schöner nicht sein konnte, zogen die wehrpflichtigen Männer hinaus, um in dem uns aufgezwungenen Abwehr- und Verteidigungskrieg Heimat, Herd und Hof zu schützen" (StadtA Bo, NAP 122/3). Doch lagen Jubel und Bedrückung eng beieinander: „Heiliger Ernst", schrieb der Bochumer Anzeiger in einem „Jung Bochum zieht zu Felde" betitelten Artikel, habe auf den Zügen der jungen Männer gelegen, als sie dem Bahnhof zustrebten. Und die Frauen und Mädchen schritten „mit bleichem Antlitz und rot geweinten Augen" nebenher (BA, 3.8.1914).

Die Mobilmachung sei ohne Zwischenfälle verlaufen, meldet der Verwaltungsbericht der Stadt Bochum. Die waffenfähigen Männer seien bald aus dem Stadtbild verschwunden. „Gingen doch täglich eine ganze Reihe von Sonderzügen zu bestimmten Garnisonstädten, wo sich die Einkleidung und der Ausmarsch der Reservisten ins Feld vollzog" (Verwaltungsbericht Stadt Bochum 1913–24, S. 4).

Die Daheimgebliebenen taten, was sie konnten, um den Krieg zum Erfolg zu führen. In den christlichen Kirchen und der Synagoge fanden Kriegs- und Bittgottesdienste statt (BA, 3.8.1914). Wie die anderen Geistlichen, rief Rabbiner Dr. Moritz David seine Gemeinde zum Gebet „für Kaiser und Vaterland" auf und forderte „Opferwilligkeit" (ebd.). Pfarrer Leich aus Harpen zeigte sich gleichermaßen überrascht und beglückt über die nationale Begeisterung

317

und die „allgemeine Verbrüderung", die auch Harpen in einer „völlig ungeahnten Weise" ergriffen habe. Es gäbe wohl niemanden, „dessen Herz nicht für unseren Kaiser und unser Heer schlüge" (StadtA Bo, LA 1338, Bl. 10). Das Wort des Kaisers, er kenne keine Parteien mehr, er kenne nur Deutsche, hatte offenbar gefruchtet. Die Arbeiterbewegung ließ sich auf einen „Burgfrieden" ein und hoffte im Gegenzug auf Anerkennung. Und tatsächlich erfolgten Signale in diese Richtung, wie zum Beispiel die Aufhebung der bis dahin praktizierten polizeilichen Überwachung von Sozialdemokraten, Anarchisten und der polnischen Bewegung in Bochum und den damals noch selbstständigen Vororten kurz nach Kriegsbeginn (StadtA Bo, LA 1307, Bl. 292 und 303).

Der Krieg fand nicht auf heimischem Boden statt, doch hatte er die „Heimatfront" bald fest im Griff. Schulen wurden geräumt, um die Eingezogenen dort zu sammeln und vorläufig unterzubringen, Lazarette für Soldaten in öffentlichen und privaten Gebäuden eingerichtet – der erste Lazarettzug, mit 400 Verwundeten, erreichte Bochum am 30. August. Die Wirtschaft musste sich innerhalb kürzester Zeit von Friedens- auf Kriegsproduktion umstellen, was nicht nur eine logistische Herausforderung war, sondern auch Auswirkungen auf die Zivilbevölkerung hatte, der damit, zusätzlich zur britischen Seeblockade, wichtige Güter des täglichen Bedarfs entzogen wurden.

In allen Lebensbereichen machte sich Mangel breit. Steigende Lebensmittelpreise, Verteilungskämpfe und Zwangsbewirtschaftung waren die Folge. Denn anders als vom Kaiser und seinen Militärstrategen versprochen, kamen die Männer nicht schon bald als siegreiche Helden wieder heim und saßen Weihnachten 1914 nicht mit unterm Weihnachtsbaum. Nach ersten Erfolgen in den Grenzschlachten rannte der Krieg sich fest. Der anfängliche Bewegungskrieg ging in den Stellungskrieg an der Westfront über, aus den zunächst noch überschaubaren Kriegsschauplätzen und -gegnern im Osten und im Westen wurde der Erste Weltkrieg und aus dem „traditionellen" Krieg entwickelte sich ein technisch hochgerüsteter Krieg mit neuer Waffentechnik, dem Ersteinsatz von Giftgas und Kampfpanzern.

Nach der Übernahme der Obersten Heeresleitung durch Paul von Hindenburg und Erich Ludendorff 1916 wurde die deutsche Kriegswirtschaft neu organisiert, um den Krieg, der inzwischen zum „,Abnutzungskrieg' von Mensch und Material" geworden war (Krumeich 2014, S. 127), doch noch zu gewinnen. Alle Ressourcen flossen in die Kriegswirtschaft; der Krieg wurde „total". Das sogenannte Hindenburg-Programm zielte auf eine drastische Ausweitung der Rüstungsproduktion und nahm dafür die gesamte Bevölkerung in den Dienst. Laut Gesetz über den „Vaterländischen Hilfsdienst" vom 5. Dezember 1916 bestand Arbeitspflicht (ohne freie Arbeitsplatzwahl) für alle männlichen Deutschen von 17 bis 60 Jahren. Die von den einberufenen männlichen Arbeitskräften hinterlassenen Lücken in der Waffenproduktion wurden von Frauen, Kriegsgefangenen (was laut Haager Landkriegsordnung nicht erlaubt war) und durch Ausbeutung ziviler ausländischer Zwangsarbeiter gestopft.

Ohne persönliches Engagement hätte die „Heimatfront" nicht funktionieren können. Ideologisches Rüstzeug wurde durch Flug- und Informationsblätter, Postkarten und Plakate, in Versammlungen und „Vaterländischen" Veranstaltungen geliefert. Besonders die Frauen waren gefragt. Als Einzelne übernahmen sie die Rolle „des" Familienoberhauptes und -ernährers, in ihren Verbänden, die sich im Laufe des Krieges immer mehr vernetzten, kümmerten sie sich um notleidende Soldatenfamilien, gaben Ratschläge zum kreativen Umgang mit dem Mangel, sammelten Spenden ein und packten Päckchen für die Soldaten an der Front. Die Aufrechterhaltung der Verbindung zwischen Heimat und Front durch Feldpost und „Liebesgaben" war von kaum zu überschätzender Bedeutung. Täglich gingen unzählige Postsendungen von der Heimat an die Front und umgekehrt. Weil der regelmäßige Kontakt mit der Heimat die Moral der Truppe stärkte, wurden enorme logistische Anstrengungen unternommen, um die Feldpost bis zu den Empfangsstellen bei den Regimentern zu befördern.

Während die Versorgungslage sich zuspitzte, wurde den Menschen gleichzeitig immer mehr abverlangt. Selbst Kinder konnten sich nicht entziehen. So sollten zum Beispiel auch sie gegen eine Spende Nägel in den im Oktober 1915 aufgestellten „Bochumer Schmied" schlagen. Je nach Höhe der Spende waren diese aus Eisen, versilbert oder vergoldet (StadtA Bo, ZGS V K 5). Das eingenommene Geld war Kriegerwitwen und -waisen zugedacht.

Der Krieg war teuer. Um ihn finanzieren zu können, rief das Deutsche Reich seine Bürger auf, in ihn zu investieren. Auch in Bochum warben die Honoratioren für die Kriegsanleihen. An ihrer Spitze Oberbürgermeister Graff, der die „westfälische Treue und Zähigkeit" seiner Bochumer lobte und an ihre Vaterlandsliebe und Opferfreudigkeit appellierte (StadtA Bo, Plakat I 2 c/114). Mit Erfolg, wie es scheint, denn die Bochumer brachten von den reichsweit circa 95 Milliarden Mark für alle neun Kriegsanleihen mehr als 416 Millionen Mark auf. Die durch öffentliche Aufrufe erbetenen Geldspenden seien reichlich geflossen, stellte die Stadtverwaltung nach dem Krieg fest. „Jeder, auch unter der wirtschaftlich weniger günstig gestellten Bevölkerung, gab gern und freudig von seinen Mitteln" (Verwaltungsbericht Stadt Bochum 1913–24, S. 4).

Neben Geld wurden devisen- und kriegsrelevante Rohstoffe wie Gold, Kupfer, Nickel und Aluminium gesammelt, nach dem Motto: „Gold gab ich zur Wehr, Eisen nahm ich zur Ehr" (StadtA Bo, Plakat I 2 e/64). Unter dem öffentlichen Druck geriet ins Abseits, wer noch Gold besaß. So konnte der Oberbürgermeister gar nicht anders, als mit gutem Beispiel voranzugehen. Er opferte seine goldene Amtskette. Im Februar 1917 erwirkte der Magistrat einen entsprechenden Beschluss der Stadtverordnetenversammlung. Die Zeit sei ernst und die Not des Vaterlandes groß. Täglich töne „der Ruf an unser Ohr: ‚Alles Gold gehört dem Vaterlande'" (StadtA Bo, B 116, Bl. 33). Oberbürgermeister Graff habe selbst beantragt, seine Amtskette der Goldankaufstelle in Bochum zuzuführen. „So ist's recht", lobte das „Volksblatt", die Zeitung der SPD für die Wahlkreise Bochum und Gelsenkirchen – und sah offenbar Handlungsbedarf bei den Kirchen:

„Nachdem die Kommunen mit der Ablieferung ihres Goldschmuckes vorangehen, müssen die Kirchengemeinden nun aber auch folgen. In keiner Kirche des Deutschen Reiches darf es weder einen goldenen Nagel, ein goldenes Kreuz noch einen goldenen

Becher geben, der den Gläubigen nicht wohlfeil wäre für das Höhere. Hängt Euer Herz nicht an Schätze, die Rost und Motten verzehren" (Volksblatt, 27.2.1917).

Allerdings wollte die Stadt Bochum sich in Sachen Amtskette ein Hintertürchen offenhalten. Es wurde versucht, die Kette bei der Reichsbank in Berlin zu hinterlegen, um sie nach dem Krieg wieder auslösen zu können. Die Übergabeverhandlungen zogen sich über ein Jahr lang hin. Es half nichts: Die goldene Amtskette wurde eingeschmolzen. Als Ersatz diente eine eiserne. Sie wurde, wie ihr goldenes Vorbild, von der Berliner Goldschmiede Sy & Wagner hergestellt. Einzig die beiden Medaillons konnten bei der Reichsbank eingelagert werden und entgingen dem Schicksal des Einschmelzens.

Am Ende war die Bevölkerung kriegsmüde und nicht mehr zu allen Opfern bereit. Die Stimmung habe sich geändert, wunderte sich im März 1917 der Berichterstatter von einer Belegschaftsversammlung der Gewerkschaft Lothringen in Gerthe. Der Umschlag sei „wie ein Blitz aus heiterem Himmel" gekommen (StadtA Bo, KrA 587, Bl. 30f.). Die Bergarbeiter verlangten mehr Lohn und mehr Lebensmittel und verliehen ihrer Forderung durch einen zweitägigen Ausstand am 26./27. Februar Nachdruck. Andere Zechen zogen nach (StadtA Bo, LA 1623, Bl. 53ff.). Ende April 1917 befanden sich 27 Zechen auf dem heutigen Bochumer Stadtgebiet im Ausstand (StadtA Bo, BO 500/309, Bl. 12–16). Im Winter 1917/18 nahmen die Streiks und Hungerproteste zu und im Januar 1918 kam es zu einer Reihe von politischen Streiks. Die Durchhalteparolen und Appelle an das Verantwortungsgefühl gegenüber dem Mann im Schützengraben fruchteten nicht mehr. Am 11. November 1918 „schwiegen die Waffen"; der Waffenstillstandsvertrag wurde unterzeichnet. Die deutschen Truppen mussten innerhalb von 14 Tagen die besetzten Gebiete räumen.

Im Zuge der Novemberrevolution konstituierte sich unter dem Vorsitz des Sozialdemokraten und Gewerkschafters Fritz Husemann auch in Bochum ein Arbeiter- und Soldatenrat. Er schrieb sich die Aufrechterhaltung der öffentlichen Ordnung auf die Fahnen und sah seine „vordringlichste" Aufgabe in der Lebensmittelversorgung der Bevölkerung (MS, Sonder-Blatt „An die Bürger Bochums", 9.11.1918).

Als der Krieg zu Ende war, zählte Bochum seine Toten. Von den etwa 36 000 Soldaten, die von hier aus ins Feld gezogen waren, fielen fast 4 600 an den Kriegsschauplätzen oder starben in Lazaretten. Schätzungsweise ebenso viele Verluste hatten die später eingemeindeten Vororte zu verzeichnen. Hinzu kam

„die alltäglich offenkundige Tatsache, dass viele ehemals gesunde und starke Männer heute leidende erwerbsbeschränkte oder erwerbsunfähige Unterstützungsempfänger geworden sind und zeitlebens an den Entbehrungen, Strapazen und Wunden des Krieges zu tragen haben werden" (Verwaltungsbericht Stadt Bochum 1913–24, S. 3).

Die Zahl der zivilen Opfer des Ersten Weltkriegs lässt sich kaum ermitteln. Viele seien „durch Kriegsleid oder die mannigfachen Entbehrungen körperlich oder seelisch" zusammengebrochen „und vorzeitig ins Grab" gesunken (ebd., S. 12). Schon in den ersten Kriegsmonaten sei die Sterblichkeit in Bochum gestiegen. Sie habe 1918 durch die Grippeepidemie (die

„Spanische Grippe", I.W.) den Höhepunkt erreicht (ebd.).

Anfang Dezember 1918 war bereits ein Drittel der Bochumer Soldaten, die den Krieg überlebt hatten, zurück. Sie mussten versorgt und in die Gesellschaft reintegriert werden, wobei der Arbeiter- und Soldatenrat half.

Mit besonderen Ehren wurde das Reserve-Infanterie-Regiment Nr. 16 empfangen. Es hatte den gesamten Krieg an der Westfront verbracht. 1916 hatte es vor Verdun gekämpft, war „an dem großen Gasangriff" in dem Abschnitt vor Reims beteiligt gewesen, 1917 in der Champagne und 1918 in der Picardie zum Einsatz gekommen und hatte sich im Oktober 1918 bis in die Gegend von Sedan zurückgezogen, wo es noch lag, als sich die Novemberrevolution vollzog und der Waffenstillstand verkündet wurde. Am 5. Dezember 1918 überschritt das R.I.R. Nr. 16 bei Koblenz den Rhein, marschierte weiter bis Gießen und wurde dort verladen. Mitte Dezember kam es mit dem I. und II. Bataillon in Bochum an (mit dem III. in Dortmund), „wurde von der Musik des Regiments, die sich am Bahnhof eingefunden hatte, zur Feldsieperschule geleitet" und dort demobilisiert (StadtA Bo, NAP 122/3). Die Stadt Bochum bereitete dem Regiment einen offiziellen Empfang im Parkhaus und lud es zu einer Vorstellung ins Stadttheater ein (StadtA Bo, BO 10/19).

Den Willkommensgruß entbot mit Fritz Graff derselbe Oberbürgermeister, der die Soldaten 1914 in den Krieg verabschiedet hatte. Doch die Welt war nicht mehr dieselbe. Graff überstand die Phase, in der der Arbeiter- und Soldatenrat das Sagen hatte, ebenso wie den Kapp-Lüttwitz-Putsch, die revolutionäre Bewegung nach der Abwehr des Putsches und die Ruhr-Besetzung durch französische und belgische Truppen.

Als er 1925 nach fast 34-jähriger Dienstzeit bei der Stadt Bochum, davon 26 Jahre als Oberbürgermeister, in den Ruhestand trat, wurde ihm das Ehrenbürgerrecht verliehen.

Am 18. September 1929 starb Fritz Graff im Alter von 71 Jahren (StadtA Bo, ZA III B 1). An der goldenen Amtskette als Zeichen seiner Würde hatte er nicht viel Freude. Vielleicht trösteten ihn die beiden Medaillons, die die Stadt Bochum nach dem Krieg zurückkaufte und die später in den Bestand des Heimatmuseums im Haus Rechen übergingen.

Das Medaillon mit dem Stadtwappen auf der Vorder- und den eingravierten Namen der Oberbürgermeister Bollmann, Hahn und Graff auf der Rückseite ist das einzige Relikt von der ersten goldenen Amtskette der Stadt Bochum. Dass die Kette ihrer Träger riss, ist dem Krieg geschuldet.

Erst 1959 ließ die Stadt Bochum eine neue goldene Amtskette herstellen. Ihr erster Träger war Oberbürgermeister Fritz Heinemann.

INGRID WÖLK

51 | FOTO „SOUVENIR D'EXIL À BOCHUM"

Musée Baillet-Latour et des Guerres en Gaume, Latour, Belgien

H 8,75 cm, B 13,42 cm; Papier; 1917

51 FOTO „SOUVENIR D'EXIL À BOCHUM"

Belgische Zwangsarbeiter im Ersten Weltkrieg

Die abgebildete Fotografie wurde 1917 von Emile François aus Chenois, einem Dorf der jetzigen Gemeinde Virton in der belgischen Provinz Luxemburg, an seine Ehefrau Georgette Hawia geschickt. Emile François war Zwangsarbeiter bei der Bochumer Niederlassung der Firma Orenstein & Koppel. Orenstein & Koppel war eine jüdische Firma mit Hauptsitz in Berlin, die in mehreren deutschen Städten Zweigwerke unterhielt. In Bochum produzierte sie in erster Linie Feld- und Kleinbahnen.

„Der 4. Dezember war für unsere Gegend ein Trauertag!" Mit diesen Worten leitet Pastor Fontaine, der Pfarrer von Chenois, seinen Bericht über die Zwangsverschleppung seiner Mitbürger im Dezember 1916 ein. Weiter schreibt er:

> „Donnerstag, den 30. November macht der öffentliche Ausrufer bekannt, dass sich am nächsten Montag um 10:30 Uhr alle Männer von 17 bis 55 Jahren mit Nahrungsmitteln für 24 Stunden in der Grundschule in Virton vorstellen müssen. Gleichzeitig wird ein Plakat aufgestellt, das Zuwiderhandelnde mit harten Strafen bedroht."

Die Familien haben große Angst. Schon seit Beginn der Besetzung der Gegend durch die deutschen Truppen wurden Männer nach Deutschland zwangsverschleppt, manche als Geiseln, andere als Zwangsarbeiter. Die Familien kaufen Nahrung und Kleidung ein, um sich auf einen möglichen Abtransport vorzubereiten.

Pfarrer Fontaine berichtet weiter:

> „Genau zur angegebenen Zeit ist man vor Ort, vor dem Schulhof in Virton. Man wartet, um an die Reihe zu kommen. Eine Gemeinde nach der anderen. Die Namen werden ausgerufen [...]. Da es etwas dauert, drängt sich hier die männliche Bevölkerung des Kantons zusammen. Alle mit Rucksäcken, Junge, Alte, Arme, Reiche, Gebrechliche, Verkrüppelte, Kränkliche, Geistesgestörte, die Pfarrer. [...] Es waren kaum Ausnahmen vorgesehen. Nur diejenigen, die schon für die Deutschen arbeiten, sind ausgenommen. Ein Gemeinderat begleitet die Männer seiner Gemeinde. Er stellt sich neben den Offizier, um Einspruch zu erheben oder Aussagen zugunsten eines seiner Mitbürger zu machen. Die Frauen und der Rest der Bevölkerung werden vor einer Reihe Soldaten und Patrouillen auf Abstand gehalten. Einer nach dem anderen kommt an die Reihe. Die einen bekommen einen Stempel auf ihre Identitätspapiere und werden nach rechts eingeteilt. Wenn sie stehenbleiben um zu helfen, werden sie weitergestoßen: wie ich und die anderen Pfarrer. Die anderen werden nach links dirigiert und gehen die Treppe hoch. [...] Sie müssen nach Deutschland. Von unserem Dorf Chenois werden 10 von den 43 Männern, die sich eingestellt haben, genommen. Von Zeit zu Zeit kommen Gruppen von Zwangsverschleppten aus der Schule heraus und werden über Virton zum Bahnhof von St. Mard geführt. So gehen unsere Leute mit denen von St. Mard und Ethe um 11 Uhr weg. Sie schreien laut und singen die Brabançonne (die belgische

> Nationalhymne). Das gibt ihnen Mut. Familienangehörige begleiten sie. Die Soldaten dulden es. Es gibt Tränenausbrüche und Umarmungen bis an den Bahnsteig. Der Zug fährt gegen 17 Uhr ab."

Am Montag, den 4. Dezember 1916, fahren 552 Männer aus der Gegend von Virton mit dem Zug nach Rheinland-Westfalen in Deutschland. Die meisten von ihnen kommen ins Internierungslager Münster, um in den Fabriken des Ruhrgebiets zu arbeiten. Das Leben in den Lagern ist nicht leicht, vor allem für die Arbeitsverweigerer. Die Nahrung ist rationiert. Ein kleines Brot (gerade genug für ein kleines Frühstück), schwarz und hart, alle zwei Tage. Zu Mittag eine Suppe, „mehr oder weniger widerlich", aus Rüben, Kohl, Steckrüben und so weiter. So sieht die ordnungsgemäße magere Kost in den Lagern aus. Am Morgen gibt es noch etwas heißen Tee. Ein wenig Proviant kommt von den französischen Kriegsgefangenen, mit denen die Zivilisten verkehren dürfen. Der Winter ist lang und eiskalt. Nach den vielen Schneefällen der ersten 14 Tage im Januar ist alles vereist. Das Winterende und der Frühlingsanfang sind kalt und es schneit bis zum 17. Mai.

Nach dem 20. Dezember kommen zwei der Zwangsverschleppten aus Chenois nach Hause. Man hat sie körperlich und geistig für zu schwach befunden. Andere, die die Arbeit verweigert haben, kommen Anfang Januar 1917 zurück. Für die anderen, die in den Fabriken arbeiten, gibt es bessere Lebensbedingungen, aber dafür eine längere Internierung, welche für einige erst am 11. November 1918 zu Ende geht.

Wie ist es dazu gekommen?

Die Deportation von Arbeitern wurde nicht schon vor dem Krieg beschlossen. Durch den Rückgang und schließlich Stillstand der Wirtschaft in Belgien werden sehr viele mittellose Belgier auf den Arbeitsmarkt geworfen. Dazu kommt, dass Deutschland alles daran setzt, unser Land zu schwächen, indem es den Vorrat an Rohstoffen und Waren requiriert, aus den Fabriken die Maschinen und Werkzeuge räumt und auch die Agrarprodukte nebst Viehbestand beschlagnahmt.

Der Rathenauplan

Der Plan des deutschen Industriellen, Schriftstellers und liberalen Politikers Walther Rathenau (1914/15 Leiter der Kriegsrohstoffabteilung im preußischen Kriegsministerium) sieht vor, Deutschland trotz der britischen Seeblockade unbegrenzte Mittel zukommen zu lassen. Um dieses Ziel zu erreichen, werden drei Versorgungsquellen in Betracht gezogen: die Rohstoffe und Waren, die in den besetzten Ländern vorhanden sind, der Import über neutrale Länder oder durch Schmuggel, noch nicht registrierte deutsche Produktionsquellen und Ersatzwaren. Nach dem Rathenauplan soll man sich all dessen bemächtigen, was möglich ist: Metalle, Textilien, Chemiestoffe und andere Stoffe, die für den Kriegseinsatz nützlich sein können. Nach seiner Meinung kann die deutsche Armee das Recht des Besatzers geltend machen und alles Notwendige beschlagnahmen, so auch alle Rohstoffe in den besetzten Ländern. Dieser Plan wird im besetzten Belgien so gut ausgeführt, dass innerhalb von zwei Jahren die Wirtschaft des Landes paralysiert ist. Belgien wird eine industrielle Wüste und die Arbeitslosigkeit eine wirtschaftliche Realität.

Bedarf an Arbeitskraft
Um die erforderlichen Arbeitskräfte für die deutsche Wirtschaft zu finden, starten die Besatzer ab Juli 1915 eine Rekrutierungskampagne auf freiwilliger Basis. Den Arbeitern, die sich freiwillig melden, werden die gleichen Anstellungsbedingungen angeboten wie den deutschen Arbeitern: gleicher Status und gleiches Gehalt, gleich gute Versorgung wie in Belgien, bezahlbare private Unterkünfte, Bewegungsfreiheit, die Möglichkeit, einen Teil des Gehaltes der Familie in Belgien zukommen zu lassen. Auch heben die Werber hervor, dass es eine Ehrensache sei, eine Arbeit anzunehmen und dass der belgische Arbeiter nicht gezwungen werde, Munition zu produzieren. Es wird auch gesagt, dass einige freiwillige Arbeiter gar nicht mehr aus Deutschland weggehen wollten und auch schon Deutsch gelernt hätten.

Die Aufgabe bestand darin, qualifizierte Arbeiter zu finden, zuerst für die Eisenindustrie, dann für die gesamte Industrie.

Auseinandergehende Ansichten
Zwei Meinungen, die die Verwaltung der besetzten Gebiete, besonders Belgien, betreffen, stehen sich im Deutschen Reich gegenüber. Die erste besteht darin, die wirtschaftlichen Mittel des besetzten Landes so schnell wie möglich zu vermindern, um jegliche Konkurrenz zwischen der deutschen und österreichischen Industrie und dem besetzten Land auszuschalten. Die zweite Auffassung ist die, dass Belgien früher oder später an Deutschland angeschlossen werde und man deshalb bei der Entnahme von Gütern mäßig vorgehen solle. Dieser Meinung ist auch General von Bissing (seit dem 24 November 1914 Generalgouverneur des deutschen General-Gouvernements in Belgien), der deshalb einer zu großen Milde gescholten wird und sich rechtfertigen muss. Die Maxime der eher nachsichtigen Haltung ist: „Eine gepresste Zitrone hat keinen Wert mehr." Also wird beschlossen, dass Deutschland weiterhin belgische Güter, Rohstoffe und Maschinen entnimmt, ohne jedoch die wirtschaftliche Tätigkeit und Produktion Belgiens ganz zu ruinieren. Es wird aber auch beschlossen, dass das Deutsche Reich die Produktionskapazität unseres Landes lahmlegen kann, wenn die militärischen Interessen es erfordern oder wenn die Konkurrenz mit der deutschen Industrie zu stark ist. Inzwischen wird Deutschland weiterhin belgische Güter entnehmen, um mit ihnen mit den neutralen Ländern Tauschhandel zu betreiben. Zudem muss das besetzte Land für den Bedarf der Besatzungsarmee aufkommen.

Die drastische Durchführung des deutschen Plans schon ab den ersten Kriegsmonaten hat schwere Konsequenzen für das Land: wirtschaftliche Stagnation, Steigerung der Arbeitslosenzahl, allgemeine Verarmung. In einem Bericht an Feldmarschall von Hindenburg

51 | FOTO „SOUVENIR D'EXIL À BOCHUM"

vom 25. November 1916 liefert der für seine angeblich schlaffe Handlungsweise kritisierte von Bissing einen Überblick über die in Belgien ergriffenen Maßnahmen: Die Entnahmen machen zu dieser Zeit schon fast zwei Milliarden belgische Franken aus. Die unmittelbare Folge ist die Arbeitslosigkeit von 500 000 Arbeitern.

Anwerbung und Patriotismus
Die deutsche Anwerbung ist ein Misserfolg. Der erste Grund dafür ist der Patriotismus der belgischen Arbeiter. Diese wollen durch ihre Arbeit partout nicht beim deutschen Kriegseinsatz mitmachen und so indirekt daran beteiligt sein, dass der kämpfende Bruder getötet wird. Die arbeitslosen Arbeiter erhalten oft eine Zuwendung vom „Comitée belge de secours et d'alimentation" (belgisches Komitee für Hilfe und Ernährung), welches durch die „Commission for Relief in Belgium" unterstützt wird. Sie bekommen gerade genug, um die Bedürfnisse ihrer Familie zu decken. Auch Gemeinden und Provinzen ergreifen gewisse Maßnahmen und lassen „gemeinnützige Arbeiten" durchführen. In der Provinz Luxemburg (zu der Virton gehört) werden die Arbeitslosen mit der Wiederinstandsetzung von Wegen, dem Bau von Forst- und Landwirtschaftswegen, der Aufforstung von Ödland, dem Bau von Aquädukten und der Sanierung der Wasserversorgung, dem Bau von Friedhöfen, Jauchegruben und Misthaufen beschäftigt. Alle Gemeinden haben die Hilfe des belgischen Hilfskomitees gerne angenommen, um diese Arbeiten durchführen zu können. So sind die Arbeiter beschäftigt und bekommen Lohn. In der Provinz Luxemburg bleiben am Stichtag 31. August 1915 von 10 000 Arbeitern oder Erwachsenen im erwerbsfähigen Alter lediglich 198 übrig, die durch Unfall oder Krankheit arbeitsunfähig sind.

Ein anderer Grund ist der steigende Widerstand der Geistlichen und der belgischen Behörden. Zudem machen einige Industrielle ihre Fabriken wieder auf, um die belgischen Arbeitslosen zu beschäftigen. Von 1915 bis Anfang 1916 stellt sich die Besatzungsmacht nicht gegen diese Maßnahmen. Erst im Juni 1916, als sie die Notwendigkeit sehen, Arbeiter für militärische Projekte anzuheuern, beschließen die Deutschen, die gemeinnützigen Arbeiten als unnütz abzuschaffen. Es folgt also wieder eine Erhöhung der Arbeitslosigkeit und die Anwerbung freiwilliger und unfreiwilliger Arbeiter nimmt wieder zu.
Solange die Arbeiter in Belgien Arbeit finden und man den Arbeitslosen hilft, findet Deutschland kaum belgische Arbeiter für seine Wirtschaft. Deswegen soll die belgische Wirtschaft weiterhin geschwächt und die Tätigkeiten der Hilfswerke sollen eingeschränkt werden. Deutschland gibt England und dessen Blockade und auch der Faulheit des belgischen Arbeiters die Schuld an den Beschäftigungsproblemen.

Das Jahr 1916
Ab dem Jahr 1916 vermehren sich für Deutschland die Schwierigkeiten. Es ist das Jahr der ersten Friedensangebote von Kanzler Bethmann-Hollweg. Und es ist auch das Jahr, in dem die deutsche Armee in Verdun stecken bleibt, sie tausende Soldaten verliert und die er-

warteten Ergebnisse ausbleiben. Der deutsche Führungsstab beschließt deshalb, den Rekrutierungsplan der Truppen zu verändern und alle wehrfähigen Männer einzuziehen. Die Kriegsproduktion wird intensiviert. Die besetzten Gebiete werden jetzt als annektierte und besiegte Länder betrachtet. Jede dort vorhandene Arbeitskraft soll für den Kriegseinsatz nutzbar gemacht werden.

Das Dekret vom 4. August 1916 sieht vor, dass Belgier, die die Arbeit für die Besatzungsmacht ablehnen, in ein Lager in Holzminden deportiert werden. Sie haben dort eine Sonderstellung, da sie nicht als Gefangene betrachtet werden, sondern als freie Ausländer. Ihre Freiheit darf beschränkt werden, wenn die öffentliche Sicherheit bedroht ist. Unterkunft, Nahrung und Lohn müssen denen des deutschen Arbeiters entsprechen. Den Arbeitern wird über ein Arbeitsbüro, der „Centrale allemande des ouvriers", der Arbeitsplatz zugewiesen. Dieses Büro überprüft auch die Gesetzmäßigkeit ihrer Arbeitsverträge.

Am 3. Oktober 1916 wird ein neuer Erlass in Kraft gesetzt. Er sieht Beschränkungen bezüglich der öffentlichen Zuwendungen in Notlagen vor und kündigt auch die Deportationen an:
1. Arbeitsfähige Personen können zur Arbeit gezwungen werden, auch außerhalb ihres Wohnsitzes, wenn sie wegen Spielsucht, Trunksucht, Müßiggang, Arbeitsmangel oder Faulheit für ihr Auskommen oder das ihrer Familie auf Mithilfe angewiesen sind.
2. Jeder Landesbewohner muss seinen Kräften gemäß und auch außerhalb seines Wohnsitzes Hilfe bei Unfällen, Gefahr oder Notständen leisten; bei Verweigerung kann er dazu gezwungen werden.
3. Jeder, der nach Artikel 1 oder 2 zur Arbeit aufgefordert wird und diese oder die Fortsetzung der Arbeit verweigert, wird mit einer Inhaftierung bis zu drei Jahren bestraft und muss eine Strafe von 10 000 Mark bezahlen beziehungsweise nur eine dieser Strafen oder die bestehenden Gesetze sehen eine strengere Strafe vor.
4. Verantwortlich für die Durchführung sind: die Militärverwaltung, das Militärgericht und die deutschen Militärgerichte.
Die Besatzungsmacht führt eine Pressekampagne in den ihr wohlgesonnenen Zeitungen durch, um das Misstrauen der Belgier einzuschläfern und die materiellen und moralischen Vorteile anzupreisen in Deutschland zu arbeiten.

Massive Deportationen

Um festzustellen, wer für die Deportationen in Frage kommt, wertet die deutsche Behörde jetzt die Arbeitslosenlisten, die Wahllisten und das Einwohnerverzeichnis aus. Sie übt eine ständige Kontrolle auf die wehrfähigen Männer (18 bis 45 Jahre) aus, die sich jeden Monat in den Meldeämtern melden müssen. In der in Frontnähe gelegenen Etappenzone – sie steht unter militärischer Verwaltung, während die weiter von der Front entfernte Zone vom Generalgouverneur von Belgien verwaltet wird – werden sogar Menschen von der Straße weg verschleppt. Die vorgeladenen Personen werden nach einer schnellen ärztlichen Untersuchung sofort nach Deutschland geschickt.

Die Betroffenen müssen Kleidung und Proviant bei sich haben. Diejenigen, die sich nicht spontan stellen, werden dazu gezwungen. Die Geistlichkeit, Anwälte und Pflichtschullehrer sind ausgenommen. Manchmal werden auch Leute, die nicht wissen, warum, vorgeladen. Sie müssen dann mittellos wegfahren und ohne sich von ihrer Familie verabschieden zu können. Meistens geht es denen, die freiwillig unterschrieben haben, auch nicht besser.

Die Reaktionen

Seit Beginn der Deportierungen sucht die belgische Regierung Hilfe im Ausland. Ihre Verbündeten im Krieg gegen Deutschland schließen sich ihren Protesten an. Von Belgien aus schickt Kardinal Mercier, der dem nationalen Widerstand gegen die Besatzung angehört, am 7. November dem Generalgouverneur einen Brief, in dem er die Aufhebung der Maßnahmen in Sachen Zwangsarbeit erbittet. Dieser Brief wird auch Vertretern verschiedener Länder in Brüssel übergeben. Die Reaktion der neutralen Mächte lässt auf sich warten. Schließlich protestieren einige Länder unter dem Druck der öffentlichen Meinung, darunter der Vatikan, Spanien, Holland, die Schweiz und die Vereinigten Staaten von Amerika.

In Deutschland

Die Zwangsverschleppten werden per Eisenbahn in große Verteilungslager gebracht (Soltau, Wittenberg, Kassel-Niederzwehren, Guben, Münster, Altengrabow und Meschede). Bei ihrer Ankunft sind die Männer durch die lange Fahrt in den meist überfüllten Zügen erschöpft. Man schlägt ihnen vor, einen Arbeitsvertrag zu unterschreiben. Wenn sie es ablehnen, wird Zwang angewendet. Dieser kann materiell oder seelisch sein. Die Ernährung wird rationiert oder ganz aufgehoben, Nahrungspakete werden verboten, die Korrespondenz mit der Familie wird unmöglich gemacht. Sie sind Beschimpfungen, Drohungen und Prügelstrafen ausgesetzt. Jene, die Widerstand leisten, kommen in Disziplinarlager, wo es strenger zugeht.

Diese Verweigerer werden Arbeitskommandos zugeteilt, in denen sie zur Rodung von Wäldern und zur Trockenlegung von Sümpfen herangezogen werden, alles anstrengende und mühsame Arbeiten, die manchmal schwere Krankheiten verursachen. Sterbefälle sind dort häufig. Die Brotration in diesen Kommandos besteht aus 150 bis 250 Gramm am Morgen, einem halben Liter Suppe mit Kleie, Kohlrabi, Rüben, Steckrüben und Fischresten zu Mittag und am Abend. Der Unterernährung wegen suchen die Männer sich Nahrung in Abfalleimern. Je hartnäckiger ihre Arbeitsverweigerung ist, desto geringer werden die Rationen. Einige von ihnen, durch Erschöpfung unbrauchbar, werden nach Hause geschickt. Jene, die zu arbeiten akzeptieren, kommen in Fabriken und arbeiten meistens für die Kriegsindustrie. Dort bekommen sie einen kleinen Lohn, von dem die deutsche Behörde die Nahrungs-, Bekleidungs-, Sozialversicherungskosten und so weiter abzieht. Einen Teil von dem, was übrigbleibt, bekommt der Arbeiter und der Rest wird seiner Familie geschickt.

Oft sind diese Lager vergrößerte Kriegsgefangenenlager. Die Barackenlager dort sind nicht immer geheizt und die Zivilgefangenen haben meistens keine warme Kleidung. Sie liegen auf Stockbetten. Die Matratzen bestehen aus Holzfasern, Stroh oder Papierabfall und es gibt sehr viel Ungeziefer. Der Winter 1916/17 ist sehr streng und die Temperaturen fallen auf minus 20 Grad. Viele von den heimkehrenden Deportierten haben Lungentuberkulose, Rippenfellentzündung, Furunkel, Krätze und Gehirnhautentzündung.

Das Foto

Diesem negativen Bild scheint manchmal durch Fotos widersprochen zu werden, auf denen man die Deportierten – wie hier auf der 1917 in Bochum entstandenen Aufnahme – gut angezogen, in sauberen und angenehmen Räumen sieht. Ist es Propaganda?

Die abgelichteten Männer gehörten zu dem Transport vom 4. Dezember 1916 von Virton nach Münster, über den Pfarrer Fontaine berichtet hat. Sie wurden von Münster aus nach Bochum weitergeschickt und leisteten Zwangsarbeit bei Orenstein & Koppel. Zu sehen sind:

Stehend:
1. Amédée Bailleux, geboren am 7. November 1887 in Chenois, am 4. November 1917 heimgekehrt.
2. Léon Dehaut, heimgekehrt erst am 9. November 1918, infolge des Waffenstillstands.
3. Unbekannt
4. Odon Antoine Mercier, geboren am 4. April 1895 in Virton, Deportation wegen Arbeitsverweigerung, seit dem 17. Dezember 1916 Arbeit bei Orenstein & Koppel in Bochum, Heimkehr nach hartnäckigen Bemühungen der spanischen Botschaft am 4. Mai 1917.
5. Lhoest, geboren am 23. Mai 1895 in St. Mard, heimgekehrt am 15. Mai 1917.
6. Henri Petit, heimgekehrt am 13. Januar 1918.

Sitzend:
1. Emile François, geboren 1888 in Chenois, heimgekehrt am 20. September 1917.
2. Victor Champagne, deportiert wegen Arbeitsverweigerung, Arbeit bei Orenstein & Koppel 16. Dezember 1916 bis 12. April 1917, bekommt Lohn, aber unzureichende Nahrung, heimgekehrt am 5. Mai 1917 wegen Krankheit.
3. Unbekannt
4. Unbekannt
5. Albert Dehaut, Deportation wegen Arbeitsverweigerung, heimgekehrt am 13. Januar 1918.

Die internationale Missbilligung

Trotz der deutschen Zensur ist das deutsche Volk von der internationalen Missbilligung der Deportation der Zivilbevölkerung berührt. Der während des Krieges für die Führung des Landes verantwortliche Generalstab stellt die Deportationen in der Verwaltungszone des

Generalgouverneurs ein, macht damit in den Gebieten der unter strikter Militärkontrolle stehenden Etappenzone aber weiter. Virton wird am 1. Januar 1917 Etappenzone.

Am 11. Februar 1917 treffen sich auf Initiative von Marquis de Villalobar, dem Gesandten der spanischen Auslandsvertretung, mehrere Persönlichkeiten in Brüssel und beschließen, sich an den deutschen Kaiser zu wenden. Sie setzen sich mit Kardinal Mercier in Verbindung, der ein Gesuch an Wilhelm II. verfasst. Der Kaiser beschließt, dass die irrtümlich verschleppten Personen sofort nach Hause geschickt werden sollen. Das ist für die Bevölkerung ein Hoffnungsschimmer; sie glaubt an das Ende der Deportationen und die Heimkehr ihrer Männer.

Vergebliche Hoffnung

Am 28. April erneuert Kardinal Mercier sein Gesuch und beklagt, dass die Rückführungen nur schleppend vorankommen. Dabei erfährt man, dass die deutschen Lagerverwaltungen nur die irrtümlich als „Arbeitslose" eingestuften und die „Arbeitslosen, die nicht ‚freiwillig' in Deutschland arbeiten", nach Hause schicken.

Aufs Neue müssen die Deportierten zwischen einem Arbeitsvertrag in Deutschland und den Existenzbedingungen im Lager wählen. In einigen Lagern, so auch in Münster, belügt man die Insassen und sagt ihnen, der Kaiser habe die Rückführung nach Belgien nur als Urlaub für die freiwilligen Arbeiter bewilligt. Einige, die unbedingt zur Familie heimkehren möchten, unterschreiben den Vertrag, aber die Mehrheit lehnt dies ab. Ihre Hartnäckigkeit wird belohnt und viele können danach heimkehren, ohne den Vertrag unterschrieben zu haben.

Zu Hause jedoch sind diese Arbeiter nicht sicher, erneut deportiert zu werden. Einige von ihnen müssen wieder nach Deutschland zurück und andere werden nach Frankreich in die Frontnähe geschickt. Tatsächlich nimmt sich die militärische Verwaltung das Recht heraus, die Arbeiter in den Etappenzonen weiter in Beschlag zu nehmen. Im Etappengebiet der Provinz Luxemburg, das die Distrikte Marbehan, Arlon und Virton umfasst, wird ein großer Teil der Bevölkerung gezwungen, in Frankreich und Deutschland, in Grenznähe, zu arbeiten. Die deutschen Anweisungen sehen vor, dass pro Gemeinde ein Bürgermeister, ein Pfarrer und ein Notar bleiben dürfen.

Die Lebensbedingungen dieser Deportierten sind sehr hart. Als sie zuvor in Deutschland waren, gab es organisierte Lager mit Wohnbaracken. In den Etappenzonen in Frontnähe gibt es diese nicht. Die Arbeiter werden dort in Fabriken, Schulen oder verlassenen Gebäuden untergebracht. In der Gegend von Verdun müssen sie Militärkolonnen, Züge und Lastkähne ausladen und Bäume fällen. Durch die Frontnähe ist es dort gefährlich und viele werden durch Bomben und Granaten von ihren Verbündeten verwundet oder getötet. An verschiedenen Orten bekommen sie sogar Gasmasken. Die Arbeitsverweigerer, wieder ergriffene Flüchtige oder Personen, die Streit mit einem Deutschen hatten, werden in Disziplinarlager, die der Kommandantur von Sedan unterstehen, geschickt.

Auch Frauen werden erfasst und in drei Kategorien eingeteilt: Diejenigen, denen es gesundheitlich gut geht, werden zu landwirtschaftlichen Arbeiten eingeteilt, um die fehlenden Männer zu ersetzen; Mütter von Kleinkindern dürfen zu Hause bleiben; alle anderen bleiben in der Verfügungsgewalt der deutschen Verwaltung.

Trotz neuer Protestkundgebungen ändert die kaiserliche Regierung nichts und die Deportationen in unserer Provinz gehen bis Oktober 1918 weiter.

PATRICE DUMONT
Übersetzung: MARLENE KATZENSTEINER

52 | SCHREIBEN DES ARBEITER- UND SOLDATENRATES BOCHUM, NOVEMBER 1918

Stadtarchiv Bochum – Aktenbestand Stadt Bochum, B 251

H 33 cm, B 19,5 cm; Papier

Arbeiter- und Soldatenrat.

An den

Magistrat der Stadt Bochum
z. H. des Herrn Oberbürgermeisters Graff

Bochum.

Durch die innere Umwälzung in Deutschland ist auch in der Stadt Bochum die öffentliche Gewalt in unsere Hände übergegangen. In unserer ersten Bekanntmachung, die am Samstag, den 9. ds. Mts. erschien, und die unter anderem auch vom Herrn Oberbürgermeister Graff gegengezeichnet wurde, ist bereits gesagt, daß die Behörden wie bisher, jedoch unter unserer Kontrolle weiter zu arbeiten haben. Unsere Aufgabe ist es in erster Linie, die Ruhe und Ordnung aufrecht zu erhalten und wieder herzustellen. Da die Erledigung der Geschäfte unter unserer Kontrolle stattfinden soll, so sind wir der Ansicht, daß es auch notwendig ist, Vertreter des Arbeiter- und Soldatenrates in die Magistrats- und Stadtverordnetenversammlungen zu entsenden. Auf diese Art und Weise ist der unterzeichnete Arbeiter- und Soldatenrat über die gefassten Beschlüsse unserer städtischen Körperschaften stets unterrichtet und wird dadurch die Abwickelung der Geschäfte unseres Erachtens wesentlich erleichtert.

In der heutigen Sitzung hat der Arbeiter- und Soldatenrat beschlossen, die Herren Geschäftsführer Otto V o l l m a r, Redakteur Friedrich S t e i n k a m p und Bergmann Heinrich S c h n e i d e r mit der kommissarischen Vetretung des Arbeiter und Soldatenrates in den Magistrats- und Stadtverordnetensitzungen zu betrauen. Wir erwarten, daß diese Herren zu allen Sitzungen des Magistrates und des Stadtverordnetenkollegiums eingeladen werden.

Gleichzeitig machen wir darauf aufmerksam, daß alle wichtigen Beschlüsse und Veröffentlichungen der Stadtverwaltung zur Bestätigung dem Arbeiter- und Soldatenrat vorzulegen sind.

52 SCHREIBEN DES ARBEITER- UND SOLDATENRATES BOCHUM, NOVEMBER 1918

Die Novemberrevolution 1918 in Bochum und Fritz Husemann

Der 9. November 1918 war ein Wendepunkt in der deutschen Geschichte. Am Ende eines verlorenen Weltkrieges dankte in Berlin Kaiser Wilhelm II. ab und die Republik wurde ausgerufen. Die Novemberrevolution fand jedoch nicht in der Hauptstadt statt. Überall in Deutschland entstanden am 8. und 9. November Arbeiter- und Soldatenräte. Sie übernahmen die öffentliche Gewalt. In Bochum ließ der Arbeiter- und Soldatenrat noch am 9. November bekanntmachen, er habe „es übernommen, für Ruhe und Ordnung zu sorgen" (Volksblatt, 11.11.1918). Hier erließ er ein nächtliches Ausgehverbot und stellte Plünderungen unter strenge Strafe. Wer dabei erwischt wurde, sollte standrechtlich erschossen werden. Mit der Gegenzeichnung der Bekanntmachung erkannte Oberbürgermeister Graff die neuen Machtverhältnisse an.

Am Tag danach, einem Sonntag, strömten geschätzte 12 000 Menschen auf der Spielwiese an der Castroper Straße zusammen (ebd., 13.11.1918). Sie wollten mehr über die neue Zeit erfahren. Bergarbeiterführer Fritz Husemann und der Redakteur des sozialdemokratischen „Volksblatts" Friedrich Steinkamp standen auf einem Lastwagen und erklärten die wichtigsten Ziele der jungen „Republik Deutschland". Der Übergang solle sich in „Ruhe und Frieden" vollziehen: „Wir wollen nicht alles umstürzen". Husemann und Steinkamp machten jedoch deutlich, dass jetzt das Ende des „traurigen preußischen Wahlrechts" gekommen sei. Der Vorsitzende der SPD, Friedrich Ebert, arbeite an einem Programm und strebe an, dass eine künftige deutsche Nationalversammlung die Geschicke des Landes bestimme. Auf lokaler Ebene wolle der Arbeiter- und Soldatenrat mit den Lokalbehörden zusammenarbeiten.

Am 12. November kam der Arbeiter- und Soldatenrat offiziell zu seiner konstituierenden Sitzung zusammen (ebd.). Er hatte künftig seinen Sitz im Rathaus. Zu seinem ersten Vorsitzenden wurde Fritz Husemann gewählt. Am Tag danach teilte er in seinem hier gezeigten Schreiben Oberbürgermeister Graff mit, wie die Zusammenarbeit mit der städtischen Verwaltung künftig aussehen solle. Sie könne wie bisher weiterarbeiten, stehe aber unter Kontrolle des Arbeiter- und Soldatenrats. Dieser beanspruchte in den entscheidenden städtischen Gremien, der Stadtverordnetenversammlung und dem Magistrat, drei Plätze. Die entsandten drei Vertreter übten zentrale Funktionen im Arbeiter- und Soldatenrat aus. Redakteur Friedrich Steinkamp leitete das Sicherheitsbüro, Otto Vollmer das Ernährungswesen. Heinrich Schneider vertrat die Interessen der Bergleute wohl anstelle von Fritz Husemann. Graff quittierte den Eingang und leitete Husemanns Schreiben an seine Dezernenten zur Kenntnisnahme weiter. Er blieb im Amt und wurde 1925 pensioniert.

Im Frühjahr 1919 löste sich der Arbeiter- und Soldatenrat Bochum wieder auf. Nach den Neuwahlen der Parlamente im Reich, in Preußen und auf kommunaler Ebene hatten die Räte ihre Funktion beim Übergang von der Monarchie zur Republik erfüllt und konnten deshalb ihre Arbeit an die neugewählten und demokratisch legitimierten Gremien abtreten. In

Bochum wurden Husemann und Steinkamp als Vertreter der SPD von der USPD auf öffentlichen Protestveranstaltungen heftig kritisiert. Die USPD und die KPD wollten an den Räten festhalten. Wie in einigen umliegenden Bergbauorten widersetzte sich in Langendreer der Arbeiterrat seiner Auflösung bis Januar 1920 und schloss sein Protokollbuch mit der Bemerkung: „Der Arbeiterrat bleibt nach wie vor bestehen" (StadtA Bo, A L 280, 6.1.1920).

Dass der Vorsitzende des Arbeiter- und Soldatenrats Fritz Husemann im November 1918 nicht selbst in den Magistrat eintrat, hatte gute Gründe. Denn als zweiter Vorsitzender des freigewerkschaftlichen „Alten Verbandes" und als führendes Mitglied im SPD-Bezirk „Westliches Westfalen" war er auf vielen Schauplätzen der Umbruchzeit gefragt. Der 1873 im lippischen Leopoldstal geborene Husemann kam 1892 ins Ruhrgebiet und engagierte sich ein Jahr später beim Bergarbeiterstreik erstmals gewerkschaftlich. 1905 übernahm er den Vorsitz des Bergarbeiterverbandes im Kreis Bochum. 1911 wurde er zum zweiten Vorsitzenden des Gesamtverbandes gewählt. In dieser Funktion war er bei Kriegsende besonders gefordert. Die Aufrechterhaltung der Kohleförderung, die Sicherung der Ernährung der Bergleute und die Abwehr der bald einsetzenden radikalen Forderungen nach Sozialisierung des Bergbaus banden seine gesamte Kraft. Im Dezember 1918 reiste er als Delegierter zum Ersten Reichsrätekongress nach Berlin (Roß, 2000, S. 152). Gleichzeitig spielte er bei der SPD eine zentrale Rolle bei der Vorbereitung der kommenden Wahlen.

Seine Partei nominierte ihn für den Preußischen Landtag, in den er am 19. Januar 1919 gewählt wurde. Inzwischen erster Vorsitzender seiner Gewerkschaft, wirkte er bis 1924 dort, dann folgte er Otto Hue im Reichstag nach, dem er bis 1933 angehörte. Am 11. März 1933 wurde er mit vielen anderen Bochumer Sozialdemokraten verhaftet und am 2. Mai 1933 aus dem Gewerkschaftsdienst entlassen. Nach seiner Freilassung im Juli 1933 emigrierte er nicht. Als er 1935 die Deutsche Arbeitsfront auf Entschädigungszahlungen verklagte, wurde er erneut verhaftet und am 13. April in das KZ Esterwegen eingeliefert. Nur zwei Tage später verstarb er nach einem angeblichen Fluchtversuch. In Bochum trägt seit 1983 das Gewerkschaftshaus an der Alten Hattinger Straße seinen Namen.

WILFRIED REININGHAUS

53 ZEITUNGSANZEIGE „ÖFFENTL. FRAUEN-VERSAMMLUNGEN"

Auf dem Weg in die Demokratie. Politische Partizipation von Frauen in Bochum

Nüchtern und ohne jedwede Aufregung wussten im März 1919 die Bochumer Zeitungen über die konstituierende Sitzung des neu gewählten Stadtparlaments zu berichten, dass erstmalig in der Bochumer Geschichte auch eine Frau im hohen Rathaussaal als gewählte Stadtverordnete das Wort ergriffen und sich in die Diskussion über die schwierige Versorgungslage im Nachkriegs-Bochum eingeschaltet hatte (Volksblatt, 15.3.1919; Schneider, 2005, S. 3f.).

Was hier eher beiläufig berichtet wurde, war noch wenige Jahre zuvor in Deutschland geradezu undenkbar gewesen: Frauen als Staatsbürgerinnen, ausgestattet mit dem aktiven und passiven Wahlrecht, die die Geschicke ihrer Stadt und ihres Landes mitgestalten sollten. Wie in vielen anderen europäischen Staaten war der Weg zur Einführung des Frauenwahlrechts auch in Deutschland im langen 19. Jahrhundert ein überaus steiniger gewesen, unterschied sich aber deutlich von den Entwicklungen der Frauenstimmrechtsbewegung in Großbritannien. Das Bild kämpfender Wahlrechtsaktivistinnen, der Suffragetten, die durch passiven Widerstand, öffentliche Störungen oder auch Hungerstreikaktionen für die politische Partizipation von Frauen eintraten, und denen im Jahr 2015 in „Suffragette – Taten statt Worte" auch ein filmisches Denkmal gesetzt wurde, lässt sich nicht einfach auf die deutschen Verhältnisse übertragen.

Wie sah die Situation in Deutschland in der zweiten Hälfte des 19. Jahrhunderts nun aber konkret aus? Welche Möglichkeiten bestanden für die politische Beteiligung von Frauen? Das Bild bot für politisch interessierte Frauen wenig Anlass zu Optimismus, denn die Verfassung des Norddeutschen Bundes wie auch die Verfassung des Deutschen Reiches von 1871 begrenzten in ihren Wahlgesetzen das geheime Wahlrecht ausschließlich auf männliche Deutsche und sahen selbst für diese noch verschiedene Einschränkungen vor. Ausgenommen vom aktiven Wahlrecht waren beispielsweise Empfänger der öffentlichen Armenunterstützung oder aktive Angehörige des Heeres oder der Marine.

Nur in wenigen Regionen – so in sämtlichen preußischen Landgemeinden mit Ausnahme der Rheinprovinz – war es zumindest grundbesitzenden Frauen möglich, das aktive Wahlrecht auszuüben. Allerdings konnten sie ihre Stimme nicht persönlich abgeben, sondern mussten hierzu schriftlich einen männlichen Vertreter bevollmächtigen (Schmitter, 1997, S. 567f.). Allein in Bayern, Hannover und Sachsen konnten Frauen in Gemeinderäte gewählt werden; das passive Wahlrecht war jedoch auch hier an Grundbesitz gekoppelt.

Wie weitreichend das Verbot eines politischen Engagements von Frauen war, zeigt der Blick auf das Vereinsrecht. Die preußische Vereinsgesetzgebung untersagte zwischen 1850 und 1908 „Frauenspersonen", Mitglied von Vereinen zu werden, die sich mit politischen Fragen befassten. Das Verbot schloss selbst die Teilnahme an Versammlungen oder Sitzungen

53 | ZEITUNGSANZEIGE „ÖFFENTL. FRAUEN-VERSAMMLUNGEN"

Stadtarchiv Bochum – Zeitungssammlung, Volksblatt

H 13 cm, B 9 cm; Papier; 1. August 1919

Frauen!

Es ist unsere Pflicht als Frauen und Bürgerinnen, uns an den kommenden Wahlen zu beteiligen. Da wir aber als Neulinge in das politische Leben eintreten, fällt es vielen von uns schwer, sich ein Bild von den Zielen der einzelnen Parteien zu machen und zu entscheiden, welcher Partei sie sich anschließen wollen. Um unseren Mitbürgerinnen einen klaren Ueberblick zu verschaffen und ihnen die Wahl zu erleichtern, laden wir sie ein zu

öffentl. Frauen-Versammlungen

in denen Vertreter aller Parteien ihr Programm kurz erläutern werden.

Es werden sprechen:

Mittwoch, den 8. Januar, abends 8 Uhr, im großen Saale des Ev. Vereinshauses, Mühlenstraße:

Vertreter der Deutschen Volkspartei,
der Deutschnationalen Volkspartei,
der Deutschen demokratischen Partei.

Donnerstag, den 9. Januar, abends 8 Uhr, im Weißen Saale der Bürgergesellschaft, Luisenstraße:

Vertreter der Sozialdemokratischen Partei,
des Zentrums, Christlich-demokrat. Volkspartei.

Eintritt 20 Pfennig.   Eintritt 20 Pfennig.

Verein „Frauenwohl", Lehrerinnen-Verein für Bochum u. Umgeg., Hauspflegeverein, Kaufmännischer Verband weibl. Angestellter, Verein für staatsbürgerliche Rechte der Frau.

53 | ZEITUNGSANZEIGE „ÖFFENTL. FRAUEN-VERSAMMLUNGEN"

ein, so dass Frauen letztlich vom Engagement für politische Fragen in einem politischen Vereinswesen ausgeschlossen waren. Über die Einhaltung des Vereinsgesetzes wachten die Polizeibehörden, die im Falle von Übertretungen einschreiten konnten. Zu den möglichen Folgen gehörten die Schließung von Versammlungen, Geldstrafen und – im äußersten Fall – sogar die zwangsweise Einstellung der Vereinsarbeit (Gerhard, 1997, S. 529).

Wollten Frauen sich in der zweiten Hälfte des 19. Jahrhunderts innerhalb des Gemeinwesens engagieren, so waren sie in der Regel darauf verwiesen, sich ihren Platz im boomenden bürgerlichen, konfessionellen oder politischen Parteien nahestehenden Frauenvereinswesen zu suchen. Dabei fällt schnell auf, dass es sich oft um mehr als nur wohltätige „Freizeitgestaltung" handelte (Hikel/Kramer/Zellmer, 2009, S. 9). Vielmehr zeigen sich hier bereits verschiedenste Felder, in denen Aktivistinnen die sich im Kaiserreich stark verändernden Lebenslagen von Frauen substantiell zu ändern versuchten. Es mag daher kaum verwundern, dass einige von ihnen nach Ende des Ersten Weltkrieges teils beachtliche lokale, aber auch überregionale politische Karrieren durchlaufen konnten.

Begibt man sich auf die Spurensuche nach solchen engagierten Frauen in Bochum, so stößt man etwa auf Hedwig Baare (1861–1948), die – verheiratet mit dem Generaldirektor des Bochumer Vereins, Fritz Baare –, als Mitglied im Vorstand des Vaterländischen Frauenvereins vom Roten Kreuz eine Vielzahl karitativer Einrichtungen in Bochum initiierte. Dazu gehörten etwa eine Näh- und Handarbeitsschule, ein Müttergenesungsheim sowie eine Einrichtung für Kranken- und Wöchnerinnenpflege (Wilbertz, 1991, S. 26). Maria Brück (1874–1968) hatte ihre Wurzeln im katholischen Vereinswesen und setzte sich besonders für junge Handwerkerinnen ein, die sie auf die Prüfung als Gesellinnen vorbereitete und damit einen Grundstein für die Etablierung der beruflichen Frauenbildung in Bochum setzte (ebd., S. 30). Hedwig Hoffmann (1863–1940), die der Evangelischen Frauenhilfe und dem Stadtverband evangelischer Frauenvereine angehörte, reüssierte publizistisch und engagierte sich insbesondere auf dem Feld der Jugendfürsorge (ebd., S. 29). Im gegenüberliegenden politischen Spektrum bewegte sich Lore Agnes (1876–1953), eine in Bochum geborene Bergmannstochter, die sich insbesondere für die Rechte von Hausangestellten und Dienstmädchen einsetzte (ebd., S. 28). Als jüngstes und innerhalb Bochums bis heute bekanntestes Mitglied dieses Quintetts kann Ottilie Schoenewald (1883–1961) gelten, die bereits im Jahrzehnt vor Ausbruch des Ersten Weltkrieges zu einer der prägendsten Figuren der Bochumer Frauenvereine wurde (ebd., S. 30).

Blickt man auf die Diskussionen zur Einführung des Wahlrechts für Frauen, so zeigt sich, dass sich die Phalanx derer, die in der Frage der Einführung des Frauenstimmrechts verhalten bis offen ablehnend agierten, seit den 1890er Jahren in Deutschland nur zögernd auflöste. Als erste Partei des linken Spektrums nahm die Sozialdemokratie auf dem Erfurter Parteitag 1891 das Stimmrecht von Frauen in ihr Programm auf. Wenngleich die Parteibasis diese Entwicklung durchaus mit Skepsis betrachtete, fand sie in den folgenden Jahren immerhin unter den (links-)liberalen Parteien Nachahmer. 1902 gelang es dem radikalen

53 | ZEITUNGSANZEIGE „ÖFFENTL. FRAUEN-VERSAMMLUNGEN"

Flügel der Frauenbewegung schließlich eine Gesetzeslücke auszumachen und den ersten Frauenstimmrechtsverein Deutschlands, den Deutschen Verband für Frauenstimmrecht, zu gründen. Anders als im übrigen Europa war der Rückenwind für die Frage des Frauenstimmrechts noch nicht so stark, dass etwa auch die Zulassung von Frauen zur Reichstagswahl eingebracht werden konnte (Bock, 2000, S. 209).

Einen weiteren Schritt hin zu einer breiteren Diskussion über die Einführung des Frauenwahlrechts markierte schließlich die Novellierung des Vereinsrechtes im Jahr 1908, das in den Jahren zuvor insbesondere durch die Sozialdemokratie und den Zusammenschluss deutscher Frauenverbände unter massiven Beschuss genommen worden war (Gerhard, 1997, S. 534). Nun begann auch in der Fläche eine intensivere Auseinandersetzung über die politische Partizipation von Frauen. In Bochum vermerken die Adressbücher ab 1910 die Existenz von zwei Frauenstimmrechtsvereinen (StadtA Bo, Adressbuch für Bochum, 1912, S. 83). Es handelte sich dabei zum einen um die Ortsgruppe des „Preußischen Landesvereins für Frauenstimmrecht". Die Vorsitzende des Vereins war Luise Mayberg (1873–1958), die als Dentistin eine gut laufende Praxis in der Bahnhofstraße (Kortumstraße) in Bochum unterhielt und Kontakte zu anderen Frauenrechtsaktivistinnen im Ruhrgebiet pflegte (Boxhammer, 2016, S. 166, S. 168). Dies mag auch Ursache dafür sein, dass die Bochumer Ortsgruppe des Preußischen Landesvereins für Frauenstimmrecht über immerhin 61 Mitglieder verfügte. Die zweite Vereinigung, die sich für das Frauenstimmrecht in Bochum im frühen 20. Jahrhundert einsetzte, war der „Frauenstimmrechtsverband für Westdeutschland". Offensichtlich sprach die 24 Mitglieder zählende Ortsgruppe des Verbandes eine eher bürgerliche Klientel an, denn als Vereinslokal wurde das noble Stadtparkrestaurant angegeben (Wilbertz, 1991, S. 25). An dieser Stelle zeigt sich, dass der Kampf für die Einführung des Frauenwahlrechts nun nicht mehr allein durch die Sozialdemokratie vorangetrieben wurde, vielmehr Unterstützerinnen auch im bürgerlichen Lager verzeichnet werden konnten.

Über die konkreten Aktivitäten der Bochumer Frauenstimmrechtsvereine sind leider nur wenige Quellen überliefert. Beide Ortsgruppen luden zu Vortragsveranstaltungen ein, so der Preußische Landesverein für Frauenstimmrecht, der am 10. März 1911 eine Veranstaltung über „Die Frau als Staatsbürgerin" in der Presse annoncierte. Die Gastrednerin kam aus Berlin und offensichtlich rechneten die Veranstalterinnen mit einem größeren Auditorium, denn der Vortrag fand im großen Saal des Hotels Viktoria in der Alleestraße statt, wo sonst auch Symphoniekonzerte zu hören waren (MS, 9.3.1911). Deutlich sichtbar verbindet sich damit der Anspruch, mit dem Thema des Frauenwahlrechts nun auch öffentliche Räume zu besetzen und es in die Mitte der städtischen Gesellschaft zu führen (Harvey, 2009, S. 13–27). Ob sich die Hoffnungen erfüllten, ist indes unklar. Denn im Gegensatz etwa zu den konfessionell geprägten Frauenverbänden, die allein in Bochum mehr als 1 400 Mitglieder zählten, standen die Frauenstimmrechtsvereine doch erst am Anfang ihrer Wirksamkeit.

Es sollte noch mehr als ein halbes Jahrzehnt vergehen, bis die Einführung eines Wahlrechts für Frauen in Deutschland in erreichbare Nähe rückte. In seiner „Osterbotschaft" 1917

53 | ZEITUNGSANZEIGE „ÖFFENTL. FRAUEN-VERSAMMLUNGEN"

hatte Kaiser Wilhelm II. zunächst allen Männern die Gewährung des vollen Wahlrechts zugestanden, ohne allerdings Frauen dasselbe Recht in Aussicht zu stellen. Nun endlich – unter den besonderen Bedingungen des Krieges – fanden sich die zuvor noch sorgsam Abstand wahrenden, politisch heterogen ausgerichteten Frauenverbände zusammen, um ihren Unmut über die anhaltende Verwehrung des Wahlrechts zu äußern. Doch es bedurfte einer Revolution, um das Ziel tatsächlich zu erreichen (Bock, 2000, S. 211). Am 12. November 1918 war es soweit. In einem Aufruf des Rates der Volksbeauftragten, also der provisorischen Revolutionsregierung, an das deutsche Volk hieß es: „Alle Wahlen zu öffentlichen Körperschaften sind fortan nach dem gleichen, geheimen, direkten, allgemeinen Wahlrecht auf Grund des proportionalen Wahlsystems für alle mindestens 20 Jahre alten männlichen und weiblichen Personen zu vollziehen". Das neue Wahlrecht trat am 30. November 1918 in Kraft; die ersten Wahlen zur verfassungsgebenden Nationalversammlung wurden für den 19. Januar 1919 angesetzt. Bereits wenige Wochen später, am 2. März 1919, fanden in Bochum Wahlen zum Stadtparlament statt.

Was nun in den wenigen Monaten zwischen November 1918 und März 1919 in Bochum (und auch in vielen anderen Orten) einsetzte, kam einer wahren Wahlkampfschlacht gleich, in der Frauen als (Erst-)Wählerinnen eine äußerst attraktive Zielgruppe bildeten und massenhaft zum Urnengang motiviert werden sollten. Und dies schloss selbst die Finanzierung des Wahlkampfes ein. In markigen Worten animierte das Zentrum etwa männliche und weibliche Parteimitglieder zu reichlicher Spendenaktivität: „Wie zum Kriegführen so wird auch zum Wahlkampf Geld und nochmals Geld gebraucht" (Westfälische Volkszeitung, 14.1.1919).

Beinahe täglich warben alle Bochumer Zeitungen für die ihnen nahestehenden Parteien und sprachen dabei unterschiedlichste Zielgruppen an. Die zentrumsnahe Westfälische Volkszeitung richtete sich im Januar 1919 speziell an arbeitende Mütter, Arbeiterinnen, Hausangestellte sowie Handwerkerinnen, die sie mit der Aussicht auf einen verbesserten Arbeitsschutz, familien- sowie allgemein sozialpolitische Innovationen und eine „gerechte Entlohnung" zu gewinnen versuchte (ebd., 16.1.1919). Dies war auch schon deshalb notwendig, da das Zentrum – anders als die sozialdemokratische Konkurrenz – nicht auf einen beinahe drei Jahrzehnten dauernden Einsatz für die Einführung des Frauenwahlrechts verweisen konnte und daher unter erheblichem Legitimationsdruck stand (ebd., 17.1.1919).

Kontinuierlich berichteten die Bochumer Zeitungen über Wahlkampfveranstaltungen in verschiedenen Sälen der Stadt. In vielen dieser Veranstaltungen wurden Rednerinnen, in den Parteien des bürgerlichen oder konfessionellen Spektrums häufig rhetorisch versierte Lehrerinnen, eingeladen, um Frauen zu mobilisieren (ebd., 14.1.1919). Manche Veranstaltungen zielten auch ausschließlich auf die neue weibliche Wählerschaft. Wenige Tage vor der Reichstagswahl lud etwa das Zentrum alle „christlichen Frauen und Jungfrauen" zu einer Frauenversammlung im großen Saal der Bürgergesellschaft ein. In der Westfälischen Volkszeitung wurde die abendliche Veranstaltung, deren hohe Teilnehmerinnenzahl („viele Hunderte Frauen") die zur Verfügung stehenden Räumlichkeiten gänzlich sprengte, mit großer

53 | ZEITUNGSANZEIGE „ÖFFENTL. FRAUEN-VERSAMMLUNGEN"

Begeisterung resümiert (ebd., 17.1.1919). Daneben richteten – wie die abgebildete Annonce im Volksblatt vom 8. Januar 1919 zeigt – auch überparteiliche Frauenverbände wie der Verein Frauenwohl, der Lehrerinnenverein für Bochum, der Kaufmännische Verband weiblicher Angestellter und der Verein für staatsbürgerliche Rechte der Frau gemeinsam Informationsveranstaltungen aus, in denen sich die zur Wahl stehenden Parteien vorstellen konnten, um die Wählerinnen über die verschiedenen Parteiziele zu informieren. Sie inserierten dazu in mehreren großen Bochumer Zeitungen.

Nicht alle Veranstaltungen nahmen einen friedlichen Verlauf. So geriet in Laer eine Versammlung des Zentrums aus den Fugen, nachdem sie durch Sozialdemokraten gestürmt worden war und sich Vertreter beider Parteien mit Biergläsern bewarfen. Dabei geriet ein Fräulein Diekamp, vermutlich die Tochter des Bochumer Gründers der Zentrums-Partei, zwischen die Fronten. „Doch wusste sie durch ihre Kaltblütigkeit und durch ihre würdige Ruhe selbst den wahnsinnigen Genossen zu imponieren", wie die Westfälische Volkszeitung anerkennend vermerkte. Nicht minder abenteuerlich verlief eine Frauenversammlung des Zentrums im benachbarten Eickel, die von 30 bis 40 USPD-Anhängern gestürmt worden war, wiewohl schon in der Veranstaltungsankündigung darauf verwiesen worden war, es handele sich um eine reine Frauenveranstaltung. Dennoch ließen sich die katholischen Frauen in keiner Weise beirren und beendeten ihre Versammlung schließlich mit dem Choral „Großer Gott, wir loben Dich". Auch in diesem Fall wurde dem Mut der Frauen Respekt gezollt: „Männer nehmt euch ein Beispiel an den Eickeler Zentrumsfrauen. Die haben den unabhängigen Sozialisten gezeigt, dass auch noch andere Menschen auf der Welt sind" (Westfälische Volkszeitung, 14.1.1919).

Jenseits allen Wahlkampfgetöses stellte sich indes die Frage: Woher sollten nun in der Kürze der Zeit jene Kandidatinnen kommen, die für ein politisches Engagement auf kommunaler oder überregionaler Ebene zu begeistern waren und als Rollenvorbilder die weibliche Wählerschaft zum Urnengang motivierten? Schließlich konnte die Mehrzahl der Parteien auf keine lange Tradition in Sachen politischer Beteiligung von Frauen verweisen. Rückblickend bilanzierte selbst das sozialdemokratisch ausgerichtete Volksblatt: „Es ist schwer gewesen, geeignete Kandidatinnen zu bekommen" (Volksblatt, 27.2.1919). Trotz mitunter schlechter Listenplatzierungen zogen im Verlaufe des Jahres 1919 die ersten Frauen in die Parlamente ein. Dazu trug sicher auch die hohe Wahlbeteiligung von Frauen bei, die bei den Wahlen zur Nationalversammlung mit knapp über 82 Prozent bereits ebenso hoch wie die der Männer ausfiel; sie verhalfen insgesamt 41 Frauen zu einem Sitz in der ersten Nationalversammlung, zu denen auch die gebürtige Bochumerin Lore Agnes gehörte.

Auf den Ergebnislisten zur Bochumer Stadtverordnetenwahl im März 1919 fanden sich ebenfalls Frauen fast aller Parteien. Hier fiel die Wahlbeteiligung indes geringer aus als bei den zuvor abgehaltenen Wahlen zur Nationalversammlung (BA, 3.3.1919). Dennoch gelang immerhin acht Frauen der Sprung ins Stadtparlament: für die Sozialdemokraten Alma Römer und Gertrud Czappa (1881–1951), für das Zentrum Maria Lossen, Johanna Köhler und Maria

Brück, für die DNVP Klara Ulrich und Hedwig Hoffmann sowie für die DDP Ottilie Schoenewald. Zwar verfügten alle Frauen über Erfahrungen in Parteien, Vorfeldorganisationen oder Frauenvereinen, allerdings waren sie, wie das Volksblatt für die frisch gewählten sozialdemokratischen weiblichen Mitglieder des Stadtparlaments resümierte, „neu in solcher Politik, doch bürge ihr gesunder Geist und ihr guter Wille für schnelles Einarbeiten und ersprießliche Tätigkeit" (Volksblatt, 27.2.1919). Gleichwohl sollten einige von ihnen – wie Ottilie Schoenewald oder Hedwig Hoffmann – die politischen Geschicke der Stadt Bochum und auch Westfalens in den kommenden Jahren entscheidend prägen.

BEATE VON MIQUEL

54 | AUTOGRAMMKARTE DER WATTENSCHEIDER SCHAUSPIELERIN RIA WITT

Leihgabe Andreas Halwer, Bochum

H 8,5 cm, B 13,5 cm; Papier

54 AUTOGRAMMKARTE DER WATTENSCHEIDER SCHAUSPIELERIN RIA WITT

Ria Witt. Der Wattenscheider Stummfilmstar

Ria Witt, bürgerlich Maria Wittlich, erblickte am 26. Januar 1893 in der Hammerstraße 16 I das Licht der Welt. Ihre Mutter Susanna Jacobs heiratete kurz nach der Geburt den Vater, Wilhelm Wittlich, der auch dem Standesamt gegenüber die Vaterschaft anerkannte. Susanna Jacobs stammte aus Riedenburg im Kreis Bernkastel, wo sie 1871 geboren wurde. Ihre Mutter und die Schwiegereltern lebten zum Zeitpunkt der Hochzeit in Wattenscheid. Wilhelm Wittlich war Bergmann. Er wurde 1864 in Hochscheid im Landkreis Neuwied geboren. Auch sein Vater war Bergmann.

Ria Witt wuchs an der Südstraße 59, heute An der Papenburg, auf. Die Eltern betrieben dort ein Kolonialwarengeschäft. Nach Abschluss der Volksschule ging Maria der Mutter zur Hand und arbeitete im elterlichen Geschäft. Diese Arbeit machte ihr jedoch keine Freude. Mit 21 Jahren, als sie volljährig war, ging sie nach Berlin. Dort wurde ihr schauspielerisches Talent entdeckt. Unter dem Künstlernamen Ria Witt drehte sie von 1917 bis 1919 mindestens neun Filme.

Ihr Debüt gab sie in dem Film „Des Prokurators Tochter – Tragödie eines Staatsanwalts". Die Zensur gab diesen Film am 3. August 1917 frei. Es folgten 1918 „Maria", „Irrlichter" und „Des Vaters Schuld". Der zuletzt genannte Film wurde am 19. Oktober 1918 von der Zensur freigegeben. Nach Weihnachten 1918 lief er in den Wattenscheider Kinos. Das „Central-Theater" bewarb den Film in einer Zeitungsanzeige:

> „Der Liebling der Wattenscheider! Frl. Ria Witt! in ihrer neuesten Filmschöpfung! Vorführung von Dienstag, den 31. Dezember – Freitag, den 3. Januar Frl. Ria Witt, Wattenscheid in Des Vaters Schuld! Filmschauspiel in 4 Akt. von Julius Urgiss und Bruno Zimer. [...] Verstärktes Orchester."

1919 folgten die Filme „Das Licht im Fenster", „Das Recht auf Glück", „Die Ehe aus Hass", „Die Sekretärin des Gesandten" und „Pflichtbewusst!". Zur Wattenscheider Premiere dieses Streifens, in einer Anzeige des Apollo Theaters vom 2. August 1919 beworben als „Ria Witt in ihrer Meister-Schöpfung Pflichtbewusst", reiste sie aus Berlin in ihre Heimatstadt.

1919 endete Ria Witts Karriere als Schauspielerin. Sie heiratete und hieß fortan Maria Pannenberg. Mit ihrem Ehemann zog sie 1927 nach Bolivien. Wattenscheid besuchte sie nur noch gelegentlich, ihre Filme gerieten in Vergessenheit. In der Deutschen Kinemathek ist lediglich der Film „Des Vaters Schuld" überliefert.

Das Exponat ist eine bei eBay ersteigerte Postkarte. Sie zeigt Ria Witt dekorativ auf einer Chaiselongue mit einer Tasse, die vielleicht Tee enthielt. Diese und auch weitere Karten mit Abbildungen von ihr brachten sie den Fans nahe. Teilweise wurden sie als Autogrammkarte genutzt. Diese Karte ist unbeschrieben und wurde nicht per Post verschickt.

ANDREAS HALWER

55 | AUSWEISKARTE STREIKPOSTEN

Leihgabe Günter Gleising, Bochum

H 8,1 cm, B 12,5 cm; Papier

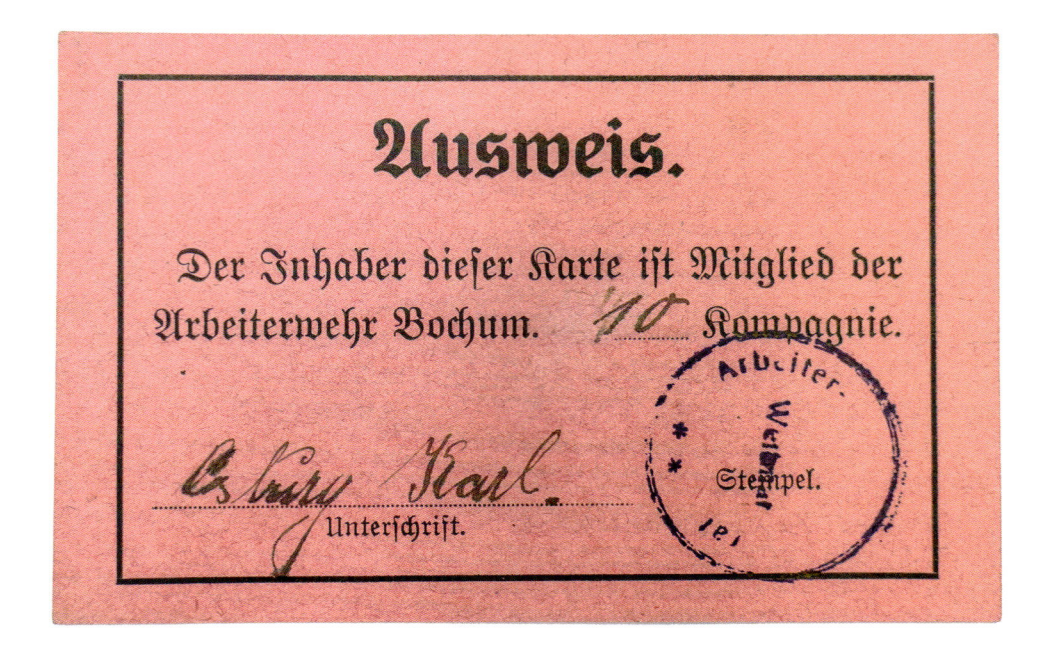

55

AUSWEISKARTE STREIKPOSTEN

Bochum: der Kapp-Putsch und die Märzrevolution von 1920

Die Vorgeschichte

Zum Ende des Ersten Weltkrieges hatte die Novemberrevolution die alten monarchistisch-obrigkeitsstaatlichen Strukturen beseitigt. Nach der Abdankung des Kaisers und zahlreicher Landesfürsten entstand die erste deutsche Republik, die „Weimarer Republik". Erster Reichspräsident wurde am 11. Februar 1919 der Sozialdemokrat Friedrich Ebert. Mit den Arbeiter- und Soldatenräten hatte sich eine völlig neue Form der demokratischen Selbstorganisation herausgebildet, die die revolutionären Arbeiter erhalten wollten. Dem gegenüber verblieben die Generalität, das Offizierskorps und viele der Berufssoldaten in den alten ideologischen Denkstrukturen. Die damals weitverbreitete Erkenntnis „Der Kaiser ging, die Generäle blieben" brachte dies zum Ausdruck. Mit Hilfe dieser Generalität und der verbliebenen Truppen der Reichswehr und der Freikorps wurde die Arbeiterbewegung bekämpft und die revolutionären ideologischen und politischen Führungsköpfe, Rosa Luxemburg und Karl Liebknecht, ermordet.

Im Januar 1920 fanden erneut große Massendemonstrationen zum Erhalt der Stellung der Räte in der Republik statt. Zur innenpolitischen Krise führte das gewaltsame Vorgehen der Berliner Sicherheitswehr gegen demonstrierende Arbeiter vor dem Reichstag, wo das Betriebsrätegesetz behandelt wurde. Das Blutbad, das die Sicherheitswehr unter dem Kommando des Generals Walther von Lüttwitz am 13. Januar vor dem Reichstag anrichtete, forderte unter den Demonstranten 42 Tote und 105 Verletzte. Über die Industriegebiete im Westen und Osten Deutschlands und im Raum Berlin wurde von Reichspräsident Ebert der Ausnahmezustand verhängt und das Militär mobilisiert. Trotzdem kam es zu zahlreichen Streiks und Demonstrationen. Gleichzeitig verdichteten sich immer mehr die Meldungen von einem bevorstehenden Umsturz in Berlin.

Der Kapp-Lüttwitz-Ludendorf-Putsch

Der Putsch hatte seinen Ausgangspunkt in einem Militärlager auf dem Truppenübungsplatz Döberitz, westlich von Berlin. Ende Februar 1920 hatten die westlichen Siegermächte die Reichsregierung kategorisch aufgefordert, die nach den Bestimmungen des Versailler Friedensvertrags erforderliche Verminderung der deutschen Heeresstärke auf 100 000 Mann durchzuführen. Die Reichsregierung wollte dieser Aufforderung nachkommen, konnte sich aber nicht gegen die Generalität der Reichswehr durchsetzen. Am 12. März wurden die Truppen in Döberitz in Alarmbereitschaft versetzt. In der Frühe des 13. März 1920 marschierte die berüchtigte Marinebrigade Ehrhardt unter den schwarz-weiß-roten Fahnen des Kaiserreiches und mit aufgemalten Hakenkreuzen an den Stahlhelmen in Berlin ein und besetzte das Regierungsviertel in der Wilhelmstraße.

An der Spitze der Putschisten stand Wolfgang Kapp, ein hoher preußischer Beamter, Bankier und konservativer Reichstagsabgeordneter. Weiterhin gehörten zum Kreis der Putschisten der Oberbefehlshaber aller Reichswehrtruppen Nord-, Mittel- und Ostdeutschlands, General Walther von Lüttwitz, Traugott von Jagow, der frühere Polizeipräsident von Berlin, sowie General Ludendorf, Oberst Bauer und der Major des Geheimdienstes, Waldemar Pabst. Auch reaktionäre Intellektuelle sowie nationalistische Politiker unterstützten den Putsch.

Nachdem sich General von Seeckt, der Chef des Reichswehr-Truppenamtes (Tarnbezeichnung für Generalstab der Reichswehr) geweigert hatte, Soldaten gegen die Putschisten einzusetzen („Reichswehr schießt nicht auf Reichswehr"), flüchteten Reichspräsident Ebert und die sozialdemokratisch geführte Reichsregierung über Dresden nach Stuttgart. Die Putschisten erklärten die Nationalversammlung für aufgelöst, die Regierung für abgesetzt. Zum Reichskanzler und preußischen Ministerpräsidenten wurde Kapp ausgerufen. Von Jagow wurde Innenminister, von Lüttwitz Reichsminister und Oberbefehlshaber der Wehrmacht. Am 16. März 1920 verkündete der Putschist „Reichskanzler Kapp" einen Erlass, der Streikende und Rädelsführer mit der Todesstrafe bedrohte.

Die beiden Rechtsparteien im Reichstag (DNVP und DVP) sowie zahlreiche bürgerliche Politiker unterstützten den Putsch oder ließen ihre Sympathien erkennen. Dies gilt auch für Zeitungen der Industrie und des Großbürgertums wie die „Rheinisch-Westfälische Zeitung" (Essen). Die RWZ schrieb am 13. März in ihrer Abendausgabe: „Entschlossene Männer sind in Berlin zur Tat geschritten […]. Ihr Vorgehen bedeutet Gewalt, aber Gewalt aus redlichster Überzeugung und tiefster Vaterlandsliebe heraus." Die Zeitung beschrieb die Regierung Ebert/Bauer als eine „herrschenden Clique", die es galt hinwegzufegen. Das Sprachrohr der Wirtschaft unterstützte den Putsch und setzte sich für die weitere Unterdrückung der Arbeiterbewegung ein.

Die geflüchtete „Reichsregierung aus SPD, DDP und Zentrum erließ zwar einen außergewöhnlich scharf gehaltenen Aufruf zum Generalstreik, distanzierte sich jedoch noch am selben Tag wieder" (Rudolf, 2016, S. 254). Der Staatsstreich löste in allen Teilen Deutschlands jedoch heftige Reaktionen aus. Die Aufrufe der Gewerkschaften zum Generalstreik verbreiteten sich rasch und wurden in großer Einheit umgesetzt.

Der Putsch und das Militär im Westen
In Deutschlands Westen traten Truppenteile der Reichswehr ganz offen hinter die Putsch-Regierung und machten dies mit dem Hissen der alten Reichsflagge „Schwarz-Weiß-Rot" in den Kasernen deutlich. An General von Lüttwitz richtete zum Beispiel das Freikorps Schulz in Mülheim ein Telegramm, in dem es sich „für die neue Regierung" erklärte. Die am Vormittag des 13. März 1920 stattfindende Besprechung der Kommandeure im Wehrbereichskommando VI in Münster vermied eine öffentliche Erklärung für Kapp/Lüttwitz. Die Verlautbarung des Wehrkreiskommandeurs, General Oskar von Watter, „Ruhe und Ordnung im Industriegebiet" sicherzustellen, war vor dem Hintergrund des militaristischen Staatsstreiches und der zahlreichen Aufrufe zur Verteidigung der Republik jedoch eine offene Unterstützung für die Kapp-Regierung. Mitgetragen wurde diese Haltung von den Regierungspräsidenten, einer Anzahl von

führenden sozialdemokratischen Funktionären, bürgerlichen Politikern und Bürgermeistern im Industriegebiet. Diese im Gegensatz zu großen Teilen der Bevölkerung stehende Haltung gab es vor allem in den wichtigen Städten Dortmund, Essen und Duisburg.

Noch am 13. März setzten sich Truppentransporte ins Ruhrgebiet und Bergische Land in Bewegung. Das Freikorps Lichtschlag in Osnabrück hatte auf der Kommandeurstagung von General von Watter den Auftrag erhalten, sofort Truppen in den Raum Dortmund/Hagen zu verlegen. Die Truppenbewegungen und Zugtransporte ließen für die Arbeiter den Putsch konkret werden, da sie genau wussten, dass diese Truppen gegen sie eingesetzt werden sollten. Die Truppentransporte lösten daher überall große Unruhe aus und die Bahnhöfe, die sie passierten, wurden zu ersten Kristallisationspunkten des Widerstandskampfes. Schon am 14./15. März kam es deshalb in Hamborn, Annen, Werden, Unna/Kamen und Velbert/Wülfrath zu ersten bewaffneten Zusammenstößen und Kämpfen.

Reaktionen in Bochum

Die Nachricht vom Kapp-Lüttwitz-Putsch in Berlin, die schon am Samstagmorgen des 13. März in Bochum eintraf, löste auch hier, wie überall im Rheinisch-Westfälischen Industriegebiet, große Unruhe und hektische Betriebsamkeit aus. Die Menschen strömten auf die Straßen und Plätze in der Stadt und den Gemeinden des Landkreises, sprachen erregt über die politische Entwicklung, Arbeiter verließen die Betriebe, vor den Aushangstellen der Zeitungen bildeten sich Menschentrauben. Im Rathaus berieten am frühen Nachmittag Bochums Oberbürgermeister, die Leiter der Behörden und Vertreter der Parteien über die Lage.

Am Nachmittag des 13. März fand auf dem Moltkemarkt (heute Springerplatz), dem Zentrum des Bochumer Proletariats, eine große Protestkundgebung statt. Die SPD-Zeitung „Volksblatt" berichtete:

„[...] die Arbeiterklasse und die Angestelltenschaft in Bochum brauchten nicht erst zur Abwehr gerufen werden, man verließ Werkstatt, Fabrik und Bureaus, eilte nach der Massenversammlung am Moltkemarkt. Jeder sagte sich, diesmal sollen die Verbrecher nicht so glimpflich weg kommen, die Volksgenossen waren im ersten Augenblick zu allem fähig. [...] Mit einem Schlage standen die sozialistischen Parteien gemeinsam wie ein Mann zur Abwehr des verbrecherischen Anschlages gegen Volksrechte und Volkswohl" (Volksblatt, 23./24.3.1920).

Die KPD-Zeitung „Ruhr-Echo" schrieb in einer späteren Nachbetrachtung: „Solche Menschenmassen, wie an diesem Tage dem Moltkemarkt zuströmten, sind weder vorher noch nachher hier aufmarschiert. Der Platz konnte die Massen nicht fassen. Alle Ausgangsstraßen waren besetzt" (Ruhr-Echo, 13.3.1930). In Reden von Vertretern der SPD, USPD und KPD wurden die Menschen über die Ereignisse in Berlin informiert sowie die Aufrufe zum Generalstreik verteilt. Es wurde offen ausgesprochen, „in Bochum gibt es eine Anzahl derselben Leute, die mit dem Staatsstreich sympathisieren" oder „in den Staatsstreich eingeweiht sind", denen wir entschlossen entgegentreten müssen (ebd.).

Die Gründung des Aktionsausschusses und die Bildung der bewaffneten Arbeiterwehr

Nach Beendigung der Versammlung auf dem Moltkemarkt bewegte sich ein großer Demonstrationszug durch Bochums Hauptverkehrsstraßen ins Zentrum der Stadt. Am Bahnhof vorbei ging es zum Stadttheater. Auch Teile des bürgerlichen Lagers waren zur Protestkundgebung erschienen. Es sprachen Vertreter der Arbeiterparteien, die den verbrecherischen Staatsstreich auf das Schärfste verurteilten, zum Generalstreik aufriefen und die Bildung einer Arbeiterwehr bekannt gaben. Zuverlässige Vertreter der Gewerkschaften oder Arbeiterparteien sollten sich in der Schule an der Mühlenstraße oder der Wirtschaft Pröter auf der Herner Straße einfinden. Mit 80 Gewehren und Munition, die aus der Zeit der Novemberrevolution hinübergerettet worden waren, und roten Armbinden rüstete man die Arbeiter-Patrouillen aus, die in der Stadt für Sicherheit sorgen sollten. Im Gebäude der SPD-Zeitung „Volksblatt" setzten sich Vertreter der drei Arbeiterparteien zusammen, um über die Lage und die weiteren zu ergreifenden Maßnahmen zu beraten. Noch in der Nacht wurde ein Arbeiterrat aus je drei Vertrauensmännern der drei Arbeiterparteien gewählt: Thöne, Bornhoff und Winter von der SPD, Teuber, Lange und Disselkamp von der USPD und Kämpfner, Röck und Margies von der KPD. Der Arbeiterrat tagte zunächst im „Volksblatt-Gebäude" der SPD auf der Hermannshöhe und nahm später sein Hauptquartier in den Gebäuden der stillgelegten „Scharpenseel-Brauerei" in der Trankgasse. Er wurde schon wenig später um Vertreter der christlichen Gewerkschaften und der Arbeitsgemeinschaft der Angestelltenverbände erweitert. Für die Freie Arbeiterunion wurde der Schriftsteller Hugo Delmes aus Wattenscheid in den Arbeiterrat aufgenommen. Delmes wurde mit dem Kaufmann Zimmermann und dem Gewerkschafter Otter zuständig für die Überwachung der nationalistischen Presse. Vor allem der „Märkische Sprecher" erschien in diesen Tagen wiederholt mit weißen Lücken. Delmes wurde allerdings später aus dem Arbeiterrat entfernt. Seine Parole „Sieg oder Untergang" traf auf Ablehnung.

Am „Sonntagmittag zog dann ein gewaltiger Menschenzug der vereinigten sozialistischen Parteien zum Zentralgefängnis", um die politischen Gefangenen zu befreien. Unter dem Jubel der Massen wurden vor allem diejenigen begrüßt, die wegen der Teilnahme an den Streiks der Berg- und Metallarbeiter im Frühjahr 1919 und der anschließenden militärischen Niederschlagung zu Gefängnis- oder Zuchthausstrafen verurteilt worden waren. Gleichzeitig erfolgte die weitere „Bewaffnung des klassenbewussten Proletariates". Die evangelische Schule in der Mühlenstraße wurde vom Arbeiterrat beschlagnahmt, um hier die Zentrale der Bochumer „bewaffneten Arbeiterscharen", wie sie Bochums Polizeidirektor Stühmeyer nannte, einzurichten (StadtA Bo, B 222). Deren Aufgabe war es, mögliche Militäreinsätzen zu begegnen und die Sicherheit und Ordnung aufrechtzuerhalten. Dies kann als Reaktion auf die Erfahrungen der Streiks im Frühjahr 1919 gesehen werden, als das Militär gewaltsam und blutig gegen Aktionen der Arbeiter eingriff.

Die Bildung der Arbeiterwehr konnte in Bochum durch schnelles und einheitliches Handeln besonders zügig erfolgen. Den Kern bildeten zunächst zwei Kompanien der alten bürgerlichen Einwohnerwehr, die mehrheitlich sozialdemokratisch orientiert waren, und die 80 Bewaffneten der ersten Stunden. Noch in der Nacht zum 14. März durchsuchten Angehörige der Arbeiterwehr sowohl das Büro der Einwohnerwehr als auch die Wohnungen ihrer führenden Mitglieder, vor allem im vornehmen Stadtparkviertel. Dabei wurden Gewehre und wichtige Unterlagen beschlagnahmt. Hauptmann Kropp und einige andere Leiter der Sicherheitswehr nahm man in Haft, entließ sie aber später wieder. Die Räume und das Waffendepot der Einwohnerwehr in der Trankgasse wurden vom Arbeiterrat übernommen.

Bei der Durchsicht von beschlagnahmten Papieren in den Büros in der Trankgasse stießen die Arbeiterpatrouillen auf einen Frachtbrief, der einen Waffentransport aus Münster mit dem täglichen Milchzug für den frühen Sonntagmorgen ankündigte. Nachdem einige zur Bewachung eingeteilte Polizisten entwaffnet worden waren, wurde der Zug am Morgen des 14. März von den Arbeitern auf dem Bahnhof Bochum-Süd durchsucht. Und tatsächlich: Der Milchzug war als Tarnung benutzt worden, um 2 050 Gewehre und wahrscheinlich auch die dazugehörige Munition von Münster, dem Sitz des Reichswehrkommandos, nach Bochum zu transportieren. Für die Arbeiter war dies die Bestätigung dafür, dass die Sipo (Grüne Polizei) und Teile der Sicherheitswehr mit den Kapp-Putschisten gemeinsame Sache machten. Die Gewehre wurden zur Schule an der Mühlenstraße transportiert und später verteilt. „Diesen Tag werde ich nie vergessen", berichtete noch im hohen Alter Willi Studenski von seinen Erlebnissen, „nur der bekam ein Gewehr, der mindestens ein Jahr Mitglied in der Gewerkschaft oder einer der Parteien KPD, SPD oder USPD war."

Zwei Tage später entdeckten Wachtposten des Bochumer Arbeiterrates auf einem Güterzug im Bahnhof Bochum-Nord weitere Waffen. Mithilfe von zusammengerufenen Angehörigen der Roten Armee wurde der Güterzug gewaltsam an der Ausfahrt gehindert und zum Stehen gebracht. Vier Flugabwehrgeschütze mit Zubehör konnten abgeladen und abtransportiert werden. Eines dieser Geschütze stellten die Arbeiterwehren auf dem Moltkemarkt auf, um den eigenen Erfolg zu demonstrieren und zu zeigen, wie Waffentransporte für den Kapp-Putsch auch in oder durch die Stadt erfolgten.

Arbeiterräte übernehmen die Macht

Am 15. März fand im „Bochumer Hof" eine große Versammlung aller Räte der Bochumer Betriebe statt. Hier wurde über die politischen Ereignisse und den Generalstreik berichtet und das weitere Vorgehen besprochen. In diesen Tagen wurden auch die restlichen bürgerlichen Teile der Einwohnerwehr und der Polizei entwaffnet. Einige Tage später standen bei einer Vertreterversammlung der Arbeiterräte in der Tonhalle, die von Heinrich Teuber geleitet wurde, Maßnahmen gegen die mangelhafte Lebensmittelversorgung im Mittelpunkt.

Auch in den Gemeinden im Umkreis von Bochum waren zu dieser Zeit Arbeiterräte entstanden, so in Gerthe, Harpen, Hordel, Riemke, Werne und Weitmar. Im vom frühen Strukturwandel des Bergbaus betroffenen Stiepel, das damals zum Amt Blankenstein gehörte, bildeten vornehmlich Bergleute einen Aktionsausschuss und eine Arbeiterwehr. Ein Zentrum der Bewegung war Langendreer. Hier bezog der Arbeiterrat Räume im Amtshaus. Eine Zentralstreikleitung koordinierte die betrieblichen Aktionen. Der große Eisenbahnknotenpunkt Langendreer wurde zu einer Drehscheibe für Transporte, Nachrichtenübermittlung und Kurierdienste. Außerdem wurde hier ein großes Waffenlager eingerichtet.

Durch diese Entwicklungen war in Bochum frühzeitig das Kräfteverhältnis zugunsten der Arbeiter verschoben worden, ohne dass es wie in anderen Städten zu bewaffneten Kämpfen kommen musste. Bochums Polizeidirektor Stühmeyer stellte in einem Bericht an den Arnsberger Regierungspräsidenten fest: „Am Sonntag (Mittag), dem 14.3., war meiner Schätzung nach die Menge im Besitz von mindestens 4 000 Gewehren, 20 Maschinengewehren und von etwa 600 Handgranaten" (StadtA Bo, B 222). Damit waren die Arbeiter und die Arbeiterwehr in Bochum die bestimmende Ordnungsmacht geworden. Dies erkannten auch Oberbürgermeister Graff, Stadtverordnetenvorsteher Diekamp und Polizeidirektor Stühmeyer auf einer gemeinsamen Besprechung mit dem Arbeiterrat am Montag, den 15. März, an. Hier erklärte Stühmeyer „offiziell" die bürgerliche Sicherheitswehr für „aufgelöst". Der Arbeiterrat sagte zu, dass die Arbeiterwehr „für Ordnung und Sicherheit" in der Stadt sorgen würde, dass aber „die Stadt die Löhnung vornehmen muß". Das Ergebnis der Besprechung wurde in einer Zeitungsanzeige bekannt gegeben. Damit verhielt sich die Bochumer (entmachtete) Stadtspitze im Gegensatz zu Reichskommissar Severing, der hatte erklären lassen, „mit Arbeiterräten unter keinen Umständen [zu] verhandeln", man „möchte sich nach Münster wenden, damit Militär herangezogen werde" (ebd.). Doch Militär in die Stadt rufen wollten nach den einschlägigen negativen Erfahrungen des Frühjahrs 1919 offensichtlich weder Graff noch Stühmeyer.

Diese Ereignisse und das Vorgehen der Arbeiter hatten über Bochum hinaus hohe Bedeutung. Bochum war ohne blutige Kämpfe zu einem gut organisierten und ausgerüsteten Schwerpunkt der Aufstandsbewegung gegen den Kapp-Putsch geworden, die das Stadtbild prägte, für Sicherheit sorgte und an den Kämpfen in der Umgebung mit großem Einsatz teilnahm. Durch die Stadt fuhren Wagen und Lastautos, die bewaffnete, „mit roten Armbinden versehene Arbeiter" transportierten. Die Wagen trugen meist rote Fahnen und führten Maschinengewehre mit sich. „Die Arbeiter auf ihnen sangen auf der Durchfahrt Freiheitslieder", stellte die Stadtverwaltung wenig später in einem Bericht fest (ebd.).

Die Rote Ruhrarmee
Unterdessen war die gut gerüstete Arbeiterwehr in Bochum in mehrere Kompanien aufgeteilt. Leiter der Bewaffneten waren Klückow und Dreher. Neben der Schule an der Mühlenstraße wurde auch auf dem „Grummertschen Grundstück" in der Albertstraße ein Quartier bezogen. Beide Einrichtungen wurden von Bewaffneten gesichert, Zutritt erfolgte nur durch besondere Anweisung oder das Vorzeigen von extra ausgestellten Ausweisen.

Während in Bochum und seinen Landgemeinden die Lage ruhig blieb und es keine bewaffneten Kämpfe gab, lösten Truppentransporte der Reichswehr in Wetter und Dortmund schwere Kämpfe mit dem berüchtigten Freikorps Lichtschlag aus, an denen sich auch viele Bochumer beteiligten. Eine größere Anzahl von Toten war zu beklagen. In diesen Kämpfen entstand die Rote Armee, die sich aus den Arbeiterwehren der verschiedenen Städte und Gemeinden zusammensetzte und ihren Namen den roten Armbinden verdankte.

Nach militärischen Erfolgen der Roten Armee in Wetter und Dortmund hatte sich im Dreieck Hagen – Dortmund – Bochum das Zentrum der Aufstandsbewegung entwickelt, das seine Macht bald ausdehnen konnte. Nach Kämpfen, ja regelrechten Schlachten, in Essen und parallel dazu in Remscheid sah sich die Reichsregierung gezwungen, alle Truppen und Polizeieinheiten nach Wesel und Münster zurückzuziehen. Bei diesen Kämpfen und zahlreichen Rückzugsgefechten mit dem Militär in Mülheim, Oberhausen, Duisburg und Dinslaken fanden auch Bochumer Rotarmisten den Tod. Das Rhein-Ruhrgebiet sowie das Bergische Land befanden sich jetzt in der Hand der aufständischen Arbeiterinnen und Arbeiter. Von Wesel bis Ahlen reichte die Demarkationslinie, die Lippe bildete eine Art Frontlinie.

Ausgelöst vom in allen Teilen Deutschlands einheitlich durchgeführten Generalstreik und den Kampfaktionen im Westen, Norden und Osten Deutschlands brach der Kapp-Lüttwitz-Putsch zusammen und die (geflüchtete) sozialdemokratisch geführte Regierung konnte nach Berlin zurückkehren.

Das Scheitern der Märzrevolution

Kaum waren die Putschisten verjagt, verlangte die Regierung von der Arbeiterschaft die sofortige Einstellung aller Kampfmaßnahmen und die Entwaffnung der Arbeiterwehren. Doch die Arbeiterräte und die Gewerkschaften wollten mehr Rechte, mehr politischen und mehr sozialen Einfluss, die Umwandlung der nationalistisch-monarchistisch geprägten Reichswehr und der paramilitärischen Einheiten in eine Volksarmee. Die Ablehnung der Forderung der Reichsregierung hatte zur Folge, dass Lebensmittellieferungen in das Ruhrgebiet unterbrochen wurden, die Reichsbank den Zahlungsverkehr mit dem Ruhrgebiet einstellte und Militär aus Süd- und Ostdeutschland in das Münsterland und Ostwestfalen beordert wurde.

Versuche der Gewerkschaften in Berlin, mit einem Neun-Punkte-Programm und der Bildung einer „Arbeiterregierung" die Errungenschaften des Kampfes zu sichern, scheiterten. Auch die „Bielefelder Verhandlungen" (23./24. März 1920) blieben ohne Erfolg, da die Reichswehr diese ablehnte und die Regierung Versprechungen machte, aber keine Garantien geben wollte. In den folgenden Tagen zogen sich einige sozialdemokratisch orientierte Kräfte und Anhänger der DDP aus der Bewegung zurück. Eine große Mehrheit aber wollte weiter kämpfen und baute auf die Solidarität aus anderen Landesteilen. Vor allem wollten sie den Einmarsch der Reichswehr in das Ruhrgebiet verhindern.

Verbrechen der Reichswehr

Weitere Verhandlungen in Münster beendete die Reichswehr mit einem unerfüllbaren Ul-

55 | AUSWEISKARTE STREIKPOSTEN

timatum zur Abgabe der Waffen der Roten Armee. Schon vor dessen Ablauf begannen die Reichswehr und die ihr unterstellten Freikorps ab dem 28. März mit dem Vormarsch in das Ruhrgebiet. Südlich von Wesel, Haltern und Lünen/Hamm setzten aus ganz Deutschland zusammengezogene Truppen über die Lippe und überrannten Stellungen der Roten Armee. Es waren zum überwiegenden Teil dieselben Truppen, die den Putsch aktiv unterstützt oder ihn gebilligt hatten. Innerhalb von wenigen Tagen wurde das Ruhrgebiet besetzt. Der Vormarsch der Reichswehr ging einher mit Razzien in Arbeitersiedlungen, tausenden Festnahmen, willkürlichen Erschießungen und der Einrichtung von Sonder- und Standgerichten. Die Schmach der Niederlage im Ersten Weltkrieg, die Wut über den Sturz der Monarchie und die Errichtung der Republik ließen die Reichswehr Verbrechen begehen, die bis heute erschüttern und kaum fassbar sind. Sie sind ein „Schandmal der deutschen Republik" (Ernst, 1921, S. 62).

Die Anzahl der Opfer aus Bochum war groß. Südlich von Haltern (Hamm-Bossendorf), bei Wesel, Pelkum und in Recklinghausen starben etwa 40 Angehörige der Bochumer Arbeiterwehr. Opfer von Erschießungen oder Misshandlungen mit Todesfolge durch die Soldaten wurden Arbeiter aus Altenbochum, Bochum, Laer, Linden, Werne, Weitmar und Stiepel. Die Ehrengrabanlagen in Laer und Werne sind erhalten, werden gepflegt und sind in die Denkmalliste eingetragen. Ebenso die Denkmäler in Dinslaken, Haltern und Pelkum, die unter anderem auch für die dort getöteten Angehörigen der Arbeiterwehr aus Bochum errichtet wurden. Die Gräber auf dem Blumenfriedhof hingegen sind verwahrlost und kaum noch sichtbar.

Karl Osburg aus Weitmar trat direkt nach dem Militärputsch von Kapp und Lüttwitz am 13. März 1920 in die Arbeiterwehr ein. Nach den Kämpfen südlich von Haltern wurde der 20-Jährige am 31. März 1920 von Soldaten der Reichswehr erschossen. Eine Überführung der Leiche nach Bochum wurde verboten. Osburg wurde in einem Massengrab in Hamm-Bossendorf zusammen mit 33 weiteren erschossenen Arbeitern, viele davon aus Bochum und Wattenscheid, beerdigt. Die abgebildete Ausweiskarte wurde mit weiteren persönlichen Sachen nach Bochum übermittelt.

Die Ereignisse um den Kapp-Putsch, die unterbliebene Entmachtung der Kräfte, die den Putsch unterstützt hatten, und die gewaltsame Niederschlagung der Aufstandsbewegung wurden zu einer schweren Hypothek und Belastung für die politische Entwicklung der ersten deutschen Republik, deren Ende sich wenige Jahre später 1933 mit der Errichtung des faschistischen Naziregimes vollziehen sollte.

GÜNTER GLEISING

56 MINIATUR DES KUHHIRTENDENKMALS

Die Vöde, der Stadtpark und das Kuhhirtendenkmal. Großstadtwerdung und Vergangenheitsvergegenwärtigung

Das Abbild des Kuhhirtendenkmals ziert Münzen und Medaillen, Tassen, Gläser und Krüge, Anstecknadeln und Karnevalsorden, Bierdeckel, Schreibblöcke, Einkaufstaschen, Mousepads und Einwickelpapier. Es findet sich auf unzähligen Postkarten, seltener auf Stichen und Gemälden. Kuhhirten-Darstellungen gibt es als Porzellan-Figuren und im Gehäuse von Schneekugeln. Die Reihe der Bochum-Souvenirs mit Kuhhirten-Motiven ließe sich beliebig fortsetzen. Keine Frage: Der Kuhhirte ist eine Berühmtheit und sein Denkmal gilt als eines der wichtigsten Wahrzeichen Bochums. Seit 1962 steht es an der Bongardstraße – und wirkt fremd im modernen Stadtbild. Manch ein Passant mag sich fragen, welchen Sinn und Zweck es hat oder auch gerührt sein über so viel Nostalgie. Denn dass das Denkmal an frühere – idyllischere? – Zeiten erinnern soll, ist unschwer zu erkennen.

Die hier abgebildete Bronze-Statuette zeigt den ins Horn blasenden Kuhhirten mit seinem Hütehund. Sie verweist nicht auf das aktuelle Standbild, sondern ist eine Miniatur des Originals von 1908. Wie dieses wurde sie von dem Münsteraner Bildhauer August Schmiemann geschaffen. Das Denkmal (das alte wie das neue) soll an Fritz Kortebusch erinnern, den in den Diensten der Stadt stehenden Kuhhirten, der von 1850 bis 1870 das Bochumer Vieh auf die „Vöde" führte. Mit Kortebusch ging Bochums Zeit als sogenannte Ackerbürgerstadt zu Ende, deren prägendes Element es war, dass die Bochumer Bürger neben ihren Berufen als Handwerker oder Kaufleute dem Ackerbau und der Viehwirtschaft nachgingen. Zünfte und Gilden gab es im vorindustriellen Bochum nicht, wohl aber zahlreiche unterschiedliche Gewerbe – von denen die meisten, die ein solches betrieben, nicht gut leben konnten. So war der landwirtschaftliche Nebenerwerb eine ökonomische Notwendigkeit und die jahrhundertealte Praxis, die Kühe und Ziegen gemeinsam auf der Vöde grasen zu lassen, ein Gewinn für alle, die daran teilhaben durften.

Ursprünglich handelte es sich um zwei zusammenhängende Flächen im Norden der Stadt, die große und die kleine Vöde, die, aufgeteilt in kleinere Grundstücke, das Eigentum einzelner Bürger waren. Auf den Grundstücken lastete die städtische Hude. Die Eigentümer konnten sie sechs Jahre lang bewirtschaften und mussten sie die folgenden sechs Jahre als Weideland, das von den Hudeberechtigten gemeinsam genutzt wurde, liegen lassen. Mitte des 19. Jahrhunderts schieden einige Grundeigentümer aus der Vödewirtschaft aus. Die Stadt Bochum ließ sich für das entgangene Huderecht mit Grundstücken entschädigen und kaufte weitere dazu. Auf diese Weise erwarb sie ansehnlichen Grundbesitz auf der Vöde, die zunächst weiterhin als Viehhude genutzt wurde.

Seit Mitte des Jahrhunderts ging der Viehbestand kontinuierlich zurück und das gesamte System der Vödewirtschaft geriet ins Wanken. 1860 wurden nur noch 133 Kühe und 43 Ziegen gezählt, im Vergleich zu etwa 400 Kühen (und zwei Ziegen) zu Beginn des 18. Jahrhunderts.

56 | MINIATUR DES KUHHIRTENDENKMALS

Stadtarchiv Bochum – MUSA (Schenkung Jürgen Stollmann)

H 54,5 cm, B 21,5 cm, T 18,5 cm; Gewicht ca. 16 kg; Bronze; August Schmiemann, 1920

Bochums Einwohnerzahl war im selben Zeitraum von 1 163 (1719) auf 9 840 (1861) angestiegen. Kortums berühmter Satz, jeder Bürger, „sey er vornehm oder geringe, hat eine oder mehrere Kühe; die ärmsten haben wenigstens eine Ziege" (Kortum, 1790/1990, S. 66) stimmte nicht mehr. „Teilten" sich früher knapp drei Personen eine Kuh, so waren es jetzt fast 74. Die im Zuge der Industrialisierung eingewanderten Arbeitsmigranten hatten in der Regel keine Kühe und kaum Ziegen.

Der damalige Bochumer Bürgermeister Maximilian Greve (1843–1873) konstatierte, „dass der landwirtschaftliche Charakter unserer Stadt immer mehr zurücktritt" (Wölk, 2005, S. 98). Er setzte sich für eine andere Nutzung der Vöde ein und führte als Argument die fortschreitende „Verminderung des aufgetriebenen Viehes" ins Feld (ebd.). 1867, als Kortebusch kurz vor dem Ende seiner Dienstzeit stand, trieb er nur noch 81 Kühe und weiterhin 43 Ziegen auf. Die Teilung der verbliebenen Vödeländereien setzte ein und fand im Jahr 1870 ihren Abschluss.

Maximilian Greve hatte sein Amt 1843 in einer Zeit und einer Region angetreten, die einen rasanten wirtschaftlichen Aufschwung nahm. Goldgräbern gleich ließen sich viele anlocken, ob als Unternehmer oder Arbeitskräfte, die daran partizipieren wollten. Das Bild vom Goldrausch scheint dem Bürgermeister vor Augen gestanden zu haben, als er die Phase bis Ende der 1850er Jahre „californisches Zeitalter" nannte, hervorgerufen

> „durch eine in vielen Fällen sich überstürzende Spekulation, welche, unterstützt und ermuntert durch die aus allen Theilen Deutschlands hier zusammenfließenden reichen Geldmittel, sich auf die Ausbeutung des Bergbaues und der metallurgischen Industrie geworfen hatte" (ebd., S. 86).

Greve war der Bürgermeister in der Bochumer Geschichte, der die größten Umwälzungen zu bewältigen beziehungsweise auf sie zu reagieren hatte. Zusammen mit der kleinen Stadtverwaltung musste er die Rahmenbedingungen setzen und Infrastrukturmaßnahmen ergreifen. Am Ende seiner 30 Jahre währenden Amtszeit war die agrarisch geprägte Kleinstadt der Industriestadt gewichen. Bochums Einwohnerzahl war von 3 899 (1843) auf 25 174 angestiegen und hatte sich damit in nur drei Jahrzehnten versechsfacht. Die Stadt selbst hatte sich flächenmäßig ausgedehnt, zunächst nach Süden am Hellweg entlang, dem späteren Neumarktviertel, wo ein geschlossener Ausbau entstand, und dann ab etwa 1850 nach Westen, wo der Bochumer Verein seinen Standort hatte.

Zahlreiche öffentliche Projekte waren realisiert oder zumindest auf den Weg gebracht worden: Bochum hatte den erforderlichen Anschluss ans Eisenbahnnetz bekommen, der Straßenbau hatte deutliche Fortschritte gemacht, erste Kanalisationsanlagen waren entstanden, der Begräbnisplatz war erweitert worden. Neben unzähligen privaten Bauten waren auch Kirchen, Schulen und andere öffentliche Gebäude errichtet worden. Das alte Rathaus an der Bongardstraße war abgebrochen und die städtische Verwaltung in ein größeres Gebäude an der Rosenstraße verlegt worden. Der Versorgung der Industrie und der Bevölkerung mit Energie und Wasser dienten die Gasanstalt (seit 1855) und das 1870 in Betrieb genommene Wasserwerk.

Bis Ende des 19. Jahrhunderts hatten sich neben dem Bochumer Verein elf weitere Hüttenwerke und Fabriken in Bochum angesiedelt, zudem produzierten hier sieben Verlage und Druckereien, fünf Brauerei-Betriebe und zwei Zechen. Weitere Zechen lagen außerhalb der damaligen Grenzen der Stadt.

Auch die Stadtverwaltung hatte sich entwickelt. War das hauptamtliche städtische Personal im ersten Drittel des Jahrhunderts noch sehr überschaubar gewesen – 1830 zum Beispiel bestand es aus dem Bürgermeister, einem Stadtsekretär, einem Polizeidiener, zwei Nachtwächtern, einem Wegewärter und dem Kuhhirten –, so beschäftigte die Stadt Bochum 1896 immerhin vierzig Personen als Büro- und Kassenbeamte und technisches Personal. Dazu kamen die Beamten der städtischen Sparkasse, die Beschäftigten des Schlachthauses, des Gas- und des Wasserwerks sowie die insgesamt 50 Mann starke Polizei. Den Magistrat bildeten vier besoldete und sechs unbesoldete Mitglieder. Die Stadtverwaltung gliederte sich in acht Büros: das Zentralbüro, die Polizei, die Armenverwaltung, das Steueramt, das Meldeamt, den Invaliditäts-, Gewerbe- und Stadt-Ausschuss, das Standesamt und das Bauamt. Ein Kuhhirte befand sich nicht mehr auf der Lohnliste der Stadt Bochum. Den letzten, besagten Fritz Kortebusch, hatte Bürgermeister Greve 1870 in den Ruhestand geschickt.

Damit hatte auch die Vöde ausgedient und konnte einer neuen Nutzung zugeführt werden. Auf einem Teil des Geländes entstand der Bochumer Stadtpark. Den dafür nötigen Grundbesitz hatte die Stadt während des Teilungsprozesses der Gemeinheitsländereien erworben.

Dass sie sich den Park leistete, war nicht selbstverständlich. Immerhin war er der erste allein aus städtischen Mitteln finanzierte Stadtpark im Ruhrgebiet. Dafür musste Bochum sich verschulden. Nicht alle konnten das nachvollziehen und in der Lokalpresse wurde heftig und kontrovers diskutiert, ob es nicht sinnvoller sei, die für den Park vorgesehenen Finanzmittel zur Verbesserung des Straßenpflasters oder zur Vermehrung der Straßenlaternen zu verwenden. Womit die Parkbefürworter im Magistrat und im Stadtparlament ihre zunächst noch zögernden Kollegen von dem Projekt überzeugten, ist nicht eindeutig zu belegen. Bürgermeister Prüfer, der Nachfolger von Max Greve, führte gern die Gesundheitsvorsorge für die schwer arbeitende Bevölkerung ins Feld. Es sei dem Arbeiter wohl zu gönnen, dass er, „wenn er die Woche hindurch in Kohlenstaub und Eisengluth verbracht" habe, wenigstens an Sonn- und Feiertagen Gelegenheit habe, „in Gemeinschaft mit seiner Familie sich der Natur zu freuen und frische Luft zu genießen" (ebd., S. 96). Der im Park mögliche Genuss schattiger Spazierwege wurde betont, denn durch den voranschreitenden Verstädterungsprozess waren Grünanlagen in Bochum sonst kaum noch vorhanden.

Auch dies wird eine Rolle gespielt haben: Die Umgebung des Stadtparks bot ideales Baugelände für die wachsende Stadt!

Der Übergang von der Vöde zum Stadtpark verlief nicht konfliktfrei. Nicht alle Alt-Bochumer verzichteten gern auf ihr althergebrachtes Weiderecht. Der Gastwirt Moritz Fiege wehrte sich besonders heftig gegen die beabsichtigte Nutzungsänderung und verklagte die Stadt

„auf Gewährung einer Weide für seine Kuh" (Wölk, 2004, S. 162). Der Prozess zog sich lange hin und wurde erst 1875, in der dritten Instanz, zugunsten der Stadt Bochum entschieden. 1876 begannen die Ausführungsarbeiten, 1877 konnte der Stadtpark eingeweiht werden.

Dass der Stadtpark die Vöde ersetzte, hatte Symbolkraft. Bochum hatte, für alle sichtbar, die Viehwirtschaft hinter sich gelassen und, so die Hoffnung, auch den Hohn und Spott, den der tägliche Kuhauftrieb in Verbindung mit der Deutung des ursprünglichen Ortsnamens „Kofboukheim" als „Kouboukum" (Kuhbochum) in den Nachbarstädten ausgelöst hatte (Darpe, 1896, S. 8). Philipp Würzburger, der als Mitglied des Bochumer Magistrats die erste Parkkommission geleitet und sich vehement für den Park eingesetzt hatte, hatte im Stadtparlament wie folgt argumentiert: Wenn erst einmal der Stadtpark an die Stelle der Vöde getreten sei, werde das der Stadt angehängte, nicht sehr schmeichelhafte, „aber auch nicht ganz unverdiente Adjectif" – damit spielte er auf den Spitznamen „Kouboukum" an – „in nicht zu ferner Zeit der Vergangenheit angehören" (Wölk, 2004, S. 163).
Möglicherweise waren es Imagegründe, die den Ausschlag gaben und die Bochumer Stadtverordneten mehrheitlich für den Stadtpark stimmen ließen.

War Bochum mit dem Stadtpark nicht nur die Vöde, sondern auch die Erinnerung an die darauf grasenden Kühe also los? Mitnichten. Nach der Jahrhundertwende – Bochum war inzwischen Großstadt – kamen honorige Bürger auf die Idee, dem letzten Kuhhirten ein Denkmal zu setzen. Auf Initiative des Stadtverordneten Hackert bildete sich ein Komitee zur Errichtung eines Denkmals als „Erinnerungszeichen an Bochums Vergangenheit". Als Vorbilder dienten vergleichbare Realisierungen in anderen Städten, wie der Kiepenkerl in Münster, der Heinzelmännchenbrunnen in Köln, der Martinsgansbrunnen in Bonn und einige andere. Etwas Volkstümliches sollte es sein – und unverwechselbar mit der Geschichte Bochums verbunden. Was lag da näher als ein „Kuhhirten-Standbild", das die Mitglieder des Komitees für ein „packendes historisches Denkmal" hielten? Es sollte an die früheren Verhältnisse der „lieben kleinbürgerlichen Gewerbe- und Ackerstadt" erinnern, die durch die enorme Entwicklung Bochums gänzlich zu verwischen drohten.

Was ihren Vorgängern die Schamesröte ins Gesicht getrieben hatte, das Image Bochums als rückständiges Ackerbürgernest und „Kuhdorf", galt den politisch Handelnden nun als liebens- und bewahrenswert. Vielleicht war es das, was der Kulturwissenschaftler Hermann Lübbe die Kompensation eines „veränderungstempobedingten Vertrautheitsschwundes" nannte (Lübbe, 2004, S. 24), das die Bochumer Denkmalplaner nach einem Zipfel der Geschichte greifen ließ. Dabei scheuten sie sich nicht, die „alten patriarchalischen, glücklichen, idyllischen Verhältnisse" (Wölk, 2005, S. 115) zu beschwören. Ob sie wehmütig nach hinten blickten oder doch der Stolz auf das Erreichte überwog, lässt sich nicht ausmachen.

Am 29. Mai 1908 war es so weit: Eine große Menschenmenge umlagerte den Marktplatz, wo das Denkmal aufgestellt worden war. Es war noch umhüllt und „lugte aus Lorbeerbäumen und Blattpflanzen" hervor (ebd.). Von den Nachbarhäusern wehten Fahnen. Die Städtische Kapelle spielte zur Unterhaltung und zur Kurzweil auf, bis dann schließlich Oberbürgermeister Graff, die Stadträte und andere Magistratsmitglieder, Stadtverordnete, städtische Beamte und das Denkmalkomitee erschienen. Der Stadtverordnete Hackert, als „geistiger Vater" des Projektes, übergab es in die Obhut der Stadt und sprach die Weihe: Das Standbild sei dafür bestimmt, „die Ackerstadt dem Gedächtnis der Jugend einzuprägen, damit sie allzeit erkenne, wie Bochum sich aus kleinen friedlichen Verhältnissen heraus zu einer der bedeutendsten Industriestädte des Vaterlandes entwickelt" habe (ebd.).

Die Bochumer Lokalpresse berichtete ausgiebig. Aber auch der in Wiesbaden erschienenen „Communalen Correspondenz" war der „Kuhhirte von Bochum" einen Artikel wert. Von mildem Spott durchzogen, kam er zum Schluss doch zu einer positiven Würdigung:

> „Man kann über diesen Bochumer Kuhhirten gar mannigfache kommunalpolitische, lokalhistorische und kulturgeschichtliche Betrachtungen anstellen, ist er doch ein greifbares Zeichen für die enorme Entwicklung, die seine Stadt seit 60 Jahren durchgemacht hat" (ebd., S. 116).

Im Zweiten Weltkrieg wurde das in Bronze ausgeführte Denkmal für Rüstungszwecke eingeschmolzen. Nach dem Krieg verlangten Bochumer Bürger seine Rückkehr. So wurde der Bochumer Bildhauer Walter Kruse mit einer Rekonstruktion beauftragt. Das neue Kuhhirten-Denkmal ist etwas kleiner als das alte, steht auf einem schlichten Sockel und unterscheidet sich auch sonst geringfügig von seinem Vorbild. 1962 wurde es in der Nähe des ursprünglichen Standortes aufgestellt.

INGRID WÖLK

57 RELIEF „LÖWE VON JUDA" (KOPIE)

„Wie sind die Helden gefallen. Schneller als Adler waren sie, stärker als Löwen". Leo Baer, der jüdische Patriotismus und der Kampf um die Erinnerung

Als Kaiser Wilhelm II. kurz nach der Mobilmachung im August 1914 die nationale Einheit beschwor, fühlten die deutschen Juden sich besonders angesprochen. Der sie ergreifende Patriotismus spülte zehntausende jüdische Soldaten an die Front und ließ viele der Daheimgebliebenen an der „Heimatfront" aktiv werden. In Bochum stechen die Namen von Rabbiner Dr. Moritz David und Ottilie Schoenewald hervor. Während David patriotische Gottesdienste in der Synagoge abhielt, „vaterländische Abende" mit organisierte und zur Zeichnung von Kriegsanleihen aufrief, koordinierte Ottilie Schoenewald als Geschäftsführerin des Hausfrauen-Ausschusses die Aktivitäten der Bochumer Frauenverbände.

Mit ihrem bedingungslosen Eintreten für die Nation glaubten die Juden sich am Ziel, die ihnen bisher vorenthaltene vollständige Emanzipation hielten sie für so gut wie erreicht. Der Kaufmann Josef Zürndorfer, der von Bochum aus in den Krieg gezogen war und schon im August 1914 in seiner Württembergischen Heimat als Kriegsheld gefeiert wurde, brachte auf den Punkt, was viele dachten: „Ich bin als Deutscher ins Feld gezogen, um mein bedrängtes Vaterland zu schützen. Aber auch als Jude, um die volle Gleichberechtigung meiner Glaubensbrüder zu erstreiten" (zit. n. Wölk, 2016, S. 21). Umso größer war der Schock, als die Nachricht über die sogenannte Judenzählung die jüdische Bevölkerung erreichte. Der preußische Kriegsminister von Hohenborn hatte die „Erhebung über die von Juden im Feld bekleideten Positionen" als Reaktion auf die nach dem Ausbleiben des erhofften schnellen Kriegserfolges aufgetauchte antisemitische Propaganda im Oktober 1916 angeordnet.

Der Schaden war groß. Da half es auch nicht viel, dass die Begründung, „man wolle den Vorwurf der ‚Drückebergerei' lediglich nachprüfen, um ihm, gegebenenfalls entgegentreten zu können'" (Jahr, 2014, S. 56), nachgeschoben und der Erlass bald schon wieder zurückgenommen wurde. Die sie rehabilitierenden Zahlen mussten die jüdischen Verbände selbst erheben und veröffentlichten sie nach dem Krieg. Danach hatten von rund 500 000 Staatsbürgern jüdischen Glaubens circa 100 000 am Krieg teilgenommen, von denen 77 Prozent an der Front standen. Circa 30 000 Juden waren mit Tapferkeitsmedaillen ausgezeichnet worden, circa 12 000 gefallen, davon dreißig aus Bochum.

Ihrer zu gedenken, war Sache der Jüdischen Gemeinde. Denn anders als nach den Einigungskriegen im 19. Jahrhundert war kein Sieg zu feiern, sondern eine Niederlage zu verarbeiten und so gab es keine Siegessäulen und großen zentralen Denkmäler, sondern zahlreiche kleinere Denkmäler und Namenstafeln, mit denen Krieger- und andere Vereine, Kirchengemeinden, Betriebe, Schulen, Dörfer, Städte und Stadtteile an „ihre" Toten erinnerten. In Bochum entstanden die meisten Kriegerdenkmäler und Erinnerungstafeln erst nach der Ruhrbesetzung, viele sogar erst nach dem Machtantritt der Nationalsozialisten. Die Ge-

57 | RELIEF „LÖWE VON JUDA" (KOPIE)

Stadtarchiv Bochum – MUSA

H 28,5 cm, B 18,5 cm, T ca. 1 cm; Bronze; Kopie, 2007; Original: Bronze; Teil der Gedenktafel für die Bochumer jüdischen Gefallenen des Ersten Weltkriegs; Julius Thelen, Essen, 1921

57 | RELIEF „LÖWE VON JUDA" (KOPIE)

denktafel für die jüdischen Gefallenen gehörte zu den ersten, die in Bochum errichtet wurden, vermutlich war sie sogar die erste überhaupt. Am 8. Mai 1921 wurde sie im Eingangsbereich der Synagoge enthüllt. Drei in roten Marmor eingelassene Bronzeplatten trugen die Namen der Gefallenen, schwarzer Marmor bildete den Rahmen. Im oberen Teil der Tafel stand in goldener Schrift: „Mit seinem Fittiche bedeckt er Dich und unter seinen Flügeln bist Du geborgen", darunter auf Hebräisch: „Das Andenken der Gerechten ist zum Segen." Links und rechts neben der Gedenktafel waren Bronzereliefs mit bildlichen Darstellungen angebracht, links ein Adler und rechts ein Löwe. Das Arrangement hatte hohen Symbolwert. Der Löwe war das Wappentier des israelitischen Stammes Juda. Adler und Löwe standen für eine Geschichte aus dem Alten Testament, nämlich die Schlacht der Juden gegen die Philister auf dem Berg Gilboa und die Totenklage Davids auf Saul und dessen gefallene Söhne: „Wie sind die Helden gefallen. Schneller als Adler waren sie, stärker als Löwen" (zit. n. Wölk, 2016, S. 75).

Rabbiner Dr. Moritz David hielt die Gedenkrede. Sein Kernthema war der auch in Bochum wiedererstarkte Antisemitismus, dem er bereits im Januar 1918 begegnet war. Weil zwei evangelische Pastoren beteiligt waren – Johannes Zauleck und Philipp Klose – fühlte Moritz David sich persönlich angegriffen. Sein Patriotismus ließ ihn warten, bis der Krieg zu Ende war. Dann wehrte er sich. In offenen Briefen an Zauleck führte David die Begeisterung ins Feld, mit der die jüdische Jugend in den Krieg gezogen sei und sich „in selbstlosester Weise dem Dienste der Gesamtheit" hingegeben habe (ebd., S. 73), an der Front und in der Heimat. Pfarrer Zauleck ließ sich nicht beeindrucken, legte noch einmal nach und fasste zusammen: „Wir fühlen, was Treitschke sagt: ‚Die Juden sind unser Unglück.' Und gegen dieses Unglück wehren wir uns als die berufenen Wächter des Volkes" (ebd., S. 74).

So war es vielleicht auch diese Erfahrung, die die Jüdische Gemeinde antrieb, ihrer Toten zu gedenken und gleichzeitig an das „Blutopfer" zu erinnern, das sie für Kaiser und Vaterland erbracht hatten. In seiner Gedenkrede setzte Rabbiner David der antijüdischen Hetze die jüdischen Gefallenen entgegen, deren Namen „von unentwegter Treue zum deutschen Vaterland (sprechen), so eindringlich und gewinnend, wie nur Blutzeugen der Treue sprechen können" (ebd., S. 75). Es mag tröstlich gewesen sein, dass auch nichtjüdische Bochumer an der Gedenkfeier in der Synagoge teilnahmen, an ihrer Spitze eine Delegation des Kreiskriegerverbandes. Doch trog Davids Hoffnung, das mit der Gedenktafel gesetzte Zeichen sei „wichtiger und entscheidender […] als alle Zettel der Gasse" (ebd.).

1933 übernahmen die Nationalsozialisten die Macht; fünf Jahre später zerstörten sie die Synagogen im Deutschen Reich. Auch die prachtvolle Bochumer Synagoge an der Wilhelmstraße fiel in der Nacht vom 9. auf den 10. November 1938 den von SA-Trupps entzündeten Flammen zum Opfer. Bevor sie Feuer legten, wüteten die Täter im Inneren der Synagoge, auch im Vorraum, wo sie die Bronzeteile aus der Gedenktafel herausbrachen. Sie verkauften sie an einen Altwarenhändler und investierten den Erlös in Alkohol (ebd., S. 240). Zu den Bronzeteilen gehörte das Relief mit dem „Löwen von Juda" am oberen rechten Rand

57 | RELIEF „LÖWE VON JUDA" (KOPIE)

der Gedenktafel. Es entging dem Einschmelzen. Auf geheimnisvollen Wegen landete es in der Familie des jüdischen Unternehmers Leo Baer.

1889 in Bochum geboren, machte Leo Baer eine kaufmännische Lehre bei der Berliner Firma Orenstein & Koppel und absolvierte danach seinen Dienst als „Einjährig-Freiwilliger" in Düsseldorf. Als Reservist gehörte er zu den Ersten, die bei der Mobilmachung Anfang August 1914 in den Krieg geschickt wurden. Zusammen mit etwa 1 000 anderen Bochumern wurde er einem niederschlesischen Infanterieregiment zugewiesen, das als Teil der 5. deutschen Armee zu Beginn des Krieges an den Schlachten im belgisch-luxemburgisch-französischen Grenzgebiet teilnahm – seine erste Schlacht schlug es nahe der belgischen Stadt Virton – und dann auf den Maashöhen zum Einsatz kam. Baer entkam dem zermürbenden Stellungskrieg vor Verdun durch Versetzung zur Fliegerstaffel. Als Flugzeugwaffenmeister war er bis 1918 in Sofia/Bulgarien stationiert.

Nach dem Ersten Weltkrieg übernahm Leo Baer zusammen mit seinem Schwager Hugo Hirschberg die Leitung der von seinem Vater Isaac aufgebauten Firma Isaac Baer OHG. Er gründete die Bochumer Ortsgruppe des Reichsbundes Jüdischer Frontsoldaten mit und gehörte dem Repräsentantenkollegium der Jüdischen Gemeinde an. Von diesem Gremium wurde er mit der Realisierung der Gedenktafel für die Bochumer jüdischen Gefallenen betraut. Es darf angenommen werden, dass er selbst zu den Ideengebern zählte und erheblich zu ihrer Finanzierung beitrug. So war es sicher kein Zufall, dass der Bronzelöwe, der das Zerstörungswerk am 9./10. November 1938 überstand, ausgerechnet in seinem Haushalt abgegeben wurde. Baers Frau Else nahm ihn aus den Händen eines Mannes entgegen. Wer er war, ließ sich nicht ermitteln. Vielleicht kannten Else und Leo Baer seine Identität, sie gaben sie aber nicht preis.

Baer selbst war am Tag nach dem Novemberpogrom verhaftet und einige Tage später ins Konzentrationslager Oranienburg-Sachsenhausen verschleppt worden. Sein Status als Kriegsveteran schützte ihn nicht vor Verfolgung. Teile seines Betriebes wurden 1936 „arisiert", der Rest-Betrieb 1939 liquidiert. Baer kam im Dezember 1938, nach sechswöchiger Haft, aus dem Konzentrationslager frei und emigrierte mit seiner Familie, seiner Frau Else und den Kindern Karla und Werner, im Februar 1939 nach Frankreich. Else Baer war es während Leo Baers Haft gelungen, die Visa zu beschaffen. Die Familie konnte nur wenige persönliche Gegenstände mitnehmen, darunter ein Instrumentenkoffer mit Karla Baers Akkordeon und – im Koffer versteckt – der Bronzelöwe aus der Synagoge.

Die Familie Baer überlebte den Nationalsozialismus und den Zweiten Weltkrieg im französischen Exil: zuerst in Paris, nach Kriegsbeginn, als „feindlicher Ausländer" in einem französischen Lager und in der Fremdenlegion in Nordafrika (Leo Baer), als „feindliche Ausländer" in diversen französischen Lagern (Else, Karla und Werner Baer), in der Résistance in Südfrankreich (Karla Baer), unter „Résidence Forcée" und in der „Illegalität" in südfranzösischen Dörfern (alle vier Familienmitglieder). Nach der Befreiung Frankreichs im August 1944 kehrte die Familie Baer nach Paris zurück. Karla Baer heiratete den Kanadier David

57 | RELIEF „LÖWE VON JUDA" (KOPIE)

Goldberg, mit dem sie nach Toronto zog; den Bronzelöwen nahm sie mit. Leo und Else Baer folgten ihrem Sohn Werner, der sich als Künstler niederließ, an die Côte d'Azur.

Von dort aus kämpfte Leo Baer um Rückerstattung seines Firmenvermögens und „Wiedergutmachung". In den 1960er Jahren dehnte er seine Ansprüche aus und forderte neben der materiellen auch „moralische" Wiedergutmachung. Vermutlich hatte ihn eine Initiative des damaligen Bundesverteidigungsministers Franz Josef Strauß auf die Idee gebracht: Strauß setzte sich für die Rekonstruktion der während der NS-Zeit von zahlreichen Denkmälern getilgten Namen jüdischer Gefallener des Ersten Weltkriegs ein. Auch die mit einem Vorwort des Ministers versehene Neuauflage der „Kriegsbriefe gefallener deutscher Juden" 1961 rechnete Baer Strauß hoch an. Er dankte ihm „bewegten Herzens" für dessen „edle Geste", die ihm, einem ehemaligen Frontkämpfer, sein „seelisches Gleichgewicht" wiedergebe und zu einer „moralischen Wiedergutmachung" beitrage, die er höher bewerte „als alle Anstrengungen auf dem Gebiete der materiellen Wiedergutmachung" (ebd., S. 236). Baer berichtete Strauß auch von der Schändung der Gedenktafel für die dreißig jüdischen Gefallenen des Ersten Weltkriegs in der Bochumer Synagoge. Die Wunde, die die Nazis ihm damit geschlagen hätten, werde Zeit seines Lebens nicht heilen.

Ein Mittel zur „Heilung" sah er aber doch: die Anerkennung der jüdischen Opfer als ein „Sühnezeichen" der Nachkriegsgesellschaft. Genau das verlangte Leo Baer von der Stadt Bochum. Ende Juni 1967 trat er seinem Schul- und Kriegskameraden Max Cahn zur Seite, der sich für die Errichtung einer Gedenktafel auf dem Platz der 1938 niedergebrannten Synagoge einsetzte. Baer und Cahn erhoben die Forderung, dabei auch der im Ersten Weltkrieg gefallenen jüdischen Soldaten aus Bochum zu gedenken. Sie zogen sie im September 1967 aber zurück, um „Kompetenzstreitigkeiten auszuschalten" und die Verwirklichung des Projektes nicht zu verzögern (ebd., S. 242). Zwischenzeitlich hatte nämlich der Kulturausschuss der Stadt Bochum die Errichtung einer Gedenktafel am Standort der Synagoge beschlossen, deren Text keinen Hinweis auf die jüdischen Gefallenen enthielt.

Als dann aber unerwartete Schwierigkeiten auftraten und der bereits beschlossene Standort wieder in Frage gestellt wurde, reagierte Baer enttäuscht und ungehalten. Er bedauere, dass dreißig Jahre nach der Zerstörung der Synagoge keine Einigung über die Realisierung eines Erinnerungs- oder „Sühnemales" bestehe und griff seine ursprüngliche Forderung wieder auf: die „Ersatzbeschaffung für das Ehrenmal der gefallenen Bochumer Juden". Diese liege ihm auch deshalb so am Herzen und komme quasi seinem „letzten Willen" gleich, weil er selbst nach dem Ersten Weltkrieg mit der Erinnerungstafel betraut worden sei. Er sehe das Gedenken an die dreißig gefallenen Mitglieder der Gemeinde „zusammen mit der Gedenktafel für die Synagoge am besten gewahrt" (ebd., S. 244).

Zwar konnte Baer sein Anliegen nicht durchsetzen, doch kam die Tafel nun doch. Sie wurde, wie von ihm und Max Cahn verlangt, dort errichtet, wo die Synagoge einst gestanden hatte: im Zentrum der Stadt, und nicht – das war die Alternative – auf dem Jüdischen Friedhof. Am 10. November 1968 wurde sie von Oberbürgermeister Fritz Heinemann fei-

57 | RELIEF „LÖWE VON JUDA" (KOPIE)

erlich enthüllt. Landesrabbiner Emil Davidovic hielt die Gedenkrede und sprach das Kaddisch. Der mit der Jüdischen Gemeinde Bochum-Herne-Recklinghausen abgestimmte Text lautete: „Wie eine lodernde Flamme fraß es um sich – Hier stand die im Jahre 1861 erbaute Synagoge der Jüdischen Kultusgemeinde Bochum. Sie wurde während der nationalsozialistischen Gewaltherrschaft niedergebrannt."

Leo Baer konnte die Feierlichkeiten nur aus der Ferne verfolgen. Im Juli 1968 war er mit seiner Frau Else von der französischen Côte d'Azur ins kanadische Toronto verzogen. Dort erreichten ihn Presseausschnitte über den Festakt und einige Fotos. 1978 verstarb Else Baer in Toronto, 1984 Leo Baer. Die Verbindung mit seiner Heimatstadt ließ er zeitlebens nicht abreißen.

Im Jahr 2000 besuchte Leos Tochter Karla Goldberg in Begleitung ihres Ehemannes, ihrer drei Söhne und mehrerer Enkelkinder Bochum. Die Stadt Bochum hatte sie eingeladen und der damalige Oberbürgermeister Ernst Otto Stüber richtete einen Empfang für sie aus. Zurück in Toronto, entschloss sich die Familie zu einer großherzigen Geste. Sie ließ eine Replik des Bronzereliefs mit dem „Löwen von Juda" anfertigen und machte sie Bochum zum Geschenk. Sie fand ihren Platz im Foyer der neuen Synagoge, die am 16. Dezember 2007 am Erich-Mendel-Platz eröffnet wurde. Eine zweite Kopie wurde im Jahr 2007 für das Stadtarchiv – Bochumer Zentrum für Stadtgeschichte angefertigt.

Man sieht dem „Löwen", sei es das Original oder die Kopie, nicht mehr an, wofür er einst stand: den Patriotismus der deutschen Juden und das Gedenken an die Bochumer jüdischen Gefallenen des Ersten Weltkriegs. Zudem ist er das einzige Relikt aus der alten Bochumer Synagoge. Am 9. November 1938 mit Gewalt aus seinem Rahmen geschlagen, symbolisiert er den Bruch in der deutsch-jüdischen Geschichte.

Als Leo Baer sich in den 1960er Jahren in die Denkmaldiskussion in Bochum einmischte und „moralische Wiedergutmachung" durch Wiederherstellung der Erinnerung forderte, war das sein Angebot zur Versöhnung.

INGRID WÖLK

58 NOTGELDSCHEIN LANDKREIS BOCHUM

Das Papiernotgeld im Landkreis Bochum von 1914 bis 1923

Der Landkreis Bochum wurde im Jahr 1876 gegründet. Sitz der Verwaltung war das Ständehaus an der Ecke Bismarckstraße (heute Ostring) und Scharnhorststraße bis zur Eingliederung des Landkreises 1929 in die Stadt Bochum. Zum Landkreis Bochum gehörten die Gemeinden Altenbochum, Bergen, Bladenhorst (heute Stadt Castrop-Rauxel), Düren (heute Stadt Witten), Gerthe, Harpen, Hordel, Laer, Langendreer, Querenburg, Riemke, Somborn, Stockum (heute Stadt Witten), Weitmar und Werne mit einer Gesamteinwohnerzahl von 144 778. Landräte waren zur Zeit der Notgeldausgaben Karl Gerstein von 1900 bis 1919 und Karl Stühmeyer von 1919 bis 1923.

Im Verlauf des Ersten Weltkriegs stieg der Bedarf an Zahlungsmitteln. Besonders betraf das zunächst die Scheidemünzen. Einerseits wanderten sie auf die verschiedenen Kriegsschauplätze ab und andererseits wurden die Silber- und Goldmünzen von der Bevölkerung gehortet und die Nickel- und Kupfermünzen vom Staat als kriegswichtiges Material eingezogen. Am 15. Dezember 1916 gaben die Minister der Finanzen, des Innern und für Handel und Gewerbe gezwungenermaßen bekannt, dass die Ausgabe von Ersatzwertzeichen durch die Gemeinden geduldet werde. Im Landkreis Bochum wurden gemeinsam mit der Stadt Bochum und den Landkreisen Hattingen und Gelsenkirchen Münzen in den Wertstufen 10 Pfennig, 25 Pfennig und 50 Pfennig herausgegeben.

Bereits am 8. August 1914 erschienen die ersten Papiergeldscheine der Amtssparkasse Bochum mit den Nebenstellen in Gerthe und Hordel (1 Mark bis 5 Mark). Die Amtskasse in Langendreer folgte am 11. August 1914 mit der Herausgabe von Scheinen in den Werten 50 Pfennig bis 5 Mark. Da die rechtlichen Voraussetzungen unsicher waren, wurden die Scheine als Gutscheine deklariert. Die ersten Geldscheine mit Pfennigbeträgen gab die Amtssparkasse Bochum am 1. April 1917 heraus (10 Pfennig, 25 Pfennig und 50 Pfennig). Die rechtliche Unsicherheit ermutigte bald auch private Firmen, eigenes Geld herauszugeben (zum Beispiel die Bäckerei Georg Beck in Harpen: sechs verschiedene Scheine in den Wertstufen von 10 Pfennig bis 3 Mark).

Schon bald waren höhere Nennwerte erforderlich. Mit Genehmigung aus Berlin fassten die Städte Bochum, Essen, Gelsenkirchen, Herne, Mülheim, Oberhausen und Sterkrade zusammen mit den Kreisen Bochum, Essen, Gelsenkirchen, Hattingen und Recklinghausen den Entschluss, Gemeinschaftsausgaben über 20 Mark und 50 Mark zu emittieren. Auch die Handelskammer Bochum beteiligte sich mit einer Ausgabe über 1 000 Mark.

Als 1918 der Weltkrieg mit Deutschlands Niederlage endete und der Friedensvertrag von Versailles dem Land Lasten von ungeahnter Schwere auferlegte, verteuerten sich die Lebenshaltungskosten, so dass höhere Nennwerte der Geldscheine benötigt wurden. Die Reichsbank war nicht mehr in der Lage, der Bevölkerung ausreichende Zahlungsmittel zur Verfügung zu stellen. Zunächst fehlte wieder das Kleingeld. Der Landkreis Bochum

58 | NOTGELDSCHEIN LANDKREIS BOCHUM

Leihgabe Gerhard Wegener, Bochum

H 8 cm, B 12,3 cm; Papier

58 | NOTGELDSCHEIN LANDKREIS BOCHUM

gab deshalb Kleingeldscheine in den Wertstufen von 50 Pfennig, 75 Pfennig und 1 Mark heraus. Allerdings verloren diese schnell an Wert und landeten als schöne Sammelobjekte bei vielen Bürgern.

Immer höhere Nennwerte wurden erforderlich und obwohl 133 Druckereien im Auftrag des Reichsfinanzministeriums Tag und Nacht Reichsgeld produzierten und 30 Papierfabriken das benötigte Papier lieferten, reichte das staatliche Geld nicht aus. Circa 30 000 Arbeiter druckten etwa 10 Milliarden Geldscheine im Wert von 3 877 Trillionen Mark. Eine Zahl mit 21 Nullen.

Zunächst baten Kommunen und große Firmen um die Erlaubnis, eigenes Geld herstellen zu dürfen. Jedoch war es bald nicht mehr möglich, auf Genehmigungen aus Berlin zu warten. Es wurde nun örtlich gedruckt, was vorhandenes Papier hergab. Kommunen, Firmen, Verbände, Banken und sogar Geschäfte und Gaststätten beteiligten sich, damit Löhne und Gehälter ausgezahlt werden konnten und der Warenfluss gewährleistet war.

Alle zur Ausgabe gelangten Inflationsnotgeldscheine des Kreisausschusses Bochum entwarf der Buchdruckermeister Theodor Fass aus Bochum. Auf allen Notgeldscheinen ist seine Signatur zu finden. Er hat nicht nur die Entwürfe für die einzelnen Serien gezeichnet, sondern auch die für den Druck erforderlichen Bleischnitte angefertigt und die benötigten Platten selbst graviert. Dazu standen ihm nur drei Werktage zur Verfügung. Die Notgeldscheine sollten möglichst fälschungssicher sein. Theodor Fass nutzte deshalb das Buchdruckverfahren und verwendete Wasserzeichenpapier. Dieses konnte nur unter großen Schwierigkeiten durch Grenzschmuggel aus den unbesetzten Gebieten beschafft werden. Ein Beamter des Kreisausschusses nahm das Papier unter Verschluss und händigte der Druckfirma nur den Tagesbedarf aus. Gedruckt wurden die Scheine in der Druckerei W. Rockenfeller in Bochum, Dorstener Straße 22. Insgesamt wurden 3 801 200 Scheine von 5 Millionen Mark bis 5 Billionen Mark hergestellt und davon 3 666 200 in Umlauf gebracht.

Die Scheine wurden in sechs Reihen à 50 000 Exemplaren gedruckt und 1924 wieder eingelöst in Rentenmark (eine Billion gleich 4,20 Rentenmark = 1 Dollar). Die Scheine mit hohen Werten sind heute sehr selten, da sie im Gegensatz zu den Scheinen mit „kleinen" Werten fast alle eingelöst wurden.

Es existieren ausgezeichnete Fälschungen des Düsseldorfer Malers Herzberg. Obwohl Fälschungen, wurden diese Scheine eingelöst, um die Bevölkerung nicht zu beunruhigen.

Der hier gezeigte Inflationsgeldschein über 5 Billionen Mark, datiert auf November 1923, war der höchste Wert im Landkreis Bochum. Auf der Rückseite ist das im Krieg zerstörte Ständehaus abgebildet.

Neben den Ausgaben des Kreisausschusses beteiligten sich folgende kreisangehörige Firmen mit eigenen Geldscheinausgaben:

Arthur Bauch, Kaufmann, Gerthe	2 verschiedene Scheine
Wilhelm Lüke, Gastwirt, Gerthe	2 verschiedene Scheine
Heinrich Borgmann, Kaufmann, Gerthe	2 verschiedene Scheine
Fritz van de Pavert, Gastwirt, Gerthe	2 verschiedene Scheine
Georg Beck, Bäcker und Konditor, Harpen	3 verschiedene Scheine
Ludwig Hoffmann, Kolonialwarenhändler, Harpen	1 Schein
Westfälische Straßenbahn A.G., Gerthe	1 Schein
Westfälische Eisen- und Drahtwerke A.G., Langendreer	1 Schein
Harpener Bergbau A.G. mit den Zechen Caroline, Heinrich-Gustav und Neu-Iserlohn, Langendreer	9 verschiedene Scheine
Bergbau A.G. Lothringen, Gerthe	17 verschiedene Scheine

Neben den allgemein zugänglichen Papiergeldausgaben wurde spezielles Geld für die Insassen Bochumer Kriegsgefangenenlager gedruckt. Dies sollte verhindern, dass Gefangene bei einer Flucht mit Geld ausgestattet waren. Im Landkreis Bochum gab es drei Lager, die eigene Ausgaben hatten: das Gefangenenlager der Zeche Lothringen in Gerthe mit fünf verschiedenen Werten, der Landwirtschaftliche Ortsverein Harpen mit vier verschiedenen Werten und die Zeche Mansfeld in Langendreer mit drei verschiedenen Werten

Im November 1923 war der Inflationsspuk zu Ende. Die Reichsregierung in Berlin war wieder in der Lage, der Bevölkerung ausreichende Zahlungsmittel zur Verfügung zu stellen. Im Übergang zur neuen Reichswährung wurde in vielen Städten noch sogenanntes wertbeständiges Notgeld herausgegeben, als Versuch, durch Deckung in Gold und realen Produkten Wertbeständigkeit zu gewährleisten. Der Landkreis Bochum ließ im Dezember 1923 einen Schein über „Eine Mark Festwährung" drucken, der aber nicht in den Verkehr gebracht wurde. Im November 1923 kam dann die Rentenmark, welche am 30. August 1924 durch die Reichsmark ersetzt wurde. Diese galt bis zur Einführung der D-Mark am 20./21. Juni 1948.

GERHARD WEGENER

59 — AKTE MIT AUFGEKLEBTEN ARMBINDEN HILFSPOLIZEI WATTENSCHEID

Bochum und Wattenscheid in der Zeit der Ruhrbesetzung 1923-1925

Vor mehr als 90 Jahren besetzten französische und belgische Truppen das Ruhrgebiet. Wie kam es dazu?

Die Siegermächte hatten im Versailler Vertrag von 1919 Deutschland die Alleinschuld am Ersten Weltkrieg zugewiesen und daraus einen Anspruch auf Reparationszahlungen abgeleitet. Angesichts der nicht eingehaltenen Verpflichtungen Deutschlands gegenüber Frankreich entschloss sich die französische Regierung unter Poincaré Ende 1922, das Ruhrgebiet zu besetzen. Sie begründete diese Zwangsmaßnahme als „Politik der produktiven Pfänder" zur Sicherung ihrer Ansprüche. Den Einmarsch legitimierten Franzosen und Belgier als vertraglich zugestandene „Friedensbesetzung". Sie wurde als „Mission von Ingenieuren und Beamten" dargestellt, die die Einhaltung der Verpflichtungen überwachen sollten; lediglich zu ihrem Schutz würden Truppen sie begleiten (Bariéty, 1984, S. 11-27).

Theorie und Praxis aber klafften weit auseinander. Die Besetzungspraxis erinnerte in ihrer Brutalität in vielerlei Hinsicht an die Weltkriegserfahrung der Franzosen und Belgier unter der deutschen Kriegsbesetzung von 1914 bis 1918. Allerdings hatte die Mehrheit der deutschen Bevölkerung keine Vorstellung von der Brutalität, mit der deutsche Truppen in Belgien und Nordfrankreich vorgegangen waren und das Land über das Kriegsnotwendige hinaus zerstört hatten. Der Erste Weltkrieg fand von daher gewissermaßen erst mit der Ruhrbesetzung sein Ende. Der Ruhrkonflikt wird deshalb auch als „nachgespielter Krieg" bezeichnet (Krumeich, 2003, S. 24). Die deutsche Seite protestierte gegen den als „Friedensbesetzung" bezeichneten Einmarsch als einen völkerrechtlich nicht legitimierten Gewaltakt in Friedenszeiten. Die Reichsregierung fasste am 14./15. Januar den Entschluss zur Einstellung sämtlicher Reparationsleistungen, nachdem die Verhandlungen in Essen zwischen den Besatzungsmächten, Industriellen und Gewerkschaften über Kohlelieferungen gescheitert waren. Sie rief daraufhin die Bevölkerung zum passiven Widerstand auf.

Nach den ursprünglichen Plänen von Marschall Foch sollte nur Essen eingenommen werden, doch schon vor Ende des Jahres 1922 setzte sich General Degoutte mit dem Vorschlag durch, das gesamte Ruhrgebiet ringförmig vom Reich abzuriegeln, um das Risiko von Zusammenstößen mit der Bevölkerung und der Bildung einer geschlossenen Abwehrfront gering zu halten. Am 11. Januar 1923 überschritten französische und belgische Truppen den Rhein und besetzten in den nachfolgenden Tagen das gesamte Ruhrgebiet. In Bochum zogen sie am 15. Januar ein.

Die Besetzung Bochums

Auf dem Weg nach Bochum besetzten sie am Morgen des 15. Januar zunächst Höntrop im Amt Wattenscheid. Kurze Zeit später trafen die französische Infanterie, Kavallerie, ein Tankge-

59 | AKTE MIT AUFGEKLEBTEN ARMBINDEN HILFSPOLIZEI WATTENSCHEID

Stadtarchiv Bochum – Aktenbestand Stadt Wattenscheid, WAT 1269, Band 2
H 34 cm, B ca. 23,5 cm (aufgeschlagen 46 cm); Papier, Stoff

schwader und Radfahrer an der Zeche Engelsburg ein, worauf um 11:00 Uhr die Sirenen des Bochumer Vereins und der anderen Werke heulten. Alle Arbeit wurde eingestellt, die Straßenbahnen standen still und die Fußgänger blieben kurz stehen. Um die Mittagszeit erreichten sie das Rathaus und der kommandierende General der 3. Kürassierbrigade erklärte die Stadt für besetzt. Ebenso besetzten die Truppen wichtige Gebäude, unter anderem den Haupt- und Nordbahnhof, die Post und das Telegrafenamt, die Gebäude des Benzolverbandes und das Eisenbahnbetriebsamt. Gegen dieses Vorgehen erhob der Bürgermeister vergeblich Einspruch.

Gleich am ersten Abend kam es zu Zusammenstößen mit der Bevölkerung. Es hatte sich in der Nähe des Rathauses eine Menschenmenge versammelt, die anschließend protestierend durch die Straßen zog, worauf diese von Franzosen beschossen wurde. Es gab einen Toten, einen 15-jährigen Schlosserlehrling. Sein Tod führte zu einem Aufschrei in der gesamten deutschen Öffentlichkeit. Der Reichspräsident Ebert schickte ein Beileidstelegramm an den Bochumer Oberbürgermeister und im Reichstag folgte eine Aussprache. Die Beerdigung des Lehrlings wenige Tage später erfolgte mit einem großen Trauerzug, dem sich große Teile der Bevölkerung angeschlossen hatten. Die Kosten der Beerdigung trug die Stadt.

Im Februar gab es zwei weitere Todesfälle. Insgesamt wurden jedoch nicht viele Menschen während der Besatzung getötet. Bekannt geworden sind im gesamten Zeitraum bis zum Ende der Besatzungszeit Mitte Juli 1925 insgesamt neun Fälle in Bochum, von ihnen starben bis auf einen alle in der Zeit des passiven Widerstands. Allerdings ist auch von einer gewissen Dunkelziffer auszugehen.

Sehr bald nach ihrem Einmarsch begannen die französischen Truppen, die Grenze systematisch wie eine Staatsgrenze mit Zoll- und Wachstationen sowie Passämtern auszubauen. Gleich am 18. Januar führten sie den Passzwang für alle Personen über 14 Jahre ein. Am 26. Januar errichteten sie eine Zolllinie mit Grenzübergängen und Zollstationen. Sie sicherten das besetzte Gebiet mit Stacheldrahtverhauen, spanischen Reitern, Gräben und Unterständen. Angesichts des passiven Widerstands, dem die französischen Besatzer begegneten, verhängten sie nur wenige Tage später am 29. Januar den verschärften Belagerungszustand. Er sah unter anderem eine nächtliche Ausgangssperre und ein Versammlungsverbot vor. Während der nachfolgenden Monate kam es wiederholt zu Nacht- und Straßensperren. Wiederholt wurden einzelne Straßenzüge oder auch die Innenstadt abgeriegelt. Im Mai und im Juli verhängten die Franzosen Verkehrssperren, die das Ruhrgebiet vom freien Umland abschnitten.

Die Besatzungsämter in Bochum und Wattenscheid

Unter der Führung des Oberbürgermeisters Graff richtete die Stadt ein Besatzungsamt ein, das als Vermittlungsbehörde zwischen den Besatzern und der Stadtverwaltung fungierte und von Beginn an vor einer extrem schwierigen Aufgabe stand. Durch die Verkündung des passiven Widerstandes war es einerseits gezwungen, den Aufforderungen und Befehlen der Besatzung nicht zu folgen, auf der anderen Seite stand es gleichzeitig vor der Aufgabe, die zivile Infrastruktur zu erhalten und die Bevölkerung vor dem Schlimmsten zu bewahren, so dass es ein Minimum an Zusammenarbeit aufrechterhalten musste. Angesichts der Repressalien und der wiederholten Besetzung der Verwaltungsgebäude und des Rathauses sowie der Verhaftung und Ausweisung von führenden politischen Vertretern der Stadt konnte dieses Amt seine Tätigkeit nur mit Mühe aufrechterhalten (StadtA Bo, BO 600/6).

Wattenscheid hatte gleichfalls schon in den ersten Tagen nach Bekanntwerden des Vormarsches der Franzosen ein Besatzungsamt eingerichtet. Die Stadt hatte jedoch das Glück, dass sie noch für längere Zeit der einzige besatzungsfreie Ort in der Umgebung blieb. Erst Anfang Mai bezog eine Kompanie in Wattenscheid Quartier. Höntrop besetzten die Franzosen am 20. Mai erneut. Sie hatten den Ort Ende Januar Richtung Essen verlassen (Wattenscheider Zeitung, 30.1.1923).

Den Besatzungsämtern oblag die Unterbringung der französischen Offiziere und Soldaten. In Bochum richtete es eine Einquartierungsabteilung, bestehend aus je drei Mitgliedern des Stadtrats und der Stadtverordnetenversammlung, ein, die für die Unterbringung der Franzosen in Massen- und Einzelquartieren sorgen sollte, doch schon bald gingen die Besatzungstruppen dazu über, Gebäude zu beschlagnahmen. Die Offiziere kamen in Hotels, zum Beispiel dem Bochumer Hof, und Privathäusern unter, die Mannschaften in Turnhallen und zahlreichen Schulen, so dass kaum noch ein geregelter Schulunterricht möglich war. Die beschlagnahmten Schulen wurden zu Kasernen mit entsprechenden Einrichtungen umgebaut und erhielten die Namen bekannter französischer Persönlichkeiten. Die Zahl der Franzosen belief sich in Bochum während des Widerstands auf zeitweise bis zu knapp 4 000 Mann. Nach der Aufgabe des passiven Widerstands im September 1923 blieben noch knapp über 3 000 in Bochum.

Polizei

Vor großen Problemen stand die Polizei. Die Reichsregierung hatte 1920 eine Neuordnung des Polizeiwesens verabschiedet. Sie sah die Auflösung der kommunalen „blauen" Polizei durch eine einheitliche, straff organisierte „grüne" Schutzpolizei (Schupo) vor. Die Maßnahmen der Besatzungsmacht richteten sich vor allem gegen die neu eingerichtete Schutzpolizei, da sie von ihr eine Gefährdung ihrer eigenen Sicherheit befürchtete. Schon einen Tag nach dem Einzug wurde der Schutzpolizei verboten, in größeren bewaffneten Einheiten von mehr als 30 Mann die Stadt zu patrouillieren. Wenig später verordnete der Kommandant der Besatzungsmacht die Grußpflicht und zwang alle Polizeibeamten, französische Offiziere als erste zu grüßen. Wer der Grußpflicht nicht gebührend nachkam, landete im Gefängnis oder wurde ausgewiesen. Des Weiteren wurde den Schupos auferlegt, dass sie auch in der Freizeit ihre Uniformen tragen und diese mit Erkennungszeichen versehen sein mussten. Mitte Februar 1923 verordnete General Degoutte schließlich die Auflösung der Schutzpolizei. Bochum war daraufhin nahezu ohne Polizeischutz, nur eine kleine Gruppe der Verwaltungs- und Kriminalpolizei blieb, die überwiegende Mehrheit wurde verhaftet und ausgewiesen. Als Ersatz dienten der Stadt Beamte der Berufsfeuerwehr.

59 | AKTE MIT AUFGEKLEBTEN ARMBINDEN HILFSPOLIZEI WATTENSCHEID

In Wattenscheid bestand die Ersatzpolizei zum großen Teil aus Bergleuten, die von den Zechen beurlaubt waren (Verwaltungsbericht Stadt Bochum 1913/25, S. 211). Als Folge der kommunistischen Mai-Unruhen gelang es dem Bochumer Besatzungsamt, von dem kommandierenden General Odry Anfang Juni 1923 die Genehmigung zur Einrichtung einer Ordnungspolizei zu erlangen. Sie wurde auch in Wattenscheid eingerichtet und sollte blaue Uniformen tragen. Da aber am Anfang nicht genügend Uniformen vorhanden waren, wurde den Ordnungspolizisten zunächst erlaubt, den Dienst in Zivil auszuüben. Sie mussten jedoch eine schwarz-rot-goldene Armbinde als Erkennungszeichen tragen.

Die Waffenerlaubnis wurde auf Pistolen mit maximal 24 Schuss beschränkt und die Grußpflicht gegenüber französischen Offizieren festgeschrieben. Viele kommunale Polizeibeamte, Vorgesetzte wie Untergebene, kamen der Grußpflicht nicht nach oder folgten den Anordnungen der Besatzer nicht in genügendem Maße. Sie wurden ausgewiesen oder zu langjährigen Haftstrafen verurteilt.

Nachrichtenverkehr

Durch die Welle der Ablehnung, die den Besatzern aus allen Schichten der Bevölkerung entgegenschlug, und die Weigerung zur Zusammenarbeit setzte eine frühzeitige Polarisierung des Verhältnisses zwischen Besatzungstruppen und Bevölkerung ein, die in einer Spirale von Unterdrückung und Gewalt ein Ventil suchte. Jeden Widerstand oder Sabotageakt von Seiten der Bevölkerung beantworteten die Besatzungstruppen mit Gegenmaßnahmen. Besonders sichtbar äußerten sich Gewalt und Gegengewalt im Post- und Telegrafenwesen. Beide Seiten, Besatzer wie Besetzte, waren gleichermaßen auf ein funktionierendes Nachrichtenwesen angewiesen und Störungen des Nachrichtensystems trafen beide Seiten empfindlich. Das Reichspostministerium hatte, so wie alle anderen Reichsministerien in Berlin, seine Beamten und Angestellten im Post- und Telegrafendienst zum passiven Widerstand aufgerufen. Wichtige Telegramme, die die Franzosen aufgaben oder erhalten sollten, wurden nicht weitergeleitet oder vernichtet, Fernsprechverbindungen nicht hergestellt oder unterbrochen. Auf beiden Seiten wurden zahlreiche Sabotageakte verübt.

Gleich in den ersten Wochen wurden reihenweise führende Beamte des Telegrafenamtes, so der Telegrafendirektor Olbrisch, die Inspektoren Truhel und Birke und zahlreiche andere Beamte, verhaftet, zu Gefängnisstrafen verurteilt oder ausgewiesen, weil sie den französischen Anweisungen nicht folgten. Wiederholt legten die Franzosen den gesamten Telegrafen- und Fernsprechverkehr still. Allerdings gelang es ihnen nicht, die Nachrichtenübermittlung sowohl innerhalb des besetzten Gebietes als auch ins unbesetzte Gebiet, unter anderem zu den Berliner Ministerien, völlig zu unterbinden. In Bochum richteten die vertriebenen Bediensteten des Telegrafenamtes Notbetriebe in Keller- und Lagerräumen, in Schulen und Industrieunternehmen ein. Aus Sicherheitsgründen wechselten sie häufig die Räumlichkeiten. Es entwickelte sich ein geheimer zentraler Nachrichtendienst, der in enger Verbindung mit dem Reichskommissar Mehlich stand. Als Kuriere arbeiteten vielfach entlassene Eisenbahner.

59 | AKTE MIT AUFGEKLEBTEN ARMBINDEN HILFSPOLIZEI WATTENSCHEID

Auch innerhalb des besetzten Gebiets fuhren in der Zeit, als die Telegrafen- und Telefonverbindungen unterbrochen waren, ständig mehrere Eisenbahner unter Decknamen zwischen Essen und Bochum zur Aufrechterhaltung des Nachrichtenverkehrs. Manche benutzten dazu ihr Fahrrad. So schmuggelten auch die Handelskammern in Bochum und Dortmund ihre Monatsberichte über die Grenze nach Berlin. Die Berichte waren an Deckadressen gerichtet, um der Aufmerksamkeit der Franzosen zu entgehen. Da alle Nachrichten innerhalb des besetzten Gebietes der französischen Zensur unterlagen, gründete die Bochumer Handelskammer eine Scheinfirma mit dem Namen „Rheinischer Gemüsegarten Kubutsch & Co", über die auch die Dortmunder Handelskammer wichtige Nachrichten verschickte (WWA, K1 Nr. 339 fol 469).

Die Presse wurde durch Zensur und Verbote in ihrer Freiheit gleichfalls erheblich eingeschränkt. Wiederholt wurden die Tageszeitungen kurz- oder längerfristig zum Teil ohne Angabe von Gründen verboten. Von kurzen Unterbrechungen abgesehen, war der Bochumer Anzeiger zwischen dem 10. Februar bis Ende April verboten. Ein ähnliches Schicksal erlitt in dieser Zeit auch die Bochumer Zeitung der Märkische Sprecher. Längerfristige Verbote wurden erneut in den Sommermonaten verhängt. Soweit die Presse überhaupt erschien, unterlag sie der Zensur der Franzosen. Über ungenehmigte Ersatzzeitungen, deren Namen kurzfristig wechselten, versuchte die Presse, die Bevölkerung gleichwohl mit ungefilterten Nachrichten zu versorgen.

Brieftauben
Wie schon im Ersten Weltkrieg leisteten Brieftauben einen Beitrag zur Aufrechterhaltung des Nachrichtenverkehrs. Aus Sorge, dass die Brieftauben zu Nachrichten- und Spionagezwecken benutzt wurden, zwangen die Franzosen allerdings die Brieftaubenbesitzer zur Anmeldung ihrer Bestände. Über hundert Bochumer Brieftaubenzüchter mit mehr als 1 100 Tauben sind in den noch vorhandenen Listen aus der Zeit der Ruhrbesetzung registriert. Gleich im März 1923 besichtigten die Franzosen die Brieftaubenbestände und beschlagnahmten alle nicht angemeldeten Tauben. Selbst nach dem Ende des passiven Widerstands kam es immer wieder zu Beschlagnahmungen. Im Februar 1924 zogen sie sogar den gesamten Bestand des Brieftaubenvereins „Sei friedlich" ein. Nach Ansicht des Schriftführers der Reisevereinigung der Bochumer Brieftaubenvereinigung waren die Beschlagnahmungen mit einer ausgesprochenen Sachkenntnis durchgeführt worden, die darauf schließen ließ, dass sie die Tauben zur Aufbesserung der Bestände ihrer eigenen Brieftaubenstation ausgewählt hätten (StadtA Bo, BO 400/46).

Eisenbahnen
Dem Eisenbahnverkehr kam eine wichtige strategische Funktion zu, da neben dem Personenverkehr ein großer Teil des Güterverkehrs, insbesondere der Transport von Kohle, lief. Da das Bahnpersonal sich weigerte, den Anweisungen der Besatzungsmacht zu folgen, kam

es wiederholt zur Besetzung von Bahnhöfen und zu zahlreichen Ausweisungen der deutschen Eisenbahner. Zerstörungen des Schienennetzes, etwa zu und von den Zechen durch Sabotageakte von beiden Seiten, legten zeitweise den Schienenverkehr lahm. Angesichts der fortgesetzten Weigerung der deutschen Eisenbahner, den Abtransport der Entschädigungslieferungen durchzuführen, nahmen die Besatzungsmächte den Betrieb am 1. März selbst in die Hand. Sie konnten dabei auf nur wenig beziehungsweise unqualifiziertes Personal zurückgreifen und versuchten deshalb immer wieder, die deutschen Eisenbahner durch Einschüchterungen und Drohungen zur Mitarbeit zu zwingen. Der Konflikt spitzte sich Mitte Juni weiter zu, so dass die Franzosen die Bochumer Bahnhöfe erneut besetzten. Länger als drei Tage gelangten keine Nachrichten ins unbesetzte Gebiet und selbst die Lebensmittelversorgung wurde unterbrochen. Schließlich entschlossen sich die Franzosen, die Leitung des Bahnverkehrs der französischen Eisenbahnregie zu übertragen. Die Bochumer Eisenbahner mussten ihre Häuser verlassen und wurden mit ihren Familien ausgewiesen, da die französischen Eisenbahner ihre Familien mitbrachten und diese untergebracht werden mussten. Doch auch nachdem die französische Regie den Bahnverkehr übernommen hatte, besserten sich die Verkehrsverhältnisse nicht. Soweit möglich vermieden die Bewohner des Ruhrgebiets das Reisen mit der Regiebahn.

Die Versorgung der Bevölkerung mit lebensnotwendigen Gütern übernahmen in der Zeit des passiven Widerstands zeitweise die Straßenbahnen. Diese transportierten zeitweise auch Kohle. Doch auch sie hatten mit erheblichen Behinderungen zu kämpfen, sei es weil die Besatzungsmacht kurzfristig Sperren errichtete, so dass die Straßenbahnen nicht weiterfahren konnten, sei es weil Schienen herausgerissen wurden.

Schwerindustrie

Das Hauptziel der französischen und belgischen Besatzungstruppen war der Zugriff auf die Kohleförderung des Ruhrgebiets. Schon bald nach ihrem Einmarsch besetzten sie Zechen und Kokereien, um den Abtransport von Kohle und Koks nach Frankreich zu veranlassen. Am 1. März 1923 wurden die Vorräte und Bestände der Zechen beschlagnahmt, weil die Zechenleitungen den Forderungen der Franzosen nicht nachkamen. Wegen der wiederholten Unterbrechungen des Eisenbahnverkehrs und der Zerstörung von Gleisen mussten im Laufe der nachfolgenden Monate immer mehr Bergwerke im Ruhrgebiet schließen. Der Bochumer Verein versuchte noch lange, die Arbeiter mit Aufräumungs- und Reinigungsarbeiten zu beschäftigen, doch im Oktober gab auch dieses Werk auf.

Ohne Koks und Kohlen musste auch die Eisen- und Stahlindustrie ihre Produktion drosseln. Durch die Grenzsperren und das Vorgehen der Besatzungstruppen gegen die Eisenbahnen wurde aber auch die Zufuhr notwendiger Rohstoffe, zum Beispiel schwedischer Eisenerze, behindert, so dass die Hochöfen nicht weiterarbeiten konnten (WWA, K1 Nr. 339, fols. 496-509). Im Montanbereich formierte sich der Widerstand am schärfsten, sowohl auf Seiten der Unternehmer als auch der Arbeiterschaft, so dass die Pläne der französischen Regierung zu scheitern drohten. Kohleverladeeinrichtungen und Kokslager wurden unbrauchbar gemacht. Im Sommer wurde die Koksproduktion dann fast ganz eingestellt. Nach den französischen Plänen sollten 25 000 Tonnen Koks ausgeführt werden. Tatsächlich aber blieben infolge des passiven Widerstands die Lieferungen weit hinter den Plänen zurück. Die Kohlentransporte waren in der Zeit des passiven Widerstands so gering, dass in Lothringen etwa die Hälfte der Hochöfen stillstand.

Bevölkerung
Vor allem die täglichen Repressalien der Besatzungsmächte belasteten die Bevölkerung schwer. Willkürliche Festnahmen und Ausweisungen, Vergewaltigungen, Beschlagnahmungen und Raub von Lohngeldern und von Lebensmitteln waren geradezu an der Tagesordnung. Gleich in den ersten beiden Monaten beschlagnahmten die Besatzer die Gelder der städtischen Kassen und der Reichsbank, so dass die Unterstützungsempfänger kein Geld mehr erhielten (StadtA Bo, BO 600/19).

Schon in den ersten Tagen nach der Besetzung des Ruhrgebiets stiegen die Preise erheblich. Bereits im Februar wurden vorübergehend die Lebensmittel- und Milchzufuhr aus dem nicht besetzten Umland unterbrochen. Der hohe Bedarf der Truppen und die wiederholten Requisitionen verschärften die Not (ebd., BO 600/45). Kartoffel- und Lebensmitteltransporte wurden aus dem unbesetzten Gebiet organisiert. So erging bereits Ende Januar eine Anforderung an die landwirtschaftliche Hauptgenossenschaft in Hannover, für das rheinisch-westfälische Gebiet Kartoffeln aufzukaufen und im Sommer wurden sogar Transporte aus Mittel- und Ostdeutschland geplant. Der Transport, so hieß es, sei bis zur Besatzungsgrenze kein Problem, doch sollten sich die Kommunen ab der Grenzen selbst um den Weitertransport kümmern (ebd., KrA 751).

In Bochum und der unmittelbaren Umgebung gab es damals noch insgesamt 298 landwirtschaftliche Betriebe. Sie fielen für die Versorgung der Bevölkerung aber weitgehend weg, da die überwiegende Mehrheit der Betriebe von den Franzosen zur Unterbringung ihrer Mannschaften besetzt war, die Ländereien zu Truppenübungszwecken genutzt wurden oder auf ihnen Sperren errichtet waren und die Felder nicht bestellt werden konnten.

Nachdem die Besatzungsmacht am 11. Juli eine mehrere Wochen dauernde totale Verkehrssperre verhängt hatte, kamen sogar überhaupt keine Nahrungsmittel in die Stadt, so dass Lebensmittelunruhen befürchtet wurden. Offensichtlich veranlasste dies die Besatzungsmacht, Lebensmittelverkaufsstellen einzurichten. Nach dem Bericht des Amtmanns des Amtes Weitmar vom September 1923 hatte die Bevölkerung, trotz der herrschenden Not, diese in den ersten Monaten kaum angenommen, doch weil diese Stellen die Lebensmittel deutlich preiswerter verkauften als die einheimischen Läden, sähen sich immer mehr Notleidende gezwungen, dort einzukaufen. Er forderte das Kreisamt auf, die Preise denen der französischen Geschäfte anzupassen (ebd.).

Da die Bergwerke ihre Kohleförderung weitgehend einstellten, trat zu dem Lebensmittelmangel noch ein erheblicher Mangel an Brennstoff. Verschärft wurde der Mangel auch durch die gewaltsame Konfiszierung von kleineren Kohlenmengen, die der Versorgung Bochumer Krankenhäuser dienten. Das Krankenhaus Bergmannsheil sah sich zur Deckung des eigenen Bedarfs zeitweise sogar gezwungen, englische Kohle vom Duisburger Hafen herbeizuschaffen. Die erneute Besetzung der Zechen und die Beschlagnahme der Kohlenhaldenbestände, auch die der Zeche Hannover, die die Stadt Bochum mit Gas belieferte, zwangen am 1. August 1923 zur Einstellung der Gasversorgung. Daraufhin fiel die Straßenbeleuchtung aus und die Bochumer Haushalte erhielten kein Gas mehr zum Kochen. In Wattenscheid fiel die Gasversorgung der Bevölkerung schon seit Juli nach der Besetzung der Lieferzeche Rheinelbe aus. Selbst kleinste Bestände von Kohleresten, die die Bevölkerung in der Not nachts heimlich in Rucksäcken oder Körben von den Halden abtransportierten, wurden beschlagnahmt.

Angesichts der schlechten Ernährungslage wurden seit dem Frühjahr 1923 für viele Schulkinder Erholungsaufenthalte im Süden des Reiches, in Schleswig-Holstein sowie in weiteren ländlichen Gebieten des deutschen Reiches organisiert. Andere Kinder wurden darüber hinaus außerhalb des Besatzungsgebiets in Pflegefamilien untergebracht. Nach der Verhängung der Verkehrssperre am 1. Juli 1923 mussten die Erholungsaufenthalte von mehr als 1 200 Kindern eingestellt werden. Gleichwohl wurden über das gesamte Jahr insgesamt 15 000 Kinder aus Bochum auf dem Land untergebracht.

Die Ernährungsschwierigkeiten der Bevölkerung im besetzten Gebiet waren im Ausland nicht unbemerkt geblieben. Frauenvereine in Holland, das schwedische Rote Kreuz und unter anderem die Quakers in den USA organisierten seit dem Sommer 1923 Lebensmittel- und Kleidertransporte. Unterstützt wurde die amerikanische Hilfsorganisation von englischen Vereinen und dem Deutschen Zentralausschuss für Auslandshilfe e.V. Die amerikanische Kinderhilfe, die von den Quakers gegründet worden war, organisierte unter der Leitung von Paula Kurgass mit Sitz in Essen die Kinderspeisung im Ruhrgebiet. Nach einer Aufstellung vom Januar 1925 erhielten insgesamt 1 000 Kinder in Bochum die Kinderspeisung. Der Verein stellte Ende November 1924 seine Tätigkeit ein, nachdem im Oktober 1924 die ersten französischen Truppen das Ruhrgebiet verlassen hatten (ebd.).

Die französischen Soldaten

Die Mehrheit der einfachen Soldaten sprach kein Deutsch. Es handelte sich bei ihnen um Südfranzosen und Alpenjäger, die sich mit den Einheimischen kaum verständigen konnten. Unter den Truppenangehörigen befanden sich aber auch zahlreiche Elsässer. Paul Küppers zufolge vermieden sie es, in der Öffentlichkeit und vor Zeugen deutsch zu sprechen, ansonsten redeten sie jedoch deutsch (Küppers, 1930, S. 169). Von den beiden Kommandanten, die während der gesamten Besatzungszeit in Bochum stationiert waren, sprachen und verstanden General Odry und General Frank, der Ende 1923 Odry ablöste, die deutsche Sprache nur wenig. Zur Verständigung wurden im Allgemeinen Dolmetscher hinzugezogen.

Das gewalttätige Vorgehen der französischen Besatzer fand in den zeitgenössischen Publikationen, in offiziellen Protesten, in Zeitungsartikeln oder auf Fotografien ein breites Echo.

Die Wahrnehmungen der französischen Soldaten wurden dagegen kaum beachtet. Viele Soldaten waren offenbar schlecht auf ihren Einsatz vorbereitet. Sie hatten zum Teil keine Vorstellung davon, was sie im Ruhrgebiet erwartete, und kamen mit großen Ängsten. Aus der Zeit sind zahlreiche Postkarten erhalten, die die Soldaten an ihre Familien in der Heimat geschickt hatten. Sie vermitteln ein sehr facettenreiches Bild von ganz unterschiedlichen Eindrücken. Bei allen steht das Bedürfnis im Vordergrund, ihren Familien mitzuteilen, dass es ihnen gut gehe und man sich in der Heimat keine Sorgen machen solle. Viele äußerten aber auch den Wunsch, das Ruhrgebiet bald wieder zu verlassen. Auch die ungewohnten Witterungsbedingungen, die Kälte und der Regen machten den Soldaten in den Wintermonaten zu schaffen. Hier sei nur auf zwei ganz unterschiedliche Eindrücke zweier französischer Soldaten verwiesen: Ein Soldat, der auf einem Vorposten im Süden Bochums stationiert war, äußerte sein Unverständnis, dass die Bewohner schwarzes Brot aßen, und meinte, es sei das gleiche, das man den Hunden während des Krieges vorgesetzt hätte. Ein Elsässer schrieb an seinen Kameraden in der Ferne, er fühle sich nicht wie Gott in Frankreich, sondern wie Gott in Deutschland, weil das Bier auf Grund des günstigen Wechselkurses in Strömen fließen würde (Postkarten Privatbesitz Hansi Hungerige).

Die Aufgabe des passiven Widerstands und die Räumung

Am 26. September 1923 wurde der passive Widerstand aufgegeben. Die Lage besserte sich jedoch kaum. Die Inflation erreichte in den nachfolgenden Monaten ihren Höhepunkt. Die Schwerindustrie nahm erst nach dem Abschluss des Micum-Abkommens (Micum = Mission Interallié de Controle des Usines et des Mines) Ende November ihre Arbeit wieder auf. Da viele Anlagen stillgestanden hatten oder zerstört waren und Aufträge fehlten, blieb die Arbeitslosigkeit hoch. Im Dezember wurde eine Arbeitslosenzahl von mehr als 28 500 gemeldet. Zur Wiederankurbelung der Produktion erklärten sich die Arbeiter und Gewerkschaften bereit, auf die Achtstundenschicht zu verzichten und zur Zehnstundenschicht zurückzukehren.

Ein halbes Jahr vor der Londoner Konferenz, am 8. Januar 1924, berichtete die Allgemeine Wattenscheider Zeitung voller Freude über den Abzug der Franzosen. Die Befreiung war jedoch nur vorübergehender Natur. Am 13. Juni zog erneut eine französische Kompanie ein. Kurz darauf kam es zu mehreren Verhaftungen von Wattenscheider Bürgern. Im August 1924 zwangen dann die internationalen Beschlüsse der Londoner Konferenz die Franzosen zur Räumung des Ruhrgebiets (Ueberhorst, Wattenscheid, S. 112, 114). Das erfolgte jedoch nur sehr langsam. Die Bochumer und Wattenscheider mussten noch fast ein Jahr warten – bis zum 21. Juli 1925 – , bevor die letzten französischen Soldaten abzogen.

MARGRIT SCHULTE BEERBÜHL

STADTWAPPEN WATTENSCHEID

Der Wattenscheider Eingemeindungskampf in den 1920er Jahren

Der Fürsprache der Heiligen Gertrud, der Stadtpatronin Wattenscheids, bedurfte es, um in der anstehenden Kommunalreform die Selbstständigkeit Wattenscheids zu bewahren. Bochum wie auch Gelsenkirchen setzten nämlich „Himmel und Hölle" in Bewegung, um sich Stadt und Amt Wattenscheid einzuverleiben. Die Menschen in Stadt und Amt allerdings wollten sich zur Mittelstadt Wattenscheid zusammenschließen. Die massiven Angriffe der Großstädte konnte St. Gertrud allein nicht erfolgreich abwehren; dazu bedurfte es der Solidarität aller Wattenscheider. Und tatsächlich: Die Wattenscheider zeigten unmissverständlich, dass sie sich mit ihrer Stadt identifizierten.

Die Prägung des Stadtwappens mit dem Abbild der Heiligen Gertrud zierte als Anstecknadel das Revers der übergroßen Mehrheit der Menschen, das „große Wappen" (Exponat) wurde bedeutenden Persönlichkeiten der Stadt Wattenscheid (zum Beispiel Propst Hellmich, Dr. Eduard Schulte) verliehen. Eng verknüpft ist dieses Wappen mit der 500-Jahr-Feier im Jahre 1925, die eigentlich im Sommer des Jahres 1917 hätte stattfinden müssen. Aber die verzweifelte Lage der Soldaten an den Fronten im Ersten Weltkrieg wie auch die nicht minder verzweifelte Situation der Menschen in der Heimat, denen es an allem mangelte, ließen Gedanken an Feiern gar nicht erst aufkommen. Als das große Sterben in den Schützengräben beendet war, standen politische Schwierigkeiten unterschiedlicher Art einer großen Feier entgegen. Mit der vorläufigen Geldstabilisierung durch Einführung der Rentenmark (am 13. Oktober 1923) und Aufhebung der Besetzung des Ruhrgebiets durch belgische und französische Truppen 1924 konnte man endlich wieder an Feiern denken.

Es gab durchaus mehrere Gründe, die die Verantwortlichen bewogen haben mochten, dieses „Mega-Event" zu organisieren: Als Erstes wollte man nach den vielen Jahren des Entsetzens, der Entbehrungen und der Unterdrückung durch Besatzungstruppen in Wattenscheid die Verleihung der Rechte einer „Freiheit" vor 500 und der Stadtrechte vor 50 Jahren angemessen feiern; die Stadt Wattenscheid zeigte sich selbstbewusst und demonstrierte ihren eigenen Bürgern, den Menschen in den Amtsgemeinden und nicht zuletzt den Menschen in den benachbarten Großstädten ihre Leistungsfähigkeit; die Teilnahme offizieller Vertreter und vieler Menschen aus den Amtsgemeinden sollte die Solidarität des Amtes mit der Stadt zeigen.

Dieses Großereignis stemmten unzählige Privatpersonen und alle gesellschaftlich relevanten Kräfte. Geschlossenheit war in jenen Zeiten des politischen Gerangels um die „dicksten Happen" bei der bevorstehenden Neuordnung der Städte und Gemeinden im mittleren Ruhrgebiet dringend geboten, denn Bochum und Gelsenkirchen versuchten mit allen, wirklich allen Mitteln, sich den kleinen Nachbarn Wattenscheid einzuverleiben.

Aber Solidarität war keineswegs selbstverständlich, es gab in den Jahren 1920 bis 1926 in

60 | STADTWAPPEN WATTENSCHEID

Stadtarchiv Bochum – MUSA (Geschenk Andreas Halwer)

Holzplatte H 25 cm, B 21,5 cm; Relief H ca. 20 cm, B ca.18 cm; Holz, Metall

einigen Amtsgemeinden wechselnde Stimmungen. Die Menschen in den Landgemeinden des Amtes Wattenscheid wussten, dass die Tage der Selbstständigkeit ihrer Kommunen zu Ende gehen würden; die Bevölkerungsentwicklung und das enorme Wachstum von Bergbau und Großindustrie machten eine Änderung der Kommunalstruktur unumgänglich. Doch wohin sollten sich die Amtsgemeinden wenden? Sollte man sich Gelsenkirchen anschließen, sollte man Bochum den Vorzug geben oder sollten sich die Amtsgemeinden mit der Stadt zur neuen Mittelstadt Wattenscheid vereinigen?

Die Stadt Wattenscheid erklärte seit Beginn der „Eingemeindungsdiskussion", sie wolle sich mit den sieben Amtsgemeinden zu einer Mittelstadt zusammenschließen. Weitergehende Eingemeindungsforderungen erhebe sie nicht. Ganz anders klangen die Äußerungen aus den benachbarten Großstädten: Gelsenkirchen äußerte sogleich unmissverständlich, es erwarte von der Preußischen Regierung die Angliederung von (mindestens!) Leithe und Günnigfeld. Allerdings konnten sich weder die Bürger noch die Gemeindevertretungen für den Gedanken erwärmen, alsbald Vorort von Gelsenkirchen zu sein. Deutlich aggressiver trug der Nachbar im Osten sein Verlangen vor. Für Bochum stand außer Frage, zumindest die Amtsgemeinden Höntrop, Eppendorf (damit zwingend auch Munscheid), Westenfeld und Günnigfeld zugeschlagen zu bekommen.

Wie bereits gesagt, hatten die Gemeindevertretungen der sieben Amtsgemeinden intensiv über das Schicksal ihrer „Dörfer" beraten: In Westenfeld gab es nie eine andere Ansicht als die für einen Anschluss an Wattenscheid. Der Eppendorfer Gemeinderat sprach sich im Oktober des Jahres 1920 und erneut im September 1925 für einen Anschluss an Wattenscheid aus. Stürmisch ging es dagegen in den Gemeindevertretungen von Günnigfeld und Höntrop zu. Der Gemeinderat von Günnigfeld votierte im Herbst 1920 mehrheitlich für einen Anschluss an Bochum, obwohl wenige Tage vor der entscheidenden Sitzung in einer sehr gut besuchten „Volksversammlung" eine überwältigende Mehrheit der Bürger (circa 90 Prozent) sich zu Wattenscheid bekannt hatte. Diesen Beschluss hob die Gemeindevertretung am 30. Juli 1921 auf und stimmte mehrheitlich für einen Anschluss an Wattenscheid.

Turbulenter war das Geschehen in Höntrop. Die erste Abstimmung in der Gemeindevertretung (November 1920) neigte mehrheitlich zu Bochum. Im März 1922 hob der Gemeinderat diesen Beschluss auf und sprach sich einstimmig für einen Anschluss an Wattenscheid aus. Auf dem Höhepunkt der Eingemeindungsdiskussion änderte das Gremium erneut seine Meinung und sprach sich im August 1925 wiederum für eine Eingemeindung nach Bochum aus. Zu diesem Sinneswandel trug nicht unwesentlich die bewusste Verunsicherung der Mitglieder der Gemeindevertretungen durch die Oberbürgermeister von Bochum und Gelsenkirchen bei. Sie behaupteten immer wieder, die Preußische Regierung lehne die Bildung von Mittelstädten ab, obwohl aus dem Innenministerium zu hören war, man könne sich sehr gut vorstellen, aus dem Landkreis Gelsenkirchen zwei Mittelstädte zu bilden (Wanne-Eickel und Wattenscheid). Ein zweites zur Verunsicherung führendes „Argument" lautete, eine Mittelstadt Wattenscheid sei nicht lebensfähig. Besonders drastisch ging Bochums Oberbürgermeister Dr. Ruer zu Werke, als er der Gemeinde Günnigfeld im Dezember 1925 prophezeite, deren Wirtschaft ginge an einer Zuteilung zu Wattenscheid zugrunde.

Diesen haltlosen Verleumdungen traten die Wattenscheider und die Bürger aus den Amtsgemeinden kraftvoll entgegen. Unterstützung erfuhren die Gegner einer Eingemeindung durch die „Bestimmungen über die Eingemeindung im Entwurf zur neuen Städteordnung" für das Land Preußen vom Mai 1925. Nach Paragraf vier dieses Entwurfs musste der Gesetzgeber die beteiligten Gemeinden hören. Eine Vereinigung durch Landesgesetz verlangte das Einverständnis aller beteiligten Gemeinden. Für das Einverständnis der Gemeinde war eine Zweidrittelmehrheit der Stimmen des Beschlussorgans erforderlich. Unter Berücksichtigung dieser gesetzlich vorgesehenen Forderung mussten die sieben Amtsgemeinden ungeteilt der projektierten Mittelstadt Wattenscheid zugesprochen werden.

Besonderen Wert legten die Wattenscheid-Befürworter in den Amtsgemeinden auf das Wort „ungeteilt"; denn in den Jahren 1920 bis 1925 forderten Bochumer und Gelsenkirchener Kommunalpolitiker immer wieder die Zuteilung industriell genutzter Gemeindegebiete, sollte die Politik die betreffenden Amtsgemeinden nicht insgesamt in die Großstadt eingliedern. Mit dem Hinweis darauf, das auf Höntroper und Westenfelder Gemeindegebiet errichtete Walzwerk, die Zeche Engelsburg in Eppendorf und die Zeche Hannover in Günnigfeld gehörten zum Bochumer Verein, unterstrich Bochum die entsprechende Forderung. Gestützt wurde diese Position durch ein „Gutachten" des Ruhrsiedlungsverbandes. Die „Gutachter" schlugen vor, die Amtsgemeinde Eppendorf mit der Zeche Engelsburg nach Bochum einzugemeinden, von Höntrop und Westenfeld sollte jeweils das Gemeindegebiet mit den Betriebsanlagen des Walzwerks nach Bochum umgegliedert werden. Der Amtsgemeinde Günnigfeld war darin ein besonderes Schicksal zugedacht: Der westliche Teil wurde Gelsenkirchen, der östliche Teil mit der Zeche Hannover Bochum zugesprochen, lediglich der südliche Teil Günnigfelds käme zu Wattenscheid.

Zwar behaupteten die „Gutachter", dies seien lediglich Empfehlungen an die Politik, doch die Gemeindevertretungen in Stadt und Amt Wattenscheid waren sich sicher, sie würden – allen Beschwichtigungen zum Trotz – im kommenden Gesetzgebungsverfahren eine wichtige Rolle spielen. Daher hoben sie erneut nachdrücklich hervor, allein die Bildung der Mittelstadt Wattenscheid helfe, die aktuellen Probleme angemessen zu lösen; sie entspreche desweiteren nicht nur dem mehrfach geäußerten Willen der Menschen, sondern folge einer natürlichen Entwicklung. Dies zu unterstreichen, nahmen die Gemeindevertreter aller Amtsgemeinden einstimmig folgende Entschließung an:

> „Die heute versammelten Gemeindevertreter der sieben Amtsgemeinden nehmen mit Bedauern und Entrüstung von den Zerstückelungsabsichten Kenntnis, wie sie in den letzten Verhandlungen zutage getreten sind. Sie stehen nach wie vor auf dem Boden der Eingemeindungsverträge, wonach die Amtsgemeinden geschlossen ihre Wiedervereinigung mit der Stadt Wattenscheid verlangen" (Wattenscheider Zeitung, 7.7.1925).

Geholfen hatte dieses neuerliche Votum zugunsten einer Mittelstadt Wattenscheid nicht.

Der „Referentenentwurf zur Lösung der Eingemeindungsfragen im Ruhrgebiet" sah vor, die sieben Amtsgemeinden mit der Stadtgemeinde Wattenscheid mit folgenden Maßgaben zu vereinigen: 1. der nördlich der Eisenbahnlinie Essen – Bochum gelegene Teil der Landgemeinde Westfälisch-Leithe wird mit der Stadtgemeinde Gelsenkirchen vereinigt; 2. von dem nördlich derselben Bahnlinie gelegenen Teil der Landgemeinde Günnigfeld wird der westliche Teil mit der Stadtgemeinde Gelsenkirchen, der östliche mit der Stadtgemeinde Bochum vereinigt; 3. von den Landgemeinden Westenfeld, Höntrop und Eppendorf des Landkreises Gelsenkirchen wird der Teil nördlich der Bergisch-Märkischen Bahn mit der Stadtgemeinde Bochum vereinigt.

Zu diesem Referentenentwurf musste der Gemeindeausschuss des Preußischen Staatsrats Stellung nehmen und in Wattenscheid hoffte man, dass die Zuteilung des ungeteilten Günnigfelds an Wattenscheid empfohlen werde. Doch es kam schlimmer als befürchtet: Der Ausschuss beschloss, eine Reihe von Änderungen im Plenum des Staatsrates vorzuschlagen. Danach sollten nicht nur die Zeche Engelsburg und das Walzwerk Höntrop nach Bochum kommen, sondern mit den Werken auch die Gemeinden Höntrop und Eppendorf, lautete die für Wattenscheids Interessen vernichtende Empfehlung. Eine positive oder auch nur objektive Beurteilung des Wattenscheider Anliegens war seitens des Staatsrats-Ausschusses nicht zu erwarten, weil dieses Gremium massiver Einflussnahme seitens der Großindustrie ausgesetzt war.

Wenn auch das Votum des Staatsrats-Ausschusses schwer wog, das letzte Wort war das nicht. Noch gab es Hoffnung, dass die Gemeinden Höntrop und Eppendorf, wenn auch ohne die Industrieanlagen des Bochumer Vereins, Wattenscheid angegliedert werden könnten. Daher schauten die Menschen aus Stadt und Amt Wattenscheid am 9. Februar 1926 gebannt nach Berlin. An diesem Tag stand die zweite und dritte Lesung des Gesetzes über die Umgemeindung im Ruhrgebiet auf der Tagesordnung des Preußischen Landtags. Würde der lange und schwere Kampf um die Bildung der Mittelstadt Wattenscheid, der in den letzten Jahren, insbesondere in den letzten Wochen geführt werden musste, erfolgreich sein?

Es war ein taktisch klug gewählter Zeitpunkt. Quasi zeitgleich mit der ersten Abstimmung meldete sich Gelsenkirchens Oberbürgermeister zu Wort und forderte allerdings nicht expressis verbis Amt und Stadt Wattenscheid nach Gelsenkirchen einzugemeinden: In einem subtilen, als „Denkschrift" bezeichneten Schreiben an die Mitglieder des Preußischen Landtags verneinte Oberbürgermeister von Wedelstaedt die Lebensfähigkeit einer Mittelstadt Wattenscheid, sollte die vom Landtags-Gemeindeausschuss beschlossene Abtrennung des Walzwerks Höntrop vollzogen werden. Es gehe ihm, so begründete das Stadtoberhaupt, keineswegs darum, die Nachbarstadt und das Amt zu „schlucken". Er habe allein das künftige Wohl der Bevölkerung im Auge; und dies verlange die sofortige Vereinigung von Stadt und Amt Wattenscheid mit der Stadt Gelsenkirchen. Immer wieder in Diskussionen einbezogene „Gegenwartsstimmungen" – so diskreditierte der Oberbürgermeister die vielfachen Bürgervoten – seien irrelevant.

Dieser Zweifel an der Leistungsfähigkeit einer künftigen Mittelstadt Wattenscheid, den sich auch Bochum zu eigen machte, verfehlte seine Wirkung offensichtlich nicht. Innenminister Severing, eigentlich ein Befürworter der Bildung von Mittelstädten, wurde in seiner Meinung schwankend und forderte von der Stadt Wattenscheid „Rechenschaft über ihre Finanzkraft." Karl Busch Junior (Sohn der Herausgebers der Wattenscheider Zeitung Carl Busch) suchte, wie immer wieder in den zurückliegenden hektischen Tagen und Wochen, um ein klärendes Gespräch bei dem Minister nach, als der am Ende einer politischen Versammlung in Gelsenkirchen den Rückweg mit der Eisenbahn angetreten hatte. Da er keinen Zugang bekam, unternahm Karl Busch, Gründer und Leiter der Wattenscheider Bürgerinitiative sowie Vorsitzender des Verbandes der Mittelstädte, einen wahren „Husarenritt". Lediglich im Besitz einer Bahnsteigkarte, bestieg er spontan den Nachtzug, begab sich ins Abteil des müden Ministers und wetterte über die unbillige Nachgiebigkeit der Regierung bei der katastrophalen Aufsaugungspolitik der Mammutstädte.

Auch nach dieser Aufsehen erregenden Aktion blieb die Lage Wattenscheids angespannt. Bochums Oberbürgermeister Dr. Ruer schien im Landtag mit seiner permanenten Diffamierung Wattenscheids Erfolg zu haben. Die parlamentarische Vorfrage, ob die finanzielle Zukunft Wattenscheids gesichert sei, wollten sämtliche Fraktionen des Hauptausschusses ablehnen. Karl Busch, der sich mit mehreren Wattenscheidern permanent in Berlin aufhielt, um auf die Abgeordneten einwirken zu können, rief seinen Freund Bernhard Scholten an und teilte ihm mit, es stehe „sehr schlecht für Wattenscheid, daß [er] keinerlei Hoffnung mehr habe." Scholtens Reaktion war ein „Großangriff" auf die Abgeordneten. Er verfasste Dutzende von Telegrammen gleichen Inhalts aber in wechselnder Fassung, in denen er namens aller wirtschaftlichen, politischen, kulturellen Vereinigungen die Wiedervereinigung von Stadt und Amt Wattenscheid forderte. Diese Telegramme wurden an alle Abgeordneten während der laufenden Plenarsitzung gesandt. Wegen der ständigen Sitzungsunterbrechungen durch die „Saaldiener", die die Telegramme dem jeweiligen Empfänger umgehend übergeben mussten, sah sich der Parlamentspräsident schließlich genötigt, die Sitzung kurzzeitig zu unterbrechen. Diese Pause nutzten wiederum die im Hause anwesenden Wattenscheider, um auf die Abgeordneten unmittelbar persönlich einzuwirken. Vielleicht war es dieser „Geniestreich", ganz sicher aber waren es die besseren Argumente Wattenscheids (oder wollten die Abgeordneten lediglich die „nervigen" Zeitgenossen los sein?), jedenfalls stimmte die Mehrheit schließlich für die Bildung der Mittelstadt Wattenscheid, als die dritte Lesung nach der kurzen Unterbrechung fortgesetzt wurde.

Das Gesetz über die Umgemeindungen im Ruhrgebiet trat am 1. April 1926 in Kraft. Zu diesem Datum nahm die kreisfreie Mittelstadt Wattenscheid mit circa 61 000 Einwohnern ihre Arbeit auf. Ruhe kehrte trotzdem nicht ein. Die Bochumer Presse bejammerte das Schicksal der Wattenscheider Südgemeinden und bedauerte sie aufrichtig, dass sie nicht Bochum zugeschlagen worden seien. Doch Höntrop und Eppendorf mussten keineswegs bedauert werden, im Gegenteil: Die Mehrheit der Bevölkerung in beiden Gemeinden stand stets zu Wattenscheid und war gewillt, gemeinsam mit den anderen Wattenscheidern die Zukunft dieser neuen Stadt zu gestalten.

Diesmal hatte Bochum sein Ziel, Günnigfeld und die Südgemeinden des Amtes Wattenscheid einzugemeinden, nicht erreicht. Doch verlor die Bochumer Politik dieses und das weitergehende Ziel, ganz Wattenscheid zu „schlucken", niemals aus den Augen. Undurchsichtig und verwirrend ist in diesem Zusammenhang die Zeit zwischen dem 13. März und dem 6. Mai 1939. Am 13. März meldete die Allgemeine Wattenscheider Zeitung, der Regierungspräsident in Arnsberg habe Bochums Oberbürgermeister Piclum kommissarisch mit der Wahrnehmung der Dienstgeschäfte des Oberbürgermeisters in Wattenscheid beauftragt. Offenbar nutzte der „de-facto-Oberbürgermeister" von Wattenscheid und Bochum diese zwei Monate und unternahm einen erneuten Versuch, untermauert mit einer „Denkschrift", Wattenscheid nach Bochum einzugemeinden. Allerdings erklärte der Regierungspräsident dem Wattenscheider Oberbürgermeister am 21. Mai 1939, er werde die Eingemeindungsdenkschrift der Stadt Bochum an das Ministerium nicht weitergeben.

JOST BENFER

61 | SCHULMÜTZEN EINES GYMNASIASTEN

Stadtarchiv Bochum – MUSA (früher Schulmuseum)
Dm ca. 16 cm; Stoff, Leder; 1929 – 1936

61 SCHULMÜTZEN EINES GYMNASIASTEN

Bunt behütet durch neun Jahre. Von Lust und Leid der Schülermützen

> „Als wir, meine Klassenkameraden und ich, vor mehr als 4 Jahrzehnten die weißen Primanermützen auf dem Kopf trugen, da trugen wir in unseren Köpfen noch eine Auswahl der schwellenden Verse Homers […] Viele Jahre lang, von der hellgrünen Mütze der UIII bis zur weißen der OI begleiteten uns die Dichter und Schriftsteller Roms […]" (Radermacher, 1960, S. 73).

So lauten die bislang einzig bekannten Textstellen über das Tragen von Schülermützen am vormaligen Staatlichen Gymnasium Bochum, dem späteren Gymnasium am Ostring. Aloys Radermacher, Abiturient von 1921, erinnert sich 1952 vor der Vereinigung ehemaliger Schüler an die Vermittlung humanistischer Bildung durch das Erlernen der Alten Sprachen Griechisch und Latein in seinem Vortrag „Gang nach Tusculum", der dann in der Festschrift publiziert wurde.

Die hier gezeigten Mützen gehören zu einer späteren Schülergeneration des Staatlichen Gymnasiums Bochum: Peter-August Kohlpoth trug sie von 1929 bis zu seiner „Reifeprüfung" zu Ostern 1937, als ihm der Erlass des Reichserziehungsministers von 1936 ein vorgezogenes Abitur bescherte, gemeinsam mit den Oberprimanern, also ein „G 8" der dreißiger Jahre.

Dass diese Mützen der Klassen VI bis UI – der heutigen Jahrgangsstufen fünf bis zwölf – noch vollständig zu sehen sind, ist nicht nur dem ehemaligen Mützenträger selbst zu verdanken, sondern auch seiner Tochter Raphaela Lier, die diese Zeugnisse der Schulgeschichte aus dem Nachlass ihres 1994 verstorbenen Vaters dem inzwischen in Bochum leider aufgelösten und nach Herne verlagerten Schulmuseum übergeben hat. Die Zuordnung der Mützen zu den einzelnen Jahrgängen ist heute schwierig, denn es gab dazu wohl keine einheitlichen Regeln – lediglich für das „weiß" als Farbe der Abschlussklassen „Prima" finden sich mehrfach Belege, vor allem auch durch Fotos.

Die „große Zeit" der Schülermützen liegt etwa zwischen den letzten Jahrzehnten des 19. bis zu den späten dreißiger Jahren des 20. Jahrhunderts. Ihre Form orientierte sich an den Uniformierungen der Zeit, sowohl im militärischen wie auch im akademisch-zivilen Bereich, ihre Funktion war ebenso nach außen wie nach innen gerichtet. Die Funktion nach außen bestand in der Abgrenzung gegenüber Gleichaltrigen im Hinblick auf die Schullaufbahn.

> „Nach den ersten vier Schuljahren verabschiedete sich etwa die Hälfte meiner Mitschüler, verließ die Tieckstraße und tauchte nach Ostern, stolz und mit bunten Mützen, in den Sexten der Gymnasien, Realgymnasien, Reformgymnasien, Oberrealschulen und Realschulen wieder auf" (Kästner, 1957, S. 195).

Mit diesen Worten beginnt Erich Kästner in seinem autobiografischen Bericht „Als ich ein kleiner Junge war" ein Kapitel, das speziell seine eigenen und sogar am eigenen Leib gespürten Erfahrungen mit dem Schulsystem seiner Zeit beschreibt. Mit der ihn kennzeichnenden Ironie bringt er dabei auch eine sozialkritische Note ein:

> „Es war nicht die bessere Hälfte, doch die Dümmsten darunter bildeten es sich ein. Und wir anderen waren zwar in der Tieckstraße, aber nicht geistig zurückgeblieben. Alle miteinander wussten wir, dass die Frage ‚Höhere Schule oder nicht?' nicht von uns selbst, sondern vom väterlichen Geldbeutel beantwortet worden war" (ebd.).

Für den aus handwerklich-kleinbürgerlichem Milieu stammenden Kästner war ein Übergang von der vierten Volksschulklasse in die Sexta, die erste Klasse des Gymnasiums, in der Tat ausschließlich eine Frage des Geldes, vor allem des monatlich zu zahlenden Schulgeldes. Als er dann nur ein paar Jahre später von der Volksschule auf das „Freiherrlich von Fletscher'sche Lehrer-Seminar" in Dresden wechselte, um diese staatlich mitfinanzierte Aufstiegsmöglichkeit zum Volksschullehrer zu nutzen, war er dann doch noch im „Land der bunten Schülermützen", wie er es spöttisch nannte, gelandet: „Die Mutter war stolz und sehr glücklich. Ihr Junge war nun Seminarist! Er trug eine grüne Mütze mit rot-goldenen Streifen!"(Enderle, 1966, S. 29). Und einige Jahre später besuchte Kästner schließlich ein Gymnasium, um mit dem Abitur die Voraussetzung für das nun angestrebte und ersehnte Studium zu schaffen.

Dieser „emanzipatorische" Aspekt lässt sich auch an einer anderen Biografie in einem anderen Land festmachen. Alva Myrdal, schwedische Friedensforscherin und Friedensnobelpreisträgerin von 1982, wuchs in kleinbürgerlichem Milieu einer schwedischen Provinzstadt zu Beginn des 20. Jahrhunderts auf. Als Mädchen erkämpfte sie sich gegen den Willen der Familie den Besuch einer weiterführenden Schule, der eigentlich nur für ihre Brüder vorgesehen war, und trug nach dem Abitur „mit Stolz die weiße Mütze, die zeigt, dass du weit in der Schule gekommen bist, um studieren zu können" (Kath, Zeitzeichen, 31.1.2017, WDR 5). Und ihr ansonsten dem politischen wie sozialen Fortschritt verpflichteter Mann Gunnar Myrdal fand es gar nicht gut, dass sie diese Mütze in der Öffentlichkeit trug.

Neben Erkennbarkeit und Abgrenzung nach außen ist der Sinn einer Uniformierung ebenso die Wirksamkeit nach innen: die Förderung eines Gefühls der Zusammengehörigkeit sowie das Sichtbarmachen der in dem System gültigen Hierarchie. Nicht anders bei den Schülermützen: Ihre Träger gaben sich damit in der Regel als stolze Angehörige einer bestimmten Bildungsanstalt zu erkennen, auch wenn diese Institutionen keine weiteren äußeren Attribute der Zugehörigkeit vorschrieben, im Gegensatz zu den Schuluniformen, wie sie im angelsächsischen Raum und in den in dieser Tradition stehenden Bildungseinrichtungen noch heute getragen werden. Und die Hierarchie zeigte sich in der Zuordnung der Mütze zu dem jeweiligen Klassenjahrgang: Wer sich schon „älter" fühlte, wurde durch die Mütze auf seinen ihm zustehenden Platz verwiesen, und die „Sitzenbleiber" trugen dieselbe Mütze nun ein weiteres Jahr lang.

Schließlich gab es noch eine besonders eigenartige Erwartung an das Tragen der Schülermützen: Zu bestimmten Zeiten und in bestimmten Gegenden sollten sie ein „Mittel der Disziplinierung" sein, um die Schüler vor den Verlockungen und Gefahren außerhalb der Bildungsanstalten zu bewahren. Diese „Gefahren" drohten nach damaligem Verständnis vom Schutz der

Jugend bei dem Besuch von Wirtshäusern, Cafés und sogar Theatern; Heinrich Manns „Professor Unrat" spioniert seinen Schülern hinterher und trifft sie schließlich in dem verruchten Vergnügungsetablissement „Blauer Engel" an. Da sich die Wirte, denen diese Verbote durchaus bekannt waren, oft damit herausredeten, „sie hätten die Gymnasiasten nicht als solche erkannt" (Freyer, 1997, S. 291), glaubten vor allem einige Schulleiter, mit der Verpflichtung zum Tragen von Schülermützen dem entgegentreten zu können, was aber oft nicht nur die betroffenen Schüler, sondern auch die staatlichen Schulverwaltungen abgelehnt beziehungsweise als bedenklich empfunden haben.

Das Ende der Schülermützen wurde mit einer politisch-gesellschaftlichen Entwicklung eingeleitet, die sich einer anderen Uniformierung verschrieben hatte, der Uniformierung der Gedanken. Mit der Infiltration aller politischen und gesellschaftlichen Bereiche durch den Nationalsozialismus ab 1933 standen die überkommenen jugend- und bildungspolitischen Institutionen zunehmend in einer Abwehrhaltung gegenüber den neuen und totalitären Ansprüchen. So wurde 1934 in einem Schreiben des „Reichsjugendführers" Baldur von Schirach die Abschaffung von Schülermützen empfohlen, zu deren öffentlicher Verbrennung es im selben Jahr auch schon gekommen war. Sie galten den Vertretern der „nationalen Revolution" als zu überwindende Relikte bürgerlich-elitären Denkens der Vergangenheit und wurden im Schuljahr 1936/37 verboten. Wenn danach noch Elemente der Uniformierung in den Schulen zu sehen waren, so waren es die der „Hitlerjugend" (HJ) und des „Bundes Deutscher Mädel" (BDM). Dennoch scheint das Verbot „vor Ort" nicht immer vollständig umgesetzt worden zu sein: Dr. Georg Braumann, Abiturient des damaligen Staatlichen Gymnasiums Bochum von 1951, erinnert sich, dass in der Unterstufe 1941/42 auch noch Schülermützen getragen wurden; sein Mitschüler Dr. Jürgen Goebel kann die Farbe „blau" für die Mütze der Sextaner bestätigen.

Nach Kriegsende gab es zwar vereinzelte Versuche, die Tradition der Schülermützen wieder aufleben zu lassen – nicht zuletzt angeregt vom wirtschaftlichen Interesse der Mützenindustrie –, doch war die Neuorganisation der Bildungslandschaft in der Nachkriegszeit von anderen und sicher wichtigeren Faktoren geprägt. Krieg und Kriegsende hatten die überkommenen Sozial- und Bildungsstrukturen ziemlich durcheinandergebracht, und eine dann einsetzende Restauration im bildungspolitischen Bereich verzichtete zumindest auf traditionelle Äußerlichkeiten, wie sie die Schülermützen darstellten.

In den siebziger und achtziger Jahren des 20. Jahrhunderts wurde die Kopfbedeckung in den Schulen plötzlich auf eine völlig andere Weise wieder zu einem strittigen Thema: Die Jugendkultur der westlichen Welt übernahm aus den USA auch die Baseballkappen als Ausdruck einer äußerlich zur Schau getragenen Identitätsfindung. Das Tragen dieser Kopfbedeckungen in geschlossenen Räumen konnte alsbald zum Auslöser von Disziplinarkonferenzen werden, doch Erich Kästner würde wieder einmal gesagt haben: „Das gehört nicht hierher" (Kästner, 1957, S. 22, S. 27ff.).

JÜRGEN EIDAM

62 | ERINNERUNGSTELLER ZUM GESCHÄFTSJUBILÄUM KAUFHAUS FLATOW

Stadtarchiv Bochum – MUSA

Dm 25,6 cm; Porzellan

62 ERINNERUNGSTELLER ZUM GESCHÄFTSJUBILÄUM KAUFHAUS FLATOW

Die Familie Flatow in Wattenscheid. Ein deutsch-jüdisches Schicksal

„Neueröffnetes Confectionshaus 1. Ranges Philipp Flatow, Wattenscheid" verkündete eine Anzeige in der Wattenscheider Zeitung vom 24. Februar 1900. Das Geschäft befand sich in der heutigen Oststraße 33 im Haus von Sigmund Perl. „Wer Geld sparen will, versäume nicht die günstige Gelegenheit", lautete der Werbespruch des neu in Wattenscheid ansässigen Kaufmanns.

Wattenscheid hatte mindestens seit dem 17. Jahrhundert jüdische Einwohner. Philipp Flatow gehörte nicht zu den Alteingesessenen. Er wurde am 19. Juni 1871 in Tremessen/Posen geboren. 1905 verlobte er sich mit Jenny Levy aus Beuel. Ein Jahr später heiratete das Paar. Das Geschäft wurde im Oktober 1907 in das Geschäftshaus Oststraße 21 verlegt. Der Wirt Wilhelm Kesten betrieb im selben Haus das Restaurant „Centralhof". Das neue Geschäftslokal war bedeutend größer und die Bausubstanz des Gebäudes ansprechender als die der bisherigen Behausung. Zum beruflichen Erfolg kam bald das private Glück: Am 15. Mai 1908 wurde die Tochter Rosie in Wattenscheid geboren.

Im April 1910 feierte Philipp Flatow sein 10-jähriges Geschäftsjubiläum. In einer Anzeige betonte er:

> „Für das mir während meines 10jährigen Bestehens allseitig, ganz besonders aber von meiner treuen Kundschaft aus Arbeiterkreisen, entgegengebrachte Wohlwollen, sage hiermit öffentlich meinen herzlichsten Dank, durch die langjährige, dauernde, treue und anhängliche Kundschaft war es mir möglich, mein Geschäft innerhalb 10 Jahren aus den denkbar kleinsten Anfängen zur jetzigen Grösse zu gestalten" (Allgemeine Wattenscheider Zeitung, 6.4.1910).

Das Geschäft war das „Spezial-Haus ersten Ranges für Herren- und Knaben-Garderobe", wie in einer weiteren Anzeige beworben. Zum Jubiläum dankte er seinen treuen Kunden mit einem aufwändig dekorierten Jubiläumsteller aus Porzellan. Er hat einen Durchmesser von 26,5 cm, sein Tellerrand ist mit Blumen geschmückt. In der Mitte des Tellers steht die Inschrift: „Zur Erinnerung an das 10jährige Bestehen meines Geschäftes Ph. Flatow Wattenscheid". Er ist ein Geschenk von Maria Adamczak an das Stadtarchiv – Bochumer Zentrum für Stadtgeschichte (2007) und Bestandteil der Dauerausstellung des Heimatmuseums Helfs Hof. Maria Adamczak bekam den Teller von ihrer 1884 geborenen Schwiegermutter Katharina Adamczak für ihre Aussteuer geschenkt. Er wurde jahrelang im Haushalt als dekorativer Kuchenteller genutzt.

1913 wurde die Verkaufsfläche des Geschäfts um das doppelte vergrößert. Es firmierte nun unter der Adresse Oststraße 21–23. Privat war Philipp Flatow wie viele andere Kaufleute Mitglied im angesehenen Schützenverein „AllBüSchü".

Die „Arisierung" seines Betriebes musste Philipp Flatow hinnehmen. Wilhelm Meyer übernahm das Geschäft im April 1936 und führte es „als rein arisches Unternehmen weiter". Im Juni 1936 verzogen Philipp und Jenny Flatow nach Köln. Dort wohnte bereits seit 1931 die Tochter Rosie mit ihrem Ehemann Werner Rubens. Das Haus Oststraße 19, in dem sich die Gastwirtschaft Meyer befand, wurde im Sommer 1938 an den Parteigenossen Meyer verkauft. Die zu diesem Zeitpunkt bereits verwitwete Jenny Flatow lebte damals noch in Köln, Tochter und Schwiegersohn bereits in Santiago de Chile. Der vereinbarte Kaufpreis von 35 000 Reichsmark wurde durch den Gauwirtschaftsberater auf 32 000 Reichsmark und 1940 noch einmal auf 29 200 Reichsmark herabgesetzt.

Die Häuser Oststraße 21 und Voedestraße 2 wurden im Juni 1939 an das Ehepaar Meyer verkauft. Jenny Flatow, die mittlerweile ebenfalls in Santiago de Chile lebte, und ihre Tochter bekamen dafür 42 000 Reichsmark. Auch dieser Verkaufspreis wurde herabgesetzt. 39 000 Reichsmark musste der Käufer zahlen. Bei den Verkäufern kam dieses Geld nicht an.

Jenny Flatow verstarb Ende der 1950er Jahre in Chile. Ihre Tochter Rosie besuchte 1995 auf Einladung der Stadt Bochum und des Vereins Erinnern für die Zukunft ihre alte Heimatstadt. Am 23. Dezember 2006 verstarb sie in Chile. Auf ihren Wunsch hin wurde sie in Israel bestattet.

ANDREAS HALWER

63 GRUBENLAMPE

Die Grubenlampe der Museumsdirektoren

Bei der hier präsentierten Grubenlampe handelt es sich um eine „gefahrene" Benzinsicherheitslampe FWD 20502 der Firma Friemann & Wolf Duisburg. Diese Grubenlampe steht in besonderer Weise für die Bedeutung des Bergbaus in der und für die Stadt Bochum. Darüber hinaus hat sie eine weitere Bedeutungsebene, insbesondere für das Deutsche Bergbau-Museum Bochum.

Licht hat für die Arbeit des Bergmanns grundsätzlich einen sehr hohen Stellenwert. Erst durch das künstliche Licht, das Geleucht in der Sprache des Bergbaus, ist eine Tätigkeit unter Tage in sonst völliger Dunkelheit für den Menschen möglich. Der Sehsinn, die Aufnahme und Verarbeitung von optischen Reizen, ist einer der bedeutenden der fünf Sinne für den Menschen. Fällt er durch den Ausschluss von natürlichem Sonnenlicht aus, ist der Mensch stark eingeschränkt. Die Gewinnung von Bodenschätzen – über das Aufklauben von Fundstücken an der Tagesoberfläche oder das Anlegen von offenen Gruben hinaus – ist deshalb eng mit der Suche nach geeigneten künstlichen Lichtquellen verbunden. Im Bergbau der Stein- und Bronzezeit ist dies der Kienspan, der bei verschiedenen montanarchäologischen Grabungen gefunden wurde. Seit der Antike werden Öl oder Talg als Brennmittel für lichtspendende Flammen verwendet; die Behältnisse wurden in vielen Schritten weiterentwickelt, bis gut leuchtende Flammen resultierten und die Gefäße sinnvoll transportiert und bei der untertägigen Arbeit eingesetzt werden konnten. Die besondere Form bei den Öl oder Talg nutzenden Gefäßen führt zum Begriff der „Froschlampen". Im 17. Jahrhundert kommen spezielle Gefäße in Gebrauch, bei denen in einer hölzernen Umhüllung, „Kuckuck" genannt, Öllampen oder eine Kerze brannten. Im 19. Jahrhundert treten zu den Öllampen dann auch Gaslampen, Kerosinlampen und insbesondere Karbidlampen hinzu, die ein stärkeres Licht abgeben.

Im Steinkohlenbergbau stellen diese Grubenlampen mit offener Flamme ein hohes Risiko dar. Durch die Ausgasung des in den Lagerstätten vorhandenen Methans kann es – bei Konzentrationen zwischen fünf und vierzehn Prozent – in der untertägigen Atmosphäre zu zündfähigen Gemischen mit dem Oxidationsmittel Sauerstoff kommen. Bei geeigneter Zündtemperatur, wie sie in einer offenen Flamme gegeben ist, verbrennt das Methan dann explosionsartig, es kommt zu den sogenannten „schlagenden Wettern". Viele schwere Grubenunglücke mit zahlreichen Toten belegen die traurige Bedeutung dieses Themas. Erst mit den sogenannten Sicherheitslampen konnte die Gefahr gebannt werden. Die Entdeckung, dass sich Methan in Röhren mit einem Durchmesser kleiner als 3,5 Millimeter nicht mehr entzündet, führt zu entsprechend engmaschigen Drahtkörben um die Flammen der meist benzinbetriebenen Grubenlampen. Bei ausreichendem Luftzutritt von außen verbrennt das Methan im inneren Bereich des Drahtkörpers, die Verbrennung setzt sich aber nach außen nicht fort. Diese Entdeckung von Davy und Faraday wurde von verschiedenen Lam-

63 | GRUBENLAMPE

Deutsches Bergbau-Museum Bochum

H 29,5 cm (mit Haken 41 cm), Dm ca. 9 cm; Metalle, Glas

penkonstrukteuren weiterentwickelt. Carl Wolf aus Zwickau ließ sich 1884 eine Lampe mit Benzinbrand patentieren, die heller brannte und vor allem nicht rußte. Diese Benzinsicherheitslampe wurde in den Kohlerevieren weltweit eingesetzt und erst durch akkubetriebene elektrische Kopflampen in der zweiten Hälfte des 20. Jahrhunderts ersetzt. Die auf Carl Wolf zurückgehende Firma Friemann & Wolf in Zwickau entwickelte sich durch den Bau der Benzinsicherheitslampen zum größten Lampenproduzenten für den Steinkohlenbergbau. Nach dem Zweiten Weltkrieg wurde die Duisburger Filiale zum westdeutschen Stammhaus für die Produktion von Grubenlampen.

Die hohe Bedeutung des Geleuchts für den Bergmann wird durch die obigen Ausführungen deutlich. Jeder Bergmann hat „seine" eigene Grubenlampe, die in der sogenannten Lampenstube aufbewahrt und für den Einsatz unter Tage vorbereitet und gewartet wird. Die Wertschätzung des Geleuchts lässt sich besonders in den Bergparaden, den Festumzügen der Bergleute, ablesen und ist dort im wahrsten Sinne des Wortes sichtbar. Alle Bergleute tragen bei abendlichen Umzügen neben ihrer Paradeuniform und dem Häckel (dem einem bergmännischen Werkzeug nachempfundenen Paradestock) eine Grubenlampe mit sich. Damit entsteht das besonders festliche Bild der vielen Lichter, das in den bergbaugeprägten Regionen zum festen Ausdruck der Bergbau-Tradition gehört.

Das bergmännische Geleucht und seine Entwicklung haben daher natürlich auch ihren festen Platz in den Ausstellungen des Deutschen Bergbau-Museums Bochum. Die Sammlung des Hauses umfasst eine Fülle unterschiedlicher Exponate, die die gesamte Entwicklungskette abbilden. Die hier gezeigte Grubenlampe gehört jedoch nur indirekt in diese wissenschaftliche Sammlung. Sie verkörpert weit mehr als einen bestimmten Entwicklungsstand des bergmännischen Geleuchts. Dies wird durch zwei Marken auf der Grubenlampe deutlich. Hiermit werden die „Übergaben" der Direktorenschaft des Bergbaumuseums von Hans Günter Conrad an Rainer Slotta und von diesem an Stefan Brüggerhoff angezeigt. Wir haben es also mit einem Zeichen der „Direktorenwürde" des DBM zu tun. Diese Tradition wurde mit dem zweiten Direktor des Hauses Bergassessor a.D. Hans Günther Conrad eingeführt. Sein Vorgänger Dr.-Ing. Heinrich Winkelmann führte das Haus von seiner Gründung im Jahre 1930 bis ins Jahr 1966. Er war der Mann des Aufbaus, dessen Lebensaufgabe das Museum wurde. Mit Hans Günter Conrad folgte am 1. September 1966 ein Erneuerer, der die Forschung im Museum stärkte, es 1976 in die Bund-Länder-Förderung führte und unter dessen Regie die Umbenennung in Deutsches Bergbau-Museum Bochum fiel. Hans Günter Conrad lenkte das Haus bis zum 30. April 1987. Am 1. Mai des Jahres übernahm mit Rainer Slotta der erste Nicht-Bergmann die Einrichtung. Als Archäologe und Kunsthistoriker entwickelte Prof. Dr. Rainer Slotta das Haus zu einem ausgewiesenen Forschungsmuseum mit spektakulären Sonderausstellungen zu den vielfältigen Themen, besonders des (prä)historischen Bergbaus. Er leitete das Haus bis zum 30. April 2012 und übergab seinen Posten dann an Stefan Brüggerhoff, der zu diesem Zeitpunkt bereits seit 27 Jahren als Konservierungswissenschaftler für die Einrichtung arbeitete. Nur vier Direktoren in nunmehr fast 90 Jahren – dies

63 | GRUBENLAMPE

zeigt die große Kontinuität des Bergbau-Museums in Bochum.

Das Haus hat sich in dieser Zeit nicht nur gebäudemäßig (mit seinem prägnanten Fördergerüst, das 1973 von der Dortmunder Schachtanlage Germania zum Museumsstandort in Bochum transloziert wurde) zu einem der Wahrzeichen von Bochum entwickelt. Es verkörpert die Bergbauvergangenheit der Stadt und bereitet diese Vergangenheit für seine Besucher auf. Dabei stellt es den Steinkohlenbergbau in einen Gesamtkontext der Gewinnung von mineralischen Rohstoffen in der Menschheitsgeschichte und wird in seinen zukünftigen Dauerausstellungen (der Umbau dauert noch bis Ende 2018) auch die Zukunft der Gewinnung und Nutzung von Georessourcen beleuchten.

In der Mission des Hauses ist dies wie folgt zusammengefasst: Als Leibniz-Forschungsmuseum widmet sich das Museum der epochenübergreifenden Erforschung der Gewinnung, Verarbeitung und Nutzung von mineralischen Rohstoffen im Kontext sozialer, kultureller, ökologischer und wirtschaftlicher Dynamiken. Das DBM vermittelt den Einfluss dieser Prozesse auf eine nachhaltige Entwicklung der Gesellschaft und bewahrt relevante Zeugnisse für künftige Generationen.

Die in diesem Buch abgebildete Grubenlampe der Museumsdirektoren steht für diese Mission und zugleich für Tradition, die Tradition des Bergbaus und die Tradition, das Thema Bergbau zu erklären und verständlich zu machen, für Besucher aus der Stadt, der Region, aus Deutschland, aber auch weltweit. Jeder Direktor des Hauses fühlt sich dieser Aufgabe verpflichtet und entwickelt sie im jeweiligen zeitlichen Kontext weiter.

STEFAN BRÜGGERHOFF

64 PUTTO (PARNASS)

Ein Putto, Richard Wagner und der „Michelangelo von Dresden"

Der kleine geflügelte Putto mit seiner Querflöte hat viele Geschwister. Mit sieben weiteren neubarocken „Knäblein" – so die Übersetzung aus dem Italienischen – musizierte er im Bochumer Ratssaal zu Ehren der auf dem Gemälde der „Deutsche Parnaß" versammelten historischen Persönlichkeiten. Und diese fröhliche Musikantenschar hat große, sogar sehr große Brüder: den fünf Meter hohen „Goldenen Rathausmann", der seit 1908 weithin sichtbar von der Spitze des Dresdner Rathauses grüßt, die acht „Beigeordneten" auf dem Portal des 1921 eröffneten Rathauses von Wuppertal-Barmen und nicht zuletzt das mit rund zwölf Metern weltgrößte Richard-Wagner-Denkmal in der Sächsischen Schweiz.

Sämtliche Skulpturen schuf der Dresdner Bildhauer Richard Guhr (1873–1956). Guhr war bekannt als Bildhauer dekorativer Bauplastik an Fassaden und Innenräumen. Neben den genannten Werken schuf er unter anderem auch Ausgestaltungen im Landesmuseum Münster und im Hotel Adlon in Berlin.

Zwischen unserem kleinen Flötisten aus Bochum und dem gewaltigen Wagner in der Sächsischen Schweiz herrscht eine Beziehung, die für den Künstler Richard Guhr von ganz besonderer Bedeutung war, wie sein Zeitgenosse Sizzo Stief geschildert hat:

> „Als ich zu Prof. Dr. Guhr kam, arbeitet er an einem Riesenwandbild von 8 m x 5 m Größe für den Rathaussaal in der Stadt Bochum, den deutschen Parnaß darstellend. Dieser Auftrag brachte ihm den ersten großen Verdienst nach dem Ersten Weltkrieg und sollte seine Lieblingsidee verwirklichen helfen, Richard Wagner das erste Denkmal zu setzen" (Eichhorn, 2010).

Was war das für ein Gemälde im Rathaus Bochum, das so viel Geld einbringen sollte? Das von Karl Roth entworfene und von 1926 bis 1931 gebaute Bochumer Rathaus zeigt heute noch einiges von seinem früheren prachtvollen Eindruck. Den Höhepunkt an Ausstattung und Programmatik bot aber der 1943 im Zweiten Weltkrieg zerstörte Ratssaal. Zu Marmorsäulen, Parkett und bronzeverzierter Balkendecke kamen stuckierte Wände, die in Medaillons antikisierende Figurengruppen, Porträts und Ornamente als Flachreliefs zeigten. Kristalllüster tauchten das Gesamtkunstwerk in eine festliche Beleuchtung. An der Stirnwand rahmte unser Orchester aus acht Putten das Zentrum des künstlerischen Programms des Rathauses: das erwähnte monumentale Gemälde „Der Parnaß" von Richard Guhr, der auch die übrige gerade skizzierte Wandgestaltung im Ratssaal ausgeführt hatte.

Der Parnass ist ein Berg in Griechenland, der in der griechischen Mythologie als Sitz des Apollo und Heimat der Musen geheiligt wurde. Spätestens seit Raffaels Parnass in der Stanza della Segnatura im Vatikan von 1510/11 war das Thema auch in der Renaissance angekommen. Raffael hat den Berg Parnass mit dem musizierenden Gott Apoll dargestellt. Er ist umgeben von den neun Musen, den Schutzherrinnen der Künste, und antiken und damals modernen Dichtern. Für den Bochumer Ratssaal adaptierte Guhr das Hauptthema, füllte es aber

64 | PUTTO (PARNASS)

Stadtarchiv Bochum – MUSA
H 77,5 cm, B 46,5 cm, T 39 cm; Metall

mit anderen Personen. Sein „Deutscher Parnaß" stellte nach Willen des Künstlers und der Auftraggeber 53 „bedeutende Männer des deutschen Volkes" aus Dichtung, Kunst, Musik und Wissenschaft dar. Verewigt wurden deutsche Geistesgrößen, angefangen mit Walther von der Vogelweide über Bach, Beethoven, Goethe, Schiller, Liebig, Helmholtz und viele andere bis Nietzsche, Wagner und Karl Schäfer. Das Thema war eine Fortsetzung des großen Gemäldes im damals abgerissenen vorhergehenden Ratssaal, das „große Bochumer während der Huldigung der Hohenzollernkaiser" zeigte. Guhr geriet mit seiner Interpretation des Themas in heftige Kritik. Die Partei des „Evangelischen Volksdienstes" mit ihrem Sprecher Pfarrer Lic. Albert Schmidt verweigerte die Zustimmung zum Bild, weil auf dem Gemälde Martin Luther fehlte. Insgesamt zeigten sich mehrere Ratsmitglieder wenig angetan vom stark historisierenden Stil des Gemäldes und wollten den Auftrag stornieren. Selbst der damalige Oberbürgermeister Ruer gehörte wohl zu den entschiedenen Gegnern des Bildes. Schließlich wurde der renommierte Dresdner Stadtbaurat Paul Wolf um eine Beurteilung gebeten, die er im September 1930 abgab: „Das Bild zeigt ja keine moderne Auffassung, bildet aber vielleicht gerade deshalb bei einem Rathause keine Angriffspunkte und wird sich sicher der historisierenden Architektur von Prof. Roth gut einfügen."

Auch die rechtliche Prüfung ergab, dass der Auftrag nicht rückgängig zu machen war, das Bild musste angenommen und aufgehängt werden. Und es musste bezahlt werden.

Die Diskussion über die Qualität und die Bezahlung seines Gemäldes muss für Guhr überaus spannend gewesen sein, denn wieder einmal stand er dicht vor dem wichtigsten Ziel seines Lebens. Vorherige Anläufe, es zu erreichen, hatten sich schon mehrfach zerschlagen. Sein Wagner-Denkmal hatte Guhr schon 1912 entworfen, er wollte es ursprünglich 1913 zum hundertsten Geburtstag Wagners in Dresden verwirklichen. Dresden lehnte aber ab, die Stadt Teplitz/Teplice in der Folge auch.

Mit Hilfe des Geldes aus Bochum konnte es nun endlich im Mai 1933 in einem der romantischsten Täler der Sächsischen Schweiz bei Dresden platziert werden, im Liebethaler Grund. Richard Guhr finanzierte den Aufbau des Denkmals und den Sandsteinsockel, nachdem er den Entwurf und Guss längst vorher übernommen hatte. In den Liebethaler Grund pilgerte Richard Wagner oft während seines Graupaer Sommers 1846, wo er die Musik zur Oper „Lohengrin" skizzenhaft entwarf. Das bronzene Denkmal erhebt sich vor einer urwüchsigen Sandsteinkulisse auf einem Halbrundgesims mit Richard Wagner als Gralsritter in fallendem Gewand, umgeben von fünf allegorischen Figuren, die die wichtigsten Elemente seiner Musik darstellen: das sphärische, lyrische, dionysische, dämonische und tragische Element. Die Einweihung des Denkmals 1933 haben dann die frisch an die Macht gekommenen Nazis, in deren Kulturpolitik Wagner bekanntlich eine bevorzugte Rolle spielte, als Verdienst des Nationalsozialismus feiern lassen.

Richard Guhr gilt als einer der eigenwilligen und komplizierten Künstler des frühen 20. Jahrhunderts. Er war nicht nur Maler und Bildhauer, sondern auch Hochschullehrer. Guhr wurde 1902 künstlerischer Mitarbeiter des Architekten Bruno Möhring für die Gestaltung der deutschen Abteilung auf der Weltausstellung St. Louis 1904. Von 1904 bis 1914 besaß er ein eigenes Atelier in Berlin. 1905 wurde Guhr als Professor für Bronzen an die Kunstgewerbeschule Dresden berufen und erhielt 1907 die Professur für Figurenmalen und Figurenzeichnen. Prominentester Schüler Richard Guhrs während seiner Tätigkeit war von 1910 bis 1914 Otto Dix. Die Sächsische Biografie berichtet über ihn:

> „Schon vor dem Ersten Weltkrieg hatte sich Guhr esoterischen Neigungen und einer geradezu kultischen Verehrung Richard Wagners zugewandt. Jedes Jahr pilgerte er am Ende einer 40-tägigen Fastenzeit nach Bayreuth, um an Wagners Grab zu beten. Seit 1912 entstanden Bilder seiner späteren ‚Wagner-Ehrung' und ein Modell des monumentalen Wagner-Denkmals, das schließlich 1933 im Liebethaler Grund bei Dresden aufgestellt wurde. In Künstlerkreisen nannte man Guhr spöttisch ‚Michelangelo von Dresden'. An der Dresdner Kunstakademie, wo er seit 1934 Monumentalmalerei lehrte, war er ein umstrittener Einzelgänger und wurde auf eigenen Antrag zum 1.5.1938 in den Ruhestand versetzt. Er widmete sich nun mit ganzer Kraft seiner ‚Wagner-Ehrung', für die er Bilder in der Manier mittelalterlicher Tafelmalerei ausführte. 1938 bis 1944 konnte er in Dresden seine auf über hundert Werke angewachsene Ehrung im Schloss Albrechtsberg zeigen, wo er sonntags persönlich Führungen veranstaltete. Infolge des Bombenangriffs auf Dresden am 13.2.1945 wurde die Sammlung vernichtet. Guhr war ein gebrochener Mann. Hoffnung gab ihm die von seiner Frau genährte Vorstellung, die verlorenen Werke noch einmal zu erschaffen. Vor allem dieser Aufgabe widmete er sich bis an sein Lebensende" (Röpcke, 2009).

In seinen symbolischen Bildern mit der Vorliebe für Utopien und vermeintliche Werte der Vergangenheit sowie der griechisch-germanischen Mythenwelt sah sich Guhr im Bereich der Malerei als Erfüller des Wagnerschen Auftrags der „arischen Regeneration". Die Idealisierung und Verherrlichung Richard Wagners, das Eindringen in dessen Geisteskosmos und Gedankenwelt begleiteten Guhr also bis an sein Lebensende. Dabei bediente er sich christlicher und buddhistischer Elemente ebenso wie des keltischen Mythen- und Sagenkreises um den Zauberer Merlin und den Heiligen Gral – ein Weltenspektakel, verortet in der Sächsischen Schweiz. Spektakulär ist dabei auch Guhrs Farb- und Formgebung, die stark an die ja erst wesentlich später einsetzende Pop Art erinnert. Guhr starb 1956 und sein Werk geriet weitgehend in Vergessenheit. Erst 2016 zeigten die Richard-Wagner-Stätten in Graupa mit dem Stadtmuseum Pirna wieder eine große Werkschau. Dem Kunstauktionsportal Artnet zufolge kamen von 1996 bis 2010 in Deutschland, England und den USA sechs Werke Guhrs auf den Markt und wurden zu Preisen zwischen 2 000 bis 15 000 Euro angeboten, was immerhin von einer gewissen Wertschätzung zeugt.

So kommt es jedenfalls, dass die Stadt Bochum das größte Wagner-Denkmal der Welt zu großen Teilen mitbezahlt hat.

HANS H. HANKE

65 GEFALLENENTAFEL DES EVANGELISCHEN (MASURISCHEN) ARBEITERVEREINS

Postfaktisch

Mit dieser 1932 gewidmeten Wandtafel erinnert ein „Ostpreußisch evangelischer Arbeiterverein" aus Bochum an seine Mitglieder, denen es nach dem Ersten Weltkrieg „nicht vergönnt [war], die Heimat wiederzusehen". Sie hing bis zur Auflösung des Vereins Anfang der 1990er Jahre in der Bochumer Wirtschaft Burrack, später „Zu den Linden", Castroper Straße 218. Der Begriff „Ostpreußisch" im Namen weist auf den landsmannschaftlichen Charakter des Vereins hin, „evangelisch" auf die konfessionelle Gebundenheit. Die meist polnischen Namen der Verstorbenen lassen vermuten, dass der Verein von evangelischen Masuren gegründet wurde, eben jenen Menschen, die aus dem masurischen Teil Ostpreußens nach Bochum kamen, um hier zu arbeiten.

Die Muttersprache der Masuren war meist Polnisch. Bei der Betrachtung ähnlicher Gedenktafeln zum Ersten Weltkrieg in Bochum, sei es auf Friedhöfen, in Kirchen beider christlicher Konfessionen oder auf öffentlichen Plätzen, findet man sehr oft weitere polnische Namen, wobei diese längst nicht immer nur Masuren zuzuordnen sind, sondern auch katholischen Polen aus den preußischen Ostprovinzen. Solche Gedenktafeln, und dafür steht die hier gezeigte exemplarisch, werden in Wissenschaft und Politik gern als ein Beleg für die These von der „rasch gelungenen Integration" (Lammert, 2013, S. 26) der polnischsprachigen Zuwanderer herangezogen, wobei sie gleichzeitig stereotyp als konservativ und national orientiert charakterisiert werden.

Aber der Begriff Integration ist genauso falsch wie die Vorstellung von der Einheitlichkeit „der Masuren" oder „der Polen". Als ab den 1870er, verstärkt 1890er Jahren die meist männlichen polnischsprachigen Arbeitsmigranten nach Bochum kamen, gab es kein gewachsenes, ausgebildetes Gemeinwesen, in das man sich hätte integrieren können. Wie auch die anderen Orte des heutigen Ruhrgebietes waren der Landkreis und die Stadt Bochum ein Konglomerat aus Zehntausenden von zugewanderten Menschen, die hier Arbeit suchten. Die einheimischen Bochumer Pohlbürgerinnen und Pohlbürger waren zu dieser Zeit bereits absolut in der Minderheit: Wohnten 1843 nur 4 282 Personen in der Stadt, so waren es 1873 bereits 25 147 und 1890 mehr als 60 000 (Croon, 1967, S. 23).

Neben den polnischsprachigen Menschen aus Ostpreußen beziehungsweise den preußischen Ostprovinzen kamen die Arbeitssuchenden anfangs aus der näheren Umgebung, dann aber aus Hessen, der Pfalz, dem Paderborner Land, Sachsen, Schlesien, dem Lipper Land, Waldeck-Pyrmont und anderen Gebieten. Weit über 90 Prozent aller Zugewanderten, der deutsch- wie polnischsprachigen, hatten als Untertanen des Kaiserreichs die deutsche Staatsangehörigkeit. Unter diesen Voraussetzungen nur bei den Polnischsprachigen die Frage nach Integration zu stellen und nicht auch bei den zugewanderten Arbeitssuchenden aus den anderen deutschen Provinzen, macht deutlich, dass hier ethnische, letztlich ausgrenzende Aspekte eine Rolle spielen.

Ein großer Teil der aus den westlichen Provinzen des Kaiserreichs Zugewanderten hatte,

65 | GEFALLENENTAFEL DES EVANGELISCHEN (MASURISCHEN) ARBEITERVEREINS

Kortum-Gesellschaft Bochum e.V.

H 143,5 cm, B 106 cm, T ca. 7 cm; Holz

ähnlich wie viele polnischsprachige, große kulturelle, durch ihre ausgeprägten verschiedenen deutschen Dialekte auch sprachliche Probleme, sich in der neuen Umgebung zurechtzufinden (Krus-Bonazza, o.J., S. 18). Sie alle zusammen bildeten eine Bochumer Bevölkerung, die sich ständig durch neue Arbeitsmigration vergrößerte und sich erst einmal sortieren musste. Dabei spielten die Gründungen von Organisationen, nicht zuletzt landsmannschaftlichen Vereinen wie der „Ostpreußisch evangelische Arbeiterverein", eine bedeutende Rolle. Ein Indiz für deren Bedeutung ist die große Anzahl dieser Vereine, die nach dem Ersten Weltkrieg weiter zunahm (StadtA Bo, Adressbuch 1912, S. 77-78; Adressbuch 1930/31, S. 81-82). Diese Vereine hatten für die Orientierung und psychische Stabilisierung der Menschen eine enorme Bedeutung, da sich die Mitglieder gegenseitig im Alltag unterstützen und in ihnen ihre Kultur aus der Heimat pflegen konnten. Hier sprach man Hessisch, Pfälzisch, Schlesisch, Saarländisch und andere Heimatdialekte. Die in ähnlichen Vereinen organisierten polnischsprachigen Menschen, von denen die katholischen Zugewanderten anfangs meist die Form von kirchlich-katholischen Vereinen wählten, unterschieden sich in dieser Hinsicht nicht grundlegend von denen, die einen deutschen Dialekt sprachen.

„Die Masuren waren weder Polen noch Preußen, sondern einfach Masuren, die polnischen Arbeitsmigranten waren Posener, Kujawen, Schlesier etc., nicht aber im heutigen Sinne Polen" (Stefanski, 1984, S. 11).

Festzuhalten aber bleibt auch, dass sich nur eine, wenn auch bedeutende, Minderheit in diesen Vereinen organisierte (Skrabania, 2012, S. 88 f.).

Quer zu dieser Entwicklung allerdings stand die Germanisierungspolitik des Kaiserreichs, unterstützt von der evangelischen Kirche wie auch nach Ende des Kulturkampfes zunehmend von der katholischen Kirche. Die polnischsprachigen Menschen wurden als nichtdeutsche Bürgerinnen stigmatisiert, indem man ihre Sprache so weit wie möglich im öffentlichen Raum verbot. Man unterstellte vor allem den Katholiken unter ihnen, dass sie die deutsche Kultur unterminieren und das Ruhrgebiet polonisieren wollten (MS, 22.11.1900).

Die Amtskirchen schränkten nach und nach polnischsprachige Gottesdienste und kulturelle Handlungen, wie die Beichte, den Kommunions- beziehungsweise Konfirmationsunterricht, ein. Nicht mehr der Untertan oder das christliche Gemeindemitglied an sich, sondern der deutsche Untertan, das deutsche Gemeindemitglied waren gewünscht. Diese Ausgrenzungspolitik kam den Bestrebungen der polnisch-katholischen Aktivisten entgegen, die, in ähnlichen obrigkeits- und nationalstaatlichen Kategorien denkend, für eine Wiedererrichtung des polnischen Nationalstaates eintraten und dafür um Anhänger unter den polnischsprachigen Katholiken warben. Es gelang ihnen, eine große Zahl der auf Gemeindeebene gegründeten eher landsmannschaftlich ausgerichteten polnisch-katholischen Vereine in polnisch-nationale Organisationen umzuwandeln und einen nicht unbedeutenden Teil der polnischsprachigen Katholiken auf national-ethnischer Grundlage zu organisieren. Diesen Teil der Bevölkerung kann man sinnvollerweise als Ruhrpolen bezeichnen, deren organisatorisches Zentrum in Bochum lag.

65 | GEFALLENENTAFEL DES EVANGELISCHEN (MASURISCHEN) ARBEITERVEREINS

Reichte vielen Zugewanderten die Pflege der heimatlichen Kultur durch die landsmannschaftlichen Vereine und die in ihrem Umfeld entstandenen Freizeitvereine aus, so suchten andere in den durch die soziale Entwicklung entstandenen gesellschaftlichen Konflikten darüber hinausreichende Orientierung. Sie beteiligten sich an der Arbeit von Organisationen, die sich aufgrund der gesellschaftlichen Probleme gebildet hatten, wie den Gewerkschaften und politischen Parteien, aber auch patriotischen und kirchlichen Vereinen. So fanden sich in Kriegervereinen ebenso wie in gewerkschaftlichen Vereinigungen, in Sportvereinen ebenso wie in politischen Parteien und kirchlichen Gliederungen deutsch- wie polnischsprachige Personen aus den verschiedenen deutschen Provinzen.

Obwohl es beispielsweise 1905 bereits die mitgliederstarke polnische Gewerkschaft ZZP (Związek Zawodowe Polskie - Polnische Berufsvereinigung) gab, waren sowohl in der katholischen Gewerkschaft, dem Christlichen Gewerkverein, als auch in der sozialdemokratischen, dem Alten Verband, jeweils mehrere Tausend polnischsprachige Arbeiter organisiert (Ehrlich, 1987, S. 12). Je nach Interesse und Bedürfnis oder auch politischer Ansicht unterstützten die Einzelnen also diese oder jene Organisation. Eine pauschale Einordnung bestimmter Bevölkerungsgruppen und die Festlegung ihres Verhaltens als typisch für „die Hessen", „die Pfälzer", „die aus dem Paderborner Gebiet" verbietet sich deshalb genauso wie die pauschale Einordnung der Polnischsprachigen als „die Polen" oder „die Masuren" oder gar aller zusammen als „die Ruhrpolen", wie das auch heute immer noch geschieht.

So repräsentierte die abgebildete, von einem evangelischen Arbeiterverein gestiftete Gedenktafel nicht „die Masuren". Sie stand zuerst einmal nur für den Teil dieser Gruppe, der diese Tafel gestiftet hatte, eben für die Mitglieder dieses „Ostpreußisch evangelischen Arbeitervereins". Sie stand darüber hinaus aber auch, als Glied der an die evangelische Kirche Deutschlands angelehnten Arbeiterbewegung, für den Teil der kirchlich orientierten Bochumer Bevölkerung, der dem ständisch organisierten Kaiserreich nachtrauerte, sich zumindest allgemein mit autoritären Staatsstrukturen identifizierte und keine grundlegenden gesellschaftspolitischen Veränderungen wollte (Brakelmann, 2013, S. 15).

So war auch eine Infragestellung des auf der Tafel angesprochenen Krieges gar nicht im Bereich des Denkbaren. Wie die Gedenkhalle der Christuskirche in der Bochumer Innenstadt zeigt, die ungefähr zur gleichen Zeit wie die Gedenktafel des Ostpreußischen Arbeitervereins von der dortigen evangelischen Gemeinde gestiftet wurde, zählten zu diesem Teil der Bochumer Bevölkerung Menschen aus tatsächlich allen Zuwanderergruppen. Dort sind an den Wänden die Namen der aus der Gemeinde im Krieg gestorbenen Soldaten aufgeführt, darunter auch polnische, von denen die meisten als Zugewanderte aus deutschen Provinzen nach Bochum gekommen waren.

Zu diesem konservativ obrigkeitsstaatlich orientierten Teil der Bevölkerung gehörten auch die zugewanderten katholischen Gläubigen aus allen Provinzen, die den Vorstellungen der römisch-katholischen Kirche und der ihr angelehnten Organisationen über einen korporativ organisierten Staat folgten. Dazu zählten auch die Polnische Gewerkschaft ZZP und die anderen Vereine des organisierten „Ruhrpolentums".

Unterschieden sich die Masuren des Ostpreußischen Arbeitervereins in ihren gesellschaftspolitischen Ansichten also nicht von den ebenfalls in autoritären und nationalen Denkstrukturen verhafteten Pfälzern, Hessen, Polen, Pyrmontern, Pommern und so weiter, so unterschieden sie sich doch deutlich von dem Teil der Zugewanderten aus den deutschen Provinzen, die eine kritische Haltung gegenüber den bestehenden gesellschaftlichen Strukturen einnahmen und sich entsprechend für eine demokratische, obrigkeitsstaatliches Verhalten ablehnende oder sogar sozialistische Gesellschaft engagierten. Darunter fanden sich nicht wenige Zugewanderte polnischsprachiger Herkunft.

Pastor Oskar Mückeley, jahrzehntelanger Beauftragter der evangelischen Landeskirche für die Masurenseelsorge im heutigen Ruhrgebiet, stellte bereits 1910 fest, dass

> „viel gefährlicher [...] im Industriebezirk die Lockungen der Sozialdemokratie [sind]. Ich habe da während meiner hiesigen 14-jährigen Tätigkeit zu meiner großen Betrübnis einen schwerwiegenden Umschwung wahrnehmen müssen. [...] Bei der Wahl im Jahre 1907 vollends erschien mir der Damm gebrochen [...]. [Aber] freilich [...] auch jetzt noch ist der masurische Teil unserer Bevölkerung nicht schlechter und auch in Bezug auf den Patriotismus nicht weniger zuverlässig, als das im Durchschnitt von der eingesessenen Arbeiterschaft gilt" (Mückeley, 1910, S. 13).

Im Jahr 1908 stellte ein Amtmann in seinem Bericht an den Königlichen Landrat in Bochum alarmierend fest:

> „In der Gemeinde Harpen sind die Masuren in stärkerer Zahl vorhanden und als Bergarbeiter beschäftigt. [...] So von sozialdemokratischen Arbeitskollegen umgeben, haben sich auch die Masuren dieser Partei angeschlossen [...] Auch öffentlich bekennen sich die Masuren teilweise zur genannten Partei [...]. Aus ihrem bisherigen Verhalten läßt sich nicht schließen, daß sie nationalrevolutionäre Ziele verfolgen, sie halten ihre Bestrebungen ausschließlich für sozialrevolutionär" (StadtA Bo, LA 1306, Bl. 259; Hervorhebung im Original).

Ähnliches konstatierte der Landrat des Landkreises Bochum 1912 in seinem Bericht an den Regierungs-Präsidenten in Arnsberg bezüglich der katholischen Polen:

> „Es soll damit nicht gesagt sein, daß die Sozialdemokratie unter den Polen keine Anhänger findet. Die meisten sozialdemokratischen Polen treten aber den deutschen sozialdemokratischen Vereinen und nicht der national orientierten Polnischen Sozialistischen Partei (PPS) bei" (StadtA Bo, LA 1305, Bl. 529).

Diese Äußerungen waren nicht übertrieben, wie sich in den gesellschaftspolitischen Auseinandersetzungen um gleiche Bürgerrechte (statt Ständestaat), gerechtere wirtschaftliche Strukturen und einen humanistischen antiautoritären Staatsaufbau vor und nach dem Ersten Weltkrieg zeigte.

Zugewanderte polnischsprachige Arbeitsmigranten, von denen hier nur einige genannt werden können, waren überall beteiligt. Wie oben bereits gezeigt, unterstützte ein Teil von

65 | GEFALLENENTAFEL DES EVANGELISCHEN (MASURISCHEN) ARBEITERVEREINS

ihnen in den Wahlen die Sozialdemokratie; beim Streik 1905 standen August Pelka und Michael Polonski als Vertreter des Alten Verbandes in Altenbochum in vorderster Reihe (StadtA Bo, LA 1276, Bl. 112), ebenso wie Josef Adamski in Hordel (ebd., Bl. 28).

Der später größte Konsumverein in Bochum, "Wohlfahrt", wurde 1902 von dem Sozialdemokraten Gottlieb Maczey (StadtA Bo, A Wie 6) und von Wilhelm Gorczica mitbegründet (De Jong, 1985, Dokument 3).

Der sozialdemokratische Verbandssekretär und vormalige Herausgeber der polnischen Ausgabe der Bergarbeiterzeitung des Alten Verbandes Pokorny wurde 1916 während des Krieges vom Generalkommando Münster unter Aufsicht gestellt, da er "in mehreren Betriebsversammlungen in aufreizenden Redewendungen als Streikhetzer [...] Unruhe unter die Arbeiterschaft" gebracht habe (StadtA Bo, AW 126, Bl. 28).

Auf der Liste der "Gefallene[n] und ermordete[n] Bochumer und Wattenscheider während des Kapp-Putsches und der Märzrevolution 1920" (VVN, 1995, S. 61) tragen von 64 Personen zwölf einen polnischen Namen. In den Arbeiterräten von Gerthe saßen das Mitglied der Union der freien Gewerkschaften und der USPD Johann Jablonski wie auch der Vorsitzende der Zahlstelle Harpen des Alten Verbandes Wilhelm Wlotzka (StadtA Bo, AG 205). In Gerthe hieß der Vorsitzende der Ortsgruppe der FAU-Syndikalisten Fritz Gorczica, der des Touristen-Vereins "Die Naturfreunde" Martin Waschulzik (StadtA Bo, Einwohnerbuch 1924, S. 52f.). Für den Antrag auf Einrichtung einer konfessionslosen freien Schule in Laer zeichnete als Vorsitzender der freien Schulgesellschaft 1921 Julius Jorzik verantwortlich (StadtA Bo, ABS Laer) und so weiter.

So überrascht es nicht, dass die linken Parteien USPD, SPD und KPD auch durch Stadtverordnete vertreten wurden, die als Arbeitssuchende aus Ostpreußen oder den preußischen Ostprovinzen gekommen waren beziehungsweise deren direkte Nachkommen waren. Eine Untersuchung zu den Abgeordneten der KPD im Ruhrgebiet von 1924-1933 hat denn auch ergeben, dass ein Drittel aus diesen Gebieten stammte (Werlemann, 1977, S. 266).

Auch für den Widerstand gegen den Nationalsozialismus ergibt sich ein ähnliches Bild. In den Prozessakten des Landgerichts Hamm wegen Hochverrats sind Namen wie Fritz Ray (O J 350- 33) oder Ignatz Rokizki (5 O. Js .I 4/35) genannt, in den Festnahmelisten der Geheimen Staatspolizei Stanislaus Dembski (16.10.1936) oder Heinrich Salenga (17.10.1936); die Totenkartei der Wattenscheider VVN vom 17.6.1948 verzeichnet allein zehn Personen mit polnischen Namen als ermordet oder verschollen (RuhrEcho Archiv).

In den Protokollen des Kreissonderhilfsausschusses (KSHA) von Bochum, dessen Aufgabe die Überprüfung der Anträge von Verfolgten des Nationalsozialismus war, finden sich ebenfalls viele Personen beziehungsweise ihre Nachkommen aus den ehemaligen Ostprovinzen, so der Kommunist Viktor Majewski oder der Sozialdemokrat Josef Filipowiak (KSHA Bochum 1949, S. 659, 426).

Mit anderen Fakten konfrontiert, zeigt die Gedenktafel des "Ostpreußischen evangelischen Arbeitervereins", dass die Menschen in Bochum sich zu einer Patchworkbevölkerung entwickelt hatten, die sich in allen gesellschaftlichen Teilen aus Zugewanderten oder ihren Nachkommen zusammensetzte.

Was man mochte oder nicht mochte, tolerieren oder nicht tolerieren wollte, mit wem man sich zusammenschloss, hing von der einzelnen Person und ihren moralischen und gesellschaftlichen Einstellungen ab. Diese zu erkennen und offen zu bekennen, war nicht immer einfach, denn dafür musste sich der/die Einzelne von regionalen oder national-ethnischen Zuschreibungen beziehungsweise Vorurteilen befreien. Das galt für nahezu jede einzelne Person jeder regionalen Zuwanderergruppe.

Wie sich einzelne Masuren in einem landsmannschaftlichen Verein wie dem „Ostpreußisch evangelischen Arbeiterverein" zusammentaten, der konservative und obrigkeitsstaatliche Vorstellungen vertrat, so schlossen sich andere Masuren mit Menschen anderer regionaler Herkunft zusammen, um für ein freies Leben in sozialer Gerechtigkeit einzutreten.

Die in Politik und Wissenschaft vorherrschende These über die weitgehende Einheitlichkeit der evangelischen Masuren wie der katholischen Polen ist nicht haltbar; ihre allgemeine Charakterisierung als politisch konservativ und national orientiert erweist sich bei näherer Betrachtung als falsch, eben postfaktisch. Mit bisher nicht berücksichtigten Fakten konfrontiert, wird das deutlich.

WULF SCHADE

66 | FOTO „UMZUG ZUR HISSUNG DER HAKENKREUZFAHNE AUF DEM RATHAUSVORDACH"

Stadtarchiv – Fotosammlung, F II I

H 14 cm, B 8,7 cm; Papier

66 — FOTO „UMZUG ZUR HISSUNG DER HAKENKREUZFAHNE AUF DEM RATHAUSVORDACH"

Aufmarsch

Wer heute durch die Innenstadt geht und den Blick hebt zur mächtigen Fassade des Rathauses, der erblickt dort häufig Fahnen, Flaggen, manchmal am Balkon montierte Transparente. Seit einiger Zeit dominieren dort die bunt-heiteren Fahnen mit dem neuen Bochum-Logo, in blau, grün, orange oder pink. Sie wechseln. Oder die Regenbogenfahne, Symbol der schwul-lesbischen Bewegung. Im Trauerfall wehen die klassische blau-weiße Bochumer Fahne, die Fahne Nordrhein-Westfalens und die Bundesflagge auf halbmast. Offiziell angeordnet. Oder die Solidaritäts-Sprüche mit den Opel-Arbeitern „Wir bleiben Bochum". Die Erinnerung ist noch frisch. Viele Monate prangte das Schriftband „Wir sind Bochum – Nazis sind es nicht" als Reaktion auf rechte Kundgebungen an dieser Fassade.

Es ist genau diese Fassade, die in jenen verhängnisvollen Monaten zu Beginn des Jahres 1933 zur Kulisse wurde. Es gibt einige wenige fotografische Aufnahmen, die die Machtübernahme der Nazis in Bochum an diesem zentralen Ort der Stadt dokumentieren. Eine zeigt die Hakenkreuzfahne, die jemand eifrig aus einem Fenster im oberen Stockwerk des Rathauses gehängt hatte, direkt über dem Haupteingang. Heute ist bekannt, dass diese Fahne noch einmal entfernt werden konnte. Noch wehrte sich also das demokratische Bochum. Andere Aufnahmen zeigen eine Menschenmenge auf dem Platz vor dem Rathaus. Ein Bild zeigt den Balkon mit drei gehissten Fahnen, links die Hakenkreuzfahne, rot mit dem schwarzen Hakenkreuz im weißen Kreis, vier SA-Leute und eine Zivilperson haben sich direkt an dieser Fahne versammelt, grüßen, stehen stramm. Vermutlich wurden gleichzeitig die Bochumer Stadtfahne und die schwarzweißrote alte Reichsfahne gehisst.

Der 5. März 1933, der Tag der schon gar nicht mehr demokratischen Reichstagswahl. In Bochum ergab sich ein Ergebnis von 36,3 Prozent für die NSDAP, die Deutsch-Nationalen kamen auf 6,2 Prozent, das Zentrum auf 21,3, die SPD auf 16,4 und die Kommunisten, trotz schon heftiger Behinderung und Verfolgung, auf 16,3 Prozent. Allein zwischen dem Reichstagsbrand am 27. Februar und den Reichstagswahlen am 5. März waren in der Stadt rund 100 KPD-Mitglieder verhaftet oder von der SA verschleppt worden. Sozialdemokraten und Gewerkschafter folgten.

Der Blick geht nun auf dieses Bild zurück, es ist definitiv am Montag, den 13. März 1933, dem Tag nach der Stadtverordnetenwahl in Bochum – heute würde man von Kommunalwahl sprechen – entstanden. Bei dieser Wahl hatte die NSDAP nochmals zugelegt. Eine Woche der Verfolgung zeigte Ergebnisse, erschreckende. Mit demokratischer politischer Meinungsäußerung hatte das kaum mehr etwas zu tun.

Doch zurück zum Bild: Welchen Marsch mag die Polizeikapelle spielen, die vorab marschiert? Die Polizisten tragen die in Preußen damals üblichen Tschakos als Kopfbedeckung. Welchen Marsch mögen sie spielen? SA-Leute folgen im Gleichschritt, im Vordergrund rechts steht ein Straßenbahnwagen. Eingeklemmt, regungslos, die Menschen drängeln sich vor der Bahn.

66 | FOTO „UMZUG ZUR HISSUNG DER HAKENKREUZFAHNE AUF DEM RATHAUSVORDACH"

Der genaue Blick auf die Teilnehmer dieses Aufzugs zeigt das noch Provisorische. Im SA-Trupp tragen zwei Männer glänzende schwarze Ledermäntel, die damals auch von Joseph Goebbels bevorzugte Montur, später sollten Gestapo-Beamte Angst und Schrecken in genau diesem Aufzug verbreiten. Erst auf den zweiten Blick zu erkennen ist eine ordentlich gefaltete Stoffbahn, die der rechte dieser beiden Ledermäntel-Träger über dem linken Arm trägt. Eine Stoffbahn? Die beiden „Ledermäntel" laufen ziemlich direkt hinter einer Hakenkreuzfahne. Der Rechte scheint seinem Nachbarn gerade etwas zuzuraunen. Liegt es in der Fantasie des Betrachters begründet oder zeichnet sich in dieser über den Arm gelegten Stoffbahn ein deutlicher weißer Fleck ab? Ganz offenkundig ist es eine zusammengelegte Hakenkreuzfahne, die dieser Mann mitführt. Ist es die Fahne, die später auf dem Rathausvorbau gehisst werden sollte? Sehr wahrscheinlich. Wie auch immer. Solche Fahnensymbolik liebten die Nazis. In der Nacht nach der Kommunalwahl hatte die SA Hakenkreuzfahnen an etlichen öffentlichen Gebäuden, auch an der Synagoge und dem jüdischen Kaufhaus Alsberg angebracht. Es gab Festnahmen, schon vor dieser Wahl.

Es marschiert nun die SA-Standarte 17, die sich in Bochum unter der Führung des Kaufmanns Otto Voß gebildet hatte. Sie war es, die schon zuvor den Terror auf die Straße gebracht hatte, zunächst hauptsächlich gegen Kommunisten, doch das sollte sich sehr bald ändern.

Wieder das Bild im Blick: Weiter hinten sind deutlich SA-Leute zu erkennen, die schräg zusammengewürfelte Uniformteile angezogen haben. Die Macht ist noch jung an diesem Tag. (Nur gut einen Monat zuvor, am 30. Januar 1933, hatte Hindenburg Hitler zum Reichskanzler ernannt). Mehr noch als die Marschkolonne fasziniert mich, wie die umherstehenden Menschen reagieren. Hoch auf dem Balkon des Rathauses blickt ein Mann im dunklen Anzug hinunter auf das Treiben. Ein städtischer Bediensteter womöglich, ein Kommunalbeamter. Vorsichtig lehnt er sich vor, damals hatte der Vorbau noch keine Brüstung, kein Geländer. Er blickt hinunter auf die heutige Hans-Böckler-Straße, die damalige Mühlenstraße. Keines der Häuser direkt gegenüber dem Rathaus hat den Krieg überlebt. Vor einer Metzgerei stehen Dienstmädchen in ihren weißen Schürzen, Menschen gehen ganz offensichtlich ihren Beschäftigungen nach. Es mag um die Mittagszeit sein, denn etliche Schüler mit ihren Schülermützen sind deutlich zu erkennen. Einige versuchen, sich durch das Gedränge vor dem Rathaus zu schieben. Was tun die Erwachsenen? Die Hand zum Hitler-Gruß strecken nur wenige aus. Mir scheint, dass viele Menschen, Männer wie Frauen, junge Leute, Alte, wie befremdet wegschauen, als gebe es ein weiteres Ereignis, das sie ablenkt von diesem Aufzug.

Der Blick wandert die Marschkolonne entlang. Die Interpretation eines Bildes, das die endgültige „Machtübernahme" in unserer Stadt symbolisieren soll. Der 13. März 1933 war ein Montag. Es gab viel Sonne, die Menschen spürten, dass der Frühling sich langsam ausbreitete. So zeigt es auch die Fotografie. Die gut durchgezeichneten Schatten belegen, dass die Sonne bei diesem Aufmarsch schien. Die Mäntel sind vielfach locker umgehängt, hinten auf der Mühlenstraße stürmt ein vielleicht zehnjähriger Schuljunge mit Schülermütze über die Straße. Er trägt kurze Hosen und Kniestrümpfe. Laut historischem Wetterbericht soll es an diesem Tag maximal zehn Grad Celsius warm gewesen sein in Bochum.

Diese Fotografie. Für mich dominiert nicht die Marschkolonne, obwohl vom Fotografen zentral ins Bild gesetzt. Für mich dominieren die Ränder, die kleinen Momente, die der Zufall des Auslösers eingefroren hat, hinübergerettet aus diesem Frühjahr vor 84 Jahren. Was ist aus diesem vielleicht zehnjährigen Jungen mit dem blinkenden Schirm an seiner Schülermütze geworden? Wer 1933 vielleicht zehn Jahre alt war, konnte „wohl vorbereitet" in das große Schlachten ziehen. Starb er als Soldat? Es konnte auch ein jüdischer Junge sein, der 1933 noch weitgehend unbehelligt mit seinen nicht jüdischen Freunden spielte. Das Bild verschwimmt. Die jungen Mädchen mit den weißen Schürzen, in der Ausbildung beim Metzger, beim Friseur, den es direkt vis-à-vis in der alten Mühlenstraße gegeben hat.

Da vorn zwischen den Zuschauern steht ein älterer Mann, bekleidet mit zerknitterter Hose, einer faltigen Jacke, ein Pensionär vielleicht, der an sein Fahrrad gelehnt den Vorbeimarsch beinahe unbeteiligt beobachtet. Womöglich ein Veteran des Bochumer Vereins, der nur vier Jahre später, 1937, am zum „Tag der Nationalen Arbeit" eiskalt umdefinierten 1. Mai die sogenannte Ehrenbezeichnung „Nationalsozialistischer Musterbetrieb" erhalten sollte, einer unter insgesamt 30 Betrieben. Was diesem Mann wohl durch den Kopf gehen mochte?

Es ist nicht das Bild, das es zu beschreiben gilt, nicht die Zahlen, die Wahlergebnisse, die Bilanz des Nazi-Terrors. Alles ist berichtet, belichtet, immer wieder analysiert. Dieses Bild besticht, weil es, aus der Vergangenheit heraus, die Gegenwart zeigt, belegt durch die im Märzlicht helle Kante des Rathauses. Der mächtige Rathausbau, gleichwohl im Krieg schwer getroffen, steht heute noch dort, das alte Bochum rings herum – bis auf wenige Ausnahmen ist es versunken, sei es durch Bomben zerstört oder durch Nachkriegs-Stadtplaner verändert. Sei es drum.

Die Präsenz des Rathauses verbindet die Gegenwart mit der Vergangenheit, lässt diese Aufnahme vom 13. März 1933, dem Tag nach der Stadtverordnetenwahl, so unmittelbar ins Auge springen.

Schon vor Jahren hatte ich durch meine Arbeit als Journalist in dieser Stadt die Gelegenheit, dieses Bild zu betrachten. Aufgenommen – so jedenfalls der Stand heute – am Montag, den 13. März 1933, von einem Fotografen des Bochumer Anzeigers, der Zeitung, die als ein Vorgänger der Zeitung zu sehen ist, für die ich heute arbeite. Und es findet sich der Originalbericht aus dem Bochumer Anzeiger vom Dienstag, 14. März 1933. Zwei Bilder sind dazugestellt. Eines ist bis heute im Original enthalten. Nicht das, was hier zu sehen ist. Es ist die weiter oben beschriebene Aufnahme mit den grüßenden Männern auf dem Vorbau, wie sie die Hakenkreuzfahne förmlich anhimmeln. In steifer Art, in eigenartiger Pathetik. In der Zeitung damals gab es ein zweites Bild, das heute nicht erhalten ist. Es zeigt eine Menschenmenge, die auf dem Rathausvorplatz steht. Davor ordentlich in Blöcken angetreten die SA-Leute, die Polizeikapelle. Eine kleinere Schar ist aus den mächtigen drei Rundbögen am Rathaushaupteingang hinaus ins Licht getreten. Die Schar der städtischen Bediensteten, Funktionäre. Die Marschkolonne ist angekommen.

66 | FOTO „UMZUG ZUR HISSUNG DER HAKENKREUZFAHNE AUF DEM RATHAUSVORDACH"

Unter der Überschrift „Tausende auf dem Rathausplatz bei der erneuten Hissung der Hakenkreuzfahne am Montagmittag auf dem Bochumer Rathaus" ist der Bericht veröffentlicht, der keine Bildbeschreibung ist und doch genau die Situation erfasst, die auf unserem hier gezeigten Foto abgebildet ist.

„Nachdem Reichskanzler Adolf Hitler am Sonntag nachmittag im Rundfunk den Erlaß des Reichspräsidenten von Hindenburg bekanntgegeben hatte, aufgrund dessen ab Montag bis zur endgültigen Regelung der Reichsfarben die schwarzweißrote Fahne und die Hakenkreuzfahne gemeinsam zu hissen sind, war für Montag vormittag auch die erneute Hissung der Hakenkreuzflagge auf dem Bochumer Rathaus zu erwarten. Tausende strömten schön frühzeitig auf dem Rathausplatz in Erwartung dieses Ereignisses zusammen und je näher der Uhrzeiger der zwölften Stunde rückte, um so dichter wurde der Ring der Ungezählten, die alle anliegenden Bürgersteige, Ecken, Verkehrsinseln und die Fenster der anliegenden Häuser füllten. Zur Hissung der Flagge marschierte eine größere SA-Abteilung unter Vorantritt der Schutzpolizeikapelle auf. Der großen harrenden Menge zeigten sich schließlich oben auf dem Anbau an der Ecke Mühlenstraße, auf dem bereits die schwarzweißrote Fahne und die preußischen Farben wehten, SA-Angehörige und der Gruppenleiter der Gruppe Altstadt der NSDAP, Wilhelm. Die Hakenkreuzflagge stieg am Flaggenmast empor. Die Schutzpolizeikapelle intonierte das Deutschlandlied, das von der Menge mitgesungen wurde. Dann sprach ein SA-Führer von oben herab zu der Menge, um zu verkünden, daß um 13 Uhr vom Glockenspiel des Bochumer Rathauses das Horst-Wessel-Lied erklingen würde, welche Mitteilung mit Begeisterung aufgenommen wurde. Die Menge strömte daraufhin zum Ehrenhof des Rathauses, die SA-Abteilung marschierte ab und langsam verliefen sich die Tausende […]."

MICHAEL WEEKE

67 FORDERUNGSNACHWEIS DER WAFFEN-SS/KZ BUCHENWALD

Was kostet ein Zwangsarbeiter? Der Arbeitseinsatz von KZ-Häftlingen beim Bochumer Verein und die Erinnerungen von Rolf Abrahamsohn

Mit Schreiben vom 6. September 1944 stellt die Waffen SS/Konzentrationslager Buchenwald dem Bochumer Verein die im Monat August 1944 zur Verfügung gestellten KZ-Häftlinge in Rechnung. Für „Ungelernte" fiel ein Tagessatz von vier Reichsmark an, für „Facharbeiter" von sechs Reichsmark. Die Kosten summierten sich bei 31 Arbeitstagen im August auf 74 012 Reichsmark. Davon konnten für „Verpflegung" 6 444,95 Reichsmark abgezogen werden. Die verbleibenden 67 565,05 Reichsmark musste der Bochumer Verein bis zum 15. September auf das Konto des KZ Buchenwald bei der Reichsbankstelle Erfurt Nr. 24904 überweisen. Dem Forderungsnachweis kann genau entnommen werden, wie viele Häftlinge pro Tag zum Einsatz kamen. Und nur für diese musste der Bochumer Verein auch zahlen. Am 1. August waren es 433, ab dem 14. August um die 530 und ab dem 23. August etwa 800. Offensichtlich waren am 12./13. und kurz vor dem 23. August neue Häftlingstransporte eingetroffen.

Der Bochumer Verein für Gußstahlfabrikation AG (BV) gehörte zu den bedeutendsten Rüstungsbetrieben im Deutschen Reich. Seit Beginn des Zweiten Weltkriegs stieg die Nachfrage der Wehrmacht nach Rüstungsgütern kontinuierlich an, während gleichzeitig die Zahl der männlichen deutschen Arbeitskräfte sank. Der Bochumer Verein reagierte, indem er Frauen in der Produktion beschäftigte, vor allem aber durch den massenhaften Einsatz von Kriegsgefangenen und zivilen ausländischen Zwangsarbeiterinnen und Zwangsarbeitern. Bald reichte das nicht mehr aus und die Geschäftsführung bemühte sich um den Zugriff auf das letzte Arbeitskräftereservoir: Häftlinge aus Konzentrationslagern. Anfang 1944 stellte sie einen entsprechenden Antrag beim SS-Wirtschafts- und Verwaltungshauptamt in Oranienburg bei Berlin, von wo aus ab Herbst 1942 über die Zuweisung von KZ-Häftlingen an die Rüstungsindustrie entschieden wurde.

Gemeinsam mit nach Bochum gereisten SS-Offizieren des Konzentrationslagers Buchenwald bestimmten der für die Zwangsarbeiterlager beim Bochumer Verein verantwortliche Direktor Dr. Schitz und weitere Führungskräfte des BV ein schon bestehendes Zwangsarbeiterlager an der damaligen Brüllstraße (heute im Bereich der Straße Am Umweltpark) als Standort für das künftige Häftlingslager. Es befand sich auf dem Werksgelände, in unmittelbarer Nähe der Geschossfabrik. Der Leitung des Bochumer Vereins wurde aufgegeben, das Lager dem Zweck entsprechend um- und auszubauen und dabei die erforderlichen „Sicherungsmaßnahmen" zu beachten. Es sollte als Außenlager des Konzentrationslagers Buchenwald betrieben werden.

Im Frühjahr 1944 fuhren zwei Ingenieure des Bochumer Vereins nach Auschwitz, um direkt vor Ort zu verhandeln und in Frage kommende Häftlinge in Augenschein zu nehmen. Ihre Wünsche ließen sich nicht gleich erfüllen. Im Juni konnte dann aber doch ein Sammeltrans-

67 | FORDERUNGSNACHWEIS DER WAFFEN-SS/KZ BUCHENWALD

ITS Digital Archive, Bad Arolsen
H 29,5 cm, B 41,2 cm (beide Seiten); Papier

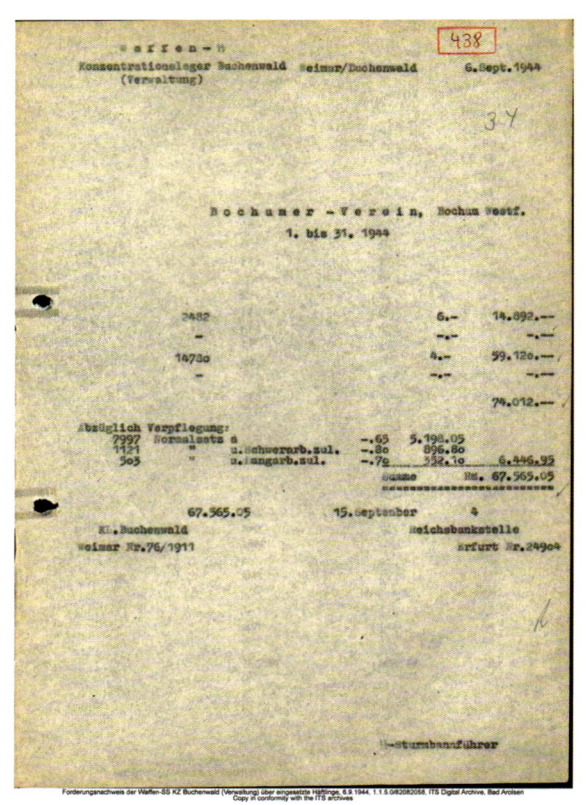

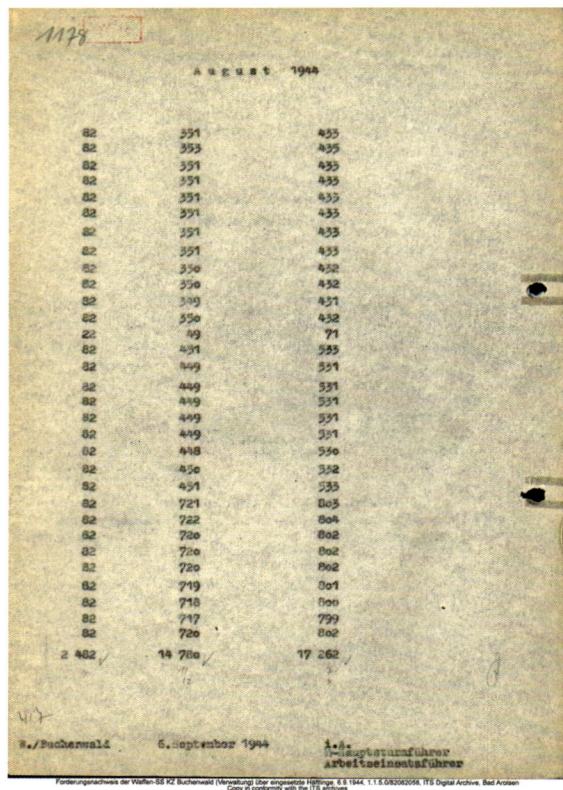

67 | FORDERUNGSNACHWEIS DER WAFFEN-SS/KZ BUCHENWALD

port zusammengestellt werden, der von Auschwitz über Buchenwald nach Bochum geleitet wurde. Am 27. Juni erreichte er das provisorische Häftlingslager des BV. Im Forderungsnachweis der Waffen SS/KZ Buchenwald vom 6. Juli 1944 ist vermerkt, dass der Einsatz am 28. Juni mit 446 Häftlingen begann. Am 29. waren es bereits zwei weniger. Die Häftlinge waren überwiegend Ungarn, aber auch Tschechen, Russen, Polen und Rumänen, die meisten von ihnen Juden. Bei ihrer Ankunft fanden sie nur wenige Unterkünfte vor. Das Lager musste ausgebaut werden, um Platz für weitere Häftlingstransporte zu schaffen. Und es musste mit der geforderten Bewachungsanlage ausgestattet werden. Während der Bauarbeiten leisteten die Häftlinge des ersten Transportes Schwerstarbeit unter unmenschlichen Bedingungen. So be- und entluden sie zum Beispiel Lastwagen und Eisenbahnwaggons, die bis ins Lager hineinfahren konnten, schleppten Zementsäcke, Betonplatten und Eisenbetonstangen. Alle Arbeiten mussten im Laufschritt erledigt werden. Wer erschöpft zusammenbrach, wurde brutal misshandelt.

Nach dem Ausbau umfasste das Lager etwa 17 Baracken: „Wohnbaracken" für die Häftlinge, Küchen- und Vorratsbaracke, Krankenbau, Verwaltungstrakt sowie Unterkünfte für die Wachmannschaften, denen auch Luftschutzbunker zur Verfügung standen.

Während der schweren Luftangriffe der Alliierten auf Bochum wurden viele der eben erst errichteten Baracken getroffen und wieder zerstört. Das Lager wies Wachtürme und eine Umzäunung mit elektrischer Hochspannungsleitung auf, die auch die Geschossfabrik umfasste; es war hermetisch abgeriegelt. Die innerhalb des Lagers gelegene Verbindungsstraße zwischen der Geschossfabrik und dem Werksteil in Bochum-Weitmar durfte von den Mitarbeitern des Bochumer Vereins nur in dringenden Ausnahmefällen befahren werden.

Der Arbeitseinsatz in der Fabrik begann erst nach dem Ausbau des Lagers, als weitere Transporte dort eingetroffen waren. Sie kamen aus Buchenwald, erneut aus Auschwitz und aus Neuengamme. Mit 1 704 registrierten, ausschließlich männlichen und überwiegend jüdischen Häftlingen erreichte das Außenkommando Bochumer Verein des KZ Buchenwald im November 1944 seine höchste Belegungsstärke.

Für die Bewachung waren SS-Wachen des KZ Buchenwald zuständig, die von dort zum „Außendienst" nach Bochum abkommandiert worden waren. Lager-Kommandant war der Obersturmführer der Waffen-SS Hermann Großmann, ein aus einem Dorf im Riesengebirge stammender ehemaliger Verwaltungsbeamter. Vor der Übernahme des Kommandos in Bochum war er Kompanieführer eines Wachbataillons im KZ Buchenwald (1939–43) und Lagerführer des Außenkommandos in Wernigerode (bis Juni 1944) gewesen. Großmann war bei den Häftlingen sehr gefürchtet. Er leitete das Bochumer Außenlager in engem Kontakt mit dem Stammlager Buchenwald und sorgte dafür, dass der Arbeitseinsatz reibungslos funktionierte. In sein Aufgabengebiet fiel sicher auch die Aufstellung der Forderungsnachweise, auf deren Grundlage das KZ Buchenwald dem Bochumer Verein die Arbeit der Häftlinge in Rechnung stellte. Es bedarf wohl keiner Erwähnung, dass diese selbst nicht entlohnt wurden.

67 | FORDERUNGSNACHWEIS DER WAFFEN-SS/KZ BUCHENWALD

Einer der Häftlinge war Rolf Abrahamsohn. Er stammte ganz aus der Nähe, aus Marl, wo er 1925 geboren und aufgewachsen war, und hatte dennoch einen weiten Weg hinter sich. Im Dezember 1938 war er zusammen mit seiner Mutter und seinem kleinen Bruder in ein „Judenhaus" in Recklinghausen eingewiesen worden, hatte bis Ende 1941 Zwangsarbeit bei der Firma Ruhrgas in Gelsenkirchen-Horst leisten müssen, war zusammen mit seiner Mutter – der Bruder war zwischenzeitlich verstorben – am 27. Januar 1942 von Gelsenkirchen aus über Dortmund ins Ghetto Riga deportiert und im Zuge der Auflösung des Ghettos ins benachbarte KZ Kaiserwald überstellt worden. Seine Mutter kam dort ums Leben. Als das KZ Kaiserwald aufgrund der sich nahenden Front evakuiert wurde, schickte man ihn auf dem Seeweg ins KZ Stutthof bei Danzig und dann weiter, über das KZ Buchenwald, nach Bochum. Vermutlich gehörte er dem Transport an, der das KZ-Außenlager Bochumer Verein Ende August 1944 erreichte. An Bochum erinnert Rolf Abrahamsohn sich wie folgt:

„So kamen wir im August 1944 von Buchenwald aus nach Bochum. […] Dieses Lager in Bochum war eines der schlimmsten KZs, die ich erlebt habe. Es war eine sehr zentralisierte Sache, wir waren immer auf dem Präsentierteller. Von den dortigen Häftlingen sind viele verhungert oder durch Bombensplitter umgekommen.

Im Arbeitsprozess hatte die SS nichts zu suchen, da hielt sie sich mehr im Hintergrund. Sie war nur für die Aufsicht über das Lager da. Die SS hat uns auch vom Lager abgeholt und wieder zurückgebracht, und vor allen Dingen hat sie ständig Zählappelle abgehalten. Wir wussten von vornherein: Wenn einer flieht, werden zehn erschossen. […] Wir lebten hinter einem elektrischen Stacheldraht. An den ersten Tagen lernten wir dann auch ungarische Juden kennen. […] Sie sagten uns gleich, was uns blüht. Am nächsten Tag wurden wir eingeteilt. Verschiedene kamen zum Pressbau, wo mit Stanzen diese Hülsen für Granaten gemacht wurden. Wir kamen in eine Dreherei, in der sich automatische Drehbänke befanden. […] Wir mussten zwölf Stunden am Tag Granaten drehen. Das machte uns ein deutscher Arbeiter vor, der auch schon vorher ausprobiert hatte, dass man mit diesen Drehbänken 46 Granaten pro Stunde drehen konnte. Wir mussten unsere Nummern auf die fertigen Granaten schreiben. Es saß eine Dame dort, die das dann abgenommen hat. Wir mussten also in den zwölf Stunden 400 bis 460 Granaten machen. Das schafften wir aber nie. Als die das bemerkten, gab die SS uns auch weniger Brot. Dann war es überhaupt nicht mehr möglich zu arbeiten. Und wenn du nicht genug Granaten gedreht hattest, dann brauchtest du am nächsten Tag auch nicht mehr wiederzukommen.

Das Schlimmste an dieser Arbeit war nicht, dass wir da zwölf Stunden stehen mussten, sondern dass die Späne von dem Abfall uns die Hände kaputt machten. Die groben Späne konnten wir abkratzen, wenn die Maschine lief. Aber da blieben so viele kleine und scharfe Stücke übrig, die man nicht abbekam, und Handschuhe hatten wir ja auch nicht. Diese Späne wurden zwar durch einen Wasserstrahl zum Teil abgespült, aber die Hände sind zerschnitten worden. Da war schon keine Haut mehr auf den Händen zu sehen – wir haben dabei so viel Blut verloren.

67 | FORDERUNGSNACHWEIS DER WAFFEN-SS/KZ BUCHENWALD

Am nächsten Tag sind wir trotzdem wieder hingegangen. Gegessen haben wir auch. Wir kriegten am Tag gut einen Liter Suppe und 400 Gramm Brot, vielleicht ein bisschen Margarine dazu. Auch wenn man bei der Arbeit sehr schwach war, wagte man es nicht, sich krank zu melden. Denn dann wurde man erschossen. Zwar gab es einen Krankenbau, aber wenn du dort nach einem Tag nicht wieder draußen warst, lebtest du nicht mehr. Der diente ja nur zur Zusammenführung dieser Leute. Das war eine ganz zynische Einrichtung, ein Krankenbau, der eigentlich nur zur Selektion diente. [...]

Wir mussten im Schichtbetrieb arbeiten – zwölf Stunden am Tag und die anderen zwölf Stunden in der Nacht. [...] Tag und Nacht mussten die Maschinen laufen. [...] Die Arbeiter, die dort eingesetzt waren, um auf uns aufzupassen, waren Schweine. [...] Sie zögerten nicht, jemandem mit einer heißen Stange auf die Hand zu hauen. Sie haben uns so schikaniert, dass wir kaum aufgucken konnten. [...]

Wenn wir während eines Fliegeralarms im Lager waren, mussten wir die Baracke wieder verlassen und uns vor ihr aufstellen. Die SS-Aufsichtskräfte waren im Bunker. Ich habe auch den 4. November 1944 mitgemacht, als ganz Bochum dem Erdboden gleich gemacht wurde. [...] Nach dem 4. November 1944 musste ich dann zwei Tage lang Bomben freilegen. Man führte uns mit fünf oder sechs Leuten durch Bochum, und wir mussten Bomben freilegen mit zwei Spaten, einer Hacke und einer Eisenstange – die Eisenstange, damit man sehen konnte, wo die Bomben liegen. [...] Dafür gab man uns dann ein Stück Brot zusätzlich.

Warum ließ man uns das machen? Es war ein Himmelfahrtskommando. Wir wussten ja nicht, ob die Bomben nicht einen Zeitzünder hatten. [...] Die Leute, die an uns beim Bombenentschärfen vorbei marschierten, haben uns mit Steinen beworfen – ganz schlimm.

Erlebt habe ich auch Folgendes: Einer [...] war ein ganz mieser Vorarbeiter. Der schlug dem Rolf Aron die Hände so auf, dass wir für ihn noch einige Granaten mit drehen mussten. Wir klebten dann die Nummer von Rolf Aron drauf, sonst wäre der nach ein paar Tagen auch nicht mehr da gewesen. Wenn du nicht arbeiten konntest, warst du weg.

Und dann fragte jemand mal diesen Mann, ob er nicht mal ein paar Kartoffelschalen mitbringen könnte. Da sagte er: ‚Ich hab' Kaninchen.' Ich war zu stolz, um nach Kartoffelschalen zu fragen.

Die Bevölkerung von Bochum hat uns wie ein Stück Dreck behandelt. [...] Wir wurden ja von den SS-Leuten bewacht, die auf hohen Türmen standen. Das Miese an der ganzen Geschichte war, dass man uns vorher sagte: ‚Wenn einer flüchtet, werden dafür 10–15 Leute erschossen.' [...] Am 4. November hätten wir zum Beispiel flüchten können. Ich versuchte das nicht, weil ich dann vielleicht schuldig an 10–15 Freunden geworden wäre. Und außerdem: Wer sollte uns aufnehmen? Es hätte ja gut sein können, dass sie uns an der ersten Straßenecke schon verhaftet hätten. Wir hatten ja furchtbare Angst vor diesen Verbrechern. Und von der Bevölkerung konnte auch keiner Hilfe erwarten. Auch in den letzten Kriegstagen 1945 gab es noch die Möglichkeit, aus Bochum zu flüchten. Aber ich hätte vielleicht gar nicht nach Marl gefunden. Ich war damals noch so jung und weiß nicht, ob ich mich in diesen Ruinen überhaupt zurecht gefunden hätte" (Abrahamsohn, 2010, S. 32–35).

Im März 1945, als die alliierten Armeen näher rückten, wurde das KZ-Außenkommando Bochumer Verein aufgelöst und das Lager evakuiert. Wie viele der Häftlinge zwischen Juni 1944, als der Arbeitseinsatz beim Bochumer Verein begann, und März 1945, als er beendet wurde, ums Leben kamen, lässt sich nicht beziffern. Es sind sicher deutlich mehr als die dokumentierten 108 Fälle, in denen die Werksärzte des Bochumer Vereins Todesbescheinigungen unterzeichnet hatten. Als Todesursachen gaben sie an: Lungentuberkulose, Phlegmone, Blutvergiftung, Herzmuskelschwäche, besonders häufig „allgemeine Körperschwäche" und einige andere. Eine gewaltsame Todesart schlossen die Ärzte in allen Fällen aus. Tatsächlich starben die meist noch jungen Männer an Hunger, Erschöpfung, Überanstrengung, Verletzungen im Arbeitsprozess, Misshandlungen, mangelnder Hygiene, mangelhafter medizinischer Versorgung. Die diagnostizierte „allgemeine Körperschwäche" war die Folge. Hinzu kamen gezielte Hinrichtungen und die Luftangriffe der Alliierten, denen die Häftlinge schutzlos ausgeliefert waren. Manche wurden zum Sterben ins Stammlager zurückgeschickt. So erging es wohl den 198 Häftlingen des BV-Außenlagers, die im Januar 1945 nach Buchenwald abtransportiert wurden. Sie seien „schwer erkrankt", heißt es in der Meldung zu diesem Transport, „und für den Arbeitseinsatz nicht geeignet" (Wölk, 2005, S. 254).

Den Weg von Bochum nach Buchenwald traten, vermutlich am 18. März 1945 und begleitet von den Wachmannschaften, auch die verbliebenen 1 326 Häftlinge des Außenlagers Bochumer Verein an. „Der verantwortliche Kommandoführer" – das war wohl Hermann Großmann – „wurde Mitte März damit beauftragt, sämtliche Buchenwald-Häftlinge aus dem Ruhrgebiet zurückzuführen" (Greiser, 2005, S. 293). Davon betroffen war auch das zweite Bochumer Außenlager: das Außenlager Eisen- und Hüttenwerke AG mit circa 630 Häftlingen. Die Männer wurden in geschlossene Eisenbahn-Waggons gepfercht und ohne Proviant auf die mehrtägige Reise geschickt. Circa 500 Jüdinnen des Arbeitskommandos beim Krupp-Konzern in Essen, die zuvor von Essen nach Bochum getrieben worden waren, mussten sich ihnen anschließen. Ihr Zielort war Bergen-Belsen.

Als Ankunftstag in Buchenwald ist der 21. März 1945 vermerkt. Am 23. März wurde ein letzter Zugang aus Bochum registriert: mit sechs Toten; die Männer waren zwischen dem 11. und 16. März 1945 verstorben (Auskunft Sabine Stein).

Als der Bochumer Transport Buchenwald erreichte, war das Lager hoffnungslos überfüllt. Einige hatten ihn gar nicht überlebt, andere starben nach der Ankunft in Buchenwald, wieder andere auf den Todesmärschen danach, die dazu dienten, die Häftlinge den alliierten Truppen zu entziehen und sie in weiter von der Front entfernt liegende Lager zu verfrachten.

Rolf Abrahamsohn hatte Glück. Auch er wurde noch einmal auf einen Transport geschickt. Dessen Ziel war Dachau. Doch landete Abrahamsohn durch einen Zufall in Theresienstadt, wo er am 8. Mai 1945 – mehr tot als lebendig – von der Roten Armee befreit wurde.

1948 stellte die Bochumer Polizei Ermittlungen über das KZ-Außenlager beim Bochumer Verein an. Sie vernahm Führungskräfte und Beschäftigte des BV. Grundlage ihrer Ermittlungen war ein 1947 von britischen Offizieren verfasster Bericht über vorläufige Untersuchungen zu diesem Lager. Der Bericht schloss mit der Empfehlung, einige Direktoren des Bochumer Vereins der „verbrecherischen Nachlässigkeit" anzuklagen, die „in vielen Fällen den Tod der Sklavenarbeiter" zur Folge gehabt habe (Wölk, 2005, S. 257). Die Ermittlungen blieben weitgehend folgenlos. Nur wenige Fälle gelangten zur Anklage. Die Polizei hielt abschließend fest, alle Beschuldigten hätten „jede Verantwortung" abgelehnt und in keinem Fall habe es einen Beweis für „verbrecherische Handlungen" gegeben (ebd.).

Ein Urteil wurde aber doch gesprochen und vollzogen: gegen den Lagerkommandanten des KZ-Außenlagers Bochumer Verein Hermann Großmann. Er war einer der Angeklagten in dem vor einem US-Militärgericht 1947 geführten Buchenwald-Prozess. Da ihm Misshandlungen und die Tötung von Gefangenen nachgewiesen werden konnten, wurde er zum Tode verurteilt und am 19. November 1948 in Landsberg am Lech hingerichtet.

Rolf Abrahamsohn baute sich nach dem Krieg ein neues Leben auf. Er gründete die Jüdische Gemeinde Bochum-Herne-Recklinghausen mit und war von 1978 bis 1992 deren Vorsitzender. Am 17. November 2011 ernannte Cay Süberkrüb, der Landrat des Landkreises Recklinghausen, Abrahamsohn zum Vestischen Ehrenbürger.

Bis ins hohe Alter hinein lässt er vor allem Schulklassen und Jugendgruppen an seinen Erfahrungen teilhaben – obwohl ihm die Erinnerung peinigende Tage und Nächte bereitet.

INGRID WÖLK

68 STANDFOTOS AUS EINEM FILM ÜBER DEN EINMARSCH DER AMERIKANER INS RUHRGEBIET

Stadtarchiv Bochum – Mediensammlung (Herkunft: US-National Archives, Washington)

Originalformat des Films: 16 mm

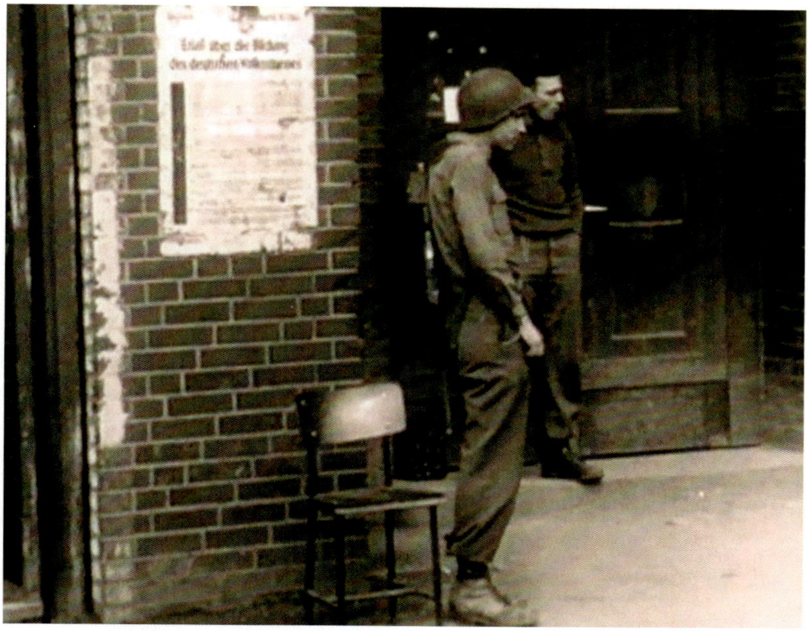

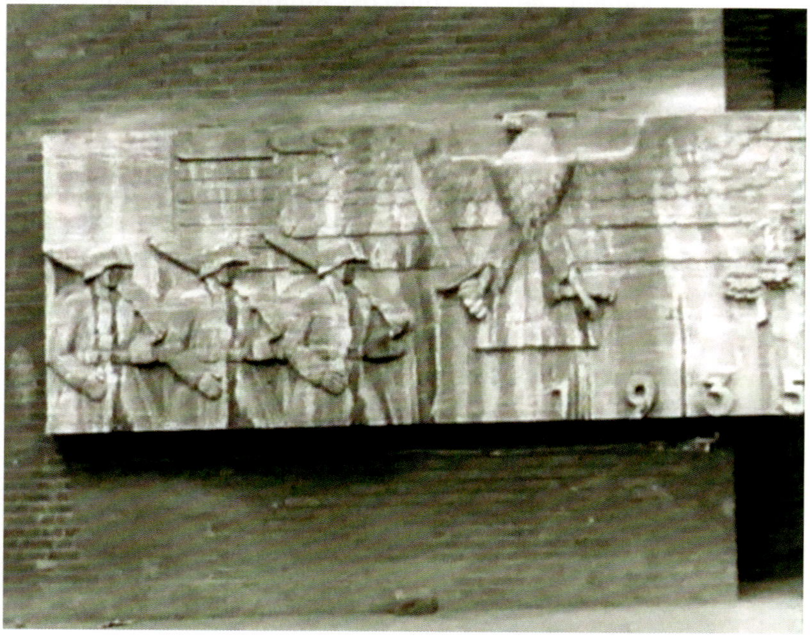
1935

Kriegsende 1945: Amerikanische Filmaufnahmen aus Bochum

Ein Jeep der US-Army quert eine Straße und fährt auf eine innerstädtische Gebäudezeile zu. Auf seinem Dach steht ein Soldat. Unterstützt von zwei weiteren US-Soldaten befestigt er mit einer langen Stange Telefondrähte in Höhe der ersten Stockwerke der Häuser. Zwei Kinder stehen am Straßenrand und schauen dem Treiben neugierig zu (Abb. 1). Die nächste Filmsequenz enthüllt, wie zerstört die Gebäude zum Teil sind: Eine Hausfassade ist komplett zusammengebrochen, Trümmer versperren den Bürgersteig und Teile der Straße. Eine in den US-National-Archives überlieferte Begleitkarte hält zu diesen Filmaufnahmen etwas kryptisch fest: „Soldiers of 35th Signal Co, 134th Regt, 35th Div, XVI Corps, Ninth US Army string wire thru streets of Gelsenkirchen and Bochum. Bomb damage to homes is visible in b[ack]g[round]" (US-National Archives, 111 ADC 3948, Card 1 of 2).

Ob die kurze, insgesamt nur gut eine Minute lange Sequenz, die amerikanische Kameraleute am 10. April 1945 aufnahmen, tatsächlich Bochum an jenem Tag zeigt, als es von amerikanischen Truppen besetzt wurde, oder doch die Nachbarstadt Gelsenkirchen, wie es eine Schrifttafel am Beginn der Filmrolle nahelegt, ist unklar. So oder so stehen diese unspektakulären Filmaufnahmen aber symbolisch für einen der dramatischsten Momente der jüngeren Geschichte der Stadt und der Region: Die Besetzung des Ruhrgebiets durch US-amerikanische Truppen im April 1945.

Als die Amerikaner kamen: Die Besetzung des Ruhrgebiets im April 1945

Den Anfang vom Ende des Zweiten Weltkrieges im Revier leitete eine der größten Luftlandeaktionen der Geschichte ein: Am 23. und 24. März setzten bei Wesel britische und US-amerikanische Truppen unter Führung des britischen Generalfeldmarschalls Montgomery zu Wasser und aus der Luft über den Rhein. Begleitet von massiven Luftbombardements drangen sie rasch nach Osten vor. Das hochtrabend als „Westfalenwall" titulierte deutsche Verteidigungssystem, bestehend aus einer unzusammenhängenden Linie von Panzergräben, Straßensperren und Stellungstützpunkten, erwies sich gegen die militärische Übermacht der Alliierten als völlig wirkungslos. Es stützte sich mit dem „Volkssturm" auf ein letztes Aufgebot, das dem Feind nicht annähernd gewachsen war: Alte Männer und halbe Kinder mussten sich häufig fast ohne Munition den technisch hoch überlegenen anglo-amerikanischen Truppen entgegenstellen und büßten ihre Kampfunerfahrenheit allzu oft mit einem sinnlosen Tod.

Für die Alliierten trat an die Stelle der zähen und verlustreichen Kämpfe des Winters 1944/45 nun ein schneller Bewegungskrieg, der schon zeitgenössisch etwas beschönigend als „mopping up" (Aufwischen) beschrieben wurde. Ihre personelle und materielle Überlegenheit erlaubte es den alliierten Truppen, vom Niederrhein aus in mehrere Richtungen vorzustoßen. Während kanadisch-britische und ein Teil der amerikanischen Einheiten das

68 | STANDFOTOS AUS EINEM FILM ÜBER DEN EINMARSCH DER AMERIKANER INS RUHRGEBIET

nördliche Münsterland überrollten, preschte der andere Teil der 9. US-Armee mit Panzern zunächst Richtung Osten vor und drehte dann nach Süden Richtung Lippstadt ein. Dort trafen die Truppen am 1. April auf Verbände der 1. US-Armee. Diese waren von Remagen aus, wo einer amerikanischen Panzerdivision schon am 7. März eine unzerstörte Eisenbahnbrücke in die Hände gefallen war, nach Nordosten vorgedrungen. Durch den Zangenschluss bei Lippstadt wurden rund 320 000 deutsche Soldaten (mehr als 1943 in Stalingrad) und mit ihnen mehrere Millionen Zivilisten im sogenannten Ruhrkessel eingeschlossen. Obwohl Hitler den Kessel zur Festung erklärt und mit seinem berüchtigten „Nero-Befehl" vom 19. März eine Strategie der „verbrannten Erde" angeordnet hatte, vollzog sich die Eroberung des Herzens der deutschen Schwerindustrie aus Sicht der Alliierten vergleichsweise glimpflich. Die Gegenwehr hielt sich fast überall in Grenzen: Zu demoralisiert waren die deutschen Truppen, zu übermächtig bei den meisten der Wunsch nach einem Ende der aussichtslosen Kämpfe. Es gab allerdings auch Ausnahmen: So entwickelten sich in Hamm und auch in Teilen Dortmunds und Gelsenkirchens regelrechte Häuserkämpfe.

In Bochum erreichten amerikanische Truppen am 9. April die Stadtgrenze, einen Tag später, am 10. April, besetzten sie ohne nennenswerten Widerstand die Innenstadt. Am Nachmittag wurde das Bochumer Rathaus kampflos übergeben und die Verwaltung alliierter Kontrolle unterstellt. Wie fast überall im Ruhrgebiet besetzten die Amerikaner eine weitgehend zerstörte Stadt. Seit Frühjahr 1943 war das Revier, die „Waffenschmiede des Reiches", von Briten und Amerikanern systematisch aus der Luft bombardiert worden. Schon an Pfingsten 1943 richteten sie in der Bochumer Innenstadt schwere Zerstörungen an. Noch schlimmer traf es Bochum am Abend des 4. November 1944: Britische Bomber warfen über 140 000 Brand- und Sprengbomben auf die Stadt. 1 300 Menschen kamen allein bei diesem einen Angriff ums Leben, 70 000 wurden obdachlos. Danach stand im historischen Stadtkern fast kein Haus mehr; das Zentrum war zu 90 Prozent vernichtet. Insgesamt kamen in Bochum mehr als 4 000 Menschen durch Bombenangriffe ums Leben.

Ort für Ort drückten die US-Truppen unter dem Oberbefehl von General Eisenhower in der ersten Aprilhälfte 1945 die Fronten des Ruhrkessels ein, spalteten ihn am 14. April in zwei Teile und nahmen ihn bis zum 21. April komplett ein. Am gleichen Tag erschoss sich der Befehlshaber der deutschen Truppen, Generalfeldmarschall Walter Model, in einem Wald bei Duisburg. Insgesamt starben bei der Eroberung des Ruhrkessels auf amerikanischer Seite rund 1 500 Soldaten, auf deutscher über 10 000. Rund 300 000 deutsche Soldaten mussten den Weg in die Gefangenschaft antreten.

US-Filmaufnahmen vom Kriegsende

Die vorrückenden amerikanischen Einheiten wurden von Kamerateams begleitet, die die Besetzung der Region zwischen Ruhr und Weser professionell auf Film festhielten. Ihr Auftraggeber war das „Office of War Information", das seit 1942 als zentrale Einrichtung der US-Kriegspropaganda fungierte. Genau wie die Deutschen sahen auch die Amerikaner visu-

68 | STANDFOTOS AUS EINEM FILM ÜBER DEN EINMARSCH DER AMERIKANER INS RUHRGEBIET

elle Medien als eminent wichtigen Faktor ihrer Kriegsführung an. Alle Waffengattungen verfügten deshalb über eigene Film- und Fotoeinheiten mit fest in die militärischen Strukturen eingebundenem Personal. Beim Heer war der „Army Pictorial Service" Teil der für Kommunikationstechnik zuständigen „Signal Corps". Die Filmteams bestanden meist aus einem Offizier und sechs Soldaten; sie waren formal in „Signal Photographic Companies" organisiert, faktisch aber wechselnden Truppenteilen zugeordnet.

Die von ihnen sämtlich in schwarz-weiß und stumm gedrehten Filmaufnahmen dienten verschiedenen Zwecken: Außer zur taktischen Kriegsplanung, Schulung und moralischen Aufrüstung der Truppe fanden sie auch in Kino-Wochenschauen Verwendung, mit denen die heimische Bevölkerung in den USA über den Fortgang des Krieges unterrichtet wurde. Darüber hinaus sollten die Aufnahmen die Verbrechen des nationalsozialistischen Regimes dokumentieren und schließlich eine Bestandsaufnahme der industriellen, städtebaulichen und verkehrstechnischen Infrastruktur in Deutschland liefern und so die Planungen für den Wiederaufbau unterstützen.

Welche Kriterien darüber entschieden, ob ein Filmteam der Signal Corps ein Ereignis dokumentierte oder nicht, ist anhand der Überlieferung kaum nachvollziehbar. Entscheidend waren wohl vor allem der Verlauf des Vormarsches und die mehr oder minder zufällige Präsenz von Kameraleuten in den jeweiligen Truppenteilen. Während etwa der Beginn der Ruhrkesselschlacht noch relativ dicht dokumentiert ist und zum Beispiel aus Gelsenkirchen eine umfängliche Überlieferung existiert, waren die meisten Kameraeinheiten offenbar einige Tage später mit den rasch vorrückenden Kampftruppen weitergezogen, so dass es von der erst am 13. April erfolgten Einnahme Dortmunds als größter Stadt Westfalens gar keine Aufnahmen gibt.

Für Bochum sind in den National Archives in Washington neben der oben erwähnten Sequenz vom Tag des Einmarsches am 10. April noch zwei weitere Filmrollen überliefert, die rund zwei Wochen später entstanden und offenbar die Wirkung der Luftbombardements auf die Schwerindustrie dokumentieren sollten (National Archives Washington, 111 ADC 4227 und 4228). Beide wurden an Stahlstandorten des Bochumer Vereins gedreht, damals der größte Arbeitgeber der Stadt. In der NS-Zeit war der Bochumer Verein neben Krupp und Rheinmetall zum reichsweit führenden Rüstungsproduzenten aufgestiegen und hatte sich als „nationalsozialistischer Musterbetrieb" profiliert; im Zweiten Weltkrieg setzte er Tausende von Zwangsarbeitern ein.

Im November 1944 waren das Werksgelände und die umliegenden Viertel durch alliierte Spreng- und Brandbomben schwer zerstört worden. Am 22. April 1945 filmten die Amerikaner diese Zerstörungen in einem Werk der dem Bochumer Verein angegliederten „Hochfrequenz Tiegelstahl GmbH", die Geschützrohre und Geschosshülsen produziert hatte. Mit einer abgefilmten Texttafel kündigte der Kameramann „Knocked out steelworks" an und in der Tat legen die Aufnahmen auf den ersten Blick nahe, dass die Produktionsstätten komplett vernichtet waren. Bei genauer Betrachtung sind indes Granathülsen auf Fertigungsbändern

68 | STANDFOTOS AUS EINEM FILM ÜBER DEN EINMARSCH DER AMERIKANER INS RUHRGEBIET

ebenso zu erkennen wie sorgsam gestapelte Hülsen und intakte Maschinen. Offenkundig wurde hier – ungeachtet der regelmäßigen Bombardierungen der Jahre 1943 bis 1945 – bis unmittelbar vor Kriegsende noch gearbeitet (Abb. 2). Am nächsten und übernächsten Tag drehten zwei amerikanische Kameramänner dann in gleicher Mission in einem anderen Stahlwerk des Bochumer Vereins weitere fünf Minuten Material. Auch hier wechseln Trümmerberge, bizarr demolierte Fertigungs- und Transportanlagen sowie eingestürzte Werkshallen mit Bildern von überwiegend alten Männern, die fast verloren wirken bei ihren Versuchen, etwas Ordnung im großen Chaos zu schaffen. Bemerkenswert ist die Eingangssequenz der Aufnahmen: Ein US-Soldat und ein Zivilist stehen vor einer Tür, beide haben die Hände lässig in den Hosentaschen vergraben, links von ihnen verkündet ein Plakat den „Erlass über die Bildung des deutschen Volkssturms" (Abb. 3). Dann schwenkt die Kamera auf ein großes Steinfries an der Gebäudefassade, das drei Wehrmachtssoldaten und einen Adler zeigt, der in seinen Fängen ein Schwert hält (Abb. 4). Die Jahreszahl „1935" enthüllt, dass dieses Denkmal zwei Jahre nach der NS-Machtergreifung vermutlich für die im Ersten Weltkrieg gefallenen Werksmitarbeiter errichtet worden war. Am Ende der Sequenz wird die Skulptur dann ein zweites Mal gezeigt und so deutlich der Zusammenhang zwischen den Zerstörungen des Jahres 1945 und der nationalsozialistischen Kriegspolitik der zwölf vorangegangenen Jahre ins Bewusstsein gerückt.

Für die historische Einordnung des Kriegsendes in Bochum, für das die beschriebenen Filmsequenzen symbolhaft stehen, ist dieser Zusammenhang von entscheidender Bedeutung. Der damalige Bundespräsident Richard von Weizsäcker brachte das in seiner Rede zum 8. Mai 1985 auf den Punkt. Er wies darauf hin, dass die Ursache für Leid und Not der Trümmerzeit „nicht im Ende des Krieges" zu suchen sei: „Sie liegt vielmehr in seinem Anfang und im Beginn jener Gewaltherrschaft, die zum Krieg führte. Wir dürfen den 8. Mai 1945 nicht vom 30. Januar 1933 trennen."

MARKUS KÖSTER

69 | PROTOKOLL DER KONFERENZ VOM 23. APRIL 1945 IN DER ANLERNWERKSTATT DER ZECHE PRINZ REGENT, BOCHUM

Haus der Geschichte des Ruhrgebiets – Archiv für soziale Bewegungen, Nachlass Weeke

H 29 cm, B 22 cm (Maße der Akte); Papier

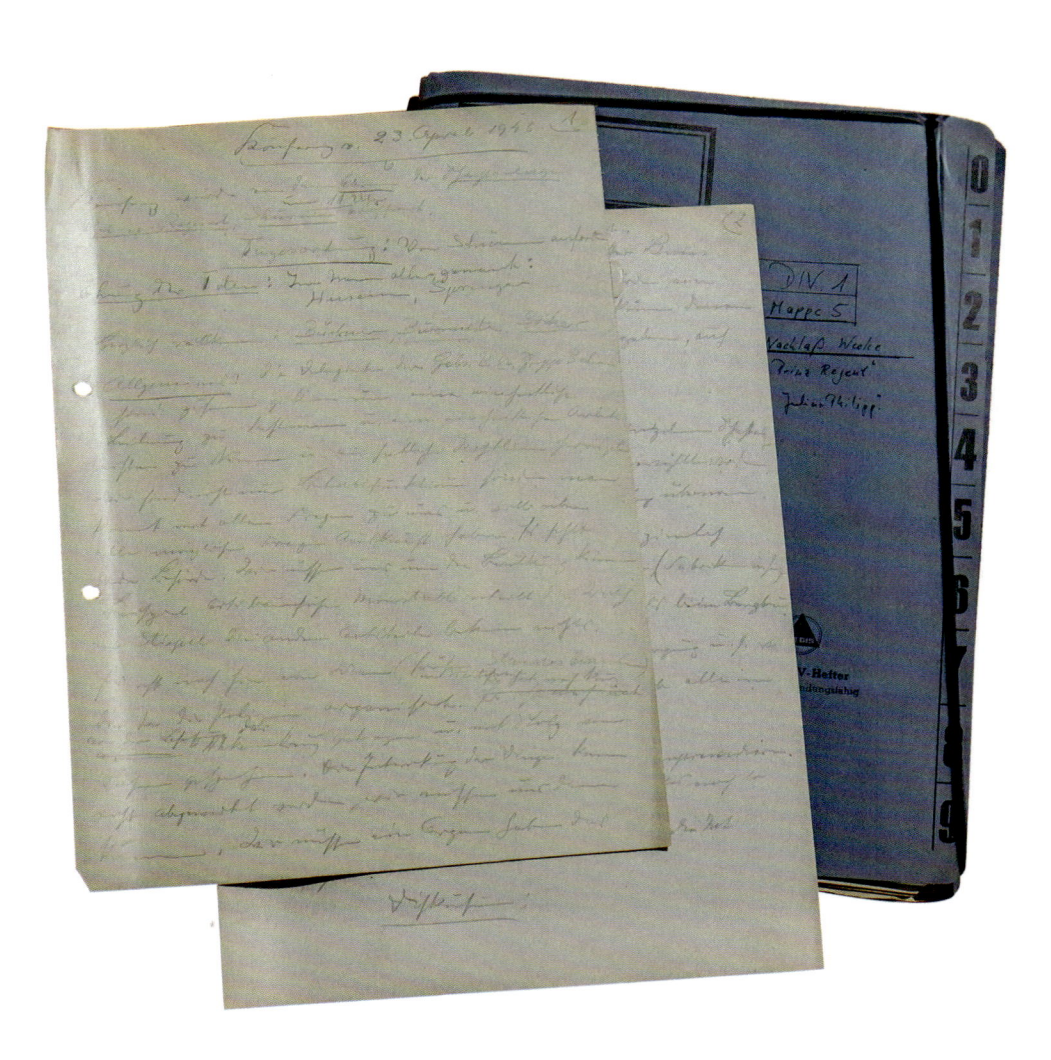

69 — PROTOKOLL DER KONFERENZ VOM 23. APRIL 1945 IN DER ANLERNWERKSTATT DER ZECHE PRINZ REGENT, BOCHUM

Theater auf Prinz Regent und der Nachlass Heinrich Weeke

In einer originellen Mischung aus Sütterlin und lateinischer Schrift, mit Bleistift auf holzigem Papier, hat Heinrich Weeke einzigartige Dokumente hinterlassen, die im Original in der Bibliothek zur Geschichte des Ruhrgebiets aufbewahrt sind, darunter das hier abgebildete Protokoll der Konferenz vom 23. April 1945 in der Anlernwerkstatt der Zeche Prinz Regent in Bochum.

Sie geben Auskunft über eine Zeit unmittelbar nach dem Zweiten Weltkrieg, in der Zeugnisse von „ganz unten" sehr rar sind. Über Heinrich Weeke ist wenig bekannt: Er ist in (Essen-)Steele 1887 geboren, hatte offenbar keine Berufsausbildung und war 1918 bis 1920 Mitglied des Arbeiter- und Soldatenrates und danach der Steeler Stadtverordnetenversammlung. Er baute die Bibliothek des Alten Verbandes der Bergarbeiter auf, an dessen Hauptsitz in Bochum. Über seine Zeit von 1933 bis 1945 wissen wir nichts, offensichtlich legte er aber als (ungelernter) Bergmann auf der Zeche Prinz Regent an. 1945 begegnet uns der mittlerweile 58-Jährige als Protokollant und späterer Betriebsrat dieses Bergwerks im Bochumer Süden. Sein Sterbedatum ist das Jahr 1973, er wurde also 86 Jahre alt, alt genug, um zwei Weltkriege und zwei Mal die jeweils hoffnungsvollen Wiederanfänge der Arbeiterorganisationen und die Forderung nach einer Sozialisierung des Bergbaus zu erleben.

Von dem Protokoll der Konferenz auf Prinz Regent, am 23. April 1945, liegt neben der handschriftlichen auch eine maschinenschriftliche Fassung vor, die vermutlich später angefertigt wurde. Allein dieser Überlieferungs-Tatbestand zeigt, dass Weeke sich der Bedeutung des Dokumentes bewusst war oder es aber im Laufe der Monate wurde. Dass überall in Deutschland direkt im Zuge der Befreiung durch die Alliierten sich Menschen zusammenfanden, was insgesamt eine autochthone demokratische Regung der Deutschen darstellte, ist eine Tatsache, die von der Historiografie bis in die 1970er Jahre nicht beachtet worden war, auch, weil sie nicht belegbar schien. „Am Anfang war Adenauer", so hatte es vorher geheißen.

Bedeutend war, dass ein solches Protokoll überhaupt angefertigt wurde und damit ein authentisches Zeugnis dieser, von der deutschen (Arbeiter-)Bevölkerung ausgehenden, Initiative zur Wiederherstellung demokratischer Strukturen überliefert ist. Die 33 Männer, die am 23. April 1945 zusammenkamen, waren keine unbeschriebenen Blätter. Über 21 von ihnen ist bekannt, dass sie Sozialdemokraten waren, drei wechselten später von der KPD zur SPD, sechs waren mehr oder weniger bekannte Kommunisten. Je nach Region und religiöser Orientierung waren in solchen Initiativen auch ehemalige Mitglieder der Christlichen Gewerkschaften oder Anhänger der früheren Zentrums-Partei vertreten oder kamen im Laufe des Jahres 1945 hinzu. Die Zechen, überwiegend aus dem Bochumer Süden, von denen sie kamen, gehörten zur Gelsenkirchener Bergwerks-AG (GBAG). Sie trugen so schöne Namen wie „Fröhliche Morgensonne", „Carolinenglück" oder „Friedlicher Nachbar".

69 | PROTOKOLL DER KONFERENZ VOM 23. APRIL 1945 IN DER ANLERNWERKSTATT DER ZECHE PRINZ REGENT, BOCHUM

„Kamerad" Schürmann von Prinz Regent, ein Sozialdemokrat, eröffnete die Sitzung mit „Glück auf!" (statt „Heil Hitler!") und gedachte der Toten, der durch den NS-Terror Umgekommenen, beispielhaft des prominenten sozialdemokratischen Bergarbeiterführers Fritz Husemann und des KPD-Funktionärs Karl Springer.

Unter dem Punkt 1 der Tagesordnung wurde über die „allgemeine und betriebliche Lage" berichtet. Die Berichte der Konferenzteilnehmer bildeten den ganzen Kanon der Tätigkeit dieser frühen Ausschüsse ab: das Kümmern um die „notleidende Bevölkerung", die Ernährung der Bergleute, die Sicherstellung der Stromversorgung („damit die Bäcker Strom hatten"), die Verhinderung des Absaufens des Schachtes, die Entlassung von Nazi-Vorgesetzten, die Einschleusung von „Antifaschisten" in die Polizei, die plötzliche Bereitschaft zur Zusammenarbeit auf Seiten der Direktionen („der Betriebsführer macht nichts, ohne uns zu fragen") waren die „Knackpunkte". Über Zerstörungen der Anlagen wurde nicht berichtet. Es war auch die allgemeine Meinung der alliierten Wirtschaftsexperten, dass die Zerstörungen von Zechen und Stahlwerken nicht so gravierend seien wie die der Wohngebiete, dass die Schäden alsbald repariert werden könnten und die Montanindustrie Deutschlands in Jahresfrist wieder einen großen Teil ihrer Leistungsfähigkeit erreichen könnte. Ein anderes Problem sahen die Analysten der Amerikaner jedoch als schwerwiegend an: das des Transportsystems. Transportwege und -mittel, Kanäle, Schienen und Straßen waren nicht befahrbar, Transportraum stand nicht in ausreichendem Maße zur Verfügung, um den Warenaustausch (Energie, Nahrung) zu gewährleisten. Im strengen Winter 1946/47 sollte dies zu katastrophalen Zuständen führen, als die Wasserwege zufroren. Hunger- und Protestdemonstrationen waren die Folge und wurden von der KPD agitatorisch ausgenutzt.

Dass die Versammelten erfahrene Betriebs- und Gewerkschaftsfunktionäre waren, erkennt man unter anderem daran, welches Gewicht sie auf die Organisationsfrage legten: Für die Zukunft, als Lehre aus dem Ende der Weimarer Republik, schlugen die „Kameraden" unisono die Einheitsgewerkschaft vor, die Fehler der Vergangenheit sollten nicht wiederholt werden. Die Unterschiede in der Organisationsfrage, die sich später herausstellen sollten, waren noch nicht deutlich. Der Satz aber: „Von Moskau haben wir bereits einen Kommissar hier" ließ für einen Moment aufblitzen, wie schwer es sein würde, die Einheit der politischen Arbeiterbewegung herzustellen; die Kommunisten sollten ihr politisches Vorgehen wieder an die Vorgaben aus Moskau binden. Die Beitragssätze der künftigen Organisation sollten die Höhe haben, die auch die Deutsche Arbeitsfront (DAF), das nationalsozialistische Gewerkschaftssurrogat, erhoben hatte. Ironischerweise war das handschriftliche Original des Protokolls teilweise auf der Rückseite von Formularen der DAF verfasst. Die britische Besatzungsmacht kritisierte später die Bemühungen der Gewerkschaftsführer (wie etwa Hans Böckler), die Organisationspläne der neuen Einheitsgewerkschaft seien zu zentralistisch, zu nahe am DAF-Modell, und schrieb ihnen einen langsamen Aufbau vor, von der Betriebsebene ausgehend, zu Städten und dann auch zu Regionen sich fortentwickelnd. Auch eine andere Eigenmächtigkeit dieser Art von Arbeiter-Ausschüssen sollte alsbald zu Konflikten

69 | PROTOKOLL DER KONFERENZ VOM 23. APRIL 1945 IN DER ANLERNWERKSTATT DER ZECHE PRINZ REGENT, BOCHUM

mit den Besatzungsbehörden führen: Die Versammlung beschloss eine Reduzierung der Arbeitszeit (unter Tage 7 und über Tage 8 Stunden). Das stieß auf erheblichen Unwillen, da die Wiederankurbelung der Energieproduktion ihnen zur Versorgung der Bevölkerung notwendig zu sein schien. Der Ton in der Konferenz war, lag es am Protokollanten, lag es an den Rednern, durchweg klassenkämpferisch. Sogar der anwesende Vertreter der Ruhrknappschaft, Burmeister, ließ sich mit dem Satz vernehmen: „Ich stehe auf dem Boden des Klassenkampfes." Unter dem Punkt „Verschiedenes" wurde beschlossen, am 1. Mai nicht zu arbeiten. Und mit Stolz wurde hinzugesetzt: „Wir wollen auch keine Bezahlung!!" Bevor aber auf der Bühne in der Anlernwerkstatt von Prinz Regent der Vorhang wieder fiel, wurde es ein wenig theatralisch: Das Ende der Konferenz bestritt der „Kamerad" Schürmann (SPD). Er äußerte sich unter dem Eindruck der Geschichtsträchtigkeit des Momentes optimistisch und emphatisch so: „Im zukünftigen Staat wird es auch einen Unternehmer wie bisher nicht geben. Wir müssen uns alle so einstellen, und so arbeiten, als wenn die Betriebe unser seien. Hoch die klassenbewusste Arbeiterschaft! Hoch die rote Armee!"

Die Hoffnung auf Sozialisierung der Bergwerke war wieder einmal, wie nach dem Ersten Weltkrieg, groß und sollte in den folgenden Jahren nicht nur die politische Arbeiterschaft erfassen, sondern fand schließlich zum Beispiel auch Eingang in das Ahlener Programm der CDU (1947). Und mit der „roten Armee" waren offensichtlich nicht die sowjetischen Truppen gemeint, sondern die „Rote Ruhr-Armee", wie sie sich im Ruhrgebiet in der Sozialisierungsbewegung 1918/19 und im Generalstreik gegen den Kapp-Putsch von 1920 gebildet hatte.

Der Nachlass Weeke ist schmal, im Wesentlichen besteht er nur aus drei Stücken, von denen das Protokoll vom 23. April 1945 das aussagekräftigste ist. Aufhebenswert war Weeke aber auch der „Bericht über die Versammlung der Belegschaft der Zeche Prinz Regent, Bochum, am 11. November 1945 vorm[ittags] 10.00 Uhr in der Tageswaschkaue" erschienen. Der uns schon bekannte, jetzt als „Obmann des Betriebsausschusses" bezeichnete „Kamerad Schürmann" hielt vor den anwesenden 60 Prozent Belegschaftsmitgliedern das Hauptreferat. Er dankte der Besatzungsbehörde (von der sicher ein Vertreter anwesend war) dafür, dass sie die Genehmigung zu dieser Versammlung erteilt hatte – das war angesichts der Lage ausgesprochen opportun. Schürmann hielt einen Rückblick auf die Geschichte der Gewerkschaften in Deutschland, die wegen Spaltung in Richtungen keine „geschlossene Macht" entfalten konnten. Und es habe auch „Mängel in der früheren Gewerkschaftsführung" gegeben, aber, so fuhr er fort: „ […] es sollen auch unsere früheren Führer nicht in Acht und Bann getan werden." Welche politischen Unzufriedenheiten er damit zu beschwichtigen versuchte, kann man nur erahnen – seine Worte waren wahrscheinlich in Richtung der Kommunisten gemeint, die offensichtlich die Mehrheit der Versammelten ausmachten. Aber: „Die zukünftige Bewegung kann nur die Einheitsgewerkschaft sein." Aus den sich anschließenden Vorstandswahlen ging der Kommunist Friedrich Oberstebrink als Sieger hervor. Im März 1946 konnte in Gelsenkirchen-Buer, als Zusammenschluss der vier Bezirksgewerkschaften (Essen, Bochum, Gelsenkirchen-Buer, Dortmund) der „Industrieverband Bergbau"

69 | PROTOKOLL DER KONFERENZ VOM 23. APRIL 1945 IN DER ANLERNWERKSTATT DER ZECHE PRINZ REGENT, BOCHUM

gegründet werden. Die sehr starke Stellung der Kommunisten, die eine Mehrheit der Betriebsräte hinter sich wussten, kam auch in den Vorstandswahlen zum Ausdruck: Mit Ach und Krach kam eine Mehrheit für den Sozialdemokraten August Schmidt (1878–1965) zustande, einen Tarifexperten, der von 1928 bis 1933 Zweiter Vorsitzender des „Alten Verbandes" der Bergarbeiter gewesen war. Als starken Stellvertreter wählte die Versammlung den kommunistischen Reorganisator der Gelsenkirchener Gewerkschaften, Hans Schiwon. Er wurde noch im selben Jahr von Willi Agatz (1904–1967) ersetzt, einem früheren Reichstagsabgeordneten (er war mit 26 Jahren der jüngste) der KPD und Führer der „Revolutionären Gewerkschafts-Opposition" (RGO), der nach KZ und russischer Kriegsgefangenschaft in seine Heimatstadt Essen zurückgekehrt war. Er machte der sozialdemokratischen Führungsspitze der Bergarbeitergewerkschaft das Leben schwer. Auf der anderen Seite konnte August Schmidt in den Verhandlungen mit den Besatzungsbehörden auf Willi Agatz verweisen, wenn es darum ging, die „Vernunft" seiner Positionen zu erläutern – wenn die Briten sie nicht akzeptierten, drohe ihnen mit Agatz eine weit radikalere Variante.

Agatz verfolgte in den Hauptthemen gewerkschaftlicher Politik durchweg eine konfrontativ-populistische Linie, die auch zum Ziel hatte, die KPD zu stärken. Das führte aber nur zu vorübergehenden Erfolgen, so bei der Landtagswahl am 20. April 1947, bei der die KPD zum Beispiel in Bochum 32 Prozent der Stimmen erringen konnte. Im Zuge der Marshallplan-Debatte (die KPD war gegen dessen Annahme) verlor diese Politik zunehmend an Boden. 1948 unterlag Agatz schließlich seinem bedächtig-kompromissbereiten, aber auch listenreichen Kontrahenten August Schmidt im Kampf um den Vorsitz der Bergarbeitergewerkschaft und wurde auch nicht mehr in die Position des Zweiten Vorsitzenden gewählt. Er übersiedelte schließlich nach Ostberlin und übernahm eine Funktion im „Westapparat" der SED.

In der Frage der Sozialisierung des Bergbaus war die Gewerkschaft nicht vorangekommen, wie ein drittes Faszikel des Weeke-Nachlasses erhellt: Es handelt sich um einen (leeren) Stimmzettel einer Abstimmung vom 28. Februar 1947, die von dem Industrieverband Bergbau angestrengt worden war und in der es um die „Sozialisierung und entschädigungslose Enteignung der Grubenbesitzer" ging. Weeke hat die Stimmen-Ergebnisse der GBAG-Zechen „Prinz Regent", „Carolinenglück", „Friedlicher Nachbar", „Julius Philipp" auf der Rückseite des Stimmzettels eingetragen: Von insgesamt 2 795 Stimmberechtigten hatten 2 016 dafür, nur 129 mit „Nein" votiert.

Das Ergebnis war sehr eindeutig und entsprach auch der allgemeinen Grundstimmung im Lande, nicht nur im Ruhrgebiet. Eineinhalb Jahre später (am 6. August 1948) beschloss der Landtag von NRW mit den Stimmen von SPD, KPD und Zentrum das „Gesetz zur Sozialisierung der Kohlewirtschaft". Aber dessen Umsetzung scheiterte schließlich am Veto der Briten als Besatzungsmacht, die immer mehr unter den Einfluss der USA geraten waren. Die Großwetterlage der internationalen Politik war im Begriff, sich zu ändern, der „Kalte Krieg" zog herauf. Zum zweiten Mal in seinem Leben musste Heinrich Weeke das Scheitern aller

69 | PROTOKOLL DER KONFERENZ VOM 23. APRIL 1945 IN DER ANLERNWERKSTATT DER ZECHE PRINZ REGENT, BOCHUM

Hoffnungen auf eine Überführung des Bergbaus in Gemeineigentum hinnehmen.

Das große Theater, das mit der Versammlung der Arbeiter auf Prinz Regent am 23. April 1945 begonnen hatte, hatte den vierten Akt erreicht, der fünfte endete im Jahr 1960 mit der Stilllegung der Zeche. Aber zwanzig Jahre später kam neues Leben auf die Bühne und heute wird auf Prinz Regent wieder Theater gemacht und Musik gespielt, und zwar, wie man im Ruhrgebiet sagt: Vom Feinsten, boah ey!

ULRICH BORSDORF

70 | NEUORDNUNGSPLAN DER INNENSTADT

Amt für Stadtplanung und Wohnen der Stadt Bochum

H 133 cm, B 93 cm; Papier

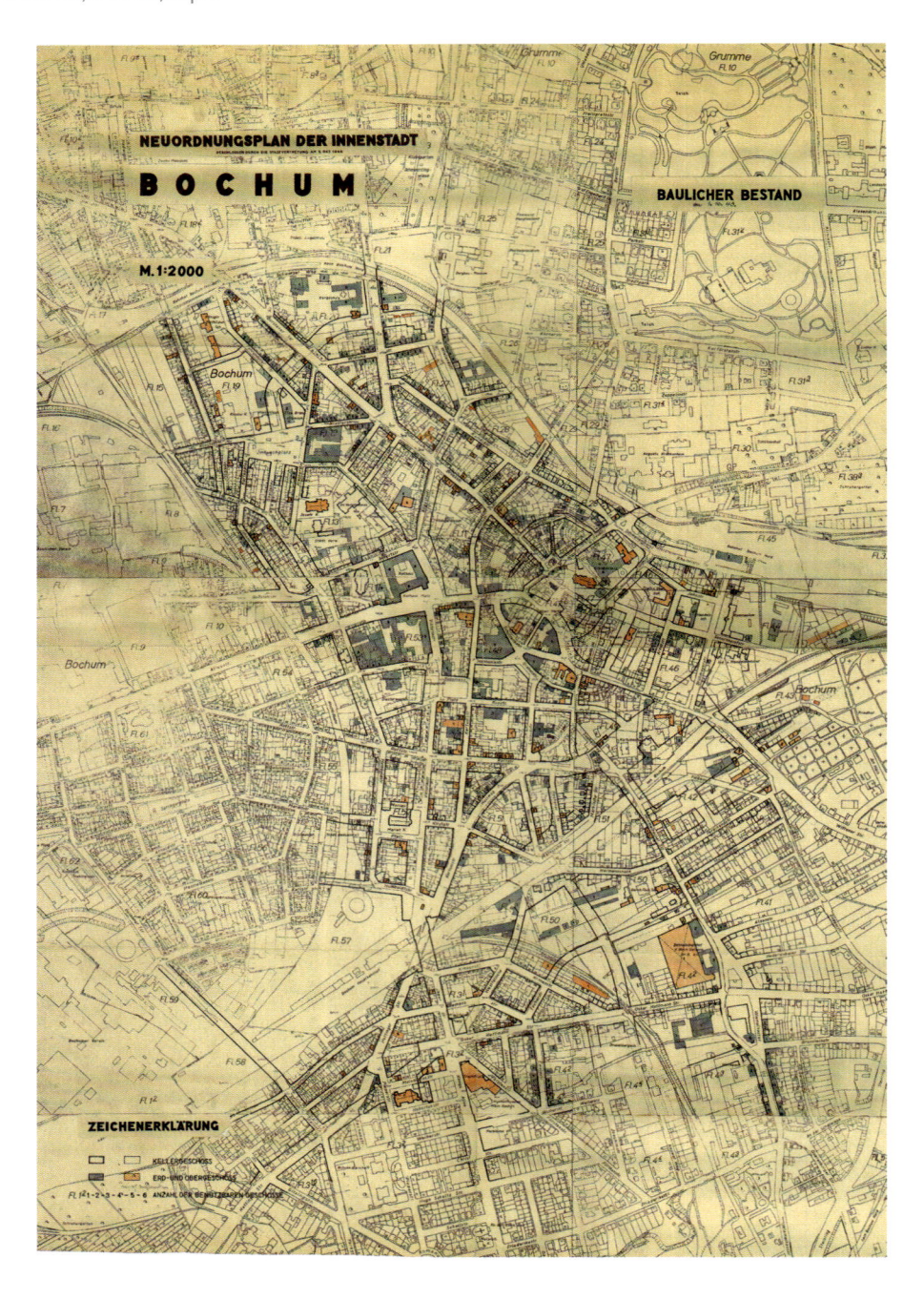

70 NEUORDNUNGSPLAN DER INNENSTADT

„Brücke vom Werktag zum Sonntag". Der Neuordnungsplan für die Innenstadt Bochums 1947 bis 1957

> „Unser Ziel heißt schön leben, menschenwürdig leben, in heiterer Umgebung heiter sein. Wir wollen uns mit aller Macht gegen den dumpfen Ungeist vom Typus Bochum und Gelsenkirchen stemmen, dessen triste, hoffnungslose Hässlichkeit uns lange genug mit Worten wie ‚Heroismus der Arbeit', ‚Waffenschmiede' und dergleichen zu versüßen versucht worden ist" (zit. n. Hanke, 1991, S. 8).

Einen Sturm der Empörung rief diese Aussage zum Wiederaufbau Kölns 1946 in Bochum hervor. Obwohl!? – Zumindest die Planer des neuen Bochums hätten große Teile der alten, nunmehr zerstörten Stadt auch nicht sehr viel anders charakterisiert. Der Aufbau der Bochumer Innenstadt zielte auf eine Neuorientierung der montanbestimmten Gewerbestruktur Bochums, um so in Zukunft wirtschaftliche und damit politische Krisen zu vermeiden. Sichtbares Zeichen dieser Neuorientierung sollte die radikale Änderung des Stadtbildes werden, das über eine gesteigerte Attraktivität und deutliche Modernität diesen politischen Willen symbolisieren beziehungsweise werbewirksam öffentlich machen sollte. Das Ziel war kein geringeres, als es ein Gedicht 1947 in der Bochumer Presse zum Ausdruck brachte: „Wir bauen eine neue Welt und räumen auf mit Lug und Trug!" Oder wie in diesem Sinn Stadtbaurat Clemens Massenberg das Ziel des Neuordnungsplanes 1948 beschrieb: „Ausgleich von schwerster Arbeit und Kultur, Brücke vom Werktag zum Sonntag des menschlichen Lebens, Versöhnung und Heiligung des modernen werktätigen Arbeitsmenschen."

Die Bochumer Neuordnungsplanung von 1948 beruhte auf alten Stadtentwicklungsproblemen: Bochum besaß seit 1874 zwei „Hauptbahnhöfe" zweier Eisenbahngesellschaften. Dies führte dazu, dass die unmittelbare Innenstadt von drei Bahntrassen vollständig umschlossen wurde. Die Umschließung zu sprengen und gleichzeitig einen verkehrstechnisch sowie städtebaulich günstigeren Zentralbahnhof zu erhalten, bemühte man sich in Bochum seit circa 1910 – nun sollte es endlich gelingen! Unter kaum vorstellbarem politischem, planerischem und vor allem baulichem Aufwand wurden die beiden alten Hauptbahnhöfe 1948 bis 1957 an anderem Ort zu einem neuen Zentralbahnhof zusammengeführt. Bochum war die einzige Stadt, der das gelingen sollte, ähnliche Planungen in München und Kassel scheiterten damals. Viel später wurden mit den neuen Hauptbahnhöfen Kassel-Wilhelmshöhe von 1991 und dem Lehrter-Bahnhof Berlin 2006 noch einmal deutlich, wie extrem anspruchsvoll die Verlegung eines Bahnhofes ist.

Problematisch waren aber auch die Wohn- und Straßenverhältnisse in diesem von der Industrialisierung quasi überrollten ehemaligen „Ackerbürgerstädtchen". Enge, Lärm und Schmutz der Vorkriegsstadt sind heute in der kollektiven Erinnerung überwiegend verklärten und romantisierenden Vorstellungen gewichen. Nach den Großangriffen alliierter Bomber sah man in der Bochumer Bauverwaltung in steigendem Maße die Gelegenheit gekom-

70 | NEUORDNUNGSPLAN DER INNENSTADT

men, die städtebaulichen Missstände nachdrücklich zu sanieren. Zerstört worden waren im Wesentlichen die Innenstadt mit dem angrenzenden Arbeiterwohnviertel Griesenbruch sowie das Villenviertel Ehrenfeld. Hier lag der Zerstörungsgrad bei 70–80 Prozent.

Darauf bezieht sich der „Neuordnungsplan der Innenstadt Bochum". Die Karte zeigt die verbliebenen wenig zerstörten Gebäude, die Straßenführung der Vorkriegszeit und in schmalen Linien die neu geplanten Straßenführungen der Innenstadt. Diesen Plan zu fassen und umzusetzen, bedurfte es eines entschlossenen Spezialisten. Ende 1945 wurde Clemens Massenberg neuer Stadtbaurat in Bochum. Der damals 37-jährige Diplom-Ingenieur war ein ehemaliger Meisterschüler Hans Poelzigs und bis 1945 im Industriebau tätig. Er starb 1954. Seine Tatkraft gilt bis heute als entscheidend für den Erfolg des Wiederaufbaus dieser Stadt. Geht man zu seinem vom Bochumer Künstler Ignatius Geitel entworfenen außergewöhnlichen Grab auf dem Freigrafendamm, vermag man in Anbetracht der Vernachlässigung diese Wertschätzung nicht nachzuvollziehen. Massenberg beauftragte ab 1945 seine Mitarbeiter mit einer von Grund auf neuen Planung. Erst die aus dieser Planung hervorgehenden elf städtebaulichen Varianten führten zum „Neuordnungsplan der Innenstadt Bochum", der am 1. Oktober 1948 verabschiedet und bis 1960 nahezu unverändert verwirklicht wurde. Bochum war damit die erste Großstadt Nordrhein-Westfalens, die einen Neuordnungsplan vorlegen und in der Folge umsetzen konnte. Das sollte ihr einige Jahre Vorteile in der Konkurrenz der Ruhrgebietsstädte bringen.

Massenberg setzte ein ganzheitliches Planungsdenken durch. Es kam ab 1947 zur Propagierung der „Sternstadt mit Trabanten", die der Neuordnung des gesamten Stadtgebietes Ausdruck verlieh. Als „Sternstadt" wurde die Stadtmitte bezeichnet, deren Bebauung entlang der Hauptausfallstraßen zu einem sternförmigen Grundriss geführt habe. Die „Trabanten" wurden in diesem Modell von den umliegenden Siedlungs-, Industrie- und Gewerbegebieten gebildet. Sie wurden konzentrisch zum geplanten Innenstadtring durch den mittleren Ring sowie den Außenring direkt verbunden.

„Sternstadt" und „Trabanten" sollten durch Grünflächen getrennt sein. Damit bezogen sich die Bochumer Planer unausgesprochen auf die reformerischen Leitbilder der Vor- und Nachkriegszeit und setzten fort, was durch den Ruhrsiedlungsverband seit den 1920er Jahren begonnen worden war. Dementsprechend sollte auch die Innenstadt nach dem Prinzip „Mehr Luft, Licht und Grün" vor allem aufgelockert werden. In diesem Grundsatz kamen Gartenstadt-Konzepte ebenso zum Ausdruck wie das Bemühen, in einem möglichen neuen Krieg der Zivilbevölkerung Fluchtwege und Fluchtplätze in der bedrohten Stadt offenzuhalten.

Erster Ansatz des Wiederaufbaus sollte – wie erwähnt – die Einrichtung eines Zentralbahnhofes an neuem Standort werden. Auf ihn wurden ein Straßenring und ein Straßenkreuz ausgerichtet. Die Führung dieser neu konzipierten Verkehrswege orientierte sich aus Gründen der Kosteneinsparung an alten Straßenzügen, die aber von durchschnittlich 12 Metern auf 32 Metern verbreitert wurden. Man kann das im Neuordnungsplan deutlich ablesen.

Straßendurchbrüche blieben die Ausnahme, aber wirkungsvoll. Die völlig neu trassierte

Bahnhofsstraße – die Huestraße – bewirkte zum Beispiel gemeinsam mit dem neuen Bahnhofstandort, dass sich die gesamte geschäftliche Ausrichtung der Innenstadt änderte. Der Bereich der neuen Bahnhofstraße entwickelte sich hervorragend. Nachdem im aufgegebenen Bahnhofsviertel um den stillgelegten Südbahnhof zunächst bis in die 1980er Jahre Stillstand und Rückgang das Geschehen beherrschte, war eine erfreuliche Spätfolge in den dort leer gefallenen Geschäften die Entwicklung des Gastronomie-Viertels „Bermudadreieck", eines mittlerweile wichtigen Standortfaktors Bochums.

Neu trassiert wurden über die Huestraße hinaus nur noch einige der Teilstücke der Ringstraße im östlichen Teil der Innenstadt. Hier zog sich der Straßenbau dann auch am längsten hin. Um die notwendigen Grundstücke nutzen zu können, berief sich die Stadtplanung gegenüber den Grundstückseigentümern auf die Enttrümmerungsverordnung, das Grundstücksumlegungsrecht sowie die Fluchtlinienplanung. Das alles war eine sehr gewagte und aufwendige Ersatzkonstruktion für die ersehnte, aber ausbleibende Bodenreform, die das Recht am privatem Grund- und Boden lockern sollte. Ein durchgreifendes Enteignungsrecht passte nicht in die politische Situation der antikommunistischen, konservativen Bundesrepublik Deutschland.

Mit den größeren und neuartigen Straßenquerschnitten sollten im Übrigen nicht Breschen für den Individualverkehr in die Stadt geschlagen werden. Vorgesehen war vor allem Raum für den öffentlichen Verkehr, das heißt für die Fußgänger, für Straßenbahnen und Busse, für Radfahrer und den gewerblichen Verkehr – in dieser Rangfolge. Ganz am Ende stand der private PKW-Inhaber mit seinen Bedürfnissen.

Unter dieser Voraussetzung wurde der Straßenraum funktional gegliedert: an jeder Seite ein Bürgersteig, der die behinderungsfreie Begegnung von mindestens vier Personen ermöglichte, zwei 1,60 Meter breite Radwege, eine Stand- und eine Fahrspur für den Kraftfahrzeugverkehr in beide Richtungen und, mittig angeordnet, ein Straßenbahnkörper für zwei Richtungsfahrbahnen. Die ungestörte Führung der Straßenbahngleise war eine der wichtigsten Forderungen, die an das neue Verkehrsnetz gestellt wurden. Hinzu kam, dass für Fußgänger von jeder Haltestelle an einem projektierten inneren Gleisring innerhalb von drei bis sechs Minuten jeder wichtige Punkt der Innenstadt zu Fuß erreichbar sein sollte. Wahlweise sollte dem Fußgänger aber auch die Möglichkeit gegeben werden, über den mit Baumreihen als „Promenadenstraße für geruhsame Fußwege" angelegten Ring zu den bis „in die Stadtmitte hinein geführten Grünzonen gelangen" zu können.

Diese Beschreibung der Straßen trifft nur für die Ausführung der Hauptstraßen, also der Ringstraße und des Straßenkreuzes, zu. Die Nebenstraßen wurden soweit wie möglich durch die Anlage von Treppen oder durch eine kurvige Führung „verkehrsberuhigt" und die Sichtachsen interessanter gestaltet. Vorgesehen war auch schon in der 1948er-Planung eine ausgedehnte Fußgängerzone in der Hauptgeschäftsstraße, also der Kortumstraße. Man kannte das aus Köln und Kassel. Noch nicht vorgesehen war der heutige große Dr.-Ruer-Platz, er entstand auf politische Initiative erst ab 1950.

Das gesamte Verkehrs- und Städtebaukonzept erweist sich in seinen anfänglichen Zielsetzungen und Ausführungen von anderen Grundsätzen getragen, als es das im Nachhinein verbreitete Schlagwort der "autogerechten Stadt" Glauben macht. Ziel war es, den Hauptverkehr auf die Hauptstraßen zu verweisen und so in seinen Auswirkungen zu begrenzen. Der allmähliche Umbau zugunsten des privaten Pkws erfolgte erst ab 1959, als zum Beispiel die Radwege Parkstreifen wurden. Dem Wirtschaftswunder wurde auf diese Weise Tribut gezollt. Das steigerte sich mit der Ansiedlung des Opelwerkes 1960, Bochum erklärte sich nun zur "Autostadt" und baute zum Beispiel erst nach der Schließung des Werkes 2015 die ersten festen Radaranlagen auf.

"Ans Ganze gebunden, im Eigenen frei": die Architektur

Aus dem Stadtgrundriss des Neuordnungsplans erklärt sich die Architektur der Innenstadt. Die Formen der Nachkriegsarchitektur sind innovativ und unverwechselbar. Der damit verbundene Gesinnungswandel – weg vom Chaos der Jahrhundertwende und der nationalsozialistisch durchorganisierten Gauhauptstadt, hin zu einem nach bürgerlichen Idealvorstellungen geformten Ort des sozialen Friedens und kulturellen Miteinanders – zeigt sich deutlich in einer Rede des Stadtbaurats Massenberg aus dem Jahre 1947. Er führte aus, die "Grundidee" der Gestaltung Bochums müsse sein:

> "Ausgleich von schwerster Arbeit und Kultur, Brücke vom Werktag zum Sonntag des menschlichen Lebens, Versöhnung und Heilung des modernen werktätigen Arbeitsmenschen. Der Werktätige findet in den Tempeln der Bühne, der Plastik und Malerei, der Musik, der musealen Sammlungen, der wissenschaftlichen Vorträge, der religiösen Andacht seinen Hunger nach Erkenntnis, Wahrheit und Schönheit gestillt" (ebd., S. 52).

Konkret bedeutet dieses so verstandene "demokratische Bauen" für die Architektur, dass sie im Gesamtbild einheitlich getaktet werden sollte. Ein Miteinander gleichberechtigter Individuen sollte das Straßenbild beherrschen.

Die Baugrundstücke mussten künftig mindestens 200 qm Fläche aufweisen, die darauf bebaute Fläche war im Allgemeinen mit 8 m Front und 12 m Tiefe vorgeschrieben. Diese Änderungen in der Grundstücks- und Bebauungsstruktur prägten damals und prägen bis heute trotz beklagenswerter Eingriffe das Erscheinungsbild der Innenstadt Bochums. In der Gestaltung der einzelnen Bauten wurden die Architekten und Bauherren durch eine stringente städtische Bauberatung, die jeden Entwurf prüfte, auf Formen verwiesen, deren Gesamtwirkung auf einer allgemeinen Anwendung des vorkragenden Flachdachs über einem Isoliergeschoss, hochrechteckiger Fassadenformen und der regelmäßigen Anordnung von Risalitbauten in den Straßenwänden beruhte. Diese Gestaltungsvorschriften erhielten das Motto: "Ans Ganze gebunden, im Eigenen frei". Die so heraufbeschworene Einheitlichkeit des Straßenbildes beruhte also ganz und gar nicht auf einer später oft veranschlagten Einfallslosigkeit.

Der einheitliche Gesamtcharakter der Bebauung sollte den ruhigen und betonenden

Hintergrund für einzelne, individuell-repräsentative Großbauten bilden, die von den Gestaltungsvorschriften ausgenommen wurden. Auf dem Neuordnungsplan kann man erkennen, dass die neuen Trassenführungen auf sie abgestimmt wurden. Besonders auffällig ist das beim Schauspielhaus, das erst mit der zur Viktoriastraße verlängerten Königsallee seine prominente Lage erhalten hat. Allgemeine Bebauung, Straßenbegrünung (!) und Solitärbauten sollten zur gegenseitigen Wirkungsentfaltung beitragen – und das auf eine bis dahin möglichst unbekannte, neue Weise.

Im Bereich des Neuordnungsplans der Innenstadt Bochum entstanden die Gebäude, an die die höchsten Gestaltungsansprüche gelegt wurden. Zu nennen ist da das 1946 bis 1952 gebaute neue Verwaltungsgebäude der Ruhrknappschaft in Bochum, entworfen vom Architekten Hans Landgrebe, Ruhrknappschaft. Es folgte 1949 bis 1952 der Bau der ARAL-Hauptverwaltung, entworfen vom Architekten Wilhelm Seidensticker, heute nicht mehr vorhanden. Der wichtigste Parallelbau des ARAL-Verwaltungsgebäudes war das 1952/53 fertiggestellte Stadtbad Bochum, den Entwurf schufen im Planungsamt Bochum Josef Hellrung und Clemens Massenberg. Es stand räumlich und gestalterisch in engem Zusammenhang mit dem benachbarten neungeschossigen Stadtwerke-Bau und dem angrenzenden Platz vor dem neuen Hauptbahnhof. Erstmals wurde hier in Bochum das gestalterische Prinzip der Korridorstraße verlassen. Man versuchte, im Wechselspiel der Höhen raumbildende Kuben zu erhalten. Gleichzeitig sollte hier die Raster-Architektur in cityorientierte Formen umgesetzt werden. Es entstanden helle Schaufensterzonen. Die wechselnden Höhen der Gebäude sollten Orientierungspunkte bieten. Überdies wurde hier erstmals in einem Großversuch Farbe in das Stadtbild der „tristen Revierstadt" gebracht. Das Bad wurde beige, das Stadtwerke-Gebäude türkis und die später am benachbarten Bahnhofsplatz errichteten Bauten gelb und rot gestaltet. Die Verwendung von Keramikplatten sollte die Reinigung der farbigen Fassaden erleichtern.

Um das Aufkommen der für die 1950er Jahre so typischen geschwungenen Form in Bochum darzustellen, muss das 1953 verwirklichte Schauspielhaus von Gerhard Graubner, Hannover, genannt werden. Graubner entmonumentalisierte die klassizistische Tempelfassade der Theaterarchitektur. Durch zwei schlanke Stützen änderte er den Ausdruck des Portikus vom Kraftvollen ins Fragile; wo vorher großflächige Quader die Stärke der Wand betonten, bringt er 1953 durch die kleinteilige Klinkerverkleidung Lebendigkeit in die Wandflächen; wo vorher die monochrome Farbigkeit des Werksteins den Ernst des Baus betonte, wird dann durch Farbkontraste nach Graubners Worten „heitere Leichtigkeit" geschaffen; und wo bis dahin der rechte Winkel den Eindruck des Statischen vermittelte, versetzen nun geschwungene Linien das Haus in Bewegung. So entstanden aus demselben Grundmotiv, dem Tempel, zwei völlig unterschiedliche Architekturen. Der Schwung setzt sich im Inneren fort.

Das letzte in der Entwicklungsreihe vorzustellende Objekt ist das Empfangsgebäude des neuen Bochumer Hauptbahnhofes, das 1955 bis 1957 nach einem Entwurf des Architekten Heinz Ruhl entstand. Das bestimmende Moment des Empfangsgebäudes ist die verglaste Empfangshalle mit seiner markanten „schmetterlingsförmigen" Dachkonstruktion aus damals neuartigem Spannbeton. Der Schwung des Daches wird in den Bahnsteigüberdachungen wieder aufgenommen. Die Bochumer Stadtfarben Blau und Weiß prägen die Bahnsteige, sonniges Gelb die Empfangshalle. Auch die Außenfassade bietet ein kontrastreiches Wechselspiel aus Natursteinen und farbigem Putz. Kaum ein Gebäude verkörpert den Stolz der Stadt auf den gelungenen Wiederaufbau besser als dieses, entsprechend sorgfältig wurde es 2003 bis 2010 restauriert und modernisiert.

Zusammenfassend kann gesagt werden: Der „Neuordnungsplan der Innenstadt Bochum" vom 1. Oktober 1948 beschränkte sich nur auf den ersten Blick auf das bloße Herrichten von Straßen. Es war ein Leitprojekt für Bochum in wirtschaftlicher, sozialer und städtebaulicher Hinsicht. Der bis heute bewährte Wiederaufbau der Bochumer Innenstadt ist im Grundriss die Lösung altbekannter Stadtentwicklungsprobleme. Die Verkehrskonzepte bevorzugten ursprünglich den öffentlichen, nicht den Individualverkehr. Die auf dieser Grundlage entstandenen hervorragenden Gebäude der 1950er Jahre sind ohne ihre prunklose, aber wohlproportionierte Umgebungsbebauung nicht zu verstehen. Der Gegensatz von einheitlicher Allgemeinbebauung und individuellen Solitärbauten wurde angestrebt und sollte wechselseitig wirkungssteigernd sein. Der Wiederaufbau war in dieser von gut verdienenden Berg- und Stahlarbeiterfamilien besiedelten Stadt auch wirtschaftlich so erfolgreich, dass Bochum lange Zeit mit dem Slogan „Treffpunkt Bochum – Schaufenster des Reviers" glaubwürdig auftreten konnte.

Etliche der gezeigten Bauten sind heute bereits wieder verloren, eine stattliche Anzahl ist aber auch als Baudenkmal geschützt. Einiges könnte und sollte noch in die Denkmalliste aufgenommen werden.

HANS H. HANKE

71 TRACHT DER GÄNSEREITER

Seit 1598 Gänsereiten in Höntrop

Seit 1568 tobt nun schon der spanisch-niederländische Erbfolgekrieg in Europa, als spanische Söldnertruppen 1585 in den Raum von Lippe und Ruhr, das Hoheitsgebiet Kleve-Mark, eindringen. Das Stift Essen ist bereits restlos geplündert. Raubzüge durch unsere Städte sind an der Tagesordnung. Dörfer werden erbarmungslos niedergebrannt, Vieh gestohlen, die Bewohner drangsaliert oder kaltblütig ermordet. Bei uns brennt die Hölle auf Erden. Hintergrund für die Wahl der Ruhrregion zum militärischen Aufmarschgebiet ist der Versuch der spanischen Weltmacht, unter ihrem König Philipp II. das Bündnis der Niederlande mit dem protestantischen Deutschland zu unterbinden. Während dieses fürchterlichen Gemetzels fällt der spanische Admiral Don Francesco Mendoza am 5. November 1598, auf der Suche nach einem geeigneten Winterquartier, mit 24 000 Soldaten in unsere Gegend ein. Am „Hellweg in Hontroppe", der alten Heeres- und Handelsstraße, findet der gewitzte Feldherr endlich den brauchbaren Platz, um mit seinen Mannen die kalte Jahreszeit zu überstehen. Den spanischen Kriegern ist auch bestens bekannt, dass der Hellweg eine Pilgerroute in ihr Heimatland nach Santiago de Compostela, dem zweitgrößten Wallfahrtsort des Abendlandes, ist. Ganz in der Nähe des ausgewählten Lagerplatzes befinden sich außerdem das 1364 erbaute Pilgrimhaus in Stalleicken als Gasthaus und Hospital sowie die 1395 errichtete Bartholomäuskapelle. Fremde umherfahrende Kaufleute, Bettler und Wanderer schleppten zwangsläufig die Lepra-Seuche ein, deshalb stehen weiter ostwärts, seit 1439, das von Everhard von der Brüggeney gegründete Leprosenhaus „dat nye seykenhuys by Hontroppe" und die Leprosenkapelle, die erste „Kerke von Hontroppe".

Die Zelte sind schnell aufgebaut, Pferdekoppeln abgesteckt, Wagen mit Kanonen und Waffen untergebracht. Müde und zerschunden ruhen sich die Soldaten zunächst von ihren kriegerischen Einsätzen aus. Doch nach einigen Tagen hat sich die Truppe von ihren Strapazen einigermaßen erholt. Ödes Einerlei kehrt ins Camp ein. Die wilden spanischen Kriegsleute, die zuvor raubend und mordend durch die Lande gezogen waren, langweilen sich jetzt sehr. Unruhig und gierig durchstreifen daher einige Gruppen die umliegenden Bauernschaften und Höfe. Dass sie in den Höntroper Scheunen und Ställen reichlich Beute finden, ist mehr als verständlich. Der Winter steht vor der Tür, man hatte schließlich vorgesorgt. Ängstlich verstecken sich die Bewohner der Bauernhöfe und Kotten. Mensch und Vieh leben unter einem Dach. Einige Knechte können sich noch rasch unter Heu und Stroh verstecken und zittern vor Furcht und Schrecken beim Auftauchen der fremden Männer. Viele Menschen suchen ihr Heil in der Flucht über den kürzesten Kirchweg zur sicheren Sankt-Gertrudis-Kirchenburg. Auch der Galgenpfad zur Femlinde ist ein gefragter Zufluchtsort, um der Bedrohung zu entrinnen. Die einzelnen Trupps der spanischen Streitkräfte durchsuchen unterdessen jeden Winkel und raffen hemmungslos alles an sich, was für sie brauchbar ist. Vor allen Dingen Gänsevieh nehmen sie mengenweise mit. Nachdem der erste Schreck vorbei ist, kriechen Großknechte und Gesinde vorsichtig aus ihren Verstecken heraus und wagen sich sogar später neugierig in die Nähe des Winterlagers, um die

71 | TRACHT DER GÄNSEREITER

Leihgabe Michael Meise, Bochum

Baumwolle

71 | TRACHT DER GÄNSEREITER

ausländischen Soldaten zu beobachten. Einen heißblütigen Wettkampf zu Pferde bekommen sie zu sehen. Ihre eigenen Gänse hängen an einem Seil quer über dem Lagerplatz. In ihren bunten Uniformen reiten die Krieger einzeln oder in Gruppen wild unter den Gänsen her und versuchen, ihnen die Köpfe abzureißen. Federn fliegen durch die Luft. Stürmisch wird jeder Erfolg von den übrigen Söldnern gefeiert und bejubelt. Sofort flattern neue Gänse am Strick, in den umliegenden Ställen schnattert noch genug Nachschub. Mit seiner Beute unter dem Arm verschwindet jeder Sieger hinter den Zelten. Dieser Braten ist ihm sicher!

Das Schauspiel, das sich den ungläubigen Blicken der herbeigelockten Burschen bietet, ist zunächst gewöhnungsbedürftig. Für die gottesfürchtigen Menschen sind das hier völlig unbekannte Sitten. Hinter Hügeln und Hecken versteckt, beobachten sie zunächst erstaunt diese lebhaften Reiterspiele. Ihre Gänse müssen jetzt ihr Leben lassen und auf den Lagerfeuern der spanischen Armee brutzeln. Zu Beginn des neuen Jahres 1599 hat sich die Bevölkerung allmählich mit dem außergewöhnlichen Zustand abgefunden. Aus der anfänglichen Wut und Verzweiflung wächst bei den jungen Leuten sogar schnell Begeisterung für die gewandten Reiterspiele, wobei die spanischen Krieger auch ihre Muskeln trainierten, um das Schwert kampfsicher in der Hand zu halten. Auf Baumanns Gut, auf den Höfen von Stenhus in der Spellborgh, Preyn, Henken, Fryhoff, Schroer in den Erdelen, Brennholte und Plümer werden heimlich ein paar Junggänse zwischen den Deelenbalken aufgehängt und das Halslangziehen nachgeahmt. Die Wissbegier, wie sich so ein glatter Gänsehals anfühlen würde, ist stärker als die angeborenen guten Manieren. Im Grunde ist man eigentlich sittsam, ehrbar, tugendhaft und gehorsam. Doch dieses neue Spielchen entwickelt sich schnell zum beliebten Wettkampf. Der Ehrgeiz, den Kopf als erster in der Hand zu halten, veranlasst die Bauernsöhne von Henrich in Seyers Bax, Wilms an der Neukirche, Else im Gahm, Wilm Helfs, Hinrich auf der Becke, Heinrich in Spelbergs Bax und Schroer an der Fohr, öfter mal unter sich, im kleinen Kreis, ein Reitergefecht auszutragen. Gerade jetzt, wo die Felder brach liegen und die Gänse, die noch übrig sind, sich viel Fett angefressen haben, ist reichlich Zeit für derlei Kurzweil vorhanden. Außerdem müssen die Pferde im Winter bewegt werden. Da kommt ihnen diese Gelegenheit gerade recht. Auf allen Höntroper Höfen werden regelrecht kleine Gänsereiten ausgetragen. Als der Winter vorbei ist, so gegen Ende April 1599, ziehen die Spanier wieder ab. Der ganze Spuk ist vorbei! Es kehrt wieder Ruhe am alten Hellweg ein. Auf den Feldern und Weiden spricht man nur noch von der spanischen Gänsereiterei. Kohleschürfer an den Ruhrhängen haben jetzt ein interessantes Gesprächsthema. Tief und nachhaltig sitzen die spitzen Schreie der gierigen Krieger im Bewusstsein der Menschen. Nach Wochen sitzen die Bauern und Kötter Lehnemann, Fohrhoff, Cordt, Lockampf, Winkelmann, Potthoff, Schellhoff und Erdelkampf in gemütlicher Runde zusammen, plaudern und schwatzen arglos über die Ereignisse des vergangenen Winters. Frühling liegt in der Luft, es dämmert bereits. Nach hitzigen Debatten ist die einhellige Meinung aller Anwesenden: „Das, was uns die spanischen Kriegsleute hier in Hontroppe am Hellweg vorgeführt haben, müssen unsere Nachkommen auch in späteren Jahren ihren Kindern erzählen und nacheifern!" Was zunächst fremd war, ist plötzlich für die Bevölkerung ein großartiger Spaß geworden. Nicht nur im Dorf

71 | TRACHT DER GÄNSEREITER

am Hellweg wird nach der Gans geritten. Auch in der Umgebung ist das Gänsereiterfieber ausgebrochen. In den Bauernschaften Günnigfeld und Ückendorf treibt man es ganz ausgelassen. Selbst in Recklinghausen, Paderborn und Münster hat sich dieser Brauch herumgesprochen und wird mit Begeisterung ausgetragen. Doch das ursprünglichste Reiterfest findet nach wie vor dort statt, wo alles angefangen hat.

Das Gänsereiten ist mittlerweile ein riesiges Volksfest geworden, das jedes Jahr am Rosenmontag im Höntroper Südpark stattfindet. Rundfunk, Fernsehen und die überregionale Presse berichten über dieses Großereignis. Die Gans, die an den Füßen zwischen zwei Bäumen aufgehängt wird, wird vorher getötet. Das Seil wird so gespannt, dass die Reiter, die im Galopp darunter herreiten, mit ihrem ausgestreckten Arm gerade den Hals erreichen können. Diese Gänsereiter müssen nun versuchen, den Kopf des Federtieres zu erwischen und abzureißen. Der Sieger des Wettstreites steht (mit der von ihm erwählten Königin) ein Jahr als König der Höntroper Gänsereiter fest. Er ist der erste Mann im Königreich Höntrop. Die Gans landet im Kochtopf des Siegers und wird während eines großen Festes gemeinsam mit Freunden verzehrt.

Der Gänsereiter-Club Höntrop legte den Ursprung seiner Tradition auf das Jahr 1598 fest. Die Grundlage für diesen Entschluss lieferte ein Gutachten des Stadtarchivars Dr. Eduard Schulte vom 6. Februar 1925. Viele Jahrzehnte war das Gutachten Dr. Eduard Schultes der einzige Hinweis auf die Entstehung unseres Höntroper Volksfestes.

Weitere Nachforschungen, unter anderem auch in der spanischen Ortschaft El Carpio de Tajo, brachten dem Gänsereiter-Club Höntrop wichtige neue Erkenntnisse. In unserer Gegend wurde von Gänsereiten schon viel gehört, bevor der spanische Admiral Mendoza mit seinen Landsknechten zwischen Stalleicken und Höntrop sein Winterlager bezog. Eine Rechnung der Stadt Recklinghausen aus dem Jahre 1534 ist eines der ältesten Dokumente zum Gänsereiten. Sie verzeichnet, dass die Stadt einen Obolus gab, um das Gänsereiten durchführen zu können. „Item vor eyne goess gegeven, dey to vestavende opgehagen wart." (Ebenso für eine Gans gegeben, die zum Fastabend aufgehangen wurde.) Zu diesem Zeitpunkt wurde in ganz Europa nach lebenden Gänsen geritten. Ein Verbot dieser Sitte erfolgte am 2. Dezember 1806 durch den Herzog Ludwig, Landgraf von Hessen-Darmstadt, der 1802 Landesherr von Westfalen wurde. Dank der intensiven Nachforschung kann der Gänsereiter-Club Höntrop von 1598 e.V. seine Clubgeschichte bis in die 70er Jahre des 19. Jahrhunderts auch dokumentarisch belegen. Das Gänsereiterfest begann damals mit einem Ritt um das Rathaus. Plakate und Zeitungsanzeigen warben für das Höntroper Traditionsfest. Stets wurde betont, man wolle den Alten nacheifern. Langjähriger Einberufer der „Gänsereiter aus Höntrop, Sevinghausen und Umgebung" war der Wirt Wilhelm Brandhoff. Er verstarb am 10. Mai 1896.

Das Protokoll der damaligen Zeit trägt vor jeder Eintragung der Mitglieder die Überschrift „Mitgliederverzeichnis der Gänsereiter aus Höntrop, Sevinghausen und Umgebung". Man kann sicher sein, dass dies auch der Name des gemeinsamen Gänsereiterclubs war. Durch den Fortzug des Königs Theodor Küpper, der in seinem Gepäck auch die Königskette mitführte, konnte in den Jahren 1898 bis einschließlich 1903 nicht um Königsehren geritten werden.

Überlieferungen, in Höntrop habe während dieser Zeit kein Gänsereiten stattgefunden, sind völlig irreführend. Mehrere Dokumente beweisen eindeutig das Gegenteil. Ein Beispiel (Zeitungsinserat): „Westenfeld, 19. Februar 1901. Am Rosenmontag unternahm der hiesige Junggesellenverein eine lustige Schlittenpartie nach Höntrop zum Gänsereiten." Während dieser Zeit um die Jahrhundertwende, als in Höntrop kein König ausgeritten wurde, spaltete sich eine Gruppe von Gänsereitern ab, die diesen königlosen Zustand nicht gut fand. Sie gründeten einen eigenen losgelösten Kreis von Reitern, der weiterhin um die Königswürde stritt. So entstanden zwei eigenständige Gänsereiterclubs in Höntrop und Sevinghausen.

1902 schlug Hugo Zissing in der Wirtschaft Wilhelm Knappmann vor, das Reiten um die Höntroper Gänsereiter-Königswürde wieder aufleben zu lassen. Zu diesem Kreis um Hugo Zissing zählten Fritz Schilling, Wilhelm Knappmann, Wilhelm Schmitz und Heinrich Knappmann. Der Gänsereiter-Club Höntrop wurde neu und straff organisiert. Am Rosenmontag 1903 fand eine Zusammenkunft mit Damen in der Gaststätte Wilhelm Knappmann statt. Im September 1903 gelangte die Königskette wieder in Clubbesitz. Am 8. Dezember 1903 fand bei Wilhelm Knappmann eine erste Versammlung statt, in der 17 Mitglieder aufgenommen wurden. Die erste Königswürde nach der Jahrhundertwende errang 1904 Ludwig Potthoff. Im Festsaal Heinrich Knappmanns erwählte er Frau Maria Gahmann zu seiner Königin. Es ist überliefert, dass die gesamte Höntroper Bürgerschaft das Gänsereiterfest begeistert feierte. Während des Rosenmontagsballs fehlte nicht ein „Beamter" der Zeche Maria Anna & Steinbank.

In den Jahren bis zum Ausbruch des Ersten Weltkrieges nahmen an dem Höntroper Traditionsfest wieder Tausende auswärtige Zuschauer teil, so wie es vor der Jahrhundertwende üblich war. Im Jahre 1910 hatte Höntrop 5 436 Einwohner. In dieses damals noch selbstständige Örtchen strömten mehr Zuschauer heran als es Bewohner hatte. So waren es 1910 über 8 000 Personen, 1912 kamen 12 000 und 1914 sage und schreibe 25 000 Schaulustige. Am 28. Juli 1914 brach der Erste Weltkrieg aus. Er endete, welch ein Datum, am 11. November 1918. Für das geschlagene Deutsche Reich begann eine schwere Zeit. Trotzdem, die Höntroper Gänsereiter ließen sich nicht entmutigen. Sie trafen sich am 21. Dezember 1919 zur ersten Nachkriegsversammlung. Sie waren gewillt, Höntroper Gänsereitertradition in gewohnter Art weiterzuführen. Vorbilder waren, um einige Namen zu nennen, Wilhelm Schmitz, Hugo Zissing, August Kuckshoff, Hugo Schulte, Josef Henkel, Ernst Knappmann, Franz Effkemann, Johann Philipps und Josef Keller.

Doch die heute so gepriesenen „Goldenen Zwanziger Jahre" wurden für den Club trotz aller Anstrengungen niemals golden. Ausnahmezustände, französische Besatzungszeit, Polizeiverordnungen und Anfänge der Weltwirtschaftskrise vereitelten viele gute Pläne. Trotzdem konnten unter großen Opfern von 1921 bis 1931 neun Gänsereiterfeste ausgerichtet werden.

Während der Herrschaft der Nationalsozialisten gab es trotz anfänglicher Erfolge erneut Schwierigkeiten. Auch diese wurden gemeistert. Von 1934 bis zum Ausbruch des Zweiten Weltkrieges 1939 veranstaltete der Club sechs Gänsereiten. 1940, 1941 und 1942 trafen sich die Mitglieder zu bescheidenen Rosenmontagsfesten. Nach dem Ende des katastrophalen Zweiten

Weltkrieges begann am 11. November 1945 der Wiederaufbau des Clubs. Die damalige Gänsereitergeneration erfüllte den Willen ihrer Altvorderen, sich niemals entmutigen zu lassen. Es wurden zwischen 1945 und 1949 von den Mitgliedern Opfer gebracht, die bis heute beispiellos geblieben sind. Zu den erfahrenen Mitgliedern, wie Wilhelm Schmitz, Josef Henkel, Heinrich Nottebaum, Heinrich Owerdieck, Willi Schildgen, Hermann Enste, Josef Grimmenstein, Heinrich Halwer, Carl Berghoff, Paul Jütte und Stephan Jürgens, gesellten sich von 1947 bis 1949 die Gänsereiter Willi Batenbruch, Leo Becüwe, Hans-Georg Henkel, Egon Henkel, Hubert Schmitz, Alfred Schnell und Willi Hillebrand. Sie alle leisteten Vorbildliches zur Erhaltung des Höntroper Traditionsfestes. 1949 errang Hugo Weyers die erste Königswürde nach dem Zweiten Weltkrieg. Zu seiner Königin erwählte er Frau Maria Schmitz.

Auch bis in die heutige Zeit werden die althergebrachten Sitten und Gebräuche im Gänsereiterclub aufrechterhalten. Ein modern denkender, traditionsbewusster Vorstand arbeitet unter Mithilfe aufgeschlossener Gänsereiter zum Wohle des Clubs. Eine wichtige Aufgabe sehen die Gänsereiter darin, das Brauchtum auch außerhalb der Karnevalszeit zu pflegen. Seit dem 28. Februar 1977 ist der Gänsereiter-Club Höntrop von 1598 ein eingetragener Verein. Als sichtbares Zeichen der guten Zusammenarbeit aller Gänsereiter steht seit 1983 die Höntroper Gänsereiterhalle Am Stensberg. Diese Straße wurde aus Anlass der 400-Jahr-Feier im Jahre 1998 in „Höntroper Gänsereiterweg" umbenannt. Die Gänsereiterhalle ist Treffpunkt für viele Aktivitäten des Clubs und bietet den Wagenbauern optimale Bedingungen bei der Gestaltung der Figuren. Der 1991 gegründete Spielmannszug der Höntroper Gänsereiter ist zu einem über unsere Stadtgrenzen hinaus bekannten Aushängeschild des Clubs geworden. Zu den verantwortlichen Leuten, die den Traditionsverein in den letzten Jahren weithin bekannt gemacht haben, zählen Heinz Eller, Friedl Schneider senior, Joachim Schnell, Wolfgang Schlott, Heinrich Strack und Peter Hirschfelder. Die Kleidung der Höntroper Gänsereiter ist abgeleitet von der Sonntagstracht der hiesigen Bauern, wie sie heute noch in Westfalen getragen wird. Sie besteht aus dem blauen Bauernkittel mit weißer Litze, dem roten Halstuch, der schwarzen Reithose, schwarzen Reitstiefeln und der schwarzen Schirmmütze mit Silbergans. Die weiße Litze war früher eine gestickte Verzierung, welche seit 1902/03 zur Unterscheidung zwischen den Höntroper und Sevinghauser Gänsereitern diente. Die abgebildete Tracht stammt von Wolfgang Meise. Er hat diese von seinem Schwiegervater Josef Happe geerbt. Von wem dieser diese bekommen hat, ist nicht bekannt. Das Alter des Kittels, der von drei Generationen von Gänsereitern getragen wurde, ist unbekannt.

Die in den sechziger Jahren des vorigen Jahrhunderts erstmalig geknüpften Kontakte zu dem Ursprungsort des Gänsereitens, El Carpio de Tajo in Spanien, wurden ab 1996 wieder aufgenommen und in den vergangenen Jahren durch gegenseitige Besuche freundschaftlich vertieft. Tausende Zuschauer erleben jährlich mit Freude und Begeisterung unser Höntroper Gänsereiten am Rosenmontag im Südpark. Hoffen und wünschen wir, dass wir dieses einmalige Volksfest in Ruhe und Frieden noch viele Jahre feiern können! Gut Ritt!

MICHAEL MEISE

GUSSSTAHLGLOCKE BOCHUMER VEREIN

Von der Produktionsstätte zum Westpark. Das Gelände des Bochumer Vereins

Orte haben ihre Geschichte. Eine besondere Geschichte ist mit dem Westpark in Bochum verbunden, einem Gelände, welches an vielen Stellen an die alte Produktionsstätte des Bochumer Vereins erinnert. Diese Formen der Erinnerung haben die Planer und Architekten des Parks bewusst gesucht und Gebäude wie Bodenbeschaffenheiten aus der Vergangenheit für die Besucherinnen und Besucher der Gegenwart erlebbar gehalten. So bleibt offensichtlich, welch bedeutendes Unternehmen nahe des Stadtkerns beheimatet war, eine Fabrik von Weltruf. Das besondere des Bochumer Vereins war ein eigens entwickeltes Produktionsverfahren für sein Material: Stahl. Aus dem schwer zu bearbeitenden hochwertigen Stoff wurden hier in Bochum Fertigprodukte wie Eisenbahnräder und Kanonen produziert. Ein wichtiges Standbein des Unternehmens lag in der Herstellung von Gussstahlglocken, die über Jahrzehnte das Firmengelände verließen. Heute ist zur Erinnerung an diesen Produktionsprozess eine Installation, bestehend aus Gussstahlglocken, an der Zufahrt zum Parkgelände eigens aufgestellt worden.

Am Beispiel einer Gussstahlglocke soll im Folgenden gezeigt werden, welches Verfahren der Bochumer Verein entwickelt und damit den Grundstein für sein internationales Renommee gelegt hatte. In einem zweiten Schritt soll dann auf das Ende des Produktionsprozesses in der Nachkriegszeit eingegangen werden. Wie sollte man mit einem brachliegenden Industriegelände umgehen? Die Probleme waren groß, die Lösung kann sich sehen lassen. Mit der Umgestaltung zu einem Park ist das gelungen, was kaum für möglich gehalten wurde: Den Bürgern ist ein bisher abgesperrter Fabrikbereich, welcher auch als Industrieruine nicht zu betreten war, als Freizeitanlage geschenkt worden. Die Bochumer können das ehemalige Industriegelände zur Naherholung nutzen, was einem Funktionswandel um hundertachtzig Grad gleichkommt.

Das Fabrikgelände: Die Gussstahlproduktion

Die Stahlindustrie suchte in den 1840er Jahren nach Lösungen, um in größeren Mengen Eisen und Stahl erzeugen und verarbeiten zu können. Die Essener Firma Fried. Krupp entwickelte ein Verarbeitungsverfahren, bei welchem der Tiegelstahl mit Hämmern geschmiedet, also aufwendig zu Produkten wie Werkzeugen und Walzen weiterverarbeitet wurde. Die Stahlfirmen taten sich schwer, innovativere und leichtgängigere Verfahren als den arbeitsintensiven Schmiedeprozess zu entwickeln. Dieses Problem ging Jacob Mayer an. Er experimentierte mit Gussstahl, den er in Formen goss. Sein Ende der 1840er Jahre entwickeltes Stahlformgussverfahren machte ihn berühmt und war die Basis seines Firmenerfolgs. Das Unternehmen wurde 1854 in eine Aktiengesellschaft, den „Bochumer Verein für Bergbau und Gußstahlfabrikation", umgewandelt.

72 | GUSSSTAHLGLOCKE BOCHUMER VEREIN

Ruhr Museum Essen, Essen, Inv.-Nr. 1998/19/2
H 47 cm, Dm 50 cm; Stahl; Gewicht 49,2 kg; Bochumer Verein, 1950

Bei der Konkurrenz stieß seine Idee, den Gussstahl schlicht in Formen zu gießen, auf Skepsis. Der größte Kritiker saß in Essen. Alfred Krupp hielt es technisch für unmöglich, auf diese Weise Stahl zu formen. Er kritisierte auf der Pariser Weltausstellung 1855 das Verfahren so vehement, dass die Ausstellungsleitung ein öffentliches Experiment durchführte. Unter den Augen der Weltpresse musste Krupp eingestehen, dass er Unrecht hatte. Mayer kam mit einer Goldmedaille aus Paris zurück ins Ruhrgebiet. Seine technische Innovation war nun international bekannt und gefragt. Die Herstellung von Glocken war das Markenzeichen der Bochumer Firma. Auch nach dem Zweiten Weltkrieg waren sie ein Verkaufsschlager. Sie waren bei Kirchengemeinden begehrt und bei Museen als Ausstellungsstücke gefragt. Die letzteren wollten ein solches Produkt präsentieren, um die hohe Qualität und den wirtschaftlichen Erfolg des Bochumer Vereins – und damit auch der Montanindustrie des Ruhrgebiets – zu verdeutlichen.

Am 9. Dezember 1951 öffnete in Düsseldorf das Landesmuseum „Volk und Wirtschaft" seine Tore. Als technisches Museum sollte die ständige Ausstellung das Interagieren zwischen Mensch und Natur und damit auch die Entwicklung von Wirtschaft, Arbeit und Freizeit in Nordrhein-Westfalen visualisieren. Ein Blickfang in der Ausstellung war die in einem eigens dafür gefertigten Stahlrahmen präsentierte Glocke des Bochumer Vereins. Damit wurde diesem speziellen Stahlformguss in der Museumsgestaltung eine hohe Bedeutung beigemessen. Auch diese Glocke wurde nach dem Bochumer Verfahren 1950 gegossen, vermutlich speziell für die Ausstellung des Düsseldorfer Landesmuseums. Auf dieser Glocke befinden sich vorne das Symbol des Bochumer Vereins sowie die Zahl 1950. An der Schulter der Glocke steht ringsum geschrieben „Anfang – Christus – Ende". Unterhalb des Begriffs „Christus" stehen die Buchstaben Alpha und Omega, die als erster und letzter Buchstabe im griechischen Alphabet Anfang und Ende symbolisieren. Getrennt werden sie durch das Christusmonogramm, einem der ältesten Symbole für „Jesus Christus". Es besteht aus den griechischen Buchstaben Chi und Rho, die die beiden Anfangsbuchstaben im Namen „Christus" markieren. In der Ausstellung war die Glocke mit einem Text zum Tonbild der Glocke versehen – ein Hinweis auf die Qualität ihres Klanges.

Als das Düsseldorfer Landesmuseum im Jahr 1998 eine neue Dauerausstellung unter dem Titel „NRW Forum Kultur und Wirtschaft" konzipierte, wurde die Glocke nicht mehr benötigt und dem Ruhrlandmuseum in Essen geschenkt. Heute ist das Exponat Sammlungsgut des Ruhr Museums.

Die Industriebrache: Die Umgestaltung

Die Gussstahlglocke von 1950 wurde in Bochum hergestellt. Dort, wo heute im Westen der Stadt ein Park liegt, war fast 150 Jahre lang eine Stahl- und Hüttenfabrik. Bis 1986 gab es hier an der Alleestraße das Hütten- und Stahlwerk der Friedrich-Krupp Hüttenwerke AG. Krupp hatte 1965 den Konkurrenten Bochumer Verein geschluckt. Der Bochumer Verein hatte noch länger an diesem Standort produziert und 1876 seinen ersten Hochofen auf dem Gelände in Betrieb genommen. Weitere folgten, andere Gebäudeteile und Werkshallen wurden um- und ausgebaut. So entwickelte sich über Jahrzehnte ein riesiges Industriegelände, welches 1986 auf einmal durch die Stilllegung nutzlos geworden war. Was konnte man mit den nun verwaisten Flächen unternehmen?

Die Industriebrache „Krupp-Gelände" (ehemals Bochumer Verein) umfasste insgesamt 70 Hektar. Der Grundstücksfonds Nordrhein-Westfalen kaufte 1988 davon eine Fläche von 34,5 Hektar, die später zum Park umgestaltet wurde. Pläne von André Heller für eine Parkgestaltung scheiterten ebenso wie die Idee, Elemente aus dem Nachlass der Expo 2000 in Hannover auf den Flächen zu installieren. Was blieb, war die Vision eines Industrie-Parks. Sie bekam Nahrung durch die Kraft des Faktischen: Über die Jahre eroberte sich die Natur das Gelände zurück. Durch den Spontanwuchs bildete sich eine erste Naturlandschaft. Was war der zweite Schritt? Duisburger Landschaftsarchitekten erhielten 1997 den Auftrag, einen Entwurf für den Westpark zu unterbreiten. Die Fläche wurde dann auf Basis dieser Pläne zwischen 1999 und 2007 umgestaltet. Aus einer Industriebrache, einer ehemals „verbotenen Stadt", entstand ein Naherholungsgebiet, welches die scheinbaren Nachteile eines Industrieraumes zu einer Stärke macht.

Die auf dem Gelände vorhandenen Hochöfen und die Walzstraße wurden nach 1986 abgerissen. Allerdings betraf diese Maßnahme nur die oberirdischen Anlagen. Erhalten blieben die Fundamente, welche dem Park seine eigenwillige Topografie geben. Das Gelände zeichnet sich durch weitere Eigentümlichkeiten aus. Es ist in drei Ebenen gegliedert, jeweils um zehn Meter voneinander in der Höhe versetzt. Von der Alleestraße im Süden abgetrennt liegt auf einer zweiten Ebene die Jahrhunderthalle mit Nebengebäuden. Eine dritte ebenfalls etwa zehn Meter höhere Ebene umschließt wiederum diese. Im nördlichen Teil ist es die Aussichtsebene, der „Nordpol", wo früher die Hochöfen des Werks standen. Im Süden befand sich das Siemens-Martin-Stahlwerk. Dass es zu einer „Erhöhung des Geländes" kam, lag an der beengten Situation der Firma. Eine weitere Ausdehnung war aufgrund der inzwischen entstandenen Siedlungen im Umfeld des Werkes nicht mehr machbar. Ein Wachstum war nur noch in die Höhe möglich, um die Produktionskapazitäten zu steigern. So wurden alte Industrieanlagen durch neuere und größere überbaut. Die Oberkante des Werkes lag 20 Meter über dem Niveau der Innenstadt.

Die noch erhalten gebliebene „Jahrhunderthalle" prägt das Bild des Parks. Der Bochumer Verein errichtete sie 1902 in Düsseldorf, wo sie der Firma als „Pavillon" auf der großen Industrie- und Gewerbeausstellung diente. Nach Ende der Ausstellung baute man das Gebäude ab und in Bochum wieder auf. Nun war es eine Gebläsehalle, in welcher der für den Betrieb der Hochöfen notwendige Wind produziert wurde. Der Bochumer Verein stellte Stahl her, seien es Glocken oder Kanonen. Nach dem Zweiten Weltkrieg verlagerte sich der Schwerpunkt hin zu hochwertigen Produkten wie Räder für Schienenfahrzeuge. Da nicht alle Teile des ursprünglichen Werks komplett stillgelegt und im Anschluss abgebaut beziehungsweise umgenutzt wurden, hat sich die Situation eingestellt, dass sich der Westpark in direkter Verbindung mit der stahlverarbeitenden Industrie befindet. Östlich von ihm lagen die „Vereinigten Schmiedewerke", an die sich wiederum die Bochumer Innenstadt anschließt. Heute firmiert dieses Werk unter „Bochumer Verein Verkehrstechnik GmbH" und produziert Räder, Radsätze und Radsatzwellen. Das Unternehmen bietet Instandsetzungsarbeiten an Hüttenwerken an und engagiert sich im Umwelt- und Energiemanagement.

Auf dem Gelände des Westparks hat man aus ökonomischen und ökologischen Gründen die Altlasten, die naturgemäß bei einem über Jahrzehnte in Betrieb befindlichen Stahl- und Hüttenwerk anfallen, an Ort und Stelle belassen. Alternativ wäre der aufwendige Abtransport mittels Lastkraftwagen gewesen. Nur hoch kontaminierte Flächen wurden abgetragen und auf die eigens dafür vorgesehenen Deponien verbracht. Dagegen beließ man die anderen Flächen wie sie waren und begrünte sie nach eigens entwickeltem Konzept. Der Westpark ist deshalb auch eine Deponie, wie die Landschaftsarchitekten 2007 in ihrer Monografie zum Westpark Bochum festhielten. Mit Stilllegung der Anlage breitete sich die Vegetation auf dem Gelände aus. Zuerst waren es vor allem Birken, Sommerflieder und Robinien, die sich zwischen den Fundamenten ausbreiteten.

Das Gesamtkonzept für den Westpark fußt auf dem Prinzip der drei Ebenen. Die obere Ebene schließt mit der höchsten Erhebung, dem „Nordpol", ab. Hier finden sich Sitzmöglichkeiten und eine Liegewiese. Der Besucher blickt auf den mittleren Kessel, den man auf einem Höhenweg umrunden kann. Ein anderer Weg führt über eine 70 Meter lange „Nordpolbrücke" zum Colosseum, einem Bauwerk, welches das aus Schlackeschichten bestehende Stahlwerksplateau auffängt. Auf dem Gelände haben die Landschaftsarchitekten als Zeichen für die ehemalige Nutzung die Fundamente einzelner Gebäude sichtbar in die Bodengestaltung integriert. So wird die Dimension der Werkshallen deutlich und den Besucherinnen und Besuchern wird offensichtlich, wie massiv die Industrie die Naturlandschaft überformt hatte. Erleichtert wird die Erkundung des Geländes durch den „GeschichtsPfad", eine Reihe von Informationstafeln zur Historie des Firmengeländes. Über einen auf den Tafeln angebrachten QR-Code kann der Parkgänger mit seinem Smartphone die Informationen in Englisch abrufen und zusätzliche Fotos und Filmaufnahmen aufrufen.

Auf dieser Ebene findet sich auch eine 180 Meter lange Stegbrücke, welche zwei Areale in „Baumwipfelhöhe" miteinander verbindet. Sie verläuft über das Gelände an der Jahrhunderthalle, das zu einer „Wasserwelt" modelliert wurde. Der See soll nicht nur ein ästhetisches Moment darstellen. Zentral für den Umgang mit Regenwasser war, dass es nicht im Boden versickern durfte. Die kontaminierten Flächen machten es notwendig, das Wasser zu sammeln und zu kontrollieren. Entweder soll es über die Wasserflächen verdunsten oder über die Kanalisation abgeleitet werden. Die Planer legten deshalb große Regenwasser-Sammelbecken an, die zu einem Gestaltungselement geworden sind. Die als Ruheflächen angelegten großen Wiesen und die modernen Spielplätze sind klassische Elemente eines jeden Parks. Ungewöhnlich dagegen ist, dass auf dem engen Raum des Parks die Höhenunterschiede durch zahlreiche artifiziell gestaltete Brücken und wuchtige Treppen miteinander verbunden werden. Der Besucher ist gezwungen, ständig die Perspektive zu wechseln.

Der Park: Die Nutzung

Der Westpark ist zentral auf die Jahrhunderthalle zugeschnitten und umschließt diese. Die „Industriekathedrale" steht seit 1991 unter Denkmalschutz und hat als Veranstaltungshalle eine überregionale Bedeutung gewonnen, da sie 2002 zum Zentrum der Ruhrtriennale und einem der Ankerpunkte der Route der Industriekultur geworden ist. Möglich geworden war die Nutzung der riesigen faszinierenden Halle durch Restaurierungsmaßnahmen im Rahmen der Internationalen Bauausstellung Emscher Park (IBA).

Mit der Entscheidung, die Anlage mit insgesamt fast 10 000 Quadratmetern kulturell zu nutzen, konnte man ein überregionales Publikum ansprechen. Die prestigeträchtige und medial stark beworbene Ruhrtriennale hat so auch dem Westpark eine neue Form von Bekanntheit beschert. Das Publikum der Jahrhunderthalle muss von den Parkplätzen immer auch einen Teil des Weges durch den Park nutzen.

Das Parkgelände selbst wird ebenfalls von der Ruhrtriennale als Ort für Veranstaltungen genutzt. Das Projekt „Pulse Park" von Rafael Lozano-Hemmer wollte 2012 den urbanen Raum temporär neu formen. Bei Einbruch der Nacht wurde der Park zu einem Lichtermeer. Ausgelöst wurde die Lichtshow durch den Pulsschlag der Passanten, also eines jeden, der einen computergesteuerten Sensor berührte. Das Thema Beleuchtung geht bei der Gestaltung des Westparks über solche zeitlich begrenzten Aktionen hinaus. Nachts werden aber weniger die Wege ausgeleuchtet, als vielmehr durch Licht neue Räume geschaffen. Für den Park wurden kleine Würfelleuchten entwickelt. Sie erzeugen eine sehr spezielle weil aufgrund der farbigen Filter individuelle Stimmung. Großflächig angestrahlt werden dagegen Teile der Jahrhunderthalle und Gebäude, wie zwei Kühltürme und ein Hochbehälter für Brauchwasser, die neben der Jahrhunderthalle liegen. Von dieser Ebene fällt im Süden die Fläche zur Alleestraße ab. Hier auf der untersten Ebene wurden Gebäude für hochwertige Dienstleistungen angesiedelt. Von der Straße führt der Weg den Besucher vorbei am Verwaltungsbau der IG Metall auf die höhere Ebene des Parks, wo ihn der Kinderspielplatz „Stahlwerksdrachen" empfängt.

Für die wachsende Bekanntheit und Akzeptanz des Westparks sorgt neben der Ruhrtriennale die Anbindung des Parks an das Netz der Route der Industriekultur. An der Jahrhunderthalle beginnt die Erzbahn. Auf der alten Werksbahntrasse wurden in der Vergangenheit das Eisenerz und die Kohle vom Rhein-Herne-Kanal und der Köln-Mindener Eisenbahn zum Stahl- und Hüttenwerk nach Bochum transportiert. Früher nutzte man eine Bahnlinie, heute hat man die vorhandene Strecke nach ihrer Stilllegung zu einer Fahrradtrasse umgebaut. Notwendig war, eine große Brücke, die „Erzschwinge", für die neue Klientel zu erbauen. Die Fahrradfahrer können nun vom Westpark in Richtung Norden auf einem hohen Damm die anderen Landschaftsräume des Emscher Landschaftsparks erreichen. Diese Strecke ist unter der Themenroute „Erzbahn-Emscherbruch" Teil der Route der Industriekultur.

Hoch ist die Leistung der Stadtplaner und der politisch Verantwortlichen zu bewerten, in den 1990er Jahren das Projekt eines neuen Parks in Bochum durchgesetzt zu haben. Die Verantwortlichen haben in Bochum die Fundamente von Teilen der Anlage sichtbar gelassen und mit der Jahrhunderthalle eine der zentralen Veranstaltungsorte im Ruhrgebiet kreiert. Nicht unterschätzen darf man die Leistung, mitten im Kern der Stadt Bochum einen neuen Park anzulegen. Die nun etwa 38 Hektar große Anlage bietet neben dem Stadtpark Bochum und Schmechtings Wiesental für den Bewohner der Innenstadt eine weitere Naherholungsmöglichkeit. Nördlich vom Westpark schließt sich zudem nahe der Erzbahn der Park Hamme an. Folgerichtig wurde 2009 die Umgestaltung des Westparks vom Bundesverkehrsministerium mit dem Nationalen Preis für integrierte Stadtentwicklung und Baukultur ausgezeichnet.

AXEL HEIMSOTH

73 | LEIHBADEANZUG

Stadtarchiv Bochum – MUSA 2, Zugangs-Nr. 1007 (Schenkung Hans H. Hanke)
Gr. 40; Porolastic; Fa. Büsing, Reutlingen

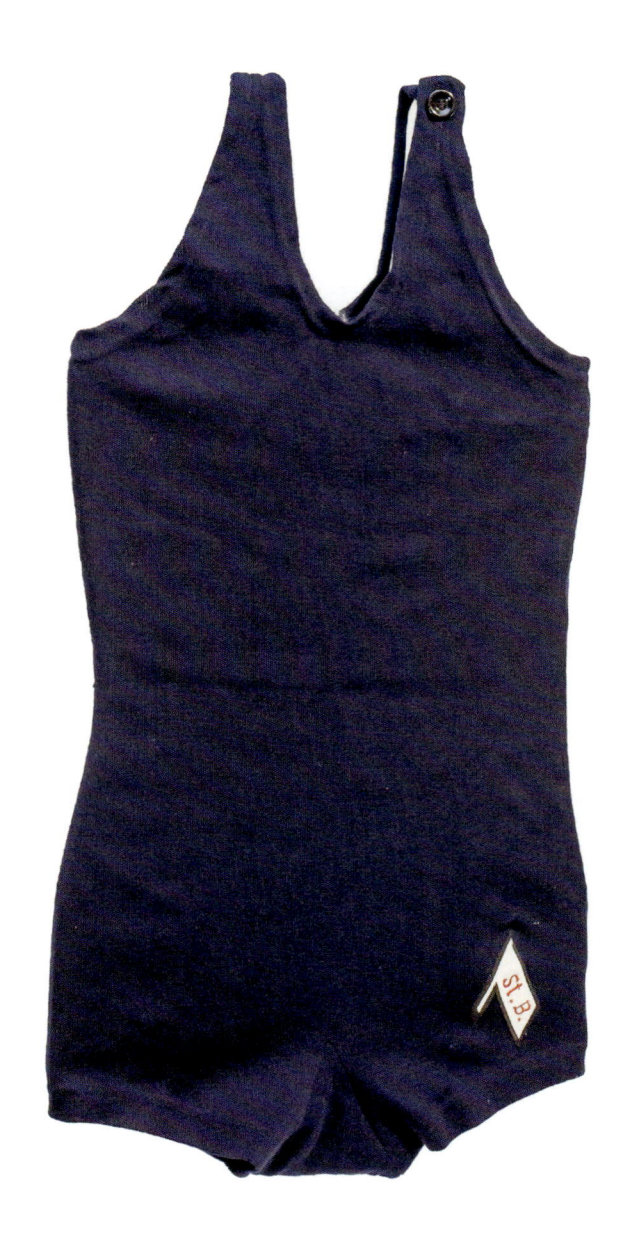

73 LEIHBADEANZUG

Ein Badeanzug im Bochumer Blau. Erinnerung an das Stadtbad Bochum

Ein dunkelblauer, einteiliger Badeanzug mit einem knöpfbaren Träger. Aus Feinstrickware, im Schritt mit schwarzem Stoff verstärkt. Etwas kratzig. Größe 40, keine Brustabnäher. Laut Etikett aus „Porolastic – porös elastischer Wolle". Er ist ein Produkt der Firma Büsing, Reutlingen. Als die deutsche Fußballmannschaft 1954 Weltmeister wurde, trug zumindest ihr legendärer Trainer Sepp Herberger einen Trainingsanzug aus Reutlingen. Vermutlich waren aber auch einige andere „Helden von Bern" damit ausgestattet. Die Gründung der Firma erfolgte 1865 unter dem Namen Büsing & Kessler. 1875 erwarb Christian Döttinger den Betrieb und führte ihn unter „Büsing & Co. KG" erfolgreich weiter. Nach seinem Tod 1906 gelangte die Firma an seinen Schwiegersohn Gustav Werwag. Der war in den 1920er Jahren auch Handelsrichter und Vorstandsmitglied des Süddeutschen Textil-Arbeitgeberverbandes. Obwohl er nie in die NSDAP eintrat und als evangelischer Kirchengemeinderat in Reutlingen engagiert war, bestellte man ihn im nationalsozialistischen Wirtschaftssystem zum Leiter der Fachuntergruppe Strickerei. Dadurch und wohl auch durch die Erfindung des neuartigen Stoffes „Porolastic" wurde die Firma 1936 Ausstatter der Olympiade. Hauptprodukt blieb aber immer gestrickte Säuglings- und Kinderbekleidung, seit den 1930er Jahren unter dem Namen „Babysana". Als führender Sportbekleidungshersteller blieb Büsing mit seiner Marke „Porolastic" bis zur Betriebsaufgabe im Jahr 1982 führender Ausstatter der Olympischen Spiele und vieler Turniere. Die Firma stattete auch die DDR-Schwimmer und -Schwimmerinnen mit den notwendigen Textilien für ihren Sport aus, damals unter den erfolgreichsten der Welt – wenn auch durch Doping, was damals allerdings weitgehend unbekannt war.

Der Bochumer Badeanzug trägt einen schwarz gesäumten weißen Aufnäher mit einer Fahnensilhouette, darin die in Rot gestickten Buchstaben „St. B.". Die Abkürzung steht für „Stadtbad Bochum". Dort konnte man diese Badeanzüge ab 1952 ausleihen. In diesem Badeanzug stecken Erinnerungen an ein großartiges, aber verlorenes Stück Stadtgeschichte.

Das Stadtbad Bochum

„Es war in der Tat wie ein Märchen aus 1001 Nacht", schrieb Prof. Tarachara Rong aus Indien am 5. Mai 1953 in das Gästebuch des Stadtbades. „Diese Einrichtung ohne Vorbild verbindet Praxis und außergewöhnlich guten Geschmack in Architektur und Farbwahl". Das Bad sei das „größte Wunder Europas". So schwärmten Professoren, Architekten, Ingenieure, Trainer, Lehrer, Journalisten und Politiker aus aller Welt vom Bochumer Schwimmpalast.

Bochum hatte 1947 als erste Großstadt in Nordrhein-Westfalen eine Wiederaufbauleitlinie für seine zerstörte Innenstadt verabschiedet. Weit vor Dortmund und Essen wurde Bochum dann die Stadt des Ruhrgebietes, die einen vorbildlichen Neuordnungsplan verwirklichte. Zentrum des Wiederaufbaus war der neue Hauptbahnhof. In seine Nähe war das Stadtbad

73 | LEIHBADEANZUG

gerückt worden. Hier war das dringend erforderliche Bad leicht erreichbar. Es wurde freudig angenommen von den Vielen, die in den schwierigen Wohnverhältnissen der zerstörten Stadt ausharren mussten. Sportlehrer und -lehrerinnen waren froh, dass sie ihren Klassen endlich das Schwimmen beibringen konnten. Das Stadtbad für das Soziale, das gleichzeitig errichtete und gleich teure Schauspielhaus für die Kultur – dieses bürgerfreundliche Bauen galt als besonderer Erfolg sozialdemokratischer Politik.

Das Stadtbad war sicherlich das einzige öffentliche Bad, das ein regelrechtes Gästebuch führte. Allein für die Jahre 1953 bis 1955 haben sich rund 200 Bau- und Sportkundige begeistert eingetragen. Das neue Bad im zerstörten Bochum – und damit im besetzten Deutschland – wurde Ziel von Engländern, US-Amerikanern, Iren, Franzosen, Österreichern, Schweizern, Belgiern, Niederländern, Dänen, Portugiesen, Italienern und Griechen. Der Besuch aus den westlichen verbündeten Staaten mag noch verständlich sein. Verblüffend ist aber der Besuch aus dem „Ostblock" und aus Übersee: aus Jugoslawien, Polen, Argentinien, Brasilien, Japan, Thailand, Taiwan, Indien, Marokko, Südafrika und dem Irak.

Die Neugier der Experten galt der Bädertechnik: Hier fanden sie erste Vorläufer einer elektronischen Zeitmessung. Nirgendwo waren Sportschwimmer schneller, denn spezielle Konstruktionen brachen die Wellen und erzeugten spiegelglatte Wasserflächen. Hier haben die Schwimm-Asse ihre Technik effektiver verbessert als irgendwo sonst, denn Unterwasserfenster ermöglichten eine genaue Beobachtung ihrer Bewegungsabläufe. Mit diesen Beobachtungsfenstern ist eine in den 1950er Jahren pikante Anekdote über unseren Badeanzug verbunden, die noch in 1990er Jahren nur hinter vorgehaltener Hand erzählt wurde: Die Leih-Badanzüge leierten aus, so dass der Halsausschnitt dem Wasserdruck der Schwimmzüge nicht mehr viel entgegensetzte und manchem Interessierten durch die Unterwasserschaufenster tiefe Einblicke gewährte. Jedenfalls konnte man für einen spontanen Besuch Badeanzüge und Badehosen nebst Handtüchern im Stadtbad mieten.

Vieles von dem, was heute selbstverständlich und eher langweilig ist, war 1952 noch ganz neu: Das galt für die räumliche Trennung der Umziehkabinen vom Beckenrand mit der Aufteilung in „Stiefel- und Barfußzone" ebenso wie für die „Wendebalken" am Ende der schwarzen Tauchstreifen am Beckenboden oder die beheizten Wärmebänke in der Schwimmhalle und zahllose andere liebevoll geplante Details bis hin zu den Möbeln im Topdesign der Firma Mauser in den Büros des hier angesiedelten Sport- und Bäderamtes der Stadt Bochum. Ursprünglich war sogar geplant, hinter dem Hallenbad ein Freibad zu ergänzen. Die Treppenanlage war gebaut, das Grundstück war freigehalten worden, aber es kam nicht dazu.

Kunstschwimmerinnen waren nirgendwo schöner als im Stadtbad, denn Tiefenstrahler, Unterwasserleuchten, Pflanzen und eine ausgetüftelte Akustik tauchten die Hallen bei Klängen einer Musikanlage in die damals so ersehnte Capri-Fischer-Sphäre. Der riesige Sauna-Bereich im Obergeschoss mit ungewöhnlich geräumigen Fichtenbänken in der finnischen Abteilung, seinen Marmorbänken in der römischen Abteilung sowie den ausgedehnten Ruhemöglichkeiten bot mehr Platz als jede andere bekannte Sauna. Hier im Obergeschoss lagen auch die „Wannen- und Brausebäder" in vielen Einzelbadezimmern, die man zur wohligen Körperpflege mieten konnte. Eine Massage-Abteilung bot ihre Dienste an, angeschlossen waren Gesundheitsbäder aller Art. Die schicke Milchbar im Obergeschoss mit Blick auf einen der beiden grünen Innenhöfe blieb lange Zeit ein angesagter Treffpunkt für junge Leute. Zur Massenbergstraße hatte man im Erdgeschoss des Stadtbades eine Ladenzone eingerichtet mit einem Friseur, einer Parfümerie und anderen einem Bad angemessenen Angeboten. Darunter auch das legendäre Modegeschäft „Hut-Müller". Es gehörte dem mehrfachen deutschen Meister im Eistanz Kurt Müller, der dann als Modist Stars wie Marika Kilius mit seinen Hut-Kreationen krönte. Kurzum: Das Stadtbad war eine „Wellness-Oase", ein Gesundheits-, Freizeit- und Sportzentrum. Sein Erfolg war so groß, dass sich Bochum kurzerhand zur Stadt des Schwimmens erklärte und in der Folge alle neuen Schulen mit Schwimmbecken ausrüstete.

Das Stadtbad war überdies das erste Beispiel der experimentierfreudigen Architektur in Bochum. Dem Besucherstrom wurden von den stolzen Stadtvätern auch die neuen Leitbilder in Bochums Architektur nahe gebracht. Klare Formen, Transparenz, aufgelockerte Bauweisen mit wechselnden Höhen und Farben sollten das künftige Bochum bestimmen. Gemeinsam mit dem Hochhaus der Stadtwerke war die Architektur des Stadtbades ein Signal der neuen City. Die wechselnden Höhen der bunten Bauten verwandelten das graue Vorkriegsbochum in eine moderne und pulsierende Metropole, in den „Treffpunkt Bochum – Schaufenster des Reviers". Den ersten Teil dieser Stadtwerbung kann man heute noch über dem Bermuda3eck lesen.

„Rettet das Stadtbad vor dem Stadtrat"

Der erste Rückschlag für das Stadtbad erfolgte Ende der fünfziger Jahre, als seine 25-Meter-Bahnen für die nationalen Wettbewerbe zu kurz wurden. Die Schwimmoper Wuppertal lief ihm ab 1957 mit seinen 50-Meter-Bahnen und 1 600 Zuschauerplätzen den Rang ab – sie ist heute als amtliches Baudenkmal ein wesentlicher Bestandteil der Wuppertaler Architekturgeschichte. Als Prestige-Objekt wurde das Bochumer Stadtbad erst ab etwa 1980 zum echten Auslauf-Modell. Die leuchtenden Bänder und Neonschriften am Haupteingang erloschen; Chrom, Stahl, Aluminium und die blanken Kacheln erblindeten allmählich; die bunten Markisen der Schaufenster klemmten; die gläsernen Vitrinen vor dem Bad wurden nur noch lieblos vollgestopft, das Grün verkam.

Die Stadt Bochum ließ das Bad trotz einer treuen Anhängerschaft und reichlich Schulsport verkommen – wohl auch mit Blick auf das wertvolle Grundstück im Stadtkern, das sich besser vermarkten ließ. Ende der 1980er Jahre sollte hier ein Multiplex-Großkino entstehen. Im Stadtbad entstand das, was man beschönigend einen „Reparaturstau" nennt. Auf den damit unausbleiblichen Besucherrückgang folgten während der ersten ernsthaften Wirtschaftskrise des städtischen Haushalts Ende der 1980er Jahre Rentabilitätsberechnungen. Das Stadtbad verursachte im Verhältnis zur damals geringen Besucherzahl relativ hohe Kosten. Es wurde gemeinsam mit anderen städtischen Bädern 1988 geschlossen. Gegen diesen angekündigten Abbau der sozialen Leistung erlebte Bochum schon 1987 große Demonstrationen mit mehreren tausend Teilnehmerinnen und Teilnehmern – unter anderem mit dem Slogan „Rettet das Stadtbad vor dem Stadtrat". Es war die größte öffentliche Protestbewegung seit den Bochumer Studentenunruhen um 1970.

Schon 1986 hatte der Geschichtsverein „Kortum-Gesellschaft Bochum e.V." einen Antrag auf eine Eintragung des Gebäudes in die Denkmalliste gestellt. Dieser Initiative schloss sich eine Schwimmsport-Initiative an. Es entstand eine wirkungsvolle Gruppe mit breiter Unterstützung in der Bevölkerung. Nach einigen Meinungsunterschieden zwischen der Stadt, dem Landesamt für Denkmalschutz und dem Ministerium wurde das mittlerweile geschlossene Gebäude 1990 zum Baudenkmal erklärt. Zu Neunutzung und Renovierung hatte das Ministerium 10 Millionen Mark Zuschuss versprochen. In einem ebenfalls aus dem Ministerium geforderten städtebaulichen Ideen- und Realisierungswettbewerb wurde zudem geprüft, ob unter den Anforderungen des Denkmalschutzes attraktive und gestalterisch vertretbare Lösungen gefunden werden können. Zur näheren Prüfung ausgesucht wurde dann – trotz realistischer Entwürfe – der offenkundig teuerste Vorschlag, so dass dann in der Folge auch keine Chancen für wirtschaftlich vertretbare Realisierungen mehr ausgemacht werden konnten. Einige Jahre überdauerte das Stadtbad als Asylbewerber- und Aussiedlerheim.

Es gab Mitte der 1990er Jahre eine kurze Chance, das Bad in privater Hand weiter zu betreiben. Der aus Indien stammende, damals bereits erfolgreiche Investor aus der Gesundheitsbranche Thomas Vallomtharayil plante, das Bad zu einem Gesundheitszentrum umzurüsten auf der Basis von Ayurveda sowie chlorfreiem, also allergikerfreundlichem Wasser und einem auf dem rückwärtigen Grundstück zu bauenden Hotel. Ihm wurde von der Verwaltung aber die Finanzkraft für dieses Projekt abgesprochen. Wie falsch das war, zeigt seine dann in Castrop-Rauxel errichtete umfangreiche Anlage „Raj Mahal".

Der vielfach vorgetragene Bürgerwille zur Erhaltung des Bades beeindruckte die Verantwortlichen in der Stadt nur wenig. Man versuchte im Gegenteil, mit einer Vielzahl von irreführenden Angaben die Proteste zu entkräften. Was wurde dagegen von der Initiative nicht alles getan, um die Fantasie der Stadtspitze für rettende Lösungen zu vereinnahmen. Neun Jahre lang. Witzige Aktionen wie ein Kaffeetrinken auf der Stadtbad-Terrasse, Wasserschlepperei vom Rathausbrunnen zum Stadtbad, Dauerfreikarten des Stadtbades für führende Kommunalpolitiker, fünf Wochen Mahnwachen vor dem Rathaus, jede Ausschusssitzung wurde besucht und das Schild „Schande" hochgehalten. Vor allem die sehr zahlreich engagierten Schwimmer setzten sich hier ein, immer wieder neu motiviert von ihrer mutigen und hartnäckigen Sprecherin Ruth Fricke-Matzdorf (1925–2009) und den Ideen der Denkmalpfleger.

1996 leitete die Initiative das erste Bürgerbegehren in einer Großstadt des Landes Nordrhein-Westfalen ein. Die gesetzliche Möglichkeit dazu war erst 1994 eingeräumt worden. Hans Hanke – Autor dieses Beitrages – und Ruth Fricke-Matzdorf vertraten nicht nur die

Initiative insgesamt, sondern übernahmen auch für das Bürgerbegehren die Verantwortung, für das dann auch der ehemalige Bürgermeister Bochums Gerhard Zehnter (1930–1998) mit unterschrieb. Hans Hanke vertrat über die Kortum-Gesellschaft die Denkmalpflege, Ruth Fricke-Matzdorf stand für die Schwimmer. 24 000 Unterschriften brauchte das Bürgerbegehren, um erfolgreich zu sein. Es wurden 44 000, denn die Unterstützung war riesig. Selbst im Kino liefen Werbefilme für das Stadtbad-Bürgerbegehren, Plakate wurden gedruckt und Presse, Radio und Fernsehen blieben am Thema. In vielen Geschäften und Gaststätten lagen Unterschriftenlisten aus, die Zeitschrift Bospect druckte die Listen und setzte sogar eine Belohnung für die Abgabe aus. In der Innenstadt konnte man an gesponserten Holzhütten ganztägig unterschreiben.

Die Stadt Bochum und die Bezirksregierung Arnsberg lehnten nach Prüfung der Unterschriften das Bürgerbegehren wegen angeblicher formalrechtlicher Fehler ab, weil es in den Listen keine Angabe des exakten Geburtstages gab. Vorhanden war aber – gemäß der vorhergehenden Beratung durch die Stadt und den Datenschutzbeauftragten NRW – die Altersangabe der Unterschreibenden. Gegen diese Entscheidung wurde Klage erhoben – erstaunlicher Weise mit Hilfe der Stadtverwaltung Bochum. Trotzdem: In Anbetracht eines dann erfolgten Angebotes, ein neues Stadtbad zu bauen, gab die nach mehrjährigem Einsatz dann doch entnervte Schwimmer-Initiative durch Ruth Fricke-Matzdorf ihre Bemühungen auf. Die Belange des Denkmalschutzes blieben dabei außen vor. Das Verwaltungsgericht Gelsenkirchen sah dann später im Rahmen der Klage die Listen-Angaben als rechtlich zulässig an – eine Auffassung, die sich heute für Bürgerbegehren höchstrichterlich durchgesetzt hat. Da war das Bad aber 1998 schon abgebrochen worden.

Die Kortum-Gesellschaft wurde 1997 unter anderem für ihren Einsatz zur Erhaltung des Stadtbades vom Deutschen Nationalkomitee für Denkmalschutz mit dem Deutschen Preis für Denkmalschutz ausgezeichnet. Ruth Fricke-Matzdorf ehrte die Stadt Bochum 1999 für ihren Einsatz mit der Verleihung des Ehrenringes der Stadt. Die Bochumer SPD verlor 1999 das erste Mal seit 1946 ihre Mehrheit, sicherlich auch wegen ihres Umgangs mit den Protesten gegen die Bäderschließung.

Im Untergeschoss der anstelle des Stadtbades 2002 mit weitaus geringerem architektonischem Anspruch als das Stadtbad neu eröffneten „Stadtbadgalerie" wurde für zehn Jahre ein neues Schwimmbad angelegt, das aber für Sporttraining und Wettkämpfe ungeeignet war. Pünktlich nach zehn Jahren wurde dann auch dieses Schwimmbad geschlossen.

Erinnerungsstücke des Stadtbades finden sich heute an unterschiedlichen Stellen der Stadt. So stammen zum Beispiel die Griffe an den Eingängen des „Cafes Tucholsky" und an der Gastronomie im Union-Kino aus dem Stadtbad. Manches Mauser-Möbel ziert nun private Haushalte. Den größten Bestand aber besitzt das Bochumer Zentrum für Stadtgeschichte. Darunter den erinnerungsträchtigen Badeanzug.

HANS H. HANKE

74 | GLASBILD GELÄNDE DER SCHLEGEL-BRAUEREI

Stadtarchiv Bochum – MUSA (Schenkung Renate Chlupka, Bochum)
H 57,5 cm, B 160 cm, T 10,5 cm; Holz, Kunststoff

74 GLASBILD GELÄNDE DER SCHLEGEL-BRAUEREI

„Bochums Dreiklang, merk' ihn Dir: Kohle, Eisen, Schlegelbier"

Im Jahr 1954 feierte die Schlegel-Scharpenseel Brauerei AG – die größte Brauerei in Bochum – ihr 100-jähriges Jubiläum. In dieser Zeit entstand auch unser Objekt, ein farbiges Glasfenster mit einer Darstellung der damaligen Betriebsanlagen, das aus der zur Brauerei gehörigen Gaststätte an der Alleestraße stammt.

Tatsächlich lässt sich die Geschichte der Schlegel-Brauerei noch etwas weiter als bis zum Gründungsjahr 1854 zurückverfolgen. Schon vier Jahre zuvor war der aus Bergtheim in Franken stammende Brauer Johann Joachim Schlegel (1821–1890) nach Bochum, genauer gesagt nach Hamme, gekommen. Dort sollte er für Adalbert Graf von der Recke-Volmerstein (1791–1878, häufig „Volmarstein" geschrieben), damaliger Landrat im Kreis Bochum, auf seinem Gut Haus Overdyk Bier brauen. Schlegel hatte das Brauerhandwerk seit 1838 erlernt und in mehreren Gesellen- und Wanderjahren in Süddeutschland, Österreich und Italien vervollkommnet. Insbesondere war er Experte für die Herstellung heller, untergäriger Biere „bayerischer Brauart". Diese waren für Westfalen noch recht neu und begannen gerade, sich auch hier immer größerer Beliebtheit zu erfreuen und langsam die traditionellen untergärigen Biertypen abzulösen. Schlegel nahm im Oktober 1850 seine Tätigkeit als Braumeister der „Gräflich Overdykschen Brauerei" auf. Diese war bereits 1839 gegründet worden und hatte sich bis dahin nur schleppend entwickelt. Trotz des nun schnell bekannt werdenden „bayerischen" Biers stand das Unternehmen weiterhin unter keinem guten Stern, was nicht an Schlegel, sondern an allgemeinen finanziellen Schwierigkeiten von der Recke-Volmersteins lag. Schließlich beschloss Schlegel 1853, sich in Bochum mit einer eigenen Brauerei selbstständig zu machen. (Von der Overdykschen Brauerei zeugt in Bochum-Hamme noch ein ehemaliger Eiskeller, der zu den Wirtschaftsgebäuden von Haus Overdyk gehörte. Er liegt heute unter einem jüngeren Wohnhaus, nahe an der A 40 beziehungsweise am Marbach.)

Schlegel mietete sich in den Kellern des Wirtshauses Hasselkuss ein und errichtete dort seine erste eigene Brauerei. Das Gebäude lag zwar außerhalb der Altstadt an der Essener Chaussee (später Alleestraße), der Standort war trotzdem nicht ungünstig, denn direkt gegenüber befand sich seit 1831 eine Poststation, wo alle Postkutschen hielten, welche Bochum mit dem Umland verbanden. Am 1. Mai 1854 erfolgte die offizielle Einweihung der „Bayerischen Bierbrauerei J. Schlegel".

Praktisch zeitgleich – am 6. Mai 1854 – eröffnete die „Bayerische Bierhalle Moritz Scharpenseel". Aus einer alteingesessenen Bochumer Familie stammend, hatte Moritz Scharpenseel (1829–1888) ebenfalls Kenntnisse zur Herstellung des neuen untergärigen Bieres erworben und seit 1853 eine kleine Braustätte aufgebaut. Auch sein Bruder Heinrich (1836–1903) soll um diese Zeit mit dem Brauen von bayerischem Bier begonnen haben.

Die Brauerei von Johann Joachim Schlegel entwickelte sich so gut, dass die angemieteten Räumlichkeiten bald zu klein wurden. Deshalb erwarb er 1857 ein 6 000 Quadratmeter großes Grundstück auf der anderen Straßenseite (Alleestraße 7–9) und begann mit dem Bau eines Brauereigebäudes mit Mälzerei. Am 1. Mai 1859 wurde der Betrieb am neuen Standort aufgenommen. Nach Schlegels Tod übernahmen seine Söhne Wilhelm und Hermann die Brauerei und bauten sie weiter aus, so dass bis 1898 eine Produktion von 66 000 Hektoliter Bier erreicht wurde. Damit zählte Schlegel bereits zu den drei größten Brauereien in Bochum. 1899 bestanden die Betriebsanlagen aus Sudhaus, Mälzerei mit Darregebäude, Kühlschiffhaus, Eismaschinengebäude, Wasserturm, Kesselhaus und Kellereien. Im selben Jahr wurde der Familienbetrieb in eine Aktiengesellschaft umgewandelt. Bis zu seinem Tod 1903 fungierte Wilhelm Schlegel als Vorstandsvorsitzender.

Eine ganz ähnliche Entwicklung nahm die Brauerei Scharpenseel, die 1870 eine moderne „Dampf-Bierbrauerei" eröffnete. Ihr Standort war die Trankgasse 3; heute befindet sich dort der Busbahnhof vor dem Hauptbahnhof. (Hier weichen die bisherigen Veröffentlichungen voneinander ab: In der Regel heißt es, Moritz Scharpenseel habe zuerst am Hellweg 1, später an der Trankgasse 3 gebraut. Laut Wikipedia soll jedoch die Braustätte von Moritz von Anfang an in der Trankgasse und jene seines Bruders Heinrich am Hellweg gelegen haben. 1870 seien beide an der Trankgasse zusammengelegt worden.) 1903 erfolgte auch bei Scharpenseel die Umwandlung in eine Aktiengesellschaft.

Die Etablierung des untergärigen Bieres, welches lange haltbar und deshalb auch für den Export geeignet war, nahm in der zweiten Hälfte des 19. Jahrhunderts nicht nur in Bochum, sondern im ganzen Ruhrgebiet ihren Lauf. Vor allem Dortmund entwickelte sich zur führenden „Bierstadt" in Westdeutschland. Mit der neuen Biersorte ging nicht nur ein anderes Brauverfahren, sondern auch ein durchgreifender Wandel der Produktionstechnik einher. Die Anschaffung von Dampfmaschinen und Kühlanlagen (auch zur Produktion von Eis, dessen Verkauf an die Haushalte für manche Brauerei ein wichtiges zweites Standbein wurde) zeigten an, dass parallel zum Bergbau und zur Eisen- und Stahlverarbeitung die Industrialisierung auch im Brauwesen Einzug hielt. Zugleich wurde aus dem traditionellen Brauhandwerk durch die Einführung chemischer Analysen und die Bemühung um stets gleich bleibende Qualität nach und nach eine regelrechte Brauwissenschaft. Diese Neuerungen erforderten entsprechend hohe Investitionen von den Brauereien, zu denen viele der kleineren Betriebe immer schlechter in der Lage waren. So entstanden in der zweiten Hälfte des 19. Jahrhunderts industrielle Brauereien mit hohen Produktionskapazitäten, während immer mehr ältere Kleinbrauereien schließen mussten. Nach Karl Brinkmann, dessen „Geschichte des Brauwesens und der Brauindustrie in Bochum" (1954) bis heute die einzige Gesamtdarstellung für Bochum geblieben ist, gab es in den 1880er Jahren noch mehrere Dutzend Brauereien in der Stadt. Davon waren die allermeisten kleine Hausbrauereien, die für lediglich eine Gaststätte produzierten.

Bis 1907 schrumpfte ihre Zahl auf nur noch acht, von denen vier zu den großen und vier zu den kleinen gerechnet wurden. Die älteren Traditionshäuser August Rietkötter und Julius Withake in der Altstadt waren wie Arnold Fiege und Moritz Fiege kleinere Brauereien.

(Die beiden Fiege-Zweige blicken auf gemeinsame Vorfahren zurück, hatten sich aber seit Heinrich Moritz Fiege (1765–1829) unabhängig voneinander entwickelt.) Bei den vieren mit der größten Bierproduktion handelte es sich um Schlegel, Scharpenseel, die Berg- und die Victoriabrauerei. (Am Beginn der Castroper Straße lagen in direkter Nachbarschaft die Bergbrauerei, Arnold Fiege und die Victoriabrauerei, deren Anlagen bis zum heutigen Finanzamt reichten. Diese Ansammlung von Braustätten führte zu der volkstümlichen Bezeichnung „Brauereimeile".) Im Jahr 1900 war die Victoriabrauerei bei einem Ausstoß von 101 000 Hektolitern die größte in Bochum. Es folgten fast gleichauf Schlegel und Scharpenseel mit 78 540 beziehungsweise 75 000 Hektolitern und mit einigem Abstand die Bergbrauerei (25 000 Hektoliter). Von den kleinen produzierten Arnold Fiege und der Namensvetter Moritz jeweils circa 6 000 Hektoliter. Größer als alle Betriebe im damaligen Stadtgebiet war jedoch die „Bierbrauerei Gebr. Müser AG" in Langendreer, die 1907 knapp 140 000 Hektoliter Bier herstellte und mehr als 100 Mitarbeiter hatte. Ihre Geschichte geht zurück auf Johann Wilhelm Müser, der 1806 eine Schankwirtschaft mit Laden, Branntweinbrennerei und Hausbrauerei eröffnete. 1866 schlug die Geburtsstunde der modernen industriellen Braustätte, als seine Nachfahren Wilhelm und Heinrich Müser die „Dampfbrauerei Gebrüder Müser" gründeten. Ein neues Kapital kam 1891 durch die Bildung der Aktiengesellschaft in den Betrieb, der so weiter ausgebaut werden konnte. Das Absatzgebiet der Müser-Biere wuchs über Westfalen hinaus bis ins Rheinland, nach Hessen, Niedersachsen und sogar Belgien.

Ein Beispiel für einen Betrieb, der im Laufe der Zeit dem Konkurrenz- und Wachstumsdruck nicht mehr gewachsen war, ist die 1825 gegründete „Uemminger Brauerei W. Köster". Sie zählte 1848 zu den modernsten in Westfalen und war bereits für die Herstellung hellen untergärigen Bieres ausgerüstet. Im Landkreis Bochum war sie die mit Abstand größte Brauerei. Die jüngeren Gründungen von Schlegel, Scharpenseel und Müser entwickelten sich jedoch viel schneller zu Großbrauereien und überflügelten Köster schließlich. Noch 1893 wurde das Bier der Uemminger Brauerei mit einer goldenen Medaille prämiert – an der Qualität gab es also nichts auszusetzen. Jedoch war der Betrieb mittlerweile veraltet, und es fehlte das Kapital für eine Modernisierung. Mit der Brauerei ging es langsam bergab, bis sie 1909 Konkurs anmelden musste. Versuche ihrer Wiederbelebung (1910 „Alemannia-Brauerei AG", 1912/13 „Westfälische Zonenbrauerei GmbH Uemmingen") scheiterten, so dass der Braubetrieb endgültig eingestellt wurde.

Dagegen behauptete sich Schlegel hervorragend und wuchs unter dem langjährigen Vorstandvorsitzenden Hans Harrer (im Amt 1903–1930) weiter. Nachdem man vorübergehend die Initialen der Schlegel-Brauerei AG als Firmenzeichen geführt hatte, wurde 1903 das bis heute bekannte Logo entwickelt: ein dreieckig-abgerundetes Emblem mit drei weißen Küferhämmern auf blauem Grund nach den bayerischen Landesfarben. Der Legende nach erkannte die Bevölkerung hier jedoch die Bochumer Stadtfarben, und die Küferhämmer erinnerten an die bergmännischen Schlägel und Eisen, vielleicht auch wegen der phonetischen Ähnlichkeit von „Schlegel" und „Schlägel". Um diese Zeit kam auch der berühmte und jahrzehntelang verwendete Werbeslogan auf: „Bochums Dreiklang, merk' ihn Dir: Kohle, Eisen, Schlegel-Bier". Nach Gründung der Aktiengesellschaft gab es verschiedene Erweiterungen und produktionstechnische Modernisierungen bei Schlegel, wie eine neue Dampf- und Eismaschinenanlage (1902), den Neubau von Kessel- und Sudhaus sowie die Erweiterung der Lagerkeller und Stallungen (1906), die Einführung von Flaschenbier, den Erwerb der ersten beiden Kraftwagen (1909) sowie die maschinelle Flaschenabfüllung in einem neuen Gebäude (1914). Die Schlegel-Brauerei AG erreichte 1912/13 eine Produktion von mehr als 100 000 Hektolitern Bier und zählte nun endgültig zu den Großbrauereien.

Mit dem Ersten Weltkrieg änderte sich die Lage für die deutschen Brauereien dramatisch. Sehr bald machte sich eine Verknappung der Rohstoffe (vor allem der Braugerste) schmerzlich bemerkbar. Staatliche Verordnungen legten ab 1915 Erzeugungskontingente fest, die zunächst 60 Prozent der Durchschnittsproduktion der beiden Vorjahre erlaubten. Bis Dezember 1916 wurde das Kontingent sogar auf nur noch 25 Prozent der Friedensproduktion gesenkt. Auch in der ersten Nachkriegszeit herrschte Mangel – nun fehlte es besonders an Malz; der Hopfenpreis stieg stark an. Unter dieser mehrjährigen Krise litten die kleineren Brauereien stärker als die größeren. Letztere konnten durch den Zukauf von Brauereirechten beziehungsweise Kapazitäten zumindest teilweise ihre Stammproduktion aufrechterhalten. Die Folge war ein deutschlandweit starker Konzentrationsprozess im Brauereiwesen.

In Bochum setzte dieser gegen Ende des Ersten Weltkriegs ein und dauerte rund zehn Jahre an. Die ungefähr gleich großen Betriebe von Schlegel und Scharpenseel fusionierten 1918 als gleichberechtigte Partner, ansonsten gingen die kleinen Brauereien in den größeren auf. So „schluckte" die Victoriabrauerei die Bergbrauerei, nur um 1928 ihrerseits von der Schlegel-Scharpenseel AG übernommen zu werden, die bereits 1921/22 Arnold Fiege aufgekauft hatte. Bis 1929 waren alle Bochumer Brauereien in den Händen von Schlegel-Scharpenseel, mit Ausnahme von Rietkötter, Moritz Fiege und Müser. (Rietkötter braute noch bis 1943 Bier, als Bomben die Betriebsanlagen zerstörten und nur das „Alte Brauhaus" verschonten.) Die kleineren Anlagen wurden nach der Übernahme meist geschlossen.

Schlegel-Scharpenseel gab den alten Standort von Scharpenseel an der Trankgasse und auch den Markennamen zugunsten von „Schlegel" auf und führte seine Braukapazitäten an der Alleestraße zusammen. Auf dem Gelände der Victoriabrauerei wurden zunächst nur Fabrikation und Vertrieb von Eis aufrechterhalten, ab 1933 stellte man dort die bekannte „Schlör"-Limonade her.

Zwischen 1920 und 1931 expandierte Schlegel-Scharpenseel auch über Bochum hinaus und übernahm die „Recklinghauser Brauerei AG", vormals „Pott & Göbel" (1920/21) sowie die „Bürgerliches Brauhaus AG" in Herne (1926/27) und Duisburg (vormals Gebrüder Werth, 1930/31), dazu noch die Braurechte einiger kleinerer Betriebe unter anderem in Herbede, Werden und Witten. Von diesen wurde langfristig nur der Standort in Recklinghausen weiter betrieben und sogar ausgebaut. Außerdem erwarb Schlegel-Scharpenseel 1921 die Malzfabrik „Hopfenberg Louis Kohlstock" in Giersleben bei Halle/Saale.

74 | GLASBILD GELÄNDE DER SCHLEGEL-BRAUEREI

Als nunmehriger Hauptstandort der Schlegel-Scharpenseel AG wurde die ursprüngliche Schlegel-Brauerei in den 1920er Jahren bedeutend erweitert und modernisiert. Sichtbarstes Zeichen war der 1927 errichtete und bis heute erhaltene 58 Meter hohe Siloturm mit dem Firmenlogo, den drei Küferhämmern. Der Entwurf stammte von dem Bochumer Architekten Heinrich Schmiedeknecht (1880–1962), der schon seit 1906 wiederholt für die Brauerei tätig gewesen war und auch den Wiederaufbau nach dem Zweiten Weltkrieg leiten sollte. Mit seiner sachlichen Architektursprache und leicht expressionistischen Zügen in den durchbrochenen obersten Geschossen lässt sich der Siloturm in eine Reihe ähnlicher Brauereibauten der 1920er Jahre einordnen. Die bekanntesten im Ruhrgebiet sind der Sudhausturm der Müser-Brauerei (1927/28, damals fand dort die letzte große Modernisierung statt) und das Gär- und Lagerhaus der Union-Brauerei in Dortmund (1926/27, „Dortmunder U"). Beide wurden von dem Architekten Emil Moog (1873–1954) geplant. Ein weiterer Schmiedeknecht-Bau für Schlegel war ein neues Kesselhaus mit 80 Meter hohem Schornstein (1929).
Heinrich Schmiedeknecht baute auch das 1930 fertig gestellte fünfgeschossige Verwaltungsgebäude an der Alleestraße mit repräsentativer Gaststätte. An ihm fanden sich keine expressionistischen Merkmale mehr, sondern es war deutlich vom „Neuen Bauen" beeinflusst. Die mit Muschelkalk verkleidete, 38 Meter lange Fassade zeigte im Haupttrakt eine breite, horizontale Lagerung, während der etwas erhöhte Treppenhausbereich links die Vertikale betonte und einen wirksamen Abschluss zum benachbarten (und zeitgleich erbauten) Gebäude der Hauptpost bildete. Während das Postamt wie das gegenüber liegende neue Rathaus (1926–1930) relativ hohe Dachschrägen aufweisen, wählte Schmiedeknecht für das Schlegel-Gebäude ein Flachdach. In seiner ursprünglichen Form war das Verwaltungsgebäude sicherlich einer der modernsten Neubauten in Bochum vor 1945.

Insgesamt ermöglichen die Modernisierungen und Erweiterungen der 1920er Jahre die Erhöhung des Bier-Ausstoßes auf 325 000 Hektoliter im Jahr 1928. Das Absatzgebiet reichte inzwischen weit über das Ruhrgebiet hinaus. Eine neue Biersorte brachte die Einführung von „Deutsch Schlegel Pilsener" 1926, beliebtestes Hauptgetränk blieb aber das Exportbier. Mit der Weltwirtschaftskrise brach die Produktion dann jedoch so stark ein, dass sie 1930/31 auf 236 000 Hektoliter und bis 1932/33 auf nur noch 166 000 Hektoliter sank. Der neue Vorstand unter Alfred Hövelhaus und Theodor Michels, der 1930 die Geschäfte von Hans Harrer übernahm, fand also schwierige Bedingungen vor. Ab 1933 fungierte Hövelhaus als Vorstandsvorsitzender beziehungsweise Generaldirektor, 1940 wurde er alleiniger „Betriebsführer". Während der NS-Zeit profitierte die Brauerei von den wirtschaftspolitischen Maßnahmen der neuen Machthaber und erholte sich bald. Gleichzeitig offenbarte die Betriebsleitung jedoch auch eine besondere Nähe zum Regime, das der Schlegel-Scharpenseel AG mehrmals die Auszeichnung „Nationalsozialistischer Musterbetrieb" verlieh. Die Produktion wurde bis 1939 stetig gesteigert und konnte bis 1942 auf Vorkriegsniveau gehalten werden, dann sank sie aufgrund von Kriegsbewirtschaftungsmaßnahmen wieder. Schließlich erlitt die Brauerei erhebliche Schäden bei Bombenangriffen, insbesondere am 4. November 1944.

Nach dem Zweiten Weltkrieg lagen nicht nur große Teile der Brauerei in Trümmern, es herrschte zunächst auch ein Brauverbot seitens der Alliierten. Erlaubt waren nur Erfrischungsgetränke wie die Schlör-Limonade und fast alkoholfreie Bier-Ersatzgetränke. Alfred Hövelhaus, der das Unternehmen bis in die 1960er Jahre leiten sollte, und seine Mitarbeiter begannen mit dem mehrjährigen Wiederaufbau der Anlagen. Das Verwaltungsgebäude hatte im Krieg seine beiden oberen Etagen verloren und wurde nun nur noch dreigeschossig wiederhergestellt. Während des Katholikentages im September 1949 diente es vorübergehend als Hotel, kurz nachdem die bekannten Schlegelbiere erstmals wieder in „Friedensqualität" zum Ausschank gekommen waren.

Als man 1954 das 100. Jubiläum von Schlegel-Scharpenseel feierte, war der Wiederaufbau so gut wie abgeschlossen, und die Brauerei befand sich längst wieder im Aufschwung. Um diesen Zeitpunkt entstand auch unser Objekt, das farbige Glasfenster aus der Schlegel-Gaststätte, das in dem damals herausgegebenen Jubiläumsbuch abgebildet ist und die Bochumer Betriebsanlagen im Nachkriegszustand zeigt (Schlegel, 1954, S. 54 – links des Verwaltungsgebäudes ist das Postamt zu erkennen). Mitten in der Innenstadt nahmen sie den gesamten Baublock zwischen Rathaus, Post, Westring und Gerichtsgebäuden ein. 1956 kamen noch neue Betriebsgebäude auf der anderen Seite des Westrings hinzu, die durch einen sieben Meter unter der Straße verlaufenden Tunnel mit der Brauerei verbunden wurden. Das Absatzgebiet der Schlegelbiere erstreckte sich nun im Süden ungefähr bis zur Mainlinie, im Osten bis zur DDR-Grenze und im Norden (der vor allem von der Filiale in Recklinghausen beliefert wurde) fast bis nach Dänemark. Darüber hinaus wurden Exportbeziehungen in Europa und nach Afrika sowie Süd- und Mittelamerika aufgebaut.

Auf dem Foto im Buch von 1954 ist vor dem Motivfenster auf dem Tresen die „Parade" der damaligen Schlegel-Sorten aufgestellt: „Schlegel Pilsener", „Drei Schlegel Bock Hell" und mit „Schlegel Urtyp" und „Schlegel Gold" gleich zwei Sorten Exportbier, schließlich noch das alkoholfreie Malzbier „Lebensbrunnen". In der Nachkriegszeit waren gereimte Werbeslogans überaus beliebt, von denen das Jubiläumsbuch neben „Bochums Dreiklang" weitere schöne Beispiele enthält: „Wie einst den Urgroßvater schon, labt Schlegel heut den Enkelsohn" (Schlegel, 1954, S. 34). „Wie frischer Wind in einem Segel, so wirkt auf Dich ein Glas mit Schlegel." „Ob Kumpel oder Diplomat, ein Schlegel-Bier nach guter Tat" (ebd., S. 62). Aus heutiger Sicht wohl als Aufruf zum Alkoholmissbrauch nicht mehr denkbar wäre: „Mach es Dir zur Lebensregel: Jeden Abend drei, vier Schlegel" (ebd., S. 29). Auf Biergläsern fanden sich kürzere Werbesprüche wie „Abends Schlegel – morgens kregel". Ein weiteres, saisonales Produkt von Schlegel war das „St. Barbara Spezial-Starkbier", ein dunkles Bockbier mit einem Alkoholgehalt von circa 6,5 Prozent, das nur im Winter verkauft wurde. Gebraut im Frühsommer, kam es pünktlich zum 4. Dezember, dem Gedenktag der Schutzpatronin der Bergleute, auf den Markt – perfekt passend zur Bergbautradition des Ruhrgebiets.

Überhaupt entwickelte sich die Schlegel-Scharpenseel AG in der Nachkriegszeit in gewisser Weise parallel zu den beiden anderen Facetten von „Bochums Dreiklang". Wie der

Bergbau und die Stahlindustrie wuchs die Brauerei in den 1950er Jahren rasant. 1956 stellte Schlegel so viel Bier her wie nie zuvor: Mit 429 000 Hektolitern war man zur achtgrößten Brauerei in der Bundesrepublik avanciert. Zwei Jahre später wurde die 500 000 Hektoliter-Grenze überschritten. Bald jedoch – mehr oder weniger zeitgleich zur Bergbaukrise und ersten Absatzschwierigkeiten im Stahlsektor – konnte die Schlegel-Scharpenseel AG im Wachstumsrennen der großen Brauereikonzerne nicht mehr mithalten. 1966 war mit 587 000 Hektolitern (bei mehr als 700 Beschäftigten) zwar der höchste Bierausstoß der Firmengeschichte erreicht worden, gleichzeitig rutschte das Unternehmen auf Rang 25 unter den bundesdeutschen Brauereien ab. Mit anderen Worten: Viele andere waren schlicht schneller gewachsen als Schlegel. Trotz aller Modernisierungen, wie der Einführung von Aluminium- statt Holzfässern, und Marketingstrategien (1963 legte man in Recklinghausen das „Vest-Pils" neu auf) war es nur noch eine Frage der Zeit, bis es zur Übernahme durch einen größeren Konkurrenten kommen würde. Auch die kurze Amtszeit von Dr. Adolf Scharpenseel (ein Enkel des Gründers der Scharpenseel-Brauerei), der 1968 verstarb, konnte die Entwicklung nicht mehr aufhalten. Während die Müser-Brauerei AG in Bochum-Langendreer bereits 1960/61 ihre Selbstständigkeit verloren hatte, behauptete sich die Schlegel-Scharpenseel AG noch zehn Jahre länger. Doch 1971 wurde auch sie durch die Dortmunder Union-Brauerei AG (Schultheiss) übernommen. Das Schlegel-Emblem mit den drei Küferhämmern galt wegen der Ähnlichkeit mit den Bergbausymbolen mittlerweile als imageschädigend. Deshalb führte man als neues Logo ein stilisiertes Wappen der Familie Schlegel ein, doch auch dies half nicht, die Marke neu zu beleben. So wurde 1975 zuerst der Betrieb in Recklinghausen stillgelegt (zeitgleich mit Müser/Schultheiss in Langendreer). Der Betrieb an der Alleestraße stellte noch fünf Jahre lang Schlegel- und Schultheiss-Bier her, doch im Juli 1980 kam auch hier das endgültige Aus. Damit war die Geschichte der Schlegel-Brauerei nach rund 130 Jahren beendet.

Die meisten Betriebsanlagen wurden in den 1980er Jahren abgerissen und ein Teil des Geländes mit einer größeren Wohnanlage neu bebaut. Aus Schlegel-Zeiten hat sich das durch „rustikale" Rundbögen an der Gastronomie im Erdgeschoss noch weiter veränderte Verwaltungsgebäude erhalten, unter dem sich noch Teile der umfangreichen Kellereien befinden. Seit einiger Zeit versucht ein neuer Eigentümer, es als „Schlegel-Haus" zu beleben. Ferner existiert noch das Sudhaus von 1906, vor allem aber ist der ehemalige Siloturm nach wie vor eines der Wahrzeichen der Innenstadt, wobei das Schlegel-Logo dem Wappen der Stadt Bochum gewichen ist. Einige städtische Ämter haben hier ihre Räumlichkeiten. Seit 2003, nachdem zwei Geschäftsleute die Markenrechte erwarben, gibt es sogar wieder Schlegel-Bier (Urtyp). Es fristet jedoch eher ein Nischendasein in Szenekneipen, was mit daran liegen mag, dass es nicht in Bochum gebraut wird. Seit seiner Neueinführung hat es mittlerweile zweimal die Brauerei gewechselt (nach Schwelm und Iserlohn nun Gießen).

Somit verbleibt die Privatbrauerei Moritz Fiege als einzige Traditions-Braustätte in Bochum. Ihre „moderne" Zeitrechnung begann 1878, als der Firmengründer den Braubetrieb am heutigen Standort aufnahm. Die Marke hieß zunächst „Bochumer Löwenbräu". Bis in die 1930er Jahre zählte Fiege zu den kleineren Brauereien, überlebte aber den damaligen Konzentrationsprozess. Nach der Einführung des später so berühmtem „Moritz Fiege Pils" (1926) beschleunigte sich das Wachstum der Firma etwas, doch erst nach dem Zweiten Weltkrieg entwickelte sie sich zur heutigen Größe. Die Produktion betrug 1940 20 000 Hektoliter, 1960 62 000 Hektoliter, 1966 100 000 Hektoliter und 1977 180 000 Hektoliter. Das mittlerweile in der vierten Generation (Hugo und Jürgen Fiege) bestehende Familienunternehmen hat sich erfolgreich gehalten, indem es sich bei einer jährlichen Produktion von circa 150 000 Hektolitern Bier auf den lokalen Absatz in Bochum konzentriert (mit wenigen Ausnahmen im weiteren Ruhrgebiet) und in seiner Werbung auf eine starke Identifikation mit der Stadt setzt.

Exkurs: Schlegel-Scharpenseel als NS-Musterbetrieb
Die Geschichte der Schlegel-Scharpenseel AG während der NS-Herrschaft ist bislang nicht näher untersucht worden. Eine ausführliche Betrachtung des Themas hätte den Rahmen dieser Veröffentlichung gesprengt, doch seien einige Anmerkungen dazu gemacht.
In den bisherigen Beiträgen über Schlegel kommt die NS-Zeit kaum vor. Nur wenige Autoren erwähnen, dass das Unternehmen mehrmals den Titel „Nationalsozialistischer Musterbetrieb" verliehen bekam (Monheim, S. 35; KJ Schlegel, S. 231f.), wobei sie diesen Umstand in erster Linie auf die sozialen Einrichtungen der Firma zurückführen.
Anlässlich des 85. Jubiläums 1939 erschien – verzögert durch den Kriegsbeginn – im Jahr 1941 eine Festschrift mit einer Firmengeschichte und der Beschreibung des Brauprozesses. Daneben nimmt die Vorstellung der betrieblichen Sozialeinrichtungen und -leistungen einen relativ breiten Raum ein. Sie werden dort als Voraussetzung für die Auszeichnung als „NS-Musterbetrieb" dargestellt.
Neben Werksküche und Kantine, Ruhe- und Pausenräumen, Billardsaal, Bücherei und einer Dachterrasse auf dem Verwaltungsgebäude werden vor allem die Gesundheitsvorsorge und die Sportmöglichkeiten hervorgehoben. Zu letzteren zählten eine Turnhalle und in Recklinghausen ein Schwimmbad. Im Sauerland unterhielt Schlegel-Scharpenseel ein Werkserholungsheim. Die Sozialeinrichtungen waren vergleichbar mit denen sehr viel größerer Betriebe aus der Stahlindustrie oder dem Bergbau und konnten als vorbildlich gelten. Die Festschrift legt indirekt nahe, dass sie alle Errungenschaften des nationalsozialistischen Staates seien. Tatsächlich scheinen zumindest einige aber bereits vor 1933 eingeführt oder geplant worden zu sein.
Die Kehrseite der Medaille war, dass in NS-Musterbetrieben auch die Ideologie des Nationalsozialismus möglichst mustergültig umgesetzt werden sollte. Dazu gehörte zuerst die Durchsetzung des Führerprinzips. Aus Arbeitgebern/Direktion und Arbeitnehmern wurden nun „Betriebsführung" und „Gefolgschaft". An die Stelle eines Interessenausgleichs mithilfe gewerkschaftlicher Vertretung der Beschäftigten trat im NS-Staat die mythisch verbrämte „Werksgemeinschaft". Diese Denkweise kommt im Text von 1941 klar zum Ausdruck:

74 | GLASBILD GELÄNDE DER SCHLEGEL-BRAUEREI

„Kameradschaftlichkeit aller Werksangehörigen untereinander, persönliche Verbundenheit zwischen Führer und Gefolgschaft schaffen das Band der Zusammengehörigkeit, der Arbeits- und Schicksalsgemeinschaft, das alle auf Gedeih und Verderb verbindet, das in guten wie in schlechten Tagen hält" (Schlegel, 1941, S. 49).

„Unsere Werkscharen tragen in soldatischer Auffassung von Arbeit, Disziplin und Haltung, von Ehre und Stolz des deutschen Arbeitertums, das Banner des nationalsozialistischen Gemeinschaftswillens voran" (ebd., S. 50).

Die „Gemeinschaft" diente nicht nur der Unterstützung des Einzelnen, sondern auch der sozialen Kontrolle und der ideologischen Indoktrination („weltanschauliche Schulung"). Dazu wurden unter anderem „Kameradschaftsabende" und militärisch anmutende „Betriebsappelle" abgehalten, bei denen häufig Vertreter von Partei, DAF und HJ Reden hielten. Insgesamt wird in der Festschrift der allumfassende Anspruch der NS-„Volksgemeinschaft" auch über die Arbeit hinaus sehr deutlich.

Aus heutiger Sicht entsteht der Eindruck, als habe der damalige Vorstand die NS-Ideologie vorbehaltlos übernommen. In diesem Zusammenhang ist bemerkenswert, dass noch in der Jubiläumsschrift von 1954 wiederholt und wie selbstverständlich von „Betriebsführung und Gefolgschaft" die Rede ist. Ob dies an der personellen Kontinuität in Gestalt des Vorstandsvorsitzenden Hövelhaus lag, wäre noch zu untersuchen.

FRANK DENGLER

75 | TELEMETRIE-EMPFÄNGER

Sternwarte Bochum – Institut für Umwelt- und Zukunftsforschung
H 22,5 cm, B 48,5 cm, T 45,5 cm; Stahlblech, Kunststoff, Glas; Nems-Clarke/Vitro USA

75

TELEMETRIE-EMPFÄNGER

Der Sputnik und seine Folgen ...

Am 4. Oktober 1957 erhob sich mit dem sowjetischen Sputnik der erste künstliche Erdsatellit ins Weltall und konnte unmittelbar nach seinem Start an der Sternwarte Bochum stellvertretend für die westliche Welt registriert werden. Vor dem Hintergrund des begonnenen Kalten Krieges wurde der Start des „roten Mondes" nicht nur mit Begeisterung quittiert: Im Westen, besonders in den Vereinigten Staaten, löste der Sputnik einen Schock aus, der bekanntlich in den Wettlauf der beiden Supermächte um den Weltraum mündete.

Die Eroberung des Weltalls war ein lang gehegter Wunsch der Menschheit. Doch was mit der Satelliten- und Weltraumforschung begann, veränderte nicht nur unsere Wahrnehmung, sondern auch unsere Wissenskultur: Technologieentwicklung und Bildung wurden offensiv vorangetrieben. Gerade in der westlichen Welt wurden Bildungsbudgets aufgestockt und die Ausbildung von Ingenieuren befördert; man wollte das sogenannte „Space Race" gewinnen.

Bilder aus dem All für Bochum

Mit dem Start von TIROS 1 (NASA) im Jahr 1960 konnte die Erde aus dem All erstmals systematisch beobachtet werden. Nach dem Start von TIROS1 wurden diese ersten Bilder sporadisch auch in Bochum nahezu exklusiv in Europa aufgezeichnet. Ab Dezember 1963 konnte mit der Automatischen Bildübermittlung im APT-Verfahren – in Echtzeit – kontinuierlich ein Bild der Erde aus dem All in Bochum mitgeschrieben werden. Bis heute geschieht dies viermal in der Stunde.

Die wissenschaftliche Arbeit des Instituts für Weltraumforschung der Sternwarte Bochum orientierte sich an den seit 1960 empfangenen Satellitenaufnahmen der Erde. Hierfür musste das Institut technologische Eigenentwicklung betreiben, die es unter anderem in die Lage versetzte, erstmalig in Europa „Funkbilder der Erde" von Satelliten zu empfangen. Dieser neue Forschungsbereich – Remote Sensing –, Fernerkundung der Erde mit Mitteln der Weltraumtechnik, wurde maßgeblich in Bochum mitgestaltet. Bilder der Erde aus dem All werden seitdem in Bochum interpretiert, um ein globales Funktionsschema des Planeten Erde zu erhalten.

Das Objekt

Für den neuen Forschungsbereich der Fernerkundung im beginnenden „Space-Age" entwickelten die Ingenieure von Nems-Clarke/Vitro USA den hier gezeigten Telemetrie-Empfänger 1456A. Die Serie 1456 wurde bereits für den Empfang aller Signale in den bemannten Raumflugprogrammen Mercury und Gemini der NASA verwendet. In diesen hektischen und aufregenden Zeiten arbeiteten die Weltraumpioniere von Nems Clarke oft unentwegt und mit Hochdruck an der Verbesserung der Nachrichtentechnik. Ihr Ziel war es, die Russen im

75 | TELEMETRIE-EMPFÄNGER

„Space Race" zu schlagen. Viele Empfänger wie dieser wurden noch in letzter Minute vor Auslieferung modifiziert, um „ein dB Empfangsverstärkung hier oder ein dB dort zu gewinnen". Manche wurden versendet und ihre Spezifikationen übertrafen nun um das Vielfache die Beschreibung im Katalog. Diese Geräte wie der hier gezeigte Empfänger waren eher als Prototypen zu verstehen. Sie entsprachen den aktuellen Projekten der NASA und sollten Raumfahrtgeschichte schreiben.

Die Sternwarte Bochum war und ist stolz, in der Anfangszeit der Raumfahrt in den Genuss dieser Technologie gekommen zu sein und sich so in den Reigen der Raumfahrtpioniere einreihen zu dürfen.

Nachdem Satellitenbilder und Weltraumaufnahmen der Erde empfangen wurden und gewissermaßen durch Interpretation unserem Planeten den Status eines Kunstwerkes verliehen hatten, wurde ökologisches Denken unabdingbar. Gesellschaftspolitisch wurde die Natur zugunsten der Ökologie abgeschafft, was in der späteren „Öko-Bewegung" gipfelte. Letztlich markieren Sputnik und seine Nachfolger den Übergang zwischen mechanischer und elektronischer Kultur und sind die Wegbereiter der globalen Kommunikation und Medienkultur. Sputnik und die danach sich entwickelnde Raumfahrttechnik, wie auch dieses Exponat, stehen folglich für den Übergang von der Industrie- zur Informationsgesellschaft.

THILO ELSNER

76 MODELL LANGHAUS AUS DER JUNGSTEINZEIT

Das Große im Kleinen: Modell des jungsteinzeitlichen Großhauses von Bochum-Hiltrop, Hillerberg-Nord

Die unermüdlichen archäologischen Baubegleitungen und Ausgrabungen von Karl Brandt, Gründer und Direktor des Emschertal-Museums in Schloss Strünkede, machten das Bochumer Hellweggebiet für lange Zeit zu einer der am besten erforschten Fundregionen für die ältere und mittlere Jungsteinzeit in Westfalen. Noch heute lässt sich seine Tätigkeit an Fundkarten zur Besiedlungsgeschichte ablesen (Günther, 1976, S. 2, Abb. 2; Arora u.a., 2010, S. 67, Abb. 1; Knoche, 2013, S. 27, Abb. 1 mit Anm. 3). Der Bochumer Raum tritt dort jeweils durch Fundkonzentrationen hervor. Tatsächlich zeigt sich aber seit den 1970er Jahren immer mehr, dass auch andere Teile der fruchtbaren Lössbörden am Hellweg (zum Beispiel um Dortmund, Soest und Werl) ebenso dicht aufgesiedelt, aber zuvor nicht in gleichem Maß vorbildlich archäologisch betreut waren.

An eine der wichtigen und sicher an die „größte" von Brandts Entdeckungen erinnert das hier gezeigte Modell eines jungsteinzeitlichen Langhauses aus Bochum-Hiltrop. Auf dem Hillerberg, einem ehemals von zwei Quellaustritten im Norden und Süden flankierten Lösshügel, konnte er im Vorfeld des Baus einer Bergmannssiedlung Rettungsgrabungen durchführen, die einer jungsteinzeitlichen Siedlung der – nach einem mitteldeutschen Fundplatz benannten – Rössener Kultur (circa 4750/4700–4600/4550 v. Chr.) galten.
Im Jahr 1952 grub er im Süden, 1953 im Norden des Hillerberges aus. Auch im dazwischenliegenden Mittelteil des Hügels gab es steinzeitliche Befunde, die aber während der laufenden Baumaßnahmen nur ungenügend dokumentiert werden konnten.
Bei den Ausgrabungen zeigten sich in der mit der Schaufel bis auf den gelben Lösslehm planierten Fläche dunkle Verfärbungen, die entstehen, wenn in den natürlich anstehenden Lösslehm Löcher (zum Beispiel zur Lehmentnahme, für Vorräte oder als Einsetzgruben für Holzpfosten) gegraben werden, die später mit dunklem humosem Oberboden verfüllt wurden. Aus diesen Erdverfärbungen sind als regelmäßige Strukturen auch Grundrisse von Häusern oder Zäunen mit eingegrabenen Pfosten erkennbar.

Das im Modell wiedergegebene Langhaus fand sich am Nordrand des Hillerberges, ein weiteres, kleineres, wurde am Südrand entdeckt. Im Bericht des Ausgräbers schwingt – bei aller Sachlichkeit der Darstellung – doch berechtigter Stolz mit: „Hier hatten wir außergewöhnliches Glück, denn es konnte der bisher längste Grundriss eines Baus der europäischen Urgeschichte (ausschließlich Dänemarks) restlos aufgedeckt werden!" (Brandt, o. J. [1960], S. 88).
Daran hat sich auch in den folgenden Jahrzehnten wenig geändert. Der durch Verfärbungen von Gruben für die dachtragenden Pfosten und von schmalen Gräbchen für die Wandkonstruktion erkennbare Grundriss ist etwa parallel zum Hang Nordwest-Südost ausgerichtet und trapezförmig. Seine erstaunliche Länge beträgt 64,5 Meter. Die bisweilen in der Literatur noch zu lesende Angabe von 84 Metern beruht auf einer heute bei besserer Kenntnis der für

76 | MODELL LANGHAUS AUS DER JUNGSTEINZEIT

Stadtarchiv Bochum – Archäologische Sammlung
L 168 cm, B 77,5 cm; Holz, Weidenzweige

die Rössener Kultur typischen Häuser nicht mehr haltbaren symmetrischen Rekonstruktion. Die Schmalseite am Westende ist nur 4,0 Meter lang, die Längswände bauchen leicht aus, so dass die breiteste Stelle in der Mitte 8,15 Meter, die Ostseite 6,5 Meter misst. Die Grundfläche beträgt so insgesamt circa 360 Quadratmeter. Die Wände sind fast durchgehend durch eine bis 0,3 Meter tiefe Grabenspur erkennbar, der außen im Abstand von einem Meter noch circa 0,3 Meter tiefe Pfosten vorgesetzt sind. Eine Innengliederung des Grundrisses erfolgt durch zehn Gruppen von je drei Pfosten, die den First und die Dachpfetten tragen konnten. Etwa in der Mitte und zwischen dem ersten und zweiten Sechstel von Nordwest sind Wandgräbchen zwischen Dreipfostengruppen zu erkennen, die den Bau in Räume unterteilen. Ferner wird die südwestliche Längsseite innen im nordwestlichen Drittel des Hauses durch kleinere Pfosten gesäumt, die zu erhöhten Aufbauten (Bänken oder Ähnlichem) gehört haben könnten. Außen schließt an die südwestliche Längswand eine zweimal abgewinkelte Reihe aus regelmäßig gesetzten vierkantigen Pfosten an, die eine trapezförmige Fläche von 38 mal 18 beziehungsweise 13 Metern abgrenzt. Hieran schließt wiederum im Südwesten eine annähernd rechteckige Pfostensetzung von 38 mal 48 beziehungsweise 42 Metern an. Diese Pfostensetzungen südwestlich des Hauses sind offensichtlich als Zäune anzusprechen. Phosphatanalysen aus den Innenflächen ergaben aber keine Hinweise darauf, dass hier Vieh stand, eher könnten sie Gärten geschützt oder Plätze für gemeinschaftliche Aktivitäten umhegt haben (Pavlovic, 2012, S. 84).

Üblicherweise sind Rössener Häuser kaum über 40 Meter lang und auch in anderen Perioden der mitteleuropäischen Urgeschichte sind Grundrisse von über 40 Metern außerordentlich groß, über 50 Meter sehr selten. Dabei ist zu bedenken, dass bei den Langhäusern jüngerer Zeiten, das heißt seit der mittleren Bronzezeit, damit zu rechnen ist, dass in einem Teil des Gebäudes auch Vieh aufgestallt war (sogenannte Wohn-Stall-Häuser). Die reine Wohnfläche war also hier deutlich geringer. Für die jungsteinzeitlichen Häuser fehlen dagegen noch Indizien für einen Stallteil, so dass die gesamte Grundfläche als Wohnraum im weiteren Sinne gerechnet werden kann. Dies unterstreicht noch einmal deutlich die Ausnahmestellung des nördlichen Hauses vom Hillerberg. Die Frage nach der „Hausgemeinschaft" beziehungsweise dem Sozialverband, der ein solches Haus bewohnte, kann hier nur angerissen, aber letztlich nicht beantwortet werden. Bei einem engeren sozialen „Zusammenrücken" und geringerem individuellen Platzbedarf als heute – im Mittelalter kam das Individuum zum Beispiel noch mit neun Quadratmeten Wohnfläche aus – kann im Höchstfall mit bis zu 40 Bewohnern gerechnet werden. Unabhängig von der tatsächlichen Zahl der Bewohner zeugt das Haus wohl auch von ihrer Macht, Menschen und Material zu mobilisieren, und ihren Verbindungen (ebd., S. 82). Nach den Hinweisen auf Siedlungsspuren auch in der Mitte des Hillerberges könnte es durchaus einzelne weitere gleichzeitige Häuser und eine entsprechend höhere Zahl von Bewohnern der Siedlung gegeben haben. Der Eindruck einer dichten Besiedlung des gesamten Hillerberges dürfte allerdings täuschen, da für entsprechende Siedlungen im Rheinland nachgewiesen werden konnte, dass sie mehrphasig sind und etwa jede Generation ein neues Haus, meist leicht versetzt zum Vorgängerbau, errichtete.

Von den 1953 ausgegrabenen Erdverfärbungen ist heute nichts mehr erhalten, sie sind durch ihre Ausgrabung zerstört und wurden bald darauf durch die Bergmannssiedlung – nach dem Strukturwandel heute schon eine ehemalige Bergmannssiedlung – überbaut. Die von Karl Brandt seinerzeit erstellte Dokumentation der Ausgrabung ist gleichsam die einzige Abschrift der heute vernichteten Bodenurkunden. Die letztlich darauf fußenden wissenschaftlichen und populären Darstellungen gleichen weiteren, interpretierenden Abschriften. Das Modell des Rössener Hauses vom Hillerberg-Nord und seine anschließenden Umzäunungen fügen dem gesicherten zweidimensionalen Grundriss aus dem Grabungsplanum noch die dritte Dimension hinzu. Alles Aufgehende ist daher notwendigerweise mehr oder weniger hypothetisch.

Wann und von wem das Modell, etwa im Maßstab 1:52, geschaffen wurde, ist nicht überliefert. Wahrscheinlich entstand es bald nach den Grabungen. Im Foto ist es erstmals in einer wohl auf das Jahr 1960 zu datierenden Schrift abgebildet (Brandt, o. J. [1960], S. 89, Abb. 105). Es ist gut möglich, dass es der vielseitig begabte Ausgräber und Museumsmann Brandt für die anschauliche Vermittlung der Grabungsergebnisse im Emschertal-Museum selbst angefertigt hat. In seiner kräftigen Farbgebung und detailreichen Gestaltung strahlt es heute eine robuste Unbekümmertheit aus. Dennoch sind die Details nicht freie Fantasie oder liebevolle Spielerei, sondern didaktisch wohl überlegt. So ist das Haus zum Beispiel während einer Erneuerung des Daches dargestellt, um einen Einblick in den Innenraum und seine Konstruktion zu geben. Die Wände sind dort unterbrochen dargestellt, wo im ergrabenen Grundriss die Wandgräbchen aussetzen, auch wenn dies zumindest überwiegend wohl nur erhaltungsbedingt ist. Dennoch muss man sich in der Regel bei mehreren Interpretationsmöglichkeiten des Grabungsbefundes beim Modell für eine Variante entscheiden, ohne die anderen Möglichkeiten noch erwähnen oder erwägen zu können. Dies sei im Folgenden anhand von Wand und Dach kurz erläutert.

So sind zum Beispiel die Wände gemäß dem Stand der damaligen Forschung aus Rutengeflecht mit Lehmbewurf dargestellt, wie man es bisweilen auch heute noch an Fachwerkbauten findet. Mittlerweile wurden aber im Rheinland auch Rössener Häuser mit Wänden aus senkrecht eingegrabenen Spaltbohlen nachgewiesen, so dass man auch bei dem Haus vom Hillerberg mit einer solchen Wandkonstruktion rechnen muss. Weitgehend offen ist, mit welchem Material das Dach tatsächlich gedeckt war. Sicher ist nur, dass dafür zu jener Zeit noch keine anorganischen Materialien (Ziegel oder Metall) zur Verfügung standen. Auch Ried war an den in der Jungsteinzeit noch stark bewaldeten, erst inselartig aufgelichteten und besiedelten Lösshängen wohl kaum in ausreichender Menge vorhanden. Im Modell ist das Dach mit Stroh gedeckt. Nicht völlig auszuschließen sind aber auch Rindenplatten, wie sie zum Beispiel von Indianern Nordamerikas als Dachbedeckung genutzt wurden. Auch Holzschindeln, in brettartiger Form schon aus den jungsteinzeitlichen Seeufersiedlungen der Schweiz bekannt, scheinen möglich.

76 | MODELL LANGHAUS AUS DER JUNGSTEINZEIT

Durch die spezifischen Interpretationen ist das Modell nicht nur eine interpretierende Abschrift der Bodenurkunde, sondern noch stärker als andere Darstellungsarten des Ausgrabungsbefundes auch ein Dokument der Sichtweisen und des Forschungsstandes der eigenen Entstehungszeit.

BERNHARD SICHERL

77 | RICHTERSTUHL AUS DEM LANDGERICHT

Leihgabe Volker Brüggemann, Bochum

H 115 cm (einschließlich Lehne), B 60,5 cm, T ca. 57 cm (Maße Sitzfläche); Holz, Leder, Messing

77 RICHTERSTUHL AUS DEM LANDGERICHT

Der Richterstuhl und das Bochumer Landgericht am Husemannplatz

Der hier gezeigte, mit grünem Leder bezogene Richterstuhl mit der hohen Rückenlehne wurde erstmals im Frühjahr 1954 in Gebrauch genommen. Im Februar jenes Jahres war nämlich der letzte der insgesamt vier Bauabschnitte, die für die Errichtung der für die Bochumer Justiz erforderlichen Gebäude am Husemannplatz durchgeführt worden waren, beendet worden. Damit war die dringendste Raumnot der zurückliegenden Jahre im Amts- und Landgericht beseitigt, die Provisorien hatten ein Ende gefunden. Für die Zivil- und Strafkammern des Landgerichts standen erstmals nach dem Zweiten Weltkrieg wieder ausreichend Sitzungssäle zur Verfügung. Bis dahin waren die räumlichen Verhältnisse für die Bochumer Gerichte katastrophal. Am 4. November 1944 hatte der Bombenangriff der Alliierten in der Stadt Bochum zu erheblichen Zerstörungen geführt. Das Gebäude des Amtsgerichts an der Victoriastraße aus dem Jahr 1864 war vollständig zerstört, der Bau des Landgerichts von 1892 zu einem so erheblichen Teil beschädigt, dass er nicht genutzt werden konnte. Die Justiz stand vor dem Nichts. Nur im Untergeschoss der Schillerschule am Waldring verfügte sie über ein paar mit Mobiliar und Akten vollgestopfte Räume.

Unmittelbar nach Kriegsende galt es, Unterbringungsmöglichkeiten für die obdachlos gewordenen Bochumer Justizbehörden zu finden. Für die circa 30 Mitarbeiter, die demnächst für das Landgericht tätig werden sollten, wurde ein Bedarf von 14 Räumen veranschlagt. Am 21. Juni 1945 stellte die örtliche Militärregierung darauf den Bochumer Gerichten einen geringen Teil des vom Bombenkrieg weitgehend verschont gebliebenen Polizeipräsidiums an der Uhlandstraße zur Verfügung. Das erlaubte es, mit den gerichtlichen Aufgaben auf niedrigem Niveau zu beginnen und die Wiederaufnahme eines bescheidenen Sitzungsbetriebes vorzubereiten. Für die Sitzungen wurden damals im Polizeipräsidium zwei ärmlich ausgestattete Sitzungssäle genutzt. Da diese nicht ausreichten, wurde zusätzlich ein Sitzungssaal des Amtsgerichts in Herne in Anspruch genommen. Die beengten Verhältnisse im Polizeipräsidium ließen aber einen ordnungsgemäßen Dienstbetrieb nicht zu. Deshalb wurden zwei erstinstanzliche Zivilkammern samt Rechtspfleger, Geschäftsstelle und Kanzleikräften am 15. Oktober 1946 an das Amtsgericht nach Herne verlegt.

In den Jahren 1947 und 1948 wurden die Verhältnisse im Polizeipräsidium für die Bochumer Gerichte noch schwieriger. Die Anzahl der Verfahren, vor allem in Ehe- und Strafsachen, nahm zu; die Zahl der Bediensteten wuchs. Im Jahr 1947 gehörten zum Landgericht 33 Richter, ein Jahr später waren es bereits 42. Die Zahl aller Bediensteten betrug 1948 erstmals mehr als 100. Zwar wurden durch Ausbau und Instandsetzung einige zusätzliche Räume geschaffen. Doch reichte das zur Unterbringung der Bediensteten und zur Durchführung eines geordneten Sitzungsbetriebes längst nicht mehr aus. Der Versuch, die Not durch immer engeres Zusammenrücken zu beheben, stieß an seine Grenzen. Im März 1948 verfügte das Landgericht für die insgesamt 102 damals im Polizeipräsidium tätigen Bediensteten über 20 in sechs Stockwerken verstreut liegende Räume. Viele waren mit vier Richtern belegt. Selbst der Landgerichtspräsident teilte sein Arbeitszimmer mit einem weiteren Richter. Durchschnittlich standen jedem Bediensteten nur 4,74 Quadratmeter Bürofläche zur Verfügung.

Auch die Bochumer Anwaltschaft sprach sich für eine Verbesserung der Raumsituation des Landgerichtes aus. Der Vorsitzende des Bochumer Anwaltsvereins schrieb am 5. April 1948 an den Oberbürgermeister der Stadt Bochum, es gäbe in ganz Westdeutschland kein zweites Gericht, bei dem die Dinge so im Argen lägen wie in Bochum. Das „1 000-jährige Reich" habe eine Krise des Rechtsbewusstseins hinterlassen, die noch schlimmer sei als die wirtschaftliche Krise. Zu ihrer Überwindung sei es unbedingt erforderlich, der Justizverwaltung auch die technischen Voraussetzungen für eine geordnete Rechtspflege in die Hand zu geben. Die vereinten Bemühungen hatten dann Erfolg. Vom 1. April 1949 an wurden der Bochumer Justiz 13 weitere, wenn auch kleine und bescheiden ausgestattete Dienstzimmer zur Verfügung gestellt. Weitere räumliche Entlastung brachte am 1. Juli 1949 die Bildung einer auswärtigen Strafkammer beim Amtsgericht Recklinghausen.

Schon bald nach dem Krieg war das Staatshochbauamt Dortmund zu dem Ergebnis gekommen, dass sich das nur zu einem Teil zerstörte alte Landgerichtsgebäude wiederherstellen ließe und dazu beitragen könnte, die Raumnot der Bochumer Justizbehörden zu mildern. Alle Bemühungen, den Wiederaufbau frühzeitig voranzutreiben, scheiterten jedoch an unüberwindbaren Schwierigkeiten; zunächst aus stadtplanerischen Gründen, dann an der Materialbeschaffung und der Bereitstellung geeigneter Arbeitskräfte, nicht zuletzt aber auch an den fehlenden Geldmitteln. Erst im Jahre 1949, nach gelungener Währungsumstellung, war an eine Verwirklichung des Wiederaufbaus zu denken. Am 31. Mai 1950 konnte das wiederhergestellte Gebäude seiner Bestimmung übergeben werden. Es bot Platz für die Aufnahme der Strafabteilung des Amts- und des Landgerichts sowie für die Verwaltung des Landgerichts Bochum.

In Bochum entwarf unterdessen die „Staatliche Bauleitung Gerichtsneubauten Bochum" Pläne, die in vier Bauabschnitten die Errichtung der für die Bochumer Justiz erforderlichen Gebäude vorsahen. Begünstigt wurde das Vorhaben durch eine Besichtigung, die der Justizausschuss des Landtags Nordrhein-Westfalen am 28. Januar 1950 an Ort und Stelle unternommen hatte. Dabei hatte er von den Bedingungen, unter denen die Bochumer Richter und Staatsanwälte arbeiten mussten, einen verheerenden Eindruck gewonnen. Die Realisierung des Vorhabens wurde nunmehr beschleunigt. Schon im Herbst 1950 begann man mit der Ausführung des ersten Bauabschnittes. Es ging um die Errichtung des Zwischenflügels, der später das alte Landgericht mit dem am Husemannplatz liegenden Hauptgebäude verbinden sollte. Der Zwischentrakt sollte der Bücherei und den dringend notwendigen Sitzungssälen für die Zivilkammern Platz bieten. Die dafür bestimmten Räume mussten aber nach der Fertigstellung im Sommer 1951 zunächst mit provisorischen Zwischenwänden versehen werden, um Büroräume für die Staatsanwaltschaft zu schaffen, die bis dahin im Hauptzollamt

77 | RICHTERSTUHL AUS DEM LANDGERICHT

an der Uhlandstraße „ein besonders armseliges Dasein gefristet" hatte und die die dort genutzten Räume nunmehr herausgeben musste.

Mit zunehmender Geschäftslast nahm auch der Personalstand weiter zu. 1951 betrug die Zahl der beim Landgericht tätigen Richter bereits 51, die Gesamtstärke aller Bediensteten belief sich auf 131 Personen. Diese angemessen unterzubringen, blieb auch nach Fertigstellung des ersten Bauabschnitts unmöglich. So „residierten" die Vorsitzenden der Strafkammer zum Beispiel in den Beratungszimmern der Sitzungssäle, jeweils vier Beisitzern zweier Strafkammern musste ein Dienstzimmer genügen. Für elf Justizwachtmeister gab es im wiederhergestellten Landgerichtsgebäude nur einen Aufenthaltsraum.

Im August 1952 konnte endlich mit der Errichtung des sechsgeschossigen Hauptgebäudes der zweite Bauabschnitt begonnen werden. Bereits im Januar 1953 war der Rohbau vollendet. Im August 1953 war der zweite Bauabschnitt zum Abschluss gebracht worden; am 2. Oktober 1953 folgte die feierliche Einweihung. Die Fertigstellung der restlichen Bauabschnitte vollzog sich in rascher Reihenfolge. Bereits im Februar 1954 konnten die Räumlichkeiten, die im vierten und letzten Bauabschnitt errichtet worden waren, übergeben und bezogen werden. Die Zeit der provisorischen Unterbringung des Landgerichts war zu Ende. Die nunmehr neu zur Verfügung stehenden Sitzungssäle wurden mit zeitgemäßem Mobiliar, insbesondere mit repräsentativen Richterstühlen, ausgestattet.

Der abgebildete Richterstuhl stand im Schwurgerichtssaal des Landgerichts. In diesem Saal fanden die Verhandlungen des Schwurgerichts statt, das unter anderem für Kapitaldelikte, insbesondere Mord und Totschlag, sowie für bestimmte Delikte mit Todesfolge, für schweren Raub und besonders schwere Fälle der Brandstiftung, des räuberischen Diebstahls und der räuberischen Erpressung zuständig war. Der Stuhl des Vorsitzenden Richters des Schwurgerichts, der damals noch Landgerichtsdirektor hieß, setzte sich von den übrigen Richterstühlen durch eine höhere Rückenlehne ab. Eine solche besitzt auch der hier gezeigte Stuhl.

Seit Anfang der 1950er Jahre musste sich das Schwurgericht des Landgerichts Bochum zunehmend mit dem dunkelsten Kapitel der deutschen Geschichte, mit dem staatlich organisierten Massenmord in den besetzten Ostgebieten, beschäftigen. Verhandelt wurde vor allem gegen Angehörige der Sicherheitspolizei und sogenannter Einsatzgruppen, denen die systematische Vernichtung der Juden in ihren Einsatzgebieten zur Last gelegt wurde. Dabei trat Unmenschliches in einem Ausmaße zutage, das jedes normale Vorstellungsvermögen überstieg. Die Prozesse, die nicht selten mehrere Jahre andauerten und bis in die 1980er Jahre hineinreichten, stellten hohe Anforderungen an die Geduld, den Langmut und die Ausdauer aller an der Urteilsfindung Beteiligten. Sie bedeuteten für sie vor allem auch eine große seelische Belastung. Die Verfahren endeten überwiegend mit der Verurteilung der Haupttäter zu lebenslanger Freiheitsstrafe. Andere Ergebnisse, die auch vorkamen, fanden nicht immer den Beifall der Öffentlichkeit.

Das erste Schwurgerichtsverfahren in dem neuen Schwurgerichtssaal war vermutlich die erste Hauptverhandlung gegen Angehörige der ehemaligen Gestapo-Dienststelle Bochum

77 | RICHTERSTUHL AUS DEM LANDGERICHT

im Mai 1954. Dabei ging es 1. um Aussageerpressungen mutmaßlicher Regimegegner, 2. die Erschießung des Oberfeuerwehrmannes Böhme, 3. Hinrichtungen im Zwangsarbeiterlager Westfalia-Dinnendahl-Gröppel und 4. Exekutionen im Keller des Bochumer Gestapo-Gebäudes im Frühjahr 1945. Hauptangeklagter war der ehemalige Kriminalsekretär und Gestapo-Beamte Gerhard Schmook.

Der Oberfeuerwehrmann Böhme war ins Visier der Gestapo geraten, weil er Ende März 1945 Gewalttätigkeiten gegenüber einem abgeschossenen feindlichen Flieger gesprächsweise missbilligt hatte. Deswegen war er von Schmook und anderen Gestapobeamten nachts auf seiner Arbeitsstelle festgenommen und von dem Angeklagten beim Eintreffen vor dem Dienstgebäude der Gestapo – angeblich befehlsgemäß – unversehens von hinten erschossen worden. Als ein paar Tage später ein Wachmann im Zwangsarbeiterlager Westfalia-Dinnendahl-Gröppel von einem lagerfremden Russen erschossen worden war, gehörte Schmook zu einem Kommando, dem die zur Vergeltung angeordnete Erschießung von sechs wahllos herausgegriffenen Lagerinsassen aufgetragen worden war.

Das Schwurgericht verhängte gegen ihn am 22. Mai 1954 wegen Beihilfe zum Mord an einem und Beihilfe zum Totschlag an sechs Menschen eine Gesamtzuchthausstrafe von zehn Jahren.

Die Zuchthausstrafe war als Ahndung für besonders schwere Verbrechen vorgesehen und mit verschärften Haft- und Sicherheitsbedingungen verbunden.

Seit dem Inkrafttreten des Ersten Strafrechtsreformgesetzes von 1969 machen die Gesetze bei der Androhung von freiheitsentziehenden Strafen keine graduellen Unterschiede mehr. Sie sprechen vielmehr prinzipiell von Freiheitsstrafen.

Die Durchführung der mündlichen Verhandlungen war damals im Übrigen von der Beachtung besonderer äußerer Förmlichkeiten gekennzeichnet. So trugen die Richter und Staatsanwälte in der Vergangenheit bei der Abnahme von Eiden und bei der Urteilsverkündung ein Barrett, das neben der Robe Bestandteil der Amtstracht war.

Anfang der 1970er Jahre ergriff die von den Studentenunruhen des Jahres 1968 ausgehende Welle von Demonstrantenprozessen auch die Gerichte des Landgerichtsbezirks Bochum. Sie stellte die Richter auf eine harte Probe. Die Angeklagten machten die Verhandlungen mit Unterstützung eines Teils der Zuhörer zur Szene von Angriffen auf den Rechtsstaat. Ihr erklärtes Ziel war es, einen ordnungsgemäßen Verlauf der Prozesse mit allen Mitteln zu verhindern. Besonderes Aufsehen erregten in Bochum die Verfahren gegen Gabriele Kröcher-Tiedemann und Lothar Gend. Sie verwandelten das Landgericht für die Dauer der Hauptverhandlungen in eine vielfach gesicherte Festung. Beide gehörten zum engeren Kreis anarchistischer Gruppen. In der Nacht zum 7. Juli 1973 waren sie bei dem Versuch, amtliche Kennzeichen von abgestellten Kraftfahrzeugen in Bochum zu stehlen, beobachtet und von den Besatzungen zweier Funkstreifenwagen gestellt worden. Um der drohenden Festnahme zu entgehen, hatten sie bedenkenlos von den mitgeführten Schusswaffen Gebrauch gemacht, dabei aber nur einen der beteiligten Polizeibeamten am Fuß getroffen.

Das Schwurgericht verurteilte Gabriele Kröcher-Tiedemann am 17. Dezember 1973 wegen gemeinschaftlich begangenen versuchten Mordes an drei Polizeibeamten zu einer Gesamtfreiheitsstrafe von acht Jahren. Gegen Lothar Gend, der am 7. Juli 1973 zunächst hatte entkommen können, verhängte es wegen derselben Straftat am 21. Mai 1975 eine Freiheitsstrafe von 15 Jahren. Als am 27. Februar 1975 in Berlin der Landesvorsitzende der CDU Peter Lorenz von Mitgliedern der sogenannten „Bewegung 2. Juni" mit Gewalt entführt wurde, gehörte Gabriele Kröcher-Tiedemann zu den rechtskräftig verurteilten Häftlingen, deren Freilassung die Entführer im Austausch gegen die Übergabe ihres Gefangenen vom Staat erpressten.

Bereits Anfang der 1960er Jahre deutete sich erneut an, dass der in den Dienstgebäuden vorhandene Raum für die Belange der Bochumer Justiz in absehbarer Zeit nicht mehr ausreichen würde. Die Wohnbevölkerung im Landgerichtsbezirk, der neben Bochum auch Herne, Recklinghausen und Witten umfasst, war von rund 840 000 im Jahre 1950 auf über eine Million im Jahre 1960 gestiegen. Entsprechend angewachsen waren die Geschäftszahlen und, wenn auch nicht in gleichem Maße, die Zahl der im Justizdienst Beschäftigten. Die räumlichen Verhältnisse wurden allmählich wieder beengter. Dies erforderte erstmals im Februar 1962 die Verlagerung eines Teils des Dienstbetriebs der Staatsanwaltschaft in Räume, die am Dr.-Ruer-Platz angemietet werden konnten. Diese Maßnahme schaffte jedoch nur vorübergehend Erleichterung.

Am 30. März 1968 wurde die Staatsanwaltschaft Bochum Schwerpunktstaatsanwaltschaft für Wirtschaftskriminalität. Die Bearbeitung der Wirtschaftsstrafsachen aus den Bezirken Bochum, Dortmund, Essen, Hagen und Siegen wurde der Staatsanwaltschaft Bochum übertragen. Dies hatte eine beträchtliche personelle Verstärkung zur Folge. Der zusätzliche Raumbedarf konnte nur durch die Anmietung von weiteren Räumen an der Alleestraße und später durch die Verlegung der gesamten Wirtschaftsstrafabteilung in einen 51 Räume umfassenden Komplex des Hotels „Lohring" in Bochum gedeckt werden. Auch beim Gericht reichte der im eigenen Hause vorhandene Platz für einen geordneten Dienstbetrieb nicht mehr aus. Immer weitere Dienststellen mussten deshalb seit dem Frühjahr 1969 in Miträume am Bahnhofsvorplatz und an der Kortumstraße in Bochum ausweichen. Damals erweckten die über die ganze Stadt verstreuten Dependancen bei vielen Bochumern den Eindruck, als erfülle die Justiz ihre Aufgaben im Umherziehen.

Die Landesregierung stimmte deshalb einer großzügigen Erweiterung der Justizgebäude in Bochum zu. Das Staatshochbauamt Dortmund begann darauf im April 1970 mit der Vorplanung eines neuen Gebäudekomplexes. Bis zur Fertigstellung aller Um- und Neubauten gingen acht Jahre ins Land. Als Letztes wurden Ende 1978 die Sitzungssäle, einschließlich des neuen Schwurgerichtssaals, in dem repräsentativen Saaltrakt in Betrieb genommen. Damit hatte der alte Schwurgerichtssaal ausgedient. Der Richterstuhl wurde nicht mehr benötigt, in das Magazin des Landgerichts verbracht und dort über Jahre aufbewahrt.

VOLKER BRÜGGEMANN

78 | ARAL-ZAPFSÄULE

Stadtarchiv Bochum – MUSA

H 138 cm, B 63 cm, T 43 cm; Stahlblech, Gummi, Glas, Aluminium; Deutsche Gerätebau-Gesellschaft m.b.H. Salzkotten, 1950er/1960er Jahre

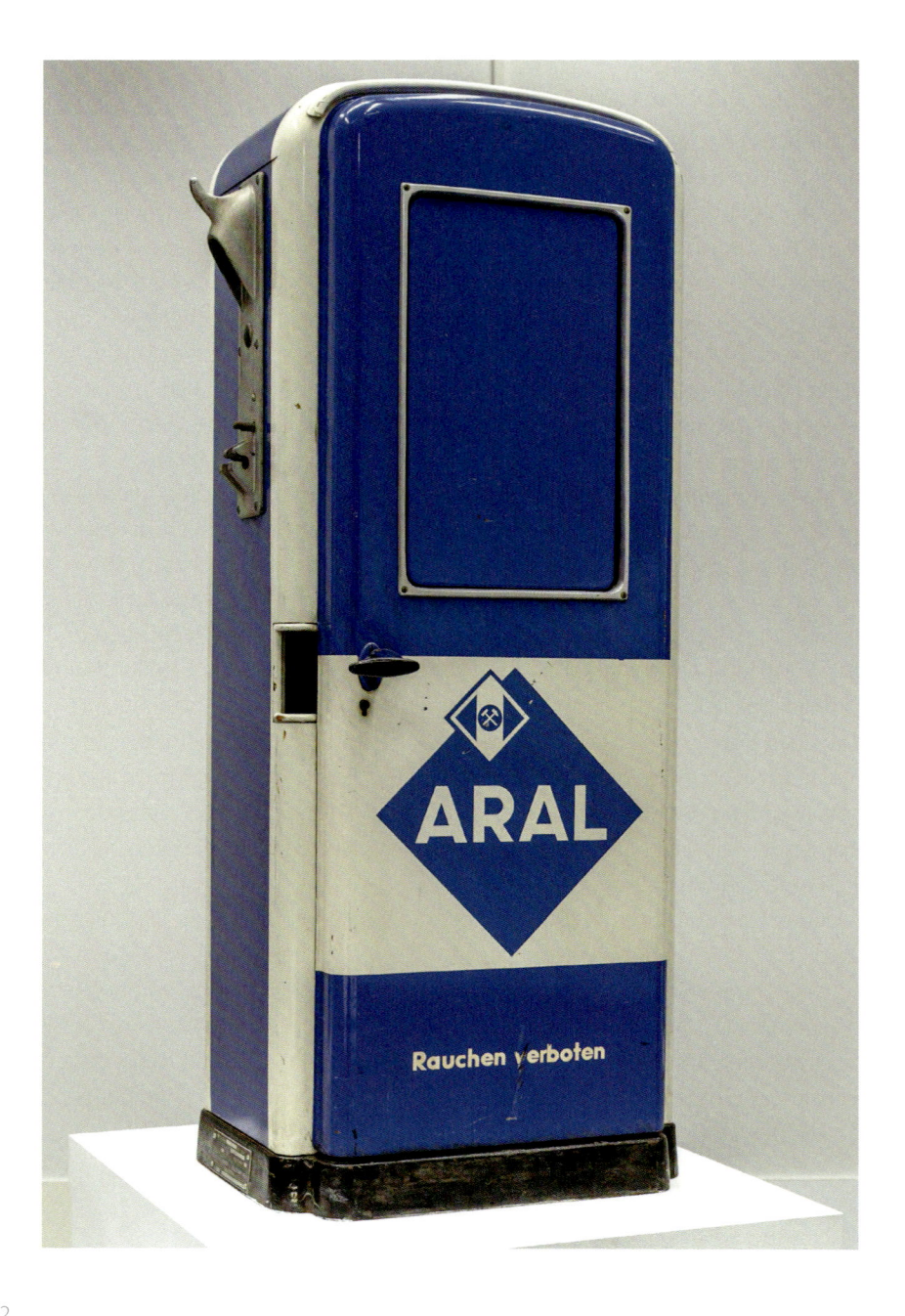

Die Säulen des Geschäfts. Die Aral AG und ihre Tankstellen

Seit fast 100 Jahren sind Tankstellen in Deutschland allgegenwärtig. Sie prägen das Bild der städtischen Infrastruktur und doch hat sich in kaum einem anderen Bereich des Bausektors ein derart regelmäßiger und umfassender Wandel der architektonischen Formensprache vollzogen wie beim Tankstellenbau. Auch das Zapfsäulendesign erfuhr im Laufe der Zeit vor diesem Hintergrund mehrfach Änderungen, die die Anmutung der Tankstelle grundlegend beeinflussten.

Ende 1898 gründeten 13 Bergbaugesellschaften in Bochum die Westdeutsche Benzol-Verkaufs-Vereinigung, die seit 1918 als Benzol-Verband firmierte. Zweck des Unternehmens war der zentrale Vertrieb des bei der Verkokung von Kohle als Nebenprodukt anfallenden Benzols, das in dieser Zeit vor allem im Bereich der Farbenproduktion verwendet wurde. Hintergrund dieser Entwicklung waren im ausgehenden 19. Jahrhundert Innovationen bei der Kokereitechnologie, die die Gewinnung der Begleitstoffe erst ermöglichten. Bis zum Ersten Weltkrieg entstanden weitere Vertriebsgesellschaften für andere Nebenprodukte, die wegen ihres Sitzes als Bochumer Verbände bezeichnet wurden.

1924 begann der Aufbau eines eigenen Tankstellennetzes, über das ein Kraftstoffgemisch aus Benzol und Benzin vertrieben werden sollte. Das Produkt wurde unter Verwendung der Anfangsbuchstaben der „**Ar**omaten" des Benzols und der „**Al**iphaten" des Benzins „Aral" genannt. Aufgrund seines hohen Energiegehalts und insgesamt günstiger Eigenschaften gewann dieser weltweit erste „Superkraftstoff" rasch an Beliebtheit. Die 1930er Jahre brachten eine weitere Ausdehnung des Geschäfts, das nun auch Dieselkraftstoffe, Motoröle und technischen Service umfasste. Aral war innerhalb weniger Jahre nicht nur zu einer festen Größe auf dem deutschen Kraftstoffmarkt, sondern direkt zum Marktführer aufgestiegen. 1927 wurden die Bochumer Stadtfarben blau und weiß zur Markenfarbe.

Nachdem während des Zweiten Weltkriegs der Verkauf von Aral-Produkten weitgehend eingestellt worden war, begann erst 1951 wieder das normale Tankstellengeschäft des nun in BV-Aral AG umbenannten Unternehmens. Die 1950er Jahre waren als Zeitalter der Massenmotorisierung vom Wiederaufbau des Vertriebsnetzes geprägt, das 1969 einschließlich der Schwestermarke Gasolin mit fast 11 000 Tankstellen einen Höchststand erreichte. Die Kohlenkrise brachte erneute Umstrukturierungen und den Einstieg der Mineralölindustrie in die Aral AG. 2002 wurde das Unternehmen von der Deutsche BP AG übernommen und damit in den BP-Konzern integriert. Die Zentrale der Deutschen BP AG (heute BP Europa SE) zog von Hamburg nach Bochum. Mit heute rund 2 500 Tankstellen ist Aral weiterhin die führende Tankstellenmarke in Deutschland.

Bevor die Olex (Vorgängergesellschaft der BP) 1922 im Zentrum Hannovers am Raschplatz die erste öffentliche Straßentankstelle in Deutschland errichtete und im Januar 1923 eröffnete, erfolgte die Kraftstoffversorgung in Kannen- und Fassdepots. Apotheken, Drogerien, Speditionen und Einzelhandelsgeschäfte boten den wenigen Autofahrern des Kaiserreichs Kraftstoffe und Schmiermittel auf Höfen und in Lagerhallen an.

Die nach Vorbild der Olex errichteten ersten Tankstellentypen waren dem klassischen Straßenkiosk nachempfunden, da Zapfanlagen und Tanks laut gesetzlicher Vorgabe zunächst nur in feste Gebäude eingebaut werden durften. Schon Mitte der 1920er Jahre änderte sich das Bild, und die Tankstellengesellschaften stellten die ersten freistehenden Zapfsäulen mit unterirdischen Tanks auf. Wegen des noch geringen Kraftstoffverbrauchs und der niedrigen Einzelumsätze rentierte sich ein selbstständiger Zapfstellenbetrieb meist nicht.

Die Säulen der sich in dieser Zeit auf dem Markt etablierenden Farbengesellschaften waren weiterhin Gastwirtschaften oder Geschäften angeschlossen. Sie standen auf dem Bürgersteig, am Straßenrand und immer noch auf Hinterhöfen, besaßen keinen festen Baukörper oder gar ein Dach. Größere Tankstellen vertrieben nicht selten Kraftstoffe mehrerer Gesellschaften. Neben solchen Gemeinschaftstankstellen verbreitete sich ab Ende der 1920er Jahre die Markentankstelle, die auch Waschplätze und Reparaturen anbot.

In den 1930er Jahren wandelte sich das Bild. Die zunehmende Motorisierung und der stark steigende Absatz von Kraft- und Schmierstoffen beschleunigten die Entwicklung von der nebenberuflich betriebenen Zapfsäule hin zur selbstständigen Tankstelle. Bis zu acht Säulen, Ölkabinette und die für den obligatorischen Tankwartservice benötigten Pflegemittel und technischen Einrichtungen wurden auf beidseitig anfahrbaren Inseln platziert. Ein Pächtergebäude, Dächer, Außenbeleuchtung und Markenwerbung rundeten das Bild der modernen Tankstelle ab. Genormte Bautypen oder Vorschriften zur Außengestaltung fehlten dagegen noch weitgehend.

Im Verlauf des Zweiten Weltkriegs wurden große Teile des Tankstellennetzes zerstört oder stark beschädigt. Aufgrund der staatlichen Zwangsverwaltung des gesamten Kraftstoffsektors fand ab 1939 an den Tankstellen fast kein Freiverkauf mehr statt. Der größte Teil der Säulen wurde stillgelegt, einige wurden später auch zur Metallgewinnung verschrottet. Als 1951 nach zwölf Jahren Pause wieder Aral am Markt erhältlich war, musste das ehemals rund 10 000 Tankstellen umfassende Netz des Unternehmens von Grund auf wieder aufgebaut werden.

Zunächst dominierten an den Aral-Tankstellen noch die traditionellen eckigen und bis zu drei Meter hohen Handpumpen der Vorkriegszeit, die – wo immer möglich – reaktiviert wurden. Gleichzeitig kam mit den in US-amerikanischer Lizenz von verschiedenen deutschen Herstellern baugleich produzierten „Gilbarco-Säulen" ein neuer Typ auf, der seine Vorgänger bald verdrängte. Mit seinen runden Formen, reduzierter Höhe, elektrisch betriebenen Pumpenmotoren und Zählwerk prägte er das Bild der deutschen Tankstellen in den 1950er Jahren. Der Wiederaufbau und der Trend zu einem stärkeren Markenbewusstsein ließen die Gemeinschaftstankstelle verschwinden. Die Anbieter setzten auf ein unverwechselbares Erscheinungsbild, das sich jedoch vor allem in der Farbgebung, nicht aber in einer Normierung der Tankstellen äußerte.

Schon Ende des Jahrzehnts folgte mit der nochmals kleineren „Panorama-Säule" ein erneuter Wandel in der Außenansicht der Tankstelle. Formgleiche Öldosenschränke spiegelten die Entwicklung im Ölvertrieb. Die Handabfüllung aus Fässern im Ölkabinett wurde endgültig abgelöst durch die Öldose. Großflächige Werbebanner setzten die Produkte ins rechte Licht. Vor dem Hintergrund der Massenmotorisierung setzten alle Anbieter in den 1960er Jahren weiterhin auf die Expansion des Netzes, um ihren Marktanteil durch eine flächendeckende Präsenz zu erhöhen. 1969 bestanden in Westdeutschland über 46 000 Tankstellen unterschiedlichster Größen und Bauformen, davon 7 610 der Marke Aral und 3 550 ihrer Tochtermarke Gasolin. Ab 1965 ersetzen eckige Säulentypen ihre abgerundeten Vorgängerinnen.

Seit Anfang der 1970er Jahre zeigte sich ein neuer Trend: Die Aral-Tankstelle sollte attraktiver werden und der Kundin/dem Kunden als Dienstleistungszentrum rund ums Auto mehr bieten als Kraftstoffe und Motoröl. Angesichts zunehmenden Wettbewerbs, von Wirtschafts- und Ölkrisen, verändertem Verbraucherverhalten und erwachendem Umweltbewusstsein lautete die Strategie Diversifikation und Rationalisierung. Zahlreiche Tankstellen mit unterdurchschnittlicher Kundenfrequenz wurden geschlossen, die weiter bestehenden modernisiert und vergrößert.

Das neue Konzept basierte auf mehreren Pfeilern. Mit der Einführung des Aral Mini-Marktes 1971, später auch Aral-Shop und Aral-Store genannt, verbreiterte sich die Warenpalette. Die noch wenige Jahre zuvor kaum denkbare Selbstbedienung erwies sich als unproblematisch, zumal die Selbsttanker die angebotenen Rabatte gerne akzeptierten. Mitte der 1980er Jahre war die Umstellung abgeschlossen. Nachdem zwei Jahrzehnte lang drei Einheitszapfsäulen das Bild an den Tankstellen bestimmt hatten, experimentierte Aral jetzt mit unterschiedlichen Varianten, um den geänderten Anforderungen gerecht zu werden. Der Tankvorgang musste einfach und sauber sein; ein Bondrucker sorgte für den Nachweis an der Kasse.

Der zunehmenden marktfremden Konkurrenz von Tankstellen an Verbrauchermärkten und Einkaufszentren setzte Aral ein Serviceangebot auf anderer Ebene entgegen. Neben die bald an allen Stationen verfügbare fachkundige Autopflege und die wachsende Zahl an Waschanlagen trat der Service im Bereich der Motor- und Autotechnik. Außerdem wurde die Anzahl der Diesel-Tankstellen, die Ende der 1960er Jahre nur einen geringen Teil des Bestandes ausmachten, stark ausgeweitet.

Mit dem Aufbau des Netzes in den neuen Bundesländern ab 1990 änderte sich erneut der Zuschnitt der Aral-Tankstellen. Die Konzentration auf Großtankstellen mit moderner Ausstattung und Technik bestimmte von nun an die Aktivitäten des Unternehmens auch im Westen. Zum Standard gehörte das von Aral bereits ab 1987 als erstem Unternehmen eingeführte computerbasierte Tankstellen-Management-System (TMS 2000), das die Tankstellen mit der Firmenzentrale und die Säulen mit dem Kassenterminal verband und die elektronische Preisumstellung ermöglichte. Mit dem bis heute verwendeten Multi Product

Dispenser (MPD), der ab 1988 den Absatz des nach Einführung des bleifreien Kraftstoffs in den 1980er Jahren auf fünf Sorten angestiegenen Angebots an einer Säule erlaubte, endete die 70-jährige Ära der klassischen Ein- beziehungsweise Zweiproduktsäule.

Einen weiteren Schwerpunkt bildete der Umweltschutz. Die Ausstattung der Tankstellen umfasste technische Vorrichtungen zur Vermeidung von Verdunstungsverlusten bei der Belieferung mit Kraftstoffen, Benzinabscheider, Doppelwandtanks mit Leckanzeige und Kathodenschutz, Lärmschutz an Waschhallen und öldichte Fahrbahnen im Tankbereich. 1993 begann Aral mit dem Einbau von Saugrüsseln zum emissionsarmen Tanken, der 1997 abgeschlossen wurde.

DIETMAR BLEIDICK

79 BRONZEPLASTIK "MENSA"

Zur Neuausrichtung des öffentlichen Kunstsammelns in Bochum Ende der 1950er Jahre. Der Ankauf der Bronzeplastik „Mensa" von Fritz Koenig

Am 12. Mai 1960 beschloss der Kulturausschuss der Stadt Bochum den Ankauf der bedeutenden Bronzeplastik „Mensa", die der süddeutsche Bildhauer Fritz Koenig ein Jahr zuvor geschaffen hatte. Gemeinsam mit einem Gemälde des tschechisch-französischen Malers Jaroslav Serpan und einem großformatigen Farbholzschnitt des Holzschneiders HAP Grieshaber war die plastische Arbeit „Mensa" der erste Ankauf, den der kurz zuvor ins Amt des Museumsdirektors gewählte Dr. Peter Leo für die Sammlung der am 3. April 1960 feierlich eröffneten Städtischen Kunstgalerie Bochum tätigen konnte. Ein programmatischer Ankauf, der sowohl die Ziele der Bochumer Kulturpolitik im Bereich der bislang eher stiefmütterlich behandelten bildenden Kunst wie auch das Profil der Sammlungs- und Ausstellungspolitik Peter Leos, der das Bochumer Kunstleben das kommende Jahrzehnt hindurch prägend mitgestalten sollte, deutlich werden lässt.

Nach den gescheiterten Verhandlungen der Stadt über den Ankauf der herausragenden Sammlung expressionistischer Kunst, die der Bochumer Industrielle Karl Gröppel für seine Heimatstadt vorgesehen hatte und dann 1958 verärgert nach Dortmund verkaufte – wo sie bis heute ein wichtiges Fundament der Sammlung des Museums am Ostwall bildet –, fand eine Neuorientierung des städtischen Kunstsammelns statt. Der Umbau der baufälligen Villa Markhoff-Rosenstein zur städtischen Kunstgalerie wurde nunmehr, auch gegen starke Kritik von Seiten der Lokalpresse, die lieber einen modernen Museumsbau gesehen hätte, beschleunigt vorangetrieben. Für den in den Jahren 1952 bis 1959 für Kunstankäufe zuständigen Heinrich Döhmann, der im August 1959 aus gesundheitlichen Gründen seine Funktionen niederlegte, wurde ein hauptamtlicher Nachfolger gesucht und mit Peter Leo gefunden. 1960, das Jahr in dem Fritz Koenigs „Mensa" in die Bochumer Kunstsammlung kam, bedeutete für diese ein Jahr des Umbruchs und einen qualitativen Sprung, was auch der Kulturdezernent Dr. Heinz Ronte in seinem Grußwort zur Eröffnungsausstellung „Bochum '60" herausstellte:

> „Seit 1959 und zumal mit der Eröffnung der neuen Städtischen Kunstgalerie im Frühjahr 1960 ist die Pflege der bildenden Kunst in Bochum in eine neue Phase getreten. Der städtische Kunstbesitz wird nun systematisch weiter ausgebaut. Aus finanziellen, aber vor allem aus sachlichen Erwägungen ist geplant, ‚Kunst nach 1945' zu sammeln. Das bedeutet Wagnis und Chance zugleich. Das Ziel ist, ein Museum moderner Kunst zu schaffen. Ein solches Musée d'Art Moderne gibt es in Deutschland noch nicht. Diese Lücke zu füllen, ist bedeutsamer und wegweisender Auftrag für die Kunstpolitik einer aufgeschlossenen Gemeinde, die sich damit der lebendigen Zukunft verpflichtet" (Ronte, 1960, o. pag.).

79 | BRONZEPLASTIK „MENSA"

Kunstmuseum Bochum, Inventar-Nr. 700

H 113 cm, B 123 cm, T 35 cm; Bronze; Fritz Koenig, 1959

79 | BRONZEPLASTIK „MENSA"

Fritz Koenigs „Mensa" fügte sich hervorragend in diese Neuorientierung der Kunstsammlung auf Gegenwartskunst ein, die der Bochumer Kulturausschuss seit 1958 mehrfach diskutiert und am 30. Juni 1959 festgelegt hatte. Danach sollten „größere Kunstgegenstände" – Ölbilder, Aquarelle und Plastiken – aus dem deutschen Kunstbereich und grafische Blätter aus der internationalen Kunst „ab ungefähr 1945" gesammelt werden. Der 1924 in Würzburg geborene Fritz Koenig gilt bis heute als einer der bedeutendsten deutschen Bildhauer der Nachkriegszeit. Seine Skulpturen sind weltweit zu bewundern, sie finden sich im Park von Schloss Bellevue in Berlin oder auch vor der deutschen Botschaft in Madrid. Weltberühmt ist seine monumentale „Plastik Kugelkaryatide N.Y.", die zwischen den Wolkenkratzern des World Trade Centers in New York stand. Nach dem Terrorakt am 11. September 2001 wurde die Skulptur, welche die New Yorker „The Sphere" nannten, weitgehend unbeschädigt aus den Trümmern geborgen. Nach dem Olympia-Terroranschlag von 1972 fertigte er einen Granit-Klagebalken für das Münchner Olympiagelände. Zudem schuf er das Mahnmal der Bundesrepublik Deutschland im ehemaligen Konzentrationslager Mauthausen. Fritz Koenig, der im Februar 2017 in Altdorf bei Landshut starb, war im Jahr 1960 auf dem Zenit seiner Laufbahn angekommen: 1957 hatte er den Rompreis Villa Massimo erhalten, aufsehenerregende Teilnahmen an der Biennale Venedig, 1958, wo er einen Spezialpreis für Skulptur erhielt, an der Weltausstellung in Brüssel im gleichen Jahr und an der II. Documenta in Kassel 1959 hatten seinen Ruf als einer der wichtigsten Bildhauer der Gegenwart begründet. Schon 1957 hatten die Münchner Staatsgemäldesammlungen eine bedeutende Arbeit erworben, 1958 hatte auch die Stadt Bochum auf Vorschlag Heinrich Döhmanns die Plastik „Paolo und Francesca" erworben. In der „Frankfurter Allgemeinen Zeitung" schrieb 1959 der Kritiker Erhard Göpel über die Bronzeplastik „Mensa":

> „Die alten niederbayrischen Skulpturen sind glaubensmäßig stark gebunden, und auch die religiösen Plastiken Fritz Koenigs wurzeln tief in dem alten Glaubensboden. Umso mehr kann der Bildhauer wagen. Das große ‚Abendmahl', ein solcher Bronzeguss, ist ein solches Wagnis. Der Tisch ist als senkrechte Fläche gegeben. Ziselierung, Patina und eine leichte Wellung an den Enden versetzen die Fläche in stark vibrierende Schwingung, so dass geistiger Raum, in dem sich das heilige Ereignis vollziehen kann, entsteht. Die Jüngerköpfe, an der Tafel nur scheinbar schematisch aufgereiht, lauschen gebannt dem nur wenig hervorgehobenen Christus" (Göpel, 1959).

Die Mitglieder des Bochumer Kulturausschusses und seines Unterausschusses für bildende Kunst hatten sich intensiv mit der zeitgenössischen Kunst auf der Documenta II in Kassel, auf der auch Fritz Koenig repräsentativ vertreten war, befasst. Ein gemeinsamer Besuch der großen Kunstschau, auf der 1959 vor allem die abstrakten und informellen internationalen Tendenzen als neue universal geltende „Weltsprache der Kunst" gefeiert wurden, war organisiert worden und wurde in der anschließenden Ausschuss-Sitzung noch einmal gründlich erörtert.

Fritz Koenig war auch einer der vier deutschen Bildhauer, die in der Eröffnungsausstellung

79 | BRONZEPLASTIK „MENSA"

„Bochum '60. Ausstellung vierzehn deutscher Maler und Bildhauer" mit einer größeren Werkauswahl gezeigt wurden. Mit der Organisation dieser Ausstellung hatte Heinz Ronte noch vor der Berufung Peter Leos die Essen-Münchner Galerie van de Loo beauftragt, von welcher dann auch die Plastik „Mensa" erworben werden konnte.

Peter Leo besuchte den Bildhauer in seinem Landshuter Domizil im Mai 1960 und empfahl den Ankauf dieser für Koenigs Schaffen herausragenden Arbeit. Im schon erwähnten Kulturausschuss am 12. Mai 1960 erläuterte denn auch Dezernent Ronte an Stelle des durch eine Dienstreise verhinderten Museumsdirektors dessen Ankaufsvorschlag, der einstimmige Zustimmung fand.

Mit dem Erwerb der Bronzeplastik „Mensa" hatte man ein wichtiges Zeugnis der aktuellsten Entwicklungen in der deutschen Gegenwartskunst für die Bochumer Sammlung sichern können und damit den früher formulierten grundsätzlichen Überlegungen zum Aufbau der städtischen Kunstsammlung Rechnung getragen. Interessant ist dabei allerdings ein anderer Aspekt, der bereits die weiterreichende, eher international und europäisch ausgerichtete Sammlungs- und Ausstellungsstrategie Peter Leos andeutete. Bereits im Januar 1960 hatte er das großformatige Ölgemälde „Tier und Mensch" des holländischen COBRA-Künstlers Karel Appel zum Ankauf empfohlen, noch vor seiner offiziellen Berufung zum Museumsleiter. Seiner Empfehlung war der Kulturausschuss ohne Diskussion gefolgt. Gemeinsam mit Koenigs Plastik „Mensa" wurde im Mai 1960 auch das informelle Gemälde „Saliloui" des in Frankreich lebenden Künstlers Jaroslav Serpan erworben, kurz darauf dann die wichtige Bronzeskulptur „Rückkehr des verlorenen Sohnes" von Ossip Zadkine. Zum Ende des Jahres 1960 noch das großformatige Werk „Mann im Garten" des Holländers Gerrit Benner.

Schon in den ersten Monaten seiner Amtszeit war es Peter Leo gelungen, der Bochumer Sammlung eine internationale Prägung zu verleihen, eine Ankaufs- und Sammlungskonzeption, die er in den elf Jahren seines Wirkens konsequent weiterverfolgen sollte. „Sein Ziel vor allem: der Gegenwart zu dienen, ein Ziel, das ihm umso leichter zu erreichen erscheint, als nach seiner Meinung das Bochumer Kunstleben ‚von Tradition nicht belastet ist'", schrieb der Bochumer Kritiker Leo Nyssen 1960 zu Peter Leos Amtseinführung (Nyssen, 1960).

Peter Leo nutzte die Chance, in Bochum eine europäische Sammlung zeitgenössischer Kunst hoher Qualität aufzubauen. Dabei endete für ihn Europa nicht am „eisernen Vorhang", der den Kontinent bis 1989 teilen sollte. In seinen „Profile"-Ausstellungen richtete er seinen Blick auch auf die Kunst in den sogenannten sozialistischen Staaten Ost- und Mitteleuropas und legte mit seinen Kunstankäufen polnischer, jugoslawischer oder tschechischer Künstler die Grundlagen für eine gesamteuropäische Sicht auf die Gegenwartskunst. Doch dies wäre eine andere Geschichte, die sich im mutigen Ankauf der Bronzeplastik „Mensa" von Fritz Koenig nur andeuten lässt.

SEPP HIEKISCH-PICARD

Schwere Geburt, eiliger Glückwunsch. Die Gründung der Ruhr-Universität

Ein niedliches Kleinkind, umgeben von Wiesenblumen, umflattert von einem Schmetterling und (auf der Rückseite) umsummt von einer Hummel, ziert das Schmuckblatt-Telegramm der Deutschen Bundespost. Solche Schmuckblatt-Telegramme wurden von der Post für verschiedene Anlässe (Hochzeiten, Beerdigungen, Geburtstage et cetera) angeboten. Man konnte sie auch telefonisch aufgeben und sie waren damals die schnellste Zustellung einer schriftlichen Nachricht an den Empfänger. Sie dauerte in der Regel nur wenige Stunden, zumal sie, wie in diesem Falle, innerhalb des Stadtgebietes von Bochum erfolgte. Hier handelt es sich um ein Telegramm, das gewöhnlich als Glückwunsch bei Geburten versandt wurde.

Der innere Text lautet: „Herzliche Glueckwuensche zum grossen Erfolg in rotarischer Freundschaft", der Absender „Ihr Adolf Scharpenseel" (1910–1968) war offenbar der spätere (seit 1966) Vorstandsvorsitzende der Brauerei Schlegel-Scharpenseel (Fusion 1918), der mit dem Adressaten Dr. Gerhard Petschelt (1911–1979), dem Oberstadtdirektor Bochums (1952–1976), Mitglied im Rotary-Club war. Das Telegramm war nicht an das Büro des Oberstadtdirektors gerichtet, sondern an seine Privatadresse – vielleicht waren die beiden Gleichaltrigen sogar Freunde.

Das Telegramm war von dem Brauer Scharpenseel nicht bierernst gemeint und die Geburt der Ruhr-Universität war, genauso wie die Schwangerschaft, nicht ohne Komplikationen verlaufen. Aber „In neun Monaten (!) wurde Bochum Universitätsstadt", schrieb „Der Bochumer" (Jg.1 /2) von 1960/61 recht schlüssig. Und das „Kind", die Ruhr-Universität, hatte viele Väter. Dass Petschelt einen großen Anteil an der Standortwahl der ersten Ruhr-Universität hatte, wird aus den anderen Glückwünschen, die in seinem Büro ankamen und die er alle sorgfältig beantwortete, deutlich.

Die Entscheidung für Bochum fiel in einem verschlungenen Prozess, der die Strukturen der Politik zwischen Stadt und Land, zwischen den Parteien und Fraktionen, den Verwaltungen, Oberbürgermeistern und Oberstadtdirektoren im Ruhrgebiet geradezu beispielhaft erhellte. Seit 1958, als die CDU die Landtagswahlen mit absoluter Mehrheit (50,5 Prozent) gewonnen hatte, führte Ministerpräsident Franz Meyers ein Kabinett von Ministern, die ausschließlich der CDU angehörten. Auf lokaler Ebene, in Bochum, herrschte aber die SPD, der Oberbürgermeister Fritz Heinemann war seit 1952 im Amt, genauso wie Petschelt. In Dortmund gab es auch eine SPD-Doppelspitze, den Oberbürgermeister Dietrich Keuning und den Oberstadtdirektor Walter Kliemt. Die unterschiedlichen Mehrheitsverhältnisse in den Städten des Ruhrgebietes und im Land ergaben in regionalpolitischen Fragen gelegentlich eine undurchsichtige Gemengelage, so auch in unserem Fall einer Universitätsgründung.

Der 1958 ins Leben gerufene Wissenschaftsrat der Bundesrepublik Deutschland empfahl angesichts der Überfüllung der Hochschulen (in Nordrhein-Westfalen hauptsächlich Müns-

80 | SCHMUCKBLATT-TELEGRAMM: GRÜNDUNG DER RUHR-UNIVERSITÄT

Stadtarchiv Bochum – Aktenbestand Oberstadtdirektor, OStD 1133

H 29,7 cm, B 21 cm (aufgeklappt 42 cm); Papier; 18.7.1961

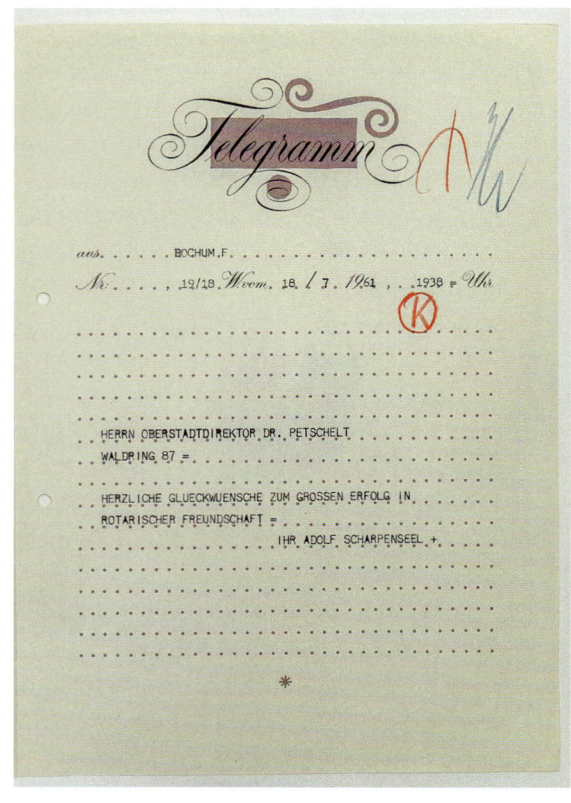

ter, Köln und Bonn) die Gründung einer Hochschule im westfälischen Teil des Ruhrgebietes. Die traditionelle Auffassung der preußischen Regierung, im Ruhrgebiet keine Universitäten und kein Militär anzusiedeln, da dies im Zusammenhang der überwiegenden Arbeiterbevölkerung eine gefährliche soziale Mischung dargestellt hätte, war obsolet geworden. Für die Ansiedlung einer Universität kamen nach Lage der Dinge Bochum und Dortmund in Frage. Erste Sondierungen der Landesregierung und der Bochumer Politik, die vor allem auf Wunsch des Bochumer Oberbürgermeisters sehr diskret abliefen, fanden statt. In den Fokus der Aufmerksamkeit rückte von Anfang an das Gelände in Querenburg. In unmittelbarer geografischer Nähe – in Langendreer – war die Entscheidung für die Ansiedlung der Opel-Werke gefallen. Die SPD-Opposition im Landtag hatte sich schon längere Zeit für Dortmund als Standort einer Technischen Hochschule (als Entlastung für die RWTH Aachen) stark gemacht. Das macht den Wunsch Bochums nach einer vorläufigen Geheimhaltung der Gespräche verständlich. Zwischen der Bochumer CDU und der Landesregierung aber gab es im Sommer 1960 zahlreiche Kontakte – ob und wie auch Bochumer SPD-Politiker eingebunden waren, ist nicht eindeutig geklärt.

Klarheit schuf allerdings der Hauptausschuss der Bochumer Stadtverordnetenversammlung, als er am 26. November 1960 einstimmig erklärte, dass er den „Plan zur Errichtung einer Technischen Universität im westfälischen Teil des Ruhrgebietes" begrüße. Soweit so gut – diese Formulierung entsprach noch der Linie der SPD-Opposition im Landtag. Aber der zweite Satz der Entschließung – „Sollte sich das Land Nordrhein-Westfalen für Bochum [...] entscheiden, ist die Stadt Bochum nach wie vor [!] bereit, dieses Vorhaben nach besten Kräften zu unterstützen und zu fördern" – legte die Bruchlinien frei, auch die zur Stadt Dortmund, die geglaubt hatte, einen älteren und besser begründeten Anspruch auf eine Neugründung zu haben.

Am 9. Dezember 1960 zeigte die Stadt Bochum noch einmal ihre nach außen dargestellte parteiübergreifende Entschlossenheit, als nun auch die Stadtverordnetenversammlung den Beschluss des Hauptausschusses nachvollzog. Im Binnenverhältnis traten aber zwischen der CDU und der SPD Reibungen und Verhärtungen auf, die nach den Kommunalwahlen 1961 dazu führten, dass die SPD der CDU nicht mehr die Position eines Bürgermeisters einräumte – wie es in den Ruhrgebietsstädten durchaus die Regel war. Die SPD warf der CDU vor, sich den Erfolg in der Standortfrage öffentlich an die eigenen Fahnen zu heften.

Viel weniger geschlossen waren die Positionen auf der Landesebene: Es gab Meinungsunterschiede sowohl im Kabinett als auch zwischen Kabinett und Parlament, das nun ein Mitspracherecht (Willy Weyer, FDP, am deutlichsten) einforderte. Einige CDU-Abgeordnete traten für Dortmund ein. Die Konkurrenz zwischen Dortmund und Bochum lag offen zutage, jedoch betonte Bochum, Dortmund nicht schlecht zu reden, sondern lediglich die Vorzüge der eigenen Stadt herauszustellen. Der Parteidisziplin in der SPD ist es offenbar zuzuschreiben, dass die beiden Stadtspitzen die Auseinandersetzung eher mit Samthandschuhen führten. Als sich im Winter die Chancen Bochums wieder zu verdunkeln schienen, war es Petschelt, der einen „Teilungsplan" ins Spiel brachte: Dortmund solle die „Technische Hochschule" erhalten, Bochum aber eine „Universität" mit den anderen Fakultäten – unter einer zentralen gemeinsamen Verwaltung. Dieser Plan spielte einige Zeit auf der Landesebene und in den Städten eine Rolle als Ausweg aus dem regionalpolitischen Dilemma (oder Quadrilemma).

Nach erneuten Besichtigungen der in Frage kommenden Gelände in Bochum und Dortmund durch die Landesregierung im Juni 1961 stiegen die Chancen Bochums wieder. Auch ein Markscheider, Wilhelm Tiemann, beschrieb in seinem Gutachten (unter dem Datum des 26. Juni 1961) die geologischen Verhältnisse im Bereich der Alt-Zechen „Gekrönte-Antonie", „Hagensieperbank", „Julius-Philipp" und „Glücksburg", so, dass „die Planung und Durchführung einer Universitätsstadt" unbedenklich seien. (Die Opel-Ansiedlung wäre beinahe am Widerstand der Zechenbesitzer gescheitert; wenn die Universitätsansiedlung nun an deren Hinterlassenschaften in der Geologie zerschellt wäre, hätte das die Möglichkeit eines Strukturwandels an der Ruhr sehr grundsätzlich in Frage gestellt.)

Am 3. Juli 1961 beschloss die Landesregierung einstimmig, die Universität nach Bochum zu vergeben. Kultusminister Werner Schütz hatte keinen leichten Stand gegen eine letzte Attacke aus Dortmund, die vor der maßgeblichen Sitzung des Landtages am 18. Juli 1961 noch gegen diese Entscheidung geritten wurde. Diese Sitzung dauerte beinahe acht Stunden. Der Landtagspräsident Johnen sah sich gezwungen, den Petschelt-Kompromiss noch einmal ins Rennen zu schicken. Der Ministerpräsident Franz Meyers, der Ältestenrat und die Fraktionen von SPD und FDP stimmten ihm zu, aber die CDU lehnte ihn mit ihrer Mehrheit ab. Die FDP stellte angesichts der Turbulenzen unter den Abgeordneten den Antrag auf Vertagung, der aber ebenfalls abgelehnt wurde. Die anschließende Abstimmung ergab 102 Stimmen für Bochum und 87 für Dortmund (bei einer Enthaltung). Die Dortmunder fanden sich verständlicherweise nicht leicht mit dieser Entscheidung ab. Schließlich geheilt wurde dieser Konflikt dann offenbar erst, als Jahre später Dortmund ebenfalls Universitätsstadt wurde.

Am 20. Juli 1961, also zwei Tage nach dem Datum der Übermittlung des Telegramms, reiste der Beglückwünschte nach Düsseldorf, um bei der Landesregierung die Verhandlungen über die Errichtung der Ruhr-Universität aufzunehmen. Frischgebackene Väter haben es immer eilig.

ULRICH BORSDORF

81 EHRENBÜRGERBRIEF CARL RAWITZKI

Verleihung der Ehrenbürgerschaft an Dr. Carl Rawitzki

Der hier abgebildete Ehrenbürgerbrief für Dr. Carl Rawitzki hat die Form einer Kassette. Diese hat die Außenmaße 42 mal 32 Zentimeter und eine Randhöhe von zwei Zentimetern. Der überstülpbare Deckel zeigt das Stadtwappen Bochums in Blindprägung und in Silberprägung die Aufschrift „Ehrenbürgerbrief". Die Grundplatte der Kassette überragt den Deckelumriss um 1,5 Zentimeter. Überzogen ist die Kassette mit blau eingefärbtem Oasenziegenleder. Die Verleihungsurkunde, mit der Hand auf Kalbspergament geschrieben, liegt blockartig erhöht fest unter einem schmalen Lederrahmen (StadtA Bo, Zugangsnummer 620). Dieses prachtvolle Dokument, das Dr. Rawitzki 1962 überreicht worden war, ging nach dessen Tod im Jahr 1963 an die Stadt Bochum zurück.

Die Verleihung der Ehrenbürgerschaft ist üblicherweise die höchste von einer Stadt oder einer Gemeinde vergebene Auszeichnung für eine Persönlichkeit, die sich in herausragender Weise um das Wohl der Bürger oder das Ansehen des Ortes verdient gemacht hat. Es handelt sich dabei um eine recht junge Ehrung (Rudzinski, 2014, S. 2). Sie ist ein Kind des bürgerlichen Zeitalters, auch ein Ausdruck der Emanzipation und des Selbstbewusstseins kommunaler Selbstverwaltung, die nun ihrerseits Auszeichnungen zu verleihen mochte. Einzelne Belege für Ehrenbürgerrechte liegen für die Frühe Neuzeit vor, so etwa ein Dortmunder Beispiel für das ausgehende 16. Jahrhundert. Geläufig wurde der Titel erst im Zuge der Französischen Revolution, die den „bourgeois honoraire" hervorbrachte. Erste ähnliche Auszeichnungen durch deutsche Städte sind seit den 1790er Jahren bekannt. Die revidierte Städteordnung von 1831 war die erste preußische und damit für unsere Region maßgebliche Kommunalverfassung, die die Möglichkeit eines Ehrenbürgerrechts als bloße Ehrenbezeugung einer Stadt erstmals vorsah. In der märkischen Kreisstadt Bochum wurde diese Städteordnung verzögert im Jahre 1842 eingeführt. Sie bildete die rechtliche Grundlage für die Ernennung des Lehrers Johannes Kämper zum ersten Ehrenbürger im Jahre 1846.

Die Stadt Bochum ging sehr sparsam mit der Verleihung dieses Ehrentitels um: Bis zum heutigen Tag erhielten nur 15 Männer (sic!) diese Ehrung. Die meisten Namen sagen den Bochumern von heute nichts mehr. Natürlich kennt nahezu jeder Otto von Bismarck (Ehrenbürger 1885). An Paul von Hindenburg (Ehrenbürger 1917) erinnert sich auch mancher, weil es in Bochum seit geraumer Zeit Bemühungen gibt, dem Generalfeldmarschall und späteren Reichspräsidenten das Ehrenbürgerrecht wieder abzusprechen. Aber wer kennt den schon genannten Johannes Kämper (1846), den Justizrat und Rechtsanwalt Hermann Schultz (1876), den Geheimen Kommerzienrat und Stadtverordneten Louis Baare (1887), den Bergrat und Bergwerksdirektor Hermann Pieper (1904) oder den früheren Bochumer Oberbürgermeister Fritz Graff (1925)?

An den langjährigen Generalintendanten des Bochumer Schauspielhauses Saladin Schmitt (1944) erinnert sich natürlich jeder, der sich für die Kultur in Bochum interessiert. Über ihn

81 | EHRENBÜRGERBRIEF CARL RAWITZKI

Stadtarchiv Bochum – NAP 224/2

H 36,5 cm, B 29,5 cm, D ca. 1 cm (Maße der Ehrenbürgerurkunde); Karton, Leder, Pergament; 1962

> Die Stadtverordnetenversammlung hat am 3. Mai 1962 einstimmig beschlossen, Herrn Rechtsanwalt und Notar
>
> DR. CARL RAWITZKI
>
> das Ehrenbürgerrecht der Stadt Bochum zu verleihen. Sie wünscht mit dieser höchsten Auszeichnung, die eine Gemeinde zu vergeben hat, einen Stadtverordneten mit Dank und Anerkennung zu ehren, der seit 1919 die kulturelle Entwicklung der Stadt Bochum durch besondere verdienstvolle Leistungen erfolgreich gefördert hat. Die Stadt Bochum verleiht das Ehrenbürgerrecht einem Bürger der Stadt, der in dreiundzwanzigjähriger ehrenamtlicher Tätigkeit mit Rat und Tat zum Nutzen der Bürgerschaft selbstlos gewirkt hat.
>
> STADT BOCHUM
>
> *Heinemann*
>
> OBERBÜRGERMEISTER

81 | EHRENBÜRGERBRIEF CARL RAWITZKI

müssen wir noch sprechen. Aber es sind nicht nur die im 19. und frühen 20. Jahrhundert ernannten Ehrenbürger, die im Gedächtnis der Stadt keine Spuren hinterlassen haben, das gilt auch für die nach dem Zweiten Weltkrieg Geehrten: Wer erinnert sich an den Stadtverordneten und Kulturpolitiker Carl Rawitzki (1962), an die Oberbürgermeister Franz Geyer (1965), Fritz Heinemann (1969) und Fritz Claus (1975)? Oberstadtdirektor Gerhard Petschelt wurde 1976 Ehrenbürger. Vielleicht fragt sich mancher Studierende, wer der Mann war, wenn er über die Gerhard-Petschelt-Brücke vom Uni-Center zum Campus geht.

Schwierig war es für alle deutschen Städte nach 1945, wie man mit den nach 1933 ernannten Ehrenbürgern umgehen sollte. In Bochum waren das Adolf Hitler und der Gauleiter Josef Wagner (1938), aber auch der Generalintendant des Schauspielhauses Saladin Schmitt (1944). Bei Gauleiter Wagner hatte sich das Problem schon im Krieg gelöst: Laut einer Mitteilung der Stadt Bochum an die britische Militärregierung vom 27. November 1946 war ihm schon während des Krieges nach seinem Ausschluss aus der NSDAP der Titel wieder aberkannt worden. Es dauerte allerdings bis zum Jahr 1984, bis auf Beschluss des Rates der Stadt auch Adolf Hitler aus der Liste gestrichen wurde.

Im Zusammenhang mit Saladin Schmitt ist die schon erwähnte Antwort der Stadt Bochum auf eine Anfrage der britischen Militärregierung vom November 1946 interessant. Die Militärregierung wollte die Namen der Bochumer Ehrenbürger in Erfahrung bringen. Die Stadt antwortete:

„[…] Das Ehrenbürgerrecht der Stadt Bochum wurde verliehen:
a) dem Altreichskanzler von Bismarck,
b) dem Generalfeldmarschall von Hindenburg,
c) dem Alt-Oberbürgermeister Graff,
d) dem früheren Reichskanzler Hitler,
e) dem früheren Gauleiter Wagner.
Die Personen a bis d sind tot. Da das Ehrenbürgerrecht ein reines Persönlichkeitsrecht ist, muss es mit dem Ableben als erloschen betrachtet werden. […]" (StadtA Bo, OB 487).

Aus nicht nachvollziehbaren Gründen wurden die Ehrenbürger Johannes Kämper, Hermann Schultz, Louis Baare und Hermann Pieper nicht genannt. Die Ehrenbürgerschaft Wagners war ja, wie wir bereits gesehen haben, bereits im Krieg erloschen.

Nach der von der Stadt 1946 erstellten Liste gab es zu diesem Zeitpunkt keine Ehrenbürger mehr in Bochum. Aber wie wir heute wissen, gab es auch nach dieser Definition 1946 einen Ehrenbürger in Bochum, dessen Namen man allerdings in der Antwort an die Militärregierung unterschlagen hat: Saladin Schmitt. Die 1944 verliehene Ehrenbürgerschaft an Schmitt wurde mit einer Ausnahme 1946 bis zum Tode Schmitts weder von ihm noch von der Stadt erwähnt. Sie ist nicht auf den diversen Todesanzeigen erwähnt, steht auch nicht auf dem Grabstein. Es dauerte bis in die frühen 1960er Jahre, bis es den Ehrenbürger Saladin Schmitt wieder gab.

Das bedarf der kurzen Erläuterung: Die Stadt Bochum wollte nach dem Krieg Saladin Schmitt

81 | EHRENBÜRGERBRIEF CARL RAWITZKI

wieder in sein Amt als Generalintendant des Schauspielhauses einsetzen. Das bedurfte der Zustimmung der britischen Militärregierung. Und da konnte die 1944 verliehene Ehrenbürgerschaft nur hinderlich sein. Diese Erfahrung hatte Schmitt bereits gemacht: Er wollte 1946 eigentlich an das Theater in Wiesbaden wechseln, und die Stadt Wiesbaden wollte ihn auch berufen. Der Wechsel war daran gescheitert, dass die amerikanische Militärregierung ihre Zustimmung verweigerte. Wahrscheinlich ist die Anfrage der britischen Militärregierung nach den Ehrenbürgern auch nur in diesem Kontext zu verstehen. Saladin Schmitt wurde wieder Generalintendant in Bochum.

Nach Bochumer Verständnis gab es nach 1946 keinen Ehrenbürger mehr in der Stadt. Es sollte bis zum Jahre 1962 dauern, bis wieder ein Ehrenbürgerbrief ausgestellt wurde: für Dr. Carl Rawitzki. Die Stadtverordnetenversammlung der Stadt Bochum beschloss in ihrer Sitzung vom 3. Mai 1962, dem Rechtsanwalt und Notar Dr. Rawitzki, Bochum, das Ehrenbürgerrecht zu verleihen. In der Begründung hieß es:

> „[...] Dr. Rawitzki besitzt besondere Verdienste um die Stadt Bochum. Er war von 1919-1932 Stadtverordneter, Mitglied und Vorsitzender verschiedener Ausschüsse und von 1925 bis 1932 stellv. Stadtverordnetenvorsteher. Nach Rückkehr aus der Emigration als politisch Verfolgter gehörte er der Stadtverordnetenversammlung seit 1952 als Mitglied und Vorsitzender des Kulturausschusses an. In einundzwanzigjähriger kommunalpolitischer Tätigkeit hat Dr. Rawitzki insbesondere das Kulturleben der Stadt Bochum maßgeblich ausgerichtet und beeinflusst. Auf die erfolgreiche Entwicklung des Bochumer Schauspielhauses wirkte er seit der Gründung im Jahre 1919 durch Initiative und Tatkraft verdienstvoll. Seine unermüdliche kulturelle Aufbauarbeit wirkte sich nachhaltig auch in der Förderung der Shakespeare-Dramaturgie, in Bereichen des städtischen Musikwesens, der Stadtbücherei, des Museumswesens und der Kunstgalerie aus. Mit seiner hervorragenden Tätigkeit hat sich Dr. Rawitzki um die kulturelle Entwicklung der Stadt Bochum besonders verdient gemacht. Die Wirksamkeit seiner außerordentlichen Leistung für die Bundesrepublik Deutschland hat der Bundespräsident am 11. November 1959 durch die Verleihung des Verdienstkreuzes 1. Klasse ausgezeichnet.
>
> Auf Grund der Empfehlung des Ältestenausschusses vom 18.4.1962 und des Hauptausschusses vom 25.4.1962 fasst die Stadtverordnetenversammlung folgenden Beschluss: Die Stadtverordnetenversammlung hat am 3. Mai 1962 beschlossen, Herrn Rechtsanwalt und Notar Dr. Carl Rawitzki das Ehrenbürgerrecht der Stadt Bochum zu verleihen. Sie wünscht mit dieser höchsten Auszeichnung, die eine Gemeinde zu vergeben hat, einen Stadtverordneten mit Dank und Anerkennung zu ehren, der seit 1919 die kulturelle Entwicklung der Stadt Bochum durch besondere verdienstvolle Leistungen erfolgreich gefördert hat. Die Stadt Bochum verleiht das Ehrenbürgerrecht einem Bürger der Stadt, der in dreiundzwanzigjähriger ehrenamtlicher Tätigkeit mit Rat und Tat zum Nutzen der Bürgerschaft selbstlos gewirkt hat" (StadtA Bo, Zugangsnummer 620).

Wer war dieser so hoch geehrte Mann, der erste Ehrenbürger Bochums nach dem Zweiten

81 | EHRENBÜRGERBRIEF CARL RAWITZKI

Weltkrieg, der nach den Worten von Oberbürgermeister Heinemann das Kulturleben Bochums geformt hatte? Nach ihm wurde eine Straße in Weitmar benannt, heute ist er aber weitgehend vergessen (Schneider, Rawitzki, S. 34–57). Carl Rawitzki wurde am 21. Oktober 1879 als einer von drei Söhnen des jüdischen Kaufmanns Salo Rawitzki und dessen Ehefrau Reina geborene Posnanski in Thorn geboren. Er besuchte das Gymnasium seiner Stadt und studierte nach dem Abitur in Berlin, München und Königsberg Jura. Die erste juristische Prüfung legte er 1901 mit der Note gut ab, die Große Staatsprüfung 1906 in Berlin. 1902 wurde Rawitzki zum Doktor juris promoviert. 1907 war er erstmals Anwalt in Bochum. Am Ersten Weltkrieg nahm Rawitzki von 1916 bis 1918 als Armierungssoldat teil. Gleich nach dem Krieg, noch vor Abschluss des Waffenstillstandes, ging er als Legationsrat nach Warschau. 1919 ließ er sich endgültig in Bochum als Anwalt nieder.

Den stärksten Anstoß, sich politisch zu bestätigen, gab Rawitzki ein Vortrag von Klara Zetkin, die er als junger Mann 1899 in Berlin hörte – er trat noch im selben Jahr in die SPD ein. Wie kam der junge Sozialdemokrat nach Bochum? In Berlin lernte Rawitzki durch den alten Freund und Kollegen Ernst Heilmann – er wurde 1940 in Buchenwald ermordet – Hermann Sachse und Otto Hue kennen. Hermann Sachse war damals Vorsitzender des sogenannten Alten Verbandes der Bergarbeiter und Otto Hue Chefredakteur der Bergarbeiter-Zeitung. Beide bestürmten ihn, sich in Bochum als Anwalt niederzulassen. Sie erklärten ihm, im Rheinland und in Westfalen gäbe es keinen Anwalt, der ihre Interessen so vertreten würde, wie sie es sich wünschten. So wurde Rawitzki der erste sozialdemokratische Rechtsanwalt Bochums. Nach einer Übergangszeit eröffnete er eine Kanzlei – zusammen mit dem Rechtsanwalt Koppel – in dem damals Friedrichstraße genannten Abschnitt der heutigen Kortumstraße. 1920 wurde Rawitzki zum Notar ernannt. Wie er sich später erinnerte, wurde er damals nicht gerade freundlich von der Kollegenschaft aufgenommen.

Der Sozialdemokrat Rawitzki engagierte sich – neben seiner Anwaltstätigkeit – sofort kommunalpolitisch. 1919 wurde er in den Stadtrat gewählt. Dort nahm er zahlreiche Funktionen wahr, vor allem im kulturellen Bereich. Er war unter anderem Mitglied der gemeinsamen Theaterkommission Bochum/Duisburg, der Musik- und Theaterkommission, der Ausschüsse der Stadtbücherei und der Gemäldegalerie. Von 1925 bis 1933 war er stellvertretender Stadtverordnetenvorsteher. Rawitzki wurde zu einer prominenten Persönlichkeit des öffentlichen Lebens, trat in Wahlkämpfen offensiv für die SPD auf, scheute dabei auch Auseinandersetzungen mit den Juristen-Standesorganisationen nicht. Er vertrat in dieser Zeit auch immer wieder den Bergarbeiterverband und die Sozialdemokratische Partei in den damals nicht seltenen Strafprozessen, in den letzten Jahren vor der Naziherrschaft auch das Reichsbanner. In den Jahren vor 1933 kam es im Stadtparlament immer wieder zu Auseinandersetzungen mit der NSDAP: In seiner Eigenschaft als Leiter der Stadtverordnetenversammlung wurde er häufig von den Mitgliedern der nationalsozialistischen Fraktion als Jude beschimpft und musste mehrfach die nationalsozialistischen Stadtverordneten wegen ungebührlichen Benehmens aus den Sitzungen ausschließen. Die nationalsozialistische Zeitung „Rote Erde" brachte deshalb wiederholt Schmähartikel gegen ihn und drohte ihm öffentlich mit Repressalien, wenn Hitler an die Macht käme.

So geschah es dann auch: In der Nacht vom 10. zum 11. März 1933 wurde Dr. Rawitzki durch die SA aus seiner Wohnung heraus verhaftet, in der Wirtschaft Schäfer, Ringstraße, festgehalten und am nächsten Tage zum Polizeipräsidium gebracht. Nach der Entlassung aus der Haft verließ Rawitzki mit seiner Frau Bochum, er tauchte in Berlin unter und emigrierte 1939 nach London. Bereits am 9. Juni 1933 verlor er seine Zulassung als Rechtsanwalt beim Amts- und Landgericht Bochum und wurde als Notar entlassen. Weil „Sie sich im kommunistischen Sinn betätigt haben", hieß es in den entsprechenden Dokumenten.

Auch in Großbritannien war Carl Rawitzki politisch aktiv. In verschiedenen Emigrantenorganisationen bereitete er sich auf die Rückkehr nach Deutschland nach dem Ende der Naziherrschaft vor: Er beteiligte sich 1941 an der Arbeitsgemeinschaft „Deutschland und Europa nach dem Kriege" und wurde 1943 Mitglied der Emigrantenvereinigung „Freie Deutsche Bewegung", ab 1944 war er Mitglied des Präsidiums dieser Organisation. Nach dem Krieg arbeitete Rawitzki in Großbritannien unter anderem für die alliierte Kommission zur Untersuchung deutscher Kriegsverbrechen, in Kriegsgefangenenlagern hielt er vor deutschen Soldaten Vorträge, die sie auf ein Leben in einem demokratischen Deutschland vorbereiten sollten.

1949 kam Rawitzki mit seiner Frau nach Bochum zurück: Eine frühere Rückkehr scheiterte an dem Verhalten der britischen Behörden gegenüber politisch aktiven Remigranten, aber auch daran, dass es in Bochum schwierig war, eine Wohnung für Rawitzki zu finden.

Nach seiner Rückkehr wurde Rawitzki alsbald wieder als Rechtsanwalt beim Amts- und Landgericht Bochum zugelassen und zum Notar ernannt. Seine Kanzlei betrieb er fortan in der Freiligrathstraße 5. Das Haus, das im Krieg nicht zerstört worden war, hatte früher dem jüdischen Unternehmer Aaron Meyer gehört, dessen Familie in den USA überlebt hatte. Nach der Rückgabe des Hauses an die Familie Meyer hatte diese die Immobilie an die Stadt Bochum verkauft. Die Stadt brachte hier Menschen unter, deren Rückkehr erwünscht war – neben Rawitzki beispielsweise den Intendanten Hans Schalla.

Auch politisch knüpfte der inzwischen 70-jährige Carl Rawitzki an seine frühere Arbeit an. Ab 1953 nahm er als Stadtverordneter zahlreiche Funktionen wahr: Er war unter anderem von 1952 bis 1962 Vorsitzender des Kulturausschusses, 1952 bis 1956 Mitglied und 1956 bis 1962 stellvertretendes Mitglied des Hauptausschusses. Von 1956 bis 1962 war er Altersvorsitzender der Stadtverordnetenversammlung.

Rawitzki, der als Jude verfolgt worden war, obwohl er nach seiner Heirat mit der evangelischen Grete Schulze 1921 aus dem Judentum ausgetreten war, trat 1950 wieder in die jüdische Gemeinde Bochum ein. Als Anwalt vertrat er die Interessen vieler Überlebender der alten jüdischen Gemeinde in deren sogenannten Wiedergutmachungsverfahren.

Das Wirken Rawitzkis in Bochum wurde 1954 und 1959 anlässlich seines 75. und 80. Geburtstags und seiner 50-jährigen Anwaltschaft in Bochum 1957 in zahlreichen Presseartikeln ausführlich gewürdigt. Besonders hervorgehoben wurden immer wieder sein großes Interesse am Theater und seine ungewöhnliche Kenntnis der dramatischen Literatur. In kulturellen Fragen galt sein Wort in der Bochumer SPD ungemein viel. Man war sich darin einig, dass eigentlich er allein es war, der in den 1920er Jahren den Bochumer Theaterplänen in seinen Kreisen, nicht immer ohne Überwindung von Widerständen, den Weg bereitet hatte. Der Volksbühnengedanke hat durch ihn in Bochum Fuß fassen können. Er hat der Volksbühne vorgestanden und sie bis zum Schluss geleitet. Übereinstimmend wird Carl Rawitzki in seiner Bedeutung für die Entwicklung der Bochumer Kultur gleichberechtigt neben dem langjährigen Kulturdezernenten Wilhelm Stumpf gesehen.

Der Ehrenbürger der Stadt Bochum Dr. Carl Rawitzki starb am 18. April 1963, kurz nach seiner Ehefrau. Die offizielle Trauerfeier der Stadt Bochum fand am 24. April 1963 in der großen Trauerhalle des Hauptfriedhofes am Freigrafendamm statt. Seine Urne wurde in einem Ehrengrab auf dem Friedhof an der Blumenstraße beigesetzt.

HUBERT SCHNEIDER

82 | FOTOSERIE TANZLEHREREHEPAAR BOBBY UND INGE LINDEN

Stadtarchiv Bochum – NAP 217

H 30 cm, B 22,7 cm; Papier; 1966

Bobby Linden

Bobby Linden und die Bobby-Linden-Tanzschule sind legendär. Bis heute weckt sein Name bei Generationen von Bochumern Erinnerungen: an die eigene Tanzschulzeit oder an Erzählungen Dritter. Wie lässt sich das erklären? Wer war Bobby Linden? Sein Nachlass, der seit dem Jahr 2014 im Stadtarchiv aufbewahrt wird, gibt Aufschluss (StadtA Bo, NAP 217).

Karl Friedrich Linden, wie Bobby Linden mit bürgerlichem Namen hieß, wurde am 7. April 1919 in Bochum als Sohn von Karl Peter und Berta Linden geboren. Sein Vater hatte sich nach dem Ersten Weltkrieg wenig erfolgreich als Gastronom betätigt, bevor er sich mit einer Mineralwasser- und Heilquellen-Fabrik eine gesicherte Existenz aufbauen konnte. Zu seinen Kunden gehörten vor allem Zechen und andere Großbetriebe. Werk und Wohnhaus befanden sich an der Kronenstraße 35/37. Zu den weiteren Kindern der Familie zählten Stiefbruder Heinz, die ältere Schwester Nelly und der ein Jahr jüngere Bruder Eduard.

Karl Friedrich Linden besuchte zwischen 1925 und 1935 die Katholische Volksschule an der Ottostraße (heute Oskar-Hoffmann-Straße), dann die Oberrealschule und schließlich die Handelsschule. Auf Drängen des Vaters absolvierte er in dessen Betrieb eine dreijährige kaufmännische Ausbildung und legte im Oktober 1939 vor der Industrie- und Handelskammer erfolgreich seine Prüfung zum Kaufmannsgehilfen ab. Für diesen ungeliebten Beruf zeigte er wenig Begeisterung. Seine Leidenschaft galt dem Tanz. „Nach dem ersten Tanzkurs hatte ich nur noch Swing im Sinn. Mit 17 tanzte ich mit meiner Partnerin ‚Swing-Martha' in einem geliehenen Smoking in einem Turnier. Mein Vater kam dahinter und machte Ärger." Linden beschloss daraufhin trotzig: „Ich werde Tanzlehrer. Zwar verboten die Nazis den Swing, aber wir tanzten natürlich trotzdem heimlich weiter" (WAZ, 9.4.1989).

Bobby Lindens Begeisterung für den Tanz lässt sich sicherlich aus den Zeitumständen heraus erklären: Gesellschaftspolitische Umwälzungen seit Mitte des 19. Jahrhunderts bis Anfang der 1930er Jahre durch Industrialisierung, den Ersten Weltkrieg, Ablösung der Monarchie, Novemberrevolution und Errichtung der Weimarer Republik setzten Demokratisierungsprozesse in Gang, die auch den Tanz und die Tanzkunst reformierten. Die Wiederentdeckung der natürlichen Bewegung, wie sie zu Beginn des 20. Jahrhunderts in der Rhythmischen Gymnastik zum Ausdruck kam, führte in den 1920er Jahren zur Entstehung des Freien Tanzes oder auch Ausdruckstanzes. Eine neue Tanzgattung war entstanden, neben dem klassischen Ballett und dem Gesellschaftstanz (Stöckemann, 2001).

Von dieser Entwicklung profitierte auch der Gesellschaftstanz. „Die zwanziger Jahre waren eine Zeit des Tanzfiebers, des Vergnügens, Sich-Auslebens und Sich-Austobens nach den Jahren des Krieges." Immer wieder neue Tänze kamen auf, alte wurden weiterentwickelt. „1921 war es der Shimmy, der sich bis 1925/26 als führender Modetanz halten konnte, 1925–27 vor allem der Charleston, ab 1930 Swing und Rumba" (Rest/Sierck, 1993, S. 274).

Rundfunkgeräte und Schallplatten fanden reißenden Absatz. Über das Radio wurden auch Tanzkurse ausgestrahlt. Diese Entwicklung hatte ganz wesentlich damit zu tun, dass Kaiser Wilhelm II., kein Freund von „Tanzlustbarkeiten", bei Ausbruch des Ersten Weltkrieges 1914 „im Interesse der öffentlichen Sicherheit" ein allgemeines Tanzverbot erlassen hatte. Erst am 31. Dezember 1918 wurde es mit Wirkung zum 1. Januar 1919 aufgehoben (ebd., S. 271; S. 276).

Da erstaunt es nicht, dass ab 1919 bis 1936 die Zahl der Tanzschulen und Tanzlehrer in Deutschland anstieg. In Bochum war das nicht anders. Bereits am 8. Januar 1919 lud August Ahrens mit einer Anzeige im Märkischen Sprecher für seine neuen Tanzkurse ins Haus der Bürgergesellschaft, Wilhelmstraße 9 (heute Huestraße), ein und am 24. Januar 1919 kündigte Friedrich Rödiger in der gleichen Zeitung die Eröffnung seiner Tanzschule mit einem Kurs „in der Tanz- und Anstandslehre" im Hotel Bochumer Hof, Alleestraße 17, an. Im Einwohnerbuch der Stadt Bochum von 1920 finden sich unter der Rubrik Tanzlehrer acht Einträge, im Bochumer Adressbuch von 1924/25 schon zwölf. Zwischen 1936 und 1938 ging die Zahl der Tanzschulen von elf auf fünf zurück. Der Grund dafür war, dass auch der Kulturbereich Tanz unter der Herrschaft der Nationalsozialisten instrumentalisiert wurde.

> „So bevorzugte der Nationalsozialismus den Gemeinschaftstanz gegenüber dem Gesellschafts- und Paartanz und stellte sich gegen Jazz, Frauentänze und ‚fremdländische Tänze' […]. 1933 gab der KfDK (Kampfbund für Deutsche Kultur) ideologisch-politische Richtlinien für das Tanzwesen im ‚Dritten Reich' heraus und erklärte den Volkstanz zum Ausdruck ‚gesunder Volkskraft' mit besonderem Erlebnischarakter" (www.academia.edu).

Bei Ausbruch des Zweiten Weltkriegs wurde Linden zum Militär eingezogen, erst Mitte des Jahres 1946 kehrte er ins völlig zerstörte Bochum zurück. Jetzt konnte er seinen ursprünglichen Plan, Tanzlehrer zu werden, weiterverfolgen. Diesmal legte ihm der Vater keine Steine in den Weg, zumal die Fabrik aufgrund von Kriegsschäden völlig zerstört war, sondern gewährte seinem Sohn ein Darlehen in Höhe von 2 000 Mark, damit dieser die Ausbildung im Tanzinstitut von Hans Thielemann in Essen finanzieren konnte. Am 7. Oktober 1947 legte er sein Tanzlehrerexamen erfolgreich vor der behördlich anerkannten Prüfungskommission des Westdeutschen Tanzlehrer-Verbandes ab.

In Iserlohn eröffnete Linden 1947 seine erste Tanzschule. Zu Beginn seiner beruflichen Laufbahn war er finanziell nicht auf Rosen gebettet: „Für den ersten Kursus 1947 bekam ich 40 Reichsmark Honorar. Davon wurde man nicht satt." Deshalb gab Bobby Linden englischen Soldaten Tanzunterricht. „Ich mußte da zwar für 40 Mann die Dame spielen, aber die Engländer zahlten mit Naturalien" (WAZ, 9.4.1989).

1949 zog er nach Bochum. Hier hielt er seine Kurse mangels eigener Räumlichkeiten in Restaurants und Hotels ab. Im Gesellschaftszimmer des damaligen Bochumer Hauptbahnhofes traf sich regelmäßig der Tanz-Zirkel des Boston-Klubs, der von Bobby Linden geleitet wurde. Hier studierten sie die modernen Tänze ein, die zumeist aus Übersee stammten (Jitterbugs, Boogie-Woogies, Sambas, Conga et cetera.), um sie später weiter zu verbreiten.

1952 eröffnete er zusammen mit seiner ersten Ehefrau Hannelore, einer ausgebildeten Tanzlehrerin, in der Franzstraße seine erste Bochumer Tanzschule.

> „Hier wird zunächst ‚Benimm' gelernt, nicht nur von den Jungbergleuten und Arbeitern, die in großer Zahl zu ihm kommen, sondern auch von manchem höheren Schüler, der sich auf dem Parkett zunächst etwas hölzern bewegt. Sogenannte Halbstarke, Rowdy-Brüder gibt es hier aber nicht. Heute wird der Wiener Walzer von den Jugendlichen wieder mehr gefragt als früher, sagt Karl Linden. Dennoch soll sich die Jugend auch in modernen Tänzen ‚austoben' können, allerdings nur so lange, wie diese Tänze gesellschaftsfähig, ohne auszuarten, getanzt werden können" (StadtA Bo, NAP 217/4).

Und in der Auslegung, was diese Einschränkung denn zu bedeuten hatte, gab sich Bobby Linden sehr großzügig. Als am 6. Oktober 1956 im Bochumer Tattersall-Kino in Deutscher Erstaufführung der aus Amerika stammende Musikfilm „Außer Rand und Band", Originaltitel „Rock around the clock", vorgeführt wurde und das überwiegend jugendliche Publikum vor lauter Begeisterung den Saal verwüstete, ließ sich Linden weder von empörten Eltern noch von missgünstigen Kollegen davon abhalten, als erste Bochumer Tanzschule den begeisterten Teenagern Rock'n'Roll beizubringen und machte ihn schließlich in abgewandelter Form auch für ältere Semester tanzbar.

Bobby Linden brauchte sich um die Auslastung seiner Schule keine Sorgen zu machen, eher um die Raumkapazitäten. Es wurde eng an der Franzstraße. Deshalb baute er an der Kortumstraße 142 sein neues Domizil auf, das 1960 als „Haus des Tanzes" eröffnet wurde und über drei Säle, eine Bar und eine überdachte Terrasse verfügte.

1966 präsentierte sich das Tanzlehrerehepaar Bobby und Inge Linden in Smoking und Ballkleid im großen Tanzsaal dem Fotografen. Sie tanzten, an der Körperhaltung unverkennbar ablesbar, einen Walzer. Den konkreten Anlass für diese Schwarz-Weiß-Aufnahmen kennen wir nicht, vermutlich wurden sie zu Werbezwecken genutzt.

Erst Ende der 1980er Jahre zog sich Bobby Linden aus dem Tanzschulgeschäft zurück und überließ die Leitung seiner dritten Ehefrau Teresa, fünffache polnische Tanzmeisterin, mit der er seit 1975 verheiratet war.

Am 10. Januar 2000 übernahm das ehemalige Tanzlehrerehepaar Brand die Schule. Knapp ein Jahr zuvor hatten die Eheleute Linden noch glanzvoll das 50-jährige Bestehen ihrer Tanzschule gefeiert.

Dazwischen liegen Jahrzehnte einer außergewöhnlich erfolgreichen Karriere als Tanzlehrer, die zu einer unglaublichen Popularität Bobby Lindens führte. Beim Sichten des Pressespiegels (1949–2000), den Linden mit Sorgfalt zusammengestellt hatte und der Teil seines Nachlasses ist, wird deutlich, worin sein Erfolgsrezept bestand. Tanzen war seine Leidenschaft, die Arbeit als Tanzpädagoge und Betreiber der Tanzschule Lust und nicht Last, er war aufgeschlossen gegenüber Neuem, erkannte Modetrends. Als aktives Mitglied des Allgemeinen Deutschen Tanzlehrerverbandes (ADTV), dem er seit 1956 angehörte, war er durch die Teilnahme an den vom Verband regelmäßig ausgerichteten Kongressen bestens informiert. Sein Wissen über die jeweils aktuellen Tänze und entsprechenden Tanztechniken ermöglichten ihm, sein Unterrichtsrepertoire fortlaufend zu verändern. Zum erfolgreichen Tanzunterricht, das war für ihn selbstverständlich, gehörte eine attraktive „Location", eine entspannte und lockere Atmosphäre und ein vielseitiges und zielgruppengerechtes Kursangebot, das von der Vermittlung von Tanzhaltung und Tanztechnik bis hin zur Turnierreife reichte. Und für das „In-Image" seiner Schule bei Jung und Alt sorgte der marketingstrategisch gut aufgestellte und in den Medien häufig vertretene Bobby Linden selbst. „Lockangebote" die zum Besuch seiner Tanzschule führten, gab es viele: der Tanztee am Sonntag, die Modenschau mit Tanzdarbietung, der Kostümball zu Karneval oder der Abschlussball am Ende eines Tanzkurses. Sehr großen Zuspruch erfuhren die Galaabende, die Bobby Linden ausrichtete. Am 11. November 1981 berichtete die Westdeutsche Allgemeine Zeitung:

> „Das ist in Europa einmalig: Wenn am Samstag der 25. Galaball der Tanzschule Bobby Linden eröffnet wird, erleben die Gäste in der Ruhrlandhalle sämtliche Weltmeister aller tänzerischen Disziplinen. Das hat es auf diesem Kontinent noch nicht gegeben. […] Begonnen hatte es 1957 in der Nord-Süd-Halle mit einem Tanzturnier und der Bigband Teddy Stauber [Teddy Stauffer, J-H]. Zwei Jahre später zog man ins Parkhaus um, zunächst in den kleinen Saal mit kleinen Tanzorchestern, hatte bald das ganze Parkhaus unter den Tanzschuhen und musste 1971 erstmals in die Ruhrlandhalle gehen. Der Ball hatte derart stark an Beliebtheit gewonnen, daß Bobby Linden seitdem alles daran setzte, um Spitzenprogramme zu bieten."

Bobby Linden, das ist in der Öffentlichkeit wahrscheinlich weniger bekannt, ist für seine Verdienste im Ausbildungswesen und der Modernisierung des Tanzunterrichts 1971 vom ADTV mit der Silbernen Ehrennadel ausgezeichnet worden. Im selben Jahr trat er dem VTÖ, Verein der Tanzlehrer Österreichs, bei und erhielt 1996 für seine 25-jährige Zugehörigkeit und für die Modernisierung des Tanzunterrichts in Österreich die Goldene Ehrennadel. Verdienste erwarb er sich auch als Wertungsrichter bei internationalen Profi- und Amateur-Turnieren.

Als Bobby Linden am 28. März 2009 starb, erinnerte die Westdeutsche Allgemeine Zeitung in ihrer Ausgabe vom 9./10. April in einem Nachruf an ihn:

> „Das Tanzen in Bochum trägt seinen Namen. Zeit seines Lebens galt er als der Vortänzer der Stadt schlechthin. Dieser Ruf wird bleiben, auch nach seinem Tod: Bobby Linden ist gestorben, wenige Tage vor seinem 90. Geburtstag. Auch wenn es hier oder dort andere, kleinere Tanzschulen gab, zog es die meisten Bochumer doch zu ihm aufs Parkett. […] Ganze Generationen haben unter Bobby Lindens Dach die ersten tänzerischen Schritte unternommen, die ersten zarten Bande geknüpft und womöglich sogar eine heiße Rock'n'Roll- oder Hip-Hop-Nummer hingelegt. […] Bobby Linden, der Wirbelwind: Volldampf-Tanzlehrer, der bis ins hohe Alter gerne rasend schnell unterwegs war. Noch mit 80 zog es ihn ab und zu zum Nürburgring, wo er mit 270 km/h in seinem

Porsche über die Piste heizte. Das Tanzparkett hatte er zu diesem Zeitpunkt schon verlassen. […] Doch auf Bochums Straßen sah man ihn immer wieder – und vor allem immer wieder gerne. Er winkte fröhlich, hatte einige nette Worte auf den Lippen und war bis zu seinem Tod ein drahtiger, lebenslustiger Typ – der sich selbst nicht so wichtig nahm. Sehr sympathisch."

URSULA JENNEMANN-HENKE

83 | SCHEINWERFER UND LENKRAD: OPEL KADETT B

Leihgabe Günter Bärwolf, Gelsenkirchen

Lenkrad Dm 40 cm, Scheinwerfer Dm ca. 20,5 cm; Metall, Glas, Kunststoff

83 SCHEINWERFER UND LENKRAD: OPEL KADETT B

Geheimsache Opel

Welche Geschichte können Objekte – in diesem Falle Schweinwerfer und Lenkrad des Opel Kadett B, Baujahrreihe 1965–1973 – eigentlich erzählen? Genau genommen gar keine! Sie selbst sind stumm. Es ist entscheidend, was wir in ihnen sehen. Sie besitzen nämlich die Kraft, Geschichten bei den Betrachtern in Gang zu setzen, welche dann von individueller Vielfalt und symbolischer Aufladung der Dinge zeugen. So ließen sich hier zum Beispiel die Geschichten derer erzählen, die unsere Objekte mit ihren Händen zusammenbauten und eine ganz eigene Beziehung zu ihnen haben dürften. Oder aber jener, die den fertigen Kadett über die Straßen, durch einen Teil ihres Lebens und der Bundesrepublik steuerten. In unserem Falle jedoch – und das liegt bei einer stadtgeschichtlichen Publikation wie dieser nahe – soll eine andere Geschichte erzählt werden, die von der scheinbar naiven Frage ausgeht, was die beiden Objekte mit der Stadt Bochum überhaupt zu tun haben.

Zunächst jedoch, bevor Kadett- und Stadtgeschichte mit dem ersten produzierten Kadett A im Oktober 1962 zusammenfließen, haben beide ganz eigene und sehr unterschiedliche Biografien, die sich ausgehend vom Jahr 1957 erzählen lassen.

In diesem Jahr nämlich hatte „Karl Stief, der damals 63-jährige technische Direktor der Rüsselsheimer Adam Opel AG, von der General-Motors-Zentrale den Auftrag erhalten, den perfekten Anti-VW zu konstruieren" (Dierkes, 2007, S. 14). Der Automobilbranche wuchsen in jenen Jahren des „Wirtschaftswunders" beinahe Flügel. Im Zuge der Politik des Wiederaufbaus legte die Bundesregierung etliche Programme zur Straßenbaufinanzierung mit dem Ziel der Verknüpfung von Städten und Beschleunigung des wachsenden Verkehrs auf. Zum ersten Mal fuhren auf Deutschlands Straßen „mehr PKW als Motorräder und LKW (und bereits) 1960 besaß etwa jeder siebte Deutsche ein Kfz" (Gaigalat/Kania, 2000, S. 272). Die Produktionsstätten der Opel AG in Rüsselsheim wie auch der anderer Automobilfirmen waren mehr als ausgelastet, die Vollbeschäftigung setzte einen heftigen Wettbewerb um Arbeitskräfte in Gang, der auch durch die angeworbenen „Gastarbeiter" nicht beendet werden konnte. Kurz: Der PKW war zum Sinnbild und Statussymbol einer neuen Zeit geworden. Und so suchte die Führungsetage bei Opel dringend einen neuen Produktionsstandort mit ausreichend Raum und Arbeitskräften, um die Nachfrage überhaupt bedienen zu können.

Die Neuentwicklung des bereits von 1936 bis 1940 produzierten Kadett sollte dann auch diesen neuen Anforderungen Rechnung tragen und als attraktives Kompaktmodell dem VW-Käfer Konkurrenz machen. Stief und sein Team arbeiteten derart still und heimlich, „dass bis heute kaum etwas über die Entwicklungsgeschichte des Käfer-Konkurrenten bekannt ist" (Dierkes, 2007, S. 14). Testfahrten mit handgefertigten Prototypen, die teilweise sogar am Polarkreis durchgeführt wurden, hatten jedoch auch ihren Preis: Rund 50 Millionen Mark soll die Entwicklung des Kadett verschlungen haben. Im Februar 1960 schließlich – nach einigen ästhetischen Einwänden und Korrekturen der GM-Verantwortlichen – „war der neue Kadett ausgereift und Detroit gab das Plazet für seine Serienfertigung" (ebd., S. 22). Ein Werk indes existierte noch nicht.

Als 1957 für Stief die Entwicklung des Kadett und für Opel die Investition in die Zukunft begann, wurde das Ruhrgebiet – und speziell Bochum – nicht nur durch den Abbau der Kohle unter Tage, sondern auch durch den Beginn der Kohlekrise erschüttert. Die Gelsenkirchener Bergbau AG (GBAG) und ihre einhundertprozentige Tochter, die Bochumer Bergbau AG (BBAG), reagierten zunächst noch mit weiteren Investitionen. So wurde noch 1957 in einer Tiefe von 850 Metern eine Brechanlage installiert, welche die Schachtanlagen der Zeche Prinz Regent mit denen der Zeche Dannenbaum verband und somit einen Förderweg sparen sollte. Die Kohlen von Dannenbaum sollten mit der ebenfalls neuen Vier-Seil-Anlage auf Prinz Regent „aus dem Feuer" geholt werden. Doch konnten diese Maßnahmen die globale Absatz- und daraus resultierende Strukturkrise des Ruhrbergbaus nicht abwenden. „Preiswertere Energieträger, vor allem Mineralöl, Erdgas und Importkohle, begannen die heimische Steinkohle zu verdrängen" (Gaigalat/Kania, 2000, S. 271).

An die 9 000 Arbeitsplätze im Bergbau verlor Bochum allein in den Jahren 1957 bis 1959. „Gemildert wurden die Sorgen durch Äußerungen aus Bergbaukreisen, nach denen ein Ende des wirtschaftlichen Abbaus erst nach 40 bis 100 Jahren zu erwarten sei" (Kania, 2011, S. 63). Und während die Bochumer Bergmänner aus Angst und Sorge auf die Straße gingen, protestierte die Führungsetage gegen Gesprächsangebote der Stadtverwaltung über denkbare Stilllegungen und erforderliche Maßnahmen.

Indes wuchsen die Kohlehalden, Feierschichten wurden gefahren und am 10. Dezember 1959 verkündete die GBAG doch die Schließung der ersten drei unrentablen Bochumer Süd-Zechen (Friedlicher Nachbar, Prinz-Regent/Dannenbaum und Engelsburg) bis zum Jahre 1961. Diese Nachricht verwandelte die Gerüchte um drohende Zechenstilllegungen in traurige Realität und löste einen regelrechten Schock aus, dessen Wellen sich aus dem Bochumer Rathaus über die Landesregierung in Düsseldorf bis hin zum Bundeswirtschaftsministerium nach Bonn übertrugen, hatte doch erst am 8. Dezember eine Krisendebatte mit Wirtschaftsminister Erhard, Vertretern des Landes, der Zechen und Gewerkschaften sowie der Stadt Bochum stattgefunden, um eben Schlimmeres abzuwenden. Die Schockreaktion war bei einer weitgehend auf Monostruktur ausgerichteten Wirtschaft mit etwa 36 000 Bergleuten allein in Bochum mehr als verständlich.

Wie nervös die Stimmung war, zeigen die kaum vorhersehbaren Reaktionen etlicher Kumpel auf die Ungewissheit der Kohlegruben. So ergab sich für den Bergbau die absurde Situation, dass die Nachrichten über weitere Zechenschließungen bei den Bergarbeitern Fluchtinstinkte weckten, was zu enormen Abwanderungsbewegungen – besonders der jungen Bergleute – in andere Branchen führte, so dass Prinz-Regent/Dannenbaum sogar schon Anfang 1960 den Betrieb einstellen musste und die Zechen insgesamt einen Arbeitskräftemangel zu verzeichnen hatten.

Nicht nachweisbar, aber plausibel ist die Hypothese, dass der bundesweite Fernsehbeitrag mit dem Titel „Dankt König Kohle ab?" aus dem September 1958, der speziell die Bochumer Situation beleuchtete, diese Effekte einerseits verstärkt hat, andererseits den Blick des Autobauers Opel auf das Ruhrgebiet und Bochum als möglichen Produktionsstandort lenkte, das in seiner Kombination aus freiwerdender Arbeitskraft, Raumangebot, Infrastruktur und gleichzeitigem Absatzmarkt attraktiv erscheinen musste. Belegt wiederum ist die erste Kontaktaufnahme des Opel-Vorstands Edward W. Zdunek mit dem NRW-Ministerpräsidenten Franz Meyers am 9. Februar 1960, der am 15. Februar ein persönliches Treffen Meyers, Zduneks und Gaston A. de Wolffs (ebenfalls Vorstandsmitglied der Opel AG) folgte.

Die Handlung, die sich in den folgenden Wochen und Monaten daraus ersponn, ließe sich durchaus als rasanter Polit-Wirtschafts-Thriller in drei Akten erzählen, der aus Bochumer Sicht gut ausging, die beteiligten Akteure der Stadtverwaltung aber sicher einige Nerven und schlaflose Nächte gekostet haben dürfte.

Der erste Akt reicht vom 18. März 1960, dem ersten Besuch einer Opel-Delegation samt Vertretern der Landesregierung bei Oberbürgermeister Fritz Heinemann, bis zur Vertragsunterzeichnung am 5. August 1960, während der zweite Akt mit Baubeginn im September 1960 eröffnet und mit der Werkseröffnung am 10. Oktober 1962, die gleichzeitig den dritten Akt beginnen lässt, schließt. Es ist hier nun nicht der Ort, die einzelnen Szenen und Handlungskurven im Detail nachzuzeichnen, dennoch: Die Verhandlungen liefen streng geheim. Dies war sowohl im Interesse des Autobauers als auch des im Oktober 1959 ins Leben gerufenem „Arbeitsteams Wirtschaftsförderung", das sich aus Oberstadtdirektor Gerhard Petschelt, Stadtdirektor Alfred Schmitz, den Stadträten Friedrich Habbe und Ewald vom Rath, Stadtbaurat Hans Linz sowie Oberrechtsrat Simon Albert zusammensetzte, um die angespannte Lage mit der GBAG und einzelnen Zechenleitungen nicht eskalieren zu lassen.

Tatsächlich gelang es bis zum Tag der entscheidenden Stadtverordnetenversammlung und folgenden Pressenkonferenz zur Opelansiedlung am 20. Mai 1960, die wahre Firmenidentität hinter dem Decknamen „Kurt Wolff und Co." geheim zu halten. (Noch in den Redemanuskripten zur Pressekonferenz und der Beschlussvorlage zur Versammlung findet sich an der Stelle des Firmennamens eine Leerstelle, in die der Name der Adam Opel AG handschriftlich nachgetragen werden musste.)

Es war ein rechtes Husarenstück, dass die Stadtverwaltung, allen voran Oberstadtdirektor Petschelt und das Team der Wirtschaftsförderung, den Unterhändlern auf Opel-Seite, Justitiar Josef-Godfried Riehemann und dem Leiter der Bauabteilung Heinrich Bärsch, zusicherte, alle verhandelten Grundstücke nur von der Stadt Bochum zu erwerben, ausreichend Strom, Wasser, Gas und Dampf sowie Verkehrsanbindungen zwischen den Standorten Langendreer und Laer und an das Autobahnnetz bereitstellen zu können sowie die Abbruchkosten und Bergschädensicherung für die Grundstücke vollständig zu übernehmen, ohne dass alle dafür notwendigen Fragen hinreichend geklärt gewesen wären. (Von den benötigten Grundstücken befand sich zum Verhandlungsbeginn nur circa ein Sechstel im städtischen Besitz.) All diese Vorgänge wurden an Ältestenausschuss und Stadtverordnetenversammlung vor-

83 | SCHEINWERFER UND LENKRAD: OPEL KADETT B

bei betrieben, der erst am Vormittag der Pressekonferenz am 20. Mai die Beschlussvorlage vorgelegt wurde. Dennoch wäre es kaum treffend, vorauseilenden Gehorsam gegenüber dem Automobilriesen, Regieren nach Gutsherrenart oder gar Fahrlässigkeit zu unterstellen. Die Aktenstudien belegen zwar durchaus den Hochdruck und die angespannte Situation der Verantwortlichen, doch versetzen sie noch mehr in Erstaunen darüber, mit welcher Entschlossenheit und Zähigkeit, mit welchem Mut, diplomatischem Geschick und der nötigen Besonnenheit der Drahtseilakt vollführt und die Entscheidungen im Sinne einer zukünftigen Stadtentwicklung vorangetrieben wurden.

Dies betrifft insbesondere die problematischen Verhandlungen mit den Vertretern des Bergbaus. War sich Bochum mit Opel über die wesentlichen Punkte der Ansiedlung innerhalb von nur wenigen Wochen einig (Zdunek gab bereits bei einem Treffen in Rüsselsheim am 6. Mai seine mündliche Zusage), so unvorhersehbar und konfliktbeladen verliefen die Gespräche mit der GBAG/BBAG. Die Skepsis gegenüber einer noch unbekannten Großindustrie, die auf Zechengelände angesiedelt werden sollte, war enorm, obgleich die Stadtverwaltung „mit der Angabe von 5 000 bis 6 000 neuer Arbeitsplätze deutlich untertrieben" hatte (Gaigalat/Kania, 2000, S. 278). Von Unternehmensseite waren von Beginn an bis zu 15 000 Arbeitsplätze anvisiert.

Vor allem die wankelmütige Haltung des Bergbaus beim Verkauf des Geländes der Zeche Bruchstraße in Langendreer und die damit verbundene Schließung sowie der drohende Hinweis auf anfallende Bergschädenhaftung ließen das gesamte Projekt im Mai 1960 beinahe scheitern, bis der Aufsichtsrat der GBAG am 1. Juni, also bereits nach der Pressekonferenz zur Opelansiedlung in Bochum, einem Verkauf nach tatkräftiger Intervention des aus Bochum stammenden NRW-Innenministers Josef Hermann Dufhues und des Wirtschaftsministers Hans Lauscher doch noch zustimmte. Als Entschädigung für die Stilllegung der Anlage hatte die Stadt Bochum allerdings die „Zeche" von zwölf Millionen Mark zu zahlen.

So nachvollziehbar der Widerstand, der sich besonders in der Person Hans Düttings, des mächtigen Generaldirektors der GBAG und Vorstandsvorsitzenden der BBAG, personifizierte, aus Sicht des Bergbaus als größtem Arbeitgeber, Leitsektor und Identifikationsstifter für das Ruhrgebiet auch sein mochte, so vernünftig und geradezu notwendig war das – wenn auch zähneknirschende – Einlenken mit Blick auf die Zukunftsperspektiven der Stadt. Dass es nicht so hatte kommen müssen, zeigte die am Widerstand des Bergbaus gescheiterte Ansiedlung des Autobauers Ford in Herten, die zeitlich nahezu parallel von Mai bis August 1960 verlief und die tragische Variante der Bochumer Handlung bot.

Der zweite Akt, die Bauphase, begann unmittelbar nach Vertragsabschluss im August 1960 und verlief nicht ohne Zwischenfälle, aber dennoch mit einer beeindruckenden Präzision und Geschwindigkeit. Während die Ruhr-Nachrichten am 21./22. Mai zu berichten wussten, dass das Zweigwerk Bochum „1963 mit 7 000 Mann seine Produktion aufnehmen" solle (Hoffacker, 1993, S. 301), wurden diese Prognosen von der Realität eindrucksvoll überholt und noch umgeben von Schlamm und Rohbauten nahmen bereits am 1. August 1961

207 Arbeiter und Angestellte inmitten der Baustelle von Werk I auf dem Gelände der ehemaligen Zeche Dannenbaum die Kühlerproduktion und auch erste Verwaltungstätigkeiten auf. Auf Europas größter Industriebaustelle entstanden Budenstädte, die täglich für über 5 500 Bauarbeiter zur Heimat wurden. Bewegte Erdmassen, verbaute Tonnen Stahl und Kubikmeter Beton ließen sich in Zahlen der Superlative anführen, doch darf bei alldem nicht unterschlagen werden, dass sich auf der Baustelle auch tragische Unfälle ereigneten und eine ungeklärte Zahl an Menschen zu Tode kam, was – glaubt man den Aussagen von Zeitzeugen – auch auf die mangelhaften Sicherheitsvorkehrungen und erhöhten Zeitdruck zurückzuführen sei, denn einen „Sicherheitsingenieur gab es damals nicht […]. Termine waren das ein und alles" (Seim/Wellen, o.J., S. 35).

Aber auch die Bochumer, deren Wohnhäuser auf den benötigten Flächen standen, mussten umgesetzt, ihre Häuser abgerissen werden. Die Akten der Stadtverwaltung lassen die Probleme und Widerstände in diesem Prozess sichtbar werden. Wie sehr trotz jahrzehntelanger Montanindustrie das Opelwerk dabei in die Landschaft eingriff, können nicht nur Fotografien, sondern ebenso die Verwaltungsakten belegen. So mussten Bauern und Landwirte neben dem Grundstücksverkauf zusätzlich abgefunden werden, weil sie ihre Ernte vor Baubeginn nicht mehr rechtzeitig einfahren konnten. Und die Beschwerde von Opel-Justitiar Riehemann vom 12. Januar 1961, dass auf der Baustelle ein Jäger unterwegs sei, scharf schieße und „betont darauf hinwies, zur Jagdausübung berechtigt zu sein, da der zwischen ihm und den früheren Eigentümern abgeschlossene Jagdpachtvertrag unverändert Gültigkeit habe" (StadtA Bo, BO VII 65, 145), mutet aus heutiger Perspektive geradezu anachronistisch an.

„Um die Ansiedlung der Firma Opel in Bochum möglich zu machen, hat die Stadt erhebliche Opfer (in Höhe von beinahe 50 Millionen DM) bringen müssen", bilanzierte Oberstadtdirektor Petschelt in einem Schreiben an Ministerpräsident Meyers vom 3. Dezember 1964 (StadtA Bo, BO OStD 893). Dabei deckt sich die Summe mit den Entwicklungskosten des Opel Kadett A, dessen Produktion am 10. Oktober 1962, dem Tage der feierlichen Eröffnung des Werks anlief, womit auch die anfänglich aufgenommenen Erzählfäden von Kadett und Stadt endgültig zusammenlaufen und der dritte Akt beginnt.

Während in der Kantine „zur Feier des Tages für alle Mitarbeiter halbe Hähnchen" serviert wurden (Seim/Wellen, o.J., S. 37), präsentierte bereits ein Blick in die große Produktionshalle von Werk I mit ihren automatisierten Fließbändern für die Massenproduktion die Arbeitswelt von morgen, welche den tiefen Einschnitt in die historisch gewachsenen Strukturen des Bergbaus und bevorstehenden Mentalitätsbruch erahnen lassen mussten, der aufgrund der hohen Lohnanreize von Tausenden von Arbeitern jedoch in Kauf genommen wurde. Bereits bis Dezember 1962 wurden mit circa 180 Opelanern aus dem Stammwerk Rüsselsheim und rund 10 000 neuen Mitarbeitern (Durchschnittsalter 29 Jahre) ebenso viele Kadett A produziert.

So wie die Firma Opel in Bochum bis zur Pressekonferenz Geheimsache war, lag auch über dem Design des neuen Kadett der Mantel des Schweigens, bis dieser dann doch Anfang August 1962 – zwei Wochen vor der offiziellen Pressevorstellung – von der Zeitschrift Quick gelüftet und „auf Basis von stark verwischten Fotos eine realitätsnahe Zeichnung" des Automobils veröffentlicht wurde (Dierkes, 2007, S. 22): Das stilvolle Design einer Limousine, ein komfortabler Innenraum mit guter Sicht, Viergang-Getriebe mit „Knüppelschaltung", hydraulische Trommelbremsen, 40 PS-Motor, 120 km/h Höchstgeschwindigkeit, Beschleunigung von 0 auf 100 km/h in 26 Sekunden und ein Benzinverbrauch von 7 Litern pro 100 Kilometer machten den Kadett tatsächlich zu einem würdigen und ernsthaften Konkurrenten für den VW-Käfer. „Das kann man gar nicht alles erzählen, das muss man erleben […]. Opel Kadett, kurz gesagt OK!", lautete das überschwängliche Fazit des bekannten Schauspielers Achim Strietzel in einem zeitgenössischen Werbefilm (https://www.youtube.com/watch?-v=00jNROpzzjk).

Für die Familie bot der Kadett einen für seine Klasse geradezu riesigen Kofferraum und mit 5 075 Mark vergleichsweise niedrigen, selbst für einen Arbeiterlohn bezahlbaren Basispreis. Der Kadett avancierte zu einem Verkaufsschlager, die Opel-Ansiedlung in Bochum zu einem Beispiel für gelungenen Strukturwandel. Bereits ein Jahr vor der feierlich inszenierten Endfertigung des 1 000 000. Kadett am 11. Oktober 1966 hatte der Kadett B, von dem auch die abgebildeten Objekte (Scheinwerfer und Lenkrad) stammen, das A-Modell abgelöst.

Von den ersten rund 10 500 Mitarbeitern im Dezember 1962 stammten übrigens lediglich 3 600 aus Bochum, 20 Prozent waren ehemalige Bergarbeiter. Dass 1973, nur rund zehn Jahre später, mit der Stilllegung der Zeche Hannover die Geschichte der Kohleförderung in Bochum endgültig endete, hatte zu diesem Zeitpunkt wahrscheinlich niemand geahnt. Opel-Bochum wurde in demselben Jahr – ebenso wie die gesamte Automobilbranche – von der „Ölkrise" getroffen. Ein Produktionsrückgang um fast 30 Prozent, Kurzarbeit und Entlassungen waren die kurzfristigen Folgen. Der Kadett jedoch rollte über diese Krise hinweg und wurde zum Symbol für eine Erfolgsgeschichte der Auto-Werk-Stadt.

Und so lässt sich neben vielen anderen denkbaren Geschichten anhand der Objekte eben auch ein spannendes und wegweisendes Stück Bochumer Stadtgeschichte erzählen, das aus der Perspektive des Jahres 2017 gerade deshalb besonders erinnerungswürdig erscheint, da wir bereits die Handlung der noch folgenden Akte vier und fünf des Stückes kennen, welche ihre Schatten auch zurückwerfen.

DIRK URBACH

Das Erbe meines Urgroßvaters und die Geschichte meines Dede

Koray Parlak. Das ist mein Name. Koray? Woher kommt der Name, werde ich oft gefragt und um diese Frage zu beantworten, gehen wir in das Jahr 1945 in Istanbul. Der 28. Oktober 1945 ist das Geburtsdatum meines Großvaters M. Cemal Ömür. Und da sind sie, die Üs und Ös meiner türkischen Herkunft. Das M in dem Namen meines Großvaters wurde damals bei Eintragung seiner Geburt von einem netten Standesbeamten vor seinen eigentlichen Namen Cemal gesetzt. Das war dessen Geschenk an meine Urgroßeltern zur Geburt. Wofür das M stand, hatte man ihnen leider nicht mitgeteilt. Somit entschloss sich mein Dede (= Großvater) für den geläufigsten Vornamen, der mit M anfing: „Mehmet".

Ich glaube, mein Dede gehört zu den wenigen Menschen, die sich ihren Namen selbst aussuchen durften, und darum beneide ich ihn ein wenig. Aber das ist nicht die einzige Entscheidung, die mein Großvater über sein Leben getroffen hat. Er hat viele große Entscheidungen in seinem Leben getroffen, die mich sehr stolz machen. Er erlernte nach seinem gymnasialen Schulabschluss den Beruf des Kupfergraveurs. 1965 zog er in die Stadt, in der seine Schwester lebte: Zonguldak – eine Stadt am Schwarzen Meer, die Stadt mit den „schwarzen Diamanten". Um dort Fuß zu fassen, eröffnete er eine Trinkhalle. Doch zwei Jahre später entschloss sich mein Großvater, wie die meisten jungen Männer in Zonguldak, unter Tage zu arbeiten und verdiente sein Geld mit dem Abbau der „schwarzen Diamanten".

Was er damals noch nicht gewusst hat war, dass er den wahren Diamanten seines Lebens auch in dieser Stadt entdecken würde. Er verliebte sich in eine junge Schneiderin, Adile, die er 1968 zu seiner Frau nahm. Anneanne (= Großmutter) liebte meinen Dede sehr und sie schenkte ihm ein Jahr später eine kleine Tochter namens Zerrin, die 1988 selbst Mutter wurde. Nämlich meine.

Drei Jahre, mehr als 1 000 Tage, arbeitete mein Großvater tagein, tagaus unter sehr schweren Bedingungen in der Zeche Karadon. Bis zu dem Tag, an dem es zu einem schweren Grubenunglück kam. Von jetzt auf gleich verlor mein Großvater bei einer Methanexplosion viele seiner Arbeitskollegen, welche mit der Zeit auch seine Freunde geworden waren, die genau wie er Sohn, Bruder, Mann und auch Vater von jemandem waren. Dies war der Zeitpunkt, an dem Dede wusste, dass er für seine Familie einen neuen Weg einschlagen musste. Somit traf er die wohl größte Entscheidung seines Lebens und bewarb sich als Gastarbeiter im Bergbau in Deutschland. Er wollte sich anschließend in der Türkei selbstständig machen und einen Minibus kaufen. Dafür erhoffte er, 50 000 türkische Lira in Deutschland ansparen zu können.

Dede musste darum kämpfen, nach Deutschland kommen zu dürfen. Er lernte sogar vorab einige Worte Deutsch aus der türkischen Zeitung Hürriyet, die damals die Gastarbeit in Deutschland anpries. Und dann geschah es: Sein Antrag auf Gastarbeit wurde genehmigt. Das Einzige, was jetzt noch fehlte, waren 3 500 Lira, um sich aus seinem türkischen Arbeitsvertrag freizukaufen. 3 500 Lira waren umgerechnet drei Monatsgehälter, viel Geld für eine

84 | ZWEI MOKKATASSEN AUS DER TÜRKEI

Leihgabe Cemal Ömür, Bochum

Untertassen Dm 8,5 cm, Tassen Dm 4,5 cm, H 3 cm; Porzellan

dreiköpfige Familie. Aber auch diese Hürde nahm mein Dede auf sich, ergriff die Chance und stieg am 21. Januar 1971 schweren Herzens in den Flieger nach Düsseldorf und ließ seine eineinhalbjährige Tochter und seine geliebte Frau Adile in der Heimat zurück.

Am Flughafen stürmten tausende von neuen Eindrücken auf Dede ein. Er wollte diesen Tag auf ewig in Erinnerung behalten und kaufte sich direkt eine deutsche Tageszeitung als Andenken. Bevor er alle Eindrücke überhaupt auf sich wirken lassen konnte, wurde er auch schon einer Gruppe zugewiesen und in ein Arbeiterheim in Gladbeck gefahren. Es wohnten dort vier Personen pro Zimmer in Doppelbetten. Alle neuen Gastarbeiter bekamen 50 Mark Vorschuss für ihren ersten Einkauf in Deutschland. Der Laden in der Nähe des Heimes hatte einen Besitzer, der etwas Türkisch verstand. Erschöpft trug Dede seinen Einkauf nach Hause und dachte dabei an seine Familie. Er fragte sich, was sie wohl tun und wie er bei diesen Preisen jemals genug Geld ansparen könnte, um so schnell wie möglich zu seiner kleinen Tochter und seiner Frau zurückkehren zu können.

Tag zwei in Deutschland. Noch ehe mein Dede sich die schöne deutsche Landschaft anschauen konnte, wurde er 1 000 Meter in die Tiefe geschickt. Es war ein mulmiges Gefühl für meinen Dede, so kurz nachdem er seine Kollegen verloren hatte, unter Tage zu gehen. In der Türkei arbeitete er nur 400 Meter unter der Erdoberfläche und hier 1 000 Meter. Doch die Sicherheitsmaßnahmen in Deutschland und der Gedanke an sein Ziel und seine kleine Familie ließen jegliche Zweifel verblassen.

Mein Dede belegte keinen Sprachkurs, obwohl er gerne die Sprache des Landes gelernt hätte. So suchte er den Kontakt zu Deutschen. Doch flüchtiger Kontakt zum Hausmeister und Arbeitsbefehle unter Tage reichten nicht aus, um die Sprache zu lernen. Auf der Arbeit lernte er nur Worte wie Hacke, Stempel, Schlägel, Eisen und natürlich auch „Scheiße". Das reichte meinem Dede nicht und er lernte die drei magischen Worte „Was ist das?" kennen. So konnte er sich helfen, neue Wörter zu lernen. Leider folgten nach den drei magischen Worten auch die vier schlimmsten Worte, die damals alle fürchteten: „Ich lasse dich ausweisen". Diese Worte bereiteten allen große Sorgen. Rechte und Gesetze waren allen unbekannt und man versuchte einfach, so unauffällig wie möglich zu sein, um keinen Ärger zu kriegen. Denn sie alle, ob Jugoslawen, Griechen, Portugiesen, Spanier, Italiener oder Türken, hatten eines gemeinsam: Sie träumten alle von einem besseren Leben für sich und ihre Familien. Die von Kohlestaub geschwärzten Gesichter zeigten jeden Tag, dass sie alle eins waren: keine Griechen, keine Deutschen, keine Türken, sondern Kumpel, die das gleiche Schicksal teilten! So schrubbten sich alle, egal welcher Nationalität, nach der Arbeit in der Waschkaue nicht nur die Rücken, sondern wohnten, arbeiteten und aßen zusammen.

Wochen später endete Dedes Arbeitsvertrag und er wurde entlassen. Durch einen Bekannten erfuhr er, dass in Bochum-Dahlhausen in der Dr.-C.-Otto-Steinfabrik, die feuerfeste Produkte für Hochöfen herstellte, Stellen ausgeschrieben waren. Für 750 bis 800 D-Mark im Monat zog es ihn somit nach Bochum. Der kleinste Stein war mindestens 20 Kilogramm schwer. Dede arbeitete an einer Steinpresse.

Im August 1972 mietete er sich eine Wohnung in Bochum-Dahlhausen. Die Sehnsucht nach seiner Familie war so groß, dass er beschloss, meine Anneanne Adile zu sich zu holen. Meine Mutter Zerrin mussten Dede und Anneanne in der Türkei zurücklassen. Meine Urgroßmutter und mein Urgroßvater kümmerten sich um meine Mutter, während meine Großeltern in Deutschland versuchten, Fuß zu fassen. Sie teilten sich eine Vier-Zimmer-Wohnung mit einer anderen Familie. Die Küche und das Bad waren 20 Meter entfernt. Das war kein Vergleich zu dem Haus mit dem großen Balkon in der Türkei. Trotzdem waren sie ziemlich zufrieden. Anneanne fand sofort Arbeit im Kabelwerk Reinshagen und arbeitete dort bis 1984. 1975 erblickten meine Tante und mein Onkel, Elif und Okan, das Licht der Welt. Die ersten Ömürs, die in Deutschland geboren wurden. Die Umstände hatten sich geändert. Endlich hatte Dede mit Anneanne 50 000 Lira zusammengespart, doch ein Minibus kostete mittlerweile schon 100 000 Lira.

Die Zwillinge waren geboren und die Sehnsucht nach der ältesten Tochter Zerrin stieg mit jedem Blick auf die Zwillinge. Meiner Anneanne zerriss diese Situation das Herz. Das war der Moment, in dem Dede realisierte, dass die Rückkehr in die Türkei nicht allzu bald geschehen würde. Meine Mutter Zerrin war mittlerweile schon sechs Jahre alt. Somit beschloss Dede, dass sie nicht fern von ihren Geschwistern aufwachsen, hier zur Schule gehen und Deutsch lernen sollte. Nun war die komplette Familie Ömür angekommen in Deutschland.

Mein Dede arbeitete 16 Jahre in der Steinfabrik. Durch die Schichtarbeit konnte er sich die Erziehung von seinen Kindern mit meiner Anneanne sehr gut teilen. Als seine Kinder heranwuchsen, machte er eine Umschulung zum „Berufskraftfahrer für Personenverkehr" und arbeitete für das Reisebüro Groeger-Touristik.

Richtiges Deutsch lernte er erst in Bochum-Dahlhausen von seinen Nachbarn. Damals kannte man seine Nachbarn noch persönlich und man pflegte ein sehr gutes Verhältnis zu ihnen. Man lebte nicht wie heutzutage voller Anonymität, in der man seine Nachbarn nur flüchtig grüßt, wenn man ihnen mal im Hausflur begegnet. Man saß gemeinsam vor der Haustür, trank Tee und unterhielt sich bis spät in die Nacht. Beim Fernsehen schrieb Dede Wörter auf, die er nicht kannte und die Nachbarn halfen ihm dabei, sie zu lernen. Seine Kinder gingen nicht in den Kindergarten, aber er und meine Anneanne machten große Anstrengungen, damit sie auch deutsche Freunde hatten, damit die Zwillinge und meine Mutter auch Deutsch lernen konnten.

Jetzt sind alle Kinder meiner Großeltern schon im Beruf und stehen auf eigenen Beinen und haben eigene Kinder. Neben meinen beiden Geschwistern Oktay und Sinem und mir haben meine Großeltern schon zehn Enkelkinder und einen Urenkel, meinen Sohn Semi Koray. Das Leben meiner Großeltern ist hier verlaufen. Deutschland ist die Heimat der Familie Ömür geworden.

Und doch blickt mein Dede gerne auf die Zeit, in der er seine Kindheit in der Türkei verbracht hat, zurück. Und ein prägnantes Bild bleibt vor seinen Augen immer bestehen: Das Bild seines Vaters, der nach der Arbeit eine Tasse Kaffee trinkt, die seine Mutter diesem jeden Tag zubereitet. Die hier gezeigten Tassen sind ein sehr großes Symbol für meinen Dede, das er in Ehren hält. Sie haben einen großen Stellenwert in seinem Leben, denn sie verbinden seine Vergangenheit mit der Zukunft und es sind viele Emotionen an diese Tassen geknüpft. Nach dem Tod meines Urgroßvaters hat niemand mehr aus den Tassen getrunken. Das Erbe meines Urgroßvaters hat den gleichen weiten Weg aus der Türkei nach Deutschland zurückgelegt wie mein Dede. Es ist ein Stück Geschichte aus Dedes altem und neuem Leben, das er auf Ewigkeit wahren möchte. Daher wird er sein wertvollstes Erbe nach seinem Tod dem Stadtarchiv überlassen, damit seine Geschichte auf ewig in Erinnerung und am Leben bleibt.

Die Tasse Kaffee war das Zeichen dafür, dass nach allen Anstrengungen des Tages immer eins bleibt, für das sich alle Anstrengungen und Hürden des Lebens lohnen: die Familie. Das Gefühl, zu Hause bei der Familie zu sein und eine Tasse Kaffee zu genießen, das ist das Gefühl des Angekommenseins, egal in welchem Land man ist. Angekommen – das sind sie. Angekommen in einem Land, das ihnen ein Gefühl von Zuhause und Familie gibt. Das Einzige, was meine Großeltern sich hier in Deutschland noch wünschen, ist ein schöner Lebensabend mit viel Glück, Gesundheit und der ganzen Familie beisammen. Das Einzige, was in die Türkei zurückkehren wird, sind ihre sterblichen Überreste.

KORAY PARLAK

85 | METALLKREUZ ZUR BARBARAFEIER

Stadtarchiv Bochum – NAP 170

H max. 112,5 cm, B max. 75,5 cm; Moniereisen

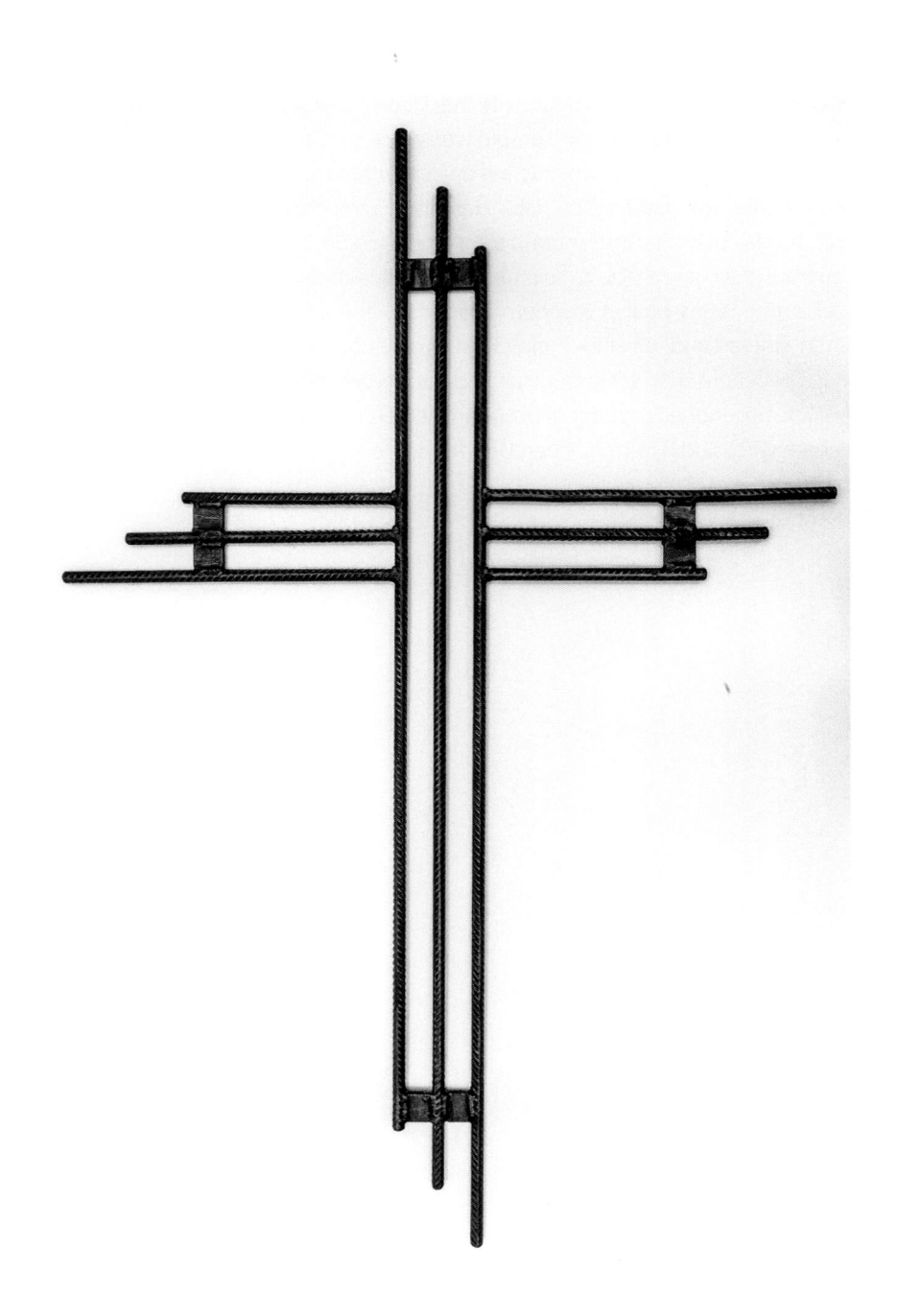

Öffentlicher Nahverkehr in Bochum

Noch im 19. Jahrhundert waren die Bochumer überwiegend zu Fuß unterwegs. Einen öffentlichen Nahverkehr gab es kaum. Vereinzelt konnten Postkutschen genutzt werden, diese dienten aber in erster Linie postalischen Zwecken und richteten danach auch ihre Fahrzeiten. Nur wenige Male am Tag waren sie unterwegs.

Mit der Eröffnung der Köln-Mindener-Eisenbahn 1847 wurde erstmals ein Nahverkehr zum Bahnhof in Herne, der Bochum nächstgelegenen Station, eingerichtet. Pferdegezogene Omnibusse des Bochumer Fuhrunternehmers Friedrich Mettegang verkehrten mit Anschluss an die Personenzüge von der Bochumer Innenstadt nach Herne. Sie starteten am Marktplatz um 7 Uhr vormittags sowie nachmittags um 16 und 18 Uhr.

Mit zunehmender Bevölkerung kamen weitere Kutschverbindungen hinzu, die aber auch nur unregelmäßig verkehrten. Erst 1894 wurde ein regelmäßiger Linienverkehr mit festem Takt eingeführt. Zwischen der Gaststätte Kortländer in Bochum und der Vinckestraße in Herne verkehrte die erste Bochumer Straßenbahnlinie im Zehn-Minuten-Takt. Mit dem Erfolg dieser Linie wurden weitere Straßenbahnlinien eröffnet. Um dies alles zu bewerkstelligen wurde 1896 die Bochum-Gelsenkirchener Straßenbahnen AG (BOGESTRA) gegründet.

Bis zum Beginn des Ersten Weltkriegs waren die Hauptstraßen der Bochumer Innenstadt durch Straßenbahnlinien erschlossen, die auch in den größeren Vororten verkehrten. Weitere Straßenbahngesellschaften wurden im mittleren Ruhrgebiet gegründet. Sie erschlossen überwiegend Strecken, die die BOGESTRA nicht bauen wollte. In den 1920er Jahren kam der Busbetrieb hinzu. Buslinien verkehrten dort, wo das Verkehrsaufkommen geringer war oder das Geld für eine Straßenbahnverbindung nicht zur Verfügung stand. 1938 gingen die ehemals konkurrierenden Straßenbahnlinien in der BOGESTRA auf. Im Zuge der Übernahme wurden mehrere Straßenbahnlinien stillgelegt.

Nach dem Zweiten Weltkrieg gab es einen Modernisierungsstau bei der Straßenbahn. Dies betraf zum einen die Straßenbahnwagen, die durch den Krieg zerstört oder heruntergewirtschaftet waren, zum anderen die Gleisanlagen. In den Außenbezirken waren die Strecken überwiegend eingleisig. Gleichzeitig wurden die Busse leistungsfähiger. Durch den Einsatz von selbsttragenden Karosserien und stärkeren Motoren konnten sie leicht zweiachsige Straßenbahnen ersetzen. So wurden weitere Straßenbahnlinien stillgelegt. Die verbleibenden Linien wurden modernisiert, die Strecken meist zweigleisig ausgebaut, die Fahrzeuge modernisiert und deren Fassungsvermögen, insbesondere durch den Einsatz von Gelenkwagen, erhöht.

In den 1960er Jahren gab es erste Bestrebungen zum Bau eines Stadtbahnnetzes. Dieses sollte die stark frequentierten Straßenbahnlinien ersetzen; die weniger stark frequentierten sollten auf Busbetrieb umgestellt werden. Bochum verschloss sich diesem Trend nicht. 1968 vergab der Rat den Planungsauftrag für den ersten Stadtbahnabschnitt. Zur Koordination

85 | METALLKREUZ ZUR BARBARAFEIER

der Planungen im gesamten Ruhrgebiet wurde darüber hinaus die Stadtbahngesellschaft Rhein-Ruhr gegründet. Die Stadtbahn sollte im Gegensatz zur U-Bahn nicht nur unterirdisch verkehren. In den Außenbezirken sollte sie oberirdisch fahren. Für das gesamte Ruhrgebiet war die Normalspurbreite der Linien vorgesehen. In Bochum verkehrten die Straßenbahnen jedoch auf der Meterspur.

Der erste Spatenstich zum Tunnelbau erfolgte 1971 an der Hattinger Straße. Der Tunnel wurde in offener Bauweise angelegt. In späteren Jahren wurde überwiegend nach der „Neuen Österreichischen Tunnelbaumethode" gearbeitet, die riesige Baugruben weitgehend vermeiden konnte. Am 27. Mai 1979 ging die erste Tunnelstrecke in Betrieb. Sie führte vom Bergmannsheil zum Bochumer Hauptbahnhof. 1981 wurde die Strecke zum Ruhrstadion verlängert.

Bis zur nächsten Stadtbahneröffnung vergingen weitere Jahre. 1989 konnte die Nord-Süd-Strecke der U 35 von Herne nach Bochum in Betrieb gehen, 1993 erfolgte ihre Verlängerung nach Querenburg und damit zur Universität. Diese Strecke wurde in Normalspur ausgebaut. Sie benötigte deshalb einen eigenen Wagenpark und einen eigenen Betriebshof, den die BOGESTRA in Hofstede auf dem Gelände der ehemaligen Zeche Constantin II errichtete.

2006 schließlich wurde die West-Ost-Strecke unter der Bochumer Innenstadt eröffnet. Sie wird von den Straßenbahnlinien 302 und 310 meterspurig befahren. Von beiden Tunnelrampen aus verkehren die Bahnen wieder als normale Straßenbahnen im öffentlichen Verkehrsraum. Auch die Linie 306, die zwischen Rathaus und Hauptbahnhof einen eigenen Tunnel ebenfalls seit 2006 nutzt, wird auf dem Großteil der Strecke als normale Straßenbahn geführt. Die Idee, alle Strecken auf Normalspur umzubauen, kam aus Kostengründen nicht zum Tragen.

Die Tunnelbauten wurden in vielen Teilabschnitten errichtet. Jeder einzelne Bauabschnitt, jedes „Baulos", erhielt eine eigene Tunnelpatin. Die Tunnelpatinnen gaben dem jeweiligen Tunnelabschnitt ihren Vornamen. Dabei war der Beginn der Bauarbeiten nicht nur mit der Patenschaft, sondern auch mit einer religiösen Feier, der Barbarafeier, verbunden. Die heilige Barbara ist die Patronin der Bergleute, zu denen sich die Tunnelbauer auch zählen.

Das abgebildete Objekt ist ein eigens für die Tunneltaufe eines Abschnitts der Linie 308/18 geschmiedetes Metallkreuz. Es besteht aus vier Moniereisen, die paarweise zu einem Kreuz verschweißt wurden. Die Stäbe sind lackiert. Die maximale Höhe beträgt 112,5 cm, die maximale Breite 75,5 cm. Es wurde von Lehrlingen gefertigt. Bei Auflösung der Bochumer Katholischen Arbeiterbewegung gelangte das Kreuz zum Stadtarchiv und wurde dem Bestand NAP 170 zugeordnet.

ANDREAS HALWER

86 KOHLESTÜCK AUF HOLZPLATTE

Die letzte Kohle der Zeche Hannover-Hannibal

Das Ende des Steinkohlenbergbaus – für die Stadt Bochum wurde das lange Undenkbare bereits 1973 zur Wirklichkeit. „Dampfschwaden – Weidekätzchen – Sozialplan: Bochumer Bergbau-Finale begann mit Kokerei-Ende", so titelten die Ruhr-Nachrichten. Am 30. März verloschen die letzten Koksöfen und einen Tag später förderte die Zeche Hannover in Bochum die letzte Kohle zutage. Damit endete nach knapp 300 Jahren das Zeitalter der Steinkohlenförderung in der Bergbaustadt Bochum.

Die Bochumer Stadtverordneten hatten bereits mit einer Grubenfahrt Abschied vom Bergbau genommen, die Belegschaft der Zeche tat dies im Rahmen einer Feierstunde. Und die alteingesessene Bochumer Bürgergesellschaft „Harmonie" übergab ihren Mitgliedern anlässlich ihres eigenen einhundertjährigen Jubiläums einen Brocken der letzten Kohle eines Bochumer Bergwerks als Andenken.

Dieses Erinnerungsstück erscheint mit der schmucklosen Basis aus lackiertem Holz, dem aufgeklebten Kohlebrocken und der schlichten Beschriftung sehr einfach und nüchtern. Ähnlich gefasst erscheinen auch die Reaktionen der Bochumer auf das Ende der Bergbau-Ära in ihrer Stadt. Das mag an dem langen Abschied von der Kohle liegen, den die Bochumer seit der ersten Kohlekrise erlebt hatten, aber auch an den neuen Zukunftsperspektiven, die sich die Stadt bereits frühzeitig erarbeitet hatte.

Dabei galt Bochum lange als die größte Bergbaustadt Deutschlands, wenn nicht des europäischen Kontinents. Mit 74 fördernden Schachtanlagen auf dem Stadtgebiet hatte sich Bochum diesen Titel bereits im Jahr 1929 erworben. Den Ruf behielt die Stadt bis weit in die fünfziger Jahre, als der Bergbau als Motor des Wiederaufbaus und des sogenannten Wirtschaftswunders florierte wie nie zuvor. Mehr als 41 000 Bergleute arbeiteten in den Bochumer Zechen, dazu kamen 22 000 Beschäftigte in der Eisen- und Stahlindustrie, die in hohem Maße von Koks und Kohlen abhängig war. Auch die großen bergbaunahen Einrichtungen trugen zum Ruf der Stadt bei wie das Krankenhaus „Bergmannsheil" als erste Unfallklinik im Revier oder die Westfälische Bergschule, die sich zur zentralen Ausbildungsstätte für das technische Führungspersonal der Bergwerke im Ruhrgebiet entwickelte.

Mitte der 1950er Jahre schien die Bergbaustadt Bochum prachtvoll dazustehen. Der Wiederaufbau und das Wirtschaftswunder waren überall in der Stadt erlebbar: Hauptbahnhof, Stadtbad und Schauspielhaus beeindruckten durch moderne Neubauten. Die Förderanlagen der Zechen liefen auf Hochtouren und die Bergleute zählten zu den Spitzenverdienern unter den Arbeitern, die ihr Geld zunehmend in Konsumgüter investierten. Dem Wachstum schienen nur durch den einsetzenden Mangel an Arbeitskräften Grenzen gesetzt zu sein – und so wurden auch die ersten angeworbenen „Gastarbeiter" aus Italien mit einer Mischung aus Zurückhaltung und Gelassenheit empfangen.

Hinter den glänzenden Fassaden waren die strukturellen Probleme der Stadt jedoch be-

86 | KOHLESTÜCK AUF HOLZPLATTE

LWL-Industriemuseum – Westfälisches Landesmuseum für Industriekultur, Zentrale Dortmund
H 9,0 cm, B 15,4 cm, T 10,3 cm; 1973

reits sichtbar. Die einseitige Ausrichtung auf Kohle, Eisen und Stahl machte Bochum in hohem Maße abhängig von der Konjunktur der Montanindustrie. So traf die nach dem Zweiten Weltkrieg von den Alliierten angeordnete Entflechtung der Montanindustrie im Ruhrgebiet die Bochumer Werke in besonderer Weise. Ziel der Verordnung war es, die engen Verbindungen der Bergwerke mit der Eisen- und Stahlindustrie zu lösen, um die Basis der ehemaligen Rüstungsindustrie im Revier zu zerschlagen.

Die Entflechtung betraf auch die Zechen des Krupp-Konzerns im Bochumer Norden. Die Zeche Hannover in Hordel war bereits 1872 vom Essener Industriellen Friedrich Krupp gekauft worden, um seine Essener Gussstahlwerke mit Kohle und Koks zu versorgen. 1899 folgte die benachbarte Zeche Hannibal in Hamme. Beide wurden fortan von der Zechenverwaltung Hannover-Hannibal als Teil des Krupp-Konzerns verwaltet. Auf Anordnung der Alliierten Hohen Kommission – Combinded Coal Group – mussten die Zechen aus dem Krupp-Konzern herausgelöst werden. So gründete sich im Februar 1954 die „Steinkohlenbergwerk Hannover-Hannibal AG".

Die Voraussetzungen der neuen Aktiengesellschaft waren gut. Auf Schacht II der Zeche Hannover war 1947 die schon während des Kriegs errichtete neue Förderanlage in Betrieb genommen worden – die weltweit erste Vierseilförderung. Mit der modernen Förderanlage, die dank der Verteilung der Lasten auf vier parallele Förderseile höhere Lasten aus größeren Tiefen fördern konnte, verfügte die Zeche Hannover über eine wichtige Zukunftstechnologie. Zudem waren die zerstörten Anlagen der Zeche Hannibal weitgehend wieder aufgebaut und mit neuester Technologie ausgestattet worden.

Zum Start erwarb die Hannover-Hannibal Aktiengesellschaft zudem die unmittelbar angrenzende Zeche Königsgrube und verdoppelte damit die erreichbaren Steinkohlevorkommen in einer Tiefe bis zu 1 200 Metern in den eigenen Grubenfeldern auf 160 Millionen Tonnen. Damit schienen die Voraussetzungen für einen wirtschaftlichen Betrieb für die nächsten 80 Jahre gesichert.

In den folgenden Jahren wurden die Zechen unter Tage verbunden, so dass große Teile der Förderung auf Schacht II der Zeche Hannover zusammengelegt werden konnten. Dank der zunehmenden Mechanisierung konnte die Förderleistung bis 1958 auf 6,6 Millionen Tonnen verwertbare Kohlen gesteigert werden. Zudem erzeugte die Hannover-Hannibal AG in ihren Kokereien und Kraftwerken einen Überschuss von rund 120 Millionen Kubikmetern Gas und knapp 100 Millionen Kilowattstunden Strom, die an die Fernenergienetze der VEW sowie an die Krupp-Kohlechemie in Wanne-Eickel abgegeben wurden.

Die erste große Kohlekrise traf das Ruhrgebiet im Frühjahr 1958 unvermittelt und hart. Nach Jahren des Wachstums brach die Nachfrage nach Kohle und Koks plötzlich ein. Die rasant wachsende Konkurrenz durch Erdöl und Gas sowie geänderte Rahmenbedingungen auf dem Weltmarkt verdrängten die Ruhrkohle zunehmend. Auf diese Lage stellten sich die Zechen im Revier nur langsam ein. Zunächst wurden Kohlen und Koks auf Halde gelegt, dann folgten im Februar 1958 für 16 000 Bergleute die ersten „Feierschichten", an denen die

Arbeit ausgesetzt wurde.

Vor allem die Bergwerke im südlichen Ruhrgebiet waren von der Absatzkrise der Steinkohle so stark betroffen, dass sie schließlich aufgeben mussten. So wurde krisenbedingt am 30. September 1958 mit der Kleinzeche Lieselotte das erste Bochumer Bergwerk stillgelegt, weitere Bochumer Zechen wie Agricola II und Dannenbaum in Laer, Emma Glück in Stiepel, Bruchstraße in Langendreer, Haunert in Weitmar und Markgraf II in Querenburg folgten bis Ende des Jahres. Mit den Zechen Prinz Regent in Weitmar, Friedlicher Nachbar und Engelsburg in Linden legte die Gelsenkirchener Bergwerks AG bis Oktober 1961 schließlich drei große Bergwerke im Bochumer Süden still, wodurch weitere 5 800 Arbeitsplätze wegfielen.

Die Kohlekrise und Zechenstilllegungen führten zu großen Protesten im Revier. Rund 80 000 Bergleute folgten einem Aufruf der Gewerkschaft IG Bergbau und demonstrierten am 25. Januar 1959 in Bochum für kürzere Arbeitszeiten, um Zechen vor der Schließung zu bewahren. Am 26. September 1960 sorgten 60 000 Bergleute für die bis dahin größte Demonstration in der Bundeshauptstadt Bonn, bei der sie eine zuverlässige Unterstützung für den Bergbau forderten. Die Proteste konnten weitere Stilllegungen jedoch kaum aufhalten. Sie sorgten aber dafür, dass durch Betriebsvereinbarungen die sozialen Folgen für die betroffenen Bergleute durch komfortable Vorruhestandsregelungen oder Ersatzarbeitsplätze stark abgemildert wurden.

Völlig unvorbereitet traf die Kohlekrise die Stadt Bochum jedoch nicht. Bereits 1947 hatte das Hauptamt der Stadt Bochum eine „Abteilung Wirtschaftsförderung" gegründet, die 1950 zum „Amt für Verkehrs- und Wirtschaftsförderung" ausgebaut wurde, um eine wirtschaftliche Umgestaltung der Stadt einzuleiten. Erste Erfolge dieser Bestrebungen waren die Ansiedlung der Radio- und Fernsehwerke Graetz 1956 sowie der Zentrale der Ratio Handelsgesellschaft 1957. Arbeitsplätze im großen Maßstab boten ab 1962 die neu angesiedelten Opel-Werke und ab 1965 die Ruhr-Universität Bochum. Damit schienen die Weichen für einen erfolgreichen Strukturwandel in Bochum gestellt.

Der Bergbau versuchte hingegen, die Strukturkrise durch Konsolidierung und Rationalisierung zu lösen. So gründete sich am 27. November 1968 nach zähen Verhandlungen zwischen Politik, Wirtschaft und Gewerkschaften die Ruhrkohle AG als Konsolidierungsunternehmen der deutschen Steinkohlenbergwerke.

Die Zeche Hannover-Hannibal AG hatte nach der Eingliederung in den Krupp-Konzern ihren Rationalisierungskurs mit Erfolg weiter verfolgt. 1964 wurde Schacht II der Zeche Hannover zum zentralen Förderschacht für die Zechen Hannover, Hannibal und Königsgrube ausgebaut. Im Frühjahr 1967 erfolgte schließlich der Zusammenschluss mit der Zeche Vereinigte Constantin zur Bergwerke Bochum AG. Über Verbindungsstrecken in 950 Metern Tiefe gelangten nun die Kohlen aus den Abbaufeldern der Zechen Hannover, Hannibal und Constantin, wozu auch das Grubenfeld der stillgelegten Zeche Mont Cenis gehörte, zum Schacht II der Zeche Hannover in Bochum-Hordel. Sämtliche Kohlen aus Bochum und aus dem Südosten von Herne wurden nun im Schacht II der Zeche Hannover zutage gefördert.

86 | KOHLESTÜCK AUF HOLZPLATTE

Die Zeche Hannover, die mit den Bergwerken Bochum und der Zeche Rossenray in Kamp-Lintfort zu den Bergwerken der Friedrich Krupp Hüttenwerke AG gehörte, trat der Ruhrkohle AG nach zähen Verhandlungen schließlich verspätet im Herbst 1969 bei. Aus den Planungen der neuen Einheitsgesellschaft für die weitere Konsolidierung des Bergbaus ging die Zeche Hannover schließlich als Verlierer hervor: Am 31. März wurde sie als letztes Bochumer Bergwerk stillgelegt.

Die letzte Kohle der Zeche Hannover-Hannibal – sie ist ein Erinnerungsstück an die Zeit des Bergbaus und des Wandels in Bochum. Die Zeche Hannover selbst ist mit dem erhaltenen Förderturm, der Maschinenhalle und dem Grubenlüftergebäude heute ein Standort des LWL-Industriemuseums, Westfälisches Landesmuseum für Industriekultur. Als Industriedenkmal und Museum zugleich lädt die Zeche Hannover ein zur Begegnung mit Industriegeschichte und Industriekultur. Sie ist dabei in besonderem Maße der Geschichte der Migration und Gegenwart der kulturellen Vielfalt im Ruhrgebiet verpflichtet: dem Wandel der Region durch die Industrie und durch die Menschen.

DIETMAR OSSES

87 | PLAKAT „WIR SIND MENSCHEN – SIE AUCH?"

Stadtarchiv Bochum – Plakatsammlung, V L 3

H 86 cm, B 59 cm; Papier

WIR SIND MENSCHEN SIE AUCH?
MACHEN SIE MIT BEIM EXPERIMENT
KEMNADE 74 INTERNATIONAL 28.–30. 6. 74

FEST VON UND MIT AUSLÄNDISCHEN ARBEITNEHMERN UND IHREN FAMILIEN, AUSLÄNDISCHEN UND DEUTSCHEN STUDENTEN UND DEUTSCHEN BÜRGERN
MUSIK, TANZ, AUSLÄNDISCHE SPEZIALITÄTEN, AKTIONEN FÜR KINDER, BAZAR, AUSSTELLUNGEN, DISKUSSIONEN ZUR LAGE DER AUSLÄNDER IN DER BRD
VERANSTALTUNGSORT: WASSERBURG HAUS KEMNADE/RUHRTAL · AUTOBAHN: WUPPERTAL-BO-RECKLINGHAUSEN · B 51, AUSFAHRT HERBEDE/BLANKENSTEIN
BUS VON BOCHUM: LINIE 52, SONDERFAHRTEN · PROGRAMM DER PRESSE ENTNEHMEN · BEGINN FREITAG, 28. JUNI, AM FRÜHEN ABEND

Kemnade International. Ein Festival im Wandel der Zeit

Kemnade International verstand sich zum Zeitpunkt seiner Gründung als „Modellversuch", als Experiment im Zeichen der Demokratisierungsbewegung „Kultur für alle". Der Impuls zur Gründung des Festivals ging zum einen vom Sozialamt der Stadt Bochum aus, das sich um die soziale Integration aller ausländischen Mitbürgerinnen und Mitbürger bemühte, und zum anderen vom Museum Bochum, das unter der Leitung von Dr. Peter Spielmann und Michael Fehr einen erweiterten Kulturbegriff vertrat. Im Jahr der Gründung 1974 stellte sich die Situation so dar, dass aufgrund der wirtschaftlichen Krise ein Anwerbestopp für ausländische Arbeitnehmer verfügt worden war. Als Folge dessen wurden Diskussionen über den Nachzug der Familien heftig ausgetragen. Der Begriff des „Gastarbeiters", der ja auf einen nur temporären Aufenthalt der zugezogenen Arbeitskräfte zielte und diese als eine rein funktionale „Arbeitsmaschine" verstand, wurde in Frage gestellt. Hier artikulierte sich die Forderung nach Integration in eine sich öffnende Gesellschaft. Diese Überzeugung kommt auch deutlich mit dem hier abgebildeten Plakat der ersten Festivaledition von 1974 zum Ausdruck. Das Festival stand in seinem Gründungsjahr unter dem Motto: „Wir sind Menschen, Sie auch?"

Die Organisationsstruktur von Kemnade International war von Anfang an kollektiv. Unter dem Aspekt einer alternativen, soziokulturell gefassten Kulturarbeit ging es darum, von der bloß veranstalteten, verordneten Kultur wegzukommen. Zielgruppe waren die sogenannten Gastarbeiter, die hier ein Forum finden sollten, sich in ihrer kulturellen Identität darzustellen. So wurde im offiziellen Konzept festgestellt, dass

> „ein solches Fest nur dann sinnvoll sein und authentische Informationen über die ausländischen Arbeitnehmer und ihre soziale Lage in der Bundesrepublik geben [könne], wenn sich die Veranstalter darauf beschränken, den organisatorischen Rahmen bereitzustellen, die inhaltliche Vorbereitung und Gestaltung der einzelnen Programmpunkte"

sollte aber den „Ausländern selbst überlassen" bleiben.

Darüber galt es, die Schranke zwischen Machern und Besuchern aufzuheben. Es sollte jeder die Möglichkeit zur aktiven Teilhabe finden. Dementsprechend offen und dynamisch lief das Festival ab. Anmeldungen wurden auch kurzfristig noch angenommen. Programmänderungen und -verschiebungen gehörten zur Tagesordnung. Doch gerade über diese organisatorischen Schwierigkeiten und die Flexibilität im Umgang mit diesen funktionierte das Festival als Forum der Begegnung der verschiedenen Ausländergruppen mit Deutschen. Damit war Kemnade International ein praktisches Stück wirklicher Völkerverständigung und integrativer Ausländerarbeit. Über Kultur und Gastronomie sollte eine gemeinsame Sprache gefunden werden. Die Vielzahl der mitorganisierenden Gruppen stellte sich in Informationsständen und Diskussionsforen dar, um Probleme der Ausländer in der Bundesrepublik in die Öffentlichkeit zu bringen. Expertengespräche zu Fragen von Ausländerpolitik und Ausländerrecht waren Versuche, auch politisch verstärkt Einfluss zu nehmen.

87 | PLAKAT „WIR SIND MENSCHEN – SIE AUCH?"

Ende 1979 war Kemnade International mit wachsenden Publikumszahlen fast schon an seine Grenzen gestoßen. Trotz dieser öffentlichen Resonanz gab es immer wieder Kritik von verschiedenen Seiten. So löste die Beteiligung kurdischer Gruppen Bedenken bei der Staatskanzlei im Hinblick auf die deutsch-türkischen Beziehungen aus. Auf kommunaler Seite bestand Irritation über die politische Orientierung des Festivals.

Die heftig ausgetragenen Diskussionen über den Fortbestand des Festivals führten schließlich dazu, dass der Kulturausschuss der Stadt Bochum eine neue Konzeption für Kemnade International entwickelte. Die Veranstaltung sollte fortan nur noch im Rhythmus von zwei Jahren durchgeführt werden. Außerdem sollte das Programm weniger auf traditionelle Kulturformen ausgerichtet sein und stärker die Vielschichtigkeit unterschiedlicher Kulturformen und -stile zur Darstellung bringen. Kemnade International sollte nicht den Anschein einer heilen Folklore-Welt vermitteln, sondern – im Gegenteil – die bestehenden kulturellen Widersprüche herausarbeiten und zur Diskussion bringen. Schwerpunkt des Programms wurde die Verschmelzung traditioneller und moderner Kunstformen und die Synthese der verschiedenen kulturellen Einflüsse. Die ursprüngliche Offenheit in der Organisationsarbeit wurde zurückgenommen. Die beteiligten Vereine und Gruppierungen sollten zwar weiterhin selbst Vorschläge einbringen, das Programm wurde aber letztendlich durch eine Kommission festgelegt. Indem die Vielfalt der zum Teil auch widersprüchlichen Impulse aufgenommen und bewusst gestaltet wurde, skizzierte das Festival als Experiment und Vision das Projekt einer multikulturellen und in sich heterogenen Gesellschaft. Zwar wurden die Expertengespräche fortgesetzt, doch durch die Vielzahl der Musikdarbietungen und Kunstausstellungen verschob sich der Schwerpunkt auf die auch unterhaltsame Darstellung des kulturellen Alltags der in Deutschland lebenden Ausländergruppen.

Ende der 1980er Jahre wurde die bedrohlich anwachsende Gewalt gegen Fremde und Migranten in der Bundesrepublik Deutschland zum Anlass, deutlich Stellung zu beziehen und auf den Rechtsextremismus in Deutschland öffentlich hinzuweisen. Die noch immer kontrovers ausgetragene Diskussion über die Beteiligung von Migranten am politischen und kulturellen Leben des Landes – eine bis heute uneingelöste Forderung – gewann vor diesem Hintergrund eindringliche Brisanz.

Im Jahr 1996, als das Festival letztmalig unter Mitwirkung von Peter Spielmann und Klaus Sager, dem Ausländerbeauftragten der Stadt Hattingen, stattfand, wurde gleichzeitig die Krise des Festivals in seiner ursprünglichen Konzeption unübersehbar. Das Publikum blieb plötzlich aus. Aus dieser Krise resultierten Überlegungen, das Festival nur noch im Drei-Jahres-Rhythmus stattfinden zu lassen. Der Auftritt der „Sons of Gastarbeita" deutete gleichzeitig eine neue Perspektive an. Aus dem Nebeneinander der Kulturen in Deutschland ergab sich auch infolge des selbstbewussten Auftritts der zweiten Generation ein neues Miteinander multinationaler Einflüsse.

Nachdem der Fortbestand von Kemnade International mit den Diskussionen über neue Nutzungen der Burg zunächst gefährdet war, wagte das Kulturbüro der Stadt Bochum 1998 einen Neuanfang. Die verschiedenen lokalen Initiativen konnten sich über den Ausländerbeirat der Stadt Bochum weiter in die Vorbereitung und Durchführung des Festivals einbringen. Das Programm sollte den bereits aufgenommenen Ansatz verstärken, der neuen Migrantengeneration ein Forum zu geben. Das für 2001 gewählte Motto „Orient inside" rückte dementsprechend das Thema Weltmusik in den Vordergrund. Fokussiert wurde der musikalische Zusammenschluss der unterschiedlichsten kulturellen Einflüsse in der zeitgenössischen Musikszene.

Der Nebenschauplatz der sogenannten Gastarbeiterkultur war in den Mainstream einer vielschichtigen Pop-Kultur vorgestoßen. Das Interesse des neu ausgerichteten Festivals galt seitdem insbesondere Migranten der zweiten und dritten Generation, jungen Musikern, die zur Heimat ihrer Vorfahren nur noch eine lockere, eher emotionale Beziehung haben und deren Identität sich zwischen unterschiedlichen Kulturen entfaltet.

Anstelle der Fachtagungen wurde bereits 1998 ein Jugendforum angeboten, bei dem jugendliche Migranten unter professioneller Moderation Perspektiven entwickelten, wie die Entwicklung des städtischen Lebensraums multikulturell geprägt werden könne. Das Festival wurde zur „Zukunftswerkstatt" für kulturelle Toleranz und ein friedliches Miteinander. Diese neue Akzentuierung wurde durch WDR Funkhaus Europa als Kooperationspartner gefördert. Neben der Stadt Hattingen unterstützte auch der Ennepe-Ruhr-Kreis das Festival als Mitveranstalter, um so die überregionale Ausrichtung des Festivals zu akzentuieren.

Bertram Frewer als Festivalleiter sprach im Hinblick auf die neue Konzeption davon, das Fest sei „sensibel renoviert" worden. Nicht die ungefilterte Internationalität und deren mehr oder weniger spontane Selbstdarstellung seien gefragt. Es sollte in jedem Jahr eine bestimmte Kulturregion beleuchtet werden. Crossover aus Ethnic-roots mit Pop und Jazz, das Verschmelzen orientalischer mit klassisch europäischen Musikkulturen vermittelten dem Fest den Charakter eines „multikulturellen Happenings" mit einer deutlich jüngeren, international geprägten Publikumsstruktur. Um den interreligiösen Dialog zu unterstützen, was zu Beginn des Festivals aufgrund der politischen Ansprüche sicherlich undenkbar war, fand 2003 erstmals ein „Gottesdienst" mit Vertretern von christlichen, islamischen und anderen Religionen statt. In diesem deutlichen Zusammenwirken der Religionen als besonderem kulturellem Ausdruck lebte der ursprüngliche Ansatz von Kemnade International unter Berücksichtigung der seitdem stattgefundenen Veränderungen fort. Das Festival Kemnade International fand von 1974 bis 2009 in der Wasserburg Haus Kemnade statt. Der Standort musste für das Festival vor dem Hintergrund erheblich gestiegener Sicherheitsauflagen für Großveranstaltungen und den damit verbundenen Kostensteigerungen aufgegeben werden.

2012 Ruhr International, neuer Name und neuer Festivalort
Mit der Jahrhunderthalle in Bochum und den Außenanlagen im Westpark wurde ein idealer neuer Veranstaltungsstandort für die Ausrichtung eines in die Region Ruhrgebiet und darü-

ber hinaus strahlenden Festivals der Weltkulturen als Folgeveranstaltung für das traditionsreiche Kemnade International gefunden.

Das Festival Ruhr International setzt am seit 1974 etablierten Konzept von Kemnade International an und findet im biennalen Rhythmus seit 2012 erfolgreich an und in der Jahrhunderthalle Bochum statt. Einige der bereits in den 1970er Jahren beteiligten Künstlerinnen und Künstler, Initiativen und Vereine halten in der Tradition von Kemnade International bis heute auch dem Festival Ruhr International die Treue und sind nach wie vor an der Festivalgestaltung beteiligt. Rund um die Jahrhunderthalle und auf verschiedenen Bühnen des Festivals laden zahlreiche Initiativen und Vereine, Info-, Verkaufs- und Essensstände mit Gesprächen, Information und landestypischer Küche zum Verweilen und Genießen, zum Zuhören, Zusehen und Mitmachen, zum Spielen, Tanzen, Lachen, Reden, Probieren, Kennenlernen und Feiern ein.

Aus der Ferne und von hier – Ruhr International bringt die Kulturen der Welt und aus dem Ruhrgebiet in Bochum zusammen. Auf mehreren Bühnen in der Jahrhunderthalle und auf einer Open-Air Bühne auf dem Vorplatz der Halle spielen Künstler und Akteure aus Ghana, Brasilien, Spanien, der Türkei, Syrien, Ägypten und vielen weiteren Orten der Welt auf. Ruhr International versteht sich als Forum des transkulturellen Dialoges und als Beitrag für die Region auf ihrem Weg zu einer Metropole der kulturellen Vielfalt.

Dieser Text wurde anlässlich der Ausstellung „KEMNADE INTERNATIONAL – ein Festival im Wandel der Zeit" im Jahr 2005 von dessen inzwischen verstorbenem Kurator Dr. Christoph Kivelitz verfasst und von Bertram Frewer, der das Festival von 1998 bis 2009 als künstlerischer Leiter betreute und im Leitungsteam des Festivals Ruhr International ist, bis in die Gegenwart fortgeschrieben.

BERTRAM FREWER

88 ORTSEINGANGSSCHILD WATTENSCHEID

Zur Eingemeindung der Stadt Wattenscheid nach Bochum

Beinahe 100 Jahre zeigte ein solches Ortseingangsschild jedermann, dass er nun das Gebiet der Stadt Wattenscheid betritt. Diese Stadt hatte sich von der „Freiheit" Wattenscheid (ab 1417) über die kreisangehörige Stadt Wattenscheid (ab 1876) zur kreisfreien Stadt (ab 1926) entwickelt. Sie hatte den Strukturwandel ab Mitte der 1960er Jahre bestens verkraftet und lief nun Gefahr, von Bochum, das bereits 1925/26 die Finger nach der Hellwegstadt ausgestreckt hatte, geschluckt zu werden, als am 24. März 1972 der Plan des Innenministers über die kommende Neuordnung der Gemeinden und Kreise im Lande NRW bekannt wurde. Dementsprechend sollte die Stadt Wattenscheid nach Bochum eingemeindet werden. Zur Abwehr dieses Plans gründeten engagierte Bürger am 31. Mai 1972 die „Bürgerinitiative selbständiges Wattenscheid". Als überparteiliche Organisation sollte sie alle Kräfte bündeln, um diesen Plänen wirksam begegnen zu können. Und man ging sofort ans Werk: Für den 8. Juni 1972 organisierte die Bürgerinitiative einen Marsch nach Bochum, dem sich einige Hundert Wattenscheider anschlossen, um deutlich zu machen, dass sie für den Erhalt ihrer Stadt kämpfen werden.

Parallel zu den Feierlichkeiten zur 555-Jahr-Feier der Stadt Wattenscheid vom 13. bis zum 16. Oktober 1972 führte die Bürgerinitiative eine Bürgerbefragung durch, um zu erfahren, ob die Wattenscheider den Erhalt der Selbstständigkeit ihrer Stadt wollten. Das Ergebnis überraschte selbst die Initiatoren: 93,8 Prozent der Wahlberechtigten beteiligten sich an der Befragung und sie stimmten mit 96,4 Prozent für den Erhalt der Selbstständigkeit ihrer Stadt. Das Innenministerium gab jedoch unmissverständlich zu verstehen, dass es ein solches – nicht repräsentatives – Ergebnis keineswegs akzeptierte.

Da diese Äußerung der Wattenscheider ungehört verhallte, musste die Bürgerinitiative zu anderen Mitteln greifen. Dies taten einige Mitglieder am 6. September 1973, dem Tag der ersten Lesung des Neugliederungsgesetzes, indem sie von der Zuschauertribüne des Landtags Flugblätter in den Plenarsaal warfen. Mit dem „Flugblatt-Regen" erreichte sie in der Tat bundesweites Aufsehen. Erstmals in der Geschichte des Landes Nordrhein-Westfalen störten Besucher des „Hohen Hauses" die Arbeit des Plenums durch Werfen von Flugblättern. Zwar gewannen die fünf Aktivisten der Bürgerinitiative selbständiges Wattenscheid die ungeteilte Aufmerksamkeit von Parlament und Regierung, doch die Reaktion der Politiker spiegelte die volle Bandbreite menschlicher Empfindungen.

Nur in der Gemeinschaft ist man stark, dies galt auch für die Wattenscheider Eingemeindungsgegner. Nach einigen Vorgesprächen kamen am 19. September 1973 die Vertreter aus zehn von Eingemeindung bedrohten Gemeinden in Wattenscheid zusammen und gründeten die „Aktion Bürgerwille", die die kommunale Neugliederung in NRW durch ein Volksbegehren zu Fall bringen wollte. Sehr schnell wuchs die Zahl der Städte und Landkreise, die in der Bürgerinitiative mitarbeiten wollten. Sie alle zahlten freiwillig einen jeweils autonom

88 | ORTSEINGANGSSCHILD WATTENSCHEID

Stadtarchiv Bochum – MUSA
H 65 cm, B 100 cm, T 0,3 cm; Stahlblech

festgelegten Beitrag, um die vielfältigen Aktionen finanzieren zu können.

Darin wiederum sah der Innenminister einen Hebel, die ständig wachsenden und mittlerweile nicht wenigen Regierungsmitgliedern Sorgen bereitenden Erfolge der Aktion Bürgerwille eindämmen zu können: Er kündigte an, die Kommunalaufsicht seines Hauses werde gewissenhaft prüfen, ob und inwieweit die Verwendung von Steuergeldern zur Unterstützung der Aktion Bürgerwille zulässig sei. Besonders ergiebig scheint die Prüfung nicht gewesen zu sein, denn außer dieser in großer Aufmachung publizierten Ankündigung geschah nichts.

Um das Volksbegehren auf den Weg zu bringen, überreichten Vertreter der Aktion Bürgerwille am 28. November 1973 im Innenministerium den Antrag auf Zulassung der Aktion, dem sowohl 12 000 Unterschriften als auch der in Art. 2 VerfNRW geforderte alternative Gesetzentwurf „Der Dritte Weg" beigefügt war. Zum Erstaunen der Aktivisten wies Innenminister Weyer den Antrag zurück, weil nach seiner Meinung die Bürger bei Leistung der Unterschrift nicht hinreichend über die Ziele der Aktion Bürgerwille informiert gewesen seien. Offensichtlich war dem Minister mit dieser „lachhaften" Argumentation daran gelegen, Zeit zu gewinnen und die Zulassung des Volksbegehrens hinauszuzögern.

Am 21. Dezember 1973 gab der Innenminister bekannt, er habe die Eintragungsfrist für das Volksbegehren für die Zeit vom 13. bis zum 27./28. Februar 1974 festgesetzt, tatsächlich und keineswegs zufällig in die Karnevalszeit. Die Initiatoren werteten dies als Affront und riefen am 24. Januar 1974 das Verwaltungsgericht Gelsenkirchen an. In ihrem – allerdings vergeblichen – Antrag auf Erlass einer einstweiligen Anordnung gegen den Innenminister verfolgten sie das Ziel, erstens den in die Karnevalszeit fallenden Termin zu verlängern, zweitens die Städte und Kreise zu verpflichten, „Wahlbenachrichtigungen" zu verschicken.

Dass das Volksbegehren nicht auf ungeteilte Zustimmung im Lande stoßen würde, dessen waren sich die Initiatoren bewusst, dafür lagen die Interessen der verschiedenen Gemeinden und Kreise zu weit auseinander. Der Städtetag des Landes Nordrhein-Westfalen, dessen Präsident der einflussreiche und von „imperialen Interessen" getriebene Oberbürgermeister von Bottrop, Ernst Wilczok (MdL), war, griff diesen Dissens auf. Er gab den Mitgliedern des Städtetages eine rechtliche Empfehlung zum Auslegungsmodus für die Listen zum Volksbegehren mit einer massiven Beeinträchtigung dieses politischen Instruments. Es sei rechtlich unbedenklich, in den großen Städten die Listen zentral an einer Stelle auszulegen, wenn unter Berücksichtigung der zu erwartenden Beteiligung die Stimmabgabe der zur Eintragung Berechtigten reibungslos erfolgen könne, argumentierte der Interessenvertreter der Großstädte. Schließlich lägen die Listen 14 Tage aus und es handele sich nicht um eine Wahl. Dies war ein „Tiefschlag" für die Bürgerinitiative. Nach Verlegung der Eintragungsfrist in die Hauptkarnevalszeit nun der „Freibrief" für die Städte, auf eine derart subtile Art das Volksbegehren „abzuwürgen". Selbstverständlich war den Verantwortlichen dieser „Empfehlung" bewusst, dass die meisten Bürger weite Wege und darüber hinausgehende Unannehmlichkeiten kaum in Kauf nehmen würden, nur um ein Volksbegehren zu unterstützen, dessen

Ziele sie beziehungsweise ihre Stadt unmittelbar nicht betrafen, die sie leider oft genug nicht einmal genau kannten.

Die Stadt Bochum sattelte eine weitere, an die Wahlberechtigten der Stadt gerichtete, „Empfehlung" drauf. In einer großen Anzeige, die in allen damaligen örtlichen Zeitungen veröffentlicht wurde, baten der Oberbürgermeister und die Vorsitzenden der Ratsfraktionen sowie der Oberstadtdirektor die Bochumer Bürger, das Volksbegehren nicht zu unterstützen. Offenbar war das die Reaktion auf den Anfang Januar 1974 vergeblich unternommenen Versuch der Bochumer Stadt- und Verwaltungsspitze, mit Wattenscheid einen Gebietsänderungsvertrag abzuschließen.

Formaljuristisch war die „Empfehlung" des Städtetages Nordrhein-Westfalen unangreifbar, besagte doch Paragraf 12 Absatz 4 des Gesetzes über das Verfahren bei Volksinitiativen, Volksbegehren und Volksentscheid (nachfolgend kurz „Gesetz"), „die Eintragungslisten sind in Gemeinden bis 100 000 Einwohner mindestens an einer Stelle, in Gemeinden über 100 000 Einwohner mindestens an zwei Stellen für die Eintragung auszulegen". Tatsächlich war nicht einmal bestimmt, die „mindestens zwei" Eintragungsstellen örtlich voneinander getrennt einzurichten. Daher genügte dem Gesetz auch, wer – wie es in mehreren Fällen zu beobachten war – in einem einzigen Raum mehrere Tische platzierte, auf denen Eintragungslisten ausgelegt wurden. Mit dem „Geist der Verfassung" und gutem demokratischen Brauch hatte diese restriktive Handhabung indessen nichts gemein.

Die meisten Großstädte folgten der Empfehlung des NRW-Städtetages. Köln mit mehr als 835 000 Einwohnern (circa 620 000 Eintragungsberechtigten) plante im ersten Anlauf, an einem einzigen Ort 25 Eintragungslisten auszulegen. Gegen diese Manipulation protestierte die Aktion Bürgerwille beim Innenminister. Dort versprach man lediglich, die Einzelheiten der Durchführung des Volksbegehrens noch einmal zu besprechen. Eine ministerielle Weisung des Inhalts, für eine bestimmte Anzahl Wahlberechtigter eine Eintragungsstelle einzurichten, hat es aber niemals gegeben. Ähnlich wie Köln handelten dann die meisten Großstädte. Daneben griffen die Behörden zu offenen und subtilen Schikanen, um Eintragungswillige an der Ausübung ihres demokratischen Rechts zu hindern. Selbst vor Beleidigungen der Macher dieses Volksbegehrens schreckten Landtagsabgeordnete, Regierungsmitglieder oder hohe Funktionäre aller Parteien nicht zurück.

Da Gespräche mit dem Ziel, diese das Volksbegehren behindernde Praxis zu beenden, ausnahmslos ohne Erfolg blieben, leitete der Vorstand der Bürgerinitiative gerichtliche Schritte ein. Drei Wochen vor Beginn der Eintragungsfrist beantragte die Aktion Bürgerwille beim Verwaltungsgericht in Gelsenkirchen den Erlass einer einstweiligen Anordnung gegen den Innenminister des Landes Nordrhein-Westfalen. Das Gericht sollte die Ministerialverwaltung verpflichten, 1. die Gemeinden anzuweisen, die Eintragungsfristen zu verlängern sowie 2. die Auslegung der Eintragungslisten nach den Vorschriften des Landeswahlgesetzes vorzunehmen.

Mit dem ersten Teil des Antrags sollte die fatale Karnevalszeit umgangen werden. Der zweite Teil sollte die Gemeinden zwingen, deutlich mehr Eintragungsstellen als bislang vorgesehen einzurichten, um eine bürgernahe Stimmabgabe zu gewährleisten. Die Zahl der Eintragungsstellen in einer Gemeinde sollte auf der Grundlage der Bestimmungen des Landeswahlgesetzes ermittelt und unter Berücksichtigung der Besonderheiten von Volksbegehren festgelegt werden. Wenn nach Landeswahlgesetz die Größe eines Stimmbezirks nicht mehr als 2 500 Einwohner umfassen soll (Paragraf 15 Absatz 2 Landeswahlgesetz), konnte es unter Zugrundelegen demokratischer Gepflogenheiten nicht angehen, für circa 800 000 Einwohner maximal drei Eintragungsstellen einzurichten (wie im Falle der Stadt Köln).

Das Verwaltungsgericht Gelsenkirchen lehnte den Erlass einer einstweiligen Anordnung mit der Begründung ab, dieses Verfahren gehöre in den Zuständigkeitsbereich des Verfassungsgerichtshofs Nordrhein-Westfalen. Da Eile geboten war, reichte die Aktion Bürgerwille noch am 4. Februar 1974 Klage beim Verfassungsgerichtshof des Landes Nordrhein-Westfalen ein. Doch auch das höchste Gericht des Landes lehnte den Erlass einer einstweiligen Anordnung ab. Die Aktion Bürgerwille könne – so die Argumentation – sich an das Gericht erst nach Abschluss des Volksbegehrens wenden, sofern sich weniger als 20 Prozent der Stimmberechtigten eingetragen und die Landesregierung das Volksbegehren als gescheitert erklärt habe. Im jetzigen Stadium des Verfahrens in Bezug auf das Volksbegehren sei im Übrigen auch nicht das Verfassungsgericht, sondern vielmehr das Oberverwaltungsgericht zuständig.

In der Tat nahm sich das Oberverwaltungsgericht der Angelegenheit an und „verhandelte" am 20. Februar 1974. Die Kammer kam zu dem Schluss, dieses Gericht sei für die Entscheidung über eine einstweilige Anordnung auf Verlängerung der Eintragungsfrist, dezentrale Auslegung der Eintragungslisten und die damit erforderlich werdende Versendung von Eintragungsbenachrichtigungen für das Volksbegehren nicht zuständig.

Diese gerichtlichen Entscheidungen setzten konsequent die Kette der Behinderungen des Volksbegehrens fort. Die Verwaltungsgerichtsbarkeit erklärte sich für unzuständig und verwies die Aktion Bürgerwille an den Verfassungsgerichtshof. Der aber wollte erst nach amtlich festgestelltem Scheitern des Volksbegehrens in die Untersuchung der vielfach belegbaren Vorwürfe einsteigen.

Offensichtlich wollten die Oberen Gerichte dieses Problem in bewährter Manier aussitzen. Mit diesem „Hin- und Herschieben" hatte die Justiz die Handhabung der Eintragungsmodalitäten dem Wohlwollen, das vielerorts aus guten Gründen nicht vorhanden war, ausgeliefert. Wie äußerte sich brieflich ein Kollege des Wattenscheider Kreisheimatpflegers F.-W. Bröker: „Hätten wir einen Landtag, der die Bürger (Wähler) vertritt, käme es nicht zu solchen vorsätzlichen Vergewaltigungen des Bürgerwillens."

Die skizzierte Argumentation der beiden Oberen Gerichte kann in der Rückschau nur als zynisch bezeichnet werden.

Den Vorwurf gegenüber sowohl dem Ministerium als auch den vielen, vor allem großen Kommunen, sie hätten bewusst massiv gegen das von der Aktion Bürgerwille initiierte

Volksbegehren Front gemacht und es wann immer möglich behindert, erhoben keineswegs nur Vorstandsmitglieder der Bürgerinitiative oder andere an dieser politischen Auseinandersetzung zwischen Landesregierung und Landtag auf der einen und Bürgerinitiative auf der anderen Seite Beteiligte. Um dies zu unterstreichen, soll der zwangsläufig subjektiven Betrachtung eine eindeutig objektive Stimme gegenübergestellt werden. „Minister Weyer hat zwar angeordnet", schreibt der Weser-Kurier, Bremen,

> „die Städte und Gemeinden hätten dieses erste Volksbegehren im Lande verfassungsgetreu zu ermöglichen, aber der Minister kämpft mit allen Mitteln gegen die um sich greifende Bürgerinitiative. Die Großstädte als einzige Gewinner der Reformpläne des Ministers und des Landtags stehen ihm zur Seite, wenn es gilt, Knüppel in das Räderwerk des Volksbegehrens zu schleudern" (Weser-Kurier, 13.2.1974).

Dieser vom Verfasser der vorliegenden Schrift geteilten Auffassung ist nichts hinzuzufügen, sie spricht für sich.

Dass das Volksbegehren das Gesetz zur Neugliederung des Landes nicht zu Fall bringen würde, war für die rund 1 200 (!) ehrenamtlichen Mitarbeiter der Aktion Bürgerwille, die sich aus 110 der Initiative angeschlossenen Gemeinden und Landkreisen rekrutierten, frühzeitig zu erkennen. Dennoch: Das kraftzehrende persönliche Engagement über mehrere Monate sowie der gewaltige materielle Aufwand waren keineswegs vergebens. Verteilt wurden im Verlaufe der Vorbereitung des Volksbegehrens und während der vierzehntägigen Einschreibungsfrist 2 400 Plakate, 900 000 Flugblätter, 100 000 Fähnchen, Luftballons und Anstecknadeln; die Letztgenannten waren „der Renner" in der Werbung. Gekostet hat dieser „Wahlkampf" circa 450 000 Mark (circa 230 000 Euro).

Allerdings: Die Hürde, die die Verfassung des Landes Nordrhein-Westfalen vor den Erfolg eines Volksbegehrens stellt, konnten die Streiter der Aktion Bürgerwille vor allem wegen der undemokratischen, teilweise auch rechtlich zumindest zweifelhaften Verhaltensweisen von Landes- und Kommunalpolitik nicht überwinden. 20 Prozent der Wahlberechtigten im Lande hätten ihre Unterschrift leisten müssen, circa 720 000 trugen sich in die Eintragungslisten ein. Ein enttäuschendes Ergebnis? Von Enttäuschung konnte tatsächlich nicht die Rede sein. Die Bürger in den unmittelbar betroffenen Gemeinden und Kreisen hatten hervorragend mitgezogen, dort erreichte die Zahl der Eintragungen in der Regel weit mehr als 50 Prozent. Dass die Zahl der Eintragungen in den großen Städten, die von Eingemeindungen profitieren sollten, extrem niedrig sein würde, befürchteten die Verantwortlichen in der Aktion Bürgerwille spätestens, als ihnen die dort praktizierten massiven Behinderungen eintragungswilliger Bürger bekannt wurden.

Und in Wattenscheid?! 43 395 Bürgerinnen und Bürger hatten sich in die Eintragungslisten eingetragen. Das waren stolze 71,4 Prozent der Wahlberechtigten, ein hervorragendes Ergebnis.

Und es wären noch mehr gewesen, wenn (das muss man nicht unbedingt ernst nehmen) 20 Bürger aus Bochum-Dahlhausen nicht versucht hätten, sich in Wattenscheid-Munscheid einzutragen. Sie mussten kurz vor Ende der Eintragungsfrist zurück und an die für sie zuständige Eintragungsstelle verwiesen werden. Ob sie sich dort eingetragen haben, ist nicht bekannt. Und wenn die „Briefwahl" zulässig gewesen wäre. Dann wären zwei amtlich beglaubigte „Ja-Stimmen" mitgezählt worden. Leider untersagte das Gesetz deren Anerkennung. Nach dem Scheitern des Volksbegehrens war der Weg frei für das Ruhrgebiets-Neugliederungsgesetz (verabschiedet am 8. Mai 1974), und das bedeutete: Wattenscheid wurde ein Stadtteil von Bochum.

Als letzte Hoffnung blieb die Klage vor dem Verfassungsgerichtshof des Landes Nordrhein-Westfalen. Der Vertreter der ehemaligen Stadt Wattenscheid verlangte in seinem Antrag, die Eingemeindung nach Bochum aufzuheben und die Selbstständigkeit der Stadt Wattenscheid wiederherzustellen. Zur Begründung dieses Klageantrags führte er unter anderem an: 1. Die Vorhersage der Landesregierung, der Ausbau mittelzentraler Einrichtungen in Wattenscheid würde durch die Eingemeindung nicht beeinträchtigt, werde durch die Realität widerlegt. 2. Der in der Begründung zur Eingemeindung genannte Nachholbedarf Bochums bei seiner Entwicklung zum Oberzentrum erschöpfe sich in dem Bau eines neuen Bildungs- und Verwaltungszentrums. Insgesamt kam der Prozessbevollmächtigte zu dem Schluss, Wattenscheid werde in der „neuen Stadt Bochum" erheblich benachteiligt und müsse seine Selbstständigkeit zurückerhalten.

Auf Freitag, den 13. Februar 1976, war die Urteilsverkündung terminiert. Hatte das Gericht hinter der Wahl dieses Datums bereits das Ergebnis des Verfahrens verborgen oder war es tatsächlich purer Zufall?! Wie dem auch gewesen sein mochte, jedenfalls machten sich mehrere Hundert Wattenscheider mit dem Gefühl von Hoffnung, aber auch mit Bangen auf den Weg nach Münster. Sie wollten die Entscheidung über die Klage ihrer Stadt gegen die Eingemeindung vor Ort unmittelbar erleben. Der Optimismus, der nach den erfolgreichen Verfahren in Sachen Bottrop und Gladbeck in der Hellwegstadt um sich gegriffen hatte, erhielt sehr schnell einen Dämpfer; und am Ende des Tages mussten die Wattenscheider ihre letzte, aus rechtlicher Sicht von vornherein nur vage Hoffnung hinsichtlich Wiedererlangung der Selbstständigkeit ihrer Stadt zu Grabe tragen: Der Verfassungsgerichtshof des Landes Nordrhein-Westfalen wies die Verfassungsbeschwerde der (ehemaligen) Stadt Wattenscheid gegen den Zusammenschluss mit Bochum zurück.

In der Begründung führte Dr. Bischoff, Präsident des Verfassungsgerichtshofs, unter anderem aus, der Gesetzgeber habe entsprechend den Vorschriften der Gemeindeordnung den Willen der Bevölkerung berücksichtigt, Fehler bezüglich Beachtung der vom Gesetzgeber sich selbst gegebenen Verfahrensvorschriften bei Neuordnung von Gemeinden und Kreisen seien nicht festzustellen und die Stadt Wattenscheid sei rechtzeitig gehört worden. In den weiteren Urteilsgründen führte das Gericht aus, angesichts der Neuordnungsziele im Allgemeinen und der Ziele des Zusammenschlusses von Bochum mit Wattenscheid im Besonderen hielten sich die Folgen für Wattenscheid im Rahmen des öffentlichen Wohls.

Diese Argumentation war den Wattenscheidern zu viel: In dem mit Zuhörern aus der

Hellwegstadt total überfüllten Saal brach sich lange aufgestaute Wut Bahn. Zwischenrufe, Lärm und selbst Drohungen stießen die sowohl politisch als nun auch juristisch um die Selbstständigkeit ihrer Stadt betrogenen Bürger gegen das Gericht aus. Der Präsident des Verfassungsgerichtshofs, bisher wohl nur die sterile Atmosphäre einer Senatsverhandlung gewohnt und diesem Ausbruch von Leidenschaften nicht im Geringsten gewachsen, verlor daraufhin offensichtlich die Nerven und forderte Polizeischutz an. Plötzlich sahen sich die teils aufgebrachten, teils traurigen, teils frustrierten, teils resignierenden Wattenscheider martialisch auftretenden Polizeibeamten gegenüber. Nach deren Erscheinen fasste „Justitia" wieder Mut und drohte mit dem Räumen des Saales, sollten die Zuhörer weiterhin stören.

Zum Schluss blieben Tränen, viele aus Enttäuschung, viele aus Trauer geweint, vor allem aber Empörung. Die Gefühle aller brachte Ernst Wilke zum Ausdruck, als er vollkommen aufgebracht dem ehemaligen Oberbürgermeister noch im Gerichtssaal zurief: „Das verdanken wir eurer Sch …-SPD!": Einerseits verständlich, stellte doch die Sozialdemokratische Partei zu jener Zeit die stärkste Landtagsfraktion, andererseits auch wieder unverständlich, denn Herbert Schwirtz (letzter Oberbürgermeister Wattenscheids) zählte zu den engagierten Kämpfern für den Erhalt der Selbstständigkeit seines Wattenscheid.

Übrigens: Das Ziel der Neuordnung, Bochum zum Oberzentrum auszubauen, hatte der Gesetzgeber entgegen aller Beteuerungen verfehlt. Dies belegt das vom Innenminister in Auftrag gegebene Gutachten vom 9. November 1987 (Gutachter Prof. Dr. Landwehrmann und Prof. Dr. Rottmann): Sollte „Bochum im Ruhrgebiet ein voll ausgebautes Oberzentrum werden und auf Dauer Bestand haben, so ist das wohl kaum ohne Gebietserweiterung möglich, da im eigenen Gebiet die Bevölkerung nicht ausreicht und noch abnimmt."

JOST BENFER

89 MODELL RUHRSTADION

Das Stadion für den Kofferraum

Im Sommer 1979 schien der VfL Bochum auf dem Sprung in eine glorreiche Zukunft: „Mit seinem neuen Stadion", stellte Trainerlegende Max Merkel in der Bild-Zeitung fest, „braucht Bochum nicht mehr zurückzustehen hinter Dortmund, Schalke und Duisburg. Für mich ist der VfL jetzt der Favorit" (zit. n. Wahlig, 2011, S. 90).

Auch die Stadt Bochum feierte ihr neues „Schmuckkästchen" an der Castroper Straße in den höchsten Tönen: „Von keinem der 49 522 Plätze sind sie mehr als 30 Meter vom Geschehen entfernt – und das Wetter können sie dank der kompletten Überdachung auch vergessen" (zit. n. www.vfl-bochum.de […]/stadiongeschichte). Zur feierlichen Eröffnung des Ruhrstadions am 29. Juli 1979 spendierte sie den vielen zehntausend Zuschauern, die das gesamte Wochenende kostenfrei über das Stadiongelände strömten, unter anderem ein Fernsehballett, einen Messerwerfer und den legendären Chorleiter Gotthilf Fischer, der mit den Besuchern das „Bochumer Jungenlied" anstimmte. Ganz Deutschland sollte sehen, dass Bochum nach der Ruhr-Universität oder dem Opel-Werk ein weiteres Wahrzeichen hinzugewonnen hatte, das für eine moderne Stadt jenseits von Kohle und Stahl stand. An diesem kollektiven Tag der Freude rückte erstmals in den Hintergrund, welche enormen und sich über viele Jahre hinziehenden Kraftanstrengungen bis zum Bau dieser Arena nötig gewesen waren.

Die Geschichte des Fußballs an der Castroper Straße reicht über 100 Jahre zurück, der Standort ist eine der traditionsreichsten Adressen im deutschen Fußball. Bereits seit Oktober 1911 tragen die Vorgängervereine des VfL hier ihre Heimspiele aus. Erstmals in den nationalen Blickpunkt rückte der Standort im Juli 1922, als die deutsche Nationalmannschaft hier ein Länderspiel austrug. Gegen Ungarn hieß es nach 90 Minuten 0:0-Unentschieden. Bochums Fußballer kickten in dieser Zeit jedoch zumeist niederklassig. Für volle Ränge sorgten da eher die Leichtathleten des TuS Bochum, zu deren legendären „Internationalen Kampfspielen" sich in den 1920er und 1930er Jahren Weltstars wie Paavo Nurmi oder Jesse Owens an der Castroper Straße die Ehre gaben.

Nach dem Ende des Zweiten Weltkriegs ging das bis dahin vom Verein geführte Stadion in städtischen Besitz über – und wurde das letzte Mal für lange Zeit generalüberholt. Als dann ein runderneuerter VfL Bochum Ende der 1960er Jahre erstmals bundesweit für Furore sorgte, wurde die Baufälligkeit der alten Arena immer deutlicher. Zum legendären 2:1-Pokalsieg gegen den FC Bayern im Mai 1968 quetschten sich mehr als 40 000 Zuschauer in das völlig überfüllte Stadion und standen quer über die Laufbahnen bis kurz vor den Seitenlinien. Bei seinen Abschlägen musste VfL-Torhüter Horst Christopeit die Zuschauer um Platz für seinen Anlauf bitten.

Nach dem Aufstieg in die Erste Bundesliga im Sommer 1971 wurde die Stadion-Frage für den VfL Bochum endgültig zum vordringlichsten Problem. Während in diesen Monaten in

89 | MODELL RUHRSTADION

Stadtarchiv Bochum – MUSA

L 130,5 cm, B 84, 3 cm, H 33,5 cm; Holz, Kunststoff

Düsseldorf, Dortmund und Gelsenkirchen topmoderne Arenen für die Fußball-Weltmeisterschaft 1974 entstanden, musste der VfL weiterhin in einem Stadion kicken, das seit 20 Jahren praktisch keine Modernisierung mehr erhalten hatte. Von der Stadt Bochum als Eigentümerin waren dabei dennoch zunächst keine großen Sprünge zu erwarten. So erfüllte die Stadt selbst eine grundlegende Bedingung des DFB, ohne die der VfL keine Bundesligalizenz mehr erhalten hätte, erst wenige Wochen vor dem Ablauf der letzten Frist: Im Herbst 1972 erhielt das Stadion seine berühmten Flutlicht-Masten, die über Nacht zum wohl bekanntesten Wahrzeichen der Castroper Straße avancierten. Ihre Premiere feierten die 50 Meter hohen und 1,3 Millionen Mark teuren Masten am 7. Oktober 1972 gegen Borussia Mönchengladbach.

Ein Kernproblem der Anlage blieb aber weiterhin das mangelnde Sitzplatzangebot: Nur gut 2 000 Besucher konnten auf der winzigen Tribüne Platz nehmen, während der große Rest die Spiele stehend im Freien verbringen musste. Dies bescherte dem VfL bei jedem Heimspiel gewaltige Mindereinnahmen: Während die Bundesliga-Nachbarn in ihren Arenen bereits im Schnitt über 10 Mark pro Eintrittskarte einlösten, kam der VfL mit seinen vielen Stehplätzen lediglich auf einen durchschnittlichen Verkaufspreis von 5,03 Mark pro Ticket. Das war absoluter Minuswert der Bundesliga.

Nur zwei Jahre nach dem Bundesliga-Aufstieg geriet der VfL daher erstmals in eine bedrohliche finanzielle Schieflage. Die Saison 1972/73 wurde mit einem satten Minus von 200 000 D-Mark abgeschlossen – weitere Defizite drohten. In dieser Lage sah sich VfL-Präsident Ottokar Wüst, der in den folgenden Jahren zum unermüdlichen Antreiber der Neubau-Pläne avancierte, zu einem ersten flammenden Appell an die Bochumer Politik genötigt: Eindringlich mahnte er die Ratsfraktionen, die Zukunft „der wohl hoffnungsvollsten Elf der Bundesliga" (zit. n. Wahlig, 2011, S. 76) aufs Spiel zu setzen, wenn sie sich nicht bald zu einer Entscheidung in der Stadionfrage durchringen könnten.

Hinter verschlossenen Türen präsentierte Wüst den überraschten Parlamentariern zugleich eine mögliche Lösung: Gemeinsam mit seinem Freund, dem Bochumer Architekten Karl „Charly" Oettinghaus, hatte der Präsident über Monate hinweg im Hinterzimmer seines Herrenbekleidungsgeschäftes an Bauplänen für einen Neubau gearbeitet. Dieses Stadionmodell, das dem späteren Ruhrstadion bereits zum Verwechseln ähnlich sah, sollte öffentlichen Druck machen und die Politik in die Pflicht nehmen, ihre Entscheidung nicht noch weiter hinauszuzögern.

Besonders in der SPD, die damals in Bochum mit absoluter Mehrheit regierte, regten sich aber weiterhin erhebliche Widerstände gegen eine solche Lösung. Viele Mitglieder wollten nicht einsehen, dass die Verwaltung aus der bereits damals klammen Stadtkasse ausgerechnet einem Profiverein zu Hilfe kommen sollte: „Der VfL soll erst einmal seinen Hans Walitza verkaufen, dann sehen wir weiter" (zit. n. ebd., S. 77), erregte sich ein Leserbriefschreiber in der Westdeutschen Allgemeinen Zeitung und sprach damit wohl vielen Neubau-Kritikern aus der Seele.

89 | MODELL RUHRSTADION

Als der VfL wenige Monate später tatsächlich seinen bisherigen Stürmerstar in einem Notverkauf nach Nürnberg transferieren musste, erhielt Wüst einen neuen und ganz wichtigen Mitstreiter in der Stadtspitze: SPD-Fraktionsvorsitzender Heinz Eikelbeck, der wenig später zum Oberbürgermeister Bochums gewählt wurde, brach im Sommer 1974 die bisherigen Widerstände in der Bochumer Lokalpolitik auf. Sein Vorschlag war, neben einem Fußballstadion an der Castroper Straße auch großzügige Anlagen für den Breitensport zu bauen. Fortan sollten die Bochumer an der Castroper Straße auch Feldhandball oder Hockey spielen, Eis- oder Rollschuhlaufen können. Dieses Konzept eines Sportparks überzeugte auch bisherige Gegner einer reinen Fußballarena. Das neue Fußballstadion war dabei zunächst als Neubau am Quellenweg – ungefähr in Höhe der heutigen Trainingsplätze des VfL – vorgesehen, während das bisherige Stadion für Leichtathletik-Zwecke genutzt werden sollte. Diese Variante wurde später aus Kostengründen, ebenso wie die geplante Eishalle, wieder aufgegeben.

Am 18. Juli 1974 stimmte der Bochumer Stadtrat ohne eine einzige Gegenstimme für dieses Konzept. Entscheidende Hürde blieb jedoch, dass das mit 40 Millionen Mark veranschlagte Bauvorhaben nur mit Hilfe weiterer Fördermittel von Land oder Bund umzusetzen war. Wann Bochum eine solche Geldspritze erhalten würde, stand auch nach dem Ratsbeschluss noch völlig in den Sternen.

Heinz Eikelbeck legte sich in den folgenden Monaten weiterhin mächtig ins Zeug, um entsprechende Gelder aufzutreiben. So ließ sich der eingefleischte Fußballfan eigens das hier vorgestellte Stadionmodell anfertigen, das genau in den Kofferraum seines Kombi-Pkws passte. Damit reiste er viele Male nach Düsseldorf und Bonn, um potenzielle Geldgeber von seinen Plänen zu überzeugen.

Nach einigen Monaten des Hoffens und Bangens war es im Oktober 1975 schließlich geschafft: Bochum schaltete am schnellsten, als die Landesregierung ein neues Konjunkturprogramm für den Städtebau auflegte. Trotz einer parallelen Bewerbung der Stadt Mönchengladbach, die ihrer Borussia einen neuen Bökelberg bauen wollte, siegte Bochum in diesem Standortrennen, weil hier dank der Vorarbeiten von Charly Oettinghaus und Ottokar Wüst bereits fertig ausgearbeitete Baupläne vorlagen. Insgesamt 2,8 Millionen Mark sagte das Land im ersten Bauabschnitt zu. Weitere Gelder wurden in Aussicht gestellt, waren zu diesem Zeitpunkt aber noch nicht fest zugesagt.

Trotz dieses verbleibenden Wermutstropfens war die Freude riesig, als die Düsseldorfer Entscheidung in Bochum bekannt wurde. VfL-Fans feierten den kommenden Neubau wie den vorgezogenen Klassenerhalt. Auch die Bild-Zeitung jubelte in großen Lettern: „Das ist die Rettung für den VfL!" (zit. n. ebd., S 78). Nach jahrelangen Diskussionen war damit erstmals sichergestellt, dass schon im Laufe der kommenden Wochen Bagger zur Castroper Straße rollten, um mit den Bauarbeiten zu beginnen.

Genau hierin verbarg sich jedoch auch ein Problem, das Ottokar Wüst bei aller Freude einiges Kopfzerbrechen bereitete: Innerhalb weniger Wochen musste er ein Ausweichquartier organisieren, das dem VfL in der entscheidenden Phase der Saison 1975/76 als Ausweich-Heimspielort dienen konnte. Für den Neubau der Südtribüne war eine Verschiebung des Spielfeldes um 17 Meter nötig – auf dieser Baustelle ließen sich unmöglich Fußballspiele austragen.

Wüst flatterten Angebote aus Wattenscheid und Gelsenkirchen auf den Tisch, das Rennen machte jedoch das Stadion Schloss Strünkede. Nur elf Kilometer nördlich der Castroper Straße brachte das Heimstadion von Westfalia Herne ideale Voraussetzungen für den VfL mit. In einem furiosen Endspurt gewann der VfL hier fünf seiner sechs „Heimspiele" und feierte am letzten Spieltag mit einem 4:2-Sieg gegen den Karlsruher SC den Klassenerhalt. Den VfL-Verantwortlichen fiel nach diesem Kraftakt gleich ein doppelter Stein vom Herzen: Mit dem Klassenerhalt flatterte dem VfL ein neuer Bescheid aus Düsseldorf ins Haus, der nun auch die zügige Realisierung der weiteren Bauabschnitte garantierte.

Von nun an ging an der Castroper Straße alles ganz schnell: Innerhalb der folgenden sechs Monate wurde zunächst die Eröffnung der neuen Südtribüne und dann auch der neuen Osttribüne gefeiert, auf der insgesamt 19 000 VfL-Fans erstmals eine feste Heimat fanden. Unglaublich, aber wahr: Bis dahin war der Bochumer Fanblock stets in der Halbzeit quer durch das Stadion gezogen und ihrem Torhüter hinter sein neues Gehäuse gefolgt.

Ein Jahr später stieg die Zuschauerkapazität dann noch einmal kräftig in die Höhe, als auch die gegenüberliegende Westtribüne mit weiteren 19 000 Stehplätzen ihrer Bestimmung übergeben wurde. Zum Heimspiel gegen den FC Schalke am 16. September 1978 strömten erstmals 45 000 Zuschauer ins bereits fast fertig gestellte Ruhrstadion. Dies ist eine Rekordmarke, die bis heute nur einmal – beim Länderspiel der deutschen Nationalmannschaft 1981 gegen Finnland (46 000 Zuschauer) – übertroffen wurde.

Einzig die alte Haupttribüne – einst der ganze Stolz des alten Stadions an der Castroper Straße – erhob sich noch wie ein Relikt vergangener Tage inmitten der großen Sichelbinder, die das Gesicht des neuen Stadions prägen. Im Sommer 1978, genau 25 Jahre nach ihrem Bau, strömten das letzte Mal Besucher auf den „Starenkasten", wie VfL-Trainer Hermann Eppenhoff die Tribüne einst genannt hatte.

Mit ihrem Abriss begann die letzte Etappe des Bochumer Stadionbaus, die für den VfL noch einmal mit besonderen Einschränkungen verbunden war. Da nun die Kabinen und Funktionsräume des alten Stadions wegfielen, mussten Spieler und Schiedsrichter zum Umziehen in den benachbarten städtischen Betriebshof ausweichen. Die Pressekonferenzen wurden in die Klubräume der VfL-Tennisabteilung verlegt und die Geschäftsstelle des VfL kam in einem benachbarten Bürogebäude unter. Ursprünglich nur für wenige Monate geplant, zögerte sich dieses Provisorium schließlich über ein ganzes Jahr hinaus, weil der Bau der Nordtribüne aufgrund lang anhaltender Schlechtwetter-Perioden immer wieder ins Stocken geriet.

So konnte erst mit einiger Verspätung am 21. Juli 1979 die endgültige Fertigstellung des neuen Stadions gefeiert werden. Einem Premierengast war dabei nicht nur Freude, sondern vor allem tiefe Genugtuung anzumerken. VfL-Präsident Ottokar Wüst hatte wie kein anderer über viele Jahre hinweg gegen massive Widerstände hinweg auf diesen Tag hingearbeitet – und hatte dabei selbst zwischenzeitlich Zweifel bekommen, ob seine Mission tatsächlich von Erfolg gekrönt sein könnte:

> „Ehrlich gesagt hielt ich es manchmal selbst kaum für möglich, dass wir in der Bundesliga überleben könnten, bis dieses Stadion fertig ist. Dies trotz aller Einschränkungen der letzten Jahre geschafft zu haben, ist wohl der größte Verdienst unserer tapferen Mannschaft" (zit. n. ebd., S. 83).

Knapp 40 Jahre nach seiner Fertigstellung hat die Zeit heute deutliche Spuren an der Fassade des Ruhrstadions hinterlassen. Und dennoch strahlt die Arena – trotz verschiedener Umbauten in den vergangenen Jahren – immer noch eine zeitlose Modernität aus. Ein solch funktionales, schnörkelloses und in positiver Hinsicht schlichtes Stadion, das überdies weiterhin mitten in der Stadt eingekeilt zwischen den Häusern der Castroper Straße liegt, ist im heutigen Profifußball in Deutschland nahezu einzigartig geworden. Bochum ist mittlerweile zum Liebling der Fußballromantiker geworden. Dies bewiesen zuletzt Experten der Wochenzeitung „Die ZEIT", die das Ruhrstadion in einem redaktionsinternen Jury-Voting vor einigen Jahren allen Ernstes zur zweitschönsten Arena der Welt hinter dem Giants Stadium in New Jersey kürten.

Die leidgeprüften Anhänger des VfL Bochum haben über die Jahre gelernt, sich abseits aller aktuellen sportlichen (Miss-)Erfolge ihres Vereins auch und gerade über solche immateriellen Auszeichnungen zu freuen. Da fällt es schließlich weniger ins Gewicht, dass Max Merkel mit seinen damaligen Vorhersagen zur sportlichen Entwicklung des VfL – zumindest bezogen auf die letzten Jahre – leider nicht ganz ins Schwarze traf.

Aber wer weiß schon zu guter Letzt, welche Überraschungen das zeitlos schöne „Schmuckkästchen" an der Castroper Straße dem VfL und der Stadt Bochum in den kommenden Jahrzehnten noch alles bringen wird …?!

HENRY WAHLIG

90 BOCHUMER FRAUENFAHNE

Frauenfahne und autonome Frauenbewegung in Bochum

Die Bochumer Frauenfahne wehte zum ersten Mal im Jahr 1975. Im Frühjahr dieses Jahres gründeten junge Bochumerinnen der „Frauengruppe Bochum" in der Schmidtstraße den „Frauenladen", das erste selbstverwaltete Zentrum für Frauen in Bochum. Einige der Gründerinnen gingen noch zur Schule, viele studierten an der Ruhr-Universität, die gerade zehn Jahre existierte. Andere gingen wieder zur Schule – als junge Lehrerin oder aber als Schülerin auf dem sogenannten zweiten Bildungsweg. Sie verstanden sich als Teil der autonomen Frauenbewegung und was sie einte, war die Unzufriedenheit mit der Rolle, die ihnen als Frau in dieser Gesellschaft zugeschrieben wurde. Sie wollten frei sein von allen Zwängen, die ihnen von der Gesellschaft, von Männern und von Institutionen auferlegt wurden. Diese Freiheit würde ihnen niemand schenken und so gingen sie auf die Straßen und brachten dort ihre Forderungen lautstark vor, in Bochum ebenso wie in zahlreichen anderen Städten Westdeutschlands und Westberlins. Wie vor und nach ihnen Frauen auf der ganzen Welt.

Entstehung und Bedeutung der Frauenfahne

Die Frauenfahne zeigt das Frauenzeichen, das von der Faust einer Frau gesprengt wird. Dieses gesprengte Frauenzeichen ist ein Symbol, das von der Neuen Frauenbewegung, die Ende der 1960er, Anfang der 1970er Jahre in vielen Ländern der Welt entstand, benutzt wurde. Die Grundlage dieses Symbols ist das einfache Frauenzeichen, der sogenannte Venusspiegel, der auf den Planeten Venus und auf ein frühes ägyptisches Zeichen für Leben und Sexualität zurückgeht. In der Medizin steht das Zeichen für Weiblichkeit und Frau. „Die neue Frauenbewegung nahm dieses Symbol und sprengte es. Sie zeigte damit, dass sie die über die Biologie zugeschriebenen Frauenrollen und Weiblichkeitsvorstellungen radikal ablehnte" (Hauser/Kronauer, 2013, S. 2).

Die Bochumer Frauenfahne wurde von einer Frau aus der Bochumer Frauengruppe genäht. Sie besteht aus einem rötlichen Taftstoff, in den mit schwarzem Taft das gesprengte Frauenzeichen und die Faust so eingenäht wurden, dass das Zeichen von beiden Seiten sichtbar ist. Die Finger der Faust sind mit roter Nähseide kenntlich gemacht, die in einem engen Zickzackstich eingearbeitet wurde. Der Stoff ist mit mehreren kleinen Nägeln an einer Bambusstange befestigt. Die Fahne weist einige Gebrauchsspuren auf, ist aber insgesamt nach über 40 Jahren noch recht gut erhalten. Sie ist ein Unikat, und es ist nicht davon auszugehen, dass viele vergleichbare Objekte dieser Art auf der Welt existieren. Üblicherweise lagert die Fahne im Frauenarchiv ausZeiten e.V.

Der Einsatz der Frauenfahne bei Aktivitäten der Bochumer Frauengruppe

Mehrere Jahre lang wurde die Frauenfahne zu verschiedenen Aktionen und Demonstrationen in Bochum und in anderen Städten mitgenommen. Sie fand ihren Einsatz sowohl bei

90 | BOCHUMER FRAUENFAHNE

Frauenarchiv ausZeiten e.V. Bochum

Fahnenstange L 190 cm, Dm ca. 3,5 cm, Fahne H 127 cm, B 83 cm; Bambus, Stoff, Metall

öffentlichen Protestaktionen, die ausschließlich von Frauen organisiert und durchgeführt wurden, als auch bei geschlechtergemischten Veranstaltungen, zum Beispiel auf 1. Mai-Demonstrationen, auf denen in der Regel ein „Frauenblock" gebildet wurde.

Nachgewiesen werden kann ihr Einsatz bei einer Aktion, die vom Frauenzentrum Frankfurt organisiert wurde. Es hatte im Juli 1975 bundesweit zu einer öffentlichen Busfahrt von Frauen nach Holland aufgerufen als Reaktion auf die Durchsuchung des Frauenzentrums durch die Polizei. Das Frauenzentrum hatte Abtreibungsadressen in Holland vermittelt, weil die Abtreibung in der Bundesrepublik Deutschland durch den Paragrafen 218 nach einem Urteil des Bundesverfassungsgerichts weiterhin verboten blieb. Eine zentrale Forderung der autonomen Frauenbewegung der 1970er Jahre war, dass Frauen über ihren Körper selbst bestimmen. Sie wollten selbst bestimmen, ob sie Kinder kriegen oder keine und deshalb war eine grundlegende Forderung der Frauenbewegung die ersatzlose Streichung des Paragrafen 218. Dahinter steckte die feministische Haltung: „Nicht wir sind kriminell, sondern der Paragraph 218 in ‚jeder' Fassung, die sie uns anbieten" (Frauenjahrbuch '76, 1976, S. 178).

In vielen Frauenzentren gab es Mitte der 1970er Jahre eine „Abtreibungsberatung", in der an ungewollt schwanger gewordene Frauen Adressen von Abtreibungskliniken in Holland vermittelt wurden, wo die Abtreibung bis zur zwölften Schwangerschaftswoche legal war. Damit setzten sich die Feministinnen über das Verbot hinweg und griffen zur Selbsthilfe. Sie sahen das „Recht", in diesem Fall den Abtreibungsparagrafen 218, als etwas an, das von Männern gemacht war, die sich nie in der Situation befinden würden, dass ihr Körper ein ungewolltes Kind austragen müsste. Es war patriarchales Recht, dem sie mit der Abtreibungsberatung eine feministische Rechtsauffassung entgegensetzten.

Auf die polizeiliche Durchsuchungsaktion wurde von den Frauen politisch reagiert, indem sie zu der öffentlichen gemeinsamen Busfahrt zur Abtreibung nach Holland aufriefen. Circa 300 Frauen fuhren in eigens gemieteten Bussen und privaten Pkws nach Holland, in ihrer Mitte zehn bis fünfzehn Frauen, die in einer holländischen Klinik abtreiben wollten. „Gemeinsam im Bus, mit der Angst ist Schluss" oder „Abtreibung gemeinsam ist besser als einsam", lauteten Slogans, die auf Bussen und Pkws gut sichtbar angebracht waren.

Auch Bochumer Frauen aus der Frauengruppe fuhren mit Autos, die mit Transparenten gegen die Kriminalisierung der Abtreibung gekennzeichnet waren, von Bochum aus zum gemeinsamen Treffpunkt, einer Raststätte an der Autobahn nach Holland, von wo aus dann alle die Fahrt zur holländischen Abtreibungsklinik fortsetzten. An dieser Autobahnraststätte entstanden Fotos, die heute für uns dokumentieren, dass die Bochumer Frauenfahne diese öffentliche Protestaktion begleitet hat.

Warum eine autonome Organisierung?

Die Protestaktionen, die Frauen der autonomen Frauenbewegung und der Lesbenbewegung in den 1970er Jahren durchführten, planten sie in der Regel als eigenständige Aktionen von Frauen mit Frauen. Die autonome Organisierung von Frauen war die Form des politischen Handelns, für die sich die Frauen damals ganz bewusst entschieden. Sie schlossen Männer aus, weil sie die neue Qualität schätzten, die entsteht, wenn (politisch bewusste) Frauen sich mit anderen Frauen zusammenschließen. Autonom bedeutete zudem, sich unabhängig von Parteien zu organisieren. Die Frauen dieser (historisch) zweiten Frauenbewegung entschieden sich für die Organisierung ausschließlich mit Frauen, weil sie sich als Frauen begriffen, die in dieser Gesellschaft gegenüber Männern und gegenüber den patriarchal und hierarchisch strukturierten Institutionen auf der anderen Seite der Macht standen, auf der Seite der Machtlosigkeit. Mit Machtlosigkeit wollten sich die Feministinnen natürlich nicht zufriedengeben, weshalb sie die unterschiedlichsten Strategien, Protestformen und Widerstandsformen entwickelten, um sich daraus zu befreien.

Heute können sich viele nicht mehr vorstellen, dass es einen breiten gemeinsamen Grundkonsens innerhalb der autonomen Frauen- und Lesbenbewegung gab, dass diese Befreiungsstrategien nur gemeinsam mit anderen Frauen eine Chance hatten. Dabei wurden – bei aller Verschiedenheit der Lage der Frauen – diejenigen Faktoren als gemeinsam angesehen, die das Resultat der gesellschaftlichen Machtverhältnisse zwischen Frauen und Männern waren und sind. Mit anderen Worten: Nicht die biologische Gemeinsamkeit des Geschlechts stellte die Verbindung zwischen den Frauen her, sondern die Privilegierung von Männern auf der einen und die Unterdrückung von Frauen auf der anderen Seite.

Als entscheidende ideologische Basis für die Frauenunterdrückung sahen die Feministinnen der 1970er Jahre die Reduktion der Frauen auf ihre Biologie und auf eine sogenannte Weiblichkeit, die aus der Biologie abgeleitet wurde. Dieser Auffassung traten sie vehement entgegen. Es war damals ein Fortschritt, dass Frauen ihre eigene Lage erkannten und dass sie sich als Opfer der patriarchalen Machtverhältnisse sahen. Sich als Opfer patriarchaler Machtverhältnisse zu analysieren, bedeutete dementsprechend einen Akt des Widerstands und es war ein Zeichen von Stärke, die geschlechtsspezifischen Machtverhältnisse als „Unterdrückung" zu bezeichnen und Frauen als „Opfer" zu benennen.

Es bestand weitgehende Einigkeit darüber, dass nicht die Biologie verändert werden sollte um patriarchale Herrschaftsverhältnisse zu verändern, sondern dass die Bedingungen verändert werden sollten, die für diese Herrschaftsverhältnisse als konstitutiv angesehen wurden. Dass Frauen „von Natur aus" kleiner oder schwächer als Männer seien, hinterfragten Feministinnen damals und es wurden die gesellschaftlichen Umstände und nicht „die Natur", also biologische Gegebenheiten, für die Größe und Stärke von Frauen als ursächlich angesehen. Ebenso hinterfragten sie, dass Frauen „von Natur aus" dazu bestimmt seien, Kinder zu kriegen. Kinder zu kriegen war eine von vielen Möglichkeiten für Frauen, ihr Leben zu gestalten. Es war allerdings auch klar, dass Männer und auch Frauen sich verändern mussten, um eine herrschaftsfreie Gesellschaftsform zu entwickeln. Männer müssten Privilegien abgeben, Frauen müssen kritisch hinterfragen, an welchen Punkten sie – auch – die eigene Unterdrückung mit aufrechterhalten.

Die Diskussionen darüber fanden in Bochum wie in zahlreichen anderen großen und kleinen

Städten oder auf dem Land in kleinen und großen Gruppen, wie zum Beispiel auf Kongressen, unter Tausenden von Frauen statt.

Die Faust bedeutet Wut und Mut
Die Frauenfahne symbolisiert, in welcher Weise die feministische Analyse alle Lebensbereiche von Frauen umfasste. Die traditionelle „Weiblichkeit", das Frauenzeichen, wird aktiv und entschlossen mit der Faust zerstört. Heute empfinden viele Frauen und Mädchen die Faust als aggressiv und zerstörerisch. Sie können sich kaum noch vorstellen, dass es vor 42 Jahren in der Bundesrepublik Deutschland gesetzlich erlaubt war, dass Ehemänner ihre Ehefrau vergewaltigen. Wurde eine Frau ungewollt schwanger, so gab es keine offizielle Beratungsstelle, bei der sie vorsprechen konnte oder gar eine Informationssuche übers World Wide Web. Es gab keine Frauenberatungsstelle, kein Frauenhaus und es gab noch lange keine Gleichstellungsstelle, wo sie mal kurz anrufen könnte. Wenn sie großes Glück hatte, erlangte sie die Adresse eines – meist männlichen – Arztes, bei dem sie privat eine Abtreibung vornehmen lassen konnte, die sie ebenso privat bezahlen musste. Eine Abtreibung kostete damals ungefähr so viel wie der BAföG-Satz für einen Monat, für eine Studentin also quasi ein Monatsgehalt. Und wenn sie abtrieb, beging sie eine Straftat.
All diese Einschränkungen erzeugten bei den Frauen Wut, die sie gegen die richteten, die sie dafür verantwortlich machten. Das war zum einen die patriarchal strukturierte Gesellschaft als Ganzes, die das Leben von Frauen reglementierte, die sie auf ihre „Frauenrolle" reduzierte, für die das Frauenzeichen das Symbol war. Verantwortlich waren auch Institutionen und verantwortlich war die „heterosexuelle Kleinfamilie", in der sich das Muster der Frauenunterdrückung auf der Mikroebene widerspiegelte und in der der einzelne Mann die Macht über eine einzelne Frau ausüben durfte, die die Gesellschaft ihm per Recht und Gesetz zugestand.

Die Wut der Frauen auf diese unzumutbaren Zuweisungen spricht durch die Faust im Frauenzeichen. Und diese Wut, die in der ersten Hälfte der 1970er Jahre besonders stark ausgeprägt war, erklärt, warum das Frauenzeichen gesprengt wurde. Viele Diskussionen wurden darum geführt, wie diese Wut angemessen ausgedrückt werden kann. Es war bisweilen nicht einfach, Protestformen zu finden, und die Frauen brauchten Mut, weil sie sehr schnell an die Grenzen der – frauenfeindlichen – Gesetze gelangten.

Frauen gegen Gewalt
Es ist nicht hundertprozentig gesichert, aber vermutlich wurde die Frauenfahne auch bei der ersten Walpurgisnachtdemonstration 1977 in Bochum mitgeführt. Unter dem Motto „Frauen, wir erobern uns die Nacht zurück" wurde damals in zahlreichen Städten in der Bundesrepublik Deutschland zu Demonstrationen gegen Gewalt gegen Frauen aufgerufen. Die autonome Frauenbewegung hatte „Gewalt gegen Frauen" zum ersten Mal öffentlich thematisiert. In Bochum hatte sich Mitte der 1970er Jahre die Gruppe „Frauen gegen Gewalt gegen Frauen" gegründet, „weniger aus der Situation der eigenen persönlichen Betroffenheit,

sondern mehr aus einer spontanen Solidarität mit Frauen, die vergewaltigt werden" (Gruppe „Frauen gegen Gewalt gegen Frauen", S. 4). Es war zum ersten Mal bekannt geworden, dass viele Frauen im Unibereich vergewaltigt worden waren. Die Frauengruppe überlegte daraufhin etwas dagegen zu tun und es wurde die besondere Lage in Bochum betrachtet.

Wir befinden uns Mitte der 1970er Jahre in einer Zeit, in der es weder Internet noch Handy, geschweige denn ein Smartphone oder Ähnliches gab. Die Straßenbahn zur Uni fuhr recht selten und war teuer. Auch ein Studierendenticket gab es nicht. Deshalb trampten viele Frauen (und Männer) vom sogenannten Tramperbahnhof aus, der sich am Anfang der Universitätsstraße kurz hinter der Hermannshöhe befand, zur Ruhr-Universität. Studentinnen und Studenten mit Auto hielten am Tramperbahnhof und nahmen die Wartenden mit zur Universität. Es gab Männer, die das ausnutzten, Studentinnen mitnahmen, an der Universität vorbei und in ein unbewohntes Gebiet fuhren und sie vergewaltigten.

Die Gruppe „Frauen gegen Gewalt gegen Frauen" entwickelte die Aktion „Frauen nehmen Frauen mit". Ziel war es, „Informationen über Vergewaltigungen und Belästigungen, denen Tramperinnen ständig ausgesetzt sind, öffentlich zu machen, und an diesem Problem kollektiven Widerstand und Ansätze von Selbsthilfe dagegen zu entwickeln" (ebd., S. 5). Dazu wurde ein Aufkleber hergestellt, auf dem in einem roten Frauenzeichen die ebenfalls rote Schrift „Frauen nehmen Frauen mit" zu lesen war. Diesen Aufkleber konnten Autobesitzerinnen an der Windschutzscheibe befestigen um anderen Frauen zu signalisieren, dass sie hier gefahrlos mitfahren können. Das Frauenzeichen ist hier nicht gesprengt. Es wird, wie es später häufig geschah, eher als Symbol und Erkennungszeichen eines neuen Frauenbewusstseins benutzt. Und es wird mit einem neuen Inhalt, hier der Schrift „Frauen nehmen Frauen mit", versehen. Die Aktion wurde in der ganzen Bundesrepublik bekannt gemacht und andere Frauengruppen konnten die Aufkleber im Bochumer Frauenzentrum bestellen.

Zurück zur Walpurgisnacht, bei der 1977 in Bochum das gesprengte Frauenzeichen noch Symbolkraft hatte. Die Bochumerinnen organisierten diese Demonstration als eine Widerstandsform gegen die Angst von Frauen, sich nachts im öffentlichen Raum zu bewegen. Es gab ein Plakat, das überregional für alle Städte, in denen die Nachtdemonstrationen stattfanden, entworfen und verschickt worden war. Diese Plakate wurden – wir befinden uns, wie gesagt, in internetfreien Zeiten – vor dem 30. April 1977 in der gesamten Stadt verklebt, was unbeobachtet nachts stattfinden musste, weil es dafür keine „Genehmigung" gab. Die Nachtdemonstration selbst war ordnungsgemäß beim Ordnungsamt angemeldet, so dass ein kleines Polizeiaufgebot die Demonstration in der Innenstadt und die anschließende Verbrennung von Büstenhaltern auf dem Husemannplatz begleitete. Die Demonstrationsteilnehmerinnen trugen Fackeln und Transparente und es wurden Flugblätter an Zuschauerinnen verteilt, auf denen die erste öffentliche Nachtdemonstration der Frauen erläutert wurde. Dazu gehörte Mut; die sexistischen Sprüche der zuschauenden Männer erzeugten wiederum Wut bei den Teilnehmerinnen, doch insgesamt verlief diese erste Walpurgisnachtdemonstration in Bochum relativ friedlich.

Es waren die Feministinnen der autonomen Frauen- und Lesbenbewegung, die damals als einzige dem vorherrschenden Mythos widersprachen, dass Männergewalt nur von psychisch kranken sogenannten Triebtätern ausgeübt würde. In den feministischen Analysen von Gewalt in den 1970er Jahren ist nachzulesen, was heute als allgemeingültiges Wissen benutzt wird: Dass die meisten Täter und Opfer sich kennen, dass Vergewaltigung keine „Triebbefriedigung" ist, sondern von einzelnen Männern oder Gruppen von Männern meist geplant wird, dass es Gewalt ist, wenn Ehefrauen sich von Ehemännern „bedrängt" fühlen, dass Vergewaltiger ganz „normale" Männer sind. In der Broschüre der Bochumer Gruppe „Frauen gegen Gewalt gegen Frauen" lässt sich das zu dieser Zeit neue Nachdenken über Männergewalt genau nachvollziehen.

Aufbruch der Frauen
Die Frauenfahne entstand in einer Zeit des Aufbruchs der Frauen. Die Schwere der Themen sollte nicht darüber hinwegtäuschen, dass die Fahne auch von einer Leichtigkeit zeugt. Es war diese Leichtigkeit, mit der Frauen einerseits ihre Lebensbedingungen in Frage stellten, mit der sie gleichzeitig aber auch alle Lebensbereiche neu durchdachten und neu belebten. Indem Frauen sich und andere Frauen in ihren Anliegen ernst nahmen, sich selbstbewusst aufeinander bezogen und sich auf ihrem Weg nicht beirren ließen, indem sie alle biologischen Ansätze für eine Lösung der „Frauenfrage" ablehnten, verließen sie die vorgestanzten Muster der Heteronormativität. Damit provozieren sie bis heute – die einen mehr, andere weniger.
Die Frauenfahne weht jetzt im Museum – was weht hier in welchem Wind in 40 Jahren?

Mit Dank an Barbara Jeßel für die Anregung.

RITA KRONAUER

91 STANDFOTOS AUS DEM AMATEURFILM ZUM „JAHRHUNDERTSPIEL" DES VFL BOCHUM

Stadtarchiv Bochum – Mediensammlung, Depositum Werner David

Originalformat des Films: Super-8 mm

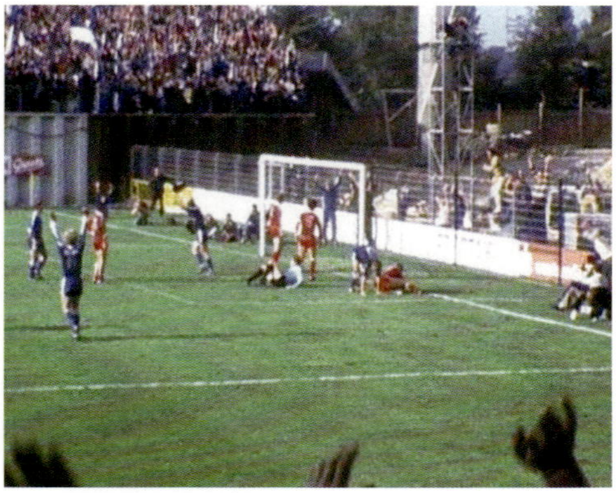

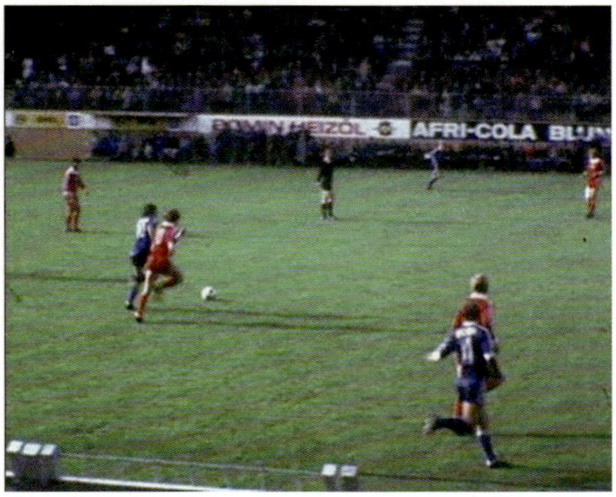

AFRI-COLA

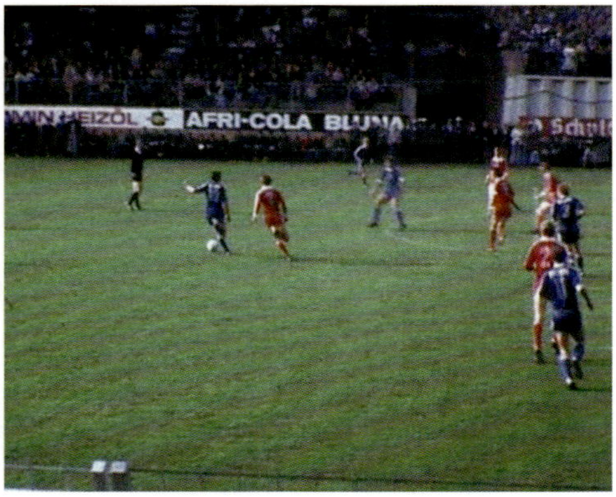

AFRI-COLA

Jahrhundertspiel mit Pustefix

Im März 2017 sitze ich zusammen mit einem ehemaligen Polizisten in einem dunklen Vorführraum, während draußen endlich mal die Sonne vom blauen Himmel lacht, und wir beide haben Tränen in den Augen. Wie konnte es so weit kommen? Dafür müssen wir ein wenig ausholen.

1971 stieg der VfL Bochum 1848 e.V. in die Bundesliga auf. Drei Jahre zuvor hatte er bereits auf sich aufmerksam gemacht, als er im DFB-Pokal insgesamt vier Erstligisten ausschaltete: Neben Karlsruhe, Stuttgart und Mönchengladbach auch den FC Bayern, und zwar in einem legendären Halbfinale, bei dem das Stadion an der Castroper Straße förmlich aus den Nähten platzte. Die Fans standen, lagen und saßen bis direkt an der Torauslinie, heute undenkbar. Nur wenig mehr als eine Armlänge vom Kreidestrich entfernt hockte auch Ralf Wolf. Der VfL gewann das Spiel sensationell mit 2:1 und durfte zum Finale nach Ludwigshafen fahren, in dem er dann aber mit 1:4 gegen den 1. FC Köln unterlag. Unnötig zu sagen, dass der damals fünfzehnjährige Ralf Wolf dabei war. Auch die Eintrittskarte befindet sich noch immer in seinem Besitz.

Ralf Wolf war seinerzeit Teil einer fußballverrückten Clique. Von etwa fünfundvierzig Schülern seiner Klasse waren etwa dreißig bei jedem Heimspiel dabei und mindestens fünfzehn von ihnen folgten dem VfL auch zu den Auswärtsspielen. Es ist also kein Zufall, dass ausgerechnet Ralf Wolf Mitbegründer des ältesten, heute noch aktiven Fanclubs Deutschlands wurde. Im Europameisterschaftsjahr 1972 schloss man sich zu den „Bochumer Jungen" zusammen.

Seit dem Aufstieg konnte der Pokalschreck von 1968 den Großen des deutschen Fußballs das Fürchten lehren. Was erstaunlich gut gelang, immerhin belegte man mit vierzehn Siegen und sechs Unentschieden den neunten Rang. Auch gegen die Bayern ging es wieder, die erinnerten sich aber noch gut an 1968, schlugen den VfL an der Castroper Straße mit 2:0 und verprügelten die Blau-Weißen in München mit 5:1.

So blieb es aber nicht in den nächsten Jahren. In der Hinrunde der Spielzeit 1974/75 etwa sah das ganz anders aus, auch wenn vorher niemand damit gerechnet hatte. „Gegen die halbe Nationalmannschaft – Wie soll der VfL da Favorit sein?", barmte eine Bochumer Zeitung vor dem Heimspiel am 29. November 1974. Nur um einen Tag nach der Begegnung in fast mannshohen Lettern zu titeln: „3:0 – Bochum fegte Bayern vom Platz". Die Zeitung mit den großen Buchstaben schrieb: „3:0! Und die Bayern wurden ausgelacht!" Eine andere: „Sie guckten wie die Osterhasen". Ach, man könnte stundenlang so weitermachen.

Der VfL gab also durchaus zu berechtigten Hoffnungen Anlass und Vereinspatriarch Ottokar Wüst hatte entsprechende Ambitionen. „Bauen Sie mir ein Stadion, und ich baue Ihnen eine große Mannschaft", sprach er zum damaligen Oberbürgermeister Heinz Eikelbeck. Im Frühjahr 1975 begannen die Bauarbeiten für das bis heute schönste Stadion Deutschlands.

Im Spätsommer 1976 stand die neue Südtribüne und zum ersten Spiel vor dieser empfing

91 | STANDFOTOS AUS DEM AMATEURFILM ZUM „JAHRHUNDERTSPIEL" DES VFL BOCHUM

der VfL mal wieder die mit Weltmeistern gespickte Mannschaft aus dem Süden der Republik. Es sollte eine denkwürdige Begegnung werden, ein „Jahrhundertspiel".

Die neue Tribüne, dazu die Bayern mit Beckenbauer, Müller, Maier, Hoeneß, Schwarzenbeck und Konsorten – für meinen Vater, der das Geld sonst nicht so locker sitzen hatte, Grund genug, ausnahmsweise Sitzplatzkarten springen zu lassen. Im Februar 1975 hatte ich mein erstes Spiel an der Castroper gesehen, ein 4:2 gegen den Wuppertaler SV. Es war kalt und ich musste stehen. Jetzt endlich Sitzplatz. Etwa zwanzig Jahre lang hatte ich die Eintrittskarten zu Haus herumliegen: Block A, Reihe 22, Sitz 1 und 2. Leider sind sie dann bei einem meiner Umzüge verlorengegangen.

Ich war damals zarte zehn Jahre alt. Naturgemäß sind meine Erinnerungen an dieses Spiel etwas trübe. Was lag also näher, als für diesen Text als Quelle jemanden anzuzapfen, der Mitte der Siebziger schon ein paar Jahre mehr auf dem Tacho hatte und sich sehr viel besser würde erinnern können? Ralf Wolf, mittlerweile Kriminalhauptkommissar a.D. und seit Jahrzehnten nur „Lobo" genannt, schien die logische Wahl. „Tja, Frank, ich weiß gar nicht, wie ich es sagen soll", murmelte Lobo am Telefon. „Ich glaube, ich habe in den Siebzigern genau zwei Spiele verpasst. Und das ist eines davon."

Für jeden Fußballfan ist es ein alljährlich wiederkehrendes Problem, den Spielplan des Vereins mit den eigenen Urlaubsplänen zu synchronisieren. Ralf Wolf hatte den Urlaub 1976 von langer Hand geplant. Vor allem das Spiel gegen die Bayern wollte er nicht verpassen, aber erfahrungsgemäß spielte man gegen die erst später in der Saison, also glaubte er, für den September auf der sicheren Seite zu sein. Als der Spielplan herauskam, durchzuckte ihn eine gewisse Enttäuschung, aber die Wahrscheinlichkeit, dass man gegen den übermächtigen Gegner den Kürzeren zog, war eh groß.

Der VfL war mit drei Siegen und zwei Niederlagen in die Saison gestartet. Das letzte Spiel hatte man in Berlin mit 0:2 gegen die Hertha verloren. Und jetzt die Bayern. Als am 18. September 1976 Schiedsrichter Walter Horstmann pünktlich um 15:30 Uhr anpfiff, saß Ralf Wolf auf einem Campingplatz in Kroatien und schraubte verzweifelt an einem Transistorradio herum, um über die Deutsche Welle Informationen über das Spiel zu bekommen. Überlieferte Fotodokumente zeigen zwei Männer, einer davon der junge Wolf, im VfL-Trikot auf bunt gemusterten Klappstühlen neben einem blau-roten Zweimannzelt sitzend, vor sich auf dem Campingtisch eine Flasche Osborne-Sherry, damals auch auf dem Bochumer Trikot als Werbepartner zu finden, sowie eine Tube Hela Gewürzketchup und rätselhafterweise eine kleine Flasche Pustefix Seifenblasen. Ein zweites Foto zeigt außerdem einen himmelblauen Opel Ascona, dessen Fahrertür und Kofferraum offenstehen.

Vermutlich hatte man sich gedacht, schon der Anpfiff sei einen Schluck aus der Pulle wert. Und damit war weder der Hela-Ketchup noch das Pustefix gemeint. Vielleicht hatte man sich auch verabredet, bei jedem Bochumer Tor nachzulegen, so viele würden da ja nicht zusammenkommen, und das wäre auch gut so, schließlich war es erst Nachmittag.

In der 24. Minute erzielte Harry Ellbracht das 1:0 für den VfL Bochum. Die Freude war groß.

91 | STANDFOTOS AUS DEM AMATEURFILM ZUM „JAHRHUNDERTSPIEL" DES VFL BOCHUM

Vierzehn Minuten später erhöhte Jupp Kaczor auf 2:0. Die Freude wuchs. Zwei Tore gegen die Bayern, schon in der ersten Halbzeit. Ist locker mal einen Extraschluck wert, dachten sich die Camper vermutlich. Als kurz vor der Pause wiederum Harry Ellbracht das dritte Tor für die Heimmannschaft erzielte, war kein Halten mehr. Das musste begossen werden.

Acht Minuten nach Wiederanpfiff schraubte Hans-Joachim Pochstein, der wegen seiner Ähnlichkeit mit dem amerikanischen Sänger und Entertainer Samuel George Davis jr. nur „Sammy" genannt wurde, das Zwischenergebnis auf ein sagenhaftes 4:0. Ganz Kroatien, ach was, das ganze damalige Jugoslawien jubelte! Endlich wurden den Bayern mal wirklich die Lederhosen ausgezogen!

Dass ein gewisser Karl-Heinz Rummenigge nur zwei Minuten später das 4:1 erzielte, beunruhigte noch niemanden, einen Ehrentreffer wollte man dem Drittplatzierten der Vorsaison durchaus zugestehen. Auf dem kroatischen Campingplatz war man sich einig, dass auch dieses Tor einen Schluck wert war.

Wieder vergingen nur zwei Minuten, bis Georg Schwarzenbeck, „Katsche" genannt und nicht gerade als Goalgetter berühmt, das zweite Bayern-Tor erzielte. Gut, dachten sich alle Bochumer auf der ganzen Welt, jetzt sollte es aber vorbei sein mit den Gastgeschenken. Doch kein Geringerer als Gerd Müller, der „Bomber der Nation", traf in der dreiundsechzigsten Minute zum 4:3 und da machte sich dann doch eine gewisse Nervosität breit. Die nach weiteren elf Minuten einer Mischung aus Unglauben und Verzweiflung wich, als es zum zwoten Male „müllerte". 4:4 nach 4:0 – das war jetzt schon unglaublich. Und wurde noch schlimmer, als nur Sekunden später Uli Hoeneß zum Führungstreffer für die Bayern einnetzte.

Ein paar Jahre später sagte Lloyd Bridges in der Hollywood-Komödie „Die unglaubliche Reise in einem verrückten Flugzeug" während einer sich zur Krise verdichtenden Gefahrensituation: „Dies ist nicht der Moment, sich das Klebstoffschnüffeln abzugewöhnen!" Lloyd Bridges vorwegnehmend, sah Ralf „Lobo" Wolf keinen Grund, angesichts dieses geradezu unwirklichen Spiels zum Abstinenzler zu werden. Der Osborne ging langsam zur Neige.

Dass sich der VfL nicht hängen ließ, bewies Jupp Kaczor mit seinem 5:5-Ausgleich in der Achtzigsten. Ein unbarmherziger Uli Hoeneß machte allerdings kurz vor dem Abpfiff alle Bochumer Hoffnungen, wenigstens einen Punkt aus dieser irren Begegnung mitzunehmen, zunichte. Die Anhängerschaft des VfL Bochum 1848 e.V., egal ob in Bochum oder in Kroatien, war fassungslos. Dass man einem außergewöhnlichem Spiel beigewohnt hatte, war nur ein schwacher Trost.

Ralf Wolf hatte in Kroatien längst den Schritt von der Fassungslosigkeit zur Verzweiflung getan und sich komplett dem Hochprozentigen hingegeben. Es verbietet sich allerdings, hier von „Alkoholmissbrauch" zu sprechen. Genau für solche Momente hat ja der Teufel den Schnaps gemacht, wie Udo Jürgens einst sang. Am nächsten Morgen kroch der Wolf aus dem Zelt und erzählte seinen Mitreisenden, er habe von einem völlig beknackten Fußballspiel geträumt. Darüber konnte aber niemand lachen.

In den nächsten Tagen redete wieder ganz Fußballdeutschland über ein Spiel des VfL

91 | STANDFOTOS AUS DEM AMATEURFILM ZUM „JAHRHUNDERTSPIEL" DES VFL BOCHUM

Bochum gegen Bayern München, diesmal aber ganz anders als noch zwei Jahre zuvor. Die Bild-Zeitung schrieb diesmal: „4:0 – dann 5:6! Diesen Fußball hält keiner aus!" Hans-Josef Justen meinte in der Westdeutschen Allgemeinen: „FC Bayern rührt Bochum zu Tränen".

Etwa dreißig Jahre später wurde Stürmer Jupp Kaczor bei einer Veranstaltung gefragt, wie die Bochumer Mannschaft diese irre Niederlage seinerzeit „verarbeitet" habe. Kaczor darauf in entwaffnender Ehrlichkeit und typischer Ruhrgebietsmanier: „Wir haben uns einfach drei Tage lang die Glatze zugezogen."

Fast vierzig Jahre lang war man davon ausgegangen, dass von diesem epochalen Match keine bewegten Bilder existieren. Die ZDF-Kamera, die das Spiel für das „Aktuelle Sportstudio" mitschneiden sollte, war kurz vor dem Anpfiff ausgefallen. Es dauerte bis zum Jahr 2011, bis Werner David aus Wattenscheid sich meldete und von einem Super8-Film erzählte, auf dem insgesamt sechs Minuten und vierzig Sekunden des Spiels zu sehen sind. Dass es ihm gelungen ist, tatsächlich alle fünf Bochumer Tore einzufangen, ist schon wieder was für Wundergläubige.

Und deshalb sitze ich im März 2017 mit Kriminalhauptkommissar a.D. Ralf „Lobo" Wolf im Vorführraum des Zentrums für Stadtgeschichte in Bochum und wir sehen die Helden seiner frühen Erwachsenenzeit und meiner Kindheit, wie sie die Bayern mehr als eine Halbzeit lang praktisch an die Wand spielen. Wir erkennen Werner Scholz, Klaus Franke (der aber in der 11. Minute schon ausgewechselt werden musste), Hermann Gerland, Erich Miss, „Pudel" Eggert, „Ata" Lameck, Jupp Kaczor und Tenhagen, Harry Ellbracht, Holger Trimhold, Matthias Herget und nicht zuletzt Sammy Pochstein selig, die zusätzlich zu den drei Toren in den ersten fünfundvierzig Minuten mindestens ein halbes Dutzend hochkarätige Torchancen herausspielen. Man muss es so deutlich formulieren, einfach, weil es großen Spaß macht, es hinzuschreiben und auszusprechen: Die Bayern waren hilflos, der Kaiser hatte keine Kleider an.

„Guck mal, da standen unsere Leute", sagt Lobo und zeigt auf den mit einer Stahlwand abgestützten Wall neben der Haupttribüne. Eng war es da, denn die Ostkurve war schon im Umbau begriffen und man musste sich mit sehr viel weniger Platz begnügen. Auch andere Kuriositäten fallen ins Auge: Die kurzen Hosen der Spieler, der Verzicht auf ausgefallene Jubelposen, Arme hochreißen und Umarmen hat damals noch gereicht. Dazu die zeitgenössische Bandenwerbung: Schultheiß Pils, Graetz Radio Fernsehen, Stiebel Eltron, Afri-Cola und Bluna.

VfL-Trainer Heinz Höher sagte nach dem Spiel, ausgerechnet das 4:0 habe seiner Mannschaft das Genick gebrochen, denn da hätten seine Spieler gedacht, sie könnten nicht mehr verlieren. Hermann Gerland erzählt bis heute, dass Uli Hoeneß ihn bisweilen immer noch damit aufzieht, dass das ein Irrtum war.

Bleibt am Ende eigentlich nur noch eine Frage zu klären: „Lobo, Osborne auf dem Campingtisch, den verstehe ich. Das Ketchup auch noch. Aber Pustefix?" – „Ach, die Seifenblasen hatten wir auf dem fast leeren Campingplatz gefunden. Fällt unter die Rubrik: zerplatzte Träume."

FRANK GOOSEN

92 | PLAKAT „HERMANNSSCHLACHT"

Stadtarchiv Bochum – Theatergeschichtliche Sammlung

H 118 cm, B 83,5 cm; Papier

92 PLAKAT „HERMANNSSCHLACHT"

Theater ist schöner als Krieg: Das Plakat zur legendären Inszenierung. Claus Peymann hat mit seiner Neudeutung von Kleists „Hermannsschlacht" nicht nur Bochumer Theatergeschichte geschrieben

Gesichtslose Wesen mit Speeren und Schildern wackeln in einer völlig absurden Choreografie über die Bühne. Sie erinnern an die Römer in den Asterix-Comics und die Blechbüchsenarmee der Augsburger Puppenkiste. So stellte Claus Peymann die berühmte Schlacht im Teutoburger Wald dar. Respektlos, witzig, anarchisch. Das Bild wurde zum Symbol der Sinnlosigkeit des Krieges. Das Plakat hing in den achtziger Jahren in vielen Wohnungen. Der Spruch „Theater ist schöner als Krieg" traf den Geist der Zeit der Friedensdemonstrationen. Und er führt ins Zentrum von Claus Peymanns Theater, der damals auf dem Höhepunkt seines Schaffens war.

In Peymanns Inszenierung ging es nicht um Rekonstruktion mythisch-germanischer Geschichte. Auch Kleist war kein Historiker, sondern ließ sich 1808 nach dem Sieg gegen Napoleon von einem nationalistischen Überschwang mitreißen, spekulierte wohl auch auf einen Bühnenerfolg, was aber nicht klappte. Erst lange nach dem Tod des Dichters wurde das Stück uraufgeführt und schon vor der Nazi-Diktatur als Blut-und-Boden-Dramatik teils ver-, teils missverstanden. Fortan galt es als unspielbar. Bis Claus Peymann es in Bochum auf den Spielplan setzte und damit deutsche Geschichte und Gegenwart reflektierte. In einer Mischung aus Respekt vor dem Text und assoziativer Fantasie.

Die Kostüme stammen aus verschiedenen Zeiten. Man sieht es schon an den Kopfbedeckungen: Helme mit Hörnern und Biedermeierhüte, Hermann trägt Baskenmütze, viele denken dabei an Che Guevara. Gleich zu Beginn liegt ein riesiges totes Tier auf der schrägen Bühne, Blut fließt aus seinem Maul. Eine Vorahnung des Schrecklichen, gleichzeitig hat das Bild etwas Ästhetisches. „Theater ist schöner als Krieg." Der Satz sagt bei genauer Betrachtung, dass Krieg durchaus schön sein kann. Theater ist eben nur noch schöner. Weiter gedacht: Die Theaterleute müssen sich aber schon Mühe geben, um faszinierender und verführerischer zu sein als das Schlachten. Denn der Geruch des Blutes macht die Menschen an, vor allem die Männer, aber nicht nur. Und es sieht toll aus, wie das Blut Linien auf die leere Bühne zeichnet.

Hermann ist der einzige, der mit dieser Begeisterung für das Schlachten überhaupt nichts anfangen kann. Der große, viel zu früh verstorbene Gert Voss spielt ihn völlig unheroisch. Er ist ein Buchhalter des Blutrausches, ein Taktiker, ein kühler Kopf und Diplomat. Sein Triumph beruht auf einem Betrug, er lockt den römischen Heerführer Varus in einen Hinterhalt. Das steht alles so bei Kleist, und es verwundert, dass dieser Hermann jemals als Identifikationsfigur eines rechten Nationalismus getaugt haben soll. Gert Voss – elegant gekleidet im langen schwarzen Mantel – grübelt, sinniert, verfertigt seine Gedanken beim Sprechen. Seine Sätze unterfüttert er mit einer lauernden Ironie, die seine Gesprächspartner nicht verstehen. Aber das Publikum, das ein Riesenvergnügen daran hat. So entsteht ein abgründiger Humor. Voss bleibt ganz präzise in seiner Rolle, denunziert Hermann niemals, spielt einen Intellektuellen, der sich genau so weit treiben lässt wie er muss, um im richtigen Moment an den Strippen zu ziehen und Herr der Lage zu werden. Er geht sogar so weit, seine Frau mit einem Römer zu verkuppeln, weil es die Situation erfordert. Dafür nimmt er später blutige Rache, aber nicht direkt, sondern vermittelt, wie es seine Art ist. Denn seine Thusnelda liebt Hermann wahrhaftig.

Die Eheszenen sind die zweite große Überraschung des Abends. „Thuschen" – steht diese Anrede wahrhaftig bei Kleist? Ja, wahrhaftig, man kann es nachlesen. Peymanns Bochumer Intendanz bleibt auch im Gedächtnis, weil Dramaturg Hermann Beil diese grandiosen Programmhefte gemacht hat. Quatsch, das waren Bücher, in denen bei Klassikern die Strichfassung komplett zu lesen war. Man konnte genau nachvollziehen, was weggelassen wurde, wie Beil die Stücke auf den Punkt brachte, das Gelaber entfernte und die wichtigen Stellen unangetastet ließ. Diese Programmhefte sind bis heute die beste Schulung für Dramaturgen. Und wahrhaftig, Hermann nennt Thusnelda „Thuschen". Gert Voss spricht dieses Wort voller Zärtlichkeit und unterfüttert es mit den Erfahrungen eines Ehelebens. Mal leicht genervt, dann sanft drängend, selten entrüstet, manchmal spielerisch wie das verbale Vorspiel zum Sex. Und dann diese unfassbare Partnerin, Kirsten Dene, ein weiblicher Vulkan, leidenschaftlich, klug, stets auf Augenhöhe mit Hermann, dabei viel emotionaler. Die Dialoge der beiden funkeln voll rhetorischer Eleganz. Peymann hat in der „Hermannsschlacht" eine wunderbare Ehekomödie entdeckt. Inmitten aller diplomatischen und martialischen Gefechte ist da dieses Paar, das debattiert, flirtet und zusammenhält. Durch Dene und Voss bekommt die Aufführung eine große Leichtigkeit und Menschlichkeit.

Nun ließe sich kritisieren, dass die Komödie einen zu großen Raum einnimmt. Schließlich geht es nicht nur um den „klassischen Morast, wo Varus stecken geblieben". Sondern auch um die vielen Kriege, den Nationalismus und die deutschen Sünden danach. Derbe, schockierende Bilder waren nie die Sache von Claus Peymann. Als Intendant ließ er sie zu, man erinnere sich nur an „Anatomie Titus – Fall of Rome" von Heiner Müller in den Kammerspielen. Aber selbst als Regisseur deutete er an, auch im „Nathan", wo er auf den Holocaust geradezu still verwies und darauf baute, dass die Zuschauer diese Anspielung verstehen und selbst weiter denken. In der „Hermannsschlacht" ist es die skurrile, wahnwitzig tänzerische Blechmenschenchoreographie. Und das Tier. Und ein bisschen Blut, mit dem sich am Ende auch Hermann beschmiert. Weil es die Situation erfordert. Nur deshalb. Mit dieser Einstellung nimmt er auch die Pose des bekannten Denkmals ein.

Die grausamste Szene des Stücks, in dem Thusneldas römischer Verehrer Ventidius in einem Wald von einem Bären zerfleischt wird, erzählt Peymann comicartig. Er hat dafür auch die richtige Besetzung, die Körperkomik des Schweizers Urs Hefti – auch er leider schon tot – war unvergleichlich. Dieser Ventidius läuft in ekstatischer Hoffnung auf baldige Begattung der Germanenfürstin in einen Zauberwald, der aus einem Operettenbühnenbild zu stammen scheint. Singend, hüpfend und beglückt. Dann kommt der Bär, ein Darsteller im Ganzkörperkostüm, ganz naiv. Die Schreie wirken echt, und doch kann man sich des Schmunzelns nicht erwehren. Da ist sie wieder, diese wundersame Gratwanderung zwischen Gag und Grauen, die Peymann in der „Hermannsschlacht" gelungen ist.

„Theater ist schöner als Krieg" – das Plakat erinnert heute nicht nur an diese Aufführung, die nicht nur Bochumer Theatergeschichte geschrieben hat. Es ist auch ein Zeugnis einer großen Zeit des Bochumer Schauspiels, in der höchste Schauspielkunst, politische Unbeugsamkeit und eine riesige Spiellust zusammenkamen. Viele spätere Intendanten haben geächzt, wenn Menschen in Erinnerung an die Peymannschlachten schwelgten. Doch aus dieser Tradition sollte eine Verpflichtung wachsen. Nämlich die, dafür zu sorgen, dass Theater auch heute schöner als Krieg ist. Auch schöner als rechtspopulistische Hassreden, schöner als Attacken auf soziale Solidarität, schöner als jeder Versuch, eine Gemeinschaft zu untergraben. Denn diese Botschaft steht auch für den Geist des Ruhrgebiets, für das Zusammenhalten und die Bereitschaft, auch mal einen aufs Maul zu kriegen und nicht gleich Angst zu kriegen. Ich würde mir das Plakat gleich wieder ins Zimmer hängen. Und am liebsten jeden Tag drauf schauen: „Theater ist schöner als Krieg."

STEFAN KEIM

93 | LP „4630 BOCHUM" VON HERBERT GRÖNEMEYER

Stadtarchiv Bochum – Mediensammlung

Cover H 30,5 cm, B 31 cm, LP Dm 29,5 cm; Karton, Vinyl

93 LP „4630 BOCHUM" VON HERBERT GRÖNEMEYER

BOCHUM

Die Produktion „BOCHUM" begann in einer Zeit, als meine Plattenfirma mir gerade wegen Erfolglosigkeit meinen Vertrag nicht verlängert hatte und ich bei einer neuen frisch angeheuert hatte. Dies wurde ihr erstes Album von mir. Ich wollte es ihr und mir beweisen. Ich wollte endlich mit meiner Band deutsche Musik machen, wie ich sie mir vorstellte, unbeeinflusst von externen Produzenten. So war es bis dahin.

Sie sollte kurz, knapp, luftig, verspielt und drängend werden, genauso gesungen. Ruhig mal missverständlich, dafür irritierend, gefühl-kraftvoll und stürmisch. Dazu brauchte es eine Überschrift, einen Titel. Und da ich in meinen ersten Textgehversuchen eher über meine Umgebung, Gedanken oder Erlebnisse vor mich hin dichtete, lag mir Bochum direktestens am Herzen.

Hier war ich zwar nicht geboren, aber bereits im Alter von drei Monaten hingezogen, also genau gesagt, ich folgte meinen Eltern und Brüdern. Diese Stadt mit ihren Menschen, ihrer schnörkellosen klaren Art, ihrer Kultur zwischen Pflicht, Theater, Fußball und veralberndem Zungenschlag hatte mich deutlichst geprägt. Es war auch die unverblümte Ansprache, der dynamische Arbeitsethos, der Überlebenskampfwillen und die unbändige Lebenslust, die diese Stadt mir vermittelte und mit denen sie mich stempelte.

Diese Platte war der Versuch des Dankes dafür. Dass sie sich allen Unkenrufen zum Trotz – mit dem Titel kauft das schon keiner mehr in Bottrop, man versteht nichts, der nuschelt und schreit – so fast fliegend plötzlich entwickelte und so erfolgreich wurde, ist für mich bis heute noch immer verblüffend und lässt mich staunend zurückblicken. Es ist die feste Erde im Ruhrgebiet, die Kohle, die Bodenhaftung und Standhaftigkeit, die herzhafte Sprache mit gleichzeitiger stolzer Bescheidenheit, die diese Region prägt und einen dort formt. All das habe ich, ohne es zu wissen, in diesem Album verankern wollen.

Es ist nicht meine Platte, sie ist zu mir gekommen und ich durfte sie mit meiner Band veröffentlichen. Dafür bin ich ihr, all den Menschen hier, die mich gefasst, geschubst, gemocht, unterstützt und inspiriert haben, und meiner Familie unendlich dankbar.

HERBERT GRÖNEMEYER

94 | BUCH „NAHTLOS BRAUN" VON WERNER SCHMITZ

Stadtarchiv Bochum – Bibliothek
H 19 cm, B 11,5 cm, D 1,1 cm; Papier

BUCH „NAHTLOS BRAUN" VON WERNER SCHMITZ

Einer muss der Erste sein

„Ungefähr ein Vierteljahrhundert ist es her, da erschienen im linken Dortmunder Weltkreis-Verlag einige Kriminalromane, die, ganz im Geist der Zeit, spannende Unterhaltung mit Sozialkritik verbinden wollten. Fremdenfeindlichkeit, neonazistische Umtriebe und politische Korruption waren die Themen, derer sich Romane mit einschlägigen Titeln wie ‚Nahtlos braun' oder ‚Dienst nach Vorschuss' annahmen. Sie spielten im Ruhrgebiet, das sich durch die Tatort-Kommissare Haferkamp (Essen) und Schimanski (Duisburg) als Krimischauplatz etabliert hatte. Auch wenn der Kölner Emons Verlag, wo bereits 1984 Christoph Gottwalds ‚Tödlicher Klüngel' erschien, das Verdienst, den ersten deutschen Regionalkrimi publiziert zu haben, für sich reklamiert, so waren es doch vor allem Autoren wie Werner Schmitz, Reinhard Junge und Jürgen Pomorin (unter dem Pseudonym Leo P. Ard), die das neue Genre in der deutschen Krimilandschaft etablierten" (DIE WELT, 5.3.2011).

Es muss im Sommer 1983 gewesen sein, als mein Freund Jürgen „Jimmy" Pomorin mich fragte, ob ich einen Stoff für einen Kriminalroman hätte. Jimmy hatte schon eine Reihe von Sachbüchern im Weltkreis-Verlag vorgelegt und war auf der Suche nach Autoren für eine Krimi-Reihe. Vom Krimi-Schreiben hatte ich keine Ahnung, aber ich hatte einen Stoff. Er beruhte auf der Lebensgeschichte des alten Bochumer Kommunisten Emil Schevenerdel. Emil hatte sie mir erzählt, ich hatte sie auf Tonband aufgenommen und abgeschrieben.

Schevenerdel war als junger KPD-Mann 1933 von der SA ins „wilde" KZ auf der stillgelegten Zeche Gibraltar an der Ruhr verschleppt und gefoltert worden. Nach dem Ende der NS-Diktatur wurde Emil Hilfspolizist. Seine Aufgabe sah er vor allem darin, Bochumer Nazis, die ihn und seine Kameraden gequält hatten, aufzuspüren und vor Gericht zu bringen. In einem Fall war ihm das auch gelungen. Kurt Straßburger, ein ehemaliger Polizist und SA-Mann, hatte 1933 im von der SA besetzten Haus der SPD-Zeitung „Volksblatt" Verhöre durchgeführt. Sozialdemokraten und Kommunisten waren dabei grausam misshandelt worden. Nach dem Krieg lebte dieser Mann unauffällig in Bochum. Schevenerdel spürte ihn auf und brachte ihn vor Gericht.

Das erzählte Emil mir jedenfalls. Aber Emil erzählte viel und manchmal wusste man nicht, was man von seinen wilden Geschichten halten sollte. Beweise hatte er keine. Ich habe mich deshalb in den Lesesaal der Stadtarchivs gesetzt und wochenlang in Akten und Zeitungen der Bochumer Nachkriegsjahre gestöbert.

Nach langem Suchen fand ich in der „Westfälischen Rundschau" eine Meldung, die mich elektrisierte. Es ging um einen Strafprozess wegen Verbrechen gegen die Menschlichkeit. Der Name des Angeklagten: Kurt Straßburger. Als Zeugen sagten die Opfer seiner Verhöre aus. Das Gericht verurteilte Straßburger zu fünf Jahren Haft. Emil Schevenerdel hatte sich recht erinnert, zumindest was den SA-Mann anging. Seine Rolle bei der Ergreifung des Täters konnte ich zwar nicht klären, aber eine spannende Geschichte war es auf jeden Fall. Ich wollte daraus eine Art Tatsachenroman machen, der im zerbombten Nachkriegsbochum spielte, und vertiefte mich wieder in Stadtarchivbestände. Vor allem das Treiben auf dem Bochumer Schwarzmarkt fand ich faszinierend.

Dann kam Jimmy Pomorin mit seiner Krimi-Idee über den Hof. Das Problem daran war, dass die Bücher in der Gegenwart spielen sollten. Historische Kriminalromane standen nicht zur Debatte. Nach längerem Nachdenken fand ich eine Lösung. Emil musste im Krimi sterben und seine erfundene Enkelin Ulla Leben und Tod ihres Großvaters ergründen. Eine junge Ermittlerin machte sich nicht schlecht in einer Krimi-Reihe, die sich vor allem an ein junges Publikum richten sollte.

Um mich mit den Strickmustern des Kriminalromans vertraut zu machen, las ich die zehn Krimis des linken schwedischen Autorenduos Maj Sjöwall/Per Wahlöö. Das musste reichen. Ich legte los. Während ich an dem Krimi schrieb, kam Emil Schevenerdel ab und zu vorbei, erzählte mir Geschichten und schlachtete meine Kaninchen. Einmal erschrak ich, als er vor der Tür stand. „Emil, du?", stammelte ich. Ich war auf Seite 42 angekommen und hatte ihn gerade umgebracht.

Mein Krimi erschien 1984 unter dem Titel „Nahtlos braun" im Weltkreis-Verlag. Dass anschließend die bis heute rollende Welle der Regionalkrimis losbrach, ahnte damals noch niemand. Die Marke „Regionalkrimi" war nicht einmal erfunden. Die Buchbesprechungen in der Presse kreisten um ein anderes Thema: die politischen Ambitionen des Buches und seines Autors. Dabei ging es – vorsichtig ausgedrückt – kontrovers zu.

„Das ist eine politische Geschichte", meldete die Westdeutsche Allgemeine Zeitung, „sie macht den Krimi doppelt spannend" (WAZ, 1.10.1984). Der STERN sah das ganz anders: „Die ideologische Linientreue ließ nur Parteileichen übrig" (STERN, 52/1984, S. 87). Besonders die damals noch zahlreichen Stadt- und Szenemagazine beschäftigten sich mit den neuen Krimis aus dem Weltkreis-Verlag, vor allem mit „Nahtlos braun". Die einen sagten so: „An diesem Buch stimmt alles" (Südschwäbische Nachrichten, 1985, S. 29). Die anderen sagten so: „Der Krimi ... ist kein Krimi mehr sondern ein Zeigefingerbuch. Und das muss nicht sein" (wst, 1984, Stuttgart Live, S. 68).

Zwischentöne waren selten. „Auch wenn das Ganze ab und an an ‚Emil und die Detektive' erinnert, ist das Buch doch nett zu lesen" (Stadtmagazin Schädelspalter, 10/1984, S. 43). Ein Krimi-Großkritiker ließ wenigstens ein gutes Haar an meinem Krimi: „Interessant sind einzig jene Passagen, wo erzählt wird, wie Bochum braun wurde" (Esslinger Zeitung, 1984).

Erst 1989 erteilte der damalige „Krimi-Papst" Jochen Schmidt dem Buch höhere Weihen:

„‚Nahtlos braun' ist ein Roman, der die wichtige Aufarbeitung von verdrängter politischer Geschichte in die Form eines Thrillers gebracht hat, die Thrillerform aber nicht als Vorwand benutzt; schon dieser Erstling lässt das meiste, was parallel dazu an deutschen Kriminalromanen geschrieben ist, sowohl dramaturgisch als auch sprachlich um einiges hinter sich" (Schmidt, 1989, S. 655).

Im Buchhandel wurde „Nahtlos braun" ein Verkaufserfolg und Dauerbrenner. Der Krimi erlebte elf Auflagen, überlebte den Untergang des Weltkreis-Verlages, erschien weiter im Pahl-Rugenstein-Verlag und, als der sein belletristisches Programm einstellte, im von Rutger Booß gegründeten Grafit-Verlag. Als Grafit im Jahre 2010 das Erscheinen des Krimis nach 26 Jahren einstellte, waren 25 000 Exemplare verkauft worden.

Emil Schevenerdel war da schon lange tot. „Nahtlos braun" ist eine Art Denkmal für diesen einfachen Mann, der kaum lesen und schreiben, dafür aber umso besser Geschichten erzählen konnte. Geschichten von der Arbeit als „Nietenwärmer" im Stahlwerk, vom Leben als Arbeitsloser auf dem Moltkemarkt, von Bochums dunkelsten Jahren zwischen 1933 und 1945. Neben Johannes Volker Wagners „Hakenkreuz über Bochum" ist „Nahtlos braun" wohl das Buch, das am meisten zum Wissen über die „Machtergreifung" der NSDAP in Bochum beigetragen hat. Nicht umsonst machten Bochumer Lehrer den Krimi zur Schullektüre.

Dass das Buch ganz nebenbei auch noch zur Erfindung des „Regionalkrimis" beigetragen hat, war Zufall. Reinhard Junge, Jürgen Pomorin und ich ließen unsere Krimis einfach dort spielen, wo wir uns auskannten, in unserer Heimat, dem Ruhrpott.

Joachim Feldmann beklagte vor einigen Jahren in der WELT die Folgen unserer Erfindung für die deutsche Krimilandschaft.

> „Böse Zungen behaupten, dass sie sich bis heute nicht von dieser literarischen Invasion erholt habe. Inzwischen wird in fast jedem Provinznest mit Begeisterung gemordet und ermittelt. Je piefiger das Kaff, desto wahnwitziger die fiktiven Morde. Von den exzentrischen Ermittlern gar nicht erst zu reden" (DIE WELT, 2011).

Leider hat der Mann Recht. Als Ausdruck tätiger Reue habe ich meine drei letzten Kriminalromane nicht mehr im Ruhrgebiet spielen lassen, sondern an so abseitigen Schauplätzen wie dem Oderbruch, Siebenbürgen und der Mosel. Mit dem Ergebnis, dass die Bücher als Oderbruch-, Siebenbürgen- oder Mosel-Krimi bezeichnet wurden. „Die ich rief, die Geister, werd' ich nun nicht los" (Goethe, 1827, S. 217).

WERNER SCHMITZ

95 | TROMPETE AUS SHEFFIELD

Stadt Bochum – Referat für gesamtstädtische Angelegenheiten

Holzplatte L 33 cm, B 11,5 cm, H 3,5 cm, Trompete L 34 cm, B ca. 13,5 cm, H ca. 17 cm; Fa. Besson Sheffield, England

95

TROMPETE AUS SHEFFIELD

Mit Pauken und Trompete.
350 Bochumerinnen und Bochumer feiern in Sheffield das 35-jährige Bestehen der Städtepartnerschaft

Es war 1986, als die Städtepartnerschaft Bochum-Sheffield offiziell ihr 35-jähriges Bestehen feierte. Zu diesem Anlass reisten zahlreiche Bochumerinnen und Bochumer vom 27. Mai bis 1. Juni 1986 nach Sheffield. Mit dabei der damalige Oberbürgermeister Heinz Eikelbeck, der Polizeichor, Mitglieder des VfL Bochum, Gäste aus Kultur, Musik, Schauspiel und viele mehr. Sechs Tage lang durften die Gäste Kunst, Kultur und Natur in Sheffield erleben (denn Sheffield, obzwar eine alte Stahlarbeiterstadt, ist sehr idyllisch in der ehemaligen Grafschaft Yorkshire gelegen) – und Kunst und Kultur zurückgeben.

Es muss ungefähr so gewesen sein: Nach der Fahrt mit Bus und Schiff über Calais und Dover und kleineren Zwischenfällen (so wollte der Zoll in Dover die beiden Fiege-Bierwagen nicht durchlassen; die findigen Bochumerinnen und Bochumer drohten, das Bier im Freihafen an die dort schon lange auf Abfertigung wartenden LKW-Fahrer auszugeben; daraufhin ging es schnell …) wurde die Besuchergruppe von Lord Mayor Frank Prince, der der Labour-Party angehörte, zum Tee in der Town Hall, dem Rathaus Sheffields, empfangen.

Anschließend mischten die Bochumerinnen und Bochumer die Innenstadt auf: Die Engelbert-Gruppe verteilte in historischen Kostümen in der Innenstadt Flugblätter mit Informationen zu Bochum. Das Marionettentheater spielte vor dem Rathaus. Heinz Eikelbeck hielt eine legendäre Rede – die er in Lautschrift vorbereitet hatte. Die Rockband Dream X hatte einen Auftritt. Ein besonderer Höhepunkt war das Spiel der VfL-Jugend gegen die Jugend von Sheffield United, dazu spielten die Dorfmusikanten aus Langendreer. Ein Freundschaftsvertrag zwischen der Ruhr-Universität Bochum und der University of Sheffield wurde geschlossen. Und die Trompetenklänge Kornharpen spielten auf zum Beginn der 7. Etappe des legendären und wichtigsten Radrennens Großbritanniens, „The Milk Race".

Nach nur sechs Tagen nahte der fulminante Abschluss und Höhepunkt des dichten Besuchsprogramms: An der Lord Mayors Parade, dem jährlich stattfindenden Festumzug, durften die Bochumerinnen und Bochumer mit ihren Gruppen und Wagen mitwirken. Auch die Fiege-Wagen – zu diesem Zeitpunkt bereits geleert – waren dabei. Das Freibier wird den Sheffieldern geschmeckt haben! Oder mag es an der Sondergenehmigung für den Ausschank an zwei Nachmittagen vor der Town Hall im Peace Garden gelegen haben?

Abends dann die große Gala – da zeigten die Gäste aus dem Ruhrgebiet noch einmal, was in ihnen steckt. Die Volkstanzgruppe der Naturfreunde trat auf, der Bochumer Polizeichor, die Ballettschule Steiner-Krügel mit einem Zebratanz, die Studiogruppe des Jugendsymphonieorchesters, die Schauspielschule, die Dorfmusikanten aus Langendreer.

Und dann kam endlich die Trompete! Ein Geschenk an Oberbürgermeister Heinz Eikelbeck von der Stocksbridge Engineering Steels Band. Auch wenn man ihr nicht ansieht, dass

95 | TROMPETE AUS SHEFFIELD

man darauf spielen kann – an diesem Abend hat der Hornist der Brass Band wunderschöne Soli auf dieser Trompete gespielt.

Die Stocksbridge Engineering Steels Band war schon häufiger in Bochum gewesen und auch privat mit dieser Stadt verbunden. Ihre Auftritte haben dazu beigetragen, die Bochumerinnen und Bochumer für die Städtepartnerschaft zu begeistern. Bekannt geworden ist die Band unter anderem mit einem Auftritt in dem sehenswerten Film „Ganz oder gar nicht" (1997), der vom Leben der Sheffielder Arbeiter in der Zeit nach der Schließung vieler Stahlwerke handelt. Die Band wurde mehrfach umbenannt, heute heißt sie Unite the Union Brass Band und ist eine der erfolgreichsten Blasmusik-Formationen der Region.

Die Trompete aus Sheffield steht stellvertretend für die Hochzeit der Städtepartnerschaften, in der unter anderem bei mehrtägigen Fahrten viele Bochumerinnen und Bochumer die Partnerstädte und die Menschen, die dort leben, besser kennenlernen durften.

CATHERINE GREGORI

96 MIKROFONANLAGE UND BÜHNENELEMENT VOM ERSTEN „BOCHUM TOTAL"-FESTIVAL

BO-Total: Wie alles begann

Ende der 1970er, Anfang der 1980er Jahre gab es in der Stadtverwaltung fünf Bereiche, die für die städtischen Veranstaltungen zuständig waren: Das Kulturamt für alle klassischen Veranstaltungen, Konzerte, Theatergastspiele und so weiter, das Sozialamt für Seniorenveranstaltungen, das Amt für Veranstaltungen und der Verkehrsverein, wozu Ruhrlandhalle und die Stadthalle Wattenscheid gehörten, organisierten Stadtfeste und bedienten die großen Konzertveranstalter und die Abteilung Jugendförderung des Jugendamtes war seit den 1970er Jahren zuständig für die Kinder- und Jugendveranstaltungen. Das Jugendamt verstand dieses Angebot als prophylaktische Maßnahme der Jugendhilfe. Und ich habe es darüber hinaus als Teil meines Auftrages als Sozialarbeiter gesehen, ein Angebot für Kinder und Jugendliche zu entwickeln, das ihnen ermöglichte, vor und auf der Bühne einer sinnvollen Freizeitbeschäftigung nachzugehen. Es war Kreativ-, aber auch Persönlichkeitsförderung. Für die Kinder und Jugendlichen auf der Bühne wurden so Möglichkeiten geschaffen, das, was sie in Tanz-, Musik- und Theatergruppen oder im Keller geprobt hatten, vor Publikum auszuprobieren und so natürlich immer besser zu werden. Anfang der 1980er Jahre reichten unsere Angebote nicht mehr aus, zumal auch die Mittel der Stadt immer knapper wurden und so bildeten sich mehr und mehr Initiativen und Künstlergruppen, die ihr eigenes Programm gestalten und an den Mann und die Frau bringen wollten: Dazu gehörten die Leute von der Zeche, vom Bahnhof Langendreer, vom Thealozzi, um nur einige zu nennen.

Einige Bands, die sich zudem auch in der Musikerinitiative organisiert hatten, wollten im Veranstaltungsbereich eigene Wege gehen. Markus Gloria und Heribert Reihpöhler waren solche Musiker, die gleich eine gigantische Veranstaltung organisieren wollten, bei der möglichst viele Gruppen Gelegenheit haben sollten aufzutreten. Die Idee entstand auf einer Städtepartnerschaftsveranstaltung beim Wein in Oviedo 1985. Und diese Idee sprach einige Leute bei der Stadt an. Ein riesiges Stadtfest, das sollte Bochum gut zu Gesicht stehen und so entstand, trotz anfänglicher Bedenken, zum ersten Mal ein Arbeitskreis von Mitarbeitern aus allen zuständigen Ämtern, dem Straßenverkehrsamt, dem Ordnungsamt, dem Tiefbauamt, dem Fuhrpark mit der Stadtreinigung, dem Jugendamt, dem Kulturamt, der Feuerwehr und der Polizei, die nicht gegeneinander arbeiteten, sondern alle gemeinsam zum Ziel hatten, diese große Veranstaltung zum Erfolg für Bochum zu führen.

Das erste „Bochum total"-Festival ging 1986 über die Bühne. Keiner der Akteure hatte je eine so große Veranstaltung organisiert und so konnte BO-Total nur zu so einem großen Erfolg werden, weil alle einen (ihren) Teil zum Gelingen dazutaten. Viele organisatorische Details liefen im Hintergrund ab, ohne dass die Hauptakteure Markus und Heribert im Entferntesten davon etwas ahnten. Dass wir einige der noch im Bermudadreieck verbliebenen Anwohner für drei Tage in Urlaub geschickt haben, um den Anwohnerbeschwerden, die

96 | MIKROFONANLAGE UND BÜHNENELEMENT VOM ERSTEN „BOCHUM TOTAL"-FESTIVAL

Leihgabe Peter Schneller, Bochum

Bühnenelement zweiteilig je L 150 cm, B 75,5 cm, H 60,5 cm; Mikrofonanlage variabel; Holz, Kunststoff, Metall

zum frühen Abbruch der Veranstaltung geführt hätten, zu entgehen, ist nur ein kleines, aber wichtiges Detail für den Gesamterfolg von BO-Total.

Mein Anteil in den ersten Jahren BO-Total zum Beispiel war die Organisation des Nachmittagsprogramms mit dem Ziel, junge Bochumer Bands zu fördern – auf den Bühnen am Engelbertbrunnen, dem Konrad-Adenauer-Platz und später auch auf der Brüderstraße, auf der unter anderem auch dieses Bühnenelement mit der Anlage stand. Dazu gehörte die Bereitstellung von Mikrofonen, Verstärkern und Lautsprechern sowie Lichtanlagen. Dazu gehörten aber auch die benötigten Bühnen beziehungsweise Bühnenwagen, die ich durch frühere Kontakte kostenlos „besorgen" konnte. Die große Bühne am Konrad-Adenauer-Platz zum Beispiel bekam ich von den Ruhrfestspielen, weil ich mehrere Jahre davor intensiv mit denen zusammengearbeitet hatte. Es gab übrigens zu der Zeit dort keine Bühne beziehungsweise Überdachung. Deren Bau konnte ich erst beim nächsten Bochumer Großereignis erreichen – dem Deutschen Turnfest in Bochum und Dortmund. Transportiert und aufgebaut habe ich die Bühne selbst mit einigen Helfern. Die Bühne am Engelbertbrunnen stellte aufgrund einer guten Zusammenarbeit die Freizeitgesellschaft Kemnade kostenlos zur Verfügung. Aber auch da war Eigeninitiative gefordert. Sie musste schließlich transportiert werden und dafür brauchte man einen LKW – den wiederum bekam ich vom städtischen Fuhrpark, aber nur weil ich kurz zuvor zur Steuerung eines Spielmobils den LKW-Führerschein gemacht hatte. So holte ich diesen Bühnenwagen selbst vom Standort Kemnader See ab und brachte ihn hinterher auch wieder zurück.

Bei den meisten meiner Produktionen gab es immer ein einschneidendes Erlebnis, an das ich bis heute regelmäßig denke: Das besondere „Erlebnis" hier war der Rücktransport des Bühnenanhängers zu seinem Standort Kemnader See. Dazu musste ich als absoluter LKW-Fahranfänger den Doppelachsanhänger über circa 400 Meter rückwärts durch eine „S"-Kurve zurücksetzen. LKW-Fahrer wissen, wovon ich rede. Ich habe für diese Aktion jeweils fast eine Stunde gebraucht.

Es gab aber etwas, was man sich heute auch kaum noch vorstellen konnte. Kommunikation fand damals draußen in der Regel „Face to Face" statt. Handys gab es noch nicht und Funkgeräte gehörten auch nicht zur Standardausstattung eines städtischen Angestellten und so mussten alle Kommunikationswege zu Fuß erledigt werden. Die paar Meter, werden Kenner der Örtlichkeit sagen. Das stimmt, aber es war damals für unsere Verhältnisse schon richtig voll auf den Straßen rund um die Bühnen und so musste ich mir bei Organisationsfragen oder für Ansagen der nächsten Band jeweils den Weg durch die Menge bahnen – gefühlt war das jeweils eine halbe Ewigkeit.

Abschließend noch etwas zum Thema „Kosten": Was sich heute auch kaum noch jemand vorstellen kann, ist die Tatsache, dass die Arbeiter, Angestellten und Beamten der Stadt Kollegen waren. Da musste innerhalb der Verwaltung niemand für eine Auskunft oder für die Ausleihe eines Fahrzeugs Geld bezahlen. Man bekam auch keine Rechnung für den Druck von Handzetteln oder ein paar Bleistifte. Man hatte auch selbst keine doppelten oder dreifachen Arbeiten zu erledigen, indem man Rechnungen schrieb für die Organisation einer Veranstaltung oder für die Ansagen auf der Bühne. Heute geht ohne Aufträge, Quittungen, Rechnungen und doppelte Abrechnungen gar nichts mehr. Wir verwalten uns mehr denn je. Da bleibt kaum noch Platz für Ideen – keine Zeit mehr für kreatives Handeln. Alles ist festgelegt und wenn ich jetzt noch über die heutigen Sicherheitsbestimmungen nachdenke, die es damals in diesen unsäglichen Auswüchsen auch nicht gab, müsste ich noch viele weitere Seiten schreiben. Vielleicht ein interessantes Thema, wenn ich zur Ausstellung „120 Sachen" im Jahr 2030 eingeladen werde.

PETER SCHNELLER

FILMPROJEKTOR: BAHNHOF LANGENDREER

Der Ernemann VIII und die Soziokultur

Wir schreiben das Jahr 1980. Wir leben im Zeitalter der beiden Heinz Hossiep (SPD-Fraktionsvorsitzender) und Heinz Eikelbeck (Oberbürgermeister) und ihrer ewig alleinregierenden Betonfraktion: ein Schauspielhaus, ein Orchester und der Kneipenkönig Leo Bauer – sonst nichts. Das Jugendzentrum BO-Fabrik dicht gemacht. Keiner von uns wusste, wohin und wie, aber viele wussten: So geht's nicht weiter.
In der einen oder anderen Wohngemeinschaft kam die Vorstellung von einem autonomen Kulturzentrum auf. Wir trafen uns, diskutierten und planten. Nur eins war uns gewiss: Die oben genannte Betonfraktion würde unseren Wünschen niemals freiwillig nachkommen. So reifte nach und nach die Überlegung, uns unsere Träume selbst zu erfüllen. Wir ließen unsere Überlegungen in die Szene durchsickern und siehe da – sie trafen auf offene Ohren und Herzen.

Nun vermaßen wir unseren Traum mit der Realität und heraus kam die Besetzung einer leerstehenden Fabrik an der Hermannshöhe – groß genug und zentral. Morgens kamen einige Dutzend mit einem Bolzenschneider bewaffnet, am Nachmittag waren wir Hunderte und am Abend priesen unsere Freunde von der Band Geier Sturzflug das Bruttosozialprodukt – unser erstes Konzert. Am nächsten Tag kam Oberbürgermeister Eikelbeck grußlos aber forsch vorbei, grummelte was von Sozialwohnungen und am übernächsten Tag kam die Polizei und verfrachtete uns ins Polizeipräsidium. Das hat uns und eine doch inzwischen sehr nennenswerte Zentrumsbewegung richtig auf Tour gebracht.
Aus einer Demo von 2 500 Leuten heraus wurde die nächste Fabrik besetzt: Seifert an der Universitätsstraße. Die Seifert-Fabrik war einen kurzen Sommer lang unser Zentrum, in dem wir mit Konzerten, Theater, Kabarett, Lesungen und Kneipe gezeigt haben, was uns in Bochum fehlt. Wie gesagt, ein kurzer Sommer. Als die Ferien kamen, waren wir nur noch ein paar Dutzend Besetzer. Wir überlegten: flüchten oder standhalten und entschieden: Sachen packen und verschwinden. Wie zu erwarten, kam der Bagger mit Abrissbirne.

Die Ferien waren vorbei, die Leute kamen aus dem Urlaub zurück und machten uns schwere Vorwürfe, erkannten dann aber, dass sie selbst Teil des Problems waren. Und so ging es wieder vereint und versöhnt an die nächste Besetzung. Allerdings mit schweren taktischen Fehlern. Während wir die ersten beiden Besetzungen mehr oder weniger öffentlich vorbereitet hatten, machten wir jetzt auf heimlich. Wir hatten uns den Verladehof der ehemaligen Schlegelbrauerei an der Diekampstraße ausgeguckt. Mit Kerzen und Taschenlampen machten wir uns an die Arbeit und lösten wie verabredet die Telefonkette aus. Aber anders als geplant war die Polizei eher da als die Szene und wir mal wieder im Präsidium. Bei dem Brauerkeller handelte es sich um ein muffiges kaltes Gewölbe. Da hätten wir zwar unser Bier auf Trinktemperatur gehalten, wären aber sicher depressiv geworden. Gut, dass uns die Polizei da rausgeholt hat.

97 | FILMPROJEKTOR: BAHNHOF LANGENDREER

Stadtarchiv Bochum – MUSA

Projektor H 193 cm, L 140 cm, B 60 cm, Fuß L 65 cm, B 38 cm; Glas, Kunststoff, Metall; 1955

97 | FILMPROJEKTOR: BAHNHOF LANGENDREER

Nach der Besetzung ist vor der Besetzung. Es war Dezember 1981. Unsere schöne BO-Fabrik wurde zu einem Spielort des Bochumer Theaters umgewidmet. Der uns wohlgesonnene damalige Intendant Peymann hatte eine Schweizer Produktion eingeladen: Die Hausbesetzer. Nomen est omen, setzten wir uns auf die Ränge und blieben nach dem Schlussapplaus sitzen. Das wurde dann unser viertes autonomes Kulturzentrum in einem Jahr.

Aber auch hier wieder das Motto der Betonfraktion: Keine rechtsfreien Räume! Nach dem Jahreswechsel sahen wir uns einer bestens gerüsteten kleinen Polizeiarmee gegenüber, wieder ab zum Polizeipräsidium und dann kamen nach dem uns schon bekannten Muster Bagger und Abrissbirne. Das ist natürlich nur der Abriss. In dieser Zeit haben wir viel erlebt und auch viele Gesetze gebrochen. Presse- und Demonstrationsdelikte, Hausfriedensbruch en masse.

Das ganze Jahr 1982 saßen wir als Angeklagte oder Besucher im Amtsgericht. Ton Steine Scherben waren zu einem Soli-Konzert in der BO-Fabrik; 2 500 kamen. Wir hatten so genug Geld, um auch den justiziellen Teil unseres Kampfes für ein autonomes Kulturzentrum ordentlich abzuschließen. Unsere große Solidarität untereinander und der unermüdliche Einsatz unserer Rechtsanwälte taten ein Übriges.

Währenddessen stand unserer geliebten Langendreerer Kneipe Rotthaus das Ende des Pachtvertrages ins Haus und der Hausbesitzer machte nicht die geringsten Anstalten zur Verlängerung. Einige vom Rotthauskollektiv hatten bei den Besetzungen mitgemacht – man kannte sich gut. Gleich um die Ecke hatte die Deutsche Bahn den Bahnhof Langendreer aufgegeben und jahrelang keinen Pfennig investiert. Wir wiederum träumten uns unser Zentrum in dem zertrümmerten Gebäude zusammen. So hockten wir also im deutlich kleineren Kreis zusammen und es kamen Leute aus dem Stadtteil hinzu: Wir brauchen eine Halle und eine Kneipe und ein Kinderladen muss her und ein Werkstattkomplex und Büros und Gruppenräume und ein Wohnprojekt und, und, und. Die Wünsche der Menschen sind unendlich. Jetzt standen wir vor einem Kulturbruch. Anträge begründen. Gespräche führen. Verein eintragen. Konzeptionen schreiben. Kalkulationen aufstellen. Akzeptabel werden. Umsatzsteuer, KSK, GEMA, Kohle zählen, Verträge – sollte das unsere Welt werden? Uns war deutlich, wenn wir wirklich und wahrhaftig ein Zentrum wollen, dann müssen wir uns wohl oder übel auf Spielregeln einlassen, die wir noch vor Monaten beherzt ignoriert hatten.

Wir beerbten die Zentrumsbewegung. Dazu fühlten wir uns legitimiert. Schließlich waren die meisten der Bewegung vorneweg gelaufen, hatten sie strukturiert, ihr eine Stimme und Gesicht gegeben, selbst im Präsidium gesessen und vor Gericht. Die Entscheidung war für den Bahnhof gefallen und bei dem einen oder der anderen von uns muss aufgeschienen sein, was aus diesem Drecksloch mit Substanz und Stil zu machen war. Wir kletterten wie immer durch die vernagelten Fenster. In den sonnendurchfluteten Brettspalten tanzte der Staub. Alles war rott. Putz fiel von den Wänden, Regen platschte durch die Decken, eingeschlagene Scheiben, zugemauerte Türen und eingestürzte Dächer. Der Bahnhof war eine Ruine. Das sahen wir und so kamen wir ans Arbeiten. Endlich, im Sommer 1986 wurde die

Gastronomie eröffnet, im Dezember dann die Veranstaltungshalle eingeweiht. Aber noch immer war vieles Baustelle bis zur Eröffnung des Kinos 1988.

Das endstation.kino
Im Stadtarchiv steht ein grauer Ernemann VIII-Projektor. Mit diesem und einem weiteren Projektor wurde im September 1988 der Grundstein für die Eröffnung des endstation.kinos gelegt. Er war vorher in der Verwaltungs- und Wirtschaftsakademie auf der Wittener Straße installiert und wurde dort jedoch seit 1986 nicht mehr genutzt. Mit einem inzwischen gelblich verblichenem Vertrag zwischen dem damaligen Kulturdezernenten Dr. Erny und Claudia Saarbeck und Rolf Stein vom Bahnhof Langendreer wurde im August 1988 die Überlassung der Vorführtechnik besiegelt.

Der Projektor war bis zum Mai 2008 in Langendreer im Einsatz und machte möglich, dass das Kinopublikum in diesen knapp 20 Jahren insgesamt 15 000–20 000 Stunden in andere Welten abtauchen konnte. Das endstation.kino ist seit Beginn auf Dokumentarfilme, auch zu politischen und ökologischen Themen, auf Filme aus Europa, aber auch aus Lateinamerika, Asien und Afrika spezialisiert. Alles außer Mainstream – nach diesem Motto wird auch heute noch das Programm gestaltet. Von Beginn an wurde versucht, wenn möglich, Filme im Original mit deutschen Untertiteln zu zeigen. Das war zu Zeiten der 35-mm-Kopien nicht immer so einfach. Werden heute die Filme auf Festplatten verschickt und kostet deren Herstellung unter 200 Euro, so musste früher jede Filmkopie auf 35-mm kopiert und verschickt werden, was gut und gerne mehrere tausend Euro für den Filmverleiher kostete.

Seit Oktober 2012 spielen die 35-mm-Projektoren im endstation.kino nur noch eine kleine Rolle. Sie wurden zugunsten eines digitalen Projektors zur Seite geschoben und sind nur noch selten im Einsatz. Das Kinogeschäft hat sich verändert. Nicht nur ist das regelmäßige Rattern der Projektoren durch das Lüftungsgeräusch eines Servers und eines Projektors, sondern auch der „Filmriss" durch den „Absturz" ersetzt worden. Blieb früher ein Film im Projektor hängen oder riss in der Mitte durch, wusste jeder Vorführer, was zu tun war. Der Film wurde aus dem Projektor genommen, die Risskanten geglättet und der Film mit speziellem Klebeband geflickt. Bleibt heute ein Film stehen, bleibt nichts anderes zu tun, als den Rechner neu zu starten und zu hoffen, dass das hilft. Vorführerinnen und Vorführer sind auch nicht mehr zu finden, denn die Projektion wird von einem Display neben dem Kinoeingang vom Tresenpersonal bedient.

Bei aller technischen Nostalgie hat sich aber auch einiges zum Positiven verändert. Das Kino ist demokratischer geworden. Der exklusive durch den Preis der Kopien geregelte Zugang wurde gelockert. Kleinere Filmproduktionen können sich durch die Digitalisierung leisten, ihre Filme ins Kino zu bringen, was vor allen Dingen im Bereich des Dokumentarfilms für eine große Themenvielfalt sorgt.

Das Programm des endstation.kinos bildet nicht nur eine Vielfalt an Themen ab, sondern bietet auch immer wieder Gelegenheiten zu Filmgesprächen. Wo es möglich ist, werden

Filmemacherinnen und Filmemacher eingeladen und in moderierten Gesprächen in den Austausch mit dem interessierten Publikum gebracht. Besonders intensiv passiert dies auf dem Filmfestival blicke, das seit seinem Bestehen im endstation.kino einmal jährlich Filme aus dem und über das Ruhrgebiet zeigt. Ebenso während des jährlichen Dokumentarfilmfestivals Stranger Than Fiction oder den biennalen DEFA-Tagen, die das endstation.kino gemeinsam mit dem Institut für Deutschlandforschung an der Ruhr-Universität veranstaltet. Bochumer Initiativen haben ebenfalls die Möglichkeit, im Kino Filme zu den Themen, die sie bewegen, zu zeigen und in deren Anschluss eine Diskussion zu gestalten. Sie machen die Vielfalt des Programms aus. Die Volkshochschule Bochum, ohne die das endstation.kino nicht gegründet worden wäre, ist mit dem kommunalen Kino ebenfalls von Beginn an eine treue, wertvolle Institution, die das Kino ausmacht. Immer wieder ist auch die Ruhr-Universität Bochum mit verschiedenen Instituten im Kino zu Gast – sei es zu einer Tagung, zur Gestaltung ganzer Filmreihen oder als Projektpartner. Hier ist besonders das Institut für Medienwissenschaften aktiv. Gemeinsam mit dem endstation.kino und dem Bahnhof Langendreer wurde Mitte 2015 eine regelmäßige Filmreihe mit kostenlosen Filmvorstellungen für Kinder und Jugendliche aus dem Stadtteil konzipiert. Das Kino ist zu einem festen Treffpunkt im Stadtteil geworden, besonders für die Kinder und Jugendlichen aus den städtischen Flüchtlingsunterkünften. Sie schauen gemeinsam mit anderen Kindern aus Langendreer Filme und arbeiten hinterher kreativ zu dem Gesehenen und tauschen sich aus.

Das endstation.kino geht zudem auf Wanderschaft: Neben Kooperationen mit dem Kunstmuseum, zum Beispiel im Rahmen von Filmreihen, die begleitend zu verschiedenen Ausstellungen gezeigt werden, gibt es auch immer wieder Filmvorstellungen im Rahmen von Projekten des Schauspielhauses Bochum. Außerdem ist das Hinterzimmer der Ehrenfelder Bar Goldkante zum zweiten Wohnzimmer für die Kinogäste geworden: Mit der Reihe endstation.goldkante haben beide Kulturorte ein popkulturelles Austauschprogramm gestartet, in dem, unterstützt vom Kulturbüro der Stadt Bochum, nicht nur Filme zu sehen sind, sondern auch Musiker und Musikerinnen, Discjockeys, Ausstellungen und Lesungen.

Es ist eher unwahrscheinlich, dass es, ähnlich dem Vinyl-Boom in der Musikbranche, zu einem Revival der 35-mm-Kinokultur kommen wird. Dafür haben schon zu viele Kinos ihre Projektoren und zu viele Filmverleiher ihre 35-mm-Kopien entsorgt. Das Interesse an dieser alten, aber sehr robusten Technik bleibt jedoch im kleinen bestehen – im letzten Jahr fanden zwei Veranstaltungen mit Grundschulkindern im Kino statt, die sich alle begeistert zeigen ließen, wie der 35-mm-Projektor funktioniert.

Der Bahnhof Langendreer 2017
Mit seinen über 30 Jahren gehört der Bahnhof Langendreer inzwischen zu den ältesten soziokulturellen Zentren in Nordrhein-Westfalen. Mit seinem vielfältigen und breiten Kulturprogramm ist der Bahnhof auch ein überregional bekannter Ort: Live-Musik mit dem Schwerpunkt Global Sounds sowie Jazz, Blues, Singer/Songwriter, Indie, Elektro-Pop et cetera,

politisches Kabarett, Lesungen und anspruchsvolle Comedy von bekannten Größen bis hin zu lokaler Kleinkunst. Die Bühnen werden zudem bespielt von lokalen bis internationalen Theatergruppen und internationale Autorinnen und Autoren lesen regelmäßig bei uns und diskutieren mit dem Publikum. Der Bahnhof veranstaltet zudem gemeinsam mit Funkhaus Europa Odyssee – Kulturen der Welt und mit dem Kulturbüro das Festival Ruhr-International. Das endstation.kino bietet mehrere Vorstellungen pro Tag und ein ambitioniertes, vielfach prämiertes Programm. Im Bahnhof Langendreer haben politische Themen in verschiedenen Veranstaltungsformaten, Reihen und Projekten – schwerpunktmäßig auch mit internationalem Bezug – ihren festen Platz. Er ist zudem Treffpunkt und Veranstaltungsort vieler politischer, kultureller und sozialer Initiativen. Der Bahnhof Langendreer versteht sich als Partner für Initiativen, Institutionen und Nutzer-Gruppen in Bochum. In diesem Kontext entstehen zahlreiche Kooperationsprojekte und gerne mischen wir uns auch außerhalb des Bahnhofs gemeinsam mit unseren Bündnispartnerinnen und -partnern ein in das kultur- und lokalpolitische Geschehen.

Damit steht der Bahnhof nicht allein. Nicht nur in Bochum gibt es mit dem Thealozzi und dem Kulturrat in Gerthe weitere soziokulturelle Zentren; die freie Kulturszene hat sich in Nordrhein-Westfalen mit diversen Spiel- und Veranstaltungsorten enorm ausdifferenziert, zum Nutzen der Entwicklung der Kunst und Kultur und der Besucherinnen und Besucher. In der Landesarbeitsgemeinschaft soziokultureller Zentren in Nordrhein-Westfalen sind 63 soziokulturelle Zentren und Initiativen in freier Trägerschaft zusammengeschlossen, die sich immer wieder in die örtlichen und landesweiten Diskurse über Kulturpolitik einmischen.

Sie alle stehen vor ähnlichen Herausforderungen, die wichtigste: das Geld. Zwar wird zum Beispiel der Bahnhof Langendreer dieses Jahr mit 376 300 Euro aus dem Haushalt der Stadt Bochum unterstützt. Auch wenn sich das zunächst viel anhört: Das sind weniger als 0,03 Prozent des Gesamtetats der Stadt von 1,36 Milliarden Euro oder 0,66 Prozent des Kulturhaushalts von 56,9 Millionen Euro. Und vor allem: Die Zuschüsse sind in den letzten 20 Jahren kaum erhöht worden. So frisst die Inflation die Kultur. Und das Land Nordrhein-Westfalen weigert sich im Gegensatz zu anderen Bundesländern standhaft, sich an der grundlegenden Finanzierung von Soziokulturellen Zentren zu beteiligen. Die unzureichende öffentliche Förderung zwingt die freien Einrichtungen seit Jahren immer stärker zu einem von Angebot und Nachfrage dominierten Umgang in der Programmplanung: möglichst wenig Risiko, Hauptsache die Kosten sind halbwegs gedeckt. Auf der Strecke bleiben langfristig programmatische Experimentierfreudigkeit, Nachwuchsförderung und Ausprobieren von neuem. Und gibt es dann noch unerwartete Umsatzeinbrüche in der Gastronomie, weil sich das Freizeitverhalten ändert, ist für viele Zentren das Ende der Fahnenstange schnell erreicht.

Aber auch inhaltlich stehen die soziokulturellen Zentren vor großen Herausforderungen. Eine wichtige dabei ist der demografische und kulturelle Wandel. Soziokulturelle Zentren haben dabei einen großen Vorteil: Sie sind quasi seit Gründung Spezialisten für kulturelle Differenz. Die Betreiber und Betreiberinnen, Künstler und Künstlerinnen, Besucher und Besucherinnen, Nutzer und Nutzerinnen zeichnen sich seit Gründung durch ein hohes Maß an sozialer und kultureller Heterogenität aus. Die Auseinandersetzung mit eigenen und „fremden" Kulturen, Sensibilität, Toleranz und Vermittlung von Widersprüchen gehören seit Beginn zum Alltagsgeschäft, ebenso wie die Zusammenarbeit mit Migrantenselbstorganisationen. So verwundert es nicht, dass sich die meisten soziokulturellen Zentren seit 2015 verstärkt um die Aufnahme und gleichberechtigte Teilhabe von Geflüchteten gekümmert haben. Ziel ist es, Menschen in die Lage zu versetzen, ihre Interessen (wieder) eigenmächtig, selbstverantwortlich und selbstbestimmt zu vertreten. Neu zugezogene und länger hier lebende Menschen werden bei soziokulturellen Angeboten als gleichwertig behandelt, die unterschiedlichen Problemlagen von Menschen (Arbeitslosigkeit, Armut, Sprachprobleme, Ausgrenzung, Gewalterfahrung et cetera) finden dabei selbstverständlich Beachtung. Die neu Zugezogenen werden dabei als neue Nachbarn behandelt, mit denen gemeinsam neue Erfahrungen gemacht werden. Das bedeutet für viele soziokulturelle Zentren auch eine erneute Hinwendung zum Stadtteil, um die vorhandenen bürgerschaftlichen Strukturen zu stärken, vor Ort Vielfalt und Toleranz erlebbar zu machen und weiterhin „Kultur für alle" zu realisieren.

NINA SELIG, ROLF STEIN UND UWE VORBERG

98 | TH-PROFIL

Bochumer Eisenhütte Heintzmann

Profil H ca. 111 cm gebogen, B ca. 21 cm, Fuß: B 24 cm, L 33 cm, D 0,7 cm; Stahl; 1990er Jahre

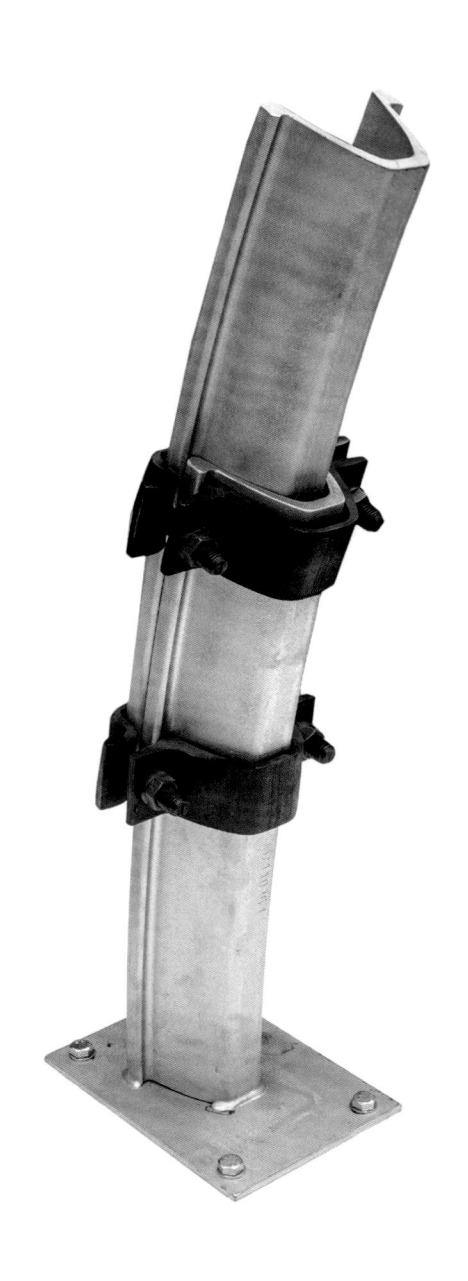

Vom U-Boot in den neuen Gotthardtunnel

Bei dem hier vorgestellten Objekt handelt es sich um ein Modell des sogenannten TH-Profils der Bochumer Eisenhütte Heintzmann. Am Objekt können Form und Funktion einer Stützkonstruktion zur dauerhaften Absicherung von Hohlräumen in Bergbau und Tunnelbau abgelesen werden. Dieses Objekt verdeutlicht in besonderer Weise die Bedeutung des Bergbaus für die Stadt Bochum: Nicht nur eine große Zahl von Zechen bestimmte im 19. und beginnenden 20. Jahrhundert das städtische Bild, diese Zechen zogen auch eine bedeutende Zulieferindustrie nach sich. Die Bochumer Eisenhütte Heintzmann stellt einen noch heute existierenden wichtigen Teil dieser Zulieferindustrie dar, die in der heutigen post-bergbaulichen Phase der Stadt nun für einen internationalen Markt weiter produziert.

Der Name Heintzmann stand bereits in der Frühphase des Bergbaus im 18. und 19. Jahrhundert in besonderer Weise für diesen Wirtschaftszweig. Mehrere Familienmitglieder übten leitende Ämter sowohl in der staatlichen Bergbauverwaltung als auch beim Bergbauverein als wichtigstem Verband des Privatbergbaus aus. Der Bergrat Julius Philipp Heintzmann war Namensgeber für die Wiemelhauser Zeche Julius Philipp. 1851, zu Beginn der ersten Industrialisierungsphase, folgte der Schritt in die Zulieferindustrie. Damit kann die Firma heute auf mehr als 165 Jahre Erfahrung in der Bergbautechnik zurückblicken.

Am 17. Mai 1851 gründete Egmont Heintzmann zusammen mit dem Gerichtsrat M. Bölling und dem Kaufmann Carl Korte die Firma „Korte & Co", einen Vorläufer der Bochumer Eisenhütte Heintzmann. Die Firma stellte hochwertige Gusswaren und Gegenstände aus Schmiedeeisen her. Als die Gesellschafter Korte und Bölling während der Gründerkrise der 1870er Jahre aus der Firma ausstiegen, übernahm der bereits länger im Unternehmen tätige Ingenieur Albert Dreyer ihre Anteile. Die Firma wurde in „Bochumer Eisenhütte Heintzmann & Dreyer" umbenannt. An der Stühmeyerstraße entwickelte sich ein florierender Betrieb, zum Ende des 19. Jahrhunderts lief die Fertigung von Spezialmaschinen für den Bergbau auf vollen Touren. Entwicklungsprodukte wie Dammtüren, Koksausdruckmaschinen und Dampfpumpen setzten sich schnell auf dem internationalen Markt durch.

Der eigentliche Durchbruch in der Unternehmensgeschichte und das bekannteste Produkt war das von Heinrich Toussaint (T) und Egmont Heintzmann (H), Enkel des Unternehmensgründers, Anfang der 1930er Jahre entwickelte TH-Profil. Mit zunehmender Teufe konnte der bis dahin verwendete Holzausbau dem größeren Gebirgsdruck nicht mehr gerecht werden. Man erkannte, dass ein starrer Ausbau das in Bewegung geratene Gebirge ohne Deformation nicht zu tragen in der Lage war. Der aus dem Werftsektor zu Heintzmann gewechselte Heinrich Toussaint nutzte Erfahrungen aus dem Bau von U-Booten und adaptierte die dort verwendeten U-förmigen Profile für einen Einsatz im Steinkohlenbergbau. Die ideale Lösung für das Problem des hohen Drucks war durch den nachgebenden Ausbau mit dem Gleitbogen aus TH-Profilen gefunden. Diese innovative Entwicklung revolutionierte den Bergbau weltweit.

Seit 1955 wird der Grubenausbaustahl der TH-Profile nach einem speziellen Verfahren, das zusammen mit den dafür nötigen Maschinen von Heintzmann-Ingenieuren in Bochum entwickelt wurde, vergütet. Die herausragenden Eigenschaften dieses vergüteten TH-Profils sind die statisch ausgeglichenen Widerstandsgrößen und der definierte Einschub beim Einsatz als nachgiebiger Ausbau. Heute wird das TH-Profil weltweit in unterschiedlichen Gewichtsklassen eingesetzt. Im Steinkohlen-Bergbau werden 40–44 kg/m schwere Profile benötigt. Im Kanalbau müssen die TH-Profile mit kleinen Radien gebogen werden. Hier kommen zumeist die kleinen Gewichtsklassen wie 16,5 kg/m, 21 kg/m oder 25 kg/m zum Einsatz.

Ein besonderes Beispiel für den heutigen Einsatz entsprechender Profile ist der im vergangenen Jahr fertiggestellte Gotthard-Tunnel. Die Bedingungen für den neuen Tunnel waren sehr schwierig. Mehr als 1 000 Meter Gebirge lasten auf der Tunnelröhre. Dies entspricht einer Belastung von 2 000 Tonnen je Quadratmeter. Mit dem Einsatz von TH-Profilen war es möglich, dem großen Gebirgsdruck zu widerstehen.

Sicherheit und Qualität der Produkte standen immer an erster Stelle. Aufbauend auf den Erfahrungen der langjährigen Bergbautradition wurde das Leistungsspektrum der Bochumer Eisenhütte Heintzmann in den letzten Jahrzehnten konsequent ausgebaut und erweitert. Zu den Kerngeschäftsfeldern gehören heute – neben dem Bergbau – der Tunnelbau und die Wärmebehandlung wasservergütbarer Stähle.

RÜDIGER OOSTENRYCK

99 BILDUNGSKOFFER ZUR JÜDISCHEN RELIGION

Solch ein Koffer fällt nicht vom Himmel!

Ende der 1980er Jahre verstärkten sich wieder einmal rechtsextreme Aktivitäten verschiedener Parteien und Gruppierungen in Bochum – hier besonders in Wattenscheid (Parteizentrale der NPD).

Ziel der Aktivitäten waren insbesondere junge Menschen, Schülerinnen und Schüler, Auszubildende und Jugendliche im Sinne der Jugendsozialarbeit. Durch einen günstigen Zufall gab es einen Kontakt zwischen dem damaligen Schuldezernenten Dr. Richard Erny und dem langjährigen Leiter des Schulverwaltungsamtes (1983–2000) Jürgen Niedringhausen mit dem israelischen Pädagogen Eliahu Ben-Jehuda (74). In einem ersten Gespräch „entpuppte" er sich als der echte Schalker Junge Erich Stiefel, der in Gelsenkirchen geboren wurde und hier auch sein Abitur machte. Während sich die Spuren der Eltern im Konzentrationslager verloren, schaffte es Ben-Jehuda über Holland und England nach Palästina zu gelangen. Seine Lebenserfahrungen zwangen ihn förmlich dazu, seit den 1960er Jahren nach Deutschland zu gehen und hier als Pädagoge gegen Kollektivurteile und Vorurteile zu kämpfen. Mit seiner ganzen Kraft wollte er alles dafür tun, dass sich die unsäglichen Geschehnisse des sogenannten Dritten Reiches nicht wiederholen. Viele Besuche an deutschen Schulen waren die Folge.

Die zuvor beschriebene Situation forderte geradezu eine Einladung an diesen besonderen charismatischen Pädagogen heraus, Bochumer Schülerinnen und Schüler zu besuchen. So erhielten 1988 neunzehn Bochumer Schulen Besuch aus Israel. Der vitale und lebensbejahende Lehrer fand genau den Ton der jungen Menschen, um diesen als fairer Zeitzeuge von den unmenschlichen Geschehnissen zur Zeit des Nazi-Regimes zu berichten. Über allem stand immer der Wunsch nach Aussöhnung zwischen Juden und nichtjüdischen Deutschen durch Wissen, Toleranz und Verstehen. In den anschließenden Diskussionen wurde der Bedarf an Informationen zum jüdischen Leben sehr deutlich. Und auch von den Schülerinnen und Schülern so artikuliert. Wie will man schließlich einen Menschen verstehen und tolerieren, wenn man seine Geschichte, Bräuche und Riten nicht kennt.

Das war der „Startschuss" für den „Bildungskoffer zur jüdischen Religion". Intention dieses Projektes war die Erstellung einer schriftlichen Handreichung zum Thema jüdisches Leben und Medien/Gegenstände zum Thema Riten und Bräuche. Adressaten sollten die Bochumer Schulen und Jugendverbände sein, die diese Medien in der Medienstelle/Stadtbildstelle des Schulverwaltungsamtes ausleihen konnten.

Nach intensiven, zeitaufwendigen und anstrengenden Gesprächen zwischen dem Leiter des Schulverwaltungsamtes und einem Vertreter der Jüdischen Gemeinde Bochum-Herne-Recklinghausen konnte zunächst ein Koffer mit Kultgegenständen gepackt werden, die hier nicht vollständig aufgelistet werden: zur individuellen Frömmigkeit (Tallit, Tefillin, Gebetsbuch), zum Schabbat (Kiddusch-Becher, Festtagsleuchter, Besamin-Büchse, Haw-

99 | BILDUNGSKOFFER ZUR JÜDISCHEN RELIGION

Stadtarchiv Bochum – MUSA (früher Schulmuseum)

Koffer geschlossen H 59 cm, B 74 cm, T 25 cm; Kunststoff; Inhalt Glas, Holz, Leder, Papier, Schaumstoff, Silber, Wachs

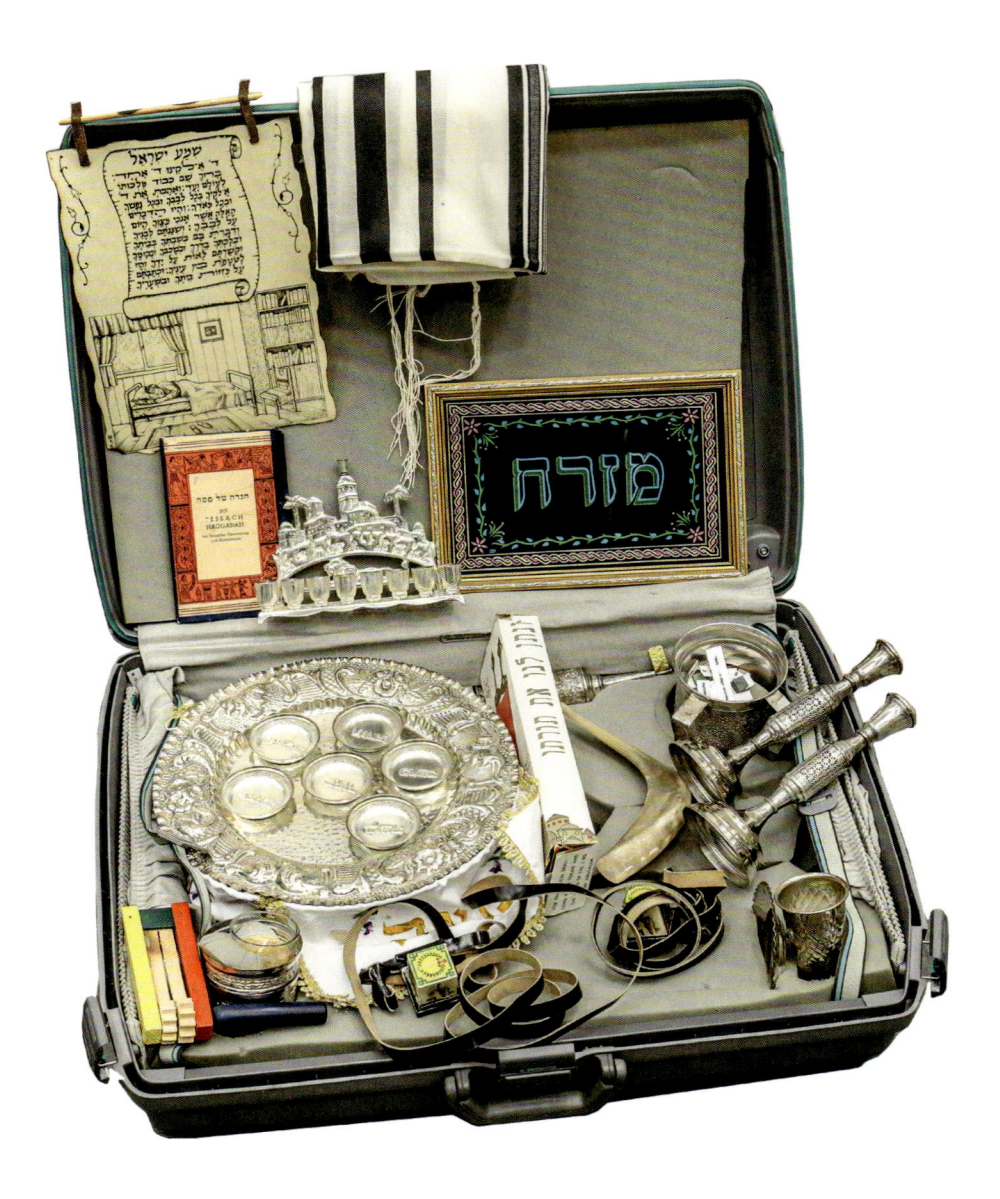

99 | BILDUNGSKOFFER ZUR JÜDISCHEN RELIGION

dalah-Schale), zu jüdischen Festtagen (Seder-Schüssel, Pesach-Haggada, kleine Tora-Rolle, Schofar, Chanukka-Leuchter) und Gegenstände des jüdischen Hauses (Mesusa, Waschgefäß, „milch/fleischig"-Handschuh). Alle Gegenstände wurden in der jüdischen Metropole Antwerpen erworben.

Der Koffer wurde dann ergänzt durch ein didaktisches Begleitheft für die Hand des Lehrers, Overhead-Folien für den Unterricht, Tonträger mit Synodalgesang des Schabbatgottesdienstes, der Feiertage, der häuslichen Schabbat-Feier und der Alltagsgebete.

Nach einer längeren Anlaufzeit stand der Koffer ab 1991 vollständig zur Ausleihe zur Verfügung. Es zeigte sich, dass der Anspruch sinnlichen Lernens mit diesem besonderen Medienangebot nachhaltig hervorragend erfüllt wurde.

Nach Auflösung der Medienstelle wurde der Koffer dem Stadtarchiv zugeordnet, fand zunächst aber seinen Platz im Schulmuseum. Es ist zu wünschen, dass auch weiterhin interessierte Schulen und Verbände mit dem Koffer ihr Wissen um jüdisches Leben erweitern und ihren jüdischen Mitmenschen in Toleranz und Verstehen friedlich begegnen.

JÜRGEN NIEDRINGHAUSEN

100 | ERINNERUNGSBLATT EHEMALIGER BOCHUMER JUDEN AUS ARGENTINIEN

Stadtarchiv Bochum – MUSA
H 41 cm, B 31,2 cm; Karton, Papier; 1995

> Die aus Bochum nach Argentinien ausgewanderten Juden, moechten eine Erinnerung hinterlassen, aus Anlass des Wiedersehens mit unserer ehemaligen Heimat.
>
> September 1995
>
> Ernestine Berg
> Hilde Block
> Ida Goldberg
> Werner Heymann
> Manfred Neumann
> Moritz Slamazarnik

100 ERINNERUNGSBLATT EHEMALIGER BOCHUMER JUDEN AUS ARGENTINIEN

Besuch jüdischer Emigranten in ihrer alten Heimatstadt

Ernestine Silbermann geborene Berg, Hilde Neustadt geborene Block, Ida Goldberger geborene Goldberg, Werner Heymann, Manfred Neumann und Moritz Szlamazarnik gehörten zu den 52 Mitgliedern der alten jüdischen Gemeinde Bochum, die 1995 mit jeweils einer Begleitperson auf Einladung der Stadt Bochum für eine Woche ihre alte Heimatstadt besuchten. Sie waren aus Argentinien gekommen und hinterließen das hier abgebildete „Erinnerungsblatt".

Ernestine Silbermann, 1924 in Bochum als Tochter des Möbelhändlers Moritz Berg und der Adele geborene Cohen geboren, war im März 1938 mit ihren Eltern die Flucht nach Argentinien gelungen. Dort lebte bereits ein Bruder der Mutter, der 1936 nach Buenos Aires ausgewandert war und ihnen eine Einreiseerlaubnis besorgt hatte.

Hilde Neustadt, am damaligen Moltkeplatz in Bochum als Tochter des im Ersten Weltkrieg gefallenen Max Block und dessen Ehefrau Helene geborene Cahn geboren, war es 1938 gelungen, zusammen mit der Mutter nach Argentinien zu fliehen. Ermöglicht wurde das durch zwei ihrer Brüder, die bereits 1934 nach Südamerika ausgewandert waren. Der Bruder Albert starb im Lager Westerbork, die Schwester Sophia wurde in Sobibor ermordet, die Schwester Emmy überlebte die Lager Theresienstadt und Auschwitz.

Ida Goldberger, Tochter des Schuhmachers Rubin Goldberg, war mit ihren Eltern bereits 1934 nach Südamerika geflohen.

Werner Heymann, Sohn des Kaufmanns Adolf Heymann, der sein Geschäft in der Kaiser-Wilhelm-Straße 8 hatte, war zwölf Jahre alt, als ihm die Flucht aus Deutschland gelang. Er hatte noch die Pogromnacht am 9. November 1938 in Bochum erlebt, ein Erlebnis, das ihn nach eigener Aussage sein „ganzes Leben nicht mehr verlassen wird".

Manfred Neumann, geboren an der Herner Straße, war zunächst mit seiner Familie nach Uruguay geflohen und erst 1969 nach Buenos Aires gekommen.

Moritz Szlamazarnik wurde mit seinen beiden Geschwistern von den Eltern nach Uruguay zu Verwandten geschickt. Die Kinder waren damals acht, elf und 14 Jahre alt. Den Eltern gelang die Flucht nicht mehr, sie wurden im August 1944 in Auschwitz ermordet. Moritz ging später nach Argentinien, die Geschwister nach Israel.

Der Text des Erinnerungsblattes lässt nur erahnen, mit welchen Gefühlen seine Autoren 1995 nach Bochum kamen. Das hatte auch damit zu tun, dass sich einige von ihnen schon Jahre zuvor um eine Einladung der Stadt Bochum bemüht hatten, aber ohne Erfolg.

Es ist hier nicht der Platz, diese beschämende Geschichte noch einmal aufzuschreiben, das ist an anderer Stelle ausführlich geschehen (Wojak/Schneider, 1996). Hier nur so viel: Es bedurfte der Gründung eines Bürgervereins in Bochum, um die Einladungspraxis der Stadt nachhaltig zu verändern. Am 24. August 1994 konstituierte sich der Verein „Erinnern für die Zukunft e.V. zur Förderung einer Einladung an die zwischen 1933 und 1945 verfolgten und aus Bochum und Wattenscheid vertriebenen jüdischen Bürgerinnen und Bürger". Bereits ein Jahr nach Vereinsgründung besuchten 52 Bochumer jüdische Emigranten mit je einer Begleitperson ihre frühere Heimatstadt. Den Initiatoren war in wenigen Monaten die politische Durchsetzung der Besuchswoche gelungen.

Durch die Vorbereitung und die Gestaltung des Besuchsprogramms gelang es, die öffentliche Meinung so zu prägen, dass der Versuch, zu erinnern ohne zu gedenken, scheiterte.

Vor und während des Besuchs wurde deutlich, wie schwierig es für jeden Besucher war, sich für einen Besuch in Bochum zu entscheiden. Das wurde vor allem in der Ansprache deutlich, die Jerry Freimark als Sprecher der Gäste beim Empfang der Besucher im Rathaus hielt:

> „Als ich vor 57 Jahren hier wegging – oder mich wegstahl, wäre vielleicht der bessere Ausdruck, denn unser Schiff stieß sang- und klanglos um Mitternacht vom holländischen Ufer ab – hätte ich mir kaum träumen lassen, dass ich eines Tages hier stehen würde als Gast der Bochumer [...]. Heute, ein Lebensalter später, kann ich kaum beschreiben, welche Gefühle mich jetzt bewegen. Die Erlebnisse dieser Tage hinterlassen einen tiefen Eindruck. Jedoch will ich versuchen, unseren Besuch, unsere ‚Rückkehr' in ein gewisses Licht zu setzen. Es ist eine große Aufgabe, an der größere Geister als ich gescheitert sind. Der Hauptgrund liegt wohl darin, dass jeder Einzelne seine eigene Lösung finden muss, um mit der Vergangenheit Frieden zu schließen. Jedem ist das jedoch nicht möglich. Doch ich denke, dass die heute hier Versammelten jedenfalls mit bestem Willen versucht haben, diese Kluft der Vergangenheit zu überbrücken. Wenn ich von einer Kluft spreche, so ist das der einzige Ausdruck, der mir in den Sinn kommt, mit dem ich auch nur annähernd beschreiben kann, was sich in unserer Lebenszeit abgespielt hat. Wir waren hier ansässig. Unsere gemeinsame Geschichte führte bis auf die Tage der Römer zurück. Es war in der Tat unsere Heimat. Ich war ein eingefleischter Lokalpatriot, erfreute mich an jedem Fortschritt Bochums, als wäre es ein Ereignis in meiner eigenen Familie. Von der Jobsiade bis Gottlieb von Tippelsberg hatte ich mir alles zu eigen gemacht.
>
> Dann kamen die schrecklichen Tage. Erst langsam, kaum glaublich, wie Gespenster aus der Vergangenheit und dann mit überstürzender Hast überholte uns das Verhängnis. Das Undenkbare wurde Ereignis. Das unaussprechlichste Verbrechen wurde alltägliches Geschehen. [...] Recht wurde Unrecht und Unrecht herrschte im Lande. Schließlich wurden sogar die Zuchthäuser geöffnet und ihre Insassen wurden als Befehlshaber über die Unglücklichsten der Unglücklichen gesetzt. Ja, sie wurden sogar belohnt für jeden Mord, den sie begingen. Wie kann man so etwas vergessen? Vergessen ist ein Ding der Unmöglichkeit! Aber Vergessen ist auch nicht unsere Aufgabe. Im Gegenteil. Wer seine Geschichte vergisst, muss sie wiederholen. [...] Auf den Schultern der jüngeren Generation liegt die schwere Verantwortung, die Welt zu überzeugen, dass die Vergangenheit eine Abirrung der Geschichte war und nicht die wahre Seele und den Charakter Deutschlands darstellt. Noch zu oft höre ich von amerikanischen Glaubensgenossen: ‚Ich werde nie einen Fuß in das Land setzen.'

Die heutige Generation der Deutschen steht in vorderster Front der Kämpfer gegen den Hass des Menschen gegen den Mitmenschen und beweist durch Rat und Handlung, dass einfache Toleranz allein nicht genug ist, sondern dass der Respekt für den Mitmenschen durch positive Tat gefördert werden muss. Die Hand, die uns jetzt gereicht ist, dürfen und wollen wir nicht verweigern. An der Aufgabe, die Kluft zu überbrücken, müssen wir, die Überlebenden und alle Deutschen guten Willens, Jung und Alt, zusammenarbeiten. […]"
(Das Manuskript und alle nachfolgend zitierten Dokumente in: Archiv „Erinnern für die Zukunft e.V.")

Jerry Freimark sprach wohl für alle die, die der Einladung nach Bochum gefolgt waren. Respekt verdienen aber auch diejenigen, die der Einladung nicht folgen konnten und wollten. Einige haben sich der Mühe unterzogen, trotzdem auf die Anfrage aus Bochum zu reagieren. Und gerade diese Antworten verdeutlichen die Konflikte, welche die Anfrage zu einem Besuch nach 50 Jahren bei den Empfängern auslöste. Frau E.P. aus den USA schrieb:
„Ich danke Ihnen und dem Verein, den Sie repräsentieren, für die Einladung zu einen Besuch nach Bochum im kommenden Jahr, die ich leider nicht annehmen kann." Ebenso kurz war die Antwort von Herrn M. aus England: „Einer Einladung seitens der Stadt Bochum würde ich nicht Folge leisten. So sehr ich auch die Absichten Ihres Vereins zu schätzen weiß, bitte ich Sie höflich, mich von der Liste der potentiellen Interessenten zu streichen." Und Herr Z. aus Israel lehnte es überhaupt ab, dass Juden nach Deutschland reisen:

„[…] Wir verzichten darauf und sind überhaupt dagegen, dass Juden deutschen Boden betreten sollten nach alldem, welches in den Jahren 1933–1945 geschah, und dazu noch, was sich heute wieder mal in Deutschland abspielt. Ich selbst wie auch meine Ehefrau haben leider zu viele Sachen und Erlebnisse in Erinnerung. Obzwar ich und meine Ehefrau 1983 während einer Europareise Bochum auf Einladung von Familie M. besuchten, wir uns aber nur zwei Tage dort aufhielten, uns keine Ausflüge interessierten und so weit wie möglich von deutschen Einwohnern Abstand hielten. Vielleicht werden meine Kinder und Enkelkinder in Zukunft Deutschland besuchen, um sich die KZ-Lager Dachau und andere Lager anzuschauen. […]"

Differenziert beschrieb Frau M.F. aus den USA ihre Nöte:

„[…] The receipt of your letter caused such deep emotion, reflection and turmoil that it was difficult to answer you sooner. I want to thank you very, very much for having extended the invitation to me with so much thoughtfulness and sincerity, which I deeply appreciate. I have read the list of survivors who are now dispersed over the world (including some of my own family members) as a result of the Nazi debacle. I knew many of them as class mates or friends, or friends of my parents. In my home I have a list of former Bochumer citizens who perished. The existence of such lists fills me with overwhelming sadness. I have been told that our family tree traces our German Jewish ancestors as far back as the 1700c. My father and uncles served honorably in the First World War as German soldiers. They had to flee Germany, as I did under indescribable circumstances,

> and I have nightmares to this day in which I relive those experiences.
>
> Therefore, I have very conflicting emotions about wanting to walk along the streets again where once we walked, but at this time I do not think I could cope with being inside German borders once more. This is a strictly individual personal feeling which is obviously not shared by all emigrants, and for this reason I am exceedingly grateful to you that the invitation was extended, so that those who wish to return for a visit will be made to feel welcome. I understand their need. [...]"

Und einige Emigranten, die zunächst die Einladung zu einem Besuch in Bochum angenommen hatten, sagten wenige Tage vor dem Termin ab. Stellvertretend für diese Gruppe steht folgender Brief von Herrn W. aus den USA:

> „ [...] After considerable reflection, my wife and I have decided to decline your gracious invitation to former Jewish residents to visit Bochum in September of this year.
>
> Seeing a book on the Holocaust, as it transpired in Bochum, including the use of slave labor from Buchenwald, and its discussion of what happened (and did not happen) after the war, and also a listing of Jews killed (including a great-aunt and great-uncle), brought back memories long forgotten: the Sturm-Abteilung picketing my parents' store; the several times gangs of Hitler Jugend beat me up on my way home from school as a nine-year old boy; letters received from those relatives above, who were too old to leave, etc. All of this would make a visit too uncomfortable for me. It is not difficult to forgive. It is obvious that the vast majority of Bochumers and Germans today were not of an age then, of alive at all, to have had part or influence in all that happened. Further, there is evidence that Bochumers and Germans have learned and are learning to face the total issue. But, forgetting for me is something else. [...]"

Frau B. aus den USA, Emigrantin aus Bochum, Überlebende von Theresienstadt und Auschwitz, formulierte in ihrem ersten Brief, in dem sie die Einladung ablehnte, gewissermaßen die Kernprobleme, die sich – mit unterschiedlichem Gewicht – allen Emigranten stellten:

> „Ihre freundliche Einladung eines Wiedersehens in Bochum sage ich hiermit ab. Meine Erinnerung an meine Heimatstadt ist nicht gerade sehr erfreulich. Gleich [nach meiner Rückkehr] aus den Konzentrationslagern Theresienstadt – Auschwitz wollte ich Bochum und mein Elternhaus wiedersehen, es stand nicht mehr – der ganze Platz war ausgebombt, die Bochumer nicht sehr erfreut, dass eine Jüdin zurückkam. Nach 50 Jahren [ist es] sehr spät für eine Einladung, inzwischen sind die verfolgten Juden alt und nicht mehr reisefähig. Das gilt auch im Namen meiner Schwester H.N. aus Buenos Aires, das ist von 6 Geschwistern eine Überlebende, meine Schwester Sofie ist in Sobibor vergast worden, mein Vater M.B. ist im Ersten Weltkrieg gefallen. Zum Dank des Vaterlandes sind die Kinder im Konzentrationslager gelandet. Leider habe [ich] das Gefühl, dass die Bochumer gar nicht die überlebenden Juden sehen wollen. Warum nach so langer Zeit, während andere Städte schon lange ihre Heimatleute zurückgerufen haben. Es tut mir leid, offen meine Meinung zu schreiben. [...]"

Während des ganzen Besuchs wurden die Gäste von 24 jungen Frauen und Männern betreut. Und das war sicher auch der Schlüssel des Erfolges des Besuches: Gegenüber diesen jungen Leuten, die gut vorbereitet und offen auch für schwierige Fragen waren, verloren die Gäste ihre Befangenheit, konnten sie letztlich den Besuch – bei allen leidvollen Erinnerungen – auch genießen. „Der Kreis hat sich geschlossen", sagte eine Besucherin zum Abschied. „Bei Nacht und Nebel musste ich die Stadt verlassen, um zu überleben. Mit allen Ehren wurde ich jetzt empfangen. Das macht das Leid zwar nicht ungeschehen, aber es tut gut. Ich kann jetzt in Ruhe in meine neue Heimat zurückkehren."

Die Briefe, die vor und nach dem Besuch an die Stadt Bochum und an den Verein „Erinnern für die Zukunft e.V." geschrieben wurden, waren Ausdruck eines begonnenen Gesprächs und der Verständigung. Und wiederum war es Jerry Freimark, der in seiner „nicht gehaltenen Rede zum Abschied" (er hat dem Verein den Text nach seiner Rückkehr in die USA zugeschickt) das Ergebnis des Besuchs aus seiner Sicht zusammenfasste, zugleich aber auch die Aufgabe für die Zukunft formulierte:

> „[…] Wenn ich am Eröffnungsabend vom Brückenbau sprach, so haben wir doch hier in der vergangenen Woche vieles zu diesem Brückenbau hinzugetragen. Beim Gottesdienst am Freitagabend erfuhr ich aus dem Munde des Rabbiners Dr. Broude, was zu diesem Brückenbau notwendig ist. Wenn sein Deutsch auch nicht so flüssig war, die Botschaft war doch kristallklar: B'aha-vah B'emet. Nur mit Liebe und Wahrheit kann eine solche Brücke gebaut werden. Die Aufrichtigkeit sind die Steine, aber die Liebe ist der Mörtel, der die Steine zusammenhält. Die Brücke in die Zukunft kann aber nie fertig sein. Wir und zukünftige Generationen müssen die Arbeit weiter fortführen, so dass Deutsche und Juden wieder einen so fruchtbaren Dialog führen können, wie es einst der Fall war, und dass nie wieder dunkle Wolken diesen Brückenbau unterbrechen können. […]"

Der Besuch von 1995 hatte Folgen: Nicht nur, dass in den folgenden Jahren immer wieder kleinere Besuchergruppen zu einem Besuch nach Bochum eingeladen wurden, auch die Kontakte zwischen Bochum und den Emigranten wurden fortgesetzt, dauern bis heute an. Der Verein „Erinnern für die Zukunft e.V." gibt seit 1997 jährlich ein Vereinsblatt heraus, das an alle Emigranten jeweils zum jüdischen Neujahrsfest verschickt wird. In ihm wird nicht nur über die Arbeit des Vereins, die Vorgänge in Bochum berichtet, das Blatt wurde auch zum Forum, in dem die Erinnerungen der Bochumer Juden veröffentlicht werden. Auch die heutige jüdische Gemeinde berichtet immer wieder über ihre Entwicklung. Die Stadt Bochum meldet sich immer wieder bei den Besuchern, der Freundeskreis Bochumer Synagoge informiert kontinuierlich über seine Arbeit.

Durch die breite Resonanz, welche die Besuche in der Bochumer Öffentlichkeit und in den Medien hervorriefen, wurde das Thema „jüdisches Leben in Geschichte und Gegenwart" in der Gesellschaft präsent. Die Erinnerungskultur erhielt in Bochum einen neuen Stellenwert. 2003 erschien das Gedenkbuch für die Opfer der Shoah aus Bochum und Wattenscheid. Zu nennen sind auch der von der Evangelischen Stadtakademie initiierte und durchgeführte

„Erinnerungsweg" zur jüdischen Geschichte Bochums und das Projekt „Stolpersteine" des Künstlers Gunter Demnig, das bis heute dazu führte, dass bereits vor mehreren Hundert Wohnungen in Bochum und Wattenscheid solche Steine liegen. Die Arbeiten von Organisationen, die sich schon seit langem mit jüdischen Themen beschäftigen (vor allem die Evangelische Stadtakademie, der Verein der Verfolgten des Naziregimes – Bund der Antifaschisten, das Stadtarchiv und der Verein Erinnern für Zukunft) werden ganz anders wahrgenommen. Publikationen, Ausstellungen und Vorträge zu diesen Themen finden eine breite Resonanz.

Diese Entwicklung trug entscheidend dazu bei, dass in Bochum die Spitzen in Gesellschaft und Politik und immer größere Bevölkerungskreise die zunehmenden Probleme der jüdischen Gemeinde nicht nur wahrnehmen, sondern bereit sind, sich an der Diskussion um die Lösung dieser Probleme zu beteiligen.

HUBERT SCHNEIDER

101

STOFFPUPPE „HERBERT"

Das Maskottchen der BOGESTRA: Der „doppelte Herbert"

Am 13. Januar 1996 präsentierte die Bochum-Gelsenkirchener Straßenbahnen Aktiengesellschaft – kurz BOGESTRA – einen neuen „Mitarbeiter". Pünktlich zum 100. Geburtstag der BOGESTRA nahm der „riesige und stets gut gelaunte Schaffner" seinen Dienst auf. Weil das Verkehrsunternehmen, das die Städte des mittleren Ruhrgebiets verbindet, in diesem Jahr ausgiebig mit den Fahrgästen und Bürgern feierte, hatte das Maskottchen sofort ordentlich zu tun. Gleich neun Tage der offenen Tür und ein mehrtägiges Familienfest gab es. Darüber hinaus rückten eine Ausstellung und Gesprächsrunden den Nahverkehr besonders in den Blickpunkt. Bei fast allen Gelegenheiten war der freundliche Schaffner mit dabei. Immer wieder mischte er sich unter die Leute und verteilte von Anfang an auch „unzählige Mini-Ausgaben seiner selbst".

Damit der Schaffner auf Dauer nicht namenlos blieb, bat die BOGESTRA die Öffentlichkeit um Mithilfe. Nach dem Aufruf gingen mehr als 250 Namensvorschläge ein – das Ergebnis war eindeutig: „Herbert muss er heißen" schrieben ganz viele. Und das aus gutem Grund. Von den 1950er bis in die 1980er Jahre, fast 30 Jahre, tat Herbert Broos am Bochumer Rathaus als Standschaffner Dienst. Bald schon war er bekannt wie ein bunter Hund, später eine Institution.

Der Hobby-Zauberkünstler (Künstlername „Bella Broo") brachte nicht nur Fahrscheine an Mann oder Frau, sondern den Passanten immer wieder ein Lächeln auf die Lippen. Seine magischen Fertigkeiten präsentierte er aber auch auf Betriebsfesten oder anderen Veranstaltungen. Mitte der 1960er Jahre berichtete die BOGESTRA-Betriebszeitschrift „Rückspiegel" von „etwa 60 Tricks, mit denen er sich auf jeder Varietébühne sehen lassen könnte". Überliefert wird auch, dass sich die regelmäßig stattfindenden Fundsachen-Versteigerungen mit ihm als Auktionator „wegen seines unerschütterlichen Humors und seiner Schlagfertigkeit" zu besten Unterhaltungsshows entwickelten.

Mit dem zauberhaften Schaffner Herbert sorgte die BOGESTRA nicht nur bei Groß und Klein für Freude. Das Maskottchen erinnerte viele auch daran, dass lange Jahre Schaffner in den BOGESTRA-Bussen und -Bahnen unterwegs waren. Als die ersten Straßenbahnen Ende der 1890er-Jahre für mehr Mobilität der Menschen sorgten, war neben dem Fahrer auch immer der Schaffner an Bord. Er kümmerte sich um die Fahrgäste und sorgte dafür, dass sie die passenden Fahrkarten für die Reise mit der „Elektrischen" hatten: Brauchte der Reisende eine Hin- und Rückfahrkarte oder reichte für die Fahrt ein Einzel-Fahrschein aus?

Anders als heute, wo es durch den Verkehrsverbund Rhein-Ruhr (VRR) einheitliche Tickets gibt, existierten damals von jeder einzelnen Straßenbahngesellschaft eigene Fahrkarten. Gewandelt hat sich in den Jahren auch das Selbstverständnis der Schaffner. Wurde anfangs besonders viel Wert auf militärische Strenge gelegt, ging es später immer stärker um freundliches und trotzdem kompetentes Auftreten. Im Jahr 1956 begann die BOGESTRA dann mit

101 | STOFFPUPPE „HERBERT"

Stadtarchiv Bochum – MUSA

H 26 cm

dem Versuch, Schaffner nicht nur auf den Fahrzeugen Dienst tun zu lassen, sondern am zentralen Verkehrsknotenpunkt der Bochumer Rathauskreuzung die Nahverkehrskunden dauerhaft durch einen Standschaffner bedienen zu lassen.

Dass dieser Versuch zum Erfolg wurde, lag wohl auch an der Person Herbert Broos. Doch auch der Magier vom Bochumer Rathaus konnte die technische Entwicklung und die Folgen für das Personal der BOGESTRA nicht aufhalten. Die Zeit der Schaffner endete bei der BOGESTRA in den Omnibussen im Jahr 1969, in den Straßenbahnen war ein Jahr später Schluss. Um den sogenannten Einmann-Wagen im Fahrplan zu bewegen, war mit dem Bus- oder Straßenbahnfahrer nur noch ein Mitarbeiter nötig. Ganz ohne Schaffner wollte der Volksmund in der Umstellungszeit aber nicht auskommen. Die Ticket-Entwerter, die Einzug in die Fahrzeuge gehalten hatten, wurden „Eiserne Schaffner" genannt.

Ein wenig an die Schaffner erinnert waren ältere Fahrgäste seit dem Jahr 2005, als die BOGESTRA mit dem Einsatz ihrer Kundenbetreuer zuerst auf der Linie 301, später im gesamten Betriebsgebiet für ein einzigartiges Serviceangebot sorgte. Mehr als 100 Mitarbeiter sind heutzutage als Ansprechpartner für das Verkehrsunternehmen unterwegs. Dabei sind sie mobiles KundenCenter, indem sie im Fahrzeug eine umfassende Ticketberatung machen, Hilfestellung beim Einsteigen bieten oder bei Störungen die Kunden vor Ort informieren.

CHRISTOPH KOLLMANN

Stadtarchiv Bochum – MUSA

H 21 cm, B 15,5 cm; Bleistiftzeichnung auf Papier mit aufgeklebtem Selbstbildnis

102   ZEICHNUNG VALERIAN LOPATTO

… damit „die Geschichte der Menschen nicht in Vergessenheit gerät"

Valerian Lopatto (1926–2008), Bürger der ehemaligen Sowjetunion, war einer von 32 000 Menschen, die im Zweiten Weltkrieg in Bochum unter unvorstellbaren Lebens- und Arbeitsbedingungen Zwangsarbeit verrichten mussten und dafür nicht oder nur unzureichend entlohnt wurden. Dass er diese Zeit überlebt hat, war nicht selbstverständlich. In Bochum existieren heute über 2 000 Gräber von ehemaligen Zwangsarbeiterinnen und Zwangsarbeitern aus 14 Ländern, die meisten davon befinden sich auf dem Hauptfriedhof am Freigrafendamm (Jennemann-Henke, 2002). Die Zahl der hier tatsächlich zu Tode gekommenen Zivilisten und Kriegsgefangenen lag sicherlich noch deutlich höher.
Ehemalige Zwangsarbeiter und Zwangsarbeiterinnen aus den osteuropäischen Ländern wurden nach Kriegsende bei der Rückkehr in ihre Heimat als Kollaborateure stigmatisiert und mussten in der Regel gesellschaftliche und berufliche Nachteile in Kauf nehmen (Herbert, 1985). Zwangsarbeit war insbesondere in den Ländern des ehemaligen Ostblocks noch bis weit in die 1990er Jahre hinein ein Tabuthema. Entschädigungen der Bundesrepublik Deutschland für entgangenen Lohn und/oder gesundheitliche Folgeschäden erhielten diese Menschen aufgrund geltender Verträge nicht. Auch in Deutschland rückte dieses Kapitel seiner Geschichte erst im Verlauf der 1990er Jahre in die öffentliche Diskussion. Die Bereitschaft, sich dieses Themas anzunehmen – produktiv und/oder rezeptiv – ist durch die öffentlich geführte Debatte über die Entschädigungsansprüche ehemaliger Zwangsarbeiter und die Einrichtung der Bundesstiftung „Erinnerung, Verantwortung und Zukunft" im Jahr 2000 zusätzlich angestoßen worden. Die Stiftung stellte zehn Milliarden D-Mark bereit, um ehemaligen Zwangsarbeitern eine Entschädigung zu zahlen. Mehr als eine verspätete Geste war dies nicht, eine tatsächliche Entschädigung kam dabei nicht heraus. Nur ein Bruchteil der eigentlich anspruchsberechtigten Opfer erlebte die Auszahlung noch, andere wurden nicht berücksichtigt, so zum Beispiel sowjetische Kriegsgefangene (Eizenstat, 2003).
Oft hatten Zwangsarbeiter in ihren Gesuchen nach Deutschland aus Ermangelung von amtlichen Dokumenten ihre Erinnerungen an diese Zeit in Briefen geschildert (Jachnow/Krämer, 2002). Viele Kommunen wollten sich aber nicht allein mit der Hilfestellung zur Nachweisbeschaffung begnügen. Ihr Umgang mit diesem historischen Erbe sollte nachhaltig wirken.
    Damit „die Geschichte der Menschen nicht in Vergessenheit gerät" beschloss der Rat der Stadt Bochum am 27. Januar 2000 einstimmig das Programm „Humanitäre Hilfe für Zwangsarbeiter und Zwangsarbeiterinnen der ehemaligen Städte Bochum und Wattenscheid". Es beinhaltete vor allem Hilfen in Entschädigungsfragen, die wissenschaftliche Aufarbeitung der Thematik, Öffentlichkeitsarbeit und verschiedene Besuchsprogramme.
    Die dürftige Quellenlage reichte zur Nachweisbeschaffung nur selten aus. Zur Bestätigung des Arbeitseinsatzes waren zumeist außer der Korrespondenz mit den Antragstellern

auch Recherchen in zahlreichen Archiven, Begegnungen mit Lokalhistorikern und Zeitzeugen sowie Recherchen in der einschlägigen Literatur notwendig. Diese gründliche Vorgehensweise führte in den allermeisten Fällen zur Bestätigung des Arbeitseinsatzes.

Zwischen 2000 und 2007 nahmen zahlreiche Menschen aus der Ukraine, Weißrussland und Polen, deren Arbeitseinsatz in Bochum oder Wattenscheid bestätigt werden konnte, an dem Besuchsprogramm teil. Die Gesellschaft Bochum-Donezk e.V., die sich seit den 1980er Jahren für eine Entschädigung ehemaliger Zwangsarbeiterinnen und Zwangsarbeiter eingesetzt und private Besuche nach Bochum organisiert hatte, unterstützte die Einladungen der Stadt. Auch die Vereinigung der Verfolgten des Naziregimes – Bund der Antifaschistinnen und Antifaschisten (VVN-BdA e.V.) beteiligte sich an dem Programm. Im Vorfeld des Besuches waren weitere Recherchen nötig und Vorbereitungen zu treffen, um Spurensuchen zu den Stätten der Zwangsarbeit, Begegnungen mit Bochumer Zeitzeugen, Interviews im Stadtarchiv und Zeitzeugengespräche vor Schulklassen zu organisieren und dauerhaft zu dokumentieren (Jennemann-Henke, 2010).

Die Nachweisbeschaffung und vor allem das Besuchsprogramm gaben den ehemaligen Zwangsarbeiterinnen und Zwangsarbeitern die Möglichkeit, das Schweigen über ihren Arbeitseinsatz in Deutschland zu brechen und diese Zeit auch für sich aufzuarbeiten. Und was nach ihrer Abreise in ihre Heimatländer im Bochumer Stadtarchiv zurückblieb, waren Briefe, Fotos, Tagebücher, Lagerskizzen, Interview-Mitschnitte und Gastgeschenke. Dazu zählten auch die 25 Zeichnungen des Künstlers Valerian Lopatto, die dieser zwischen 2001 und 2003 fertigte, quasi als Rückblende auf die Jahre der Zwangsarbeit in Bochum. Als mobile Ausstellung konzipiert wird sie seitdem vor allem von Schulen und Vereinen ausgeliehen (Ruhr-Nachrichten, 11.7.2003). Durch diese nichtamtliche Überlieferung konnte die ursprüngliche Quellenbasis ergänzt und erweitert werden.

Die lokalgeschichtliche Aufarbeitung des Themas Zwangsarbeit und die Formen der Vermittlung durch das Stadtarchiv wurden durch die Teilnahme an dem Zwangsarbeiter-Projekt unterstützt. Eine Reihe von Publikationen, Vorträgen, Ausstellungen und sonstigen Veranstaltungen konnten realisiert werden. Auch die Errichtung des Gedenkortes „Zwangsarbeiterlager Saure Wiese" (Rathauszeitung, 2012) und filmische Dokumentationen, unter anderem aus dem Jahre 2010, gehören hierher (Jennemann-Henke, 2010). Heute besteht die Möglichkeit, den an dem Thema Zwangsarbeit Interessierten umfangreiches und vielfältiges Archivgut im Lesesaal vorzulegen und auch die entsprechende Fachliteratur der Bibliothek zu nutzen. Immer häufiger sind es Schulklassen, die davon Gebrauch machen.

URSULA JENNEMANN-HENKE

103 STOLPERSTEIN FÜR HILDE MEYERSTEIN

Der Prozess der Erinnerung

Weder stammt Hilde Meyerstein aus Bochum noch führte ihr trauriger Weg ins Vernichtungslager Auschwitz über Bochum. Als sie deportiert wurde, lebte sie an der Müllerstraße 28 in Berlin-Wedding. Dort erinnert ein Stolperstein an sie:
„HIER WOHNTE – HILDE – MEYERSTEIN – GEB. KORYTOWSKI – JG. 1898 – DEPORTIERT 1943 – AUSCHWITZ – ERMORDET" (Wikipedia, Stolpersteine in Berlin-Wedding). Die Inschrift unterscheidet sich in Nuancen von dem Text auf der hier abgebildeten Messingplatte, der einen Entwurf darstellt. Der Künstler Gunter Demnig brachte das Stück als Muster mit ins Stadtarchiv Bochum, damals noch an der Kronenstraße 47–49, als er dort im Februar 2004 sein Projekt vorstellte und seine Arbeitstechnik erläuterte.
Die Stolpersteine sollen die Erinnerung „an die Vertreibung und Vernichtung der Juden, der Zigeuner, der politisch Verfolgten, der Homosexuellen, der Zeugen Jehovas und der Euthanasieopfer im Nationalsozialismus" lebendig halten (www.stolpersteine.eu). Der nach festen Regeln vom Künstler selbst verfasste Text wird in Handarbeit in circa 10 mal 10 Zentimeter große Messingplatten geschlagen, deren überstehende Ränder nach hinten gebogen und in weichen Beton gedrückt werden. Nach dem Hartwerden sind die Platten fest mit dem Beton verbunden. Die so präparierten quadratischen Betonklötze werden in der Regel in die Gehwege vor den letzten frei gewählten Wohnorten der NS-Opfer eingelassen.
Den ersten Stolperstein verlegte Demnig 1992 in Köln. Ende 2016 gab es rund 60 000 Stolpersteine in Deutschland und zwanzig weiteren europäischen Ländern. Bochum beteiligt sich seit mittlerweile 13 Jahren am Projekt Stolpersteine. Es ist heute fester Bestandteil der städtischen Erinnerungskultur.

Die Bochumer Nachkriegsgesellschaft tat sich schwer mit der Erinnerung an die Opfer des Nationalsozialismus. In den ersten Jahren nach dem Zweiten Weltkrieg fanden sporadisch Gedenkveranstaltungen auf dem Friedhof Freigrafendamm statt, die erste im November 1946, als auch ein erstes Denkmal dort eingeweiht wurde. Es war den in Bochum ums Leben gekommenen sowjetischen Zwangsarbeiterinnen und Zwangsarbeitern gewidmet und von der Sowjetischen Militärmission in Auftrag gegeben und finanziert worden. 1964 wurde es auf Veranlassung der Stadtverwaltung – angeblich wegen Baufälligkeit – wieder abgebrochen und durch einen sarkophagähnlichen Rundsteinblock ersetzt; das auffällige, neun Meter hohe, mit kyrillischen Inschriften, einer männlichen Figur und einem Sowjetstern versehene „Russendenkmal" hatte vielen Bochumern missfallen.
Im September 1948 veranstaltete die Stadt Bochum eine „Totengedenkfeier für die Opfer des Faschismus", wieder auf dem Friedhof Freigrafendamm, und veröffentlichte eine in Kooperation mit der Vereinigung der Verfolgten des Naziregimes (VVN) erstellte erste Gedenkliste mit 230 Namen.

In den 1950er Jahren galt das offizielle Gedenken eher den Kriegs- als den NS-Opfern.

103 | STOLPERSTEIN FÜR HILDE MEYERSTEIN

Stadtarchiv Bochum – MUSA

L 9,6 cm, B 9,6 cm, H 10 cm; Messing; Künstler Gunter Demnig, 2004

103 | STOLPERSTEIN FÜR HILDE MEYERSTEIN

Regie führte der Volksbund deutscher Kriegsgräberfürsorge, der den „Volkstrauertag" ausrichtete. Die Erinnerung an die Opfer des Nationalsozialismus war diesen beziehungsweise ihren überlebenden Angehörigen weitgehend selbst überlassen. Eine kontinuierliche öffentliche Gedenkkultur fehlte ebenso wie ein zentraler Gedenkort. Diese Leerstelle füllte provisorisch die Bronzetafel zur Erinnerung an die am 9./10. November 1938 niedergebrannte Synagoge, die auf Anregung zweier Mitglieder der alten Jüdischen Gemeinde Bochum (Max Cahn und Leo Baer) angefertigt, an einer Außenwand der auf einem Teil des ehemaligen Synagogengrundstücks erbauten Bank für Gemeinwirtschaft (später SEB-Bank) an der Huestraße befestigt und am 10. November 1968 von Oberbürgermeister Heinemann enthüllt wurde. Sie solle „nicht nur der Erinnerung dienen, sie soll auch zugleich Mahnung und Verpflichtung sein", so der Oberbürgermeister (WAZ, 11.11.1968). In Wattenscheid installierte die Stadt Wattenscheid 1972 auf dem jüdischen Friedhof an der Bochumer Straße ein Denkmal für die während der NS-Zeit verfolgten und ermordeten jüdischen Bürger der Stadt; in den 1980er Jahren wurde auch hier eine Erinnerungstafel am Standort der Synagoge errichtet.

Die Bochumer Gedenktafel von 1968 markiert den Ort der späteren regelmäßigen Gedenkveranstaltungen. Ein wichtiger Meilenstein auf dem Weg dorthin waren die Kundgebung und der anschließende Schweigemarsch am 9. November 1978, zu denen der Deutsche Gewerkschaftsbund und der Stadtjugendring aufgerufen hatten. Seit Ende der 1990er Jahre organisiert der Stadtjugendring die Veranstaltungen an den Jahrestagen des Novemberpogroms in Kooperation mit dem Arbeitskreis 9. November, einem breiten Bündnis von Vereinen und Initiativen, in dem auch die Stadt Bochum und die Jüdische Gemeinde Bochum-Herne-Hattingen vertreten sind. Im letzten Viertel des vergangenen Jahrhunderts etablierten sich nicht nur die Gedenktage am 9. November, seitdem ist auch eine beeindruckende Zunahme weiterer Veranstaltungen zum Nationalsozialismus und den NS-Opfern, entsprechender Ausstellungen und Publikationen, alternativer Stadtrundgänge, von Hinweistafeln, Internetpräsentationen und anderen Vermittlungsformen zu verzeichnen.

Von besonderer Bedeutung sind die von der Stadt Bochum aufgelegten Besuchsprogramme: 1995 für während der NS-Zeit aus Bochum und Wattenscheid vertriebene ehemalige jüdische Bürgerinnen und Bürger der beiden Städte, 2000 für ehemalige Zwangsarbeiterinnen und Zwangsarbeiter in Bochum und Wattenscheid. Sie bedurften äußerer Anstöße. So hatte sich für den Besuch 1995 (dem weitere folgten) der Verein „Erinnern für die Zukunft e.V." stark gemacht, der auch das Programm maßgeblich mitgestaltete, während die Auseinandersetzung mit dem Thema Zwangsarbeit in Bochum von der öffentlichen Debatte über Entschädigungsleistungen für ehemalige Zwangsarbeiterinnen und Zwangsarbeiter und der Gründung der Bundesstiftung „Erinnerung, Verantwortung und Zukunft" im August 2000 beeinflusst wurde. Bereits am 27. Januar 2000 verabschiedete der Rat der Stadt Bochum die Resolution „Humanitäre Hilfen für Zwangsarbeiterinnen und Zwangsarbeiter der ehemaligen Städte Bochum und Wattenscheid" mit den konkreten Maßnahmen: 1. Besuchsprogramm (insgesamt kamen infolgedessen zwischen den Jahren 2000 und 2007 mehr als zehn Gruppen ehemaliger Zwangsarbeiterinnen und Zwangsarbeiter nach Bochum), 2. Hilfen im Einzelfall und 3. Aufarbeitung und Öffentlichkeitsarbeit.

Die Begegnungen mit Überlebenden der NS-Diktatur trugen erheblich dazu bei, das Leid der Opfer ins kollektive Gedächtnis zurückzurufen und entfachten eine Diskussion über eine veränderte Gedenkkultur. So war es wohl auch an der Zeit, die Gedenktafel am Platz der ehemaligen Synagoge, die 1968 die Erinnerung an die NS-Verbrechen von den Friedhöfen ins Zentrum der Stadt geholt hatte, einer kritischen Revision zu unterziehen. Beanstandet wurden die Ungenauigkeit des Textes, der zum Beispiel suggerierte, die Synagoge habe genau dort gestanden, wo die Tafel angebracht worden war (während der einige Meter entfernte exakte Standort 1968 nicht mehr zugänglich war) sowie die passive Formulierung, die im Ungefähren lässt, was geschah und die Täter nicht nennt:

> „Wie eine lodernde Flamme fraß es um sich – Hier stand die im Jahre 1861 erbaute Synagoge der Jüdischen Kultusgemeinde Bochum. Sie wurde während der nationalsozialistischen Gewaltherrschaft am 9.11.1938 niedergebrannt."

Und schließlich: Die Gedenktafel ist kein stattliches Denkmal; sie kann leicht übersehen werden. Dass eine Teilnehmerin am städtischen Besuchsprogramm für ehemalige jüdische Bochumerinnen und Bochumer im September 1995 (Emmy Block) im Gespräch mit Schülerinnen und Schülern der Hauptschule Fahrendeller Straße genau dies monierte, traf auf offene Ohren und beförderte das gesellschaftliche Engagement für ein „wahrnehmbares" Mahnmal in Bochum.

Mit der spektakulären Aktion „Gedenksteine: Ein Weg der Erinnerung" machte der Arbeitskreis 9. November am 9. November 2000 auf sich aufmerksam und erreichte eine breite Öffentlichkeit. Mit den Namen der Bochumer Shoa-Opfer versehene Natursteine markierten einen „Weg der Erinnerung" von der Fußgängerzone in der Kortumstraße bis zum ehemaligen Standort der Synagoge. Der Weg wurde durch Schiefertafeln unterbrochen, auf denen die Deportationsziele geschrieben standen. Prominente Bochumerinnen und Bochumer verlasen über mehrere Stunden hinweg die Namen der Deportierten. Als Grundlage dafür diente das im selben Jahr von der Evangelischen Stadtakademie, dem Stadtarchiv und dem Verein Erinnern für die Zukunft e.V. gemeinsam herausgegebene Gedenkbuch für die Opfer der Shoa aus Bochum und Wattenscheid.

Die Steine verschwanden nach der Aktion und so blieb der „Weg der Erinnerung" ein flüchtiges Denkmal. Doch bildete er den Ausgangspunkt für weitere Überlegungen und Denkmal-Konzeptionen, in die auch die Kommunalpolitik und Teile der Stadtverwaltung involviert waren. Jahrelang wurde über ein Mahn- oder Denkmal Bochumer Prägung debattiert. Wie sollte es aussehen? An wen genau sollte es erinnern? Welcher Standort war der richtige? Und leider auch: Was durfte es kosten und wie konnte es finanziert werden? Daneben ging es um die grundsätzliche Frage, ob nicht statt eines Denkmals für die ermordeten (jüdischen) NS-Opfer ein „Stationenweg" verwirklicht werden solle, der die Orte früheren jüdischen Lebens in Bochum miteinander verknüpfte. Das war der Vorschlag der Evangelischen Stadtakademie, den diese in allen Debatten hartnäckig verfolgte und mit dessen Umsetzung sie 2010 begann.

Am 16. März 2002 tagte auf Beschluss des Ausschusses für Kultur und Wissenschaft der Stadt Bochum ein Symposium „Vergegenständlichte Erinnerung" im Museum Bochum. Ein mit auswärtigen Experten hochkarätig besetztes Podium sollte mit Vertreterinnen und Vertretern der am Thema interessierten Bochumer Vereine und Initiativen ins Gespräch kommen, die lokale Diskussion entwirren und Vorschläge machen.

Das Gedenken an die Opfer des Nationalsozialismus dürfe nicht in Routine erstarren. Es bedürfe lebendiger und kontinuierlich wirkender Formen. Wichtiger als der Bau eines Denkmals sei die geduldige öffentliche Debatte über das Thema. Gedenken sei immer etwas Aktives. Im Mittelpunkt müsse der Prozess stehen, deshalb sei Dynamik gefragt, nicht Statik. Das waren Kernsätze der Diskussion, über die das Podium sich weitgehend einig war, während beim Publikum der Wunsch nach „Sichtbarmachung" der Namen der NS-Opfer dominierte. Konkret empfahlen die Expertinnen und Experten, ein Dokumentationszentrum zur NS-Zeit in Bochum einzurichten und beim Stadtarchiv anzusiedeln. Auch erörterten sie die Möglichkeit der Dauerinstallation eines im Besitz der Stadt Bochum befindlichen Kunstwerks von Jochen Gerz („EXIT. Das Dachau-Projekt"). Der Errichtung eines Denkmals hingegen standen sie eher skeptisch gegenüber. Ein Denkmal errege nur Aufmerksamkeit, wenn es enthüllt oder besudelt werde. Ansonsten werde es von den Passanten schon nach kurzer Zeit nicht mehr wahrgenommen.

Die Entscheidung über das weitere Verfahren lag beim Ausschuss für Kultur und Wissenschaft. Er bat um konkrete Vorschläge aus der Bevölkerung – und bekam sie auch. 2002/03 beschäftigte sich der Ausschuss beziehungsweise ein von diesem bestellter „interfraktioneller Arbeitskreis" in mehreren Sitzungen mit den eingereichten Konzepten. Keines davon überzeugte in vollem Umfang und auch die Erarbeitung eines „Konsensmodells" als Kombination verschiedener Vorschläge scheiterte.

Nun kamen die „Stolpersteine" ins Spiel, die das Problem teilweise lösten. Der Ausschuss für Kultur und Wissenschaft fasste am 9. Dezember 2003, einem entsprechenden Vorschlag der Verwaltung (Stadtarchiv und Kulturdezernat) folgend, den einstimmigen Beschluss, das Projekt Stolpersteine in Bochum zu realisieren. Zudem beschloss er, die bronzene Gedenktafel an der Huestraße durch eine schlichte Stele aus Glas an der Harmoniestraße/Ecke Dr.-Ruer-Platz zu ergänzen. Ihr Text sollte sprachlich klarer gefasst sein als der von 1968. Ein Entwurf war im Rahmen eines Workshops unter Beteiligung der Hauptschule Fahrendeller Straße, die ja quasi den Anstoß zur Beschäftigung mit der „alten" Gedenktafel gegeben hatte, im Juli 2003 im Museum Bochum erstellt worden. Der von den Parlamentariern überarbeitete und im Ausschuss verabschiedete Text lautet:

> „Hier stand die 1861 bis 1863 erbaute und später mehrfach baulich veränderte Synagoge der Jüdischen Gemeinde Bochum. Sie wurde in der Nacht vom 9. auf den 10. November 1938 durch die SA zerstört. Öffentliche Proteste aus der Bevölkerung gegen

die Zerstörung sind nicht bekannt geworden. Es ist unsere Aufgabe, die Ursachen hierfür sichtbar zu machen, damit wir aus ihnen für die Gegenwart und die Zukunft lernen."
Im Rahmen der Gedenkveranstaltung am 9. November 2004 übergab Oberbürgermeisterin Dr. Ottilie Scholz die Stele der Öffentlichkeit. Den genauen Standort der Synagoge markiert sie ebenso wenig wie die Gedenktafel an der Huestraße, sondern nimmt die Position des Fotografen ein, der nach dem 9. November 1938 ein Foto von der abgebrannten Synagoge schoss. Dieses ist zusammen mit einem historischen Stadtplan auf der im Mehrschichtensystem gehaltenen Stele abgebildet. Die Formulierung „Hier stand" bezieht sich auf die markierte Stelle im Stadtplan.

Am 4. November 2004 verlegte Gunter Demnig die ersten fünf Stolpersteine in Bochum. Die Auftaktveranstaltung fand im Schauspielhaus Bochum statt. So bot es sich an, den allerersten Bochumer Stolperstein der in den 1920er Jahren gefeierten und 1942 nach Theresienstadt deportierten Schauspielerin Terka Csillag zu widmen und auf dem Theatervorplatz zu verlegen. Die Patenschaft übernahm das Junge Schauspielhaus. Die Stolpersteine Nummer zwei bis fünf sind Elfriede Salomon, Georg Salomon und Fritz Watermann, den Eltern und dem Onkel des zwischenzeitlich verstorbenen Auschwitz-Überlebenden Alfred Salomon, zugedacht sowie Ruth Salomon, der Schwester des zweiten damals noch lebenden Mitglieds der alten Jüdischen Gemeinde Bochum, Karl-Heinz Menzel.

Mittlerweile erinnern 228 Stolpersteine an die Opfer des Nationalsozialismus in Bochum und Wattenscheid, die meisten davon an jüdische Opfer. Doch auch vor den ehemaligen Wohnhäusern Homosexueller und aus politischen Gründen Verfolgter (hier: Kommunisten, Sozialisten, Zentrums-Politiker, katholische Geistliche) liegen heute Stolpersteine. Die Geschäftsführung für das Projekt Stolpersteine in Bochum hat das Stadtarchiv – Bochumer Zentrum für Stadtgeschichte inne, das Termine koordiniert, Patenschaften für einzelne Stolpersteine vergibt, die Recherchen der Paten unterstützt, Informations- und Öffentlichkeitsarbeit betreibt und Veranstaltungen organisiert.

Die lange und intensive – und manchmal zermürbende – öffentliche Debatte zum Thema „Vergegenständlichte Erinnerung/Wahrnehmbares Mahnmal" führte dazu, dass die Stadt Bochum die Aktion Stolpersteine per parlamentarischem Beschluss in Gang setzte und hatte die eine oder andere Besonderheit zur Folge. Denn die Stolpersteine als prozessuales und dezentrales Denkmal nehmen den Platz des zentralen Mahnmals ein, das viele sich gewünscht hatten und das nicht zur Ausführung kam. Um dennoch der Forderung nach Zentralität beggegnen zu können, wurde 2007 eine Informationstafel im Stadtzentrum installiert, die auf die über das gesamte Stadtgebiet verteilten kleinen Gedenksteine verweist. Sie befindet sich in unmittelbarer Nähe der 2004 eingeweihten Glasstele und ist wie diese im Mehrschichtensystem aufgebaut. Die hintere Schicht trägt ein Luftbild vom heutigen Bochum, die mittlere die Namen von Straßen, in denen jüdische Familien wohnten, und die vordere den Text:

103 | STOLPERSTEIN FÜR HILDE MEYERSTEIN

„Einwohnerinnen und Einwohner unserer Stadt haben es übernommen, die Lebensgeschichten der Opfer des Nationalsozialismus zu erforschen. ‚Stolpersteine' mit ihren Namen, Lebens- und Sterbedaten, verlegt vor ihren ehemaligen Wohnhäusern, haben die Funktion eines dezentralen Denkmals. Dieses ist Teil der Erinnerungsarbeit in Bochum. Zugleich soll es zur Wachsamkeit gegenüber jeder Form von Ausgrenzung, Fremdenfeindlichkeit und Rassismus in Gegenwart und Zukunft aufrufen."

Das im Text genannte bürgerschaftliche Engagement ist das zentrale Element des Stolperstein-Projektes in Bochum. Es werden nur Patenschaften vergeben, die mit der Verpflichtung einhergehen, neben der Finanzierung des Stolpersteins die Lebens- und Verfolgungsgeschichte des Menschen, an den er erinnert, so gut wie möglich zu erforschen. Einmal jährlich werden die Ergebnisse dieser Forschungsarbeiten in einer öffentlichen Veranstaltung im Bochumer Zentrum für Stadtgeschichte präsentiert. Patenschaften haben bisher übernommen: schulische Projektgruppen, Auszubildende einzelner Betriebe, diverse Institutionen, Parteien, Vereine und Privatpersonen. Die von ihnen zusammengestellten biografischen Informationen zu den NS-Opfern sind über das Internet sowie eine App fürs Handy zugänglich und damit stets präsent, wenn ein Stolperstein in Sicht kommt.

Auch über Hilde Meyerstein aus Berlin-Wedding hält das Internet – wenn auch knappe – Informationen bereit: Am 24. Februar 1898 wurde sie als Hilde Korytowski geboren, war mit Georg Meyerstein verheiratet und lebte seit 1922 zusammen mit ihrer Mutter Regina Korytowski an der Müllerstraße 28, wo der eingangs vorgestellte Stolperstein an sie erinnert. Am 17. Mai 1943 wurde sie nach Auschwitz deportiert. Ihre Mutter kam bereits im August 1942 in Theresienstadt ums Leben; über das Schicksal ihres Ehemannes ist nichts bekannt.

Die Stolpersteine liegen vor den letzten selbst gewählten Wohnorten von NS-Opfern. Für die während des Zweiten Weltkriegs nach Bochum Verschleppten kommen sie nicht in Frage. Für diese mussten andere Gedenkformen gefunden werden, wie zum Beispiel die 2004 auf dem Friedhof Freigrafendamm auf Sandstein-Sockeln an drei Gräberfeldern installierten Namenstafeln aus Aluminium für die in Bochum ums Leben gekommenen Zwangsarbeiterinnen und Zwangsarbeiter oder die auf Initiative der Vereinigung der Verfolgten des Naziregimes – Bund der Antifaschistinnen und Antifaschisten (VVN-BDA) von der Stadt Bochum am Rand des Stadtparks aufgestellte Tafel zum Gedenken an die von der Bochumer Gestapo in der Kriegsendphase ermordeten Zwangsarbeiter und politischen Häftlinge, deren Leichen in Bombentrichtern im Stadtpark verscharrt wurden. Im Mai 1945 wurden sie ausgegraben und auf dem Friedhof Freigrafendamm beerdigt. Der Erinnerung an die Zwangsarbeit in Bochum dient auf beeindruckende Weise auch der Gedenkort „Zwangsarbeiterlager Saure Wiese" mit der von dem Künstler Marcus Kiel geschaffenen Installation „Laute Stille". Er wurde am 8. Mai 2012 auf dem Gelände eröffnet, auf dem der Bochumer Verein von 1942 bis Kriegsende ein Zwangsarbeiterlager betrieben hatte – und ist leider nicht davor gefeit, dass immer wieder Verschmutzungen und Beschädigungen auftreten und Rechtsextreme ihre „Botschaften" hinterlassen.

Zurück zu den Stolpersteinen. Beim Gedenken an die Opfer des Nationalsozialismus sei Dynamik gefragt, nicht Statik, war einer der Leitsätze des Symposiums „Vergegenständlichte Erinnerung" im März 2002. Die Stolpersteine kommen dem in hohem Maße nach. Allerdings nur so lange, wie sie verlegt werden. Sollte dies eines Tages nicht mehr der Fall sein, wird es nötig sein, neue – oder weitere – Formen des Gedenkens zu entwickeln, damit die Erinnerung nicht erstarrt.

INGRID WÖLK

104 PRÄPARAT BRAUNBÄR MAX

Braunbär Max. Publikumsliebling des Bochumer Tierparks

Die Faszination für Braunbären ist fest mit der Geschichte der Menschheit verwoben und spiegelt sich in vielen kulturellen Bereichen – so zum Beispiel in der griechischen Mythologie und in vielen Literaturepochen – wider. Auch im Tierpark + Fossilium Bochum hatte die Bärenhaltung eine lange Tradition. Bereits 1939, sechs Jahre nach der Gründung durch den Verein Bochumer Tierparkfreunde e.V., wurde die erste Bärenschlucht gebaut. Nachdem der Tierpark im Zweiten Weltkrieg nahezu vollständig zerstört wurde, mussten die tierischen Bewohner zunächst in umliegende Zoos und Vogelparks umziehen. Erst in den späten 1940er Jahren konnte langsam mit dem Wiederaufbau begonnen werden und der Tierpark erhielt seine heutige Grundfläche von 1,9 Hektar. Neben vielen anderen Tieren kehrten auch die Bären in den Zoo an der Klinikstraße zurück und sorgten bei den Besuchern für Begeisterung.

Im Januar 1976 wurde im Bochumer Tierpark ein Jungtier geboren, das in kürzester Zeit zum Publikumsliebling wurde und fast drei Jahrzehnte lang als Maskottchen des Ruhrgebietszoos bekannt war: Braunbär Max! Da die Bärenmutter ihr Jungtier ablehnte, nahm der damalige Zoodirektor, Eduard Stirnberg, Max zu sich und zog den Bären in seiner Wohnung mit der Flasche auf. Wie es bei Handaufzuchten oft beobachtet werden kann, entstand eine enge Bindung zwischen Max und seinem Ziehvater. Journalisten und Besucher waren gleichermaßen entzückt vom kleinen Bären Max, der am Daumen des Zoodirektors nuckelte oder an der Leine mit ihm durch den Tierpark spazierte.

Im Alter von fünf Monaten zog der mittlerweile jugendliche Braunbär vorübergehend in den Zoo Münster um, wo er sich langsam wieder an die Gesellschaft anderer Bären gewöhnen sollte. Dort lernte er seine spätere Partnerin Kodiakbärin Teddy kennen. Nach einer zweimonatigen Kennenlernphase kehrten beide Bären gemeinsam zurück nach Bochum, wo das Paar innerhalb von sechs Jahren insgesamt acht Jungtiere bekam. Auch als ausgewachsener Bär blieb die besondere Freundschaft zwischen Max und seinem Ziehvater ein Stück weit erhalten. So schenkte Stirnberg seinem Pflegling jedes Jahr zum Geburtstag eine Eistorte aus gefrorenem Gemüse. Im Jahr 1991 verließ Max' Partnerin Teddy schließlich den Bochumer Tierpark und zog in den Zoo Rostock um. Beide zoologischen Einrichtungen hatten sich zusammengeschlossen, um eine neue Zuchtgemeinschaft aufzubauen und so die Arterhaltung des Kodiakbären zu fördern. Wenige Zeit später bekam Max mit der Europäischen Braunbärin „Nadja" aus dem Tierpark Stendal eine neue Gefährtin und teilte mit ihr die Anlage.

Zuletzt wies Max aufgrund einer altersbedingten Erkrankung im Wirbelsäulenbereich Bewegungs- und Koordinationsstörungen auf. Trotz einer intensiven tierärztlichen Behandlung stellte sich keine Besserung ein, so dass sich die Tierparkleitung nach Absprache mit dem behandelnden Tierarzt dazu entschied, Max einschläfern zu lassen. Am 10. Dezember 2003 starb Max im Alter von 27 Jahren. Sein Tod bewegte nicht nur die Mitarbeiter des Tierparks,

104 | PRÄPARAT BRAUNBÄR MAX

Walter-Gropius-Berufskolleg – Präparatorenschule
Bär sitzend max. H 111 cm, max. B 120 cm; Fell, Kunststoff; 2004

sondern auch viele Bochumer, die Max von klein auf kannten und den Braunbären eng mit ihren Tierparkbesuchen verbanden. Obwohl die Bärenanlage den damaligen Richtlinien entsprach und stetig modernisiert wurde, entschloss sich der Tierpark wenige Zeit nach Max' Tod, die Bärenhaltung aufzugeben und neue Schwerpunkte in der Tierhaltung zu setzen.

Während Braunbärin Nadja im Wild- und Freizeitpark Willingen eine neue Heimat fand, zog unterdessen eine Gruppe von Nasenbären in die Anlage. Mit den umfangreichen Bau- und Modernisierungsmaßnahmen im Jahr 2012 verschwand schließlich nicht nur die alte Bärenanlage, der Tierpark erhielt insgesamt ein vollkommen neues Erscheinungsbild mit großzügigen, naturnah gestalteten Lebensräumen für Erdmännchen, Nasenbären, Kattas, Flamingos und Totenkopfaffen sowie einen neuen Eingangsbereich.

Heute präsentiert sich der Tierpark + Fossilium Bochum – im Herzen des Ruhrgebiets – mit rund 4 000 Tieren in mehr als 300 Arten als einer der tier- und artenreichsten Zoos in Nordrhein-Westfalen. 45 Mitarbeiter sowie zahlreiche ehrenamtliche Helfer sorgen täglich für einen reibungslosen Betriebsablauf. Der Tierpark wird jährlich von gut 250 000 bis 300 000 Menschen besucht, die die eindrucksvolle Vielfalt an Tieren ganzjährig und fast hautnah erleben können. Als Mehr-Generationen-Zoo hält der Tierpark + Fossilium Bochum für alle – vom Kleinkind bis zum Senior – ein umfangreiches Angebot bereit. Eins der Kernziele des Tierparks besteht in seinem Bildungsauftrag. Er ist Ausbildungsbetrieb für Zootierpfleger, Einsatzstelle für ein Freiwilliges Ökologisches Jahr und unterhält eine Zooschule, die sich mittlerweile zu einem weit über die Stadtgrenzen hinaus bekannten Umweltbildungszentrum entwickelt hat. Der Tierpark + Fossilium Bochum sieht es als seine Aufgabe, durch Erhaltungszuchtprogramme, Umweltbildungsarbeit und Unterstützung von Naturschutzprojekten einen Beitrag zur Erhaltung der Artenvielfalt zu leisten. Er arbeitet eng mit verschiedenen Bildungs- und Naturschutzorganisationen zusammen. Darüber hinaus ist der Tierpark aktives Mitglied der European Association of Zoos and Aquaria (EAZA), des Verbands der Zoologischen Gärten (VdZ), der Deutschen Tierparkgesellschaft e.V. (DTG), der Stiftung Artenschutz, der Arbeitsgemeinschaft der nordrhein-westfälischen Partnerzoos, des Verbands deutschsprachiger Zoopädagogen (VZP), des Berufsverbands der Zootierpfleger e.V., der Bundesarbeitsgruppe Kleinsäuger e.V., der Vereinigung Westfälischer Museen e.V., der Naturwissenschaftlichen Vereinigung Hagen e.V., der Deutschen Gesellschaft für Herpetologie und Terrarienkunde e.V. (DGHT), des Vereins Sphenisco – Schutz des Humboldt-Pinguins e.V., der Tierschutzstiftung Bochum und des Tierschutzvereins Bochum, Hattingen & Umgebung e.V. Als Vorbild in Sachen Umweltschutz sowie verantwortungsvoller und nachhaltiger Ressourcennutzung wurde der Tierpark 2016 als Ökoprofit-Betrieb ausgezeichnet.

Braunbär Max war und ist immer noch, genau wie Walross Antje aus Hamburg oder Eisbär Knut aus Berlin, ein Beispiel für die große Begeisterung, die Zootiere bei der Bevölkerung auslösen. Im Gegensatz zu Tierbüchern und Film-Dokumentationen schaffen sie einen unmittelbaren, emotionalen Bezug zwischen Mensch und Tier und können über diese Verbindungen wichtige Aspekte wie Achtung vor der Kreatur, Schutz der Natur und Bewahrung der Biodiversität unserer Erde vermitteln. Als besondere Charaktere mit oftmals spannenden Lebensgeschichten werden sie zu Tierpersönlichkeiten und bleiben über Jahre hinweg in unserer Erinnerung.

Um Max auch für die Nachwelt zu erhalten und seinen Körper nach seinem Tod einem sinnvollen Zweck zuzuführen, nahm der Tierpark Kontakt mit dem Walter-Gropius-Berufskolleg auf, wo er durch die angehenden Präparationstechnischen Assistenten in einer für ihn typischen, sitzenden Pose präpariert wurde. Für die Schüler im zweiten Ausbildungsjahr, die es sonst eher mit Kleintieren zu tun hatten, stellte die Präparation eines ausgewachsenen Braunbären eine besondere Herausforderung dar. Zunächst musste der Körper genauestens vermessen werden. Danach wurde das Fell abgezogen, welches die Präparatoren später auf einem aus Kunststoffschaum nachgebauten Modell wieder zusammennähten. Um auch das Skelett zu erhalten, mussten die Knochen fachmännisch entfleischt und entfettet werden. Für diesen Mazerationsprozess wurde das Bärenskelett in eine Facheinrichtung in Bern gebracht. Anschließend wurden die Knochen im Walter-Gropius-Berufskolleg wieder zusammengebaut. Sowohl Skelett als auch Dermoplastik wurden im Juli 2004 auf der Abschlussfeier der Berufsschulabsolventen präsentiert. Noch heute kann Max in den Räumlichkeiten des Berufskollegs an der Hasselbrinkstraße in Bochum-Langendreer besucht werden.

Das Bochumer Walter-Gropius-Berufskolleg bildet bereits seit 40 Jahren zum Präparationstechnischen Assistenten aus. Die Gründung geht auf das Bestreben des Berufsverbandes Deutscher Präparatoren zurück. Der Ausbildungsgang mit staatlichem Abschluss wurde von dem damaligen Vorsitzenden, Hans Völkel, in Zusammenarbeit mit der Universität und der Berufsschule ins Leben gerufen. Der Umsetzung einer bundesweiten Ausbildungsordnung gingen lange Verhandlungen voraus. Im Zusammenwirken mit den Professoren der Ruhr-Universität Bochum, Prof. Schwarzkopf, Dr. Abs (Zoologie), Prof. Hinrichsen, Prof. Preuschoft (Medizin), Prof. Dürrkopf (Geologie) und dem damaligen Schulleiter, Herrn Dahlbeck, wurde 1976 der erste Ausbildungsgang gegründet.

Ausgebildet wird seitdem in den drei Fachbereichen des Berufsbildes Medizin, Biologie und Geowissenschaften. Den fachpraktischen und theoretischen Unterricht übernahmen die Präparatoren und Dozenten der Universität. Der allgemeinbildende Unterricht fand in den Räumen des Berufskollegs am Ostring statt. Im Jahr 1994 konnte ein Schulgebäude für die gesamte Ausbildung an der Markstraße bezogen werden. Damit bekam die Ausbildung einen nach außen repräsentativen Standort und die Stadt Bochum eine bundesweit einmalige Institution. An keinem anderen Ort werden Präparationstechnische Assistenten ausgebildet.

Das Berufsbild ist äußerst vielseitig. Es umfasst verschiedenste Aufgaben und Techniken wie Archivierung, Ausstellungstechnik, Abgusstechnik, Konservierung, Modellbau und Laborarbeiten. Jeder Fachbereich beinhaltet spezielle Arbeitsbereiche und Tätigkeiten für die Herstellung von Präparaten, deren Betreuung und Restaurierung. Die Absolventen finden Anstellungen in Instituten und Museen sowie in der privaten Wirtschaft.

Das Walter-Gropius-Berufskolleg und den Tierpark + Fossilium Bochum verbindet seit jeher eine enge Zusammenarbeit. So unterstützen die Präparatoren den Tierpark beispielsweise bei seinem jährlich stattfindenden Fossilientag, indem sie mit den Besuchern gemeinsam Abgüsse echter Fossilien erstellen und über die spannende Arbeit ihres Berufs informieren. Außerdem stellen sie verschiedenste zoologische Präparate für den Einsatz in der Zoo- und Museumspädagogik zur Verfügung.

RALF SLABIK UND UTE LEDEBUR-KINTRUP

105 | MAGAZIN-UMZUGSWAGEN FIRMA KÜHNE

Stadtarchiv Bochum – MUSA

H 165,5 cm, B 60 cm, T 91 cm; Holz, Kunststoff, Metall

105 — MAGAZIN-UMZUGSWAGEN FIRMA KÜHNE

Auszug – Umzug – Einzug. Das Stadtarchiv Bochum zieht um und wird zum Bochumer Zentrum für Stadtgeschichte

Neun Kilometer Archivgut mussten bewältigt werden. Viel Vorarbeit war notwendig, damit der Umzug wie geplant innerhalb von 20 Arbeitstagen durchgeführt werden konnte. In der Zeit vom 16. April bis zum 16. Mai 2007 sollte dies stattfinden. Bereits im März war der Umzug der Büros von der Kronenstraße 47–49 in die Wittener Straße 47 erfolgt.

Die Mengen, aber auch die Empfindlichkeit des Materials machten diesen Umzug zu einer besonderen Herausforderung. Die Planungsphase begann bereits ein Jahr zuvor und mit der Firma Kühne stand uns ein Profi mit Erfahrung, was Umzüge von Archiven, Bibliotheken und Museen angeht, zur Verfügung. Der abgebildete Umzugswagen war einer von fast hundert, die damals zum Einsatz kamen.

Entgegen der weitläufigen Meinung besteht das in einem Stadtarchiv gelagerte Material nicht nur aus Akten. Hinzu kommen Karten und Pläne, Fotos und Filme, Bücher und Bilder, Plakate und Urkunden aus frühester Zeit und vieles mehr.

Das Stadtarchiv Bochum verfügt zudem über eine große gegenständliche Sammlung. Zerbrechliche, empfindliche Güter sind darunter, wie die Glasfenster des Bochumer Künstlers Ignatius Geitel, die archäologische Sammlung oder der Kortum-Nachlass. Dies alles galt es so zu verpacken, dass es keinen Schaden nehmen konnte.

Ein ganz spezielles Objekt sollte erstmalig wieder am neuen Standort der Öffentlichkeit gezeigt werden: der „Deutsche Parnass". Dabei handelt es sich um ein Gemälde von acht Metern Länge und fünf Metern Breite, das den Ratssaal des Bochumer Rathauses geschmückt hatte. Während des Zweiten Weltkrieges war es gerollt in einer Kiste untergebracht, nach dem Krieg nicht wieder ausgepackt, dem Stadtarchiv übergeben und im Gebäude Kronenstraße gelagert worden. Das probeweise Abrollen des Gemäldes auf zwei Meter Länge zeigte Fehlstellen sowie Verklebungen des dazwischen gelegten Papiers mit der Ölfarbe. Eine Sonderbehandlung war notwendig und so wurde das Gemälde bereits Anfang 2007 in das neue Gebäude transportiert, dort ausgerollt und unter Federführung des Westfälischen Museumsamtes in einen Spannrahmen montiert und restauriert. Eine aufwendig gefertigte Hängevorrichtung mit der Möglichkeit einer schützenden Abdeckung wurde installiert. Wegen seiner großen Maße kann der Parnass heute über zwei Etagen betrachtet werden. So war das erste Objekt bereits in den neuen Räumlichkeiten, bevor der Umzug überhaupt begann.

Mit der Eröffnung des neuen Hauses als Bochumer Zentrum für Stadtgeschichte am 3. Juni 2007 endete die Umzugsphase.

UWE KRIENING

106 | WESTE MIT ANGESTECKTEN SOLIDARITÄTS-BEKUNDUNGEN

Stadtarchiv Bochum – NAP 205

H 68 cm, B 65 cm; Kunststoff, Metall, Papier

106 WESTE MIT ANGESTECKTEN SOLIDARITÄTS-BEKUNDUNGEN

Opel-Schließung, Widerstand und Solidarität

„Wir waren das Herz und die Seele von Opel!" Weit sichtbar war dieses Transparent der Beschäftigten am Hauptgebäude des Bochumer Opel-Werkes aufgehängt.

Wer das Bochumer Werk betrat, für den war sie nicht zu übersehen: die rote Warnweste im Eingangsbereich des Opel-Hauptgebäudes, 2013 überreicht von den Schülerinnen und Schülern der Anne-Frank-Realschule aus Gladbeck. Angeheftet waren 22 farbige Zettel, auf denen die Mädchen und Jungen der Klasse 8 d ihre Betroffenheit und Solidarität vermittelten. Beigefügt ein Schreiben:

> „Hallo liebe Opelbelegschaft, wir haben davon gehört, dass das Opelwerk in Bochum geschlossen werden soll. Aus diesem Grund möchten wir euch gerne unterstützen, um das Werk erhalten zu können und alle Arbeitsplätze zu retten. Wir würden auch mit euch protestieren. Außerdem liegt es uns sehr am Herzen, weil wir dort auch gute Ausbildungsplätze finden. Wir wünschen euch trotz dieser Umstände eine frohe Weihnachtszeit. Liebe Grüße an euch und eure Familien von der Klasse 8 d der Anne-Frank-Realschule aus Gladbeck."

Daneben drei je zehn Meter lange Tapetenrollen der Schülerinnen und Schüler der Bochumer Erich-Kästner-Gesamtschule. 1 300 Schüler, Lehrer und Eltern hatten mit ihrer Unterschrift ihre Solidarität dokumentiert: „Auch wir und unsere Familien wären von einer Schließung des Werks betroffen."

Am 12. Dezember 2014, kurz vor Weihnachten, beendete Opel die Fahrzeugproduktion in Bochum. Für über 3 500 Beschäftigte gab es keine Arbeit mehr. Einige bekamen einen Ersatzarbeitsplatz im Bochumer Teile- und Zubehörlager oder in anderen Opel-Standorten in Hessen, Rheinland-Pfalz oder Thüringen. Über 2 600 ehemalige Opel-Beschäftigte wechselten in eine Transfergesellschaft, viele wurden anschließend arbeitslos. Zusätzlich zu den Opel-Beschäftigten waren weitere 1 000 Beschäftigte, die über Dienstleisterfirmen direkt im Opel-Werk arbeiteten, von der Schließung betroffen. Der Sitzhersteller Johnson Controls schloss wenige Monate später seine Bochumer Fabrik. Opel-Bochum brauchte keine Sitze mehr.

Die Schließung der Bochumer Autoproduktion markierte den Endpunkt einer langjährigen Erfolgsgeschichte und Auseinandersetzung um eine traditionsreiche Automobilfabrik, zehntausende Arbeitsplätze und um die Zukunft einer Region, die von diesem wichtigen Betrieb über 55 Jahre entscheidend geprägt wurde.

Die Bochumer Opel-Geschichte begann Ende der 1950er Jahre, als bei Opel im Geheimen an einem Projekt für einen neuen Kleinwagen gearbeitet wurde. Geplant wurde die Wiedergeburt des Opel-Kadett, der bereits von 1936 bis 1940 im Werk Rüsselsheim gebaut worden war. In Rüsselsheim gab es für die Produktion des neuen Fahrzeugs nicht genügend Platz. Diesen gab es dafür im Ruhrgebiet und als eine Folge des Zechensterbens auch genügend Facharbeiter. Nach monatelangen Geheimverhandlungen zwischen der Stadt Bochum, der Landesregierung, Opel und General Motors (GM) wurden am 20. Mai 1960 die Verträge über die Ansiedlung von Opel unterzeichnet. Kurz darauf begannen die Bauarbeiten auf dem Gelände der Zeche Dannenbaum in Bochum-Laer und der Zeche Bruchstraße in Bochum-Langendreer, die extra für die Opel-Ansiedlung geschlossen wurde. Unter dem Slogan „Ein neues Werk – ein neues Auto" wurden auf beiden ehemaligen Zechengeländen hochmoderne Fabrikanlagen aufgebaut.

Am 10. Oktober 1962, hundert Jahre nach der Gründung der Firma Opel 1862 im hessischen Rüsselsheim, liefen im neu gebauten Bochumer Opel-Werk die ersten Fahrzeuge vom Band: der Opel Kadett A. Es war ein besonderes Fahrzeug. Alle Teile des Autos waren neu entwickelt worden. Der Bochumer Kadett war als direkter Konkurrent zum VW Käfer konzipiert und bekam für den Opel-Konzern eine zentrale Bedeutung. Opel dazu in der Chronik:

> „Genau wie sein Vorgänger in den dreißiger Jahren war der neue Kadett dazu ausersehen, breiten Käuferschichten den Wunsch nach Motorisierung zu erfüllen. […] Erstmals seit dem Krieg führte der Kadett das Rüsselsheimer Unternehmen wieder in die populäre Preisklasse" (Bailey, 1984, S. 71).

Bis 1965 wurden 650 000 Bochumer Kadett A gebaut. Ab 1965 kam aus Bochum das Nachfolgemodell Kadett B auf den Markt. Davon wurden über 2,6 Millionen Fahrzeuge verkauft. Der in Bochum gebaute Kadett wurde ein Volks-Opel und damit ein entscheidendes Element für die langjährige Erfolgsgeschichte von Opel. Die Menschen der Region zeigten von Anfang an ihre tiefe Verbundenheit und Herzlichkeit mit dem Werk, den hier gebauten Autos und den Menschen. Der Schriftsteller Frank Goosen schrieb in einer Geschichte über seinen Opa: „Da war er ein knallharter Lokalpatriot. Mein Oppa fuhr immer nur Bochumer Autos und tankte nur Bochumer Benzin. Etwas anderes als ein Kadett kam ihm nicht unter den Hintern […]" (Goosen, 2009, S. 184). In seinem Lied „Kadett" sang Herbert Grönemeyer: „Susi ist viel schärfer als wie Gabi und Marie / und wenn ich eine will, dann will ich nur sie / und auch, wenn sie mich noch so sehr drängte / mit ihr ging ich nicht ins Bett / denn Heinzken ist noch viel schärfer / und Heinz, das ist mein Kadett" und die Toten Hosen im Lied über die Opel-Gang: „Egal ob Limousine, Kombi oder Coupé / das allergeilste Auto ist ein Kadett B".

Im gleichzeitig eröffneten Komponentenwerk (Werk II) in Bochum-Langendreer wurden ab 1962 Motoren, Getriebe und Achsen für Bochum und weitere europäische Opel-Werke gebaut. 1965 folgte das Teile- und Zubehörlager (Werk III) in Bochum Werne. Weitere Fahrzeuge und Modellreihen festigten in den folgenden Jahren den Ruf des Bochumer Werkes als einen der wichtigsten Opel-Produktionsstandorte: Kadett C–E, GT, Manta, Ascona, Astra F–G, Zafira, Zafira-Tourer.

Die Beschäftigtenzahlen stiegen. Zeitweise arbeiteten über 22 000 Menschen in den Bochumer Werken. Weitere zehntausende Menschen waren in der Zulieferindustrie, im Handel und im Dienstleistungsbereich für das Bochumer Werk tätig. Knapp 55 Prozent der bei Opel-Beschäftigten kamen aus den anderen Ruhrgebietsstädten. Anfang der 1970er Jahre wurde Opel mit einem Marktanteil von über 20 Prozent Spitzenreiter auf dem deutschen Automobilmarkt. Daran hatten die in Bochum gebauten Fahrzeuge einen wichtigen Anteil. Bis zum bitteren Schluss blieb Bochum ein wichtiger Faktor der NRW-Industrie. Eine von der Landesregierung beauftragte Studie kam 2012 zum Ergebnis, dass in Nordrhein-Westfalen 40 000 Arbeitsplätze bei Zulieferern und Dienstleistern mit dem Werk Bochum verknüpft waren.

Bedingt durch Ölkrisen und das Aufkommen japanischer und koreanischer Automobilhersteller spitzte sich in den 1980er und 1990er Jahren die Krise in der Automobilindustrie zu. General Motors, der Mutterkonzern von Opel, hatte im Gegensatz zu anderen Autoherstellern keine nachhaltige Strategie gegen diese Entwicklung, sondern verschärfte durch seine Entscheidungen die Lage für Opel und die Belegschaften. Auf Anweisung von GM durfte Opel auf wichtigen Auslandsmärkten nicht verkaufen und blieb eine auf Europa begrenzte Regionalmarke. Wichtige Entwicklungen zur Antriebstechnik oder Fahrzeugentwicklungen wurden zurückgestellt. Der GM-Manager Ignatius Lopez setzte die Automobilzulieferer unter einen gnadenlosen Preisdruck. Verstärkte Auslagerung, billigere Produktion und Qualitätsprobleme bei Zulieferteilen schädigten nachhaltig den Ruf von Opel. Der Marktanteil stürzte in den Folgejahren auf sechs Prozent ab. Es dauerte Jahrzehnte, bis sich die Marke Opel von dieser Politik etwas erholen konnte. Während bestehende Opel-Werke um Auslastung kämpften, wurden durch neue Werke in Eisenach, Polen (Gliwice), Ungarn, Österreich und Spanien Überkapazitäten aufgebaut.

Zu Beginn der 2000er Jahre verschärfte GM den Druck auf die europäischen Werke und verlangte drastische Kostenreduzierungen und Kapazitätsabbau. 2004 legte GM einen neuen Sanierungsplan für die europäischen Opel-Werke vor. Der Vorstand verkündete die mögliche Schließung von Opel-Bochum und anderer Werke. Am 14. Oktober 2004 stellte die Bochumer Belegschaft die Arbeit ein! Die Belegschaft nutzte kreativ ihre gesetzlichen Rechte gemäß Betriebsverfassungsgesetz und forderte vom Unternehmen verbindliche Informationen über die Zukunft ihres Arbeitsplatzes. Diese Informationstage, andere sprachen von einem „wilden Streik", dauerten eine Woche. Einige Opel-Werke mussten ihre Produktion einstellen, weil sie von Bochum nicht beliefert wurden. In der Region entwickelte sich eine breite Solidarität. Am europäischen Aktionstag am 19. Oktober 2004 beteiligten sich in Bochum 20 000 Menschen. In einem Zukunftsvertrag wurden schmerzhafte Einschnitte für die europäischen Werke und Belegschaften vereinbart, aber entscheidend war, dass die Schließung von Bochum und anderer Werke abgewendet wurde.

Damit waren die Schließungspläne verschoben, nicht aufgehoben. In sogenannten „Schönheitswettbewerben" sollten sich die Werke nun um neue Produktionen bewerben. Opel selbst bezeichnete diese Politik zynisch als „Beauty Contest". 2008 wurde ein entscheidendes Jahr für Bochum. Vertraglich wurde die Produktion des Kadett-Nachfolgers Astra für Bochum zugesichert. Alle europäischen Betriebsräte stimmten dem zu. Bochum sollte damit der einzige deutsche Opel-Standort mit Astra-Produktion sein. Kurz danach verkündete

Opel, dass das Opel-Werk Rüsselsheim ebenfalls den Astra bauen sollte. Für die Bochumer Belegschaft, Betriebsrat und Gewerkschaft war das ein eindeutiger Vertragsbruch. Bochum kam damit erneut auf die Schließungsliste.

Die andauernde Automobilkrise verschlimmerte die Lage für GM und Opel. 2009 musste GM in den USA Insolvenz anmelden und schloss in den USA 17 Werke. In Europa mussten die Opel-Belegschaften schwer für die Fehlplanungen und Managementfehler bluten. Zwischen 2007 und 2011 wurden Opel-Werke in Belgien, England, Schweden und Portugal geschlossen oder verkauft. Besonders heftig war im Dezember 2010 die Schließung des Opel-Werkes Antwerpen in Belgien. Trotz vertraglicher Zusage für ein neues Fahrzeug entschied der Opel-Vorstand, dieses Fahrzeug in Korea zu bauen. 2 000 Menschen bei Opel und tausende Beschäftigte in Zulieferbetrieben wurden Weihnachten 2010 arbeitslos. Betriebsrat und belgische Gewerkschaften verklagten Opel und GM auf Vertragsbruch, aber ohne Erfolg.

Das Unternehmen verlangte die Schließung weiterer Opel-Werke. Bochum, Eisenach und das englische Werk in Ellesmere Port standen auf der Liste. Bis 2012 wurden weitere Sanierungspläne mit schmerzhaften Einschnitten vereinbart: Arbeitsplatzabbau, Verzicht auf Tariferhöhungen und weitere tarifliche Leistungen, Leistungsverdichtung. Nur in Bochum konnte die Belegschaft über die Sanierungsverträge abstimmen. Eine Studie der Hochschule Aachen und der Stadt Bochum kam zum Ergebnis, dass die zahlreichen Zukunftsverträge maßgeblich zur Beschäftigungssicherung und zum Erhalt des Standortes Opel-Bochum beigetragen hatten. Das bestätigten auch Untersuchungen der Ruhr-Universität.

Aber es war immer nur ein kurzes Luftholen und Durchatmen. Die Halbwertzeit der einzelnen Verträge sank, zahlreiche Vereinbarungen wurden nicht eingehalten, der Druck auf Belegschaften und lokale Entscheidungsträger nahm zu. In den Belegschaften steigerte sich das Misstrauen gegenüber dem Opel-Vorstand. Sieben Opel-Chefs in 14 Jahren machten Verhandlungen immer schwieriger. Niemand wusste, ob der aktuelle Opel-Vorstand am nächsten Tage noch im Amt war. Acht konkrete Pläne zur Schließung des Bochumer Werkes waren mir bis dahin bereits bekannt. Die Nervosität im Unternehmen stieg. Mir wurden juristische Schritte angedroht, sollte ich als Mitglied des Aufsichtsrats die Belegschaft weiterhin über diese Pläne informieren.

In den Jahren 2012 bis 2013 wurde fast täglich in den Medien die drohende Schließung des Bochumer Werkes angekündigt. Die IG Metall schrieb, dass Opel pleite sei. Als Voraussetzung für die weitere Finanzierung und Rettung von Opel verlangten GM und der Opel-Vorstand eine noch drastischere Reduzierung von Kosten und Produktionskapazitäten. Im Klartext hieß es: Eine weitere Werksschließung, sonst gibt es kein Geld von GM.
Es folgte ein Musterbeispiel, wie die europäischen Opel-Werke und Betriebsräte gegeneinander ausgespielt wurden. Im sogenannten Schönheitswettbewerb sollten die Werke und Betriebsräte erneut um Nachfolgeproduktionen konkurrieren. Der Opel-Vorstand erstellte

einen vertraulichen Kosten- und Werksvergleich über die europäischen Opel-Werke an: Bochum war angeblich zu teuer! Der Bochumer Betriebsrat konnte nachweisen, dass diese Studie manipuliert war.

In einem gemeinsamen Appell erklärten alle europäischen Opel-Betriebsräte und Gewerkschaften, solidarisch zu bleiben und keine separaten Verhandlungen zu führen. GM und Opel gelang es dennoch, mit den englischen Gewerkschaften für den Betrieb in Ellesmere Port einen Vertrag mit langjährigem Lohnverzicht und weiteren Zugeständnissen auszuhandeln. Dafür bekam es die Produktionszusage für ein neues Astra-Modell und Bochum war erster Schließungskandidat. Die hessische IG Metall bezeichnete die separaten Verhandlungen in England als Ergebnis der „nackten Erpressung". Der stellvertretende Vorsitzende des europäischen Betriebsrates und gleichzeitige Betriebsratsvorsitzende des besagten Werkes bestätigte danach selbstkritisch: „Opel ist die Spaltung des europäischen Betriebsrates gelungen."

Der Druck auf die Bochumer Belegschaft und auf den Betriebsrat und das gegenseitige Ausspielen wurden verschärft. Der Opel-Vorstand teilte dem Rüsselsheimer Betriebsrat mit, dass Rüsselsheim zur Sicherung des dortigen Werkes die Bochumer Fahrzeugproduktion bekommen würde und darum das Fahrzeugwerk Bochum Ende 2014 geschlossen werden müsste.

Im Dezember 2012 kam der kommissarische Opel-Chef Sedran mit 70 Bodyguards nach Bochum und verkündete in der Belegschaftsversammlung die Schließung des Bochumer Werkes: „Die Schließung ist notwendig, um Opel und die anderen Werke zu retten!" Ohne Diskussion war der Opel-Chef nach sieben Minuten verschwunden.

In dieser Zeit wuchs in der Region die Unterstützung der Beschäftigten des Bochumer Opel-Werkes. Bereits im Juli 2012 hatte das Schauspielhaus Bochum eine große Solidaritätsaktion organisiert. 5 000 Bochumer zeigten am Schauspielhaus ihre Solidarität. Frank Goosen, damaliger stellvertretender Aufsichtsratsvorsitzender des VfL, erklärte: „Opel gehört zu Bochum wie der VfL. Wir sind Opel!"

In den folgenden Monaten entwickelte sich das Hauptgebäude des Bochumer Opel-Werkes zum zentralen Standort der Solidarität. Betriebsrat und IG Metall-Vertrauensleute hatten hunderte Unterstützungserklärungen und Beiträge aus Betrieben, Schulen, Gewerkschaften, Städten, Parlamenten, Kirchen, Initiativen, Vereinen oder Privatpersonen erhalten und dort ausgestellt – für jeden sichtbar.

Die für Dezember 2012 vorbereitete zentrale Feier zum 150-jährigen Bestehen der Firma Opel und gleichzeitigen 50-jährigen Jubiläum des Bochumer Opelwerkes wurde vom Opel-Vorstand wenige Tage vorher abgesagt: „Für Bochum geben wir kein Geld mehr aus!" Anselm Weber, Intendant des Schauspielhauses Bochum, die Dramaturgen Sabine Reich und Olaf Kröck und die Verantwortlichen der Stadt Bochum erklärten spontan: „Dann machen wir mit euch eine eigene Solidaritätsveranstaltung!"

Der 3. März 2013 war dieser „Tag der Solidarität". Bochum und die Region zeigten Flagge.

Organisiert wurde er von Schauspielhaus Bochum, Opel-Betriebsrat, IG Metall Bochum und Stadt Bochum. Aktiv beteiligt waren dutzende Künstler, Gewerkschaften, Delegationen vieler Betriebe aus der Region und anderer Autohersteller, Industrie- und Handelskammer, lokale Unternehmen, Kirchen, Sozialverbände, Schulen, Universitäten, Stadtteilinitiativen und viele weitere Unterstützergruppen. Die Polizei zählte über 20 000 Teilnehmer. Es war die größte Solidaritätsveranstaltung, die es bisher im Ruhrgebiet gegeben hatte.

„Spielzeitverlängerung für Opel Bochum über 2016 hinaus" forderte monatelang ein riesiges Plakat an der Fassade eines Parkhauses in der Bochumer Innenstadt. Die fünf „Bochumer Jungs" Dietmar Bär, Joachim-Hermann Luger, Armin Rohde, Paul Freier und Jens Todt traten gemeinsam für die Zukunft des Bochumer Opel-Werks ein. Die Idee zu dieser Plakataktion stammte von der IHK Mittleres Ruhrgebiet und wurde mit Unterstützung der Stadt Bochum umgesetzt.

Im gleichen Zeitraum wurde über die Zukunft der Werke verhandelt. Anfang 2013 lag ein sogenannter Zukunftsvertrag für die Opelwerke vor. Bochum sollte eventuell bis 2016 in geringer Stückzahl Fahrzeuge produzieren. Spätestens dann sollte endgültig Schluss sein. Kündigungen wären ab sofort möglich gewesen. Opel wollte keine verbindliche und einklagbare Zusage für die Produktion bis 2016, für Ersatzarbeitsplätze oder Austrittsprogramme geben. Opel sollte jederzeit einseitig aus dem Vertrag aussteigen dürfen. Alle anderen Opel-Werke erhielten langfristige Produktionszusagen und Sicherheiten. Die Bochumer Belegschaft sollte diesem Vertrag zustimmen. 76 Prozent der Bochumer Opel-Belegschaft lehnten in der geheimen Abstimmung den vorgelegten Tarifvertrag ab und forderten verbindliche Zusagen. Die IG Metall erklärte: „Mit diesem Vertrag sollte die Bochumer Belegschaft der Werkschließung zustimmen!". Das Unternehmen verweigerte weitere Verhandlungen und eine Korrektur der Schließungspläne und beschloss wenige Tage darauf das sofortige Aus des Bochumer Werkes für Weihnachten 2014.

Doch auch dann ging die Solidarität weiter. Im Sommer 2015 lud Herbert Grönemeyer, der sich in den vergangenen Jahren immer solidarisch gezeigt hatte, 7 000 Opelaner, Lebenspartner und Partnerinnen zum Konzert ins Ruhrstadion ein.

Bereits ab 2003 wurde unter Federführung der Ruhr-Universität Bochum an Projekten für bestehende und alternative Arbeitsplätze und Beschäftigungsfelder gearbeitet. Es fehlte die Unterstützung von Opel. Dort regierten Kostenreduzierung und Verschlankung der Produktion. Anfang 2010 wurden gemeinsam mit Wissenschaftlern der Ruhr-Universität, der Hochschulen Bochum und Aachen konkrete Projekte für eigene Elektrofahrzeuge oder zur Produktion des in Aachen entwickelten und heute von DHL genutzten Streetscooter entwickelt. Im „Initiativkreis Opel-Bochum 2020" wurden ab 2012 in enger Zusammenarbeit zwischen Gewerkschaften, Betriebsrat, Stadt Bochum, Ruhr-Universität, Industrie- und Handelskammer und Ministerium viele dieser Überlegungen aufgegriffen. Es war eine Chance für das Opel-Werk Bochum. Aber das war von Opel nicht gewollt.

Für die Beschäftigten des Bochumer Opel-Werkes war Solidarität niemals eine Einbahnstraße, ganz gleich, ob es um Nokia oder Arbeitsplätze in anderen Betrieben der Region ging. Eindrucksvoll bestätigte das die Kundgebung im Januar 2008 gegen die Schließung des Bochumer Nokia-Werkes. Alle Opelaner nahmen an der Kundgebung teil. Es wurde in dieser Zeit kein Auto gebaut. In den vielen Jahren der Auseinandersetzung konnte die Bochumer Opel-Belegschaft immer wieder erfahren und beweisen, dass die Menschen im Ruhrpott zusammenstehen und das Wort Solidarität im Ruhrpott keine Floskel ist, sondern wirklich gelebt wird. Diese Solidarität konnte Opel letztendlich nicht von der Schließung abhalten, aber sie gab den Menschen im Betrieb und ihren Familien Würde und Kraft, immer wieder gegen die angedrohte Schließung des Bochumer Opel-Werkes aufzustehen, Alternativen und Perspektiven zu entwickeln.

Am 15. Dezember 2014 war die letzte Belegschaftsversammlung im Bochumer Werk. Tausende Beschäftigte waren da. Wie in den letzten zwei Jahren erschien kein Vertreter des Opel-Vorstandes oder anderer Opel-Werke. Respektlos gegenüber den Menschen.

Dieses Werk soll aus der Opel-Geschichte verschwinden. In der offiziellen Opel-Chronik werden die Werke Bochum oder Antwerpen und die Leistungen der Belegschaften nur noch am Rande erwähnt. Aber für die Kolleginnen und Kollegen bleibt der Stolz auf ihre Leistung. 55 Jahre wurden hochwertige Fahrzeuge produziert, man war Stammwerk der Kadett- und Astra-Modelle, des Zafira und vieler Fahrzeug-Komponenten. Es bleiben wichtige Erfahrungen und Erlebnisse über eine Zeit des Widerstandes, der Hoffnungen, Freundschaften, schwierigen Verhandlungen, aber vor allem einer großartigen Solidarität der ganzen Region. Das wird bleiben.

RAINER EINENKEL

107 | MODELL MUSIKZENTRUM

Bez + Kock Architekten, Stuttgart
L 140 cm, B 70 cm, H 80 cm; Finnische Holzpappe

Ein Zuhause für die Musik.
Das Anneliese Brost Musikforum Ruhr

Am Anfang stand die Frage: Braucht Bochum einen Konzertsaal?
Es wird niemanden überraschen, wenn die Bochumer Symphoniker mit aller Kraft und aus tiefster Überzeugung diese Frage mit „Ja!" beantworten. Und so stand denn auch zu Beginn aller Planungen der Wunsch des Orchesters nach angemessenen Arbeitsbedingungen, zuerst hauptsächlich unterstützt durch den Freundeskreis und einzelne Bochumer Bürger. Die Unterstützer wurden mehr und mehr und ihre Begeisterung, ihr bürgerschaftliches Engagement und ihre guten Argumente überzeugten die Bochumer Politik, die Bezirks- und die Landesregierung und schließlich sogar die zuständige Vergabestelle für Fördermittel der Europäischen Union.

Warum sich trotz der finanziell schwierigen und angespannten Zeiten alle Beteiligten für das Projekt begeistern konnten, hatte einen guten Grund, denn das Musikforum sollte vieles sein, eines aber ganz sicher nicht: ein abgehobener Musentempel für einen eng abgezirkelten Besucherkreis. Anders als etwa die Konzerthäuser in den Nachbarstädten sollte das Musikforum auch nicht in erster Linie Gastspielen und Tourneeproduktionen dienen, hier würden die Bochumer selbst das Haus mit Leben füllen.

Wie geplant und versprochen, ist es auch gekommen: Seit Ende Oktober 2016 können die über 100 Mitarbeiter und Musiker der Bochumer Symphoniker im Anneliese Brost Musikforum Ruhr arbeiten, proben und auftreten, das Jugendsinfonieorchester der Musikschule findet hier ebenso seine Heimat wie die vielen anderen Ensembles der Musikschule oder die Bochumer Chöre, die nun endlich einen angemessenen Ort für ihre Auftritte haben – in einer offenen Atmosphäre, unter professionellen Auftrittsbedingungen, in einer adäquaten Akustik.

Genau daran hat es lange gehapert, denn die „Heimatlosigkeit" stellte die Bochumer Symphoniker vor enorme Probleme und erschwerte unsere Arbeit: Das Orchester spielte seine rund 100 Konzerte jährlich in Bochum in akustischen Provisorien. Egal ob Schauspielhaus, Audi-Max, Kammerspiele, die Akustik der Räume, die uns in Bochum zur Verfügung standen, ist natürlich auf andere Bedürfnisse zugeschnitten – etwa auf Sprechtheater – und zwang die Musiker jedes Mal aufs Neue, sich auf unzureichende Situationen einzustellen.

Für jedes einzelne Konzert veranstalteten wir eine kleine Gastspielreise: Jeden Stuhl, jede Pultleuchte, jede Büroklammer transportierten die Orchesterwarte jede Woche aufs Neue zu den allein in Bochum 14 Spielorten. Und so waren wir in allen unseren Spielstätten zu Gast, gern gesehen zwar, aber doch nicht wirklich zu Hause. Das Musikforum ist für unser Orchester und unser Publikum endlich eine Heimat, die uns im kulturellen Leben der Stadt, das wir ohnehin mitgestalten und prägen, auch physisch verankert.

Schon rein äußerlich ist das neue Haus eine Bereicherung für Bochum: Dem Team rund

107 | MODELL MUSIKZENTRUM

um unseren Architekten Thorsten Kock ist es mit seinem Entwurf gelungen, einen historischen Kirchenbau zu erhalten, der mit den neuen Konzerträumen eine Symbiose eingeht, die bemerkenswerter nicht sein könnte. Das Haus antwortet einerseits auf die besondere städtebauliche Situation des Standortes im ViktoriaQuartierBochum und hat andererseits die Kraft, das künftige Zentrum dieses Stadtviertels zu bilden.

Dabei ist die einst von Abriss bedrohte Marienkirche jetzt als Foyer und Veranstaltungsraum nicht nur integraler Bestandteil des Gebäudes, sie setzt auch den Maßstab für das Neue und bleibt als unübersehbare historische Landmarke und als Orientierungspunkt in der Stadt erhalten. Die Kirche behält und unterstreicht auch im neuen Gebäudeensemble und in neuer Funktion ihre große Bedeutung als wertvolles und identitätstiftendes Bauwerk – sie ist das Herz des neuen Gebäudes.

Der Kleine Saal gibt uns mit seiner Multifunktionalität alle Freiheiten für genreübergreifende Projekte und Experimente: Hier findet der Großteil unserer Musikvermittlungsprogramme statt, die häufig in Zusammenarbeit mit den Bochumer Schulen oder den anderen Kulturinstitutionen wie dem Schauspielhaus oder dem Kunstmuseum entstehen. Hier kann getanzt, gemalt und gesungen werden, hier finden Lehrer-Workshops, Konzerte für Kindergartenkinder oder Kompositionsübungen für Studenten statt.

Daneben ist der Kleine Saal der Aufführungsort für Kammermusik, aber auch Theater, Lesungen, Tanzveranstaltungen finden hier Raum – die Flexibilität des in drei Einzelräume teilbaren Saals macht vieles möglich. Nicht zu vergessen: An drei Tagen in der Woche gehört der Kleine Saal der Musikschule, hier proben dann das Jugendsinfonieorchester, die integrativen Ensembles des Bochumer Modells oder die Blechbläser, die im angestammten Gebäude der Musikschule keinen angemessenen Platz finden.

Auch der Große Saal wird regelmäßig von der Musikschule genutzt, vor allem aber ist er der Mittelpunkt der musikalischen Arbeit der Bochumer Symphoniker. Die Akustik des Großen Saals hat all unsere Hoffnungen erfüllt und erlaubt das große symphonische Repertoire mit mehr als hundert Musikern auf der Bühne ebenso wie kleine und delikate Formate, etwa Liederabende oder Solo-Klavierkonzerte.

Welche Bedeutung es für uns, für jeden Musiker, hat, an dem Ort proben zu können, an dem später auch das Konzert stattfindet, ist kaum zu beschreiben und zu ermessen. Die Entwicklungsmöglichkeiten, die sich für das Orchester daraus ergeben, die Chance, aus einzelnen Musikern einen Klangköper entstehen zu lassen, der seinen ganz eigenen Charakter, seinen ganz eigenen Ton finden kann, ist einmalig und beglückend und erfüllt uns bei jeder Probe, bei jedem Konzert mit Freude.

Im Vorfeld der Eröffnung des Anneliese Brost Musikforums Ruhr konnte man in den bundesweiten und internationalen Medien häufig das Erstaunen und den Respekt wahrnehmen, den die Beobachter unserem Projekt entgegenbrachten. Tatsächlich: Über 20 000 Bochumer haben sich für das Musikforum eingesetzt und gespendet, und jeder einzelne hat durch seine Unterstützung möglich gemacht, dass dieses Haus der Musik für Bochum entsteht. Darauf können wir alle stolz sein: Dass es uns in Bochum gemeinsam gelungen ist, einen Ort zu ermöglichen, an dem sich die Vielfalt unseres Musiklebens endlich nicht mehr verstreut und in Provisorien, sondern an einem Ort in all ihrer Qualität und mit all ihren Klangfarben zeigen kann.

Nach einem umwerfenden Eröffnungswochenende mit über 40 000 Besuchern, nach den ersten Monaten im neuen Haus können wir sagen: Das Musikforum ist angekommen. Es ist nicht nur eine Heimat für die Bochumer Symphoniker, sondern vielmehr eine musikalische Heimat für alle Bochumer, ein neuer kultureller Herzschlag für unsere Stadt.

STEVEN SLOANE

ANHANG

Kurzbiografien der Autorinnen und Autoren

Albers, Delia, M. A.
Jahrgang 1977. Studium der Kunstgeschichte, Geschichte und Anglistik an der Ruhr-Universität Bochum, Doktorandin an der TU Dortmund; Volontariat bei der LWL-Denkmalpflege, Landschafts- und Baukultur in Westfalen in Münster. Seit 2013 Denkmalpflegerin in der Unteren Denkmalbehörde der Stadt Castrop-Rauxel. Fachliche Schwerpunkte: Denkmalschutz und Denkmalpflege, Architektur(-geschichte) und Städtebau des 19. und 20 Jahrhunderts. Mitarbeiterin beim Tag des offenen Denkmals seit 2004, Mitorganisatorin der Wattenscheider Kulturnacht seit 2007.

Barski, Jacek, Dr.
Jahrgang 1958. Geboren im polnischen Wrocław (Breslau), verließ er Polen 1981 aus politischen Gründen und erhielt politisches Asyl in der Bundesrepublik Deutschland. Von 1983 bis 1988 Studium der Rezeptionsästhetik, Kunsttheorie, Soziologie und Slawistik an der Friedrich-Wilhelms Universität in Münster. Dort 1992 Promotion mit einer Arbeit über die Strukturen der ästhetischen Kommunikation im Denken von Roman Ingarden. Seit 2013 Geschäftsführer von Porta Polonica in Bochum, der Dokumentationsstelle zur Kultur und Geschichte der Polen in Deutschland (www.porta-polonica.de) des LWL-Industriemuseums Dortmund.

Basse, Michael, Prof. Dr.
Jahrgang 1961. Universitätsprofessor für Evangelische Theologie mit dem Schwerpunkt Kirchen- und Theologiegeschichte an der TU Dortmund; Forschungsschwerpunkte: Spätmittelalter und Reformationszeit.

Benfer, Jost, Dr.
Jahrgang 1942. Nach dem Abitur Beginn der Polizeiausbildung, seit 1970 Studium der Rechtswissenschaften und Promotion an der Ruhr-Universität Bochum. Tätigkeit als Lehrer an Polizeischulen und nebenamtlicher Dozent an der Fachhochschule für öffentliche Verwaltung des Landes NRW, ab 1990/91 Tätigkeit im Aufbaustab der FHS ö. V. des Landes Brandenburg und (bis zur Pensionierung) Dozententätigkeit. Autor verschiedener juristischer Fachbücher und Aufsätze in wissenschaftlichen Zeitschriften, Veröffentlichung mehrerer stadthistorischer Schriften zu Wattenscheid. Verheiratet, vier Kinder.

Bergauer, Gerhard
Jahrgang 1963. Studium der Kartografie an der Fachhochschule Karlsruhe. Von 1988 bis 1991 tätig beim Bundesamt für Statistik in Bern/Schweiz, seit 1991 bei der Stadt Bochum im Amt für Geoinformation, Liegenschaften und Kataster.

KURZBIOGRAFIEN DER AUTORINNEN UND AUTOREN

Berger, Stefan, Prof. Dr.
Professor für Sozialgeschichte und Direktor des Instituts für soziale Bewegungen an der Ruhr-Universität Bochum, außerdem Vorstandsvorsitzender der Stiftung Geschichte des Ruhrgebiets und Ehrenprofessor der Universität Cardiff. Veröffentlichungen zur Geschichte der sozialen Bewegungen, zu schwerindustriellen Ballungsräumen und den Auswirkungen von Deindustrialisierungsprozessen, ferner zu Industriekultur, nationaler Identität und Nationalismus sowie zur Geschichte der Geschichtsschreibung und Geschichtstheorie. Jüngste Monografie: The Past as History. National Identity and Historical Consciousness in Modern Europe. Mitglied im wissenschaftlichen Beirat des Stadtarchivs – Bochumer Zentrum für Stadtgeschichte.

Bleidick, Dietmar, Dr.
Jahrgang 1966. Studium der Sozial-, Wirtschafts- und Technikgeschichte, der Osteuropäischen Geschichte und der Philosophie, 1996-2004 wissenschaftlicher Mitarbeiter und wissenschaftlicher Assistent am Lehrstuhl für Wirtschafts- und Technikgeschichte der Ruhr-Universität Bochum. Von 2004 bis 2006 Archivar im ThyssenKrupp Konzernarchiv. Seit 2006 freiberufliche Tätigkeit in der Firma Historische Informationsdienstleistungen | Publizistik | Kommunikation sowie Leitung des Historischen Archivs BP/Aral. Zahlreiche Veröffentlichungen zur Wirtschafts- und Technikgeschichte, zu Bergbau, Montanindustrie, Energie-, Wohnungs- und Wasserwirtschaft.

Blome, Astrid, Dr. phil. habil.
Jahrgang 1965. Studium der Geschichte und Kunstgeschichte; wissenschaftliche Mitarbeiterin und Stipendiatin am Institut Deutsche Presseforschung (Universität Bremen); Promotion 1999; wissenschaftliche Assistentin, Lehrbeauftragte, Vertretungsprofessorin im Studiengang Geschichtswissenschaft der Universität Bremen; Habilitation Universität Hamburg 2010 (Venia legendi für Neuere Geschichte). Kuratorin der Abteilung Zeitung und Presse am Gutenberg-Museum; seit 2016 Leiterin des Instituts für Zeitungsforschung, Dortmund.

Borsdorf, Ulrich, Prof. Dr.
Jahrgang 1944. Studium der Geschichte und Germanistik in Bochum und Freiburg von 1966 bis 1972. Wissenschaftlicher Assistent im Fach Geschichte der Universität Essen von 1973 bis 1976; Promotion bei Prof. Dr. Hans Mommsen an der Ruhr-Universität Bochum 1981. Redakteur beim Bund-Verlag 1976 bis 1980; Referent im Wirtschafts- und Sozialwissenschaftlichen Institut, Düsseldorf, von 1980 bis 1986. Direktor des Ruhrlandmuseums der Stadt Essen von 1986 bis 2007; 2004 mit der Neugründung des Ruhr Museums auf der Zeche Zollverein (UNESCO-Welterbe) beauftragt. (Gründungs-) Direktor des Ruhr Museums und Vorstand der „Stiftung Zollverein" von 2008 bis 2011. Veröffentlichungen zur Geschichte der sozialen Bewegungen im Industriezeitalter, zur Nachkriegsgeschichte Deutschlands, zur Geschichte

des Ruhrgebietes, zur Museologie und Fotografie. Sprecher des Beirates des Stadtarchivs – Bochumer Zentrum für Stadtgeschichte.

Brink-Kloke, Henriette, Dr.
Nach dem Lehramtsstudium umfangreiche archäologische Ausbildung in Marburg, München und Bochum mit zahlreichen Ausgrabungen und Veröffentlichungen, insbesondere in und für Dortmund. Seit 1993 dort Stadtarchäologin. Wohnt mit ihrer Familie in Witten auf einem Bodendenkmal, der Burgstelle Rüdinghausen.

Brüggemann, Volker, Dr.
Jahrgang 1947. Von 1969 bis 1974 Studium der Rechtswissenschaften in Bochum und München, von 1974 bis 1979 Wissenschaftlicher Assistent an der Ruhr-Universität Bochum. Oktober 1979 Eintritt in den Richterlichen Dienst des Landes Nordrhein-Westfalen, Juni 2003 Präsident des Landgerichts Paderborn, von Februar 2008 bis Dezember 2012 Präsident des Landgerichts Bochum.

Brüggerhoff, Stefan, Prof. Dr.
Von 1985 bis 1990 wissenschaftlicher Mitarbeiter in der Abteilung Zollern-Institut des Deutschen Bergbau-Museums Bochum (DBM), seit 1990 Leiter der Abteilung Zollern-Institut (heute Fachbereich Denkmalschutz/Materialkunde), von 2000 bis 2012 stellvertretender Direktor des DBM (Bereich: Forschung), seit Mai 2012 Direktor des DBM und seit 2013 Honorarprofessor an der Hochschule für Technik und Wirtschaft in Berlin (Studiengang Konservierung und Restaurierung/Grabungstechnik). Mitglied im wissenschaftlichen Beirat des Stadtarchivs – Bochumer Zentrum für Stadtgeschichte.

Dengler, Frank, Dr.
Jahrgang 1966. Kunsthistoriker und Historiker; 2001 Promotion an der Ruhr-Universität Bochum. Seit 2003 freiberuflich tätig in den Bereichen Journalismus, Erwachsenenbildung (Dozent an der VHS), Tourismus (Gästeführer) und Denkmalpflege. 2012 und 2013 Planung und Organisation des „Tags des offenen Denkmals" im Auftrag der Stadt Dortmund. Verschiedene Veröffentlichungen zu Architektur-Themen und zur Bochumer Stadtgeschichte, darunter 2015 „Der Architekt Roman Reiser. Werkmonografie 1947-2001" und in den Ruhr Nachrichten von 2009 bis 2016 die Serie „Gruß aus Bochum" über historische Stadtansichten mit knapp 190 Folgen.

Depenbrock, Gerd, Dr.
Jahrgang 1949. Studium der Germanistik, Geografie und Publizistik an der Ruhr-Universität Bochum, Promotion zum Dr. phil. Redakteur und Moderator beim Westdeutschen Rundfunk Köln (WDR), Leiter des WDR-Hauptstadtstudios Berlin (1998-2012); seit 2004 Vorsitzender des

Deutschen Presseclubs e.V.; Autor verschiedener Publikationen zur Kommunikationswissenschaft sowie zur Energiepolitik.

Dumont, Patrice
Seit 1981 Grundschullehrer in seinem Heimatort Chenois–Latour. Schon während seiner Jugend begeisterte er sich für Geschichte und wandte sich dann immer mehr den Ereignissen des Ersten Weltkrieges in seiner Heimatgegend und den benachbarten Orten in Frankreich zu. Seit 1984, dem 70. Gedächtnisjahr der Grenzschlachten in Gaume (Provinz Luxemburg, Belgien) nimmt er regelmäßig an allen Veranstaltungen teil, die diesem Ereignis von August 1914 gewidmet sind. Er ist Mitarbeiter des Musée des Guerres en Gaume (Latour), wo er vor allem die Verantwortung für die Sammlungen und die Organisation der Ausstellungen trägt.

Eggeling, Wolfram, Dr.
Studium der Slawistik und Romanistik in Konstanz, Toulouse, Moskau und Bochum. Tätigkeiten in den Bereichen Universität, Archiv, Museum sowie im Schuldienst. Veröffentlichungen zur russischen und sowjetischen Literatur und zur sowjetischen Literaturpolitik.

Eidam, Jürgen
Jahrgang 1947. Nach dem Abitur 1966 Studium der Germanistik, Geschichte und Philosophie an der Ruhr-Universität Bochum, Staatsexamen 1973, Referendarzeit am Staatlichen Studienseminar Gelsenkirchen von 1973 bis 1975. Von 1975 bis 2010 Lehrer (zuletzt als Studiendirektor) am Gymnasium am Ostring in Bochum (GaO) für Deutsch, Geschichte und Philosophie. Redakteur der GaO-Schulchronik von 1980 bis 2010.

Einenkel, Rainer
Jahrgang 1954. 1972 Mittlere Reife. Von 1972 bis 1975 Ausbildung bei Opel zum Starkstromelektriker; 1987 Wahl in den Betriebsrat; von 2004 bis 2015 Betriebsratsvorsitzender, zudem von 2006 bis 2015 Mitglied des Aufsichtsrates, des Gesamtbetriebsrates und des Europäischen Opel-Betriebsrates. Nach Schließung des Bochumer Opel-Werkes im März 2015 Wechsel in die Transfergesellschaft.

Elsner, Thilo
Jahrgang 1971. Jura-Studium an der Ruhr-Universität, anschließend wissenschaftlicher Mitarbeiter am Institut für Berg- und Energierecht in Bochum und später am Institut für Öffentliches Recht und Verwaltungslehre an der Universität zu Köln. Seit 1995 brachte er sich in die Arbeit des Instituts für Umwelt- und Zukunftsforschung (IUZ)/Sternwarte Bochum ein, war ab 1999 Mitglied des Direktoriums und übernahm nach dem Tod von Prof. Heinz Kaminski im Jahre 2002 die Leitung der Traditionseinrichtung. Unter seiner Führung arbeitet das IUZ als Bildungszentrum für Weltraum- und Umweltforschung.

KURZBIOGRAFIEN DER AUTORINNEN UND AUTOREN

Farrenkopf, Michael, Dr.
Jahrgang 1966. Studium der Geschichte, Publizistik und Kunstgeschichte an den Universitäten Mainz und Berlin; Promotion über „Schlagwetter und Kohlenstaub. Das Explosionsrisiko im industriellen Ruhrbergbau (1850-1914)" an der TU Berlin. Seit 2001 Leiter des Montanhistorischen Dokumentationszentrums (montan.dok) mit den Bereichen Bergbau-Archiv, Bibliothek/Fotothek sowie Museale Sammlungen beim Deutschen Bergbau-Museum Bochum, seit 2014 Mitglied im Direktorium des DBM. Lehrbeauftragter an der Ruhr-Universität Bochum sowie am Institut für Industriearchäologie, Wissenschafts- und Technikgeschichte der TU Bergakademie Freiberg.

Frewer, Bertram
Jahrgang 1958. Von 1977 bis 1983 Lehramtsstudium in den Bereichen Erziehungswissenschaften, Sport und Biologie in Dortmund. Seit 1977 Freischaffender Musiker. Von 1984 bis 1986 Referendariat mit 2. Staatsexamen für das Lehramt in der Sekundarstufe I. Von 1986 bis 1987 Lehramtstätigkeit an einer Realschule in Oberhausen, 1988 bis 1992 Heimleiter im Sozialamt der Stadt Bochum, seit 1992 Rock- und Jazzbeauftragter im Kulturbüro der Stadt Bochum, seit 1998 Künstlerischer Leiter des Festivals „Kemnade International" in Bochum und ab 2012 Mitglied im Leitungsteam des Folgefestivals „Ruhr International" in Bochum. Seit 2008 stellvertretender Leiter des Kulturbüros und der Kulturhistorischen Museen der Stadt Bochum.

Gleising, Günter
Jahrgang 1950. Elektriker, Drucker und Autor. Seit vielen Jahren politisch aktiv (VVN – Bund der Antifaschistinnen und Antifaschisten, Soziale Liste Bochum) und mit der Aufarbeitung der lokalen Geschichte der Arbeiterbewegung und der Zeit des Naziregimes beschäftigt. Zahlreiche Arbeiten zum Thema Kapp-Putsch und Märzrevolution im Ruhrgebiet. Erfassung der heute noch vorhandenen Denkmäler in NRW. Mitbetreiber des Bochumer RuhrEcho Verlages.

Goosen, Frank
Jahrgang 1966. Geboren in Bochum, wo er immer noch lebt. Frank Goosen ist Autor diverser Romane und Kurzgeschichtenbände, unter anderem „Liegen lernen", „Radio Heimat", „Sommerfest" und „Förster, mein Förster", von denen einige verfilmt oder für das Theater bearbeitet wurden. Er ist regelmäßiger Kolumnist des Sportmagazins Kicker und seit 2010 Mitglied im Aufsichtsrat des VfL Bochum.

Gregori, Catherine, Dr.
Jahrgang 1978. Von 1998 bis 2004 Studium der Fächer Anglistik, Politik und Sozialökonomie in Freiburg und Bochum; von 2006 bis 2015 Promotionsstudium an der Fakultät für Sozial-

wissenschaften der Ruhr-Universität Bochum. Von 2004 bis 2005 Projektmanagerin Bildung/Qualifizierung bei der Projekt Ruhr GmbH Essen; von 2007 bis 2011 Assistentin des wissenschaftlichen Beirates für Familienfragen beim Bundesministerium für Familie, Senioren, Frauen und Jugend; seit 2016 Mitarbeiterin im Referat des Oberbürgermeisters für gesamtstädtische Angelegenheiten, Bochum.

Grönemeyer, Herbert

Sänger, Komponist und Schauspieler. Geboren am 12. April 1956 in Göttingen, aufgewachsen in Bochum. Mit über 16 Millionen verkauften Einheiten seiner Studio Alben ist er der erfolgreichste Popmusiker des deutschsprachigen Raumes der letzten Jahrzehnte. Seine Tourneen besuchten rund 15 Millionen Menschen. Den bisher größten Erfolg hatte Grönemeyer vor zehn Jahren mit dem Album „Mensch", das mit knapp vier Millionen als das meistverkaufte Album der deutschen Musikgeschichte gilt. Sein Album „Bochum" steht dem kaum nach und hat Grönemeyer den Durchbruch als Popmusiker beschert. Noch vor seiner Musikkarriere hatte er Engagements auf Theaterbühnen und in Filmproduktionen. Er war musikalischer Leiter am Schauspielhaus Bochum und arbeitete mit Theatergrößen wie den Regisseuren Claus Peymann, Peter Zadek und Robert Wilson oder der Choreografin Pina Bausch. Als Filmschauspieler kennt man Grönemeyer vor allem als Leutnant Werner im Antikriegsfilm DAS BOOT (1981) von Wolfgang Petersen. Seit 1985 komponiert er auch Soundtracks für Filme. Grönemeyer ist in seiner langen Musikkarriere mit zahlreichen Preisen geehrt worden. Der Künstler lebt in London und Berlin. Er betreibt ein eigenes Studio und mit „Grönland" ein eigenes Label.

Hajt, Jörg

Jahrgang 1965. Selbstständiger Fotograf in Wattenscheid mit den Schwerpunkten Produkt- und Automobilfotografie. Seit frühester Kindheit gilt sein Interesse der Eisenbahn. Mit insgesamt 14 veröffentlichten Fachbüchern und Bildbänden gehört er zu den bekanntesten Autoren von Verkehrsliteratur in Deutschland.

Haltt, Felix, M. A.

Jahrgang 1976. Studium der Rechts-, Politik- und Geschichtswissenschaft an der Ruhr-Universität Bochum; Themenschwerpunkte: brandenburgisch-preußische Geschichte, deutsche Militärgeschichte. Derzeit wissenschaftlicher Mitarbeiter der Landtagsabgeordneten Susanne Schneider. Von 1999 bis 2004 Mitglied der Bezirksvertretung Bochum Ost, seit 2004 Mitglied des Rates der Stadt Bochum; seit 2000 stellv. Kreisvorsitzender der FDP Bochum. Mitglied im Beirat des Stadtarchivs – Bochumer Zentrum für Stadtgeschichte.

Halwer, Andreas

Jahrgang 1954. Nach der Ausbildung zum Diplom-Archivar 1978 Übernahme des Zweig-

KURZBIOGRAFIEN DER AUTORINNEN UND AUTOREN

archivs in Wattenscheid. Von 2000 bis 2004 Fraktionsgeschäftsführer einer Bochumer Ratsfraktion. Seit 2005 wieder im Stadtarchiv Bochum. Schwerpunkte: Stadtgeschichte Wattenscheids, jüdische Geschichte, EDV und Archivtechnik. Nebenamtlicher Dozent bei der Volkshochschule Bochum.

Hanke, Hans H., Dr.

Jahrgang 1956. Studium der Kunstgeschichte und Geschichte an der Ruhr-Universität Bochum. Promotion zum Thema Architektur, Stadtplanung und Wiederaufbau. Wissenschaftlicher Referent in der „LWL Denkmalpflege, Landschafts- und Baukultur in Westfalen"; Lehrbeauftragter an der Ruhr-Universität Bochum, zeitweise an den Universitäten Dortmund und Münster. Publikationen zu Architektur und Städtebau des 19./20. Jahrhunderts, zur Denkmalpflege sowie zur Regionalgeschichte, nicht zuletzt zur Stadt Bochum. Vorsitzender der Kortum-Gesellschaft Bochum. Mitglied im Beirat des Stadtarchivs – Bochumer Zentrum für Stadtgeschichte.

Heimsoth, Axel, Dr.

Jahrgang 1964. Historiker. Dissertation: „Die Wiederentdeckung des Hellwegs. Regionale Identität im Spiegel verkehrspolitischer Diskussionen bis zum Bau der Dortmund-Soester Eisenbahn" (2005). Seit 1994 Mitarbeit an mehreren kulturhistorischen Ausstellungsprojekten, darunter: „Transit Brügge – Nowgorod", Essen, „Der Ball ist rund", Oberhausen, und „200 Jahre Krupp. Ein Mythos wird besichtigt", Essen. Seit 2013 Kurator für die Industrie- und Zeitgeschichte am Ruhr Museum, Essen; Mitherausgabe des Katalogs „Arbeit & Alltag" der gleichnamigen Ausstellung (2015) und zuletzt „Der geteilte Himmel. Reformation und religiöse Vielfalt an Rhein und Ruhr" (2017).

Hiekisch-Picard, Sepp

Jahrgang 1956. Von 1975 bis 1982 Studium der Kunstgeschichte, Literaturwissenschaft und Philosophie an der Ruhr-Universität Bochum. 1982 Magister Artium mit der Arbeit „Untersuchungen zum bildnerischen Werk von Peter Weiss". Von 1985 bis 1987 wissenschaftlicher Mitarbeiter am Museum für Kunst und Kulturgeschichte Dortmund. Seit 1987 Kurator am Kunstmuseum Bochum, stellvertretender Leiter des Museums. Zahlreiche Ausstellungen und Publikationen zur modernen und zeitgenössischen Kunst; Schwerpunkte sind Surrealismus, imaginative Kunst, Art Brut, aber auch konkrete und konstruktive Kunst. Seit 1997 Geschäftsführer des Westdeutschen Künstlerbundes.

Hofmann, Paul

Jahrgang 1950. Er wechselte nach dem Studium 1976 vom Rheinland an die Ruhr und 1978 mit der Oberhausener Festival-Retrospektive „Das Ruhrgebiet im Film" von der Stadtsoziologie zur Filmgeschichte. In der daraus entwickelten, 1988 gegründeten „Kinemathek im Ruhrgebiet", einem „FilmArchiv für die Region", arbeitet er an der Wiederentdeckung, Bewahrung und Sichtbarmachung des Filmerbes der Industrieregion. Gestaltung zahlloser Filmveranstaltungen und -reihen, beteiligt an bzw. (Co-)Autor von zumeist dokumentarischen Film- und Fernsehproduktionen mit Ruhrgebietsbezug.

Jennemann-Henke, Ursula, M.A.
Jahrgang 1953. Studium der Geschichtswissenschaft, Germanistik und Philosophie an der Ruhr-Universität Bochum; Forschungsschwerpunkte: Geschichte des 19. und 20. Jahrhunderts, Wirtschaftsgeschichte, Regional- und Alltagsgeschichte. Von 1990 bis 1994 Tätigkeit als freie Journalistin; bis 1999 wissenschaftliche Mitarbeiterin beim Bochumer Kulturrat e.V. und beim Westfälischen Wirtschaftsarchiv in Dortmund; seit 2000 Mitarbeiterin des Stadtarchivs – Bochumer Zentrum für Stadtgeschichte.

Jordan, Rüdiger
Jahrgang 1969. Studium der Germanistik, Kunstgeschichte und TFFW an der Ruhr-Universität Bochum. Publikationen zur Geschichte sakraler Bauten in Bochum und im restlichen Ruhrgebiet sowie zur Industriekultur u.a. im Bergischen Land. Arbeitet seit Jahren als Locationscout für Film-, Fernseh- und Fotoproduktionen sowie als freier Autor in Köln.

Katzensteiner, Marlene
Geboren und aufgewachsen in Österreich (Steiermark); Studium in Leuven (Belgien) in französischer Sprache. Sie lebt und arbeitet in der Provinz Luxemburg. Seit sie beruflich im Ruhestand ist, arbeitet sie ehrenamtlich für das „Musée Baillet-Latour. Musée des Guerres en Gaume" (Latour), wo sie u. a. die dort verwahrten deutschsprachigen Dokumente ins Französische übersetzt.

Keim, Stefan
Jahrgang 1967. Kulturjournalist, Moderator und Entertainer. Er arbeitet regelmäßig für die Hörfunkprogramme des WDR, das Kulturmagazin Westart live im WDR Fernsehen, das Deutschlandradio Kultur, die Welt am Sonntag, die Opernwelt und viele andere Sender und Zeitschriften. Er schreibt Komödien, Kabarettprogramme und Kurzgeschichten und hat als Kabarettist, Schauspieler und in der Rolle des Heinz Erhardt über 50 Auftritte pro Jahr.

Kesselheim, Michael, Dr.-Ing.
Jahrgang 1958. Promotion 1990 im Fach Elektrotechnik. Langjährige Führungskraft in der Industrie in verschiedenen Führungspositionen; seit 2011 selbstständiger Business-Coach. Freimaurer seit 1996. Interessenschwerpunkt: Freimaurerische Symbolik.

KURZBIOGRAFIEN DER AUTORINNEN UND AUTOREN

Köster, Markus, Prof. Dr.
Jahrgang 1966. Leiter des LWL-Medienzentrums für Westfalen und Honorarprofessor am Historischen Seminar der Universität Münster.

Kollmann, Christoph, M.A.
Im Anschluss an das Studium der Mittleren und Neueren Geschichte (M.A.) Ausbildung zum Tageszeitungs-Redakteur. Als Redakteur u.a. in Bochum tätig; seit 2003 arbeitet er in der Unternehmenskommunikation der BOGESTRA und ist Pressesprecher.

Kreuzer, Clemens
Jahrgang 1937. Zeitungsverlagskaufmann. Mitglied des Kulturausschusses im Rat der Stadt Bochum seit 1984. Zahlreiche Buch- und Zeitschriften-Veröffentlichungen zur Kulturgeschichte in Bochum, Siedlungsgeschichte des Stadtteils Langendreer und Regionalgeschichte der CDU. Mitglied im Beirat des Stadtarchivs – Bochumer Zentrum für Stadtgeschichte.

Kriening, Uwe
Jahrgang 1960. Dipl.-Bibliothekar mit Zusatzausbildung zum Archivar. Nach Tätigkeiten an der Universitätsbibliothek der Ruhr-Universität Bochum sowie beim WDR seit 1987 im Stadtarchiv Bochum beschäftigt. Schwerpunkte sind neben der Zuständigkeit für die Archivbibliothek die Betreuung der Film- und Tondokumente sowie der umfangreichen Zeitungsbestände. Ehrenamtlich tätig im Bereich der freien Jugendarbeit.

Kronauer, Rita
Jahrgang 1953. Psychologiestudium in Bochum. Seit 1974 engagiert in der autonomen Frauen- und Lesbenbewegung; Mitbegründerin der Lesbenzeitschrift IHRSINN (erschien von 1989 bis 2004); Mitbegründerin des Frauenarchivs ausZeiten in Bochum Mitte der 1990er Jahre und seitdem dort tätig.

Ledebur-Kintrup, Ute
Jahrgang 1955. Ausbildung zur Präparatorin mit staatlichem Abschluss. Anstellung in Südafrika für ein Jahr. Selbstständige Tätigkeit in Bochum über 20 Jahre. Fachpraxislehrerin am Walter-Gropius Berufskolleg seit 1997. Freiberufliche Referentin beim Deutschen Jagdschutzverband.

Leenen, Stefan, Dr.
Jahrgang 1974. Seit 1995 Studium der Archäologie des Mittelalters und der Neuzeit, der Mittelalterlichen Geschichte und Denkmalpflege in Bamberg; Magisterarbeit 2000 über die Marktkirche in Essen; Dissertation 2005 zu den Isenburgen an der Ruhr. Von 2005 bis 2007

KURZBIOGRAFIEN DER AUTORINNEN UND AUTOREN

Volontariat bei der LWL-Archäologie für Westfalen in Münster; seit 2008 am LWL-Museum für Archäologie in Herne als wissenschaftlicher Referent tätig, v.a. für Sonderausstellungen: AufRuhr 1225 (2010); AberGlaube (2015); Schätze der Archäologie Vietnams (2016).

Meise, Michael
Jahrgang 1961. Nach der Mittleren Reife Ausbildung als Bauzeichner im Ingenieurbau; seitdem in diesem Beruf tätig. 1984 trat er dem Gänsereiter-Club-Höntrop von 1598 bei. Dort wurde er König und besetzte viele Ämter im Verein. In den vergangenen Jahren kümmerte er sich um diverse Bauaktivitäten, das Clubarchiv und die jährlich erscheinende Clubzeitung. Im letzten Jahr wurde er für seine Leistungen mit der höchsten Auszeichnung des Clubs geehrt.

Mittag, Jürgen, Univ.-Prof. Dr.
Jahrgang 1970. Studium der Politikwissenschaft, Mittleren und Neueren Geschichte, Germanistik in Köln, Oxford und Bonn; von 1997 bis 2003 wissenschaftlicher Mitarbeiter am Institut für Politische Wissenschaft und Europäische Fragen der Universität zu Köln; zeitweilig zugleich auch externer Mitarbeiter am Institut für Europäische Politik, Berlin. Von 2003 bis 2010 wissenschaftlicher Geschäftsführer des Instituts für soziale Bewegungen der Ruhr-Universität Bochum und der Stiftung Geschichte des Ruhrgebiets. Seit 2011 Univ.-Professur für Sportpolitik an der Deutschen Sporthochschule Köln und Leiter des Instituts für Europäische Sportentwicklung und Freizeitforschung; seit 2011 auch Jean-Monnet-Professor.

Miquel, Beate von, Dr.
Evangelische Theologin und Historikerin mit den Forschungsschwerpunkten Geschlechtergeschichte, Kirchliche Zeitgeschichte und Unternehmensgeschichte. Sie arbeitet derzeit an der Research School der Ruhr-Universität Bochum und unterstützt Nachwuchswissenschaftlerinnen und Nachwuchswissenschaftler auf dem Weg zur Professur.

Muschalla, Robert
Jahrgang 1974. Geschichtsstudium an der Westfälischen Wilhelms-Universität Münster und der Ruhr Universität Bochum. Langjährige Tätigkeit für Museen der Region im Bereich der Sozial-, Wirtschafts- und Technikgeschichte, darunter Vorbereitung einer Ausstellung zur 200-jährigen Geschichte der Bochumer Bergschule für das Deutsche Bergbau Museum in Bochum. Seit 2016 Kurator am Deutschen Historischen Museum in Berlin.

Niedringhausen, Jürgen
Jahrgang 1943. Über 40 Jahre bei der Stadt Bochum in verschiedenen Bereichen tätig, zuletzt als Leitender Städtischer Verwaltungsdirektor 18 Jahre Leiter des Schulverwaltungsamtes. In dieser Zeit auch nebenamtlicher Dozent am Studieninstitut Dortmund, am REFA-Institut

KURZBIOGRAFIEN DER AUTORINNEN UND AUTOREN

Darmstadt und bei der KGSt Köln. Daneben Pflege der Bergbautradition (Vorstandsmitglied BKV Glückauf Gerthe, ehemaliger Ringsprecher Südwestfälischer Knappenring) und des Sports (Trainer und Ausbilder im Fußball und Basketball sowie Vorstandsmitglied des Stadtsportbundes Bochum und Begründer/Organisator der BOlympiade für geistig behinderte Schüler).

Oostenryck, Rüdiger
Diplom-Ingenieur Maschinenbau. Seit 25 Jahren Geschäftsführer der Bochumer Eisenhütte Heintzmann GmbH & Co KG.

Osses, Dietmar
Leiter des LWL-Industriemuseums Zeche Hannover in Bochum, Westfälisches Landesmuseum für Industriekultur. Im Mittelpunkt seiner Ausstellungen und Veröffentlichungen stehen die Industriekultur und Alltagsgeschichte des Ruhrgebiets und die Migrationsgeschichte in NRW. Er ist Sprecher des Arbeitskreises Migration im Deutschen Museumsbund, Vorsitzender des Kuratoriums der Porta Polonica – Dokumentationsstelle zur Kultur und Geschichte der Polen in Deutschland und Vorstandsmitglied des Forums Geschichtskultur an Ruhr und Emscher.

Pätzold, Stefan, Dr.
Jahrgang 1966. Studium der Fächer Latein, Geschichte und Historische Hilfswissenschaften in Göttingen und Oxford; Promotion in Göttingen 1996; anschließend Archivreferendariat in Detmold und Marburg (1996-1998) sowie Anstellungen an der Universität Magdeburg und am Stadtarchiv Pforzheim. Seit 2005 stellvertretender Leiter des Bochumer Zentrums für Stadtgeschichte. Daneben Lehrbeauftragter der Ruhr-Universität Bochum, ordentliches Mitglied der Historischen Kommission für Westfalen und Beiratsmitglied der Kortum-Gesellschaft Bochum.

Palm, Hanneliese
Jahrgang 1953. Diplom-Archivarin. Berufliche Stationen: Hauptstaatsarchiv Düsseldorf, Stadtarchiv Dortmund, seit 2005 Leiterin des Fritz-Hüser-Instituts für Literatur und Kultur der Arbeitswelt. Veröffentlichungen zum Thema Literatur und Arbeit.

Parlak, Koray
Als Enkelsohn des „Gastarbeiters" Cemal Ömür am 18. Juni 1988 in Hattingen geboren; aufgewachsen in Bochum-Dahlhausen, wo er heute noch lebt. 2007 Abitur am Theodor-Körner-Gymnasium; derzeit Studium des Wirtschaftsingenieurwesens an der Universität Duisburg-Essen und Arbeit bei der DHL Delivery GmbH in Essen. Seit Januar 2017 verheiratet mit Marcela; Vater eines vierjährigen Sohnes namens Semi Koray.

KURZBIOGRAFIEN DER AUTORINNEN UND AUTOREN

Reininghaus, Wilfried, Prof. Dr.
Jahrgang 1950. Studium der Volkswirtschaftslehre und Geschichtswissenschaft in Münster. Von 1982 bis1996 Westfälisches Wirtschaftsarchiv Dortmund; von 1996 bis 2003 Leitender Staatsarchivdirektor am Staatsarchiv Münster; von 2004 bis 2013 Präsident des Landesarchivs Nordrhein-Westfalen. Seit 2003 1. Vorsitzender der Historischen Kommission für Westfalen. Zahlreiche Veröffentlichungen zur Wirtschafts- und Sozialgeschichte sowie zur Landesgeschichte.

Rudzinski, Marco, Dr.
Jahrgang 1976. Studium der Fächer Geschichte und Deutsch an der Ruhr-Universität Bochum; Dissertation über die Beziehungen zwischen dem Bochumer Verein und der Stadt Bochum; verschiedene Veröffentlichungen zu diesem Themenkomplex. Als Historiker und Archivar für ein großes deutsches Handelsunternehmen tätig. Daneben stellvertretender Vorsitzender der Kortum-Gesellschaft Bochum.

Schade, Wulf
Jahrgang 1953. Politikwissenschaftler und Slawist; Übersetzer aus dem Polnischen. Publiziert zu Themen der Migration, insbesondere der polnischsprachigen Arbeitsmigration des 19./20. Jahrhunderts; langjähriger Herausgeber der Vierteljahreszeitschrift POLEN und wir, Zeitschrift der Deutsch-Polnischen Gesellschaft der BRD e.V.; seit 1995 als wissenschaftlicher Mitarbeiter bei Ausstellungen (Ruhrlandmuseum, DOMID, Bochumer Zentrum für Stadtgeschichte u.a.) zur Arbeitsmigration des 19. und 20. Jahrhunderts, insbesondere nach dem Zweiten Weltkrieg, tätig.

Scheler, Dieter, Prof. Dr.
Jahrgang 1940. Lehrt nach Studium in Würzburg und Wien seit 1965 an der Ruhr-Universität Bochum. Forschungsgebiete sind die Sozial- und Wirtschaftsgeschichte des späten Mittelalters, insbesondere des Niederrheins und Westfalens; weitere Schwerpunkte bilden die Kirchen- und Frömmigkeitsgeschichte. Mitglied im wissenschaftlichen Beirat des Stadtarchivs – Bochumer Zentrum für Stadtgeschichte.

Schmitz, Werner
Jahrgang 1948. Nach der Schulausbildung arbeitete er zunächst als Kommunalbeamter und wechselte dann in den Journalismus. Von 1989 bis 2007 war Schmitz Reporter beim Stern. Er veröffentlichte bisher sechs Kriminalromane; lebt als Schriftsteller in Bochum.

Schneider, Hubert, Dr.
Jahrgang 1941. Historiker; Vorsitzender des Vereins „Erinnern für die Zukunft e.V." Bochum. Veröffentlichungen zur Geschichte der Bochumer Juden. Mitglied im wissenschaftlichen

Beirat des Stadtarchivs – Bochumer Zentrum für Stadtgeschichte.

Schneller, Peter
Jahrgang 1952. Ausbildung bei Opel zum Werkzeugmacher; fast 10 Jahre Vorsitzender der Jugend- und Gesamtjugendvertretung, gleichzeitig in der IG-Metall in verschiedenen Gremien aktiv. Später Erlangung der Fachhochschulreife, dann Studium der Sozialarbeit an der Evangelischen Fachhochschule zu Bochum mit Schwerpunkt auf der prophylaktischen Sozialarbeit. Weiterbildungsstudium zum Schauspieler. Anstellung bei der Stadt Bochum, zunächst im Jugendamt; tätig als Referent für Schulkulturförderung und Leiter des Bochumer Schulmuseums.

Schulte Beerbühl, Margrit, Prof. Dr. Apl.
Professorin am Institut für Geschichtswissenschaften II (Neuere Geschichte) an der Heinrich-Heine-Universität Düsseldorf. Zahlreiche Forschungsaufenthalte im Ausland; Mitarbeit an mehreren regionalen Ausstellungen; Publikationen u.a. über internationale Handelsbeziehungen im 18. Jahrhundert, Migration, Schmuggel und Geschichte des Süßwarengewerbes und -konsums.

Seidel, Hans-Christoph, Dr. habil.
Jahrgang 1962. Historiker; Geschäftsführer des Instituts für soziale Bewegungen der Ruhr-Universität Bochum und der Stiftung Geschichte des Ruhrgebiets, Bochum.

Selig, Nina
Jahrgang 1979. Film- und Fernsehwissenschaftlerin. Seit 2006 Tätigkeiten in den Bereichen Film- und Medienbildung, Marketing und Kommunikation sowie kulturelle Bildung. Seit 2001 in verschiedenen Funktionen Mitarbeiterin von endstation.kino, seit 2014 Geschäftsführerin.

Sicherl, Bernhard, Dr.
Jahrgang 1968. Promotion 1995 an der Westfälischen Wilhelms-Universität Münster über Bewaffnung der mittleren Bronzezeit. Seitdem als Archäologe in Westfalen tätig; Leiter zahlreicher Ausgrabungen. Mitgliedschaften: Genossenschaft „Archäologie am Hellweg eG" (Vorstand), Altertumskommission für Westfalen, Gesellschaft zur Förderung der Archäologie in Ostwestfalen-Lippe e. V. (Vorstand). Publikationen zur Archäologie Westfalens (bes. Eisenzeit, Frühmittelalter und Stadtarchäologie Dortmunds) sowie zu bronzezeitlichen Schwertern Mitteleuropas. Auszeichnung mit dem Wissenschaftspreis 2006 der Gesellschaft für Wissenschaft und Leben e. V. und der Nationalbank.

Slabik, Ralf
Jahrgang 1960. Von 1987 bis 1994 Zooinspektor im Tierpark Bochum; ebendort von 1994

bis 2000 stellvertretender Zoodirektor und kaufmännisch-technischer Abteilungsleiter, von 2000 bis 2012 Prokurist der Tierpark Bochum gGmbH, seit 1.8.2012 Geschäftsführer und Zoodirektor der Tierpark Bochum gGmbH. Mitglied im Verband der Zoologischen Gärten e.V. und Vizepräsident der Deutschen Tierparkgesellschaft e.V.

Sloane, Steven
Der gebürtige Amerikaner übersiedelte nach dem Studium nach Israel und lebt seit Ende der 1980er Jahre in Deutschland. Er arbeitet mit führenden internationalen Orchestern zusammen und ist ein weltweit gefragter Operndirigent und kulturpolitischer Akteur. Seit 1994 Generalmusikdirektor der Bochumer Symphoniker. In der Spielzeit 2016/17 zog er als Intendant mit dem Orchester in das Anneliese Brost Musikforum Ruhr.

Stein, Rolf
Jahrgang 1954. Diplomsozialarbeiter. Seit 1981 Konzeption und Organisation kultureller Veranstaltungsprogramme. Seit 1983 als Mitarbeiter des „Bahnhof Langendreer" in der Planung von Kulturprogrammen und in geschäftsführenden Aufgaben tätig; Vorstandsmitglied des „Bahnhof Langendreer e.V.".

Stephan-Maaser, Reinhild, Dr.
Jahrgang 1960. Als Kunsthistorikerin seit 1991 mit kulturgeschichtlichen Ausstellungsprojekten befasst. Von 2002 bis 2008 (Mit-)Leiterin des Hellweg-Museums Unna, daneben freiberufliche Mitarbeit an Ausstellungsprojekten (z.B. „97 Sachen", Bochum 2007). Seit 2008 Kuratorin für mittelalterliche Geschichte am Ruhr Museum, Essen; Mitherausgabe der Sammlungskataloge Numismatik und Vormoderne Sammlung mit gleichnamiger Ausstellung; zuletzt Ausstellungsprojekte „Werdendes Ruhrgebiet. Spätantike und Frühmittelalter an Rhein und Ruhr" (2014/15), „Der geteilte Himmel. Reformation und religiöse Vielfalt an Rhein und Ruhr" (2017).

Stöllner, Thomas, Prof. Dr.
Studium von Vor- und Frühgeschichte, Anthropologie, Christlicher Archäologie und Geologie in Marburg, Regensburg, Wien und Salzburg. Nach der Promotion in Marburg zunächst wissenschaftlicher Mitarbeiter am Vorgeschichtlichen Seminar. Seit 2000 Leiter des Fachbereichs Montanarchäologie am Deutschen Bergbau-Museum in Bochum. Es folgten die Habilitation – wiederum in Marburg – und 2006 die Berufung auf den Lehrstuhl für Ur- und Frühgeschichte der Ruhr-Universität Bochum.

Urbach, Dirk
Jahrgang 1972. Von 2004 bis 2011 Gymnasiallehrer für die Fächer Deutsch und Geschichte; lehrt seit Ende 2011 Geschichtsdidaktik an der Ruhr-Universität Bochum.

KURZBIOGRAFIEN DER AUTORINNEN UND AUTOREN

Vahldieck, Stefan
Jahrgang 1982. Versicherungskaufmann. Junggesellenhauptmann von 2007 bis 2008; Vorstandsmitglied der Bochumer Maiabendgesellschaft 1388 e.V. Publikationen: Spurensuche vor Ort – Bochum im Spätmittelalter (2010); Werte schaffen – Werte schützen (2016).

Vorberg, Uwe
Jahrgang 1964. Diplom-Sozialwissenschaftler. Seit 1990 verschiedene Tätigkeiten in der Erwachsenenbildung, Forschung, Lehre, Organisation und Beratung; seit 2003 Mitarbeiter des „Bahnhof Langendreer" im Bereich Erwachsenenbildung; im Vorstand der Landesarbeitsgemeinschaft soziokultureller Zentren.

Wahlig, Henry, Dr.
Jahrgang 1980. Studium der Geschichtswissenschaft in Düsseldorf, Vancouver und Lausanne. Von 2008 bis 2015 wissenschaftlicher Mitarbeiter an der Leibniz Universität Hannover; 2014 Promotion mit einer Arbeit über die jüdische Sportbewegung in NS-Deutschland. Von 1998 bis 2007 Mitarbeit in der Presseabteilung des VfL Bochum. Seit Oktober 2015 Leiter des Kultur- und Veranstaltungsprogramms im Deutschen Fußballmuseum in Dortmund.

Weeke, Michael
Jahrgang 1962. Studium der Publizistik und Kommunikationswissenschaften und Germanistik an der Ruhr-Universität Bochum und der Westfälischen Wilhelms Universität Münster. Arbeit als Redakteur, in unterschiedlichen Positionen, bei der Westdeutschen Allgemeinen Zeitung.

Wegener, Gerhard
Jahrgang 1941. Nach der Schulzeit Lehre als Schaufenstergestalter. Von 1961 bis 1963 Wehrdienst. Verheiratet seit 1965. Von 1964 bis 1968 Studium an der höheren Fachschule für Sozialarbeit. Abschluss: Diplom Sozialarbeiter. Herausgabe von vier Bochumer Publikationen über das Notgeld der Stadt in der Inflationszeit und die historischen Wertpapiere in Bochum.

Weisser, Susanne
Ausbildung als Gärtnerin. Garten- und Landschaftsbau in Hattingen. Studium der Landschafts- und Freiraumplanung in Berlin und Osnabrück. Mitglied der Architektenkammer NRW; freie Garten- und Landschaftsarchitektin in Wuppertal seit 1995. Verfasserin eines Gartendenkmalpflegerischen Gutachtens zum Bochumer Stadtpark 2013.

Wilbertz, Gisela, Dr.
Studium der Geschichtswissenschaft, Romanistik und Volkskunde in Münster und Hamburg. Von 1980 bis 1991 stellvertretende Leiterin des Stadtarchivs Bochum; von 1991 bis 2005

Leiterin des Stadtarchivs Lemgo. Forschungsschwerpunkte: Sozial- und Kulturgeschichte der Frühen Neuzeit (besonders der Scharfrichter und der Abdecker), jüdische Geschichte, Frauen- und Geschlechtergeschichte, Hexenverfolgung. Zahlreiche Veröffentlichungen.

Wölk, Ingrid, Dr.
Jahrgang 1953. Abitur auf dem Zweiten Bildungsweg. Studium der Germanistik, Politikwissenschaften und Geschichte in Marburg an der Lahn; Promotion 1988. Archivreferendariat am Hessischen Hauptstaatsarchiv in Wiesbaden und an der Archivschule Marburg (1989-1991). Seit 1992 stellvertretende Leiterin des Stadtarchivs Bochum, seit 2004 Leiterin; Ausbau des Stadtarchivs zum Bochumer Zentrum für Stadtgeschichte. Veröffentlichungen zur Stadtgeschichte, jüdischen Geschichte, Erinnerungskultur und Gewerkschaftsgeschichte.

Abkürzungsverzeichnis

ADAV	Allgemeiner Deutscher Arbeiterverein
AllBüSchü	Allgemeiner Bürgerschützenverein
AZJ	Allgemeine Zeitung des Judentums
BA	Bochumer Anzeiger
BBAG	Bochumer Bergbau AG
BOGESTRA	Bochum-Gelsenkirchener Straßenbahnen AG
CDU	Christlich-Demokratische Union
CJA	Centrum Judaicum Berlin
CVZ	Central-Verein-Zeitung
DAF	Deutsche Arbeitsfront
DB	Deutsche Bahn
DDP	Deutsche Demokratische Partei
Ders./Dies.	Derselbe/Dieselbe
DFB	Deutscher Fußballbund
DNVP	Deutschnationale Volkspartei
DVP	Deutsche Volkspartei
ebd.	ebenda
EKvW	Evangelische Kirche von Westfalen
FAUD	Freie Arbeiter Union Deutschlands
FDP	Freie Demokratische Partei
GBAG	Gelsenkirchener Bergbau AG
GM	General Motors
G.N.M.L.	Große National-Mutterloge
HJ	Hitlerjugend
IHK	Industrie- und Handelskammer
KPD	Kommunistische Partei Deutschlands
KrA	Kreisausschuss
KSHA	Kreissonderhilfsausschuss
KZ	Konzentrationslager
LWL	Landschaftsverband Westfalen-Lippe
LA NRW	Landesarchiv Nordrhein-Westfalen
MS	Märkischer Sprecher
MSPD	Mehrheitssozialdemokratische Partei Deutschlands
MUSA	Museales Sammlungsgut
MvSt	Meister vom Stuhl
NAP	Nichtamtliche Provenienz

ABKÜRZUNGSVERZEICHNIS

ND	Nachdruck
NS	Nationalsozialismus
NSDAP	Nationalsozialistische Deutsche Arbeiterpartei
OStD	Oberstadtdirektor
RN	Ruhr Nachrichten
RWTH	Reinisch-Westfälische Technische Hochschule
RWZ	Rheinisch-Westfälische Zeitung
SA	Sturmabteilung
SPD	Sozialdemokratische Partei Deutschlands
SS	Schutzstaffel
StadtABo	Stadtarchiv Bochum
USPD	Unabhängige Sozialdemokratische Partei Deutschlands
VEW	Vereinigte Elektrizitätswerke
VfL	Verein für Leibesübungen
WAZ	Westdeutsche Allgemeine Zeitung
WAT	Wattenscheid
WWA	Westfälisches Wirtschaftsarchiv
ZA	Zeitungsausschnittsammlung
ZGS	Zeitgeschichtliche Sammlung

Quellen und Literatur

Einleitung
- Franz Darpe, Geschichte der Stadt Bochum, hg. von der Kortum-Gesellschaft Bochum e.V. und der Bochumer Antiquariat GmbH, Bochum 1991 (Nachdruck der Ausgabe von 1894)
- Gottfried Korff, „Sieben und neunzig Sachen": Versuch einer Bochumer Laudatio, unveröff. Manuskript, Tübingen 2007
- Karl Leich, Vorstoß ins Dunkel der Urzeit. Ur-Harpen. Geschichtlicher Boden Bochums, Bochum 1939
- Neil MacGregor, Eine Geschichte der Welt in 100 Objekten, 4. Aufl., München 2012
- Hermann Schäfer, Deutsche Geschichte in 100 Objekten, München/Berlin 2015
- Sieben und neunzig Sachen. Sammeln – bewahren – zeigen. Bochum 1910–2007, hg. vom Bochumer Zentrum für Stadtgeschichte, Ingrid Wölk, und der Kortum-Gesellschaft Bochum e.V., Essen 2007

1 Bronzezeitliche Scherben
- Karl Brandt, Die Ausgrabungen in Bochum-Hiltrop, in: Bochumer Heimatbuch 5 (1951), S. 9–23
- Karl Brandt, Bilderbuch zur ruhrländischen Urgeschichte. Teil II, Bronzezeit, ältere Eisenzeit, jüngere Eisenzeit, Römerlager an der Lippe, Römische Kaiserzeit, Merowingisch-fränkische Zeit, nachkarolingische Zeit, Herne o. J. [1960]
- Karl Brandt, Bochum. Aus der Vor- und Frühgeschichte der Stadt, hg. von Volker Pingel, Gelsenkirchen 1997
- Stefanie Fuchshofen/Udo Geilenbrügge, Die späteisenzeitliche Befestigung von Vilich-Müldorf und Siedlungen der Metallzeit im Indetal bei Altdorf, in: Thomas Otten (Hg.), Fundgeschichten – Archäologie in Nordrhein-Westfalen, Mainz 2010, S. 92–96
- Stephanie Hoffmann, Die Entstehung und Entwicklung der mittleren Bronzezeit im westlichen Mittelgebirgsraum, Dissertation Universität Bonn 2004
- Angela Simons, Bronze- und eisenzeitliche Besiedlung in den Rheinischen Lößbörden. Archäologische Siedlungsmuster im Braunkohlegebiet, Oxford 1989
- Klemens Wilhelmi, Beiträge zur einheimischen Kultur der jüngeren vorrömischen Eisen- und der älteren römischen Kaiserzeit zwischen Niederrhein und Mittelweser, Münster 1967

2 Amphibolitaxt
- Karl Brandt, Neolithische Siedlungsplätze im Stadtgebiet von Bochum, Bonn 1967
- Karl Heinz Brandt, Studien über steinerne Äxte und Beile der jüngeren Steinzeit und Stein-Kupferzeit Nordwestdeutschlands, Hildesheim 1967
- Hans-Jürgen Eggers, Einführung in die Vorgeschichte (mit einem Nachwort von Georg Kossack), 3. erweiterte Aufl., München 1986
- Dieter Hoof, Steinbeile und Steinäxte im Gebiet des Niederrheins und der Maas. Die neolithischen und frühbronzezeitlichen Großsteingeräte, Bonn 1970
- Nicole Kegler-Graiewski, Beile – Äxte – Mahlsteine. Zur Rohmaterialversorgung im Jung- und Spätneolithikum Nordhessens, Dissertation Universität Köln 2007
- Kathrin Nowak, Zur räumlichen Verteilung von Dechselklingen aus Aktinolith-Hornblendeschiefer in der Linearbandkeramik, in: Archäologische Informationen 31 (2008), S. 25–32
- Britta Ramminger/Petr Šída, Der bandkeramische Felsgesteinabbauplatz Jistebsko, Kataster Jablonec nad Nisou, und sein regionales Siedlungsumfeld im mittleren Isertal, Tschechische Republik, in: Regina Smolnik (Hg.), Siedlungsstruktur und Kulturwandel in der Bandkeramik, Dresden 2012, S. 167–179
- Thomas Stöllner, Amphibolitaxt, in: Sieben und neunzig Sachen, Essen 2007, S. 46f.

3 Regenbogenschüsselchen vom „Bochumer Typ"
- StadtA Bo, MUSA 1/12
- Karl Brandt, Aus der Vor- und Frühgeschichte der Stadt Bochum, hg. von Volker Pingel, Gelsenkirchen 1997
- Heinrich Buchenau, Fund von Regenbogenschüsselchen in Bochum, in: Blätter für Münzfunde 43/6 (1908), S. 3936 Taf. 175
- Robert Forrer, Keltische Numismatik der Rhein- und Donaulande, Straßburg 1908
- Robert Forrer, Keltische Numismatik der Rhein- und Donaulande, 2. Aufl., Graz 1969
- Robert Forrer, Die keltogermanischen Triquetrumgepräge der Marser, Sugambrer, Tenkterer und Ubier, in: Jahrbuch der Gesellschaft für Lothringische Geschichte und Altertumskunde 40 (1938), S. 192–200
- Rolf Hachmann/Georg Kossack/Hans Kuhn, Völker zwischen Germanen und Kelten, Neumünster 1962
- Michael Nick, Gabe, Opfer, Zahlungsmittel. Strukturen keltischen Münzgebrauchs im westlichen Mitteleuropa, Rahden 2006

QUELLEN UND LITERATUR

- Nico Roymans, The Lower Rhine Triquetrum Coinages and the Ethnogenesis of the Batavi, in: Thomas Grünewald (Hg.), Germania inferior. Siedlung, Gesellschaft und Wirtschaft an der Grenze der römisch-germanischen Welt. Reallexikon der Germanischen Altertumskunde, Erg.bd. 28, Berlin-New York 2001, S 93–135
- Jens Schulze-Forster, Wechselnde Fernkontakte im Spiegel der Münzen vom Dünsberg-Oppidum, in: Amei Lang/ Vladimir Salač (Hg.), Fernkontakt in der Eisenzeit, Prag 2002, S. 330–339
- Jens Schulze-Forster, Die latènezeitlichen Funde vom Dünsberg, in: Berichte der Kommission für archäologische Landesforschung von Hessen 13 (2014/15)
- Bernward Ziegaus, Das keltische Münzwesen, in: Hermann Dannheimer/Rupert Gebhard (Hg.), Das Keltische Jahrtausend, Mainz am Rhein 1993, S. 220ff.
- Bernward Ziegaus, Der Münzfund von Großbissendorf. Eine numismatisch-historische Untersuchung zu den spätkeltischen Goldprägungen in Südbayern, München 1995

4 Grabbeigaben aus Langendreer
- Karl Brandt, Aus der Vor- und Frühgeschichte der Stadt Bochum, Gelsenkirchen 1997, S. 143–149
- Wolfgang Ebel-Zepezauer, Perlenkette mit Goldanhänger und Goldscheibenfibel, in: Sieben und neunzig Sachen, Essen 2007 (Kurztitel), S. 102f.
- Patrick Jung, Frauengrab aus Bochum-Langendreer, in: Heinrich Theodor Grütter u.a. (Hg.), Werdendes Ruhrgebiet. Begleitband zur Ausstellung, Essen 2015, S. 236f.
- Egon Wamers/Patrick Périn (Hg.), Königinnen der Merowinger, Regensburg 2012
- Gabriele Wand-Seyer, Beobachtungen zu Bestattungssitten auf frühgeschichtlichen Gräberfeldern Westfalens, in: Studien zur Sachsenforschung 3 (1982), S. 285

5 Werdener Urbar
- Paul Derks, In pago Borahtron. Zu einigen Ortsnamen der Hellweg- und Emscherzone, in: Beiträge zur Geschichte von Stadt und Stift Essen 99 (1984), S. 1–78
- Oswald Holder-Egger (Hg.), Theoderici aeditui Tuitiensis opuscula (Monumenta Germaniae Historica, Scriptores, Bd. XIV), [1883] ND Stuttgart 1988, S. 560–577
- Rudolf Kötzschke (Hg.), Rheinische Urbare, 2. Bd.: Die Urbare der Abtei Werden an der Ruhr, A. Die Urbare vom 9. bis 13. Jahrhundert, Bonn 1906
- Stefan Pätzold, Bochums Anfänge im Mittelalter, in: Märkisches Jahrbuch für Geschichte 108 (2008), S. 7–26
- Stefan Pätzold, Königshof und Kirche im frühmittelalterlichen Bochum, in: Ders. (Hg.), Bochum, der Hellwegraum und die Grafschaft Mark im Mittelalter. Ein Sammelband, Bielefeld 2009, S. 17–42
- Wilhelm Stüwer, Die Reichsabtei Werden an der Ruhr, Berlin u.a. 1980

6 Taufstein aus der Propsteikirche St. Gertrudis in Wattenscheid (Abguss)
- Franz-Werner Bröker, Wattenscheid. Über die Geschichte von Kirche und Stadt: 90 Jahre Propsteikirche und ihr tausendjähriger Taufstein, Wattenscheid 1995
- Franz-Werner Bröker, Der tausendjährige Taufstein, in: Heimat- und Bürgerverein Wattenscheid (Hg.), Wattenscheider Geschichte(n), Bochum-Wattenscheid, 1999
- Joseph Lappe, Kirchengeschichte Wattenscheids, Erster Teil: Von der Gründung bis 1821, Wattenscheid 1942
- Lutz E. von Padberg, Christianisierung im Mittelalter, Darmstadt 2006
- Stefan Pätzold, Von der „villa" zum „wibbold". Wattenscheids Geschichte im Mittelalter, in: Ders. (Hg.), Bochum, der Hellwegraum und die Grafschaft Mark im Mittelalter, Bielefeld 2009, S. 123–145
- Stefan Pätzold, Pfarrei und Landdekanat Wattenscheid im Mittelalter, in: Stefan Pätzold/Reimund Haas (Hg.), Mittelalterliche Pfarreien und Pfarrkirchen an Rhein und Ruhr, Siegburg 2016, S. 155–182
- Hermann-Josef Pape, Romanische Taufsteine aus der Blüte des Christentums, 1996
- L. Reinold, Der romanische Taufstein in der Propsteikirche zu Bochum, in: Bochumer Heimatbuch, Bd. 2 (1927), S. 6–12
- Joachim Schmidt, Die romanischen Taufsteine zwischen Gotland und Westfalen und ihre bildplastisch-religionsdidaktische Gestaltung (Religion und Kunst 3), Bochum 1991
- Bettina Seyderhelm (Hg.), Tausend Jahre Taufen in Mitteldeutschland, Ausstellungskatalog, Magdeburg 2006
- Dirk Sondermann, Das große Bochumer Sagenbuch, 2. Aufl., Essen 1994
- August Ten Hompel, Frühmittelalterliche Taufsteine in Westfalen, Münster 1928
- Wilfried G. Vogt, Alte Taufsteine im Ennepe-Ruhrkreis, in: Jahrbuch des Vereins für Orts- und Heimatkunde in der Grafschaft Mark 100 (2000), S. 43–89

7 Reliquienschrein der heiligen Perpetua und Felicitas
- Alexandra Carmen Becker, Reliquienschrein in Architekturform. Kontext, Entstehung, Ikonografie, Saarbrücken 2012, S. 23–28, 76–79
- Georg Dehio, Handbuch der deutschen Kunstdenkmäler. Nordrhein-Westfalen II. Westfalen, 2. Aufl., Berlin/Mün-

QUELLEN UND LITERATUR

chen 2016, S. 142f., 1217
- Hans Erlemeier/Paul Fernkorn/Volker Frielinghaus, Die Bochumer Propsteikirche und ihre Kunstschätze. 1000 Jahre Kultur im mittleren Ruhrrevier, Bochum 1971
- Paul Kühne/Klaus Grotenhermen, Die Propsteikirche Sankt Peter und Paul Bochum. Geschichte von Karl d. Gr. bis zur Gegenwart, 2. Aufl. Bochum 1996
- Albert Ludorff, Die Bau- und Kunstdenkmäler von Westfalen, Band 17: Die Bau- und Kunstdenkmäler des Kreises Bochum-Stadt, Paderborn 1906/1913. S. 1–17, 27f.
- Otto Wimmer/Hartmann Melzer, Lexikon der Namen und Heiligen, Hamburg 2002, S. 650f.

8 Urkunde von 1321
- Paul Derks, In pago Borahtron. Zu einigen Ortsnamen der Hellweg- und Emscherzone, in: Beiträge zur Geschichte von Stadt und Stift Essen 99 (1984), S. 1–78
- Stefan Pätzold, „Die eigentliche Zeit, da der Ort eine Stadt geworden". Bochums Stadtwerdung im Spätmittelalter, in: Ders. (Hg.), Bochum, der Hellwegraum und die Grafschaft Mark im Mittelalter. Ein Sammelband, Bielefeld 2009, S. 43–72
- Thomas Schilp, Essen – Bochum – Dortmund. Mittelalterliche Städte am Hellweg im Vergleich, in: Stefan Pätzold (Hg.), Bochum, der Hellwegraum und die Grafschaft Mark im Mittelalter. Ein Sammelband, Bielefeld 2009, S. 73–96
- Heinrich Schoppmeyer, Aspekte der Geschichte Bochums im Mittelalter, in: Märkisches Jahrbuch für Geschichte 104 (2004), S. 7–27
- Heinrich Schoppmeyer, Die Städtepolitik der Grafen von der Mark, in: Stefan Pätzold (Hg.), Bochum, der Hellwegraum und die Grafschaft Mark im Mittelalter. Ein Sammelband, Bielefeld 2009, S. 97–122

9 Streitkolbenkopf
- Deutsches Historisches Museum, Objektdatenbank: http://dhm.de/datenbank [eingesehen am 14.1.2017]
- Ellen Breitenbach/Karl-Heinz Breitenbach, Blankenstein an der Ruhr. Es war einmal eine kleine Stadt, Einzelhandel, Gastronomie und Fremdenverkehr im 19. und 20. Jahrhundert, 2. Aufl., Hattingen 2007
- Stefan Leenen/Stefan Pätzold, Das „Huyß tot Blankensteine". Die Burg Blankenstein an der Ruhr aus historischer und archäologischer Sicht, in: Märkisches Jahrbuch für Geschichte 108 (2008), S. 57–109
- Thomas Meyer, Streitkolben, Kampfaxt und Morgenstern. Nahkampf-, Turnier- und Gerichtskampfwaffen des Mittelalters, Düsseldorf 2010
- David A. Scott, Metallography and Microstructure of Ancient and Historic Metals, Malibu 1991
- John Waldman, Hafted Weapons in medieval and renaissance Europe. The Evolution of European Staff Weapons between 1200 and 1650, Leiden/Boston 2005
- David M. Wilson, Der Teppich von Bayeux, Köln 2003
- Sarah Wolff/Roland Schwab, Ein hallstattzeitliches Schwert aus Möhrendorf (Lkr. Erlangen-Höchstadt)? Neue Erkenntnisse zu einem alten Fund, in: Archäologisches Korrespondenzblatt 2016/2, S. 201–208

10 Bürgerbuch der Stadt Bochum
- Franz Darpe, Geschichte der Stadt Bochum, Bochum 1894, ND Bochum 1991, S. 119f.
- Jürgen Kloosterhuis, Mittelalterliche Amtsbücher: Strukturen und Materien, in: Friedrich Beck/Eckart Henning (Hg.), Die archivalischen Quellen. Mit einer Einführung in die Historischen Hilfswissenschaften, Köln u.a. 2003, S. 53–73

11 Urkunde von 1525
- Franz Darpe, Geschichte der Stadt Bochum, Urkundenbuch, Bochum 1894
- Peter Höher (Red.), Feuer! Stadtbrand in Westfalen, Münster 1990
- Jürgen Kloosterhuis, (Bearb.), Index Märkische Register, Landessachen. Findbuch, Münster 1995, S. 243
- Karl Arnold Kortum, Nachricht vom ehemaligen und jetzigen Zustand der Stadt Bochum, Jubiläumsnachdruck zum 200jährigen Erscheinen der Erstausgabe, hg. von Johannes Volker Wagner, Bochum 1990, S. 227
- Aloys Meister (Hg.), Die Grafschaft Mark. Festschrift zum Gedächtnis der 300jährigen Vereinigung mit Brandenburg-Preußen, Bd. 2, Dortmund 1909, S. 111
- Wilfried Reininghaus/Jürgen Kloosterhuis (Bearb.), Das „Taschenbuch Romberg". Die Grafschaft Mark in der preußischen Statistik des Jahres 1804, Münster 2001, S. 39
- Johann Josef Scotti, Sammlung der Gesetze und Verordnungen, welche in den ehemaligen Herzogthümern Jülich, Cleve und Berg und in dem vormaligen Großherzogthum Berg über Gegenstände der Landeshoheit, Verfassung, Verwaltung und Rechtspflege ergangen sind. Von dem Jahre 1475 bis zu der am 15. April 1815 eingetretenen Königlich Preußischen Landesregierung 1816, 4 Bde., Düsseldorf 1821/1822, Bd. 3, S. 1967–1995
- Gisela Wilbertz, Die „widerhaarigen Bochumer" und die Feuerversicherung. Zur Geschichte des ersten Feuerkatasters der Stadt Bochum aus den Jahren 1719/20, in: Der Märker, Landeskundliche Zeitschrift für den Bereich der ehemaligen Grafschaft Mark und den Märkischen Kreis, 31 (1982), S. 25–32

QUELLEN UND LITERATUR

12 Lutherbibel
- Veronika Albrecht-Birkner, Reformation des Lebens. Die Reformen Herzog Ernsts des Frommen von Sachsen-Gotha und ihre Auswirkungen auf Frömmigkeit, Schule und Alltag im ländlichen Raum (1640–1675), Leipzig 2002
- Friedrich Wilhelm Bautz, Art. Ernst der Fromme, in: Biographisch-Bibliographisches Kirchenlexikon 1 (1975), Sp. 1537–1539
- Heinz Blanke, Bibelübersetzung, in: Albrecht Beutel (Hg.), Luther Handbuch, Tübingen 2005, S. 258–265
- Franz Darpe, Geschichte der Stadt Bochum. Bd. II: Bochum in der Neuzeit, Teilband A: 1517–1618, Bochum 1891; Teilband B: 1619–1740, Bochum 1893
- Traugott Jähnichen, „Wandel als Konstante". Zur Entwicklung des Ruhrgebietsprotestantismus seit der Zeit der Industrialisierung, in: Michael Basse/Traugott Jähnichen/Harald Schröter-Wittke (Hg.), Protestantische Profile im Ruhrgebiet. Fünfhundert Lebensbilder aus fünf Jahrhunderten, Waltrop 2009, S. 23–39
- Rolf-Dieter Jahn, Die Weimarer Ernestinische Kurfürstenbibel und Dilherr-Bibel des Endterverlags Nürnberg 1641–1788. Versuch einer vollständigen Chronologie und Bibliographie, Odenthal 1986
- Ernst Koch, Das ernestinische Bibelwerk, in: Roswitha Jacobsen/Hans-Jörg Ruge (Hg.), Ernst der Fromme (1601–1675) – Staatsmann und Reformer. Wissenschaftliche Beiträge und Katalog zur Ausstellung, Bucha bei Jena 2002, S. 53–58
- Jens Murken, Evangelische Kirchengemeinde Bochum, in: Ders., Die Evangelischen Gemeinden in Westfalen, 2 Bde., Bielefeld 2008/2009, hier Bd. 1, S. 214–224
- Wilhelm H. Neuser, Evangelische Kirchengeschichte Westfalens im Grundriß, Bielefeld 2002

13 Langendreerer Bauerschaftsbuch
- StadtA Bo, BO 40/212
- Franz Darpe, Geschichte der Stadt Bochum, Bochum 1894
- G. Köbler, Burschaft, in: Lexikon des Mittelalters 2 (2003), Sp. 1107
- Clemens Kreuzer, Langendreer-Werne zwischen Steinzeit und Gegenwart. Eine Siedlungsgeschichte des Bochumer Ostens, Bochum 1999
- Clemens Kreuzer, Niederschulten-Hof und Bauerndorf Langendreer. Ein Beitrag zur vorindustriellen Geschichte des Ruhrgebiets, Bochum 2016
- K. Kroeschell, Bauermeister, in: Lexikon des Mittelalters 1 (2003), Sp. 1604
- Eduard Schulte, Die Bevölkerung des Amtes Bochum im Jahr 1664, Wattenscheid 1925
- Johann Diederich von Steinen, Westphälische Geschichte mit vielen Kupfern, Theil 3, Lemgo/Lippe 1757

14 Taufstein aus der evangelischen Kirche Stiepel
- Georg Dehio, Handbuch der deutschen Kunstdenkmäler. Nordrhein-Westfalen II. Westfalen, 2. Aufl., Berlin/München 2016, S. 154f.
- Friedrich J. Esterhues, Zur älteren Baugeschichte der evangelischen Pfarrkirche in Bochum Stiepel, in: Westfalen 43 (1965), S. 57–69
- Herbert Haag (Hg.), Bibel-Lexikon, Zürich u.a. 1956, S. 1586–1593
- Günther Höfken, Die in der evangelischen Kirche in Stiepel freigelegten Grabsteine, in: Bochumer Heimatbuch 6 (1954), S. 111–115
- Lucia Impelluso, Die Natur und ihre Symbole. Pflanzen, Tiere und Fabelwesen. Bildlexikon der Kunst, Bd. 7, Berlin 2003. S. 25–37, 62–65, 73–129, 307f., 323–329
- Albert Ludorff, Die Bau- und Kunstdenkmäler von Westfalen, Band 29: Die Bau- und Kunstdenkmäler des Kreises Hattingen, Paderborn 1909, S. 68–75
- Heinrich Ostheide, Die Geschichte der Kirchengemeinde Stiepel, Hattingen 1872, S. 58f., 86
- Stefan Pätzold, Der „Stiepeler Stiftungsbrief". Die Urkunde des Kölner Erzbischofs Heribert für Gräfin Imma von 1008, in: Ders. (Hg.), Bochum, der Hellwegraum und die Grafschaft Mark im Mittelalter. Ein Sammelband, Bielefeld 2009, S. 147–184
- Winfried Schonefeld/Klaus Zelm, Dorfkirche Bochum-Stiepel. Kulturdenkmal an der Ruhr, 4. Aufl. 2006
- Jutta Seibert, Lexikon christlicher Kunst. Themen, Gestalten, Symbole, Freiburg im Breisgau u.a. 2002, S. 70 ff., 100f., 193; 259f., 302–305

15 Porträt Louise Isabella Lisette von der Leithen, geborene von Berswordt
- Dieter Bloch, Vom Stadtmusicus zum Philharmonischen Orchester. 550 Jahre Musik in Bochum, Bochum 1973
- Thomas Dann, „... ein vortrefflich schöner Rittersitz ...". Haus Kemnade und seine Ausstattung vom 16. bis zum 19. Jahrhundert, Bochum 2000
- Franz Darpe, Geschichte der Stadt Bochum, Bochum 1894, ND 1991
- Volker Frielinghaus/Max Imdahl (Hg.), Der Rittersitz Haus Laer und die Ortschaft Laer in Bochum. Ein Beispiel für die historische Entwicklung des mittleren Ruhrreviers, Bochum 1969
- Enno Neumann, Friedrich von Schell und sein Denkmal in Bochum, Bochum 1993

QUELLEN UND LITERATUR

- Dieter Scheler, „Ackerbürger" und Beamte: Das Ruhrgebiet des Carl Arnold Kortum, in: Klaus Schaller (Hg.), „... dir zum weiteren Nachdenken": Carl Arnold Kortum zum 250. Geburtstag, Essen 1996, S. 9–40
- Dietrich Wegmann, Die leitenden staatlichen Verwaltungsbeamten der Provinz Westfalen 1815–1918, Münster 1969

16 Grafenbrief für Heinrich Johann Friedrich Ostermann
- BA, 7.5.1942
- Westfälische Landeszeitung, 7.5.1942
- Bochumer Tageblatt, 8.5.1942
- Famous Russians in the 18th and 19th Centuries / Znamenitye Rossijane XVIII–XIX vekov, Sankt-Petersburg 1996
- Wolfram Eggeling, Heinrich Graf Ostermann: Ein Märker im russischen Staatsdienst. Überlegungen zu Quellenlage, Tätigkeit und Darstellung, in: Der Märker 46 (1997), H. 3, S. 79–87 und H. 4, S. 130–139
- Michael Hagemeister, Von Bochum nach Borodino. Heinrich Ostermanns russische Nachfahren, in: Johannes Volker Wagner/Bernd Bonwetsch/Wolfram Eggeling (Hg.), Ein Deutscher am Zarenhof. Heinrich Graf Ostermann und seine Zeit, 1687–1747, Essen 2001, S. 241–247
- Harm Klueting, Deutsche und andere Ausländer in Rußland im 17. und 18. Jahrhundert: Der Fall Ostermann, in: ebd., S. 143–153
- Johannes Volker Wagner, Ein Deutscher am Zarenhof. Heinrich Graf Ostermann und seine Zeit. Lebensbild und Spurensuche, in: ebd., S. 19–46
- Gisela Wilbertz, Heinrich Graf Ostermann 1687–1747. Zur 300. Wiederkehr seines Geburtstages, Bochum 1987

17 Karte der Grafschaft Mark
- Gerd Helbeck, Schwelm. Geschichte einer Stadt und ihres Umlandes, Band 1: Von den Anfängen im Mittelalter bis zum Zusammenbruch der preußischen Herrschaft (1806), Schwelm 1995
- Friedrich Christoph Müller, Chorographie von Schwelm. Anfang und Versuch einer Topographie der Grafschaft Mark 1789, neu hg. vom Ennepe-Ruhr-Kreis, Schwelm 1979
- Manfred Spata, Die Karten der Grafschaft Mark von Friedrich Christoph Müller aus den Jahren 1775–1791, in: Beiträge zur Heimatkunde der Stadt Schwelm N. F. 42 (1992), S. 66–82

18 Silberne Deckeldose
- Stefan Pätzold, „Kaubaukum" – (k)ein Ort für Fremde?, in: Klaus Wisotzky/Ingrid Wölk (Hg.), Fremd(e) im Revier!? Zuwanderung und Fremdsein im Ruhrgebiet, Essen 2010, S. 37
- Aloys Meister (Hg.), Die Grafschaft Mark. Festschrift zum Gedächtnis der 300jährigen Vereinigung mit Brandenburg-Preußen, Bd. 2, Dortmund 1909, S. 105–156
- Stefan Pätzold, Silberne Deckeldose, in: Sieben und neunzig Sachen, Essen 2007, S. 108f.
- Wilfried Reininghaus/Jürgen Kloosterhuis (Bearb.), Das „Taschenbuch Romberg". Die Grafschaft Mark in der preußischen Statistik des Jahres 1804, Münster 2001, S. 237–244
- Wilfried Reininghaus, Gewerbe in der frühen Neuzeit, München 1990

19 Anatomischer Klapp-Atlas
- StadtA Bo, MUSA 4/110
- Wolfgang Balster, Medizinische Wissenschaft und ärztliche Praxis im Leben des Bochumer Arztes Carl Arnold Kortum (1745–1824). Medizinhistorische Analyse seines Patiententagebuches, Dissertation Univ. Bochum 1990
- Wolfgang U. Eckart, Geschichte der Medizin, Berlin u.a.1990, S. 108–114
- Sabine Graumann, „Das akademische Leben viel Reizendes hat ..." Kortum als Student der Medizin an der Universität Duisburg und als Praktikant an der Berliner Charité, in: Stadtarchiv Bochum (Hg.), Carl Arnold Kortum. Einem Revierbürger zum 250. Geburtstag 1745–1824. Arzt, Forscher, Literat, Essen 1995, S. 82–90
- Irmgard Müller, Kortum als Arzt, Alchimist und Volksaufklärer, in: ebd., S. 92–103

20 Modell der Stadt Bochum
- Franz Darpe, Geschichte der Stadt Bochum, Bochum 1894
- Günther Höfken, Bochumer Häuser- und Einwohnerverzeichnisse aus der Zeit von 1737 bis 1822, Bochum 1952
- Karl Arnold Kortum, Nachricht vom ehemaligen und jetzigen Zustand der Stadt, Bochum 1790. Zit. n. Stefan Pätzold, Stadtmodell „Bochum 1800", in: Sieben und neunzig Sachen, Essen 2007, S. 148
- Ingrid Wölk, Der Sache(n) wegen ... Bochumer Sammlungen und Museen 1910–2007, in: Sieben und neunzig Sachen, Essen 2007, S. 8–32

QUELLEN UND LITERATUR

21 Wochenblatt für den Kreis Bochum
- StadtA Bo, B 53: Acta specialia betreffend „Märkischer Sprecher" (Amtliches Kreisblatt); LA 1183: Acta betreffend die Herausgabe eines Wochenblattes in der Stadt Bochum vom Buchdrucker Stumpf 1828; LA 1185: Acta des Königlichen Landrathsamtes des Landkreises Bochum betreffend die Herausgabe des amtl. Kreisblattes
- Adressbuch der Stadt Bochum 1901, 1912
- MS, 1829–1930
- [Johann Christian Beutler/Johann Christoph Gutsmuths]: Allgemeines Sachregister über die wichtigsten deutschen Zeit[-] und Wochenschriften [...], Vorrede, Leipzig 1790
- Bochumer Firmen feiern Jubiläen. 125 Jahre Druckerei Stumpf, in: Bochumer Woche Nr. 3 (1954), S. 1–4
- [Karl Brinkmann], 125 Jahre Stumpf. Der Lebenslauf eines Bochumer Druckhauses, o.O. o.J. [Bochum 1954]
- Franz Darpe, Geschichte der Stadt Bochum, Bochum 1894
- Paul Küppers, 100 Jahre Märkischer Sprecher. Geschichte der Zeitung und des Verlages, in: MS, 10.1.1929, S. 1–2
- Peter W. Nacken, Unter der Knute der Franzosen. Besatzungsschikanen gegen den „Märkischen Sprecher", in: MS, 10.1.1929, S. 36
- Max Seippel, Bochum einst und jetzt. Ein Rück- und Rundblick bei der Wende des Jahrhunderts, Bochum 1901
- Carl Vilter, Geschichte der Tagespresse in Bochum unter Berücksichtigung der Entwicklung des politischen Lebens. Zugleich ein Beitrag zur Geschichte des westfälischen Zeitungswesens, Phil. Diss. Münster o.J. [1922]
- Hans Wöckener, Die Entwicklung der wirtschaftlichen Berichterstattung im Ruhrgebiet im 19. Jahrhundert mit besonderer Berücksichtigung des Märkischen Sprechers, Quakenbrück 1936

22 Porträts Eduard und Josephine Kühne
- StadtA Bo, NL Küppers 18, B 2209
- Historisches Archiv Krupp, WA 80/304, 306–307, 1436
- Paul Küppers, Bochumer Guss. Ein Beitrag zur rheinisch-westfälischen Wirtschaftsgeschichte, Typoskript Bochum 1931
- Toni Pierenkemper, Eduard Kühne, in: Neue Deutsche Biographie, Bd. 13, Berlin 1982, S. 197f.
- Toni Pierenkemper, Zur Finanzierung von industriellen Unternehmensgründungen im 19. Jahrhundert – mit einigen Bemerkungen über die Bedeutung der Familie, in: Dietmar Petzina (Hg.), Zur Geschichte der Unternehmensfinanzierung, Berlin 1990, S. 69–97
- Marco Rudzinski, Ein Unternehmen und „seine" Stadt. Der Bochumer Verein und Bochum vor dem Ersten Weltkrieg, Essen 2012

23 Auszug aus der Akte „Verhandlungen der Stadtverordnetenversammlung"
- StadtA Bo, B 2135, B 2060
- Karl Brinkmann, Bochum. Aus der Geschichte einer Großstadt des Reviers, Bochum 1968
- Horst Conrad, Die Gemeindeordnungen in Westfalen 1800–1979 – Ein Überblick, in: Archivpflege in Westfalen und Lippe 15 (1981), S. 21–25
- Horst Conrad, Die Einführung der Revidierten Städteordnung in der Provinz Westfalen – Ein Überblick, in: Archivpflege in Westfalen und Lippe 35 (1992), S. 8–12
- David F. Crew, Sozialgeschichte einer Industriestadt 1860–1914, Frankfurt u. a. 1980
- Helmuth Croon, Die Stadtvertretungen in Krefeld und Bochum im 19. Jahrhundert. Ein Beitrag zur Geschichte der rheinischen und westfälischen Städte, in: Forschungen zu Staat und Verfassung. Festgabe für Fritz Hartung, Berlin 1958, S. 289–306
- Walther Däbritz, Bochumer Verein für Bergbau und Gussstahlfabrikation in Bochum. Neun Jahrzehnte seiner Geschichte im Rahmen der Wirtschaft des Ruhrbezirks, Düsseldorf 1934
- Franz Darpe, Geschichte der Stadt Bochum, Bochum 1894
- Barbara Dorn, Die Bochumer Stadtverordneten in der zweiten Hälfte des 19. Jahrhunderts – Soziale Herkunft und Stellung in der städtischen Gesellschaft. Hausarbeit der Fachprüfung für das Lehramt an Gymnasium, Bochum 1978
- Hiram Kümper, Bochum. Von Karolingern zu Kohleöfen, Erfurt 2005
- Franz Mariaux, Gedenkwort zum hundertjährigen Bestehen der Industrie- und Handelskammer zu Bochum, Bochum 1956
- Norbert Wex, Staatliche Bürokratie und städtische Autonomie. Entstehung, Einführung und Rezeption der Revidierten Städteordnung von 1831 in Westfalen, Paderborn 1997
- Ingrid Wölk, Vom Kuhhirten zum Kuhhirten-Denkmal: Bochum auf dem Weg zur Großstadt, in: Jürgen Mittag/Ingrid Wölk (Hg.), Bochum und das Ruhrgebiet. Großstadtbildung im 20. Jahrhundert, Essen 2005, S. 79–121

QUELLEN UND LITERATUR

24 Zeitung „Der Deutsche Redner für Recht und Freiheit"
- StadtA Bo, B 3, B 115
- Helmuth Croon, Studien zur Sozial- und Siedlungsgeschichte der Stadt Bochum, in: Bochum und das mittlere Ruhrgebiet, Paderborn 1965, S. 85–114
- Franz Darpe, Geschichte der Stadt Bochum, Bochum 1894
- Der Deutsche Redner für Recht und Freiheit, Bochum 1849 (April)–1850 (September), einschl. Beiblätter und Nachfolgeblatt Nr. 1–8
- Gerd Depenbrock/Hans Gerd Klein, Der Deutsche Redner für Recht und Freiheit, Seminararbeit, Bochum 1973
- Wilhelm Schulte, Volk und Staat. Westfalen im Vormärz und in der Revolution 1848/49, Münster 1954

25 Gründungsfahne Turnverein 1848
- MS, 17.2.1849
- Christiane Eisenberg, ‚English sports' und deutsche Bürger. Eine Gesellschaftsgeschichte 1800–1939, Paderborn 1999
- Günther Höfken, Zur Geschichte der Bochumer Vöde, in: Bochumer Heimatbuch 6 (1954), S. 34–47
- Fritz Hüttebräucker, Die Anfänge des Turnens in Bochum, in: Turn- und Sportgeschichte in Westfalen und Lippe 4 (1999), S. 45–74
- Fritz Hüttebräucker, Die Akten (1849–1869) der Turngemeinde zu Bochum von 1848, nachmalig VfL Bochum 1848 e.V., Bochum 1999
- Reinhold Koch, Die Entwicklung des VfL Bochum auf dem Hintergrund der deutschen Turn- und Sportbewegung des 19. und 20. Jahrhunderts. Hausarbeit der Fachprüfung für das Lehramt an Gymnasien, Bochum 1977
- Ursula Krey, Vereine in Westfalen 1840–1955. Strukturwandel, soziale Spannungen, kulturelle Entfaltung, Paderborn 1993
- Dieter Langewiesche, „Für Volk und Vaterland kräftig zu würken …". Zur politischen und gesellschaftlichen Rolle der Turner zwischen 1811 und 1871, in: Dieter Langewiesche, Nation, Nationalismus, Nationalstaat in Deutschland und Europa, München 2000, S. 103–131
- Lorenz Peiffer, Die Deutsche Turnerschaft – Ihre politische Stellung in der Zeit der Weimarer Republik und des Nationalsozialismus, Ahrensburg 1976
- Henry Wahlig, „Anne Castroper". 100 Jahre Fußball mitten in Bochum, Göttingen 2011

26 Reglement für Bergschüler
- Bericht über die Thätigkeit und Leistungen der Märkischen Bergschule seit ihrer Reorganisation im Jahre 1854 bis Ende 1860, Bochum 1861
- Rudolf von Carnall, Promemoria über die Einrichtung der Bergschulen, 5.4.1851, Berlin
- Jürgen Kretschmann/Michael Farrenkopf (Hg.), Das Wissensrevier. 150 Jahre Westfälische Berggewerkschaftskasse/DMT-Gesellschaft für Lehre und Bildung, Bd. 2, Bochum 2014
- Stefan Moitra, Das Wissensrevier. 150 Jahre Bergbauforschung und Ausbildung bei der Westfälischen Berggewerkschaftskasse/DMT-Gesellschaft für Lehre und Bildung. Die Geschichte einer Institution, Bd. 1, Bochum 2014
- Paul Wachler, Das Allgemeine Berggesetz für die Preußischen Staaten erläutert aus den Materialien, der Rechtswissenschaft und der bisherigen Praxis der Bergverwaltungs-Behörden und Gerichte, unter besonderer Berücksichtigung des französischen, österreichischen und sächsischen Bergrechts, nebst den außer dem Berggesetze in Kraft stehenden, auf das Bergwesen Bezug habenden Gesetzen und Vorschriften, als über Bergwerkssteuern etc. Königlichem Gerichts-Assessor, Breslau 1865

27 „Fahrplan der Eisenbahn-Strecke von Witten bis Bochum", Beilage zum Märkischen Sprecher
- Jörg Hajt, Eisenbahnen im mittleren Ruhrgebiet, Nordhorn 1994
- Jörg Hajt, Eisenbahnrevier Ruhrgebiet, Brilon 2006
- Harald Vogelsang, Das BW Bochum-Dahlhausen und die mittlere Ruhrtalbahn, Freiburg 1988

28 Eintrittskarte zur Synagogen-Weihe
- StadtA Bo, B 212
- Stiftung Neue Synagoge – Centrum Judaicum Berlin (CJA), 1 A Bo 2, Nr. 7, 840 und 842
- AZJ, 8.9.1863
- MS, 26.8. und 1.9.1863
- Elfi Pracht-Jörns, Jüdisches Kulturerbe in Nordrhein-Westfalen, Teil V: Regierungsbezirk Arnsberg, Köln 2005
- Gisela Wilbertz, Synagoge und jüdische Volksschule in Bochum, 1. Teil, in: Der Märker 38 (1989), S. 16–28
- Ingrid Wölk, Ortsartikel Bochum, in: Frank Göttmann (Hg.), Historisches Handbuch der jüdischen Gemeinschaften in Westfalen und Lippe. Die Ortschaften und Territorien im heutigen Regierungsbezirk Arnsberg, Münster 2016, S. 197–226

QUELLEN UND LITERATUR

29 Stadtpark-Entwurf von Strauß
- StadtA Bo, B 796, Strauß, Anton, Erläuterungsbericht zum Entwurf zur Anlage eines Stadtgartens für die Stadt Bochum betreffend, 30. Oktober 1871, in: Acta betr. Anlage eines Stadtgartens 1871–72
- Erika Schmidt, Der Bochumer Stadtpark und sein städtebauliches Umfeld im 19. Jahrhundert – Ein Beitrag zur Revision von Werturteilen über den typischen deutschen Stadtpark des 19. Jahrhunderts, 2 Bde., Dissertation Hannover 1988
- Stadt Bochum, Planungsamt/Untere Denkmalbehörde (Hg.), Denkmalbereichsplanung für das Stadtparkviertel Bochum, 2 Bde., Bochum 1990
- Stadt Bochum (Hg.), Der Stadtpark, in: Festschrift dem 20. Westfälischen Städtetage gewidmet von der Stadt Bochum, Bochum 1896, S. 122–125
- Susanne Weisser, Der Stadtpark Bochum. Gartendenkmalpflegerisches Gutachten, Bochum 2014

30 Kommunionbank
- Christel Darmstadt/Rüdiger Jordan (Hg.), Sakrale Baukunst in Bochum, Bochum 2003
- Rüdiger Jordan, „… ein Prachtbau in so zierlichen gotischen Formen". Die wechselvolle Geschichte der St. Marien Kirche in Bochum-Mitte, Bochum 2000
- Robert Kottsiepe/Johannes Schausten, Die Marienkirche und Marienpfarrei in Bochum, Bochum 1928

31 Stich „Gussstahlfabrik des Bochumer Vereins"
- Deutschlands große Werkstätten. Der Bochumer Verein, in: Die Gartenlaube 23 (1875), S. 541–546
- Marco Rudzinski, Ein Unternehmen und „seine" Stadt. Der Bochumer Verein und Bochum vor dem Ersten Weltkrieg, Essen 2012

32 Plakat zur „Lustmord"-Serie in Bochum
- StadtA Bo, A WAT 39; LA 796, LA 797, LA 799, LA 839, LA 840
- Zeitungsartikel aus verschiedenen Tageszeitungen

33 Seekarte „The Arctic Sea between Wrangel Island and Mackenzie River"
- StadtA Bo, NAP 96. Darin: Fritz Bruch, Lebenserinnerungen 1869 bis 1893, 3 Bde.
- Bochumer Generalanzeiger, Rote Erde, 23.1.1934 und 19.2.1934; Gastwirt Bruch's Abenteuer, in: Das Goldene Buch. Ein Unterhaltungsblatt für Haus und Familie, hg. in Milwaukee, Wisconsin, Juli 1934, S. 8f.; Rheinisch-Westfälische Zeitung, 21.4.1934;
- The San Francisco Examiner, 14.6.1925, Westfälische Landeszeitung Rote Erde, 12.1.1937
- Stadt Bochum, Standesamt, Sterbeurkunde Friedrich Bruch 11. Januar 1937
- https://de.wikipedia.org/wiki/Geschichte_der_Nordpolexpeditionen [eingesehen am 20.2.2017]
- https://de.wikipedia.org/wiki/Wrangelinsel [eingesehen am 20.2.2017]
- http://www.nationalgeographic.de/reportagen/wrangelinsel-im-eis-zu-hause [eingesehen am 20.2.2017]
- William Gilder, Der Untergang der Jeannette-Expedition, Bremen 2013, Nachdruck der bei F. A. Brockhaus, Leipzig, 1928 erschienenen deutschsprachigen Ausgabe
- Dan Simmons, Terror, München 2007
- Fachlicher Rat von Gerhard Bergauer, Amt für Geoinformation, Liegenschaften und Kataster der Stadt Bochum, 25.1.2017

34 Logenhammer aus Elfenbein
- Walter Baltes/Armin Mügel, Ich habe mich bemüht. Chronik und Kaleidoskop der Freimaurerloge „Zu den drei Rosenknospen" i.O. Bochum, gestiftet im Jahre 1785, Matrikel-Nr. 149 ; [1785-2002], Bochum 2002
- Marianne Beuchert, Symbolik der Pflanzen, Frankfurt am Main 2004
- Hans Biedermann, Knaurs Lexikon der Symbole, Augsburg 2002
- Jean Campbell Cooper, Illustriertes Lexikon der traditionellen Symbole, Leipzig 1986
- Engelbert Kirschbaum, Lexikon der Christlichen Ikonographie, Rom 2004
- Manfred Lurker (Hg.), Wörterbuch der Symbolik, 5. Aufl. Stuttgart 1991
- N.N., Chronik der Sankt Johannis Freimaurer-Loge „Zu den drei Rosenknospen" im Oriente zu Bochum, gegründet am 12. December 1785, Hattingen 1885
- Ferdinand Runkel, Geschichte der Freimaurerei, 3 Bde, Berlin 1932, Reprint Königswinter 2006
- Franz Unterkircher, Tiere, Glaube, Aberglaube. Die schönsten Miniaturen aus dem Bestiarium, Graz 1986

35 Heft „Statut für die Synagogen-Gemeinde zu Bochum"
- StadtA Bo, B 210/1, B 211/2, B 212, B 2060
- Central Archives for the History of the Jewish People (CAHJP), Jerusalem, GA Bochum 3; T D/1
- Stiftung Neue Synagoge – Centrum Judaicum Berlin (CJA), 1 A Bo 2, Nr. 7, 863

QUELLEN UND LITERATUR

- CVZ, 8.7.1937
- Israelitisches Familienblatt, 28.10.1909
- Ingrid Wölk, Ortsartikel Bochum, in: Frank Göttmann (Hg.), Historisches Handbuch der jüdischen Gemeinschaften in Westfalen und Lippe. Die Ortschaften und Territorien im heutigen Regierungsbezirk Arnsberg, Münster 2016, S. 197–226
- Ingrid Wölk, Philipp Würzburger und die Gründung des Stadtparks in Bochum, in: Johannes Volker Wagner (Hg.), Das Stadtarchiv – Schatzkammer, Forschungsstätte, Erlebnisort, Essen 2004, S. 157–163

36 Schützenkette
- Franz Darpe, Geschichte der Stadt Bochum, Bochum 1894
- Hans Georg Kirchhoff, Die große Dortmunder Fehde 1388/89, in: Ferdinand Seibt (Hg.), Vergessene Zeiten – Mittelalter im Ruhrgebiet. Katalog zur Ausstellung im Ruhrlandmuseum Essen, Bd. 2, Essen 1990, S. 59–62
- Karl Arnold Kortum, Nachrichten vom ehemaligen und jetzigen Zustand der Stadt Bochum, in: Neues Westphälisches Magazin zur Geographie, Historie und Statistik Bd. 2., Heft 5–7, 1790
- Wilhelm Rosenbaum, Chronik der Gemeinde Harpen, Harpen 1866
- Max Seippel, Das Maiabendfest in Bochum, Bochum 1881

37 Von Henriette von Noël unterschriebenes Zeugnis
- Stadt A Bo, NAP 158 E Nr. 57 (Zeugnisse Bannenberg und Seippel), NAP 158 E Nr. 56 (Konzession Carl Bannenberg); Personenstandsbücher des Standesamts Bochum-Mitte;
- Adressbücher Bochum
- Irene Hardach-Pinke, Die Gouvernante. Geschichte eines Frauenberufs, Frankfurt a.M./New York 1993
- Juliane Jacobi, Mädchen- und Frauenbildung in Europa. Von 1500 bis zur Gegenwart, Frankfurt a.M./New York 2013
- Elke Kleinau/Claudia Opitz (Hg.), Geschichte der Mädchen- und Frauenbildung, Bd. 1 und 2, Frankfurt a.M./New York 1996
- Gisela Wilbertz, Henriette von Noël (1833–1903). Leben und Wirken einer Bochumer Schulgründerin. Zugleich ein Beitrag zur Geschichte der höheren Mädchenschulen, in: Der Märker 34 (1985), S. 258–269

38 Stich „Schützenhof"
- MS, 14.1.1896, 4.10.1897, 13.4.1912
- Andreas Bornholdt, 600 Jahre Bochumer Maiabendfest. Die historische Entwicklung eines städtischen Heimatfestes im Revier, Bochum 1988, S. 189–196
- Hans H. Hanke, Wohin gehsse? Inne Stadt! Die Innenstadt, in: Norbert Konegen/Hans H. Hanke (Hg.), Bochum zu Fuß, 11 Stadtteilrundgänge, Hamburg 1991, S. 9–41
- Clemens Kreuzer, Wo die Musik spielte und wo sie mal spielen sollte, Bochums (einstige und geplante) Konzertsäle auf dem langen Weg zum Musikzentrum, in: Bochumer Zeitpunkte 36 (2016), S. 3–25 (Schützenhof, S. 10–13)
- Ludwig Schwenk, Die berufliche Beschäftigung der Kriegsverwundeten und Invaliden, in: Illustrierte Zeitung 3814, Kriegsnummer 105 (1916), S. 157f.

39 Buch „Aus Schacht und Hütte" von Heinrich Kämpchen
- Volksblatt, 9.3.1912
- Heinz-Ludwig Arnold (Hg.), Arbeiterlyrik 1842–1932, Berlin 2003, S. 214
- Klaus-Michael Bogdal, Zwischen Alltag und Utopie: Arbeiterliteratur als Diskurs des 19. Jahrhunderts, Opladen 1991, S. 191ff.
- Rolf-Peter Carl u.a., Seid einig, seid einig – dann sind wir auch frei. Gedichte von Heinrich Kämpchen, Oberhausen 1984, S. 12 ff., 76, 79, 80
- Karl Ecks, Die Arbeiterdichtung im Rheinisch-Westfälischen Industriegebiet, Leipzig 1925, S. 31ff.
- Dirk Hallenberg, Industrie und Heimat. Eine Literaturgeschichte des Ruhrgebiets, Essen 2000, S. 75/76, 79, 82, 85
- Wilhelm Helf, Aus der Tiefe: Gedichte und Lieder eines Bergmanns, Bochum 1931
- Wilhelm Helf, Durch Nacht zum Licht: Gedichte und Lieder aus dem Bergmannsleben 1889–1912. Heinrich Kämpchen, Bochum 1962
- Renate von Heydebrand, Literatur in der Provinz Westfalen 1815–1945, Münster 1983, S. 135
- Heinrich Kämpchen, Aus Schacht und Hütte: Gedichte, Bochum 1898
- Heinrich Kämpchen, Neue Lieder: Gedichte, 2. Folge, Bochum 1904
- Heinrich Kämpchen, Was die Ruhr mir sang: Gedichte, 3. Band, Bochum 1909
- Frank Trommler, Sozialistische Literatur in Deutschland. Ein historischer Überblick, Stuttgart 1976, S. 221 ff.
- Julius Zerfaß, Zum Tode Heinrich Kämpchens, in: Volksblatt Bochum, 9.3.1912, hier zitiert nach: Rolf-Peter Carl u.a., Seid einig, seid einig – dann sind wir auch frei, S. 214

QUELLEN UND LITERATUR

40 Plakat (Extra-Ausgabe) „Wiarus Polski"
- Weiterführende Informationen: www.porta-polonica.de

41 Foto „Nordbahnhof"
- StadtA Bo, BO 50/68, Kreissonderhilfsausschuss, Bde. 1 und 2; NAP 23, Jüdische Gemeinde Bochum: Rückerstattung, Wiedergutmachung, Erbangelegenheiten 1949–1954
- Archiv Verein Erinnern für die Zukunft e.V., Erhebungsbögen der jüdischen Religionsgemeinde Bochum aus den Jahren 1946–1949 (Nachlass Vollmann); Niederschrift eines Gesprächs mit Frau Gerda Menzel und Frau Doris Neidenberger vom 18. September 2013
- LA NRW, Abt. Westfalen: Regierungspräsident Arnsberg, Wiedergutmachungen Nr. 460151, Nr. 617713, Nr. 23242, Nr. 23097, Nr. 223099
- Hubert Schneider (Hg.), „Es lebe das Leben ...". Die Freimarks aus Bochum – eine deutsch-jüdische Familie. Briefe 1938–1946, Essen 2005
- Hubert Schneider, Die „Entjudung" des Wohnraums – „Judenhäuser" in Bochum. Die Geschichte der Gebäude und ihrer Bewohner, Münster 2010
- Hubert Schneider, Leben nach dem Überleben: Juden in Bochum nach 1945, Münster 2014
- VVN – Bund der Antifaschisten, Kreisvereinigung Bochum (Hg.), Die Verfolgung der Juden in Bochum und Wattenscheid, Altenberge 1993
- VVN – Bund der Antifaschisten, Kreisvereinigung Bochum (Hg.), Widerstand und Verfolgung in Bochum und Wattenscheid, Altenberge 1999

42 Karte „Über die Teilungen des Kreises Bochum"
- Karl-Heinz Bader, Bochum, in: Ernst Beier (Hg.), Die historische Entwicklung des Ruhrgebiets und seiner Städte Sprockhövel, Hattingen, Witten, Bochum, Herne, Castrop-Rauxel, Recklinghausen unter besonderer Berücksichtigung des Bergbaus, Bochum 1988, S. 91–116
- Dietmar Bleidick, 100 Jahre Großstadt Bochum. Quellen zur Industrie- und Stadtgeschichte, Teil 1, in: Bochumer Zeitpunkte 14 (2003), S. 3–33; Teil 2, in: Bochumer Zeitpunkte 15 (2004), S. 24–32
- Karl Brinkmann, Bochum. Aus der Geschichte einer Großstadt des Reviers, 2. Aufl., Bochum 1968
- David Crew, Sozialgeschichte einer Industriestadt 1860–1914, Frankfurt am Main u.a. 1980
- Helmuth Croon, Die verwaltungsmäßige Gliederung des mittleren Ruhrgebiets im 19. und 20. Jahrhundert, in: Paul Busch/Helmuth Croon/Carl Hahne (Bearb.), Bochum und das mittlere Ruhrgebiet, Paderborn 1965, S. 59–64
- Helmuth Croon, Die Stadt Bochum – ihr Weg zur modernen Groß- und Universitätsstadt, in: Bochumer Heimatbuch 8 (1985), S. 21–29
- Hein Hoebink, Mehr Raum – mehr Macht. Preußische Kommunalpolitik und Raumplanung im rheinisch-westfälischen Industriegebiet 1900–1933, Essen 1990
- Karl Heinrich Kaufhold/Wilfried Reininghaus (Hg.), Stadt und Bergbau, Köln 2004
- Wolfgang Köllmann/Hermann Korte/Dietmar Petzina/Wolfhard Weber (Hg.), Das Ruhrgebiet im Industriezeitalter, 2 Bde., Düsseldorf 1990
- Karl Arnold Kortum: Nachricht vom ehemaligen und jetzigen Zustande der Stadt Bochum, Bochum 1790, ND 1990
- Wolfgang R. Krabbe, Die deutsche Stadt im 19. und 20. Jahrhundert, Göttingen 1989
- Wolfgang R. Krabbe, Eingemeindungsprobleme vor dem Ersten Weltkrieg: Motive, Widerstände und Verfahrensweisen, in: Die alte Stadt 7 (1980), S. 368–387
- Albert Lassek, Die Bildung des Stadtkreises Bochum, in: Bochumer Heimatbuch 5 (1951), S. 33–35
- Horst Matzerath, Städtewachstum und Eingemeindungen im 19. Jahrhundert, in: Jürgen Reulecke (Hg.), Die deutsche Stadt im Industriezeitalter. Beiträge zur modernen deutschen Stadtgeschichte, Wuppertal 1978, S. 67–89
- Jürgen Mittag, Vom Dorf zur Großstadt: Industrialisierung, Bevölkerungswachstum und Eingemeindungen in Bochum, in: Ders./Ingrid Wölk (Hg.), Bochum und das Ruhrgebiet. Großstadtbildung im 20. Jahrhundert, Essen 2005, S. 25–78
- Franz Peine, So war Bochum. Eine Stadt im Wandel, 9. Aufl., Bochum 1971
- Stephanie Reekers, Die Gebietsentwicklung der Kreise und Gemeinden Westfalens 1817–1967, Münster 1977
- Christian Reder (Hg.), Kartographisches Denken, Wien/New York 2012
- Jürgen Reulecke, Geschichte der Urbanisierung, Frankfurt am Main 1985
- Marco Rudzinski, Ein Unternehmen und „seine" Stadt: Der Bochumer Verein und Bochum vor dem Ersten Weltkrieg, Essen 2012
- Detlev Vonde, Revier der großen Dörfer. Industrialisierung und Stadtentwicklung im Ruhrgebiet, Essen 1989
- Johannes Volker Wagner, Bochum als funktionales Gebilde in seiner historischen Entwicklung, in: Michael Fehr/Diethelm Koch (Hg.), Umbau der Stadt: Beispiel Bochum, Bochum 1975, unpaginiert
- Burkhard Zeppenfeld, Handlungsspielräume städtischer Finanzpolitik. Staatliche Vorgaben und kommunales Interesse in Bochum und Münster 1913–1935, Düsseldorf 1999

QUELLEN UND LITERATUR

43 Stenografischer Bericht über öffentliche Bergarbeiter-Versammlung
- Karl Ditt/Dagmar Kift (Hg.), 1889 – Bergarbeiterstreik und Wilhelminische Gesellschaft, Hagen 1989
- Claudia Hiepel, Arbeiterkatholizismus an der Ruhr: August Brust und der Gewerkverein christlicher Bergarbeiter, Stuttgart 1999
- Wolfgang Jäger (Hg.), Bildgeschichte der deutschen Bergarbeiterbewegung, München 1989
- Wolfgang Köllmann (Hg.), Der Bergarbeiterstreik von 1889 und die Gründung des „Alten Verbandes" in ausgewählten Dokumenten der Zeit, Bochum 1969
- Holger Marcks, Als die Gruben in Proletenhand. Die Streikbewegung 1919 im Ruhrgebiet, in: Holger Marcks/Matthias Seiffert (Hg.), Die großen Streiks – Episoden aus dem Klassenkampf, Münster 2008
- Hans Mommsen/Ulrich Borsdorf (Hg.), Glück auf Kameraden! Die Bergarbeiter und ihre Organisationen in Deutschland, Köln 1979
- Heinz-Jürgen Priamus/Stefan Goch (Hg.), Sozial und demokratisch: ein Lesebuch zur Geschichte der sozialdemokratischen Bewegung in Gelsenkirchen, 3 Bde., Gelsenkirchen 1988/9
- Jürgen Reulecke (Hg.), Arbeiterbewegung an Rhein und Ruhr. Beiträge zur Geschichte der Arbeiterbewegung in Rheinland-Westfalen, Wuppertal 1974
- Klaus Tenfelde, Sozialgeschichte der Bergarbeiterschaft an der Ruhr im 19. Jahrhundert, 2. durchges. Aufl., Bonn 1981
- Klaus Tenfelde/Helmuth Trischler (Hg.), Bergbau und Bergarbeit, München 1986

44 Plakat „An die Ruhrbergleute!"
- Franz-Josef Brüggemeier, Leben vor Ort. Ruhrbergleute und Ruhrbergbau 1889–1919, München 1983
- Gerald D. Feldman, Hugo Stinnes. Biographie eines Industriellen 1870–1924, München 1998
- Otto Hue, Die Bergarbeiter. Historische Darstellung der Bergarbeiter-Verhältnisse von der ältesten bis in die neueste Zeit, Bd. 2, Berlin u.a. 1981 (ND der Ausgabe Stuttgart 1913)
- Heinrich Imbusch, Arbeitsverhältnis und Arbeiter-Organisationen im deutschen Bergbau, Berlin u.a. 1980 (ND der Ausgabe Essen 1908)
- Jahrbuch für den Oberbergamtsbezirk Dortmund. Ein Führer durch die rheinisch-westfälischen Berg- und Hüttenwerke und Salinen in wirtschaftlicher und finanzieller Beziehung 7 (1905/06), passim
- Stefan Przigoda, Unternehmensverbände im Ruhrbergbau. Zur Geschichte von Bergbau-Verein und Zechenverband 1858–1933, Bochum 2002
- Klaus Tenfelde/Thomas Urban (Hg.), Das Ruhrgebiet. Ein historisches Lesebuch, Bd. 1, Essen 2010
- Vorstand des deutschen Bergarbeiterverbandes (Hg.), Der Bergarbeiterstreik und die Untersuchungskommissionen. Eine kritische Nachlese, Bochum 1905

45 Schnupftabakdose
- Ingrid Wölk, Der Sache(n) wegen ... Bochumer Sammlungen und Museen 1910–2007, in: Sieben und neunzig Sachen, Essen 2007, S. 8–32
- Ingrid Wölk, Porträt des Bochumer Rektors Bernhard Kleff, in: ebd., S. 40f.
- Ingrid Wölk, Schnupftabakdose, in: ebd., S. 234f.

46 Ölgemälde von Theodor Rocholl
- Bochumer Kulturrat e.V. (Hg.), Die drei großen Herren und die anderen. Aufstieg und Niedergang der Zeche Lothringen und die Geschichte der Einwanderung im Bochumer Norden, Bochum 1996
- Helmut Brämer, Der Knappen letzte Fahrt. Eine Dokumentation über Grubenkatastrophen und die dazugehörigen Friedhofs-Gedenkstätten in Bochum, Bochum 1992
- Die Schlagwetterexplosion auf der Steinkohlenzeche Lothringen in Westfalen am 8. August 1912. Nach amtlichen Quellen, in: Zeitschrift für das Berg-, Hütten- und Salinenwesen im preußischen Staate 60 (1912), S. 380–386
- Michael Farrenkopf, Schlagwetter und Kohlenstaub. Das Explosionsrisiko im industriellen Ruhrbergbau (1850–1914), Bochum 2003
- Michael Farrenkopf, „Zugepackt – heißt hier das Bergmannswort". Die Geschichte der Hauptstelle für das Grubenrettungswesen im Ruhrbergbau, Bochum 2010
- [Wilhelm] Grassy, Die Schlagwetterexplosion auf der Steinkohlenzeche Lothringen in Westfalen am 8. August 1912, in: Zeitschrift für das Berg-, Hütten- und Salinenwesen im preußischen Staate 60 (1912), S. 628–641
- Evelyn Kroker/Michael Farrenkopf, Grubenunglücke im deutschsprachigen Raum. Katalog der Bergwerke, Opfer, Ursachen und Quellen, 2. Aufl., Bochum 1999
- Theodor Rocholl, Ein Malerleben. Erinnerungen, Berlin 1921
- Carsten Roth, „Die Fahrt des obersten Bergherrn zu seinen getreuen Knappen ..." Zur Divergenz von Schein und Sein bei der Darstellung von Arbeiterschaft und Kaisertum in Bochumer Historiengemälden des Wilhelminismus, in: Peter Friedemann/Gustav Seebold (Hg.), Struktureller Wandel und kulturelles Leben. Politische Kultur in Bochum 1860–1990, Essen 1992, S. 141–177

QUELLEN UND LITERATUR

- Rainer Slotta, Meisterwerke bergbaulicher Kunst und Kultur, Nr. 89: Theodor Rocholl (1854–1933): Besuch von Kaiser Wilhelm II. auf der Zeche Lothringen in (Bochum-)Gerthe anlässlich der Schlagwetterexplosion am 8. August 1912, Öl auf Leinwand, 1914, in: DER ANSCHNITT 51 (1999), Heft 5–6, Beilage
- Klaus Tenfelde, „Krupp bleibt doch Krupp". Ein Jahrhundertfest: Das Jubiläum der Firma Fried. Krupp AG in Essen 1912, Essen 2005

47 Filmdokument zum Bergwerksunglück auf Zeche Lothringen 1912
- StadtA Bo, Gebäudebuch Bochum 107/2740
- MS, 84. Jg./1912, Ausgaben Nr. 187/Samstag, 10.8.1912, bis Nr. 189/Dienstag, 13.8.1912
- Bundesarchiv-Filmarchiv, http://www.bundesarchiv.de/benutzungsmedien/filme [eingesehen am 21.4.2017 für alle genannten Filmtitel(varianten)]
- Wolfgang Dittrich, Fakten und Fragmente zur Freiburger Filmproduktionsgeschichte 1901–1918, Freiburg 1998, aktualisiert (11.12.2013) unter www.freiburg-postkolonial.de/Seiten/Dittrich-Film.htm
- www.filmportal.de [eingesehen am 21.4.2017 für alle genannten Filmtitel(varianten)]
- http://www.fk615.uni-siegen.de/earlycinema/index.htm [eingesehen am 1.3.2017]
- Siegener Datenbank des Filmangebots 1895–1920
- http://fk615.221b.de/siegen/fg/show/filmdetails.php?language=de [...] [eingesehen am 1.3.2017]
- Herbert Birett (Hg.), Verzeichnis in Deutschland gelaufener Filme. Entscheidungen der Filmzensur 1911–1920, Berlin, Hamburg, München, Stuttgart 1980
- Roland Günter/Paul Hofmann/Janne Günter, Das Ruhrgebiet im Film, Bd. 2, Oberhausen 1978
- Renate Köhne-Lindenlaub, Filme von Krupp. Anmerkungen zu ihrer Entstehung, Nutzung und Überlieferung, in: Manfred Rasch u.a. (Hg.), Industriefilm – Medium und Quelle. Beispiele aus der Eisen- und Stahlindustrie, Essen 1997
- Reichs-Kino-Adressbuch 1918/19. Hg. unter Mitwirkung des Bild- und Filmamtes, Berlin, nach dem Stand vom September 1918, Berlin 1918
- Peter Schamoni, „Wilhelm II. – Majestät brauchen Sonne" (D/NL 1997–1999). Dokumentarfilm Siegener Kino-Datenbanken. Ein Angebot des Projekts ‚Industrialisierung der Wahrnehmung' im Forschungskolleg ‚Medienumbrüche' der Universität Siegen
- Klaus Tenfelde, „Krupp bleibt doch Krupp". Ein Jahrhundertfest: Das Jubiläum der Firma Fried. Krupp AG in Essen 1912, Essen 2005

48 Buch „Kriegserinnerungen Kreis-Krieger-Verband Bochum-Land"
- StadtA Bo, LA 1353, Bl. 17, 21, 23
- Bochumer Krieger- und Landwehrverein (Hg.), Der Bochumer Krieger- und Landwehr-Verein seit seiner Gründung am 10. März 1844, hg. zum 90jährigen Bestehen am 10. März 1934, Bochum 1934
- Hiram Kümper, Bochum. Von Karolingern zu Kohleöfen, Erfurt 2005
- Kreis-Krieger-Verband Bochum-Land (Hg.), Kriegserinnerungen der Veteranen des Kreis-Krieger-Verbandes Bochum-Land, Bochum 1913
- Enno Neumann, Von der Kaiserlinde zum Heldenhain. Denkmäler, Amtmänner, Weihereden und Bochum 1867–1917, 2 Bde., Bochum 2010
- Thomas Rohkrämer, Der Militarismus der „kleinen Leute". Die Kriegervereine im Deutschen Kaiserreich 1871–1914, München 1990
- VVN, Das Ende einer Legende, Altenberge 1995

49 Bauplan Apollo-Theater
- StadtA Bo, B 354; D St 1, D St 92; ZGS V E 1/10
- Verwaltungsberichte der Stadt Bochum, 1900, 1903/1904, 1908/1909, 1913–1924
- BA, 12.10.1908, 31.12.1915
- Sammlung Kreppke
- Dietmar Bleidick/Dirk Ernesti, Historisches Ehrenfeld, Bochum, 2009
- Günther Höfken, Die Geschichte des Hauses Rechen, in: Bochumer Heimatbuch 5 (1951), S. 53–70
- Bernhard Kerber, Bochums Bauten 1860–1940. Ausgewählte Quellen, Bochum 1982, S. 28–31
- Uwe-Karsten Ketelsen, Ein Theater und seine Stadt. Die Geschichte des Bochumer Schauspielhauses, Köln 1999
- Clemens Kreuzer, Am Anfang war Stadtrat Wilhelm Stumpf. Bochums kulturpolitische Gründungszeit, in: Bochumer Zeitpunkte 24 (2010), S. 3–18
- Clemens Massenberg, Aus der Baugeschichte des Bochumer Stadttheaters, in: Bochum baut 2 (1953), S. 7–15
- Stefan Rudel, Ist es eine Komödie, ist es eine Tragödie: Theater in Dortmund, in: Gisela Framke (Hg.), 8 Stunden sind kein Tag, Heidelberg 1993, S. 193–203

QUELLEN UND LITERATUR

50 Medaillon von der goldenen Amtskette der Bochumer Oberbürgermeister
- StadtA Bo, B 116, B 190; BO 10/19, BO 500/309; LA 1307, LA 1338, LA 1623; KrA 587; NAP 122/3; Plakatsammlung I 2 c/114, I 2 e/64; ZA III B 1; ZGS V K 5
- BA, 3.8.1914
- MS, 1.8.1914, 3.8.1914, 9.11.1918 (Sonder-Blatt „An die Bürger Bochums")
- Volksblatt, 27.2.1917
- Verwaltungsbericht der Stadt Bochum 1913–1924
- Gerd Krumeich, Der Erste Weltkrieg. Die 101 wichtigsten Fragen, München 2014

51 Foto „Souvenir d'exil á Bochum"
- Archives du Musée des Guerres en Gaume à Latour. Déportés civils. 1914–1918. A111J/9 et A111/R16
- Abbé Fontaine, Liber memorialis de la paroisse de Chenois, o.O., o.J.
- Annette Becker, Les cictrices rouges. 14–18, France et Belgique occupées, Paris 2010
- Annette Becker, Oubliés de la Grande Guerre. Humanitaire et culture de guerre. Populations occupées, déportés civils, prisonniers de guerre, Paris 1998
- Joseph Collignon, La déportation des Gaumais 1916–1918, in: Le Gletton n°417 et suivants
- René Henning, Les déportations de civils belges en Allemagne et dans le Nord de la France, Bruxelles-Paris 1919
- Fernand Passelecq, La vérité sur les déportations belges, Nancy 1917
- Fernand Passelecq, Les déportations belges à la lumière des documents allemands, Nancy 1917
- Fernand Passelecq, Déportation et travail forcé des ouvriers et de la population civile de la Belgique occupée, Paris 1923
- Georges Thone, Voix de la guerre. Cardinal Mercier, Liège 1937

52 Schreiben des Arbeiter- und Soldatenrats Bochum, November 1918
- StadtA Bo, A L 280, 6.1.1920
- Volksblatt, 11. und 13.11.1918
- Helga Grebing, Fritz Husemann, in: Neue Deutsche Biographie, Bd. 10, Berlin 1974, S. 83f.
- Wolfgang Jäger, Der Bergarbeiterführer, in: Bernd Faulenbach u.a. (Hg), Sozialdemokratie im Wandel. Der Bezirk Westliches Westfalen 1893–2001, Essen 2001, S. 144–146
- Robert Laube, Die Revolution 1918/19 in der Stadt und im Landkreis Bochum, Hausarbeit für die Erste Staatsprüfung Sekundarstufe I/II, Bochum 1989
- Annemarie Lorenz, Novemberrevolution in Stadt- und Landkreis Bochum, Staatsexamensarbeit für Sekundarstufe II, Bochum 1980
- Wilfried Reininghaus, Die Revolution 1918/19 in Westfalen und Lippe als Forschungsproblem. Quellen und offene Fragen. Mit einer Dokumentation zu den Arbeiter-, Soldaten- und Bauernräten, Münster 2016
- Sabine Roß, Biographisches Handbuch der Reichsrätekongresse 1918/19, Düsseldorf 2000, S. 152

53 Zeitungsanzeige „Öffentl. Frauen-Versammlungen"
- BA, 3.3.1919
- MS, 9.3.1911, Anzeigenteil; 7.1.1919
- Volksblatt, 7.1.1919, 15.3.1919, 27.2.1919
- Westfälische Volkszeitung, 14.1.1919, Beilage; 16.1.1919, 17.1.1919
- Landeszentrale für Politische Bildung Baden-Württemberg, Die Geschichte des Wahlrechts, in: http://www.bundestagswahl-bw.de/geschichte_des_wahlrechts.html [eingesehen am 3.2.2017]
- Julia Paulus, 19. Januar 1919. Erstmaliges aktives und passives Wahlrecht für Frauen, in: http://www.lwl.org/westfaelische-geschichte/portal/Internet/input_felder/langDatensatz_ebene4.php?urlID=600&url_tabelle=tab_websegmente [eingesehen am 3.2.2017]
- Gisela Bock, Frauen in der europäischen Geschichte. Vom Mittelalter bis zur Gegenwart, München 2000
- Ingeborg Boxhammer, Leben, Lieben und Arbeiten im Ruhrgebiet, Ein feministisches Netzwerk um 1900, in: Frank Ahland (Hg.), Zwischen Verfolgung und Selbstbehauptung. Schwul-lesbische Lebenswelten an Ruhr und Emscher im 20. Jahrhundert, Berlin 2016, S. 159–171
- Ute Gerhard, Grenzziehungen und Überschreitungen. Die Rechte der Frauen auf dem Weg in die politische Öffentlichkeit, in: Ute Gerhard (Hg.), Frauen in der Geschichte des Rechts, München 1997, S. 509–547
- Elizabeth Harvey, Raum und Partizipation. Zum Verhältnis von Frauen und Politik in Deutschland im 20. Jahrhundert, in: Christiane Hikel/Nicole Kramer/Elisabeth Zellmer (Hg.), Lieschen Müller wird politisch. Geschlecht, Staat und Partizipation im 20. Jahrhundert, München 2009, S. 13–27
- Christiane Hikel/Nicole Kramer/Elisabeth Zellmer, Impulse für eine neue Frauen-Politikgeschichte, in: ebd., S. 7–13
- Romina Schmitter, „Geehrte Männer (…) sagt – wie konntet ihr uns vergessen?" Bürgerinnenrechte im 19. Und 20. Jahrhundert am Beispiel der Freien Hansestadt Bremen, in: Ute Gerhard (Hg.), Frauen in der Geschichte des Rechts, München 1997, S. 563–575

QUELLEN UND LITERATUR

- Hubert Schneider, Ottilie Schönewald, Kämpferin für Frauenrechte, soziale Rechte und Menschenrechte, in: Erinnern für die Zukunft 9 (2005), S. 1–8
- Beate von Miquel, Evangelische Frauen im Dritten Reich. Die Westfälische Frauenhilfe 1933–1950, Bielefeld 2006
- Gisela Wilbertz, Bochumer Frauen, Bochum 1991

54 Autogrammkarte der Wattenscheider Schauspielerin Ria Witt
- Anzeigen für Kinofilme in verschiedenen Ausgaben der Wattenscheider Zeitung
- www.imdb.com (international movie database) [eingesehen 15.12.2016]
- www.filmportal.de [eingesehen 15.12.2016]
- www.citwf.com (complete index to world film) [eingesehen 15.12.2016]
- „Maria Pannenberg als Augenzeugin: Ex-Stummfilmstar erlebt Massentrauer in Bolivien", in: Westdeutsche Allgemeine Zeitung Wattenscheid (WAZ WAT),17.5.1969
- Andreas Halwer, „Nur dezente Bilder – Vor 100 Jahren öffnete an der Oststraße das erste Kino", in: WAZ WAT, 22.12.2007

55 Ausweiskarte Streikposten
- StadtA Bo, B 222, Bericht 16.3.1920
- Bericht von Polizeidirektor Stühmeyer an den Regierungspräsidenten Arnsberg vom 26.4.1920, in: Erwin Könnemann/Brigitte Berthold/Gerhard Schulze, Arbeiterklasse siegt über Kapp und Lüttwitz, Glashütte/Taunus 1971, Bd. II, S. 846ff.
- Konrad Buchner/Wolfgang Dominik/Günter Gleising/Reinhard Junge, Das Ende einer Legende: Kapp-Putsch und Märzrevolution 1920 in Bochum und Wattenscheid, Altenberge 1995
- Gerhard Colm, Beitrag zur Geschichte und Soziologie des Ruhraufstandes, Essen 1921
- Georg J. Eliasberg, Ruhrkrieg 1920, Bonn-Bad Godesberg 1974
- Josef Ernst, Kapptage im Industriegebiet, Hagen 1921
- Günter Gleising, Kapp-Putsch und Märzrevolution 1920, (Bd. I–III), Bochum 2010 und 2015
- E. Könnemann/G. Schulze (Hg.), Der Kapp-Lüttwitz-Ludendorff-Putsch, Dokumente, München 2002
- Erhard Lucas, Märzrevolution 1920, (Bd. I–III), Frankfurt/Main 1985
- Karsten Rudolph, Thema: Kapp-Putsch 1920, in: Axel Schäfer u.a. (Hg.), Bochum entdecken. 25 Stadtteilrundgänge durch Geschichte und Gegenwart, Essen 2016, S. 254
- Carl Severing, 1919/1920 im Wetter- und Watterwinkel, Bielefeld 1927
- Hans Spethmann, Zwölf Jahre Ruhrbergbau, Bd. 2, Berlin, 1928
- Heinrich August Winkler, Weimar 1918–1933, Die Geschichte der ersten deutschen Demokratie, München 1993

56 Miniatur des Kuhhirtendenkmals
- Franz Darpe, Übersicht über die Geschichte der Stadt Bochum, in: Stadt Bochum (Hg.), Festschrift zum 20. Westfälischen Städtetag, Bochum 1896, S. 7–20
- Karl Arnold Kortum: Nachricht vom ehemaligen und jetzigen Zustande der Stadt Bochum, Bochum 1790, ND 1990
- Hermann Lübbe, Der Fortschritt von gestern. Über Musealisierung als Modernisierung, in: Ulrich Borsdorf/Heinrich Theodor Grütter/Jörn Rüsen (Hg.), Die Aneignung der Vergangenheit. Musealisierung und Geschichte, Bielefeld 2004, S. 53–80
- Ingrid Wölk, Philipp Würzburger und die Gründung des Stadtparks in Bochum, in: Johannes Volker Wagner (Hg.), Das Stadtarchiv. Schatzkammer, Forschungsstätte, Erlebnisort. Beispiel Stadtarchiv Bochum, Essen 2004, S. 157–163
- Ingrid Wölk, Vom Kuhhirten zum Kuhhirten-Denkmal: Bochum auf dem Weg zur Großstadt, in: Jürgen Mittag/Ingrid Wölk (Hg.), Bochum und das Ruhrgebiet, Essen 2005, S. 79–122

57 Relief „Löwe von Juda" (Kopie)
- Christoph Jahr, Episode oder Wasserscheide? Der deutsche Antisemitismus, in: Haus der Geschichte Baden Württemberg (Hg.), Laupheimer Gespräche 2013, Heidelberg 2014
- Kriegsbriefe gefallener deutscher Juden. Neuauflage, Stuttgart 1961. Mit einem Geleitwort von Franz Josef Strauß
- Ingrid Wölk, Jüdisches Selbstverständnis und Gegenwehr, in: Stadtarchiv Bochum (Hg.), Vom Boykott bis zur Vernichtung. Leben, Verfolgung, Vertreibung und Vernichtung der Juden in Bochum und Wattenscheid, Essen 2002, S. 61–86
- Ingrid Wölk, Relief des „Löwen von Juda", in: Sieben und neunzig Sachen, Essen 2007, S. 90
- Ingrid Wölk, Leo Baer. 100 Jahre deutsch-jüdische Geschichte. Mit den „Erinnerungssplittern eines deutschen Juden an zwei Weltkriege" von Leo Baer, Essen 2016

QUELLEN UND LITERATUR

58 Notgeldschein Landkreis Bochum
- Gerhard Wegener, Das Papiernotgeld im Landkreis Bochum von 1914–1923 und der kreisangehörigen Gemeinden Harpen, Hordel, Gerthe, Langendreer, Bochum, 2010

59 Akte mit aufgeklebten Armbinden Hilfspolizei Wattenscheid
- StadtA Bo, BO 400/46, BO 600/5, BO 600/6, BO 600/16, BO 600/19, BO 600/20, BO 600/45, BO 600/49; A HO 123; KrA 751, KrA 738
- Westfälisches Wirtschaftsarchiv Dortmund (WWA), K1 Nr. 339 fol. 469, K1 Nr. 339, fol. 496–509.
- Postkartensammlung Hansi Hungerige (Privatbesitz)
- Jacques Bariéty, Die französische Politik in der Ruhrkrise, in: Klaus Schwabe (Hg.), Die Ruhrkrise 1923. Wendepunkt der internationalen Beziehungen nach dem Ersten Weltkrieg, Paderborn 1984, S. 11–27
- Conan Fischer, The Ruhr Crisis, 1923–24, Oxford 2003
- Gerd Krumeich, Der „Ruhrkampf" als Krieg: Überlegungen zu einem verdrängten deutsch-französischen Konflikt, in: Ders./Joachim Schröder (Hg.), Der Schatten des Weltkriegs. Die Ruhrbesetzung 1923, Essen 2004, S. 9–24
- Gerd Krumeich/Joachim Schröder (Hg.), Der Schatten des Weltkriegs. Die Ruhrbesetzung 1923, Essen 2004
- Paul Küppers, Bochum unter Fremder Gewalt in den Jahren der Ruhrbesetzung, 1923–1925, Bochum 1930
- Georges-Henri Soutou, Vom Rhein zur Ruhr: Absichten und Planungen der französischen Regierung, in: Gerd Krumeich/Joachim Schröder (Hg.), Der Schatten des Weltkriegs. Die Ruhrbesetzung 1923, Essen 2004, S. 63–83
- Klaus Schwabe (Hg.), Die Ruhrkrise 1923. Wendepunkt der internationalen Beziehungen nach dem Ersten Weltkrieg, Paderborn 1984

60 Stadtwappen Wattenscheid
- StadtA Bo, WAT 668 Eingemeindung 1920–1926; WAT 671 Gutachten und Denkschriften über Eingemeindungsangelegenheiten 1920–1928; WAT 673 Eingemeindungsangelegenheiten – Zeitungsausschnitte 1920–1926; A WAT 1261, 1262, Protokollbücher der Gemeinde Günnigfeld; A WAT 411, 1270, Protokollbücher der Gemeinde Höntrop; A WAT 1259, 1260, Protokollbücher der Gemeinde Eppendorf
- Wattenscheider Zeitung, 7.7.1925

61 Schulmützen eines Gymnasiasten
- Simone Büchle, Sozialpädagogische Gesichtspunkte der Einführung einer einheitlichen Schulkleidung, Hamburg 2002
- Liselotte Enderle, Erich Kästner, Reinbeck 1966
- Michael Freyer, Geschichte der Schülerkleidung, in: Max Liedtke (Hg.), Handbuch der Geschichte des Bayerischen Bildungswesens (IV), Bad Heilbrunn 1997, S. 273ff.
- Erich Kästner, Als ich ein kleiner Junge war, Zürich 1957
- Andrea Kath, 115. Geburtstag von Alva Myrdal, Sendung „Zeitzeichen" vom 31.1.2017, Mediathek WDR 5
- Aloys Radermacher, Gang nach Tusculum, in: 100 Jahre Staatliches Gymnasium Bochum 1860–1960 (Festschrift), Bochum 1960, S. 73ff.
- Ingeborg Weber-Kellermann, Die Kindheit – eine Kulturgeschichte, Frankfurt am Main 1989

62 Erinnerungsteller zum Geschäftsjubiläum Kaufhaus Flatow
- StadtA Bo, Gebäudebuch Wattenscheid, lfd. Nr. 427 und 441; WAT 3504 „Verkauf von Grundstücken jüdischer Einwohner der Stadt Wattenscheid (Judensachen III)"; WAT 3929 „Wertermittlungen bei Grundstücksveräußerungen [und Wiedergutmachungsansprüchen] Jüdischer Grundbesitzungen Teil 2"
- Ferdi Dick, Philipp Flatow dankte Kunden mit Porzellan – Jubiläumsteller aus dem Jahre 1910 erinnert an den jüdischen Kaufmann, in: WAZ WAT, 25.1.2007
- Ferdi Dick, Zeugnis zum Zeitspiegel – Maria Adamczak stellt Archivar Andreas Halwer den Jubiläumsteller des jüdischen Kaufmanns Philipp Flatow zur Verfügung, in: Wattenscheider Zeitung, 2.6.2007
- Andreas Halwer, Ein Vertrag ohne Wert – Philipp Flatow und sein „Confectionshaus 1. Ranges". Das Schicksal einer jüdischen Familie in den vergangenen 100 Jahren", in: WAZ WAT, 20.1.2007

63 Grubenlampe
- Kurt Repetzki, 3000 Jahre Grubengeleuchte. Zur Geschichte der Grubenlampe, Montan-Verlag, Wien 1973
- Rainer Slotta (Hg.), 75 Jahre Deutsches Bergbau-Museum Bochum (1930 bis 2005) – Vom Wachsen und Werden eines Museums, Bd. 1, Bochum, 2005

64 Putto (Parnass)
- StadtA Bo, DBau 29
- Stadt Bochum, Verwaltungsbericht 1938–1948, Bochum 1948
- Wikipedia-Artikel: „Richard Guhr" / „Rathausmann Dresden"

QUELLEN UND LITERATUR

- Stadt Graupa: .graupa-online.de/wagner.html
- Stadt Wuppertal: .denkmal-wuppertal.de/2012/10/figurenschmuck-am-barmer-rathaus.html
- Vatikanische Museen Online: .mv.vatican.va
- Ulrike Eichhorn (Hg.), Das Lohengrinhaus in Graupa und das Richard-Wagner-Denkmal im Liebethaler Grund. Erforschtes und Erlebtes von Sizzo Stief, Berlin 2010
- Volker Gawol/Peter Trappen, Der Goldene Rathausmann zu Dresden, Dresden 2008
- Rolf Günther, Der Symbolismus in Sachsen 1870–1920, Dresden 2005
- Guhr, Richard, in: Hans Vollmer, Allgemeines Lexikon der bildenden Künstler des XX. Jahrhunderts, Bd. 2, Leipzig 1955, S. 333f.
- Hans H. Hanke, Bronzeglocke vom Bochumer Rathaus, in: Sieben und neunzig Sachen, Essen 2007, S. 162f.
- Hans H. Hanke, Keine Moderne nirgendwo. Das Rathaus Bochum, in: Die Denkmalpflege 1 (2006), S. 29–31
- Hans H. Hanke, Edel sei der Bau, hilfreich und gut. Das Rathaus Bochum und sein künstlerisch-politisches Programm, in: Jürgen Mittag/Ingrid Wölk (Hg.), Bochum und das Ruhrgebiet, Essen 2005, S. 299–328
- Paul Küppers, Rathausbilder, Bochum 1927
- Andreas Röpcke, Albert Eduard Richard Guhr, in: Sächsische Biografie, hg. vom Institut für Sächsische Geschichte und Volkskunde e.V., bearb. von Martina Schattkowsky, Dresden 2009, Online-Ausgabe: httg.//saebi.isgv.de/biografie/Richard Guhr (1873–1956) [eingesehen 27.8.2017]
- Ruth Stummann-Bowert, Ein Leben für Richard Wagner. Richard Guhr. Maler und Bildhauer 1873 bis 1956, Fritzlar 1988

65 Gefallenentafel des evangelischen (masurischen) Arbeitervereins
- StadtA Bo, Bochumer Adressbücher von 1912 und 1930/31; Einwohnerbuch der Gemeinde Gerthe 1924, II. Teil, Verzeichnis der in den Gemeinden Gerthe und Harpen vorhandenen Vereine; BO 50/86 Kreissonderhilfsausschuss (KSHA), Bochum 1949, Buch 2
- MS, 22.11.1900
- Günther Brakelmann, Evangelische Kirche in Bochum 1933, Zustimmung und Widerstand, Norderstedt 2013
- Helmuth Croon, Die Stadt Bochum – ihr Weg zur modernen Großstadt, in: Hans H. Hanke (Hg.), Bochum – Wandel in Architektur und Stadtgestalt, Bochumer Heimatbuch Band 8, Bochum 1985
- Dorothea Ehrlich, Die Polen im Ruhrgebiet 1880–1930, Fachprüfung in Politikwissenschaften, Thesenpapier, 1987
- Jutta de Jong, Konsumverein „Wohlfahrt" Bochum, Bochum 1984
- Annette Krus-Bonazza, Wir kommen doch alle aus denselben Verhältnissen... Aus der Geschichte der Arbeitseinwanderung in Dahlhausen von 1880 bis heute, Bochum o. J. (1990)
- Norbert Lammert, Grußwort des Präsidenten des Deutschen Bundestages, in: Jacek Barski/Dietmar Osses, Polen in Deutschland: Geschichte und Kultur, Dokumentation des Workshops zur Einrichtung einer Dokumentationsstelle zur Geschichte und Kultur der Polen in Deutschland, 10.–11. Juni 2012, Essen 2013
- Oskar Mückeley, Die Masuren im rheinisch-westfälischen Industriegebiet im Hinblick auf die ihnen gegenwärtig drohenden Gefahren und die Bekämpfung derselben, Gelsenkirchen 1910
- David Skrabania, Keine Polen? Bewusstseinsprozesse unter „Ruhrpolen" 1880–1914, Schriftliche Hausarbeit zur Erlangung des Grades eines Masters of Arts der Fakultät für Geschichtswissenschaft an der Ruhr-Universität Bochum, Juli 2012
- Valentina-Maria Stefanski, Zum Prozeß der Emanzipation und Integration von Außenseitern: Polnische Arbeitsmigration im Ruhrgebiet, Dortmund 1984
- Beatrix Werlemann, Die kommunistischen Aktivitäten der KPD im Ruhrgebiet 1924–1933, Bochum 1977, Anhang

66 Foto „Umzug zur Hissung der Hakenkreuzfahne auf dem Rathausvordach"
- BA, 14.3.1933
- Johannes Volker Wagner, Hakenkreuz über Bochum, 3. Aufl., Essen 1993

67 Forderungsnachweis der Waffen-SS/KZ Buchenwald
- ITS Digital Archive, Bad Arolsen
- Auskunft Sabine Stein, Archiv der Gedenkstätte Buchenwald, 1.12.2014
- Rolf Abrahamsohn, Was machen wir, wenn der Krieg zu Ende ist? Lebensstationen 1925–2010, hg. vom Bochumer Zentrum für Stadtgeschichte und dem Jüdischen Museum Westfalen, Essen 2010
- Katrin Greiser, Die Auflösung des Lagerkomplexes Buchenwald und die Todesmärsche aus den Außenlagern im Rheinland und in Westfalen im März und April 1945, in: Jan Erik Schulte (Hg.), Konzentrationslager im Rheinland und in Westfalen 1933–1945. Zentrale Steuerung und regionale Initiative, Paderborn 2005, S. 281–299
- Ingrid Wölk, Das Außenkommando „Bochumer Verein" des Konzentrationslagers Buchenwald, in: ebd., S. 245–258
- Ingrid Wölk, Bochum (Bochumer Verein), in: Wolfgang Benz/Barbara Distel (Hg.), Der Ort des Terrors. Geschichte der nationalsozialistischen Konzentrationslager. Bd. 3: Sachsenhausen, Buchenwald, München 2006, S. 395–399
- Ingrid Wölk, Bochum (Eisen- und Hüttenwerke AG), in: ebd., S. 399f.

QUELLEN UND LITERATUR

68 Standfotos aus einem Film über den Einmarsch der Amerikaner ins Ruhrgebiet
- Rede von Richard von Weizsäcker auf der Gedenkveranstaltung im Plenarsaal des Deutschen Bundestages zum 40. Jahrestag des Endes des Zweiten Weltkrieges in Europa, Bonn, 8.5.1985 www.bundespraesident.de/SharedDocs/Reden/DE/Richard-von-Weizsaecker/Reden/1985/05/19850508_Rede.html [eingesehen am 11.4.2017]
- US-National Archives, 111 ADC 3948, Card 1 of 2. [eingesehen am 11.4.2017]
- National Archives Washington, 111 ADC 4227 und 4228
- Ralf Blank, Bitter Ends. Die letzten Monate des Zweiten Weltkriegs im Ruhrgebiet 1944/45, Essen 2015
- Helmuth Euler, Entscheidungsschlacht an Rhein und Ruhr 1945, Stuttgart 1980
- Markus Köster, Westfalen 1945 im Fokus der Amerikaner. US-Filmaufnahmen vom Ende des Zweiten Weltkriegs, in: Westfälische Forschungen 65 (2015), S. 423–447
- LWL-Medienzentrum für Westfalen (Hg.), Als die Amerikaner kamen. US-Filmaufnahmen vom Kriegsende 1945 in Westfalen. DVD mit Begleitheft, Münster 2015
- Willi Mues, Der große Kessel. Eine Dokumentation über das Ende des Zweiten Weltkrieges zwischen Lippe und Ruhr/Sieg und Lenne, Erwitte 1984
- Georg Reynor Thompson/Dixie R. Harris, The Signal Corps. The Outcome (Mid-1943 Through 1945), Washington 1966, S. 540–579
- Johannes Volker Wagner (Hg.), Vom Trümmerfeld ins Wirtschaftswunderland. Bochum 1945–1955. Eine Dokumentation, Bochum 1989, S. 19f., 91–100
- Johannes Volker Wagner (Hg.), Nationalsozialismus im Alltag. Filmbegleitbuch und Historisches Lesebuch, Bochum 2012, S. 51–57
- Charles Whiting, Die Schlacht um den Ruhrkessel, 2. Aufl., Rastatt 1985

69 Protokoll der Konferenz vom 23. April 1945 in der Anlernwerkstatt der Zeche Prinz Regent, Bochum
- Hans Mommsen/Ulrich Borsdorf (Hg.), Glück auf, Kameraden. Die Bergarbeiter und ihre Organisationen in Deutschland, Köln 1979
- Lutz Niethammer/Ulrich Borsdorf (Hg.), Zwischen Befreiung und Besatzung. Analysen des US-Geheimdienstes über Positionen und Strukturen deutscher Politik, Wuppertal 1976
- Lutz Niethammer u.a. (Hg.), Arbeiterinitiative 1945. Antifaschistische Ausschüsse und Reorganisation der Arbeiterbewegung in Deutschland, Wuppertal 1976
- Jürgen Reulecke (Hg.), Arbeiterbewegung an Rhein und Ruhr, Wuppertal 1974

70 Neuordnungsplan der Innenstadt
- Ursula Fries, „... für die schwer arbeitende Bevölkerung". Kulturpolitik in Bochum 1945–1960, Bonn/Berlin 1992
- Hans H. Hanke, Architektur und Stadtplanung im Wiederaufbau. Bochum 1944–1960, Münster 1991 [alle wörtlichen Zitate hier entnommen]
- Hans H. Hanke, Wege zum Heil. Das Auto, das Ruhrgebiet, Bochum und Essen, in: Petra Geers, Begleitbuch zur Ausstellung „War die Zukunft früher Besser? Visionen für das Ruhrgebiet", Bottrop, Essen 2000, S. 231–251
- Hans H. Hanke, Mosaik der Welt. Die Christuskirche Bochum Mitte und der Platz des Europäischen Versprechens, Essen 2009
- Hans H. Hanke, „Wir bauen eine neue Welt" – Stadtplanung und Architektur in Bochum 1947 bis 1957, in: LWL-Denkmalpflege, Landschafts- und Baukultur in Westfalen (Hg.), Eine neue Stadt entsteht – Planungskonzepte des Wiederaufbaus in der Bundesrepublik Deutschland nach 1945 an ausgewählten Beispielen. Wiederaufbautagung in Paderborn 2014. Dokumentation, Münster 2015, S. 68–75
- Arne Keilmann, Der Architekt Ferdinand Keilmann im Systemwandel des 20. Jahrhunderts. Dipl.-Arbeit Sozialwissenschaftliche Fakultät Ruhr-Universität Bochum, 2001
- Irmtraud Dietlinde Wolcke, Die Entwicklung der Bochumer Innenstadt, Kiel 1965

71 Tracht der Gänsereiter
- Willi Batenbruch, Chronik des Gänsereiterclubs Höntrop von 1598 e.V. Die Gänsereiterwelt von Gestern 1945 bis 1965, Bochum 1990
- Sevinghauser Gänsereiter-Club von 1598 e.V., Gänsereiter-Club Höntrop von 1598 e.V., 400 Jahre Gänsereiten in Höntrop und Sevinghausen: 1598–1998, Festschrift zur 400-Jahr-Feier 10. bis 14. Juni 1998 in Wattenscheid, Bochum 1998

72 Gussstahlglocke Bochumer Verein
- http://www.jahrhunderthalle-bochum.de/de/besucher/historie/infotafeln-westpark [eingesehen am 2.2.2017]
- Burkhard Beyer, Vom Tiegelstahl zum Kruppstahl. Technik- und Unternehmensgeschichte der Gussstahlfabrik von Friedrich Krupp in der ersten Hälfte des 19. Jahrhunderts, Essen 2007
- Walter Däbritz, Bochumer Verein für Bergbau und Gußstahlfabrikation in Bochum. Neun Jahrzehnte seiner Ge-

QUELLEN UND LITERATUR

schichte im Rahmen der Wirtschaft des Ruhrbezirks, Düsseldorf 1934
- Karl Ganser, Tom Sieverts und Jens Trautmann, Westpark Bochum, Geschichte und Geschichten, Essen 2007
- Gussstahlwerk Bochumer Verein: 100 Jahre Stahlformguss. Gußstahlwerk Bochumer Verein AG, Bochum o.J. [etwa 1952]
- Marco Rudzinski, Ein Unternehmen und „seine" Stadt. Der Bochumer Verein und Bochum vor dem Ersten Weltkrieg, Essen 2012

73 Leihbadeanzug
- Wirtschaftsarchiv Baden-Württemberg, Stuttgart, Bestand: Y 027, Büsing GmbH
- Wikipedia: Artikel „Stadtbad Bochum", Medical Spa und Seminarhotel Raj Mahal, Castrop-Rauxel: .raj-mahal.de [eingesehen am 10.2.2017]
- Heimatmuseum Reutlingen, frdl. Auskunft Dr. Boris Niclas-Tölle vom 14.2.2017
- Jürgen Kempf, Sepp Herberger trug »Porolastic«, in: Reutlinger Generalanzeiger, 18.2.2011
- Jimena Salloch, Kurt Müller – Hut ab vor einem prallen Leben, in: WAZ Bochum, 15.4.2011
- Silke Breidenbach, Nockenfliesen aus dem Bochumer Stadtbad, in: Sieben und neunzig Sachen, Essen 2007, S. 24f.
- Hans H. Hanke, Architektur und Stadtplanung im Wiederaufbau. Bochum 1944–1960, Münster, 1991
- Hans H. Hanke, Bürgerbegehren Stadtbad. Sechs Wochen bis März, in: Bospect, Februar 1996, S. 4–7
- Hartmut Lehmann/Otto Gerhard Oexle (Hg.), Nationalsozialismus in den Kulturwissenschaften, Bd. 2, Göttingen 2004, S. 31f.
- LWL-Denkmalpflege, Landschafts- und Baukultur in Westfalen (Hg.), Objektakten und Bilddokumentation „Stadtbad Bochum", Münster o.J. [darin: Gästebuch des Bochumer Stadtbades in Kopie]
- Beate Olmer, Dusche aus dem Bochumer Stadtbad, in: Sieben und neunzig Sachen, Essen 2007, S. 61f.
- Fritz Peters, „Mach dat Stadtbad platt". Das denkmalgeschützte Stadtbad in Gefahr, in: Bospect, April 1994, S. 4–6
- Cornelia Rauh-Kühne, Regionale Eliten zwischen Diktatur und Demokratie. Baden und Württemberg 1930–1952, Oldenburg 1993, S. 325, Fn. 113
- Fritz Wortelmann, Red., Stadtbad. Erster Bauabschnitt. Bochum o.J. (1952) (Bochum Baut. Sonderheftreihe der Bochumer Woche, Heft 1)
- Westdeutsche Wirtschaftschronik. Band II Württemberg, Stuttgart 1954, S. 204

74 Glasbild Gelände der Schlegel-Brauerei
- Schlegel-Scharpenseel Brauerei AG (Hg.), Ein Jahrhundert Schlegel-Bier 1854–1954, Darmstadt 1954, S. 29, 34, 54, 62
- Schlegel-Scharpenseel-Brauerei AG (HG.), Zum 85jährigen Bestehen der Schlegel-Scharpenseel-Brauerei AG Bochum, 1941, S. 49f.

76 Modell Langhaus aus der Jungsteinzeit
- Surendra-Kumar Arora/Eric Biermann/Simon Matzerath/Ulla Münch/Daniel Schyle, Mittel- bis endneolithische Besiedlung im Rheinland, in: Thomas Otten/Hansgerd Hellenkemper/Jürgen Kunow/Michael M. Rind (Hg.), Fundgeschichten – Archäologie in Nordrhein-Westfalen, Mainz 2010, S. 67–73
- Hans Beck/Karl Brandt, Ein Großhaus mit Rössener Keramik in Bochum-Hiltrop (Hillerberg, Grenze Bochum-Herne), in: Germania 32 (1954), S. 260–269
- Karl Brandt, Bilderbuch zur ruhrländischen Urgeschichte. Teil I: Voreiszeit, Eiszeitalter und die drei Steinzeiten, Herne o.J. [1960]
- Karl Brandt, Einzäunungen an bandkeramischen und altrössener Bauten, in: Germania 38, (1960), S. 418–423
- Karl Brandt, Neolithische Siedlungsplätze im Stadtgebiet von Bochum, Bonn 1967
- Karl Brandt, Bochum. Aus der Vor- und Frühgeschichte der Stadt, hg. von Volker Pingel, Gelsenkirchen 1997
- Klaus Günther, Die jungsteinzeitliche Siedlung Dreiringsen/Ruploh in der Soester Börde mit Beiträgen von Maria Hopf und Josef Schalich, Münster 1976
- Benedikt Knoche, Neue Funde der Linearbandkeramik im Stadtgebiet von Soest – Die Fundstellen Plettenberg und Auf der Borg 14, in: Walter Melzer (Hg.), Neue Forschungen zum Neolithikum in Soest und am Hellweg, Soest 2013, S. 27–52
- Markus Pavlovic, Die Rössener Phase des Mittelneolithikums in der Rheinischen Bucht, in: Bonner Jahrbücher 210 (2011), S. 29–102

77 Richterstuhl aus dem Landgericht
- Johannes Hirsch, Die Staatsanwaltschaft Bochum. Ein Rückblick auf 100 Jahre Strafrechtspflege, in: Hans Gerhard Feckler/Volker Brüggemann (Hg.), 100 Jahre Landgericht 1892–1992. Festschrift zum hundertjährigen Bestehen des Landgerichts Bochum 1892–1992, Bochum 1992
- Theodor Schirmers, Die Entwicklung des Landgerichts Bochum nach dem Zusammenbruch im Jahre 1945, in: ebd.

QUELLEN UND LITERATUR

- Gerhard Wilke, Das Gerichtsviertel in Bochum, in: ebd.

79 Bronzeplastik „Mensa"
- Erhard Göpel, Ein niederbayrischer Bildhauer. Neue Arbeiten von Fritz Koenig bei Günther Franke in München, Frankfurter Allgemeine Zeitung (FAZ), 11.3.1959
- Leo Nyssen, in: Ruhr Nachrichten (RN), 13.3.1960
- Heinz Ronte, Rückblick und Ausblick, in: Ausstellungskatalog „Bochum 60. Ausstellung vierzehn deutscher Maler und Bildhauer", Bochum 1960, o. pag.

80 Schmuckblatt-Telegramm: Gründung der Ruhr-Universität
- Der Bochumer. Monatsheft der AG Bochumer Bürgervereine, Jg. 1/2, 1960/61, S. 4–7
- Johannes Volker Wagner (Hg.), Wandel einer Stadt. Bochum seit 1945. Daten, Fakten, Analysen, Bochum 1993

81 Ehrenbürgerbrief Carl Rawitzki
- StadtA Bo, OB 487, Diverse Anfragen von Bürgern, Vereinen, etc.; Zugangsnummer 620, Ehrenbürgerschaft Dr. Carl Rawitzki (jüd. Notar und Rechtsanwalt); ZA, III B 1, Ra-Ri
- LA NRW, Abt. Westfalen, Personalakten des Landgerichts in Bochum Akte I 9609: Rechtsanwalt Notar Dr. Rawitzki; Regierung Arnsberg Wiedergutmachung Nr. 23133: Dr. Carl Rawitzki, geb. 21.10.1879 Thorn, wohnhaft Bochum Freiligrathstraße 5
- Uwe-K. Ketelsen, Ein Theater und seine Stadt. Die Geschichte des Bochumer Schauspielhauses, Köln 1999
- Marco Rudzinski, Bochums vergessene Ehrenbürger, Manuskript eines Vortrags, gehalten am 4.12.2014 bei der Kortum-Gesellschaft Bochum e.V.
- Hubert Schneider, Dr. Carl Rawitzki (1879–1963), der vergessene Ehrenbürger der Stadt Bochum, in: Bochumer Zeitpunkte. Beiträge zur Stadtgeschichte, Heimatkunde und Denkmalpflege 30 (2013), S. 34–57
- Johannes Volker Wagner, Hakenkreuz über Bochum. Machtergreifung und nationalsozialistischer Alltag in einer Revierstadt, 3. Aufl., Essen 1993

82 Fotoserie Tanzlehrerehepaar Bobby und Inge Linden
- StadtA Bo, NAP 217; Bochumer Adressbücher von 1920, 1924/25, 1936, 1938, 1940, 1950, 1953, 1956, 1959, 1962, 1967; Bochumer Branchenadressbuch von 1948
- WAZ, 11.11.1981, 9.4.1989, 9./10.4.2009
- MS, 8.1.1919, 24.1.1919
- Rezension von Barbara Alge http://www.academia.edu/10839633/Rezension._Hanna_Walsdorf_2010_Bewegte_Propaganda [eingesehen am 18.5.2017]
- Heike Rest/Bettina Sierck, „Plötzlich kam der Tango auf ...". Gesellschaftstanz in Dortmund 1880–1933, in: Gisela Framke (Hg.), 8 Stunden sind kein Tag, Heidelberg 1993, S. 241, 274, 276
- Patricia Stöckemann, Etwas ganz Neues muß nun entstehen. Kurt Jooss und das Tanztheater, München 2001
- Corinna Vogel, Tanz in der Grundschule. Geschichte – Begründungen – Konzepte, Augsburg 2004

83 Scheinwerfer und Lenkrad: Opel Kadett B
- StadtA Bo, BO OStD 893, Brief von Oberstadtdirektor Petschelt an Ministerpräsident Meyers vom 3.12.1964; BO VII 65, Blatt 145, Brief von Opel-Justitiar Riehemann an Oberrechtsrat Albert vom 12.1.1961
- Opel Kadett Werbefilme: https://www.youtube.com/watch?v=00jNROpzzjk [eingesehen am 15.1.2017]
- Stefan Dierkes, Opel Kadett A. Bochum, ich komm' aus dir, Bielefeld 2007
- Michael Gaigalat/Rolf Kania, Autos statt Kohle? Opel und Ford entdecken das Ruhrgebiet, in: Landschaftsverband Rheinland u.a. (Hg.), War die Zukunft früher besser? Visionen für das Ruhrgebiet, Essen 2000, S. 271–286
- Heinz-Wilhelm Hoffacker, Ansiedlung des Opel-Werkes in Bochum, in: Johannes Volker Wagner (Hg.), Wandel einer Stadt, Bochum 1993, S. 289–311
- Heinz-Wilhelm Hoffacker, Von der „sterbenden Stadt" zur „Stadt der Zukunft"? Bochum in den Jahren 1959 bis 1961: Bergbaukrise, Opelwerk und Ruhr-Universität, in: Burkhard Dietz/Winfried Schulze/Wolfhard Weber (Hg.), Universität und Politik. Festschrift zum 25jährigen Bestehen der Ruhr-Universität Bochum, Bochum 1990, S. 131–175
- Rolf Kania, Das Zechensterben und der Opel „Kadett". Autos statt Kohle?, in: LWL-Industriemuseum (Hg.), Schichtwechsel. Von der Kohlekrise zum Strukturwandel, Hamm 2011, S. 62–70
- Eberhard Seim/Christoph Wellen, Opel kommt! „Räder für's Revier" – Die inoffizielle Geschichte der Bochumer Opelwerke, Bd. 1: 1962–1991, Bochum 1991
- Manfred Wannöffel, Arbeiten im Wirtschaftswunderland. Graetz und Opel verlagern tief in den Westen, in: LWL-Industriemuseum (Hg.), Schichtwechsel, Hamm 2011, S. 98–104

QUELLEN UND LITERATUR

85 Metallkreuz zur Barbarafeier
- Andreas Halwer, Die Entwicklung des Schienennetzes in der Bochumer Innenstadt, in: Auf Draht, Heft 1 (2006), S. 8–21
- Andreas Halwer, Zeitreise durchs BOGESTRA-Land, Band 1: Die Geschichte der Linie 310, Hövelhof 2016
- Stadt Bochum (Hg.), Bochumer Querschnitte – Anwendung und Weiterentwicklung der Neuen Österreichischen Tunnelbaumethode beim Stadtbahnbau in Bochum von 1973 bis 1989, Düsseldorf 1989

86 Kohlestück auf Holzplatte
- Stefan Goch, Von der Kohlekrise zum neuen Ruhrgebiet: Strukturwandel und Strukturpolitik, in: Jana Golombek/Dietmar Osses (Hg.), Schichtwechsel. Von der Kohlekrise zum Strukturwandel, Essen 2011, S. 6–19
- Bernd Gondermann, Die Zeche Hannover. Geschichte einer Zeche, Bochum 1989
- Fritz Lange, Steinkohlenbergwerk Hannover-Hannibal AG, Bochum 1954
- Christoph Nonn, Die Ruhrbergbaukrise. Entindustrialisierung und Politik 1958–1969, Göttingen 2001
- Dietmar Osses, Kohle und Kultur. Eine kleine Geschichte der Zeche Hannover, in: Förderverein Zeche Hannover I/II/V (Hg.), Förderverein Zeche Hannover I/II/V 1988–2008. Rückblicke, Einblicke, Ausblicke, Bochum 2008, S. 47–60
- Hans-Christoph Seidel, Kohlekrise und Zechenstilllegungen im Ruhrgebiet, in: Jana Golombek/Dietmar Osses (Hg.), Schichtwechsel, Essen 2011, S. 30–37
- Vera Steinborn/Hans Röver, Zeche Hannover I/II/V. Ein Rundgang durch das Industriedenkmal und seine Geschichte, 2. Aufl., Dortmund 2002
- Steinkohlenbergwerk Hannover-Hannibal Aktiengesellschaft (Hg.), Die Entwicklung der Zechen Hannover, Hannibal, Königsgrube 1945–1959, Bochum 1959
- Johannes Volker Wagner (Hg.), Wandel einer Stadt, Bochum 1993

88 Ortseingangsschild Wattenscheid
- Jost Benfer, Der Kampf der Wattenscheider gegen die Eingemeindung 1972 bis 1974. Erlebnisse und Erinnerungen eines Mitstreiters, Wattenscheid 2007
- Stadt Wattenscheid (Hg.), Stellungnahme der Stadt Wattenscheid zum Vorschlag des Innenministers des Landes NW zur Neugliederung der Gemeinden und Kreise des Neugliederungsraumes Ruhrgebiet, Wattenscheid 1973
- Weser-Kurier, Tageszeitung für Bremen und Niedersachsen, 13.2.1974

89 Modell Ruhrstadion
- Henry Wahlig, „Anne Castroper". 100 Jahre Fußball mitten in Bochum, Göttingen 2011
- http://www.vfl-bochum.de/site/_vonoviaruhrstadion/_vonoviaruhrstadion/stadiongeschichteiiip.htm, [eingesehen 07.08.2017]

90 Bochumer Frauenfahne
- Diskussionsbeitrag zur Frankfurter Aktionswoche (Massenfahrt nach Holland Juli 1975) (ohne Autorinnennennung), in: Frauenjahrbuch '76, 1976, S. 172–178
- Gruppe „Frauen gegen Gewalt gegen Frauen", Vergewaltigung. Frauen kämpfen gegen Gewalt gegen Frauen, in: ausZeiten, Selbstverlag Bochum 1976
- Margit Hauser/Rita Kronauer, Femory, Bochum/Wien 2013

94 Buch „Nahtlos Braun" von Werner Schmitz
- Die Welt, 5.3 2011 (Peter Feldmann)
- wst, 1984, Stuttgart Live
- Rudi Kost, 1984, Esslinger Zeitung, 24./25.11.1984
- Rainer Wanzelius, 1984, WAZ Bochum, 1.10.1984
- Anonymus, 1984, STERN 52/1984
- Karl H. Schneider, 1985, Südschwäbische Nachrichten, Januar 1985
- hd, 1984, Stadtmagazin Schädelspalter, 10/1984, S. 43
- Johann Wolfgang von Goethe, Goethes Werke, Vollständige Ausgabe letzter Hand, Stuttgart und Tübingen, 1827, Bd. 1, S. 217
- Jochen Schmidt, Gangster, Opfer, Detektive. Eine Typengeschichte des Kriminalromans, Frankfurt am Main 1989
- Johannes Volker Wagner, Hakenkreuz über Bochum, Bochum 1983, Essen 1993

95 Trompete aus Sheffield
- Video: Bochum – unser Partner in Sheffield 1986. http://unitetheunionbrassband.org.uk/history [eingesehen am 3.2.2017]

QUELLEN UND LITERATUR

97 Filmprojektor: Bahnhof Langendreer
- Bundesvereinigung soziokultureller Zentren (Hg.), Ganz genau! Soziokulturelle Zentren in Zahlen 2017, Berlin 2017
- Antje Grajetzky/Gerd Spieckermann/Uwe Vorberg (Hg.), In Fahrtrichtung links. Eine Odyssee durch Revue und Revolte, Essen 2006
- Hilmar Hoffmann, Kultur für alle. Perspektiven und Modelle, Frankfurt am Main 1979
- Stiftung Niedersachsen (Hg.), Handbuch Soziokultur, Hannover 2015

98 TH-Profil
- Kurt Heinz Voss, Hundertvierzig Jahre Bochumer Eisenhütte Heintzmann, in: Glückauf. Jahrgang 127 (1991), S. 998–1004

100 Erinnerungsblatt ehemaliger Bochumer Juden aus Argentinien
- Archiv des Vereins „Erinnern für die Zukunft e.V." Bochum: Briefe und Dokumente
- Stadt Bochum, Der Oberbürgermeister (Hg.), Besuch ehemaliger Bochumerinnen und Bochumer jüdischen Glaubens vom 2. bis 10. September 1995, Bochum 1995
- Irmtrud Wojak/Hubert Schneider (Hg.), Vom Umgang mit der Geschichte. Der Besuch der jüdischen Emigranten und Überlebenden des Holocaust in Bochum, Essen 1996

101 Stoffpuppe „Herbert"
- der rückspiegel, Betriebszeitschrift der BOGESTRA, verschiedene Ausgaben aus den Jahren 1956 bis 2008

102 Zeichnung Valerian Lopatto
- Stadt Bochum, Rathaus-Zeitung, 58/2012, S. 28–29
- RN, 11.7.2003
- Ursula Jennemann-Henke, Zwangsarbeit in Bochum. Fünf Lebensgeschichten, Film im StadtA Bochum 2010
- Stuart E. Eizenstat, Unvollkommene Gerechtigkeit. Der Streit um die Entschädigung der Opfer von Zwangsarbeit und Enteignung, München 2003
- Ulrich Herbert, Fremdarbeit. Politik und Praxis des Ausländer-Einsatzes in der Kriegswirtschaft des Dritten Reiches, Berlin, Bonn 1985, 3. Aufl. 1999
- Waltraud Jachnow/Sabine Krämer u.a. (Hg.), ... und die Erinnerung tragen wir im Herzen: Briefe ehemaliger Zwangsarbeiter – Bochum 1942–1945, Bochum 2002
- Ursula Jennemann-Henke, Wir gedenken der Opfer der Zwangsarbeit in Bochum. 1941–1945. Letzte Ruhestätte Hauptfriedhof Freigrafendamm, Typoskript im StadtA Bochum 2002
- Ursula Jennemann-Henke, „Fremdarbeiter", Zwangsarbeit in Bochum 1939 bis 1945, in: Klaus Wisotzky/Ingrid Wölk (Hg.), Fremd(e) im Revier!?, Essen 2010, S. 108–115

103 Stolperstein für Hilde Meyerstein
- StadtA Bo, Protokolle des Ausschusses für Kultur und Wissenschaft der Stadt Bochum, Legislaturperiode 1999 bis 2004; Registratur
- WAZ, 11.11.1968
- https://www.bochum.de/leidenswege [eingesehen 11.4.2017]
- https://www.bochum.de/stolpersteine [eingesehen 11.4.2017]
- https://de.wikipedia.org/wiki/Liste_der_Stolpersteine-in Berlin-Wedding [eingesehen 11.4.2017]
- https://de.wikipedia.org/wiki/Stolpersteine [eingesehen 11.4.2017] www.stolpersteine.eu [11.4.2017]
- Hans Hanke, Das Bochumer Denkmal zu Ehren der Sowjetbürger 1946–64, in: Bochumer Zeitpunkte 7 (2000), S. 3–6
- Manfred Keller/Hubert Schneider/Johannes Volker Wagner (Hg.), Gedenkbuch Opfer der Shoa aus Bochum und Wattenscheid, Bochum 2000
- Christoph Kivelitz, Die Entrechtung und Vernichtung jüdischen Lebens in Bochum. Eine Dokumentation der Erinnerungsarbeit und der Vorschläge zur Entwicklung einer Gedächtniskultur, 2001 (Typoskript im Stadtarchiv Bochum)

106 Weste mit angesteckten Solidaritäts-Bekundungen
- L. Scott Bailey (Hg.), Opel – Räder für die Welt, 3. Aufl., Princeton 1984
- Frank Goosen, Radio Heimat. Geschichten von zuhause, Frankfurt am Main 2009

Dank

Die vorgestellten Objekte präsentieren sich gleichzeitig in der gleichnamigen Ausstellung im Bochumer Zentrum für Stadtgeschichte (Laufzeit: Juni 2017 bis Juni 2018). Am Gesamtprojekt waren beteiligt (in alphabetischer Reihenfolge):

Ausstellungsarchitektur, Gestaltungskonzept: Martin Dolnik

Autorinnen und Autoren:
Ihre Namen finden sich unter den Beiträgen, ihre Kurzbiografien in diesem Anhang.

Beirat des Bochumer Zentrums für Stadtgeschichte
Fast alle seine Mitglieder haben sich als Autoren betätigt oder das Projekt in anderer Form unterstützt.

Dienstleister und Unterstützer:
    Fahr- und Transportdienst der Zentralen Dienste der Stadt Bochum
    Malerwerkstatt der Zentralen Dienste der Stadt Bochum
    Referat für Kommunikation der Stadt Bochum
    BOGESTRA, Abt. Druck Großformate
    Schreinerei des Kunstmuseums Bochum
    Volker Pecher, LayoutPecher

Idee, Konzept, Redaktion und Leitung: Dr. Ingrid Wölk

Klartext Verlag, Essen (v.a. Claus-Dieter Grabner, Kathrin Butt, Ina Zimmermann)

Leihgeberinnen und Leihgeber:
    ausZeiten Frauenarchiv, Bochum
    Günter Bärwolf, Gelsenkirchen
    Bez + Kock Architekten, Stuttgart
    Bochumer Eisenhütte Heintzmann, Bochum
    Volker Brüggemann, Witten
    Werner David, Bochum
    Deutsches Bergbau-Museum Bochum
    Deutsches Bergbau-Museum Bochum – Depositum EBV GmbH, Hückelhoven
    Fritz-Hüser-Institut, Dortmund
    Günter Gleising, Bochum

DANKSAGUNG

Andreas Halwer, Bochum
Haus der Geschichte des Ruhrgebiets – Archiv für soziale Bewegungen, Bochum
Gabriele Herter, Bochum
Internationaler Suchdienst Digital Archive, Bad Arolsen
Kortum-Gesellschaft Bochum e.V.
Kunstmuseum Bochum
Landesarchiv NRW – Abteilung Rheinland; Faksimile: Einhart Grotegut
Loge „Zu den drei Rosenknospen", Bochum
LWL-Industriemuseum – Westfälisches Landesmuseum für Industriekultur, Zentrale, Dortmund
Dieter Maiweg, Bochum
Michael Meise, Bochum
Musée Baillet-Latour. Musée des Guerres en Gaume, Belgien
Museum für Kunst und Kulturgeschichte Dortmund
Cemal Ömür, Bochum
Propstei St. Peter und Paul, Bochum
Peter Schneller, Bochum
Stadt Bochum – Referat für gesamtstädtische Angelegenheiten
Stadt Bochum – Amt für Stadtplanung und Wohnen
Sternwarte Bochum – Institut für Umwelt- und Zukunftsforschung
Stiftung Neue Synagoge Berlin - Centrum Judaicum, Archiv
Stiftung der Sparkasse Bochum zur Förderung von Kultur und Wissenschaft
Stiftung Ruhr Museum, Essen
Walter-Gropius-Berufskolleg Bochum – Präparatorenschule
Gerhard Wegener, Hattingen

Umsetzung: Team Bochumer Zentrum für Stadtgeschichte
    Marvin Anger (Archiv)
    Sisko Corthals (Empfang/Aufsicht)
    Stephanie Determann (Leitung Restaurierungswerkstatt; Objekteinrichtung/Aufbau)
    Karl-Heinz Frömmrich (Restaurierungswerkstatt)
    Christina Grätz-Dehnert (Empfang/Aufsicht; Transporte, Mitarbeit Aufbau)
    Andreas Halwer (Archiv; Recherchen, Mitarbeit Aufbau)
    Ursula Jennemann-Henke (Archiv/Sammlungen; Redaktionsteam)
    Ramazan Karakütük (Magazin)
    Angelika Karg (Sekretariat; Leitungsassistenz, Redaktionsteam)
    Leyla Kilinc (Empfang/Aufsicht; Mitarbeit Aufbau)
    Sigrid Kobuszewski (Restaurierungswerkstatt)
    Uwe Kriening (Archiv/Bibliothek; Recherchen, Mitarbeit Aufbau)

DANKSAGUNG

    Elisabeth Löblein-Kluge (Lesesaal)
    Oliver Müller (Verwaltung/Veranstaltungsmanagement; Mitarbeit Aufbau)
    Stefan Pätzold (stellvertretender Leiter; Redaktionsteam)
    Elzbieta Schäfer (Empfang/Aufsicht; Mitarbeit Aufbau)
    Susanne Schmidt (Archiv; Recherchen)
    Annett Schreiber (Archiv; Redaktionsteam)
    Christian Söndgen (Verwaltung/Öffentlichkeitsarbeit; Redaktionsteam)
    Nicole Spielbrink (Restaurierungswerkstatt; Mitarbeit Objekteinrichtung/Aufbau)
    Manuela Trust (Archiv)
    Annette Weilandt (Verwaltung/Archiv)
    Monika Wiborni (Archiv/museale Sammlungen; Ausstellungskoordination, Fotobearbeitung, Redaktionsteam)

Allen Beteiligten – den Autorinnen und Autoren, Leihgeberinnen und Leihgebern, Unterstützern und Dienstleistern, dem Beirat des Bochumer Zentrums für Stadtgeschichte, Martin Dolnik, der unsere Ausstellungen seit zehn Jahren gestaltet und auch die 107 Sachen wieder kunstvoll in Szene gesetzt hat, dem Klartext-Verlag, der die Publikation in sein Programm aufgenommen und fachkundig betreut hat – sei außerordentlich herzlich gedankt. Ohne ihre engagierte Mitwirkung, ihren Mut, sich auf das ambitionierte Projekt einzulassen und ihr Zutrauen, dass es gelingt, hätte es nie und nimmer realisiert werden können.

Die Umsetzung oblag den Mitarbeiterinnen und Mitarbeitern des Bochumer Zentrums für Stadtgeschichte. Diese wählten die Objekte mit aus, recherchierten Hintergrundinformationen, unterstützten die Autorinnen und Autoren der Einzelbeiträge bei deren Recherchen, schrieben selbst Texte, bauten die Ausstellung mit auf und waren an der Fertigstellung der Publikation beteiligt. Die Anteile Einzelner, seien sie groß oder etwas kleiner, im Detail zu benennen, ist kaum möglich. So gilt der Dank dem gesamten Team!

Besonderer Dank für die Herstellung von Kontakten und weitere Formen der Unterstützung gebührt auch IFAK e.V. Bochum, namentlich Hafize Ekici (Objekt Nr. 84), Barbara Jessel (Objekt Nr. 90) und Hajo Salmen (Objekt Nr. 92).